中国皇帝全传

丰富、系统、全方位的再现历代皇帝的人生历程

于立文／主编

辽海出版社

肆

穆宗耶律璟

辽穆宗档案：

生 卒 年：公元 931～969 年

父　　母：父，太宗耶律德光；母，萧氏

后　　妃：萧皇后等

年　　号：应历

在位时间：公元 951～969 年

谥　　号：孝安皇帝

庙　　号：穆宗

陵　　寝：内蒙古附怀陵

性　　格：暴虐残忍

点评：

穆宗嗜酒无度，昼寝夜饮，国人称之为“睡王”。他性喜畋猎，不恤国事，辽朝出现了“政昏兵衰”的中衰局面。

——虞云国

辽穆宗名叫耶律璟，是辽太宗耶律德光的长子，辽王朝的第四位皇帝。他在皇权争斗中，稀里糊涂地做了皇帝。他执政十几年，却因胸无大志，碌碌无为，而将辽朝带入了混乱时期。而他残暴嗜杀，最后被暴动的奴隶杀死，也是罪有应得。

耶律璟生于辽天显六年（公元 931 年），此时他的父亲耶律德光已经做了几年皇帝了。所以耶律璟生下来就是皇长子，身份非常显赫，他一直生活在优裕的环境中。虽然他的父亲率领契丹大军横扫四方，威名远扬，可是耶律璟却胸无大志，什么作为也没有。大同元年（公元 947 年）四月，太宗耶律德光率军从开封返回皇都途中病死了。由于太宗没有留下遗诏，皇位继承人就没有确定。经过几方势力的争斗，最后太宗的侄子耶律阮夺得了皇位。耶律璟虽是太宗的嫡长子，但他平时没什么功绩，也没有什么威望，所以在这场皇权争斗中落败了。

天禄五年（公元951年）九月，辽世宗耶律阮在南征途中，被叛乱的耶律察割等人杀死。皇帝死了，辽国的宗室大臣耶律屋质等人就决定，立即拥立一位新皇帝出来，带领大家平叛。正巧耶律璟也随军出征，此时他正在军帐中睡觉。耶律屋质等人觉得他最合适，就向耶律璟传达了大家的意思。耶律璟就这样继承了帝位，然后率领辽军将叛乱的耶律察割等人杀死。平叛后，耶律璟在大臣和酋长们的拥护下，在幽州（今北京）正式登基为帝，称“天顺皇帝”，即辽穆宗，改元应历。

耶律璟21岁称帝，正风华正茂，却根本不愿操劳国事。于是他就任命耶律屋质为北院大王，耶律挞烈为南院大王，将辽朝的政事都交给这二人去处理，然后他就随心所欲去做自己喜欢的事情。因为他这个皇帝不管事，所以契丹在耶律璟时期一改前几任皇帝的穷兵黩武作风，停止了南侵中原的战争步伐。加上执政的耶律屋质和耶律挞烈都很有才干，他们采取了均赋役、劝耕稼的政策，鼓励契丹各部族大力发展农业生产。在他们的治理下，契丹的农业和手工业都获得了较大的发展，国人生活有所改善，朝野上下都称赞耶律屋质和耶律挞烈为“富民大王”。不过皇帝耶律璟没有为国民出半分力，他只是沾光，做了十几年的安稳皇帝。

耶律璟是个很奇怪的人，他不好女色，甚至非常厌恶女子。他的后宫只有一个萧皇后，不过耶律璟从来不理她，所以他一个子嗣也没有。老祖母述律平就是那位有名的“断腕皇后”，她为了延续香火，多次提出为耶律璟纳妃，都被耶律璟拒绝了。耶律璟为了堵住众人之口，他将世宗遇害时沦落在外的次子耶律贤找回来，留在皇宫中抚养。这样再也无人敢提延续后代的事了。耶律璟身边服侍的人都是宦官，一个宫女也没有。他死后葬入怀陵，也不许皇后陪葬。有这样怪癖的皇帝，在历史上实在少见。

耶律璟有三大嗜好：打猎、喝酒和睡觉，这也是他生活的全部内容。他一般是晚上通宵纵酒，白天就睡上大半天，剩余的时间就是打猎。耶律璟白天上朝的时间都在睡觉，所以大臣们就悄悄给他起了个绰号叫“睡王”，后来几乎全国的百姓都知道自己国家的皇帝只会睡觉。

耶律璟对喝酒有着高度的热情，只要听说哪位大臣家有好酒，就马上驾临，他喝得高兴了，就滥加赏赐。后来他喝得多了，就觉得人少喝酒没意思，于是就换上百姓的服饰，带着两个随从就到闹市中找酒家去喝。应历十八年（公元 968 年）正月十五夜，上京举办了灯市。耶律璟就叫上一大批朝臣，都化装成普通百姓去赏灯，其实他的目的是找酒家。后来他在一家酒店里喝得兴起，竟然连饮了三天才离开。而他性子十分残酷，喝醉酒后经常胡乱杀人，他在位十几年，几乎每年都有杀人的记录。

耶律璟对打猎同样热衷，兴致来了，根本不分季节，只要高兴，就要去打猎。他打猎时也喜欢喝酒，喝酒后脾气就大了，又要胡乱杀人。他的侍从，游猎场的仆人、奴隶们都是他杀戮的对象。他如此暴虐嗜杀，也导致后来他身边的近侍、奴隶们都奋起反抗，将他这个暴君杀死。

耶律璟天天浑浑噩噩地过日子，完全不理国政，这样辽朝的许多贵族都认为有机可趁，纷纷谋反夺位。耶律璟称帝的前 10 年，几乎每年都有叛乱，最多的一年还有 3 起。虽然这些叛乱最后还是平息了，但耶律璟却变得疑神疑鬼的，总觉得所有人都是他的敌人。此时中原大地崛起了一个短促却又强大的后周政权，后周世宗柴荣是个很有作为的人，他在辽应历九年（公元 959 年）亲率大军伐辽。

后周大军实力强大，仅用40多天就占领了辽国的瀛、莫、易3州和瓦桥、淤口、益津3关。辽军抵挡不住，兵马都总管南京留守萧思温命人火速将军情传回皇都，可耶律璟只顾着喝酒，对此漠不关心。后来柴荣突染重病，后周大军被迫停止北进，辽国的威胁才解除了。

耶律璟做了十几年的安乐皇帝，他长期养成的生活习惯很不健康，所以他的身体很不好。他为了保命，也为了延续自己的统治，就下诏广求延年益寿的妙方。应历七年（公元957年）四月，一个名叫肖古的女巫向他献了一个所谓的“绝方”，其中一味药是男子的胆。所以耶律璟每吃一副药，就要杀一个男子取其胆。几年下来，耶律璟吃了好几百副药，也残杀了好几百个奴隶取胆，结果他的身体不但没有好，反而更差了。他觉得肖古的药方是假的，就命人骑马将她活活踏死了。此后耶律璟的脾气就更加暴躁，经常虐杀身边的奴隶和侍从。据史料记载，被他杀死的奴隶，有名有姓的就有100多人。他的残暴自然激起了奴隶们的强烈仇恨。应历十九年（公元969）二月，耶律璟在怀州（今河南沁阳）狩猎，他又喝得醉醺醺的，回到行宫后就开始乱发脾气。他的近侍小哥、盥人花哥、厨子辛古等6个奴隶奋起反抗，将这个暴君杀死了。

耶律璟在位18年，终年39岁，葬于附怀陵，谥号“孝安皇帝”，庙号“穆宗”。他死后，堂侄耶律贤继位，即辽景宗。耶律璟在位期间，荒诞放纵，不理政事，致使皇权削弱，变乱不断，这对辽王朝的发展有很大的影响。

景宗耶律贤

辽景宗档案：

生 卒 年：公元948～982年

父　　母：父，耶律阮；母，萧氏

后　　妃：皇后萧绰等

年　　号：保宁、乾亨

在位时间：公元 969～982 年

谥　　号：孝成皇帝

庙　　号：景宗

陵　　寝：内蒙古乾陵

性　　格：仁孝稳重，睿智贤明

点评：

内部稳定、政治清明、将相协和，牧业兴旺，农业丰收，辽朝开始中兴。

——白寿彝《中国通史》

辽景宗名叫耶律贤，是世宗耶律阮的次子，穆宗耶律璟的堂侄，辽王朝的第五位皇帝。他重用汉臣，仿汉制国，重视农业生产，并确立皇位长子继承的制度，加快了辽王朝封建化的进程。

耶律贤，字贤宁，生于辽天禄二年（公元 948 年），是辽世宗耶律阮和怀节皇后萧氏所生。天禄五年（公元 951 年）九月，耶律阮率兵南侵。途中耶律察割发动政变，杀死了耶律阮。年仅 4 岁的耶律贤也在军中，他被御厨尚书刘解里藏在柴禾堆里，才侥幸保住了性命。后来耶律璟率领耶律屋质等人平息了叛乱，并找到吓得半死的耶律贤，将他带回了皇宫。耶律璟即位后，耶律贤就被收养在永兴宫里。由于耶律璟不近女色，没有子嗣，所以就将耶律贤当成自己的儿子，并请了一些优秀的汉人和契丹人来教导耶律贤。耶律贤在那场惊吓之后，就得了风疾病，身体一直很不好。不过他很聪明，学习非常勤奋，他受身边汉人文士的影响，对中原文化非常向往，这些都对他以后的执政方针产生了深远影响。应历十九年（公元 969 年）二月，辽穆宗耶律璟去怀州黑山狩猎，被身边的奴隶杀死。22

岁的耶律贤就在穆宗的灵柩前即位，即辽景宗，称“天赞皇帝”，改元保宁。

穆宗胡闹了十几年，辽朝已经非常混乱了。耶律贤称帝后，就着手处理这个烂摊子。他做的第一件事就是巩固皇权。他就穆宗遇刺之事首先发难，以宿卫不严为名，处死了手握重兵的耶律夷腊和萧乌里只，将兵权抓到了自己手中。接着，耶律贤又将穆宗时期的权臣耶律屋质，由北院大王改为于越。因为于越一职在辽国只是个荣誉官职，所以耶律屋质就没有实权了。耶律贤夺回大权后，就开始重用那些拥立自己为帝的人。他任命契丹贵族萧思温和汉人高勋力分别为北院枢密使和南院枢密使，汉人韩匡嗣为上京留守，亲信耶律贤适为校检太保。这样耶律贤的周围都是自己的心腹，他的帝位就更加稳固了。

在耶律贤的政权集团中，汉人的势力得到了很大的增长，这就使得汉人和契丹人的矛盾开始激化。其中北院枢密使萧思温和南院枢密使高勋力斗得最激烈，高勋力派人杀死了萧思温，接着耶律贤又将高勋力处死，这样汉人的势力就有所削弱。不过耶律贤仍然重用汉人，效仿汉制的决心也从未动摇过。他又任命汉人郭袭为南院枢密使，后又加封政事令；任汉人室昉为工部尚书，又任枢密使兼北府宰相，并加封同政事门下平章事。这两位汉人重臣为辽国经济的发展做出了重要的贡献。耶律贤一直坚持“重用汉臣，仿汉制国”的方针，使得辽国的农业有了很大的发展。在他的治理下，百姓富足，人口繁盛，辽国走向了中兴。

耶律贤治国，主要是集中精力发展内政，对外用武不多。此时中原政局又发生了变化。辽穆宗耶律璟在位期间，后周在国主柴荣的统治下，国势十分强盛。后来柴荣病死，7 岁的儿子柴宗训继位，皇权就变得不大稳固了。公元 960 年，后周大将赵匡胤发动“陈桥兵变”，黄袍加身，夺取后周政权，建立了宋朝，史称北宋。公元

976 年，宋太祖赵匡胤突然驾崩，他的弟弟赵匡义继位，即宋太宗。宋太祖建国后就想收复燕云十六州，不过最后没有成功。他的弟弟宋太宗也有这个愿望。辽乾亨元年（公元 979 年）六月，宋太宗起兵灭掉了北汉后，就想一鼓作气收复燕云诸州。此时辽朝在耶律贤的统治下，国力已经很强盛了。耶律贤派出名将耶律休哥率兵迎战，双方在高粱河（今北京大兴东面）展开激战，宋军大败。此战史称高粱河之战，也称幽州之战。这场战役后，耶律贤对燕云十六州的统治就更稳固了。高粱河之战后不久，辽军与宋军又有两场激战，分别是满城之战（今河北满城）和瓦桥关之战（今河北雄县），双方伤亡都很惨重，不过最后还是辽军获胜。

耶律贤是辽朝历史上比较有作为的一位皇帝，不过因为幼时受到惊吓后就得了风疾病，所以长年患病。在耶律贤统治的后期，军政大权就全部交给了皇后萧绰。萧绰，小字燕燕，辽朝北府宰相萧思温的第三女，她是继耶律阿保机的述律平皇后之后，又一位契丹女政治家。景宗耶律贤的许多政绩，都有萧绰的功劳。辽乾亨元年（公元 979）五月，萧皇后还平息了驻守上京汉军发动的一场叛乱，此后她就进一步掌握了国家大权。

皇后理政后，耶律贤就清闲下来，四处打猎游玩。不过耶律贤身体虚弱，根本经不起四处奔波。乾亨四年（公元 982）九月，耶律贤到祥古山（河北宣化）游猎。他的身体实在支撑不住了，就在返回上京的路上，耶律贤病死于焦山（大同市西北），享年 35 岁。他死后葬于内蒙古乾陵，谥号“孝成皇帝”，庙号“景宗”。他的长子耶律隆绪继位，即辽圣宗。辽朝自开国皇帝耶律阿保机之后，皇位一直在他的次子耶律德光和长子耶律倍一系换来换去。直到辽景宗耶律贤之后，嫡长子继承帝位的传统才稳定下来，从此皇位沿着让国皇帝耶律倍一脉传承下去。耶律贤在位 13 年，他把辽王朝带入了中兴时期，为辽圣宗的全盛时期奠定了坚实的基础。

圣宗耶律隆绪

辽圣宗档案：

生卒年：公元971～1031年

父　　母：父，景宗耶律贤；母，萧绰

后　　妃：皇后萧氏，顺圣元妃等

年　　号：统和，开泰，太平

在位时间：公元982～1031年

谥　　号：孝宣皇帝

庙　　号：圣宗

陵　　寝：内蒙古永庆陵

性　　格：仁慈孝顺，英辨多谋

点评：

辽圣宗和兴宗在位期间，辽朝的社会经济有了明显的进步和发展，辽朝的统治达到鼎盛并完成了封建化进程。

——张岂之《中国历史》

辽圣宗名叫耶律隆绪，是景宗耶律贤的长子，辽王朝的第六位皇帝。他在位49年，在辽王朝218年的历史中占据了近四分之一。这位在位时间最长的皇帝，完成了契丹封建化的进程，将辽王朝带入了全盛时期。

幼帝即位　太后主政

耶律隆绪生于辽保宁三年（公元971年），是景宗耶律贤与皇后萧绰的长子。在景宗以前，辽朝的新皇帝都是由文武百官从皇族中推举，因此每个新皇帝都是在血腥的皇位争斗中诞生的。景宗从幼年失去父亲世宗耶律阮，到成年失去养父穆宗耶律璟，经历了两朝

弑君，他自己也因惊吓过度而染风疾，以致身体虚弱，35 岁就英年早逝了。所以景宗对这种皇权争斗有着切肤之痛，不希望这种悲剧再发生在自己儿子身上。他就决心按照中原封建王朝的传统，将契丹的皇位传承改为长子继承制。景宗临终前，将效忠自己的南北院枢密使耶律斜轸和韩德让两位重臣召来，嘱托了两件后事：一是长子梁王耶律隆绪嗣位，二是军国大事听命于皇后。乾亨四年（公元 982 年），景宗驾崩后，年仅 12 岁的耶律隆绪就登上了皇帝宝座，即辽圣宗，次年改元统和。

耶律隆绪即位时，年纪太小，就由母亲皇太后萧绰摄政。萧太后此时还不到 30 岁，母寡子弱，而诸王宗室拥兵自重，时刻觊觎皇权，加上辽国邻邦宋朝的虎视眈眈，周边其他小国的时时侵扰，在这种内外交困的局势下，萧太后母子的处境非常艰难。而她的父亲北院大王萧思温在保宁二年（公元 970 年）被害，又没有儿子，这样萧太后根本没有外戚可以依靠。不过这位年轻太后不是一个普通的女人，她的胆识、魄力和才干非常人能比，她是中国历史上最优秀的政治家之一。

圣宗耶律隆绪像

萧太后很会用人，这首先就体现在她对权臣耶律斜轸、韩德让和名将耶律休哥的器重上。她让耶律斜轸和韩德让协助自己理政。而耶律休哥在辽宋征战中多次取胜，威名远播，萧太后就任他总理南面的军务，也就是专门负责对宋朝的军事行动。为了拉拢这些重臣名将，年轻的萧太后费尽了苦心。她先把自己的侄女嫁给耶律斜轸，接着又让小皇帝耶律隆绪和耶律斜轸当着自己的面，交换弓矢鞍马，对天盟誓，结为密友。然后萧太后又把耶律隆绪的坐骑换给耶律休哥，如此厚赏令这位沙场老将感激涕零，对太后和小皇帝誓死效忠。

韩德让是个很有才华的汉人，他家几代人都在辽朝管理军政，韩德让兄弟5人都是位高权重的大将，韩家掌握了辽朝一大半军权。萧太后幼时曾许配给韩德让，不过后来被选入宫做了耶律贤的皇后，两人的婚事就没有成功，但她对韩德让一直很有感情。萧太后是个出色的政治家，所以她对韩德让的拉拢，不只为了私情，更是为了巩固儿子的皇权。她赐毒酒杀死了韩德让的妻子，然后向韩德让坦言自己对他的感情，并表示愿意与其再续情缘，不过萧太后也声明了自己的条件，就是韩德让要忠心辅佐圣宗耶律隆绪。此后韩德让就经常出入太后帷帐，二人过起了无名有实的夫妻生活。不久之后，萧太后干脆赐他姓耶律，改名为隆运，还为他配备了专门的宫殿和护卫，待遇等同皇帝，辽圣宗耶律隆绪也将他视为父亲来侍奉。这样朝野上下，无人敢言韩德让与太后的关系。韩德让也对小皇帝忠心耿耿，为辽王朝的发展做出了重大贡献。而萧太后通过这些手段，也稳定了内政，巩固了皇权。

耶律隆绪统治前期，一直由母亲秉政。萧太后临朝摄政共27年，她事无巨细，都亲自决断。她本就喜欢汉学，现在有了韩德让等人的大力协助，她就全力推行新政，实行汉族的法律，重用汉族士人，全面推动契丹从奴隶制向封建制转化。这一改革自然遭到了契丹守旧贵族的强烈反对，但萧太后大权在握，根本不惧他们的叫嚣。她利用汉族新贵和契丹贵族间的矛盾，推行“削藩强民，力行新政”的政策，不但削弱了契丹贵族的权势，而且促进了辽汉的和睦统一，从而达到了强国富民的目的。

母子上阵　澶渊结盟

萧太后对耶律隆绪的管教非常严格，她督促儿子常年学文习武，并要求儿子随侍在自己身边学习，以培养执政治国的能力。在母亲的严厉教导下，耶律隆绪在各方面都得到了良好的发展。他喜欢读书，尤其好读唐朝的《贞观事要》和《明皇实录》，认为唐太宗是“五百年来中国之英主”。他的汉学造诣很深，曾亲自用契丹文翻译了白居易的《讽谏集》，并让契丹群臣传阅。太后和皇帝都英明睿智，在他们的治理下，辽朝的国势蒸蒸日上。

辽朝国内稳定，但边境却不安，尤其是辽宋之间，征战激烈。景宗耶律贤在位时，辽宋就有过高粱河之战等几大战事，不过最终都以辽胜宋败告终。宋太宗对收复燕云十六州一直念念不忘，辽景宗死后，他认为辽国现在孤儿寡母执政，政局不稳，正是伐辽的好机会。辽统和四年（公元 986 年），宋太宗赵匡义亲帅大军，兵分三路，再次伐辽。虽然辽有战神耶律休哥坐镇，但宋也有名将杨继业等人，所以战争初期，宋军战绩很辉煌。萧太后是个文武双全的巾帼女杰，景宗时期的辽宋大战，都少不了她的功劳。这次她与耶律隆绪母子齐上阵，很快就扭转了战局。公元 986 年五月，辽军在歧沟关（今河北涿县西南）一带大败宋军主力，又在五台和飞狐等地打了胜仗。宋军全面溃退，老将杨继业战死，宋太宗收复燕云失地的计划再次落空。此战之后，辽宋的军事态势发生了根本变化，辽军由守势转攻势，而宋军则由攻转守。从统和四年（公元 986 年）至统和二十一年（1003 年），辽军几乎年年伐宋，宋太宗都被打怕了，只好花钱买和平。统和十五年（公元 997 年），宋太宗去世，他的儿子赵恒继位，即宋真宗。真宗继续执行父亲的求和路线，并开始与辽和谈。

统和二十二年（1004 年），萧太后和耶律隆绪又亲率 20 万大军侵宋。辽军一路南下，势如破竹，接连攻下了宋朝的天雄、德清两大重镇，直抵宋朝澶州（今河南濮阳），对宋都汴京（今河南开封）形成三面合围之势。辽军虽然暂时占优势，但形势并不好。战神耶律休哥死于 998 年，此时的辽军统帅是顺国王萧挞览，他在宋军的顽强抵抗下，中伏弩而死。统帅阵亡，辽军受挫，加上孤军深入，后援不足，粮草也跟不上，辽军面临着空前的危机。

此时的形势对宋军十分有利，不过宋真宗根本不想打，仍然执行花钱买和平的政策。他占据有利形势却对辽妥协求和，这也正合辽方的心意。于是，辽宋双方就此缔结盟约，内容主要包括四点：一是辽宋为兄弟之国，辽圣宗年幼，称宋真宗为兄，后世仍以世以齿论；二是以白沟河为国界，双方撤兵。（辽归还宋遂城及瀛、莫二州。）此后凡有越界盗贼逃犯，彼此不得停匿。两朝沿边城池，一切如常，不得创筑城隍；三是宋方每年向辽提供“助军旅之费”银 10 万两，绢 20 万匹，至雄州交割；四是双方于边境设置榷场，开展互市贸易。此盟约缔结于澶州，因澶州又名澶渊，所以史称“澶渊之盟”。此后辽宋间百余年没有大的战事，这对双方的发展都有极大的好处。

明主亲政　学唐比宋

辽统和二十七年（1009 年），执政 27 年的萧太后终于还政给儿子。这年 12 月，这位叱咤辽朝政坛的女政治家就去世了，享年 57 岁。她死后，与景宗耶律贤合葬于乾陵。圣宗耶律隆绪独掌辽朝大权时，已经 39 岁了。不过他随母亲理政、征战多年，早已积累了丰富的政治、军事经验。耶律隆绪是个很有大志的明君，他早年读书时就仰慕唐朝贞观盛世，后来又很钦慕宋太祖和宋太宗的才干，所以他执政的指导思想就是学唐比宋。

为了实现自己的雄图大略，耶律隆绪将国号改回“契丹”。他颁行了《五经传疏》，要求官员们都学习《贞观政要》，契丹的制度和法律也都效仿唐朝。耶律隆绪要求契丹人学唐的目的就是超过宋朝。他还仿长安和开封，营建了一座新都——中京，即陪都大定府城。此后，他接受宋庭送来的礼物和岁币，接见其他国家的使者，处理许多重要政务，都是在中京，而不是过去的大草原。耶律隆绪还将景宗时期就开始实行的科举制度进一步扩大，并针对汉人正式开科取士，这样就有一大批优秀的汉族知识分子进入了辽国中央政权。除此之外，耶律隆绪做得很出色的还有两项政策。一是改革部族编制，将原来各部俘虏的奴隶改编为部民，使奴隶们获得了平民的地位，从而彻底消除了契丹部落奴隶制的残余。二是施行同罪同罚，辽从太祖耶律阿保机建国以来，就制定法律规定“同罪异罚”，即不同的民族犯同样的罪，处罚不一样，这样就导致民族矛盾尖锐。耶律隆绪更改法令，实行“同罚”，也就是规定各民族在法律面前平等，大大改善了民族关系。通过这些措施，辽朝彻底完成了封建化的进程，进入了一个新的发展阶段。辽朝在圣宗时期进入了鼎盛时代，所以耶律隆绪被后人称为“辽代盛主”。

圣宗耶律隆绪之位期间，辽国内政清明，国泰民安。在对外关系上，他与西夏一直保持交好，没有发生战争；辽宋订立盟约后，耶律隆绪很守信义，严格遵合约办事，所以双方睦邻友好。太平二年（1022 年），宋真宗驾崩，他还命契丹群臣举哀，后妃以下都穿孝服痛哭，辽宋边境各州各军不得作乐，全国有犯宋真宗名讳者，一律改名。耶律隆绪信守和平，为后代树立了榜样。

辽太平十一年（1031 年）六月，勤政一生的辽圣宗耶律隆绪在行宫病逝，享年 61 岁。他临终前传位给长子耶律宗真，即辽兴宗。辽圣宗死后，葬于庆陵，谥号“孝宣皇帝”，庙号“圣宗”。他在位 49 年，一生锐意进取，励精图治，将辽王朝带入了最辉煌的时期，是辽朝最有作为的君王之一。

兴宗耶律宗真

辽兴宗档案：

生 卒 年：1016～1055 年

父　　母：父，圣宗耶律隆绪；母，顺圣元妃

后　　妃：仁懿皇后萧挞里
年　　号：景福，重熙
在位时间：1031～1055 年
谥　　号：孝章皇帝
庙　　号：兴宗
陵　　寝：内蒙古永兴陵
性　　格：轻佻落拓，放荡不羁
点评：

自兴宗时，遽起大狱，仁德皇后囚于幽所，辽政始衰，

——元·脱脱《辽史》

辽兴宗名叫耶律宗真，是圣宗耶律隆绪的长子，辽王朝的第七位皇帝。他生性放荡，嬉戏胡闹，使得辽朝政治黑暗，而他的生母趁机专权，又搅得朝政混乱不堪，辽朝从兴宗就开始衰落下去了。

耶律宗真，生于辽开泰五年（1016 年），是辽圣宗与顺圣元妃萧氏之子。此时他的父亲辽圣宗耶律隆绪已经 46 岁了。耶律宗真是长子，却非嫡子。圣宗的正妻是齐天后萧菩萨哥，后来追封为仁德皇后。她才貌双全，深得圣宗的喜爱，不过她先后生下两个儿子，都早早夭折了。耶律宗真的生母是宫女萧耨斤，她是辽太祖皇后述律平之弟阿古只的五世孙。她生下耶律宗真后，才被封为顺圣元妃。她相貌丑陋，心地却很阴险，对美貌的萧皇后非常妒忌，就经常在圣宗面前诋毁皇后。不过圣宗很宠爱皇后，根本不相信她的谗言。萧皇后心地善良，她没有儿子，就精心抚养耶律宗真。耶律宗真 3 岁为梁王，6 岁为皇太子，15 岁为判北南院枢密使事。他资质不凡，不仅长于骑射，而且在音律和儒学上也很有造诣，圣宗和皇后都很喜欢他。只是他的母亲萧耨斤，因为不得宠而心怀怨恨。太平十一年（1031 年），圣宗病逝，太子耶律宗真就顺利继位，即辽兴宗，

改元景福。

耶律宗真15岁称帝，不过他可不是少年有为的好皇帝，父亲一死，他嬉闹玩乐的本性就暴露出来了。圣宗还未出殡，耶律宗真就开始白天游玩，晚上纵酒赌博。他对朝政漠不关心，对先帝驾崩也毫无悲戚之色。倒是宋朝听闻辽圣宗去世，举国哀悼，以示尊重。耶律宗真不理事，他的生母萧耨斤就趁机专权。圣宗临终前，曾嘱咐耶律宗真母子要善待皇后萧菩萨哥，他还留下遗诏，封萧菩萨哥为皇太后，萧耨斤为皇太妃。不过萧耨斤扣下了遗诏，自封为太后，称作“法天皇后”，总揽了辽朝的军政大权。

萧耨斤摄政后，首先就将齐天后萧菩萨哥迫害致死，接着就重用自己的娘家人，同时还提拔了许多圣宗时代裁汰的贪官污吏。这些措施，将辽朝政权搞得乌烟瘴气，圣宗辛苦经营的盛世局面也不复存在，辽王朝开始走下坡路了。兴宗耶律宗真虽不勤政，但也不甘忍受母亲的专横，于是，母子二人发生了尖锐的矛盾。重熙三年（1034年），萧耨斤与自己的娘家兄弟萧孝先等人密谋，打算废了兴宗，改立自己的小儿子耶律重元为帝。不料重元跑去向哥哥告了密。耶律宗真就抢先发动政变，将母亲押送到庆州（今内蒙古巴林左旗西北）软禁起来，然后就大杀太后的亲信，耨斤集团彻底瓦解，耶律宗真这才亲政。

耶律宗真亲政后，还是不理国事，而专注于游猎玩耍。他自幼受过良好的教育，兴趣爱好也十分广泛，除了狩猎饮酒，他还喜欢吟诗作画、赌博击鞠，甚至包括吃斋念佛等。他崇尚儒学，对文化事业比较重视。他倡导了辽朝的御试进士制度，同时为了推广汉族医术，他还命精通汉文的耶律庶成翻译汉族医书，并印刷出版。重熙七年（1038年），耶律宗真还命时任翰林都林牙的萧韩家奴兼修国史。宗真执政，主要是守成，他进一步完善了圣宗时期的法律制度，发展了文化事业，不过他的功绩也仅此而已。

宗真长年玩乐，缺乏进取之心，还逐渐滋长了奢靡享乐的习气。他满足于表面的繁荣昌盛，重用奸佞小人，统治集团内部争权之风再起，社会矛盾日益尖锐。宗真享受久了，就变得更加贪婪。他连年征伐西夏，不过都以失败告终。他又逼迫宋朝多交纳岁币，此时宋朝皇帝是仁宗赵祯，为人软弱昏庸，很快就满足了宗真的敲诈勒索。耶律宗真从宋朝诈来了20万银绢后，就志满意得，以强国自居。其实辽国已经内政腐败，军队衰弱，百姓怨声载道了。只是圣宗勤政50年，将辽朝发展得很昌盛，许多社会危机没有那么快就显现出来，不过辽朝的衰弱之势已经无法阻挡了。

辽重熙二十四年（1055年）七月，兴宗耶律宗真到秋山游猎后就病倒了。这年八月就病死于行宫，终年40岁。他死后葬于内蒙古永兴陵，谥号“孝章皇帝”，庙号“兴宗”。他的长子耶律洪基继位，即辽道宗。兴宗在位24年，沾父亲圣宗的光，做了一辈子安乐皇帝，不过辽王朝的潜在危机，到下一代皇帝时就逐渐暴露了，此后辽朝国势日下，逐渐走向灭亡。

道宗耶律洪基

辽道宗档案：

生 卒 年：1032～1101年

父　　母：父，兴宗耶律宗真；母，萧挞里

后　　妃：皇后萧观音，惠妃萧坦思登

年　　号：清宁，咸雍，大康（太康），大安，寿昌（寿隆）

在位时间：1055～1101年

谥　　号：孝文皇帝

庙　　号：道宗

陵　　寝：内蒙古永福陵

性　　格：贪婪残暴，刚愎自用

点评：

道宗在位46年，仅少圣宗两年，如果说圣宗将辽朝引导到鼎盛的巅峰，道宗则将其推入了衰亡的深渊。

——虞云国

辽道宗名叫耶律洪基，是兴宗耶律宗真的长子，辽王朝的第八位皇帝。他执政后痴迷佛教，闭塞言路，听信谗言，残害骨肉，晚年又贪图酒色，昏庸残暴。他在位时间虽长，却没有什么作为，是个典型的昏君。

耶律洪基，字涅邻，小字查剌，生于辽重熙元年（1032年），是兴宗与萧皇后之子。辽重熙二十四年（1055年）八月，兴宗皇帝耶律宗真病逝后，24岁的耶律洪基继位，即辽道宗，改元清宁。

耶律洪基称帝后，对国事并不热心。他迷信佛教，已经到了痴迷的地步。他每年都要举办佛事活动，还经常召集僧人讲授经书，他对佛经能倒背如流，他还把自己抄写的经文颁行全国，让臣民都来读经。他对僧尼十分优待，许多和尚都入朝为官。在他的倡导下，全国各地广建佛寺，大批青壮年都剃了头去做不劳而食的和尚。僧侣们四处横行，成为社会的一大公害。

除了佞佛外，耶律洪基唯一的政绩就是在文化上有所建树。他学识渊博，儒学修养深厚，诗词歌赋都有小成。他非常重视儒家经籍的收集整理，还曾在上京设立学校，并诏令各地设学养士。咸雍六年（1070年），洪基创设了贤良科考进士。他对史学也比较关注，曾颁印了《史记》、《汉书》等史学巨著。

耶律洪基刚登上皇位时，还有点志向。清宁元年（1055年），他曾诏令全国“不论贵贱老幼，皆可直言无讳。”不过旨意下达后没几天，他就露出了本性。对那些逆耳的忠言，他根本听不进去，他甚至还严惩指陈时弊的人。大臣们了解了新皇帝的脾气后，就再也无人敢批“龙鳞”，逆“圣听”了，朝廷风气也从此开始败坏了。耶律洪基喜欢听谄媚之言，奸佞小人自然趁机得势。洪基执政初期，北院枢密使萧革风头最盛。他为人奸诈阴险，横行不法，却深得皇帝的宠信。而元老重臣耶律仁先、驸马都尉萧阿剌等忠直有才，却受洪基冷落。清宁七年（1061 年），萧阿剌满怀热忱再次向耶律洪基进谏，指陈时弊。耶律洪基大怒，当即就命人把萧阿剌拖出去勒死了。

皇帝如此昏庸无道，朝政也日趋黑暗。清宁九年（1063 年），终于爆发了辽兴宗胞弟耶律重元篡位谋反的宫廷政变。事情起于辽兴宗时期，兴宗耶律宗真执政初期，生母法天太后萧耨斤专权，母子二人产生了尖锐的矛盾。后来萧耨斤打算废了耶律宗真，改立自己的小儿子耶律重元为帝。不料耶律重元却跑去告密，这样耶律宗真就抢先下手，铲除了母亲萧耨斤的势力，夺回了大权。耶律宗真夺权成功后，对弟弟耶律重元非常感激，曾许诺以后要把皇位传给他。耶律洪基身为兴宗的长子，虽然尊贵无比，却始终没被册立为皇太子，就是因为兴宗顾虑到对弟弟的承诺。不过兴宗去世时，皇位还是传给了自己的儿子，这就让耶律重元非常气愤。他心怀不甘，就图谋篡位。清宁九年（1063 年）七月，耶律宗真去滦河太子山打猎，耶律重元就趁机发动政变。好在老臣耶律仁先等人帮助道宗出谋划策，他才平息了叛乱，同时还除掉了另一个大奸臣萧革。

为了感谢出力平叛的众人，耶律洪基就任耶律仁先为北院枢密使，封宋王。不过另一个大奸臣耶律乙辛也是平叛功臣，他凭着功劳很快就成了耶律洪基的新宠臣。咸雍五年（1069 年），耶律乙辛官至太师，处理四方军务，从此掌控了辽王朝的军政大权。他比萧革还要跋扈横行，一大批佞臣靠巴结耶律乙辛得势，而许多正直大臣则被排挤打压。国中敢与耶律乙辛抗衡的只有皇后萧观音和皇太子耶律浚。

萧观音是兴宗的大臣萧惠之女，在耶律洪基为燕赵国王时，就嫁给他了。萧观音才貌出众，与耶律洪基感情很好。不过洪基性情乖戾，喜怒无常，最不喜欢听人劝告。他喜欢骑着快如闪电的骏马四处游猎。萧皇后担心他的安全，就时常劝说，这就惹恼了洪基，夫妻感情出现了裂痕。耶律乙辛就抓住机会，诬陷萧皇后与伶人赵惟一有染。耶律洪基大怒，就逼迫皇后自尽身亡了。太子耶律浚是洪基与萧皇后之子，为人正直，很有才干。他深知母亲之死乃耶律乙辛所害，就对乙辛非常痛恨，二人的矛盾极度激化。耶律乙辛就抢先下手，诋毁太子要弑父夺位。耶律洪基再次听信谗言，将太子废为庶人，囚于上京。太子宫中的所有役使人员全部被杀，受牵连者不计其数。大康三年（1077 年）十一月，耶律乙辛又派心腹萧达鲁古到上京杀害了太子，并谎称太子病死了。耶律洪基这才有了点恻隐之心，他将儿子安葬在龙门山。太子死后，耶律洪基再也没有儿子，就把寄养在萧怀中家的孙子耶律延禧和孙女延寿接回宫中抚养。耶律乙辛又想加害延禧这个唯一的皇孙，幸亏耶律洪基对孙子保护得比较周全，他才没有得逞。不过从这以后，洪基也开始怀疑乙辛，虽然没有找出证据，但还是把他赶出了朝廷。后来乙辛企图逃往宋朝及私藏武器之事被人揭发，耶律洪基才杀了他。

耶律洪基到了晚年，更加昏庸，他变得又好色又懒惰。整日除了女色，就是念经拜佛，朝政之事一律不理。他的统治日益腐朽，也为辽王朝埋下了亡国的隐患。寿昌七年（1101 年）正月初三，昏庸老迈的辽道宗就病逝了，终年 70 岁。他死后葬于内蒙古永福陵，谥号“孝文皇帝”，庙号“道宗”。孙子耶律延禧继位，即辽天祚帝。耶律洪基在位 46 年，残害忠良，宠信奸佞，听信谗言，杀妻害子，不仅弄得自己家破人亡，也害得辽王朝走上了亡国之路。

天祚帝耶律延禧

天祚帝档案：

生卒年：1075～1128年

父　　母：父，耶律浚；母，贞顺皇后

后　　妃：萧皇后，德妃萧师姑等

年　　号：乾统，天庆，保大

在位时间：1101～1125年

谥　　号：无

庙　　号：天祚帝

陵　　寝：不详

性　　格：放荡不羁，昏庸懒惰

点评：

辽皇帝耶律延禧酗酒、昏庸，而且凶暴，已经众叛亲离，民怨沸腾。

——柏杨

辽天祚帝名叫耶律延禧，是梁王耶律浚之子，辽王朝的最后一位皇帝。他上台之时，辽王朝已经是内忧外患，日薄西山了。他执政20多年，除了嬉戏玩乐，毫无作为，辽王朝亡在他手里，也是必然的。

耶律延禧生于辽大康元年（1075年），是辽道宗耶律洪基的长孙。他的父亲耶律浚是道宗的独子，此时已经被封为皇太子。耶律延禧还不到3岁，父母就被奸臣耶律乙辛诬陷致死。道宗听信谗言害死了儿子后，又将孙子耶律延禧和孙女耶律延寿赶出皇宫。这样年幼的耶律延禧就和妹妹一起寄养在大臣萧怀忠家里。一年后，在大臣萧兀纳等人的劝说下，道宗才将兄妹二人接入皇宫抚养。耶律乙辛又想加害耶律延禧，好在萧兀纳等人劝道宗要保护好这个唯一的皇孙，乙辛的阴谋才没有得逞。大康五年（1079 年），乙辛被罢官赶出了朝廷后，道宗才逐渐开始疼爱这个孙子。1080 年，6 岁的耶律延禧被封为梁王，加封太尉。后来耶律乙辛因其他罪行被缢死了，道宗才知道冤枉了太子。他追封儿子为昭怀太子，并以天子之礼将其重新安葬于玉峰山。他对儿子的愧疚也转化为对孙子的百般疼爱，大康九年（1083 年）就封延禧为燕国王。寿昌七年（1101 年）正月初三，道宗驾崩，耶律延禧同月继位，即辽天祚帝，意为祈求上天赐福，并改元乾统。

耶律延禧称帝时 27 岁，风华正茂，最应该做出一番事业，可惜他并不是一个胸怀大志的皇帝。他虽自幼父母双亡，但后来一直生活在祖父的宠爱下，他在不知不觉中，将祖父的种种恶习都学到手了。所以耶律延禧执政，与祖父耶律洪基非常相似。

耶律延禧一上台，就下诏为祖母宣懿后萧观音和父亲耶律浚昭雪，为那些曾被耶律乙辛迫害的大臣们平反，并铲除耶律乙辛的党徒。不过他与道宗一样刚愎自用，最讨厌听人劝谏。所以此次平反昭雪的结果就是：他恩将仇报地赶走劝谏自己的老臣萧兀纳；虽诛杀了耶律乙辛的部分党徒，却重用杀害自己父母的主要帮凶萧奉先、萧德里底等佞臣。其他大臣们见了萧兀纳的下场，再也无人敢直言，而萧奉先等人横行霸道，无人敢惹。所以延禧执政初期，朝政就更加混乱黑暗了。

延禧对国事毫不关心，连父亲的遗骨埋在哪里也不知道，而他对佛教，却有着同祖父一样的狂热。同时他也喜欢四处游猎来寻求刺激，即使在道宗皇帝国丧期间，他也跑到狩猎场去追狐猎兔。辽王朝本来就在走下坡路，现在延禧又碌碌无为，所以统治集团内部争权夺利，国库虚空，民生凋敝，社会矛盾空前尖锐，人民起义风起云涌。乾统二年（1102 年），赵钟哥发动起义，并领军攻打上京的皇宫。耶律延禧就残酷镇压人民起义，这样又激起了百姓更强烈的反抗，契丹各部族首领也纷纷起兵造反，延禧的统治面临空前的危机。就在辽王朝内部乱成一团时，相邻的女真却日益强大，给这个几近崩溃的腐朽政权致命一击。

女真是我国东北少数民族中的古老部族，11 世纪中叶开始崛起。辽朝自建立起，就经常欺压和掠夺女真，女真人对他们非常痛恨。到了辽末，契丹统治者对女真的压迫更甚。而此时女真的完颜部在首领完颜阿骨打的领导下已经逐渐强大，许多女真人都团结在阿骨打周围，准备起兵反辽。辽天庆四年（1114 年）九月，女真的伐辽之战就开始了，他们多次打败辽军。1115 年，完颜阿骨打称帝，建国号为大金，并于同年攻陷了辽朝东北重镇黄龙府（今吉林农安）。沉溺于打猎游乐的耶律延禧这才惊慌失措了，他急忙下诏亲征。不料敌人没打败，自家却窝里斗起来。前锋将领耶律章奴发动政变，延禧既要平乱又要杀敌，结果辽军精锐被金兵消灭殆尽，此后再也无力防御金军进犯了。

天庆十年（1120 年）四月，阿骨打再次伐辽，金军占领了辽国上京，将辽宗庙全部焚毁，还将辽国皇陵都挖开搜寻财宝。耶律延禧对金兵早已畏惧如虎，根本不敢再打，就打算退位保命。他本想传位给长子耶律敖鲁斡，耶律敖鲁斡是文妃萧瑟瑟所生，在国人中很有威望。可奸臣萧奉先等人怕他上台后会对自己不利，就在延禧面前诋毁他。延禧又听信谗言，竟将文妃和耶律敖鲁斡母子都赐死了。正在前线与金作战的耶律余睹平日与耶律敖鲁斡走得很近，也被萧奉先等人诬陷，他有口难辩，干脆带着 1000 多人马投奔了金国。此后耶律余睹就成了金国伐辽的先锋，他熟知辽的底细，将耶律延禧赶得如丧家之犬四处逃命。

辽保大二年（1122 年）正月，耶律余睹为先锋，又率领金兵伐辽，很快就攻陷了辽的中京大定府。延禧刚从中京逃到燕京，就接到了战报，赶紧又逃到鸳鸯泊（今河北张北县西北）。这年五月，西夏国主李乾顺遣使来请延禧去西夏避难。不料延禧行至半路，听说西夏与金已经达成协议，李乾顺要抓他去向金国换取辽的土地。延禧不敢再走，就渡河返回，住到了突吕不部中。不过他在这里也不得安稳，就又开始四处躲藏，过得很落魄。有时干粮都吃完了，他只好用衣服向沿途百姓换取食物。

保大五年（1125 年）正月，逃亡多时的耶律延禧还是被金兵抓获了，被押送到长白山东筑室囚禁。宋建炎二年（1128 年），在被囚一年多之后，辽天祚帝耶律延禧病逝，终年 54 岁，葬地不详，也没有谥号。他在位 24 年，最后做了亡国之君。至此，建国 218 年的辽王朝正式灭亡了。后来燕王耶律淳建立政权，史称“北辽”，还有耶律大石在西方（今乌兹别克斯坦布哈拉东北）建立了政权。不过耶律氏在内地已经没有任何统治据点了，曾经繁盛一时的辽王朝就此成为历史。

金

太祖完颜阿骨打

金太祖档案：

生 卒 年：1068～1123 年

父　　母：父，劾里钵；母，拿懒氏

后　　妃：皇后唐括氏、裴满氏、仆散氏等

年　　号：收国，天辅

在位时间：1115～1123 年

谥　　号：大圣皇帝

庙　　号：太祖

陵　　寝：和陵，后改迁睿陵

性　　格：沉毅勇猛，足智多谋

点评：

太祖英谟睿略，豁达大度，知人善任，人乐为用。数年之间，算无遗策，兵无留行，底定大业，传之子孙。

——元·脱脱《金史》

完颜阿骨打，又名完颜旻，金朝的创建者。他的一生主要完成了建金以及灭辽两件大事。在位期间，进行了一系列的改革，对女真政治、经济、文化的发展起到了极大的促进作用，对女真族由落后的奴隶制向封建制过渡和发展，进而全面封建化奠定了基础。

太祖完颜阿骨打像

少年戎马　崭露头角

女真是生活在我国东北地区的一个古老民族，居住在白山黑水之间，族人骁勇善战，因其血缘关系分为不同的部族。部族之间互不统属，因此争战不断。唐朝末年，契丹人崛起于中国北方，建立辽政权，女真人被迫于 11 世纪向契丹人臣服。契丹人为了加强对女真人的控制，实行“分而治之”的政策。他们把一部分女真人迁至辽东半岛，编入契丹国籍，这些人统称为“熟女真”。另一部分则留居松花江之北、吉林扶余县之东，这些人就是“生女真”。完颜阿骨打所属的完颜部，正是生女真一支。

完颜部在乌古乃继位为部落首领之后，购进铁器，制造弓箭器械，军力得到了极大地提升。在乌古乃的领导之下，经过多年的征战，发展成为一个强大的部落。到了穆宗盈歌时，生女真各部已经基本实现统一，形成了一个强大的军事部落联盟。

完颜阿骨打的父亲名叫做劾里钵，是穆宗盈歌之弟，景祖乌古乃次子。阿骨打自小骁勇善战，以力大无穷和善射闻名。十几岁的时候，辽使在完颜府做客，看见了手拿着弓箭的阿骨打，便让他用箭射天空的飞鸟。阿骨打引弦张弓，三箭皆中。辽使非常惊奇，称赞他为“奇男子”。他射的箭，能达 320 步远，宗室中的族人，无人能及。阿骨打自小就随着父兄四处征战，屡立战功。多年的征战生涯锻炼了他的军事才能，为日后他在对辽作战积累了宝贵的经验。

当生女真渐渐统一之时，日趋腐朽的契丹统治者对女真的压榨和掠夺却是日甚一日。荒淫无度的辽国主天祚帝经常派遣使者向女真人索取海东青（一种猎鹰，飞得极快，女真人视为图腾）。这些使者每到一处，除了向女真人榨取财物外，还要他们献美女伴宿，既不问婚嫁与否，也不问出身贵贱，予取予夺，恣意凌辱。这更加激起了女真人的无比仇恨。辽天庆二年（1112 年），天祚帝在混同江举行“头鱼宴”，宴请生女真各部首领。酒酣之际，天祚帝无理地要求各部首领依次跳舞。各部首领迫于天祚帝的淫威，只得从命。当轮到阿骨打时，他冷眼直视着天祚帝，表示拒绝。天祚帝几经相逼，阿骨打却不为所动，最终这场头鱼宴不欢而散。事后，天祚帝本想借故杀了阿骨打泄恨，在臣下的劝说之下，这才作罢。天祚帝的无理，激起了阿骨打和生女真各部族首领们心中无限的反感和仇恨，女真部与契丹之间的矛盾愈发的尖锐了。翌年，阿骨打的兄长乌雅束死去，阿骨打继任为都勃极烈（大酋长，生女真部落联盟首领）。此后，他励精图治，带领着女真人民掀起了如火如荼的抗辽战争。

征战四方　破敌灭辽

辽统治者对女真族的横征暴敛，激起了女真人的强烈不满，一场反压迫与剥削的斗争在迅速地酝酿着。阿骨打继任都勃极烈之后，一方面鼓励部族成员积极地从事农业生产，积蓄粮食，修葺戎器，秣马厉兵，另一方面，先后多次派遣使者前往辽都索要逃亡辽国的纥石烈部酋长阿疏，借以暗中刺探军情，同时他还继续保持着对辽帝的贡奉，不时地贿赂契丹权贵，以麻痹辽朝统治者。

辽天庆四年（1114年）九月，涞流河畔，阿骨打率领2500名女真将士在此祭祖誓师，起兵抗辽。在发兵之前，他痛陈辽国统治者的罪恶，同时激励将士们奋勇杀敌，事后论功行赏。是役，阿骨打身先士卒，赤膊上阵，亲手射杀辽军大将耶律谢士。辽军主将战死，为之胆寒，更加溃不成军，女真将士趁势攻下了宁江州（今吉林扶余东石头城子）。随后，阿骨打领军乘胜进击，兵锋直指辽在北方的另一军事重镇出河店（今黑龙江肇源西北）。辽军在此驻屯有10万精兵，而阿骨打此时只有区区的3700余人。面对敌强我弱的形势，阿骨打知道不可力敌，决定智取。他假借“神灵托梦”，鼓动将士，连夜直扑辽兵驻防的鸭子河北岸。辽兵此时正在破坏鸭子河冰层，企图阻止女真精兵的进攻，骤然见到有如神兵天降的女真将士出现在眼前，顿时大乱，溃败一发不可收拾。宁江州战役结束后，女真人缴获了大量粮草、马匹和器械，实力倍增，军队也壮大到万余人。

阿骨打建国之后，阿骨打继续着灭辽的战争。他的第一个目标就是辽北的黄龙府（今吉林农安县）。黄龙府是辽朝重要的国库之所在，也是辽国的经济命脉。在夺取了宾、祥、成州等地之后，金兵完成了对黄龙府的合围。是年八月，阿骨打率兵亲征黄龙府。经过几场激烈的交锋，辽军抵抗不住，黄龙府落入了金人之手。金军占领黄龙府的消息传来后，辽朝野大为震惊。天祚帝决定御驾亲征，集结了70万大军迎战完颜阿骨打。辽国大军进驻陀门（今长春以北），摆开阵势，延绵百里，极具威势。金军只有2万余人，处于劣势，阿骨打明白敌军锋芒正锐，不可力敌，于是命令将士们修筑堡垒，挖掘壕沟，不和辽军做正面冲突。阿骨打还以女真旧俗鼓励将士士气，他以刀子划破前额，血流如注，然后仰天恸哭，与将士们诀别，他告诉将士们，辽军势大。不如将自己献给辽人，好苟全将士们的性命。将士们奋勇，人人声称要与辽军决一死战。没过多久，金兵擒获了一名辽国督饷军士，获悉辽天祚帝因为国中内乱，已经离开两天了。阿骨打知道时机来了，召集众将商议。众将说："现在辽主率军离开了，我们可以乘势追击。"阿骨打说："敌人在的时候，我们不去迎战，人家离开了我们去追，难道我们要以此为勇吗?"众将都感到羞愧，阿骨打话锋一转，接着说："如果去追，能够大获全胜，那自然好了!"众将听了，人人雀跃，奋勇追击百余里，终于在护步答冈追上了辽军。辽军旌旗如云，足足多出金兵几十倍。阿骨打对众将说："我看辽军中军实力最强，辽主肯定就在中军，只要我们集中精锐兵力，击败敌人中军，这场战争的胜利就是我们的了。"女真将士领命，合兵一处，直扑辽天祚帝所在的中军。女真将士如狼似虎，杀入敌人阵营。辽军大败，兵马互相践踏，死者不计其数。天祚帝惊慌失措，狼狈逃窜，一天一夜逃了五百里，直到逃到了广平淀行宫，这才算是保住了一条命。这一仗，金军缴获辽军粮草、马匹、器械、宝物无数，辽军一战胆寒，再也无法有力地抵抗完颜阿骨打的大军了。

为了集中对付辽国，彻底地推翻契丹权贵的统治，阿骨打对西夏、高丽和北宋采取了友好的态度，一直维持着和他们和平友好的关系。天辅三年（1119 年），阿骨打遣使出使北宋，商议联合攻辽的问题。第二年，双方最终商定，北宋攻取辽国燕京析津府（今北京），金攻取辽国的中京大定府（今内蒙古宁城县）。灭辽之后，北宋收回燕云十六州，将原来每年进贡给辽国的银、绢如数转送给金朝。这件事就是历史上有名的"海上之盟"。

随后，双方依约向辽国发动了进攻，金军一路势如破竹，接连攻取了辽国的中京、西京。宋军本该按照约定攻下辽国的燕京。但宋朝积弱，加上主将童贯、钟师道的昏庸无能，两次围攻燕京都不能破城，最后只能依靠金军。金军于天辅六年（1122 年）攻占燕京后，据之不还。北宋遣使进行了多次的交涉，金国才勉强燕京及其所属的蓟、景、涿、顺、檀、易六州归还北宋，但宋朝除了要把给辽的岁币全数送给金外，还得每年给金 100 万贯钱作为燕京的“代租金”。

攻陷上京之后，阿骨打焚毁了辽国宗庙，并掘开了辽国历代帝王的陵寝泄恨。此时的辽天祚帝丢魂丧胆，已经没有勇气抵抗金国的进攻了，只得四处逃命，惶惶如丧家之犬。天会三年（1125 年）二月，天祚帝在应州（山西北部）被金将完颜娄室擒获，辽国遂亡。

建立金国　励精图治

辽天庆五年（1115 年）正月，吴乞买、辞不失等文武百官上书阿骨打建号称帝。阿骨打思索再三，遂诏令天下，正式称帝，定国号为金，建元收国，建都会宁（今黑龙江省哈尔滨市阿城区）。据说，在立国时，阿骨打与众臣商议国号，针对辽在契丹语中是“镔铁”的意思，他说：“辽以镔铁号，取其坚也。镔铁虽坚终亦变坏，唯金不变不坏。”所以，取国号为“金”，以示灭辽的决心。

建立金朝之后，为了巩固统治，阿骨打在政权建设方面做了一系列的调整。称帝后，阿骨打确立了皇权，将存在于生女真大军事联盟下的都孛堇、国相、孛堇议事会，发展成为中央统治的最高权力机构——勃极烈制。在这种制度下，阿骨打作为联盟的最高军事首领都勃极烈，改称为皇帝，成为了女真的最高统治者。

同时，他还积极地改革社会的弊政，在法律方面，他确立了新的法制，规定民无贵贱，在法令面前，一律一视同仁。这样就防止了平民沦为奴隶，即保证了国家的税收，又保证了女真的兵力的来源。为了提高女真人的民族素质，革除原始婚俗，天辅元年（1117

年）五月，阿骨打下诏严禁女真人同姓结婚。凡是在宁江州战役结束后同姓结婚的，必须离异。

阿骨打也深知文化的重要性，在他称帝后，即下令完颜希夷创制文字。完颜希夷仿照汉人的正楷字，结合女真语言，创制了女真文字，天辅三年（1119 年）八月，文字制成，金太祖下令全国颁行，这种文字在历史上被称为“女真大字”。女真人第一次有了自己的文字。文字的创立，一改过去“信牌”记事和口头传达的旧俗，为金人的生活带来了极大地便利。阿骨打还注意学习汉族的先进文化，积极地任用汉族知识分子。天辅二年（1118 年），他就曾下诏，凡是有才能的汉族知识分子，务必选送京师。他还注意收集、保存各种文献、书籍，在与辽国作战中，他多次命令女真将士注意保存经典文献。在攻占中京时候，他命令金将在占领中京后，要把敌国的礼乐、仪仗等等之类的书籍运回金都。

另外，阿骨打还完善了猛安谋克制度。猛安谋克制原本是女真人在氏族社会末期的部落组织，是以血缘为纽带建立起来的。其组织按什伍进位编制，因有伍长（击柝），什长（执旗），谋克（百夫长），猛安（千夫长）而得名，是作为一种军事编制而存在的。随着形势的发展，原有的猛安谋克已不合时宜。宁江州战役结束后，阿骨打改编了固有的军队，突破了血缘关系，规定以户为计算单位。命令以 300 户组成 1 谋克，设百夫长为首领；每 10 谋克组成 1 猛安，设千夫长为首领，战时作战，闲时农耕，既有利于战争动员，又不违农时；既是军事组织（猛安谋克），又是地方行政组织（称为猛安谋克户），这对金朝的巩固和发展起着十分重要的作用。

对辽战争节节胜利，金国的统治区域也越来越大，不同民族的降服者变成了大金的子民。阿骨打对他们实行了一视同仁的民族政策，多次下诏优待、抚恤归附者。天辅二年（1118 年），他又发布诏令，对新降服的各族人民，要安抚他们，发给他们官粮，不得骚扰他们，让他们安居乐业。阿骨打还实行了移民政策，迁徙部分的汉人和契丹人充实内地。与此同时，他还强令女真由内地向外迁徙，进行屯田。

天辅七年（1123年）八月，阿骨打病死于回师燕京的路上，终年56岁。他是女真的英雄，一生驰骋疆场，为女真部族的强大和发展作出了巨大的贡献。值得一提的是，他虽然是少数民族的首领，但在战争中严禁士兵掳掠，破坏生产，在位期间还注意发展经济，采取了一系列有益于民的措施，这是尤足以为人们所称道的地方。

太宗完颜晟

金太宗档案：

生 卒 年：1075～1135年

父　　母：父，劾里钵；母，拏懒氏

后　　妃：唐皇后等

年　　号：天会

在位时间：1123～1135年

谥　　号：文烈皇帝

庙　　号：太宗

陵　　寝：恭陵

性　　格：耿直悍勇，明智贤达

点评：

作为第二代政治领袖，金太宗在灭辽攻宋的战争中勾勒了自己的领袖光环。晚年也有建立中央集权的意向，但未及着手。

——虞云国

金太宗完颜晟，本名吴乞买，是完颜阿骨打的弟弟，自小随着

父兄征战四方，在金太祖死后，接替兄长的帝位，成为金国的第二位皇帝。金太宗在位期间，对内勤于政事，做了一系列有益于民生的事情，对外，发动侵宋战争，灭亡了北宋。他是一位英明的君主。

天辅七年（1123 年），金太祖去世，完颜晟根据“兄终弟及”的祖制，即位为帝，改年号为天会，这一年就是天会元年。即位后，完颜晟继续着灭辽的战争，一路追击四处逃亡天祚帝。天会三年（1125 年）二月，天祚帝逃至应州，被金将完颜娄室擒获，辽国灭亡。

完颜晟在即位之初，尚沿袭着太祖旧制，继续保持着对西夏、高丽、北宋友好的外交关系。完颜晟赐西夏国主国誓诏，双方结为友邻。对高丽，他也一直坚持着友好睦邻的政策，虽然高丽多次冒犯了金国，但完颜晟采取了克制的态度，他甚至对手下的将领们说：“你们如果去侵犯他们，即使大获全胜，我也要惩罚你们。”在全部占领辽地后，完颜晟仍令诸将遵守太祖与宋订立的“海上盟约”，将云州诸地交还宋朝。然宗翰、宗望等重要统帅与原辽朝旧臣，力陈割云州之弊，他这才决意毁约，并萌发了灭宋的想法。

这年八月，完颜晟下诏出兵伐宋，一路势如破竹，很快就抵达汴京城下。天会五年（1127 年），金军俘宋徽宗、钦宗二帝北还，北宋亡。北宋灭亡之后，徽宗第九子康王赵构在临安建立政权，登基为帝，史称南宋。为了彻底灭亡宋王朝，金太宗完颜晟于次年七月，下诏追击逃往扬州的宋高宗赵构。金将宗弼率军南下，五月破扬州，十月袭江浙，十一月占和州（今安徽和县），接着下镇江、杭州、越州（今为绍兴市越城区）、明州（今宁波地区）、定海等地，一路攻城拔寨，所向披靡。赵构逃无可逃，只好乘船亡命海上，金兵入海又追了 300 余里，由于不习水战，这才掳掠大批的财货而还。

天会八年（1130 年），宋将张浚集结 18 万大军与金兵展开了决战。是役，虽然金兵最终以弱胜强，但也元气大伤，力量渐渐衰竭，已经无力亡宋了。而金军内部也因连年征战，产生了厌战的情绪，完颜晟审时度势，决定对南宋罢兵议和，扶植刘豫建立了傀儡政权——伪齐。伪齐政权的建立，标志着金、宋南北对峙局面的开始。

这之后，完颜晟将工作的重心转到了内政的改革之上。一方面参照旧制，移民实内，发展农业。在灭亡北宋后，完颜晟下令将宫妃、婢女、工伎等3000余人迁往金国，随后分配给各猛安谋克户充作劳动力，发展生产。有些家庭缺少耕牛，官府也定量拨放官牛。另外，金太宗多次颁布诏令严禁女真士兵骚扰汉人。在女真旧地实行赋税制，且严禁私自奴役百姓，禁止将汉人变为奴隶，还多次减免农民的赋税。金太宗尤其重视发展农业生产，多次下令各地方官劝民农功，还派遣劝农使到各地敦劝农桑。在地方政权的建设上，他实行了南北面官制，完颜晟原本想根据旧制在汉占区实行猛安谋克制，但由于各地汉人的反对，只得调整策略，实行汉官制。

这些改革措施是有益于金朝的统治的，但遭到了金朝旧奴隶主贵族的反对。这其中尤以战功赫赫的完颜宗翰为代表。完颜晟即位后，原本封自己的弟弟完颜杲为谙班勃极烈，做自己百年之后的帝位继承人，然而没过多久，完颜杲病死，皇储之位因而空虚。完颜晟打算仿照汉制立皇储的原则，立自己的儿子完颜宗磐为皇位继承人，但宗翰回朝后，勾结完颜希夷和宗干，以太祖遗训为由，强迫太宗下诏立太祖嫡孙完颜亶为谙班勃极烈，同时逼迫其分封宗室，自己也被授为国论右勃极烈兼都元帅，掌握了金国的政治、军事大权。宗翰的权势至此达到了顶峰。完颜晟对这种情况感到不安，他曾设法限制和夺取宗翰所控制的元帅府的某些权力。如于天会十一年（1133年）八月即下诏夺元帅府的任命官吏权，改由朝廷选派。

天会十三年（1135年）正月，完颜晟病逝于明德宫，享年61岁。金太宗完颜晟在位期间，继承了太祖未竟的事业，灭辽灭宋，后又发动了侵南宋的战争。在与汉文明的碰撞之中，他吸收汉族文化，改革旧制，创造各种典章制度，使金王朝的统治更加巩固、完善。

熙宗完颜亶

金熙宗档案：

生 卒 年：1119～1149 年

父　　母：父，完颜宗峻；母，蒲察氏

后　　妃：悼平皇后等

年　　号：天眷，皇统

在位时间：1135～1149 年

谥　　号：武灵皇帝

庙　　号：熙宗

陵　　寝：思陵

性　　格：富有心机，喜怒无常，残暴好色

点评：

作为君主的个人才具，熙宗实在不值得称道，但有金一代的重大改制却成功在熙宗朝，正应了形势比人强的说法。

——虞云国

金熙宗完颜亶是太祖的嫡孙，天会十年（1132 年），金太宗诏立完颜亶为谙班勃极烈，从而成为皇位的合法继承人。两年后，金太宗病逝，完颜亶即帝位，成为金国的第三位皇帝。他深受汉族先进的封建文化的熏陶，因此继任之后，就进行了一系列的汉化改革。

小时候，完颜亶曾跟随着韩昉等汉人儒学名士学习汉文经典，能用汉文赋诗写字，喜欢汉族的礼乐、服饰。旧宗室大臣讥讽他为

"汉家少年"，完颜亶则鄙视他们为"无知夷狄"，双方产生了隔阂。宗室之中，只有完颜宗干、完颜宗弼二人崇尚汉制，尤其是宗弼，他本是南下侵宋的主将。在长期与宋交战的过程中，逐渐为汉族先进的政治、经济、文化所折服。在太宗时期，他就曾上书，要求进行汉制改革。完颜亶即位后，并没有急着进行汉制改革，他首先要做的是肃清朝堂的异己分子，巩固皇权。在完颜亶即位之时，朝堂上有两股势力，是其心腹大患。其一，是以完颜宗翰为首的战功赫赫的守旧大臣。另一股则是以宗磐为首的势力。在这一系列惊心动魄的宫廷争斗之中，宗干、宗弼则一直站在熙宗这边，因此，他们事后得到了重用。这样，金王朝的政治、军事大权便完全掌握在了以熙宗、宗干、宗弼为首的改革派手中了。

巩固了皇位之后，完颜亶在宗干、宗弼的支持之下，开始了一系列的以加强皇权为目的的汉制改革。首先，他尊孔养士，重用汉族知识分子以就得到了汉族知识分子的普遍拥护，从而有力地巩固了统治。

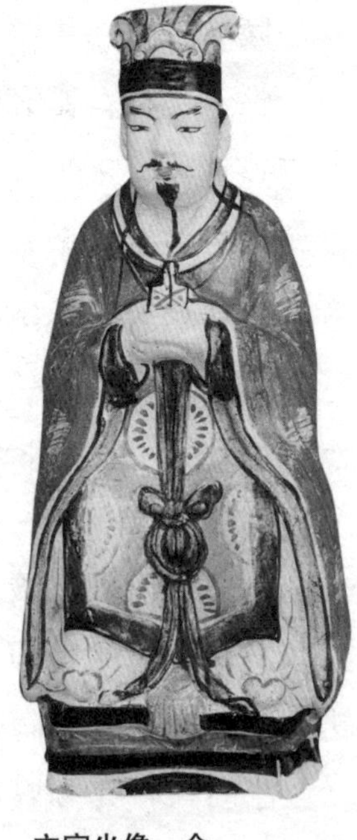
文官坐像　金

完颜亶还对金朝的官制进行了改革，废除了多种权利并存的勃极烈制，仿照辽、宋官制，兼采唐制，实行汉官制度。

完颜亶还在礼仪方面做了重要的改革，命令百官制定新的礼仪制度。在新的礼仪制度之下，不仅扩建了皇城，设置了相当完备的京城制度，而且在祭祀、尊号、谥法、朝参、车服、仪卫及官禁等方面都加以改革，以此突出君尊臣卑的等级关系。为了维护统治，完颜亶还以本国法制为蓝本，参考辽、宋，制订了一部系统的法典《皇统制》，颁行全国，作为治国治民的依据。在社会生产方面，完颜亶继承了太祖和太宗时的“移民实内”的政策，下令女真人猛安谋克户大规模南迁，让他们同中原的汉族人交错杂居，进行屯田，并且严禁将农民变成奴隶。他还任命专门的大臣，统计国内废弃的土地，将他们分给农民耕种。完颜亶甚至将一些皇室的荒芜土地，也分给农民耕种，并且只收他们少量的租赋。在废除刘豫伪政权之后，他甚至解散了伪齐军队，下令他们回家耕田。这在战事频仍的年代，显得尤为可贵。

天眷三年（1140年），在举兵南侵无果的情况之下，完颜亶审时度势，认识到以武力征服南宋已无可能，于是及时调整策略，而改之为同南宋议和，这正中偏安一隅的南宋统治者的下怀。宋高宗与宰相秦桧为实现对金议和，先后解除了韩世忠、张俊、岳飞三位抗金名将的兵权，甚至最后以“莫须有”的罪名杀害了岳飞。皇统元年（1141年）十一月，双方达成和议，南宋接受金朝封号，对金称臣，由金册封康王赵构为皇帝；双方边界东以淮河中流为界，西以大散关（陕西宝鸡西南）为界，以南属宋，以北属金。宋割唐（今河南唐河）、邓（今河南邓州）二州及商（今陕西商县）、秦（今甘肃天水）二州之大半予金；宋每年向金纳贡银两、绢各25万匹。这就是历史上的“绍兴十一年和议”金宋议和之后，双方之间出现了短暂的和平局面。

完颜亶虽然在政治上有所作为，但在私生活上既好色又残暴。他多次役使民夫，修筑京城。每一年，他都要在全国范围内选美，凡是年满13岁，而未满20岁的美貌女子，无论门第高低，一律要入宫侍禁，供他淫乐。在位期间，他还屡兴大狱，将一批元老勋贵杀死。随着宗干、宗弼两位得力辅政大臣的病逝，以及两位皇子（太子济安，魏王道济）的去世，完颜亶日渐消沉，郁郁寡欢，每日只知道酗酒作乐，不理政事，朝政落入了皇后裴满氏的手中。裴满氏勾结完颜亮、宗宪、秉德等人把持朝政，彻底孤立了完颜亶。完颜亶更加苦闷，酗酒日甚，甚至乘醉杀人。其弟完颜元、完颜查刺、裴满氏及妃嫔多人都先后遭他杀戮，群臣震恐，平章政事完颜亮因早有异心，更是惶恐不安。

皇统九年（1149年）十二月九日，内侍大兴国矫诏打宫门，完颜亮率领徒众数10人闯入熙宗寝宫，将其杀死，终年31岁。熙宗被杀后，完颜亮自立为帝。为了确立自己的正统地位，他降封熙宗为东昏王，葬于皇后裴满氏墓中，直到世宗大定年间，熙宗才被追谥为“武灵皇帝”，庙号“闵宗”，大定二十七年（1187年），改庙号为“熙宗”，陵寝也改在峨眉谷的思陵。熙宗一生瑕瑜互见，虽然私生活上淫逸无度，但在政治上所进行的一系列汉制改革，有力地推动了金朝全面向封建制度的转变和发展。

海陵王完颜亮

金海陵王档案：

生 卒 年：1122～1161年

父　　母：父，完颜宗干；母，大氏

后　　妃：徒单皇后等

年　　号：天德，贞元，正隆

在位时间：1149～1161年

谥　　号：炀帝

庙　　号：无

陵　　寝：山陵西南四十里

性　　格：野心勃勃、残暴狡诈，荒淫无耻

点评：

完颜亮跟七世纪隋王朝的暴君杨广好像是一个模子里浇出来的，都具有使人失笑的大头症。无限权力到手之后，他那一向艰苦克制

的兽性，全部爆发。

——柏杨

金海陵王完颜亮是太祖完颜阿骨打的嫡孙，皇统九年（1149 年），完颜亮发动政变，杀死熙宗自立为帝，前后在位 12 年。在位期间，他察纳雅言，勤于政事，在政治上颇有所作为，然而私生活上却淫行嗜杀，贪婪又好色，正隆六年（1161 年），在兴兵侵宋的过程中，被部将所杀。

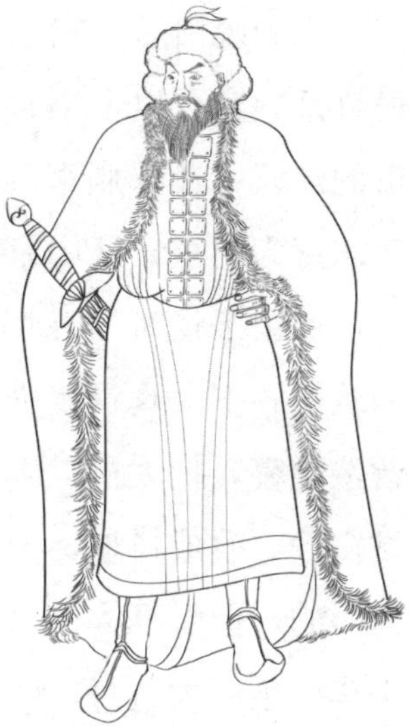

海陵王完颜亮像

完颜亮自幼聪明好学，喜欢汉族文化，曾跟随名儒张用直学习汉家儒学经典。他很有才气，常常与汉人儒士在一起吟诗作画。曾经有人请他为扇面题诗，他随即写下了“大柄若在手，清风满天下”的诗句，显得志向非凡。天眷三年（1140 年），完颜亮 19 岁，熙宗授之为奉国上将军，在宗弼帐前效力，因他作战勇猛，很快便凭功升为骠骑大将军。皇统四年（1144 年），他又被熙宗封为龙虎卫上将军，奉命留守中京，并升为光禄大夫。

完颜亮颇有政治野心，在中京留守期间，他广泛培植党羽，建立自己的势力，伺机夺取熙宗的政权。皇统九年（1149 年）十二月九日，内侍大兴国作为内应，矫诏打开了熙宗寝殿的大门，完颜亮率领秉德、唐括辩、乌代等人怀揣利刃闯入熙宗寝殿。熙宗闻变，躲避不及，被众人乱刀杀死。翌日，完颜亮自立为帝，改皇统九年为天德元年。

完颜亮即位后，自知皇位来的名不正言不顺，为了巩固皇位，乃大开杀戒，疯狂屠戮朝中的大臣、以及宗室子弟。他先杀了熙宗旧臣宗敏、宗贤等人，接着又杀了心怀异志的秉德、宗本、宗懿、唐括辩等人。前前后后，太宗子孙共有70多人被杀，太宗一脉至此人绝。

巩固统治后，完颜亮颁布“求言诏”，无论是公卿大臣，还是平民百姓，皆可以上书言事，面刺皇帝的错误。随后，采纳内侍梁汉臣的建议，迁都燕京，并改燕京为中都，升析津府为大兴府，同时改汴京为南京，辽中京大定府为北京，辽阳府为东京，大同府为西京，保留了辽时的五京之制。迁都之后，完颜亮继续推行移民实内的政策，把女真贵族强行大批南迁，以防止他们作乱，并在大房山营造陵寝，把太祖、太宗棺木由上京迁来安葬，同时毁掉上京的旧城宫殿，改成耕地，分给农民耕种，这些举措虽然是以维护统治为前提的，但女真人的大规模南迁，加速了金朝的封建化，更有利于中华民族的大融合。

熙宗死后，朝廷内外交困，完颜亮为解决这种局面，进行了一系列的改革。他废除了世袭万户职的制度，以改变贵族“子孙相继”，专揽威权状况。同时裁汰冗员，迅速精简统治机构，加强了中央集权，极大地提高了朝廷的行政效率。为了有效地加强中央对地方的控制，他将番汉之地，划分为14路，分别设置总管府，进行统治。

完颜亮提倡直言和节俭。他在执政后不久，就明令众臣上书言事，议论朝政的得失。甚至，他还专门为此组建了一个十人的智囊团，以供咨询。完颜亮对于文武百官非常严格，对于那些违法乱纪的官员，一律按照律法严惩，而那些有政绩的官员，则按照一定的标准加以升迁，以示恩宠。另外，完颜亮的生活也十分节俭，他不喜奢贵，平时穿着非常简朴，经常穿着有补丁的衣服召见百官。他的膳食也很简单，从不贪求口舌的满足。正隆五年（1160年）十二月，他又颁布了禁酒令，规定除了宋、西夏、高丽三国有使来朝外，百司官员平日不得随便饮酒。

司法制度方面，完颜亮也作了进一步的完善。正隆年间，颁布了《续降制书》，设置提刑司等职位，专司刑狱，拨乱反正，减少了冤假错案的发生。完颜亮还注重人才的培养和选用。早在天德三年（1151年），他就仿照中原王朝制度，设国子监以教育生员，同时大兴科举制度，以选拔官员。迁都中都之后，他还特开殿试，亲自过问选官大事。有时候，还亲自为考生们命题。

在经济建设方面，完颜亮完全继承了熙宗时的多项措施。一方面，他加派各路劝农使，劝课农桑，鼓励百姓进行农业生产；另一方面，他又派遣大臣出访各地，把闲弃、荒芜的土地收拢起来，放归无地的佃户耕种，并且每年只向他们收取少量的地租。

总的来说，完颜亮在政治上较有作为，不失为一位有远见卓识的皇帝，然而在私生活上，他纵情声色，是历史上出了名的好色皇帝。即位之后，他先后册封了十二位妃子、九位昭仪、三位婕妤，至于其他的宫女侍婢更是数以千计。即便如此，完颜亮犹不满足，他先后多次在全国范围内选美，猎取女色，有些时候，他为满足自己的兽欲，甚至罔顾伦常，连自己的亲外甥女及堂姐妹也不放过。天德二年（1150年），他以谋反罪诛杀宗本等太宗子孙70多人后，将他们的妻子占为己有。平章政事乌代，是完颜亮的心腹，有一个妻子，名叫做定哥，生得花容月貌，美艳绝伦。完颜亮为了长期霸占定哥，授意定哥毒杀了乌代，然后将她纳入后宫，封为贵妃。

正隆六年（1161年）九月，为了实现其统一全国的愿望，完颜亮下诏伐宋，兵分四路，大举进攻南宋。结果，三路大军皆遭失败，只有完颜亮亲率的一路在宋军不设防的情况下，占领了庐州、扬州、和州等地。然而，没过不久，就在采石矶遭到了宋将虞允文的痛击，金军大败。完颜亮慌忙集结兵力于瓜州渡口，打算渡过长江，攻取镇江。为了快速渡江，一举灭宋，完颜亮下令，军中士卒逃亡者，杀其领队；部将逃亡者，杀其主帅。军中上下甚为畏惧，敢怒不敢言。十月，完颜雍在辽阳即位，改元大定，是为金世宗。

消息传来，大军士气更为涣散，完颜亮愈来愈陷入了孤立。同年十一月二十七日，部将完颜元宣率众发动兵变。完颜亮被乱箭射死，时年40岁。死后，被金世宗降封为海陵郡王。大定二十年(1180年)，又再次被降为庶人，移出宗室陵墓，改葬山陵西南四十里处。

世宗完颜雍

金世宗档案：

生 卒 年： 1123～1189年

父　　母： 父，完颜宗辅；母，李氏

后　　妃： 昭德皇后、元妃张氏等

年　　号： 大定

在位时间： 1161～1189年

谥　　号： 仁孝皇帝

庙　　号： 世宗

陵　　寝： 兴陵

性　　格： 宽仁，俭朴，明达

点评：

世宗之立，虽由劝进，然天命人心之所归，虽古圣贤之君，亦不能辞也。

——元·脱脱《金史》

金世宗完颜雍，是太祖阿骨打之孙，其父为太祖第三子完颜宗辅。天辅七年（1123年）生，正隆六年（1161年）于辽阳称帝，成

为了金国的第五位皇帝。他在位共28年，在位期间励精图治，采取了一些有益的改革措施，重新整顿金朝的统治秩序，使金朝出现了“大定盛世”的繁荣鼎盛局面，女真族也基本上完成了从奴隶制向封建制的过渡，因此，他又被称为“小尧舜”。清朝人赵翼说：“金代九君，世宗最贤。”说的正是其人。

完颜雍，初名乌禄，出生于上京会宁府（今黑龙江省哈尔滨市阿城区）的皇宫里。

完颜雍的成长时期，正赶上了熙宗、海陵两朝。两人为了巩固皇权，对宗室采取了高压的屠杀政策，宗室子弟多遭屠戮。在那些风风雨雨的日子里，完颜雍与妻子乌林答氏同舟共济。他们深知皇帝对宗室猜忌极大，就进献珠宝珍玩，以示忠诚。完颜亮在位时，好色成性，闻知乌林答氏貌美，便召其入宫。乌林答氏深知此去京都，必不能幸免，但为了自己的丈夫，也只得忍辱前往，后于投湖自杀，以此保护了自己的贞洁。完颜雍闻讯后，痛不欲生，发誓报仇。在他夺取帝位后，即下诏追封乌林答氏为皇后，并且终生不在立后，以表示对乌林答氏永久的怀念。爱妻惨死，激起了完颜雍心中的无比仇恨。贞元三年（1155年），他开始开始不断地培植自己的势力，伺机将完颜亮取而代之。通过联姻等手段，完颜雍势力渐增。

正隆六年（1161年），完颜亮大举进攻南宋，陷入胶着。完颜雍乘此机会斩杀海陵王用于监视自己的高存福、李彦隆两人，并于这年的十月，正式在辽阳称帝，改元大定，是为金世宗。

世宗称帝后，当务之急，就是肃清海陵余党，结束两个朝廷并存的局面。他首先组建自己的权力机构，稳固政权，同时放宽对百姓的刑罚，争取民心。随后，他下诏讨伐完颜亮，亲自率领军队直取中都。这年十一月，海陵王完颜亮在前线被部众乱箭射死。十二月，世宗率军兵不血刃地进入中都，建立新朝。

海陵王晚年，社会动荡，朝廷内外交困，世宗入主中都之后，采取了种种措施，稳定时局。对内，他重整朝纲，对海陵王朝一些弊政进行了革除，拨乱反正，厚葬被屈杀的宗室大臣，并恢复他们的爵位，对于海陵王朝的旧臣，继续任用他们，一律赏功而不罚过。对外，世宗残酷镇压了契丹起义者。在擒获契丹义军头领窝斡后，世宗把他枭首示众，并砍下了他的手、足分别悬于各个京府，以示惩戒。为了彻底解决契丹问题，他废除了契丹族的猛安谋克制，把他们迁至上京、济州（今吉林西部）等地，与女真人杂居，从而有效地解决了契丹人的问题，使国内出现了相对稳定的局面。

熙宗、海陵两朝，正是女真汉化的重要阶段。世宗是受过正统女真贵族教育的人，认为女真汉化，会让他们遗忘女真旧有的淳朴的民风、民俗。于是，即位之后，他就大力提倡女真旧俗，恢复女真遗风。他下令女真人应保持原有习俗，穿女真服饰，起女真名字，不得与汉人通婚，若有违令者，一律处罚。但另一方面，汉制已经深入人心，世宗本人也非常推崇先进的汉族政治经济文化。因此，他的执政思想明显带有汉家“仁政”的治世思想烙印。在位期间，他虚心纳谏，广开言路，那些上书言事的人，都可以直接向他上表。大定二年（1162 年）正月，世宗想去游猎。左丞相李晏等人劝阻说：“边境的战事还没有结束，陛下此时出游，不合时宜。”世宗当即接受他们的意见还宫。他后来还对李晏等人说：“我常常敬慕古代帝王，虚心纳谏。你们应当有意见就提，不要心里有意见嘴上不说。”他经常批评朝臣不要明知他做的不对，却当面顺从，以至于成为他的失误。

为了选拔人才，世宗多次下诏，强令朝臣以及各级官员推荐贤才，甚至毫不客气地指出，朝臣们不推荐贤能，是嫉妒，害怕举荐的人有一天超过了自己。他还重视通过科举制度选拔人才。宫廷近臣中有人提议罢除科举制，金世宗就请太师张浩裁决。金世宗问张浩说："自古帝王中有不用文人的吗？"张浩回答说："有！"金世宗问："谁？"张浩回答："秦始皇。"金世宗环顾左右说："怎么可以让朕成为秦始皇那样的人呢？"通过这次事件，以科举取士的办法不但没有废除，反而得到进一步的发展。世宗对于任命的官吏，还会派人考察他们的品行和政绩，只有那些有真才实学且品德高尚的人才予以重用，而对于那些德行低劣、庸碌无为的官吏，则一律予以罢免。

世宗在位期间，竭力提倡节俭，他曾多次下令放免宫女，减除自己的膳食。据说有一次他正在吃饭，一位公主来了，他竟没有多余的饭菜招待自己的女儿。为了修缮宫室，他常常不得依靠减少宫廷费用来承担。他有时一件衣服能穿三年。他还常常以身作则，教育自己的子女们，要他们节俭，不要铺张浪费。大臣们认为皇帝不同于常人，可以奢侈点。他却不以为然地说："天子也是人，浪费有什么必要呢？"

另外，世宗还很注意农桑。海陵王朝，由于连年战事，造成"兵兴岁欠"、"仓廪久匮"。为了与民休养生息，世宗减免农民的赋税，颁发了免奴为良的诏令，鼓励他们垦荒屯田，进行生产。他还进一步将那些闲置不用的官田分给平民耕种，让他们耕种，并免除租税。他还颁布一系列诏令，鼓励百姓大力发展农业和畜牧业。他也注意兴修水利，每当遇到黄河泛滥，他就下令开仓赈济受灾地区的百姓，并且减免他们的赋税。在他晚年，社会安定，国库充足，人民生活富足安康，人口也由即位时的三百余万户增加到了六百七十多万户，足足增加了一倍有余，开创了金朝盛世的繁荣鼎盛局面。

大定二十九年（1189年），世宗病死于中都福安殿，享年67岁，在位28年。世宗死后，被尊谥号为"仁孝皇帝"，后被葬于大房山兴陵。

章宗完颜璟

金章宗档案：

生 卒 年：1168～1208 年

父　　母：父，完颜允恭；母，徒单氏

后　　妃：蒲察皇后、李元妃等

年　　号：明昌，承安，泰和

在位时间：1189～1208 年

谥　　号：英孝皇帝

庙　　号：章宗

陵　　寝：道陵

性　　格：有勇有谋，聪明机智

点评：

金章宗承世宗治平之世，继续原定治国方针，使金朝政治、经济、文化都有所发展，堪称为“鼎盛时期”。

——白寿彝《中国通史》

金章宗完颜璟，为世宗嫡孙，其父允恭为世宗第二子。大定二十六年（1186 年），立为皇太孙。大定二十九年（1189 年）世宗病死，完颜璟即帝位，成为了金朝历史上的第六位皇帝。章宗在位时，不断完善各种制度，执行汉化政策，实现了女真族的彻底封建化。

完颜璟，小字麻达葛，以生于金莲川麻达葛山（今河北省北部塞外沽源县）命名。在他 10 岁的时候，世宗封他为金源郡王，并命进士完颜匡等人作为他的伴读，教他学习女真、汉族的经典文化。大定二十五（1185 年），皇太子允恭积劳成疾，溘然而逝。十一月，左丞相纥石烈志宁上表请求册立麻达葛为皇长孙，以确定嗣统。世宗却没有答应，只是在十二月的时候，将麻达葛改封原王，调任大兴尹，先训练他熟习地方政务。次年，世宗任命他为右丞相，由左丞相太尉纥石烈志宁辅佐，十一月，世宗下诏正式册立麻达葛为皇长孙，赐名为璟，确定为皇位的正统继承人。

大定二十九年（1189 年），世宗驾崩，完颜璟继承皇位，是为金章宗。

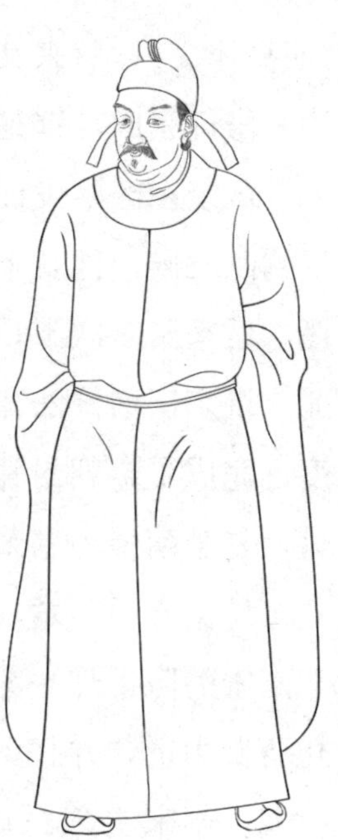
章宗完颜像

章宗成长年代，正是金朝的盛世时期，对于金世宗的文治武功，章宗非常推崇。因此上台后章宗沿袭世宗之治，继续实行“仁政”的治国之策。但在同时，又有所革新。他不同意世宗的复古做法，坚持推行汉化政策。在即位之初，他就下令修缮孔庙，礼尊孔子，后来又移风易俗，采用汉族的礼仪服饰，提倡女真人和汉人通婚，这些措施顺乎潮流，促进了民族融合。

章宗还仿照汉制，整顿了官制。他调整原来臃肿的官僚机构，设置三司，分掌盐铁、度支、农事三科，又设立按察司，其职责主要是执掌刑狱，弹劾官员，另外兼理劝民农桑。对于人才的任免和升降，主要看其是否有真才实学，是否做出了政绩。庸碌之官，一律驱出朝堂之外。

金在与辽宋长期的交往中，逐渐学习到汉族统治者的礼乐制度。世宗大定末年，才开始设置专门的机构，参照唐、宋旧有礼典，编修金朝的礼乐。至明昌初年，才将多年的成果修订成书，共四百余卷，定名为《金纂修杂录》，金朝礼乐制度至此始初具规模。

为了内明法度，明昌三年（1192 年）七月，章宗命中都路转运使王寂、大理卿董师中等以右司郎中孙铎《名例篇》为蓝本，制成

《明昌律义》；后来又重修新律，泰和元年（1201年）十二月《泰和律》修订完成，这是金朝最完备的法典。

章宗在经济发面，也采取了一系列的措施。在他刚刚即位一月不到的时候，他就下诏将宫籍中属于父、祖辈的女婢全部放免为平民，后来又多次下诏免去一些贫困者的奴籍，将他们放免回家。为此，章宗还增修法律，明令禁止逼良为奴，从而彻底废除了奴隶制度，完成了金朝封建制的建立。这一时期，金国的经济文化达到鼎盛，是金朝最为繁荣的阶段。

外交方面，章宗继续保持着世宗时期对南宋友好的政策，但对于南宋的防备却一刻也没有放松过。他先后增加边界的更戍兵，强化防御力量，并且诏令金军将士就如何防御宋兵献计献策。在这段时期，南宋主战派韩侂胄积极备战，准备北伐。泰和五年（1205年），宁宗下诏北伐。宋军突入金境，相继占领了一些地区。章宗调兵遣将前往抵御，并先后多次大败宋军。而后，更兵分九路，大举南侵，攻占了宋朝的许多城池，迫使宋朝再次进行议和。泰和八年（1208年），宋、金双方达成协议：宋金约为伯侄之国；增加岁币为30万，犒军银300万两；宋金维持原来划定的边界。史称“嘉定和议”。

章宗治国有方，却不能察人。他有一个宠妃，名叫做李师儿，出身卑贱。因其父亲获罪，李师儿被收入宫监，后来做了宫女。不久，章宗接受宦官梁道的建议，纳李师儿为妃。李师儿长得漂亮，人又很聪明，很会察言观色，迎合章宗心意。章宗对她极为宠爱。明昌四年（1193年），章宗封她为昭容，次年又进封为淑妃。李师儿的哥哥名叫李喜儿，曾经是个强盗，却因为妹妹的关系，被授予宣徽使的官职，一时间，李氏兄妹成了章宗眼前的红人。大朝廷一些见风使舵的大臣见李氏兄妹得宠，就纷纷依附他们，拜在李氏门下。自皇后蒲察氏死后，章宗就没有再册立皇后。章宗很想立李妃为皇后，但遭到了大臣们的反对。他们认为李师儿并非出自名门，况且又是犯人之女，怎可以当一国之后。章宗无奈，就封其为元妃，而执掌皇后之权。自此以后，李氏兄妹更加有恃无恐，飞扬跋扈。在当时，凡是依附李妃的人都能够加官进爵。

时任平章政事的胥持国，知道章宗生性好色，暗中向章宗传授房中术，又见元妃深受章宗宠信，于是便想方设法地攀附元妃，他多次贿赂服侍元妃的宫女，表达了自己结交元妃的意思。元妃李氏也觉得自己出身卑微，应该借助朝臣之力，于是多次向章宗举荐胥持国。胥持国也因此而官至尚书右丞相，大权在握。自此以后，两人狼狈为奸，把持朝政，在朝中培植党羽，又大肆地诛除异己，致使金国朝风日益腐败，政治更加黑暗。

泰和八年（1208 年），章宗患了嗽疾，久治不愈，不久病逝于中都福安殿，时年 41 岁，在位 19 年。因为他生前嗣下无子，加上猜忌宗室，不肯在宗室中挑选皇嗣，而导致在他死后皇位一度空悬。元妃李氏、平章政事完颜匡等人乘机谋划拥立卫王完颜永济为帝。

卫绍王完颜永济

金卫绍王档案：

生卒年：1153～1213 年

父　　母：父，完颜雍；母，李氏

后　　妃：徒单氏、袁氏等

年　　号：大安，崇庆，至宁

在位时间：1208～1213 年

谥　　号：绍王

庙　　号：无

陵　　寝：北京房山

性　　格：优柔寡断，懦弱平庸

点评：

卫绍王政乱于内，兵败于外，其灭亡已有征矣。

——元·脱脱《金史》

卫绍王完颜永济是金世宗第七个儿子，先后被封为滕王、潞王、卫王。章宗死时无嗣，平章政事完颜匡、宦官李新喜等人传遗诏，立完颜永济为帝。次年，改年号为大安。永济帝在位期间忠奸不分，任用佞臣庸将，最终自取其祸，落得个被人毒杀的下场。

完颜永济即位时，正是金朝内外交困的时期。一方面，金国经历了李妃乱政，走向了衰弱，朝堂之上，奸人当道，那些真正能够为金国出谋划策的有识之士，却被排斥在朝堂之外。另一方面，北方草原上蒙古部族兴起，成吉思汗在斡难河畔建立了蒙古汗国，公然竖起了反帜，反抗金国的统治。大安二年（1210年），永济帝诏传成吉思汗，觐见新皇，成吉思汗却认为永济帝昏庸无能，不配做天下之主，拒不奉诏。永济闻讯后，很是生气，打算伺机除掉成吉思汗。没想到，这年刚过，成吉思汗就亲率大军，南下攻打金国。

完颜永济得到消息后，暴跳如雷，立即派遣了几十万大军分路剿杀蒙古大军，但是先后被蒙古大军击败。完颜永济又命完颜承裕为将，集结45万大军在野狐岭与蒙古军队展开了大决战。是役，金军溃败，几十万大军灰飞烟灭，实力严重地被消弱了。野狐岭大战后，蒙古大军一路南下，于同年十二月，大军兵临中都城下。完颜永济采纳主战派完颜纲、高耆年等主战派的建议，加固城防，顽强抵抗。蒙古大军久攻不下，于是掳掠大批财货，退兵返回了蒙古。中都保卫战的胜利，让完颜永济看到了希望，在至宁元年（1213年），他派遣尚书左丞完颜纲领兵10万在怀来（今河北怀来东）、缙山（今北京延庆）地区与成吉思汗展开激战。金军又一次大败。这一役，金军精锐尽失，损失极为惨重。

蒙古大军乘胜南下，接连攻下了居庸关、涿州和易州（今河北直隶西部）等地，很快逼近中都，此时负责防守中都城北的是右副元帅胡沙虎。胡沙虎军事上无能，在政治上又极富野心。两年前，他在与蒙古军队的作战中临阵脱逃，完颜永济却并没有把他治罪，后来更升他为右副元帅屯兵城北，抵御蒙古人的攻击。蒙古大军逼近时，胡沙虎却没有忙着整军备战，而是整天纵马游猎，不理军务。完颜永济派人责备，他反而大为生气，与手下人密谋作乱。这年八月，胡沙虎一切准备就绪，诈称中都城中有人作乱，奉诏讨逆，率兵进入了中都。随后，杀掉皇宫卫士，占据了皇宫。他本来打算僭位自立，又怕激起了金国上下的反对，于是自称监国都元帅，劫持完颜永济出宫，后来在丞相徒单镒的建议下，拥立章宗的哥哥完颜珣为帝。时过不久，他又偷偷地派人鸩杀了完颜永济。完颜永济的丧命可以说是他自己一手造成的，他察人不明，又听不进忠臣的劝谏。胡沙虎临阵脱逃，他不加以惩戒，反而委以重用，最终自取其祸，为人所杀。

宣宗即位后，迫于胡沙虎的淫威，降封完颜永济为东海郡侯。胡沙虎死后几年，宣宗这才于贞祐四年（1216 年），追复他为卫王，谥曰“绍”，这就是金朝历史上的卫绍王。

宣宗完颜珣

金宣宗档案：

生 卒 年：1163～1223 年

父　　母：父，完颜允恭；母，刘氏

后　　妃：王皇后等

年　　号：贞祐，兴定，元光

在位时间：1213～1223 年

谥　　号：圣孝皇帝

庙　　号：宣宗

陵　　寝：德陵

性　　格：慈善温和，宽仁大度

点评：

宣宗南度，弃厥本根，外狃余威，连兵宋、夏，内致困惫，自速土崩。

——元·脱脱《金史》

金宣宗完颜珣，原名乌达布，是金世宗完颜雍之孙，父亲为前太子允恭，母亲刘氏。至宁元年（1213 年），胡沙虎发动兵变，劫杀了卫绍王，拥立完颜珣为帝，是为金宣宗。宣宗在位 10 年，虽然有中兴金国的雄心，但举措失当，致使金国陷入了空前的危机之中。元光二年（1223 年），宣宗在忧郁中病死，终年 61 岁。

完颜珣即位之时，金国已是风雨飘摇，摇摇欲坠。胡沙虎自恃拥立有功，把持朝政，威胁着宣宗的统治。贞祐元年（1213 年），蒙古大军势如破竹，接连攻下了涿州、观州（今河北景县东北）、沧州等地。十月，蒙古来犯，元帅右监军术虎高琪屡战屡败，胡沙虎警告他说："你要是再次战败，就要军法从事！"高琪出战，结果再次失败，害怕胡沙虎的责罚，便率部包围了胡沙虎宅，将他杀死。宣宗正是用人之际，就赦他无罪，仍让他做左副元帅的官职，后来又授他为为平章政事，执掌军政大权。

贞祐二年（1214 年），成吉思汗领军抵达中都北郊，向金朝招降。宣宗于是遣使求和，把卫绍王的女儿岐国公主献给了成吉思汗，还有童男童女各 500 名，以及大量的陪嫁礼物。成吉思汗带着这些战利品在尚书右丞相完颜承辉的护送下，引军北还。

蒙古退兵后，宣宗认为中都兵弱粮少，难以抵抗蒙古大军攻击，于是不顾军民的劝阻，决意南迁。五月末，宣宗带领着文武官员浩浩荡荡地走了两个多月，这才到了新都南京。宣宗的迁都举动，危害极大。在金统治区域内的一些官吏和豪强地主纷纷背叛了金朝，投降了蒙古。成吉思汗闻讯，遣使指责，认为既然已经签了和议，又何必迁都，显然另有企图，遂派大将石抹明安率兵南下，再次包围了中都。

宣宗在离开中都时，曾留下尚书右丞相完颜承辉，左副元帅抹然尽忠以及太子守忠等人镇守中都，总领政事和防务。此时，宣宗听说蒙古大军去而复来，担心中都失守，慌忙召太子守忠回到南京。太子避祸而去，极大地动摇了军心。贞祐三年（1215 年）正月，金国右副元帅蒲察七斤投降蒙古，完颜承辉慌忙向宣宗写信告急。宣宗派遣了两路援军驰援中都，却先后被蒙古军队打败。而此时，总揽军政大权的术虎高琪因与完颜承辉不和，拒不发兵救援中都。中都危在旦夕，城内将士人心惶惶，左副元帅抹然尽忠贪生怕死，暗中与心腹完颜师姑密谋南逃之事。完颜承辉闻讯大惊，招来完颜师姑，责问明白后将他一刀两断，杀了。抹然尽忠握有军权，完颜承辉自知留他不住。这天夜里，万念俱灰的完颜承辉给宣宗写了一份遗表，表中提出了些中兴国家的大计，又指出了高琪把持朝政，包藏祸心，应及早除之。他把表交给尚书省令史师安石，要他尽快奏报皇上，然后就服毒自杀了。也是在这一夜里，抹然尽忠弃城逃走。翌日，石抹明安率领蒙古大军开进了中都城。

蒙古大军对金廷步步紧逼。宣宗在术虎高琪等人的建议之下，发兵侵宋，以图扩大金国版图，摆脱不利局面。却遭到了南宋的顽强抵抗。金军骑虎难下，进退维艰，宣宗只得同宋议和。出乎意料的是，南宋这次的态度非常坚决，拒绝了金朝和议的要求，并乘机北伐，大动干戈。金军从此陷入了两面作战的局面，形势更不利了。

晚年，宣宗虽然启用了完颜合达、完颜仲元等抗蒙有功的将领，相继收复了一些地区，但这并不能从根本上改变金的被动局面。金朝仍处于蒙、宋、西夏三面的包围之中。后世哀宗完颜守绪虽然英明之主，却也已经是回天乏力了。

元光二年（1223年）十二月，宣宗在宁德殿驾崩，临终遗诏，由太子完颜守绪继承皇位。翌年三月，葬于德陵，庙号“宣宗”，谥号“圣孝皇帝”。

哀宗完颜守绪

金哀宗档案：

生 卒 年：1198～1234年

父　　母：父，宣宗完颜珣；母，王皇后

后　　妃：徒单皇后等

年　　号：正大，开兴，天兴

在位时间：1223～1234年

谥　　号：庄皇帝

庙　　号：哀宗

陵　　寝：河南汝南

性　　格：宽和仁慈

点评：

图存于亡，力尽乃毙，可哀也矣。虽然，在《礼》“国君死社稷”，哀宗无愧焉。

——元·脱脱《金史》

金哀宗完颜守绪，原名完颜守礼，又名宁甲速，是宣宗的第三个儿子。在位期间，他积极整顿朝纲，采取了各种措施中兴金国，

却也无法挽救金国败亡的结局。天兴三年（1234 年），蔡州城破，完颜守绪自缢而死，终年 37 岁。是金朝历史上颇有悲剧色彩的一位皇帝。

完颜守礼自幼爱好读书，待人温和，颇有古士之风。贞祐三年（1215 年），皇太子完颜守忠因中都失守，忧郁而死，次年皇太孙完颜铿也不幸早夭，宣宗于是立守礼为皇太子，并赐名为守绪。元光二年（1223 年），宣宗病逝，完颜守绪继承皇位，是为金哀宗。

哀宗即位的时候，正是金朝风雨飘摇的多事之秋。在北方，蒙古占领了大半疆域，金国疆土日缩；在南边，与南宋战事重开，屡战不胜，陷入进退维谷的境地。而在金国内部，义军迭起，盗匪横行，各地的反抗斗争日甚一日，严重地威胁着金朝的统治。

哀宗生于末世，知道身上肩负的使命。因此，即位后他励精图治，采取种种措施，企图能够中兴金朝。他首先整顿朝纲，强化了法纪，要求各级官吏秉公执法，不得做扰民害民之事。对于贪赃枉法之人，则一律严惩不怠。除了申明法纪之外，他还广开言路，鼓励那些有才干的人为国家献计献策。另外，他还任用了一批抗蒙有功的将帅，分掌军政，行统兵御敌之权。而对于那些营私舞弊，庸碌无能的贪官污吏则全部罢免官职，赶出朝廷。

为了解决两线作战的不利局面，哀宗上台之后，立即改变宣宗时期的对宋策略，停止了侵宋战争，与宋和议。他还派人宋金边境四处张贴皇榜，告示自己的和宋之心。同时为了寻求同盟，哀宗还主动要求改变过去西夏与金的臣属关系，以此来拉拢西夏，共抗蒙古。

在解决了与宋、西夏的纷争之后，哀宗集中兵力对付蒙古。正大三年（1226 年），他派遣权枢密副使移剌蒲阿进兵山西，收复失地。八月，移剌蒲阿收复曲沃，进而收复绛州（今山西新绛县）。次年，哀宗又派纥石烈牙吾塔、武仙为将，收复平阳、太原等地。

但这样的胜利，虽然显得弥足珍贵，但并无法改变蒙古大军灭金的趋势。正大四年（1227年）六月，蒙古灭掉西夏，随后集中力量攻打金国。哀宗一面加紧在汴京签民为军，扩充实力，一面派遣得力干将有效地抵御了蒙古的攻击，接连取得胜利。两个月后，成吉思汗病逝于六盘山，蒙古军被迫撤退，金国的危机暂时算是解除了。

正大六年（1229年）八月，成吉思汗的第三个儿子窝阔台继承蒙古汗位。哀宗遣使向蒙古进献钱财，企图使窝阔台放弃对金用兵。窝阔台拒绝，继续对金用兵。正大八年（1231年）六月，蒙古分兵三路，大举伐金。大将斡陈那颜自东攻济南，窝阔台亲率中路大军自河中下孟津；托雷自西假道于宋，迂回唐、邓攻潼关。随后三路大军合围汴京。

次年三月，蒙古大军会集汴京城下。窝阔台下令攻城，蒙军炮火齐鸣，发动了进攻。哀宗命人分守四城，并亲自激励军士士气，军民奋勇，士气高昂，蒙古大军接连猛攻了16日，汴京城固若金汤。然而此时的汴京城已经是一座孤城了，外无援军，城内粮草不济，加上瘟疫肆行，军民的减员情况十分严重。在这种形势之下，哀宗派人向蒙古求和。蒙古将领速不台见久攻不下，又有荆王完颜守纯的儿子完颜讹可的儿子为人质，于是领兵退去。

四月，哀宗改年号为天兴，宣布大赦天下。七月，蒙古派遣使臣唐庆前来招降，要求哀宗去帝号，向蒙古称臣，并且要哀宗前往蒙古议降。哀宗托病不起，在病榻上接见了蒙古使者。唐庆出语粗鲁，态度横蛮，十分无礼。金朝将士一怒之下，把唐庆及其随从30余人杀的干干净净。事情发展到了这种局面，哀宗自然明白蒙古人不会甘休，于是决定逃离汴京，先去了归德，后来又到了蔡州（今河南汝南）。

哀宗进入蔡州之后，一方面亲自整顿军马，修缮器械，另一方面派遣使臣入南宋，陈述唇亡齿寒的道理，希望能够联合南宋，共同抗击蒙古。宋金之间是百年的大仇，宋理宗自然不从，并派大将孟铁率精兵2万联合蒙古共击蔡州。蔡州被围三个月后，已经是粮尽援绝。哀宗下令斩了官马给将士食用。蔡州形势急剧恶化，金朝覆亡已经是指日可待。

天兴三年（1234年）正月，哀宗见大势已去，遂将皇位传给皇族完颜承麟。大礼草草结束，宋军已经攻破了南城，顷刻之间，四面杀声震天动地。哀宗不愿受辱，遂自缢于幽兰轩。

西夏

景宗李元昊

夏景宗档案：

生 卒 年：1003～1048年

父　　母：父，李德明；母，卫慕皇后

后　　妃：野利皇后、没藏皇后、没移皇后

年　　号：开运，广运，大庆，天授礼法延祚

在位时间：1032～1048年

谥　　号：武烈皇帝

庙　　号：景宗

陵　　寝：泰陵

性　　格：坚毅果敢、残暴多疑

点评：

他幼读兵书，又懂佛学，精通汉、藏文，确实是王霸之才。

——虞云国

夏景宗李元昊，党项族人，西夏的第一位皇帝。李德明死后，他继位为夏国主。但他不甘心成为辽宋的附庸，乃在党项旧制的基础上，改革内政，确立了各种典章制度，建立了西夏国家。在对外方面，他多次对宋、辽发动战争，开拓疆土，形成了与辽宋三足鼎立的局面。然而，他后期沉湎于酒色，无视人伦，夺子之妻，以致身死宫闱，成为笑柄。但总的来说，李元昊仍然不失为一位具备雄才大略的英主。

少年英雄气　志在王霸业

李元昊的祖父名叫李继迁，是党项族的首领，在北宋时曾被任为节度使。后叛宋自立，经过多年的征战，占据了大片的领土，为夏国的建立奠定了基础。李继迁死后，他的儿子李德明袭位，经过十来年的开拓，已经成为当时仅次于辽宋的一方势力。辽、宋为了笼络党项，先后封其为大夏国王、夏国主。李德明娶妻卫慕氏，后生子元昊。元昊的出生多又有几分神秘色彩。传说，一次李德明与卫慕氏到贺兰山游玩的时候，卫慕氏夜晚做了个梦，梦见一条白龙围绕着他盘旋飞舞，翌日，腹中大痛，竟然有了身孕。十二个月后，生下一子，即是元昊。相传，他出生时，哭声嘹亮，双目精光灼灼，竟然隐现青光。

元昊少年时英姿勃发，与众不同。每次，他骑马出行的时候，左右簇拥，威风凛凛，引得路人竞相翘首。他自幼熟读兵书，对当时流传世间的《野战歌》《太乙金鉴决》等兵书，更是爱不释手，专心研读。他精通汉、藏文字，在他的案头，也常放置宋、吐蕃两国法律之类的著作，以供他随时翻阅，从中探寻治国安邦之策。宋朝边将曹玮，听说元昊之名，英雄相惜，一直想见元昊一面，无奈总是无缘相见。后来，便派人暗中偷画了元昊的画像。曹玮见其相貌后，不由的惊叹："真英雄也！"并且预见到元昊他日定为宋朝边境之患。

李德明在位时，奉行睦邻的外交政策，先后向辽、宋两国称臣，但元昊不认同父亲的做法。他认为西夏崛起，没有必要向别国低三下四，尤其是向积弱的宋朝。李德明提醒儿子道：“我们西夏以往征战连年，早已兵乏民困，民不聊生。但停战这三十年来，我们部族可以穿上绫罗绸缎，这可是宋朝的恩惠啊，我们不能忘恩负义啊！”而元昊不以为然，反驳说：“穿兽皮做的衣服，放羊牧马，这本来就是我们西夏的习俗。大丈夫生来就应该建功立业、名垂青史，又何必满足于锦衣玉食的生活呢？”李德明对于元昊的辩驳不但没有生气，反而因为儿子年纪轻轻就有如此雄心，而感到欣慰，于是更加器重元昊。

宋仁宗天圣六年（1028 年），李德明派遣年近 26 岁的李元昊带领军队去回鹘攻取甘州（今甘肃省张掖市）。他采取突然袭击的战术，以迅雷不及掩耳之势攻破甘州，随后，又采取声东击西的办法，以奇兵突袭西凉，夺取瓜州（今甘肃安西）、沙州（今甘肃敦煌）等地，使党项的势力扩展到河西走廊。在这次战争中，李元昊显示出优秀的军事才能，为他赢得了声望。李德明对自己的儿子非常满意，于是立他为太子。宋明道元年（1032 年），李德明去世，李元昊继承了父亲的职位，成为西夏之主。

改革建基　为帝图皇

李元昊继承了夏国王位之后，辽宋竞相对党项奉行拉拢的政策。辽兴宗得知李德明去世后，遣使加封元昊为夏国王，并给予丰厚的赏赐。宋仁宗更是举行了隆重的仪式祭悼李德明，同时在名义上对元昊加官进爵，封其为平西王。但是李元昊对这些加封不以为然。他不甘人下，早就有了自立为帝之心。为达到“为帝图皇”的目的，他在国内进行了一系列改革，为建国称帝作准备。

首先，强化西夏的民族意识。他废除了唐、宋两王朝所赐的李姓和赵姓，而改用党项姓氏嵬名。他还自称“兀卒”，在党项语中相当于天子或者可汗，汉语译为“青天子”，即青天之子的意思。这显然是要和中原王朝的天子以作呼应。他还在境内颁布了自己的年号，以往西夏采用的是宗主国宋朝的年号，但元昊借口宋“明道”年号犯了他父亲李德明的名讳，于是宣布废除“明道”年号，而改为“开运”，但没过多久，发现开运是后晋末帝亡国之前使用的年号，遂又改年号为“广运”，宋明道三年（1034 年）也就是广运元年。

不久，元昊即下达了“秃发令”，命令所有党项族人剃掉头顶的头发，而将额前的头发留下来。他率先剃光头顶，穿耳戴耳环，以示区别，而后严令所有党项部众在三日之内执行，有不服从者，一律处死。在服饰方面，他也做了变革，身份地位不同的人所穿的衣服颜色、样式方面也各有不同，如文官要穿紫衣、红衣；武官要戴冠；无官的百姓则只能穿青衣或者绿衣。而他自己则穿白衫，头戴朱冠。元昊以此来区分官民的等级，强化君权的威严性。

他还创制了西夏文字。他命令党项族的大学者野利仁荣仿照汉字的六书（即象形、指事、形声、会意、转注、假借）的形体结构来搜集、整理西夏文字，最终编成“蕃书”12 卷。元昊将其宣布为“国字”，并且用它来纪事、翻译汉藏的经典著作等。几个月后，他又设立了“蕃字院”和“汉字院”，选拔文人学者翻译西夏与吐蕃、北宋等地的过往文书。

最后，元昊还完善军事制度，以提高西夏的作战能力。他规定所有的党项族男子，年满 15，便纳入军籍。出征时，每户按人口多寡抽丁从军。军队又分为“正军”和“抄”，“正军”专门从事战斗，“抄”则随军负责杂役，每一名军士，配备两名杂役。除此之外，元昊还增设了族外兵，所谓的族外兵其实就是从俘虏的汉人中挑选的精壮之士，编为兵丁。这些人在战时担当冲锋陷阵之职。元昊又仿照宋朝军事建制，在全国划分为左、右两厢，并设十二个监军司，各规定驻地和军名，如专门负责宿卫的卫戍军、专门负责掠夺人口的擒生军等。他还贵族子弟中挑选5000名精壮武士作为自己的侍卫亲军，由自己掌握。

在前后六年的时间里，李元昊完成了西夏在政治、经济、文化等各个方面的称帝准备。大庆三年（1038年）十月，李元昊命人在兴庆府的南郊筑起祭台，祭告天地，宣布登基为帝，建国号大夏，改元“天授礼法延祚”，这年即是天授礼法延祚元年。

兵戈不息　三足鼎立

李元昊称帝后，上表要求宋朝廷承认其称帝的合法性，承认其皇帝称号，但遭到宋朝的严词拒绝。宋仁宗断然下诏削夺赐姓官爵，停止互市，并在边关张贴告示张贴榜文，悬赏重金捉拿元昊。元昊为逼迫宋朝承认西夏建国的事实，加紧整军备战，准备发动对宋朝的战争。

天授礼法延祚三年（1040年）三月，李元昊亲率10万军队进攻北宋的西北重镇延州（今陕西延安）。夏、宋军队相遇于三川口（今陕西省志丹县南），宋军猝不及防，被杀得大败。李元昊乘胜前进，打算一举攻克延州，但是天气转冷，西夏军队缺少御寒的衣物，只得班师回朝。次年二月，李元昊领军进攻渭州（今甘肃省平凉县）。宋军斗志高昂，李元昊一时取之不下，遂设下引蛇出洞之计，伺机歼灭宋军。他先派小股夏军入寇，遇宋军后既佯装败北，仓皇撤退。宋将求胜心切，不知是计，率军追赶，结果在好水川（今宁夏省隆德夏北）被西夏10万主力大军包围，全军覆没。此役之后，李元昊又指挥西夏与北宋战于定川，再获全胜，随后乘胜率兵南下，直捣渭州，破栏马和平泉两城（今甘肃省平凉县境内），在城中烧杀掳掠一番后，撤兵回国。

这几次战争，虽然都是西夏获得了胜利，但是连年征战，耗费了西夏大量的国力财力，而与宋贸易的断绝，使得西夏国内急需的日用品如茶叶、布匹、粮食等物价飞涨，民怨沸腾。而在这时，辽国与西夏关系转冷，辽兴宗大有南侵之意，在这种情形下，李元昊只得向宋朝议和。经过一年的讨价还价，天授礼法延祚七年（1044年）十月，双方达成协议：西夏向宋朝称臣；宋承认西夏的现有领土，册封元昊为夏国主，双方回到原来的朝贡与互市的关系。

宋夏战争结束之后，与辽国的战争却一触即发。西夏在建国之前，一直执行着联辽攻宋的策略。元昊还曾多次请求“尚公主”，辽兴宗便将自己的姐姐兴平公主嫁给元昊。但是元昊与辽公主婚后并不和睦，辽公主最终抑郁而终。元昊建国后，煽动辽国境内的党项人叛辽归夏，还一度出兵掠入辽境，杀害辽将。这些都令辽兴宗耿耿于怀。而李元昊对于辽兴宗利用夏宋交战，从中讹取利益，也越来越觉得难以容忍，加上辽国在夏宋和议期间扣押西夏使者，就更让元昊恼火万丈。随着双方的矛盾升级，战争也是一触即发了。

这年十月，辽兴宗亲率10万军队进攻西夏。辽军兵分三路，渡过黄河，深入夏境400余里。李元昊仓促中率军迎战，被杀得大败，只得领着残兵退守贺兰山中。辽军士气高昂，日益逼近。李元昊知道力敌难以取胜，于是诈称谢罪请和，却在与辽议和之际，连续后撤百余里，每后撤一次，必坚壁清野，断绝辽军粮草供应。辽军深入夏境，缺衣少粮，又饥又饿，李元昊趁此良机纵兵突袭辽军。辽军溃败，辽兴宗仅带着数骑逃出。李元昊在取得胜利之后，立即再次遣使与辽讲和，并表示愿意归还俘获。辽兴宗无力再战，只得同意与西夏讲和，并派人送还先前扣押的夏国使者。

通过这几次战争，元昊在政治上取得了与宋、辽平等的地位，尽管西夏在形式上仍须向宋、辽称臣，但实际上已经是一个独立强大的国家，形成了与宋、辽两朝三足鼎立的局势。

亡命宫闱　后人讥笑

晚年，李元昊沉湎于酒色，荒疏朝政。他后宫妃嫔成群，犹喜夺人之妻。大将野利遇乞死后，他的妻子没藏氏逃到庵中为尼。李元昊贪图美色，与她私通，多次借口打猎与她幽会偷情。天授礼法延祚十年（1047年）二月，没藏氏为元昊生下儿子宁令两岔，这就是后来的毅宗李谅祚。没藏氏生下龙种，更加得到元昊的宠爱，其兄没藏讹庞也因此鸡犬升天，于这年三月被封为国相。同年五月，元昊在太子宁令哥的成婚大典上见儿媳没誃氏年轻貌美，楚楚动人，按捺不住，竟然将儿媳妇强行占为己有，纳为妃子。皇后野利氏忍不住出言劝谏，元昊大怒，废掉了野利皇后，幽闭别宫，册封新宠没誃氏为西夏国新皇后。太子宁令哥先是娇妻被夺，继而母后被废，更是满腹怒火，对元昊十分痛恨。

这时，国相没藏讹庞见元昊沉湎酒色，怠于政事，便与妹妹没藏氏暗地里谋划，企图废掉太子宁令哥，而立谅祚为太子。没藏讹庞深知宁令哥此时痛恨元昊，于是挑唆太子作乱去刺杀元昊，并表示愿意辅助太子取得皇位。这其实是没藏讹庞借刀杀人，一箭双雕的毒计。如果太子行刺未遂，必然难逃一死；如果行刺成功，就以弑君之罪杀掉太子。不论是何种结果，太子必死无疑。但太子宁令哥却对他的鬼话信以为真，决定铤而走险，行刺元昊。

天授礼法延祚十一年（1048年）正月十五日元宵夜，元昊喝得酩酊大醉，被侍卫扶着入宫就寝。太子宁令哥乘机入宫行刺。宁令哥迎面一刀向元昊劈去，元昊躲避不及，被削掉鼻子。宁令哥仓忙逃离皇宫，躲藏在没藏讹庞的住处。没藏讹庞见目的达到便以弑君之罪杀掉太子宁令哥及其母野利氏。翌日，元昊因流血过多而死，时年46岁，谥曰“武烈皇帝”，庙号“景宗”，葬于泰陵。

毅宗李谅祚

夏毅宗档案：

生 卒 年：1047～1067年

父　　母：父，景宗李元昊；母，没藏皇后

后　　妃：没藏皇后、梁皇后等

年　　号：延嗣宁国，天祐垂圣，福圣承道，奲都，拱化

在位时间：1048～1067 年

谥　　号：昭英皇帝

庙　　号：毅宗

陵　　寝：安陵

性　　格：果断，勇敢

点评：

见契丹之强则事之，侦讹庞之叛则诛之，遵大汉礼仪以更蕃俗，求中朝典册用仰华风，皆元昊数十年草创经营所未能及者。

——吴广成

夏毅宗李谅祚，是夏景宗李元昊长子，母亲没藏氏。谅祚本取名宁令两岔，“宁令”在党项语是欢喜的意思，“两岔”为河名，因生于河畔，所以以此为名，后取谐音改为谅祚。谅祚出世后，没藏氏勾结兄长国相没藏讹庞把持朝政，暗中开始策划谋害太子宁令哥，企图让子谅祚继承帝位。

天授礼法延祚十一年（1048 年）正月，元昊被太子宁令哥削去鼻子，鼻创发作，不治而亡。临死前，遗命由其弟委哥宁令继承帝位。诸大臣准备遵照元昊的遗嘱行事，拥立委哥宁令。但却遭到国相没藏讹庞的坚决反对，他借口说委哥宁令不是元昊的儿子，而且也没有立功，不符合做继承人的条件，要求立谅祚为皇帝。众大臣迫于没藏氏兄妹的淫威，只好立刚满周岁的李谅祚为西夏国的第二位皇帝。尊没藏氏为宣穆惠文皇太后，没藏讹庞自任国相，总揽军政大权，同时安插亲信，委以重职。由此，开始了母党专权的局面。

同年四月，宋朝派遣使臣到西夏，册封李谅祚为夏国主。十二

月，西夏遣使前往宋朝谢封，并献骆驼、骏马各 50 匹。辽国因上次战败，心怀怨恨，不肯对谅祚行封册，并有攻打西夏的意图。延嗣宁国元年（1049 年）七月，辽兴宗为雪前耻，乘着谅祚帝刚刚继位，政权不稳，亲自率军进攻西夏。辽军来势汹汹，一路攻城略地。次年五月，辽军包围兴庆府，纵兵烧杀劫掠，随后转攻贺兰山西北的摊粮城（今内蒙古巴音浩特北）。西夏在这里囤积了大量粮食，被辽军抢劫一空。西夏军节节败退，没藏氏无奈，只得遣使请和。

福圣承道四年（1056 年）十月，太后没藏氏被杀。没藏氏生性荒淫放荡，因为与元昊的侍从官宝保吃多已私通，引起了旧相好李守贵的怨恨。李守贵竟起歹意，趁着没藏氏与姘夫游猎之际，将两人双双刺死。国相没藏讹庞后得知后，立即捕杀了李守贵一家。没藏讹庞失去皇太后这个靠山，担心自己失宠，就将自己的女儿嫁给年仅 10 岁的谅祚皇帝为后，这样，讹庞摇身一变成为国丈，从而得以继续总揽大权，声势复炽，臣民无不畏惧。

奲都三年（1059 年），李谅祚年满 13 岁，开始参与国事，他眼见讹庞在朝廷飞扬跋扈、胡作非为，对其日益不满，加上亲信高怀正、毛惟昌将大臣们对讹庞的议论告诉了他，更激起了他对讹庞的怨恨。后来，没藏讹庞闻知此事，便借故将高怀正、毛惟昌杀害。李谅祚试图劝阻，却遭到讹庞的拒绝，这进一步激起了他对讹庞的怨恨。双方矛盾日益激化。

奲都五年（1061 年）四月，李谅祚与讹庞的儿媳梁氏私通。讹庞得知后，大怒，密谋杀掉李谅祚。梁氏得知这个消息后，立马密告李谅祚。李谅祚先下手为强，召讹庞父子入宫议事，暗中埋下伏兵，将两人擒获，而后处死，并诛其家族，同时下令废没藏后，囚禁冷宫，后赐死，另立梁氏为新皇后。至此，年仅 15 岁的李谅祚夺回朝政大权，开始亲政。

李谅祚亲政后，即着手治理内政，采取了一系列的措施来扭转因没藏氏专权造成的混乱局面。首先，他提倡汉文化，在这年的十月就下令在国内停止使用蕃礼，改用汉礼。次年，上表宋室，请求赐予汉族儒家经典，宋仁宗同意赐其《九经》。他还改回汉姓，仍用唐朝时赐予的“李姓”。其次，李谅祚调整官制，重用汉族士人，对从宋朝过来的知识分子尤其给予优待。同时，李谅祚调整了先帝设立的监军司，加强军备，强化中央集权。又增设各部尚侍郎，南北宣徽使等官，使官制更加完备。另外，他还与宋朝商议划定地界，设立寨堡，并请宋朝恢复榷场，以通互市。在短短的几年中，通过这些措施的实施，西夏政权逐渐得以巩固和发展。

外交方面，李谅祚采取灵活的外交策略。对于强大的辽国，他以和为主；对吐蕃，他以联姻的方式加以笼络，而对于宋朝，则采取战和交替的手段，从中谋取利益。

拱化元年（1063 年），李谅祚将宗室女嫁给吐蕃首领禹藏花麻。禹藏花麻乃以西使城和兰州（今甘肃皋兰县）之地归附西夏。同年宋仁宗去世，其义子赵曙即位，是为宋英宗。李谅祚派遣使臣入宋恭贺，因礼仪不合，与宋朝官员发生争执。次年，李谅祚便以此为借口，发兵进攻宋朝，侵扰宋秦凤、泾原诸州。此后两年，李谅祚不断向宋进攻，但大都没有取得预想的成绩。拱化四年（1066 年），李谅祚亲率步骑数万进攻宋朝庆州，包围了大顺城（今甘肃庆阳县北），结果猛攻三日不克，还中箭受伤，差点丢掉了性命，只得狼狈退兵。次年三月，李谅祚闻宋朝很有抱负的神宗赵顼继位，乃罢战休兵，派遣使者向宋朝纳贡谢罪，保证今后谨守封疆，不再犯境。宋神宗同意西夏的请求，并且赐给西夏绢 500 匹，银 500 两。八月，宋夏双方又恢复了中断一年多的和市。

同年十二月，李谅祚突然病逝，终年 21 岁，在位 19 年。他虽然结束了以没藏氏为首的母党集团乱政局面，但是因为他过度地宠爱皇后梁氏，任用梁氏家族的人为官，以至于在他死后又形成了以梁氏为首的母党集团乱政局面。西夏政治仍然深陷于外戚擅权的漩涡之中。

惠宗李秉常

夏惠宗档案：

生 卒 年： 1060～1086 年

父　　母： 父，毅宗李谅祚；母，梁皇后

后　　妃： 梁皇后

年　　号： 乾道，天赐礼盛国庆，大安，天安礼定

在位时间： 1067～1086 年

谥　　号： 康靖皇帝

庙　　号： 惠宗

陵　　寝： 献陵

性　　格： 隐忍，懦弱

点评：

他作为傀儡孱弱无能，无力左右政局，在忧愤中死去。

——虞云国

夏惠宗李秉常，为夏毅宗李谅祚长子，母亲梁氏。拱化五年（1067 年）十二月，谅祚死，李秉常继立，时年 8 岁，由皇太后梁氏摄政，梁太后的弟弟梁乙埋擢升为国相，共辅国政。

梁氏姐弟虽然是汉人，在西夏皇族中也没有什么威望，但是他们依靠先帝谅祚的专宠，经过多年的苦心经营，已经在朝廷中形成了强大的势力。秉常幼年即位，梁氏姐弟便乘此机会，大力扩展自己的力量。他们选用亲信，培植党羽，安排亲信和子弟担任朝中要职，同时排斥异己，将不归附自己的大臣嵬名浪遇等人罢免流放，

这样很快就形成了一个以梁太后、梁乙埋和大将都罗马尾、贵族罔萌讹为首的新的母党集团。他们牢牢把持着朝中的军政大权，架空了嵬名皇族的权力。

为了争取党项贵族的支持，梁氏提出废除汉礼，恢复蕃礼来笼络人心。乾道二年（1069 年）七月，梁太后假借李秉常的名义，向宋朝上表，请求恢复夏国的蕃礼，宋神宗答应了这一请求。这样，毅宗谅祚时候改行的汉礼被废除了，西夏恢复了蕃礼。梁氏的这一作法引起了朝中汉官的强烈不满，统治阶级内部矛盾重重。为了转移国内矛盾，梁氏发动了对宋朝的战争。次年八月，梁太后亲点 30 万兵马，倾巢出动，兵分五路，大举进攻宋朝。还没有到达宋境，就因为吐蕃乘虚攻入夏境，匆忙撤军，辎重粮草损失无数。第二年，西夏发兵再攻，不胜，只得乞求辽国出兵相助，这才得以收场。梁氏的连年征战，遭到了民众的强烈反对，统治阶级内部也不稳定。在这种情况下，梁氏只得遣使与宋朝讲和。

大安二年（1075 年），李秉常年满 16 岁，开始亲政，但实权仍然操纵于梁氏集团之手。秉常喜欢汉儒文化，准备在西夏重新恢复汉礼，废除蕃仪，却遭到了梁氏的坚决反对，最后只能不了了之。李秉常对此心有怨恨。随着双方矛盾的不断升级，大安七年（1081 年），李秉常听从了大将李清的建议，计划将黄河以南的不毛之地划归宋朝，以此来换取宋朝的支持，从而借宋朝的力量来对付对付梁氏母党势力。然而，机密外泄，梁氏随即处死李清，并将李秉常驱逐出皇宫，幽禁在兴庆府五里之外的木砦。

此讯一出，朝廷内外大为震惊。西夏的皇族亲党和各部酋长非常愤怒，立即起兵讨伐梁氏集团。一时，西夏国内大乱。保泰统军禹藏花麻以皇帝失位、国内变乱为理由，请求宋朝发兵征讨梁氏。宋神宗正苦于没有复仇的机会，遂集结 50 万大军，以熙河经略使宦官李宪为统帅，兵分五路大举进攻西夏。西夏采用诱敌深入，聚而歼之的策略，大败宋军于灵州城下。一年后，宋军再次进攻，在夏、银、宥三州界修建永乐城，意图以此为进攻西夏的踏板，进而威胁西夏都城兴庆府。梁太后命令夏统军叶悖麻率领30万大军围攻永乐城。夏军截断永乐城守军的水源、粮运，永乐城乃破破，宋军将校死亡数百人，兵卒伤亡数万。宋神宗闻知战败的消息后，失声痛哭，只得再度与夏议和。

两次战争虽然西夏在表面上都取得了胜利，但是毕竟国力有限，难以承受大规模的战争消耗。加上因与宋朝连年的战争，宋朝给西夏的岁赐业已断绝，更使得夏国财政陷于崩溃边缘，国内物价飞涨，民不聊生。朝中对梁氏母党专权的不满情绪日趋激烈，要求秉常复位的呼声也不断高涨。梁氏姐弟无奈，只得让李秉常复位，以缓和国内矛盾。而此时，李秉常已经24岁了。

李秉常虽然已经复位，但是朝政大权仍然牢牢掌握在梁氏姐弟手中。天安礼定元年（1085年）二月，国相梁乙埋病死，梁太后不愿意梁氏家族的权力被削弱，于是立梁乙埋的儿子梁乞逋为国相，梁氏姑侄继续把持朝政。十月，梁太后寿终正寝，梁乞逋失去靠山，权力受到了极大的动摇。与此同时，朝中的皇族势力开始上升，公开与梁乞逋等人抗衡。

次年七月，李秉常病卒，终年27岁，在位19年。谥号“康靖皇帝”，庙号“惠宗”。

崇宗李乾顺

夏崇宗档案：

生 卒 年： 1084～1139年

父　　母： 父，惠宗李秉常；母，梁皇后

后　　妃： 成安皇后、任皇后等

年　　号：天仪治平，天祐民安，永安，贞观，雍宁，元德，正德，大德

在位时间：1086～1139年

谥　　号：圣文皇帝

庙　　号：崇宗

陵　　寝：显陵

性　　格：倔强，睿智

点评：

西夏崇宗（乾顺）、仁宗（仁孝）时进入鼎盛时期。

——白寿彝《中国通史》

夏崇宗李乾顺，是惠宗李秉常长子，母亲梁氏。天安礼定二年（1086年）七月，惠宗李秉常病卒，李乾顺即位为帝。他在位期间依附辽国，铲除了梁氏母党集团，后又改革内政，巩固皇权；对外因时而变，及时调整外交策略，使西夏的疆域在他的手中扩展到前所未有的状态。

梁氏的主政及败亡

乾顺继位时，年仅3岁，因其年幼，由母后梁氏和舅父梁乞逋共辅政。是年八月改元天仪治平。次年正月，宋朝遣使册封乾顺为夏国王。天仪治平三年（1089年）七月，辽朝也派遣使臣册封乾顺为夏国王。乾顺初立，西夏的军政大权皆操之于三大家族之手，这三个家族分别是后族梁氏，皇族嵬名阿吴和贵族仁多保忠。尤其是梁氏，梁后与梁乞逋兄妹依仗梁氏家族“一门二后”的威势，笼络朝臣，飞扬跋扈，他们诛锄异己势力，许多先帝旧时的亲信和老臣，都遭到无情的打击和迫害，或被贬被杀。梁氏兄妹为了转移国内矛盾，巩固政权，乃效法前朝，开始展开对宋的大规模战争。

天仪治平元年（1087年），梁乞逋勾结吐蕃，商议共同入侵宋

朝的定西城（今甘肃定西南）。约定如果取得胜利，则以熙（今甘肃临洮）、河（今甘肃临夏）、岷（今甘肃岷县）三州归吐蕃，以兰州（今属甘肃）、定西城（今甘肃定西南）归西夏。夏、吐蕃联军共计20余万，占据绝对优势，然而由于缺乏统一部署和指挥，被宋军各个击破，吐蕃军大败，梁乞逋引军无功而返。随后几年，梁乞逋不断地发兵侵扰宋朝边境，有时一年内竟出兵达六七次以上。但这些战争大都遭到了失败。国内群情汹涌，群起攻之。梁乞逋一面弹劾反对官员，一面加紧夺取权力，扩展自己的势力，到后来甚至连太后也不放在眼里，企图控制太后，篡夺其权力。于是，兄妹反目，梁太后已有意除掉兄长梁乞逋。天祐民安三年（1092年）十月，宋夏环庆之战中，梁乞逋请求领兵出战，梁太后不授兵权，自统兵马出战。梁乞逋心怀疑虑与不满，遂加紧了篡权活动。天祐民安五年（1094年）十月，梁乞逋阴谋叛乱，梁太后在皇族大臣嵬名阿吴和仁多保忠的帮助下，逮捕并诛杀梁乞逋及其全家。

梁乞逋死后，梁太后继续对宋朝用兵。天祐民安七年（1096年），梁太后挟持皇帝乾顺御驾亲征，集兵号称50万，兵分三路进攻大举进攻宋朝，原打算攻打延州，但见延州守备森严，于是转攻金明砦（今安塞南）。梁太后与子乾顺亲自督战，终于攻下金明砦，得粮五万石。永安元年（1098年）十月，梁太后又亲自率领军队40万进攻宋朝的平夏城（今宁夏固原境）。但平夏城防守严密，固若金汤，西夏军猛攻13日，伤亡万余，犹未能破城。夏军粮草渐乏，又遭暴风袭击，战车折损，故此不战自溃，梁太后率领残兵狼狈返回西夏。

永安二年（1099年），李乾顺年满16岁，已是亲政的年龄。但是梁太后仍不愿放下手里的权利。梁太后侵宋一再失败，仍不死心，再次派人赴辽求援。辽道宗耶律洪基本来就对梁太后的擅权表示厌恶，加上梁太后所上表章往往出言不逊、流露了对辽国的不满，此时更是忍无可忍，于是派遣使臣去西夏，鸩杀梁太后。李乾顺于是在辽朝的支持下开始亲政。

乾顺亲政　重文轻武

乾顺在亲政之后，面临着内忧外患的局面。在国内，虽然结束了梁氏专政的局面，但大权仍然操纵在几位大臣之手，尤其是至为重要的兵权，落在嵬保没、陵结讹遇、仁多保忠等几位大将手里。而外部，由于连年侵宋，与宋关系恶化，双方边境侵扰不断。在这种形势下，年轻的李乾顺果断地采取了一系列的措施来改善不利局面，以巩固自己的统治。

他首先调整外交策略，附辽和宋，欲以此换取稳定的外部环境。永安二年（1099 年）二月，李乾顺派兵帮助辽平息拔思母、达里底等部的起义，同时请求辽国出面斡旋与宋的关系。次年十一月，李乾顺派使者向辽进攻，并且请求尚公主，打算以联姻的方式来巩固双方的关系。几年后，辽天祚帝答应了这门婚事，封宗室女耶律南仙为成安公主，嫁给了李乾顺。与宋朝的和解比较曲折，宋朝皇帝恼恨西夏屡屡背弃合约，入侵宋朝，因此一直不愿轻易与西夏和解。后来，在辽朝出面斡旋的情况下，李乾顺又处死曾为梁太后献计侵宋的大将嵬保没、陵结讹遇二人，并遣使向宋朝上谢罪表，宋朝这才答应与夏议和，同时恢复“岁赐”。

在处理好外部关系之后，李乾顺转而进行内政的治理，他采取一系列的措施，巩固了皇权。自梁氏乱政以来，兵权一直掌握在朝中贵族的手里。李乾顺对此忧心忡忡，于是采取手段先后解除了他们的兵权。早在永安二年（1099 年）四月，李乾顺借口梁太后的死是由大将嵬保没和陵结讹遇多次劝太后伐宋造成的，下令处死两位大将。四年后，宋朝宰相蔡京诱降仁多保忠。李乾顺得知此事之后，便以此为借口剥夺了仁多保忠的兵权。至此，朝廷军政大权皆归于皇族嵬名氏手中。李乾顺的皇权得到了有效的巩固。

李乾顺还仿照汉族的封王制度，对嵬名皇族进行分封。他封勇武威猛的庶弟察哥为晋王，让其执掌兵权。又封宗室景思的儿子仁忠为濮王，仁礼为舒王。仁忠、仁礼两人通晓蕃、汉文字，又精通诗文，李乾顺于是量才录用，又分别任命两人为礼部郎中、河南转运使。

西夏自建国以来，就一直存在着“蕃礼”与“汉礼”之争。李乾顺意识到学习汉文化的重要性，认为只有重新提倡汉学，才能改变西夏落后的社会风气。贞观元年（1101 年），李乾顺采纳了御史中丞薛元礼尊儒学、兴汉学的建议，命令在原有的蕃学基础上另设国学，挑选皇亲贵族子弟 300 人，教授汉族文化。贞观十二年（1112 年），他公布了按照资格任用官吏的办法，对于精通汉学、擅长诗文的人给予特别优待。朝廷有些大臣对于乾顺重文轻武的举措表示不满和反对。御史大夫谋宁克任就上疏表示既要看重文治，更要看重武备，不可以贪恋重视人才的虚名，而忘记防边御境的实务。但李乾顺不予采纳。

时局变化　乱世图存

李乾顺在位期间，是政治形势急剧变化的时代。金国的崛起，伴随着辽、宋两国的衰落，西夏在大国的夹缝中，也适时地变动着自己的对外方针，尽量在乱世之中为自己谋取最大的利益。

宋朝徽宗继位后，宰相蔡京与宦官童贯勾结，对外实行开边政策，以武邀功。从西夏贞观四年（1104 年）到元德元年（1119 年）的 10 余年中，西夏不断遭到宋朝的攻击，并且一度被宋军深入夏都城兴州、灵州腹心地区。李乾顺向辽国求援，依靠着同辽国姻亲关系，由辽国出面施加压力，这才得以稳定朝局，继续同宋议和。

这一时期，女真族首领完颜阿骨打建立金国，为了摆脱辽国残暴的统治，多次对辽发动战争，先攻克辽中京大定府，又攻克西京大同府。李乾顺见辽国战事吃紧，于是派兵援辽。西京之战中，李乾顺派出 5000 兵马援救辽国，不胜，乃班师回朝。后来辽天祚帝逃入阴山，李乾顺又遣大将李良辅领兵 3 万前去接应，结果在宜川河畔被金将完颜娄室杀得大败，西夏兵伤亡惨重，狼狈退往阴山以北。次年，李乾顺再次遣兵屯于可敦馆，阻止金兵追击天祚帝，后又遣使于夏边境迎驾，请天祚帝入夏境。但李乾顺的支援非但无法改变辽国灭亡的命运，反而引起了金国皇帝完颜阿骨打的不满。元德五年（1123 年）六月，完颜阿骨打派遣使臣入夏，提出如天祚帝逃入夏境，应将其擒获送金，否则就无法保证不被金国攻击，还表示夏如能以事辽之礼事金，金国愿意将辽国西北的一片土地割让给夏国。李乾顺分析了辽、金双方的形势，权衡利弊后，遂答应了金的条件。次年三月，李乾顺向金朝上誓表，表示依附于金。辽灭亡后，乾顺妃辽成安公主知故国已亡，悲痛不已，在宫中绝食而死。

李乾顺臣服于金国之后，趁着金、宋大战的机会，派兵攻占宋边境重镇天德、云内等州，不久金将完颜宗弼又派兵驱逐夏兵，强占这些地方。李乾顺上表提出质疑。金国于是割让河西千里之地给夏，以作天德、云内诸州的补偿。在之后的几年里，李乾顺继续盛乱出兵，相继夺取了乐州、积石州、廓州三地。至此，李乾顺取得了湟水流域，从而将西夏的疆域扩展到前所未有的状态。

南宋高宗赵构建立政权后，曾多次遣使入夏，希望与夏国通好。李乾顺都无回应，并于正德六年（1132 年）下令停行宋朝所赐历书。这年八月，李乾顺听到金朝集兵云中，将要攻取川陕的消息，害怕金国乘势进攻夏国，于是遣使入宋，表示愿与宋朝通好。

大德三年（1137 年）四月，宋朝知西安州任得敬投降西夏，并将女儿献给李乾顺为妃。李乾顺非常宠爱任氏，第二年就立她为皇后，同时擢升任得敬为静州都统军。同年，伪齐将领李世辅回宋未成，遂投奔西夏。李乾顺得此战将，非常高兴，委任李世辅静为难军承宣使等重职。

大德五年（1139 年），李乾顺命李世辅攻打延安府时，李世辅竟然率领所部 3000 余人投奔宋朝。李乾顺闻讯后，十分气愤，在这一年的六月病卒，终年 56 岁。谥号“圣文皇帝”，庙号“崇宗”。

仁宗李仁孝

夏仁宗档案：

生 卒 年：1124～1193 年

父　　母：父，崇宗李乾顺；母，曹氏

后　　妃：罔皇后等

年　　号：大庆，人庆，天盛，乾祐

在位时间：1139～1193 年

谥　　号：圣德皇帝

庙　　号：仁宗

陵　　寝：寿陵

性　　格：虚心纳谏，勤俭节约

点评：

仁宗在位 55 年，在西夏列帝中统治时间最长，社会也相对繁荣稳定，完成了封建化的进程。

——虞云国

夏仁宗名仁孝，是崇宗李乾顺长子，母亲曹氏。传说，他出生时霞光满室，乾顺妃辽成安公主见后非常喜爱，给他取名为“仁孝”。大德五年（1139 年）六月，崇宗乾顺病卒，仁孝时年 16 岁，即位为帝，尊生母曹氏和庶母任氏并立为太后，次年改元大庆。

李仁孝即位不久，国内就发生了萧合达叛乱事件。萧合达原本是辽国的将领，后来奉命保护辽成安公主来到了西夏。因他勇武，

擅长骑射，遂被李乾顺留下，并授予西夏的夏州都统之职。辽朝灭亡后，李乾顺背盟投靠金国，成安公主悲愤交加，在宫中绝食身亡。萧合达闻知消息后，心里十分气愤，想为旧主报仇。于是乘着新帝初立，国势不稳，在夏州拥兵发动叛乱。他联络阴山和河东的契丹部族，并且积极寻找辽的皇室后裔，企图恢复辽朝。

是年七月，萧合达叛军攻克盐州（今宁夏盐池境），直逼贺兰山，西夏朝内一片惶恐。李仁孝却很镇静，随即诏令静州都统任得敬发兵夏州镇压叛乱。任得敬驱军前进，很快就平定夏州，收复了盐州，萧合达率领残部败逃，后被捕杀。任得敬因功被擢升为翔庆军都统军，封为西平公。

大庆三年（1142 年）九月，夏国发生严重的饥荒，粮价飞涨，民不聊生。次年，兴州和夏州一带发生了强烈的地震，城中房舍倒塌，人畜伤亡数以万计。地震和饥荒迭次发生，使得国内人民在死亡线边缘挣扎，为了生存，他们只有铤而走险，举行武装起义，劫掠官府，反抗朝廷。这年七月，威州（今宁夏中卫县东）、静州（今灵武县北）、定州（今宁夏平罗县）等地百姓纷纷起义，规模大小不等，多者万人，少者也有五六千人。周边州县纷纷告急，李仁孝接受大臣的建议，诏令各州赈济灾民，同时派遣西平都统军任得敬前往镇压。任得敬玩两面手段，采取屠杀和瓦解结合的办法最终残酷镇压了农民起义。

起义虽然最终被镇压了，但是也让李仁孝看见民众的力量。水能载舟，亦能覆舟，为了其统治的长治久安，李仁孝不得不在国内采取了一系列的措施来缓和阶级和社会矛盾。

在经济方面，鼓励垦荒，减免地租和赋税，均定租赋，并且以法律的形式确立下来。在他颁布的《新法》和《天盛年改定新法》中就明令垦荒者可以将开垦的土地占为己有，他和他的族人可以永远占有，并且有权出卖；土地所有者应按亩数向国家交纳赋税，所缴纳的地租的数额也有一定的规定。这些以法律形式对土地所有制的规定，进一步巩固了封建所有制关系。李仁孝还向宗主国金国上表，请求开榷场，茶马互市，以促进双方贸易的往来。

在政治方面，李仁孝将西夏辽阔的疆域划分为27个州，以方便其管理。分为黄河以南12州；黄河以西11州；熙、秦河外另有4州。在地方行政设置上，仍然沿用元昊时期的州、县两级制，州级的官员是由中央委派，而县级官员是由各氏族首领担任。

在文化方面，李仁孝大兴汉学，推进社会变革。人庆元年(1144年)，他下令在各个州县设立学校，在宫中设立贵族小学，凡宗室子孙7岁至15岁的都可以入学。次年，又摹仿中原制度，设立太学，李仁孝还亲临太学学府举行了隆重的祭祀仪式，并对教师学生给予赏赐。第二年三月，李仁孝尊孔子为文宣帝，并在各地大修孔庙祭祀。人庆四年（1147年）八月，他又仿宋朝制度，实行科举，在国内通过科举来选拔人才。后来还设立翰林学士院，以大学者王佥、焦景颜等人为学士，编纂历朝史实。

另外，李仁孝还推行直言和节俭。天盛七年（1155年）九月，李仁孝骑马去贺兰山打猎，因为道路崎岖不平，跌伤了马足，这使得他十分生气，当即下令处斩修路官。尚食官阿华正好在旁，便对李仁孝说：“您为了一匹马而杀人，是贵畜贱人，在法律上也没有明文规定，道义上也不合适，这么做国人岂会服您?”李仁孝听后觉得有道理，这才作罢。回宫之后，李仁孝将这件事告诉了皇后罔氏，罔氏立马赏赐阿华大量银币，并且鼓励大臣们直言劝谏。天盛十四年（1162年）十月，李仁孝为了使言路畅通，将中书、枢密院等行政、军事的首脑机关移置内门外，以便咨询。次年，李仁孝下令禁止奢侈，以便节约国家的财政支出。

在他的治理下，西夏经济繁荣，国力强盛，成为西域各汗国羡慕的对象。在他统治的几十年间，西夏政治、经济、文化都有了长足的发展，并逐渐确立了封建的统治制度，可以说是西夏历史上的全盛时期。然而，他重文轻武，导致西夏军备开始废弛，战斗力减弱，西夏也自他这一代开始走向了衰落。而其晚年，对于外戚专权的容忍，几乎导致了夏国的分裂和灭亡。

外戚任得敬本为宋朝西安州通判，投降夏国后，献女为妃，得到了崇宗乾顺皇帝的重用。后来，任氏做了皇后，任得敬更是一路飞黄腾达，先后任防御使、都统军等职。李仁孝时期，他平定萧合达的叛乱，并且镇压了西夏农民起义，受到重用，被封为西平公。

然而任得敬并不满足。他上表皇帝，请求入朝为官。朝中御史大夫热辣公济劝李仁孝道："任得敬上表请求入朝，是想要干预政事。自古至今，但凡外戚专权，国家没有不乱的。而且任得敬非我党项族人，难保他没有异心。"李仁孝认为言之有理，就没有答应任得敬请求。但任得敬并不死心，他开始贿赂皇室晋王察哥，请其促成此事。在察哥的斡旋下，任得敬终于入朝，并且做了尚书令，后来更升到中书令。晋王察哥死后，任得敬官至宰相，大权独揽，无所顾忌。他结党营私，排除异己，先是在朝中培植亲信，给自己的弟弟和侄子任命官职，后又将反对自己的汉学教授斡道冲、御史中丞热辣公济等人贬黜，排除出朝堂之外，以至于连他的女儿任太后也看不下去，屡屡劝谏，但任得敬根本不听。

任得敬的野心越来越大，欲谋篡权。他役使民夫十万，修筑灵州城，后又逼迫李仁孝封他为楚王，将夏国西南路及灵州罗庞岭划分给他。李仁孝对其采取了容忍、克制的态度，一一满足他的无理要求，并且在任得敬生病的时候，还派人去金国请来神医为他治病。但任得敬并没有因此而感激，更没有就此罢手，他胁迫李仁孝派人去金国为他请求册封。金世宗看出了任得敬的不臣之心，便拒绝了对其册封的要求。任得敬心有不满，于是秘密联络南宋，谋划共同攻金。后来事情泄露，李仁孝忍无可忍，设计将任得敬逮捕并且处死，并灭了任氏族人及党羽，一举粉碎了任得敬篡权裂国的阴谋。

乾祐二十四年（1193 年）九月，李仁孝病卒。终年 70 岁，在位 54 年。他是西夏历史上在位时间最久，寿命最长的皇帝。死后，葬于寿陵，谥号“圣德皇帝”，庙号“仁宗”。

桓宗李纯祐

夏桓宗档案：

生 卒 年：1177～1206 年

父　　母：父，仁宗李仁孝；母，罗皇后

后　　妃：不详

年　　号：天庆

在位时间：1193～1206 年

谥　　号：昭简皇帝

庙　　号：桓宗

陵　　寝：庄陵

性　　格：宽厚，保守，软弱

点评：

纯佑生性仁慈恭俭，承父遗训，治国有方。

——白寿彝《中国通史》

夏桓宗李纯祐，是仁宗李仁孝的长子，其母为章献钦慈皇后罗氏。乾祐二十四年（1193 年），仁宗去世，长子李纯祐即位，改元天庆，时年 17 岁。李纯祐在血气方刚的年龄做了皇帝，却缺乏乃父的魄力，即位后，他仍然奉行着父亲时期的内政、外交政策，对内保境安民，对外附金和宋。

天庆元年（1194 年）正月，金朝派使者前往西夏册封纯祐为夏国主。四年之后，李纯祐上表请求重开榷场，金朝允许置保安、兰州二地榷场与夏国互市。在即位初期，李纯祐的这些措施是有利于其统治的，但是随着时局变化，蒙古人的崛起对西夏构成了严重的威胁。而西夏由于多年来重文轻武，党项贵族贪图安逸，日益变得腐朽，已经无法抵抗蒙古人的侵略了。西夏王朝的衰落也逐渐呈现出不可逆转之势。

纯祐时期，蒙古部族兴起于北方草原，蒙古部贵族铁木真的迅速崛起，构成对夏国北方的严重威胁。天庆十二年（1205 年），铁木真在消灭了乃蛮部以后，开始谋划进攻西夏。三月，铁木真借口夏国收纳了仇人桑昆，率兵攻入河西，相继攻破夏国力吉里寨、落思城与乞邻古撒城，并纵兵至瓜、沙诸州进行掳掠。对于蒙古铁骑的突然进攻，李纯祐束手无策，只得任其蹂躏。四月，因盛暑将至，铁木真率部掳掠了大批百姓和牲畜北返。蒙古军撤退后，李纯祐下令修复破损的城堡，加固城防，并大赦境内，改都城兴庆府为中兴府，他希望西夏在经过这场劫难之后，还能够再度中兴，恢复先祖昔日的辉煌。

然而，由于他专注于外事，忽略了内部政权的巩固，以至于给人以可乘之机。他的皇位正面临着严重的威胁。这个威胁来自于他的堂兄李安全与生母罗氏。李安全是越王李仁友之子。李仁友在仁宗时期因帮助仁宗谋诛外戚任得敬及其党羽，立下大功，因而被封为越王。天庆三年（1196 年）十二月，越王去世，李安全上表请求纯祐表彰其父的军功，企图以此承袭其父的王爵。但是，李纯祐看出他怀有野心，因此拒绝，并且将他降封为镇夷郡王。李安全心生怨恨，开始有了篡权夺位的想法。他在皇太后罗氏的纵容下，逐渐把持了朝政，朝中大臣敢怒不敢言。

天庆十三年（1206 年）正月二十日，李安全乘着蒙古刚刚撤军，西夏百废待举的机会，勾结纯祐生母罗氏，以抵御蒙古不力为由，发动政变，将李纯祐废黜，自立为帝。两个月之后，李纯祐在宫中暴毙，死因不明，终年 30 岁，在位 13 年。谥“昭简皇帝”，庙号“桓宗”。

襄宗李安全

夏襄宗档案：

生 卒 年：1170～1211 年

父　　母：父，越王李仁友；母，不详

后　　妃：不详

年　　号：应天，皇建

在位时间：1206～1211 年

谥　　号：敬慕皇帝

庙　　号：襄宗

陵　　寝：康陵

性　　格：阴险，平庸

点评：

夏金两个弱国倘若联手，或许能够抵抗蒙古这个强敌，而两国交攻，互耗有限的实力，反倒让蒙古捡尽了便宜。

——虞云国

夏襄宗李安全，是仁宗族弟越王李仁友的儿子。天庆十三年（1206 年）正月，李安全勾结桓宗纯祐母亲罗太后发动政变，废黜纯祐，自立为帝，改元应天。对于夏国的宫廷之变，宗主国金朝一直保持着沉默。李安全为了巩固皇位，于这年七月让罗太后遣使入金，请求金朝给予册封。但是金国皇帝完颜璟没有立即给予答复，

且派了使者来西夏询问废立之事。罗太后再次上表于金朝，解释其事，并请求册封。至七月间，纯祐暴卒，李安全篡位已成了既成事实，完颜璟遂顺水推舟答应了西夏的请求，遣使到夏国正式册封李安全为西夏国王。

李安全在位期间，蒙古崛起于北方草原，成吉思汗已结束了蒙古长期分裂的局面，建立了蒙古汗国。在稳定了内部之后，成吉思汗立即挥军南下，开始向外扩张，而他的第一个目标就是附庸于金的西夏。应天二年（1207 年）九月，成吉思汗以西夏不纳贡为借口，率兵第二次进攻西夏，破其边防要塞兀剌海城，在城中抢劫一空。李安全集右厢诸路兵马奋力抵御。成吉思汗指挥蒙军围城五个月后，因粮饷匮乏，于是引兵北还。两年后，蒙古军队再次来攻，李安全命令皇子李承祯领兵五万抵抗蒙古军队。夏兵抵挡不住蒙古军的勇猛冲杀，四散溃逃。四月，蒙古军队再次攻破兀剌海城，夏守将不战而降，夏太傅西壁讹答率众与蒙古军展开巷战，终因寡不敌众，被敌人俘获。蒙古军随后进攻中兴府外围要塞克夷门（今银川西北），李安全命令大将嵬名令公率军五万迎敌。两军相持月余，蒙古见一时难以取胜，遂设伏兵诱夏军出战，夏兵中计败溃，元帅嵬名令公被俘。嵬名令公被俘后，气节凛然，拒不投降。成吉思汗多次诱降，均被其严词拒绝。

蒙古军攻破克夷门后，长驱直入，包围了夏都中兴府。李安全只得亲自督战守城。蒙古军久攻不下，于是引河水灌城，城中百姓淹死甚众，情势十分危急。李安全派人向金朝求援。但是金国坐观成败，拒不出兵。而此时黄河水涨，水势四溢，蒙古军眼看也要遭到水淹，在这种情况下，成吉思汗让被俘的西夏太傅西壁讹答到城中招降，李安全走投无路，只得将自己的女儿献给成吉思汗求和。十二月蒙古军队撤退，并且释放了嵬名令公。

蒙古退兵后，李安全对金朝不出兵相助的做法，耿耿于怀，于是伺机报复。皇建元年（1210年）八月，李安全派兵万余，攻打金葭州（今陕西佳县境），夏、金正式决裂。同年，蒙古开始攻金，由于西夏、金的同盟关系破裂，恰好给了蒙古各个击破的机会。

夏国外患未清，内忧又起。皇建二年（1211年）七月，齐王李遵顼发动宫廷政变，废黜了李安全，自立为帝。这年的八月，李安全去世，死因不明。终年42岁，在位5年。谥"敬穆皇帝"，庙号"襄宗"。

神宗李遵顼

夏神宗档案：

生 卒 年：1163～1226年

父　　母：父，齐王李彦宗；母，不详

后　　妃：不详

年　　号：光定

在位时间：1211～1223年

谥　　号：英文皇帝

庙　　号：神宗

陵　　寝：宁夏平羌堡西北

性　　格：昏愦无能，刚愎自用

点评：

面对蒙古勃兴的历史大变局，对金朝发动自杀性的连年战争，措置乖张，自耗实力，坐失时机，对西夏的灭亡是难辞其咎的。

——虞云国

夏神宗李遵顼，夏宗室齐王彦宗之子。李遵顼年少聪颖，博览群书，曾中过状元。父亲死后，受桓宗李纯祐赏识，嗣齐王爵位，

不久又被擢升为大都督府主，统帅军队。天庆十三年（1206 年）正月，李安全废黜桓宗，自立为帝，是为襄宗。襄宗在位期间，西夏不断受到蒙古的入侵，因此一直忙于抵抗蒙古侵略，而疏于巩固内部统治。皇建二年（1211 年）七月，李遵顼发动宫廷政变，废黜李安全，自立为帝，改元光定。时年 49 岁。

神宗李遵顼像

李遵顼在夺得皇位之后，调整外交策略。他见金国国势江河日下，决定不再依附金国，转而附蒙，并企图乘蒙古进攻金国的时机，扩张西夏的势力。在上台后不久，他就派兵万骑进攻金的东胜城（今内蒙古托克托），金将领兵来救，夏兵退走。十一月，李遵顼乘着蒙古进攻金中都的机会，派兵万余进攻金平凉府（今甘肃平凉县），但见到金兵戒备森严，于是撤兵退走。

光定二年（1212 年）正月，李遵顼假意遣使入金，刺探金国虚实。金国主完颜永济见西夏来使，大喜过望，遂也遣使主动册封李遵顼为夏国主，希望以此缓和两国关系。但是没过多久，李遵顼就发兵进攻金葭州（今陕西佳县），结果大败而归。次年六月，李遵顼再次出兵攻金，破金保安州（今陕西志丹县），围攻庆阳府（今甘肃庆阳县）。八月，又攻破金邠州。十一月，李遵顼得知金国皇帝完颜永济被杀，发生内乱，遂发兵进攻会州（今甘肃靖远县东北），结果被金击败。十二月，李遵顼发兵攻破了巩州（今甘肃陇西县），杀巩州节度使夹谷守中。

光定四年（1214 年），李遵顼派使者前往南宋，约宋制置使董居谊出兵，夹击金朝，但被董居谊拒绝。这年八月，西夏进攻庆、原、延安各州。第二年正月，西夏进攻金积石州（今青海贵德）失败，转攻环州，也遭失败。十月，李遵顼集结精兵八万，终于破金临洮府（今甘肃临潭县西南），然后退兵转攻金绥德境内的克戎、绥平等地。十二月，再次进攻临洮府，遭到金的痛击。李遵顼数战不胜，并不死心，乃于次年遣人联络蒙古军队，合力攻打金延安、代州等地，并且攻陷了潼关。李遵顼随后派兵 4 万围攻金定西城，金兵奋力抵抗，夏军伤亡惨重，马匹辎重损失无数。

金朝对于西夏的一再挑衅，忍无可忍，乃兵分两路进攻西夏。李遵顼集结西夏兵力，分兵抵御，双方互有胜败，处于僵持状态。光定七年（1217 年）一月，蒙古攻金，要求西夏也派兵出战。李遵顼乃遣兵三万，随蒙古军队出征。平阳府（今山西临汾市西南）一役，蒙古军队遭到重挫，西夏只得退军，在途经宁州（今甘肃宁县）的时候遭到金兵的伏击，西夏大败逃回。

李遵顼不甘失败，发兵攻金报复，但不是失败，就是无功而返。这年，蒙古西侵中亚大国花刺子模，再次向西夏征兵。但西夏此时因连年用兵，元气大伤，加上兵民厌战，朝议沸腾，李遵顼便拒绝了蒙古要求，不愿再随蒙古军出征。成吉思汗闻讯，即出兵进攻西夏，并迅速进围夏国都中兴府。眼见城破在即，李遵顼仓皇逃到西凉避难，只留太子李德任守城。直到蒙古军队退兵之后，李遵顼才返回国都。经过这一次事变，李遵顼深感蒙古威胁，于是改变了外交策略，遣使与金议和。但是金宣宗对于西夏的反复无常非常不满，拒绝议和。李遵顼见联金不成，转而联宋，共图金国。光定九年（1219 年）二月，李遵顼派遣使者前往四川，约四川守将出兵夹击金国，宋将表示同意，但两次都未能按期出师。次年八月，宋兵终于出击攻金，李遵顼如约遣兵万人攻破金国会州，金守将投降。金宣宗乃遣使与西夏议和。但李遵顼此时志得意满，拒绝了金国的议和要求。九月，李遵顼派遣嵬名公辅领兵 20 万进攻金国巩州，久攻不下，又乞宋出兵，结果仍遭失败，宋、夏联军死伤万计。后来，在退军的途中，又遭到金兵的伏击，夏兵伤亡不计其数。

光定十一年（1221 年）三月，蒙古大将木华黎率军伐金，要求西夏随蒙古出兵。李遵顼慑于蒙古的威力，只好派兵五万跟随蒙古军队攻金。十月，蒙古军队攻破葭州，并且乘胜进攻绥德，连破数寨。十二月，李遵顼得知金宣宗将调集 10 万大军进攻西夏，于是先发制人，发兵十万，分三路进攻金朝，金的边境遭到严重破坏。次年六月，木华黎领军进攻金陕西诸州，向西夏借道，李遵顼立刻答应，并且派军助蒙，于九月间攻克金德顺城。十二月，再次出兵随蒙古攻金，结果遭到失败。

光定十三年（1223 年）一月，蒙古进军凤翔（今陕西凤翔县），李遵顼派遣军队 10 万随蒙古攻城。金兵勇猛出击，夏兵见势不可挡，便擅自撤兵离去，致使蒙古军败，损失惨重。

西夏战事频仍，致使国内经济凋敝，兵民困乏，百姓不堪痛苦，怨言四起。同在这一年五月，西夏国内兴州和灵州等地发生严重春旱，颗粒无收，百姓生活在死亡的边缘。而李遵顼不顾百姓的死活，继续准备对金朝作战。朝中以太子李德任为首的群臣，竭力反对遵顼的错误政策，结果李遵顼恼羞成怒，下令将太子德任幽禁在灵州。七月，李遵顼发兵攻金，破金积石州。十月，成吉思汗为了惩罚西夏在凤翔之战中的逃跑行为，派遣军队围攻积石州，劫掠围困半月之久才退。

李遵顼穷兵黩武，一系列的侵略战争，非但没有使得西夏从中得利，反而将西夏拖入了无休止的战争之中。西夏国内百姓痛苦不堪，民怨四起，朝臣多有不满，加上成吉思汗厌恶其为人，多次遣使命令他退位，李遵顼被迫于这年的十二月，将皇位传给次子德旺，自己做了太上皇。乾定三年（1226 年），李遵顼病死，终年 64 岁。谥号“英文皇帝”，庙号“神宗”。

献宗李德旺

夏献宗档案：

生 卒 年：1181～1226年

父　　母：父，神宗李遵顼；母，不详

后　　妃：不详

年　　号：乾定

在位时间：1223～1226年

谥　　号：无

庙　　号：献宗

陵　　寝：不详

性　　格：怯懦，明智

点评：

德旺联金抗蒙，对挽救夏国的危亡实际上已经是无济于事了。

——白寿彝《中国通史》

夏献宗李德旺，是夏神宗李遵顼次子。其兄长太子德任因反对神宗攻金之国策，被幽禁于灵州。光定十三年（1223年），神宗李遵顼在国内外的一片声讨中，被迫禅位给次子德旺。

德旺继位之后，鉴于夏国附蒙后，屡兴兵祸，得不偿失。于是，他调整了外交策略，改变附蒙政策，试图抗拒蒙古。乾定元年（1224年）二月，德旺听说成吉思汗西征还没有回国，于是派遣使者北上与漠北的各个部落联络，结为外援，企图以此抵制蒙古的入侵。

这年五月，成吉思汗西征回来，得知西夏心存不轨，遂决定调集大军再征西夏。成吉思汗亲自带领军队进攻西夏沙州（今甘肃敦

煌县东），久攻不克，乃遣将分兵攻银州（今陕西米脂）。九月，银州被攻破，银州守将塔海被俘，夏兵死伤无数。德旺六神无主，接受右丞相高良惠的建议，于十月间遣使与金议和，联金抗蒙。但金国此时自身难保，西夏即便是联合金国也难以改变战争的态势了。银州失守后，蒙军继续进军，逼近兴州。而沙州城被围困半年，城中粮食已尽。德旺在这种情况下，只得遣使到蒙古军中请降，并答应派儿子前往蒙古作人质。成吉思汗才撤回包围沙州的军队。

乾定二年（1225年），成吉思汗见德旺未能如约派遣质子，乃遣使责问。高良惠认为两国邦交，以诚信为主，而且敌强我弱，就更不能出尔反尔。但德旺对此却不以为然，道："我们现在有金国这个强援。如果质子到了蒙古，就会受其束缚，到时候就后悔莫及了。"于是，敷衍其事，将蒙古使者打发回去了。

成吉思汗闻讯大怒，于次年二月，亲率10万大军从北路进攻西夏。蒙古军队势如破竹，深入河西，接连攻破了西夏的重镇黑水、乌剌海等城，随后长驱而入，围攻沙州。沙州军民在守将籍辣思义的指挥下，奋勇抵抗，屡破蒙军，还差点俘获了蒙古统军大将阿答赤。然而终因寡不敌众，一个月后城破，沙洲城落入蒙古之手。五月，蒙古军攻破宿州，因宿州军民不愿投降，破城后军民惨遭屠戮。六月，蒙古军队围困甘州（今甘肃省张掖市北），成吉思汗打算招降甘州守将曲也怯律，但是副将阿绰等36人杀掉曲也怯律和蒙古使者，率城中军民浴血抵抗。不久，城破，阿绰等人全部战死。七月，蒙古军队围攻西凉府（今甘肃省武威县），西夏守将斡扎箦屡战不胜，于是率领父老乡亲开城投降。蒙军乘胜进击，搠罗、河罗等县也先后投降。蒙古大军兵锋所指，势如破竹，西夏的河西地区几乎全部被攻占。

西夏危在旦夕，此时的德旺面对蒙古军队锐不可挡的攻击，惊慌失措，束手无策。七月中旬，胆小的德旺在惊吓和忧虑中病卒，终年 46 岁，在位 3 年。庙号“献宗”。

末帝李晛

夏末帝档案：

生 卒 年：? ～1227 年

父　　母：父，清平郡王子；母，不详

后　　妃：不详

年　　号：宝义

在位时间：1226～1227 年

谥　　号：无

庙　　号：末帝

陵　　寝：不详

性　　格：勇敢，顽强

点评：

末帝晛处于山穷水尽，只好携同夏国的大臣，奉“图籍”向蒙古军请降。

——白寿彝《中国通史》

夏末帝李晛，是献宗德旺弟清平郡王之子，神宗遵顼之孙，也是西夏的最后一位皇帝。乾定三年（1226 年），献宗德旺病逝，李晛被拥立为帝。是为夏末帝。李晛继位之时，正值西夏风雨飘摇之际，强大的蒙古铁骑一路南下，一点点地吞噬着西夏的万里河山。

李晛继位不久，蒙古军队分东、西两路大举侵入西夏，进逼都城中兴府。这年八月，蒙古西路军越过沙陀（今宁夏中卫县西），抢占了黄河九渡，并攻陷了应里（今宁夏中卫县）等县。十月，蒙古东路军又攻破了夏州。东西两路蒙军形成夹击之势，直接威胁着西

夏都城中兴与灵州地区。十一月，成吉思汗亲自率领军队围攻灵州。李𪩘派遣大将嵬名令公率领 10 万兵马增援灵州。此时，天寒地冻，黄河结冰，蒙古大军发挥了骑兵的优势，往来驰骋冲杀，夏军遭到惨败，夏将佐里等战死，灵州失守。灵州守将为神宗前太子德任，被蒙古军俘虏，坚贞不屈，不久被杀。这年十二月，蒙古军队攻占了西夏盐州川。次年二月，成吉思汗亲率蒙古大军，南下渡过黄河，攻占积石州，后又破临洮府及洮、河、西宁三州，对中兴府形成了合围之势。

李𪩘被围困在中兴府中，眼看破城在即，一筹莫展。右丞相高良惠抱病领兵昼夜巡逻，激励将士抵抗蒙军，坚守都城。部属官吏都劝他要保重身体，他感叹道："我世受国恩，现在国家有难，我却不能消除祸乱，反而让敌寇深入至此，我活着还有什么意思呢？"最终因为年事已高，积劳过度而死。这年闰五月，成吉思汗率领部分军队回师隆德（今宁夏西吉境），因天气炎热，屯兵于六盘山避暑。同时，他派遣使者前往中兴府劝李𪩘投降，但又一次遭到拒绝。

六月，西夏国都中兴府发生了强烈的地震，房舍塌毁，瘟疫横行。此时的中兴府被围困达半年之久，已是粮尽援绝，军民大半患病，已完全丧失了抵御和作战能力。李𪩘走投无路，只向蒙古请降。但他请求能够宽限一个月，以让他准备贡品，迁移人口，而后亲自去觐见成吉思汗。

这时，成吉思汗已患重病，闻知夏国将献城投降，立下遗嘱，要求死后秘不发丧，在西夏主来降的时候，将他们全部杀掉。一个月后，李𪩘带领文武大臣李仲谔、嵬名令公等人献城投降，行至萨里川的时候，悉数被杀。至此，西夏王朝灭亡。

元　明　清

元朝

太祖铁木真

元太祖档案：

生 卒 年：1162～1227 年

父　　母：父，也速该；母，诃额仑

后　　妃：孛儿帖皇后、忽兰皇后等

年　　号：无

在位时间：1206～1227 年

谥　　号：圣武皇帝

庙　　号：太祖

陵　　寝：起辇谷

性　　格：机智深沉，英雄豪迈

点评：

成吉思汗是比欧洲舞台上所有的优秀人物更大规模的征服者。他不是通常尺度能够衡量的人物。他所统率的军队的足迹不能以里数来计量，实际上只能以经纬度来衡量。

——（英）莱穆

元太祖，名孛儿只斤铁木真，蒙古汗国的缔造者，父亲是蒙古

乞颜部首领也速该，母亲弘吉剌氏诃额仑。他自幼饱经磨难，后来逐渐成为一个大英雄。他征战一生，统一蒙古各部，创建了蒙古汗国。在位期间，他多次发动对外征服战争，以至于他所征服的疆域要以经纬度来衡量。

成吉思汗像

少年磨难　奋发图强

12世纪中叶，草原上部族林立，互不统属，经过连年的混战，北方草原上逐渐形成了蒙古、塔塔儿、乃蛮、克烈、蔑儿乞五大部落。金朝统治者为了巩固在北方的统治，对草原上的各部落实行了“分而治之”和屠杀掠夺的“减丁”的政策。宋绍兴十六年（1146年），蒙古部首领俺巴孩汗在为女儿送亲途中，被塔塔儿人俘获，献给了当时金朝的皇帝金熙宗。金熙宗将俺巴孩汗残酷地钉死在木驴之上，声称“这就是对反叛的人专设的刑罚”。俺巴孩汗临死前，告诉自己的子孙，就是把手指磨坏了（指拉弓射箭）也要为他报仇。之后，蒙古部落和金朝的鹰犬塔塔儿部落接连打过几仗，双方互有胜负，但仇恨却是越来越深了。

铁木真的父亲也速该是蒙古乞颜部首领，也是享誉草原的巴特尔（勇士）。一次，也速该在斡难河（今鄂嫩河）畔打猎的时候，看见从这里路过的蔑儿乞人赤列都和他美丽的新婚妻子诃额仑，不禁为之心动。于是，在几位兄弟的协助下，他按照当时草原上“抢亲”的习俗，赶走赤列都，抢来诃额仑做自己的妻子。翌年，也速该率众打败宿敌塔塔儿部落，并俘获了他们的首领铁木真兀格。恰在这时候，妻子诃额仑生下了第一个儿子。于是，也速该按照蒙古传统，用敌将的名字给自己的儿子命名为铁木真。传说，铁木真在出生的时候，眼神如火，容颜生光，最为奇异的是，他的右手上紧握着一块矛状的凝血。按照蒙古人说法，这是苏鲁锭长矛，是战神的象征。

铁木真9岁那年，也速该领着他去弘吉剌部落求亲。弘吉剌部落的智者薛德禅把自己的女儿孛儿帖许配给铁木真，并留下铁木真在自己家里住一段时间。也速该同意了。然而，也速该在返回蒙古草原途中，被铁木真兀格之子札邻不合毒死。也速该临终前要求其部众，将来为他报仇时，要杀光所有高于车轮的塔塔儿人。也速该死后，铁木真离开了薛德禅家，回到母亲诃额仑的身边。这时，俺巴孩汗的孙子泰赤兀部的塔里忽台乘机煽动蒙古部众抛弃了铁木真一家，并带走部落里的绝大多数人和牲畜。诃额仑母子自此过着困苦的生活，一家人在草原上艰难度日。他们在斡难河边靠着采野果、挖野菜和射鸟捕鱼为生。

铁木真一天天长大，变得更加强壮和孔武有力了。他成了这几口之家的领袖。坚强的诃额仑夫人把家族的振兴都放在了铁木真的身上，希望他将来能够成为一个像他父亲一样的顶天立地的英雄。铁木真13岁那年，他的弟弟别克贴儿因为抢鱼事件顶撞了铁木真。铁木真不容许有人质疑自己的权威，于是放箭射杀了自己的弟弟别克贴儿。诃额仑知道这件事后，愤怒地责备了铁木真，告诫他如果自家兄弟都自相残杀的话，又如何为死去的爹爹复仇。铁木真认识到了自己的错误，诚恳地向母亲道了歉。在之后人生道路上，虽然满是荆棘和坎坷，但也磨练了铁木真铁一般的性格和机敏的头脑。他还先后认识了几个朋友，与他们结成“安答”（义兄，义弟），这其中就包括后来追随着铁木真四处征讨的蒙古名将，四杰之一博尔术。

塔里忽台闻知铁木真一天天长大，不由得心生恐惧，担心他有朝一日会向自己报仇，于是就借口铁木真射杀了弟弟一事，向诃额仑母子问罪。他率领数十人将铁木真抓走，并戴上枷锁游行示众。塔里忽台打算用铁木真的人头祭天。但这天夜里，铁木真却乘着塔里忽台举行宴会的机会，打伤看守人逃走了。他四处隐藏，躲避着追兵的搜查。后来在好心的牧民的帮助下，终于逃了出去，几经周折，才和母亲会合。

通过这件事后，铁木真意识到自己力量的弱小，他决定借助强大势力重振家业。他找到了父亲生前至交克烈部的王罕，向他进贡礼物，并表示臣服。王罕非常高兴，就收他为义子，全力协助铁木真。在王罕的帮助下，铁木真的处境大大改善，越来越多的人先后来到了他的身边。铁木真悄然积蓄着力量，经过一段时间的经营，他的身边逐渐有上千人左右，形成一方势力。

铁木真18岁那年，弘吉剌部薛德禅根据原来的婚约，将美丽的女儿孛儿帖嫁给铁木真。然而，美好的生活才过了几个月，蔑儿乞人突袭了他的部落，抢走了他的新婚妻子，并把孛儿帖强行嫁给了赤列都的弟弟赤列格儿。为了报仇，他向长生天祈祷，决定向蔑儿乞人开战。他向义父王罕和安答札木合求助。在他们的帮助下，铁木真终于打败了蔑儿乞人，夺回了已经有了身孕的妻子。不久，孛儿帖即诞下一子。铁木真怀疑不是自己的骨肉，遂给他取了“术赤”（蒙古语，意为“不速之客”）这个名字。经过这次战争，铁木真虏获了大量的妇女和儿童，力量进一步壮大起来。

两年后，铁木真又摆脱了对札木合的依附，开始独立建营。他胸襟宽广，接纳别人从不问出身，因此来归附他的人很多，当初背叛他们的乞颜旧部，这时候也先后回到了他的身边。他们共同推举实力较强的铁木真为乞颜部的“可汗”。铁木真在做了可汗之后，立即著手整顿军马，他任命自己的心腹大臣执掌军中要职，从而使军权牢牢地掌握在自己的手中。他还颁布了一系列的纪律和法令，整顿军纪，增强军力。铁木真知道各方对自己虎视眈眈，于是他继续讨好王罕，还按时地向金国进贡，以得到他们的支持。因此力量日益强大，归附者更众。

统一草原　创建汗国

铁木真称汗之后，引起了雄心勃勃的结义安答札木合的忌恨，没过多久，札木合的弟弟因为抢劫铁木真家臣的马群而被射杀，札木合便以此为由，联合泰赤兀、塔塔儿等 13 部向铁木真发动了进攻。于是，铁木真将自己的 3 万部众分成 13 翼全力迎击来犯之敌。两军在答阑巴勒主惕（今蒙古国温都尔罕西北）草原上展开了激战，铁木真战败，被迫退向斡难河上游地带。战后，札木合残忍地将归附铁木真的捏古思族（第十三翼）组长们的 70 多个孩子掳来煮杀了。札木合的暴行引起了大家的不满，于是有很多蒙古部落离开了札木合，而投到了铁木真的麾下。铁木真的力量很快得到了恢复。之后的几年里，铁木真着手壮大自己的力量，并对敌人采取了拉拢、分化的策略，逐步瓦解了敌人威胁。

随着力量一天天壮大，铁木真开始寻思攻打塔塔儿人为父报仇了。然而，此时的塔塔儿部落仍然十分强大，而且又有金朝作为后盾，铁木真想要报仇，十分困难。然而，世事总是难以预料，宋绍熙五年（1195 年），塔塔儿人抢劫了金国的羊、马等畜生后开始反叛，金国派遣重臣完颜襄统领大军，进讨塔塔儿部。塔塔儿大败，逃往斡里札河（今蒙古乌勒吉河）之地。铁木真乘机联合王罕，与金兵一起把塔塔儿人围歼。铁木真捕杀了塔塔儿首领蔑兀真里徒。事后，金军统帅完颜襄上奏朝廷，论功行赏，授予铁木真蒙古军统领之职，从此他可以用朝廷的身份号令蒙古贵族，约

成吉思汗放鹰捕猎图

这是一幅中国丝绸上的绘画，狩猎是蒙古人重要的生活内容。在狩猎时，鹰是猎人的向导，它负责搜寻猎物，引导方向，所以蒙古人出猎时往往将鹰带在身边。

束其部众了。此战前后，铁木真集团内部的主儿乞氏不仅不听调遣，反而趁机劫掠铁木真后营。铁木真回师后，即兴师问罪，捕杀了其首领撒察别乞和泰出等人，并吞没了他们的领地。这件事后，铁木真的统治威权大为提高，也更有利于他率领部众四处征讨了。

宋庆元六年（1200 年），铁木真联合王罕，共同发兵征讨蒙古部落里最为强大的泰赤兀部。两军在斡难河畔展开了激战，泰赤兀部被击溃，其首领塔里忽台等人被杀。次年，札木合召集被铁木真击败塔塔儿、泰赤兀等 11 个部落，相会于犍河（今根河）。经过会议讨论，众人一致推选足智多谋的札木合为“古儿汗”（众汗之汗），共同举兵攻打铁木真。铁木真再次联合王罕迎击札木合联军。双方相遇于阔亦田（今贝尔湖哈拉河上源处）之野，展开激战。札木合最终失败，投降王罕。铁木真在这一战中，被敌将射中了脖颈，血流如注，险些丧命。幸好部将折里麦精心守护，这才救回了他的性命。第二天，敌将只儿豁阿歹前来归顺。他就是差点射杀铁木真的人。他对铁木真说：“昨天射伤你的就是我。如果你想杀我，不过是溅污手掌大的一块地方。倘若饶我一命，我愿意为可汗赴汤蹈火，在所不辞。”铁木真认为他很坦诚，可以做朋友，于是就收下了他，并为他改名“哲别”（意为箭镞）。此后，哲别成为铁木真麾下的一员骁勇善战的猛将。

打败札木合联军之后，铁木真发动了对塔塔儿人的战争。宋嘉泰二年（1202 年），铁木真汇集部众，发兵征讨塔塔儿部。此时的塔塔儿部又岂是如狼似虎的铁木真大军的对手，一场厮杀下来，塔塔儿部大败，其首领札邻不合战败后服毒自杀，另一首领也客扯连投降。战争结束后，铁木真下达了最残酷的命令，遵照父亲也速该的遗命将高过车轮的塔塔儿人全部杀死。

铁木真实力的急剧膨胀，令克烈部王罕感到了威胁。宋嘉泰三年（1203 年），在札木合及其儿子桑昆的怂恿下，王罕决定以商议两家婚事为名，邀请铁木真到克烈部赴宴，企图加害于他。铁木真信以为真，领着10余名随从前去，行至途中，得到消息，及时返回部落。王罕见诡计不成，于是发兵来袭。铁木真仓促应战，寡不敌众，败退到班朱尼河（今呼伦湖西南），身边只剩下十几个人。但铁木真并没有气馁，他一面派遣使者指责王罕背弃盟约，一方面抓紧时间收拢部众，并接纳那些与王罕有仇的部族。很快，铁木真的军事力量得到了恢复，并有了进一步的发展。恰在这时，投靠王罕的札木合、忽察儿等蒙古贵族密谋，推翻王罕的统治，自立为王。王罕得知这一消息后，立即发兵攻伐，大胜。札木合等人逃往乃蛮部。铁木真得知这一消息后，于是派出使者前往王罕营地，诈称要与其重修旧好，尽释前嫌，而自己则亲率大军悄悄地向王罕大营逼近。王罕父子信以为真，大摆筵席，迎接铁木真等人。铁木真却率领军队出其不意地偷袭了王罕的大营。经过三天三夜的激战，克烈部最终战败，王罕父子逃走。王罕在逃往乃蛮部途中，被乃蛮哨兵所杀，他的儿子桑昆也在逃往西夏的途中被杀。王罕的部众，则全部归降于铁木真，并被编入蒙古各部的军队之中。

铁木真的势力更加强大，他把征服的目光放在了草原上唯一的部落——乃蛮部。铁木真的仇敌如札木合等人汇聚于乃蛮汗廷，共同商议消灭铁木真之事。宋嘉泰四年（1204年），乃蛮部太阳汗发兵攻打铁木真。铁木真获知消息后，领军西进，在纳忽崖与乃蛮军展开激战。乃蛮军大败，太阳汗战死，其子屈出律逃奔西辽。不久，札木合被擒，铁木真按照他的请求，以不流血的方式处死，并厚葬了他。至此，曾经活跃于北方草原上的五大部落，全部归于蒙古部落的麾下。

宋开禧二年（1206年），铁木真召集贵族首领们在斡难河源头举行库里台大会（蒙古可汗的选举大会），宣布建立“也客·蒙古·兀鲁思”，即大蒙古国。铁木真即大汗位，并被尊称为“成吉思汗”。

蒙古汗国的建立，结束了北方草原长期的部落纷争，一个强大的游牧帝国出现在历史的舞台之上。

立国建制　巩固统治

成吉思汗在立国前后，创建或完善了一系列的国家制度。这些制度虽然仍旧带着浓厚的游牧民族的特点，但在当时，对蒙古汗国的巩固和发展发挥了重大的作用。

宋嘉泰四年（1204 年），为了彻底地打败强盛的乃蛮部，成吉思汗借鉴金朝的猛安谋克制度，把自己的部队按照十户、百户、千户的进制方式加以组编，委任了各级那颜（长官）。蒙古国建立之后，成吉思汗进一步完善了这种制度，把自己的部众划分为 95 个千户（金代称为“猛安”）。千户之下，又设百户（金代称为“谋克”）、十户等单位。成吉思汗任命自己的亲信担任千户之长，统辖其民。千户组织带有军政合一的特点。平时游牧、狩猎，战时作战，并且需接受赋役的征调。诸千户之上，又按其地域划分万户，万户之长由如木华黎等忠心耿耿的开国元勋担任。万户只是单纯的军事统帅，没有征税、抽丁等政治权利。

随后，成吉思汗着手扩建中军怯薛军。在 1204 年，成吉思汗整顿军队之时，就已经挑选了一部分贵族子弟充当自己身边的护卫军。在建国后，他立即把护卫军的人数扩充到了 1 万人，分为四队，轮流值班，称为四怯薛。四怯薛各有怯薛长，分别由成吉思汗的亲信“四杰”博尔术、博尔忽、木华黎、赤老温担任，并世袭其职。这支军队只接受成吉思汗的调遣，主要职能是护卫大汗金帐和分管汗廷的各种事务。成吉思汗很重视这支军队的可靠性，因此在挑选士兵的时候，专门从各级那颜的子弟中挑选。成吉思汗手里掌握有这样的一支精锐部队，就足以制约任何一个在外的诸王和那颜了。另一方面，各级那颜的子弟被纳入怯薛中，就相当于“质子”，这就更有利于成吉思汗驾驭臣下了。

成吉思汗还创制了蒙古文字，颁行法典。蒙古本来没有文字，只靠使者传报、结草刻木记事。成吉思汗在消灭乃蛮部后，俘获了乃蛮部掌印官畏兀儿人塔塔统阿，命在畏兀儿文的基础之上，创制蒙古文字，并命他教授诸子们学习。此后不久，成吉思汗命人将蒙古自古相传的习俗、历来的训令等加以汇总，并以文字的形式记录下来，称为“大札撒”。大札撒在当时具有法律的效应，是断事官和其他各级行政官吏处理司法及日常政务的主要依据。宋开禧二年（1206 年），成吉思汗任命其养弟塔塔儿人失吉忽秃忽担任大断事官，主掌司法，除了负责审理案件、惩治犯罪之外，还负责户口的征收，以及赋税的征收。在大断事官之下，又设立地方断事官，专门负责管治本区域的百姓。这一系列的措施有利于巩固成吉思汗的汗权，构筑了蒙古帝国的基本框架，也为他在以后的岁月里在更大范围内进行扩张战争奠定了基础。

灭夏伐金　率军西征

成吉思汗在建立蒙古汗国之后，并没有耽于享乐，而是把进一步扩张帝国的势力作为主要任务。他的首要目标，自然就是南方的西夏和金。早在西夏天庆十二年（1205 年），成吉思汗就一度攻入西夏，掠夺了大批的牲畜、财物而还。蒙古国建立之后，成吉思汗开始谋划对宿仇金国的战争。但西夏位于蒙古的西南边陲，成吉思汗担心在攻打金国的时候，西夏会联合金国从西面牵制蒙古。为了免除后顾之忧，成吉思汗决定先征服西夏，再进攻金国的策略。经过几场大战，西夏向蒙古称臣，并依附蒙古向金发动进攻。

金大安二年（1210 年），金永济帝遣使者前往蒙古，诏传成吉思汗觐见新皇。成吉思汗得知是永济帝即位皇帝之后，轻蔑地吐了一口唾沫，说：“我原以为中原主人是天上人做的，像这种庸碌无能的人也配做皇帝？”说罢，就把金朝的使者丢在一边，自己上马走了。这件事后，蒙金关系破裂。第二年，成吉思汗以为先辈复仇的名义，大举进攻金朝。金朝镇守边关的大将汪古部投降蒙古，引领蒙古进入金境。这年秋天，永济帝集中了45万大军在野狐岭迎战蒙古大军。蒙古军队此时只有10万人左右，数量上处于劣势。成吉思汗针对金军兵力分散的问题，采取重兵一路突破的做法，杀的金军血流成河。是役，金军主力大败，后军溃逃，伏尸百里。这一役之后，金国元气大伤，国势日衰。成吉思汗乘胜挥军南下，接连攻取了山西、河北、山东等地的许多地方。

蒙古大军来势汹汹，金朝内部政局却是一片混乱。先是右副元帅胡沙虎杀了永济帝，接着元帅右监军高琪杀了胡沙虎。当他们还在尔虞我诈、自相残杀的时候，成吉思汗已经兵分三路，向中都逼近。

金贞祐二年（1214年），成吉思汗屯军中都的北郊。将士们请求乘胜攻下中都，成吉思汗看出金国元气未尽，就没有答应，他派遣使者告诉新上台的金宣宗完颜珣：现在蒙古军要撤退，你应该犒赏兵马。宣宗不敢反对，只得献上永济帝之女歧国公主及大量的金帛、童男童女等求和。成吉思汗在得到这些战利品后，在丞相完颜承晖的护送下，经由居庸关返回了漠北。不久，金宣宗迁都开封，成吉思汗乘机派人包围了中都。次年五月，中都被攻破，成吉思汗命令将中都宗室、财货全部运往漠北，并允许将士入城抢劫三日，作为犒赏。中都陷入一场灭顶之灾，大火月余不息，一座繁华的都城变成了废墟。

金贞祐五年（1217年）八月，成吉思汗在漠北图拉河畔，对将士们进行了封赏。他仿照中原的官制，任命自己最为信赖的木华黎为太师、国王，让他独当一面地经略中原，统筹对金国的战事。两年后，成吉思汗又扬鞭策马踏上了纵横万余里的西征之路。

成吉思汗在侵金的同时，与西部的花剌子模国取得了商业联系。花剌子模是中亚的古国之一，位于阿姆河下游。13世纪前后，花剌子模国经过一系列的征服战争，逐渐成为中亚最强大的国家。花剌子模的国王摩诃末骄傲自大，目空一切，号称是世界的征服者。成吉思汗十三年（1218 年），成吉思汗派遣了一支 450 人的商队前往花剌子模通商，然而在途径讹答剌城（今哈萨克斯坦奇姆肯特西北）的时候，城中守将海儿汗见财起意，杀了这 450 人，并掠走了财物。成吉思汗知道后，立即派遣使者交涉。但摩诃末根本不把成吉思汗放在眼里，摩诃末的无礼，深深地激怒了成吉思汗。他登上山巅，祈祷了三天三夜，求长生天庇佑，决定不惜一切代价，灭掉花剌子模。他首先派遣先锋哲别率领一支军队消灭了盘踞在西辽的屈出律，从而扫除了进兵路上的障碍。

成吉思汗十四年（1219 年），待秋高马肥之际，成吉思汗率领着近 20 万大军浩浩荡荡地向着花剌子模进发。经过几个月的长途跋涉，成吉思汗大军抵达了讹答剌城。这里正是 450 名蒙古商人被拘杀的地方。城中守将海儿汗正是挑起战争的罪魁祸首。他深知成吉思汗不会放过自己，因此进行了坚决的抵抗。5 个月后，蒙军才攻破这座城池。海儿汗被押到了成吉思汗处。成吉思汗命人杀死海儿汗给枉死的商人们报了仇。面对蒙古大军的进攻，摩诃末拒绝了王子札兰丁集中兵力决战的正确建议，采取了分兵把关、各自为战的被动挨打的战略。蒙古大军如入无人之境。成吉思汗告谕各城：投降者免死，顽抗者城破之后，一律屠城。很多城池的居民于是献城投降了。但也有一些城池，进行了顽强地抵抗。然而，他们根本

成吉思汗统一漠北图

骑兵的作用从成吉思汗率领的蒙古铁骑身上最能体现出来。

不是骁勇善战的蒙古骑兵的对手，在城破之后，蒙古大军尽屠其民。成吉思汗十五年（1220 年）二月，蒙古军已经攻占讹答剌、不花剌等重要城市。三月，成吉思汗进围花剌子模新都撒麻耳干（今撒马尔罕），摩诃末弃城逃跑，一直逃到了阿姆河以南。成吉思汗占领撒麻耳干城，并在这里进行了修整。次年秋，成吉思汗命令察合台、窝阔台等人率军去攻取花剌子模旧都玉龙杰赤城（今土库曼斯坦乌尔根奇），速不台与哲别率军追击花剌子模国王摩诃末，而自己和拖雷则率军向阿姆河挺进。

速不台与哲别一路追击摩诃末。摩诃末如惊弓之鸟，一路逃窜，最后凄凉地死在一个海岛上。他死后，王子札兰丁继承了王位。札兰丁企图据旧都玉龙杰赤抗击蒙古大军，但守将不拥护他，还密谋杀他。札兰丁无奈，只得连夜逃出了玉龙杰赤城。窝阔台、察合台军抵达玉龙杰赤城之后，开始的时候，因为政令不一，一直没有攻下该城。成吉思汗于是任命窝阔台为最高指挥官，由他统一指挥，果然九天之后，破城。

十一月，成吉思汗下令猛攻逃奔申河（即今印度河）的札兰丁。经过激烈战斗，歼敌 4 万多人。札兰丁率 50 余人向印度逃遁。第二年春，成吉思汗派拖雷、八剌率领 2 万精兵渡申河追击札兰丁，但一无所获。成吉思汗十七年（1222 年），成吉思汗领军东还。在返回蒙古的途中，他把所征服的地区分封给了诸子。成吉思汗二十年（1225 年），成吉思汗回到了阔别已久的蒙古草原，持续了七年的远征，至此结束。虽然，这次远征给中亚人民带去了沉重的灾难，但却推动了东西方的经济和文化的交流和发展，把中国的发明，如火药、造纸术、印刷术、罗盘等传到西亚及欧洲等国；同时也将西方的天文、医学、宗教等传入中国。

一代天骄　如星陨落

成吉思汗二十一年（1226 年），已经 65 岁高龄的成吉思汗再次发兵征讨西夏。西夏本来已经归附蒙古。然而，当成吉思汗主力西征之时，西夏国主献宗李德旺背弃盟约，联金抗蒙。于是，在回到漠北之后，成吉思汗立即发动了对西夏的战争。蒙军很快就攻克西夏黑水、兀剌海、沙州、肃州等地。献宗忧惧而死。西夏众臣拥立献宗的侄子李晛为帝。成吉思汗命蒙古军队继续猛攻，迫使西夏投降。然而，就在这时，一代天骄成吉思汗因病逝世于六盘山，终年66岁。他在临死之前，给诸子们留下了“假道于宋，出兵唐、邓，径取汴京”的灭金方略。他还吩咐众人，在他死后，要秘不发丧，等到西夏主来降的时候，把他们全部杀掉。

成吉思汗死后，他的子孙们遵照他的遗嘱，把他的尸体运回了蒙古故土，埋葬在不儿罕山之南的起辇谷内，并以万马踩平，不给盗墓贼留下任何的线索。后人在鄂尔多斯（伊克昭盟）修建了“八间白室”，放置其遗帐、遗物，用来怀念这位一生叱咤风云的民族英雄。

太宗窝阔台

元太宗档案：

生 卒 年：1186～1241年

父　　母：父，太祖铁木真；母，孛儿帖皇后

后　　妃：乃马真皇后、昂灰皇后等

年　　号：无

在位时间：1229～1241年

谥　　号：英文皇帝

庙　　号：太宗

陵　　寝：起辇谷

性　　格：忠厚仁义，稳重野蛮

点评：

帝有宽弘之量，忠恕之心，量时度力，举无过事，华夏富庶，羊马成群，旅不赍粮，时称治平。

——明·宋濂《元史》

元太宗，名孛儿只斤窝阔台，是太祖铁木真的第三个儿子，母亲光献皇后孛儿帖。铁木真死后，被推举为蒙古大汗，管理整个蒙古帝国。他在位期间，继续父亲的遗志，灭掉了西夏和金国，继续扩张领土，派军西征，征讨钦察、斡罗思等国。同时，他还派兵南下侵宋。1241 年，窝阔台去世，享年 56 岁。

太宗窝阔台像

窝阔台的即位

窝阔台出生的这一年，正是北方草原群雄纷起，竞相逐鹿的年代。那个时候，父亲铁木真还只是蒙古乞颜部的首领，刚离开安答札木合不久，转战在大草原之上，寻找栖身之所。或许连窝阔台自己也没有想到，自己竟然会成为有史以来版图最大的帝国的继承人。窝阔台自幼精通骑射，非常勇敢。在他 18 岁那年，就随着父亲铁木真出征克烈部王罕。在战场上，他同他的哥哥一样，英勇搏杀，斩下了许多敌人的头颅。次年，他随着父亲攻打蔑儿乞部。战争胜利之后，铁木真把脱脱之子忽都的妻子，美丽的乃马真氏送给了窝阔台。窝阔台高兴地纳她为妻室。后来，乃马真氏为他生下了大儿子贵由，也就是后来的定宗。

随着领土和人口的急剧增加，蒙古帝国也初具规模。铁木真意识到在自己百年之后，需要有一位才德兼备的人，来继承自己的基业。他此时四个儿子已经长大成人。长子术赤骁勇善战，是攻城拔寨的一员虎将；二子察合台打仗勇敢，唯独脾气稍显得暴躁；三子窝阔台智勇双全，精于政事。四子拖雷自幼就跟着自己征战四方，是一名出色的军事统帅，然而杀气太重，动辄屠城。从治国的角度来说，窝阔台显然更胜一筹，然而根据当时蒙古“幼子守灶”的传统，那么应该是由拖雷继承帝位，更何况拖雷是自己最喜欢的儿子。战无不胜的成吉思汗第一次因为选立继承人的问题而陷入了苦恼之中。最后，成吉思汗克服对幼子拖雷的喜爱之情，决定打破传统，量才用人，擢升三子窝阔台为继承人。1219 年，成吉思汗准备挥师西征西方大国花剌子模。在出发之前，他召集诸子和胞弟，指定窝阔台为汗位继承人。随后，窝阔台随着父亲踏上了西征的万里戎途。七年之后，花剌子模亡国，窝阔台随着父亲回到了阔别七年之久的蒙古故土。1227 年，一代天骄成吉思汗病逝于六盘山。临死前，他担心诸子在自己死后，会起纷争，于是再次告诫自己的孩子们，要团结一心，服从窝阔台的领导。虽然窝阔台是成吉思汗指定的继承人，可是根据蒙古旧俗，大汗死后，必须召开库里台大会，由宗室、勋贵选举继承人，这才可以即位为帝。在之后的两年里，窝阔台因为没有经过库里台大会正式选举，因此一直未能继承蒙古汗位。蒙古汗国的一切军政大事，由监国拖雷执掌，因此在这一时期，拖雷事实上成为了汗国当时的统治者。两年后，蒙古宗王和重臣举行库里台大会，有人认为应该坚持蒙古“幼子守灶”的旧俗，立拖雷为大汗；但耶律楚材极力游说各王，坚持成吉思汗的遗嘱，拥立窝阔台为汗。后几经波折，窝阔台这才继承了汗位。

耶律楚材的改革

窝阔台执政后，即下令大赦天下，同时申明成吉思汗在世时法令，要求臣民各自奉法行事，否则严惩。他先后两次在库里台上颁行大札撒，规范宗室、诸王和首领们的行为。他在蒙古帝国广袤的疆土上广设驿站，连接各地，方便各地使臣往来，商品的流通，赋役的征发，以及政令军务的传达。他还接受契丹人耶律楚材的建议，改革官制，仿照汉制，设立了中书省，并以耶律楚材为中书令，进行了一系列的改革。中书省的设立改变了过去蒙古那种简单的军政合一的统治方式，形成了由将领掌军权，大断事官掌司法权，中书省掌行政、财政大权的三权分立的局面，这样有利于加强中央集权。至此，蒙古政权才开始逐渐地由奴隶制向封建制转化。而在这一过程中，就不得不提一下耶律楚材这个人。

耶律楚材，契丹人，本是辽国的宗室子弟，自幼博学多才，才华横溢，曾经入仕金朝。因为看到金朝的腐败已不可挽救，遂接受成吉思汗的邀请，效力于成吉思汗汗帐之下。在成吉思汗西征过程中，屡建奇功。成吉思汗死后，他留下来继续辅佐窝阔台。

耶律楚材深受汉族文化的熏陶，为汉族先进的封建文明所折服。他认为，天下可以马上得之，不可以马上治之。要想治理好国家，必须重用儒臣。在他负责征收赋税的过程中，他就先后选用了20多名汉人作为副手。他还多次建议窝阔台选拔儒生做官，他对窝阔台说："制造器物的必然选用技术好的工匠，而治理国家则必须选用儒臣。选拔儒臣，不是一朝一夕之事，大汗必须早作打算。"窝阔台听从了他的建议，在第二年，他就派出宣课使到各郡县筹划事宜，开经义、辞赋、论三科取士，前后得士4000多人，有四分之一的人免除奴籍。

当时，蒙古铁骑一路南侵，占领了广袤的疆土。有蒙古贵族建议，杀尽汉人，将耕地变为牧地。耶律楚材驳斥了这种看法。他给他们算了笔账，说："中原地大物博，人口众多，只要能够均定赋税，再加上山泽的便利，每年可以征收银50万两，绢8万匹，粟40万石，又怎么会是没用呢?"窝阔台对此将信将疑，于是命令他试行。一年之后，耶律楚材果然将银50万两，绢8万匹，粟40万石收缴上来。窝阔台这才信以为真，高兴地任命他为中书右丞相，全权负责赋税征收事宜。耶律楚材乃成立各路课税所，任用汉人为职，负责蒙古赋税征调之事。后来，窝阔台干脆任命耶律楚材为中书令，让他全权负责黄河以北事宜。

耶律楚材还反对蒙古的屠杀政策。根据蒙古惯例，对拼死抵抗的城池，城破之时，就要屠城，作为报复。耶律楚材力劝窝阔台改变这种野蛮做法，认为得地无民，将一无所获。窝阔台听取他的建议，在之后的征战中，多次要求军士不得肆意屠戮百姓。1233 年，窝阔台征讨河南时，就制作数百面旗子，发给降民，让他们以此为凭，回归乡里。1234 年初，速不台攻克汴京，因为汴京军民曾经顽强抵抗，于是速不台向窝阔台建议屠城。耶律楚材得知后，极力劝说窝阔台，反对屠城。窝阔台同意他的看法，决定只向完颜皇族问罪。

另外，窝阔台还采纳耶律楚材其他的一些建议，如禁止蒙古贵族掠民为奴；爱惜民力，保护农业；轻徭薄赋，努力恢复生产等等。这些措施的实施，有利于社会的发展，为蒙古族由落后游牧奴隶制向先进的封建制度转变奠定了基础。

蒙古汗国的扩张

成吉思汗死后，窝阔台继续着父亲的扩张政策。1229 年，窝阔台根据成吉思汗的临终遗策，发动了灭金的战争。金国虽然在成吉思汗时期，遭到了沉重的打击，但毕竟实力雄厚，再加上哀宗 10 余年来的苦心经营，金国的元气逐渐得到了恢复。到窝阔台灭金时，金国仍然有精兵 40 余万，并占据了大片的河山。显然，灭金并非轻而易举之事。

初期阶段，蒙古主要的作战意图是扫清外围，自 1229 年开始，蒙军开始进攻金国汴京外围的据点。先后在金国西北重镇京兆（今陕西西安）、庆阳等地与金军鏖战，双方互有胜负。1230 年，窝阔台亲率大军，与拖雷、蒙哥等人再次挥师征金，并于次年春攻克重镇凤翔，随后渡过黄河，占领同州、华州和京兆等地。五月，窝阔台召集诸王大会，商议灭金方略。经过商议，窝阔台同意拖雷的建议，决定避开潼关的金军主力，兵分三路，共击汴京。具体部署是：诸王斡陈那颜率东路军，由山东济南南下，进攻汴京。窝阔台亲率中路军，攻占河中府（今山西永济西），入洛阳，然后合击汴京；拖雷率西路军，借道宋境，直取唐，邓二州，也会师于汴京。

方针既定，窝阔台遂率军围攻河中府，围攻数月乃下，而后南渡黄河，进入洛阳。与此同时，拖雷率领的右路军也渡过汉水，在钧州（今河南禹县）与金军主力展开了决战。拖雷采纳了速不台的疲敌之策，以小股蒙军不时地骚扰金军，致迫使金军且行且战，无法得到休整，然后趁机集中精锐在三峰山一举歼灭了金国15万大军。随后，蒙古大军乘胜追击，连下金国十余州郡，兵锋直指汴京城下。拖雷见大势已定，遂于这年三月与窝阔台撤兵北还，留速不台等人继续围攻汴京。

金哀宗见大势已去，于是由汴京出逃，先到了归德（今河南商丘），最后到了蔡州（今河南省汝南）。蒙古军紧随不舍，随即又将蔡州围困。然因军粮不济，遂向宋朝求援。宋理宗派遣大将孟珙率精兵二万，运粮30万石，支援蒙古。经过激战，宋蒙联军攻克蔡州，哀宗传位于完颜承麟，自杀而亡。完颜承麟旋即被杀，金国遂亡。

蒙古人攻城图　伊朗　志费尼

金国灭亡后，窝阔台却没有按照当初的约定将河南之地归还南宋。这引起了宋人的不满，一些大臣建议理宗乘蒙古主力北还，河南空虚之际，收复三京（西京洛阳、东京汴京、南京归德）。理宗于是命令庐州知州全子才率军进攻汴京。汴京守将李伯渊杀死蒙古所设置的长官崔立出降。窝阔台大怒，在哈剌和林（今额尔德尼召南）举行诸王大会，决定南下伐宋。蒙军在阔出、塔察儿等人的率领下，一路南下，侵占了南宋很多的地区。然而，这一时期蒙古并没有灭亡南宋的打算，只想掠夺财物，再加上南宋各地军民的顽强抗击，因此南宋许多地区都失而复得，宋蒙之间虽然互有攻防，但还没有灭国大战的阶段。

窝阔台在决定南下攻宋的同时，决定西征。1235 年，窝阔台在哈剌和林举行库里台大会，会上决定派遣以各宗室、那颜长子为主的西征军 15 万人，征讨钦察、斡罗思等未服的诸国。术赤的长子拔都、察合台的长子拜答儿、窝阔台的长子贵由、拖雷长子蒙哥都参加了这次战争。1236 年，速不台率领先锋军攻克不里阿耳都城，杀掠之后，焚毁了这座城市。是年冬，蒙哥进军伏尔加河下游的钦察部，一首领忽鲁速蛮投降，另一名首领八赤蛮坚决不降，后经过激战，被蒙哥俘获，处死。1237 年秋，拔都等诸王召开库里台大会，决定共同进兵征讨斡罗思。十二月，拔都等诸王率军渡过伏尔加河，要求也烈赞人交出十分之一的财富，被拒，于是蒙古大军发动猛攻，经过五天激战，攻克也烈赞城，然后屠城，并将该城焚毁。

1238 年，蒙军在一个月内连破科罗木纳、罗斯托夫、莫斯科等 10 余城，并围攻斡罗斯弗拉基米尔大公国都城，猛攻五日后城破。斡罗斯大公弃城逃跑，随后被蒙军斩杀。经过一段时间休整之后，蒙古军队继续南进，先后攻克蔑怯思、列思老勒、契尔尼果夫等城。薛儿克思部国王被杀，钦察部国主忽滩汗，率领余部逃亡马札儿（今匈牙利）。太宗十二年秋，拔都亲率大军围攻斡罗斯乞瓦城（今乌克兰基辅城），城破后进行了大屠杀。随后，蒙古军继续西进，攻取伽里赤公国都城弗拉基米尔沃伦（今乌克兰西北部沃伦州弗拉基米尔沃伦斯基）和境内其他城市。国王丹尼尔逃往马札儿。太宗十三年春，蒙古大军已追击逃敌为名，兵分两路，一路由拔都、速不台率领，进攻马札儿；另一路由察合台之子拜答儿率领，进攻孛烈儿（今波兰）。孛烈儿此时国内混战连连，拜答儿趁势率军摧毁孛烈儿军队，一举占领了孛烈儿都城克拉克夫（今波兰南部克拉科夫城），将它焚毁，然后乘筏渡过奥得河，进攻孛烈儿属国西里西亚。西里西亚国王亨利二世集结波兰、日尔曼、条顿骑士团共3万军队分兵五路抵抗蒙军。蒙军也兵分五路迎击，五路皆胜，亨利二世被杀。随后，拜答儿率军南下，进入马札儿与拔都等人汇合。

拔都、速不台所率大军攻入马札儿后，一路推进，很快就抵达其都城佩斯（今布达佩斯）。马札儿国王贝拉四世在集结军队与蒙军决战后，失败后逃往奥地利。蒙军攻入佩斯城，尽杀居民，然后将城焚毁。同年十二月，拔都率军从冰封的多瑙河上度过，占领了格兰城。没过多久，窝阔台死讯传来，拔都乃率军东还。

窝阔台之死

窝阔台的性情十分复杂，既有仁爱的一面，也有残暴的一面。说他仁爱是因为他乐善好施，经常广播恩惠。他在位期间，常常赏赐财物给身边的人。有些时候，甚至不假思索地把各地进献的财物散之一空，根本就不做任何的记录。他鄙视那些聚财敛财的行为，认为钱财再多，终究生不带来，死不带去，还不如把钱财赏赐给大家，以获得民心呢。事实上，也确实如此，在他的汗廷里，几乎所有的人都会得到赏赐，即使是不认识的人，都可能因为他的眷顾，而发一笔横财。据说有一次，窝阔台买枣，因为觉得像自己这样的买家不容易碰到，于是便把身上的财物全部赏给了卖枣的人。

窝阔台还有仁慈的一面，一次他下令将三个罪犯处死。在他离开时，看见一名妇人在嚎啕大哭。窝阔台于是走过去问她：“你为什么哭呢？”妇人回答：“因为你下令处死的人当中，其中一个是我的丈夫，一个是我的儿子，另一个是我的兄弟。”窝阔台说：“既然这样，你在三人中选择一个，我看在你的面子上饶他不死。”妇人答道：“丈夫能够再找，孩子也可以再生，但兄弟只有一个，请您赦免他吧。”听了这话，窝阔台十分感动，于是下令把那三名罪犯全部释放了。

但另一方面，窝阔台的性格中也有残忍、暴戾的一面。尤其是他早年随着成吉思汗西征花剌子模的时候，动辄屠城。在攻下花剌子模的首都玉龙杰赤城后，他就下令屠城。屠城之后，再下令决阿姆河水，将那些藏匿城中的人全部淹死，致使这座西部名城，毁于一旦。对于敌人如此，对待自己人也是如此。1237 年，蒙古斡亦剌部落中谣传说有诏令要将该部的未婚少女送去配人。人们急忙把自家尚未出嫁的姑娘许配于人，有些还直接送到男方家里。窝阔台闻讯后十分生气，认为这冒犯了自己作为大汗的权威，于是下令把该部落 7 岁以上的少女都集中起来，已配与人的也要从夫家追回。然后将 4000 名少女聚集在一处，命令兵士当众糟踏她们，并逼迫她们的家人在旁边观看，而且不能埋怨哭泣，也不许露出任何不满情绪。即便是自己的亲生弟弟拖雷，他也表现得严酷、刻薄乃至于冷血。拖雷在成吉思汗诸子之中，战功最为卓著，也是最有能力威胁窝阔台汗位的人。为了巩固汗位，窝阔台竟然勾结女巫，以有毒的符水害死了自己的弟弟拖雷。

窝阔台晚年，丧失了励精图治、开疆扩土的进取之心，他开始坐享太平。他派遣朝中大将领军征伐，而他自己沉湎于酒色之中。他经常喝得酩酊大醉，而且在这方面毫无节制。察合台与耶律楚材等人屡次劝谏他，但他终始不听。1241 年，在一次豪饮之后，窝阔台中风，数日后，便死于行宫之中了。他死后，由其皇后乃马真氏摄政。直到 5 年之后，窝阔台长子贵由才得以继承汗位。

定宗贵由

元定宗档案：

生卒年：1206～1248年

父　　母：父，太宗窝阔台；母，乃马真皇后

后　　妃：海迷失皇后等

年　　号：无

在位时间：1246～1248年

谥　　号：简平皇帝

庙　　号：定宗

陵　　寝：起辇谷

性　　格：刚毅果断，骄奢淫逸

点评：

然自壬寅以来，法度不一，内外离心，而太宗之政衰矣。

——明·宋濂《元史》

元定宗名叫孛儿只斤贵由，是太宗孛儿只斤窝阔台的长子。1246年，贵由在乃马真皇后召开的库里台大会（蒙古可汗的选举大会）中，被诸王公推举为蒙古国第三任大汗，成为了蒙古的实际统治者。1248年，贵由领军征讨拔都，途中病死，终年43岁。

贵由自幼随着诸王征战四方，立有战功。后来，窝阔台派拔都率军西征钦察、斡罗思等国时，贵由随军出征。他曾与其弟蒙哥在高加索山一带用兵，战绩卓著。但窝阔台却没有打算把汗位传给这个儿子，他想把汗位传给第三子阔出。但是不久，阔出就死于侵宋的战争之中。窝阔台于是把汗位继承人改定为阔出的儿子失烈门。1242年，窝阔台病逝，失烈门此时年纪还太小，窝阔台的妻子乃马

真氏于是以“汗后”的身份摄政，主持全国政务。这时候，成吉思汗的幼帝斡赤斤见到汗位空虚，于是领兵开赴和林，企图争取汗位。乃马真氏十分惊惧，准备西迁避祸，后经耶律楚材的阻止，这才作罢。乃马真氏在耶律楚材的建议下，遣使诘问斡赤斤。斡赤斤自知难以获得支持，就引兵退回驻地。乃马真氏按照蒙古旧俗，在和林举行库里台大会选举汗位继承人。乃马真氏的本意是要自己的长子贵由继承汗位，但是许多蒙古权贵都不满意，尤其是西政军统帅拔都。他素与贵由不和，认为拥立贵由只不过是乃马真氏的私意，于是以患病为由，拒不赴会，致使库里台大会一拖再拖。

1246年，库里台大会拖延了5年之后，拔都这才派他的弟弟别儿哥代他出席库里台。在这次大会中，诸王们在乃马真氏的争取下，达成协议，共同推举贵由为蒙古国的第三任大汗。

贵由继承汗位后不久，乃马真氏病死。蒙古国经过乃马真氏五年摄政，政事日衰，纲纪废弛，局势动荡不安。贵由即位后，第一件事就是整饬朝政。他首先授命蒙哥和斡儿答调查斡赤斤谋夺汗位一事，处死了斡赤斤及其亲信多人；接着他借故处死了母亲乃马真氏宠信的理财大臣奥都剌合蛮，将女巫法提玛沉尸水中。然后，起用他母亲摄政期间罢免的官员，恢复了先朝旧臣镇海的中书右丞相职务。而对于诸王贵族们违法乱纪的情况，贵由重申了太宗窝阔台在位时颁布的一切法令，并且下令严查贵族王公们违法乱纪的行为。这些举措有利于重振朝纲，巩固汗位，也有利于维护社会的稳定。

但过了不久，贵由就开始沉湎于酒色之中了。他的身子本来就虚弱，这样一来就更加无法支撑了。于是，他把政事全部委托于亲信大臣镇海、合答等人，而自己则纵情声色。为了笼络蒙古权贵，他还多次下令打开府库，把金银财宝赏赐给诸王、贵戚和大臣。这给国家财政上造成了极大的负担，而后世纷纷效法，致使国库日耗，其统治也是越来越难以为继了。

1248年春，贵由以养病为借口，率军西进。托雷的妻子唆鲁禾帖尼王妃敏锐地察觉到贵由此次西巡不同寻常，显然是要去袭击他的政敌、钦察汗国的可汗拔都，连忙派人星夜飞报拔都。拔都闻讯后，急忙整饬军备，积极备战。结果，这年三月，贵由行军至叶密力以东（新疆青河东南），突然病死，一场发生在黄金家族内部的战争因此得以避免。

宪宗蒙哥

元宪宗档案：

生 卒 年：1208～1259年

父　　母：父，托雷；母，唆鲁禾帖尼王妃

后　　妃：弘吉剌皇后等

年　　号：无

在位时间：1251～1259年

谥　　号：桓肃皇帝

庙　　号：宪宗

陵　　寝：起辇谷

性　　格：刚强坚毅，沉断寡言

点评：

蒙哥即大汗位，在大蒙古国历史上是一次划时代的转折。它是大汗位从窝阔台系转入拖雷系的开始。黄金家族内部，第一次为争夺汗位而互相残杀。

——周良霄

元宪宗孛儿只斤蒙哥，是太祖成吉思汗之孙，托雷的长子，母亲是唆鲁禾帖尼王妃。1251年，库里台大会中，蒙哥得到了大多数

蒙古宗王的支持，继承汗位，成为蒙古帝国的第四位汗王。

宪宗蒙哥像

成吉思汗一生纵横沙场，给后世子孙留下了一个大大的帝国。但选择谁作为继承人时，这位伟大的征服者却陷入了苦恼。他的心里有两个人选，分别是三子窝阔台和四子拖雷。窝阔台长期以来主持朝政，显示了极大的政治才干。而四子拖雷则是一位出色的将领，跟着他驰骋疆场，立下不少的战功，也是他最喜欢的儿子。在反复的权衡之后，他克制住了对幼子托雷的喜爱，擢升更具有治国才能的窝阔台为汗位继承人。为了弥补心中对拖雷的愧疚之情，他将军队和国家的大量财宝留给了拖雷。在乱世，有了兵权就有了一切。拖雷执掌军政大权，自然引起了窝阔台的猜忌。成吉思汗死后，窝阔台为了消弭拖雷的威胁，勾结女巫，以有毒的符水害死了拖雷。

蒙哥是拖雷的长子，年少英武，深得窝阔台的喜爱。窝阔台害死拖雷，心里一直耿耿于怀，于是就把他收为养子，交由昂灰皇后抚育。蒙哥长大后，就随着蒙古诸王征战四方。1235 年，他奉窝阔台之命，跟随着拔都、贵由远征西部未服诸国。他率军破钦察，擒杀其首领八赤蛮，后来又征讨斡罗斯，屡立奇功。在多次的战争中，他奋不顾身，英勇杀敌，建立无数的功勋，在蒙军将士中树立了级高的威望。这些，为蒙哥日后争夺汗位奠定了基础。

1248 年，贵由病逝。翌年，蒙古各宗王们在阿拉喀马克营地召开库里台大会，推选汗位继承人。拔都率先推举蒙哥为汗，但遭到了窝阔台系的反对。双方各执一词，不欢而散。三年后，拔都在阔帖兀阿阑（成吉思汗大斡耳朵所在地，今蒙古温都尔汗西南克鲁伦河与臣赫尔河会流处西）再次举行库里台大会。蒙哥在大多数宗王的支持下，终于登上了可汗的宝座。然而窝阔台一系的许多宗王仍对蒙哥颇有微词，蒙哥即位后，借谋反之名，将这些人全部处死，巩固了自己的汗位。

蒙哥上台时，国内局势不宁，人民的武装反抗日益增多。针对这种局面，蒙哥一方面对义军大加镇压，另一方面采取了一系列措施规范蒙古权贵的行为，安抚汉民，缓和社会矛盾。继任汗位伊始，蒙哥就下令，废除前代大汗的一切扰民措施，又减免百姓赋税，鼓励百姓进行生产，同时下令各地的收缴租税的官吏，不得收受贿赂，徇私枉法。这些措施，在一定程度上缓和了社会矛盾，但治标不治本。他自幼接受的是正统的蒙古贵族式教育，头脑中特权思想严重，因此也无法体会到汉家那种“民为贵，社稷次之，君为轻”的治世胸怀。在他治下的百姓，和土地、牛羊一样，是他私人的财产，如何支配，全在乎他自己。他在位期间，多次对功臣、亲王、子侄们进行封赏，使得大蒙古国进一步走向了分裂。

蒙哥同他的祖辈、父辈一样，有着强烈的征服欲。在他即位之后，就派遣他的弟弟旭烈兀为西征军统帅，踏着先辈们的足迹，降服那些未被降服的地区。1253 年，旭烈兀率领西征大军浩浩荡荡地渡过阿姆河，踏上了远征之路。5 年后，在攻陷了阿巴斯王朝都城巴格达后，旭烈兀残酷地下令屠城 7 日，数 10 万人被杀，致使这座有着 500 多年文化的历史名城遭受到了一次滔天的浩劫。

在西征的同时，蒙哥还命令弟弟忽必烈统筹对南宋战争的事宜。忽必烈建议蒙哥先取大理，然后在迂回包抄南宋。蒙哥认为这个计划可行，便派忽必烈于 1252 年率军远征大理。同年十二月，大理被征服，忽必烈留大将兀良合台戍守大理，自己班师北还。至此，蒙古帝国完成了迂回包抄南宋的战略部署。

1257 年，蒙哥在诸事安排妥当之后，领军亲征，展开了全面的攻宋战争。他命令塔察儿领军十万为东路军进攻荆襄、两淮等地，自己亲率4万大军渡过黄河，进攻蜀地。同时又命令驻扎在大理的兀良合台引兵北上，三路大军合攻南宋，最终直捣南宋都城临安。开始的时候，战事进展颇为顺利，蒙哥驱军南下，如入无人之境，大军很快按照原定计划进入了四川，兀良合台也接连攻下贵州（今广西贵县）、象州、辰州（今湖南沅陵）等地，然而塔察儿率领的东路军却进展缓慢，围攻樊城近乎一年的时间，竟然也无法拿下。蒙哥于是命令忽必烈代替塔察儿为东路军统帅，继续攻宋。1258年，蒙哥的大军已经攻陷了成都，兵锋直指四川重镇合州。驻守合州的是南宋名将王坚，面对来势汹汹的蒙古大军，他丝毫没有畏惧，加紧加固城池，修缮器械，以抵御蒙古大军的入侵。1259年三月，蒙哥大宴众将商议是否回师休整之事。将领们争论纷纷，有的人主张继续攻宋，也有人认为南方气候炎热，疾疫流行，不利于蒙古军作战，坚持回师修整，来年再战。蒙哥力排众议，决定不惜一切代价攻占合州，以达到灭亡南宋的目的。

然而，在这里蒙哥遇到了出乎意料的顽抗。王坚率领合州军民，依靠着钓鱼山险要地形，奋力抵抗蒙古大军达5个月之久。蒙哥焦躁不安，命人在钓鱼城东门高地上修筑高台，以查探敌情。当蒙哥登上高台观望时，王坚命人以火炮猛击高台。蒙哥身受重伤，没过多久，就去世了。蒙哥死后，众军无主，大将们遂陆续领军北返，这一次的侵宋战争至此告一段落。

世祖忽必烈

元世祖档案：

生 卒 年：1215～1294年

父　　母：父，托雷；母，唆鲁禾帖尼王妃

后　　妃：察必皇后、塔剌海皇后等
年　　号：中统，至元
在位时间：1260～1294 年
谥　　号：圣德神功文武皇帝
庙　　号：世祖
陵　　寝：起辇谷
性　　格：雄才大略

世祖忽必烈像

点评：

元世祖忽必烈是少数民族皇帝中统一中国的第一人，其文治武功可以与秦皇、汉武、唐宗、宋祖、成吉思汗等相提并论。

——朱耀廷

元世祖，名孛儿只斤忽必烈，是成吉思汗的孙子。在蒙哥死后，即蒙古帝国大汗之位。灭亡南宋之后，他承宗改制，建国大元，前后统治中国达 34 年。他在位期间，仿照汉制，改革政体，加强中央集权，完成了蒙古族从游牧的奴隶制向封建制度的转变。至元三十一年（1294 年），因病逝世于大都，享年 80 岁。

少年有成　广揽贤才

忽必烈是拖雷第四个儿子，自幼聪明伶俐，深得成吉思汗的喜爱。幼年时，因为父亲常年征战在外，抚养他的重担就落在了母亲唆鲁禾帖尼的身上。唆鲁禾帖尼是个十分聪明的女人，汉化很深，在忽必烈很小的时候，她就让他跟随在博学多才的耶律楚材的身边，增长学识。没过几年，拖雷逝世，唆鲁禾帖尼一方面小心翼翼地与窝阔台大汗周旋，一方面，通过种种努力为自己的儿子们树立良好的政治形象。窝阔台在位时，任用耶律楚材为中书令，进行了一系列的改革。耶律楚材的改革，给年轻的忽必烈留下了很深的影响，以至多年以后，他也是基本沿袭着耶律楚材的施政思想，进行改革的。窝阔台死后，其子贵由即位。贵由却是个短命的大汗，在位不过3年，就去世了。在唆鲁禾帖尼等人的努力下，蒙哥即位。蒙哥为把权力确保在拖雷系手中，于是命令自己的弟弟忽必烈全权掌管漠南汉地的一切军国庶务。

1251年，忽必烈达到漠南金莲川后，立即开府建衙，招揽四方人才。其实，早在漠北为藩王的时候，忽必烈已经很重视人才的作用，他先后召汉人赵璧、刘秉忠、姚枢等人入府。刘秉忠本是一名和尚，跟随着海云法师修行，但忽必烈认为他很有才干，于是留下他，任命他为王府掌书记。在他们的帮助下，忽必烈对中国历代王朝的治乱兴衰已经颇为了解，也充分地认识到“天下可以马上得之，不可以马上治之”的大道理。金莲川设置幕府之后，在刘秉忠等藩府旧臣的积极活动之下，先后有一大批的人才积聚在忽必烈的身边。这其中有以郝经、杨惟中、商挺、张文谦等人为代表的汉族知识分子，也有以廉希宪、也仙鼐、阿合马、阿里海牙等人为首的西域奇才异士。正是这些人的辅佐，使得忽必烈治理邢州（今河北邢台）、河南、关中等汉地中取得成功，也使得他在之后的汗位争夺中牢牢占据着优势。

当时的河朔、关中之地，经历了常年的战乱，民生凋敝，经济十分萧条，如邢州之地，在金朝时共有8万余户，然而到忽必烈受封之时，却仅有五六百户；又如关中之地，自古便是繁荣富庶的地方，可是经过连年战乱，关中8州13县的户口竟然还不到1万。

忽必烈在掌管漠南汉地军国庶务之后，在刘秉忠等人的建议下，决定以“汉法”治汉地。他一方面赈济、安抚流民，另一方面，整顿军纪，严禁蒙军将士妄杀无辜。同时，他还委以熟悉汉法的张耕、刘肃、杨维中、廉希宪等人重任，专司治理邢州、河南、关中等地。

1251年，忽必烈在邢州设立安抚司，派遣赵瑨、刘肃、张耕等人前往整治。他们达到邢州后，齐心协力，打击不法，招抚流民，结果，不到一个月，就使邢州的户口增加了10倍。第二年，忽必烈在汴梁（今河南开封）设立经略司，以史天泽、杨维中、赵璧等人为经略使治理河南。当时，蒙古军士在河南横行不法，百姓深受其害，因此逃离的人很多。杨惟中等人到任后，立即对违法乱纪的行为进行整治。河南道总管刘福贪婪残暴，祸害百姓二十余年，杨惟中到河南后，即以大梃（一种棍棒）杖杀了他。百姓拍手称快。没过几年，河南大治。1253年，忽必烈受封关中，当时的关中户不满万，蒙军暴横，民不聊生。忽必烈于是命姚枢在京兆（今西安）设立宣抚司，以孛兰、杨惟中为宣抚使，以商挺为郎中，前往治理关中地区。杨惟中到达关中之后，便对关中地区进行了大刀阔斧的整治。他首先明正法令，对那些有功之人予以表彰和奖励，对于那些欺压民众的贪官污吏则予以罢黜和惩治。蒙军中有一位郭千户，杀人夺妻，民愤极大，杨惟中知道此事后，立即将他法办，关中立刻秩序井然。次年，忽必烈又派遣姚枢为劝农使，劝课农桑，鼓励百姓进行农业生产。在几人的治理之下，数年间，关中便焕然一新，人丁旺盛，经济繁荣。

忽必烈在汉地的治理，政绩卓然，人心日渐归附。这就引起了蒙古大汗蒙哥的猜忌。蒙哥本来就对忽必烈施行汉法感到不满，此时见到忽必烈受到汉地民众的爱戴，心生恐惧，便寻找了一个机会解除了忽必烈的兵权。同时派亲信阿蓝答儿、刘太平等到关中、河南等忽必烈的封地，借清算钱谷之名，对忽必烈设置的经略司，宣抚司等改革机构的大小官员，进行无情打击。单是在关中一地，先后死于酷刑的改革派官员，就有20多人。忽必烈不得已，只得接受姚枢的建议，把自己的妻子、儿女送到汗廷作人质，以表明自己并无异志。

同年十一月，忽必烈亲至漠北，谒见蒙哥，兄弟相见，尽释前嫌，蒙哥下令停止清算钱谷，并与忽必烈一起商定了伐宋方略。

武力夺位　发兵灭宋

1257年，蒙哥分兵三路，发起了对宋战争。然后由于东路军进展缓慢，蒙哥于是命令忽必烈代替塔察儿总领东路军。此时，在他的身边可谓是猛将如云，谋臣似雨，大军一路南进，所向披靡。1259年八月，忽必烈率军渡过淮河。这时，蒙军抓获了一名俘虏，从他口中得知蒙哥大汗伤重去世的消息，军中有人建议立即回师和林，争夺汗位。忽必烈将信将疑，没有立即回师，而是继续率军南进。月末，攻克大胜关，直抵长江北岸。九月，宗王穆哥遣使送来蒙哥大汗去世的讣告，并劝忽必烈撤军北还，以便争夺大汗之位。但忽必烈认为，奉命出征，不可以无功而返，于是在十月，兵分三路，强渡长江，包围了鄂州。鄂州城池坚固，军民奋勇，忽必烈数度强攻，仍然取之不下。此时，留守和林的七弟阿里不哥趁机加紧了夺权活动，他一面派出数路使者，通知诸王前往和林，召开库里台大会；一面派遣亲信阿蓝答儿、脱里赤四处征兵，积蓄军事力量，并打算派兵将忽必烈阻挡在黄河以南，不让他回去。

忽必烈之妻察氏见情势危急，连忙派人急报忽必烈，并督促他早日回师，以防不测。郝经等大臣亦再次建议忽必烈应该以天下苍生为念，及早班师。忽必烈遂下定决心，撤军北还，争夺汗位。为了迷惑敌人，他接受郝经的建议，采取了声东击西的战术，声称要发兵苏杭，直捣南宋的都城临安。贾似道十分惊恐，连忙瞒着宋朝皇帝遣使求和，双方约定：宋将长江以北地区划归蒙古，向蒙古称臣，每年纳贡银20万两，卷20万匹。随后，忽必烈亲率大军火速赶回燕京，并派遣廉希宪去游说东路诸王塔察儿等人，为其争夺汗位做准备。

忽必烈回到燕京之后，立即解散了阿里不哥的亲信脱里赤征召的军队，以安定民心。1260年三月，忽必烈率军抵达开平，在这里召开库里台大会，在众人的拥戴下，宣布继承汗位，然后颁布诏书以告示天下。与此同时，阿里不哥也在和林召集了自己的支持者举行库里台大会，推举自己为蒙古大汗。是年冬，忽必烈御驾亲征，在和林郊外打败阿里不哥大军。阿里不哥众叛亲离，无奈只得投降了忽必烈。后来。阿里不哥又乘着忽必烈南下侵宋机会，再次反叛，然而由于西北的察合台系众人的反对，阿里不哥的反叛行动再一次失败。陷于绝境的阿里不哥只好再次投降。阿里不哥的投降，确立了忽必烈的正统统治，帝国的中心也渐渐地由和林转移到了中原地区。

忽必烈在即位之初，因为忙于巩固政权，因此南宋得以苟延残喘。1260年，忽必烈派郝经出使南宋，宣告自己即位的消息，并与贾似道商讨协议的问题。贾似道害怕其签署投降协议的罪行暴露，于是就把郝经拘留在真州（今江苏仪征）。至元四年（1267年），忽必烈在巩固政权之后，便以此为借口，发动了侵宋战争。此时的南宋，在贾似道等奸臣的把持下，日益走向了衰落和腐败。泸州大将刘整率领30万军民投降忽必烈，并向他提出了先攻襄阳，从中间突破，继而亡宋的策略。忽必烈接受他的建议，于是派刘整、阿术率军进攻襄阳。至元九年（1272年），襄阳守将在孤立无援的情况下，投降。至此，这座南宋扼守蒙军的军事重镇襄阳也落入了蒙古手里。次年夏天，忽必烈发布伐宋诏书，并以伯颜为大军统帅，统军20万，分兵两路南下征宋。这时，宋度宗去世，贾似道立其幼子赵显为帝。伯颜南下的消息传来，宋廷上下大惊失色。贾似道无奈，只得亲帅13万大军，抵御伯颜。结果，宋军大败，贾似道只身逃往扬州。消息传来，群情汹涌，朝野上下一直要求治贾似道误国误民之罪。太皇太后为平民愤，遂将贾似道削职为民。后在途中，贾似道被押送的军官所杀。伯颜军继续南进，太皇太后连下诏令，动员各路军民勤王。然而，接下来的战争，宋军仍旧屡战屡败，南宋大将张世杰十万水军也被蒙军打败，南宋覆亡在即。

蒙古军作战图　伊朗　志费尼

至元十三年（1276 年），蒙军兵临城下。谢太后只得启用文天祥为相，让他出使元营，商议议和之事。文天祥到元营后，被伯颜趁机扣押。谢太后山穷水尽，只得向伯颜献上降表、玉玺投降。随后，伯颜遵从忽必烈命令，派遣一队人马将小皇帝赵显、其母全太后以及皇族宗室、文武百官全部被元军押往大都。途中，文天祥乘机逃走。五月，一行人到达大都，忽必烈召见小皇帝赵显，宣布废去帝号，封为瀛国公。

此后，南宋益王赵昰、卫王赵昺先后在文天祥、陆秀夫、张世杰等人的辅佐之下，在东南沿海一带转战，力图恢复江山社稷，然而最终也归于失败。至元十六年（1279 年），崖山之战后，元军全歼了宋军，陆秀夫抱着小皇帝跳海自杀，文天祥被俘，后被处死。南宋遂亡。至此，元朝完成了统一，忽必烈成为全中国的皇帝。

建国定制　巩固统治

忽必烈的施政思想，受中原文化影响极大。早在他继承汗位之初，翰林学士徐世隆就上奏说："陛下帝中国，当行中国事"，认为只有推行中原王朝的治国之道，才能当中国的皇帝。这其实是希望忽必烈能在中原推行汉法，以中原王朝已有的模式统治汗国。忽必烈也认为立足汉地，蒙古原有的统治方式已不可行，于是，在他继承汗位之后，即推行汉法，进行了一系列的改革。灭亡南宋后，更是把这些改革措施推行至元朝的各个地方。

首先，建元改制、立都汉地。忽必烈在继承汗位之后，就仿照汉族封建王朝的传统，发布即位诏书，告示天下，不再称"大汗"，而改称“皇帝”。几个月后，忽必烈又改变了蒙古不立年号的旧俗，采用了中国传统的封建王朝年号纪年，宣布建元中统。平定阿里不哥之乱后，他又改年号为至元。为了方便对中原地区的控制，忽必烈放弃远在漠北的旧都和林，在漠南和中原设两个都城。中统四年（1263 年）升开平府为上都（今内蒙古自治区锡林郭勒盟正蓝旗境内），建宗庙宫室。至元元年（1264 年），他将金朝旧都燕京（今北京市），改为中都，同时进行了扩建、重修。至元九年（1272 年），改名为大都，被定为元朝新的都城。新都建成后，忽必烈又更改国号，定国名为大元，取《易经》“大哉乾元”之意，意指国家广袤无疆。随后，又把上都的中书省迁至大都，从而使大都处于全国政治中心地位。

其次，仿照汉制，建立一套行之有效的行政机构。忽必烈上台后，在汉族谋臣的帮助下，逐步创设、完善各项国家制度。这些制度的形成既是对宋金以来朝廷制度的继承，又有着蒙古自身的某些特点。元朝的中央权力机构主要有三部分组成：即中书省、枢密院和御史台。中书省总理全国政务，下辖吏、户、礼、兵、刑、工六部；枢密院，专掌全国军务；御史台，专司文武百官的监察之责。在地方上，设立行省。全国划分为十个行省，由中书省派遣官员到地方上进行管理。在少数民族和边疆地区则设立宣抚使司、宣慰使司和都元帅府进行管理。吐蕃以中央宣政院进行直接管理，台湾、澎湖列岛则设立澎湖巡检司进行管理。忽必烈在革新的同时，保留了旧有的断事官制度，但消弱其职权范围，只让他们负责蒙古、色目以及宗室的案件。

在构筑国家的行政机构的同时，忽必烈为了加强中央集权，开始采取措施大力削弱诸王勋贵以及汉人世侯的权力。蒙古帝国对宗室贵族的分封，导致了统治区域内出现了很多大大小小的藩王。他们虽然名义上服从于中央汗廷的领导，但各自拥兵自重，形同一方割据势力。忽必烈上台后，认为这不利于中央帝国的统治，于是展开了大规模的削藩运动。他先是通过授爵赐印的方式，确立了君权的威严，接着，又通过定军籍，建都府等措施，削弱了诸王草原领地的军权，随后又收回了诸王领地的司法权。此外，忽必烈还从税收、食邑官任命等方面，逐渐地削弱了诸王食邑的实力基础。这样，诸王对元朝统治中央的威胁也就大大地减轻了。

对于忽必烈统治中央的威胁，还有相当大一部分是来自于蒙古册封的汉人世侯。自成吉思汗开始，蒙古经略中原的时候，采取了“以汉治汉”的策略，招抚和收降了一些汉族官僚和地方武装势力。因此，一些汉人将领就逐步掌握了蒙古统治区的地方政权，且各握重兵，多者五六万，少者也不下两三万。中统二年（1261 年）秋，山东地区的汉军万户李澶叛乱。虽然这次叛乱很快就镇压下去了，但此事以后，忽必烈对汉人疑忌心理加重，于是便以此为借口，规定汉人将领不能兼掌兵、民之权。史天泽等汉将为了表示对忽必烈的忠诚，纷纷交出了兵权。忽必烈还通过取消世侯封邑等方式，彻底削除了汉人世侯的势力，使中央集权进一步牢固起来。

忽必烈还十分重视农业，鼓励生产。在他即位之初，就设立了十路宣抚司，并在各路宣抚司挑选通晓农事的人委以官职。次年，又命令姚枢为大司农，在各地设立劝农司，选派官员为劝农使，前往各地劝课农桑，并考察各地农业生产情况。接着忽必烈又发布了官吏升降条例，把各地的人口、收成等方面纳入官员考核的范围，农业生产的好坏作为官员升降的主要标准。另外，他还命人将历代的农学著作汇集成册，编成《农桑辑要》一书，颁行全国，用以指导农业生产。为了保护农业生产，他还颁布了一系列法令，禁止蒙古军队的掠夺、屠杀等破坏农业的行为。这些措施有利于农业生产，使得饱经战乱的中原与江南地区的经济得到了恢复和一定程度上的发展。

忽必烈在推行汉法的同时，仍保留了一些蒙古旧制，如蒙古的赏赐制度。在成吉思汗时期就有大汗向诸王贵族赏赐金银财帛的习俗。忽必烈即位后，继续保留了这一习俗，每年赏赐给诸王、驸马们的财帛数以万计。这种奢侈浪费，无补于国，更无补于民。另外，断事官、采邑、怯薛等蒙古旧制也以各种的方式保留了下来，并延续到后世，对之后元朝的政治生活产生了一定的影响。

在晚年的时候，忽必烈穷兵黩武，连年对外征战。为了宣威海外，忽必烈连续多次派遣使者去日本劝谕遣使来朝，但均被镰仓幕府坚决拒绝。忽必烈不肯罢休，于是在至元十一年（1274年）和至元十八年（1281年），先后两次大举派军入侵日本，但因为种种原因均以失败而告终。他还先后对安南（今越南北部）、占城（今越南南部）、爪哇（今印度尼西亚爪哇岛）、缅国（今缅甸）等地用兵，但大都没有取得预想的成绩。频繁的战争，耗费了庞大的军费开支。为了解决财政问题，忽必烈遂重用敛财之臣，给社会造成了极大的灾难。很多地方的百姓不堪忍受元廷沉重的剥削，先后爆发了反抗元朝的起义。

至元三十一年（1294年），忽必烈逝世，葬于起辇谷。谥号“圣德神功文武皇帝”，庙号“世祖”。

成宗铁穆耳

元成宗档案：

生 卒 年：1265～1307年

父　　母：父，真金太子；母，弘吉剌氏

后　　妃：弘吉剌皇后、卜鲁罕皇后等

年　　号：元贞，大德

在位时间：1294～1307年

谥　　号：钦明广孝皇帝
庙　　号：成宗
陵　　寝：起辇谷
性　　格：性格中庸
点评：

铁穆耳是一个不太好也不太坏的中等皇帝。他喜欢喝酒，花钱摆阔，袒护幸臣；却也留心民间疾苦，对兵灾、水灾、旱灾地震的地区舍得免税、减税、放赈。

——黎东方《细说元朝》

元成宗孛儿只斤铁穆耳是忽必烈的孙子，在他的父亲皇太子真金病死后，被忽必烈册封为皇太孙，授予他"皇太子宝玺"，成为大元王朝的皇位继承人。至元三十一年（1294年），忽必烈死后，被诸王大臣们拥立为继承人，即帝位。他在位期间恪守旧制，没什么大的建树，也没有什么大的弊端，基本维持了元朝政治、经济上相对稳定局面，算得上是一位成功的守成之君。

铁穆耳的父亲名叫真金，是世祖忽必烈的次子。至元十年（1273年），忽必烈仿照汉制册立已过了而立之年的真金为皇太子，做大元帝国的第二位继承人。真金自幼受汉家儒学的熏陶，认为治世需用"仁"，反对苛政暴敛，但忽必烈为了筹集军费，解决财政问题，而重用阿合马、卢世荣等人为理财大臣，不断地搜刮百姓的财富，这样双方就产生了矛盾。至元二十二年（1285年），真金太子忧郁而死。忽必烈此时已经年逾古稀，儿子之死，对他的打击很大，也使得他在重新册立皇储的问题上倍加慎重，迟迟没有确立自己的继承人。直到8年之后，他才正式册立真金的第三个儿子孛儿只斤·铁穆耳为皇太孙，授予"皇太子宝玺"，还派了自己的宠臣玉昔帖木儿辅佐他坐镇漠北，镇守北境。至元三十一年（1294年）正月，世祖忽必烈病逝，铁穆耳闻知各宗室诸王在上都（今内蒙古正蓝旗）议立新君，慌忙昼夜兼程，赶回了上都。虽然铁穆耳是忽必烈指定的继承人，但这时候，蒙古旧俗库里台大会仍然发挥着影响力。铁穆耳如要继承皇位，就必须经过库里台大会，由宗室诸王选举产生。铁穆耳的长兄甘麻剌闻知讯息，赶回上都，争夺皇位，并且得到了一部分诸王、大臣的支持。而铁穆耳更是得到了母亲阔阔真、伯颜、玉昔帖木儿、中书右丞相完泽、平章政事不忽木等重臣的大力支持。甘麻剌料定自己没有胜算，于是放弃争夺皇位，仍领兵镇守边疆。四月十三日，铁穆耳在诸王、大臣的簇拥之下，终于顺利地登上了皇位，成为了大元王朝的第二位皇帝。

铁穆耳即位后，基本沿袭旧制，世祖晚年当政的文武臣僚也基本没有变动，仍旧以完泽为中书右丞相，不忽木为平章政事，而对于辅佐自己的登基的伯颜、玉昔帖木儿则分别委任以太傅、太师的重职。为了争取蒙、汉儒臣的拥戴，铁穆耳下诏尊孔崇儒，并在京城建立学府，请各地名儒讲授经学。同时，铁穆耳也学着祖父的样子，采用色目官员管理国家财政。

在对外方面，铁穆耳执行对外友好的外交策略。在世祖忽必烈时期，元军常年对安南、日本等地用兵，致使这些地方与元朝关系紧张。铁穆耳即位后就下令停止对外用兵，恢复与周边各国的睦邻关系。他遣使前往安南、日本等国，宣扬和平友好的政策，此后双方使节往来不绝，双方的民间贸易也日趋活跃。而对于西北边境海都、笃哇、察八儿等人拥兵反叛的行为，铁穆耳则采取了“以战求和”的策略。他派遣叔父阔阔出、驸马阔里吉思等人率军驻防西北，抵御叛军。大德七年（1303 年），叛军在连续遭到元军的重创之后，海都之子察八儿、笃哇派遣使求和。铁穆耳接受了他们的请和要求，在双方之间设立驿站，以便双方使臣的往来。与西部诸王的和解，结束了几十年来蒙古内部的纷争，有利于中央帝国的统治，也重塑了中央帝国的权威。

蒙古自太祖铁木真开始，就有赏赐的习惯，每一位汗位的继承者，莫不对诸王、公主、驸马、功臣们大加赏赐，以至于后世赏赐成风。到了铁穆耳这一代，对诸王们的赏赐更是远远超过了前代。他在位期间，对诸王、驸马的赏赐分别增加了三到五倍。这样看似可以笼络人心，其实隐患极大。一方面，诸王可能会因为赏赐的不公，而导致离心，另一方面，滥行赏赐会导致国库空虚，而为了弥补国库空虚只得大量挪用钞本，结果造成钞法紊乱，货币一再贬值，最终导致经济崩溃。大德三年（1299 年），元朝的财政赤字已经达到了一个惊人的地步，一年的收入竟然还不够半年的费用，不够者只得以钞本补上。虽然中书省大臣一再进谏，提醒他要严格控制赏赐的数量，但铁穆耳总是虚心接受，坚决不改。直到他去世，对诸位王公大臣的赏赐也没有停止过。

晚期，铁穆耳变得好大喜功起来。大德四年（1300 年）十二月，他派荆湖占城行省左丞刘深统军 2 万前去征讨八百媳妇国（今泰国北部、缅甸东北部，治京泰国清迈）。刘深进军途中横征暴敛，激起了民变。大德五年（1301 年），云南宋隆济率领苗、布依、仡佬等各族人民起义，先后攻占贵州中部、北部等大部分地区，而后彝族女酋长奢节于贵州起义，率领彝、苗等族人民配合着宋隆济，给元军以沉重的打击。刘深大军陷入战争泥潭，死亡十之八九，已无力镇压义军。铁穆耳大为恼怒，下令处死了刘深，改派湖广行省平章刘国杰率兵镇压，历时两年多，这才把起义军镇压下去。这一次的战争，耗费了大量的人力财力，却几乎毫无什么功绩可言。

大德十一年（1307 年）正月，铁穆耳病逝于玉德殿，享年 43 岁，在位 13 年，葬于起辇谷。由于他死前没有确定继承人，导致他死后，元朝皇室内部为了争夺帝位又展开了一场生死搏斗。

武宗海山

元武宗档案：

生 卒 年：1281～1311 年

父　　母：父，答剌麻八剌；母，弘吉剌氏

后　　妃：弘吉剌氏明皇后等

年　　号：至大

在位时间：1307～1311 年

谥　　号：仁惠宣孝皇帝

庙　　号：武宗

陵　　寝：起辇谷

性　　格：喜怒无常，奢侈挥霍

点评：

武宗当富有之大业，慨然欲创治改法而有为，故其封爵太盛，而遥授之官众，锡赉太隆，而泛赏之恩溥。

——明·宋濂《元史》

元武宗，蒙译语亦作曲律皇帝，名孛儿只斤海山，是成宗铁穆耳的哥哥答剌麻八剌的长子。大德十一年（1307 年）正月，成宗病死。海山在弟弟爱育黎拔力八达及右丞相哈剌哈孙的协助下，于是年五月，取得帝位，是为武宗。在位 4 年，死后传位于弟弟爱育黎拔力八达。

成宗在位时，为了抵御以西北诸王海都、笃哇为首的叛军，派遣叔父阔阔出、驸马阔里吉思等人率军驻防西北。大德三年（1299 年），海都、笃哇实行突然袭击，阔阔出疏于防备，致使元军遭到惨败，驸马阔里吉思被俘。成宗于是命令二哥答剌麻八剌长子海山代

领其职，总揽漠北军政大权。海山在老臣月赤察儿和床兀儿协助下，先后大败叛军，为平定西北边境立下大功。因其功绩，大德八年（1304年）十月，海山被封为怀宁王，佩带金印，食封瑞州65000户。这些恰是海山后来争夺皇位的资本。

大德十一年（1307年）正月，成宗病逝。由于太子早逝，成宗死前有没有指定继承人，导致皇位空悬达数月之久。各方势力蠢蠢欲动。依元旧制，皇位空虚时，由皇后摄政，并召集诸王、宗亲大臣举行库里台大会另选新君。皇后卜鲁罕和左丞相阿忽台等准备拥立成宗堂弟安西王阿难答为帝。但是，世祖忽必烈生前曾有约定日后的帝位必须传给真金太子的后人。照此推断，应该是由成宗的长兄甘麻剌的长子也孙帖木儿继承帝位。而成宗次兄答剌麻八剌的儿子海山也有权即位。皇后卜鲁罕积极拉拢朝廷首席大臣右丞相哈剌哈孙，希望他也能支持阿难答为帝。哈剌哈孙认为这一场谋逆，却没有公开反对。他暗中派人北迎海山于漠北，南迎海山之弟爱育黎拔力八达于怀州。当时，海山远在大漠，而爱育黎拔力八达与母亲答己以奔丧名义先一步赶到大都。到大都后，即以迅雷不及掩耳之势，逮捕左丞相阿忽台、安西王阿难答等人，以“乱祖宗家法”的罪名全部处死，并以监国的名义掌握朝政大权，同时派遣使者北迎海山来大都即位。大德十一年（1307年）五月，海山率领3万精兵到达大都，废了成宗皇后卜鲁罕，贬谪东安州，后来又将她赐死。同时收捕阿难答的同伙宗王明里铁木儿，也押至上都赐死。随后，海山便在星象占卜师指定的日子里举行了登基大典，宣布即位，是为武宗。

海山即位后，为争取民心，宣布大赦天下。他下令抚恤和补贴征戍之士及供给繁重州郡的役卒，免除大都、上都、隆兴三年的差税。对于受灾的地区，他下诏减免他们的赋税，并予以赈济。他还鼓励生产，派出官员前往各地劝课农桑等等。这些措施在客观上减轻了百姓负担，缓和了阶级矛盾，有利于社会的稳定和发展。

然而，没过多久，海山的所作所为，就不由得让人大失所望了。他为了巩固政权，大量任用自己的亲信执掌要枢，将旧朝文武大臣一概更换。就连拥护他即位的哈剌哈孙，也在几个月后，便被他外调到和林，作行省的左丞相去了。平章政事乞台普济是海山的亲信随从，曾给真金太子做过20年的护卫，海山自幼就和这位老家人混得很熟。当海山率兵抵御海都时，乞台普济为他的随身扈从。在海山即位后，即下诏任乞台普济为平章政事。此后，乞台普济就一直平步青云，先被升为中书右丞相，后改任尚书右丞相后，加衔太傅，后又被封为安吉王，一路扶摇直上。

权利巩固之后，海山就开始坐享太平，耽于享乐。每天除了坐朝听政之外，就在宫中宴饮，沉湎于酒色之中，这使他的身体变得越来越差了。他的奢侈挥霍，更超过了成宗。成宗一朝，奢侈太甚，导致国库空虚，最后只得以钞本填充其数。海山即位时，国库已然不足。然而，海山仍旧按照成宗时的最高标准，大肆赏赐诸王、宗族。光是皇太后答己和弟弟爱育黎拔力八达，他就各自赏赐了黄金2700两，银129200两，钞万锭，币帛22280匹。他还大兴土木，建都修寺，致使国库日益空虚。为解决财政困难，缓解燃眉之急，海山只得采用成宗时的老办法，动用钞本。大量动用钞本，导致货币一再贬值，国家财政困难重重。至大二年（1309年）七月，为挽救日益严重的财政危机，海山采纳脱虎脱等人的建议，诏立尚书省，以经理财用。尚书省成立之后，第一件事就是发行“至大银钞”，至次年年冬，就印造了至大银钞140多万锭。大量银钞流通市场，导致至元钞大为贬值，物价上涨，百姓大受其害。同时颁铜钱法诏谕天下，以铜钱和至大银钞并行通用。另外，更定税课法，以官员征收税额的多少评定官员的等级，如此做法，等于鼓励各级官员想方设法从百姓身上多征赋税，自然会加重百姓的负担。这一系列的措施不但没能缓解朝廷的财政危机，反而使得海山时的财政赤字数目，创下了元朝建国以来的最高记录。

海山还崇佛。当时西方僧人势力在朝中炙手可热，气焰嚣张。海山建兴圣宫，常请僧侣们入内求佛祈福，他还命令僧人翻译佛经。他还派遣 1500 士兵以及大量民工修建五台山佛寺，并且命令皇太子亲自主持在大都城南建造佛寺。更让人难以接受的是，他竟然下令凡是民众殴打西僧者断其手，辱骂西僧者断其舌；他还多次赏赐西僧，对于献媚的瓦班，还授予翰林学士承旨的官职。西僧自此越发的肆无忌惮，飞扬跋扈，荼毒一方百姓，成为了当时的公害。

海山妃嫔众多，但很晚才册立皇后。至大三年（1310 年）正月，海山封弘吉剌氏真哥为后；真哥的从妹速哥失里也被封为皇后。至于国家的储君，皇太子一位，海山却没有留给自己的儿子。早在即位之初，海山为了酬报弟弟爱育黎拔力八达的盖世之功，就诏立自己的弟弟为皇太子，并授以金宝，同时相约，兄终弟及，叔侄相传，永享富贵。这就等于确立了弟弟爱育黎拔力八达为自己的皇位继承人。

至大四年（1311 年）正月，海山因为酗酒、纵欲过度，病逝于玉德殿，享年 31 岁，在位 4 年。五月，也孙铁木儿等文武百官上尊谥号为“仁惠宣孝皇帝”，庙号“武宗”，葬起辇谷。

仁宗爱育黎拔力八达

元仁宗档案：

生 卒 年：1285～1320 年

父　　母：父，答剌麻八剌；母，弘吉剌氏

后　　妃：弘吉剌皇后等

年　　号：皇庆，延祐

在位时间： 1311～1320年

谥　　号： 圣文钦孝皇帝

庙　　号： 仁宗

陵　　寝： 起辇谷

性　　格： 仁孝，软弱

点评：

元仁宗号称是忽必烈之后元代惟一的一位贤君。

——朱耀廷

元仁宗，名叫孛儿只斤爱育黎拔力八达，是元世祖忽必烈的曾孙，祖父为太子真金，父亲是答剌麻八剌。至大四年（1311年）正月，武宗海山因病去世，临死前，他将皇位传给了拥立自己有功的弟弟爱育黎拔力八达。三月，爱育黎拔力八达宣布即位。他在位尊孔崇儒，进行了一系列的改革，然而因为皇太后答己和右丞相铁木迭儿的牵制，他的改革成效不大。延祐七年（1320年），仁宗因病去世，终年36岁。

元世祖忽必烈在位时，仿效汉制，册立了自己的儿子真金继承皇位。然而，真金福薄，不几年就病逝了。忽必烈于是又打算让真金的二儿子答剌麻八剌为继承人。不幸的是，没过几年，答剌麻八剌也因病逝世了。答剌麻八剌死的这一年，爱育黎拔力八达才只有7岁。两年后，铁穆耳即位，太皇太后阔阔真见他年幼可怜，就将他接到宫里，用心教育。她经过多方物色，最终选择名著当世的汉儒李孟为他的老师，教授他汉家经典，儒学名篇。李孟此人自幼学习儒学，精通经史，向来以“通贯经史，善论古今治乱”而著称。在李孟的耐心指点下，爱育黎拔力八达用功读书，进步很快，很快便超过了宗室里其他的子弟。10年后，成宗铁穆耳身患重病，不理朝政，皇后卜鲁罕乘机独揽大权。她见爱育黎拔力八达学有所成，锋芒毕露，担心他有朝一日会争夺皇位，于是便于大德九年（1305年），下令爱育黎拔力八达和生母答己离开宫廷，迁居怀州（今河南沁阳）。3年后，铁穆耳病死，爱育黎拔力八达在老师李孟的劝说下，星夜兼程赶回了大都。到大都后，爱育黎拔力八达即采取雷霆手段，亲自率领卫军，冲进了皇宫，以“乱祖宗家法”的罪名捕杀了左丞相阿忽台、安西王阿难答等人。诸王阔阔出、牙忽都等人劝爱育黎拔力八达继承皇位。但他考虑到他的哥哥海山拥有重兵而且能征善战，不敢造次，于是以监国的名义掌握朝政，另派遣使者奉玉玺北迎海山。大德十一年（1307年）五月，海山率领精兵赶到上都，即皇帝位，是为武宗。

武宗即位后，为了酬谢弟弟的拥立之功，特诏立爱育黎拔力八达为“皇太子”（应为皇太弟，因为蒙古人对汉人伦理不甚明白，故仍以皇太子为尊号），兼领中书省，从而确定了爱育黎拔力八达成为合法的皇位继承人。爱育黎拔力八达受封后，就开始提倡儒学，并大量招揽人才。他还让太子詹事王约把《大学衍义》一书翻译成蒙文，赐给群臣，让他们学习其中治国的道理。在征得哥哥同意后，他还建成了国子监学，专门负责培养和选拔人才。

至大四年（1311年），元武宗海山病死，爱育黎拔力八达却没有立即即位。他先是以监国的身份废除海山设立的尚书省，以变法乱民之罪，将丞相脱虎脱、三宝奴、平章政事乐实等人全部处斩。同时恢复为中书省，并且重新选拔了官吏，组成了中书省领导班子。随后下令废除西僧特权，勒令一些扰民的西僧还俗。在做完这些之后，爱育黎拔力八达这才宣布正式即位。

爱育黎拔力八达即位后，在李孟等汉族儒臣的辅佐下，力行“汉法”，确立了尊孔崇儒，以儒家的伦理纲常作为统治思想的治国大计。在他登基后不久，他就命人以太牢之礼祭拜孔子。延祐元年（1314年），他下诏袭封孔子第53代孙为衍圣公，两年后，又加封孟子的父亲为郓国公，母亲为郓国夫人。延祐四年（1317 年），他命令太子詹事王约将宋儒真德秀编写的《大学衍义》翻译成蒙文，印发给群臣，让他们从中学习治国的道理。他对臣子们说："治理天下，有这样的一本书就足够了。"爱育黎拔力八达孜孜以求治国的真理，他平常也喜欢读《贞观政要》和《资治通鉴》等书，从中学习治国的方略和政策。

爱育黎拔力八达明白，治理一个国家，人才是必不可少的。为此，他任命自己的老师李孟为平章政事，掌管国子监学，选拔、培养人才。他还亲自规定国子生名额为 300 人，另外增加 20 名陪堂生。他又采纳李孟的建议，下诏实行科举取士，取士的标准则是收看其品德如何。他规定考试每三年一次，分为乡试、会试和殿试，蒙古人、色目人、汉人和南人的考试科目各有不同，但都以四书五经为主。仁宗在位期间，先后举行了两次科举考试，共有进士 100 多人。这在政治上多少满足了汉人地主要求广开仕途的愿望，也使得汉文化在蒙古人与色目人中进一步得到了传播。而考试以程朱理学作为取士的标准，也对后世的科举用人制度也产生了一定的影响。

在推行"汉法"的同时，爱育黎拔力八达还着手进行经济改革。在之前的历代皇帝，大都滥行赏赐，致使国库日渐空虚。武宗在位时，为了弥补不足，只得动用钞本。钞本的大量流通，导致货币一再贬值，物价上涨，百姓深受其害。爱育黎拔力八达即位后，下令废除武宗时发行的"至大银钞"和"至大通宝"，恢复印制和使用世祖忽必烈时期的中统钞和至元钞，力图缓和政府的财政危机。然而，如此以来，多种钞本同时流入市场，就造成货币混乱，政府的财政危机更严重了。在这种情况下，他不得不下令大量印钞，到延祐七年（1320 年），钞银被元初贬值了 20 多倍，货币改革就这样失败了。接着，爱育黎拔力八达又决定在赋税问题上采用汉人传统的理财方法经理田赋。当时，江南地区的富豪、诸王、寺院等大量隐占百姓田产，导致田赋不均，严重影响了政府的财政收入。于是爱育黎拔力八达派遣平章政事章闾、呢匝马丁、陈士英等人分赴江浙、江西、河南三省核查田地亩数，追征税赋，以增加政府财源。他同时张榜明示，限期40天内，所有人赴官府申报本户所有田地亩数，重新登记，作为征收租税的依据；如有欺诈虚报的行为，依法论罪，绝不容情。然而因为各级官吏贪婪刻剥，又与地方豪情相互勾结，导致百姓家破人亡，民乱四起，无奈之下，爱育黎拔力八达只得令各地依旧例输税。赋税改革也以失败告终。

爱育黎拔力八达推行“汉法”，引起了守旧贵族铁木迭儿等人的不满。铁木迭儿是武宗时的老臣，为人贪婪狡诈，劣迹斑斑，在武宗时，就因为玩忽职守，贪赃枉法的罪名险些被治罪。然而，这样的一个佞臣，却深得皇太后答己的欢心。爱育黎拔力八达即位后不久，答己就强迫他任命铁木迭儿为中书右丞相。铁木迭儿依仗着太后的庇护，作威作福，他不但大肆地收受贿赂，侵吞国家财产，同时在各官署安插亲信死党。他的几个儿子依仗着父亲的权势，无恶不作，干尽坏事，朝野上下对他们恨之入骨。延祐四年（1317年）六月，朝廷上下40多名大臣是联名上书进行弹劾，历数铁木迭儿数十条罪状。爱育黎拔力八达大为震怒，决定将他处死。铁木迭儿见势不妙，慌忙躲进了答己的后宫，寻求庇佑。爱育黎拔力八达非常孝顺，不敢顶撞母亲闹翻，最后，迫于无奈只得下令罢免了铁木迭儿的丞相职位，而揭发的官员也被调任，远离了京师。

两年后，皇太后答己又对儿子软硬兼施，迫使爱育黎拔力八达答应命铁木迭儿为皇太子的太师，朝野上下无不震惊。大臣们再次联名上书，揭露铁木迭儿的不法行为，认为这样的一个不法之徒无论如何都不能做东宫太子的师傅。然而爱育黎拔力八达碍于母亲的压力，不听大臣们的谏言，还是执意诏立了铁木迭儿为太师。这件事以后，许多大臣失去了对仁宗的信赖，爱育黎拔力八达被孤立了。

延祐七年（1320年）正月，爱育黎拔力八达因病去世。虽然他的许多改革都以失败而告终，然而他推行“汉法”做法却被他的儿子英宗完整的继承了下来。

英宗硕德八剌

元英宗档案：

生 卒 年：1303～1323年

父　　母：父，仁宗爱育黎拔力八达；母，弘吉剌氏

后　　妃：启烈皇后等

年　　号：至治

在位时间：1320～1323年

谥　　号：睿圣文孝皇帝

庙　　号：英宗

陵　　寝：起辇谷

性　　格：勤俭爱民

点评：

然以果于刑戮，奸党畏诛，遂构大变云。

——明·宋濂《元史》

元英宗，名孛儿只斤硕德八剌，是元仁宗爱育黎拔力八达的嫡子。延祐三年（1316年），被立为皇太子，四年后，元仁宗去世，年仅18岁的硕德八剌继承了皇位。他在位期间勤俭爱民，励精图治，为革除旧弊，积极推行新政。然而，新政触动了朝廷保守派的利益，他在位只3年，便被守旧贵族杀害了。

武宗海山临死前，将皇位传给了仁宗爱育黎拔力八达，并约定仁宗以后，应把皇位让给武宗的儿子。仁宗即位之后，却改变了想

法，打算将皇位传给自己的儿子。右丞相铁木迭儿为了巩固自己的权势，迎合上意，上表恳请立仁宗长子硕德八剌为太子。仁宗不好轻易违背约定，于是询问母亲答己的看法。皇太后答己是一个极富政治野心的女人，她见硕德八剌个性柔弱，觉得更易于控制，因此也极力赞成。仁宗见母亲也赞成，遂下定决心，将皇位传给自己的儿子。延祐三年（1316 年），仁宗下诏册立长子硕德八剌为皇太子，授予“皇太子宝玺”，正式确立为自己的接班人。

这个时候，硕德八剌还只是一个 14 岁的少年。在他的身边，环绕着一大批汉族知识分子。他们或纵论古今兴衰，或探讨治国救民之道，他们的思想和言谈对少年硕德八剌产生了潜移默化的作用。延祐七年（1320 年），元仁宗去世，硕德八剌继承了皇位。右丞相铁木迭儿勾结太皇太后答己把持朝政、玩弄权谋，给初上台的硕德八剌形成了极大的威胁。为了巩固自己的统治地位，硕德八剌上台后毅然罢免了与铁木迭儿同流合污的左丞相合散，任命木华黎的后代拜住为左丞相，并引为心腹。太皇太后答己此时后悔不迭，觉得不该立年轻、刚强而又锐气十足的硕德八剌为帝，于是伙同铁木迭儿等人谋划废黜硕德八剌，另立新君。延祐七年（1320 年），硕德八剌即位不久，他们便指使平章政事阿散、中平书平章政事黑驴等人谋划发动政变，改立硕德八剌的弟弟安王兀都思不花为帝。阴谋暴露，硕德八剌先发制人，以迅雷不及掩耳之势，将阴谋叛乱的一干人等全部诛杀。安王兀都思不花受到牵连，被降封为顺阳王，不久也被杀。狡猾的铁木迭儿因为有太后答己的庇护，躲过一劫，从此称病在家，不再过问朝中之事。至治二年（1322 年），太皇太后答己和铁木迭儿先后死去，至此两派的斗争才告一段落。

答己和铁木迭儿相继病死后，硕德八剌逐渐摆脱了保守势力的牵制。十月，硕德八剌以拜住为右丞相，执掌中书省，为表示对拜住的信任，不再设立左丞相。同时，颁布了《特命右丞相诏》。在这份诏书中，硕德八剌表达了励精图治，革新政务的决心。在随后的数月里，硕德八剌为了实现国富民强，推行了一系列改革。在经济方面，实行“助役法”，减轻赋税徭役。至治三年（1323 年）四月，他下诏“行助役法”，运用国家政令，要求地主按一定比例，上交小部分土地的岁收，作为助役费，用于补偿农民劳役方面的经济负担。同时，减轻农民的徭役，凡差役先征商贾和富家大户，以保护农业生产。在政治方面，硕德八剌精简机构，裁汰冗官冗职，为了节约开支，他还大胆地裁减官吏，降低官员的薪俸。为了强化中央集权，他还明令禁止宗教人士与诸王的交往，禁止百姓妄言时政，不准许汉人拿着兵器外出打猎，不得练习武艺等等。在法律方面，审定颁布《大元通制》，至治二年（1322 年）正月，英宗任命枢密副使完颜纳丹、侍御史曹伯启、翰林直学士曹元用、平章政事张硅等人在旧有的法典基础上，加以补充和修改，并于二月颁布了新的法典《大元通制》。这部法典承继了唐宋以来汉族法典的基本精神，在之后 40 多年的岁月里，对元朝人民的生活产生了极大的影响。

硕德八剌还积极纳谏。他曾经任命宦官勃罗台为太常署令，但是大臣认为宦官是受过宫刑的人，不能参加祭祀，于是硕德八剌便罢免了勃罗台。在他即位后，他本来也想遵循祖宗先例，对朝廷的贵戚、诸王、文武众臣大加赏赐，但中书省大臣提醒他国库拮据，应该一切从简。硕德八剌听从了他的建议，减去了当年的赏赐。不久，他就诏令天下，无论是臣下还是贫民百姓都可以上书言事，于是很多人便纷纷向他进言。硕德八剌还要求宰相和各级官员不仅要忠于职守，也要努力向他推荐贤能。他常常告诫众臣们说：“卿等居于高位，食禄丰厚，应该知恩图报，报效朝廷。如果你们自觉贫乏，朕不吝赏赐。可是如果尔等做了违法乱纪之事，朕一定会重重地处罚他。”对于官员的任选，他也十分重视，曾派遣使者赶赴各省考察官员，对于那些有真才实学的人，加以升迁，那些庸碌无为的官员，一律罢免。

硕德八剌新政的核心其实就是推行汉法，强化中央集权，建立汉族的封建政治制度。这是顺应历史的潮流的，然而却触犯了大多数保守的蒙古、色目贵族的利益。他们仇视新政，对新政的实施，进行了抵制。这其中尤以铁木迭儿余党、御史大夫铁失为代表。铁失生得猥琐不堪，贪婪又好色，在铁木迭儿权倾朝野的时候，曾拜其为义父。正是由于铁木迭儿的提携，铁失官运亨通，后来还掌握了中央禁军。铁木迭儿死后，硕德八剌追查他及其党羽贪污之罪，先后罢免和杀了一批贪官污吏。这引起铁失等人的不满和恐惧，他们于是密谋废立。至治三年（1323 年）八月，硕德八剌的大驾离开上都向南出发后，由于天气炎热，加上铁失等人的故意拖延，大军晚上驻扎在距离上都 30 里的南坡店。深夜趁硕德八剌熟睡之时，铁失与知枢密院事也先帖木儿等 16 人手持凶器，以卫兵为内应，闯入硕德八剌的大帐，先杀了右丞相拜住，然后铁失亲手弑杀硕德八剌于床榻之上。这一年，硕德八剌年仅 21 岁。

英宗死后，晋王也孙铁木儿在龙居河（今蒙古克鲁伦河）即位，是为泰定帝。泰定帝即位后为了宣示自己的清白，迅速斩杀了谋弑英宗的铁失等人，并尊谥硕德八剌为“睿圣文孝皇帝”，庙号“英宗”。

泰定帝也孙铁木儿

元泰定帝档案：

生 卒 年：1276～1328 年

父　　母：父，甘麻剌；母，弘吉剌氏

后　　妃：弘吉剌皇后等

年　　号：泰定，致和

在位时间：1323～1328 年

谥　　号：无

庙　　号：泰定帝

陵　　寝：起辇谷

性　　格：狡诈，虚伪

点评：

他的才干和学识，有不足以扭转乾坤，创造新的中兴局面。

——黎东方《细说元朝》

元泰定帝，名孛儿只斤也孙铁木儿，他的父亲是真金太子的长子甘麻剌。至治三年（1323 年），御史大夫铁失发动政变，手弑英宗，迎晋王也孙铁木儿入主大都，登基为帝。致和元年（1328 年）七月，病死于上都。他在位期间，政绩微有，逆行却颇多，致使元王朝进一步衰落了。

泰定帝也孙铁木儿像

英宗在位时，积极推行新政，引起了蒙古守旧贵族的不满和仇视。御史大夫铁失勾结晋王也孙铁木儿的心腹、王府内史倒剌沙，密谋发动政变，除掉英宗，拥立晋王也孙铁木儿为帝。至治三年（1323 年）八月二日，也孙铁木儿在土剌河畔打猎，铁失秘密派遣亲信斡罗思带来谋划政变等人的联名书，告诉他实情。也孙铁木儿虽然早就有篡位之意，但又担心政变失败，于是他下令扣押了斡罗思，并派遣使者前往上都向英宗报告此事。可是，使者还没有赶到上都，就已经发生了南坡之变，铁失与也先帖木儿、安梯不花等人已于五日杀害了英宗。没过多久，也先帖木儿和安梯不花带着皇帝玉玺前来，请求也孙铁木儿早登大位。九月四日，也孙铁木儿接受玉玺，即位于龙居河。是为泰定帝。

泰定帝即位后，为了稳住政变集团，先后任命铁失为知枢密院事，也先帖木儿为中书右丞相。同时任命自己的亲信倒剌沙为中书平章政事，旭迈杰为宣政院使，牢牢地掌握了实权。同年，宗王买奴秘密向泰定帝进言："英宗被害，不杀元凶，后世的人怎么知道陛下您的心呢?"泰定帝深以为然，于是在即位一个月后，就开始了追查政变党羽的行动。他先派遣卫士杀了也先帖木儿、完者、锁难等人，接着任命自己的亲信旭迈杰为中书右丞相、纽泽为御史大夫赶赴大都，诛杀铁失等人，并且抄了他的家。十一月，泰定帝到达大都，再次对铁失余党进行了清洗，处死月鲁、秃秃哈、哈敦等人，还把与此案有关联的诸王月鲁铁木儿、安梯不花、曲吕不花等人流放于云南、海南、奴儿干等地。随后，泰定帝对诛杀叛逆的有功之臣大肆封赏，并颁布诏书，改明年为"泰定元年"。

泰定帝即位之初，沿袭旧制，仍任用了许多旧朝儒臣，英宗在位时的许多新政成果如"助役法"等，也被保留了下来。为了防止自己死后，再度出现争夺皇位的惨剧，泰定帝在泰定元年（1324年），就册立了自己5岁的儿子阿速吉八为太子，并采纳中书平章政事秃满迭儿等人的建议，四处求访名儒，教辅太子。他还听取赵简的建议，恢复了世祖忽必烈之后便已经废弃的经筵制度（所谓的经筵，其实就是专门为皇帝讲经论史而特设的御前讲席）。这样就让太子及诸王大臣子孙都能接受正统的儒家教育，当时担任讲官的都是儒家名流，如张珪、王结、赵简、吴澄、虞集等人。为了能让太子、众臣能够明白儒家经典，他还命人将汉家经典翻译成蒙古文，供众人使用。这些在客观上促进了蒙汉文化的交流。

为了塑造自己的"仁君"形象，争取天下臣民的支持，泰定帝在执政期间采取了一系列的措施。他接纳御史台的建议，为铁木迭儿当政时期惨遭杀害的杨朵儿只、萧拜住、贺伯颜等人平反昭雪，并将幸存者召还录用，死者加以追封恩恤。泰定元年（1324 年）正月，他就任命拜住的儿子答儿麻失里为宗仁卫亲军都指挥使。对于各地灾民，泰定帝也是予以救济。在他当政的几年里，几乎是年年有灾，岁岁救济，到了最后，泰定帝不得不通过卖官鬻爵的方式来补充国库。泰定二年（1325 年）九月，泰定帝下诏，“募富民入粟拜官，二千石从七品，千石正八品，五百石从八品，三百石正九品。”然而，这样的做法非但不能从根本上解决朝廷的财政危机，反而进一步导致官员冗滥，吏治更为腐败，对百姓的压迫和剥削也更严重了。随着社会矛盾的激化，不少地区爆发农民起义。

开始的时候，起义反抗元朝统治主要是云南、两广地区的少数民族，规模也不大，因此泰定帝还是强调先招抚后镇压。随着反抗规模的扩大，泰定帝感觉到自己的统治受到了威胁，于是改变策略，着重以武力镇压为主，以招抚为辅。然而，各地人民的反抗却没有因此而平息，反而一天比一天更为激烈。直到他去世，也没能把轰轰烈烈的农民起义镇压下去。

泰定帝崇佛，几乎到了痴迷的程度。他认为佛事可以消灾解难，他曾经荒唐地命令边关大将勤修佛事，以此来祈求上天福佑，不致外患入侵。他还曾经命令数百僧徒在皇宫大殿里做佛事，以此来镇压天雷。在他的支持下，国内各处纷纷修建佛寺，建造金像，每每花销数以亿计。致和元年（1328 年），他又令在沿海各地修建佛塔216 座，以作镇压海啸之用。对于僧徒的大肆宠信，使得他们气焰嚣张，专横跋扈，成为当时的一大公害。

泰定帝为晋王的时候，曾长期生活在帝国北疆。晚年，他非常怀念漠北的生活。致和元年（1328 年），他命令西安王阿剌忒纳失里和佥书枢密院事燕铁木儿留守京师，自己则携带皇后、皇太子及丞相倒剌沙等人，向北巡幸上都。到了上都之后，他整天沉溺于酒色之中，不再过问朝政，致使身体状况一天不如一日。这年七月，泰定帝病逝于上都。在位5年，享年53岁。

天顺帝阿速吉八

元天顺帝档案：

生 卒 年：1320～?

父　　母：父，泰定帝也孙铁木儿；母，弘吉剌氏

后　　妃：无

年　　号：天顺

在位时间：1328年九月～十月

谥　　号：德孝皇帝

庙　　号：天顺帝

陵　　寝：起辇谷

性　　格：幼弱，无知

点评：

可怜年幼小皇帝，成了皇权之争的牺牲品。

——佚名

元天顺帝，名字儿只斤阿速吉八是泰定帝也孙铁木儿的幼子，泰定元年（1324年）三月，被立为太子。致和元年（1328年），泰定帝病逝，年仅9岁的阿速吉八继位。同年，图帖睦尔兵入上都，仅做了一个多月皇帝的阿速吉八不知所踪。庙号“天顺帝”。

致和元年（1328年），泰定帝怀念漠北风光，巡幸北境，入住上都行宫之中。然而，没过多久，泰定帝就身染重病，死于行宫之中了。本来，皇帝驾崩，理应立即由皇太子继承皇位。然而丞相倒剌沙专权自用，过了一个多月仍不让太子阿速吉八登基，使得朝野

上下议论纷纷。留守大都的佥枢密院事燕铁木儿等人趁机发动政变，拥立武宗次子怀王图帖睦尔为帝。九月，图帖睦尔在大都称帝，史称文宗。文宗称帝的消息传来，上都方面极为震惊。倒剌沙为了巩固自己的权利，在宗室诸王脱脱、梁王王禅等人的支持下，匆忙把9岁的皇太子阿速吉八抱上皇位，改元“天顺”，是为天顺帝。天无二日，国宁有二主？天顺帝即位后，丞相倒剌沙立即派王禅率领精兵南下，征讨大都图帖睦尔等人。王禅挥军急进，先后攻破居庸关、山海关等重要隘口，直逼大都。燕铁木儿率领主力迎敌，在昌平之地打败王禅大军。上都方面又派遣诸王也先帖木儿、忽剌台、湘宁王八剌失里、平章秃满迭儿等人先后率领大军与燕铁木儿精兵鏖战，然而都遭到了失败。十月十三日，燕铁木儿的叔叔、东路蒙古元帅不花铁木儿伙同齐王月鲁帖木儿率军包围了兵力空虚的上都。倒剌沙等被迫出降，献上玉玺印绶。

图帖睦尔兵入上都之后，派人搜寻阿速吉八，但仅登基一个多月小皇帝已经不知去向。后有史家提出新论点，说天顺帝阿速吉八其实在破城之后，就已被图帖睦尔命人悄悄杀害，只是为了掩人耳目，才以下落不明的话来遮掩。然而，事实究竟如何，却是无从得知了。

明宗和世㻋

元明宗档案：

生 卒 年：1300～1329年

父　　母：父，武宗海山；母，仁献章圣皇后

后　　妃：皇后八不沙等

年　　号：天历

在位时间：1329年正月～八月

谥　　号：翼献景孝皇帝

庙　　号：明宗

陵　　寝：起辇谷

性　　格：温和，粗疏

点评：

和世㻋欲凭极其有限的政治资源，去染指大都集团几经浴血奋战才到手的皇位，前途本来就不容乐观。但他对此毫不经心，任情举措，终于导致杀身之祸。

——白寿彝《中国通史》

元明宗，名孛儿只斤和世㻋，是元武宗海山的长子。致和元年（1328年），泰定帝病死于上都。图帖睦尔发动政变，在大都称帝，改元天历。天历二年（1329年）正月，图帖睦尔遣使北上，劝兄长和世㻋即位。于是，和世㻋便在和林以北即位，是为明宗。同年八月，明宗南返上都时，被弟弟图帖睦尔及其党羽燕铁木儿毒死，在位仅八个月。

武宗海山时期，因为弟弟爱育黎拔力八达拥戴有功，于是决定在死后将皇位传给他，两人还相约兄终弟及，叔侄相传。武宗死后，仁宗爱育黎拔力八达即位。按照约定，仁宗之后，应该将帝位传给武宗之子。然而，仁宗即位之后，在右丞相铁木迭儿的怂恿之下，背弃了当初的约定，改立自己儿子硕德八剌为皇太子，同时将武宗长子和世㻋封为周王，让他镇守云南，远离京师。和世㻋自然不服，在武宗旧臣的拥戴下起兵造反，结果兵败，只得向北方逃亡。后来，在北方得到了察合台系诸王的支持，周王和世㻋遂长期占领金山一带（今阿尔泰山），拥兵自重，公然与朝廷对抗。元仁宗父子自知理亏，加上其也不足以威胁自身的统治，便也没有深究。泰定帝即位之后，也无意介入两方的冲突之中，对周王采取了友好的政策，同时将英宗时被南迁至海南的图帖睦尔召回京城，封他为怀王，后来又先后将他迁居建康（今南京）、江陵（今湖北江陵县）等地。

致和元年（1328年）七月，泰定帝病死上都，按照规矩，应该立即由皇太子阿速吉八继承皇位。然而丞相倒剌沙为了独揽权力，迟迟不肯立新君。朝野上下大为震惊，各种理论不胫而走。武宗旧臣佥枢密院事燕铁木儿敏感地认识到这是一个儿还政于武宗后人的机会。于是，他与西安王阿剌忒纳失里秘密谋划，决心发动政变。八月四日清晨。燕铁木儿趁着百官聚集兴圣宫议事的机会，率领阿剌铁木儿、孛伦赤等勇士17人，手执兵刃，闯入大都宫廷，逮捕了主持大都政事的平章政事乌伯都剌、伯颜察儿等人，控制了大都的大局。燕铁木儿知道政变之事，定会在朝野上下引起轩然大波，于是他一方面与西安王等人封闭府库，调派精兵强将镇守通向大都的各路关隘；另一方面，他急忙派人迎接武宗的儿子来大都即位，以洗刷自己叛乱之名。当时，武宗两子，周王和世㻋远在漠北，燕铁木儿担心时间久了，情况有变，于是派人前去比较近的江陵迎接和世㻋弟弟怀王图帖睦尔。九月，图帖睦尔在大都称帝，史称文宗。

文宗即位时，深知上都方面不会善罢甘休，定会派大军征讨，为了争取身在漠北，手握重兵的哥哥和世㻋的支持，图帖睦尔许诺，等哥哥和世㻋南返京师后，就把帝位立即让给他。天历二年（1329年）初，图帖睦尔派遣燕铁木儿携带着皇帝玉玺北上劝进，漠北诸王也极力劝和世㻋即位。这年正月，和世㻋遂在和林之北登基称帝，是为元明宗，并册封图帖睦尔为皇太弟。

明宗即位之后，权力之争愈加激烈。明宗虽然是名义上的皇帝，然而远在和林，大都的军政大权还是握在图帖睦尔及燕铁木儿的手里。为了试探明宗的反应，图帖睦尔在大都成立奎章阁学士院，擅自拜官除职，然后才遣使奏请明宗。对于弟弟图帖睦尔先斩后奏的做法，明宗虽然心里颇不是滋味，也无可奈何。为了麻痹图帖睦尔，他假意对送来皇帝玉玺的燕铁木儿说："只要是我弟弟任命的官吏，一律不用更改。你回去把我的意见转告给他。"同年四月，明宗便迫不及待地开始了夺权行动。他先后任命武宗旧臣哈八儿秃为中书平章政事，前中书平章政事伯帖木儿为知枢密院事，常侍孛罗为御史大夫。赛帖木儿、买奴并同知枢密院事。这样，紧紧地把中央权力抓在了手中。与此同时，明宗还派遣自己的亲信出任地方长官。如此一来，图帖睦尔在地方上的势力被削弱了。在初步掌握中央政权之后，明宗逐渐向南进发，逼近大都。明宗实力强劲，又有皇帝的名号发布命令，图帖睦尔自知难以直接对抗。于是，他表面上非常谦恭退让。他多次遣使迎接明宗，并请明宗对一些重大事件进行裁定，试图以此来麻痹明宗。然而暗地里，他却与亲信燕铁木儿正进行着毒害明宗的谋划。和世㻋此时已经完全被弟弟迷惑，丧失了应有的警惕。

天历二年（1329 年）八月一日，明宗率领部众到达王忽察都之地（今河北张北县北），距大都已是近在咫尺了。二日，图帖睦尔入见明宗。兄弟两人相见，明宗十分开心，于是设宴款前来迎接自己的弟弟图帖睦尔、中书右丞相燕铁木儿等人，并决定仿照武仁授受的先例，兄终弟及，叔侄相传。然而，就在宴席之上，图帖睦尔却与燕铁木儿合谋将明宗和世㻋毒死了。几天之后，图帖睦尔于上都大安阁宣布重新登位，继续着文宗的统治。

文宗图帖睦尔

元文宗档案：

生 卒 年： 1304～1332 年

父　　母： 父，武宗海山；母，唐兀皇后

后　　妃： 卜答失里皇后

年　　号：天顺；天历，至顺

在位时间：1328年九月～1329年正月，1329年八月～1332年

谥　　号：圣明元孝皇帝

庙　　号：文宗

陵　　寝：起辇谷

性　　格：心狠手辣，文雅放纵

点评：

文宗的汉文化修养超过在他之前的所有元朝皇帝。不过，文宗却处在一个很难有所作为的时代。

——白寿彝《中国通史》

元文宗孛儿只斤图帖睦尔，是武宗海山次子，明宗和世㻋的弟弟。致和元年（1328年），泰定帝死后，在燕铁木儿等大臣的拥立下，即位为帝。之后，他让位于哥哥明宗和世㻋。同年八月，毒杀明宗，重登帝位。他在位期间重用权臣燕铁木儿，致使权力被架空。至顺三年（1332年）八月，文宗去世，在位不足4年。

图帖睦尔的童年正是父亲和叔父当政的时期，因此度过了一段幸福快乐的时光。武宗为了培养自己的儿子成才，特意给图帖睦尔请了当时有名的汉儒，教他学习汉文经典。没过几年，武宗去世，叔父爱育黎拔力八达即位，史称为仁宗。仁宗在位期间，对待他就像对待自己的儿子一样。然而好景不长，几年之后，叔父爱育黎拔力八达病死，英宗即位。英宗的皇位是父亲仁宗背弃当日与武宗海山的约定，传给他的。按道理说，武宗的儿子应该继承父亲的皇位。这样，英宗对于已经是弱冠少年的图帖睦尔的心生恐惧，生怕他来抢夺自己的皇位，遂命图帖睦尔出居海南，远离了京师。泰定帝即位后，为了表示自己的仁义大度，在泰定元年（1324年）将图帖睦尔召回京城，并封他为怀王。但没过多久，泰定帝对年轻气盛的图

帖睦尔放心不下，于是又下令他迁居建康（今南京）。致和元年（1328年），泰定帝病危，中书左丞相倒剌沙等人掌握大权，为了防止图帖睦尔争夺皇位，又将他迁往江陵（今湖北江陵县）。

这年七月，泰定帝病逝于上都。燕铁木儿发动政变，派人来到江陵迎图帖睦尔即位。图帖睦尔遂在河南行省平章伯颜等人的护卫下，前往大都。八月底，图帖睦尔一行顺利抵达大都。燕铁木儿率领诸王、百官劝请图帖睦尔早日登基，但此时图帖睦尔的心里仍然有顾虑。他担心远在漠北的哥哥周王和世𤦺。周王是武宗海山的嫡长子，在漠北经营多年，手下精兵强将极多，而且又有漠北诸王以及察合台系诸王等人的支持，实力强劲，如果他与自己争帝，自己恐怕还真不是对手。于是，争取哥哥和世𤦺的支持，就显得尤为重要。为此，他一再地对外表示，自己继承帝位，是形势所逼，哥哥周王和世𤦺是嫡长子理应即位，等到哥哥南返之后，他就立即把皇位还给哥哥和世𤦺。同时，他重赏诸王、大臣，争取他们的支持，之后又处死和流放倒剌沙的同党，免除了后顾之忧，接着派兵增援各处防线，迎击上都军。做完这些事后，图帖睦尔才正式于九月十三日，在大明殿宣布登基，改元天历。

文宗称帝的消息传到上都之后，丞相倒剌沙为了达到继续独揽大权的目的，连忙把皇太子阿速吉八抱上皇位，同时派遣梁王王禅率兵南下，征讨图帖睦尔等人。大都方面派燕铁木儿率军迎战，大败王禅军。之后，在大都军进逼下，倒剌沙被迫投降，天顺帝阿吉速八也不知所终。不久，倒剌沙和梁王王禅等人被处死，两都皇位之争，至此以大都的全面胜利而告终。

两都之争结束后，图帖睦尔派遣使节北上，邀请哥哥和世𤦺来南京即位。但和世𤦺对这位弟弟也心存有顾虑，他没有来大都，而是在漠北和林之北即位。即位后，他为巩固政权，同时也为了防范弟弟，在和林行宫发布诏令，提拔不少自己的亲信大臣进入各级官署。图帖睦尔心生恐惧，于是加紧了行动步伐。八月，在达王忽察都之地，明宗设宴款待图帖睦尔。图帖睦尔趁机毒死了明宗。随后，在上都宣布重新登位。

虽然图帖睦尔弑兄夺位之举，多为后人不齿。但在有元一朝，图帖睦尔是汉化程度最深的一位皇帝。他精通汉文，常如汉家的风流雅士一样吟诗作画。他的诗流传至今的就有四首，他的画也是深受时人的好评。他推崇文治，在位期间，创立奎章阁学士院，任命精通汉文化的翰林学士赵世延等人为奎章阁大学士，专门为宗室子弟讲授经学。他还经常把一些儒学名士聚集起来，与他们一起探讨儒家学说，以及古今治乱得失之道。至顺元年（1330 年），他命奎章阁学士院负责编纂《经世大典》，以赵世延为总裁，虞集为副总裁，于次年五月修成。全书共有 880 卷，目录 12 卷，附公牍 1 卷，纂修通议 1 卷。全书的内容又分为 10 篇，君事 4 篇，臣事 6 篇，编书的主要目的在于明证法典，规范官员的行为。因为这本书涉及内容很多，因此也是后世研究元朝社会经济、政治军事、工艺技术、中外关系的重要资料。

至顺三年（1332 年）八月，图帖睦尔在上都病死，时年 29 岁。至元六年（1340 年），顺帝妥懽贴睦尔下令追查父亲明宗和世㻋被毒杀一案。图帖睦尔弑兄夺位之罪暴露，顺帝下诏撤除了他的庙号，将皇后卜答失里削去后号，太子燕帖古思流放高丽，并于途中杀死。

宁宗懿璘质班

元宁宗档案：

生 卒 年： 1326～1332 年

父　　母： 父，明宗和世㻋；母，乃蛮真皇后

后　　妃： 无

年　　号： 至顺

在位时间：1332年十月～十一月

谥　　号：冲圣嗣孝皇帝

庙　　号：宁宗

陵　　寝：起辇谷

性　　格：幼弱，无知

点评：

至若鄜王（懿璘质班）之立，于伯颜无甚关系，而于燕帖木儿，则有所顾忌。

——蔡东藩

元宁宗孛儿只斤懿璘质班是元明宗和世㻋的次子，他的母亲是乃蛮真氏。至顺三年（1332年），文宗图帖睦尔去世，死前他留下了遗诏，命令册立明宗和世㻋之子为帝。十月，皇后卜答失里奉遗诏拥立年仅7岁的懿璘质班登上了皇位，是为宁宗。宁宗命薄，在位43天，就病逝了。

至顺三年（1332年）五月，元文宗图帖睦尔去上都避暑时生病，到八月病情加重。图帖睦尔自知命不久矣，连忙招来了皇后卜答失里、皇子燕帖古思、大臣燕帖木儿等人交代后事，并决定把皇位传给明宗和世㻋的儿子。他这么做主要是想替自己赎罪，因为他的皇位是他毒杀了兄长明宗和世㻋夺来的。文宗死后，本来就该迎立和世㻋的儿子为帝，然而燕铁木儿却对立明宗的儿子为帝一事感到十分忧惧，他担心新君即位，有朝一日会将他治罪，因为他是毒杀明宗的同谋。于是，他一再地劝说皇后卜答失里改立自己的儿子燕贴古思为帝。然而皇后卜答失里非常迷信，加上她曾经曾经伙同宦官谋害了明宗的皇后八不沙，怕遭到报应，因而不敢违背文宗的临终遗言，决定选立明宗之子为帝。

燕铁木儿并不死心，他一方面对文宗的遗诏秘而不发，另一方面继续劝说皇后，希望她能改变主意。十月，朝臣们议论纷纷，种种流言不胫而走。燕铁木儿觉得不能再拖了，只得在明宗的儿子中选择一位来继承皇位了。当时明宗的长子妥懽帖睦尔远在广西静江（今广西桂林），而次子懿璘质班深得文宗宠爱，留在身边养育。懿璘质班的年纪小又在宫中长大，便于控制。于是，请求立明宗的次子懿璘质班为帝。

至顺三年（1332年）十月，卜答失里奉文宗的遗诏拥立年仅7岁的懿璘质班登上皇位，是为元宁宗。因为皇帝年幼。暂由太后卜答失里摄政。然而，没过多久，元宁宗就病逝了，年仅7岁。

顺帝妥懽帖睦尔

元顺帝档案：

生卒年：1320～1370年

父　母：父，明宗和世㻋；母，罕禄鲁氏

后　妃：奇皇后、答纳失里皇后等

年　号：元统，至元，至正

在位时间：1333～1368年

谥　号：顺帝

庙　号：惠宗

陵　寝：北葬

性　格：荒淫无度，优柔寡断

点评：

元朝的末代皇帝采取了一段前无先例的行动：他既不死于社稷，也不留着行禅让礼，却开宫门北奔，回到他祖先所来的草原中去。

——黄仁宇

元顺帝孛儿只斤妥懽帖睦尔是元明宗和世㻋的长子，父亲死后，被文宗图帖睦尔流放至高丽、静江一带。至顺三年（1332 年），文宗病逝，临死前遗诏传位于明宗之子。至顺四年（1333 年），妥懽帖睦尔艰难地登上皇位。他在位期间，元朝的社会矛盾激化，各地的反抗斗争此起彼伏，因为他没有采取适当的措施挽救，元朝在他这一代走向了终结。

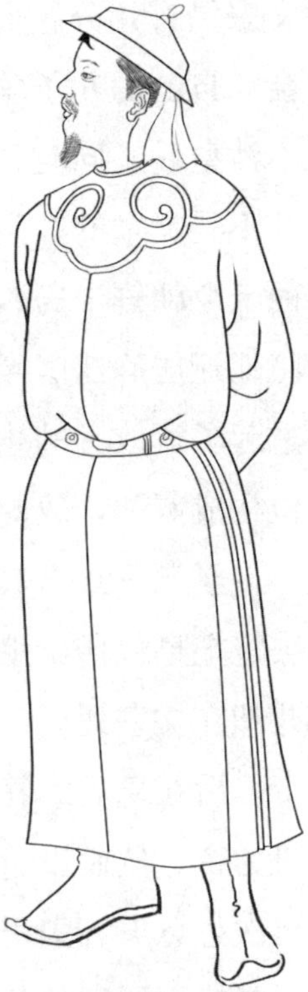

顺帝妥帖睦尔像

少小流离　坎坷即位

仁宗在位时，背弃了与武宗的约定，将自己的儿子硕德八剌立为太子，做皇位的继承人。本该做皇帝的武宗长子和世㻋不服，起兵造反，结果事败，只得向北逃逸。后在察合台后王以及漠北诸王的支持下，长期占据北方金山（今阿尔泰山）一带与朝廷对抗。在这里，他纳了纳阿儿思兰郡王的后代罕禄鲁氏迈来迪为妃。仁宗死的这一年，迈来迪王妃诞下一子，这就是妥懽帖睦尔。几年之后，迈来迪王妃就去世了，妥懽帖睦尔在父亲的大妃八不沙照料下，一天天长大。

致和元年（1328 年），泰定帝病死，武宗旧臣燕铁木儿等人发动政变，迎立和世㻋的弟弟图帖睦尔为皇帝。图帖睦尔即位后，让位给兄长和世㻋。天历二年（1329 年）正月，和世㻋在和林之北即位，然而半年之后，就被图帖睦尔等人害死。明宗死后，明宗皇后八不沙带着幼子懿璘质班和已经 9 岁的妥懽帖睦尔等人从漠北回到了京城。文宗热情接待，并安排他们在宫里住下。文宗这么做，有两层用意，一方面是向外人宣示自己的仁义，另一方面也是为了监视八不沙母子。八不沙皇后虽然对明宗之死，知之不详，但心里对文宗仍有几分怨恨。文宗皇后卜答失里担心有朝一日，明宗的儿子会和自己的儿子争夺皇位，于是便与亲信太监拜住密谋，毒死了八不沙皇后。同时，唆使妥懽帖睦尔的乳娘告诉文宗，说妥懽帖睦尔并不是文宗的亲生儿子。文宗于是下令将妥懽帖睦尔废黜，送到高丽（今朝鲜半岛），幽居在大青岛上，不准他与外人来往。次年，又将他迁居静江（今广西桂林市）。妥懽帖睦尔小小年纪便颠沛流离，过起了流放者的生活。至于幼子懿璘质班因为年纪太小，不会对皇位构成威胁，故此留养宫中。

至顺三年（1332 年），元文宗图帖睦尔病逝，死前为了赎罪，决定把皇位传给明宗和世㻋的儿子。然而，当时把持朝政的燕铁木儿却在文宗死后，极力劝说皇后卜答失里立自己的儿子燕贴古思为帝。后在皇后卜答失里的坚持之下，无奈只得立年仅 7 岁的懿璘质班为帝。然而没过多久，小皇帝就死了。皇位再度空悬，燕铁木儿再次怂恿卜答失里立燕贴古思为帝，但卜答失里害怕遭到报应，依旧坚持立明宗的长子妥懽帖睦尔为帝，并派人到广西静江去请妥懽帖睦尔回京即位。妥懽帖睦尔此时已经是个 13 岁的少年了，接到太后的懿旨之后，立即起程回京。然而因为权臣燕铁木儿的极力阻挠，妥懽帖睦尔进宫后两个多月，一直没有举行登基大典。所有的国家大事由燕铁木儿主持，奏明太后后批准执行。两个月后，燕铁木儿因为纵欲过度，一命呜呼，妥懽帖睦尔这才在卜答失里和大臣们的拥戴下，于至顺四年（1333 年）六月，登基为帝，是为元顺帝。

罢免权臣　重振朝纲

顺帝即位时，年纪还小，还只是一个 14 岁的少年，根本不懂得如何治理国家，于是朝中的大权就落在了中书右丞相伯颜和太平王唐其势的手里。伯颜本是文宗时的重臣，因为在“两都之战”中立下大功，居功自傲，根本不把唐其势放在眼里。唐其势是燕铁木儿之子，燕铁木儿活着的时候，大权在握，作威作福惯了，又哪能容得伯颜。元统三年（1335年），中书左丞相撒敦死后，伯颜独揽朝政，唐其势眼见皇帝越来越宠信伯颜，于是暗地里与叔父答里、弟弟塔剌海等人密谋策划，决定发动政变，废黜妥懽帖睦尔，改立文宗的儿子燕贴古思为帝。然而，阴谋败露，此事被蒙哥后裔郯王彻彻秃得知，并将此事密报给了顺帝。顺帝立即密召伯颜，做好应变准备。六月十三日，唐其势率领武士冲进宫中，被早就埋伏好的伏兵包围。唐其势被乱刀砍死。塔剌海、答里等人也先后被杀。皇后答纳失里受到牵连，被削去后号，赶出皇宫，不久即被毒死。

叛乱平息后，顺帝清除了燕铁木儿一党，并将唐其势的家产全部充公，伯颜因为平叛有功，重赏，并赐予“答剌罕”的称号，世袭罔替，传至后世。顺帝又仿照文宗做法，撤去中书左丞相一职，让伯颜独专相权。伯颜得到顺帝宠信，又自恃功高权重，变得肆无忌惮，竟开始盘算着谋害蒙古诸王。伯颜出身蔑儿乞部，其先祖曾经是蒙哥的奴隶，依照蒙古族的传统，伯颜应该尊郯王彻彻秃为长。伯颜深以为耻，于是捏造罪名，陷害彻彻秃谋反，并请求顺帝立即将他处死。顺帝不允，伯颜竟然伪造圣旨，擅自用刑，杀害了郯王彻彻秃。他又假传圣旨贬黜宣让王帖木儿不花、威顺王宽彻普化等人，顺帝对此毫无办法。伯颜还有了废掉顺帝的想法，他先后多次前往皇太后卜答失里的后宫，与她密谋废立之事，打算册立太子燕贴古思为帝。消息传到顺帝耳中，引起了他的不满和不安。

伯颜弟马札儿台为人谦和，看不惯哥哥的骄纵，于是多次规劝伯颜。伯颜不但不听，反而更加地任意妄为，他甚至连皇帝也不放在眼里了。马札儿台有一个儿子，名叫脱脱，自幼为伯父伯颜收养，顺帝即位后，任同知枢密院事。伯颜诛唐其势，脱脱率领精兵剿捕，立有军功。伯颜专权时，时任御史大夫的脱脱对他的父亲马札儿台说："伯父太放肆了，万一天子震怒，我们一家就全完了。不如先设法除掉他。"马札儿台赞同此议。脱脱又向他幼年时的汉人老师吴直方请教。吴直方说："古书上有所谓大义灭亲。大丈夫只知道忠于国家，不管其他。"脱脱于是下定决心，帮助顺帝除掉了伯颜。

伯颜死后，年轻的顺帝开始亲政，为了显示自己除旧迎新之意，特下诏改"至元七年"为"至正元年"，同时任命脱脱为中书右丞相，总领军国大事，革除伯颜时期旧政，进行改革。

脱脱更化　回天乏术

顺帝即位的时候，大元帝国的兴盛时代早已是过眼云烟，各地反抗元朝的起义此起彼伏。

脱脱执政后，首先改变伯颜的排斥汉人的做法。至正元年（1341年）十二月，即恢复了中断六年的科举取士。次年三月，顺帝亲取进士78人。同时大兴国子监，选名儒雅士传经讲学，并派人前往曲阜，以太牢之礼，祭祀孔子。至正三年（1343年），顺帝下诏编修辽金宋三史，许多汉人文士参加了编纂。这一措施，在一定程度上，缓和了汉族知识分子的不满情绪，对笼络汉族知识分子起到了积极的作用。另外，还为受伯颜迫害的诸王平反昭雪，对一些受到冤屈的诸王也予以纠正。对于官员的选拔，主张以六事选官，劳苦功高者加以升迁，庸碌无为的官员则予以罢免。同时开放马禁，减轻盐税，免除百姓额外的税额，减轻百姓的负担。这些措施的实施，使元朝的政治为之一新，脱脱也因为他的功绩，被朝臣们亲切地称为"贤相"。然而，没过几年，顺帝对脱脱起了猜忌之心。脱脱被迫辞去了相位。

至正七年（1347年），元顺帝在奇氏皇后的劝说下再次启用脱脱为相。然而，此时的元王朝已经病入膏肓了，不但政治上极度黑暗腐败，在经济也已趋于崩溃，加上黄河泛滥，各地灾民啸聚山林，竞相起义，元朝的统治此时已是摇摇欲坠了。针对这种局面，脱脱提出了“变钞”和“开河”的建议。变钞以增加财政，开河以治理水患，从表面上看，这两项措施是有益的，然而事实上，在社会矛盾日益尖锐的情况下，这两项措施的实施，直接激化了社会矛盾，成为了农民起义的导火索。

由于武宗等几代皇帝的挥霍，到了顺帝这一代，国家的财政已经趋于崩溃的地步。为了挽救财政危机，顺帝和脱脱采纳吏部尚书偰哲笃更改钞法，铸造铜钱的建议，下诏行使新钱钞法，印造新的中统交钞（又称至正中统交钞）。交钞大量涌入民间，导致货币贬值，物价增长十倍。人民不愿使用交钞，视如废纸。郡县间贸易，甚至到了以物易物的地步。

顺帝年间，黄河水患，屡有发生。为了治理黄河水患，至正九年（1449 年），顺帝和脱脱命工部郎中贾鲁治理黄河。至正十一年（1451 年）十月，贾鲁役使 15 万民工，在黄河堤坝上修筑工事。连年水旱饥荒，百姓们已经不受其苦，大规模的征伐，繁重的徭役更是将他们推向了死亡的边缘。在这种情况下，民众纷纷揭竿起义，反抗元朝的统治。农民的起义风暴来得更猛烈了。

至正十五年（1455 年），顺帝听信了佞臣哈麻的谗言，放逐脱脱于云南大理，这年十二月，哈麻假借皇帝之命，毒死了脱脱。脱脱死后，元朝的统治集团更加腐败了，败亡之日，已是指日可待了。

祸起萧墙　自取灭亡

顺帝在头几年，尚有励精图治之心，然而在把大权交给脱脱之后，他或许认为可以高枕无忧了，于是就开始耽于享乐，沉湎酒色之中了，朝廷政事日益荒疏。顺帝整日与妃嫔宫女们鬼混在一起，弄得皇宫乌烟瘴气。皇后奇氏实在看不下去，再三恳求顺帝爱惜身子，不要再受妖女的迷惑，结果反而遭到了顺帝的斥责。此后，奇氏备受顺帝冷落，接连好几个月都得不到顺帝的临幸。

奇氏心中忿恨，于是与太子爱猷识里达腊密谋，准备逼迫顺帝退位，由爱猷识里达腊继承皇位。爱猷识里达腊等人的逼宫之举，引起了朝中大臣的反对。孛罗帖木儿领军直捣大都，扬言要杀尽朝中奸臣。京师大震，爱猷识里达腊派军抵御，双方混战连连，死伤无数，元朝元气大伤。之后，孛罗帖木儿被杀，奇氏劝扩廓帖木儿出面胁迫顺帝让位于皇太子。扩廓帖木儿不敢做此等谋逆之事，便主动请求外调，远离朝廷是非。顺帝便命他率军平定江淮等地的起义。扩廓帖木儿率大军离开大都后，不仅没有整军出战，反而借着顺帝授予他的军事大权，随意征调各路军队，引起各地军阀头目的不满。陕西军阀李思齐不服从扩廓帖木儿的调遣。扩廓帖木儿率兵征伐，双方连年混战，死伤无数。至正二十七年（1367 年），顺帝下诏削夺扩廓帖木儿的兵权。

就在元朝君臣相互倾轧，趋于白热化的时候，南方义军反抗元朝的统治也进入了重要的阶段。凤阳朱元璋率领的起义军迅速崛起，并在剪灭群雄后，决定派兵北伐，消灭元朝。至正二十七年（1367 年）十月，朱元璋派遣徐达、常遇春率军北伐，先后攻克山东、河南等地。次年三月，潼关失守，顺帝这才慌忙恢复扩廓帖木儿的左丞相职务，让他率兵迎敌。然而，腐朽的元军此时那里还有什么战斗力，屡战屡败。徐达率军进逼大都，顺帝不顾大臣的再三劝阻，决意出逃。当晚，顺帝携带后妃、太子和一些大臣，逃出大都，经过居庸关直奔上都。徐达率军轻松攻入大都，至此，元朝宣告灭亡。

明洪武三年（1370 年），顺帝妥懽帖睦尔死于应昌（今内蒙古达里诺尔西南），享年 51 岁。顺帝死后，明太祖朱元璋说他“知顺天命，退避而去”，于是尊谥号为“顺帝”。

明朝

太祖朱元璋

明太祖档案：

生 卒 年：1328～1398 年

父　　母：父，朱世珍；母，陈氏

后　　妃：马皇后、李淑妃等

年　　号：洪武

在位时间：1368～1398 年

谥　　号：高皇帝

庙　　号：太祖

陵　　寝：孝陵

性　　格：英明刚毅，猜忌狠毒

点评：

盖明祖一人，圣贤、豪杰、盗贼之性，实兼而有之者也。

——清·赵翼

明太祖名叫朱元璋，是明朝的开国皇帝。他由贫苦的小牧童起家，抓住元末乱世之机，叱咤沙场，转战南北，最终称雄政坛，开创了延续 276 年的大明王朝。而他本人，则是一位卓越的军事家和政治家，开创了大明王朝的版图，并为之奠定了坚实的基础。

传奇皇帝的苦难人生

朱元璋，元天历元年（1328 年）九月生于安徽濠州（今安徽凤阳县东），是家中的第六个孩子。父亲朱世珍有四子二女，朱元璋是他的第四子。朱元璋初名重八，后取名兴宗，后来又改名元璋。他的家境非常贫困，朱世珍是一个无地的农民，只好靠租种别人的田地维持生计。他与妻子陈氏辛勤劳动，却仍然难以养活一家人。尽管如此，朱氏夫妇对幼子朱元璋还是十分疼爱。朱元璋就在这个贫困而又温馨的家庭中慢慢长大。

太祖朱元璋像

朱元璋自小就聪明伶俐，很讨人喜欢。他小时候经常和小伙伴们到村边的皇觉寺玩耍，寺中长老也比较喜欢他，就时常教他读书识字。小小的朱元璋聪慧过人，几乎过目不忘，时日一长，他也初通文墨了。朱元璋逐渐长大，他的家境依然贫困。3个哥哥为了生计，早就去地主家做长工了。朱元璋也不得不去地主刘大秀家放牛，以减轻家里的负担。

朱元璋自小就胆识过人，又很讲义气。他和一群同样贫穷的孩子们一起放牛，一次，孩子们实在是太饿了，朱元璋就指挥大家杀了一头自己放牧的牛来炖着吃。填饱肚子后，大家伙就开始害怕了，生怕遭到地主的责打。朱元璋就挺身而出，说自己一人承担责任。他先指挥伙伴们掩埋了牛骨等物，然后将牛尾巴插进了石头缝里。回去后，朱元璋就对地主刘大秀谎称牛钻进山洞，被夹在石头缝里出不来了。这种小孩子的伎俩实在是很拙劣，刘大秀根本不信，很快就发现了真相。他恼羞成怒，将朱元璋毒打了一顿，并赶了出去。朱元璋放牛的差事没有了，不过却得到了小伙伴们的拥戴，成了他们中的孩子王。

元至正四年（1344年），朱元璋已经是17岁的大小伙子了。这一年淮北地区发生严重的旱灾，而旱灾又引发了蝗灾和瘟疫，很多农民都被饥饿和瘟疫折磨致死。朱元璋家也是如此，他的父母、兄长等人相继离世，最后只剩下他和大嫂、侄子三人了。朱元璋悲痛欲绝地埋葬了几位亲人后，生计又成了大问题。大嫂只好带着侄子回娘家求助，而朱元璋只能靠自己了。他见皇觉寺的和尚们还有饭吃，就剃度为僧，进了皇觉寺。

朱元璋做了和尚后，虽然暂时不会饿死，但日子也很不好过。每日不仅要辛苦地劳作，而且要受长老、师傅们的气。就是这样的日子，朱元璋也只过了几十天。因为皇觉寺是靠收租和善男信女们的施舍度日的，饥荒之年，和尚们也坐吃山空，长老高彬只好把徒弟们都打发出去云游化缘，自力更生。朱元璋就这样出了皇觉寺，四处流浪谋生。几年的漂泊生活中，他尝尽了世间艰辛，亲眼目睹了各地百姓的苦难，但同时也开阔了眼界，丰富了人生阅历。

从小和尚到乱世枭雄

元至正八年（1348 年），流浪三年的朱元璋又回到了皇觉寺。不过此时寺空人散，满目凄凉，他便留下来，暂时当了皇觉寺的主持。但他并不甘心当和尚来了此一生，此时元末的农民起义如火如荼，其中最著名的是红巾军起义，朱元璋每天听着战事，心里也跃跃欲试。正好此时，他小时候的伙伴汤和来信邀请他前去投军。朱元璋就离开皇觉寺，投奔了郭子兴的红巾军。由于他智勇双全，既讲义气，又通文墨，朱元璋在农民义军中很快就崭露头角了。元帅郭子兴对他非常赏识，还把养女马氏嫁给他为妻。马氏就是历史上有名的大脚马皇后，她聪慧过人，与朱元璋情投意合，相敬如宾。而朱元璋成为元帅的女婿后，在军中的威望也越来越高了。

就在朱元璋身价渐涨之时，义军内部却发生了一件大事。元帅郭子兴与副帅孙德崖因战事发生矛盾，孙德崖将郭子兴骗至家中，准备杀了他后自己称王。正好朱元璋出征归来，闻讯后立即闯入孙德崖家中，将已经被捆绑起来的郭子兴解救出来。郭子兴对此万分感激，此后对朱元璋更加器重。不过这次事件却令朱元璋开始考虑自己的前途，他认为濠州地区统帅太多，将帅之间矛盾重重，内讧不断，成不了气候。经过慎重考虑，朱元璋决定自己招兵买马，加入群雄割据的阵营。朱元璋的决定得到了郭子兴的鼎力支持，他小时候的玩伴徐达、周德兴等人闻讯，也赶来投奔。没过多久，朱元璋就组建了一支700多人的队伍，开始了自己的戎马生涯。

元至正十四年（1354年），朱元璋带着自己的人马离开郭子兴，南下定远，开辟新天地。定远的驴牌寨盘踞着一支3000多人的地主武装，朱元璋人少，就决定智取。他发现山寨缺粮，就命手下兵士伪装成送粮的民夫，诈开了寨门，趁着寨中众人毫无防备，迅速地擒拿下寨主，占领了驴牌寨。朱元璋首战告捷后，又乘胜夜袭盘踞在横涧山的地主武装缪大亨。缪大亨拥有一支2万多人的队伍，他没想到自己在睡梦中就做了俘虏，只好向朱元璋投降。两战之后，朱元璋的队伍迅速壮大到几万人。这年七月，他又攻占了滁州。随着朱元璋的实力日益壮大，附近的不少小地主武装纷纷前来归附。除此之外，还有一些才识出众的读书人也来投奔，其中定远的李善长，不仅学识渊博，而且很有智谋，他建议朱元璋学习汉高祖的长处，来夺取天下。朱元璋将他引为知己，留在身边出谋划策。此后朱元璋一直都很重视文人谋士的韬晦方略，而这些人也在朱元璋打天下的过程中立下了汗马功劳。

群雄逐鹿　建立大明

元至正十五年（1355年）三月，红巾军领袖郭子兴去世，刘福通的农民义军在安徽亳州建立了宋政权，尊韩林儿为小明王，任命朱元璋为郭子兴义军的副元帅。没过多久，郭天叙和张天佑两位副元帅先后战死，朱元璋就成了郭子兴义军的统帅。次年三月，朱元璋亲帅水陆两军，挥师攻陷了集庆（今南京），迫使元朝的水军统帅康茂才等人投降。接着他又改集庆为应天府，并以此作为自己的根据地，迅速出击，先后攻占了镇江、常州、徽州（今安徽歙县）、婺州（今浙江金华）等地。朱元璋又设立江南行中书省，他也被部下拥立为吴国公。到元至正十九年（1359 年），小明王韩林儿又任命朱元璋为江南等处行中书省的左丞相。至此，朱元璋已经拥有了一支强劲的军事力量，有足够的实力参与中原逐鹿了。

朱元璋在征伐之余，十分重视任用儒士。除了早年的李善长、冯国用、冯国胜等人外，在攻占徽州后，朱元璋又亲自到石门山（今四川高县）拜访老儒朱升，向他请教称霸良策。朱升送给他三句话："高筑墙，广积粮，缓称王。"意思就是让朱元璋先扩充兵力，稳固后方；发展生产，储备粮草；同时不要贪功图名，暂缓称王，以避开群雄的攻击。朱元璋非常认同，就以这三句话为纲领来建立大明王朝。

按照朱升的策略，朱元璋首先抓紧军队建设，加强训练，同时又不忘粮食生产。他在义军中第一次设置了营田司，以康茂才为营田使，专门负责屯田和水利等农业生产事项，军中将士也利用战事闲暇开荒种地。几年之后，朱元璋军粮充足，还有了不少剩余，他辖下的百姓不用负担军粮，自然欢喜万分，这也使朱元璋的统治更加稳固。朱升的第三句话，朱元璋一直牢记在心，他虽然实力大增了，却始终行事低调。他一直对小明王称臣，并使用宋政权的龙凤年号，以避免树大招风。

就在朱元璋卧薪尝胆，悄然崛起之际，天下局势也发生了很大的变化。张士诚占据了以平江（今苏州）为中心的太湖流域和长江三角洲的广大富饶土地，雄霸东方。徐寿辉以武昌为中心，统辖湖广、江西大片地区，成了西方霸主。朱元璋被夹在中间，并不轻松。元至正二十年（1360 年）闰五月，徐寿辉被部将陈友谅杀死，接着陈友谅就在江州（今九江）称帝，建立汉国。没过多久，陈友谅就与张士诚联合出兵应天（今南京），企图消灭朱元璋，不料却被朱元璋打败了，还被夺走了江西的一些地方。元至正二十二年（1362年），陈友谅卷土重来，要报昔日之仇。两军在鄱阳湖展开生死大决战，战斗持续了 36 天，最后陈友谅中流矢而死，朱元璋虽然损失惨重，却最终赢得了胜利。

鄱阳湖大战后，陈友谅的次子陈理继父位称帝，支撑着残破的汉国政权。而朱元璋的实力大增，势力范围扩展到长江中下游的广大地区，他一统天下的欲望也更加强烈了。1364 年正月，朱元璋在应天称吴王，立长子朱标为世子，设置文武百官，建中书省，以李善长为右丞相，徐达为左丞相，俨然是一个小朝廷了。

元至正二十四年（1364 年）二月，朱元璋亲征武昌，陈理投降，汉政权灭亡。朱元璋接着就把目标转向东方的张士诚。张士诚靠贩卖私盐起家，他的手下部众也多是盐商、中小地主和部分贫民，他们起义是为了反抗元朝的压迫，虽然作战勇敢，但是有了一点成就后，就变得浑浑噩噩，毫无斗志了，统治集团内部也变得十分腐败。朱元璋的讨伐战进行得十分顺利，到元至正二十六年（1366年）底，张士诚所辖的各个城镇都被朱元璋占领了，连都城平江（今苏州）也被围住了。平江城易守难攻，朱元璋就采用“锁城法”，围城不攻。10 个月后，苏州城破，张士诚被俘，后来自缢而亡。朱元璋在兵围平江之时，又先后铲除了浙东的方国珍、福建的陈友定，并攻克了广东和广西两地。至此，除四川和云南外，朱元璋统一了整个中国南部，与统治北方的元朝对峙。

元至正二十七年（1367 年）十月，朱元璋派徐达、常遇春率军北伐，与元朝展开了最后的决战。北伐期间，朱元璋于 1368 年正月在应天称帝，定国号为大明，改元洪武。北伐大军一路势如破竹，所向无敌，洪武元年（1368）八月，北伐军攻陷元大都，元朝的最后一个皇帝——元顺帝，仓皇逃往上都（今内蒙古多伦），元朝至此灭亡。接着朱元璋又用了 20 年的时间扫平各地的小政权，到洪武二十年（1387年），除漠北、新疆外，朱元璋基本完成了统一全国的大业。

严刑峻法　巩固皇权

朱元璋41岁称帝，定都应天，立马氏为皇后，长子朱标为太子，以李善长、徐达为左右丞相，又设置了文武官员，大明王朝就这样建立起来了。

执政之初，朱元璋把文武百官请到身边，一起分析元朝灭亡的原因，并探讨新王朝的治国方针。官员们各抒己见，畅所欲言，最后大家一致赞同高参刘基的见解："宋元以来，宽纵日久，当使纲纪整肃，然后才能实施新政。"朱元璋也认为依法治国是首要任务。于是，明王朝首先抓紧制定法律，到了洪武三十年（1397），朱元璋正式颁布了几经修订的《大明律》。该律分六律，460卷，简于《唐律》而严于《宋律》。《大明律》中对谋反的惩处特别严厉，不分主、从犯，一律凌迟，从祖父到孙子、兄弟及同居之人，只要年满16岁的，都要处斩。对于贪污的处罚也非常严酷，只要查实确认为贪赃者，都要发配到北方荒漠中充军。若贪污数额达到白银60两者，要斩首示众，并剥下人皮，用稻草填充，放到衙门前，用以警示继任的官员。朱元璋执政，就以这部严厉的法律为依据，并以身作则，坚决依法治国。

朱元璋的女婿、驸马都尉欧阳伦，是马皇后之女安庆公主的丈夫，他仗着自己的尊贵身份，藐视国家法律，向陕西贩运私茶，结果被一个小官吏告发了。朱元璋毫不留情地赐死了他，并封赏了那个不畏权贵的正直小吏。朱元璋的父母兄弟都早亡，朱家子弟中他只有一个亲侄子朱文正。可朱文正犯法后，朱元璋照样罢免了他的官职。开国功臣汤和，是与朱元璋一起长大的患难兄弟，他的姑夫仗着自己有靠山，隐瞒常州的土地，逃避赋税，也被朱元璋毫不留情地处死了。

朱元璋称帝30余年，还公开惩处了几起大的贪污案，其中最大的是户部侍郎郭桓案。洪武十八年（1385年），御史余敏、丁举廷告发郭桓伙同北京承宣布政司、提刑按察使司的官吏集体舞弊、侵吞官粮。朱元璋下诏彻查此案，结果查实贪污的钱款数额巨大，若折成粮食竟达2400多万石。他顿时雷霆震怒，下令严惩不贷，结果牵涉到的几万大小贪官都人头落地，受株连抄家的不计其数。经过这样一番严刑厉法，明朝初期的吏治十分清明，社会秩序稳定，百姓也逐渐安定下来。

朱元璋出身寒微，历尽坎坷，对百姓的苦难非常了解。他用法律稳固统治后，就实行休养生息的政策，来发展生产。元朝时期，高官贵族都蓄奴成风，有的人家奴仆竟达数千。到了明朝，为了保证农业生产能有足够的劳动力，朱元璋于明洪武五年（1372年）下诏：禁止普通地主蓄养奴婢，违者杖刑一百；已经蓄养的奴婢均放为良民；因饥荒而卖身为奴的人，政府为其赎身。除此之外，朱元璋还控制寺院的发展，迫使不少僧尼还俗，成为农业生产的劳动力。接着朱元璋又对垦荒进行奖励，并实行屯田，还大力兴修水利，鼓励种植棉桑等经济作物，而赋税徭役则尽量减轻。这些措施极大地调动了农民的劳动积极性，取得了很好的效果。到洪武二十六年（1393年），全国的税粮达3279万石，是元朝一年税粮的3倍，同时全国人口也增加了700多万，明初的社会经济呈现出繁荣气象。

朱元璋深知稼穑艰难，对百姓非常体恤，就自己带头提倡节俭。他身为帝王，服饰仪仗应多用金饰，而他却一律改用铜饰。他的饮食起居也如同普通的中产人家，宫中后妃等人也从不做奢华打扮。他还命太监们在皇宫墙边种菜，以取代亭台楼阁。他对儿子们的要求也十分严厉，皇子们不仅平日要穿麻鞋，戴竹笠，而且出城办事，按照路程的远近，是步行还是骑马也要按规定确定。朱元璋深感自幼家贫，读书太少，所以称帝后一直勤奋好学，还经常向儒生们请教。几十年下来，他不仅能写手札、军令，还能吟诗做赋。他的这种勤学精神，在历代帝王中都是少有的。

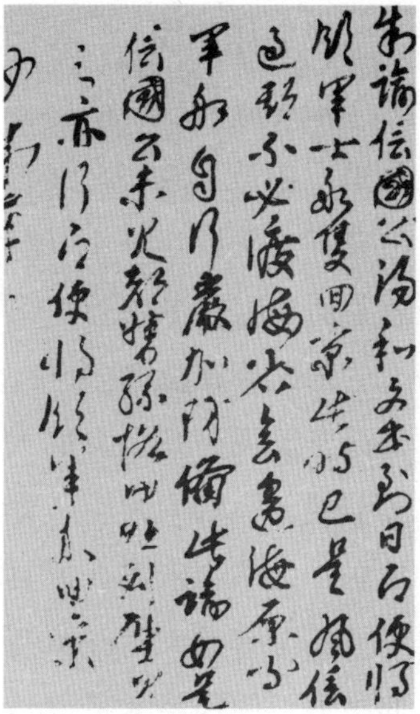
论不必渡海帖　明　朱元璋

朱元璋用严刑和宽政稳固了大明江山后，对整个政治体制进行改革，极力加强中央集权。元朝时期，地方设行中书省，是朝廷中书省的分支，掌控一个省的军政、民政、财政和司法，职权非常大。朱元璋自己也做过行中书省的丞相，对这种弊端深有体会。明洪武九年(1376 年)，他下令废除了行中书省，设承宣布政使司、提刑按察使司和都指挥使司，分管行政、司法和军事，三者地位平等，既相互独立又相互牵制，都听命于中央政府。由此，朱元璋将地方大权抓到了自己手中。

接着，朱元璋又对中央机构进行改革。他称帝后，设有左、右丞相李善长和徐达二人。李善长理政事，徐达理军事，两人都很能干也很忠心，与朱元璋也没有发生过什么冲突。后来李善长将相位传给了女婿胡惟庸，胡惟庸很有野心，他入朝后就迅速培植党羽，独断专行，逐渐威胁到了皇权。明洪武十三年（1380 年），朱元璋以胡惟庸谋反为由将其诛杀，接着又宣布撤销中书省，不再设立丞相，由吏、户、礼、兵、刑、工六部分管各种政事，直接向皇帝报告，从而将权力完全抓到了自己手中。不过如此一来，朱元璋要处理的政务也激增，每天从早到晚忙个不停，疲惫不堪。为了减轻负担，明洪武十五年（1382 年），朱元璋设置了华盖、文华、武英、文渊、东阁等殿阁大学士，由品级较低的编修、讲读等官员充任，帮他阅奏章，草文书。由此，朱元璋轻松了不少，皇权也不受影响。

冷血诛功臣

朱元璋的权力欲望非常强，他大刀阔斧地改革，将皇权牢握在手里，还是不放心，又强化了监察机构，对官员进行监视和控制。他在都察院设立了13道监察御史，还开创了一个著名的特务机构，就是历史上臭名昭著的锦衣卫。

朱元璋在位30余年，锦衣卫遍布全国，对文武官员的一言一行都严密监视。甚至有的大臣告老还乡后，朱元璋不放心，还让特务去监视。而朝中大臣，即使是赤胆忠心的名臣，朱元璋也对他们很猜忌。大学士宋濂在家宴客的菜肴名单，国子监祭酒在家生气的样子，甚至有的大臣在家与妻妾玩麻将丢失的一张二万，朱元璋都了如指掌。他还经常带着侍从微服私访，可能会突然出现在某个大臣的家里。在他的严密监视下，大臣们人人自危。好在明初的官员大都比较忠心，所以没有出现什么惨剧。不过朱元璋开了特务机构的先例，后来被专权的太监等人利用，作为打击报复大臣的有力武器，为此有许多人深受其害。

朱元璋的猜忌心如此重，对那些追随他打下江山的开国功臣们自然更不放心。起初他给这些功勋大臣们加官进爵，并结为儿女亲家，以此确保他们对自己的忠心。他还把自己的儿子们都分到各地去做亲王，来监视各地的军事将领。功臣们有了显贵身份后，不少人就日益骄纵，腐败堕落了。朱元璋见政治婚姻不起作用，就干脆大开杀戒。明洪武十三年（1380年）的胡惟庸谋反案，共有近3万人被杀，已经退休在家的77岁老臣李善长一家70多口人也在其中；明洪武二十六年（1393年），开国老臣蓝玉因谋反被诛，受牵连而死的近15000人。开国第一功臣徐达，朱元璋也没有放过。徐达背上生疽，最忌吃蒸鹅等物，朱元璋却偏偏赐蒸鹅给他。徐达明白其中的用意，只好含泪食用，几天之后就病故了。只有老臣汤和主动交出兵权，告老还乡，从此绝口不提任何国事，才得以寿终正寝。

朱元璋大杀功臣的行为令大臣们寒心，人人惶恐，不过他也确实为子孙后世消除了篡权的隐患。朱元璋虽然没有对自己的行为公开忏悔过，但他晚年也曾告诫子孙不要效仿这种做法，可见他还是有悔意的。不过为了巩固皇权，他还是六亲不认、冷血无情。

洪武三十一年（1398年）闰五月，明太祖朱元璋病逝，享年71岁，他的孙子朱允炆继位，即明惠帝。朱元璋死后，葬于孝陵，谥号“高皇帝”，庙号“太祖”。他在位30年不仅创立了大明基业，而且形成了成熟的施政纲领，修订了完善的法律，规划出整个明王朝的政治体制。

惠帝朱允炆

明惠帝档案：

生 卒 年：1377～?

父　　母：父，朱标；母，吕氏

后　　妃：马皇后等

年　　号：建文

在位时间：1398～1402年

谥　　号：惠皇帝

庙　　号：无

陵　　寝：不详

性　　格：仁孝宽厚，优柔寡断

点评：

一个英姿勃发的青年，书生气十足而又温文尔雅，却缺少祖父和叔父们雄才大略的草莽气。

——樊树志《国史十六讲》

明惠帝名叫朱允炆，是太祖朱元璋的嫡孙，明王朝的第二位皇帝。他性格柔弱，宽仁孝义，在位仅 4 年，就被皇叔朱棣夺了皇位。惠帝也从此下落不明，他的行踪成为历史上的一大悬疑。

朱允炆生于 1377 年，是朱标的第二子。明太祖有 26 个儿子，朱标是他与马皇后所生的长子。1368 年，朱元璋称帝建立明朝时，就册立朱标为太子。明太祖在位 30 年，而朱标做了 25 年的太子后就病故了。太子之位悬空，年迈的太祖不得不重新考虑太子人选。此时朱标的长子朱英早亡，次子朱允炆就成了嫡长孙。他聪明好学，又忠厚孝顺，很得太祖的宠爱，是太子之位的热门人选。不过太祖子孙众多，其中他的第四子燕王朱棣沉勇有谋，战功赫赫，很得太祖的赏识，也成了太子之位的最有力竞争者。对朱棣、朱允炆叔侄二人，太祖做了慎重地权衡考虑，认为朱棣既有才能，又有魄力，比宽厚的朱允炆更适合为帝，所以就决定立朱棣为太子。不料朝中大臣们坚持立嫡长的传统，以朱棣不是皇后所出，也不是长子为由，坚决反对此事。太祖无奈，只好于洪武二十六年（1393 年）九月，立 17 岁的朱允炆为皇太孙。朱棣争储失败后，心中愤愤不平，这也为朱允炆日后称帝埋下了隐患。洪武三十一年（1398 年）闰五月，太祖病逝，皇太孙朱允炆继位称帝，即明惠帝，次年改元建文，后来也将惠帝称为建文帝。

朱允炆 22 岁称帝，他上台时，太祖已经将明朝治理得国泰民安，经济也在逐渐恢复发展。不过太祖执政严厉，杀戮太多，大臣们都战战兢兢，不敢放开手脚行事。而且明朝刚刚开国，朝中的武将很多，对太平年代的治国执政也很不利。惠帝就决心改变这种局面，他本来就性情宽和，所以就大力提拔文官，重用那些饱读诗书的儒士，如兵部尚书齐泰就是应天府的乡试第一，太常寺卿兼翰林学士黄子澄则是会试第一，翰林侍讲方孝孺乃是名儒宋濂的学生，因此惠帝的政权被称为“秀才朝廷”。文人们做官后，又将《大明律》中比较严厉、量刑较重的律法做了修订，由此形成了比较宽松的治国政策。惠帝还进一步减轻了赋税徭役，来缓和社会矛盾，促进经济发展。不过儒士们虽然学识渊博，却缺乏实践经验，许多措施都成了纸上谈兵。惠帝的改革并没有起到很到的效果，而他的皇位危机却悄悄来临了。

太祖临终前，曾留下遗诏，令诸王镇守藩国，毋须来京奔丧。燕王朱棣对侄子继位心怀不满，就不顾父命，带着人马星夜奔赴京城。朱棣快到淮安时，兵部尚书齐泰就得知了消息，他马上禀告惠帝。惠帝就派出使者前去阻止，朱棣愤愤返回封地燕京（今北京）。其他的藩王们虽然没有来京，但他们都是跟随太祖常年征战沙场的人物，又手握重兵，对这个文质彬彬的皇帝侄子也很不服。

惠帝很快就感觉到了这些叔父们的威压，为了抑制藩王的势力，他采纳了亲信黄子澄的建议，决定用削藩来加强中央集权。惠帝先从实力较弱的周王、齐王等藩王下手，打算孤立实力最强的朱棣，最后再全力对付他。朱棣早就有称帝的野心，根本不会坐等惠帝来对付自己。他一直在暗中积聚力量，修缮兵器，训练甲兵，伺机起事。建文元年（1399年）七月，朱棣就打着“清君侧”的旗号起兵造反，他以诛杀“奸贼”齐泰、黄子澄为名，展开了这场争夺皇权的叔侄大战。朱棣自称举兵为“靖难”，所以史称“靖难之役”。

惠帝对朱棣虽然也早有提防，不过他根本不是朱棣的对手。惠帝在“靖难”之初先祭告太庙，并将燕王朱棣废为庶人，宣布朱棣谋逆无道，然后任耿炳文为征虏大将军，率兵讨贼。惠帝大军号称30万，其实只有13万，没多久就被久经沙场的朱棣轻松击败。惠帝震惊，又听从黄子澄的建议，派曹国公李景隆领军50万前去平乱。李景隆只是一个纨绔子弟，根本不会打仗，被朱棣诱到北平击败后，他独自逃亡德州。黄子澄怕承担责任，就隐瞒了兵败的消息，对惠帝谎称李景隆在北平大获全胜，因天寒难以用兵，现已退守德州，等待来年春天再战。惠帝非常高兴，还封李景隆为太子太师。建文二年（1400 年）四月，在惠帝的多次催促下，李景隆再次领兵 60 万，从德州出发，与朱棣大军在白沟河（今河北雄县北）展开激烈决战。结果李景隆再次惨败，损失几十万人马。而朱棣大军乘胜追击，一路过关斩将，渡过了淮水，于建文四年（1402 年）攻下了扬州、高邮、通州（今江苏南通）、泰州等江北重地。然后朱棣就屯兵镇江，直逼京师南京。

惠帝见败势无法挽回，只好派使臣去向朱棣求和，表示愿意割地休战，不料被朱棣一口回绝了。六月，朱棣挥师兵临南京城下，谷王朱橞和李景隆开城投降，京师失陷，惠帝去向不明。朱棣在皇权之战中胜出后，就登基称帝，即明成祖。他曾派人四处寻找惠帝，却没有收获。不过朱棣从来没有放弃寻找，从永乐三年（1405 年）起，郑和几次下西洋也带有寻找惠帝的任务，不过最终都没有找到。惠帝之踪迹，就成了历史上的一个永久谜团。惠帝在位 4 年，他为政宽仁，是一个与民休息的好皇帝，可惜在“靖难之役”中惨败，最终丢掉了皇位。他没有庙号，直到清乾隆元年，才被追谥为“恭闵惠皇帝”。

成祖朱棣

明成祖档案：

生 卒 年：1360～1424 年

父　　母：父，太祖朱元璋；母，碽氏

后　　妃：徐皇后等

年　　号：永乐

在位时间：1402～1424 年

谥　　号：文皇帝

庙　　号：成祖

陵　　寝：长陵

性　　格：智谋坚韧，多疑好杀

点评：

一代雄主明成祖朱棣的业绩不仅对明朝，对后代的影响也是巨大的。但他为政过猛，步伐太急，给当时人民带来了沉重的负担，再加上他好大喜功，而财力、精力有限，不免顾此失彼。

——白寿彝《中国通史》

成祖朱棣像

明成祖名叫朱棣，是明太祖的第四子，明王朝的第三位皇帝。他生性好武，是一位著名的马上天子，他用武力夺侄子惠帝之位称帝，又用武力来开疆拓土，最后死于征伐漠北的行军途中。不过他执政期间知人善任，很有胆识谋略，由此开创了明朝历史上著名的“永乐盛世”。

叔侄争权　靖难夺位

朱棣，生于元至正二十年（1360年），此时父亲朱元璋还只是一个义军将领，正养精蓄锐，准备争夺天下。所以他自小就跟随父亲在军中长大。朱棣相貌奇伟，聪慧过人，所以在朱元璋的26个儿子中最受宠爱，朱元璋经常在朝臣们面前夸朱棣最像自己。太祖对儿子们的教育非常重视，他聘请了全国各地的名儒为皇子们授课，而他则随时督查儿子们的学习情况，所以皇子们都接受了良好的教育，不过朱棣在众多兄弟中仍然十分出色，没有辜负父亲的厚爱。

朱棣自小就很得父亲的青睐。他刚满10岁，就被册封为燕王，封地为北平，而此时镇守北平的乃是大明朝的开国第一功臣徐达，可见太祖对朱棣的苦心。朱棣 16 岁，太祖又做媒，令朱棣娶了徐达的长女为燕王妃。朱棣 17 岁时，宫廷要为各位皇子们在封国建造王府，太祖又明确关照燕王的府邸按照元朝皇宫的制式修建，而其他皇子不得效仿。朱棣 20 岁时，前往封地居住，此后就一直师从徐达，在军事理论和武艺上都有了很大的提高。由此可见太祖对这个儿子实在钟爱，隐隐有向着未来帝王的方向培养。太祖称帝后，又用了 20 年来扫平各地的小割据政权。于是朱棣就长年驰骋沙场，不仅为明朝的统一立下了卓越功勋，而且磨练出一身好本事，成长为一名杰出的军事家。

尽管朱棣很优秀，父亲也很疼爱，但是他依然与皇位无缘。因为朱棣既不是长子，也不是马皇后所出，他的生母碽氏只是一个普通的妃嫔。按照封建时代立嫡立长的传统，怎么也轮不到他。不过在太祖称帝的 30 年里，朱棣还是等到了机会。他的大哥朱标做了 25 年太子后病故了，而二哥秦王、三哥晋王也先后亡故。这样本为四子的燕王朱棣，在家族尊序上都成为诸王之首。而朱棣本身又有很强的军事实力，在诸王中也是翘楚。尤其是在洪武二十三年（1390）正月，元朝残余势力南侵，太祖命朱棣和当时还未过世的晋王领兵北征。当时天气极端严寒，晋王有些怯阵，而朱棣却奋勇出击，大败蒙古将领乃儿不花，由此威名更盛，令国人瞩目。太祖对这个出色的儿子十分满意，就打算立他为皇太子。不料朝中大臣们却坚决反对，他们以立嫡长为由，请求册立原太子朱标的长子朱允炆。太祖无奈，只好于洪武二十六年（1393 年）九月正式册立朱允炆为皇太孙。朱棣见眼看到手的诸位被侄子抢走，很不甘心，就暗中筹备夺位称帝之事。

洪武三十一年（1398 年），太祖驾崩，朱允炆即位，即明惠帝。此时朱棣的夺位计划仍在紧锣密鼓地筹备中。惠帝上台后，有感于诸位藩王叔叔的权力太大，威胁到中央政权的统治，就采纳大臣齐泰、黄子澄等人的建议，决定削藩。由于燕王的实力最强，惠帝不敢轻易动手，就从实力较弱的周王、岷王、代王、齐王下手，将他们贬为庶民。而湘王朱柏被迫自焚身亡。五个藩王的命运引起了其余藩王的极大不满和恐慌，朱棣身在北平，其实一直密切注意着京城的动向。他见惠帝削藩导致人心浮动，政局不稳，而自己筹划了多年，已经兵强马壮，就认为夺位的时机已经成熟了。于是，在建文元年（1399 年）七月，他打着“清君侧”的旗号，以诛杀“奸贼”齐泰、黄子澄为由，起兵“讨贼”，历史上著名的“靖难之役”爆发。

战争爆发后，文弱的惠帝根本不是久经沙场的朱棣的对手。从建文元年（1399 年）七月至建文四年（1402 年）六月，“靖难之役”历时 3 年，以燕王朱棣的取胜而告终，而惠帝在朱棣攻陷京师后就不知所踪了。这一年，43 岁的朱棣在群臣的拥戴下称帝，即明成祖，次年改元永乐。

恩威并施　永乐盛世

朱棣用武力夺了侄子的皇位，名不正言不顺，自然就遭到了许多大臣的反对。而明王朝经过几年的内战，局势动荡，社会很不安定。朱棣称帝后，为了稳固统治，就采取了镇压和怀柔并用的手法。

朱棣首先对惠帝的旧臣展开了诛杀，而首当其冲的就是惠帝的心腹大臣齐泰和黄子澄。朱棣杀了这二人，并夷灭全族。其他旧臣也有 50 多人陆续被捕，稍有不服，就被处死，甚至被诛灭三族。朱棣对这些人不仅是杀戮，而且是虐杀。大臣们有的被敲掉牙齿，有的被割掉舌头，还有的被砍断手足，其中黄子澄就是先被砍去了双手，然后再杀死的。而兵部尚书铁铉，在“靖难之役”时曾打败过朱棣，他被捕后的反抗最为坚决。朱棣将其寸磔于市，就是将肢体碎解，这是历史上极少使用的酷刑。

而最惨的还是方孝孺。他是太祖时期名儒宋濂的学生，是当时最有名的读书人，曾深受惠帝的器重。朱棣占领京城后，就命方孝孺为他写即位诏书。不料怎么威逼利诱，方孝孺都坚决不写。朱棣大怒，竟诛了方孝孺的十族。自古以来，最严厉的刑罚是诛九族，而朱棣诛方孝孺十族，开了自秦始皇以来1600多年封建社会历史的先河。除了灭族，朱棣还兴起了“瓜蔓抄”，就是将所有受牵连的人全部诛杀。惠帝的旧臣景清，在朱棣称帝后并没有殉节，而是屈从朱棣，留在了朝廷中，不过景清并不真心臣服。两个月后的一天，景清暗藏匕首上朝，打算行刺朱棣，不料行迹暴露了。朱棣大怒，不仅杀了景清，将他的尸体悬在城门上示众，而且诛灭全族，最后还顺藤摸瓜，将景清的左邻右舍，甚至连他出生的村子也屠戮干净了，这次事件中被杀的人达数万，实在骇人听闻。后来朱棣为了加强对朝野的控制，于永乐十八年（1420年）专门设立了东厂，由宦官负责。东厂和锦衣卫结合，开了明代宦官特务政治的先例，这也为明王朝最后灭亡埋下了祸根。

《皇都积胜图》之承天门

《皇都积胜图》绘于明朝中、晚期，重现了北京城的繁华面貌，包括正阳门、棋盘街、大明门、承天门、皇宫等范围。图中所见是承天门内外的商业活动，摆摊的小贩成行成市，热闹非凡。

朱棣用残暴的手段镇压反对者的同时，也对拥护自己夺位的文武功臣们封赏重用。而曾经被惠帝削藩贬为庶人的四王也恢复了爵位，重回各自的封国。对真心归附自己的惠帝旧臣，朱棣也量才任用，对过往一概不究。这些都体现出了他作为君王的气魄和才智。

朱棣初步稳固皇权之后，为了加强北方的军事力量，抵御外敌入侵，他决定迁都北平。北平是朱棣为燕王时的封国，他在此经营多年，军事力量十分雄厚，又离北方边防很近，便于随时调动兵力抵御敌寇。虽然有不少大臣反对迁都，但朱棣还是坚持自己的决定。从永乐四年（1406 年）至永乐十八年（1420 年），北京皇宫历时 14 年修建完成。永乐十九年（1421 年），成祖朱棣带着文武大臣正式迁都北京，将南京作为留都，并任命亲信驻守，并称为南北两直隶。这是历史上的一件大事，现在的北京故宫就是当年朱棣修建的皇宫，后来清朝又进行了维修，不过布局几乎完全没有改动。

朱棣在修建新都期间，也励精图治发展经济。太祖为明王朝奠定了坚实的基础，可是之后朱棣叔侄为争夺皇权展开了长达几年的内战，对农业生产造成了严重的破坏。于是，朱棣就继续施行休养生息、移民屯田和奖励垦荒的政策，同时还严惩贪官污吏，赈济灾民。随着这些措施的推行，社会生产逐渐恢复，农业又繁荣起来，手工业和商业也获得了长足发展。永乐时期，国库粮食充足，百姓安居乐业，冶铁业和造船业十分发达，尤其是造船业，永乐时期修建的航海宝船十分坚固庞大，最大的船能乘载 1000 多人，船上还配有航海图和罗盘针等先进的航海设备。中国是当时世界上最先进的造船国家。

朱棣不仅仅是一个马上天子，还是一个十分重视文化事业的皇帝。永乐时期，最重大的文化成果就是编订了一部辉煌的巨著——《永乐大典》。从永乐元年（1403 年）七月朱棣授命翰林学士解缙等人组织编纂，到永乐二年（1404 年）十一月，才完成初稿。后来又组织了几千人，多次修订。前后用了 4 年时间，才真正完成这部目录 60 卷，正文 22877 卷，装订 11095 册，约 3.7 亿字的巨著。《永乐大典》是一部大型类书，内容正如朱棣所言："凡有文字以来的经史子集百家之言，以至天文、地志、阴阳、医卜、僧道、技艺之言，均搜罗其间，毋厌繁浩。"而且收录其中的图书均未作任何删改，这是中华民族的珍贵文化遗产，也是我国古代最大的百科全书，更是当时世界上最大的百科全书。永乐时期，经济文化全面繁荣，史称"永乐盛世"。

郑和下西洋　御驾征漠北

明朝的经济文化都发达了，国力也强盛了，朱棣就想凭借先进的航海宝船出使各方。一方面宣扬大明王朝的国威，一方面也希望发展同国外的贸易。同时还有一个朱棣的个人秘密，就是寻找失踪的惠帝，以防后患。惠帝在朱棣攻入南京后就不见了踪迹，朱棣在国内多方寻找，也终无所获，所以他一直怀疑惠帝流亡海外了。这一切，促成了当时一项规模宏大、影响深远的惊世壮举——郑和七下西洋。

郑和，是宫中的太监，云南昆阳（今昆明市普宁县）人，他原本姓马，后来因跟随朱棣参加"靖难之役"立功，赐姓郑。他不仅精明能干，而且很有大志。他的祖父和父亲都曾到过天方（今麦加），所以郑和对西洋的风土人情比较了解，也十分向往。当成祖朱棣在挑选下西洋的人选时，郑和就毫无争议地中选了。永乐三年（1405 年）六月，郑和率领一支 27000 多人的远航队伍，分乘 200 多艘宝船，携带大量的丝绸、瓷器、铁器、布帛等物品，从刘家港（今江苏太仓浏河镇）起航，开始了西洋之旅。郑和的船队最先抵达占城

郑和像

（今越南），然后到达马来西亚的马六甲、印度尼西亚的爪哇、苏门答腊及锡兰等地，最后经印度洋西岸折回返国。

从永乐三年（1405年）到宣德八年（1433年），历经永乐、洪熙、宣德三朝，共29年，郑和七次下西洋，行踪遍及今东南亚、印度洋沿岸和非洲东海岸等30多个国家和地区。郑和下西洋的壮举，不仅打开了中国与海外各国的贸易之门，更重要的还在于政治上，向世界展示了明朝前期的强盛国力和强大的海军实力；中国与海外各国建立邦交，许多国家元首或使臣纷纷前来中国访问，实现了万国朝贡的盛况，功绩堪比汉唐。这也是中国古代历史上最后一件具有世界意义的盛举。

朱棣本身就是武将出身，他在海外邦交上取得了巨大的成功，在与周边各民族的外交上自然也很有手段。他即位之初，边境也有一些地区不太稳定。为了巩固和发展大明王朝的多民族国家统一大业，朱棣采取了通好和防御两种策略。永乐元年（1403年），朱棣派出使臣，成功招抚女真各部。朱棣还在开原（今属辽宁）设立马市，与海西、建州两部进行交易，并准许女真各部酋长每年到指定的地点经商。永乐七年（1409年）闰四月，继太祖设立辽东都指挥使司后，朱棣又设立了奴儿干都指挥使司，还在当地设立了370卫、20所，并任命当地的女真酋长们担任卫、所的官员，并且允许世袭。有了这些措施，整个永乐时期，明朝与女真族相处和睦，往来友好。除此之外，朱棣还加强了同西藏的联系，积极发展汉、藏人民在经济、政治、文化上的全面交流。他还设立了贵州布政使司，加强对西南地区的管理。朱棣的这些措施，对各民族团结和民族融合起到了很大的作用。

不过朱棣对不肯臣服的少数民族，手段十分强硬。他一生好武，对自己的军事才华也十分自信，何况他连皇位都是武力夺得的，自然要用武力镇压不服的部落。朱棣的用武行动中，最重要的就是他5

次远征漠北之事。漠北，是指瀚海沙漠群的北部，也就是狭义的塞北之北，位于今天的蒙古高原。它包括外蒙古和贝加尔湖等广大地区，是元朝统治者的老家。洪武元年（1368年），元朝灭亡后，元朝最后一个皇帝——顺帝，就逃往上都（今内蒙古多伦），重新过起了游牧民族的生活。洪武三年（1370年）元顺帝去世后，统治漠北的蒙古贵族内部就逐步发生了分裂，分成了鞑靼、瓦剌和兀良哈三个部落，其中鞑靼实力最强。三个部落不仅内部争战，而且时常侵扰明朝边境。

朱棣对他们依然采用太祖时期的“威德兼施”策略，就是一边与各部落酋长们修好，赐给财物以示安抚；一边积极防御，在秦长城的基础上，东起鸭绿江畔的辽宁虎山，西至祁连山东麓的甘肃嘉峪关，贯穿辽宁、北京、内蒙、甘肃、青海等10个省市，修筑起了著名的明长城。为了抵御蒙古贵族的南下侵略。朱棣还在沿线建立了9个边防重镇，每个镇都配备了精锐部队。

永乐七年（1409年），朱棣依例派使者携带大量财物前往蒙古各部招抚。其中瓦剌接受了招抚，首领就被敕封为王；而鞑靼可汗本雅失里，不仅拒绝招抚，而且杀了明朝使者郭骥，接着又出兵攻打明朝边境。朱棣闻讯后，立即任淇国公邱福为征虏大将军，统兵10万，讨伐鞑靼。不料邱福大意轻敌，中了鞑靼的埋伏，在克鲁伦河（今蒙古共和国境内）全军覆没。败讯传回朝中，朱棣震怒，决定来年春亲征漠北。

永乐八年（1410）春，朱棣统兵50万，亲征塞北。这年五月，明军与鞑靼军在斡难河畔大战，最后鞑靼惨败，可汗本雅失里只带着7骑渡河逃脱。由于天气炎热，不宜久战，朱棣就凯旋回京。此后朱棣又在永乐十二年（1414年）、永乐二十年（1422年）、永乐二十一年（1423年）三次亲征漠北，有效地打击了蒙古贵族的侵扰，不过也耗费了大量的财力和人力。有不少大臣劝谏朱棣暂停征讨，休兵养民，可朱棣执意不听。永乐二十二年（1424），朱棣又第五次亲征鞑靼的阿鲁台部落。这次出兵非常不顺，由于边防情报错误，阿鲁台早就逃走了，可朱棣毫无知情。明朝大军在茫茫荒漠中日夜行军，却连敌军的影子都没有见到。时日一久，将士们都疲惫不堪，军粮也快耗尽了，朱棣只好班师回朝。就在回京途中，朱棣就病倒了。七月下旬，大军行至榆木川（今内蒙古乌珠穆沁附近），朱棣就病逝了，享年 65 岁。临终前，朱棣留下遗诏，传位给太子朱高炽，并下令丧礼从简。他死后，葬于长陵，谥号“文皇帝”，庙号“太宗”，到嘉靖十七年（1538 年）改庙号为“成祖”。

朱棣在位 22 年，他为巩固皇权而大杀旧臣，为恢复经济而勤勉治国，为弘扬国威而交通西洋，为统一四境而五征漠北，又为独揽大权而设置东厂特务机构。他的功绩流传千古，而特务统治又埋下了明朝灭亡的祸根。

仁宗朱高炽

明仁宗档案：

生卒年：1378～1425 年

父　　母：父，成祖朱棣；母，徐皇后

后　　妃：张皇后等

年　　号：洪熙

在位时间：1424～1425 年

谥　　号：昭皇帝

庙　　号：仁宗

陵　　寝：献陵

性　　格：端重沉静，仁厚儒雅

点评：

尽管仁宗在位时间甚短，但其所施行的政策却为宣宗一朝所继

承，以致后代史家将这一时期称之为“仁、宣致治”

——白寿彝《中国通史》

明仁宗名叫朱高炽，是成祖朱棣的长子，明王朝的第四位皇帝。他是一位仁厚的儒者，爱护臣下，体恤百姓，且善于治国，可惜仅在位10个月就病逝了，这是明王朝的一大损失。

仁宗朱高炽像

朱高炽生于洪武十一年（1378年），此时父亲朱棣为燕王。生母燕王妃徐氏，是大明开国第一功臣徐达之女，她自幼娴静，喜好读书，人称“女秀才”。朱高炽自幼跟随母亲学习，也深受其影响，喜好儒学，养成了宽厚仁善的性格。不过他虽然是嫡长子，太子之位却来得很不容易。

成祖朱棣有三个儿子，长子朱高炽、汉王朱高煦和赵简王朱高燧，都是徐皇后所生。三个儿子都很精明能干，但相比较而言，朱高炽喜静不喜动，身体肥胖，行走都时常要内侍搀扶，骑马射箭自然不擅长；而朱高煦和朱高燧个个能征惯战，军功显赫。尤其是朱高煦，强悍勇武，在军中很有威望。朱棣是个马上天子，一生好武，自然更宠爱武将儿子，对显得文弱的长子就不太喜欢。

建文元年（1399年）七月，“靖难之役”爆发。燕王朱棣打着“清君侧”的旗号起兵，与侄子惠帝争夺皇位，长子朱高炽遵父命留守北京。当时惠帝派了大将军李景隆率兵50万，进攻北京。朱高炽虽然不能亲自上阵杀敌，但谋略过人，他团结部下，指挥将士们奋勇抗敌，以万人之师成功击退李景隆，保住了朱棣的这块根据地。北京保卫战对整个靖难都具有重要意义，它为朱棣偷袭永宁创造了机会，后来朱棣偷袭成功，并收编了永宁的大批精兵，由此壮大了实力。

朱高炽保卫北京城立下了大功，而他的两个弟弟跟随父亲征战沙场，军功就显得更加显赫。尤其是朱高煦，还曾多次从危难之中解救父亲，自然更得朱棣的赏识。朱高煦自诩功高，就开始觊觎世子之位。而惠帝正为朱棣叛乱忧心，了解到朱高煦的野心后，就采纳谋臣方孝孺的建议，从内部分化瓦解朱棣集团。他写亲笔信给北平的朱高炽，许诺只要其归顺朝廷，就能被封为燕王。朱高炽是个聪明人，他接到信后并没有拆开，而是将信连同送信的人一起火速送往朱棣处。此时朱棣正在前线带着另外两个儿子作战，离惠帝更近。所以朱高煦早就知道惠帝写信之事，他派心腹宦官黄俨在父亲面前诬陷兄长私通朝廷，想自己做燕王。朱棣大怒，正要下令抓捕朱高炽。还好朱高炽及时将书信和使臣送到，才化解了这场危机。

建文四年（1402 年）六月，朱棣终于将惠帝赶下台，自己做了皇帝，即明太祖。他册封徐氏为皇后，可对立太子的事却一再拖延。按立嫡长子的传统，朱高炽既是嫡子又是长子；按照人品才能，朱高炽品行端方，沉稳睿智，且在靖难期间保卫北京城立下大功，的确是太子的不二人选。可朱棣还是更喜欢冲锋陷阵的次子朱高煦，他在靖难期间还曾暗示次子："世子多病，你多努力！"这就意味着他想立朱高煦为太子。朱棣既不想违背祖制，又不舍心爱的次子，就这样犹豫了好几年。直到永乐二年（1404 年），朱棣才勉强立 27 岁的长子为太子。朱棣做出这个决定，除了大臣们的强烈要求外，还有一个原因，就是他虽不喜长子，却很喜欢长子的儿子、长孙朱瞻基。朱瞻基相貌英俊，聪慧过人，小小年纪就卓尔不群，深得朱棣的宠爱。解缙等大臣也经常在朱棣面前夸奖这个"好圣孙"，所以朱棣也希望这个孙子以后能光大祖宗基业。

朱棣册立了太子后，就封次子为汉王，封地在云南；三子为赵王，封地在彰德。朱高煦没有当上太子，很不甘心，他就借口云南太远，不肯去。后来又改封青州，他还是赖在京城不肯走。大臣解缙就向朱棣进言，指出汉王朱高煦有争储之心。朱棣不愿相信，认为这是在离间他们父子亲情，朱高煦也乘机诬陷解缙。结果解缙被贬官，后来在狱中被锦衣卫杀害了。此后朱高煦就肆无忌惮地寻找机会陷害太子，而朱棣也听信了他的谗言，将辅佐太子的人悉数定罪入狱。可他后来查实，太子根本没有什么过错。朱棣这才认清了次子的野心，他盛怒之下，将次子囚禁在西华门，打算废为庶人。可太子朱高炽宅心仁厚，对这位多次陷害自己的同胞兄弟还很有感情，就去恳请父亲宽大处理。朱棣最后还是被太子打动了，就保留了朱高煦的王位，于永乐十五年（1417 年）三月，将其徙封到乐安州（今山东绕县)，并责令马上起程。

朱高煦被打发走后，朱高炽的太子之位还是不安稳。他的另外一个弟弟朱高燧同样很有野心，时刻觊觎着太子之位。在永乐十六年（1418）和永乐二十一年（1423)，朱棣两次患病不能理政，由太子监国。朱高燧就乘机买通了不少宦官大臣，编造谣言，诬陷太子。幸好朱棣吸取了以前的教训，先彻查再定论。结果查清是朱高燧主使，朱棣非常愤怒，打算严惩这个三儿子。还是仁义的太子出面说情，最后朱高燧才保住了性命。永乐二十二年（1424 年）七月末，朱棣病终，当了 20 年太子的朱高炽终于即位称帝，即明仁宗，次年改元洪熙。

仁宗是一个仁厚的兄长，也是一个宽仁的皇帝。他即位之后，将察人民疾苦、行恤民之政作为自己的治国方针。凡灾荒之年，仁宗都下令赈灾并减免赋税。同时，他派御史到各地考核地方官员的政绩，并严厉惩治贪官，以实现真正的恤民。曾有大臣认为，执政不能对百姓太过仁慈。仁宗却说：“体恤民众，我宁可过于仁厚。作为天下之主，怎可与民较锱铢?”不过仁宗对自己却要求严格，他崇尚简朴，禁止宫中后妃、太监们的奢靡行为，他还告诫朝廷官员，必须以市价从百姓手中采购物品，不得以威逼手段低价收购。经过这样一番治理，仁宗时期，吏治清明，百姓安乐。

仁宗治国，十分注意选贤任能。他对那些才识过人的正直大臣很信任，尤其重用自己以太子身份监国时的那些辅佐大臣。仁宗期间，任用了不少著名谋臣，其中“蹇夏”和“三杨”名气最大。“蹇夏”是指精通朝廷典章制度的蹇义和善于理财的夏原吉，“三杨”是指正直敢言的杨士奇、军事才能出众的杨荣、恭俭谨慎的杨溥。仁宗任用贤臣，并善于纳谏，对阿谀逢迎之事非常痛恨。所以他执政期间，朝臣敢于言事，政治风气良好。

仁宗执政，使明朝从成祖时期的苛刑厉法，顺利过渡到比较稳定的发展阶段，可惜他励精图治的时间并不长。洪熙元年（1425年）五月，仅做了10个月皇帝的仁宗就病逝了，终年48岁。他死后，葬于献陵，谥号“孝昭皇帝”，庙号“仁宗”。他的长子朱瞻基继位，即明宣宗，继续了仁宗的惠民政策。所以仁宗在位时日虽短，却促进了社会的稳步发展，为明朝“仁宣之治”的兴盛奠定了基础。

宣宗朱瞻基

明宣宗档案：

生 卒 年：1398～1435年

父　　母：父，仁宗朱高炽；母，张皇后

后　　妃：胡皇后、孙皇后等

年　　号：宣德

在位时间：1425～1435年

谥　　号：章皇帝

庙　　号：宣宗

陵　　寝：景陵

性　　格：聪敏仁厚，温和谦恭

点评：

在个人讲，朱瞻基不乏对国事的判断能力，在明朝皇帝之中可算难得。与宋朝优柔寡断的君主不同，要是事势需要的话，它既可以极端的强硬，也可能极具决心。

——黄仁宇

明宣宗名叫朱瞻基，是仁宗朱高炽的长子，明王朝的第五位皇帝。他继位守成，延续了明朝开国60年以来的基业；以德治国，迎来了明朝历史上的黄金时代——“仁宣之治”。

朱瞻基，生于洪武三十一年（1398年）二月，此时他的曾祖朱元璋在位，祖父朱棣为燕王。传说在朱瞻基出生的那晚，燕王朱棣做了一个梦，梦见太祖朱元璋将一个刻有“传之子孙，永世其昌”的大圭赐给自己。大圭在古代是权力的象征，赐给大圭意味着朱元璋会把皇位传给自己，这是朱棣梦寐以求的事。他醒来后，就得知长孙朱瞻基降生了，正好印证了梦境，为此朱棣非常高兴，认为这个孩子会给自己带来好运。后来朱瞻基满月，朱棣见到这个孙子，兴奋地说：“小子英气溢面，符吾梦矣。”不过朱瞻基出生才3个月，太祖朱元璋就驾崩了，皇位传给了朱棣的侄子朱允，即明惠帝。朱棣虽然没有得到皇位，却因为那个梦和孙子朱瞻基的出生，更坚信自己才是真命天子，这些也成为后来他发动靖难夺皇位的重要原因。

朱瞻基自幼聪明好学，没有辜负祖父朱棣的厚爱。朱棣对这个长孙的成长也倾注了很多心血。他无论是征战还是治国理政，都尽量将其带在身边，以便随时教导。永乐二年（1404年），朱棣册立自己并不太喜欢的长子为太子，也是希望以后明朝的江山能传到长孙手里。永乐八年（1410年），朱棣由南京前往北京巡视，也带着

13岁的孙子同行。一路上，朱棣耐心教导朱瞻基体察民情民风，了解稼穑之艰，还告诉他太祖创业的艰难困苦，并向他讲解历代兴亡得失的故事，俨然是以一个帝王的标准来培养他。第二年，14岁的朱瞻基就被册立为皇太孙。朱瞻基在这样的教导下，不仅成了文武双全的好少年，而且为日后治国积累了宝贵的经验。

在父亲朱高炽做太子的20年中，皇叔朱高煦和朱高燧都觊觎太子之位，两人先后数次陷害朱高炽，朱瞻基则多次机智地帮父亲化解危机。永乐二十二年（1424年），成祖朱棣病逝，朱高炽即位，即仁宗，朱瞻基被册立为太子。洪熙元年（1425年）五月，称帝10个月的仁宗病逝，朱瞻基就继位称帝，即明宣宗，次年改元宣德。

宣宗28岁即位，不过皇位还没坐稳时，就发生了汉王叛乱之事，这也是前两朝遗留下来隐患的集中爆发。汉王朱高煦和赵王朱高燧，是仁宗的同胞弟弟，他们曾因争储而多次构陷大哥朱高炽，以致成祖朱棣震怒，打算废了他们。幸亏仁厚的朱高炽顾念骨肉亲情，不计前嫌地为他们说情，才得以保住王位，不过二人的野心还是没有消退，他们一直在等待东山再起的时机。宣宗上台后，原本想用厚赏和亲情来感化两位皇叔，可是二人根本不领情。洪熙元年（1425年）八月，汉王趁着这位皇帝侄子政权还不稳定，就从封地乐安（今山东饶县）起兵叛乱。他致书宣宗，指责仁宗执政违反了洪武、永乐的旧制，又斥责宣宗也犯了许多错误。同时，他还分别致书给王公大臣，诋毁宣宗，挑拨君臣关系。

宣宗忍无可忍，决定武力镇压。他采纳大臣夏原吉和杨荣的建议，火速出兵，并御驾亲征，以鼓舞士气，震慑叛军。不过宣宗还是尽量做到仁至义尽，他再次致信给汉王，规劝其悬崖勒马，可是汉王根本不听。于是，宣宗的大军很快就兵临乐安城下了。汉王是个色厉内荏的小人，见形势不利，就开城投降了。宣宗对他还是很宽厚，没有听从大臣们的意见处死他，而是将他押解回京，废为庶人，软禁在西内，在生活上也很优待。可惜汉王还是不知感恩，宣德四年（1429 年），宣宗曾好心去看望这位昔日的皇叔，谁知朱高煦却出其不意地用脚绊倒宣宗。宣宗实在是气急，当即命人搬来一口 300 多斤的大铜缸，将朱高煦扣在里面，用火活活烤死了。汉王被杀，赵王朱高燧也心生惧意，就主动交出兵权来保命。解除了两位皇叔的威胁后，宣宗的皇位也逐渐稳固了。

宣宗在位期间，继续重用父亲仁宗时期的名臣杨士奇、杨荣、蹇义、夏原吉等人，同时他还十分注意选拔新的人才。即位第三个月，他就通知吏部，让五品以上的在京官员举荐公正廉洁的贤才。为了选拔出真正有才学的人，防止官员们徇私，宣宗还规定，凡被举荐的人犯了法，举荐者连坐。宣宗对昏庸无能、贪污受贿的官吏，则绝不姑息，坚决予以严惩。宣德三年（1428 年）六月的一天，宣宗偶然发现工部尚书吴中动用官中财物，修建私宅。他大怒之下，立即将吴中抓捕入狱。事后，他开始重视加强对官吏的监察，这项工作从整顿监察御史开始。在杨士奇等人的推荐下，刚正不阿的顾佐被任命为右都御史。顾佐到任后，对所有御史进行了严格的考核，将其中不合格的 20 多人都清理出御史队伍，同时又补充了 40 多位清正廉洁的官员担任御史。顾佐大刀阔斧改革之后，朝纲振兴，百官肃然。宣宗对此非常满意，接着又提拔了福建按察使邵玘为南京都御史。此后，顾佐和邵玘，南北呼应，清查御史，检肃贪官，纲纪肃然。由于仁宗、宣宗两朝，都非常注重吏治，善用人才，所以明王朝逐渐繁荣兴盛，呈现出一片欣欣向荣的景象。

宣宗执政，像他的父亲一样，非常体恤百姓。他早年就熟知历史兴衰之事，即位之后对那些明君盛世和昏君误国的事迹都非常重视，时时谨记于心。他还自己总结出了一条历史经验：与民休养生息，则国家兴盛；大兴土木兵戈，则国家衰弱。宣德五年（1430

年），宣宗去拜谒皇陵，在返回北京途中，行至昌平东郊，见路边有农民耕地，就停下车马，亲自走到田间与农民交谈，询问年景家境，并从农民手中接过耕犁，亲身体验劳作的艰辛。回京后，宣宗还亲自作了一篇《耕夫记》来勉力自己和朝臣。后来，他又作《织妇词》一首，并命人画成图挂在宫中，令后妃们体谅百姓的辛劳，戒奢华之风。宣宗带头提倡节俭，他为父亲仁宗修建献陵时，就谨遵仁宗厉行节俭的遗嘱，亲自规划，整个工程也只用了三个月。与成祖的长陵相比，献陵的规模和花费要少得多，这为后面的好几代皇帝的陵墓做了好榜样。有了皇帝带头，后妃大臣们也纷纷效仿，以俭朴为荣。因此宣宗在位 10 余年，百姓安乐，社会安定，经济繁荣，历史上将仁宗与宣宗时期的盛世称为“仁宣之治”。

宣宗一生勤勉为民，以德治国，可是他却有一个特别的爱好，就是斗蟋蟀。蟋蟀，又名促织，所以时人称宣宗为“促织天子”。宣宗对此十分痴迷，他在执政之余，多以斗蟋蟀为乐。后来他认为北京城的蟋蟀不好，就派宦官们到各地去采购。宦官们乘机作威作福，而各地官员们又将此事作为赋役摊派给百姓。由此导致各地斗蟋蟀成风，蟋蟀身价暴涨，百姓的生活被这么一只小虫子搅得鸡犬不宁，明王朝的腐败现象也迅速滋长蔓延开来。贪污腐败和宦官为害的现象日益严重，这也严重危及到明朝后期的统治。

宣德十年（1435 年）正月，宣宗在北京乾德殿病逝，终年 38 岁。他死后，葬于景陵，谥号“孝章皇帝”，庙号“宣宗”。其后，长子朱祁镇继位，即明英宗。宣宗在位 10 年，他守道有成，稳固了明朝江山；勤政爱民，为百姓创造了安定平和的生活环境。但是因他喜好斗蟋蟀，就产生了一系列的严重恶果。这些恶果只是宣宗时期并没有明确显露出来，不过宣宗却因此为后代留下了带有隐患的大明王朝。

英宗朱祁镇

明英宗档案：

生卒年：1427～1464年

父　　母：父，宣宗朱瞻基；母，孙皇后

后　　妃：钱皇后、周贵妃等

年　　号：正统，天顺

在位时间：1435～1449年；1457～1464年

谥　　号：睿皇帝

庙　　号：英宗

陵　　寝：裕陵

性　　格：温和软弱，待人真诚

点评：

明英宗信用宦官王振，以致开启了明皇朝宦官擅权乱政的先例，并直接导致了“土木之变”的惨败。

——白寿彝《中国通史》

英宗朱祁镇像

明英宗名叫朱祁镇，是宣宗的长子，明王朝的第六位皇帝。他先后两次登基，共在位22年，却没有什么政绩，反而开了明朝宠信宦官的先河，为日后明朝的灭亡，埋下了祸患。

身世成迷　宠信宦官

朱祁镇生于宣德二年（1427年）冬，他的身世一直有些神秘。

宣宗的后宫有胡皇后和孙贵妃等数位后妃，胡皇后贤良淑德，宣宗却不喜欢，他最宠爱的是孙贵妃。孙贵妃得宠后，就想夺得皇后宝座。因为宣宗子嗣不旺，快30岁了还没有儿子，所以孙贵妃就在子嗣上做文章。她打听到宣宗临幸过的一名宫女怀了身孕，就派人将这名宫女幽禁在密室，然后又买通御医，自己装出怀孕的样子。等到宫女产下一子后，孙贵妃就杀死宫女，将孩子据为己有。这个孩子就是后来的朱祁镇，不过他的生母是谁，已经无人得知。宣宗得知自己最宠爱的孙贵妃“生”下儿子后，龙颜大悦。朱祁镇仅4个月大，就被宣宗册封为皇太子，而孙贵妃也母凭子贵，取代了胡皇后之位。后来吴妃也为宣宗生下了一个儿子朱祁钰，就是后来的明代宗。宣宗一生，也就只有这两个儿子。宣德十年（1435年）正月，宣宗病逝，9岁的太子朱祁镇即位，即明英宗，次年改元正统。

英宗即位时，只是个几岁的孩子，根本无法理政。父亲宣宗也早就想到了这一点，所以他临死前留下了一道遗诏，命大臣们凡有国家大事，都须请示张太后。张太后是仁宗的皇后、宣宗的母亲，品性贤淑，德高望重。英宗当了皇帝后，尊母亲孙氏为太后，祖母张太后为太皇太后。大臣们得了宣宗的遗诏，就请太皇太后垂帘听政，可张氏并不贪恋权势，就严词拒绝了。不过朝中事务，都要先禀告她，然后再送由内阁决议施行。宣宗还为儿子留下了杨士奇、杨荣和杨溥等一班德才兼备的老臣辅政。有了老太后和一批老臣的辅佐，英宗前期的政治十分稳定，基本承袭了宣宗时期的各项政策，整个明王朝的中央政权也正常运转。

英宗前期一直当着安乐皇帝，过得十分惬意。他自幼就与太监们在一起，所以对他们很亲近。自小照顾他的宦官王振，很善于察言观色，逢迎英宗的喜好，所以英宗对他非常宠信，甚至到了言听计从的地步。明朝自太祖朱元璋开国以来，就对宦官的管束十分严厉，以防重蹈历史上多次宦官专权的覆辙。王振十分有心计，他一边讨好英宗，获得了司礼监太监的职务；一边骗取内阁的好感，他每次到内阁传旨，都装得恭恭敬敬地，大臣们也逐渐对他消除了疑心。司礼监是明朝宫廷24个宦官衙门中最重要的部门，皇城里的一切礼仪、刑事和各种杂役都由它负责。不过，它最特殊的权力就是替皇帝管理奏章，并代皇帝批答大臣们的所有公文。皇帝口述的旨意也要先由司礼监记录，然后交由内阁施行。王振有了这样一个重要的职务，就开始悄悄地培植自己的势力，将许多部门都换上了自己的亲信。随着三朝元老"三杨"等老臣的相继离世和退隐，王振的权势激增。正统七年（1442年），太皇太后张氏病故。英宗的母亲孙太后根本无力管束这个儿子，王振就更加花言巧语地骗取英宗的信任，并开始肆无忌惮地壮大自己的势力。

土木惊变　帝王成囚

英宗在王振的哄骗下，只专注于玩乐，对王振的弄权视而不见，甚至将朝政大事全部交给他去处理，王振很快就权倾朝野了。不少朝臣也逢迎谄媚这位新贵，而正直的大臣们敢怒不敢言，朝廷上下一片混乱。而此时的边境已经很不安定了。曾被成祖朱棣打压的北方蒙古贵族瓦剌部落，经过几十年的发展，逐渐强大起来。正统四年（1439年），瓦剌首领脱欢去世，他的儿子也先继位，就开始大肆扩张。也先从继位之初，就开始每年向明朝进贡，以迷惑明朝廷，掩饰自己的野心。接着，也先首先开始向西北扩展，到正统九年（1444年），他设置了甘肃行省。正统十年（1445年），也先又打败了明朝敕封的忠顺王倒瓦塔失里，由此西域要道和哈密也在他的控制下了。同时也先还向东发展，攻占兀良哈三卫，扩展到辽东地区。也先的崛起严重威胁到明王朝的统治，可英宗却沉溺于享乐，对此漠不关心。不少有识之士纷纷上书，提醒英宗要警惕瓦剌，可揽权的王振完全不当回事，很多奏疏也根本没有送到英宗面前。

正统十四年（1449）二月，也先又遣使来明朝进贡马匹，他们像以前一样，2000人的贡使团谎报为3000人，以冒领赏赐。王振以前对此都是睁一只眼闭一只眼，可这次他一时心血来潮，想要显示自己的权威，就命礼部按实际人数给赏赐，还自作主张将马匹的价格减去了五分之四。使团回到瓦剌后，向也先做了汇报。也先勃然大怒，就借口明朝曾答应将公主嫁给他的儿子，最后却失信了，于这年七月起兵，向明朝腹地大举进攻。驻守塞外的明军，早已多年不修战备，根本没有战斗力。也先的瓦剌军一路横扫明军的各个城堡，很快就将塞外的最后一座城堡大同城围得水泄不通。

战败、告急的讯息频频传回北京，英宗终于慌了手脚。他急忙派驸马都尉井源等率兵万人前去迎敌，不料井源很快就全军覆没了，英宗只好召集宦官王振和文武大臣商议对策。王振祖籍蔚州（今河北蔚县），离大同城比较近，他担心自己在老家的大批田宅财物会遭到破坏，就极力怂恿英宗御驾亲征。此时朝廷的主力都在外作战，一时难以调集精锐军马，朝臣们就纷纷劝阻英宗不要亲征。而23岁的英宗年少气盛，也很羡慕那些曾立下赫赫战功的祖辈们，就不顾大臣的反对，同意立即出征。七月十六日，英宗就命弟弟朱祁钰留守京都，自己带着仓促拼凑的50万大军，浩浩荡荡地御驾亲征了。

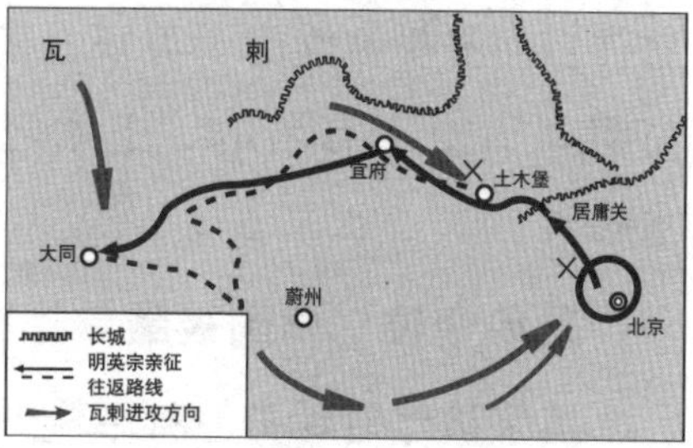

土木堡之役示意图

英宗出征后，正赶上连日大雨，道路难行，加上仓促出兵，粮草接济不上，士兵们都很有怨言。大军行至大同附近，又看到满地都是被也先杀死的明军尸体，军士们更是没了任何士气，英宗和王振也心生怯意，决定撤军。王振这时还想着衣锦还乡，他决定大军绕道自己的老家蔚州撤退，借皇帝“临幸”来使自己耀武扬威一番。虽然随军大臣们都反对，但英宗还是同意了。谁料启程不久，王振又想到大军经过会踩坏庄稼，自己会遭到家乡人的唾骂，于是又建议原路撤回。

如此反复，就耽误了不少时间。正统十四年（1449 年）八月十三日，英宗带着大军来到怀来（今河北怀来）城外的土木堡。因为辎重车辆还没有到，王振就下令原地扎营。14 日，瓦剌军就追上了明军，也先连夜包围了土木堡。土木堡是宣府通向居庸关的重要驿站，位于狼山西麓，周围是连绵起伏的群山，地势很高，根本没有水源。土木堡南十五里的一条河是唯一的水源，已经被瓦剌军控制了。明军就地掘井 2 丈多深，也没有找到一滴水。到了十五日，明军士兵和战马都已断水两日了，饥渴难熬。也先占尽了优势，却并不骄躁。他派使者前往明军营讲和，并命军队后撤，佯装退兵，以麻痹明军。英宗深陷困境，自然巴不得讲和，也派人随瓦剌使者去也先营议和。英宗见瓦剌撤军，就立即下令移营取水。明军士兵得了命令，立刻乱哄哄地奔向水源地，根本没有队形。而也先的瓦剌军突然从四面八方攻来，惊恐的明军来不及抵抗，纷纷逃命。这样明军未经激战，就全军溃败，死伤数 10 万人，英国公张辅、兵部尚书邝野等 50 多位随军大臣均战死。英宗带着亲兵几次突围，都没有成功，他就干脆下马，盘腿坐在地上。不料一个瓦刺兵冲过来，就这样轻而易举地俘虏了英宗。皇帝被俘，50 万大军全军覆没，这就是明朝历史上有名的“土木之变”，它也是明王朝由盛转衰的分水岭。

兄弟夺位　归国被幽

英宗被俘后，护卫将军樊忠将一腔怒火都发泄在宦官王振身上，他高呼：“我为天下诛此贼！”接着便用铁锤砸死了王振，也算为明朝社稷除了一个大害。而抓住英宗的瓦刺兵，本来是想剥了他的衣甲就杀掉的，可是却发现这个俘虏的服饰与众不同，就带着他去见也先的弟弟赛利王。塞利王见到英宗也很吃惊，就立即告诉了哥哥也先，接着又叫前来议和的明朝使者上面辨认，确认就是大明皇帝英宗。也先兄弟欣喜若狂，认为奇货可居，就将英宗软禁起来，每天好吃好喝的招待，打算用他来要挟明朝政府。

大明朝廷因为皇帝被俘，曾一度混乱。不过英宗的母亲孙太后和大臣于谦等人顶住了压力，很快就让明朝政权重新运转起来。他们先册立英宗年仅 2 岁的长子朱见深为太子，让英宗的弟弟郕王朱祁钰监国，同时又将朝中王振的党羽全部铲除，并加强了北京城的防卫，准备抵抗瓦剌的进攻。当也先派来使臣，以英宗要挟朝廷时，群臣又联名上书孙太后，拥立郕王朱祁钰为皇帝。九月六日，距英宗被俘仅 20 天，朱祁钰就登基为帝了，即明代宗，并改年号为景泰，同时遥尊英宗为太上皇。

明朝新帝即位，让也先手中的英宗失去了价值。不过也先仍然没有死心，这年十月，也先打着送英宗回京的旗号，率领瓦剌大军直逼北京。而京师明军在于谦的指挥下，英勇应战，经过 7 天的激战，也先只好又带着英宗回去了。就在英宗继续过着囚徒生活时，瓦剌内部逐渐出现了分化，可汗脱脱不花不服也先，私自派人向明朝献马议和。而连年征战，致使瓦剌百姓死伤惨重，也先也只好向明朝提出议和，并愿意送归早已毫无价值的英宗。

面对瓦剌的求和，代宗朱祁钰却不热心，他实在不想放弃刚刚到手的皇位，所以根本不想迎回英宗。大臣于谦等人就劝说代宗，说皇位已定，迎回英宗有利于消除边境战乱，不会威胁到代宗的帝位。英宗明白弟弟的心病，也让前来瓦剌的明朝使臣转告代宗，说自己回去后愿意看守皇陵，绝不觊觎皇位，代宗这才放心。景泰元年（1450 年）八月，做了 1 年囚徒的英宗终于回到北京。代宗率领文武百官在东安门迎接这位昔日的帝王，兄弟相见后，英宗就被送往南宫（今北京南池子）幽禁起来，成了弟弟的囚徒。

南宫复辟　再宠奸佞

英宗在南宫一住就是 7 年，从未踏出宫门半步。代宗对他很苛刻，所以英宗的日子过得很窘迫。代宗为了确保自己的皇位，一面对这位“太上皇”哥哥严加看管，一面册立自己的儿子朱见济为太子，而英宗的长子朱见深被废黜为沂王。不料朱见济才做了1年太子就夭亡了，而代宗就这么一个儿子，他又不愿将皇位传给英宗之子，想着自己才20多岁，以后还会有儿子，所以就不提再立太子之事。不料景泰八年（1457年）正月，代宗还没等来儿子，就病倒了。每年正月的郊祀大典都是十分隆重的盛事，可代宗已经病入膏肓，根本无法出席，就命武清侯石亨代行郊祀礼。不料石亨却有二心，他与都督张軏、左都御史杨善和太监曹吉祥等密谋，请太上皇英宗复位。这样一夜之间，皇帝就易了主。31岁的英宗在失位8年后重新登上了皇帝宝座，而病中的代宗又变回了郕王，几天后就病死了。这次事件史称“夺门之变”，又称“南宫复辟”。

英宗复位后，就将这年改为天顺元年。大臣们惊见此变，也没有过多恐慌，很快就各司其职，英宗的皇位就这样出乎意料地坐稳了。英宗重新执政后，就将代宗曾重用的大臣于谦等人投进了监狱，不久后又以谋逆罪将于谦等人处死。这位曾写下《石灰吟》的一代名臣，就此陨落了。英宗对拥立自己复位的石亨、曹吉祥等人，和在朝廷上支持自己的徐有贞等人都大肆宠信，加以重用。没过多久，石亨和曹吉祥两人又联手将徐有贞赶出朝廷，贬谪去戍边，朝廷就成了二人的天下。石亨在朝中胡作非为，排斥异己，结党营私，并肆无忌惮地贪污受贿，甚至在皇城中为自己建造了300多间豪华府邸。他还屡次兴起大狱，陷害不阿附于他的那些正直官员，并与侄子石彪等人掌控重兵，密谋叛逆。

石亨的恶行太多，很快就传到了英宗这里，英宗这才看清了他的真面目。天顺三年（1459年）七月，英宗将石亨一党抓捕入狱。第二年二月，石亨死于狱中，侄子石彪等人被处死。宦官曹吉祥等人也是劣迹斑斑，见到石亨的下场后，非常惊恐。他们不甘坐以待毙，就决定发动军事政变。天顺五年（1461年）七月，曹吉祥等人密谋第二天发动叛乱。可前一晚英宗就得到消息，抢先下手，将曹吉祥等人一网打尽。

英宗两次登临帝位，共在位22年，中间做了8年“囚徒”。这番波折，在历代帝王中都是少见的。也许是自己一生历经坎坷，感悟太多，所以英宗在临终前做了几件好事。第一是废除了自明成祖、仁宗、宣宗以来的后妃殉葬制度，并恢复了宣宗时期胡皇后的封号；第二是释放了自永乐以来就被囚禁的“建庶人”，他是建文年间惠帝朱允炆的儿子朱文圭，在建文四年（1402年）成祖朱棣攻占南京夺得皇位后就被幽禁，到这时已经被囚半个多世纪了，他从2岁的幼童变成了50多岁的老者。英宗的这些措施赢得了官员和百姓的称道，也算是他为后世称颂的唯一政绩。在他之后，明朝的形势就开始恶化了。

英宗果断平复了曹、石之乱后，也想振作精力治国，可此时明朝的国力已经逐渐削弱，英宗的身体也日渐衰弱，他已经力不从心了。天顺八年（1464年）正月，年仅38岁的英宗就病逝了。他死后，葬于裕陵，谥号“睿皇帝”，庙号“英宗”。长子朱见深继位，即明宪宗。

代宗朱祁钰

明代宗档案：

生 卒 年：1428～1457年

父　　母：父，宣宗朱瞻基；母，吴贤妃

后　　妃：汪皇后、杭皇后等

年　　号：景泰

在位时间：1449～1457年

谥　　号：景帝

庙　　号：代宗

陵　　寝：景泰陵

性　　格：勇敢仁厚，勤奋偏狭

点评：

明王朝二十任皇帝中，唯一杰出的君主

——柏杨

明代宗名叫朱祁钰，是宣宗的次子，英宗的弟弟，明王朝的第七位皇帝。他在国家危难之际登临帝位，成功粉碎了瓦拉贵族首领也先挟持英宗，想要号令天下诸侯的阴谋。他任用贤臣，坚决抵制了蒙古贵族的入侵，成功地保卫了北京城，保住了明朝80年的基业。

朱祁钰生于宣德三年（1428年）九月，只比兄长朱祁镇小1岁。母亲吴氏本是汉王朱高煦府中的一名侍女。汉王是仁宗的弟弟、宣宗的皇叔，在宣宗时期曾起兵叛乱，宣宗亲自领兵征讨，并成功平叛。之后宣宗就将汉王府中的女眷全部没入后宫为奴，吴氏也在其中，因为美貌聪慧而得到了宣宗的宠幸。不过吴氏乃是戴罪之身的奴婢，地位低微，不能封为妃嫔，宣宗就安排她住在皇宫外的一个大宅院里。此后宣宗经常临幸吴氏，吴氏不久就为宣宗生下了一个儿子朱祁钰。由于宣宗只有朱祁镇和朱祁钰这两个儿子，所以吴氏也母凭子贵，被迎进皇宫，并册封为贤妃。后来宣宗病逝，长子朱祁镇继位为英宗，就封这个唯一的皇弟为郕王。

本来朱祁钰这辈子也就是一个诸侯王了，不料“土木之变”改变了他的命运。正统十四年（1449年）八月，亲征瓦剌的英宗在土木堡被俘，朝廷震惊。为了稳定局势，英宗的母亲孙太后和大臣于谦等人立即册立英宗2岁的长子朱见深为太子，并请唯一的皇弟、郕王朱祁钰监国理政。瓦剌首领也先打算用英宗来要挟明朝廷，明朝文武官员就干脆集体奏请孙太后，拥立郕王朱祁钰为帝，以弱化英宗在也先手中的作用。这年九月六日，朱祁钰就登基称帝，即代宗，并改元景泰。为了照顾兄长的颜面，朱祁钰就遥尊英宗为太上皇。

代宗的即位，打破了也先“挟天子以令诸侯”的梦想。他恼羞成怒，加上并不死心，就在代宗即位1个月后，纠集了瓦剌军进攻明朝京都北京。代宗任命大臣于谦等人坚决抵抗，最后在君臣兵民的共同努力下，也先终于被击败，又带着英宗逃回了瓦剌。北京城总算保住了，代宗的威信也大增。他又将朝中原宦官王振的党羽肃清，整顿朝纲，稳固了皇权。后来瓦剌内部发生分裂，可汗脱脱不花与也先不合，也先无奈只好主动与明朝议和，并表示要送归英宗。代宗不想失去刚刚坐稳的皇位，就有些犹豫。后来在大臣的劝说下，加上英宗本人也表示绝无再称帝之意，代宗也为了边境的和平，于景泰元年（1450年）八月，迎回了英宗。不过为了保证自己的帝位，代宗将兄长英宗软禁在南宫（今北京南池子）并严加监视。

代宗虽然在对待皇权的问题上，肚量狭小，但在治国上，却是一个明君。他以仁治国，广开言路，选贤任能，逐渐坐稳了皇位。明朝与瓦剌战后，国力大为削弱，社会动荡不安。而黄河又连年决口，水患不断，整个黄河流域都是饥民。代宗一边抚恤灾民，一边任命大臣徐有贞等人治理黄河。徐有贞等人在上游疏浚河道，在中下游开挖河道，修固堤堰，还修成了广济渠。到景泰七年（1456年）四月，治黄终于取得了成效。

代宗执政期间，勤政为民，国内秩序也安定了许多。在景泰三年（1452年），瓦剌可汗脱脱不花被也先杀死，导致瓦剌内部出现混乱，已经无法对明朝构成威胁了。而此时的朝鲜、越南和泰国等周边国家都来明朝进贡，明朝国威重振。代宗见自己治国有成，就在这一年趁机废了英宗的长子、太子朱见深，改立自己的儿子朱见济为太子。谁知才过了 1 年，朱见济就病死了。代宗就这么一个儿子，为此深受打击，不过他又不想传位给兄长的儿子，想着自己还年轻，以后还会有儿子的，就将再立太子的事拖延下来。

代宗虽然对兄长气量小，但还算仁慈，没有为了皇权而赶尽杀绝，这样就给英宗留下了东山再起的机会。景泰八年（1457 年）正月，代宗突染重病，卧床不起。徐有贞、石亨等大臣就联合宦官曹吉祥等人，重新拥立英宗登上了帝位，这场宫廷政变史称“夺门之变”。英宗复辟后，就废代宗为郕王，并改元天顺。病中的代宗受不了这个巨大的打击，几天后就病逝了，享年 30 岁。代宗死后，被以亲王的礼仪安葬于北京西山，没有谥号和庙号，他的妃嫔也都被赐死殉葬。明朝历史上，除了失踪的惠帝外，只有代宗没有被葬入皇家陵园。直到成化十一年（1475 年），明宪宗朱见深为政时期，才为代宗恢复帝号，谥号为“景帝”，庙号“代宗”。

代宗在位 8 年，他励精图治，为明朝的稳定和发展做出了不少贡献，不过他肚量小，又酿成了兄弟相残的悲剧。

宪宗朱见深

明宪宗档案：

生 卒 年： 1447～1487 年

父　　母： 父，英宗朱祁镇；母，周贵妃

后　　妃： 吴皇后、王皇后、万贵妃等

年　　号： 成化

在位时间： 1464～1487 年

谥　　号： 纯皇帝

庙　　号： 宪宗

陵　　寝：茂陵

性　　格：荒怠软弱，安静仁厚

点评：

明王朝开始出现一种自从人类有政治以来，从来没有听说过的断头政治。自本世纪1460年起，第九任皇帝朱见深继承他冥顽不灵老爹朱祁镇的宝座后，他比老爹更冥顽不灵，索性不再露面。

——柏杨

明宪宗名叫朱见深，是英宗的长子，明王朝的第八位皇帝。他懦弱无能，宠信贵妃，重用宦官，又迷信僧道，根本不关心朝政，结果弄得朝纲紊乱，国力日衰。

宪宗朱见深像

两朝太子　一朝帝王

朱见深生于正统十二年（1447年），是英宗与周贵妃之子。正统十四年（1449年）八月，朱见深才2岁，父亲英宗就在“土木之变”中被瓦剌首领也先俘虏。祖母孙太后为了稳定朝中局势，就册立这个小长孙为太子，并由皇叔郕王朱祁钰监国。朱见深当太子还不到1个月，因为也先用英宗来要挟明朝政府，所以明朝大臣们就拥立了郕王朱祁钰为新帝。1年之后，受尽屈辱的英宗被也先送回了北京。不过代宗朱祁钰已经坐稳了皇位，根本不愿让位，他将英宗作为太上皇幽禁在南宫。朱见深失了父亲这个靠山，太子之位自然坐不稳。景泰三年（1452年），代宗就废黜太子朱见深为沂王，改立自己的儿子朱见济为太子。不料只过了一年，朱见济就死了。代宗只有这一个儿子，太子之位空缺，可他又不想传位给侄子，就拖着不再立太子。

朱见深自小生活在政治漩涡中，却无知无觉，整天只会玩乐。英宗做了8年的囚徒，自然无法管教这个儿子。朱见深对权势并不感兴趣，当不当太子，也无所谓。他在后宫长大，与母亲周贵妃和皇叔朱祁钰的汪皇后最亲近。汪皇后因反对朱祁钰废掉侄子而被废了后位，为此朱见深对这位皇婶十分感激。景泰八年（1457年）正月，皇宫中发生了“夺门之变”，幽居7年的太上皇英宗重新登上皇位，病中的代宗朱祁钰则被贬为郕王。代宗因受不了这个打击，几天后就去世了。英宗对这个弟弟充满怨愤，不仅以亲王之礼安葬他，还下令他所有的妃嫔殉葬。朱见深闻讯后，立刻去请求父亲饶恕了汪氏。后来汪氏被允许出宫居住，得以寿终。朱见深很顾念亲情，时常去探望汪氏。英宗复辟后，朱见深再次被册封为太子。天顺八年（1464年）正月，英宗病逝，朱见深就继位称帝，即明宪宗，次年改元成化。

宪宗18岁称帝，执政初期，为了稳固政权，他留用了父亲晚年信任的一大批臣子。这些人颇有才干，尤其是李贤，宪宗对他们十分器重，基本做到了言听计从。在这些老臣的辅佐下，宪宗清除了4000多名当年借着“夺门之变”混入官僚队伍的投机者，又陆续选拔了一批正直之士补充进来。宪宗的这些措施使得朝纲振兴。成化元年（1465年），南方出现严重的旱灾，湖广、河南、陕西等地的流民食不果腹，纷纷起来造反。宪宗接到奏疏后就立即派兵镇压，用了一年时间，明军终于镇压了起义。接着宪宗又出兵镇压了广西境内大藤峡的瑶民叛乱，不久之后又击退了北方蒙古对河套的入侵。这些征讨虽然都带有镇压百姓的性质，不过确实巩固了明王朝的政权。朝野上下对这位年轻有为的皇帝大加赞赏，可惜宪宗接下来的作为却让大家大失所望了。

贵妃得宠　皇子遭殃

宪宗并不是个胸怀大志的皇帝，他稳固了自己的皇位后，就放下心来开始享乐了。宪宗的皇后吴氏，是英宗当年为他挑选的，不过宪宗根本不喜欢，他喜欢的居然是一个比自己大 17 岁的女人万贞儿。万贞儿是宪宗的祖母孙太后宫中的侍女，因机灵勤快，颇得孙太后的欢心。宪宗幼时常去向祖母请安，就与万贞儿非常亲密。天顺八年（1464 年）七月，宪宗大婚，娶了吴氏为皇后，接着他就将 35 岁的万贞儿安排到自己身边，并册封为贵妃，此后就专宠万贵妃一人。吴皇后年轻貌美却受冷落，自然对万贵妃很嫉恨，而万贵妃深得圣宠后就仗势欺人，对皇后很不恭敬。吴皇后气不过，就命宫女杖责万贵妃。不料宪宗知道后，就立即废了吴皇后，改立王氏为皇后。吴氏只当了 32 天皇后就被废黜了，王皇后自然不敢得罪万贵妃。此后万贵妃就成了实际上的后宫之主，最擅长见风使舵的太监们自然纷纷投到万贵妃门下。他们挖空心思地讨好万贵妃，而万贵妃仗着皇帝的宠爱，也对他们有求必应，由此宦官的势力就发展起来。

万贵妃为了保持专宠，就专门派人监视后宫的所有女人，凡是宪宗宠幸过的妃嫔，她都要严厉打击，并且不允许她们怀孕，即使有孕的也要想方设法打掉胎儿。成化二年（1466 年）正月，万贵妃生下了宪宗的第一个儿子，宪宗十分高兴，万贵妃也以为自己的地位稳固无忧了。不料才 1 年，儿子就夭折了，此后万贵妃就再也没有怀孕。不过万贵妃自己无法生育，对后宫妃嫔的摧残就更加残酷了。成化七年（1471 年），贤妃柏氏曾生下一个儿子，被宪宗册立为皇太子，不过太子还不到 1 岁，就被万贵妃害死了。后来宪宗一直没有子嗣。

成化十一年（1475 年）春，宪宗已年近 30 岁，还是没有子嗣，他时常在宫中叹气。太监张敏告诉宪宗，宫女纪氏为他生有一子，悄悄养在后宫的安乐堂里。宪宗欣喜若狂，立即命人召来相见。这年十一月，宪宗就册封这个 6 岁的孩子为太子，这就是后来的孝宗朱祐樘。内阁大臣们为了保住宪宗这个唯一的子嗣，就说服宪宗将皇子交给了周太后抚养。万贵妃见自己固宠的手段失败，就干脆怂恿宪宗多临幸其他妃嫔，好多几个皇子与太子争位。这样，宪宗又有了 11 个儿子。

宦官得势　昏君误国

宪宗几乎一生都被万贵妃左右，他对这位宠妃言听计从。万贵妃在后宫弄权后，又想控制前廷，就向宪宗推荐了自己的心腹宦官汪直。汪直很会察言观色，宪宗与他相处了一段时间后，就渐渐觉得自己离不开他了。汪直有了皇帝和贵妃的宠信，权势日盛。成化十三年（1477 年），宪宗成立了自己的私人特务机构西厂，就任命汪直掌管。汪直利用手中的权力，大肆培植党羽，并残酷陷害忠良，制造了一系列骇人听闻的冤狱。朝臣们人人自危，纷纷向皇帝弹劾汪直。后来宪宗迫于巨大的舆论压力，取消了西厂，对汪直的处理却十分宽大，只是让他回御马监任职，大臣们对此十分失望。不过汪直心胸狭隘，时刻寻找机会报复弹劾他的大臣商辂等人。没过多久，商辂就遭汪直诬陷，被迫辞官，告老还乡了。宪宗又重开西厂，汪直也官复原职了。汪直重新得势，更加横行，野心也越来越大了。大臣们再次苦苦劝谏宪宗，宪宗也逐渐对汪直有了疑心。

成化十五年（1479 年）秋，宪宗命汪直巡视边境，并悄悄派人暗中监视他。汪直依然趾高气昂，不知收敛，行程一路，极度奢华铺张。宪宗得知后，就彻底冷落了他。汪直留在边陲 2 年，宪宗也不召他回京，却把随行官员都召回了。官员们看清楚了皇帝的态度，就纷纷上书，揭发了汪直的许多罪行。宪宗就借机诏回汪直，不过没让他回北京，而是打发到南京的御马监。不久之后，宪宗又取消了西厂，还将汪直的亲信党羽都驱逐出去，又召回了曾被汪直陷害的兵部侍郎马文升等人。大臣们见了皇帝的这些举措，都以为宪宗打算励精图治了。不料赶跑了汪直，宪宗又开始宠信宦官梁芳和僧人继晓等人，实在令群臣失望。

宪宗对国事不关心，对床第之欢却十分热衷，还十分迷信求道炼丹。太监梁芳见宪宗如此，就趁机推荐了僧人继晓。继晓对房中术很有研究，又能研制春药，宪宗听从继晓的指导，又服用春药后，果然很有成效，就离不开他了。此后宪宗终日声色犬马，连大臣的面都不见了。为了传达旨意，他就随意让宦官们任命“传奉官”。宦官弄权，将许多江湖术士、和尚、优伶等人都任为传奉官，人数竟达3000多人。朝臣们对此非常担忧，成化二十年（1484年）和成化二十一年（1485年），他们联合发起了两次上疏运动。宪宗稍有感悟，下诏将国师继晓革职为民，又裁汰了500多名传奉官。不过此后，宪宗还是没有什么作为。

成化二十三年（1487年），万贵妃死于肝疾，宪宗终于摆脱了这个掌控自己23年的女人。不过宪宗还是感念万贵妃生前的许多好处，以皇后之礼安葬了她。同年八月，宪宗也染上重病，不久就去世了，时年41岁。他死后，葬于茂陵，谥号“纯皇帝”，庙号“宪宗”。太子朱祐樘继位，即明孝宗。宪宗在位23年，平庸无为，因宠信贵妃和宦官，造成朝政混乱，社会危机日益严重。

孝宗朱祐樘

明孝宗档案：

生 卒 年：1470～1505年

父　　母：父，宪宗朱见深；母，纪淑妃

后　　妃：张皇后

年　　号：弘治

在位时间：1487～1505年

谥　　号：敬皇帝

庙　　号：孝宗

陵　　寝：泰陵

性　　格：宽容节俭，温和善良

点评：

传统的历史学家一致恭维他是个好皇帝，既明智又体贴人情，可是翻阅全部历史纪录之后，看不出此人有何值得夸异之处，看来也只不过是一位胆怯而缺乏安全感的年轻人。

——黄仁宇

明孝宗名叫朱祐樘，是宪宗的第三子，明王朝的第九位皇帝。他执政期间，肃清前朝余弊，恭俭爱民，创立了明王朝的中兴时代；而他一生仅有张皇后一位妻子，如同民间最普通的夫妻，堪称历代帝王的典范，是中国历史上最完美的皇帝。

明孝宗朱樘像

不幸之中有大幸

朱祐樘生于成化六年（1470年），母亲纪氏是宫中一个小小的女史。纪氏乃广西贺县的瑶族人，成化元年（1465年），瑶民造反，被宪宗镇压下去后，瑶族的几千青年男女就作为俘虏被送到了京城，纪氏也在其中。到了京城后，纪氏就被送入宫中做了宫女，她聪明伶俐，入宫几年就通习汉语，被分配去管理宫中藏书。后来宪宗偶然来到书房，见纪氏美貌聪慧，就临幸了她，不想纪氏很快就有了身孕。此时宫中万贵妃专宠，她自己不能生育，也不让其他人生子，凡是宪宗临幸过的女子，都会被她残害。因此纪氏非常恐慌，幸好藏书馆僻静，万贵妃虽然留意过纪氏，但最后只是将她贬到安乐堂，并不知道她怀孕之事。纪氏在安乐堂产下一子后，想到万贵妃的专横，只好狠狠心，将儿子交给门监张敏，让他溺死这个孩子。张敏心地善良，想到皇帝无子，就悄悄在安乐堂抚养这个孩子。此时宪宗的吴皇后被废黜后，住在西宫，与安乐堂相邻，她得知后也经常过来照顾。这个不幸而又侥幸活下来的孩子就是朱祐樘。

朱祐樘在这些人的细心照料下长到了5岁，宪宗还不知道他的存在。由于万贵妃专宠，肆意残害其他妃嫔宫女，所以5年来，宪宗一个儿子也没有。成化十一年（1475年）春，一天，张敏为宪宗梳理头发，宪宗想到自己将到而立之年还没有子嗣，不由感慨万千。张敏就借机告知了朱祐樘之事，宪宗喜出望外，立即派人把孩子接过来。朱祐樘见到宪宗后，就依母亲的叮嘱，扑到宪宗的怀里叫“父皇”。宪宗看到伶俐可爱的朱祐樘，父子之情油然而生，他悲喜交加，连连说道：“这个孩子像我，真是我的儿子啊！”宪宗随即就饬吏部定名，并封纪氏为淑妃。这年十一月，宪宗又册立朱祐樘为皇太子。

万贵妃得知此事后，气急败坏，很快就派人到纪淑妃的新居永寿宫将其勒死。太监张敏闻讯，知道自己也躲不过，就吞金自尽了。万贵妃还打算对太子下毒手，幸好内阁大臣商辂等人为了保住这个唯一的皇子，建议宪宗将太子交给宪宗的生母周太后抚养，这样朱祐樘终于再次幸运地活了下来，并且接受了良好的教育，为日后的执政奠定了基础。万贵妃见杀不了太子，就改变手段，她不再残害宪宗临幸过的妃嫔宫女，好让宪宗多几个儿子来与太子争权。这样朱祐樘后来又有了11个弟弟，不过他的太子之位还是坐得稳稳的。成化二十三年（1487年），万贵妃死于肝疾，几个月后，宪宗也驾崩了。朱祐樘就顺利继位称帝，即明孝宗，次年改元弘治。

革除弊政　弘治中兴

孝宗做皇帝时年仅18岁，不过十几年的后宫生活中，他几经磨难，好几次都差点丧命。他看着万贵妃将自己的母亲以及后宫众多的宫人害死，看着得势的宦官们为非作歹，所以他不仅过早的成熟，也养成了嫉恶如仇的性格。宪宗时期，重用宦官和奸佞之徒，朝政混乱，孝宗接手的就是这样一个乱摊子。他一上台，就着手革除弊政。

孝宗首先严惩了万贵妃的红人——宦官梁芳和礼部右侍郎李孜省等人，这些人靠巴结万贵妃得势，作恶多端，还提拔了大量的奸佞小人充任党羽。接着，孝宗又开始肃清混入后宫和外廷的奸恶之徒。他罢免了传奉官，清理出去的那些冒领官俸的僧徒、艺人等竟达3000多人。内阁的万安，劣迹斑斑，声名狼藉，他也是靠巴结万贵妃上位的，为了得到万贵妃的宠信，竟然恬不知耻地自称是万贵妃的侄子。孝宗做太子时就对此人十分厌恶，现在做了皇帝，自然容不下他了。孝宗罢免万安后，又清理了朝中的一大批奸邪小人。孝宗在肃清朝政的过程中，十分注意方法，他只是罢官，并不大开杀戒。只有曾被宪宗任为国师的僧人继晓，诲淫诲盗，恶行累累，被孝宗处死了。由于孝宗注意分寸，所以改革比较顺利。经过一系列的大变革，前廷和后宫的风气都逐渐好转。

孝宗在翦除奸邪的同时，也十分注重选贤任能。他即位之初，就大量起用正直贤德之士。为了熟悉官吏的情况，弘治元年（1488年）三月，孝宗就诏令吏部和兵部，把北京和南京的文武大员、地方守备等重要官吏的名单全部抄录下来，贴到文华殿，凡有变动，随时更改。他还多次强调，选拔官吏要以实际政绩为标准。因此，孝宗身边很快就汇聚了一大批忠心耿耿、精明能干的大臣。尤其是李东阳，谢迁，刘建等名臣，孝宗对他们非常器重，平时以“先生”称之，这几人在内阁的知名度堪比仁宗朱高炽时期的“三杨”。

孝宗为政非常勤勉，他从即位起，就下令恢复了正统年间废止的午朝，并坚持每天上朝听政，执政十几年从不间断。一天晚上，仁寿宫失火，孝宗一夜未眠，第二天起床后就感到精神不济，他不想去上朝，可又不愿违背自己定下的制度，就派心腹宦官去告知群臣，才稍感安心。孝宗对自己的要求十分严格，他力求节俭，减少皇室的开支，也从不大兴土木，做劳财伤民之事。他对皇室宗亲的行为也严厉约束，不准他们仗势欺人，为害百姓。他对宦官更是严加管束，以防重蹈前朝宦官专权乱政的覆辙。所以孝宗时期，皇室的行为都比较收敛，东厂、锦衣卫也恪尽职守，社会矛盾逐渐趋于缓和，人民生活也日渐稳定。

孝宗对百姓十分宽仁，他采取各种措施减轻徭役赋税，进一步与民休息。他在兴修水利上政绩突出。弘治二年（1489 年）五月，开封黄河决口，民田被淹。孝宗命户部左侍郎白昂率领 5 万人去治理黄河，终于扼住了水患。弘治五年（1492 年），苏松河道淤泥堵塞，泛滥成灾。孝宗又命工部侍郎徐贯前往治理，历时 3 年才竣工，此后苏松再无水患，成了著名的鱼米之乡。有了这一系列有效的措施，弘治时期，百姓安定，经济繁荣，吏治清明，史称“弘治中兴”。

瑕不掩瑜　英年早殇

孝宗不仅是个明君，而且是历史上唯一遵行一夫一妻制的皇帝。也许是生母纪淑妃凄惨一生的遭遇，令孝宗深感后宫妃嫔多的危害。他的后宫只有张皇后一人，这在几千年封建历史中，都是绝无仅有的，所以孝宗被后人称为中国历史上最完美的皇帝。

世间没有十全十美，孝宗也不是完人，不过他知过能改，也难能可贵。他在执政多年之后，也有些懈怠。弘治十年（1497 年）十二月，一天，孝宗在后苑游玩了很长时间，侍讲学士王鏊就一再规劝。孝宗当时没有理会，不过事后还是告诫诱导自己玩乐的太监说：“讲官指出这个缺点是完全正确的，这是为我着想啊！”此后，孝宗就再也不去后苑游猎寻欢了。后来孝宗还以此事为例，鼓励官员们大胆进谏，直言不讳。所以孝宗时期，“朝多君子”。

不过孝宗身上的毛病还是不少的，他任用的内阁大臣刘吉屡兴大狱，迫害了不少正直大臣；他宠信宦官李广，并开始修炼斋醮之术；他纵容张皇后的兄弟张鹤龄倚仗贵戚头衔，鱼肉百姓。好在后来孝宗都能及时醒悟过来，并立即悔改，对明朝的政权没有产生太大的影响。

孝宗是明朝历史上最贤明的君主，可惜他幼年饱受磨难，所以身体一直不太好，他不是一个长寿的皇帝。孝宗曾回顾一生，自觉问心无愧，唯一放心不下的，就是自己苦心开创的中兴盛世能持续多久。他只有一个儿子朱厚照，年纪幼小，又喜好玩乐，孝宗实在是不放心。不过他却没有机会再多加教导了。弘治十八年（1505年）五月，年仅36岁的孝宗就英年早逝了。他死后，葬于泰陵，谥号“敬皇帝”，庙号“孝宗”。15岁的独子朱厚照继位，即明武宗。孝宗在位18年，勤政爱民，宽容节俭，革除弊政，任用贤能，一度恢复了明朝兴盛局面，但未能从根本上改变明朝的没落趋势。

武宗朱厚照

明武宗档案：

生卒年：1491～1521年

父　母：父，孝宗朱祐樘；母，张皇后

后　妃：夏皇后、刘美人等

年　号：正德

在位时间：1505～1521年

谥　号：毅皇帝

庙　号：武宗

陵　寝：康陵

性　　格：荒淫放纵，贪图享乐

点评：

朱厚照是一个对女人和游荡有兴趣的花花公子，荒唐而且任性。

——柏杨

明武宗名叫朱厚照，是孝宗的独子，明王朝的第十位皇帝。他荒淫顽劣，宠信奸佞，使孝宗辛苦经营的中兴基业毁于一旦，虽然他后来铲除了宦官刘瑾等人，但明王朝的弊政已经积重难返，国力也日渐衰弱下去了。

明武宗朱厚照像

顽劣独子　委政宦官

朱厚照生于弘治四年（1491 年），是孝宗的长子。孝宗一生只娶了张皇后，从未纳过任何妃子。而张皇后只生有两个儿子，次子朱厚炜 3 岁就夭折了，所以朱厚照就成了独子。由于后宫没有其他妃嫔，也就没有了历朝皇宫中惯有的残酷宫斗，所以朱厚照幼年在皇宫的生活十分惬意。他 1 岁就被册立为皇太子，8 岁时正式入学读书，接受严格的正统教育。朱厚照自幼聪慧，资质不凡，学业非常出色，对繁琐的宫廷礼节也了然于胸，很有帝王风范。孝宗和大臣们都很看好他，认为他会是一代明君。

不过朱厚照只是初学时比较勤奋，后来并没有坚持下去。他生性好动，根本不愿意整日埋首于枯燥的书本。他自幼就酷爱骑马射箭，加上孝宗也一心想将儿子培养成文武全才，并不约束他的行为，所以朱厚照就经常骑射游玩。孝宗为了让太子增长见识，就经常带着他外出，这样朱厚照就有更多的机会接触宫外新奇的世界，太傅们的旁征博引、妙语连珠就再也无法吸引他了。此后朱厚照的所有心思就放在玩上了，他不仅喜欢玩，而且喜欢各种花样的玩法，越新奇越刺激，兴致越高。孝宗起初为儿子学武而高兴，后来见他顽劣不堪，也开始忧心，不过已经太晚了。弘治十八年（1505 年），孝宗病逝，15 岁的顽劣小儿朱厚照即位称帝，即明武宗，次年改元正德。

朱厚照以前玩乐，还要顾忌孝宗等人，不敢太过放肆，现在做了皇帝，再也无人能管束自己，就开始彻底放纵了。上有所好，下必有奸佞小人投其所好。朱厚照身边，就有一个叫刘瑾的阴险小人。刘瑾是个宦官，他在孝宗时期已经入宫，不过由于孝宗对宦官势力严格约束，所以他一直不得势。现在见武宗爱玩，就感到自己出头的机会到了。刘瑾很会揣摩武宗的心思，他经常想方设法地弄来鹰犬、歌妓之类供小皇帝玩乐，由此很快就得到了武宗的宠信。刘瑾后来又搜罗了张永、马永成、高凤等 7 个最会逢迎的太监，他们与刘瑾一起，被人合称为“八虎”或“八党”。这些人很快都成了武宗的私宠，他们哄得小皇帝由厌烦朝政发展到完全不理政事，整日四处游荡寻找新奇刺激。

武宗经常不去上早朝，侍卫、仪仗人员以及朝中大臣们往往等上半天，也见不到皇帝的影子。孝宗留下的辅政大臣大学士刘健、谢迁、李东阳等人，也对小皇帝无可奈何。不少正直大臣都曾劝谏武宗，可他根本不听，大家也就渐渐失望了。正德元年（1506 年）四月，灰心失望的吏部尚书马文升上疏请求致仕，这就是我们常说的退休。接着兵部尚书刘大夏也请退。武宗就听从身边太监们的主意，批准他们辞官，然后任命奸贼焦芳等人继任其职。这年十月，辅政大臣刘健、谢迁、李东阳，和户部尚书韩文等联合上疏，请求铲除刘瑾等胡作非为的“八虎”，不料武宗并没有听从，最后还罢免了刘健、谢迁、韩文三人，只有李东阳言辞不算激烈，勉强留用。而刘瑾等人日渐得到武宗的信任，权势日盛，尤其是刘瑾，被武宗任命为司礼监兼督团营，成为朝中的大红人。刘瑾揽权后，武宗就将政事全部交给他处理，自己则尽情玩乐。刘瑾根本不通文墨，连奏疏都看不懂，他就将这些奏折带回自己的私宅，让自己的亲戚、死党来处理。因为明朝是朱家天下，现在却是刘瑾当家，所以当时有人称武宗为“坐皇帝”，刘瑾为“站皇帝”。武宗只顾玩乐，对此浑然不觉。

豹房淫乐　刘瑾乱朝

武宗年纪不大，却十分好色，并且纵欲无度。宫中的后妃、宫女，他都玩腻了，就经常溜出皇宫去寻欢。他不仅流连青楼，还任意私闯民宅，调戏良家女子。而刘瑾为了达到彻底专权的目的，就怂恿武宗修一座大宅，专门用来安置美女。武宗认为这个办法好，就于正德二年（1507年）八月，在紫禁城的西华门外修造了一座高大华丽的宫殿，称之为“豹房”。“豹房”修好后，武宗就从各地搜罗美女，充入其中，同时还收纳了大批奇珍异兽和数量惊人的乐工舞女等，这里完全就是武宗的游乐场。武宗有了“豹房”后，就干脆带着侍从长期居住在这里，连皇宫也不愿意回了。醉生梦死的武宗自然少不了大兴土木，在修建“豹房”之后，他又下令修建了一大批高大华美的宫殿，以供自己游乐。而刘瑾已经成了实际上的皇帝，他收受贿赂，肆意卖官，谁给的钱多，官就给谁做，由此敛财无数，富可敌国。而一大批花钱买官的人进入了官僚系统后，自然要大量敛财，搜刮民脂民膏。

皇帝荒淫，贪官污吏横行，就导致百姓生活困苦，社会矛盾极端尖锐，明王朝的统治也出现了危机。正德五年（1510年）四月，宁夏安化王以诛刘瑾为名，发动叛乱。十月，河北农民刘六、刘七等人也揭竿而起。同时，从正德三年（1508年）就起义的四川农民继续转战四川、陕西和贵州三省，实力不断壮大。武宗在严峻的形势下，不得不回到朝廷，派大军前去镇压各地叛乱。直到正德六年

（1511年），他才镇压了四川农民军；正德七年（1512年），又镇压了河北农民军。

不过在正德五年（1510年），宫中也不太平。宦官刘瑾已经权势滔天，却仍然不满足，打算发动政变，自己做皇帝。而“八虎”中的张永等“七虎”，则不甘心受刘瑾的压制，想要自己上位，于是张永就向武宗告发了刘瑾。武宗刚开始不信，后来“七虎”都说确有此事，还怂恿武宗抄刘瑾的私宅。半信半疑的武宗就亲自带着锦衣卫去抄刘瑾的家，不仅搜出巨额的黄金珠玉，还搜出了伪玺、玉带等违禁品，甚至刘瑾常用的扇子中还藏有锋利的匕首。武宗看了都后怕，对刘瑾恨得咬牙切齿，就下令将刘瑾及其党徒焦芳等60多人全部处死。朝臣们以为武宗改过自新了，可惜武宗继续宠信其他宦官奸臣，根本没有吸取教训。

武宗在“豹房”玩的时间一长，觉得有些乏味，他的新宠佞臣江彬就鼓动皇帝去塞外游玩，武宗很是心动。正德十二年（1517年）八月，在没有仪仗、护卫和伴驾大臣、护辇将军的情况下，武宗就带着江彬等几个亲信，溜出宫，跑到居庸关外，享受了一番塞外风光。而江彬还在宣府提前为武宗修建了镇国府，里面搜罗的美人、珍宝，比京都的“豹房”还要多，武宗在此玩得“乐不思蜀”。

玩乐好武　巡游丧命

后来虽然回京了，但没过几天，武宗又跑到阳和（今山西阳高）去玩。正值蒙古军侵扰此地，武宗自幼爱好骑射，自以为英勇无敌，就很想建立太祖朱元璋和成祖朱棣那样的军功。他认为立功的机会来了，就自封为“总督军务威武大将军总兵官朱寿”，称驻所为“军门”，然后要求内阁筹备军马钱粮，不料内阁没有遵从，还上疏请皇帝早日回京。武宗大怒，就干脆给户部下旨，索要100万饷银用以犒劳宣府军士。户部尚书不敢违背圣旨，勉强凑了50万饷银送过去。武宗这次的确展示了他的军事才华，他与士兵同吃同住，并亲自上场杀敌，极大地鼓舞了明军的士气。正德十二年（1517年）十月，武宗率军与蒙古小王子激战，最后小王子引兵西去，明军获胜，史称“应州大捷”。明朝自正统十四年（1449年）英宗在“土木之变”被俘以来，就一直不敢与蒙古军作战，此次武宗领兵五六万打败了四五万蒙古军，的确是明朝军事上的一大胜利，这也是武宗一生中最得意的功绩。

武宗凯旋回京后，很是夸耀了一番自己的战功，不过他本性不改，还是天天留宿“豹房”玩乐。正德十三年（1518年）二月，宪宗的皇后、太皇太后王氏去世。三月，武宗又借着太皇太后下葬的机会，第三次巡游。他先去昌平，接着又去了密云，江彬等人沿途为他劫掠的妇女竟然装了数十车。直到5月，武宗满载美人归京，根本没有一点国丧的悲戚之色。回京才过了1个月，武宗又呆不住了，就打着巡视边境的旗号，带着江彬等人再次跑到塞外游玩，沿途同样劫掠妇女无数，直到次年二月，武宗才再次满载而归。

领略够了北方风情，武宗又想饱览南方烟雨。回京还不到1个月，武宗又下令南巡。不料这次满朝文武的反对之声空前激烈，武宗大怒，将兵部尚书黄巩等30多人投入大牢，又杖责了146名大臣，但还是没有挡住群臣的反对声浪。武宗无奈，只好将南巡之事暂时搁置。此时江西南昌的宁王朱宸濠趁着武宗胡作非为，政权不稳，就起兵叛乱。叛军杀死巡抚江西副都御史孙燧等人，自建了小朝廷，然后就挥师沿长江东下，攻打安庆（安徽西南的中心城市），不过很快就被明军剿灭了。正德十四年（1519年）十二月，明军获胜的捷报送到了京城，战事基本结束了。不料武宗竟然将捷报藏起来，然后打着南征的旗号，率军10万，“巡游”到前线。武宗一路玩乐，继续劫掠妇女，搅得百姓人心惶惶。武宗游玩到南京后就不走了，留下来四处寻欢。正德十五年（1520年）八月，武宗在南京搞了一场荒诞可笑的受俘仪式。他将早被俘虏的宁王朱宸濠去掉枷锁，命其四处逃奔，然后自己带着全副武装的士兵们冲过去，将其重新抓获，作为自己亲手抓住的俘虏。

武宗南巡了大半年，还舍不得回京。在大学士梁储、蒋冕等人的劝说下，他才一路玩玩闹闹地“班师”返京。九月，他来到清江浦，在一个叫积水池的地方划船玩耍，竟不慎落水，后来被左右侍从救起，却受了惊吓。此后武宗的身体就一直不好。正德十六年（1521年）三月，淫乐一生的武宗就病逝于“豹房”，终年31岁。他因纵欲过度，连子嗣也没有，他的堂弟朱厚熜继位，即明世宗。武宗死后，葬于康陵，谥号“毅皇帝”，庙号“武宗”。他在位16年，玩乐一生，将孝宗苦心经营的“弘治中兴”完全摧毁，此后明王朝日益没落了。

世宗朱厚熜

明世宗档案：

生卒年：1507～1566年

父　　母：父，兴献王朱祐杬；母，蒋王妃

后　　妃：陈皇后、张皇后、方皇后等

年　　号：嘉靖

在位时间：1521～1566年

谥　　号：肃皇帝

庙　　号：世宗

陵　　寝：永陵

性　　格：自大残忍，刻薄寡恩

点评：

实际上嘉靖也无心治国。他最关心的只有两件事情，或者说两个问题。一是怎样才能最大限度地活够岁数，二是怎样才能最大限

度地玩够女人。

——易中天

明世宗名叫朱厚熜，是孝宗朱祐樘的侄子，宪宗朱见深的庶孙，明王朝的第十一位皇帝。他即位之初，曾诛杀佞臣，肃清朝政，可到了后期，又崇信道教，热衷祥瑞，使得明王朝的内忧外患加剧。

明世宗朱厚熜像

藩王为帝　朝争礼仪

朱厚熜生于1507年，是兴献王朱祐杬的嫡子，生母蒋氏。朱祐杬乃是孝宗朱祐樘的异母弟弟，受封在安陆（今湖北钟祥）做藩王。正德十四年（1519年），朱祐杬病逝，13岁的朱厚熜就以世子的身份打理兴献王府，没过多久，又承袭王位做了兴献王。正德十六年（1521年）三月，玩乐一生的武宗病逝，因无子嗣可继承皇位，太皇太后张氏就命内阁大臣在宗室子弟中挑选继承人。大臣杨廷和等提出："兄终弟及，按序厚熜当理。"张氏也没有异议，就下诏拥立朱厚熜为帝，这样15岁的朱厚熜意外当上了皇帝。

这年四月，朱厚熜从安陆千里迢迢来到北京。在京师郊外，内阁大臣们用皇太子的礼仪迎接这位新帝。朱厚熜来京之前已经熟知礼仪，就拒绝参加这个仪式。他责问众臣："遗诏写得很清楚，我是遵照兄终弟及的祖训嗣皇帝位的，你们用太子的礼仪迎接我，难道我是来做太子的吗?"大臣们这才明白小看了这位15岁的小皇帝。朱厚熜不仅机敏，而且态度强硬，很注重维护自己的权威。于是，大学士们立即重新安排迎接仪式，改由皇太后率领群臣上表劝进，劝进表上了3次，朱厚熜才觉得合乎天子之礼。然后他于午时从大明门入宫，举行了隆重的祭祀和登基仪式后，才正式称帝，即明世宗，次年改元嘉靖。朱厚熜以“嘉靖”为年号，是希望能平乱求治，革除弊政，兴复明王朝，可见他即位之初，就很有雄心。

武宗执政16年，只知道浑浑噩噩的玩，留给世宗的是一个内外交困的烂摊子。世宗年纪不大，却在管理封地安陆期间积累了一定的执政经验。他认为要治理好朝政，总离不开革除弊政，选贤任能。于是，他重用拥立自己的内阁首辅杨廷和等人。杨廷和精明能干，在他的辅佐下，世宗进行了大刀阔斧的改革。他诛杀了武宗宠信的佞臣江彬和钱宁，又将得势的宦官谷大用和邱聚赶到南京去为明太祖守陵，还剥夺了宦官魏彬和张永等人的重权。那些靠行贿走后门混进锦衣卫及内监局的无能之辈，世宗也坚决清除。他分两次裁汰的冗员达18万多人，他还提拔了一些正直能干的官吏，委以重任。这期间，负责具体执行此事的杨廷和一直处在风尖浪口，许多被裁减的党徒满怀怨恨，扬言要报复他。世宗闻讯，立即调拨了100多名军士，日夜保护杨廷和。皇帝的大力支持，也鼓舞着杨廷和等人更加忠心效力，改革也更有效了。世宗还大力提倡节俭，他将内苑的珍禽异兽放走，宫里的美人全部遣散，将漕运粮食也减少了153万石。这些举措不仅大大减轻了人民的负担，缓和了社会矛盾，也树立了皇帝的威望，赢得了臣民的颂扬。

不料世宗与杨廷和的君臣和睦没有维持多久，就因礼仪问题发生了严重的分歧。世宗是以藩王的身份继位的，按照封建礼法，应尊奉孝宗朱祐樘为“皇考”，生父兴献王朱祐杬为“皇叔父”。不过世宗非常注重维护自己的帝王威仪，在登基的第5天，他就提出尊奉生父为“皇考”。而杨廷和恪守礼法，坚持只能尊兴献王朱祐杬为“皇叔父”，他态度强硬，丝毫不让步。世宗大怒，以放弃皇位来要挟太皇太后张氏。而世宗的生母蒋氏闻讯后，也用拒绝入京来支持儿子。这次事件史称“大礼仪”。因世宗即位初期，根基不稳，所以杨廷和等人暂时占据上风，不过世宗并未放弃自己的主张。

世宗因礼仪之争对杨廷和等人心生芥蒂，此后就逐渐疏远了他们。而他由一个小小的藩王一跃而成君临天下的帝王，很难抵制那些奢华享乐之事和群小的谄媚讨好，世宗很快就陶醉其间，刚刚起色的大改革除弊政也因此搁置了，朝政再次变得乌烟瘴气。当初被杨廷和打压的大臣张璁等人就乘机讨好世宗，并诽谤杨廷和等人。嘉靖三年（1524 年）正月，被贬到南京的张璁和南京吏部主事桂萼，揣摩世宗的心意，上书重提尊兴献王朱祐杬为“皇考”。世宗自然高兴，就立即召集内阁大臣商讨此事。杨廷和见自己根本阻止不了，就决意辞职，同时辞职的还有礼部尚书毛澄，世宗就顺势批准了。

杨廷和等人走后，世宗就更加刚愎自用，独断专行了。他把张璁和桂萼调来北京，官复原职。新任礼部尚书汪俊也坚决反对尊兴献王朱祐杬为“皇考”，不过世宗根本不听，汪俊也被迫辞职。后来又有不少正直大臣提出反对，但世宗毫不理会。世宗任张璁为礼部尚书兼文渊阁大学士，桂萼为吏部尚书兼武英殿大学士，由这二人在内阁执掌大权。此后，再有异议的大臣，动辄被下狱廷杖，或发配边地。嘉靖三年（1524 年）七月，兴献王朱祐杬的神主从安陆迎到了北京，并尊奉为“皇考恭穆献皇帝”。这样，历时 3 年，轰动朝野的“大礼仪”一案终于以世宗的胜利而告终。

此后，世宗动不动就对看不顺眼的大臣下狱廷杖，给明朝后期的皇帝开了一个很不好的头。而佞臣，如张璁和桂萼之流，又进入了政权中心。正直大臣们再也不敢多言，而投机钻营之徒则很快又在官僚队伍中泛滥开了。

好道纵欲　深宫惊变

世宗在“礼仪”事件后，就大开奸佞之门，而他自己也日益荒淫，早已没有改元“嘉靖”时的雄心壮志了。世宗非常信道，从嘉靖二年（1523 年）起，就日日香花烛灯，搞得皇宫中烟雾缭绕，几乎变成了道观。嘉靖三年（1524 年）冬，他将江西道士邵元节诏入皇宫后，就开始学习长生之术，他一心想长寿，将朝政也搁置一边不理了。嘉靖十八年（1539 年），邵元节病死后，世宗又开始重用方士陶仲文。陶仲文为人奸恶，他唆使世宗用童女初潮的经血做原料，炼制“元性纯红丹”，说这是长生不老药。世宗如获至宝，立即诏令各地挑选 300 多童女入宫，用以制药。陶仲文也因世宗的宠信而平步青云，甚至他的子孙、徒弟们都做了朝廷大官。

世宗好道，却不“清心寡欲”，他不断命人从民间挑选淑女入宫，以供自己淫乐。前后进宫的民女竟达数千，她们既是奴婢，又受世宗欺凌，不少女子被残酷折磨致死。宫女们对世宗非常痛恨，于是就爆发了一场历史上罕见的宫女造反事件。嘉靖二十一年（1542 年）十月二十一日，世宗在端妃处淫乐一番后，就在乾清宫西暖阁里呼呼大睡。趁着世宗身边无人侍奉，杨金英等十几宫女拥上来，拽住世宗，打算用绳子将他勒死。不料杨金英紧张过度，误将绳子打成死结，只是将世宗勒晕了，并没有勒死。方皇后得到消息后，带着太监火速赶来，救了世宗一命。造反的宫女第二天就被处死了，端妃等人也未能幸免，先后处死的有 100 多人。这起宫女弑君事件，史称“壬寅宫变”。

世宗大难不死，却没有警醒，反而认为是自己尊崇天神得到了神灵保佑的结果。于是，他自称是世外之人，连乾清宫也不住了，搬到西苑的永寿宫居住，专心修道以求长生，不再见任何妃嫔宫女，也不见朝廷大臣，彻底不理国事了。他在这里住了 20 多年，直到临死，才回乾清宫。满朝文武大臣，20 多年都难见世宗一面，只知道有这么个皇帝罢了。

严嵩揽政　靖边无方

皇帝完全不理政，自然有佞臣趁机揽权，这个人就是严嵩。严嵩本是礼部右侍郎，没什么治国之才，却很会阿谀奉承世宗。嘉靖二十三年（1544 年），原内阁首辅夏言被严嵩排挤下台后，严嵩就成了新任内阁首辅。世宗也知道严嵩才能平庸，不过自己一心修道，不想见朝臣，而严嵩就住在西苑，朝夕侍奉，既殷勤又顺从，世宗赏识的就是这一点，所以严嵩自然成了最合适的人选。严嵩揽权后，就大肆卖官鬻爵，贪赃枉法，结党营私，残害异己，结果造成朝政混乱，军备废弛，财政拮据。这为正在崛起的北方蒙古贵族提供了入侵的机会。

嘉靖二十九年（1550 年）六月，北方鞑靼部首领俺答率军进攻大同，总兵张达等人阵亡，守城全军覆没。此后俺答的大军又陆续攻占了蓟州、通州、密云等地，兵临北京城下，京城告急。世宗一向不理政事，对俺答的进犯一无所知，这次也是礼部尚书徐坚再三恳请，才出了永寿宫，到御天殿召集群臣议事。等大臣们禀报完军情，世宗也惊慌失措了，一时间连兵部尚书是谁都想不起来。他当着兵部尚书丁汝夔的面，连连疾呼："兵部尚书在哪里？赶快传他来见我！"此后，北京城的防卫就由丁汝夔负责。他清点军士名册，才发现严嵩弄权后，名册上都是虚数，最后只拼凑出四五万老弱残军来应急守城。而各地前来勤王的军队在严嵩的指挥下，到了北京城就坚守不出。结果俺答在城外烧杀劫掠了 8 日，才满载财物扬长而去。之后，俺答又两次兵临北京城下，大肆抢劫杀戮。

就在北方边防频频告急之际，南方也烽烟四起。从辽东经山东到广东的漫长海岸线，经常遭到隔海相望的日本的侵扰。日本的一些藩侯和落魄武士经常到中国大陆走私贸易或直接抢劫，他们被中国人称之为"倭寇"。倭寇之患日益严重，世宗也不得不重视。嘉靖三十一年（1552 年），世宗采纳了内阁的建议，在沿海一带设立巡视大臣，从而有效地加强了海防。一年后，南京的兵部尚书张经受命总督沿海军务，负责倭寇事宜。不料严嵩的义子、工部右侍郎赵文华，诬陷张经。世宗听信谗言，以“畏贼失机”为由，将张经押到北京斩首了。此后倭寇之乱愈演愈烈，幸好明军中出了个名将戚继光。他招募义军，严格训练，创造了攻防兼宜的“鸳鸯阵”战术，用几年时间，从浙东打到福建，令倭寇闻风丧胆，这支精锐之师也因此被人称为“戚家军”。在戚继光和俞大猷、刘显等著名军事将领的共同努力下，倭寇之患终于解决了，南方重新安定。

铲除奸相　热衷祥瑞

在北方鞑靼入侵和南方倭寇之乱中，严嵩的表现都令世宗很不满意。加上明朝的财政危机日益严重，首辅自然责无旁贷。嘉靖四十年（1561年），严嵩的夫人欧阳氏病死，按礼法世子严世蕃应扶灵归故。而此时的严嵩已经80岁了，老眼昏花，理政也很不利索，凡事都离不开儿子。于是严嵩就向世宗请求准许儿子严世蕃留在京城“侍养”自己，让孙子代替回乡，世宗同意了。不料严世蕃是个酒色之徒，以前有母亲严格管束，还不敢太放纵，现在母亲死了，再也无人约束他，自然成了脱缰的野马。他日日笙歌，夜夜红颜，朝政之事都是胡乱应付了事。如此一来，严嵩的表现就更不能令世宗满意了。

就在这一年，世宗住了20年的永寿宫失火被毁，只好移居矮小的玉熙殿居住。世宗对现在的住所很不满意，就想重建永寿宫。不料严嵩已经有些老糊涂了，不会揣摩世宗的心思，竟然建议世宗暂居南城离宫。南城宫是明英宗失去皇位后幽居的地方，哪个皇帝都不愿去那里住。世宗为此非常生气，就找来大学士徐阶商议。徐阶早就看严嵩不顺眼了，就迎合世宗的心意，请旨重修永寿宫。世宗这才龙颜大悦，就命徐阶负责此事。没过多久，永寿宫就拔地而起，比以前的宫殿更加高大华丽，世宗就将其改名为万寿宫。万寿宫修好后，世宗就更加信任徐阶，对严嵩就逐渐疏远了。严嵩失宠，朝中对他不满的官员们就立即联合起来，弹劾严嵩父子，徐阶也在世宗跟前数落严嵩的恶行。于是，世宗就命锦衣卫将严世蕃抓捕入狱，后又贬到雷州（今广东雷州半岛）；对严嵩，则勒令他致仕退休。这样，揽权17年的严嵩终于被赶下台了。继任的内阁首辅徐阶，为人还算清正，做了一些好事，所以世宗晚年的政治还算清明。徐阶比起严嵩，实在是好得太多了，所以被群臣推为“名相”。

而世宗从嘉靖中期开始，又迷上了祥瑞之事。许多地方官吏就趁机谎报祥瑞之兆，以求封赏。他们献上一头白鹿，或几只白龟，或几株奇大无比的灵芝等等，哄得世宗心神俱欢，对这些人均赐予厚赏。如此一来，祥瑞之风愈演越烈，到了世宗晚年，一大批奸佞小人就靠着“玉龟仙芝”等得到了无数赏赐。嘉靖四十五年（1566年）二月，在朝中大臣多不敢劝阻的情况下，户部主事海瑞上疏劝谏，直言此事劳财伤民，祸害大明江山，才浇灭了世宗的一腔热情。世宗恼羞成怒，就罢了海瑞的官，将他关进监狱，虽没治罪，却责令不准放出，令他在狱中反省。

世宗一生都迷信长生，到了晚年，身体日渐衰老，对长生的渴求就更加强烈了，他就服食方士们炼制的所谓仙丹。这些东西大多含有水银，服食越多必然中毒至深，世宗后来走路都摇摇晃晃的，话也说不利落了。可是大臣们怎么苦劝，世宗还是执迷不悟。嘉靖四十四年（1565年）正月，陕西方士王金等人伪造了《诸品仙方》和《养老新书》，并进献了一些成分不明的金石丹药给世宗。世宗服食后，更加头晕目眩，甚至卧床难起了。

嘉靖四十五年（1566年）十二月，一天，长期卧床的世宗突然精神转好，守在旁边的徐阶感觉这是回光返照，心知大事不好，就立即命人将世宗从西苑抬回乾清宫。几天后，世宗就在乾清宫驾崩了，终年60岁。他死后葬于永陵，谥号“肃皇帝”，庙号“世宗”。他的三子朱载垕即位，即明穆宗。世宗在位45年，仅在执政初期的几年还算勤政，后来的40多年就浑浑噩噩，天天修道炼仙，又昏庸荒淫，将整个国家整得混乱不堪，明朝的衰落也更快了。

穆宗朱载垕

明穆宗档案

生 卒 年：1537～1572 年

父　　母：父，世宗朱厚熜；母，杜康妃

后　　妃：陈皇后、李妃等

年　　号：隆庆

在位时间：1566～1572 年

谥　　号：庄皇帝

庙　　号：穆宗

陵　　寝：昭陵

性　　格：谦和宽仁，懒惰好色

点评：

明穆宗在位六年，醉心于玩乐挥霍，使嘉靖以来“帑藏匮竭”的财政危机进一步恶化，尖锐的社会阶级矛盾进一步激化。

——白寿彝《中国通史》

明穆宗名叫朱载垕，是世宗的第三子，明王朝的第十二位皇帝。他在位时间不长，为人懒惰，贪图酒色，不过却很会用人。有了贤才相助，穆宗一朝，经济比较繁荣，社会也趋于稳定，出现了明朝后期难得的太平盛世。

初登大宝　任贤除弊

朱载垕生于嘉靖十六年（1537 年）正月，此时世宗刚过而立之年，见到这个白胖的小子，十分高兴，就赐名为载垕。“载”是辈分排行，而“垕”则取“皇天后土”为天下之主之意，可见世宗对这个儿子的厚望。不过朱载垕出生不久，生母杜康妃就失宠了，而他

又不是长子，所以并不得父亲的宠爱。

穆宗朱载垕像

世宗一共有8个儿子，其中5个都夭折了，只有次子载壑、三子载垕和四子载圳长到成年。嘉靖十八年（1539年），世宗分别册封载壑为太子，载垕为裕王，载圳为景王。此时，兄弟三人都年幼，所以相安无事。到了嘉靖二十八年（1549年），太子载壑病死了，太子之位就成为世人瞩目的焦点了。按照“有嫡立嫡，无嫡立长”的传统，载垕自然应立为太子，可世宗却更喜欢载圳。此时世宗宠信的方士陶仲文哄骗世宗，说“二龙不能见面”。皇上是龙，那太子就是小龙，于是，世宗就干脆不立太子了。

景王载圳就抓住机会，仗着母亲受宠，频频在内宫走动，他想做太子的野心路人皆知。专权的内阁首辅严嵩也对裕王载垕很不尊敬，甚至克扣他的日常供奉，载垕母子倍受冷落，处境凄凉。后来载垕给严嵩的儿子严世蕃送了1000两银子，日俸才得以补发。嘉靖四十年（1561年），严嵩已经不得重用了，景王却被打发到封地居住，只有裕王留在在京，世宗立储之意已经明了。不过景王到了封地后，仍然觊觎太子之位。第二年，严嵩下台，徐阶继任为内阁首辅。这时，世宗又不太想立裕王为太子了，他就与徐阶商议。幸好徐阶为裕王载垕说了不少好话，世宗才暂时打消了这个念头。嘉靖四十四年（1565年），景王载圳在封地病死了，世宗就剩下载垕一个儿子，自然是唯一的皇位继承人。嘉靖四十五年（1566年）十二月，世宗因服食丹药中毒身亡，载垕就于年底继位，即穆宗，次年改元隆庆。

穆宗称帝时已经30岁了，不过他并没有什么大志，也没有多大的能耐。但在几十年的藩王生涯中，他的身边还是聚集了不少有识之士，如张居正、高拱、陈以勤等。穆宗为人谦和，对他们的话也比较听从。世宗一死，穆宗就在他们的建议下，批准张居正和内阁首辅徐阶草拟世宗“遗诏”，借父亲之名，将朝廷中风光了几十年的道士们都抓捕入狱，依律定罪，同时又停止了所有的修观建殿工程，斋醮活动和采买香烛等物也全部停止了。世宗晚年关入大牢的清官海瑞等人，也被放了出来。穆宗还下令，隆庆元年（1567年）全国百姓一半的赋税和嘉靖四十三年（1564年）以前拖欠的赋税也一律免除。这些举措令满朝文武和全国百姓都感激涕零，于是穆宗即位初期就有了新气象。

内阁争权　风波不断

穆宗坐稳了皇位后，并不打算再接再厉。他战战兢兢地做了20多年的藩王，早就看透了宫廷政治的钩心斗角，所以，他只想做个及时行乐、无为而治的“闲君”。穆宗并不糊涂，他为了减轻自己的负担，就提拔忠直能干的大臣来分忧。其中徐阶、李春芳、高拱、郭朴留任内阁，而张居正、陈以勤则为内阁大学士，参与内阁的机要大事。安排好了前廷后，穆宗又布置后宫。他将心腹太监曹宪、李芳等人都安排在重要部门。这样一来，穆宗就认为自己可以高枕无忧、安心享乐了。

不料穆宗对政事撒手不管，就引起了大臣们的权势之争。穆宗在位6年，争权之事就从未停止过，搅得他焦头烂额，心绪不宁。第一场风波是徐阶和高拱之争。徐阶是多年的内阁首辅，又曾为穆宗即位出过不少力，所以他在内阁中常以功臣自居。而高拱原是穆宗做裕王时的侍从讲官，他还与张居正一起任过国子监的正、副校长，是个很有大志的人。徐阶将高拱当成后生晚辈，在他面前总以前辈自居，这就引起了高拱的极大不满。在世宗病危期间，内阁大臣们都在西苑陪侍，而高拱却私自回家了。后来徐阶的同乡、吏科给事中胡应嘉就以此事弹劾高拱。虽说最后高拱并未获罪，但他却认为这是徐阶指使的，就时时寻机报复徐阶。

隆庆元年（1567年）初，吏部尚书杨博主持京察。京察是明朝政府考察中央机关五品以下官员的例行制度，每6年一次。这次考察中，杨博罢免了不少官员，其中包括御史和给事中一类的言官。而杨博是山西人，他的山西同乡竟然一个都没被免，这就引起了督察院御史和六科给事中的公愤。这些人都有弹劾之责，其中胡应嘉就站出来弹劾杨博徇私枉法，而胡应嘉身为吏科给事中，也参与了官员的考察，所以穆宗就对他的这种行为十分不满，并下令内阁商议如何处罚胡应嘉。高拱见这是个好机会，就要求严惩胡应嘉。同样受徐阶冷落的郭朴，就积极响应高拱。这下所有的言官都怒了，他们集体弹劾高拱，高拱就恳请穆宗惩罚言官。穆宗安慰了高拱后，却没有惩罚言官，这让高拱觉得自己颜面无存，就于这年五月辞官回乡了。到了九月，郭朴也被徐阶等人排挤得被迫辞官了。这次争权风波，徐阶取胜，而穆宗本打算当个甩手皇帝的希望落空了，就对兴风作浪的言官们十分厌恶，对徐阶也不是那么信任了。

隆庆议和　享乐而终

隆庆元年（1567年）九月，内阁风波刚落，外患又起。蒙古俺答部落几万大军又越过长城，横扫大同、石州等地，严重威胁到北京侧翼。同时，蒙古土蛮部落大军也入侵蓟镇边境，掳掠河北昌黎，直达滦河。北京城被左右夹攻，穆宗也无法安心玩乐，只好召集大臣商讨此事。他任命戚继光、俞大猷、谭纶等抗倭名将到华北边境修筑防御工事，练兵备战，如此一来，军备果然很有起色。同时，穆宗又命长城沿线的将领们，抓住时机与蒙古贵族缓和关系。宣大总督王崇古在这件事上做得十分出色。他多次派人到蒙古族聚居地区宣传大明皇恩浩荡，凡是从境外来投奔的平民和军士，都能得到优待。由此，许多蒙古人都投奔过来。隆庆四年（1570年），蒙古贵族首领俺答的孙子把汉那吉也跑来了。他的到来，使蒙古族与明朝的关系发生了巨大的变化。

把汉那吉的父亲铁背台吉，是俺答的三儿子。铁背台吉很早就死了，所以遗孤把汉那吉就由俺答的妻子伊克哈屯养大，后来俺答夫妇还为这个孙子娶了比吉为妻。不过把汉那吉不喜欢这个妻子，他看中了姑姑的女儿三娘子，并将其也娶为妻子。可俺答竟然也看上了这个年轻貌美的外孙女，将三娘子夺过来据为己有。把汉那吉实在咽不下这口气，就带着妻子比吉和奶妈的丈夫阿力哥等10多人投奔了明王朝。

王崇古对把汉那吉的到来欣喜若狂，认为他是要挟俺答的最佳人质，就派出500多人的仪仗队，隆重接纳了这个小青年。消息传到北京，引起了朝廷百官的激烈争论。有人主张杀掉把汉那吉，以绝后患；也有人主张把他送回去，以打开蒙汉言和之路。穆宗权衡利弊之后，决定做好两手准备，他一边继续支持张居正等人积极备战，一边厚遇把汉那吉，以求蒙汉和解。

俺答虽然好色，夺了孙子之妻，但他还是很疼爱这个孙子。把汉那吉南奔后，俺答就带着大军直奔长城而来，生怕孙子被明军杀了。结果却得知孙子不仅安然无恙，还得到了明朝皇帝的厚待，加上俺答又发现明军的边防也加强了，他不能再轻易南下劫掠，就同意了明朝的议和。为了表示诚意，俺答还将20多年来为自己通风报信的汉奸赵全等人捆了，送往北京。穆宗喜出望外，就于隆庆四年（1570年）十二月，在皇宫午门楼亲自主持了隆重的受俘仪式，之后又大张旗鼓地祭天地、告祖庙，以显示自己的功绩。把汉那吉也带着明朝皇帝所赠的丰厚赏赐，神采飞扬地回到俺答身边。此后，俺答就和明朝结束了战事，开始友好往来。这一盛事，史称“隆庆和议”。

处理好了边境危机后，穆宗又松懈下来，他还是对享乐之事念念不忘，根本不愿为国事操劳。他身边的太监们最会察言观色，其中司礼监的大太监滕祥、孟冲等人就千方百计地诱哄穆宗玩乐，以博取宠信。这样，穆宗就天天游玩射猎，日日笙歌曼舞，夜夜软玉温香，过得快活无比。宫中玩腻了，穆宗就想要出城去玩。隆庆二年（1568 年）夏天，他还命人赶造龙凤舰，准备巡游秀丽迷人的南海子。徐阶等人多次劝谏穆宗勤理国事，可穆宗的心都玩野了，根本收不回来。而太监们又在旁边挑拨离间，穆宗就对这些大臣更加厌恶了。后来徐阶被穆宗打发回家养老去了。皇后陈氏因劝穆宗不要耽于玩乐，竟被打入了冷宫。吏科给事中石星上疏劝谏，也被穆宗杖责 60。石显被打得皮开肉绽，昏死过去，他的妻子郑氏以为丈夫已死，就撞柱身亡了。这件事令许多官员都寒了心，再也无人敢去劝阻穆宗。穆宗就玩得一发不可收拾了，因为纵欲过度，身体也很快就垮了。

隆庆六年（1572 年）五月二十五日，穆宗在早朝时就突然中风，不能言语，第二天就驾崩了，享年 36 岁。他死后，葬于昭陵，谥号“庄皇帝”，庙号“穆宗”，10 岁的太子朱翊钧继位，即明神宗。穆宗在位 6 年，虽怠于朝政，但好在用人得当，明朝没有发生大的变故，不过明朝的衰亡之势仍然无法避免。

神宗朱翊钧

明神宗档案：

生 卒 年：1563～1620 年

父　　母：父，穆宗朱载垕；母，李贵妃

后　　妃：王皇后、郑贵妃等

年　　号：万历

在位时间：1572～1620 年

谥　　号：显皇帝

庙　　号：神宗

陵　　寝：定陵

性　　格：昏庸懒惰，贪婪残忍

点评：

世界上再找不出这种政治形态，宫门紧闭，人们无法进去，奏章投进去如同投进死人的坟墓，得不到任何轻微的回音。人民的哭号，官员的焦急，如火如荼的民变兵变，遍地的诟詈声和反抗暴政的革命，朱翊钧都无动于衷。明政府现在已成了一个断头的僵尸。

——柏杨

明神宗名叫朱翊钧，是穆宗的第三子，明王朝的第十三位皇帝。他执政 49 年，是明朝在位时间最长的皇帝。他既贪婪又荒唐，最终使明王朝走上了穷途末路。

小儿为帝　贤臣柄政

朱翊钧生于嘉靖四十二年（1563 年），母亲李氏本是商人之女，后入宫做了宫女。穆宗有 3 个儿子，长子和次子都早夭，三子朱翊钧就成了独子，所以很得宠爱，李氏也被册立为贵妃。朱翊钧自幼聪明伶俐，5 岁就开始读书，比大明的历代皇子都要早。穆宗对他的期望也很高，特地请了内阁大学士张居正做他的老师。隆庆二年（1568 年）三月，朱翊钧就被册立为皇太子。朱翊钧入阁读书后，母亲李贵妃对他管教特别严厉，而师

神宗朱翊钧像

保张居正和众多讲官也对小太子悉心教导，所以朱翊钧的学业进步很快，穆宗对此也十分满意。不料，隆庆六年（1572年）五月，穆宗就病逝了，年仅10岁的朱翊钧就即位称帝，即明神宗，次年改元万历。

神宗即位之时，年纪太小，所以政事都由张居正代理。张居正，生于嘉靖四年（1525年），湖北荆州人。他自小就是荆州府远近闻名的神童，23岁中进士，后来又师从内阁首辅徐阶，学到了不少治国学问。穆宗上台之后，张居正就被遴选入了内阁，并一直深得穆宗的器重。穆宗时期，内阁徐阶和高拱争权风波不断，先是高拱被迫辞职，徐阶获胜。后来高拱卷土重来，又迫使徐阶告老还乡。穆宗病逝时，高拱口无遮拦地说了一句："一个10岁的孩子，怎么治理天下呀！"这样就得罪了刚刚上台的神宗及其生母李太后。而太监冯保与高拱素来不合，就趁机煽风点火。最后，太后以"专政擅权"之罪将高拱赶回了老家。这样张居正就做了内阁首辅，从此独掌明朝政权十余年。

张居正被后人誉为"中国历史上最优秀的内阁首辅之一"、"明代最伟大的改革家"，这绝不是浪得虚名。万历元年（1573年）至万历十年（1582年）是万历朝最靖昌的时期，太仓的存粮可以支用10年，国库的钱财多时达400多万。这些都不能算小皇帝神宗的政绩，而是首辅张居正的功劳。

张居正掌权初期，明王朝的积弊已深，所以他决定大力改革，以图重振明王朝的声威。他首先从吏治整顿开始，万历元年（1573年），他提出了"考成法"，以内阁控制六科，再由六科控制六部，最后由六部统领基层衙门，并通过层层考试，以明确各级官吏的职责。为了提高政府机构的办事效率，张居正还专门建立了随事考成的制度。经过这样一番整饬，不仅吏治和办事效率有了明显的改观，而且加强了中央集权，为其他改革的推行奠定了良好的基础。

张居正进行吏治改革的目的就是要“富国强兵”，此时明王朝的财政危机十分严重，已经到无法支撑的地步了。张居正是一位出色的理财家，他通过考核官吏来裁汰冗员，节省朝廷的俸禄开支。同时他还要求皇帝带头，所有的王公大臣都不得奢侈浪费。张居正在理财上真正做到了锱铢必较，不仅皇室的奢侈性花费一律免除了，而且连宫中的上元节灯火、花灯都废止了，甚至连小皇帝的功课都安排到白天，以节省灯烛费。军费也是一笔庞大的开支，张居正就一面努力与鞑靼人修好，友好往来，贸易互市，以保持边境安定；一面通过各种途径削减军费支出。到万历二年（1574 年），北方边防就节省了上百万。

张居正不仅“节流”，更重视“开源”。他深谙治国之道，认为安民养民就是开源富国。明朝最重要的经济来源就是田赋，随着土地兼并和负担不均的加剧，田赋收入很难增加。张居正就提出了惩办贪污，清理欠赋和清查田亩三项措施，其中清查田亩的声势最大，也最有成效。从万历五年（1577 年）至万历九年（1581 年），张居正下令清查丈量了全国各类土地，查实土地为 700 多万顷，比弘治时多出 300 多万顷。张居正在此基础上，推行新法“一条鞭法”。它的基本内容包括：（一）统一役法，并把徭役部分地摊入田亩，不再区别银差和力役，一律征银；（二）田赋和繁杂的徭役、杂税合并，统一为征银；（三）以县为单位计算赋役数额；（四）赋役银由地方官直接征收。这一改革肯定了货币在赋税征收中的主导地位，同时又上承唐代的“两税法”，下启清代雍正皇帝的“摊丁入亩”，是我国赋税制度的一次重大突破。经过张居正的改革，明朝的农业生产也得到了迅速发展。

张居正除了肃清吏治，发展经济，还有一个重要举措，就是整饬军备，加强边防。他重用戚继光、李成梁、王崇古等名将分别镇守蓟州、辽东和宣府等地，同时又对蒙古采取安抚睦邻政策。这两手策略使得明朝的边防异常稳固，神宗也曾褒扬张居正说：“先生公忠为国，所用之人没有不当的。”张居正对万历前期的统治起到了至关重要的作用，而他本人廉洁奉公，以身作则，正如他早年所写的一句偈语：“愿以深心奉尘刹，不予自身求利益。”神宗有张居正，实在是大明百姓之福。

昏君亲政 清算旧怨

张居正不仅是位贤臣，还是神宗的老师，他对这位帝王学生可谓倾尽了心血。张居正从隆庆六年（1572 年）八月，就为神宗开了“日讲”；次年二月，又举行了“经筵”，这是明朝历代皇帝接受教育的方法。“日讲”是讲官和内阁学士的日常讲学，每天都有；“经筵”每月逢二日举行，功臣、大学士、六部尚书、都御史和翰林学士等都要到齐，由翰林院及国子监官员进为神宗讲授经史，典礼非常隆重。张居正为了对小皇帝教导得更有效，还不辞劳苦亲手编订了讲述为君之道的各式教材共计 40 多本。他一有机会，就亲自为神宗授课。神宗的生母李太后一向严格教子，对张居正的做法十分赞赏，她每次教导儿子时，都把张居正搬出来，说：“告诉张先生吧，怎样？”或是“张先生知道了可如何是好？”这样神宗自小就对张居正十分敬畏，不过随着年龄的增长，他对张居正又隐隐滋生出了不满情绪，总想摆脱张居正的束缚。这些不满积聚多了，就使得神宗对张居正心怀怨恨，从而导致他后来残酷报复这位恩师。

万历十年（1582 年）六月，为了大明王朝呕心沥血的一代名臣张居正去世了，神宗得知后十分悲痛，特意下诏罢朝数日以示哀悼，并隆重办理了张居正的身后事。可是没过多久，神宗对这位已逝恩师的态度，就突然转

张居正为皇帝编著的《帝鉴图说》

变了。

事情起于神宗刚即位时的内阁首辅高拱。高拱因说错话得罪神宗，被太监冯宝告发，离职后就回乡了。高拱走后，神宗的生母李贵妃就被尊为皇太后，张居正就当上内阁首辅，而冯宝则掌握了著名的特务机构——东厂。高拱回乡后一直忿忿不平，他临死前写了一本《病榻遗言》，辗转呈现给神宗，书中揭露冯宝和张居正早年勾结，将自己排挤出朝廷之事。神宗数年来对张居正的不满情绪就一下子爆发出来了，加上冯宝得势后曾将神宗最宠信的宦官张诚赶出宫，神宗对他也很痛恨。此时张居正已死，神宗就决定惩罚冯宝。他将冯宝赶出宫，又查抄了冯宝的私宅。冯宝数年来贪赃枉法，积累下不少财富。神宗从他那里抄得了 100 多万金银，还有无数的珠宝。

神宗的母亲李太后虽出身商家，却很正直，不过神宗没学到商人的诚信正直，却继承了奸商的贪婪好货。抄查冯宝之事激起了神宗极大的贪欲，他就把矛头对准了死去的张居正，想再捞一笔。不料只查出 1 万两黄金和 10 多万白银，这根本算不上什么巨富。重新得宠的太监张诚怕不好向神宗交代，就把张居正的大儿子张敬修抓来严刑拷打，命他交出其他“赃银”。张敬修受刑不过，只好胡诌还有 30 多万银子分别藏在别人家里。结果被诬藏银的几家也遭查抄，被害得家破人亡，而张敬修也投缳自尽了。张家人在抄家期间，被赶到一所空房子关起来，无人理会，以致饿死了 10 多人。张家的惨剧令朝野震惊，许多大臣纷纷上书求情，神宗才下诏留下一所空宅，10 多顷薄田，以赡养张居正的老母亲。

张居正死后，神宗就亲政了，不过他始终觉得自己还受着张居正的影响。直到他抄了冯宝和张居正的家，才感到多年的怨气终于得到了发泄，感觉自己彻底摆脱了张居正的政治威势。此时 20 岁的神宗已经变得十分叛逆，张居正多年的精心教诲也一点用都没有了。

而且凡是张居正革除的弊政，神宗都迅速恢复了。此后神宗日渐奢靡，酒色财气俱全，连抽大烟，玩花鸟都学会了。他的脾气十分暴躁，日日纵酒，每次喝得大醉之后就胡乱打人，宫女、太监们都时刻提心吊胆的。

神宗这样玩乐一段时日后，朝政就日渐荒废了。经筵、讲义等都停止了，后来更是连上朝也不想去。从万历十八年（1590年）起，神宗就公然不再上朝，他不仅让内监传达大臣的奏折、他的批示和谕旨等，而且让人代劳郊祀等重要礼仪。直到万历四十三年（1615年），宫中发生了“梃击案”，神宗才迫不得已召见了群臣。满朝文武大臣，时隔25年才重睹天颜。而此后，直到神宗去世，也没有再上过朝了。

贪财好货　荒淫无度

神宗借着帝王的权势，把贪婪的本性发挥到了极致。为了敛财，他荒诞到了令人难以想象的地步。从万历十一年（1583年）开始，明朝的官员短缺现象就日益严重，年老的退休，年轻的因事或因病辞官，可神宗就是不补充人手，他甚至还诏令辞官的人只要按规定写份报告就可自行离去，都不用等批复。到了万历四十年（1612年），内阁和六卿仅各有一人，都察院已经连续8年没有正官了，全国一半以上的府没有知府，而新考进的几千文武进士及教职人员，也无人管理。在万历四十五年（1617年）二月，还发生了一件非常荒谬的事情。一天，官员们入朝，却见100多人围在长安门外嚎哭。上前询问之后才得知，原来衙门里没有主事的官，没人审判犯人，犯人们久关大牢，都快死光了！神宗竟然用这样的手段来侵吞官俸，中饱私囊，实在是世间少有。

神宗为了敛财，还会想方设法地向朝廷各部伸手要钱。他生了皇子、公主，为皇子、公主们办成人礼、婚嫁，或是自己做寿等等，他都能厚颜要钱，少了还不愿意。为了搜刮老百姓的钱财，他还派出大批太监充任“矿监”和“税使”专门为自己敛财。太监们回宫之后都要遭到神宗的拷问，如果搜刮的财物少了，神宗就会严厉地杖责他们。于是，太监们在各地如蝗虫一般，勒索得百姓样样都得纳税，结果造成了民力枯竭，十室九空的惨状。

神宗在聚财上有着空前的热情，他个人的生活也非常奢华。除了日日笙歌，他从万历十一年（1583 年）就开始为自己修造皇陵，这就是明十三陵之一的定陵。定陵的规模非常庞大，每天劳作的工匠、民夫达 3 万多人，所用材料也力求最好，即使千里迢迢运送也在所不惜。这座巨大的皇陵用时 6 年，花费白银 800 多万两才完工。而这笔巨额费用相当于当时大约两年的全国田赋收入的总和，能折合为 1000 万贫民一年的口粮。

宫廷仇杀　内忧外患

神宗如此胡为，国政很快就变得腐败不堪了。各地百姓饱受贪官污吏的欺凌，又遇上连年不断的水旱蝗灾，走投无路之下，只好揭竿而起。于是各地起义不断，神宗的内政堪忧，而此时前廷后宫也都乱成一团。

神宗有 8 个儿子，长子朱常洛是恭妃王氏所生。王氏是神宗生母李太后宫中的宫女，一次神宗去给母亲请安，就临幸了王氏。神宗回去后就将此事忘得干干净净，不过皇宫的起居注中清楚记录了这件事。后来王氏生下一个儿子，就是朱常洛，太后疼惜这个长孙，就命神宗给王氏一个名号。神宗本来还不想认这个儿子的，可有起居注为证，只好封王氏为才人，后来又封她为恭妃。神宗的皇后无子，按照无嫡立长的传统，应该立长子朱常洛为太子。可神宗根本不喜欢这个儿子，他想立宠妃郑贵妃的儿子、皇三子朱常洵为太子，不料却招来了谨守礼法的太后和大臣们的集体反对。神宗很生气，就一直僵持着不立太子，于是朝廷的立储之争持续不断，还引发了大臣们的党派之争，弄得中央政权混乱不堪。其中以顾宪成为首的

“东林党人”和以沈一贯为首的“浙党”矛盾最为尖锐，随着他们的争斗，明王朝的政治危机也日益加重了。万历二十九年（1601 年）十月，神宗被迫册立长子朱常洛为太子，这场持续了 15 年的立储之争才宣告结束。

不过郑贵妃因儿子没当上太子，就一直心怀怨恨。万历四十三年（1615 年）五月，郑贵妃指使爪牙张差手持木棍，闯入太子朱常洛的寝宫，打伤了守门太监，想要刺杀太子，最后被太子内侍韩本抓获。这就是明朝建国以来最严重的宫廷仇杀事件，史称“梃击案”。

就在神宗的统治混乱不堪之际，北方的女真族迅速崛起。努尔哈赤统一了女真各部后，于万历四十四年（1616 年）称帝，建立了后金政权。两年后，努尔哈赤以杀祖父之仇等“七大恨”告天，起兵伐明。神宗依然沉溺于酒色财气中，对此浑然不觉。直到努尔哈赤攻克了抚顺，守城的明军将士死伤近万人，神宗才惊慌起来。他决定调集军马，与努尔哈赤决战。可是朝政已经荒废了几十年，国库空虚，兵饷严重缺乏。神宗的“个人小金库”倒是非常富足，可他坚决不同意掏自己的腰包做军饷。户部只好增加赋税以解燃眉之急，从万历四十六年（1618 年）八月至万历四十八年（1620 年）三月，田赋增加了 520 多万两，而这些钱居然又多半进了神宗的小金库。而许多农民则因此家破人亡，山东、河南等地连续发生农民暴动。

万历四十七年（1619 年）二月，经过多方筹措，明朝政府终于拼凑了 10 万军马，号称 47 万，由辽东经略杨镐指挥，分四路围攻努尔哈赤。不料杨镐却中了努尔哈赤的诱敌深入之计，明军伤亡近 6 万，将领战死达 300 多人，最后被迫撤出辽东。这就是历史上著名的“萨尔浒之战”。此战之后，明军实力大损，转入战略防御阶段。而后金在这一年又出动 10 万铁骑，横扫辽东大地，明王朝面临亡国的危险了。

神宗荒淫了大半生，身体早已虚弱不堪，根本经不起这样的打击，很快就卧病在床了。万历四十八年（1620年）七月，神宗就在内忧外患中结束了荒淫腐朽的一生，终年58岁。他死后，葬于定陵，谥号“显皇帝”，庙号“神宗”，长子朱常洛继位，即明光宗。神宗在位48年，是明朝历史上在位时间最长的皇帝。可他的荒淫贪婪，彻底摧毁了明朝的根基，所以后人都说，明朝的灭亡是从万历开始的。

光宗朱常洛

明光宗档案：

生卒年：1582～1620年

父母：父，神宗朱翊钧；母，王恭妃

后妃：郭皇后、李选侍等

年号：泰昌

在位时间：1620年八月

谥号：贞皇帝

庙号：光宗

陵寝：庆陵

性格：老实软弱，温驯昏庸

点评：

争“国本”和明宫“三案”不但反映了皇帝和官僚集团的矛盾，而且，对争“国本”和“三案”的态度不同，使得官僚集团中的党派之争日趋严重。

——白寿彝《中国通史》

明光宗名叫朱常洛，是神宗的长子，明王朝的第十四位皇帝。他一生都处于宫廷的阴谋中，在位仅 1 个月，就撒手人寰了，被后人称为“一月天子”。

光宗朱常洛像

朱常洛生于万历十年（1582 年）八月，是神宗的长子，却差点不被父亲承认。朱常洛的母亲王氏，乃是神宗生母李太后宫中的一名普通宫女。神宗前来向太后请安，意外看上了她。不过只临幸了一次，神宗就将王氏置于脑后了。后来王氏生下了朱常洛，李太后想着这是自己的长孙，所以十分喜爱，就找来神宗，让他为王氏母子封个名分。神宗初时根本不认，后来太后将详细记载此事的“起居注”摆到他面前，他才不得不认下了这个儿子，并封王氏为才人。不过朱常洛母子根本不得神宗的欢心，只是神宗的皇后和后宫其他妃嫔都没有儿子，他才保住了皇长子的名分。万历十四年（1586 年），神宗的宠妃郑氏生下了皇三子朱常洵后，朱常洛的地位就不稳固了。神宗非常宠爱郑氏母子，他册立郑氏为贵妃，并打算立三子为太子。幸好李太后很看重礼法，她与一些大臣坚持立皇长子为太子，而神宗与一些讨好郑贵妃的大臣则支持三皇子为太子，双方互不相让，于是开始了长达 15 年的立储之争。直到万历二十九年（1601 年）十月，神宗才迫于压力，册立长子朱常洛为太子。

朱常洛当上太子时，已经 20 岁了。他常年遭到神宗的冷落，郑贵妃等人的排挤，日子过得提心吊胆的。当了太子后，生活也没有好转。他 21 岁才娶了太子妃，这在明朝历代皇帝、皇子中都是比较晚的，而他的太子宫也是条件最差的慈庆宫。他的生母王氏后来被封为恭妃，不过在宫中备受欺凌，于万历三十九年（1611 年）病逝了。而郑贵妃没有为儿子谋到太子之位，很不甘心，就千方百计地寻机谋害太子。万历四十三年（1615 年）的一天，一男子手持木棒闯入守卫松懈的太子宫，意图行刺太子，幸好被宫门太监抓住，后来他供出是郑贵妃指使的。这就是历史上有名的梃击案。郑贵妃行刺太子之事败露后，群臣义愤，纷纷弹劾郑贵妃。可她跑到神宗面前哭诉了一番，最后神宗竟然只处死了郑贵妃的心腹庞保和刘成等人作为替罪羊，就了结了此案。梃击案后，郑贵妃不敢再做手脚，朱常洛的太子之位才终于稳固了。而郑贵妃为了讨好太子，经常为他送去珠宝与美人。朱常洛就安于享受美色财宝，将几十年的屈辱都抛诸脑后了。

万历四十八年（1620 年）七月，神宗驾崩后，39 岁的朱常洛就登基为帝了，即明光宗。光宗上台后，在群臣的辅佐下，还是办了几件事：一是罢矿税使，二是调拨军饷犒赏边防将士，三是补足官员的空缺。这些事都是当年神宗为了敛财，留下来的烂摊子。光宗的这些措施，确实起到了纠正弊政的作用。不过，他补充的官员太多，弄得“官满为患”，所以时人都认为光宗矫枉过正了。

光宗除了做这些事，大部分精力还是放在酒色上。他因纵欲过度，很快就感到肾亏体虚。鸿胪寺丞李可灼就趁机进献了两粒红丸，自称是仙药。光宗初服一粒，感觉身心舒畅，却怕药力不足，就将另一粒红丸也吃了。不料吃完不久，就一命呜呼了。此事有人说是李可灼弑君，也有人认为是郑贵妃指使，还有人认为是光宗虚不受补，凡此种种，但最后也没有查清楚。此事史称“红丸案”。

光宗八月初一正式登基，九月初一就驾崩了，年仅 39 岁，在位 30 天。他死后，葬于庆陵，谥号“贞皇帝”，庙号“光宗”，长子朱由校继位，即明熹宗。在光宗之后，明王朝加快了灭亡的步伐。

熹宗朱由校

明熹宗档案：

生 卒 年：1605～1627 年

父　　母：父，光宗朱常洛；母，王选侍

后　　妃：张皇后等

年　　号：天启

在位时间：1620～1627 年

谥　　号：悊皇帝

庙　　号：熹宗

陵　　寝：德陵

性　　格：荒唐怪异，偏信昏庸

点评：

妇寺窃权，滥赏淫刑，忠良惨祸，亿兆离心，虽欲不亡，何可得哉？

——清·张廷玉《明史》

明熹宗名叫朱由校，是光宗的长子，明王朝的第十五位皇帝。他无心朝政，却喜欢“椎凿髹漆”类的木工，被后人誉为“天才木匠”。不过熹宗木工做得再好，也实在不是一个称职的皇帝。

熹宗朱由校像

移宫风波　东林拥立

朱由校生于万历三十三年（1605 年）十一月，是光宗与王选侍之子。此

时光宗已经被立为太子，不过境遇依然不好，朱由校的出生令他十分高兴，他就告知了祖母李太后。李太后听闻第一个曾孙子出世，非常激动，就立即告知儿子神宗。神宗见老母亲如此高兴，自己也心情愉悦，就传令封王选侍为才人。

光宗被册立为太子时，还没有婚配。神宗为了改善太子的待遇，免得遭来大臣的非议，就选了 7 个良家女子送给他。这些女子都没有名分，就通称为“选侍”，王氏就是其中之一。

光宗一共有 5 子，都是这些选侍所生，不过长大成人的只有两个，就是长子朱由校和五子朱由检。光宗因为长年遭受冷遇，所以变得精神抑郁，脾气暴躁。他对几个选侍都很不好，只有李选侍比较得他的欢心，所以李氏就有些仗势欺人了。王选侍为光宗生下长子后，名分最高，就看不惯李氏的猖狂，于是二人时常发生矛盾。到朱由校 14 岁时，王氏就过世了，光宗就将他交给李氏抚养。后来朱由检的生母刘氏也死了，光宗也把他交给李氏抚养。李氏与王氏不合，自然不会好好对朱由校，只有乳母客氏对他比较疼爱。光宗不得神宗的欢心，只是一个落魄太子，无人重视，所以没有受过良好的教育。朱由校更是无人理会，直到万历四十八年（1620 年），神宗临死前，才册封朱由校为皇太孙，让他正式入学读书，此时朱由校都已经 16 岁了。不料光宗仅做了一个月皇帝就驾崩了，朱由校的书还没开始念，甚至连太子都没做，就继位称帝了，即熹宗，次年改元天启。

朱由校能顺利即位，有几个人功不可没。因为光宗是服食红丸而突然亡故的，所以连遗诏都没有留下，大臣们就依照长子当立的传统，宣布朱由校为新帝。光宗的正妻郭氏在做太子妃时就病死了，后来光宗也没立皇后，李选侍就仗着自己是朱由校的养母，想做皇太后。她先是扣留了朱由校不放，幸亏太监王安寻机将朱由校骗了出来，并交给群臣。李选侍见此，就赖在乾清宫里不走。按古制，乾清宫是皇帝即位后就要马上入住的地方。李选侍以此来要挟群臣，给自己皇太后的封号。大臣们不敢对李选侍动武，只好劝她移宫。不料李选侍根本不听，群臣都被激怒了，杨涟代表所有大臣向她下了最后通牒，王安等太监也在旁边百般威吓，李选侍只好灰头土脸地迁出了乾清宫。此事史称“移宫案”，与神宗时期的“梃击案”和光宗时期的“红丸案”并称为明朝宫廷三大案。

光宗九月初一驾崩，熹宗九月初六正式登基。5天之间就经历了“移宫”风波，所以熹宗对以大臣杨涟为首的东林党人非常感激，数次称赞他们是“忠臣”，并对他们加以重用。东林党人自万历中期就开始崛起，他们以天下兴亡为己任，认为自己是最忠直清白的大臣。熹宗没受过正统教育，根本不知道如何治国，他就命东林党人掌管内阁、都察院和六部。这样杨涟等人都在朝中担任了要职，在他们的辅佐下，熹宗把方从哲等奸佞小人都清理出中央政权，吏治就逐渐变得比较清明了。熹宗同时还对明朝历史上的几大案重新定论，如为成祖时期被诛十族的方孝孺平反，为神宗时期被抄家的张居正正名等。他还革除了神宗后期的一些弊政，减轻了一些地区的赋税。在军事上，他提拔了袁崇焕驻守边防，抗击后金大军。熹宗后来还派出大军与荷兰殖民者两次交战澎湖，为澳门问题毫不让步。这些其实都应该算东林党人的功劳，不过他们虽然革除了不少弊政，在国家的大政方针上却没有什么建树。

木匠天子　阉宦弄权

熹宗其实很聪慧，只是自幼无人教导，所以他也就随心所欲地玩闹着长大。他特别好动，对所有的新鲜玩意都感兴趣。他尤其喜欢木工，能亲手制作各种漆器、妆奁匣、床等，还能做许多精巧的小玩具。他心灵手巧，所做的器物精美绝伦。熹宗还很有创意，他能自己设计图样，又亲手制作各种市面上都没有的奇巧东西。熹宗并不好酒色，他喜欢看傀儡戏，自己雕制各类栩栩如生的小木人；

喜欢做小模型，将乾清宫的亭台楼阁、假山池塘都做得小巧精致，堪比天工。他的手艺和创意令当时最出色的木匠都叹服，他堪称中国历史上最伟大的木匠大师之一。可是这样的天赋放在一个皇帝身上，实在不算好事。

熹宗忙着做木工，他身边的两颗毒瘤就悄然得势了。按照明朝皇家的传统，皇子出生后，生母都不哺育，而是从农村挑选一些健康强壮的村妇为乳母，客氏就是这样入宫的。客氏的夫家姓侯，她已育有一子，后来二胎产女却夭折了，就被选入宫做了熹宗的乳母。客氏目不识丁，却很有心计，她深知怀中的这个小婴儿就是未来的天子，所以她对熹宗的哺育非常尽心。连熹宗的生母王氏都对她很满意，就把儿子完全交给她照顾。后来熹宗断奶，乳母就要打发出宫了，然而客氏对熹宗照顾得无微不至，熹宗根本离不开她，所以客氏就幸运地留了下来。此时客氏的丈夫已死，她就把儿子侯国光也接到京城生活。王氏死后，熹宗更加依恋客氏，几乎把她当做自己的母亲。客氏十分得意，野心自然也大了，想在宫中耀武扬威一番，可是那些身份高贵的妃嫔们，根本看不起她这个村姑。客氏愤愤不平之际，正好遇上了野心勃勃的魏忠贤。

魏忠贤本是河间府的一个地痞无赖，他曾娶过妻，并生有一女。可因他游手好闲，不事生产，日子过得很窘迫，妻子就与他离异了。后来魏忠贤欠下一屁股的赌债，走投无路之下，就净身做了太监，到宫里讨生活。魏忠贤也大字不识，却很会投机钻营，他入宫不久就攀上了大太监王安。王安曾为熹宗登基出过大力，是宫里的大红人。魏忠贤为人奸诈，见客氏很得小皇帝的欢心，就挖空心思讨好她。客氏就与魏忠贤结为“对食”，这是太监宫女间结成的形同夫妻的关系。在客氏的帮助下，魏忠贤很快就得到了熹宗的宠信，地位直线上升，做到了司礼秉笔太监。魏忠贤与客氏二人狼狈为奸，在宫中形成了一股强大的势力，将王安等大太监也排挤到一边了。魏忠贤权倾后宫，贪欲就更大了，他还想权倾朝野。他见熹宗根本无心朝政，就千方百计地哄着熹宗玩乐，从而操纵熹宗，也左右朝政大权。

熹宗只顾着玩，根本没有觉察自己不知不觉中做了魏忠贤的傀儡。天启元年（1621）四月，熹宗娶了才貌双全的张氏为皇后，新婚燕尔时两人还很甜蜜，可没过多久就合不来了。因为张皇后是个典型的淑女，好安静，喜欢吟诗作对等风雅之事，而熹宗喜欢四处玩耍，做木工之类，二人自然过不到一起了。张皇后对客氏、魏忠贤弄权非常气愤，就告知熹宗，可熹宗根本不听。客氏怕张皇后控制熹宗，威胁到自己的地位，就处处提防和限制张皇后，她还大摆威风，限制熹宗临幸后宫妃嫔。后来张皇后怀了孕，也让客氏给害得流产了。客氏还害死了熹宗的不少妃嫔，以致熹宗直到去世，也没有子嗣。

看到客氏和魏忠贤弄权，辅政的东林党人忧心忡忡。熹宗几次厚赏客氏和魏忠贤，东林党人都极力反对，但熹宗根本不听。而朝中，一直被东林党人压制的礼部尚书顾秉谦和南京礼部侍郎魏广微等人，则乘机巴结魏忠贤。魏忠贤就顺势与他们勾结，排挤东林党人，逐渐掌握了内阁和六部。魏忠贤大权在握后，就滥赏滥罚，假公济私，造成了中国历史上最昏暗的宦官专政。他还屡兴大狱，残酷杀害了杨涟、左光斗、魏大中等东林六君子，并摧毁名闻天下的东林书院。其他东林党人被贬、被杀的也不计其数。而此时熹宗仍然在后宫玩自己的，对此浑然不觉。天启六年（1626 年），魏忠贤还假熹宗之令，让顾秉谦等人修《三朝要典》，为自己歌功颂德。而各地官吏为了讨好魏忠贤，纷纷为他设立生祠。

楚歌四起　病榻传位

自从魏忠贤等阉党专政以来，百姓的日子就更苦了，国内土地兼并日益严重，苛捐杂税繁多，社会矛盾激化，人民的起义也越来越多了。天启元年，白莲教在山东起义，声势浩大。到了天启七年（1627年），山东徐鸿儒、陕西王二也揭竿而起。而山海关外，后金女真的势力越来越强大，对明朝构成严重威胁。熹宗根本不管事，纵容奸臣们罢免了辽东经略熊廷弼，后金大军趁虚而入，迅速攻陷了沈阳、辽阳，逼近宁远，辽东告急。熹宗无法，只好再次启用熊廷弼，才暂时稳住了局势，不过后金已经崛起，成了明王朝的劲敌。而国中的忠臣良将大多被阉党之流排挤革职或诬陷杀害，熹宗几乎无人可用，国内、边疆危机重重。天启四年（1624年），荷兰人占领台湾岛，大明王朝的领土也残缺不全了。

在这四面楚歌声中，明王朝的丧钟已经奏响了。而熹宗，自天启六年（1626年）春划船落水后，就一病不起了。到天启七年（1627年）八月，熹宗已经奄奄一息。他卧病期间，也对自己的行为进行了反思。贤德的张皇后一直在旁侍奉，这让熹宗开始信任她。后来熹宗病危，因为无子继承大业，张皇后就建议熹宗将后事托付给弟弟信王朱由检，熹宗同意了。八月十一日，张皇后避开客氏和魏忠贤的耳目，传旨将信王召入宫中。熹宗嘱咐道："我弟将来要成为尧舜一样的君主，你要好好照顾你的嫂子！"不过熹宗仍然信任魏忠贤，他又嘱咐弟弟："魏忠贤、王体乾等都是忠臣，可以信任。"朱由检伏在地上叩头，不敢回应。

八月二十二日，熹宗就病死了，终年23岁。他死后，葬于德陵，谥号"皇帝"，庙号"熹宗"。他在位7年，纵容阉党专权，使大明江山处于风雨飘摇之中，唯一做对的就是听从张皇后的建议，传位给弟弟，为铲除阉党奠定了基础。

思宗朱由检

明思宗档案：

生 卒 年：1611～1644年

父　　母：父，光宗朱常洛；母，刘贤妃

后　　妃：周皇后、田妃等

年　　号：崇祯

在位时间：1627～1644 年

谥　　号：庄烈愍皇帝

庙　　号：思宗

陵　　寝：思陵

性　　格：勤奋刚愎，刻薄寡恩

点评：

思宗而在万历以前，非亡国之君；在天启之后，则必亡而已矣！

——孟森

明思宗名叫朱由检，是熹宗的弟弟，明王朝的最后一位皇帝。他在危机四伏中继位称帝，有心扭转乾坤，兴复明朝基业，无奈生不逢时，又不擅长用人，最后成了亡国之君。

思宗朱由检像

明君即位　铲除阉党

朱由检生于万历三十九年（1611 年），是光宗的第五子，不过光宗的儿子中成年的只有朱由校和朱由检二人。朱由检的生母刘氏也是选侍身份，也不得光宗的宠爱，所以朱由检母子在宫中也过得很艰难。后来刘选侍病死了，光宗就将朱由检交给自己宠爱的李选侍抚养。此时，同样母亲早亡的朱由校也由李选侍抚养。李选侍对这兄弟二人都不好，哥哥朱由校就逐渐专心于做木工，懵懵懂懂的，并不懂事，而弟弟朱由检却很早熟，很自觉地努力寻机会读书。朱由校称帝后，朱由检对这个兄长的贪玩、任性都很了解，

对客氏和魏忠贤的专权也很清楚，可他同样也很清楚，自己根本没有能力改变这些。天启七年（1627年）八月，熹宗朱由校病逝，由于没有子嗣，就传位给这个唯一的弟弟朱由检。朱由检遵兄长遗命继位，即明思宗，次年改元崇祯。

思宗称帝时年仅17岁，不过他对目前的混乱局势非常清楚。他首先要铲除的就是天怒人怨的“客魏集团”。不过客氏和魏忠贤等人的势力太大，思宗根本不敢轻举妄动。他入住皇宫的当天，连干粮都自己带着，不敢碰宫中的任何食物，连晚上也抱着佩剑而卧，还一夜未眠。他就这样心惊胆战地度过了最初的几天。接着思宗一边将原来信王府的人员逐步带入宫中，开始培植自己的势力，一边优待客氏和魏忠贤，迷惑他们。魏忠贤摸不准思宗的心思，就进献了几个美人来讨好，想让思宗变成一个酒色君王。不料思宗根本不上当，却又继续优抚魏忠贤等人。魏忠贤就提出辞去东厂职务来试探思宗，思宗没有批准。魏忠贤还不放心，又怂恿客氏去向思宗请求出宫来再次试探，不料思宗爽快地同意了，客氏只好哭哭啼啼地出了紫禁城。

思宗赶走客氏后，就重用太监曹化淳等人，好与魏忠贤抗衡。思宗虽然做得不动声色，但朝中很多魏忠贤的党羽都感觉到形势要变，他们为了保全自己，纷纷寻找出路，这样魏忠贤集团就出现了分化。思宗还没有动手，魏忠贤集团就起了内讧，阉党的几个首恶分子互相弹劾，思宗则继续沉默。没过多久，阉党之外的一些官员也行动起来，他们弹劾魏忠贤专权和造生祠之罪，思宗继续不做任何举动。魏忠贤腹背受敌，自己也乱了阵脚，崇祯元年（1628年）十月，他以患病为由，主动辞去东厂职务，思宗立即批准了。十一月一日，思宗就下诏公布了魏忠贤的罪行。不过鉴于先帝熹宗还未出殡，就暂将魏忠贤安置在凤阳，等候处分。接着思宗就籍没客、魏二主犯的家产，收回以前赐给他们的封爵。十一月六日，被押往凤阳的魏忠贤在半路上吊自杀了。第二天，客氏也被押往浣衣居杖毙。随后，客、魏两家的子孙也都被斩首了。思宗称帝才 1 年多，就铲除了为恶多年的“客魏集团”，可见他很有执政手段。

自毁长城　贤主无功

思宗首战告捷后，又将内阁、六部和各院中的大批魏氏死党逐一铲除。可思宗虽然有谋略胆识，却刚愎自用，在这时犯下了一个大错。他即位之初，曾重用名将袁崇焕抗击后金入侵。袁崇焕在山海关外严整军备，令金主皇太极无机可乘，只好从其他地方入关，这样皇太极就想找机会除掉这个强敌。崇祯二年（1629 年）十月，后金 10 多万精兵分道进攻龙井关、大安口。遵化等名城很快就陷落了，山海关总兵赵带领的援军也全军覆没了。镇守宁远（今辽宁兴城）的袁崇焕闻讯，立即赶来援救。而金兵却绕开袁崇焕屯兵的通州，直逼北京，袁崇焕就率军拦截金兵。京师告急，思宗心神不安，闻袁崇焕赶到，才稍稍放心。可朝中魏忠贤的余党却散布谣言，说是袁崇焕引来金兵进攻北京的。皇太极也利用这个机会，将自己俘虏的两个太监故意放走，还特意让他们听到后金早与袁崇焕有约的传言。太监们逃回北京后，就禀告了思宗。思宗深信不疑，竟然下令罢免袁崇焕，由孙承宗继任。金兵在北京城外烧杀劫掠了 2 个月才撤军。思宗就认为这都是袁崇焕造成的，盛怒之下，竟然将他凌迟处死，结果导致辽东防线几乎崩溃，从而自毁了长城。

思宗冤杀袁崇焕后，并没有吸取教训，面对千疮百孔的明王朝，他总是急于求成，大臣们稍不如他的意就遭罢免或杀戮。结果思宗在位 17 年，内阁大学士就轮换了 50 人。他这样频繁地任免和滥杀大臣，也搞得朝堂不稳，人心思变。

思宗朱由检像

后来朝中正直有为之士日渐稀少，满朝文武结党营私，根本不关心王朝的命运。此时，各地的农民起义如火如荼，规模越来越大。思宗急忙派洪承畴去镇压，而明军粮饷不足，只好用增加赋税来筹集，这样又引起了百姓更加强烈的不满，起义声势更大了。到崇祯六年（1633年）冬，农民起义已经从局部问题发展为明朝政府的心腹之患了。思宗心力憔悴，又无人可用，他感到非常痛苦，认为自己辜负了兄长的嘱托，更对不起大明王朝的历代先祖。思宗一直承受着严重的精神折磨，性格也逐渐扭曲，由最初的刚愎自用，到后来的暴躁多疑，他几乎成了神经质。

思宗其实是个好皇帝，他一直奉行节俭。国家财政困难，他多次减少皇室的开支。皇帝和后妃们都穿旧衣，周皇后还自己动手洗衣。宫中所有享乐的用具一律摒弃，连旧有的金银器皿也化银充做军饷了。思宗没有营建过任何宫室，宫中的大批宫女、太监也被遣散出宫，以节省用度。他既不好玩乐也不好女色，身边只有寥寥可数的几个妃嫔。而思宗在政事上的勤勉却超过了任何一位帝王。他工作起来不分昼夜，有时看奏章到深夜，饥饿难耐，就命太监拿几个零钱去买点简单的夜宵。一个皇帝，能做到这种地步，实在是少有，可是这样也没有挡住明王朝灭亡的步伐。

回天无术　亡国而终

明末的农民起义日益壮大后，以李自成为首的农民军很快成为其中的主力，他领导的义军队伍发展到百万之众。崇祯十六年（1643年），李自成在襄阳称新顺王。没过多久，李自成就出兵西安，在潼关歼灭了陕西总督孙传庭率领的最后一支明军主力，然后顺利夺取西安，在此建立了大顺国。而另一路张献忠领导的农民大军，也早已在武昌建立了大西政权，张献忠还挥师进入四川。崇祯十七年（1644年）正月初一，李自成从西安起兵40万，誓师伐明。此时明王朝的半壁江山已失，挽歌已经奏响了。

思宗闻报，痛哭流涕，表示自己要御驾亲征，不做亡国之君。北京城的不少官员和百姓都很感动，纷纷请命上战场。地方巨贾李建泰也积极响应思宗，他拿出全部家私，在山西组织了武装队伍，阻挡李自成的进攻。不过李建泰出师不利，他在保定就投降了李自成的大顺军。京师告急，国库告罄，全国无兵可用，思宗拼尽最后的气力支撑局面。思宗为了鼓舞士气，还两次发表《罪己诏》，向天下臣民表示要承担一切责任，不过此时这些空头承诺根本不起作用。为了筹集军饷，他将皇宫中的所有金银都拿出，又命皇后等后宫人员和朝中大臣都要拿出私财。不料大多数人都捂紧腰包哭穷，思宗忙乱了一个月，只筹到了 20 余万两。而后来北京城破，李自成的大顺军进城，却从太监、大臣们那里搜刮了 2000 多万金银。

崇祯十七年（1644 年）三月十八日，农民军大举攻城，太监曹化淳开城投降，李自成占领了外城。思宗见亡国已成定局，他痛哭一场后，就开始安排后事了。

思宗先将 16 岁的太子和永王、定王这 3 个儿子装扮成普通百姓，让心腹太监送走。四月二十五日，思宗在后宫痛饮一番，他想死也要死得有骨气，不能让祖先蒙羞，不能让家人受辱。于是就下令后宫所有妃嫔自裁，周皇后等人自缢身亡，而有几个妃嫔怕死，不肯自裁，思宗就挥剑将她们砍死。接着思宗又直奔寿宁宫，挥剑砍向 16 岁的长平公主，随后又杀死三女昭仁公主。长平公主只是被砍断左臂，昏死过去，并没有死。后来被人救下，得到清朝政府的优待，并将她嫁给原先订婚的驸马周显，不过长平公主并没活多久，就心痒而亡了。而思宗杀死妃嫔女儿们后，就出宫登上煤山（今北京景山公园），自缢身亡了，终年 34 岁。这一日，历时 16 朝共计 276 年的大明王朝也在思宗手中终结了。

思宗死后，赶跑农民军的清政府将他与周皇后合葬于思陵，谥其为“庄烈愍皇帝”。南明政权建立后，追谥他为“烈皇帝”，庙号

"思宗"。思宗在位17年，兢兢业业一生，可惜生不逢时，最后成了亡国之君，他的一生实在是个悲剧。

清朝

太祖努尔哈赤

清太祖努尔哈赤：

生卒年：1559～1626年

父　母：父，塔克世；母，喜塔喇氏

后　妃：皇后叶赫那拉氏、元妃、继妃、大妃等

年　号：天命

在位时间：1616～1626年

谥　号：高皇帝

庙　号：太祖

陵　寝：福陵（今沈阳东陵）

性　格：坚毅沉着，聪明冷静

点评：

对满族的形成和发展，对东北地区的统一和多民族祖国的壮大，起了重要的促进作用。他是中国历史上杰出的政治家和军事家之一。

——白寿彝《中国通史》

清太祖爱新觉罗努尔哈赤是清王朝的开创者与奠基者，他建立的王朝续写下296年的历史。中国自秦始皇以来历代封建王朝中，清王朝是延续时间最长的少数民族政权。作为其奠基人，努尔哈赤功不可没。

太祖的成长传奇

太祖努尔哈赤像

明初，女真分为四大部，分别为建州女真、海西女真、东海女真和黑龙江女真，努尔哈赤则出生于建州女真的贵族世家。明永乐十年（1412年），明成祖封努尔哈赤的六世祖猛哥帖木儿为建州左卫指挥使。从猛哥帖木儿到努尔哈赤的父亲塔克世，努尔哈赤家族世代承袭建州左卫指挥使的职务。

努尔哈赤的祖父觉昌安是宁古塔部落六贝勒之一，而宁古塔则是建州女真中一个较大的部落。部落六贝勒是六个亲兄弟，他们占据着赫图阿拉附近方圆二十里的地盘。努尔哈赤的父亲塔克世是觉昌安的第四个儿子，他先后娶了三个妻子，其中努尔哈赤的生母是喜塔喇氏，名字叫额穆齐，是建州女真最强大部落首领王杲的长女。当时，在女真内部群雄蜂起的大背景下，依附于一个强大的部落是相对安全的选择，这也是塔克世迎娶额穆齐的原因之一。

婚后，喜塔喇氏生了三个儿子，努尔哈赤、舒尔哈齐和雅尔哈齐。作为长子，努尔哈赤备受父母宠爱，从小过着幸福的生活。但是，这种幸福在他 10 岁那年，随着母亲喜塔喇氏的去世便结束了。这一年，从根本上改变了努尔哈赤的命运。他的继母纳喇氏为人非常刻薄狠毒，不断挑唆和破坏努尔哈赤的父子关系，使得努尔哈赤的日子过得异常艰难。15 岁那年，努尔哈赤毅然带着 10 岁的弟弟舒尔哈齐离家出走，投奔到外祖父王杲门下。

几年后，明朝辽东总兵李成梁率军攻破了王杲的驻地，王杲被杀，努尔哈赤兄弟被俘虏。但是，李成梁并没有杀努尔哈赤。因为外祖父王杲是一个受汉文化影响较深的女真人，努尔哈赤在这生活期间耳濡目染，学会了一些简单的汉语。李成梁见努尔哈赤聪明伶俐，不但赦免了他，而且还让他做自己的书童。在李成梁的麾下，努尔哈赤广泛接触到新鲜的事物，增长了见识。这段时期内，努尔哈赤对汉文化与汉人有了深入的了解。由于努尔哈赤从七八岁开始就练习骑射，技艺已经非常娴熟了。每逢征战，他总是勇猛杀敌，逐渐受到李成梁的赏识，并跟随他四处征战。随着实战经验的增加，努尔哈赤的谋略意识不断增强，军事才能也得到锻炼与提高。三年多后，努尔哈赤回到家里，遵照父命与佟佳氏结婚，开始自立门户。由于继母的长期挑拨，父亲塔克世对努尔哈赤依然冷若冰霜，努尔哈赤婚后也没有分到多少家产。

但是这些磨难并没有将努尔哈赤打垮，他变得更加独立。努尔哈赤常常翻山越岭，深入林海，挖人参、采松子、拣榛子、拾蘑菇，然后把这些山货拿到市场上去卖，用以维持家里的生计。通过贸易，他和汉人、蒙古人进行了更加深入与广泛的接触和交流，对各民族的语言风俗文化有了进一步的认识。

在这样困苦的环境下生活，不仅使努尔哈赤形成了坚毅、忍耐和深沉勇猛的性格，更开阔了他的视野，锻炼和提高了他的各种能力。

含恨起兵　统一女真

王杲死后，他的儿子阿太为报父仇，常常偷袭明军。万历十一年（1583 年），明将李成梁派兵攻打阿太的驻地古勒城。阿太的妻子是觉昌安的孙女，因此，努尔哈赤的祖父觉昌安和父亲塔克世一同前往古勒城看望阿太，劝说他投降，不料却围困在城里。这时，建州女真图伦城的城主尼堪外兰为了保全自己的利益，诱骗守城士兵说，谁杀死阿太，就让谁做古勒城的城主。阿太的部下听信了这样的谎言，献城投降。明军进城大肆屠杀，努尔哈赤的祖父与父亲在混战中被杀害了。

得知这个消息，努尔哈赤悲痛万分，他质问明朝的官员，为何杀害他一向效忠明朝的祖父与父亲。明朝官员自觉理亏，不断解释为误杀，并把觉昌安与塔克世的遗体找出来，交还努尔哈赤。努尔哈赤提出交出他的仇人尼堪外兰，让他自行处置，但是明朝官员拒绝了这个要求，只是给予努尔哈赤 30 道敕书和 10 匹马，让他承袭了建州左卫指挥使的职务。努尔哈赤明白，此时不能和明朝政府决裂，便接受了明朝的抚慰。几个月之后，努尔哈赤率领百余人攻打尼堪外兰所在的图伦城，拉开了努尔哈赤统一女真各部的历史序幕。由于尼堪外兰是明朝的属官，努尔哈赤的这次进攻也意味着他正式起兵反抗明朝。

努尔哈赤成功地击杀了仇人尼堪外兰。接下来的几年中，努尔哈赤先后打败建州女真各部，逐渐完成了对建州女真的统一。随后，海西女真便成为了努尔哈赤的下一个目标。海西女真主要有乌拉、哈达、叶赫和辉发四部组成。叶赫部看着努尔哈赤逐渐强大，十分惶恐，倡议各部落联合起来，一同攻打努尔哈赤。万历二十一年（1593年），叶赫贝勒纠集了乌拉、哈达、辉发等部组成九部联军 3 万多人，向建州古勒山发动进攻。面对强大的九部联军，努尔哈赤并不慌张，沉着冷静地给士兵们打气加油，说九部联军只是一群乌合之众，建州兵能以一挡十。第二天，努尔哈赤率军迎战，

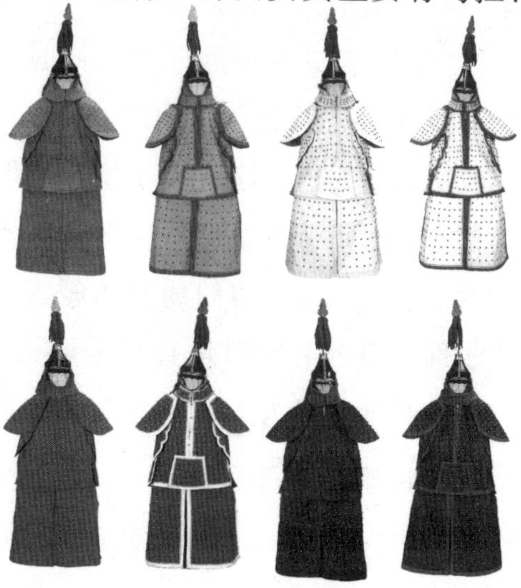

八旗军服

八旗军服以颜色作区别，但只为大阅礼时穿着，平时不用。起初各旗是地位平列的，入关之后才有皇帝自领上三旗的做法。所以正黄旗、镶黄旗、正白旗被称为上三旗，其余五旗为下五旗。

充分利用地形严密布防，避免与九部联军进行正面交锋。乘其懈怠之时，努尔哈赤率军居高临下发起冲锋，一路砍杀，以少胜多，取得了古勒山大捷。这一战让努尔哈赤名声大振。九部联军的失败，预示着努尔哈赤将最终统一女真各部。

古勒山之战结束后，叶赫为了缓和与努尔哈赤的关系，承诺将叶赫部最美丽的女子许配给他，史书上称为叶赫老女。努尔哈赤欣然答应，并奉上了聘礼。但是叶赫却一直没有将叶赫老女嫁过来，反而又把她先后许配给了哈达、辉发和乌拉的贝勒。这三部的贝勒也没能娶到叶赫老女，还依次被努尔哈赤找各种理由给消灭了。最后，叶赫将这位美丽的女子嫁给了蒙古贝勒莽古尔岱。叶赫背弃与努尔哈赤的婚约，努尔哈赤内心十分痛恨，一直在等待时机雪耻。万历四十七年（1619 年），这个机会终于来到，努尔哈赤全面发动了对叶赫的进攻，一举将叶赫部消灭。至此，海西四部也全被努尔哈赤收入囊中。

在统一建州和海西四部的同时，努尔哈赤对东海女真诸部采用了征伐和招抚相结合的手段，逐次将其统一。到万历末年，努尔哈赤收服所有女真部落。为了解决同明朝作战的后顾之忧，努尔哈赤与蒙古科尔沁部联姻结好。努尔哈赤与他的儿子们大都娶了科尔沁的女子，建州女子也纷纷嫁给蒙古王公为妻。对态度强硬的蒙古察哈尔部，努尔哈赤则是直接采取进攻的手段，大败林丹汗。后来，与蒙古联姻便成为清朝团结蒙古的重要手段。

反抗明朝　开国奠基

万历四十四年（1616 年）正月初一，努尔哈赤在赫图阿拉创立汗国，国号金，年号天命，这就是后金。建国后，努尔哈赤花了两年时间整顿内务，发展经济，进攻对明朝打下了坚实的物质基础。当一切准备妥当后，天命三年（1618 年），努尔哈赤祭祖告天，宣布了“七大恨”伐明誓词，正式将战争矛头直接指向了明朝政府。

不到半年时间，努尔哈赤就攻占了抚顺、清河等 10 余城。明朝当局受到震动，于 1619 年调集 10 万大军，以杨镐为统帅，准备兵分四路围攻赫图阿拉。努尔哈赤沉着应战，采用“恁你几路来，我只一路去”的方针，集中优势兵力，各个击破。首先，努尔哈赤以八旗精锐部队迎战明军主力杜松部。三月一日，双方在萨尔浒山对峙。努尔哈赤趁杜松分兵袭击吉林崖之时，猛攻驻扎在萨尔浒山的明军，明军溃败，主将杜松战死。接着努尔哈赤奔赴尚间崖，击败马林部。在得知有两路大军会共同进攻赫图阿拉时，为避免同时应对两路大军，努尔哈赤立即班师回京。他仅带 4000 士兵守城，应对李如柏的大军。同时，设计诱使刘綎部孤军深入，然后命令代善、莽古尔泰和皇太极率主力围歼了他们。明军统帅杨镐得知三路大军惨败，立即命李如柏撤回。在这次著名的萨尔浒大战中，努尔哈赤仅用了 5 天时间，以区区几万人之师打败明朝十几万的大军，取得了以少胜多的辉煌战绩。萨尔浒之战是后金历史发展中的一个重要转折点。从此，明朝在东北的统治逐渐瓦解，后金的战略态势开始由被动转为主动。

天命五年（1620 年），万历皇帝病死，因皇位交接风波，明朝的局势十分动荡，内部宦官与东林党人的纷争不断。努尔哈赤见时机成熟，便于第二年出兵向沈阳进军。当时，沈阳作为辽阳的屏障建立了严密的防御系统。努尔哈赤派精锐骑兵在沈阳城周围进行埋伏，然后出兵到城下挑战。明总兵贺世贤中计出击，进入了努尔哈赤的埋伏圈，被后金士兵杀死。努尔哈赤趁机攻入沈阳城，杀死明朝士兵 7 万多人，随后向辽阳发起进攻。辽阳作为明朝东北的军政中心而备受重视，有重兵防守。努尔哈赤兵分两路攻打辽阳城，城内守军大乱。正在督战的袁应泰见大势已去，自焚而死。几番激战之后，努尔哈赤占领了辽阳城。之后，努尔哈赤将都城迁往辽阳，辽沈地区便成为后金入主中原之前的根据地与统治中心。

经过两次大战之后，努尔哈赤的统治逐渐稳固。迁都沈阳之后，努尔哈赤便一直在寻找征伐明朝的时机。天命十一年（1626 年），明军更换主帅、全线撤防。努尔哈赤闻讯，立即出兵攻打明朝。他亲率 10 万大军向辽西进攻。在宁远城，袁崇焕以不到 3 万的兵力顽强祖籍努尔哈赤，使其顿兵于坚城之下。努尔哈赤无计可施，只好带着他残存的兵力退回沈阳。宁远之败给努尔哈赤造成了巨大的精神创伤，是他戎马一生中最大的一次败仗。此后，努尔哈赤心情忧郁，加上岁数已大，常年的征战让他的身体遭受了严重的损伤。就在这一年八月，努尔哈赤去世，享年 68 岁。

努尔哈赤不仅是满族的缔造者，同时也是八旗制度的创始人。当时，女真人狩猎每人出一支箭，以 10 人为一单位，称牛录（箭或大箭的意思）；10 人中设立一个总领，称牛录额真（额真，是首领的意思）。努尔哈赤在牛录基础上又设立了甲喇和固山，以五牛录为一甲喇，五甲喇为一固山。甲喇、固山分别由甲喇额真和固山额真统领。每个固山还设立两个梅勒额真，作为固山额真的助手，协助管理事务。这样，固山成为了当时满洲户口和军事编制的最大单位，每个固山都有特定颜色的旗帜，汉语将固山译为“旗”。便有了正红、正白、正蓝、正黄、镶黄、镶白、镶蓝和镶红旗，被称为满洲八旗。八旗制度是“以旗统民，以旗统兵”的民兵合一、军政合一的社会组织形式。八旗兵平时耕田狩猎，战时披甲上阵。八旗旗主即八个固山额真都由努尔哈赤的子孙担任，他们集军事统帅和政治首领于一身。努尔哈赤则是八旗的家长和最高统帅，他为八旗制定了严密的纪律。八旗制度的实行，大大提高了女真的军事战斗实力，成为了清朝最终入主中原、统一政权的关键性基础。

太宗皇太极

清太宗档案：

生 卒 年：1592～1643 年

父　　母：父，太祖努尔哈赤；母，皇后叶赫纳喇氏
后　　妃：皇后博尔济吉特氏、宸妃、庄妃等
年　　号：天聪，崇德
在位时间：1626～1643 年
谥　　号：文皇帝
庙　　号：太宗
陵　　寝：昭陵（沈阳北陵）
性　　格：心思缜密，善于谋略
点评：

皇太极建国号大清。从此，以满洲贵族为核心，蒙汉贵族、地主为辅助的联合政权结束了继承女真传统的后金时期，走上了取代明朝、统治全中国的道路。

——张岂之《中国历史》

皇太极是努尔哈赤的第八个儿子，是清朝的第二任皇帝。他成功地守护住了父亲努尔哈赤打下来的江山，并将其发扬光大，为清朝入主中原做了充足的准备。

少年图强　谋划继汗

太宗皇太极像

爱新觉罗皇太极的生母是叶赫部酋长杨吉努的女儿叶赫纳喇氏，她待人宽厚，处事稳重，很受努尔哈赤的宠爱。皇太极自然也得到了努尔哈赤的疼爱，从小便接受了一定的文化教育。他天资聪慧，颇通待人接物之道。由于父兄常年出征，少年时期的皇太极便开始主持

家务，干得颇为出色。

皇太极21岁时第一次随父亲出征，参加对乌拉部的征伐。当时努尔哈赤只是命令部下焚毁敌人的粮草，并不发动进攻。血气方刚的皇太极却急于冲锋陷阵，努尔哈赤劝导他说，砍伐大树的时候，必须用斧子一下一下地砍，才能将它砍掉。征服强大的部落也一样，必须慢慢将其枝叶削去，才能一举将其消灭。皇太极从此以后牢记“砍树”的原则，并运用在他对于明朝的征伐中。跟随父兄作战时，皇太极积极地参与军政事务的讨论，并不时提出好的计策，因此受到努尔哈赤的重视，并成为他的得力助手。

努尔哈赤在位时，曾选定大贝勒代善、二贝勒阿敏、三贝勒莽古尔泰和四贝勒皇太极为四大和硕贝勒，命四人按月轮流值班，处理国家机要事务。努尔哈赤死前并没有指定汗位继承人，因此在他死后，汗位之争非常激烈。皇太极最后的脱颖而出，靠的是谋略和实力。

当时的形势是：二贝勒阿敏是皇太极的堂兄，他的父亲舒尔哈齐获罪圈禁至死，他自己也犯下大过，因此没有资格争夺汗位。三贝勒莽古尔泰是努尔哈赤的第五个儿子，他有勇无谋，而且生性鲁莽。他的生母富察氏因为过失获罪，他竟然亲手杀死母亲。这样的人可以做统兵将领，但是不能做一国之君。剩下的大贝勒代善是最有条件与资格继承汗位的，他性格宽厚，深得众心，而且军功多、权势大。努尔哈赤曾暗示死后由他继承汗位，说道：“百年之后，我的幼子和大福晋交给大阿哥收养。”这里的大阿哥指的就是大贝勒代善。皇太极本身也有一定的实力，且屡立军功，有条件与大贝勒代善竞争汗位。因此，皇太极的首要目标就是和代善竞争。在萨尔浒与辽沈大战中，皇太极都积极地争取军功，试图与代善一较高下。除此之外，皇太极很早就开始寻找机会削弱代善。

这里面还有一则小故事：天命五年（1620年）时，努尔哈赤的小福晋德因泽向他告发，大妃阿巴亥两次准备佳肴送给大贝勒，大贝勒都接受并且吃了；她又送给了四贝勒，四贝勒虽然接受了，但是没有吃。而且大妃经常派人去大贝勒家，深夜还外出宫院。努尔哈赤派人调查属实，不愿家丑外扬，于是借故惩处了大妃阿巴亥。大贝勒代善的威望由此降低，并逐渐失去了努尔哈赤的宠爱。有人说德因泽是受了皇太极的指使才去告发的，故意抖露代善与大妃之间暧昧不明的关系。不管真相如何，皇太极是这件事的受益者。

阿巴亥所生的多尔衮和多铎也有资格同皇太极竞争皇位，为了削弱他们的力量，在努尔哈赤死后，皇太极和几个贝勒说先汗有遗言让大妃殉葬。在他们的威逼下，大妃自缢而死。

至此，皇太极在继承汗位上取得了有利地位。随后，在众贝勒的商议之下，皇太极在天命十一年（1626 年）登上后金汗位。在即位之初，皇太极仍然奉行四大贝勒并肩而坐、共同处理军政的原则。但后来，皇太极除掉了二贝勒阿敏和三贝勒莽古尔泰，并威胁大贝勒代善，免去了三大贝勒轮流执政的权力，实行“南面独坐”，将势力握在自己的手中。

征服朝鲜　联姻蒙古

皇太极继承汗位后，后金国四面受敌，东邻朝鲜，北靠黑龙江地区，西北接蒙古，西南面则是明朝。要想摆脱险境，在夹缝中生存，必须有一个良好的策略。经过反复权衡思考，皇太极决定首先制服蒙古和朝鲜；对最主要的敌人明朝，则以议和争取时间，然后再图谋大举进攻。

长期以来，朝鲜一直是明朝忠实的盟友。天聪元年（1627 年），乘朝鲜发生内乱之际，皇太极命令二贝勒阿敏率军东征朝鲜。大军跨过鸭绿江，攻占了江华岛，俘获了朝鲜王子和宗室大臣。朝鲜君主走投无路，与皇太极定下“兄弟之盟”。崇德元年（1636 年），皇太极举行称帝大典时，朝鲜使臣拒不跪拜，皇太极以此为借口，率军亲征朝鲜，重创朝鲜军队。朝鲜国王李倧向清朝请降，成为清朝的属国。经过两次用兵朝鲜，皇太极完全掌控了朝鲜。

当时的蒙古主要分为三大部：漠南蒙古、漠北蒙古和漠西蒙古。漠南蒙古位于后金和明朝中间，成为双方争夺的焦点。皇太极采取软硬兼施的策略，以强大的武力作为后盾，积极争取蒙古各部归顺。漠南蒙古中最强大的部落是察哈尔部，察哈尔部的首领林丹汗倚仗明朝的支持，坚决与后金为敌。天聪二年（1628 年），皇太极利用漠南蒙古内部的矛盾，率军亲征林丹汗，大败察哈尔部军队。在这次进攻中，皇太极对不服从约束的蒙古各部给予坚决打击，加强了对归附的蒙古各部的控制。之后，皇太极再次调军西征，林丹汗自知不敌，向西逃亡。之后，察哈尔部分崩离析，林丹汗因天花病死，部众逃散。皇太极便派多尔衮去招抚林丹汗的残部，林丹汗之子率军归降。从此，漠南蒙古彻底归附皇太极。

除了出兵征服外，皇太极还积极与蒙古贵族联姻。皇太极的“一后四妃”都是蒙古族，分属于蒙古的科尔沁部和察哈尔部。皇后博尔济吉特氏是蒙古科尔沁贝勒莽古思的女儿，15 岁嫁给皇太极。皇太极继位后，她便成为了皇后。由于一直没有子嗣，科尔沁部的贝勒们都非常不安，他们希望由本部落妃子的儿子继承大统，从而保证自己部落的尊崇地位，因此不断将科尔沁部的女子送进宫。于是，便有了后来的宸妃和庄妃。她们两姐妹都是博尔济吉特氏，并且同为皇后的侄女。而贵妃和淑妃则是林丹汗的福晋，在林丹汗死后便都被皇太极收入宫中。林丹汗的儿子归降后，皇太极把次女嫁给了他，并且命令济尔哈朗娶林丹汗的遗孀苏泰太后为福晋。皇太极的长子豪格及二兄代善、七弟阿巴泰也分别同察哈尔部联姻。由此，皇太极构建了一个错综复杂的满蒙联姻同盟。这一政策，后来成为清朝的国策。所以，清朝的皇后大都出于蒙古。

皇太极还向北用兵，矛头直指黑龙江中、上游地区。在努尔哈赤时期，后金已经统一了黑龙江下游地区。皇太极继承遗愿，采用招抚为主，武力为辅的策略，争取更多部落的统一。他告诫出征的将领要积极劝说当地民众，让他们知道我们的祖先都是一家人，应同甘共苦，力图用同宗的观念感化他们。果然，大量部落归附了皇太极。这样，三方面的威胁都已逐步清除，皇太极开始全力进攻明朝。

反间明朝　决战松锦

皇太极曾亲眼目睹了父亲努尔哈赤在宁远之战中的惨败，为了报父仇，他于天聪元年（1627 年）发动了宁锦之战，然而仍以失败告终。这两次战役的惨败让皇太极意识到，袁崇焕是他进军中原路上的一个巨大障碍，必须想办法将他除去。天聪三年（1629 年），皇太极亲自率领大军，避开山海关，绕道内蒙古，进攻北京城。当时，袁崇焕被封为兵部尚书、蓟辽督师，驻守山海关。在得知皇太极进攻京师的军报后，袁崇焕立即带兵回防，保卫京师。在北京城下，双方展开激战。袁崇焕身先士卒，连获两捷，使京师转危为安。这时，皇太极实施了反间计，让手下人故意给一个被俘的太监透露风声说，袁崇焕和皇太极订立了密约，两人要共成大事，然后再把这个太监放走。多疑的崇祯帝得知这个消息之后，马上下令逮捕袁崇焕，并将他定罪入狱。第二年，袁崇焕被凌迟处死。这样，皇太极不费吹灰之力便把自己的劲敌给消灭了，而这件冤案直到100 年后的乾隆帝时才予以平反。接着，皇太极并不急于进攻北京城，而是退回沈阳，安顿后方，等待进攻时机的到来。

宁远城遗址

1626 年，努尔哈赤亲率十三万大军，号称二十万，围攻明关外要塞宁远城（今辽宁省兴城市），遇到明将袁崇焕抗击，久攻不下，背发痈疽而死。

崇德四年（1639 年），认为时机成熟的皇太极派兵进攻松山，但在明军的顽强抵抗下失败了。第二年，皇太极派兵在锦州城外修筑战壕，将锦州围困起来。明朝守将祖大寿告急，崇祯帝派蓟辽总督洪承畴率 13 万大军解锦州之围。洪承畴采取稳扎稳打、步步为营的战略，慢慢地靠近锦州。明朝大军的不断到来，使得清军节节败退。皇太极得知消息后率军亲征，要与明朝决战。

皇太极的御驾亲征大大地鼓舞了士气，清兵顶住了明军的压力。在仔细分析了地形之后，皇太极部署清军切断明军的粮饷供给，并将松山城的明军围困起来。明军力图冲破包围圈，却屡遭失败。两军交战过后，清军又夺取了明军的军粮，进一步缩紧了包围圈。明军交战失利，加上粮饷丢失，很快就军心动摇，许多将领都想突围奔向宁远。洪承畴别无选择，只好下令全军突围。皇太极对此早有准备，命各路清军严阵以待。明军受到重创，短短十天之内，明朝 13 万大军就损失大半，只剩下洪承畴率领的 1 万多人困守松山城。崇德七年（1642 年），松山城中的明朝副将投降，松山城失陷，洪承畴被俘。在皇太极的劝说下，洪承畴最终归降清朝。锦州守将祖大寿见大势已去，也主动献城归降。随后，关外各地相继落入清军手中。松锦大战以皇太极的胜利告终，同时也标志着皇太极对关外局势的绝对掌控形成。经过此役后，明朝的精兵良将已所剩不多。

革除弊病　稳固统治

努尔哈赤晚年时民族矛盾加剧，皇太极继位后将族名改为满洲，以此来缓和汉人与女真人之间的矛盾，缓和各民族之间的歧视心理。对于汉族知识分子，皇太极更是量才而用，其中最为出名的是对范文程的任用。皇太极每遇到军政大事，总是想着要和范文程商量。有一次范文程在宫里看到满桌的佳肴，突然想到老父亲，于是便放下了筷子。皇太极明白了他的心思，当即命人将饭菜送范文程家里。之后，范文程做到内秘书院大学士，这也是清朝用汉人为相的开始。对于降清的汉人将领，皇太极也不惜授予高官，甚至封王。同时下令允许已为奴仆的汉人参加科举考试，各家主人不得阻拦，一经录用便委以官职。这些都表明，皇太极试图通过任用汉官，争取汉人的民心，以稳固清朝的统治。

另外，皇太极逐步完善了各项政权机构，废除了大汗同三贝勒的并坐制，改为大汗“南面独坐”，强化了君主集权。设立了专门管理民族事务的机构，并且扩充了八旗兵力，增设了蒙古八旗和汉人八旗。通过一系列的措施，皇太极逐步稳固了清朝的统治。

松锦决战结束后，眼看清朝就要与明朝决战了，但是皇太极却没能亲眼看到这一天。政务烦劳加上常年征战，皇太极的精力已经消耗殆尽。松锦决战前，皇太极最宠爱的宸妃去世了，更是给他心理上沉重的打击。崇德八年（1643 年）的一个夜晚，皇太极突然辞世，享年 52 岁。

世祖福临

清世祖福临：

生 卒 年：1638～1661 年

父　　母：父，太宗皇太极；母，孝庄太后

后　　妃：皇后博尔济吉特氏、董鄂妃等

年　　号：顺治

在位时间：1643～1661 年

谥　　号：章皇帝

庙　　号：世祖

陵　　寝：孝陵（清东陵）

性　　格：明达好学，脆弱多情

点评：

一个天性聪明的孩子，有安治天下的抱负和才能，又执着追求真挚的爱情。他外表坚强，内心脆弱，注定他无法接受残酷的政治

考验。

——陈满麒

清世祖爱新觉罗福临是皇太极的第九子，是大清王朝的第三任皇帝，也是清王朝入关后的第一个皇帝。福临6岁登基，是著名的少年天子。在他之后，清王朝迎来了历史上最辉煌的“康乾盛世”时代。

幸运登基 叔父摄政

崇德八年（1643年），皇太极突然病死，没有留下遗诏，也没有预立继承人。诸王贝勒因继承人起了纷争，一时僵持不下。努尔哈赤曾经有遗言，皇位的继承人要由满洲贵族来讨论。当时有七个人的意见举足轻重，他们分别为礼亲王代善、郑亲王济尔哈朗、睿亲王多尔衮、肃亲王豪格、英郡王阿济格、豫郡王多铎和颖郡王阿达礼。多尔衮和豪格是皇位的有力竞争者，他们各自拥有支持者，互不相让。

世祖福临像

豪格有正黄、镶黄和正蓝旗的支持，多尔衮有正白旗和镶白旗的支持，两者都立下过不少军功，因此赢得剩下三旗的支持就显得尤为重要了。在商议继承人的大会上，礼亲王代善提出长子豪格继承皇位。豪格见自己又多了代善父子掌管的正红和镶红两旗的支持，认为大局已定，便开始谦虚退让，想要以退为进。没想到，两白旗的人坚决反对。双方争执得不可开交，最后多尔衮提出让皇太极的第九子福临继位，由他和济尔哈朗辅政。这样一来，既拉拢了济尔哈朗和他掌管的镶蓝旗，又满足了两黄旗大臣坚决让皇子继位的要求。礼亲王代善顺水推舟，拥护由6岁的福临继承了皇位。

崇德八年（1643年），福临正式在沈阳即位，第二年改元顺治。这时，李自成的农民起义军攻占了北京城，明朝崇祯皇帝在景山自缢而亡，大明王朝的统治结束。在这历史转折点，降清汉人范文程力主多尔衮乘农民军未站稳脚跟时，大举进攻北京城，定鼎中原。多尔衮也觉察到了这一千载难逢的机会，于是打着为崇祯帝报仇的旗号，率领大军向山海关进发。

当时山海关聚集了三股强大势力：山海关总兵吴三桂率领的精锐明军，李自成带领的讨伐吴三桂的农民军和多尔衮率领的清军。由于李自成的失误，致使吴三桂降清，并与清军联合。在山海关大战中，李自成的农民军战败，退回北京。由于兵力不足，又仓皇从北京撤离。多尔衮率清军攻入北京城，而顺治在济尔哈朗的护送下来到北京，并举行了隆重的开国大典，正式宣告清朝对全国的统治。随后，顺治封多尔衮为叔父摄政王。至此，顺治实现了前两任皇帝都未能实现的愿望，正式入主中原。

清朝入关后，政权并不稳固，全国各地的骚乱此起彼伏。摄政王多尔衮命英亲王阿济格和豫亲王多铎分别进攻大顺与南明政权，逐步平定江南一带。

为了巩固自己的势力，多尔衮一步步剪除了妨碍自己的政治势力。首先多尔衮取消了军事大事由八旗贝勒共同商议的制度，改由两位摄政王决断。之后又编织罪名剥夺了济尔哈朗的辅政大权，一切政令就都掌握在多尔衮手中。最后多尔衮将豪格定罪下狱，一个月后，豪格猝死。在清除这些政治威胁后，多尔衮大权独揽。后被封为皇父摄政王，成为实际上的皇帝。

当时，多尔衮一人独霸朝纲，孝庄太后深知同多尔衮搞好关系才能保全皇帝。因此对多尔衮多加笼络，二人之间的暧昧情愫也广泛让人猜测，甚至有“太后下嫁”一说。敏感的顺治对此十分不满，同孝庄太后的关系也开始变坏。

少年亲政　治国有方

在多尔衮阴影下生活的 7 年，顺治事事仰人鼻息，受人摆布，处境苦不堪言。在他的心里，埋下了对多尔衮仇恨的种子。多尔衮死后，顺治立即下令剥夺他的爵位，没收他的财产，甚至毁掉他的陵墓。顺治八年（1651 年）正月，14 岁的顺治亲政，正式掌管朝政。顺治从小就开始学习历代帝王的治国之道，阅读了大量的治国经典。勤奋刻苦的学习让顺治摆脱了先辈的草莽之气，而颇具文士之风。这也使得他的治国策略由先辈的“武攻”转向“文治”。

针对多尔衮时期的弊政，顺治适当地采取了一些缓和措施。多尔衮曾进行了两次大规模的圈地运动，大量剥夺农民土地，分给皇室成员和八旗官员。百姓没有土地，流离失所，生产受到极大的破坏。为解决这个问题，顺治下令严禁圈地，命令地方官员将以前所圈的全部土地退还给原主，并且重申永远不再圈地。另外，顺治下令鼓励垦荒，减轻农民负担，为社会经济的恢复提供了有利的条件。顺治明白，治理国家安抚百姓，吏治清明非常重要。因此，他大量惩处贪官污吏，并下令督抚监督各地官员，防止发生扰民的行为。又派出权力更大的监察御史巡视各地，对违法的总督、巡抚和总兵进行检举揭发。短短一年里，被顺治革职查办的贪官污吏就达到 200 多人。

顺治十年（1653 年），西南地区抗清活动高涨。顺治命洪承畴率师进剿，他给予洪承畴“便宜行事”的权力，放手让他灵活捕捉进攻时机。洪承畴也不负圣望，彻底肃清了西南部的反抗势力。每当将军们出征，顺治总是告诫他们，对于主动投诚、真心悔改的农民武装，都予以免罪，由政府酌情安置。此外，郑成功盘兵东南，严重威胁清王朝。顺治派人招抚，积极争取郑成功，但遭到拒绝。招抚不成，顺治便下令征讨郑成功，并将他的父亲与亲属流放宁古塔，没收他的家产。郑成功奋起反抗，但被清军击败。无奈之下，郑成功便率军东渡，击败荷兰人，在台湾扎下根来，与清朝长期对峙。

为了进一步巩固统治，顺治继续重用汉官。废除了以前汉官不能掌印的规定，并将汉官的品级提高到与满人一样。以前内阁大学士满人是一品，汉人是二品，顺治将其全改为一品。同时任命范文程为议政大臣，此前这个职务一直由满人担任。至此，汉人官员受到了从未有过的宠信。顺治经常与范文程探讨如何治理国家的问题。对于范文程提出的意见，顺治也是虚心接受与采纳。与前朝皇帝不同的是，顺治非常鼓励大臣直言进谏，即使意见尖锐也不加怪罪。有时候大臣们不提意见，顺治反而会不高兴。因此，顺治以后的皇帝也大都受此影响，广泛纳谏，耐心地听取大臣们的意见。

除了对汉官加以重用外，顺治对于洋人也礼遇有加。经过范文程的引荐，外国传教士汤若望很快就得到了顺治的宠信，并且加官进爵，成为了清朝的命官，开西方传教士掌管钦天监的先例。汤若望为孝庄太后治好了病，被尊为义父，顺治便按满语尊称汤若望为玛法，即汉语爷爷的意思。顺治非常喜欢汤若望平易近人的作风，而且认为他为人真诚。两人交往日益密切，顺治经常到汤若望的住所和他一起讨论学问，并向他请教治国策略。顺治 19 岁的生日便是在汤若望的家里度过的。汤若望常常为顺治出谋划策，充当顾问的角色，而他给顺治的许多谏言都被采纳。顺治在临终议嗣时也征询了汤若望的意见。汤若望认为玄烨出过天花，更适合作为皇位继承人，顺治最终遵从了他的意见。因为顺治的恩宠，西方传教士开始涌入中国，自由传教。

郑成功将荷兰人赶出了台湾，此图表现了荷兰殖民者投降的情况。

在顺治的治理下，清军入关之初的混乱局面逐渐稳定，社会秩序也得到恢复，各民族开始和谐相处，为国家的稳步发展提供了有利条件。

废后宠妃　崇尚佛法

顺治 14 岁时，就被逼与科尔沁卓礼克图亲王吴克善的女儿博尔济吉特氏结婚。这门亲事是多尔衮定下的，所以顺治很不满意。这位小皇后是科尔沁的贵族，从小就娇生惯养，顺治非常不喜欢。成亲之后，两人经常发生口角。顺治认为皇后非常恶毒，妒忌心重，又爱好奢侈。他实在忍受不了，决定要废后。然而这件事并不顺利。大臣们认为皇后并没有什么明显过错，不能轻易废黜。但是顺治心意已决，不顾孝庄太后和大臣的反对，强行将皇后降为静妃。之后，顺治又娶了一位博尔济吉特氏为皇后，虽然顺治仍不满意，但是在孝庄太后的庇护下，还是保住了后位。废后事件让顺治与皇太后之间的矛盾加深，而董鄂妃的出现则让两人的母子关系进一步恶化。

孝庄太后十分不满顺治对于董鄂妃的宠爱，总是横加干涉，然而顺治对董鄂妃爱得死去活来。这位顺治最宠爱的女子，身世扑朔迷离。根据《汤若望传》的记述："顺治皇帝对于一位满籍军人之夫人，起了一种火热爱恋。"著名历史学家陈垣先生考证后认为她是顺治的弟弟、襄亲王博穆博果尔的妻子，但仍有不同意见。不管真相如何，顺治对董鄂妃是一见钟情。在入宫后的短短一个月内，董鄂氏便晋升为皇贵妃，上升速度之快十分罕见。并且顺治还为她举行了盛大的册妃典礼，大赦天下。在清朝两百多年的历史里，因为册立皇贵妃而大赦天下是绝无仅有的一次。在有了董鄂妃之后，顺治便独宠她一人。董鄂妃为顺治生了个儿子，是皇四子，顺治却直呼为"朕的第一子"，并且要立他为皇太子。但不幸的是，皇四子生下三个月就夭折了。董鄂妃也因为过于伤心，卧床不起，不久便香消玉殒了。董鄂妃之死，使顺治痛不欲生。他不顾一切，寻死觅活，需要人日夜看守。

顺治从小就生活在多尔衮的阴影之下，与皇太后的关系又不好，内心非常脆弱，缺乏精神支柱。之前娶得两个皇后又都是被逼的，痛苦之情可想而知。董鄂妃善解人意，是懂他理解他内心苦楚的人，也是他的精神依靠。然而不幸的是，董鄂妃早早死去。顺治陷入了无法自拔的悲痛当中，一度想要出家礼佛。

由于皇太极对藏传佛教的重视，顺治自幼受到佛教的熏陶。20岁的时候，他召见了海会寺的和尚，并进行了深切地交谈，甚至让他们在宫里论经说法。顺治还为自己取了法名“行痴”，并自称弟子。当时的僧人中，玉林琇和尚最受顺治的尊重。由于对佛法越来越热衷，顺治总有出家的念头。但他担心皇太后对自己挂念，才一直没有剃度。据统计，顺治曾在两个月内，先后38次到高僧馆舍，彻夜谈论佛经。在董鄂妃死后，顺治万念俱灰，决心遁入空门，命令玉林琇的弟子茆溪森为他净发。茆溪森极力劝阻，可是顺治不听。皇太后知道后非常气愤，马上派人把玉林琇召回了北京。玉林琇当即命人架起柴堆，要烧死弟子茆溪森。顺治无奈，只得放弃出家的念头，茆溪森才免于一死。

然而爱子夭折，宠妃去世，出家不成，这一系列的打击让顺治情感上无法承受，身体也一天天虚弱。在董鄂妃辞世一百多天后，顺治因患天花医治无效去世了，享年24岁。顺治在他短暂的一生中，努力地治理国家，甚至在去世之前的遗诏中还深刻地检讨了自己的错误。他在位时推行的休生养息措施，使清朝的统治逐步稳定下来并迅速向前发展。

圣祖玄烨

清圣祖档案：

生 卒 年：1654～1722年

父　　母：父，世祖福临；母，佟佳氏
后　　妃：皇后赫舍里氏、定妃、通嫔等
年　　号：康熙
在位时间：1661～1722 年
谥　　号：仁皇帝
庙　　号：圣祖
陵　　寝：景陵（清东陵）
性　　格：沉着睿智，仁孝宽厚，勤奋谨慎

点评：

康熙在各项标准上，符合了中国传统上所谓的内圣外王的尺度，他既仁慈也不乏决断力。

——黄仁宇

康熙帝爱新觉罗玄烨是清朝的第四位皇帝，也是中国历史上在位时间最长的皇帝。他继承了先辈们的基业，开创了“康乾盛世”的恢宏局面。在守业的同时，康熙帝还开疆拓土，极大地扩展了清朝的版图，为后世子孙留下了巨大的遗产。

少年天子　智勤鳌拜

玄烨是顺治皇帝的第三个儿子，他的生母是佟佳氏。佟佳氏的祖父当年曾经跟随努尔哈赤作战，是清朝的开国功臣。她的父亲则是汉军正蓝旗人，也屡立战功。因此，佟氏成为了汉军中显赫一时的名门望族。当时，为了缓和民族间的矛盾，顺治选择一些汉人女子充入后宫，其中就有佟佳氏。但她并没有受到顺治帝的宠爱，

康熙帝读书像

也导致玄烨出生后遭受冷落。幸运的是，祖母孝庄太后对玄烨母子关爱有加。她不仅派自己的侍女照顾玄烨，教他读书写字，自己也经常对玄烨进行教诲。祖母的教育关怀，在一定程度上弥补了他未得的父爱。这份情感让玄烨永生难忘，后来他对孝庄太后非常孝敬。

玄烨5岁进入书房后，常常是不分寒暑，昼夜苦读。玄烨十分酷爱书法，每天坚持练习，从无间断。他深知自己读书并不是为了消遣，而是为了更好的学习如何治国平天下。不论是出巡在外，还是居住宫中，不论是中华古籍，还是西洋科技，他都有着浓厚的兴趣。清史专家阎崇年评价说："康熙皇帝是'二十五史'中唯一了解西方文明、尊重科学精神的皇帝。"可以说，学习伴随着玄烨的一生，也是他成功开创伟业的秘诀所在。玄烨身上混合了三种不同的血统，他的父亲是满洲人，祖母是蒙古人，母亲是汉族人。这使得玄烨更加易于接受不同文化，形成良好的文化素质。

顺治十八年（1661年）正月，玄烨在孝庄太后的主持下登上了皇位，次年改元康熙。因为康熙年幼，顺治帝驾崩前遗命由索尼、苏克萨哈、遏必隆和鳌拜四大臣辅政。辅政之初，四大臣遇事都会进行协商，然后由太后进行决策。在四大臣之中，索尼是四朝元老，位列首辅，但他年老多病。苏克萨哈资历较浅，与索尼又有嫌隙，处于孤立无援的境地。而遏必隆与鳌拜同属镶黄旗，所以总是附和鳌拜。由于势力消长，协商辅政的局面被破坏，大权逐渐落到了鳌拜手中，从而出现了鳌拜结党营私、欺凌幼主的局面。

索尼去世之后，鳌拜的野心进一步膨胀，想要越过遏必隆和苏克萨哈做首辅。于是，他试图拉拢苏克萨哈，但是遭到拒绝。鳌拜恼羞成怒，决心除掉苏克萨哈。于是，他不断上书康熙帝，要求将苏克萨哈及其子孙全部处死，并没收其家产。最终，年少的康熙被迫下达了处死苏克萨哈的命令。从此，鳌拜与遏必隆结成同党，独揽朝政大权。对鳌拜的嚣张跋扈和步步紧逼，康熙虽然不满，但由于自己羽翼未丰，只能表面上同鳌拜进行周旋。康熙六年（1667

年），康熙 14 岁，按照祖制开始亲政，并且暗中加紧了谋划除掉鳌拜的对策。

康熙知道鳌拜的党羽众多，如果不小心行事就会祸及自身。于是，他在各亲王府挑选满洲少年，组成了宫廷侍卫队，天天练习摔跤。鳌拜不以为意，认为皇帝在厮混。与此同时，康熙将鳌拜进封为一等公，解除他的戒心。接着，康熙任命索尼之子索额图为一等侍卫，借下棋的名义和索额图共同制定擒拿鳌拜的整体方案。事前，康熙不动声色地将鳌拜的党羽先后派出京城办事，然后下旨召鳌拜单独进宫议事。鳌拜走进宫内之后，康熙命令满洲少年将其擒住，并公布了他的 30 大罪状。念在鳌拜当年搭救清太宗皇太极有功，康熙赦免了他的死罪，判处他终身监禁。此后，康熙一举歼灭了鳌拜的同党，掌控了朝政。

励精图治　稳定政权

康熙亲政之后，为巩固统一政权做出了巨大的努力。首先就是削平三藩。三藩指的是三个明朝降清的藩王：平西王吴三桂，镇云南；平南王尚可喜，镇广东；靖南王耿精忠，镇福建。三藩都占据要地，拥兵自重，大有割据之势。且供养三藩之兵，耗费朝廷大半财赋。康熙帝决定要削平三藩，巩固皇权。当时，吴三桂等上书请求撤藩，试探朝廷态度。朝廷官员怕激起变乱，绝大多数都主张不可撤藩，只有兵部尚书明珠、户部尚书米思翰等少数官员支持。康熙帝力排众议，下令撤藩，分别派官员奔赴三地办理相关事宜。在三个藩王中，吴三桂的势力最为强大。康熙帝下达撤藩令后，吴三桂

巡视台湾图卷（局部）清

公然发动叛乱，各地的党羽也纷纷响应。朝廷闻讯大惊，认为叛乱是因撤藩而引发的，大学士索额图要求处斩建议撤藩的大臣。康熙帝临危不惧，下达武装平叛的命令，重兵直指叛军之首吴三桂。经过8年的战争，清军平定三藩。

康熙帝的下一个目标是统一台湾。当时郑成功已经去世，他12岁的孙子郑克塽统治台湾。这时的郑氏集团内部纷争不断，台湾政局动荡不安。康熙抓住了这个时机，以施琅为福建水师提督，率军统一了台湾。之后，康熙设立了台湾府，隶属福建。并在台湾府下设三县，派8000名官员驻守台湾。从而加强了清政府对台湾的管辖，促进了台湾地区经济文化的发展。

内忧解决完之后，康熙开始着手解决外患。黑龙江地区一直被满洲人视为祖先的发源地，皇太极时就已经归属清朝管辖了。然而沙俄却觊觎着这片肥沃的土地，清军入关之后，沙俄逐步侵入黑龙江流域，占领雅克萨、尼布楚等城。康熙帝几次派人接触沙俄政府，但他们无意进行和谈，反而乘清政府整顿内乱之际，肆意杀掠扩张。康熙果断采取强硬措施，派兵前往黑龙江地区，与当地民众一起打击沙俄侵略者。到康熙二十二年（1683年），清军基本肃清了黑龙江中下游地区的沙俄侵略者，只剩下雅克萨还被沙俄侵占着。在统一台湾之后，康熙帝调派军队进行了雅克萨自卫反击战，击败沙俄侵略者。

侵略者头目托尔布津不甘失败，率领残军重新回到了雅克萨。他还纠集了尼布楚方面的援军，妄图卷土重来。他们在雅克萨城附近构筑了新的堡垒，企图永久霸占这块土地。康熙帝得知消息之后，命令清军迅速备战，彻底消灭雅克萨的守敌，然后派兵在雅克萨驻守。在两次雅克萨之战（1685年，1686年）中，侵略者遭到了毁灭性的打击。在对侵略者进行武装打击的同时，康熙帝继续向俄方提出谈判建议。面对清军的强大的攻势，俄军不得不同意和谈。双方代表经过多次谈判，中国做出了让步，将尼布楚割让给了俄国。康熙二十八年（1689 年），中俄双方签订了《中俄尼布楚条约》。条约中规定了中俄两国的东段边界，从法律上划定了以外兴安岭、额尔古纳河和格尔必齐河为界，整个外兴安岭以南、黑龙江和乌苏里江流域都是中国的领土。这是中国历史上同外国签订的第一个平等条约，标志着康熙帝独立自主外交政策的胜利。

康熙收复雅克萨之后，立即着手解决噶尔丹分裂国家的叛乱。努尔哈赤和皇太极解决了漠南蒙古的问题，康熙则要进一步解决漠西蒙古和漠北蒙古的问题。噶尔丹就是漠西厄鲁特蒙古准噶尔部的头领，他夺得准噶尔部的统治权后，又以武力吞并了厄鲁特蒙古的其他各部。随后，噶尔丹与沙俄侵略者勾结起来共同进攻喀尔喀（漠北）蒙古。喀尔喀蒙古溃败后归附了清朝，清朝派人接纳并将他们安置在科尔沁草原。喀尔丹仍不放弃，再次发动武装进攻喀尔喀蒙古。

对于噶尔丹的侵扰，康熙帝一方面多次给予劝诫，要求他停战并归还喀尔喀蒙古的土地。另一方加强塞外的兵力，为武装平叛做准备。然而，噶尔丹不肯罢休，形势越来越严峻，于是康熙帝决定率军亲征噶尔丹。康熙二十九年（1690 年），康熙率军亲临塞北，指挥军队大战噶尔丹。在清军猛烈炮火攻击下，噶尔丹溃败而逃。后来又经过康熙帝的两次亲征，才最终平定了噶尔丹叛乱，彻底粉碎了沙俄企图分裂中国的阴谋，巩固了清朝西北边疆地区，保障了当地百姓安定的生活。

勤政宽仁　缔造盛世

清朝皇帝从康熙开始，每天都要进行御门听政。就是在皇宫乾清门前，由皇帝亲自主持的御前朝廷会议，参加会议的主要有六部九卿的官员。康熙帝从 14 岁亲政以来，每天都坚持御门听政。听政的时间是早上 8 点，无论严寒酷暑，康熙帝从未缺席。康熙帝不只勤奋，还非常谨慎，尤其对于关系国计民生的大事，总是反复调查权衡后才作出决策。例如关于治河的决议，康熙和大臣们进行了整整一年的讨论、调查和验证才最终作出决策。

对于臣民，康熙帝强调“仁爱”，并在施政过程中加以实行。他屡次下令停止圈地，关心赈灾，倡设义仓，时刻关心民众疾苦。康熙十六年（1677），康熙在塞外视察时，发现一个人僵卧在路边。他亲自上前询问，才知道这个人叫王四海，是个佣工。回家路上因为饥饿而倒下，之后就再也起不来了。康熙了解情况后，立即命人给他喂热粥。等王四海苏醒后，康熙将他带回行宫，后来还给了王四海盘缠，并派人送他回家。康熙十八年（1679年）时，北京发生大地震，康熙下令开设粥厂，还让太医院给伤者送医送药。

康熙政治的重要措施是惩办贪官，表彰清官。康熙特别注重对高级官吏腐败的处罚。山西巡抚穆尔赛一向贪赃枉法，康熙对他的劣迹也有所耳闻。当他向大学士勒满洪等人询问穆尔赛为官是否清廉时，他们竟然替穆尔赛掩盖丑行。康熙对这种外官与京官相互勾结的现象深恶痛绝，在查明真相后，他将穆尔赛革职收审，判处绞刑，同时给予勒满洪等人降级的处分。对于清官，康熙则是大加赞赏。被康熙誉为“天下廉吏第一”的于成龙，有个绰号叫“于青菜”。他虽然贵为封疆大吏，却常年不吃肉，只吃青菜。有一年黄州发生严重的自然灾害，于成龙发放的赈济粮救活了当地几万名灾民的性命。于成龙的廉政深受康熙的赞许，官职不断晋升。后来于成龙被有心人报复，被迫离任，康熙特意下诏留任。康熙对吏治的整治从一定程度上

《北征督运图》之一　清

康熙亲征噶尔丹时，内阁学士范承烈受命督运军粮，他令人把自己的运粮经历、行军路线、运粮车辆、驿站详细绘图，形成《北征督运图》。

保证了国家机器的正常运转。但是这些都只是小修小补，无法从根本上改变吏治的现状。

康熙还采取了种种措施，争取和笼络汉族知识分子。他十分尊重汉族的历史传统和儒家文化，亲临孔庙进行祭祀，力图从感情上亲近汉族士大夫。除此之外，康熙还特意设立“博学鸿词科”，千方百计地吸引明代遗老参政。对于顾炎武、黄宗羲、李颙等著名学者拒绝应试，康熙更是采取了宽容的政策，容忍了他们种种大不敬的行为。关中大儒李颙以身体为由拒绝参加应试，被从家乡强行抬到西安，李颙便绝食抗议，连续 6 天滴水不进。清朝官员无可奈何，只好派人将他送回家。并且康熙要求各级官员将自己知道的优秀之士推荐给朝廷，以便他亲自考察录用。

康熙帝虽然对臣民非常宽容，但是对自己的子孙要求是格外的严格。他明白这攸关清朝后世的繁荣发展，因此诸皇子从小就受到了严格的教育。康熙订立制度，皇子皇孙 6 岁就要开始在上书房读书。老师由康熙亲自选定，既有满人又有汉人，教授学科多种多样。有满文、汉文、蒙文以及儒家经典等，还有军事和体育等科目，皇子们的时间安排紧张严密。康熙在紧张的政务之余，还会随时对皇子们进行考察与测试。一年之中，皇子们的休假日只有元旦和之前的两个半天。由此，我们可以看到康熙帝对于子孙教育的重视，也正是因为这样，康熙的子孙们都具备了一定的素养，没有出现像前朝那样的暴君或昏君。

康熙六十一年（1722 年），康熙帝病逝，享年 69 岁。康熙 8 岁即位，在即位后的 61 年中，他为清朝的稳定作出了巨大的贡献。在他的精心治理下，清王朝出现了政治清明，经济繁荣，百姓安居乐业，一派国泰民安的盛世景象，并且为后世的发展奠定了良好的基础。

世宗胤禛

清世宗档案：

生 卒 年：1678～1735年

父　　母：父，圣祖玄烨；母，乌雅氏

后　　妃：皇后乌拉那拉氏、佟佳氏等

年　　号：雍正

在位时间：1722～1735年

谥　　号：宪皇帝

庙　　号：世宗

陵　　寝：奉陵（清西陵）

性　　格：勤勉果断，心思缜密，喜怒无常，遇事急躁

点评：

他敢于革除旧弊，办事雷厉风行，是康乾盛世的有力推进者，是促进清朝历史发展的政治家。

——冯尔康

清世宗爱新觉罗胤禛是清朝的第五位皇帝，在康乾盛世中发挥着承上启下的作用。历史上关于他的争论从来没有停止过，但不可否认的是，胤禛是一位坚定的改革者，他革除了康熙晚年的弊政，进一步巩固了清朝的政权。正是因为他，康乾盛世才得以顺利过渡。

韬光养晦　曲折登基

康熙共有35个儿子，他对儿子们的教育是非常严格的，胤禛就是在这样的环境中长大。他聪颖好学，6岁时进入南书房读书，熟悉儒家和佛家经典。8岁时，他跟随父皇去边塞了解形势。15岁时，胤禛陪同几位哥哥参加了曲阜的祭孔大典，后来又随父皇考察了无定河并亲自主持了无定河的治理。接着，胤禛与兄弟们一同参加了

对噶尔丹的讨伐，并受命掌管正红旗大营。父皇的刻意栽培，使胤禛不仅学到了知识，丰富了经验，同时在与兄弟们的相处中也练就了一副铁腕和两面派的性格。

康熙的每个儿子都具备了一定的才能，想要从中选定继承人并不是件容易的事情。而清朝的皇位继承一直没有定制，皇太极、顺治的皇位是由满洲贵族会议决定的，而康熙的皇位则是由顺治生前的遗诏决定的。因此，康熙决定继承其父亲的做法，在生前选定继承人，立为皇太子。他这样做是希望避免身后出现争夺皇位的残酷斗争，但是却忽略了皇太子同其兄弟之间的残酷斗争。

康熙十四年（1675 年），权衡再三后，康熙将皇后赫舍里所生的皇二子胤礽立为皇太子。赫舍里皇后在生胤礽时难产而死，康熙十分伤心，因而对太子格外的疼爱。不仅教育上倾尽全力，生活上更是特别关爱。为了照顾出痘的太子，他甚至连续 12 天没有批阅奏章。然而，在册立太子后的 33 年里，朝中形成了皇太子集团，同时存在的还有皇八子集团和皇四子集团。皇太子集团与皇八子集团间的争斗一直未曾停息，并且有愈演愈烈的趋势，导致康熙曾经两度废立太子。在这暗流涌动期间，胤禛不露声色，细心观察，不偏袒任何一方；只是暗自韬光养晦，静静地等待时机。胤禛明白，在众多皇子中他并没有什么优势，因此，为了夺得皇位，必须多下工夫。在各方形势未明之前，他力图与各方面都保持着良好的关系，从而有效地保护着自己。胤禛还十分注意伪装，避免因锋芒太露而遭到嫉妒。他的心腹戴铎提出的策略是：对父皇要诚孝，可以适当展露才华；对兄弟要友爱包容，彼此和睦相处。胤禛基本上就是按照这样的步骤赢得了康熙的好感，最终登上皇位的。

在康熙因为废立太子的事情而伤心生病时，其他皇子各自忙着经营自己的势力，很少关心父皇的病情。只有胤禛和胤祉守在康熙身边，服侍他饮食用药，嘘寒问暖。因此，胤禛很得康熙的欢心。而且在父皇面前，胤禛尽量说其他兄弟的好话，并不时对兄弟表示关心。在他得到亲王封号之后，还上奏要求降低自己爵位，提高其他兄弟的地位。他的这些做法都赢得了康熙的好感和信任。

在第二次废掉太子之后，为了减少争斗，康熙明确表示不会再立太子了。但康熙对胤禛却愈发器重，让他参加了许多重要的国务活动。例如，胤禛参加了对太子党的审判，也参与了西北军事的商定，甚至主持祭祀大典。胤禛自己暗地里也做了许多准备，希望自己在接班人中能够占据一个较好的地位。在尽可能地迎合父皇的同时，他还取得了守卫京师的步军统领隆科多和手握重兵的川陕总督年羹尧的支持。

康熙六十一年（1722 年），康熙帝病重，不久便在畅春园去世。死前，康熙已经向胤祉、胤祥、隆科多等人交代由胤禛继位。随后，隆科多当众宣布康熙遗诏，命胤禛继承皇位。胤禛即位后，改第二年为雍正元年。关于雍正究竟是如何继位的，史学界一直有争论。总共有存在三种说法：遗诏继位说、改诏篡位说和无诏夺位说。这三种说法都存在着疑点，而现存史料不足以断定真相。

正因为雍正亲身经历过争储风波，他深刻明白这样的争夺有多残酷。他认为必须建立一种制度，以保证皇位的平稳过度。这个办法就是秘密立储：皇帝生前立下皇位继承人，但是不公开宣布。而是将这份传位诏书放在密封的锦匣中，把匣子收藏在乾清宫“正大光明”牌匾的后面。等到皇帝去世后，大臣们共同将匣子取下，当场宣布皇位继承人。这是建储制度的一大改革，既避免了皇子们的相互争斗，也有利于从皇子中择优选择。

兢兢业业　改革国家

雍正是一位以“改革”著称的皇帝。他在即位后，推出了一系列的改革措施，进一步巩固了国家的根本。康熙后期，官吏贪污造成了粮食短缺，国库亏空，同时也引发了许多社会问题。雍正在当皇子时就深知整顿吏治的重要性，即位之初，便果断地颁布了 11 道谕旨，大刀阔斧地进行改革。对于官员的贪污，雍正是绝不饶恕。他严令贪官必须在 3 年内将所有的亏空全部补齐，并且不许向民间索要。对于郡王、贝勒等高级官员，雍正下令将其家产拿到大街上变卖以填补亏空。对于贪污严重的官员，雍正就命人抄他的家，用家产来抵偿亏空。此外，不够的部分就让他的亲戚代为赔偿。当时凡是亏空的贪官，一经揭露便会被革职审问，没有法外开恩的现象。因而各省被罢免查办的官员数量高达三分之一，还有许多省级官员也被革职查办。经过 3 年的清查整顿，基本上解决了康熙以来的国库亏空问题。

当时官员的亏空除贪污外，还存在着一个客观原因，那就是官吏的俸禄太低，无法养家糊口。因此，官员们自行设立“耗羡”，从农民身上搜刮来填补私囊。雍正四年（1726 年），雍正毅然下令实行“耗羡归公”的政策。规定各地火耗的征收比例由各地实际情况而定，只许比原数少，不许增加。把收到的火耗拨出一部分作为官吏的养廉银，其他的则用于公费。这个措施既减轻了农民的额外负担，也对整顿吏治，减少贪污起到了积极作用。

不过，雍正深知只有保障了农民的安定，才能确保国家的稳定。明朝张居正提出的“一条鞭法”对农民是非常有利的，但是一直没能实行下来，于是雍正决心完成它。为了更进一步减轻农民的负担，改革赋役制度，雍正强力推行“摊丁入亩”的制度。这从法律上取消了人头税，减轻了农民的负担，推动了人口的增长，促进了社会经济的稳定发展。

除此之外，雍正还完善了密折制度。雍正的心思非常缜密，他需要了解全国各地每天的情况，才能较好地掌握住他的权力。康熙时就有秘密奏折，是皇帝的心腹所写，内容包括风俗民情、官场隐私、地方治安等。这种奏折直接送到皇帝手中，别人不得开启。皇帝看完加注批示后，直接返回给本人保管。这样，皇帝通过奏折就可以直接同官员对话，了解详细的实际情况。雍正认为这是个了解下情的好办法，于是扩大了可写密折人的范围，各省督抚、提督和一些中下级官员等都可以密折奏事。如此一来，雍正既能对全国各地的情况了如指掌，同时又能严密地控制地方官员。

雍正时还设立了军机处，作为辅助皇帝迅速处理各种军机大事的机构。最开始是为了方便雍正处理对准噶尔的用兵事宜，那时还只是一个临时处理军事要务的机构，设有军机大臣和军机章京。这些官员都是临时抽调过来的，军机章京主要负责文字处理。由于雍正谕旨基本上都由军机处直接转发，而且雍正每天都定时召见军机大臣，有事的时候更是随时召见，所以军机大臣常常到半夜都不能休息。后来，军机处开始处理全国所有的机密事务，取代内阁成为了国家的实际中枢。军机大臣都由雍正亲自挑选，听命于他。这样一来，雍正将国家的一切权力牢牢地掌握在手中。军机处的设立，标志着封建专制达到了顶峰。

为了完善对于西南少数民族地区的治理，雍正颇费了一番功夫。当地土司制的弊病越来越突出。土司之间经常为争夺土地人口进行战争，有时候又联合起来共同反叛中央政府，因此成了国家大患。雍正一方面派兵平定土司的叛乱，一方面认真调查，研究解决土司问题的根本办法。雍正四年（1726 年），鄂尔泰提出将云贵土司改土归流的设想。雍正认为这是个治本之策，于是当机立断，命令鄂尔泰完成此事。之后，雍正开始全面实行“改土归流”，在少数民族地区分别设立府、厅、州、县，并委派有任期且非世袭的“流官”进行管理。这一举措不仅打击了土司的世袭特权和利益，而且解除了西南少数民族的灾难，促进了这些地区社会经济的发展与进步。

军机处外景

慎用人才　勤政治理

雍正是一位非常勤政的皇帝。他每天坚持批阅大量的奏折，不巡幸，也不游猎。所有奏折均是亲手批阅，不假他人之手，有的奏折上的批语竟达1000多字。雍正非常认真，他看奏折时常能从中发现问题，然后非得出结果不可。如果臣下对他的批示毫无反应，雍正会立马发火。雍正气愤时常常会走极端，并且容易暴怒。有一次一个官员激怒了他，雍正当即在奏折上将这个人大骂一通；但是转念之后，又去赞扬人家。有时候雍正也能及时认错，在年羹尧的案件处理完后，雍正曾多次公开认错，说自己用人不当。当年，康熙帝就曾批评过他“喜怒无常”。

雍正用人有自己的原则，并不一味地拘泥于道德的约束。在给心腹大臣田文镜、鄂尔泰等人的谕旨中，反复强调让他们不拘资格推荐有才干的人。有才者总是恃才傲物，不容易驾驭，但是成就大业的却多是这样的人。雍正认为，在力主革新的时代，必须要重用这样一帮有才能的人。而对于昏庸腐败的无能官员，雍正坚决查处罢免，把他们的位子腾出来给有才干的人，雍正也因此得到了“刻薄寡恩”的名声。但是，这个名声对雍正不太公平。比如，对于才干之臣，雍正则是赞赏有加，给予他们加封赏赐、越级提拔等各种奖励。对待有病的大臣，雍正还亲自派御医前往看望，像杨宗仁、方觐等都受过这样的殊荣。对于政见不同的大臣，只要忠于国家，雍正照样信任。例如朱轼，曾经反对雍正提出的耗羡归公政策，也反对西北用兵，但他有才干并且忠于朝廷，所以雍正仍然信任他。而李元直是监察御史，在奏折中谈到雍正时言辞颇为激烈，雍正明白他没有恶意，仍旧让他直言无妨。这些都说明雍正在用人上是非常重视才干的，也因此在雍正身边聚集了一大批有才干的人。

雍正办事非常果断，认准了的就会坚持到底。摊丁入亩、耗羡归公都是他不顾舆论坚持实施的。所以，雍正时期的行政效率非常高，而这样的工作风格则容易被臣下认为是“苛察”。雍正认为自己既然做了皇帝，管理全国的大小事务，就必须勤奋认真。

雍正一生共有8个后妃，这在历代皇帝中都算是少的了。他当皇子时只有一妻一妾，即位后为了多生子嗣才纳了几个妃子。正因为雍正洁身自好，他的身体状况一直很好。但是即位后他夜以继日地操劳，事必躬亲，最后还是病倒了。雍正十三年（1735年），他在圆明园突然感觉到身体不适，可他并没有在意。出人意料的是，几天后就驾崩了。关于雍正的死因有许多种说法，有的说是服食丹药中毒而死，也有的说是中风而死，但都没有足够的证据支持。所以，雍正的死成了一个历史之谜

雍正的一生伴随着许多谜团，从他的登基到他的去世，总让人琢磨不透。他在位虽然只有短短的13年，但这对清朝的发展有着极大的意义。他及时革除康熙朝弊端，使清朝更具活力。历史上的雍正担负着许多骂名："弑兄""逼母""屠弟"等，但是作为一个帝王，不能仅仅从道德方面来对他进行评论，而是应该看到他为清朝发展所做出的贡献。从这点上来说，雍正堪称一个英明有为的君主。

高宗弘历

清高宗档案：

生 卒 年：1711～1799年

父　　母：父，世宗胤禛；母，钮钴禄氏

后　　妃：皇后富察氏、皇后乌拉纳喇氏等

年　　号：乾隆

在位时间：1735～1795年

谥　　号：纯皇帝

庙　　号：高宗

陵　　寝：裕陵（清东陵）

性　　格：刚柔相济，勤奋聪慧，自负风流

点评：

高度发达的中国封建社会培育了这样一个有才能、有作为、有个性的统治者，产生了一位既仁慈、又残暴；既英明、又短视的

君主。

——戴逸

清高宗爱新觉罗弘历是中国历史上寿命最长的皇帝，也是掌握皇权时间最长的皇帝。他统治下的清王朝国力鼎盛，政治、经济、文化、军事达到了前所未有的高峰。然而在这高度的繁荣昌盛中，社会矛盾逐渐激化，外国资本主义势力也纷至沓来。清王朝走过了盛世阶段，严重的危机正在日益临近。

高宗弘历像

顺利继位　文治武功

弘历从小就聪明好学，熟读儒家经典，得到了祖父和父亲的宠爱。他在众兄弟中排行第四，称为皇四子，被封为和硕宝亲王。雍正十三年（1735年），雍正帝病逝。大臣鄂尔泰和张廷玉等人从“正大光明”牌匾后拿下雍正帝立储的诏书，向诸皇子宣读。宝亲王弘历在众大臣的簇拥下登上皇位，第二年改元乾隆。乾隆的继位没有经过像父辈那样惊心动魄的场面，而是顺利登基。

乾隆帝继位时25岁，面对庞大的国家，他有着强烈的使命感。他告诫自己必须小心谨慎，努力勤勉地处理政事。每天早上，不论天气如何，乾隆都会按时到军机处处理政事。当时，军机处安排有人值班。一般情况下，乾隆帝到军机处后，蜡烛还要点一段时间天才会亮。军机处的官员每五六天轮一次早班仍然感觉疲惫，而乾隆帝却天天坚持。只要有军情来报，即使是在半夜里，他也要亲自阅览，并随时召见军机处的官员商量。军机处官员按照他的口授拟好诏书后再交给他过目，往往需要一两个时辰，乾隆都会耐心等待。

由此看来，乾隆也是一位非常勤政的皇帝。

即位之初，乾隆帝便集中力量解决前两朝留下的弊政。首先调整的是皇室内部尖锐矛盾。康熙末年，康熙诸子为争夺储位各树党羽，明争暗斗，矛盾尖锐。雍正即位后，对兄弟们监禁流放，甚至加以残害杀戮，致使皇室内部斗争空前激烈，严重削弱了清王朝的统治力量。乾隆帝即位后，首先将雍正帝长期监禁的允䄉等人释放，并恢复爵位。不久，又将允禩、允禟的子孙恢复宗籍，把他们的追随者家属宽宥赦免，缓和宗室和统治阶级内部的矛盾，稳定了政局。除此之外，乾隆帝还地方缙绅的特权，扩大统治基础。又采取措施，纠正了雍崇信“祥瑞”，迷信炼丹等弊端，为清朝继续繁荣发展开了个好头。

在国家治理上，乾隆完善了奏折制度，进一步削弱了内阁的权力。随后，他极大地加强了军机处权力，使之超越内阁，成为全国政事的实际中枢。这两项措施，进一步加强了皇权。此外，乾隆还加强了对宦官的控制，不允许他们读书识字，并严惩宦官与外朝乃至外地官员勾结的行为，防止宦官干政。

当时，朝中的大臣分为鄂尔泰和张廷玉两派，他们互相倾轧，明争暗斗，妥善处理两派的关系成为朝政有序运行的关键。乾隆明确表示痛恨党派纷争，告诫臣属不要拉帮结派，限制党争。另外他还伺机对为首者进行打击。乾隆十四年（1745 年）十一月，他借张廷玉致仕怠慢之机，削去其爵位。乾隆二十年（1755 年），他又借胡中藻诗案打击鄂尔泰一系。乾隆还在选任官吏时乾纲独断，选拔与两派关系不深的寒微之士，最终构建了一支以君主为核心的官僚队伍，从而控制了朝纲。

在经济上，乾隆帝继续推行耗羡归公、养廉银和摊丁入亩等政策；在地方，乾隆帝继续鼓励移民垦荒，积极引导农民种植高产作物；在赋役上，他多次下令减免钱粮，对受灾地区及时赈灾，蠲免钱粮。这些措施，的提高了农民的积极性，有效地促进了农业、手工业和商业的发展，进一步推动了经济进步发展，也充实了国家财力，使整个社会经济呈现出欣欣向荣的前繁盛局面。

除了对朝内进行整顿，乾隆还积极对外用兵，巩固了边疆地区。对新疆北部的准噶尔部，他相机而动，在乾隆二十年（1755 年）和乾隆二十二年（1757 年）两度出兵。擒获准部首领达瓦齐，并彻底消灭阿睦尔撒纳的反叛势力，有效地维护国家统一。乾隆三十六年（1771），原先受准部逼迫的土尔扈特部闻知准部溃败，便在首领渥巴锡的率领下，离开伏尔加河下游，摆脱俄罗斯人的控制，千里行军，回归祖国，受到乾隆帝的热情欢迎和妥善安置。乾隆帝对西北边疆的经营和土尔扈特部重返祖国，是清王朝所取得的一项重要成就，对后世有着积极而深远的历史意义。

乾隆五十七年（1792 年），清政府通过实施《钦定西藏章程》，对西藏地区的政治、宗教、军事进行了全面改革，完善了对西藏的治理，密切了中原与西藏人民的关系，加强了对西藏地区的管辖。

在西南民族地区，乾隆帝继续推行改土归流的政策。当时，大渡河的上游大金川强盛起来，不断侵凌周围各部。为彻底稳定对这个地区的统治，乾隆帝分别在乾隆十二年（1747 年）和乾隆三十六年（1771 年），两次用兵，最终平定大、小金川土司的武装反抗，结束了川藏地区混乱相争的局面，促进了当地的发展。

乾隆晚年对于自己的武功非常得意，还亲自撰写了《十全武功记》，称自己为“十全老人”，并篆刻了“十全老人之宝”。乾隆五十七年（1792 年），乾隆更是命人建造碑亭，将自己的“十全武功”用满、汉、蒙、藏四种文字刻在碑上，从而昭示后人。所谓“十全”指的是 10 次较大的战事。乾隆凭借强大国力，东征西讨，进一步巩固并开拓了中国的疆域，维护和加强了中华多民族的统一，也使得清朝的国力达到极盛。

《四库全书》与文字狱

乾隆时期，为了笼络汉族知识分子，也为了整理古典文献，推动文化发展，政府启动了大规模的图书编纂工作。

乾隆帝即位不久，就开始组织学者修史编书。乾隆前期，编成的大型图书有《续通典》《续通志》《续文献通考》《国朝宫史》《清三通》《通鉴辑览》《大清一统志》等，总数多达数10种。到了乾隆中期，他决心编一部史无前例的大书，对中国古代文化进行了一场大规模的系统整理，这就是《四库全书》。为此，他首先下令广泛征集各种书籍，要求官员和民间求书献书的谕旨接连发出。经过多方努力，到乾隆三十八年（1773年），政府征得的图书超过1万种。同时，他还组织人员整理内府所藏的《永乐大典》，从中查出佚书500多种，大大丰富了图书资源，为《四库全书》的编纂打下了坚实的基础。

为了编纂《四库全书》他下令成立“四库全书馆”，征召全国最知名学者如纪昀、于敏中、王念孙等入馆，并让他们担任总裁官、总纂官、纂修、校理等职务。这次古籍整理工作十分认真，从版本的比较选择，到校勘考证以及每种图书的提要撰写，都做得深入仔细。通过艰苦卓绝的工作，书馆的学者们历时15年，终于编成了我国历史上最大的一部丛书——《四库全书》。《四库全书》共收书3503种，36304册，79337卷。全书按经、史、子、集分部，部下又分类。而《四库全书总目》介绍的书竟然多达1万多种，基本上

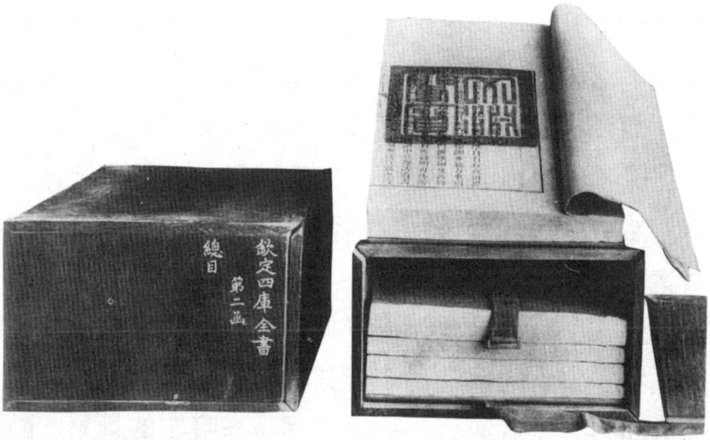

四库全书楠木匣　清

将明代以前的主要著作收罗殆尽，为后人研究古代社会和文化保存了极其珍贵的资料。《四库全书》编成之后，政府又耗费巨大的人力，誊写正本七部，分别藏在乾隆帝特意为此书修建的紫禁城文渊阁、沈阳文溯阁、圆明园文源阁、热河避暑山庄文津阁、扬州文汇阁、镇江文宗阁、杭州文澜阁等处。并且，在《四库全书》编纂的同时，附带编订了《四库全书总目》《四库全书荟要》《四库全书简明目录》和《四库全书考证》，极大地丰富了这次活动的内容。

后人在用这套大型图书的时候，自然会联想到乾隆为中国文化所作的贡献。但值得一提的是，乾隆帝利用编纂这套图书的契机，对中国古代文化典籍进行了一次大规模的清查和销毁。据记载，经他批准销毁的书籍将近3000余种，6.7万卷以上，像顾炎武、黄宗羲等人的著作都在违禁之列。因此，虽然有大批的典籍被较好地保存了下来，但是乾隆编书的负面影响也是不可忽略的。

通过编书，乾隆一方面密切了和知识分子的往来，笼络了大量的知识分子；另一方面乾隆试图让知识分子都埋头于编书中，无暇顾及政治，从而维护了社会的安宁稳定。

文字狱是乾隆的一项重要文化政策，在历史产生了极恶劣的影响。早在康熙、雍正时期，清政府为了加强思想控制，就开始大兴文字狱，而乾隆则变本加厉，登峰造极。他不仅对收藏具有反清色彩诗文野史的文人无情打击，还对非议朝政的当代人严厉惩罚。无论是文字狱的名目还是数量，乾隆一朝都是空前的。像妄议朝政、私怀怨望、诋毁程朱、妄为著述都是他制造文字狱的借口，甚至捏造妖言、狂诞不经也成为兴起文字狱的名目。有学者统计，乾隆朝的文字狱竟然有80多起，其中最著名的有王肇基“献诗案”、王锡侯“字贯案”、程明禋代作“寿文案”等。许多文人学者，甚至普通的读书人都因文字狱而被处死或下狱，亲属也受到株连。更甚者连刻书坊的老板、书店的伙计都牵连其中，搞得学界人人自危。全国上下，文人闭口，学者缄言，一片“万马齐喑”的景象。酷烈的文字狱，严重阻碍文化的繁荣，使思想界成为死水一潭。之后中国150

年的保守封闭，落后挨打，从思想上讲，乾隆是负有不可推卸的责任的。

骄奢挥霍　晚年危机

随着盛世到来，乾隆帝开始骄傲起来，骄奢淫逸的本性开始暴露。逐渐步入晚年的他变得骄奢起来，对财富大肆挥霍。在他的影响下，王公贵族日益奢糜，朝廷官员也日趋腐败，官场上贪污公行，政以贿成。社会上开始出现严重的土地兼并，司法败坏，民不聊生。清王朝全面盛世的背后，深藏危机。

乾隆帝处处模仿康熙，前后多次外出巡幸。与康熙的简朴相比，他的巡幸却是极为奢侈的，甚至可以说挥霍无度。有学者统计，乾隆帝一生巡幸次数多达百次，仅热河避暑山庄，就巡幸 52 次。其他著名的是六巡江南，五巡五台山，五祭曲阜次，四巡盛京。每次外出，乾隆帝都带有大批随从人员，并且大摆排场，给沿途地区带来了巨大的灾难。特别是巡幸江南，浪费极其惊人。数百人的巡幸人员，加上数千人的护卫队伍，浩浩荡荡，沿运河南下。地方官员为了讨好巴结皇帝，大事铺张。他们不仅要为乾隆帝一行准备极尽奢华的行宫，预备奢侈的食物，还要垫道净街，搭棚结彩。当皇帝来临，文武官员还要率领地方缙绅，耆民老妇伏道跪迎圣驾。为了博得皇上的欢心，各地富商更是费尽心机，不惜花费大量资金，搞些争奇斗艳的花哨应景。而乾隆帝更是大摆阔气，大笔大笔地赏银两，赐给衣物酒食。每次巡幸，不仅沿途百姓遭殃，而且国库耗费巨大。

乾隆帝另一个爱好是修园林。在雍正时，圆明园很简单，只有 28 景，乾隆不满意，大手笔扩建，增为 40 景，这 40 景美轮美奂，花费不菲，集中西园林之大成。此外，他还在玉泉山、香山等地大兴土木，修建了清漪园（颐和园）等风景，构成有名的三山五园。南巡之后，乾隆喜爱江南园林，便在热河避暑山庄仿建，把避暑山庄原来简陋的 36 景，扩建为豪华富丽的 72 景。这些好大工程，耗去巨额的政府钱财。

给太后和自己过生日（庆万寿节）是乾隆的一项巨大开支。当皇太后和他本人过生日特别是60、70、80岁大寿时，更是隆重非凡。不仅他本人大肆挥霍，而且皇室成员、王公贵族乃至文武百官，都要向皇太后和皇帝表孝心，送上昂贵奢华的礼品。在他的母亲孝圣皇太后的六十圣寿时，从西直门到紫禁城西华门十几里的街道上，街道上高搭彩棚，张灯结彩，路两边设置各种奢华点景，安排舞狮舞龙、杂耍百戏，靡费何止亿万。此后，皇太后的70、80寿辰更是一次比一次奢侈。皇太后寿辰如此，他本人的寿辰有过之而无不及，特别是他88寿，由当时权臣和珅操办，不计花费，极尽奢华，花费钱财远远超过各次庆典活动，搞得国家库藏空虚。

乾隆帝的腐化奢侈以及晚年的怠政和昏聩对时局产生了恶劣的影响。大贪官和珅乘机迎合，并借机控制了朝政，加速了吏治的败坏。和珅是乾隆朝的第一权臣，也是历史上最大的贪官。最初，出身于满洲正红旗的和珅地位很低。一个偶然的机会，和珅得到乾隆赏识，随后迅速升迁。和珅口齿伶俐，办事干练，善于迎合乾隆的意思，深受乾隆宠爱。乾隆将他提拔为户部侍郎后，全民掌管户部。期间，和珅大肆贪污，虽屡受弹劾，但安然无恙。后来，乾隆升他为军机大臣、尚书乃至大学士。和珅利用乾隆的年老昏愦，前后专权达20多年，对清王朝的朝政和吏治造成极大地破坏。

乾隆帝宫中行乐图　清　郎世宁

在乾隆帝和和珅的影响下，朝廷吏治败坏，官员贪污成风。与此同时，豪绅富商大量兼并土地，社会贫富加剧。再加上接连不断的自然灾害，社会经济受到破坏，广大农民陷于困苦。在发生灾荒时，流离失所、卖儿卖女的现象随处可见。辉煌一时的清政府，繁盛的表面下隐藏着极为深刻的危机。

风流自负　恐慌而终

乾隆帝是一位有才能的皇帝，同时也是一位风流的浪子。

乾隆先后有三位皇后，他与第一位皇后富察氏的感情最为深厚。富察氏是弘历为宝亲王时的嫡福晋，37 岁时死于东巡途中。当时有传闻皇后与乾隆是因为福康安产生了芥蒂，皇后怀疑福康安是乾隆与傅恒夫人所生的儿子。在皇后富察氏去世后，乾隆悲恸不已，连续九天，每天在皇后灵前三次摆上供品。并且用富察氏生前希望的“孝贤”二字作为她的谥号。孝贤皇后灵柩安放在裕陵地宫的四年多里，乾隆先后祭奠了 100 多次。在长春宫里，每到孝贤皇后的生辰，乾隆总会命人将她的画像挂出来，以慰相思。这些足以见证乾隆对孝贤皇后的深厚感情，所以即使再风流的帝王也会有真挚的感情。第二位皇后乌拉纳喇氏就没有这么好的命运了，她在冷宫去世时，乾隆皇帝正在打猎。听到消息后，乾隆并没有停止打猎，只是派她的儿子先行回去料理丧事。因此，皇后乌拉纳喇氏与皇后富察氏的待遇有如天壤之别。除此之外，乾隆还有五位皇贵妃，五位贵妃，不知名的更别说还有多少了。

正当乾隆以为自己身处太平盛世，尽情享乐时，却不知道盛世下掩埋了多少危机。乾隆执政 60 年，到后期昏聩自负，做错了不少事情，导致了严重的社会矛盾。然而，同时代的西方国家却发生了翻天覆地的变革。英国开始了工业革命，美利坚合众国也已经建立，法国也爆发了大革命，这三件大事改变了世界的进程与格局。但是乾隆还傲慢地认为清王朝是“天朝上国”，他看不到西方科技的进步和世界发展的潮流，只存在自己的迷梦之中。即使面对英国使臣马戈尔尼，乾隆仍大言不惭地称“天朝统驭万国”。鉴于外商来华后与中国行商相勾结，干出许多违反中国法律的事情，乾隆决定禁止外商再往厦门、泉州、宁波三地贸易。后来，乾隆还颁布了《防范外夷规条》，中国开始了闭关锁国的历史。

乾隆退位后，社会矛盾逐渐激化，以湖北、四川为中心，爆发了全国性的白莲教大起义。乾隆满怀对白莲教起义的惊恐和焦虑，手指西南方向，龙驭上宾，享年 89 岁。他留下的清王朝已是千疮百孔，破败不堪，40 年后，英国撕开大清帝国的虚假盛装，洪秀全崛起西南，清王朝已是苟延残喘。

仁宗颙琰

清仁宗档案：

生 卒 年：1760～1820 年

父　　母：父，高宗弘历；母，魏佳氏

后　　妃：皇后喜塔腊氏、如妃等

年　　号：嘉庆

在位时间：1796～1820 年

谥　　号：睿皇帝

庙　　号：仁宗

陵　　寝：清西陵昌陵

性　　格：聪明稳重，忠厚宽容

点评：

仁宗初逢训政，恭谨无违。迨躬莅万几，锄奸登善，削平逋寇，捕治海盗，力握要枢，崇俭勤事，辟地移民，皆为治之大原也。

——赵尔巽《清史稿》

清仁宗名叫爱新觉罗颙琰，是清高宗乾隆的第十五个儿子，也

大清王朝的第七位皇帝。清王朝的历史轨迹走到嘉庆帝时，已经越过了最高点，开始走向下坡路了。嘉庆从乾隆手中接过不仅是君临天下的权势，更是表面繁荣、内部千疮百孔的清朝。因此，嘉庆皇帝扮演的是清朝由盛转衰的历史角色。

仁宗颙琰像

对于嘉庆来说，成为皇帝是他的幸运，也是他的不幸。乾隆共有 17 个儿子，超过 18 周岁，长大成人的有 10 个皇子。乾隆继位后，沿用雍正立储的方法，秘密立储后将诏书藏于乾清宫“正大光明”匾额的后面。乾隆三年（1738 年），皇后富察氏所生的皇次子永琏病逝，年仅 9 岁。直到这时，大家才知道乾隆立的第一个皇太子是永琏。乾隆立第二个皇太子是皇七子永琮，但他两岁时因天花去世。悲痛万分的乾隆，在之后的很长一段时间里都没有确定新的皇太子。直到乾隆三十八年（1773 年），乾隆 63 岁时才重新考虑立储问题，他最后决定立十五子永琰为太子，并将谕旨再一次放到了“正大光明”匾额的后面。乾隆六十年（1795 年），乾隆传位时，谕旨被奉命取下来，永琰被正式册立为皇太子。考虑到避讳的问题，乾隆下令将“永”字改为“颙”字。时隔 22 年后，颙琰才知道自己被秘密地立为皇太子。虽然经过了这许多波折，颙琰还是幸运地继承了皇帝宝座。嘉庆元年（1796 年）正月，颙琰正式登基，乾隆以太上皇的名义训政。当时存在两个年号并用的情况，宫内黄历仍用“乾隆”年号，各省则改为“嘉庆”年号。

嘉庆的不幸在于登基的前三年始终在太上皇乾隆的阴影下生活，朝政仍然被乾隆控制着。由于忠厚的性格和对父皇的尊敬，嘉庆一直默默听从乾隆的教导，既不顶撞乾隆也不过多地参与政事。即使在痛恨的贪官和珅面前，碍于乾隆的关系，嘉庆也表现得十分的尊重。在亲政之后，嘉庆极力想要挽回清朝衰落的败局。然而面对颓废的局面，他却显得力不从心。尽管如此，嘉庆帝在位期间，仍一直没有放弃努力。

嘉庆锐意改革弊政，严惩贪官污吏，其中最出名的是对和珅的惩治。和珅是乾隆的第一权臣，深受乾隆宠爱；同时他玩弄权势，也是一大贪官。在他当权的 20 多年里，积累的财富高达 8 亿两白银。按照清朝每年 7000 万两白银的收入来算，和珅一人的收入就相当于清朝 10 多年的总收入。但是，乾隆在位时，和珅无法无天，却没人敢动他。乾隆刚一去世，嘉庆立马解除了他军机大臣和九门提督的职务，将他逮捕入狱。并且没收了他的家产，宣布了和珅的二十大罪状，最终将和珅诛杀。

之后，嘉庆开始大力整顿吏治，提拔了许多清廉勤勉的官员，并且专门撰写了《义利辩》《勤政爱民论》等文章。嘉庆认为贪官污吏的压榨是导致农民揭竿而起的直接原因，因此对他们的惩罚绝不手软。有一年，嘉庆就亲自过问并处理了四五起较大的贪污案件，足以体现嘉庆对吏治的重视程度。可是，由于嘉庆的仁厚，很多惩治并不彻底的。除了对主要犯案官员进行严惩以外，其它受牵连的官员，嘉庆一般都予以宽容，所没收的家产也都用于加恩封赏了。这样，吏治腐败的局面无法从根本上得到扭转。

当时土地兼并严重，人多地少的矛盾越发突出。对此，嘉庆采取了相应的措施：他限制烟草、茶叶等经济作物的种植，鼓励渔猎活动；进一步推广精细耕作，大量种植土豆玉米等高产作物，以此弥补口粮的不足。但是这些仍然无法从根本上解决问题，百姓的生活依然困苦不堪。而大量的八旗子弟靠着国家供养，整天好吃懒做，无所事事。嘉庆帝没有想出什么行之有效的解决方法，只是一方面试图感化教育他们，另一方面采用“京旗移垦”的办法，把八旗子弟迁往东北。官府拨给他们一些土地，他们可以把土地租给佃户开垦，也可以自己耕种。但是八旗子弟已习惯于享乐的生活，连坐收租息的活也不愿意干。这样，移垦的措施也以失败而告终。

嘉庆除了要革除前朝的弊政，还面对着连绵不断的农民起义。从白莲教起义到天理教起义，嘉庆一次次地派兵镇压，不仅削弱了清朝的军事力量，也使得清朝财政日益窘迫。正当嘉庆忙于处理内乱时，英法等资本主义国家已经先后完成了工业革命，积极开始向东方扩展势力，清王朝则成为了他们的最好目标。商人、鸦片、传教士、炮舰接连涌来，对此，嘉庆一一予以制裁。面对西方殖民者的挑衅，嘉庆的态度十分强硬，命令各地官员要密切注意他们的动向，并且限制他们的行动自由。与此同时，嘉庆也清醒地认识到鸦片对国家和人民的危害，多次下令禁止鸦片的输入，严厉打击鸦片贩子并惩处吸食鸦片的人。不仅如此，嘉庆还严格控制传教士的在华活动，对那些违背清政府禁令的传教士给予相应的惩罚。

在位的25年里，嘉庆严格要求自己，孜孜不倦地处理繁杂的政务，从不懈怠。与乾隆的奢侈不同的是，嘉庆帝大力提倡节俭，并且身体力行。例如嘉庆巡幸时，要求地方官员不得在途中大肆铺陈，务必保持简朴；在自己五十大寿时，也不许大操大办。但是，历史的命运不会为他而改变，清朝中兴的局面并没有出现，而他的生命却已经走到了尽头。嘉庆二十五年（1820年），嘉庆照例前往热河进行狩猎，中途中暑，身体状况突然恶化，不久在承德避暑山庄去世，享年61岁。

嘉庆帝在位期间，不可谓不努力地想要改善国家颓败的局面，他一方面想要严惩贪官污吏，根治腐败问题；可是另一方面却由于宽厚的性格，始终做不到雷厉风行。相反，他对自己的要求倒是非常的严格。可是这样仅凭一人之力，是永远也无法扭转大局的。面对乾隆当太上皇时期的一些错误的做法，嘉庆没能及时地纠正，而是想在亲政之后再去改变这样的局面，可到那时已经晚了。因此，嘉庆帝作为一位守成之君并不成功，并没能守护好大清王朝的江山。

宣宗旻宁

清宣宗档案：

生卒年：1782～1850 年

父　　母：父，仁宗颙琰；母，皇后喜塔拉氏

后　　妃：皇后钮钴禄氏、静贵妃等

年　　号：道光

在位时间：1820～1850 年

谥　　号：成皇帝

庙　　号：宣宗

陵　　寝：慕陵（清西陵）

性　　格：勤奋节俭，平庸软弱

点评：

道光：一位跨越两个时代，集兴亡于一身的君主。

——喻大华

清宣宗爱新觉罗旻宁是清王朝的第八位皇帝，是中国古代社会的最后一位君主，又是近代中国的第一位君主。他处在中国封建社会的末端，却想着做一个“守成之君”，当然不可能挽回清王朝衰败的局势。面对吏治腐败、毒品泛滥和英帝国的挑战，道光帝无力回天，只剩下满心的悲怆与无奈。

道光帝是清朝十二帝中唯一以嫡子身份继承皇位的皇帝，他本名绵宁，因为古代臣民在书写皇帝名字时需要避讳，而“绵”字较为常用，不容易避讳。所以，乾隆四十一年（1776 年），乾隆帝就规定皇孙中“绵”字辈当上帝王后将“绵”改为“旻”。旻宁从小就受到良好的儒家教育，读书十分认真并注意修身养性，时刻磨练自己的性格。嘉庆十八年（1813 年），旻宁 32 岁时，突然爆发了天理

教徒闯入皇宫的事件。当林清率天理教徒攻入紫禁城时，嘉庆正在木兰围场狩猎，而旻宁在上书房读书。闻讯后，旻宁非常镇定，随即命人进行抵抗，并上奏父皇，接着亲自率领侍卫到西长街进行查访。旻宁在这一事件中的表现，受到大家普遍赞扬，使得他在朝廷里的威望大增。嘉庆回京途中得到奏报后，立即封旻宁为智亲王。

嘉庆二十五年（1820 年），旻宁陪同父亲嘉庆巡幸热河避暑山庄，不料嘉庆突然患病，不久便离开了人世。嘉庆生前已经秘密写下立储的诏书，旻宁回京后便奉诏继承皇位，以第二年为道光元年。但是史学界关于旻宁的继位仍有争论，这桩历史迷案给人们留下重重疑云。

道光继位后，面对满目疮痍的清王朝，不知从何下手。经过反复思考，他决定率先躬行节俭，力图改变乾隆一来的奢靡腐化作风。于是道光帝要求官员们不得被声色货利所诱惑，必须严格约束自己。道光在位期间，一直将提倡节俭，杜绝奢靡放在十分重要的位置上。虽然道光帝倡行的节俭在统治阶层中收效甚微，但他自己切实执行。在饮食上，皇帝一般情况下每餐至少有二十几样菜肴。但是，道光觉得这样太过奢侈，便下令每天最多只能做 4 样菜，有时候甚至就是一碗豆腐烧猪肝。服饰上，道光帝更是不讲究。他很少穿新衣，常年穿着旧裤子，久而久之膝盖处便磨破了。道光帝就命令内务府差人打上补丁后继续再穿，一时成为风尚。除此之外，道光帝在内廷后宫以及外出时的所需用品方面一概节俭。当时的御用毛笔是特制的紫毫笔，但是道光帝认为过于珍贵，下令以后不再征用。而将御用笔改为普通臣民常用的纯羊毛或羊毛与一般兔毛合制而成的毛笔。道光帝的这些行为在一定程度上影响了统治阶级上层的一部分人，或多或少地遏制了奢靡腐化之，但是无法从根本上解决问题。

在倡行节俭的同时，道光帝也想方设法地整顿吏治，努力做一个明君。道光帝认为官场中贪污行贿现象的发生与捐纳制度有关，于是决定彻底废除捐纳制度。但是遭到大臣们的一致反对，道光只得做出让步，下令严格控制捐纳制度。对于宗室贵族与官员的勾结，道光更是严格整治。他的弟弟惇亲王免恺因为与宫内太监交往过密，违反皇室家法，被道光革职查办。他的皇侄奕纪私自收取了下级官员的贿赂，经过查证后，道光迅速命人将其捉拿问罪，并遣戍到黑龙江。此举对官员们起到了一定的震慑作用，有利于促进恢复政治的清明。

道光时期，鸦片的输入大量增加，不仅对中国人民造成精神上和肉体上的严重摧残，也导致白银大量外流，使国家经济形势日益严峻。道光深知鸦片的毒害，决心根除此患。即位后便立刻发布谕旨，严申鸦片禁令，同时下令各地官员严厉查处鸦片。因而，形势得到了一些好转。但是腐败的吏治使得国内的走私网络遍布天下，鸦片的输入量又悄然开始增加。如此一来，清政府国库日益空虚，人民生活贫困不堪，而道光帝苦于没有对策，更是忧心忡忡。

道光十八年（1838 年），鸿胪寺卿黄爵滋上书道光帝，指出禁绝鸦片的根本对策在于根绝鸦片的吸食，并且提出了吸烟论死之说。在道光帝的亲自主持下，经过有关方面半年时间的讨论和准备，全国重新掀起了一个轰轰烈烈查禁鸦片的热潮。有了道光帝的支持，林则徐坚决执行禁烟措施，大力收缴英国贩子的鸦片，并在虎门海滩将所缴的鸦片全部销毁。面对如此情形，英国为了维护罪恶的鸦片贸易，悍然发动了大规模的侵华战争。

道光二十年（1840 年）年，英国出动兵船 40 艘，封锁了珠江口，正式挑起了第一次鸦片战争。面对英国的船坚炮利，朝廷大臣们人心惶惶，制造了各种不利于林则徐等人的流言。而道光帝对此也心有畏惧，于是听信了流言，不自觉地对林则徐等人产生了怀疑。接下来道光更是相信了无知大臣瞒天过海的奏报，下令将林则徐等人革职查办，发配伊犁，并且派兵与英军进行对抗。然而清军的观念落后，军备废弛，在与英军的激战中屡次失败。清朝的形势岌岌可危，无奈之下道光只得罢战求和。道光二十二年（1842 年），经过道光批准，耆英和伊里布在南京城下江面上的一艘英国侵略者的军舰上，签订了中国近代史上第一个屈辱的不平等条约——《南京条约》。

在历时两年多的对外战争中，军费开支巨大，加上战后的赔款与白银的外流，清政府的国库已经濒于崩溃边缘。为了偿还赔款，填补国库亏空，道光帝已经无暇顾及百姓们的生活了，只能默认官员们大肆地搜刮民脂民膏。如此一来官逼民反，各种起义连绵不绝。面对国内外的复杂形势，道光帝心力交瘁，不停地颁布谕旨镇压起义，却也无力再去根治导致起义暴动的根源了。道光三十年（1850年），节俭一生的道光帝，在内忧外患未除的情况下，含恨而逝，享年69岁。

道光帝执政前期，尽心尽力地挽救清朝政府，但是时代的潮流已经把中国推向了风尖浪口，面对风起云涌的国内外形势，他无能为力，致使中国沦落为半殖民地半封建社会。他的一生，是勤奋努力的，但历史注定了他的悲剧，所以他又是无奈凄凉的。

文宗奕詝

清文宗档案：

生 卒 年：1831～1861年

父　　母：父，宣宗旻宁；母，皇后钮钴禄氏

后　　妃：皇后钮钴禄氏、懿贵妃等

年　　号：咸丰

在位时间：1850～1861年

谥　　号：显皇帝

庙　　号：文宗

陵　　寝：定陵（清东陵）

性　　格：谦恭温和，聪明狭隘

点评：

他只身躺在时代的分界线上，手和脚都已经进入了新时代，但

指挥手脚的头脑却留在旧时代。

——茅海建

清文宗爱新觉罗奕詝是清朝的第九位皇帝，在他执政的时代，清王朝遇到了前所未有的灾难。内忧外患，遍地硝烟，局势动荡不安。奕詝身负社稷之责，却无力回天，最终成为了一个苦命的皇帝。

清文宗奕詝像

奕詝出生后深得父母亲的宠爱，6 岁时，奕詝就开始入学接受教育。他所学习的课程种类繁多，不仅有蒙古、满族语言文字和骑射技能，还有儒家经典、历代治术、圣训等。然而不幸地是，奕詝 10 岁时生母孝全皇后突然病逝，这给他幼小的心灵带来了沉重的打击。从此以后，奕詝便由奕䜣的生母静贵妃抚养。静贵妃对奕詝处处关心，无微不至，奕詝也非常感激和尊重静贵妃。而奕詝和奕䜣年龄相仿，两人同在书房读书，一起练武，关系十分融洽。但是两人性格截然不同，奕䜣谦恭温和，奕䜣争强好胜。在道光帝看来，两人各有千秋，因此他晚年为立储的事情着实费了不少脑筋。奕詝是正宫皇后所生，年纪又稍长，按照惯例应当让他继承皇位。奕䜣虽然是庶出，但他生性聪明，才华出众，非常受道光帝的器重和垂青。

长大后的两人逐渐懂事，明白相互间存在着竞争关系，谁都有可能成为皇位的继承者。于是两兄弟开始了明争暗斗，他们的师傅也为自己的学生积极出谋划策。道光晚年身体不适，便加紧了对两人的考察。奕詝的师傅杜受田认为奕詝的才学不如奕䜣，必须另辟蹊径，尽量在道光帝面前表现出仁孝之心。有一次道光帝带皇子们去南苑打猎，其中奕䜣猎获的禽兽最多。道光见到十分高兴，他转而发现奕詝一箭未发。心中颇为疑惑，于是便询问奕詝怎么回事。

奕詝回答说，因为现在是春天，鸟兽孕育之际，他不忍心伤害生灵。道光帝听后心中大喜，认为这才是一个君王应该说的话。

之后，经过反复的考察，道光帝最终选定奕詝为继承人。道光三十年（1850 年），道光帝病死，奕詝正式继位，以第二年为咸丰元年。

咸丰帝继位后，摆在他面前的是一副烂摊子。为挽救时局，他立即采取了一系列的措施，调整对内对外的政策。首先整顿吏治，选贤任能，对清王朝的统治政策进行全面的补救。咸丰决定罢免昏庸官吏，拿军机大臣穆彰阿开刀。穆彰阿当权期间，不断利用手中的权力结党营私，打压异己。在宣布穆彰阿的罪状后，咸丰帝把他革职并永不续用。同时，咸丰还处死了与穆彰阿狼狈为奸的耆英，一时间朝野上下颇为震动。为了进一步扭转局面，咸丰帝还选拔了一批有才能的人，包括肃顺、匡源等人。肃顺主张为政要严，以挽救清王朝。咸丰帝对此十分赞同，并开始宠信肃顺。肃顺借此便平步青云，直至独揽大权。总的来说，咸丰帝提拔的官员确实有处理军政大事能力，但还不足以扭转大局，而且肃顺等人的越级升迁也导致了宫廷内部出现了新的争斗和矛盾。

咸丰帝一边要整顿朝纲，一边倾力镇压太平天国的起义。最初，由于害怕汉族地主掌握军权，咸丰帝对于曾国藩的湘军想用却不敢放手重用，内心十分矛盾。他把希望寄托在八旗兵和绿营兵的身上，然而，在与太平天国作战的过程中，八旗和绿营都受到严重的打击，溃不成军。经过多次的挫折与失败，咸丰帝决定冲破清王朝抑制汉人的祖制，开始重用曾国藩，并给予他实权。

随着战争开支的越来越大，清政府捉襟见肘，咸丰帝不得不想办法解决财政困难。在大臣们的策划下，咸丰采取了增设新税等一系列广开财源的措施。之后，财政困难得到一定的缓解，但是人民的负担大大增加。正当咸丰帝镇压太平军焦头烂额时，咸丰六年（1856 年），英国以“亚罗号”为借口，法国以“马神甫”为借口，两国联合发动了第二次鸦片战争。面对列强的挑衅，咸丰帝很想维护清朝的权益。但在太平军和英法联军的双重压力之下，咸丰倍感无奈，便对列强采取了软硬兼施的策略。

英法联军占领广州之后，为进一步逼迫清政府就范，于咸丰八年（1858年）北上攻陷大沽口直逼天津。在英法等国的武力威逼之下，咸丰抱着侥幸心理批准了《天津条约》。军事危机暂时解除后，咸丰觉得条约有诸多不妥之处，便向英法提出修约要求。咸丰派桂良和花沙纳与英法进行修约谈判，遭到英法的无情拒绝，谈判失败。咸丰帝闻讯非常气愤，决定对英法采取强硬的措施。他命令僧格林沁修筑大沽炮台，并让英法公使按指定路线进京换约。英法断然拒绝，派舰队炮轰大沽口炮台，僧格林沁奋起反击，打退了英法联军。咸丰帝闻讯后十分高兴，进而宣布彻底取消《天津条约》。

然而咸丰十年（1860年），英法联军再次集结兵船数十艘，进攻渤海湾。各地接连失陷，英法联军长驱直入，进逼京师。咸丰帝派人和谈不成，见大势已去，便以巡幸为名，带着亲信大臣与妃嫔出逃热河。咸丰执政期间，一直战事不断，使得他心神交瘁。为了排解忧愁，后来他寄情于声色，不仅自己身体健康遭到了严重的损害，而且造成慈禧日后的专权。狼狈逃到热河之后，咸丰的健康状况急剧恶化。可他仍然花天酒地，醉生梦死。咸丰十一年（1861年），这位大皇帝满怀忧愁去世，享年31岁。

咸丰帝在位期间，虽说有心治国，可是却心有余而力不足。在临终前，他没能平衡各主要政治力量之间的关系，导致了辛酉政变的发生。之后慈禧“垂帘听政”局面的出现，更是与咸丰纵容有关，它影响了中国近50年的历史进程。

穆宗载淳

清穆宗档案：

生 卒 年：1856～1874年

父　　母：父，文宗奕詝；母，叶赫那拉氏（慈禧太后）
后　　妃：皇后阿鲁特氏、慧妃、瑜嫔等
年　　号：同治
在位时间：1861～1874年
谥　　号：毅皇帝
庙　　号：穆宗
陵　　寝：惠陵（清东陵）
性　　格：愚鲁浑厚，软弱倔强

点评：

在清朝诸帝中，资质最差的皇帝。

——佚名

清穆宗爱新觉罗载淳是清王朝的第十个皇帝，他实际亲政只有一年的时间，19岁时便过早地去世了。他的一生都是在慈禧太后的掌权中渡过，所以基本上没有什么作为。

载淳在出生后的几年里是幸福快乐的，咸丰帝对他寄予了很大的希望，他的母亲叶赫那拉氏也细心照顾他的生活。但是命运将他推上了皇帝的宝座，也将他推进了痛苦的深渊。咸丰十一年（1861年），咸丰帝病逝，遗诏命载淳继位，当时载淳只有6岁，根本无法独立处理政事。于是咸丰帝指定了肃顺、端华、载垣等八位顾命大臣辅政，并拟定年号为“祺祥”。然而这个年号还没有正式启用，就发生了慈禧太后夺权的“辛酉政变”。

载淳继位后，肃顺等人以八大臣的名义辅政，掌握了朝政大权。尊叶赫那拉氏和钮钴禄氏为皇太后，分别称为慈禧皇太后与慈安皇太后。慈禧太后很有野心，对于肃顺揽权非常不满，想法设法要夺权。首先，她说服慈安太后与她共同执政，然后联合奕䜣密谋夺权之事。奕䜣在咸丰帝继位后一直不受重用，在咸丰帝逃往热河后更被独自留在北京收拾残局。即便咸丰帝去世后，奕䜣也没有得到顾命大臣的身份。肃顺等人更是传旨让奕䜣留京办事，不必前去热河办理丧事。这一切都让奕䜣非常不满，于是他决定与两宫太后密谋发动政变。

为了摆脱肃顺的控制，慈禧太后坚决主张回京。肃顺等人当即表示同意，于是带着咸丰帝的梓宫踏上了回京旅程。刚到北京，慈禧太后便立即颁布谕旨将八大臣捉拿解职。肃顺被判斩刑，载垣和端华被判自尽，其他五位大臣或是革职，或是流放。这样，慈禧太后以迅雷不及掩耳之势将八大臣的势力一网打尽，开始“垂帘听政”。之后，载淳在太和殿正式继位，改年号为同治，表示两宫太后临朝同治之意。从这时候起，同治帝失去了幸福的家庭生活，成了他母亲手中的一颗棋子。

为了培养同治帝，两宫太后为他挑选了强大的师资阵容，由倭仁、翁同和等名臣担任帝师。同治生性愚鲁浑厚，灵性不足，厌恶学习，整天与太监们厮混在一起，只知道享受玩乐。老师们虽然心急如焚，但是也没有好的解决办法。到同治十年（1871 年），同治帝已经有 16 岁了，到了亲政的年龄，但他连最基本的《左传》都读不懂，奏折更是没法看。

慈禧对同治帝严加控制，就连私生活也蛮横地干涉。同治 17 岁时要挑选皇后进行大婚，大婚之后就要开始亲政了。当时备选的女子中有富察氏和阿鲁特氏，阿鲁特氏是郑亲王端华的外甥女，而郑亲王与慈禧素来水火不容，所以慈禧太后并不喜欢阿鲁特氏，一心想立富察氏。谁料同治帝并没有顺着母亲，反而选了阿鲁特氏为皇后，富察氏被封为慧妃。大婚之后，同治帝和皇后相敬如宾，情投意合。皇后知书达礼，性格爽直，同治帝非常喜欢她，不久就怀有了身孕。但是慈禧太后很不喜欢这个儿媳妇，总是找碴为难皇后。慈禧甚至不允许同治与她同房，而是极力赞扬慧妃贤惠，要求同治帝对慧妃多些偏爱。同治不敢反抗，但是他又不喜欢慧妃，于是赌气独自居住在养心殿，以此对母亲进行无声的抗议。因为慈禧的刁难，皇后的日子过得非常不舒心。就连同治生病时，皇后前去侍奉也遭到慈禧的苛责。

在这样压抑的环境中生活，同治帝郁郁寡欢。同治十二年(1873)，慈禧太后按照祖制归政于同治帝。然而，同治帝的亲政只是一种假象，他手中依然没有真正的权力，大权全都牢牢掌握在慈禧手中。所以，同治亲政后也难以有什么作为。值得一提就是修复圆明园，在这件事情上，母子俩难得意见一致。不过修复圆明园并非一件容易的事，耗资巨大，将给清政府的财政带来了极大的负担。恭亲王奕䜣上书请求同治帝停止修复圆明园，并连带指出了同治帝一些不符合祖制的行为，例如在宫内与太监打闹、出宫游玩等。同治帝因为此事与奕䜣发生了争执，甚至要下诏解除奕䜣等人的职务。两宫太后闻讯后，指责同治帝年少不懂事，同治帝只好作罢。这次风波的结果是同治放弃重修圆明园，改为修葺西苑三海。

同治帝虽然贵为一国之君，光鲜的外表下却没有一国之君的尊严与权力。在政治上受到慈禧太后的控制；在生活上，也遭到慈禧太后的干涉。这让同治帝的生活非常苦闷，于是便萌生了出宫寻找乐趣的想法。在宫外，他的生活放纵，身体健康逐渐受到影响。同治十三年（1874 年），同治帝病逝，享年 19 岁。慈禧因同治之死而迁怒于皇后阿鲁特氏，在同治死后没多久，皇后就被慈禧逼死。在民间，关于同治的死因有多种说法，有死于天花说，也有死于梅毒说。清朝官方一直保持沉默，丝毫不做任何申辩，使得同治的死成为一大历史疑案。

同治在位期间虽然没有什么作为，但是两宫太后的垂帘听政加上恭亲王奕䜣的主政，清朝成功镇压了太平天国和捻军起义，使社会秩序得以恢复。同时在奕䜣、曾国藩等人的主持下，清政府成立了总理衙门，办理了新式学校，并且办厂开矿，修筑铁路等，这一系列学习西方近代化的举措，让清朝在衰落的同时也逐步走向了开放与进步。

德宗载湉

清德宗档案：

生卒年：1871～1908年

父　母：父，奕谖；母，叶赫那拉氏

后　妃：皇后叶赫那拉氏、珍妃、瑾妃等

年　号：光绪

在位时间：1874～1908年

谥　号：景皇帝

庙　号：德宗

陵　寝：崇陵（清西陵）

性　格：聪颖敏锐，隐忍懦弱

德宗载湉像

点评：

从为国为民、牺牲小我的动机着眼，光绪帝这位爱国青年，实在是我国历史上极少有的尧舜之君。

——唐德刚

清德宗爱新觉罗载湉是清朝的第十一位皇帝，也是清朝第一位非皇子而继承大统的皇帝。他是道光皇帝的孙子，咸丰皇帝的侄子，同治皇帝载淳的堂弟；他的爸爸是醇亲王奕谖，他的妈妈是慈禧太后的亲妹妹，慈禧太后是他的亲姨妈。正因为拥有如此错综复杂的关系，使得他不幸地被慈禧太后选中成为皇帝。

载湉出生在天潢贵胄之家，本来可以无忧无虑地生活。然而，一件事彻底地改变了他的命运。同治十三年（1874年），做了13年傀儡皇帝的同治帝病逝，引起了朝野的巨大震动。同治皇帝没有儿子，皇位由谁继承是摆在慈禧太后面前的一道难题。按照清朝的法

制，应该在晚辈近亲中挑选出一个人来继承皇位。当时载字辈之下是溥字辈，照理应从溥字辈中选出一人。但是这样做的话，慈禧便成了太皇太后，就很难继续执掌清王朝的政权。于是，慈禧改变了父死子继的祖制，决定由同治的堂弟载湉继承皇位。载湉年龄较小，加之与她有密切关系，比较利于对他进行掌控。接着，慈禧召集大臣们当场宣布由醇亲王的儿子载湉继承皇位。大臣们虽然惊讶不已，却没有人提出异议。这样，刚满 4 岁的载湉被接到宫中，正式继位为皇帝，改第二年为光绪元年。这一次的继位既没有遗诏，也没有大臣辅政，一切都出自慈禧之手。她再一次将权力紧握手中，继续她的垂帘听政。

光绪帝入宫后，奉慈安皇太后居住在东六宫的钟粹宫，史称“东太后”；奉慈禧皇太后居住在西六宫的长春宫，史称“西太后”。光绪帝则独自居住在养心殿。刚入宫的光绪年纪尚小，还需要有人照顾。这时候的慈禧太后对光绪帝还是比较爱护的，甚至让光绪帝睡在她的寝榻上。她每天照顾光绪帝的饮食，并且根据季节的变化为他加减衣服，高兴的时候还会为光绪帝讲授四书五经。通过这些努力，慈禧试图和光绪帝之间建立起一种“母子”关系，从而用封建孝道加强对光绪帝的控制与约束。为了达到这个目的，慈禧甚至切断了光绪帝与他亲生父母的联系，并让周围的太监不断向光绪帝灌输太后才是他母亲的信息。

同时，慈禧也极力在光绪面前树立起自己的权威与尊严。例如，光绪帝在给慈禧请安的时候，没有慈禧的命令，光绪帝是不能起来的。如果碰上慈禧心情不好，光绪帝也只能长跪不起。而且每逢慈禧出行，无论天气多恶劣，光绪帝都必须亲自陪同。在这样紧张的状态下长期生活，光绪帝的心灵逐渐受到压抑与伤害，对慈禧产生了很深的惧怕心理，这也是他一直不敢直接反抗慈禧的原因。幸运的是，光绪帝受到了老师翁同和的关心与爱护，而翁同和也得到了光绪的信任与尊重。在老师的教导下，16 岁的光绪帝已经较好地完成了学习任务，不仅对传统经史有了深入的了解，也有了批阅奏章、论断是非的能力。在不断学习的过程中，光绪帝逐渐形成了自己的思想，并有了一定的参政意识，对朝政表现出极大的兴趣。

然而，16岁的光绪帝已经到了结婚的年龄，按照清朝的规定，婚后的光绪帝就要开始亲政了。这让慈禧犯难，她并不想放弃手中的权力，也不愿担负着夺政的恶名。于是在光绪十二年（1886年），慈禧发布懿旨，公开声称明年让光绪帝亲政。慈禧的亲信对她的这种行为心领神会，纷纷出来打圆场，说皇帝年幼，恳请太后再多训政几年。此举正好迎合了慈禧的心意，她也就顺水推舟，制定了一个《训政细则》，规定一切军政大事都要听从太后的裁决。这便从法律上肯定了慈禧太后的统治地位，而光绪帝后来的亲政只是一个仪式，实际权力并没有转移到他的手中。

虽然贵为皇帝，婚姻大事光绪帝仍是做不了主的。慈禧让光绪帝将她的侄女选为皇后，以便于她的统治。光绪帝无可奈何，只得答应。于是光绪帝便有了一后二妃，其中光绪最为宠爱珍妃，并且与她有过一段欢乐的时光。亲政后，光绪帝的境遇并不如意，清朝的一切仍然由慈禧太后把持着。在他当政的30多年中，清朝正值多事之秋。中法战争的失败极大地刺激了光绪，他认为不能和洋人轻易妥协。中日甲午战争时期，光绪帝坚决主战，并为备战付出了极大的心血与努力。虽然遇到慈禧太后与李鸿章等人的阻挠与抵制，光绪帝却始终坚持迎战日本，并最终发布上谕向日本宣战。然而，威海卫海战一战北洋海军全军覆没，这让光绪帝没了主意。慈禧太后派李鸿章与日本和谈，签订了丧权辱国的中日《马关条约》。光绪帝看到条约内容后拒绝签字，还向慈禧太后提出迁都的解决方案。慈禧太后不

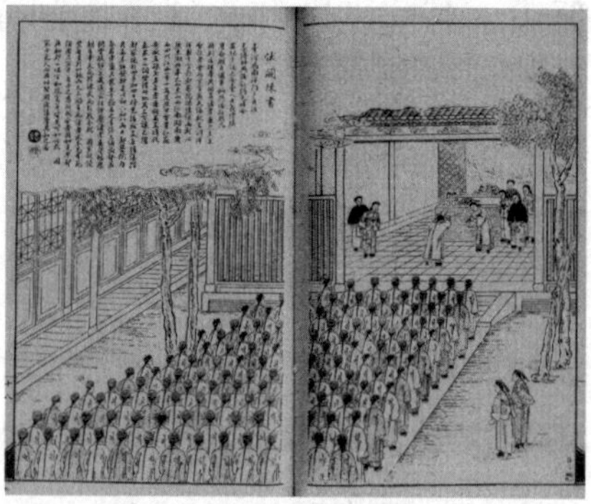

点石斋画报·伏阙陈书　清

记录康有为带领各省举人“公车上书”的情形。

仅没有答应，而且逼迫光绪帝批准了《马关条约》。

甲午战争的惨败加上《马关条约》的签订，使民族危机更加严重，一部分有识之士开始探索救亡图存之路。以康有为为代表的资产阶级维新派发起“公车上书”，试图维新政治。光绪帝也认为应该向西方学习，于是冲破重重阻力，在光绪二十四年（1898年）断然颁布了《明定国是诏》，宣布变法。变法内容涉及国家政治生活的各个方面，重点是要学习西方的先进技术和知识，实现近代化。

这个诏书的颁布引起了社会上的强烈反响，猛烈冲击着传统的封建制度。守旧大臣们害怕光绪帝的改革会触动到自己的权益，于是纷纷投靠慈禧。慈禧也担心光绪的改革会危及她的独裁统治，便联合守旧势力共同镇压改革。在慈禧的严厉打击下，光绪帝的变法运动只持续了103天就失败了。康有为和梁启超出逃，谭嗣同等“戊戌六君子”遇害。百日维新之后，光绪帝的政治生涯也结束了，他被慈禧囚禁在瀛台，度过了10年的“囚帝”生活。

在光绪帝被囚禁的同时，义和团运动正如火如荼地展开。他们的活动严重影响了西方列强在华的利益，于是列强纷纷出兵进行武装干涉。面对如此紧急的情况，慈禧没能拿正确有效的应对措施，最终导致了八国联军侵华惨剧的发生。慈禧一意孤行，要以强硬的姿态对抗列强，却忘了清朝缺少抵抗的实力。在八国联军侵占北京时，慈禧带着光绪帝和众大臣仓皇西逃，北京城再度被洋人占领。

当光绪再次回到北京时，面对破坏后的京城痛心疾首。然而政治上的失败和生活中的不幸，都让光绪帝陷入极大的痛苦中。他的身体状况日益变坏，光绪三十四年（1908年），光绪帝含恨病逝，享年38岁。慈禧太后曾经想要废掉光绪帝，但是各国公使对光绪帝表现出极大的关心，因此，慈禧也不敢贸然对光绪皇帝下手。后人化验光绪帝的头发，证明他是被人毒死的，但谁下的毒却无从知晓。

光绪帝在位时期也算是尽心尽力了，可是他空有志向，却实现无门。由于没有实权，只能看着国家一步步地衰落而无法挽救。他唯有扼腕叹息，抱憾而终。

宣统帝溥仪

宣统帝档案：

生 卒 年：1906～1967 年

父　　母：父，载沣；母，苏完瓜尔佳氏

后　　妃：皇后婉容、淑妃文绣等

年　　号：宣统

在位时间：1908～1911 年

谥　　号：无

庙　　号：无

性　　格：孤僻自卑，胆小懦弱

点评：

溥仪只是作为一个清朝末帝的历史符号，而存在于历史典册。

——阎崇年

宣统帝爱新觉罗溥仪是清王朝的最后一个皇帝，也是继位年龄最小且在位时间最短的皇帝。他 3 岁继位时还是一个幼儿，退位时也才 7 岁。在这当政的短短几年之中，朝政是由摄政王载沣和隆裕皇太后把持着。但是他以皇帝的身份经历了一场伟大的革命——辛亥革命。之后的他，更是经历了由万人之上的皇帝变为普通公民的戏剧性转变，可以说，他的生活颇具传奇色彩。

宣统帝溥仪幼年像

意外登基　皇帝生活

溥仪与光绪的命运有点相似。光绪帝没有儿子，慈禧需要尽早挑选继承人。溥仪是老醇王奕譞的孙子，小醇王载沣之子。并且，他的母亲又是慈禧的养女。综合种种条件，慈禧决定让溥仪收进皇宫教养，为大清王朝培养接班人。就是这道让溥仪进宫的懿旨，改变了溥仪的命运。光绪三十四年（1908 年），光绪帝病逝。此时的慈禧也已大病缠身，草草为朝政做了一些安排便去世了。她命人宣布由溥仪继位，让光醇亲王载沣监国，并由她的亲侄女隆裕太后裁决重大事件。

在光绪、慈禧去世的半个多月后，溥仪即位，改第二年为宣统元年。从 3 岁起，溥仪就听不到别人叫他的名字了，听到的大都是“皇上”或“万岁爷”。见到他的人，无论老幼都需要磕头叩拜，就连和他的父亲见面，行的也是君臣之礼。无论什么事情都有人服侍，不用溥仪自己动手。因为所有的人都围绕着他转，于是他便有了以自我为中心的观念。

这时候的大清帝国已经是千疮百孔，岌岌可危。无论是监国摄政王还是隆裕太后都无法挽救这样的局面。他们推出各种措施想保住清王朝，但是却毫无成效，反而加速了清朝的灭亡。

宣统三年（1911 年），革命党人在武昌发动起义，南方以及西部数省纷纷响应，辛亥革命的风暴席卷了大半个中国，清政府派出北洋军南下镇压。袁世凯玩起了两面派，一方面以推翻清廷拥护共和为条件诱使革命党人的支持；一方面又以革命形势迫使清廷自行退位。在清廷犹豫之际，他又抛出《优待条例》，以优待皇室为条件劝诫皇太后和摄政王交出政权。在辛亥革命无情的打击下，隆裕太后和大臣们为了保住皇帝称号和自身性命，在走投无路的情况下接受了袁世凯的《优待条例》。1912 年 2 月 12 日（阴历 1911 年十二月二十五日），隆裕太后颁发了清帝溥仪的退位诏书。接着，袁世凯公开声明赞成共和，并当上了中华民国临时大总统。

至此，大清王朝彻底灭亡了，在中国延续两千多年的帝制也宣告结束了。然而，清朝的最后一位皇帝退位后还继续生活在紫禁城中。溥仪退位时刚好 6 岁，到了开始上学读书的年龄。每天上课，溥仪需要乘轿到毓庆宫，等着师傅进来行礼授课。作为徒弟的溥仪则端坐不动，更不需要向师傅行礼。随着年龄的增长，溥仪逐渐明白了自己的身份和地位，便从心里渴望做一名真正的皇帝。

首先他要向下人们显示他的权威。每当溥仪不顺心的时候，他就借打骂太监来出气，太监们都毫无怨言；碰到溥仪高兴时，他就会想着法测试太监们的忠心，太监们也任凭他摆布。有一次溥仪挑选了一名太监，要他把地上的脏东西吃下去。那个太监二话没说，趴到地上就吃，溥仪见此情景十分满意。就这样，在紫禁城中，溥仪为做皇帝尽了一切努力。

长期待在紫禁城里，让溥仪对外部的世界感到好奇。当时，溥仪有一个英文老师是英国人庄士敦，他不断给溥仪说起外面精彩的世界，并引导他做一个英国式的君主。在庄士敦的影响下，溥仪逐渐“西化”。他爱吃西餐、穿西装。为了吃西餐，溥仪在宫里特别开辟了一间西餐厅。他爱打网球，也爱骑自行车。为了骑自行车，溥仪下令把西六宫里的门槛给通通锯掉。后来溥仪剪了短发，戴了眼镜，并在皇宫里装上了电话。为了满足好奇心，他将第一个电话打给了胡适，邀请他来皇宫逛逛。结果胡适真的来了，能够见到皇帝他似乎也特别高兴。可以说，溥仪基本上接受了西方的生活方式，不过这仅限于表面，真正的西方思想溥仪并没有接受。但是，他的中国师傅们连这些表面的东西也不能容忍。

很快，溥仪到了结婚的年龄。在大臣们的操办下，1922 年，宣统皇帝在紫禁城举行了隆重的大婚。民国总统黎元洪还派兵护驾，并以民国政府的名义送上贺礼，其他军阀和政客们更是亲自到场祝贺。溥仪娶了一后一妃，虽然已经不是皇帝了，但是封号仍在，她们分别是婉容皇后和淑妃文绣。婚后溥仪过了两年安稳的日子，却因为一场“北京政变”结束了16年这样的生活。

离宫北上　傀儡皇帝

清帝退位后，北洋军阀张勋为了表示忠于清廷，禁止部下剪辫子，被称为“辫帅”。1917年，他以调解“府院之争”为名，率领辫子军入京，拥戴溥仪第二次登基当皇帝。然而历史的车轮已经向前发展了，这场闹剧持续12天就结束了。鉴于这次事件，冯玉祥认为只要溥仪留在皇宫中就会有复辟的可能性。便在1924年发动北京政变，将溥仪逐出皇宫，并废除帝号。北京警备总司令鹿钟麟限溥仪等人2个小时内搬出皇宫，否则就开炮。溥仪被逼离开皇宫，从此成为普通公民。

回到父亲的居所后，旧臣遗老纷纷聚集于此，为溥仪出谋划策。最后，溥仪决定先前往天津，再谋求发展。回顾以前的经历，溥仪认为要想重登大宝必须要依靠军队。因此，凡是军阀上门求见，溥仪总是热心接待。而且只要是愿意为恢复大清而效力的人，溥仪就会设法笼络。同时，溥仪还积极结交友人，与各国领事及驻军司令来往，还经常以宣统皇帝的身份参加天津日本驻军的阅兵式。在长期的接触中，溥仪认为最可信任的伙伴是把他当作皇帝保护的日本，而且日本军界也准备支持他重登大宝。

1931年九一八事变后，日本帝国主义决定邀请溥仪去东北“复国”。溥仪以为恢复大业的机会到了，便欣然前往。然而到达目的地后，事情并没有如溥仪想象的那样发展。日本政府要建立“满洲国”，由溥仪出任国家“执政”。溥仪十分气愤，但因惧怕日本人的势力，不敢贸然反抗。于是最后决定，暂任执政一年，届期如没能重登大宝，就自行引退。

执政期间，溥仪一心勤政办公，希望能早日复国。可是不久便发现他的任务只是签名，并没有决定权。不过溥仪并不放弃，希望铜通过鼓满足日本人来换取支持。他签署了日本人为他准备好的“日满议定书”，出卖了大量的国家主权。日本人对此十分满意，为了更好地利用溥仪，加强殖民统治，日本决定给予他“满洲国皇帝”的称号。1934 年，溥仪终于如愿登上了“满洲国”皇帝的宝座。日本人开始称呼他为“皇帝陛下”，在公开场合就像尊敬日本天皇一样的尊敬他。“满洲国”内的所有团体都供奉了他的照片，所有人都要按时向照片行礼。而且溥仪每次的出行都会有军队保驾。在这里，溥仪确实享受到了“皇帝”才有的尊荣，但也忍受了不少屈辱。例如，关东军每年都安排溥仪参加对侵华日军亡灵的祭祀。不仅如此，溥仪无论做任何事情都需要请示日本人，自己做不了主。慢慢地，溥仪连基本的人身自由也没有了。日本人加强了对他的控制，甚至不准他与外人接触。

溥仪过了而立之年，仍然没有子女。日本人曾经劝说溥仪娶一位日本妻子，被溥仪断然拒绝。于是他们便找了一名日本女子与他的弟弟溥杰结婚，想让有日本血统的清室子孙来继承皇位。然而，这和溥仪恢复祖业的愿望是背道而驰，甚至会断绝大清的命脉。溥仪虽然看清了局势，但无力反抗，而是选择了忍辱负重。溥仪继续当着傀儡皇帝，处处看着日本人的眼色行事，生怕违背了日本人的意愿而性命不保。他不敢再公开祭拜自己的祖先，甚至帮助日本人毒害中国人民。在这种无形的压力下，溥仪的精神高度紧张，心理也变得极度扭曲。如此痛苦的生活一直持续到 1945 年日本宣布投降，溥仪才得以从牢笼中解脱出来，不过却被作为第二次世界大战的重要战犯被押往苏联。

引渡回国　接受改造

溥仪被押解到苏联后不久，便被送到收容所里，在那里度过了 5 年的拘留生活。在这期间，溥仪虽然不用担心会有性命之忧，但是他害怕引渡回国后会被以叛国罪处以极刑。于是，他将自己随身携带的有价值的珠宝全数捐献给苏联政府，支援他们战后的经济建设。同时，溥仪还几次向苏联政府递交申请，希望能留在苏联。不过溥仪的愿望并没能实现，苏联政府没有批准他的申请。

中华人民共和国成立之后，苏联政府便将他和其他战犯一起转交给了中国政府。之后的9年里，溥仪接受改造，成为了公民。回到中国后经历的一切都让溥仪感到困惑。政府并没有处死他，而是把他送到抚顺战犯管理所。保全性命后，溥仪便开始努力学习，积极改造，争取得到政府的宽大。

一直以来，溥仪都过着皇帝生活。即使在苏联生活的5年里，他也从不自己穿衣服、叠被或洗脚。他的弟弟、侄子和岳父都会自觉地以臣仆的身份服侍他。在这个家族里，溥仪仍然是“皇上”。所以，战犯管理所为了更好地改造溥仪，便把他与其他的家族成员分开了，让他和其他的战犯住在一起。此后，溥仪就需要自己面对生活中的一切问题了。

除了自己端饭洗衣，整理床铺，溥仪还要和别人一样轮流做值日，打扫房间卫生，甚至提马桶。最初溥仪认为这是故意刁难他，因为他不会做这些事。一开始的时候，溥仪刚起床还没穿好衣服，别人就已经跑操去了；而他还没洗漱完，别人又开始吃饭了。他的行动总是落后于别人，每当这个时候，溥仪就会因自己的无能而烦恼。战犯管理所的同志发现后，总会适时的开导劝解，并鼓励溥仪好好改造。另外，战犯管理所还会带着溥仪等人到东北各地走访，请当地的人讲述当年日本的种种罪行，试图加强战犯们的思想教育。同时还允许战犯们的亲属写信探望，促使他们认识自己的过去，看到未来的希望。在这样耳濡目染之下，溥仪也开始慢慢地认识自己的过错，对自己的行为进行反思。

之后，溥仪认真地对自己进行改造，重新认识了生活。1959年，溥仪被特赦释放，恢复了自由之身。回到北京后，溥仪开始了自食其力的新生活。在工作的闲暇之余，溥仪撰写了自传《我的前半生》。1962年，溥仪与北京关厢医院的一名普通女护士结婚了，婚后组建了一个幸福美满的小家庭。溥仪受到了人民政府和各方人士的关心与帮助，为了表示感谢，他尽自己的努力为国家做贡献。他和普通人一样自觉地打扫街道卫生，热情地为群众排忧解难，并且常把孩子带到家里游戏玩耍。溥仪时刻以一个普通公民的标准严格要求自己，生活上勤俭节约，工作上努力认真。

正当溥仪沉浸在新生活的欢乐之中，不料病魔却向他袭来。虽然有专家的特殊治理，但无法挽救他的生命。1967年的一个凌晨，溥仪因病去世，享年62岁。溥仪的这一生可以说是跌宕起伏，从皇帝到平民，从战犯到公民。多种角色的转变，让他经历了一个特殊的人生。

作为清朝的末代皇帝，他的前半生以匡复祖业为己任，妄图以自己的努力来延续年少时的皇帝梦，却没发现历史的轨迹不会因此改变。当梦醒时，他花了十多年时间重新认识自己，最后过上了普通人的幸福生活。命运就是这样的奇特，而溥仪的命运也是因为有了皇帝的光环更加耐人寻味。

中国皇帝全传

丰富、系统、全方位的再现历代皇帝的人生历程

于立文／主编

辽海出版社

叁

唐朝

高祖李渊

高祖李渊像

唐高祖档案：

生 卒 年：公元 566～635 年

父　　母：父，李昞；母，独孤氏

后　　妃：窦皇后、万贵妃、尹德妃等

年　　号：武德

在位时间：公元 618～626 年

谥　　号：光孝皇帝

庙　　号：高祖

陵　　寝：陕西献陵

性　　格：谨慎稳重，率性豁达

点评：

唐高祖创立了初唐的制度和政治格局。以任何标准衡量，“武德之治”均称得上是取得了突出成就，为唐王朝打下了坚实的政治、经济和军事基础。

——剑桥中国隋唐史

唐高祖李渊，是唐王朝的开创者。他在隋末风起云涌的群雄角逐中异军突起，建立了唐王朝，并平定了四方的叛乱，统一了全国。他以对唐王朝的开创之功留名青史。

出身显贵　因功仕隋

李渊的祖父李虎，为魏左仆射，封陇西郡公，官至太尉，是北周著名的八柱国之一，死后追封为唐国公。父亲柱国大将军李昞，袭封唐国公，北周时任安州（今湖北安陆县）总管。母亲独孤氏是八柱国之一独孤信的女儿、隋文帝独孤皇后的姐姐。北周天和元年（公元 566 年），李渊出生于长安，7 岁父亲去世后，他袭封唐国公。李渊出生和成长于这样一个高门显贵之家，自幼受到良好教育。

李渊年轻时，潇洒豁达，直率宽仁，还有一身好武艺。当年窦毅夫妇为女儿求贤夫时，采取比箭招亲的办法。他们在门屏上画两只孔雀，只有在两箭之内射中孔雀眼睛的求婚者，才有资格中选。当时来求亲的王公子弟无数，但无人能中。李渊也前来求亲，开弓射箭，两发各中一目，因而娶得一代名门闺秀。

李渊隋初为千牛备身，曾先后任谯州（今安徽亳县）、歧州（今陕西凤翔）、陇州（今陕西陇县）刺史。隋炀帝大业初年为荥阳（今属河南）、楼烦（今山西静乐）二郡太守。后为殿内少监。大业九年（公元 613 年）为卫尉少卿。这一年隋炀帝发动第一次对高丽的战争，李渊受命在怀远镇（今辽宁辽中附近）督运粮草。这年六月，杨玄感起兵反隋，隋炀帝命李渊镇守弘化郡（今甘肃庆阳），兼知关右诸军事。杨玄感兵败，李渊留守弘化郡。在这期间，李渊广树恩德，结纳豪杰，因此隋炀帝对他有所猜忌。

大业十一年（公元 615 年）李渊调任河东（今山西）慰抚大使，并被授权可以任用当地郡县文武官，征发河东兵，讨捕“盗贼”。李渊携家眷来到河东。在龙门（今山西河津）消灭了毋端儿农民起义军，收降万余人，声威大震。大业十二年（公元 616 年），李渊迁右骁卫将军，年底任太原留守。李渊在太原又消灭了“历山飞”农民起义军，巩固了在太原的统治地位。

晋阳起兵　长安称帝

杨玄感起兵反隋虽然失败，但引发了隋末农民起义的浪潮。当时，隋末农民大起义如火如荼。翟让、李密领导的瓦岗军，窦建德领导的河北义军和杜伏威、辅公柘领导的江淮义军等在大江南北蓬勃兴起。隋统治集团内部分崩离析，隋炀帝迷信谶纬之语，猜疑臣下，以国公李浑名应“李氏当天子”的民谣，将其家 32 人全部杀死。这个事件的发生，使早有“大志”的李渊感到自危，谋划起兵反隋。而此时南游的隋炀帝被风起云涌的农民起义困在江都（今江苏扬州），无法返回京城长安。

大业十三年（公元 617 年）二月，刘武周在马邑（今山西朔县）起兵，杀太守王仁恭，自称天子。李渊以讨伐刘武周为名，自行募兵，同时暗暗将在蒲州（今山西永济）的长子李建成和四子李元吉召至晋阳（今山西太原一带），准备起事。李渊的行为，引起忠于隋炀帝的副留守王威和高君雅的怀疑。五月，李渊借口王、高二人私引突厥入寇，杀了他们，正式起兵。

起兵后，李渊派刘文静出使突厥，并与之和亲。在得到突厥的支持后，李渊在六月传檄诸郡，打出废昏立明、安定隋室的旗号。接下来，李渊便决定进军关中，直取长安，以号令天下，统一全国。李渊率大军攻破西河郡（今山西汾阳）后，自称大将军，建立大将军府。以长子李建成为陇西公、左领军大都督，领左三统军。次子李世民为敦煌公、右领军大都督，领右三统军。以裴寂为长史，刘文静为司马，唐俭、温大雅为记室，长孙顺德、刘弘基等为左、右统军。

七月，李渊命四子李元吉留守太原，自己率军西进关中，遭到屯兵霍邑（今山西霍县）的隋武牙郎将宋老生的阻挡。适逢秋雨连绵，道路泥泞，粮草供应不足。裴寂等主张还师太原，固守根本，以图后举。李建成、李世民等力主进军。李渊最后决定继续西进。八月雨止天晴，太原军粮运到，士气大振，终于击败宋老生，平定霍邑。接着又连取临汾（今山西临汾）和绛郡（今山西新绛）。九月，李渊率军直逼河东，屈突通固城自守。李渊采取李世民的建议，留兵围河东，自率大军西进，由壶口渡黄河，直取长安。十月，李渊至灞上，与李建成、李世民、平阳公主军会师，20余万，围攻长安。十一月攻克长安，与民约法十二条，封府库，收图籍，禁掳掠。李渊占领长安后，为了显示他攻取京城是为了保存隋朝正朔的正义性，便将隋炀帝的孙子隋代王杨侑立为皇帝（即隋恭帝），改元义宁，遥尊隋炀帝为太上皇。而实际上李渊成为真正的掌权者，做了大丞相，并被进封为唐王。由此李渊以武德殿为丞相府，总揽军国大事，以裴寂为长史，刘文静为司马，李刚为司录。此外李渊还将自己的长子陇西公李建成封为唐国世子，次子敦煌公李世民封为秦王，四子姑臧公李元吉封为齐王。

大业十四年（公元618年）三月，在士兵们思归怨叛的情况下，虎贲郎将司马德勘等人推屯卫将军宇文化及为首，发动兵变。他们杀死被困扬州的隋炀帝，立他的孙子秦王杨浩为皇帝。隋炀帝被杀标志着隋朝的灭亡。此时的李渊再也无所顾忌了，不久他就逼迫隋恭帝禅位，定国号唐，改元武德，定都长安。李渊就是唐高祖。

统一全国　创立制度

李渊建立唐朝后，开始了统一全国的战争。当时全国处在群雄割据的混战之下，为了彻底消灭这些互相攻伐、使国家四分五裂的割据势力，统一全国。李渊决心首先消灭北方的割据势力，以巩固自己的关中根据地。

割据金城（今甘肃兰州）的薛举，自称秦帝。武德元年（公元618年）六月，薛举亲自率军向关中进攻，在高墌（今甘肃宁县南）打败唐军，准备乘胜前进，不料却突然病死，其子薛仁杲继位。李渊命李世民趁机进攻高墌，在浅水原打败薛仁杲。薛仁杲降唐被杀，陇右平定。

割据武威（今甘肃武威）的李轨自称凉帝，占有河西五郡之地。武德二年（公元619年），李渊密遣的安修仁与其弟安兴贵联合胡人发动兵变，李轨被杀，河西平定。

李渊在经营西北时，马邑（今山西朔州）的刘武周扩充势力，联合突厥进攻太原，李元吉弃城逃往长安。李渊命李世民出兵抵御，李世民屯兵柏壁（今山西新绛西南），与刘武周的大将宋金刚相持五个月。武德三年（公元620年）四月，李世民待敌军粮草不足，士气低落，果断出击，刘武周全军覆没，部将尉迟敬德投降。刘武周和宋金刚率残部北逃突厥，后被突厥杀死。

战争壁画

敦煌莫高窟第十二窟唐代的战争壁画。从双方隔河相峙、筑城而战的紧张场面，可看到“城”之于“战”的重要。

北方的三个劲敌都消灭后，关中根据地已经稳固，这时李渊又面临盘踞在关东的两个强大敌人。一个是在洛阳自称郑帝的王世充，占有河南大部分地区。另一个是占据河北并自称夏帝的窦建德。

武德三年（公元620年）七月，李世民奉命率军进攻洛阳的王世充。王世充被唐军围困数月，无法解围，多次求救于窦建德，窦建德原想坐收渔利，但又恐唇亡齿寒，于武德四年（公元621年）三月，率兵救援洛阳。李世民分析形势后决定亲率精锐，驰往武牢关，扼守此天险来抵御窦建德的援军。同时李世民又派兵袭击了窦建德的粮草运输。李世民趁窦军疲惫之机，一举将其击溃，俘获窦建德。王世充见前来救援的窦建德已经被俘虏，知道大势已去，被迫出城向李世民投降。

窦建德押往长安后被李渊杀死，其流散各处的部将听到此消息后非常地气愤和不满，于是大家推选窦建德的得力部将刘黑闼为主，在漳南（今山东德州一带）重新起兵反唐，各地纷纷响应，很快就重新占领了窦建德的故地。李世民、李元吉奉命进攻刘黑闼，刘黑闼败逃突厥。两个月后，刘黑闼卷土重来，重新恢复故地。武德五年（公元622年）初，刘黑闼称汉东王，都洲（今河北永年）。齐王李元吉前往讨伐，被刘黑闼打败，李渊又派太子李建成亲征。李建成采纳谋臣魏征的建议，实行安抚政策，努力争取当地人民的拥护，以瓦解刘黑闼叛军的群众基础。武德六年（公元623年），刘黑闼最终兵败被杀，从此唐控制了河北山东地区。

此外此外还有江淮间的杜伏威、辅公祏和在长江中游割据自称梁帝的萧铣也先后被唐廷平定。到武德七年（公元624年），除朔方的梁师都外，唐高祖基本平定了群雄，统一了全国，初步奠定了唐朝的版图。

唐高祖长安称帝后，一方面进行全国统一战争，另一方面为新建的唐王朝建立制度。唐承隋制。唐高祖在政治、经济、军事上都沿袭了隋朝的制度。

政治上，唐高祖首先建立了从中央到地方的政治统治机构。在中央仍实行三省六部制，三省即中书省、门下省和尚书省。中书省是决策机构，有关中国大事的诏敕都由此出，其属官有中书令、中书侍郎、中书舍人等。门下省是审议机关，对中书省的诏敕有驳斥权，其属官有侍中、黄门侍郎、给事中等。尚书省是执行部门，包括吏、户、礼、兵、刑、工六部，负责全部政务的执行，其属官有尚书令、尚书左右仆射、尚书左右丞、尚书左右司郎中、六部尚书、六部侍郎等。在地方实行州县两级制。州设刺史，县设县令。县以下设乡里等基层政权单位。

文官图　唐

经济上，实行均田制和租

庸调制。颁布均田令，规定各种人的授田数，并订立户籍。租庸调制规定，受田的农民每年要向国家交纳粮食，叫做租；每年交纳绢、绵或布，叫做调。每丁每年要服役，如不亲自去，可以以绢或布代役，叫做庸。并发行了开元通宝钱。

军事上，仍实行创制于西魏而历经北周、隋朝的府兵制。这种农兵合一的兵制可以有效地解决军队的粮食供给问题。唐高祖在各地设立军府，把军队逐渐纳入府兵组织系统。唐高祖又设立十二卫，作为关中京师比较固定的禁卫部队。

教育上，在中央设立国子学、太学、四门学等，在地方设立州县学，以培养各类各级人才。继续推行隋代的科举考试，为国家选拔各级官员。

法律上，制定《武德律》，在隋《开皇律》的基础上重新修订，增加53条新律。

深宫闻变　古稀寿终

唐高祖有22子，与窦皇后生有4子：长子建成立为皇太子，次子世民封秦王，三子玄霸早夭，四子元吉封齐王。李渊对武德后期的皇位之争问题没有处理好，以致太子建成与军功显赫的秦王世民之间争夺皇位继承权的斗争愈演愈烈，最终以李世民发动宫廷政变结束。武德九年（公元626年）六月，李世民趁太子建成和齐王元吉入朝无备，在玄武门发动政变，杀死了建成和元吉。还在宫中南海池与大臣泛舟的高祖听到披甲的尉迟敬德来报，非常惊愕，但已无可奈何，只好立李世民为皇太子，命其处理一切军国政事。八月初九，世民即皇帝位于东宫显德殿，尊高祖为太上皇。随后，高祖徙居太极宫北面西苑内的弘义宫，后改为大安宫，不再过问政事。

退位之后，高祖安于他的太上皇生活，只乐意在庆功宴会上露露面。李世民对高祖也隆礼相敬，并在长安城东北修建大明宫，作为李渊的养老享乐之所。李渊亲见“贞观之治”，对李世民治国颇为满意，有托付得人之感。贞观九年（公元 635 年）五月，唐高祖病死，享年 70 岁，死后葬于献陵。

唐高祖李渊是大器晚成之人，年过半百时，他凭借自己多年政治磨练的经验积累，抓住隋末群雄并起的大好时机，在短时间内起兵反隋获得成功。作为唐王朝的奠基者，他的开创之功不可泯灭。

太宗李世民

太宗李世民像

唐太宗档案：

生 卒 年：公元 598～649 年

父　　母：父，高祖李渊；母，窦皇后

后　　妃：长孙皇后、徐贤妃等

年　　号：贞观

在位时间：公元 626～649 年

谥　　号：文皇帝

庙　　号：太宗

陵　　寝：陕西昭陵

性　　格：豪爽大度，英明果断

点评：

太宗似乎像天命所归的人物，对他而言似乎没有社么事情是不可能的，他是社会的拯救者，也是统一与和平的恢复者。他的个性是如此的强悍有力，他影响了所有与他相处过的人物，并且成为一个后代子孙眼中的传奇人物。在中国的帝王中，无人可与之相提并论。

——（美）菲茨杰拉德

毛泽东在诗《沁园春·雪》写道："秦皇汉武，略输文采，唐宗宋祖，稍逊风骚，一代天骄成吉思汗，只识弯弓射大雕。俱往矣，数风流人物，还看今朝。"可见，毛泽东认为，唐太宗是中国古代可称道的五位帝王之一。

卓越的军事才能

唐太宗是唐高祖与窦皇后的二儿子。少年时的李世民聪慧过人，从小就受到了很好的教育，骑射征战、文韬武略样样精通，很受李渊的喜爱。他为人豪爽大度，临事机敏果断，有远见卓识。唐太宗初露锋芒是在隋大业十一年（公元615年），当时隋炀帝巡视北方边陲，被突厥围困在雁门，形势危急。18岁的他应募救援，为屯卫将军云定兴部下。李世民向云定兴将军建议设疑兵，让突厥以为大批救兵已到而解雁门之围。

隋炀帝骄奢残暴的统治，引发了各地农民起义。在农民起义的打击下，隋军土崩瓦解，隋炀帝困守江都。就在隋朝的统治危在旦夕之时，深谋远虑的李世民积极鼓动父亲拥兵自立，起兵反隋。隋大业十三年（公元617年）五月，李渊在晋阳起兵，十一月攻占长安，次年，隋炀帝在江都被杀，隋朝灭亡。五月，李渊在长安称帝，建国号为唐。李世民因功被封为秦王，他的哥哥李建成以嫡长子身份，被立为皇太子。

唐王朝建立后，刚刚24岁的秦王李世民担负起统一天下的任务。唐武德元年（公元618年），李世民挂帅出征，先后讨平瓦岗军、河北窦建德、江淮杜伏威以及李轨、薛举、刘武周、王世充等割据势力，到武德六年（公元623年），李世民仅用了4年零1个月就统一了全国，成为李唐王朝的大功臣。

在一系列战争中，李世民表现出杰出的军事才能。在平定薛举的战役中，李世民趁薛举病死、其子薛仁杲刚继位的有利时机，率唐军大举向西出击。唐军到高墌（今甘肃宁县南）后，李世民却筑

秦王阵乐图　唐

高垒挖深沟，坚壁不出，并下令军中："敢言战者斩。"双方相持了两个多月，薛仁杲军粮草不继，军心出现动摇，许多将领相继都降唐。李世民这时才对诸将说："可以出战了！"命令行军总管梁实扎营于浅水原以诱敌。薛仁杲军将领宗罗睺自恃骁悍，并且因为数次求战不得而非常气愤，此时以全部精锐部队攻梁实。梁实固险不出，以挫其锋。宗罗睺攻之愈急。李世民估计敌军已经疲惫，遂命令诸军合战，一举歼灭宗罗睺部。李世民不采纳窦轨还师的建议，而是亲率军队以破竹之势直抵薛仁杲所在的折墌城（今甘肃泾川西北），四面将其合围。薛仁杲见大势已去，第二天出城投降。此次战役唐军大获全胜。

李世民在围困洛阳王世充的战役中更显示了他是一个有勇有谋的军事天才。李世民率唐军围困洛阳城以来，城中缺乏粮食，王世充岌岌可危。眼看就要被攻打下来了，却不料河北的窦建德率大军前来救援王世充。面对如此危急形势，李世民马上召集军事会议，制定出了以攻为守的战略。他仍让一部分军队围困洛阳如故，自己亲率大军据守咽喉之地虎牢关来阻止窦建德大军的东进之路。两军形成对峙局面，而一份唐军获得的军事情报加速了窦建德、王世充的灭亡。

李世民根据情报"建德伺唐军粮尽，牧马于河北，将袭虎牢"，决定将计就计，故意将千余战马留在黄河北岸放牧，诱使窦建德的主力出动，聚而歼之。建德大军果然中计，倾巢而出，由南至北，军队布阵横亘二十里。唐军不出战，等到敌军松弛懈怠后，李世民命令大军出击。两军主力一交战，二十里长的战场上，尘埃蔽天，人呼马嘶，惊天动地。李世民取得战役主动权后，率大军猛追猛打，又冲到敌人后方竖起大唐旗帜。窦建德军见自己阵后都竖起唐军旗帜，顿时惊愕，溃不成军。

此战一举擒获窦建德，洛阳的王世充见援军已败，只好出城投降。李世民消灭了唐统一过程中最大的两个敌人，一举平定了河南、河北地区。而且此次战役规模之大、兵员之多、战斗之烈，实为隋末历次战役所未见。

玄武门之变

唐朝建立后，高祖坐镇长安，太子李建成辅助高祖处理国家政务。秦王李世民继续领兵出征，为唐王朝统一全国立下不朽战功，其功勋盖世，引起太子李建成的猜隙。武德七年（公元 624 年），发生杨文干反叛事，事情牵连太子建成。高祖派世民率兵平叛，允诺事后立他为皇太子。李世民很快平定了杨文干的叛乱。高祖却在元吉和嫔妃请求与封德彝的解释下改变了主意，不追究建成的责任，只惩处了东宫和秦王府的僚属。看来高祖在选立接班人时摇摆不定，这只能使两兄弟争夺皇位继承权的斗争更加惨烈。

杨文干事件后，太子建成对世民的猜忌愈来愈重，屡次加害于他。建成想让元吉逐渐夺取世民的兵权，希望秦王府的良将猛士尽归己用。而且建成还指使人诬告李世民的主要谋士房玄龄、杜如晦，让高祖将他们逐出秦王府。面对建成如此咄咄逼人的架势，李世民不想坐以待毙。

斗争最终以宫门喋血的玄武门之变宣告结束。武德九年（公元 626 年）夏，突厥犯边，李建成向李渊推荐李元吉为出征元帅，想借此把秦王府的精兵和骁将掌握在自己手中，然后除掉秦王。李世民眼看形势危急，又听说建成将在为元吉饯行时将暗害自己，遂密召房玄龄、杜如晦、长孙无忌等密谋发动政变。李世民先发制人，密告太子、齐王淫乱后宫，李渊决定次日诘问。第二天，李世民率长孙无忌、尉迟敬德等伏兵玄武门（宫城北门），杀死建成、元吉。随后，李世民让尉迟敬德带甲进宫报告李渊。当时李渊与裴寂在宫中海池泛舟，闻报非常惊讶。但事已至此，只好下手敕，让诸军并听秦王处分。玄武门之变三天后，李渊立李世民为皇太子，并于八月传位给他。

或许杀兄逼父的恶名太难承受，而且鉴于弑父杀兄的隋炀帝臭名昭著，唐太宗不想重蹈覆辙。玄武门之变后，李世民以隆礼安葬建成、元吉，不深究东宫和齐王府的僚属，并拉拢其中的优秀人才如魏徵等为自己服务，且对已为太上皇的高祖待遇有加。唐太宗时时以隋为鉴，以身作则，努力做一个贤明的君主。

贞观之治

唐太宗经历了隋朝盛世、隋末动乱和灭亡，他深刻地认识到能够安生利民才是国家稳定的基础，因而贞观大治就是唐太宗亲手缔造出来的一个千古治世的典范。如果用一个词来概括贞观大治的话，那就是内外和安。

唐太宗重视社会经济的恢复和发展。他一方面努力恢复发展生产，让人民休养生息。使国家户籍增加，人口有所增长，全国农田耕作面积扩大。另一方面他提倡戒奢从俭，并率先垂范。他即位后，禁止大兴土木，营建新的宫殿，严令禁止厚葬，并且严格禁止官员们的奢侈行为。

唐太宗进一步加强法律建设。他命房玄龄、长孙无忌等在《武德律》的基础上制定了《贞观律》，明确了刑罚制度。唐太宗还制定了死刑复奏制度，以示对人命的重视。规定在京城要在两日内五次复奏，在各州需三复奏。唐太宗以身作则，遵守国家法律，即使自己的亲戚犯法也决不纵容。这使贞观初期逐渐形成了执法严明，法令通行天下的好风气。政府官吏都能够做到清正廉明，王公贵族都不敢违法乱纪。由于法制严明，不但犯法的人少，判死刑的人更少。

唐太宗重视对百姓的教化。他即位后偃武修文，重视学校教育，并进一步加强科举考试制度。他注重选拔和任用官员，求贤纳才，知人善任，让这些官员充分发挥他们的才能，在中央则为国家出谋划策，鞠躬尽瘁。在地方则亲民为民，以百姓疾苦为己任，造福一方。

唐太宗还特别重视纳谏，魏征的“兼听则明，偏信则暗”成为唐太宗虚怀纳谏的指导思想。太宗以隋炀帝拒谏而亡国殒身为鉴，鼓励大臣们规谏。以致贞观时期出现了一大批敢于直谏的大臣，如魏征、王珪、房玄龄、杜如晦、马周、刘泊、褚遂良等，并为贞观大治作出了贡献。以致魏征死后，唐太宗感伤地说：“以铜为镜，可正衣冠；以史为镜，可知兴替；以人为镜，可明得失。今魏征殁，朕失一镜矣！”

东突厥是对唐朝威胁最大的北方少数民族势力之一。唐太宗刚即位时，东突厥首领颉利可汗便率 20 万骑兵进逼长安，并派大将执失思力进入长安，对唐太宗进行威胁和讹诈。于是便有了渭水岸边唐太宗六骑退颉利可汗 20 万大军的戏剧一幕。唐太宗这次是有惊无险，为了从根本上解决东突厥的威胁，唐太宗于贞观二年（公元 628 年）遣使者与曾臣服于东突厥的薛延陀部建立联盟，造成南北夹击东突厥的有利形势。贞观三年（公元 629 年）十一月，

文成公主入藏壁画　吐蕃

命李靖、李勣、柴绍、薛万彻等大将统兵10余万分道出击。贞观四年（公元630年）春，李靖大败东突厥军，颉利可汗被俘，东突厥灭亡。对降服的突厥部众，太宗采取宽容开明的民族政策，保留其原有部落和风俗习惯。原先附属突厥的各部族臣服于唐。

北部边境安定后，太宗又相继派兵收复了吐谷浑、高昌、焉耆、龟兹等地，并在龟兹建立了安西都护府，重新恢复了对西域地区的统治。重开丝绸之路，加强了中原地区与西域和中亚地区的经济文化交流。

不管是被征服还是主动归附的少数民族部落，唐太宗都不强行改变他们原来的生活方式和风俗习惯，并且任命原来的部族首领作为长官来管理他们。因此他们尊唐太宗为“天可汗”。

唐太宗还通过和亲政策来加强唐朝同少数民族的联系和团结，影响最为深远的当推于吐蕃的和亲。吐蕃是现代藏族的祖先。贞观十四年（公元640年）吐蕃首领松赞干布遣使向唐求婚。唐太宗将宗室女文成公主嫁给松赞干布。文成公主进入吐蕃后，带去了汉族人民的农耕、纺织、建筑、造纸、制笔、酿酒、冶金以及农具制造等技术，对吐蕃政治、经济、文化的发展起了很大的促进作用。

贞观大治使唐朝的社会经济文化得到了巨大发展，国内呈现出繁荣景象。边境地区的安定，大大促进了各族人民之间的交往和经济文化交流。同时，许多国家的使者、商贾、学者、僧侣等来到唐朝访问。京都长安不仅是国内民族交流的大都会，也成了世界性的大都会。

最终的遗憾

太子废立成为唐太宗晚年挥之不去的惆怅，他不但没有他父亲高祖托付得人的快感，反而至死都对皇位是否托付得人感到担心和不安。

唐太宗与长孙皇后生有三子：长子李承乾、四子李泰、九子李治。根据嫡长子继承制，长子李承乾早早就被立为太子，但他放荡不羁，不听规劝，亲近佞人，还纠集党羽，密谋政变。贞观十七年（公元 643 年），李承乾谋反被废。太宗本想把有才气的第四子魏王李泰立为太子，长孙无忌等重臣极力反对，主张立第九子晋王李治为太子。废太子李承乾也说，自己所以有今天是被李泰所害。如果立李泰为太子，更加说明了太子之位是可以通过经营得到的，会使后世效仿，国家将不得安宁。因此太宗最终决定立晋王李治为太子。

太宗虽然确立了李治的太子地位，也为他日后做皇帝做了各方面的准备，如太宗在废掉李承乾和幽禁李泰后，也清洗了他们的同党；让当时的重臣都兼任东宫的官职，培养他们同未来皇帝李治的感情。但太宗内心对这个性情温和、天赋不高的儿子不甚满意，认为他过于懦弱，将来恐怕难有作为。为此太宗想另立第三子吴王李恪为太子（根据嫡长子继承制，应立二儿子，但二儿子楚王宽早薨），认为李恪在许多方面与自己颇为相像。但遭到长孙无忌等重臣的反对，让太宗坚持嫡长子继承的原则，并说太子李治仁孝，足以做一个守成之君。太宗以后不再提太子废立之事，只一心培养李治。太宗东征高丽时，令太子监国。

贞观二十一年（公元 647 年），太宗又患风疾。由于疾病缠身，久病不愈，太宗开始迷恋上了方士炼制的金石丹药。贞观二十三年（公元 649 年），唐太宗因金石丹药服用过多，中毒暴亡，享年 52 岁，死后葬于昭陵。太宗曾经在临死前把积极支持李治做太子的长孙无忌和褚遂良叫到床前，托以后事，心里始终还是对李治放心不下。

唐太宗终其一生来说，是个圣主贤君。他时时以隋为为鉴，注意善始善终。太宗在政治、经济、军事等各方面都取得了巨大的成功，可谓是一个杰出的军事家和政治家。

高宗李治

唐高宗档案：

生 卒 年：公元628～683年

父　　母：父，太宗李世民；母，长孙皇后

后　　妃：王皇后、萧淑妃、武皇后等

年　　号：永徽，显庆，龙朔，麟德，乾封，总章，咸亨，上元，仪凤，调露，永隆、开耀、永淳、弘道

在位时间：公元649～683年

谥　　号：弘孝皇帝

庙　　号：高宗

陵　　寝：陕西乾陵

性　　格：仁孝厚道，明敏刚决

点评：

当人们观察他的时候，首先看到的往往是太宗以及贞观之治的耀眼光环；既而在他身后又是历史上惟一的一个女皇武则天，在他们两人并驾齐驱的时候，又总是被武则天抢占了头筹。

——任士英

唐高宗李治是大唐王朝的第三位皇帝，他成长于一个和平稳定的生活环境中。祖父和父亲为他打下和坐稳了唐朝的江山基业，他只需守好这份家业，做一个“无为”的守成之君。事实证明，李治的这个守成君主还是做得不错的。

仁孝的太子

在小时候学习《孝经》时，太宗问李治书中的要义，他回答说：

"夫孝，始于事亲，中于事君，终于立身。君子之事上，进思尽忠，退思补过，将顺其美，匡救其恶。"太宗十分满意，夸他说："能够做到这一点，足以事父兄，为臣子矣！"可见李治从小的期望就是做一个宽友仁孝的人，这点也正是他最终获得太宗认可而登上太子之位的原因。

高宗李治像

李治对父亲李世民极其孝顺，又和执掌朝政大权的舅舅长孙无忌关系特别要好。他之所以能够被立为太子，则得益于他两个哥哥对储位的争夺。魏王李泰对太子李承乾和步步紧逼，逼得太子李承乾企图以发动政变来解决问题，而魏王李泰的夺嫡行动更加明目张胆，这些都使太宗心里难过至极。太宗晚年犹豫再三，为保全李承乾、李泰、李恪诸子，最终决定立仁孝的晋王李治为太子。

李治性情温和，很听话，对父亲的教导都能虚心接受。唐太宗为了尽快把他培养成一个合格的储君，费了很大的心血。为了锻炼李治的政治才能，太宗经常让他陪自己上朝，观看平常的政务处理，有时还让他对一些问题提出处理意见。为了提高太子的威信，太宗下令全国的军队都要服从太子的调遣，大将军以下的官员都要听从太子的处分。而且让朝廷的重臣都兼任东宫的官职，名义上是让他们教育太子，实际上是培养太子的官僚队伍。

生活中，李治也时常受到太宗循循善诱的教育。李治吃饭，太宗就教育他要知道稼穑的艰难，不违农时的道理。李治坐船，太宗就告诉他"水能载舟，亦能覆舟。百姓如水，君主如舟"的道理。李治每听到这样的教诲，总能洗耳恭听，并表示永不忘记。太宗晚年还亲手撰写《帝范》一书赠给李治，让他明白修身治国、安危兴废的帝王之道。

太宗东征高丽时，让太子监国，李治表现得很出色；而且对于李治的孝顺，太宗还是挺满意的。李治自贞观十七年（公元 643 年）立为太子到贞观二十三年（公元 649 年）登基称帝，一共做了 6 年的太子。贞观二十三年（公元 649 年）四月，太宗病重。太宗在病重期间，还是放心不下，最后为李治做了一次人事安排。他对李治说："李勣才智过人，但你对他没有任何恩惠，恐怕今后难以为你所用。我现在把他贬到外地，如果他在长安流连不走，你就把他杀了；如果他立刻启程赴任，你日后就把他召回来，他可能就会对你感恩，为你效力。"太宗临死前把积极支持李治做太子的长孙无忌和褚遂良叫到床前托以后事。太宗死后，22 岁的李治即位，他就是唐高宗。

贞观遗风

唐高宗即位后，在顾命大臣长孙无忌、褚遂良等贞观旧臣的辅佐下继续沿着贞观时期的路线政策治理国家，开创了具有贞观遗风的永徽之治，使这一时期的社会生活更加安定富足。

这一时期的经济状况有所改善。全国人口贞观时期不足 300 万户，到永徽三年（公元 652 年）短短的四年时间一下增加到 380 万户。永徽五年（公元 654 年）全国粮食大面积丰收。

这一时期的法律建设也是向前推进的。永徽四年（653 年），唐高宗命长孙无忌等在《贞观律》的基础上修成《永徽律》，并让对它做了疏和议，即流传至今的《唐律疏议》。它成为唐代之后制定法律的蓝本，而且这一时期的执法也比较宽平，人民违法犯罪的特别少。有一次，大理寺卿唐临向高宗报告说，监狱中在押的犯人有 50 多个，其中有两个需要判死刑。可见此时的社会稳定，人们安居乐业，违法犯罪的现象特别少。

此外，随着国力的增强，民族关系的改善，高宗继承太宗的未完之业，继续对周边地区用兵和安抚，取得了巨大成功。显庆二年（公元 657 年），高宗派大将苏定方率兵进击西突厥。苏定方击败西突厥，擒获其首领沙钵罗可汗。唐在西突厥故地设置濛池、昆陵二都护。龙朔二年（公元 662 年），契苾何力在薛仁贵大败铁勒诸部的基础上，安抚铁勒九姓，使他们归顺唐朝。龙朔三年（公元 663 年），李治派苏定方、刘仁轨等打败百济及倭兵，平定百济。在高宗时期，唐朝的疆域拓展到最大。

自从欧阳修撰《新唐书》以来，就把李治当做昏懦之主，但这是不公平的。前有唐太宗，后有武则天，在这两位光芒四射的帝王之间，唐高宗确实容易被人忽视。但从唐高宗的所作所为来看，说他昏懦实在是有些过分。其实，李治在对重大事情的处理上，不仅没有昏庸和懦弱，有时甚至刚决的令人难以置信。

永徽三年（公元 652 年），太宗的女儿高阳公主与驸马房遗爱（房玄龄之子），巴陵公主与驸马柴令武，高祖女儿丹阳公主的驸马薛万彻，高祖六子荆王元景等人联合起来准备发动政变，但事情很快败露。高宗命长孙无忌负责调查此事，房遗爱声称太宗三子吴王李恪是主谋。高宗果断下令，将房遗爱、柴令武、薛万彻斩首；命吴王李恪、荆王元景、高阳公主、巴陵公主自尽。此事受牵连被贬和被流放的人甚多。可见高宗的宽友仁孝也是有限度的，对威胁皇帝权威和危及皇位稳定的事情，他丝毫没有昏庸之态，绝对不会心慈手软。

如果说此事的处理还可能有辅政大臣长孙无忌的影子，那废立皇后可真是唐高宗一个人的决定。高宗的王皇后出身太原王氏，她的从祖母是同安长公主。王氏由晋王妃到太子妃，再做到皇后，可以说，她这一路走来都挺顺利，对她来说，美中不足的就是不能生育，以致于渐渐失宠。

太宗晚年由于身体病弱，太子李治经常在他身边侍奉汤药。贞观二十年（公元 646 年）三月，太宗再次病倒，需要静养，李治就在太宗的寝殿旁的一处院落安置下来，以便就近照顾父亲。李治这次在父亲的寝宫外陪住了不少时日，就在这个时候，他和同时侍奉太宗的才人武则天有了私情。李治即位后，萧淑妃受宠，王皇后为了排挤萧淑妃，答应李治让身在感业寺的武则天续起头发，重新纳入后宫。但事与愿违，武则天进宫后得到李治的专宠，王皇后反而更受冷落。王皇后又联合萧淑妃，把攻击的矛头指向武则天。

为了巩固自己的地位，王皇后听从舅舅柳奭的建议，谋立高宗长子燕王李忠为太子。李忠的母亲刘氏，地位低贱，王皇后此举意在让他们母子二人对自己心存感激，从而巩固自身地位。为了达到目的，王皇后让舅舅柳奭四处活动，说服了众大臣，并最终由长孙无忌向高宗提出了这一建议。高宗见大臣们众口一词，又因为李忠是长子，遂同意立 10 岁的李忠为太子。此后不久，武则天为高宗生下一子，取名李弘。

李忠被立为太子后，王皇后心里仍然不踏实，她和母亲魏国夫人在宫中秘密进行巫祝厌胜活动，诅咒武则天。高宗知道后大怒，下令魏国夫人今后不准再出入后宫，并罢免了柳奭的中书令之职。高宗开始有废王皇后之意。不久，被封为昭仪的武则天又生下一个女儿，却在王皇后探视过后，不明不白地死在摇篮里。这件事情使高宗下决心废掉王皇后，另立武昭仪为后。

但废立皇后事关国家大体，高宗首先与辅政大臣等们协商，想得到他们的支持。但没想到却遭到他们的一致反对。几次内廷会议讨论都没有结果。辅政大臣们对改立武昭仪为后比废掉王皇后更加反对。但高宗决心已定，打算借废立皇后这件事来彰显自己的决断力。就在双方相持不下的时候，几次内廷会议都借口称病的李勣突然来见高宗，巧妙地说：“废立皇后是陛下的家事，何必要先问外人呢?”高宗立即明白李勣是支持自己的，而且此事只要自己拿主意就可以了。因此高宗便在朝见群臣时突然宣布封武昭仪为宸妃，以示特宠，以此提高武则天的地位。

这时，皇帝要废立皇后的意图已为百官所知。不想被外调的中书舍人李义府公开上表要求废掉王皇后，改立武宸妃为后。高宗十分高兴，立即召见他，给予了赏赐，并升他为中书侍郎兼知政事。由此朝廷上一些善于经营的大臣也纷纷见风使舵，支持高宗立武则天为后。于是，高宗在永徽六年（公元 655 年）冬，正式下诏废王皇后、萧淑妃为庶人，立武则天为皇后。随后，贞观时期留下来的元老派大臣除李勣外，大部分被贬、被流放或被罢免、被杀。朝廷中由支持武则天做皇后的李义府、许敬忠等组成新的统治核心。

高宗在废立皇后这件事上力排众议，独断专行，我们能看出他的丝毫懦弱吗？可见他是下了决心要摆脱顾命辅政大臣的羁绊，他要跳出贞观遗命的政治包围，做一个真正君临天下的皇帝。

三立太子留遗憾

武则天做皇后之后，让许敬忠上表给高宗，建议依据嫡长子继承制的原则更换太子，李治采纳。在显庆元年（公元 656 年），废太子李忠为梁王，立武后 5 岁的儿子李弘为太子。

武则天至此可以说已经上升到古代社会妇女能达到的最高地位，她只需循规蹈矩，就可以顺利地升到皇太后的位置，然后寿终正寝。然而这并不是这个女人所想要的。她对政治的热情超过一般人，她对政治的独特眼光和处理方法很得高宗的认同。由于高宗的信任，武则天对朝政介入越来越深。高宗渐渐发现，他无时无事不受到武则天的掣肘，这使他心里开始后悔，并再次有了废后之心。

麟德元年（公元 664 年），高宗便想借武后进行厌胜之术废掉她，便召宰相上官仪商量，并由上官仪草拟了废后诏书。但这件事立即被武则天得知，武则天找高宗质问，高宗只好把责任推给上官仪。结果上官仪和儿子被杀，连梁王李忠也被牵连进来一同处死。这次废后行动失败后，高宗已经无力改变什么了，只好把这个强势的女人推向政治前台。此后，高宗上朝，武后垂帘听政。无论政事大小，高宗都与武后商议，谓之“二圣”。不过这时，还以高宗执政为主。上元元年（公元674年），高宗称“天皇”，武后称“天后”，真正形成了帝后同尊的“二圣”格局。此时，高宗病重，目眩头痛，不能视物，朝廷以武后执政为主。直到高宗去世，这种“二圣”政治格局才被打破。

上元二年（公元675年），24岁的太子李弘突然死去。高宗非常悲痛，谥李弘为“孝敬皇帝”。李弘死后，高宗立武后的二儿子李贤为太子。李贤聪慧，办事能力很强，被人们所称道。高宗很高兴，但李贤与武后的嫌隙却越来越大。调露二年（公元680年），武后派人在东宫搜出李贤谋反的罪证，说他私藏叛变用的铠甲、武器等，于是李贤被废为庶人。高宗只得另立武后的三子李显为太子，不久，又立李显之子李重润为皇太孙，为他的接班人加了双保险。

永淳二年（公元683年）十二月，高宗病死在洛阳的贞观殿，时年56岁。遗诏令太子即位，让宰相裴炎辅政，凡军国大事有疑难处可听从天后处置。文明元年（公元684年），高宗的灵柩运回长安，葬于乾陵。

唐高宗李治前半生受父亲太宗李世民的影响深远，后半生无处不渗透着武则天对他的影响，尽管这个女人是他亲手推向政治前台的。高宗总是想跳出这种影响的包围，最终他发现自己错了，因为当他跳出贞观遗命的政治包围之后，却悲哀地发现自己又进入了一个二圣格局的政治包围之中。他还想再努力一次但很遗憾的是，这种努力失败了，所以他只好顺其自然。

圣神皇帝武则天

武则天档案：

生 卒 年：公元624～705年

父　　母：父，武士彟，母，不详

丈　　夫：李世民，李治

年　　号：光宅，垂拱，永昌，载初；天授，如意，长寿，延载，证圣，天册万岁，万岁、登封，万岁通天，神功，圣历，久视，大足，长安等

在位时间：公元 684 年～690 年；公元 690～705 年

谥　　号：则天顺圣皇后

庙　　号：无

陵　　寝：陕西乾陵

性　　格：强硬刚劲，圆滑多智

点评：

武则天确实是个治国之才，她既有容人之量，又有识人之智，还有用人之术。

——毛泽东

武则天，是唐太宗李世民的才人，也是唐高宗李治的皇后，又是大周王朝的建立者，是中国历史上唯一的一位女皇帝。大唐帝国是中国历史上最繁荣的封建王朝，从高祖李渊公元 618 年开国至公元 907 年哀帝李柷亡国，历时 290 年，其中武则天就掌控了近半个世纪。她惊才绝艳，在男尊为统的封建时代，以女流之身走上了权力的顶峰；她励精图治，用自己天才的政治手腕，将唐朝贞观之治的繁荣延续下去，并为后来的开元盛世打下了坚实的基础。

圣神皇帝武则天像

两入皇宫终封后

武则天，本名武曌，唐武德七年（公元624）生于长安。武家原籍并州文水（今山西文水），祖上并不显赫。武则天的父亲武士彟，在隋炀帝时期靠做木材生意发了财，后来唐高祖李渊起兵反隋，他就投奔至其麾下做了一个小小的军需官。李渊建立唐朝后，武士彟凭借军功，被封为太原郡公，任光禄大夫，成为大唐的开国功臣之一。武士彟的妻子原为相里氏，死得很早，她给武士彟生下了两个儿子。后来高祖李渊为武士彟做媒，迎娶了隋朝宗室宰相杨达之女杨氏。杨氏是个老姑娘，嫁给武士彟时，已年近40岁了。她给武士生下了3个女儿，其中二女儿就是武则天。

武则天自幼聪慧过人，深得父母宠爱，但她的少年时期过得并不如意。她虽出自官宦之家，父亲也是个开国功臣，不过她的出身并不算显赫。隋唐时期，贵族官僚们都对世族门第特别看重，所以靠卖木材发家的武家在他们眼中只是一个暴发户而已。这样，武则天虽然衣食上过得很优越，但是寒门出身又令她遭受了不少贵族小姐们的嘲讽鄙视。这种生活经历，使武则天产生了对权势的狂热追求，也使她养成了倔强不服输的性格和报复不折手段的心理。

武则天跟随父亲武士彟，在利州（今四川广元）度过了少女时代。这段时间，她接受了良好的教育。她不仅精通文史，而且时常随侍在父亲身边，锻炼得胆略过人，机谋善变。贞观九年（公元635年），时任荆州都督的武士彟病死，12岁的武则天就与寡母和两个姐妹一起回到长安，她的安稳日子也从此结束了。她的两个同父异母哥哥武元庆、武元爽，和堂兄弟武惟良、武怀远，对武则天母女非常刻薄，经常虐待她们，母女4人的日子过得很艰难。

原本武则天只是一个备受欺凌的孤女，可是她的命运很快就出现了转机。贞观十年（公元636），贤德多才的长孙皇后去世，唐太宗少了这个贤内助，非常伤心。第二年，太宗听说武则天不仅貌美，而且很有才华，就召入宫中，封为才人。就这样，年仅14岁的武则天，成了39岁君王的庞大后宫中的一员。武则天的母亲杨氏，来自隋朝宗室，对这一入宫门深似海的后宫非常了解，她实在舍不得心爱的女儿一辈子禁锢在不见天日的深宫里。可皇命难为，她也只能含泪送别女儿。武则天却不像母亲这么悲观，她对那个权力最高的神秘地方非常憧憬，就对母亲说："不要伤心，进宫说不定是好事呢。"年轻的武则天，对自己的宫廷生活，充满了信心。

武则天入宫后，因容貌妩媚动人，被太宗赐名武媚，人称媚娘。她学识渊博，才华出众，在后宫三千佳丽中很快就脱颖而出，被太宗调入御书房侍弄文墨。在这个国家最高政务发布的地方，武则天接触到了各种文书典章，对大唐帝国的政权机制也有了一个全面的了解。不过她当年入宫的憧憬却被无情的现实打破了。武则天才貌双全，却没有得到太宗的宠爱。她入宫12年，没有生育儿女，做了12年才人，没有任何晋升。长年寂寞的深宫生活，让武则天很失望，但是并没有磨灭她的信心。她寻找一切机会，努力在等级森严的后宫出人头地。

贞观二十年（公元646年）三月，唐太宗因积劳成疾而卧病在床，身为才人的武则天在旁侍奉。而孝顺的太子李治，也居住在父亲的寝殿侧院，早晚侍奉。李治年方19，正是血气方刚的年龄。而此时的武则天时年23岁，举手投足间都流露出成熟女人的妩媚和她独有的聪慧才气。李治很快就被武则天迷住了，武则天也拼命抓住这一线希望，与太子沉浸在热恋之中，为自己以后的人生下一个赌注。

贞观二十三年（公元649年）五月，唐太宗驾崩，太子李治继位，即唐高宗。依宫廷规矩，凡后宫未生育子女的妃嫔等人都要到皇家寺院出家为尼，了却残生。武则天也在其中，她被迫削发，进了感业寺。26岁的武则天，在青灯古佛前仍然没有泯灭最后一线希望，她还在等待出头的机会。

永徽元年（公元650年），在太宗忌日这天，高宗李治前往感业寺上香。他与武则天重逢，昔日恋情复炽。此后，李治经常去感业寺与武则天相会。他想将武则天接入宫，却苦于找不到合适的理由。而李治的后宫，此时正闹得不可开交。王皇后无子，就对得宠的萧淑妃非常嫉恨。她想借用武则天来削夺高宗对萧淑妃的宠爱，于是就自作主张让武则天蓄发，然后怂恿高宗摈弃佛规礼教，将武则天接入宫中。

武则天再次入宫，既感叹命运的无常，又深知机会难得，一定不能放过。她对高宗和王皇后毕恭毕敬，不仅赢得了高宗的专宠，而且令王皇后也自以为计成，对她很喜欢。不久之后，武则天就晋升为正二品的昭仪，地位仅在皇后和四妃之下。武则天在皇宫中站稳脚后，就开始了对权势的争夺。她利用王皇后与萧淑妃的争宠，先联合王皇后打击萧淑妃，使其被废黜为庶民；然后又开始对付王皇后。为了达到目的，武则天不惜亲手掐死自己刚出世的女儿，然后嫁祸给王皇后，以致高宗李治震怒，废黜了王皇后，打算立武则天为后。而武则天出身低微，又曾是太宗的才人，身份复杂，立后之事遭到了许多大臣的反对。她就大肆拉拢朝臣，中书舍人李义府等人都投到她的麾下，朝臣出现了分化。永徽五年（公元654年）冬，武则天终于在高宗和部分大臣的支持下，登上了皇后之位，时年31岁。

冷血弄权　巾帼不让须眉

武则天做了皇后，这个所有女性心中最尊贵的位置，并没有让她感到满足，她的野心已经不限于后宫独霸，而到了前廷弄权。为了实现这个令世人惊叹的政治理想，武则天制定了周密的策略。

首先，她要在后宫树立自己的绝对权威。为此，她将昔日的王皇后和萧淑妃二人剁去手足，浸泡在酒缸里，折磨致死，以除后患。

而后宫的妃嫔见了武则天的铁血手腕，都很恐惧，再也无人敢在高宗面前争宠了。从此，武则天就一人独占帝宠。武则天在后宫生活了十几年，自然手段非常，很得高宗的宠爱。高宗的12个子女中，后6个都是她所生，可见武则天的后宫地位确实很稳固。而按照嫡子继位的传统，原太子李忠被废，武则天的长子李弘就被立为太子。

接着，武则天就将目光转向了朝堂。高宗体弱多病，加上性格懦弱，这也给武则天参政创造了条件。武则天想要参政，就要清除政敌。她最大的对手，就是长孙无忌。长孙无忌是开国功臣，又是唐太宗的长孙皇后之兄，官至太尉，位高权重。他曾与宰相褚遂良等老臣强烈反对武则天为后，武则天因此对他恨之入骨。唐显庆四年（公元659年）春，武则天授意心腹许敬宗编造朋党案，陷害长孙无忌，迫使他自杀。接着又设法将褚遂良贬出京城。然后将长孙无忌集团的成员，或杀戮或流放，彻底瓦解了这一股政治势力。而武则天也借着机会将自己的亲信李义府、许敬宗，擢升为宰相。

武则天初战告捷，离前廷就又进了一步。她早年在太宗的御书房侍奉多年，学到了不少为政本领。她在政治上的敏锐洞察力和独特见解，都令高宗折服。于是，她对政事的许多处理意见都被高宗采纳施行了。公元660年，高宗因患“风疾”，眼睛不能视物，而太子李弘年幼，就干脆将朝政大事交给武则天处理。武则天在这方面很有天分，加上她对政治权力的狂热，所以她如鱼得水，不仅将政事处理得井井有条，而且借机培养了不少心腹。等到高宗病愈，重掌大权，才发现武则天的势力已经非常大了，自己为政处处受到牵制。这令高宗非常恐慌，而这时又有一些大臣站出来反对女人干政，于是，高宗决定废后。

麟德元年（公元664年），高宗召集宰相上官仪等人，密谋废后之事。武则天很快就得到消息，她直接闯进去，悲愤交加地哭诉着，为自己鸣冤。高宗无言辩驳，竟然谎称自己是受了上官仪的唆摆。

武后步辇图　唐　张萱

于是武则天以上官仪与废太子李忠图谋不轨之由，将二人下狱处死，家属籍没。此后，朝中再也没人敢和武则天作对了。高宗临朝于前，武则天就垂帘于后，正式参与所有政事的决断，这在中国历史上是从未有过的。后来在上元元年（公元674年），朝臣上尊号时，尊高宗为“天皇”，武后为“天后”，帝后同尊的二圣格局正式形成。这一年，天后武则天还发布了“建言十二事”，包括劝农桑、薄赋徭、息兵和广言路等国家政治各方面的内容。她以此作为自己的执政纲领，借皇帝诏令来实行。而高宗多病，经常调养，武则天实际上已经形同皇帝了。

虽然武则天为了夺权，不折手段，但她也确实很有政治才干。她受高宗之命辅政，做的最重要的一件事就是修订《姓氏录》。唐太宗时期编写的《氏族志》，仍然沿袭魏晋以来的门阀制度，以门第为重。武则天幼时就因出身寒门而受尽嘲讽，现在她改《氏族志》为《姓氏录》，把武姓放在第一位，以提高自己家族的地位，然后按官品高低排序，彻底打破了氏族大姓排在首位的传统。如此一来，许多寒门地主就进入了官场，而士族制度就加速消亡了。武则天为了树立自己的威望，也坚持不懈地使用各种手段培植和更新自己的官僚队伍。在她为政期间，科举取士成为主流，大批的庶族知识分子进入到官场中。武则天为他们广开言路，不拘一格降人才。其中始于乾封年间的北门学士名气最大。武则天曾以修撰为名将一批文人学士召入宫廷，除了命他们修撰文史外，还支持他们直接参与朝政，以便削弱宰相的权利，帮助自己控制外庭，这批人就是北门学士。

他们在武则天一步一步走上权力顶峰的几十年里，发挥了巨大作用，是武则天最强有力的政权班底。

武则天除了提拔新兴官僚，也很注意对原有百官的施恩拉拢。乾封元年（公元 666 年），高宗封禅泰山，武则天以皇后的身份，在高宗之后升禅坛主持了三献礼中亚献，这是空前的殊荣。典礼结束后，文武百官都加官进爵，他们除了叩谢高宗，也感激皇后，这就无形中提高了武则天在朝中的地位。

武则天不仅在稳定内政，巩固权力上才能卓绝，在外交方面也是巾帼不让须眉。总章元年（公元 668 年），大唐平定了高句丽战乱，并在平壤设立安东都护府，驻军镇守。这些都是武则天帮高宗做到的，而之前隋炀帝、唐太宗都屡次征讨高句丽却无功而返。

虎毒食子　女皇登基

武则天将大唐内外都打理妥当后，她实际已经拥有了皇帝之威，而她现在的目标就是要得到帝王之名。高宗的身体已经越来越差了，一旦驾崩，皇位就要传给太子，这样武则天辅政的权力都要失去，何谈称帝之说。

武则天与高宗育有 4 子，李弘、李贤、李显（又名哲）和李旦（又名轮）。长子李弘为太子，不仅性情宽厚谦虚，而且很有治国之才，深得高宗和朝臣的信赖。而他对母后专权早就心怀不满，还曾多次违背母亲的旨意。武则天为了清除障碍，终于在上元二年（公元 675 年），用药酒毒死了这个 24 岁的亲生儿子。

李弘死后，次子李贤被立为太子。这也是一个聪明能干的太子，自然又成了武则天的绊脚石。调露二年（公元 680 年），武则天就以太子李贤图谋不轨为由，将其废为庶人，并迁往巴州。而病弱的高宗根本经不起这接连的打击，于弘道元年（公元 683 年）十二月，溘然长逝了。三子李显继位，即唐中宗。不过李显只做了 2 个月的皇帝，就被武则天找借口废黜为庐陵王，并幽禁在深宫。同时，武则天还派人杀死聪慧睿智的废太子李贤，以绝后患。接着四子李旦继位，即唐睿宗，不过他只是一个傀儡皇帝。武则天以太后身份独掌大权，甚至不准李旦参与政事的处理。此后 6 年，武太后就是大唐的实际最高统治者，她临朝执政，专断独裁，并为自己的改朝换代开始铺路。

武则天为了摆脱李唐王朝的影响，以恐惧王皇后和萧淑妃的冤魂为由，不愿住在长安，而将东都洛阳改称神都，以此作为未来的京都。她又追封武氏家族的五代祖先，以光耀门庭。不仅如此，她将唐朝官员的名称也全部改换，如尚书省改为文昌台，中书省改称凤阁，门下省改作鸾台等。由此，武则天为登基当女皇做好了前期准备。

就在武则天大张旗鼓地进行一系列改朝换代的行动之际，许多大唐旧臣和文人学士站出来表示强烈反对。公元 684 年九月，被武则天贬谪的柳州司马徐敬业等人，在扬州起兵，公开反武。而初唐四杰之一的骆宾王作《讨武曌檄》，为之大造舆论。扬州的叛乱得到了很多人的响应，队伍很快就壮大到 10 万多人。这是武则天从政以来面对的最大一场军事危机，她虽然也很惊慌，但还是很快冷静下来，并果断调集 30 万大军，以李孝逸为扬州道大总管，从洛阳出兵前往平叛。仅 40 多天，10 万叛军就被消灭了，武则天安然度过了这场政治大劫。

就在武则天忙于扬州平叛时，宰相裴炎却趁机要挟她，想扶持睿宗李旦亲政，不过却被武则天杀掉了。此后，武则天对外廷的宰相团队做了彻底地调整。到了公元 685 年，外廷的宰相已经全部换成了她的亲信。

武则天经过这场政治军事危机后，就对反对分子特别提防。她一面任用酷吏来铲除反对者，一面用高官厚禄招揽人才，充实官僚队伍。她所用的酷吏们性情残忍，手段歹毒至极，为了培养新酷吏，来俊臣和万国俊等人甚至还专门编写了一本教材，命名为《罗织经》。这些人令朝臣百官人人自危，反对声浪也小了不少。而武则天是一个成熟的政治家，她深知使用酷刑不是长久之计，就选拔了不少良臣谋士，比如狄仁杰、徐有功等，这些人为稳固武氏政权起到了巨大的作用。等到根基完全稳固后，武则天又将那些罪大恶极的酷吏们杀掉，以平民愤。通过这些手段，武则天将政治权术运用得挥洒自如，称帝的时机也逐渐成熟了。

武则天为了登基，大造舆论。垂拱四年（公元688年），她的侄子武承嗣进献了一块刻有“圣母临人，永昌帝业”的白石，诡称得自洛水，显得很神秘。接着睿宗又率群臣给母亲上尊号“圣母神皇”，还献上了象征皇权的神皇三玺（玉玺）。公元689年，改元永昌。僧人薛怀义、法明等，编写了《大云经》，经书中称，武则天是弥勒佛转世，应取代李唐称帝。这些事情，自然都是武则天幕后操纵的。眼看着她的造舆行动就要成功，李唐宗室就再也忍耐不住了。唐高祖李渊的第十一子、韩王李元嘉，以“举兵唱天下，迎还中宗”为口号，首先发难。接着，越王李贞、琅玡王李冲父子也分别在豫州（今河南汝县）、博州（今山东聊城）起兵响应。不过武则天老谋深算、地位稳固，很轻松地就平息了这起宗室叛乱。

载初元年（公元690年）重阳节（九月初九），67岁的武则天终于登上了梦寐以求的皇帝宝座。她自称“圣神皇帝”，建立了大周王朝，改元天授。原唐睿宗李旦成了皇嗣，太子李成器也变成了皇太孙。而武则天又在神都洛阳立武氏七庙为太庙，追尊周文王姬发为始祖文皇帝，自己的祖辈、父辈也都追尊为帝，其中父亲武士彟被追尊为太祖孝明高皇帝，武氏一族子弟也纷纷封王。

千秋功过任评说

武则天由唐朝的皇太后，一变而成周朝的皇帝。虽然转变很大，但由于她先前经营多年，所以即位之后政局很稳定。而武则天执政多年，治国有方，周朝也延续了唐朝的繁荣兴旺。武周时期，百姓安居乐业，国家昌盛富强。皇帝监考的殿试制度和武举考试，都是武则天在这一时期创立的，它们都为后世王朝延用。

武则天帝位稳固后，也如历代皇帝一样，公开广纳后宫。这在男尊社会里，可谓又一惊人之举。据说她的后宫也有“面首三千”，由于人数多，为了便于管理，早在圣历元年（公元698年），武则天就成立了皇帝后宫的管理部——控鹤监，并设立了正副主管，这在历史上也是独创。

无字碑

现存陕西乾县乾陵陵园，碑额刻八条螭首尾相交，两侧线雕龙云纹，初立时，未刻一字，表示帝王功高德大，无法用文字表述，取《论语》“民无德而称为”之意。

武则天最宠幸的男宠有4个。第一个就是参与编写《大云经》的僧人薛怀义。他本名冯小宝，体魄强健，相貌英俊，是个闯荡江湖的卖艺人。唐高祖之女千金公主偶然发现了他，就将他送给了寡居多年的武则天。冯小宝年轻力壮，又颇通房中之术，深得武则天的宠爱。武则天为了让冯小宝光明正大的往来于后宫，就命他出家为僧，出任洛阳白马寺的主持，又赐名薛怀义，让太平公主的丈夫驸马都尉薛绍以叔父之礼相待。后来薛怀义日益骄横，被武则天杀死了。第二个著名人物是御医沈南蓼，他性情温和，很有修养，自然是粗鲁的薛怀义无法相比的，武则天对他很是另眼相待。不过沈南蓼人到中年，身心虚弱，无法满足武则天的需求，很快就失宠了。后两个是世家子弟、宰相之后的张易之和张昌宗兄弟。这二人正值青春，生得面如莲花，对武则天悉心侍奉，为她的晚年带来了很多欢乐。武则天非常感谢张氏兄弟的心意，就授之以高官，连国政也让他们参与。张氏二人也逐渐恃宠生骄，在前廷、后宫之中呼风唤雨，为所欲为。

武则天人到暮年，挑选继承人成了她最大的困扰。到底是传位给儿子李氏还是侄子武氏，她一直犹豫不决。自她称帝以来，对李唐宗室一直残酷打压，而武氏一族则荣耀至极。她的异母兄武元爽之子武承嗣、武元庆之子武三思，都位高权重，认为武氏最有继承皇位的资格。武承嗣甚至对皇嗣李旦的地位提出了公开挑衅。长寿二年（公元 693 年）元旦，武则天在万象神宫（明堂）举行祭典大礼，她让侄子武承嗣为亚献，武三思为终献，明确将李唐宗室抛在一边。由此，李氏与武氏的争储斗争也更加激烈了。武则天对此心知肚明，却仍然拿不定主意。这时，朝中大臣们都劝她立李氏为储。经过再三考虑，武则天终于在圣历元年（公元 698 年），迎回了庐陵王李显并立为太子，皇嗣李旦被封为相王。为了确保武家在李显继位后继续显赫，武则天又命太子李显、相王李旦、太平公主及其夫婿武攸暨等在明堂向天地祷告，立誓李、武两家共结友好。

解决了继承人问题后，武则天也心神耗尽，老迈不堪了。长安四年（公元 704）末，武则天卧病在床，数月不朝，男宠张昌宗兄弟揽政。朝中大臣们心神不安，不少人暗中酝酿着政变之事。神龙元年（公元 705 年）正月，宰相张柬之等大臣领导发动了军事政变。他们杀了面首张氏兄弟，然后迫使病榻上的武则天逊位给太子李显。由此，唐中宗李显复位，李唐政权再度重建，延续 15 年的武周政权也就此终结。

武则天在正月就离开了皇宫，迁居到洛阳西南的上阳宫。唐中宗尊称她为“则天大圣皇帝”，以示慰藉。不过揽权大半生的武则天，根本无法承受失去皇位的打击，加上她本就已是风烛残年，身体很快就彻底垮了。公元 705 年十一月，武则天病逝于上阳宫，终年 82 岁。临终前，她留下遗诏：“去帝号，称则天大圣皇后，与高宗合葬。”并嘱咐儿子中宗李显，为自己立碑却不立传。于是，武则天与唐高宗合葬于乾陵，她的墓前，立有一块神秘的“无字碑”。

武则天称帝15年，执政近半个世纪，上承贞观之治，下启开元盛世。她一生几起几伏，为了夺权，无所不用其极；为了称帝，冷血杀伐，六亲不认。但无论如何，她都是一个杰出的帝王，也是中国历史上唯一的女帝。她的功绩，永载史册，令后人景仰。

中宗李显

唐中宗档案：

生 卒 年： 公元656～710年

父　　母： 父，高宗李治；母，武则天

后　　妃： 韦皇后、上官昭容等

年　　号： 嗣圣；神龙，景龙

在位时间： 公元683年～684年；公元705～710年

谥　　号： 昭孝皇帝

庙　　号： 中宗

陵　　寝： 陕西定陵

性　　格： 平庸，懦弱

点评：

李显能够在那种环境下活下去，挺过来，就是他的功德。他毕竟担当了五大臣废周复唐的工具。

——王德恒

唐中宗李显是高宗李治的第七子，也是武则天的第三个儿子。他一生两得立储，两次称帝，最终被爱妻和女儿毒杀，一生可谓离奇。

显庆元年（公元656年），刚被晋封为皇后的武则天生下第三子

李显，希望他将来能成为聪敏显达之人。但李显各方面都与他的两个哥哥李弘、李贤相差甚远。他不学无术，得过且过。能够被立为太子，并登上皇帝宝座，完全是他的幸运而已。

中宗李显像

永隆元年（公元 680 年）八月，继大哥李弘突然暴毙，二哥李贤被废为庶人后，李显顺理成章地被立为皇太子，韦妃被立为太子妃。弘道元年（公元 683 年）十二月，高宗病死，李显于灵前即位。第二年改元嗣圣，立太子妃韦氏为皇后。

中宗顺利即位后，有点儿头脑发热，自作主张，不把辅政宰相裴炎放在眼里。中宗想要任命韦皇后的父亲韦玄贞为侍中（门下省长官）。韦玄贞前不久才由七八品的州参军升为州刺史，现在又要升为侍中，升迁实在太快。而且无论从资历看，还是从才能看，韦玄贞都不合适，因此遭到宰相裴炎的强烈反对。他反复劝谏，中宗不听，最后恼怒地说："我把天下给韦玄贞有何不可，还会吝惜一个侍中的职位吗？"裴炎开始害怕了，就把此事禀告了时为太后的武则天，武则天生气了。不久，武则天在含元殿召集百官，裴炎与羽林将军陈务挺率禁军入宫，宣太后令，废中宗为庐陵王。中宗不服气地问："我有什么罪？"武则天说："你要把天下给别人，还说没有罪吗？"。

中宗当皇帝不足两个月，就因为一句戏言被废为庐陵王。不久，他又被发配到房州（今湖北房县）。在去往房州的途中，韦氏在押送的车里痛苦地生下一个小女孩，但曾经的皇后却发现她连一条多余的被毡都找不到。中宗痛苦地脱下身上的衣服，将冻得有点儿发青的女儿裹在里面。因此这个小女婴取名裹儿，即后来的安乐公主。

唐中宗他们一行刚到房州又诏令转到均州（今湖北均县）。第二年又被迁回房州。中宗被放外地达 15 年之久，在这 15 年里，朝廷发生了翻天覆地的变化，母后武则天登上了皇帝的宝座，建立了周王朝。这期间，扬州徐敬业率兵讨伐武则天。不久，宗室越王李贞、琅邪王李冲等起兵。他们都打出了匡复李唐王室的旗号，支持中宗复位。这使中宗心里更加恐惧，他担心母后会不惜母子之情，派人杀了自己。中宗多年来一直惶惶不安，每听到母后派使者来探视，就惶骇地想要自杀。韦氏在一旁劝导他："连死都不怕，还有什么好怕的呢?"就这样，中宗艰难地熬着。

圣历元年（公元 698 年）三月，李显忽然接到一道从母后那里发来的诏书。诏书宣称庐陵王有病，需来神都（洛阳，大周都城）治疗，命其即刻启程。废帝中宗这次不知道是福是祸，但圣命难为，就即刻带着妻儿出发了。

这道诏书结束了中宗 15 年的流亡生活。到洛阳后不久，废帝中宗意外地再次被立为皇太子。有了前车之鉴，中宗这次开始小心谨慎。为搞好与母后及武姓一族的关系，他决定和武氏联姻。他把永泰公主嫁给魏王武承嗣的儿子武延基，将安乐公主嫁给梁王武三思的儿子武崇训。长安元年（公元 701 年）九月，中宗的儿子李重润和永泰公主夫妇对武则天宠幸张易之、张昌宗兄弟不满发牢骚，却让张氏兄弟报给了武则天，武则天遂下令让他们三人自杀。这件事情触动了中宗，韦后也因失去爱子悲痛不已。他们看清了张氏兄弟对他们一家构成了巨大的威胁，尽管力量不够，但他们不想坐以待毙。这时弟弟相王李旦与妹妹太平公主由于共同的政治利益，也开始与中宗往来。

一个除去二张兄弟进而拥戴现任太子（中宗）复位的计谋正在筹划之中。长安四年（公元 704 年），武则天病重居迎仙宫，张氏两兄弟侍奉汤药，外人不得入内，甚至连太子也很难见到武则天一面。

因此，朝臣们担心二张会在继承人问题上动手脚。神龙元年（公元705年）正月，以张柬之、崔玄、敬晖、桓彦范、袁恕已为首的大臣联合羽林卫将军李多祚和左威卫将军薛思行，占领玄武门，并与太子一起来到迎仙宫，杀死二张，这就是历史上有名的“神龙政变”。武则天无奈，只好传位于中宗。中宗复位后，加封弟弟为安国相王，拜太尉，同中书门下三品（宰相），又加封妹妹为镇国太平公主，以表彰二人的拥立之功。同时，张柬之等五大臣均被封王，时称“五王”。这年年底，武则天去世，遗制去帝号，称则天皇后。中宗第二年正式恢复大唐国号，去神都之名仍为洛阳，作为东都。

虽然中宗第二次登基后做了五年的皇帝，但他丝毫不能控制朝廷复杂的政治局面，甚至把家事国事混为一谈，完全是一个稀里糊涂的皇帝。

十几年的流亡生活使原本就出身名门大姓的韦氏养成了强悍的性格。流亡途中，她要不断安慰中宗，还要照顾整个家庭，可以说是这个家的顶梁柱。中宗非常感激韦氏，发誓如果有一天能够重见天日，任由韦氏做她愿意做的，决不会干涉。因此中宗第二次登基后，再度成为皇后的韦氏便开始了她在政治上的擅权。她仿效公婆武则天当年的做法，对朝政大加干涉。

中宗神龙政变后并没有诛除诸武势力，一方面因为他与武姓诸王是亲家，另一方面韦后采取了与武姓势力联合的方式，而把神龙政变有功的“五王”贬杀。被封为中宗昭容的上官婉儿在武则天时就和武三思私通，此时她投靠了韦后，遂把武三思介绍给了韦后。这样，韦后与武三思这对儿女亲家发生了私通。而中宗丝毫不干涉，甚至在两人嬉笑玩双陆赌钱时，还为他们点数筹码。

安乐公主和上官婉儿在韦后的羽翼下胡作非为，她们卖官鬻爵，干涉刑讼。这时官员冗烂，时人称宰相、御史及员外官为“三无坐处”。只要贿赂得当，任何人都可以得到斜封官（敕书不经过中书省）。

由于太子李重俊非韦后所生，安乐公主侍宠骄横，要求中宗废掉太子，立自己为皇太女。中宗还算清醒，始终没有答应她这一无理要求。安乐公主非常不满，常常凌辱太子，呼之为奴。太子眼看自己地位不保，于景龙元年（公元707年）七月在羽林卫将军李多祚等人的协助下，突然冲进武三思的府第，杀死武三思、武崇训父子，时安乐公主不在府中。接着他们直奔玄武门，索求韦后和安乐公主。宫中闻变，韦后、上官婉儿和安乐公主挟着唐中宗登上玄武门城楼。中宗身边的宦者杨思勖下了城楼，纵马疾驰，立斩李多祚女婿野呼利，太子军锐气大减。中宗这时也缓过神来，冲着城楼下喊道："你们都是朕的宿卫将士，为什么造反？如果能斩首犯投降，剩下的一概不予追究！"太子军内乱，李多祚被部下杀死，太子率余部逃到终南山后也被左右杀害。

太子李重俊的政变失败后，韦后为了实现女皇梦，更加猖狂地在朝中培植自己的势力。韦后的所作所为引起大臣们的不满，人们纷纷向中宗上表直谏，中宗始终不以为意，仍任由韦后处理国政。

韦后错误地认为丈夫中宗是她登上皇帝宝座的最后一道障碍，便把目标对准了自己的丈夫。而屡次求为皇太女不得的安乐公主也痛恨父亲，想让母亲临朝称制，立自己为皇太女。她们愚蠢地认为只要中宗不在了，她们各自的愿望都能实现。在景龙四年（公元710年）八月，丧心病狂的韦后和安乐公主在中宗最爱吃的饼中下毒，将中宗毒死。中宗当时55岁，死后葬于定陵。

唐中宗一生两得立储称帝，但却没有什么作为，第一次称帝被母后武则天废黜，第二次称帝被韦后弄权。唐中宗以"和事天子"称于世，却悲惨地死在爱妻和爱女的手中。

睿宗李旦

唐睿宗档案：

生 卒 年：公元662～716年

父　　母：父，高宗李治；母，武则天

后　　妃：刘皇后、窦皇后等

年　　号：文明；景云，太极，延和

在位时间：公元684～690年；公元710～712年

谥　　号：兴孝皇帝

庙　　号：睿宗

陵　　寝：陕西桥陵

性　　格：淡泊，明智

点评：

盖自高祖以来，三逊于位以授其子，而独睿宗上畏天戒，发于诚心。若高祖、玄宗，岂其志哉！

——北宋·欧阳修《新唐书》

唐睿宗李旦是唐高宗李治的第八子，武则天所生第四子。他除了太子没做过，皇帝、太上皇都做过。这个最对权力没欲望的人却身不由己地走了一段帝王之路。

中宗李显被武则天废黜后，时为豫王的李旦继位为皇帝，是为唐睿宗。唐睿宗即位后，临朝称制的武则天太后将年号改为文明，并将睿宗的长子李成器立为太子。

睿宗这个皇帝连个傀儡皇帝都是不完全的，武则天才是真正的"皇帝"，她临朝称制，裁决一切国家大事，处理一切朝廷政务。唐睿宗只是一个国家的象征而已，他即位后，连同全家都被软禁在皇

宫，即便在宫中也不能自由行动。6 年后，唐睿宗这个象征性皇帝也做到了头，武则天决定自己当皇帝。天授元年（公元 690 年）武则天改唐为周，自称神圣皇帝，将李旦降为皇嗣，赐姓武，迁居东宫。唐睿宗顺从地接受了第一次让位，没有任何反抗。

武则天称帝后，他的侄子们觊觎皇位继承权，千方百计地排挤李旦。为了达到这个目的，魏王武承嗣到处活动，鼓动王庆之等数百人上表，请武则天废掉李旦。女皇对立李还是立武为太子犹豫不决，但通过与狄仁杰等大臣商议，她认识到了立子与立侄的利害关系，不再理会武承嗣的请求。但武承嗣仍不死心，便设法陷害李旦。他唆使武则天的侍女诬告李旦的二位妃子每天夜间诅咒女皇，武则天信以为真，将来朝见的二位妃子同时处死，可怜的李旦连打听都不敢打听。随后武则天又下令禁止公卿百官朝见皇嗣李旦，违者皆斩。武承嗣加紧步伐，诬告李旦有谋反之心，武则天让酷吏来俊臣审问李旦身边的人，来俊臣用酷刑逼供，受刑者忍受不了准备招供。太常寺乐工安金藏为证明李旦清白，当着来俊臣的面剖胸，五脏俱出，终于感动了武则天，保全住了李旦。这时的李旦对皇位已经心灰意冷，他不想再卷入任何权力之争中。

武则天决定让自己的儿子继承皇位后，又担心李旦继位后会对武家子孙下手，因此决定将废掉的中宗接回来。李旦马上明白了母亲的意思，主动要求逊位。于是中宗被召回立为太子，李旦被降为相王。此后，李旦一方面安于自己的王爷生活，另一方面对中宗表示支持。中宗即位后，李旦被加封为安国相王，迁太尉。中宗要立李旦为皇太弟，李旦坚辞不受，他可不想再一次成为众矢之的。可是万万没有想到，他还真与皇位有缘。中宗的皇后韦氏弄权，想成为女皇的她不惜将自己的丈夫中宗毒死，但可惜她最终没有得逞。李旦的儿子李隆基联合太平公主发动政变，铲除韦后一党，废掉韦后所立的傀儡皇帝李重茂，将李旦重新推上皇帝的宝座。

睿宗即位后遇到的第一个难题就是立谁为皇太子。按规矩应立长子李成器为太子，但按功劳应立三子李隆基。睿宗很犹豫，因为处理不好，又将是一场宫廷事变。长子李成器表示愿意让贤，大臣们也支持李隆基。睿宗最后决定立李隆基为皇太子，封长子李成器雍州牧兼太子太师，恰当地处理了这一棘手的难题。睿宗听从太子李隆基的举荐，任用姚崇、宋璟为宰相，革除中宗时的弊政，重振朝纲。

睿宗即位后，经常与妹妹太平公主商议国家大事。每次宰相奏报政事，睿宗都要问是否和太平公主商议过，然后才问是否和太子商议过。太平公主的请求，睿宗都予以满足。宰相的进退全凭公主的一句话，当时宰相七人，五人都是太平公主举荐的。

太平公主的权势不断加强，但她发现太子李隆基颇有才干，不容易控制，便想废掉太子，由此太平公主与李隆基的矛盾越来越尖锐。睿宗明白，此时儿子的力量还不足与太平公主抗衡，便采取“和稀泥”的办法，息事宁人。景云二年（公元 711 年）正月，姚崇、宋璟劝睿宗外放宋王李成器做刺史，加强东宫的保卫力量，将太平公主安置到蒲州。睿宗按他们的建议发布诏书，第二天，又命太子李隆基监国。太平公主知道后，非常恼怒，当面责备李隆基。为全保姚、宋，睿宗将二人贬到外地任刺史。

睿宗想尽快让位于太子，但太平公主及其党羽极力劝阻，他最终采取折中的办法，让太子负责处理一切政事、军务、死刑和五品以上官吏的任免。

延和元年（公元 712 年）七月，天空有彗星出现。太平公主抓住机会，唆使术士游说睿宗：“彗星出现，陛下将有灾难，东宫可能是祸源。”没想到这一招非但没有让睿宗废掉太子李隆基，反而使睿宗有了马上传位给太子的理由。太平公主见弄巧成拙，只好做顺水人情。八月，睿宗将皇位传给太子李隆基，自己做了太上皇。先天二年（公元 713 年）六月，李隆基和太平公主的斗争到了最后关头。李隆基先发制人，迅速扑灭了太平公主的势力，完全控制了局面。

睿宗下诏，军国政事全由皇帝处分，自己不再过问政事。开元四年（公元 716 年），做了四年太上皇的睿宗在百福殿去世，享年 55 岁，死后葬于桥陵。

玄宗李隆基

唐玄宗档案：

生 卒 年： 公元 685～762 年

父　　母： 父，睿宗李旦；母，窦皇后

后　　妃： 王皇后、武惠妃、杨贵妃、杨贵嫔等

年　　号： 先元，开元，天宝

在位时间： 公元 712～756 年

谥　　号： 明孝皇帝

庙　　号： 玄宗

陵　　寝： 陕西泰陵

性　　格： 英明果敢，自负荒淫

点评：

大唐之盛，盛在精神，盛在开放雍容的气度，可以容纳世界，也可以影响世界。明皇之明，明在心灵、胸襟的强大，他可以容忍、欣赏乃至利用一切人的优秀素质。

——蒙曼

唐玄宗名叫李隆基，是唐睿宗李旦之子，唐王朝的第七位皇帝。他雄才伟略，从混乱的宫廷争斗中崛起，创下了唐朝历史上最繁荣的“开元盛世”；而他晚年沉迷酒色，又遭遇了唐朝历史上最严重的

"安史之乱"，唐朝也因此由盛转衰，逐渐走上末路。

玄宗李隆基像

宫廷角逐 脱颖而出

李隆基，生于垂拱元年（公元 685 年）八月初五，是唐高宗李治之孙，唐睿宗李旦的第三子，母亲是皇后窦氏。他虽然出生显贵，却生不逢时，因为此时他的祖母武则天不仅专权，而且打算称帝。武则天与唐高宗生有 4 子，从公元 675 年起，武则天先毒死了长子即太子李弘，又废黜并杀死了次子太子李贤，接着废黜了三子唐中宗李显，到了公元 684 年，扶持四子睿宗李旦做了一个傀儡皇帝，自己独揽大权，并为正式登基称帝做准备。李隆基出生后，就生活在这样一个环境里。他 3 岁被封为楚王，到了 6 岁时，祖母武则天就做了女皇。于是，李隆基的父亲、睿宗李旦被降为皇嗣，李氏一族开始遭到贬抑打压，而武氏一族则异军崛起，封王者竟达十几人。

李隆基自幼就生活在宫廷的风云变幻中，虽然李唐宗室衰微，但是他却很有大志，在宫中时常自诩为"阿瞒"，阿瞒就是三国时的著名人物曹操。只是荣耀的武氏一族根本不把这个小皇孙放在眼里。7 岁那年，李隆基依例参加朝廷的祭祀仪式。当他带着侍从走向朝堂时，金吾将军（掌管京城守卫的将军）武懿宗看他不顺眼，就故意呵斥他的侍从。小小的李隆基毫无惧色，他马上怒斥道："这是我家的朝堂，与你何干？竟敢训斥我的护卫！"武则天得知此事后，觉得这个小孙子实在不凡，便另眼相待。公元 692 年，就封 8 岁的李隆基为临淄郡王。

圣历元年（公元 698 年），武则天经过多年的权衡，最终决定立李氏为继承人。不过她册立了三子李显为太子，而李隆基的父亲李旦由皇嗣再降为相王。不过十几岁的李隆基因才华出众，还是担任了右卫郎将、尚辇奉御等职。神龙元年（公元705年），趁着武则天年迈卧病，宰相张柬之等五大臣发动政变，拥立了中宗李显复位，李隆基就被擢升为卫尉少卿。

中宗李显由于一直生活在武则天的威仪之下，养成了胆小懦弱的性格。他的皇后韦氏趁机专权，甚至想效仿武则天称女帝。他的女儿安乐公主也很有野心，想做皇太女。母女二人与武氏旧党勾结，将朝政弄得乌烟瘴气。景龙元年（公元707年），中宗的太子李重俊不满韦氏的恶行，矫诏调集羽林军，想要消灭韦武集团，不料兵败被杀。景龙四年（公元710年）六月，韦氏母女毒死中宗，立中宗的幼子李重茂为帝，韦氏临朝执政，准备等待时机成熟，就效法武则天称帝。不过此时李旦还有很大的势力，而李隆基也培养了不少心腹。父子二人联合武则天之女太平公主，于六月二十一日合谋发动政变，将韦氏集团一网打尽。然后由太平公主出面，把才做了几天皇帝的李重茂赶下台，拥立睿宗李旦复位。26岁的李隆基因功被立为太子。

睿宗李旦也是自幼慑于母亲武则天的强势，性格懦弱。而太平公主自恃拥立有功，就独揽朝政，她也很有野心，想效仿母亲武则天做女皇。不过太子李隆基年轻有为，英明果断，成了她女皇之路的最大障碍。二人为了权势，争斗不休。睿宗李旦夹在二人之间，左右为难，又无可奈何。于是，在延和元年（公元712年）八月，他干脆传位给太子李隆基，以避开争斗。不过李旦并没有完全放权，三品以上官员的任免以及重大的军国政事仍然由他决定。

李隆基28岁继位，即唐玄宗，亦称唐明皇。他改元先天，立王氏为皇后，他与太上皇李旦共同执政。朝堂之上，李隆基与姑母太平公主，形成了对立的两派，双方都在积蓄力量，想要扳倒对方。

先天二年（公元713年），太平公主密谋于七月四日发动政变。此事被宰相魏知古告知给玄宗李隆基。玄宗七月三日就抢先动手，将太平公主一党全部铲除。太平公主逃进山里的寺庙中，不过几天后还是被玄宗赐死了。至此，动荡多年的大唐政局终于稳定下来，太上皇李旦也将权力全部移交给李隆基。这年，李隆基改元开元，一个新的时代来临了。

文治武功 开元盛世

唐王朝自高祖李渊公元 618 年开国以来，历经太宗的贞观之治，高宗和武则天的励精图治，国力已经十分雄厚，虽然韦氏等乱权了几年，但并没有损害大唐的根基。所以，到了玄宗李隆基时期，大唐立国百年，国势蒸蒸日上，不过繁荣的背后也潜伏着许多危机。多次宫廷政变，削弱了中央政权的实力，吏治也变得混乱不堪。

唐玄宗执政，首先就着手解决吏治腐败问题。开元三年（公元 715 年），他明确宣布："官不滥升，才不虚受。"他选贤任能，尤其是起用了许多有名的政治家做宰相，比如姚崇，他素有"救时宰相"之称，他曾向玄宗提 10 项建议，主要内容包括勿贪边功，广开言路，惩治腐败，奖励诤臣，以及防范皇亲国戚和宦官专权等，这些主张奠定了开元时期的施政方针。继任的宰相宋璟、张说、韩休、张九龄等，也都功绩卓著。正是有了他们的辅佐，玄宗才能将前几代皇帝留下的冗余官员彻底裁汰，然后又将机构精简，终于真正肃清了吏治。玄宗不仅重视中央重臣的选拔，还特别关注最底层的县官一级的任用，因为这些官员直接影响到唐王朝对百姓的统治。开元四年（公元 716 年），他在大明宫宣政殿亲自对 245 名新任县令进行考核，将其中不合格的 40 多人罢官，另选贤能充任。为了监督和考核地方官员，玄宗还将全国划分为 15 道，每道都设置采访使。

玄宗将吏治自上而下全部肃清，就为日后的施政铺平了道路。自古以来，农业都是国家生存的基础，玄宗自然非常重视。他要求官吏严惩强占田地的贵族、豪强，以便让农民获得土地。从公元 712～715 年，他还在全国开展了"检田括户"运动。他任命宇文融为全国的覆田劝农使，下面又设了 10 道劝农使和劝农判官，将这些人分派到各地去检查没有登记的土地和豪强们包庇的农户，查出来的土地都按均田制分给无地的农民。有了那些重新登记进来的农户，唐朝每年的客户钱也增加了不少，总额高达数百万。同时，玄宗还十分注重兴修水利，他为政期间兴建了 56 项农田水利工程，占整个唐代水利工程的 20%以上。经过这些改革，农业很快就展现出勃勃生机。

除了发展经济，玄宗还十分注意节流。他带头提倡节俭，不仅遣散了多余的宫女，还毁掉了武后、韦后等修造的奢华殿所。在武后和中宗时期，佛教恶性发展，各地圈占土地，广修寺庙，僧侣甚众，每年耗财数百亿。开元二年（公元 714 年），玄宗下诏裁减天下僧尼，当年就有 12000 多人还俗。玄宗接着又下令，禁止新造佛寺、铸佛像、抄佛经，还禁止官僚贵族与僧尼结交。这些做法，既沉重打击了佛教势力，也节省了不少财政支出。经过一系列的改革，唐朝的经济很快步入了繁荣时期。

除了文治，玄宗在武功方面也很有建树。在他即位之前，唐朝宫廷争斗激烈，无暇顾及边境，以致边疆危机十分严重。突厥、契丹的奴隶主贵族们不仅侵占了西域的碎叶、庭州，北方的云州和辽西的 12 州，还时时骚扰陇右、河北等地的百姓。玄宗即位后，就决心彻底解决这些问题。

开元十一年（公元 723 年），玄宗采纳了宰相张说的建议，改府兵制为雇佣兵制。这样一来，各地民夫就再也不用轮流戍边，可以安心发展生产，而许多失业人口应征从军，也解决了生计问题，同时还能缓和社会矛盾，实在是一举多得。而且士兵长驻各地，也有利于加强训练，提高战斗力。为了增加军事力量，唐玄宗还颁布了《练兵诏》，并令西北重镇增加兵员，加强训练。为了解决军粮短缺的问题，他还扩大了屯田区。经过十几年的努力，玄宗将雇佣兵制推广到全国。为了更好地统治少数民族和巩固边防，他还在边地设置了十大兵镇，由节度使镇守。

在玄宗的努力下，从 717 年起，唐军陆续收复了沦陷 17 年的营州等 13 州，降服了长城以北的拔也古、同罗、回纥等割据政权，恢复了安北都护府，统一了长城以北的广大地区。后来又收复了沦陷 37 年的西域碎叶，击败并俘虏了突厥可汗打败了吐蕃、小勃律（今克什米尔以北），由此重新打通了“丝绸之路”。唐朝的军威令四方震慑，拂麻（今罗马）、大食（今伊朗）等 72 国也纷纷派遣使者来唐，向玄宗称臣：由此，唐朝重新打通了中亚的通道，对外经济文化交流也进一步发展。

由于唐玄宗在文治武功方面，采取了一系列的有效措施，唐王朝的政治、经济、文化、军事等得到了全面发展，国力达到了顶峰，出现了中国历史上最强盛繁荣的“开元盛世”。

汉皇重色　贵妃倾国

唐玄宗 28 岁称帝，一直兢兢业业，勤政为国，创造了“开元盛世”的丰功伟绩。到了天宝元年（公元 742 年），执政 30 年的玄宗却丧失了锐意进取的精神，陶醉在歌舞升平的太平景象中。他逐渐怠于朝政，将精力转到了酒色享乐上。而历朝历代，一旦皇帝纵情享乐，奸佞小人就趁机上位了，玄宗后期也不例外。

开元二十四年（公元 736 年），对唐王朝说，是一个重要的转折年。这年 10 月，玄宗打算从洛阳回长安。宰相张九龄、裴耀卿等认为秋收未毕，皇帝出行阵势浩大，沿途必然扰民，就建议改期。而李林甫却悄悄怂恿玄宗，说：“长安、

明皇游月宫图

洛阳是陛下的东西宫，随时都可往来行幸，何必择期？即使妨碍了百姓秋收，只要免去他们的赋税就可以了。”玄宗听了龙颜大悦，就依李林甫的话行事。张九龄为人正直，遇事敢于直言力争，言语上自然时常忤逆玄宗，玄宗就逐渐讨厌疏远他，而亲近花言巧语的李林甫。没过多久，李林甫就取代张九龄，做了宰相。李林甫是个典型的小人，他嘴里说着好听的话，背地里却专门害人，成语“口蜜腹剑”说的就是他。他揽权19年，大唐朝政在他手中日益败坏。

公元736年对玄宗个人而言，也是多事之年。他最宠爱的武惠妃病死了，玄宗为此深受打击，变得郁郁寡欢，后宫三千佳丽也无法令他重展欢颜。这时有人向玄宗进言，说寿王妃杨玉环体态丰腴，美艳无双，玄宗便派人将杨氏接入宫中侍酒。杨玉环生性聪慧，善于逢迎，又通晓音律，舞姿迷人。这令本就精通音律的玄宗如获至宝，他龙心大悦，自此就与杨氏寻欢作乐，不再勤于国事。而寿王李瑁是玄宗与武惠妃的儿子，玄宗夺子之妻自然有悖伦常。为了能名正言顺的拥有佳人，玄宗先是令寿王妃杨氏自请为女道士，入住南宫，赐道号太真，南宫也更名为太真宫，然后又将一个韦姓女子赐给寿王为妃。

杨玉环正式入宫后，恩宠日盛，最后竟然集三千宠爱于一生，而玄宗则终日与美人相伴，从此君王不早朝。玄宗视这位比自己小34岁的倾国美人为心肝宝贝，称其为“解语花”。天宝四载（公元745年），册封杨玉环为贵妃，而后宫并无皇后，所以杨贵妃就是实际上的后宫之主，一切待遇实同皇后。杨妃的生活非常奢华，宫中专门为她织锦做衣的就有700多人。杨妃爱吃新鲜荔枝，玄宗为了满足美人的口福，下令专门开辟了从岭南到长安的几千里贡道，以便快马将荔枝运到长安。晚唐诗人杜牧曾有诗云：“红尘一骑妃子笑，无人知是荔枝来”。

玄宗与贵妃都爱好音律歌舞，因此宫中日日笙歌不断。玄宗为了歌颂太平盛世，还招揽许多才子作为御用文人。唐代最伟大的诗人李白，也曾奉召入宫，用惊世才笔描摹贵妃的美艳、帝后爱情的甜蜜。后来李白因不愿阿附权贵，被排挤出了长安。不过玄宗时期，文学、音乐、舞蹈、绘画、书法等得到了长足的发展，与他的喜好是分不开的。

杨贵妃专宠，她的家人自然也沾光。她的三个姐姐分别被封为韩国夫人、虢国夫人和秦国夫人。她的族兄杨国忠官运亨通，在权相李林甫死后，继任为宰相。因为杨氏一族煊赫至极，许多人就迎合君王的喜好，争相巴结杨氏，讨好贵妃。杨国忠揽权，比李林甫更甚，然玄宗又不理国政，唐朝的政治危机就愈加严重了。自开元二十四年（公元736年）起，均田制逐渐瓦解，承担租赋的民户大减，而朝廷的费用却激增，财政危机加剧。为了满足上层统治者的享乐，朝廷就横征暴敛，甚至一次预征30年的赋税，从而导致民众贫困化加剧。再者就是府兵制破坏后，募兵制又日益腐败。中原承平日久，战备弛懈，朝廷所募的兵士多是无赖地痞，市井小贩，毫无战斗力。而玄宗还好大喜功，发动了一系列的侵略战争。这些战争不仅消耗了巨大的财力，也造成了各族百姓的惨重伤亡，社会矛盾更加尖锐。

安史之乱　入蜀避难

就在中央政府日益腐败之际，拥兵自重的边境势力却逐渐强大了。按唐初制度，守边大将实行轮换制，以防止他们戍边太久，拥兵过重。可是玄宗后期，沉迷酒色，不理朝政，竟然十几年不换边帅，有的边帅甚至还兼任几镇的节度使。他们的势力愈来愈大，这为唐朝带来了严重的军事危机。其中胡人安禄山，因为英勇善战而得到玄宗的恩宠。他不仅勇武，还善于逢迎，对杨贵妃极力讨好，因而被玄宗封为平卢节度使，后来还被封王。不过这位看似憨厚忠诚的安禄山，却给了唐王朝沉重的一击。

明皇幸蜀图　唐　李昭道

此图描绘唐玄宗为避安史之乱而行于蜀中的情景，画中山石峻立，着唐状的人物艰难行于途中。

天宝十四载（公元 755 年）十一月九日，安禄山从幽州起兵 15 万，直奔京都长安。而唐王朝全国的兵力不过 50 万，且大多镇守在边境各重镇，京城防守空虚，唐军人少势弱，仓皇应战，根本不堪一击。天宝十五载（公元 756 年正月），安禄山在洛阳自称大燕皇帝。六月，长安门户潼关被叛军攻陷，京师已经无险可守，玄宗只好带着皇室的重要成员逃亡蜀地避难。十三日凌晨，玄宗等人逃到马嵬坡（今陕西兴平市西北），愤怒的将士们要求杀掉祸国殃民的杨氏豪族。他们将杨国忠父子乱刀砍死，又要杀死杨贵妃。玄宗无奈，只好命高力士缢死杨贵妃以平民愤。长安城在玄宗出逃十几天后就陷落了，玄宗打算继续逃入蜀中，沿途父老百姓都请求皇帝留下，指挥平叛，玄宗不听，百姓们只好转求皇太子李亨留下。李亨于是北上，在灵武（今属宁夏）即位，即唐肃宗。李亨称帝后，就重新积聚力量，开始对安禄山反攻。已经逃入蜀地的玄宗，面对既成的事实，只好承认儿子的帝位，自己做起了无权无势的太上皇。

自安禄山开始叛乱，到他被儿子安庆绪杀死，他的部将史思明复叛，接着史思明也被儿子史朝义杀死，最后唐军平息叛乱，收复失地。整个安史之乱历时 8 年，直到唐代宗宝应元年（公元 762 年）才结束。而玄宗基本上都在蜀地避难未归。

至德三年（公元 758 年）末，在唐军收复长安、洛阳两京后，玄宗终于从蜀中回到了长安。玄宗回京后，已经是垂垂老矣的太上皇，加上心爱的贵妃已逝，晚景凄凉，身体也很快就垮下去了。宝应元年（公元 762 年）四月五日，玄宗在寂寞中凄凉辞世，终年 78 岁。他死后葬于泰陵，谥号“明孝皇帝”，庙号“玄宗”。他在位 44 年，大半生辛劳，将大唐发展到繁荣的顶峰；然而晚年昏聩，将辛勤创下的基业摧毁，使唐朝日薄西山。他的一生，毁誉参半。

肃宗李亨

唐肃宗档案：

生 卒 年：公元 711～762 年

父　　母：父，玄宗李隆基；母，杨皇后

后　　妃：张皇后、吴皇后、韦妃等

年　　号：至德，乾元，上元

在位时间：公元 756～762 年

谥　　号：宣孝皇帝

庙　　号：肃宗

陵　　寝：陕西建陵

性　　格：沉着刚毅，狭隘短视

点评：

肃宗嬖悍妻，任权阉，为子不孝，为夫不义，为君不明，亦是一不能修齐，即不能平治之明证也。

——蔡东藩

唐肃宗名叫李亨，是玄宗李隆基的第三子，唐王朝的第八代皇帝。他于大唐盛极而衰的动乱中即位，给苦于安史之乱的唐朝百姓带来了希望，成为中原民众的精神支柱。而他在位期间，又开了唐朝宦官专权的先河，这既是他个人的不幸，也是唐朝持续衰落下去

的重要原因。

李亨，生于唐睿宗景云二年（公元711年）九月初三。他出生时，父亲李隆基还是太子，正与姑母太平公主为权势争斗激烈。他的母亲杨氏，出身于弘农华阴（今属陕西）的名门望族，曾祖杨士达乃是隋炀帝时期的纳言（宰相），父亲杨知庆也官至唐朝的左千牛将军。不过杨氏虽有显赫的家世，却不是李隆基的正妻。太子妃王氏无子，就决定将李亨接过去抚养。杨氏作为妾室，根本不敢有任何异议，只能眼睁睁地看着儿子被夺走。好在王氏对李亨极为疼爱，视若己出。后来李隆基继位称帝，即唐玄宗，王氏被封为皇后，李亨的身份也更加显贵。

玄宗子嗣数量庞大，他有30个儿子，30个女儿，他在两京（长安和洛阳）和华清宫修建了十王宅、百孙院，以供子孙们居住。李亨自幼记忆力超人，他熟读诗书，学识出色，且文辞优美，是个很有才华的少年。他6岁被拜为安西大都护、河西四镇诸蕃大使，16岁又被封为忠王，居住在“十王宅”中。

玄宗妃嫔多，子孙多，后宫的争斗自然更激烈。王皇后一族曾为玄宗除韦后、诛太平公主立下了汗马功劳，可是玄宗却并不喜欢王皇后，他最宠爱的是武惠妃。武惠妃宠冠后宫，生下了儿子寿王李瑁后，气焰就更加高涨了。她想取得皇后之位，而王皇后长年失宠，自然心有不平，于是两人斗得很厉害，玄宗自然站在了宠妃一边。后来王皇后听从兄长王守一的建议，在宫中用厌胜之术诅咒武妃。玄宗得知后大怒，于开元十二年（公元724年）七月废黜王皇后，并赐死王守一。14岁的李亨失去了养母这个依靠，心中悲痛，不过这件事也让他看到了宫廷斗争的险恶，从此再不展露锋芒，小心谨慎做人，生怕遭来祸患。

在宫廷之战中胜出的武惠妃，并未如愿封后。因为玄宗自废掉王皇后，就再也没有立皇后的打算了。于是，武惠妃取得了皇后级别的待遇之后，就转向为儿子李瑁谋求太子之位。玄宗立的太子李瑛，是出身青楼的丽妃之子。丽妃失宠后，李瑛也被冷落。公元726年，丽妃去世，李瑛就彻底失去了依靠。他与同样被冷落的妃嫔之子鄂王李瑶、光王李琚交好，三人时常聚在一起倾吐心中的郁闷，言语中自然对嚣张的武惠妃很不满，对父亲玄宗也颇有怨言。武惠妃得知后，就指使自己的女婿驸马都尉杨洄诬告太子等三人结党谋反。玄宗听信谗言，竟然将三个儿子都杀死。不过玄宗又没有让武惠妃如愿，他于开元二十六年（公元738年）立28岁的李亨为太子。

李亨为人处处低调，不想意外得到了太子之位。其实李亨看多了后宫争斗，对权势也没多大兴趣了。他被推为众矢之的的太子后，在这个位置上苦熬了18年。直到天宝十四载（公元755年）十一月九日，安史之乱爆发，他的生活才发生变化。安禄山大军15万，直奔长安，唐军无力抵抗，京师告急。沉迷歌舞美人的玄宗慌了手脚，于公元756年六月逃往蜀中避难。就在这个月里，长安沦陷了。玄宗逃到马嵬坡（今陕西兴平市西北）时，被迫缢死杨贵妃以平民愤，然后不顾大臣百姓的恳求，继续逃往蜀地。深受战乱之祸的百姓恳求太子李亨留下来，带领大家平叛。李亨经不住众人的苦苦哀求，终于鼓起勇气留下来北上，于六月底在灵武（今属宁夏）即位称帝，即唐肃宗，改元至德。他以皇帝的身份号令天下，为各地抗击安史叛乱的民众带来了希望。

46岁的李亨于危难之中称帝后，就开始了艰苦卓绝的平叛之路。至德二年（公元757年），大将郭子仪、李嗣业等率领唐军，终于收复了长安和洛阳两京，肃宗李亨返回长安指挥大局。而安史之乱的阵营内部也出现了分裂，先是安禄山的儿子安庆绪弑父夺位，然后安禄山的部将史思明又趁机夺了安庆绪的权。史思明曾一度降唐，后又复叛，成为唐军的劲敌。直到公元761年三月，史思明部又发生内讧，他的儿子史朝义也弑父自立。不过叛军经过几次内讧，人心不齐，屡次被唐军打败。走投无路的史朝义，于宝应二年（公元763年）春天自缢身亡，历时7年多的安史之乱才宣告结束。不过肃宗李亨没有等到这一天，李亨经历了多年的内忧外患，身体状况一直不好。761年春，李亨病倒后，就再也没有康复。宝应元年（公元762）四月十八日，病入膏肓的肃宗李亨与世长辞，享年52岁，长子李豫继位，即唐代宗。肃宗死后，葬于建陵，谥号“宣孝皇帝”，庙号“肃宗”。

肃宗在位6年，为安史之乱中的唐朝百姓带来了希望，并成为他们的精神支柱，为叛乱的平息立下了卓越功绩。不过他本人治国才能有限，在平乱中既听信谗言，又无深远谋略，结果导致兵祸延续时间过长，给唐朝国势带来了严重的损害。而他平乱中重用宦官外戚，也为唐朝后期种下了宦官专权的恶果。

代宗李豫

唐代宗档案：

生 卒 年：公元726～779年

父　　母：父，肃宗李亨；母，吴氏

后　　妃：沈皇后、崔贵妃、独孤贵妃等

年　　号：宝应，广德，永泰，大历

在位时间：公元762～779年

谥　　号：孝武皇帝

庙　　号：代宗

陵　　寝：陕西元陵

性　　格：仁孝，沉稳

点评：

李豫有出色的组织能力，且以恩信深得人心！

——赵剑敏

唐代宗名叫李豫，是肃宗的长子，唐王朝的第九位皇帝。他是唐朝历史上第一个以长子身份继位的皇帝，也是唐朝历史上第一个完全依靠宦官势力登基的皇帝。

李豫，生于开元十四年（公元 726 年），原名李俶。他出生时，正值唐王朝最繁荣的开元盛世，所以李豫的幼年生活很奢华安逸。李豫的父亲李亨，此时还只是一个普通皇子。不过他既是李亨的长子，又是玄宗的第一个皇孙，所以很得玄宗的宠爱。父亲李亨被立为太子后，李豫被封为广平王。

李豫的安逸生活到他 30 岁就彻底结束了。公元 755 年，安史之乱爆发。第二年，长安失陷，玄宗带着皇室子孙逃往蜀地避难，李豫也在其中。这年六月，太子李亨留下来北上平乱，李豫就跟随父亲前往。李亨在灵武（今属宁夏）即位称帝，即唐肃宗。李豫就在灵武帮助父亲招募军队，被任命为天下兵马元帅。李豫率领大军积极组织平乱，经过艰苦地拼杀，终于在公元 757 年十月收复了长安和洛阳两京。肃宗就在这年返回长安，而李豫因平叛有功，第二年被册立为太子，并由李俶改名为李豫。

公元 762 年春，安史之乱还没有结束，唐肃宗却重病缠身了。太子李豫在病榻前殷勤侍疾，亲尝汤药。肃宗的皇后张氏因亲生子年幼，无法争得太子之位，而她与李豫向来不合，就担心太子功高会威胁到自己的地位。于是，张皇后悄悄地将肃宗的次子、越王李係接入宫中，打算废了太子，更立李係。而以前依附于她的宦官李辅国，此时已掌管禁军，他为了自己的权势，认为依附即将称帝的太子更有利，就与张皇后反目了。一日深夜，李辅国召集宦官程元振等，带兵跟随李豫入宫。他们迅速逮捕了越王李係，又囚禁了张皇后。肃宗在病中得知此事，受不了打击，很快就辞世了。李辅国等人就干脆杀掉张皇后，拥立李豫为帝，即唐代宗，时年37岁，改元宝应。

代宗即位后，面对的是一个破败不堪的乱摊子。他首先要解决的就是平叛安史之乱。此时，叛将史思明已经被他的儿子史朝义杀死，史朝义占据了洛阳。唐朝经过几年的战乱，已经元气大伤，兵力不足。于是，继肃宗之后，代宗再次向回纥请求援助，他还任长子李适为天下兵马元帅，领兵攻打洛阳。唐军与叛军多次交战，后来史朝义败逃到河北，许多叛军将领都投降唐朝，唐军收复洛阳。公元763年，穷途末路的史朝义自杀身亡，安史之乱终于平息。不过前来援助的回纥兵却在洛阳城里四处杀掠。回纥可汗登里率军回国时，还纵容部下沿途抢劫。内乱刚平，代宗实在不想再起干戈，就对回纥百般忍让，由此给百姓带来了深重的灾难。

不过代宗还没来得及松口气，势力已经十分强大的吐蕃军又大举入侵。吐蕃率领吐谷浑、党项、氐、羌等族共20余万大军，直入京师长安。代宗任长子李适为关内元帅，郭子仪为副元帅，率军至咸阳抵御吐蕃，而他自己逃往陕州避难。吐蕃军攻入长安，四处烧杀劫掠。幸亏郭子仪虚张声势，才将占城15日的吐蕃大军吓跑，不过长安城已经被毁得满目疮痍了。此后，唐朝和吐蕃一直互有政战，双方损耗都很大。

代宗经过几次大战，也变得非常胆怯。为了有效地防范外敌入侵，他对各地节度使给予了很高的特权。其中成德、魏博、幽州三镇，可自行招募军队，它们后来成为唐朝后期最大的割据势力，被称为河朔三镇。其他的许多节度使也纷纷效仿，代宗也对他们一再姑息，由此导致了“虽称藩臣，实非王臣”的局面。节度使们在政治、军事和财政上都完全自主，相当于一个个独立的割据政权。这也成为唐朝后期日益衰落的一大原因。

除了军事忧患，代宗在内政上面临更大的危机。他是被宦官李辅国等人拥立即位的，他称帝后自然对这些人赐以高官厚禄来感谢。而李辅国等人自恃功高，逐渐专横，根本不把皇帝放在眼里，很快就威胁到代宗的统治，代宗却对他们毫无办法。宦官李辅国和程元振为了争权，在朝堂上互相对峙。代宗希望自己能渔翁得利，就暗中支持程元振。不料，斗倒了李辅国，程元振任骠骑大将军，更加嚣张。后来代宗好不容易扳倒程元振，将其流放，不料又出现了新宦官鱼朝恩专权。代宗在宰相元载的帮助下，诛杀了鱼朝恩。结果元载又揽权，直到大历十二年（公元 777 年），代宗才将元载一党铲除。代宗在位十几年，就这样一直在宦官或权臣的淫威下生活。

代宗在混乱中执政实在艰难，加上他本性优柔寡断，也缺乏政治才干，所以唐王朝的衰势根本无法挽救。他为了解决财政困难，曾任用理财家刘晏为度支郎中，将江淮地区的粮食通过水路直接运到长安，从而有效地打压了投机商，降低了粮价。后来他还对盐政进行改革，将食盐重新收归国家专营，从而将盐利收为国有。不过这些措施仅是杯水车薪，作用有限。安史战乱之后，百姓生活本就困苦，而唐王朝吏治已经混乱，加上严重的财政危机，结果就是加大对百姓的盘剥。代宗在位期间，战乱、人祸加上天灾，使北方经济遭到了严重的破坏，千里萧条，民生凋敝。走投无路的百姓只好揭竿而起，这一时期起义不断，仅史书记载的就有 10 多支义军，人数达到数十万。代宗虽然最终平息了农民起义，但是唐王朝的根基已经完全动摇了。

大历十四年（公元 779 年）五月，代宗因积劳成疾病逝，享年 54 岁，长子李适继位，即德宗。代宗死后，葬于元陵，谥号“孝武皇帝”，庙号“代宗”。他在位 17 年，兢兢业业平叛理政。不过他平息了安史之乱，却又留下了新的藩镇割据隐患；他翦除了专权的几个宦官，却没有从根本上剔除这个毒瘤；他任用郭子仪防御外敌，虽艰难地守住了唐朝的基业，却也无力抵御频繁的外敌入侵。他的一生，辛勤劳苦，可悲可叹。

德宗李适

唐德宗档案：

生 卒 年：公元742～805年

父　　母：父，代宗李豫；母，沈氏

后　　妃：王皇后、韦贤妃等

年　　号：建中，兴元，贞元

在位时间：公元779～805年

谥　　号：孝文皇帝

庙　　号：德宗

陵　　寝：陕西崇陵

性　　格：刚愎自用，刻薄多疑

点评：

德宗猜忌刻薄，以强明自任，耻见屈于正论，而忘受欺于奸谀。

——北宋·欧阳修《新唐书》

唐德宗名叫李适，是代宗李豫的长子，唐王朝的第十位皇帝。他虽有雄心，却无力挽狂澜；他生性多疑，刻薄寡恩，重用奸佞小人，为唐王朝的灭亡埋下了祸根。

长子即位　两税新法

李适生于天宝元（公元742年），此时他的曾祖玄宗在位，他的祖父肃宗李亨为太子，他的父亲代宗李豫为广平王。李适的母亲沈

珍珠，原为入选东宫的良家子，李亨为太子后，就将沈氏赐给儿子李豫为妃。沈氏后来在安史之乱中失踪，一直未寻获。李豫 17 岁做了父亲，长子就是李适。李适的少年时代和祖辈、父辈一样，都是过着优裕的宫廷生活。公元 755 年安史之乱爆发，14 岁的李适也开始经历战火的洗礼。后来他的父亲代宗即位，就任命 21 岁的李适为天下兵马元帅，统领唐军扫除安史叛乱的余孽。后来李适因平乱有功，不仅任为尚书令，而且他的画像还与名将郭子仪、李光弼等人的一起被挂在凌烟阁。广德二年（公元 764 年）正月，23 岁的李适以皇长子身份被册立为太子。大历十四年（公元 779 年）五月，代宗病逝，38 岁的太子李适顺利继位，即唐德宗。

李适即位后，很有雄心，想要做出一番大业。不过代宗留给他的大唐江山已经千疮百孔，残酷的现实一次次地摧毁了李适的治国热情。

李适称帝初期，革除了前朝的许多弊政。他下令禁止岁贡，退回各地献给自己的生日礼物，并禁止官员经商，同时严厉惩处贪污腐败者。他还减少皇宫用度，放出宫女 100 多人，并裁汰梨园使及伶官等计 300 人，剩余的也归入专管礼乐的太常。由此，大唐王朝给人带来了新气象。

代宗时期，赋税沉重，财政空虚，社会矛盾尖锐。德宗为了解决这个问题，他任用了崔佑甫和杨炎为相，对赋税制度进行改革，废按人丁征税的租调制为“两税法”。这一改革取消了租庸制和一切杂税，将所有人口以现居住地为准全部入籍，并按田亩和资产纳税，游走行商的人也要负担赋税。由于实行每年分夏秋两季征税，两税法由此得名。这个制度，既扩大了纳税的范围，增加政府财政收入，又有利于减轻人民负担，缓解社会矛盾。但是这个制度并没有认真施行，反而因为税制简化而重复征收各种苛捐杂税，这样人民的负担就更重了。

三臣党争　藩镇战乱

德宗时期，朝廷内部的党争尤其激烈。其中最突出的就是杨炎和刘晏之争。刘晏是唐朝著名的理财家，代宗时启用他改革盐铁租庸等，德宗任用他为吏部尚书、左仆射，兼管度支出纳。而杨炎则是代宗时宰相元载的余党，德宗任用他为宰相，主持“两税法”的改革实施。当年代宗诛杀元载，刘晏也参与了谋划。杨炎在元载死后，被贬为远州司马，如今官至宰相，有了大权，他就打算报复刘晏。于是，杨炎利用自己的地位，罗织了罪名诬陷刘晏，最终刘晏含冤而死。此事在朝野引起震动，许多大臣挺身而出为刘晏鸣冤，德宗也压制不住。杨炎更加心虚，就派人四处扬言，说刘晏是德宗杀的，与自己无关。德宗闻之后，非常恼恨，就启用卢杞为宰相，压制杨炎。卢杞是个大奸相，比起前几代的李林甫、杨国忠、元载，不遑多让。他很快就编造罪证诬陷杨炎，德宗借机将杨炎贬为崖州司马。不过杨炎还没到任，德宗就派人在路上将其杀死。

德宗朝廷内部混战，边境的局势也十分严峻。新的藩镇割据自代宗时期就开始形成，藩镇节度使都是父子承袭。代宗时期，魏博节度使田承嗣、成德节度使李宝臣、淄青节度使李正己，就确定本镇要父子相承。公元 779 年，田承嗣病逝，他的儿子田悦继位，代宗也允许了。到了德宗执政，藩镇拥兵的形势更加严重，对中央政权造成巨大的威胁，德宗决心解决这个问题，就从父子相承的制度入手。建中二年（公元 781 年）正月，河北成德镇（今河北正定）节度使李宝臣病死，他的儿子李惟岳依照惯例，向朝廷上表请求继承父位，不料遭到了德宗的坚决拒绝。这下就惹恼了那些嚣张跋扈的节度使们，魏博节度使田悦、淄青节度使李正已与李惟岳联合出兵，对抗朝廷。德宗任命李怀光兼朔方节度使，发兵讨伐叛军。这是朝廷与藩镇的正式宣战，意义重大。可德宗虽有平叛决心，却没有制定好周密的作战计划，也没有设统兵元帅。结果朝廷军屡战屡败，战事规模也越来越大了。

后来又有不少藩镇卷入其中，德宗就利用藩镇打藩镇，不料却弄巧成拙。参与朝廷削藩战役的幽州节度使朱滔等人，趁机向德宗索要利益，遭到德宗的拒绝后，就干脆反目了。建中三年（公元782年）底，朱滔称冀王、成德王武俊称赵王、淄青李纳称齐王、魏博田悦称魏王，四王以朱滔为盟主，联军对抗朝廷。叛军的势力很快就壮大了，淮西节度使李希烈被推举他们为天下都元帅，战事从河北一直蔓延到河南，东都洛阳形势危急。

公元783年十月，前往淮西平叛的5000多泾原兵路过长安，他们饥寒交迫，本以为能得到丰厚的赏赐，不料除了粗陋的食物外，什么也都得到。于是，愤怒的士兵攻入长安，德宗仓皇逃往奉天（今陕西乾县）避难。这就是历史上著名的“泾师之变”。原泾原军统帅、朱滔的兄长朱泚，被拥立为主，称大秦（后改为汉）帝，年号应天。朱泚率领叛军围攻奉天，德宗等人艰难守城一个月，粮草耗尽，仅以野菜、粗粮为食。直到前线的朔方节度使李怀光等，从河北撤军前来勤王，德宗才获救，不过他的削藩之战也被迫终止了。

三彩宦官俑　唐

高度集权的政治体制为宦官乱政提供了环境和条件，宦官专权的历史由来已久。此宦官俑头部仰起，双拳紧握，一副大权在握的得意表情。

德宗削藩失败，国内四处战火不断，百姓流离失所。兴元元年（公元784年）正月，他痛下“罪己诏”，坦诚天下大乱是自己“失其道”引起的，要承担全部责任。此诏书还赦免了所有叛乱的藩镇节度，于是各地节度使纷纷取消王号，上表谢罪。不过还不到一个月，朔方节度使李怀光又联合朱泚起兵叛乱，德宗再次仓皇出逃，到山南西道的梁州（今陕西汉中）避乱。直到七月，李晟打败朱泚收复长安后，德宗才返回京师。德宗经历削藩之路的连串打击后，对藩镇就开始姑息纵容了。

昏聩多疑　宦官专权

德宗在李怀光、朱泚叛乱的严峻时期，曾以割让安西、北庭两地为条件，请求吐蕃出兵援助。公元 784 年秋，德宗刚回到长安，吐蕃使者就来索要两地。德宗在大臣李泌等人的支持下，拒绝割地，从此唐朝和吐蕃再起干戈，不过大唐名将李晟等人，领兵多次打败了吐蕃军。吐蕃心有不甘，就针对德宗多疑的性格，巧使离间计。公元 786 年，吐蕃派兵 2 万至凤翔城下，声称是李晟叫他们来的。德宗竟然对明显拙劣的伎俩信以为真，先后解除了李晟、浑瑊、马燧三员大将的兵权。武将们很受打击，此后就与德宗有了嫌隙，君臣经常相互猜忌。后来德宗任命李泌为宰相，这种局势才稍有缓解，但君臣的隔阂已产生，消除甚难。

德宗的雄心经过几次打击，就已经消失殆尽了。他出逃几次后，竟然变得十分贪财，似乎钱财能给他带来安全感。他回到长安后，就把精力集中在搜刮财物上，他还主动向地方索取贡物，称为“宣索”，这与初上任时的节俭皇帝判若两人。

德宗对朝政的热情也没有了，宦官专权的局势又重新出现。他刚即位之时很厌恶宦官专权，可是他现在却一改对宦官的排斥，变得对其十分依赖。兴元元年（公元 784 年）十月，德宗重返长安后仅 3 个月，就将神策军分为左右两厢，交给宦官窦文场和霍仙鸣掌握，宦官分典禁军，就是从这时开始的。神策军是中央禁军和精锐部队，平时就驻扎在京城周边和皇宫苑内，比羽林军、龙武军的地位还重要。德宗实际上是将自己的性命交到了宦官手中。宦官权力更大，也是晚唐政治腐败的重要原因。

贞元二十一年（公元 805 年）正月，德宗病逝，终年 64 岁，死后葬于崇陵，谥号“孝文皇帝”，庙号“德宗”。他死后，太子李诵继位。他在位 26 年，早年曾有雄图伟略，但遭受一系列的打击后，就灰心丧气，一生一事无成。他留给后代的，是一个更加衰弱的大唐政权。

顺宗李诵

唐顺宗档案：

生 卒 年：公元 761～806 年

父　　母：父，德宗李适；母，王皇后

后　　妃：王皇后、牛昭容等

年　　号：永贞

在位时间：公元 805 年正月～八月

谥　　号：安孝皇帝

庙　　号：顺宗

陵　　寝：陕西丰陵

性　　格：谦和平易，随遇而安

点评：

顺宗在东宫二十年，天下阴受其赐。然享国日浅，不幸疾病，莫克有为，亦可以悲夫！

——北宋·欧阳修《新唐书》

唐顺宗名叫李诵，是德宗李适的长子，唐王朝的第十一位皇帝。德宗驾崩后，他带病继位，不过只做了几个月的皇帝就病死了，没有什么政绩。

李诵生于上元二年（公元 761 年），正值安史之乱期间，他的曾祖肃宗李亨在位，祖父李豫还是太子，父亲李适正参与平乱的征战。所以李诵就在这样的乱世中长大。大历十四年（公元 779 年），李适

即位称帝，即德宗。这年年底，19 岁的长子李诵被册立为太子。

顺宗一直生活在比较动荡的时期，所以养成了小心谨慎的习惯。他一向行事低调，只尽好自己做太子的本份，对政事从不过多发表意见。即使朝廷党争激烈，时弊太多，他也从不固执己见，因为他很清楚自己一个太子根本没有能力解决这些问题。德宗时期，藩镇多次叛乱，长安失守，李诵被迫颠沛流离多年，也能随遇而安。他在东宫太子之位上坐了 26 年，因为循规蹈矩，所以还算一帆风顺。贞元二十一年（公元 805 年）正月，德宗病逝，45 岁的太子李诵继位，即唐顺宗。不过顺宗没有年号，“永贞”是他退位之后改的。

顺宗是在病中继位称帝的。早在贞元二十年（公元 804 年九月），太子李诵就突然中风，不能说话了。当时德宗非常担心，多次前往探视，不过没多久，德宗自己也病倒了。到了第二年正月，德宗病逝，李诵都没能前来为父皇送终。此时宦官的权力已经很大，他们谎称禁中尚未确定谁来继承大统，以此反对李诵做皇帝。李诵中风后就再也无法言语，幸亏负责起草诏书的翰林学士卫次公坚持立嫡立长，李诵才能顺利称帝。

顺宗中风后不能说话，无法亲自处理政务，就命王叔文和王伾代自己理政。这二人是顺宗做太子时的亲信，都被任命为翰林学士。顺宗卧病在床，宦官李忠言和妃子牛昭容在旁侍奉。他的旨意就由李忠言、牛昭容二人传达给王伾、王伾再与翰林院的王叔文商议，最后交由宰相韦执谊施行。韦执谊也是在王叔文的建议下，被顺宗任用的，此时朝中还刘禹锡、柳宗元等名士积极支持。时人称他们为“二王刘柳集团”。他们在顺宗的支持下，对时弊做了一些改革。

顺宗在深宫多年，对宦官专权的弊端深有体会，所以他首先想做的就是打击宦官。王叔文等人罢了德宗末年设置的宫市，废了五坊使。宫市就是宦官们负责宫中采买的场所，他们强取豪夺，从中渔利；五坊使则负责购置或建造专供皇帝玩乐的雕、鹘、鹞、鹰、狗等玩物或玩乐用具。王叔文等人还趁机裁减了宫中的冗余人员，并打击贪官，取消进奉。此举得到了百姓的大力拥护，历史上称为“永贞革新”。

顺宗做完这些小改革，就开始深入削夺宦官的兵权，这就触及到了宦官们的根本利益。同时，顺宗也抑制藩镇的势力。剑南西川节度使韦皋上表想兼领三川，被他驳回了。浙西观察使李锜所兼任的盐铁转运使一职，也被他罢免了。这些改革都引起了藩镇节度使和宦官们的强烈不满，他们纷纷向朝廷施压，王叔文等人的处境日益艰难。而顺宗口不能言，通过宦官、后妃传达旨意给王叔文等人，再由他们执行的行政体制，也使得文武百官难得见到皇帝，时日一久，心中难免存疑，加上他们对王叔文专权的不满，一场政变就悄悄酝酿出了。以俱文珍为首的宦官集团，首先以“立嫡立长”为由，要求顺宗立长子李纯为太子。太子册立后，节度使韦皋等人又响应宦官，呼吁要让太子监国。公元 805 年八月，顺宗顶不住压力，只好同意太子监国，“永贞革新”也以失败告终。几天之后，顺宗又被迫禅位给太子，成了太上皇，史称“永贞内禅”。

顺宗退位后，宦官得势，将王叔文和王伾贬谪、后又赐死；而刘禹锡、柳宗元等八人都被贬到偏远地区做司马。这就是历史上有名的“二王八司马”事件。元和元年（公元 806 年）正月，太上皇李诵忧郁而终，享年 45 岁。他死后，葬于丰陵，谥号“安孝皇帝”，庙号“顺宗”。他在位不到 7 个月，只有一个失败的“永贞革新”和无奈的“永贞内禅”。在他之后，唐王朝时弊日盛，积重难返，衰亡之势更加无法挽回了。

宪宗李纯

唐宪宗档案：

生 卒 年：公元 778～820 年

父　　母：父，顺宗李诵；母，王皇后

后　　妃：郭皇后、郑皇后等

年　　号：永贞，元和

在位时间：公元 805～820 年

谥　　号：武孝皇帝

庙　　号：宪宗

陵　　寝：陕西景陵

性　　格：聪慧，果断

点评：

唐宪宗平藩的巨大功绩，使他成为安史之乱后最伟大的君主。但宦祸在唐宪宗身后大泛滥也是不争的事实。

——赵剑敏

唐宪宗名叫李纯，是顺宗李诵的长子，唐王朝的第十二位皇帝。他胸怀大志，英明果断，是唐朝中后期最有作为的皇帝，史称“中兴之主”。

李纯，代宗大历十三年（公元 778 年）生于长安，初名李淳，后来成为太子才改名李纯。他 1 岁时，祖父德宗继位，父亲顺宗被立为太子。李纯幼年时期，正值德宗的削藩之战。建中四年（公元 783 年十月），长安发生著名的“泾师之变”，6 岁的李纯跟随祖父德宗仓皇出逃，侥幸保住了性命。不过大唐宗室子弟还有许多来不及撤离，死于乱军的竟达 77 人，德宗为此非常痛心自责。第二年七

月，德宗等人才返回长安，看到满目疮痍的京城，随行众人都心酸落泪。这次战乱对李纯的影响很大，也促使他过早的成熟。

回京后不久，一次，德宗抱着7岁的长孙李纯膝头逗乐，问他："你是谁家的孩子，怎么坐在我的怀里啊?"小小年纪的李纯按照祖、父、子的顺序答道："我是第三天子。"这句话既合情理又出人意料，德宗闻言非常诧异，从此也对这个长孙刮目相看。贞元四年（公元788年）六月，11岁的李纯被封为广陵郡王。

李纯少年时期，就很有大志。他经常翻阅历朝实录，每次读到贞观之治、开元盛世的故事，就倾慕不已。他决心以祖上明君为榜样，做出一番大业来名留青史。而李纯的祖父德宗、父亲顺宗都有中兴大唐的心愿，可惜德宗执政遇到重重困难后就灰心丧气了，而顺宗自己都疾病缠身，他的改革最终也失败了。顺宗于贞元二十一年（公元805年）正月登基，因中风失语，所以在三月份就立长子李纯为太子。到了八月，顺宗在宦官和藩镇节度使的双重压力下，就令太子监国，几天之后，就禅位给太子，退居为太上皇了。李纯在几个月之间，就实现了由皇子到太子到皇帝的转换。李纯继位，即唐宪宗，时年28岁，改元永贞，第二年改元元和。

宪宗即位后，就以祖上的太宗和玄宗为榜样，决心革除时弊，削平藩乱，实现大唐的中兴。他选贤任能，英明果断，一反前几代皇帝对藩镇的姑息纵容之态，坚决铲除藩镇。

为了削藩，宪宗先决定先肃清自己的官僚队伍。他提拔了许多正直有才的贤士，如杜黄裳、李绛、武元衡、裴度、崔群等，都是元和时期的名相，宪宗对他们非常信任，对他们委以重任。宪宗还非常注重广纳谏言，他在早朝之后，还经常把宰相大臣们召到延英殿，让他们各抒己见，吸纳其中好的建言。这就是历史上著名的"延英议政"。

有了团结稳固的政权班底，宪宗就开始着手削藩了。公元805年底，西川节度使韦皋亡故，副节度使刘辟想代为节度使，就向朝廷上书，这在以往就是走个形式而已。不料宪宗根本不像前几任君王那样顺从，而是马上命袁滋为西川节度使，并召刘辟入朝为给事中，刘辟于是发动叛乱。元和元年（公元 806 年），宪宗采纳宰相杜黄裳“振举纲纪，制裁藩镇”的建议，出兵讨伐刘辟，由此拉开了削藩的序幕。

宪宗任智勇双全的左神策行营节度使高崇文为统帅，兵分三路入蜀，不久就攻克了成都，并生擒了刘辟，从而成功平定了叛乱。就在唐军入蜀之机，夏绥节度使韩全义入朝为官，不过却把兵权交由自己的外甥杨惠琳。宪宗任右骁卫将军李演为夏绥节度使，杨惠琳不肯交出兵权，与李演对峙。宪宗调集河东、天德两军讨伐杨惠琳，很快就平息了叛乱。没过多久，镇海节度使李锜又起兵叛乱，也被宪宗平定。

宪宗削藩初战告捷，声威大震，许多节度使纷纷自请入朝为官，交出了兵权。不过实力最强的河朔三镇节度使们，已经嚣张了几十年，根本不甘心奉宪宗的诏令。他们就养精蓄锐、厉兵秣马，准备对朝廷对抗到底。

元和四年（公元 809 年），三镇之一的成德节度使王士真去世，其子副大使王承宗自封为留后，继承父职。其他两镇的节度使也纷纷效仿，命自己的儿子为副大使，打算以后父死子承。宪宗闻讯十分恼怒，就立即出兵攻打三镇。他对拥立自己即位的宦官很信任，就任任宦官吐突承璀为帅，领神策军前去平乱。可是吐突承璀根本不懂军务，加上河朔三镇实力强大，又有周边的其他节度使暗中支持，结果唐军一败涂地。

公元 812 年八月，魏博节度使田季安去世，他 11 岁的儿子田怀谏继承父职。宪宗又打算出兵削藩，不过他吸取了上次惨败的教训，先听取大臣们的意见。宰相李绛认为可以利用藩镇的内部争斗，“不战而屈人兵”，宪宗就决定静观其变。果不其然，田怀谏被家僮蒋士则杀死，兵权也落入了蒋士则之手。不过蒋士则很快就被军中将士杀死，兵权落到了田氏一族的田兴手里。朝廷按照计划，主动任命田兴为魏博节度使。田兴自然万分感激，心甘情愿地归附了朝廷，河朔三镇就这样打开了一个缺口。之后，从公元 814 年闰八月～817 年冬，宪宗用 4 年时间平定了淮西叛乱。其他节度使见状纷纷上书表示愿意归顺，唐王朝重归统一。

宪宗在削藩过程中，始终选拔贤才，这不仅成就了统一大业，而且在政事上也更加清明，唐王朝重新充满生机，成就了历史上有名的“元和中兴”。

可是在削藩成功后，宪宗自以为大业已成，就沾沾自喜，逐渐骄奢放纵起来。他不仅开始宠信奸佞之臣，而且笃信仙佛，企求长生不老。公元 818 年，宪宗下诏征求方士。宰相皇甫博推荐了一个叫柳泌的山人，为宪宗炼制长生药。公元 819 年，宪宗又派宦官将法门寺的佛骨舍利迎入宫中，供奉三日后，又下令将佛骨送往京城各佛寺轮流供奉。此举遭到了刑部侍郎韩愈的强烈反对，他上书力谏，宪宗大怒，打算处死韩愈，后来大臣裴度等人求情，宪宗才稍息怒火，最终还是将韩愈贬为潮州刺史。

公元 819 年，宪宗就开始服食长生不老丹，他的身体也就越来越差了。到了公元 820 年，宪宗因服食丹药过多，性情也变得日益暴躁，对侍奉的宦官、妃嫔动不动就责罚，甚至赐死，由此宫中人人自危。这年正月二十七日，不堪忍受责辱的宦官陈弘志就在宫中杀死了宪宗。

宪宗在位 15 年，终年 43 岁，死后葬于景陵，谥号“武孝皇帝”，庙号“宪宗”。他励精图治一生，重新统一了大唐疆土；不料晚年却昏聩求仙，最后死于宦官之手，使得元和中兴成为了大唐最后的回光返照。宪宗死后，大唐摇摇欲坠，此后唐朝皇帝的废立，都由宦官来操纵了。

穆宗李恒

唐穆宗档案：

生 卒 年：公元795～824年

父　　母：父，宪宗李纯；母，郭皇后

后　　妃：王皇后、萧皇后、韦皇后等

年　　号：长庆

在位时间：公元820～824年

谥　　号：惠孝皇帝

庙　　号：穆宗

陵　　寝：陕西光陵

性　　格：昏庸无能，放纵荒淫

点评：

穆宗昏童失德，以其在位不久，故天下未至于败乱。

——北宋·欧阳修《新唐书》

唐穆宗名叫李恒，是宪宗李纯的第三子，唐王朝的第十三位皇帝。他是唐朝中晚期典型的昏君，虽在位日短，却促使唐王朝加速衰亡。

李恒，原名李宥，生于德宗贞元十一年（公元795年）。他曾被封为建安郡王，后来又被封为遂王。他是宪宗的第三子，本来是与皇位无缘的，因为自代宗以来，四代皇帝都是长子继位。不过李恒的母亲郭氏，家世非常显赫，她是大唐名将郭子仪的孙女，又是代宗长女升平公主之女。宪宗在位期间，没有册立过皇后，只有身份最显贵的郭氏被封为贵妃，因此郭贵妃就是后宫之主。李恒的两个哥哥，都是身份不高的妃嫔所生。

元和四年（公元 809 年），宪宗考虑太子之位时，还是坚持“无嫡立长”的原则，立 17 岁的长子李宁为太子。不料才过了 2 年，太子就莫名其妙地病死了。宪宗只好重新立太子。有了长子的教训，宪宗不敢再立生母地位卑微的次子，只好立身份显赫的郭贵妃之子为太子，并由李宥改名为李恒。

元和十五年（公元 820 年）正月，宪宗被宦官陈弘志杀死。接着太子李恒就在宦官梁守谦、王守澄、韦元素等人的拥立下即位称帝，即唐穆宗，次年改元长庆。

26 岁的穆宗稀里糊涂地被捧上了皇帝宝座后，他首先感谢生母郭贵妃，尊其为皇太后，接着就对扶持自己登基的宦官朝臣们大肆封赏。等到他要真正处理朝政时，却什么也不会，也根本没有兴趣，他所有的精力都放在游玩嬉戏上面了。

元和十五年（公元 820 年）二月初一，即位没几天的穆宗到丹凤楼颁布诏书大赦天下，接着就宣召歌姬舞伎入宫表演。五月，先皇宪宗下葬后，穆宗就更加放纵无度了，他干脆带着人马四处巡游玩乐。即使偶尔回宫，也是日日笙歌宴席。他十分喜欢看戏，这年七月，他就在宫中大兴土木，修建了永安殿，供自己看百戏。而文武百官们想要奏事，根本就找不到穆宗的人影。

皇帝如此昏庸，身边自然就会聚集一大群奸佞小人，朝政自然就腐败下去了。藩镇曾被宪宗平息下去，如今又死灰复燃，并且全面反叛。朋党之争也更激烈了，朝廷政令根本没法施行。宦官们在皇宫内苑为所欲为，极度张狂。国内混乱不堪，边疆也危机四伏。元和十五年（公元 820 年）十一月，党项族联合吐蕃出兵，入侵唐朝西北边境，边关告急，穆宗却仍然跑到华清宫去游玩。御史大夫李绛、常侍崔元略等跪倒在延英殿外等候进谏，不过穆宗玩到日落才归，回宫后也根本不听他们的谏言。

穆宗在位期间，藩镇始终是最大的问题。穆宗什么也不愿操心，朝政都交给宰相崔植、杜元颖打理。这二人缺乏长远的规划和谋略，根本不能彻底解决藩镇问题上，结果藩镇之乱此伏彼起。长庆元年（公元 821 年），卢龙、成德节度使叛乱，唐军付出了很大的代价才稍平兵乱。长庆二年（公元 822 年）正月，魏博又发生兵变。自此，河朔三镇再度脱离唐朝的掌控，直到唐朝灭亡也是如此。而其他藩镇也纷纷效仿，从而造成了藩镇与中央、藩镇与藩镇的激烈争斗，整个唐王朝变得四分五裂，宪宗穷尽半生削藩的心血毁于一旦。

穆宗的内政不稳，他就以姑息妥协来安抚藩镇，求得和平共处。他在对外政策上也是如此。长庆元年（公元 821 年）五月，穆宗将自己的妹妹太和长公主嫁往回纥和亲，并封回纥新君为“宠德可汗”，暂时稳定了西北地区的和平。这年 9 月，吐蕃遣使来唐，请求结盟。十月，唐与吐蕃在长安西郊会盟，双方重申了贞观以来的舅甥关系，罢兵修好，并明确提出要“患难相恤，暴虐不作”，实现真正的和平。接着穆宗又派刘元鼎与吐蕃使者同回吐蕃，与吐蕃宰相等人会盟。这就是历史上著名的唐蕃会盟。长庆三年（公元 823 年），又用汉藏两种文字将盟书内容刻于碑上，并立在西藏大昭寺，这就是现存的长庆会盟碑。穆宗用和亲、会盟等手段，维持了边境的安定，也增进了唐与周边少数民族的交流和贸易。这也是穆宗执政期间唯一的功绩。

穆宗长年游乐，身体很快就衰弱不堪了。长庆二年（公元 822 年）十一月，他与宦官等进行打马球比赛。一个宦官突然从马上摔下来，受惊的马直奔穆宗而来。穆宗虽然没有受伤，却因惊吓过度得了风疾，从此无法下地行走了。从公元 823 年正月开始，患病的穆宗也迷上了方士炼制的长生仙丹，并且开始大量服食。公元 824 年正月，服食丹药过度的穆宗就驾崩了，终年 30 岁。他死后葬于光陵，谥号“惠孝皇帝”，庙号“穆宗”。他在位 4 年，短暂的帝王生涯中碌碌庸庸，玩乐的习性还遗传给了他的长子敬宗。

敬宗李湛

唐敬宗档案：

生 卒 年：公元 809～826 年

父　　母：父，穆宗李恒；母，王皇后

后　　妃：郭贵妃等

年　　号：宝历

在位时间：公元 824～826 年

谥　　号：憨孝皇帝

庙　　号：敬宗

陵　　寝：陕西庄陵

性　　格：顽劣不羁，自由散漫

点评：

宝历不君，国统几绝，天未降丧，幸赖裴度，复任弼谐。彼狡童兮，夫何足议！

——五代·刘《旧唐书》

唐敬宗名叫李湛，是穆宗的长子，唐王朝的第十四位皇帝。他贪图游乐，比父亲穆宗有过之而无不及，由此将唐王朝更快地送上了末路。

李湛，生于元和四年（公元 809 年）。此时他的祖父宪宗在位，宪宗励精图治，忙于政务，而他的父亲穆宗则是一个喜欢玩乐的花花公子，这二人都没有关注李湛的教育。所以李湛就这样放任自流地长大，根本不通事务，玩乐的本领倒是从父亲那里学得不少。

长庆二年（公元 822 年）十一月，年轻的穆宗因打马球受惊染上风疾，从此不良于行。在大臣裴度等人的请求下，他立 14 岁的长

子李湛为太子，并让其监国。此后穆宗仍然爱好玩乐，并迷上了长生不老的炼丹术，对李湛的教导还是没有重视。李湛还是如以前一样宴游玩乐，根本不听太傅等人的教导。公元824年正月，穆宗因服食丹药过度而驾崩，16岁的太子李湛就在父亲的灵前即位，即唐敬宗，次年改元宝历。

李湛做了皇帝后，对朝政毫无兴趣，他本来就不学无术，所以就干脆将朝政都交给宦官和朝臣打理，自己就专门吃喝玩乐。他比父亲游玩的兴趣更浓，花样也更多。穆宗病逝时，李湛还在宫中与太监们踢球玩耍。穆宗还未下葬，李湛就在父亲梓宫前听曲看戏，毫无悲戚之色。他对玩乐近乎狂热，无论是传统的龙舟、角抵、百戏，还是新兴的马球，或是在后宫大摆筵席，听歌观舞，与妃嫔宫女的床笫之欢，他都兴致勃勃，乐此不疲。甚至晚上还带着侍从出宫去捉狐狸，宫中称之为“打夜狐”。实在没有什么取乐的了，他还能带着上千人去塘里捉鱼，然后将大鱼放进新挖的水池里。他还经常大兴土木，修建各种稀奇古怪的玩乐场所，弄得大臣与工匠们都怨声载道。而李湛耽于玩乐，经常不上朝，满朝文武都很有怨言。刘栖楚、李德裕、裴度等名臣对此多次劝谏，可李湛根本不听。

敬宗如此荒淫，朝政自然比穆宗时还要混乱。政权被宰相李逢吉等人把持，他的手下有“八关”“十六子”等党徒阿谀附庸。这些人在朝中飞扬跋扈，形成一股强大的政治势力，将正直大臣李德裕等都排挤出去，敬宗完全成了他们的傀儡。而牛僧儒和李德裕的“牛李党争”也十分激烈，从敬宗时起，共持续了40来年，对整个唐王朝的影响都很大。后宫的宦官们专权就更厉害了，宦官头子王守澄、梁守谦等人都是几朝“元老”，势力非常大，君王的废立都由他们说了算，朝中大臣们无论如何争斗、揽权，都要看他们的脸色。敬宗不理政事，对宦官们非常信任，听之任之。地方官员们也趁机贪污受贿、鱼肉百姓，社会矛盾极端尖锐。敬宗内政腐败不堪，藩镇的力量又趁机恶性膨胀，节度使“世袭”已经成为传统。割据的藩镇都成了一个个独立的小王国，中央朝廷拿他们毫无办法。

敬宗就这样浑浑噩噩地做了3年皇帝，竟突然被宦官杀死了。他在国事上对宦官们十分宽容，任他们为所欲为，可在玩乐上，稍不如意，他就对宦官们严厉惩处。在他眼里，宦官都是任他呼来唤去的奴才，这就引得许多宦官心生怨恨。宝历二年（公元826年）腊月初八，敬宗“打夜狐”归来，又与宦官刘克明、田务澄和击球军将苏佐明、王嘉宪等饮酒作乐，酒兴正浓，刘克明与苏佐明等合谋杀死了敬宗。他死时，年仅18岁，死后葬于庄陵，谥号“睿武昭愍孝皇帝”，庙号“敬宗”。敬宗在位3年，荒淫昏聩，唐王朝继续走着下坡路，国势日益衰颓。

文宗李昂

唐文宗档案：

生 卒 年：公元809～840年

父　　母：父，穆宗李恒；母，萧皇后

后　　妃：王德妃、杨贤妃等

年　　号：宝历，大和，开成

在位时间：公元826～840年

谥　　号：献孝皇帝

庙　　号：文宗

陵　　寝：陕西章陵

性　　格：仁孝谦和，勤奋寡断

点评：

历史上对文宗留下了这样的一句评价：有帝王之道，而无帝王之才。

——任士英

唐文宗初名李涵，即位后改名李昂，是穆宗的次子，敬宗的异母弟弟，唐王朝的第十五位皇帝。他是一位有道明君，却无帝王之才，在晚唐时期上台，一生受宦官和朋党牵制，还受藩镇之祸的侵扰，最后忧郁而终，没有什么作为。

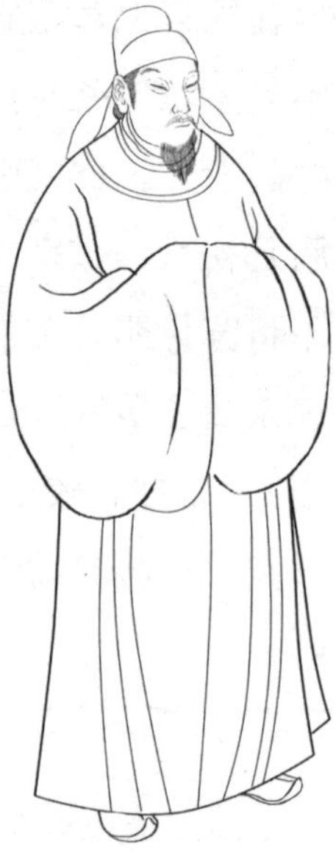

文宗李昂像

文宗，生于元和四年（公元 809 年），与敬宗同年，曾被封为江王。与热衷玩乐的哥哥不同，他性情贤良，却又优柔寡断。宝历二年（公元 826 年）十二月初八夜，敬宗被宦官刘克明等人杀死。接着掌权的大太监王守澄又杀了刘克明等人，然后就迎立了 18 岁的李昂，即唐文宗，次年改元太和。

突来的皇位令文宗受宠若惊，不过他很快就稳定心态，勤于政事，并决心革除父兄留下的弊政。他与敬宗同年，做皇帝却实在是比敬宗强得太多。文宗一上台就厉行节俭，革除奢靡之风，他将教坊乐工、宫女、太监等裁减了好几千人，并禁止各地再进贡奇珍异玩，所有的游乐之事也都废止了。以前敬宗每月都难得上朝一两次，而文宗逢单日便上朝，从无间断。早朝持续时间也很长，国事无论大小，文宗都认真询问，并与宰相大臣们商议处理办法。对谏官的作用，文宗也非常重视。公元 835 年十二月，文宗还铸造了“谏院之印”，这样以后谏官进奏表章就不用去其他部门请印了，从而大大减少了泄密的可能。文宗不仅执政勤勉，而且读书也勤奋。他利用闲暇，博览群书，对诗文经史尤其感兴趣，甚至手不释卷。所以文宗对教育也十分重视，尤其是科举取士。在开成年间（公元 836～840 年），文宗还命人将十三经的标准本刻在石头上，作为应试考生的学习范本，这就是历史上著名的“开成石经”。

文宗虽然勤政爱民，但是性情犹豫寡断，尤其在处理军国大事上，总是反复无定，执政能力实在有限。大和元年（公元 827 年），宰相韦处厚因为对文宗的优柔很失望，主动辞去相位。奸佞小人王播趁机上位，此后文宗身边的奸臣就越来越多了，正直的大臣们就逐渐被排挤，如李德裕等，就被贬出京城，到地方上任职去了。而藩镇割据的情况更加严重，文宗对他们也一再姑息纵容，甚至将绛王的女儿长寿安公主下嫁给成德节度使王庭凑之子王元逵，以示安抚。

文宗也是宦官们拥立的，这些人在内廷为所欲为，宪宗和敬宗都是宦官所杀，文宗对他们既恨又怕。文宗想要摆脱宦官的挟制，就只有借助朝臣的力量。大和二年（公元 828 年），文宗下诏举贤良方正及直言极谏之士，并亲自出题考问。幽州昌平（今北京）进士刘蕡直陈宦官专权的弊病，考官很欣赏，却慑于宦官头子王守澄等人的权势，不敢录取刘蕡。此事引起了其他中第进士的不平，他们联名上疏举荐刘蕡。可文宗惧于宦官的威胁，还是不敢选拔刘蕡。大和四年（公元 830 年），文宗以翰林学士宋申锡为宰相，希望他能帮助自己铲除王守澄等宦官势力。其时王播为京兆尹，也参与了密谋。王播懦弱无能，怕事情不成引祸上身，就悄悄向王守澄告密。王守澄就先下手为强，诬陷宋申锡和文宗的弟弟、漳王李凑谋反。文宗竟然信以为真，将宋申锡贬为开州（今属四川）司马，李凑贬为巢县公。这样，文宗不但没有翦除宦官，还削弱了自己的政治团体。此后，宦官们对文宗也加强戒备，甚至时时监视他。

文宗除宦失败后，并不气馁，又重用郑注和李训来继续此事。

郑、李二人比较聪明，他们利用宦官的内部矛盾，逐步铲除了王守澄的党羽，然后又毒死了王守澄。接着郑、李二人要求所有宦官为王守澄送殡，打算将其一网打尽。不过李训太过心急，大和九年（公元835年）十一月二十一日，李训提前在宫中部署了兵力，打算一举诛杀宦官。不料另一个宦官头子仇士良看出了破绽，他抢先下手，挟持文宗逃入内宫，然后又以文宗的名义下令四处捕杀参与人员。郑注、李训以及未参与此事的宰相王涯等1000多人被杀。因为李训等人约定诛宦的暗号中有“甘露”二字，所以这次事变史称“甘露之变”。

甘露事变后，文宗就彻底成了宦官们的傀儡。宦官们气焰嚣张，对皇帝毫不尊敬，天下大事从此都由宦官的北司决议。开成五年（公元840年）正月，文宗就忧郁而终，享年32岁。皇太弟李炎即位，即唐武宗。文宗死后，葬于章陵，谥号“献孝皇帝”，庙号“文宗”。他在位14年，一心想要改变大唐的命运，最后却徒劳无功，实在悲哀。

武宗李炎

唐武宗档案：

生卒年：公元814～846年

父　　母：父，穆宗李恒；母，韦氏

后　　妃：王贤妃等

年　　号：会昌

在位时间：公元840～846年

谥　　号：肃孝皇帝

庙　　号：武宗

陵　　寝：陕西端陵

性　　格：善谋，明智

点评：

武宗用一李德裕，遂成其功烈。然其奋然除去浮图之法甚锐，而躬受道家之箓，服药以求长年。以此见其非明智之不惑者，特好恶有不同尔。

——北宋·欧阳修《新唐书》

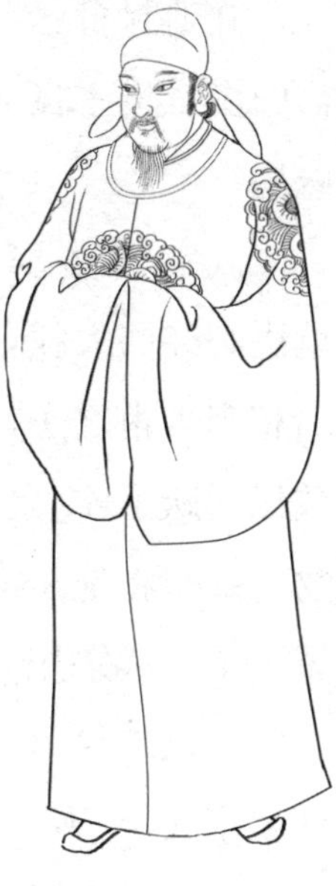
武宗李炎像

唐武宗，原名李瀍，在临终前十几天改名李炎，是穆宗的第五子，敬宗和文宗的弟弟，唐王朝的第十六位皇帝。他虽有智谋，但在位时日尚短，政绩不高，而他迷信道士长生之术，最终因吞食金丹丧命，也实在可悲。

武宗生于元和九年（公元 814 年），生母韦氏。长庆元年（公元 821 年），穆宗称帝后，封几个儿子为王。其中景王李湛、江王李涵就是后来的敬宗和文宗，而李炎被封为颍王，李凑被封为漳王，李溶被封为安王。玄宗时期曾为子孙们建造了十六座宅院，李炎就与兄弟们住在十六宅里。诸王中大多数人都整日声色犬马，毫无志向。而李炎却很有大志，他不甘心就此虚度一生，眼看着两个哥哥先后做了皇帝，他也对皇位动了心。

文宗即位后，曾立兄长敬宗的长子李普为太子，不料大和元年（公元 827 年）李普突然暴病身亡了。大和六年（公元 832 年），他又立自己的长子李永为太子，谁知到了开成三年（公元 838 年），李永也忽然暴亡。此时宫中宦官揽权，两位太子先后身亡，死因也查不出来。文宗再立太子时，他的宠妃杨贤妃与他的弟弟安王私通，杨贤妃就怂恿文宗立安王为皇太弟，不过文宗没有听从。开成四年

（公元 839 年）十月，文宗立兄长敬宗的幼子、陈王李成美为太子。3 个月后，文宗病危，传位给太子李成美。此时宫中宦官仇士良等专权，他们以太子年幼为由，逼迫文宗改立颍王为皇太弟，降李成美为陈王。文宗已经病得只剩一口气了，哪里还能反对。开成五年（公元 840 年）正月，文宗病死，李炎就以皇太弟的身份继位称帝，即唐武宗，次年改元会昌。

武宗一登基，就立即将杨贤妃、安王李溶和陈王李成美全部赐死，并追封自己已逝的生母韦氏为皇太后，然后武宗又封赏拥立自己的宦官仇士良等人。此后仇士良等人凭借拥立之功，在朝中飞扬跋扈。

武宗 27 岁当上皇帝，他既有才干又有雄心，自然不甘做傀儡，就决心夺回大权，他把希望寄托在名相李德裕身上。李德裕是晚唐名相李吉甫之子，他在穆宗时期就为翰林学士，历仕几朝，在唐朝政坛活跃了 40 余年，曾因朋党之争屡遭贬谪，是唐朝后期的卓越人物。武宗将他从淮南节度使直接擢升为宰相，对他信任有加。由此留下了“武宗用一李德裕，遂成其功烈”的佳话。

会昌二年（公元 842 年）七月，李德裕刚入朝，回纥的乌介可汗就率兵 10 万，侵犯大唐边境，这对武宗和李德裕君臣而言，都是一次严峻的考验。李德裕认真分析了敌情，认为回纥正处于衰势，唐军稳操胜券。武宗非常认同李德裕的判断，就诏令征发陈州、许州、徐州、汝州、襄阳等地兵马会师太原，援助振武军、天德军等防地，做好战斗准备。武宗还诏告乌介可汗，历数他的罪状，劝他投降。然而乌介可汗自以为兵力雄厚，根本不愿臣服。会昌三年（公元 843 年）正月，大战开始。各路唐军共同出击，在东胡山大败回纥军，俘虏了 2 万多人，乌介可汗也中箭逃跑了，唐军大获全胜。

武宗初战告捷，令整个朝廷都震慑住了。不过他还没来得及松口气，会昌三年（公元 843 年）四月，昭义镇节度使刘稹又起兵叛乱。朝中大臣们早就被藩镇吓怕了，大都主张姑息妥协，只有李德裕等少数大臣主张用武力平叛。武宗继续站在李德裕这边，五月，他诏令成德、魏博、河中等镇共同出兵进攻昭义，并强调军纪，禁止扰民，由此得到了沿途百姓的大力支持。到会昌四年（公元844年）夏，武宗用13个月彻底平定了昭义之乱。

武宗的两次战事都以胜利告终，由此赢得了很高的威望，这令专权的宦官们十分惊慌。就在宦官们狐疑、观望之际，武宗采纳李德裕的建议，开始有步骤有分寸地剥夺宦官的权力。武宗首先对付的就是宦官头子仇士良，对他的权力处处限制。会昌三年（公元843年），在武宗的强硬手段打压下，仇士良只好退休，不久后就病死了。一年后，他生前所受的官爵也被武宗追削了，连家产也被没收了。仇士良死后，武宗任命官吏就再也不经过宦官控制的枢密使，这样就彻底限制了宦官的权力。此后，宦官再也不如以前嚣张了。

武宗在执政之外，笃好道术，大力提倡道教。他十分崇信长生之术，还在南郊修造了望仙台，又在皇宫中建造了望仙楼。

会昌六年（公元846年）三月，武宗因服食丹药中毒身亡，享年33岁。他死后，葬于端陵，谥号“肃孝皇帝”，庙号“武宗”。武宗在位6年，平定了边境和藩镇之乱，有效地打击了宦官专权，却因迷信长生而丧命，还是没有挽救唐王朝的衰亡命运。

宣宗李忱

唐宣宗档案：

生 卒 年：公元810～859年

父　　母：父，宪宗李纯；母，郑氏

后　　妃：晁皇后

年　　号：大中

在位时间：公元 846～859 年

谥　　号：文孝皇帝

庙　　号：宣宗

陵　　寝：陕西贞陵

性　　格：深沉明察，恭谨节俭

点评：

时誉以为大中之政有贞观之风，各方面的情况都有好转。

——张岂之《中国历史》

唐宣宗原名李怡，即位后改名李忱，是宪宗李纯的第十三子，武宗李炎的叔叔，唐王朝的第十七位皇帝。他明察善断，是晚唐最后一位有所作为的皇帝，不过也因服食丹药致死。

李忱，生于元和五年（公元 810 年）六月，是宪宗之子。他的生母郑氏乃是镇海节度使李锜的小妾，李锜叛乱被杀后，家眷就籍没掖庭。其中郑氏被安排在郭贵妃的寝宫当侍女，因为貌美而得到了宪宗的宠幸，后来生下了李忱。郭贵妃家世显赫，又是后来的穆宗李恒的生母，郑氏自然无法与之相比，只好与儿子小心谨慎地生活，生怕惹来祸端。李忱自幼生活在这样的环境中，就习惯于不苟言笑，行事十分低调。宪宗死后，继位的穆宗是李忱的兄长，后来接连继任的敬宗、文宗和武宗，都是他的侄子，只是李忱与几个侄子年纪相仿。

本来李忱早就与皇位无缘了，不想命运无常，皇位又转到了他手中。会昌六年（公元 846 年），武宗因服食丹药中毒而死，他生前因为 5 个儿子都年幼，就一直没有册立太子。武宗一死，曾被打压的宦官们又趁机出头，他们再次操纵废立皇帝之事。宦官马元贽等人伪造诏书，立武宗的叔叔、光王李忱为皇太叔。宦官们选中李忱是认为他沉默寡言，好操纵。宰相李德裕等人虽然惊异，但也以为是武宗的遗命，就遵从了。就这样，37 岁的皇太叔继侄子之位称帝，即唐宣宗，改元大中。

宣宗上台后，就一扫过去韬光养晦展现给别人的憨傻姿态，他处理朝政，接待群臣，很有皇帝的威仪，行事也十分坚决果断。他尊生母郑氏为皇太后，而对曾经欺压自己母子多年的郭氏非常嫉恨，对她很不尊重。郭氏在儿子穆宗、孙子敬宗、文宗和武宗执政期间，都稳居太后之位，很受尊崇。不料宣宗一坐上皇帝宝座，郭太后的所有尊荣就没有了，她也感觉到了宣宗对自己的猜忌怨恨，就变得郁郁寡欢。大中二年（公元 848 年）五月，老迈的郭太后无法忍受宣宗的冷遇，竟然登上勤政楼，打算跳楼自尽，最后被宫女救了下来。不过当天夜里，郭氏就暴亡了。宣宗还没有解恨，他将郭太后葬在宪宗景陵的外园，可见宣宗沉默多年，积聚的怨恨有多深。

宣宗以皇叔的身份称帝，就只认定自己是父亲宪宗的直接继承人，不承认自己是继武宗的位。从穆宗到武宗的所有施政方针，也被他全盘否定。宰相李德裕、李让夷等相继被免职，而与李德裕党对立的牛党成员白敏中做了宰相。白敏中是唐代大文豪白居易的堂弟，他本是李德裕推荐提拔的，却进了牛党阵营。白敏为相后，就严厉打击李党。李德裕被多次贬谪，最后死于崖州（今海南崇山）。宣宗的这些做法，使晚唐时期的朋党之争更加激烈了。

除了挟怨报复郭太后及其子孙外，宣宗也是一个精明能干的好皇帝。他以皇叔之身，旁观政治斗争 20 多年，早已炼就了过人的智慧和权谋。他尊重儒生，认为科举出身的人才有真才实学。为了完善科举制度，宣宗还经常微服私访，听取百姓对科举的议论。他对科举考试中的营私舞弊行为深恶痛绝，并坚决予以严厉惩处。宣宗在官吏的选拔和任用上很有自己的特色。历代吏部选官，都以家世资历为标准，而宣宗却十分重视官员的实际能力，并制定了一套完整的考核标准。他曾下诏观察使、刺史等先试用，然后根据其试用期的表现正式任免。他还把户口的增减也列为官员升迁的标准，并规定中央各部官员必须有基层任职的经验，认为这样的人才了解民间疾苦，才能执政为民。

宣宗唯才是举，自己也以身作则，绝不徇私。郑太后的弟弟郑光原为河中的镇守官，后来宣宗认为他才能平庸，就降他为京城的右羽林统军。郑太后多次为自己的弟弟说情，可宣宗就是不为所动。宣宗生性节俭，除了上朝或其他重要场合，平时都穿旧衣，日常饮食也极为简单。他对子女的要求也相当严格，长女万寿公主出嫁，按例应用银箔饰车，宣宗却改为铜饰。他还要求子女们的日常生活言行不得奢华张扬。皇帝如此行事，大臣们也纷纷效仿，宣宗时期，朝廷风气逐渐转好。

宣宗勤于朝政，秉公执法，节俭爱民，被后人称为“小太宗”。对宦官专权的问题，宣宗并没有好的解决办法，不过他善于处理人际关系，这样宦官的势力也有所收敛，整个大中年间都没有发生过宦官误国的大事。

在宣宗的统治之下，唐朝不仅内政比较稳定，而且外交上也取得了很大的成就。大中四年（公元 850 年），沙州（今甘肃敦煌）军民在张义潮的领导下，赶走了吐蕃守将，夺回沙州。大中五年（公元 851 年），张义潮归附唐朝，使原被吐蕃占领的河陇地区重新归属唐朝。宣宗不用武力，却保持了边境安定，还收复了失地，的确是很辉煌的功绩。

宣宗在对待佛教的问题上，与武宗相反。他下令大兴佛教，将以前损毁的佛寺全部重修，僧尼也招回寺院，佛教又兴盛起来。不过宣宗自己却好道术，迷信长生不老。宣宗到了晚年，身体不太好，就特别迷信长生仙药，他也和前代的好几个皇帝一样，服用所谓的仙丹。

大中十三年（公元 859 年）八月，宣宗因服食丹药过多，中毒身亡，享年 50 岁。长子李漼继位，即唐懿宗。宣宗死后，葬于贞陵，谥号“文孝皇帝”，庙号“宣宗”。他在位 13 年，能使衰弱的唐王朝重回生机，实在不易，可惜宦官和藩镇问题并未根除。宣宗死后，唐王朝就进入末世了。

懿宗李漼

唐懿宗档案：

生 卒 年：公元 833～873 年

父　　母：父，宣宗李忱；母，晁皇后

后　　妃：王皇后、郭淑妃等

年　　号：咸通

在位时间：公元 859～873 年

谥　　号：惠孝皇帝

庙　　号：懿宗

陵　　寝：陕西简陵

性　　格：独断专行

点评：

懿宗是个有名的荒淫奢侈皇帝！

——张岂之《中国历史》

唐懿宗原名李温，后更名为李漼，是唐宣宗的长子，唐王朝的第十八位皇帝。他骄奢淫逸，放纵无度，将宣宗辛苦经营才有一点起色的大唐，又毁得乱七八糟了。

李漼，生于大和七年（公元 833），此时他的堂兄文宗李昂在位。会昌六年（公元 846 年），宣宗即位后，14 岁的李漼被封为郓王。李漼是宣宗的长子，不过这个身份并不占多少优势。宣宗有 11 个儿

子，最喜欢的是三子夔王李滋，一直想立他为太子，又担心遭到大臣们的反对，就迟迟不立太子。大中十三年（公元 859 年）八月，宣宗因服食丹药中毒，临终前，他诏令枢密使王归长、马公儒等人拥立夔王李滋。此时宫中的宦官右中尉王宗实，素与王归长不合。王归长将他调为淮南监军，想把他赶到外地去。王宗实还未离京，宣宗就驾崩了。王宗实闻讯后，就抢先下手，拥立了长子李漼为太子，并于同月即位，即唐懿宗，次年改元咸通。

27 岁的懿宗，凭着长子的身份，稀里糊涂地坐上了皇位。他虽年富力强，却昏聩无能。朝廷有宦官专权，地方有藩镇混战，老百姓生活在水深火热之中，最终只有揭竿而起了。懿宗即位当年，浙东农民就在裘甫的领导下发动起义。咸通九年（公元 868 年），从桂林返回家乡徐州的戍卒，在庞勋的领导下发动兵变。好在唐朝政权根基雄厚，懿宗最终还是镇压了这两次起义。不过这两次起义已经敲响了唐王朝的丧钟，懿宗却没有心生警觉。

懿宗对政事根本没什么兴趣，他是宦官拥立的，就把政权交给宦官们打理，自己只是专注于淫逸玩乐。他非常喜欢摆宴席，宫中日日小宴，隔几日就大宴，珍馐美味，歌舞奏乐，样样都不能少。懿宗十分享受这种生活，对国事一概不理。有个乐工李可及，因为奏乐“甚得君心”，竟然被懿宗升为将军。大臣刘蜕上书劝阻，却被他贬为华阴令。

懿宗自己喜欢玩乐，对宗室亲属也十分纵容，尤其宠爱长女同昌公主。同昌公主下嫁，懿宗不仅修造了奢华的公主府，还赐予金银珠宝无数。不料同昌公主没几年就染病身亡了，懿宗很是伤心，就迁怒于御医，由此处死了几十位御医，还将其全家下狱，接着懿宗又为公主举行了堪比帝王的奢侈葬礼。大臣们见懿宗的行为如此荒唐，也敢怒不敢言。

与前几位服食丹药以求长生的皇帝不同，懿宗十分崇信佛教。

在他统治时期，佛教又开始恶性发展。佛寺、佛像，又开始大造特造，自然就耗费钱财无数。咸通十四年（公元 873 年）三月，继宪宗之后，懿宗将法门寺的佛骨再次迎奉，场面比宪宗时还要壮观，从文武百官到富商平民，纷纷施舍金帛，数量十分可观。

懿宗迎奉佛骨，劳财伤民无数，却并没有为自己积福。这年六月，他就病倒了。公元 873 年七月，懿宗病逝，终年 41 岁。而佛骨，直到僖宗即位后，才被送归法门寺。懿宗死后，葬于简陵，谥号“惠孝皇帝”，庙号“懿宗”。懿宗在位 14 年，毫无功绩。自他开始，大唐的挽歌已经奏响了。

僖宗李儇

唐僖宗档案：

生 卒 年：公元 862～888 年

父　　母：父，懿宗李漼；母，王皇后

后　　妃：孟才人等

年　　号：乾符，广明，中和，光启，文德

在位时间：公元 873～888 年

谥　　号：定孝皇帝

庙　　号：僖宗

陵　　寝：陕西靖陵

性　　格：荒唐放纵，软弱昏庸

点评：

懿僖两朝皇帝的奢侈无度，无官不贪、无吏不污的腐败官场，使人民苦不堪言。

——张岂之《中国历史》

唐僖宗原名李俨，立为太子后改名为李儇，是唐懿宗的第五子，唐王朝的第十九位皇帝。他是唐朝历史上最有名的热衷游乐的傀儡皇帝。

李儇生于咸通三年（公元 862 年），父亲懿宗本是个喜好玩乐的昏君，对子女们的教育自然不会重视，所以李儇就懵懵懂懂地玩闹着长大。咸通十四年（公元 873 年）七月，懿宗病逝。宫中的宦官们再次操纵皇帝的废立大事，他们废长立幼，将 12 岁的普王李俨拥立为太子，并改名为李儇，让他在懿宗的灵柩前即位，即唐僖宗，次年改元乾符。

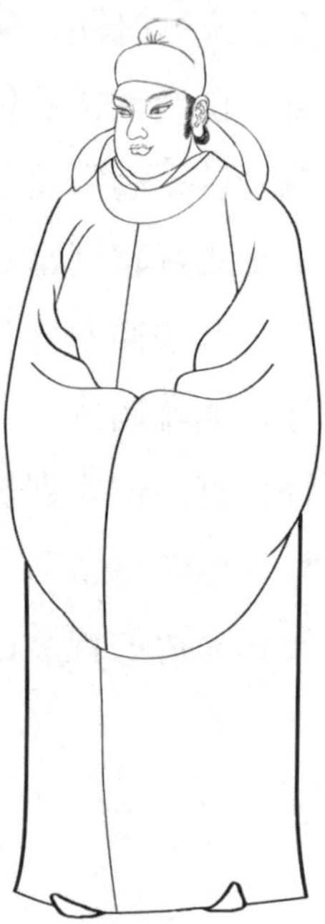

僖宗李儇像

僖宗幼年即位，根本没有执政能力，宦官们就完全掌控了政权。而他自幼在深宫中玩耍打闹，身边最亲近的人就是宦官，所以僖宗对宦官们很亲密，他最信任的就是自幼照顾他饮食起居的宦官田令孜，还称呼其为“阿父”。僖宗即位后任命田令孜为神策军中尉，此后僖宗的大小决策都掌控在田令孜手中。

僖宗当了皇帝后，就更加肆无忌惮地玩起来。他在游玩上的确称得上天赋过人，在算术、音乐、下棋方面，他水平很高；而流行的蹴鞠、斗鸡、斗鹅、骑驴击球等，他也是个中高手。僖宗还曾自豪地说：“若现在的科举中设置击球科进士，我一定能中状元。”小小年纪的僖宗就这样每天玩得天昏地暗，国事似乎完全不关他的事。

僖宗玩乐的日子没持续多久，腐败的唐王朝就支撑不下去了。乾符二年（公元 875 年），山东人王仙芝和黄巢揭竿而起，掀起了唐末农民起义的大潮。起义军转战山东、河南、湖北等地，声势非常浩大，唐军根本无力镇压。乾符五年（公元 878 年），王仙芝在湖北黄梅战死，余部就追随黄巢大军，他们共同推举黄巢为“冲天大将军”。而各地节度使们为了保存实力，都采取观望态度，这样黄巢的势力就迅速壮大了。广明元年（公元 880 年）十一月，黄巢义军攻占了洛阳。十二月，又轻松攻克长安门户潼关，直取京都。

已经 19 岁的僖宗还在天天游玩，当黄巢大军兵临城下时，他才任命剑南东、西川和山南西道节度使，准备逃离长安入蜀避难。为了确定三位节度使的人选，僖宗竟然用打马球的方法来选择，谁先击进第一个球，谁就可以优先选择。这就是臭名昭著的“击球赌三川”，僖宗对国事如此儿戏，实在是世间少有。

广明二年（公元 881 年）正月僖宗带着少数皇室宗亲和宦官田令孜等逃往四川避难。没过多久，起义军就攻占了长安。黄巢自立为帝，建国号大齐，改元金统。僖宗出逃时，很多大臣都不知道，结果长安城里宰相以下的文武百官几乎都成了农民起义军的俘虏，僖宗入蜀后建立的只是一个小朝廷，而且他本身还是宦官田令孜的傀儡，李唐政权已经名存实亡了。

僖宗在四川躲了 5 年，这期间，他联合各地的节度使，对农民义军进行反扑，加上起义军阵营内部也不稳定，分歧很大，于是形势很快就发生了变化。中和三年（公元 883 年），黄巢被李克用打败。没过多久，黄巢的部将朱温又降唐，这对起义军是一个重大的打击。中和四年（公元 884 年）六月，黄巢死于山东泰安的虎狼谷中。历时 9 年的唐末农民起义以失败告终，不过它几乎摧毁了唐王朝的统治。

中和五年（公元 885 年）三月，僖宗终于从四川回到长安。经历了硝烟战乱后，重新看到满目疮痍的京城，僖宗也心酸不已。24 岁的僖宗虽然在动荡中成熟了不少，但却已经无法改变身为傀儡皇帝的命运。他不满田令孜专权，却又无可奈何，只能经常默默落泪。僖宗刚刚回京，河东节度使李克用就以诛杀田令孜为由，率兵攻打长安。田令孜抵挡不住，就于这年 12 月挟持僖宗逃往凤翔（今陕西宝鸡）。襄王李煴因病没有逃跑，就被邠宁节度使朱玫挟持到长安。光启二年（公元 886 年），李煴被朱玫拥立为傀儡皇帝，改元建贞，尊僖宗为太上皇。

这一政治事变致使天下再次大乱，各地节度使与朝廷的关系发生了新变化。僖宗以正统皇帝的身份，号令各地节度使讨伐朱玫。河中节度使王重荣和河东节度使李克用，响应号召，起兵反攻朱玫。同时僖宗还密诏朱玫的爱将王行瑜，将他拉到自己这边来。光启二年（公元 886 年）十二月，王行瑜杀死朱玫，军中大乱，接着王重荣又杀死了襄王李煴，这次叛乱才算勉强平息。僖宗也借着这次事变，将田令孜贬斥了。

不过僖宗的回京之路还是不顺，这期间又发生了多次藩镇军阀争斗事件，直到光启四年（公元 888 年）二月，僖宗才回到长安。此时，他已经重病在身了。三月六日，饱受流离之苦的僖宗就病逝了，终年 27 岁。他死后葬于靖陵，谥号“定孝皇帝”，庙号“僖宗”。他在位 15 年，却在外漂泊了 8 年。从他身上，已经能看到唐王朝灭亡的影子了。

昭宗李晔

唐昭宗档案：

生 卒 年：公元 867～904 年

父　　母：父，懿宗李漼；母，王皇后

后　　妃：何皇后、李昭仪等

年　　号：龙纪，大顺，景福，乾宁，光化，天复，天祐

在位时间：公元 888～904 年

谥　　号：文孝皇帝

庙　　号：昭宗

陵　　寝：河南和陵

性　　格：明断，刚直

点评：

昭宗为人明隽，初亦有志于兴复，而外患已成，内无贤佐，颇亦慨然思得非常之材，而用匪其人，徒以益乱。

——北宋·欧阳修《新唐书》

唐昭宗名叫李晔，是唐懿宗的第七子，唐僖宗的弟弟，唐王朝的第二十位皇帝。他于末世即位，虽有心重振大唐雄风，却无力挽狂澜，只能恨自己生不逢时。

李晔生于咸通八年（公元867年），原名李杰，又名李敏，称帝后改名李晔。他6岁被封为寿王，7岁时，同母哥哥僖宗即位称帝。后来僖宗几次出奔避难，李晔都跟随左右，僖宗对他非常器重。公元888年三月，刚刚回到长安的僖宗就驾崩了。僖宗临终前，因为儿子都年幼，就在宦官杨复恭的建议下，立寿王李晔为皇太弟。僖宗死后，李晔继位，即唐昭宗，次年改元龙纪。

昭宗22岁称帝，他接手的是一个已经病入膏肓的唐朝政权。宦官、朋党、藩镇都在争权夺利，各地战乱不断，皇权名存实亡。昭宗对大唐的所有弊政都十分清楚，他想尽了各种办法来解救王朝危机，不过最终都没有什么效果。

昭宗是宦官杨复恭拥立的，所以昭宗即位后，杨复恭就以拥戴之功成为了宦官头子。昭宗对宦官专权非常痛恨，他就希望宰相们能帮助他抑制宦官的势力。他曾与宰相崔胤密谋诛杀宦官，不料有人走漏了风声，宦官们得知此事后，就对朝臣非常憎恨。如此一来，代表宦官的南衙和代表朝臣的北司互相对峙，他们又都想借助藩镇势力来除掉打倒对方。

藩镇一直是唐朝后期的心腹大患，此时的藩镇在镇压黄巢起义军后也不断调整，一些带兵将领又成了新的藩镇。他们为了扩大势力范围，互相攻占吞并，不少节度使的实力都非常强大，其中最强的是降唐的黄巢部将朱温。就在昭宗准备打压宦官之际，光化三年（公元900年），宦官刘季述、王仲先，枢密使王彦范、薛齐屋等“四贵”，图谋废黜昭宗，打算另立一个傀儡皇帝。他们趁着昭宗醉酒将其幽禁了，并立昭宗的儿子李裕为帝。朱温得知此事后，就派亲信蒋玄晖到长安与宰相崔胤密谋。光化四年（公元901年），朱温指挥神策军，杀了刘季述等宦官，迎立昭宗复位。

昭宗再次即位后，又与宰相崔胤商议，打算诛杀所有的宦官。不料又走漏了风声，宦官韩全海等人将昭宗挟持到凤翔，投靠了凤翔节度使李茂贞。朱温再次带兵前来，李茂贞被围城1年多，最后迫于朱温的威慑，只好将昭宗和韩全海等人都送出来。朱温就将韩全海等几百宦官全部杀掉，迎昭宗回长安。天复三年（公元903年），昭宗回京后，就将宫中的800多宦官全部杀死。自此，祸害了唐朝100多年的宦官势力终于彻底清除了。不过昭宗却又成了朱温的傀儡。

天复四年（公元904年）正月，大权得握的朱温杀死宰相崔胤，然后威胁昭宗迁都洛阳，为自己改朝换代做准备。昭宗被迫带着何皇后等人前往洛阳，途中他秘密派人给各地藩镇送信，请求他们出兵勤王。途径华州时，路边百姓们都高呼万岁。昭宗流着泪答道：“不要呼我万岁了，我再也不是你们的天子了！”昭宗到洛阳后，就被朱温严密监控起来。此时各地收到皇帝书信的节度使李克用、李茂贞、王建等人，纷纷发表檄文，扬言要讨伐朱温。朱温见昭宗不能再留，就动了杀机。八月的一天夜里，朱温派心腹蒋玄晖和朱友恭闯入宫中杀死了昭宗。

昭宗在位16年，终年38岁。他死后，葬于和陵，谥号“文孝皇帝”，庙号“昭宗”。他有心补天，却回天无力，他死后仅4年，唐王朝就灭亡了。

哀帝李柷

唐哀帝档案：

生 卒 年：公元892～908年

父　　母：父，昭宗李晔；母，何氏

后　　妃：不详

年　　号：天祐

在位时间：公元904～907年

谥　　号：哀皇帝

庙　　号：景宗

陵　　寝：山东温陵

性　　格：软弱

点评：

哀帝之时，政由凶族。虽揖让之令，有类于山阳；而凌逼之权，过逾于侯景。人道浸薄，阴骘难征，然以此受终，如何延永！

——五代·刘昫《旧唐书》

唐哀帝初名李祚，后改名李柷，是唐昭宗第九子，唐朝的最后一个皇帝。他在唐末的乱世中即位，成为军阀朱温改朝换代的过渡。仅仅几年之后，他就被赶下了皇位，繁盛一时的唐王朝也就此灭亡了。李柷生于景福元年（公元892年），6岁时被封为辉王。此时他的父亲昭宗在做傀儡皇帝，唐末战火纷飞，昭宗都曾几次被宦官挟持，所以李柷从小就受尽了颠沛流离之苦。天祐元年（公元904年八月），朱温派人杀死了昭宗后，就拥立13岁的李柷为皇太子，随后李柷在昭宗的灵柩前即位，即唐哀帝。

朱温，本是黄巢起义军中的部将，后来投降了唐朝，被僖宗赐

名为朱全忠。他在乱世中不断地壮大势力，准备篡位自立。在杀死昭宗后，拥立哀帝只是一个短暂的过渡而已，他一直在等待称帝的时机。所以哀帝只是一个悲哀的傀儡皇帝，甚至都没有改元，还在继续沿用父亲昭宗的天祐年号，不过上天并没有保佑他。

天祐四年（公元 907 年），朱温已经将大唐宗室杀得差不多了，连哀帝的母亲何太后也杀死了，自认为称帝时机已经成熟，就威逼哀帝禅位。哀帝无奈，只好于这年三月下诏“禅位”给朱温。朱温改国号为“大梁”，改元开平，定都开封，史称后梁。朱温称帝后，废黜唐哀帝为济阴王，软禁在曹州（今山东菏泽）。后梁开平二年（公元 908 年）二月，朱温就派人将年仅 17 岁的哀帝杀死了。历时近 290 年的唐王朝，至此正式灭亡了。

哀帝死后，葬于温陵，朱温谥其为“哀皇帝”，后唐明宗追谥他为“昭宣光烈孝皇帝”。他在位 3 年，就成了唐王朝的终结者，短暂一生，的确悲哀。

五代·后梁

太祖朱全忠

后梁太祖档案：

生 卒 年：公元 852～912 年

父　　母：父，朱诚；母，王氏

后　　妃：张皇后等

年　　号：开平，乾化

在位时间：公元 907～912 年

谥　　号：神武元圣孝皇帝

庙　　号：太祖

陵　　寝：河南宣陵

性　　格：狡诈多疑、暴戾好色

点评：

朱温处四战之地，与曹操略同，而狡猾过之。

——毛泽东

后梁太祖，原名朱温，降唐后被赐名朱全忠。唐天祐四年（公元 907 年），篡唐自立，建国“大梁”，史称“后梁”。称帝后，他改名为朱晃。乾化二年（公元 912 年），为儿子朱友珪所弑，在位仅 5 年。

太祖朱全忠像

朱温的出身与发迹

朱温是贫苦人家的儿子。他的父亲名叫朱诚，是乡村的私塾教师，虽说收入微薄，但一家人总算衣食无忧。朱诚壮年病死，一家人顿时衣食无着。朱诚妻王氏，无奈之下，只得带着三个儿子投奔萧县（今安徽省）同乡富户刘崇。刘崇见他们可怜，于是留下他们在家里帮工。

朱温性情凶悍，不务正业，经常打架滋事，乡里的人都很讨厌他。刘崇也不喜欢他，常常责打辱骂他。唐僖宗乾符四年（公元 877 年），黄巢农民起义军经过砀山，朱温和他的二哥朱存一起参加了黄巢起义军。朱存参加义军后不久，就在江南战死。而朱温因为作战勇敢，又有谋略，屡立战功，很快就从一名基层士兵做到了统帅千军万马的将军，成为黄巢的得力大将之一。

中和元年（公元 881 年），黄巢率领 60 万大军攻破唐朝京师长安，建立大齐政权，做起了皇帝。朱温以其功绩被封为同州刺史，并奉命于次年率军攻打河中。河中节度使王重荣拥精兵数万，先后多次打败朱温。朱温屡次遣使向黄巢求援，但知右军事孟楷从中作梗，扣押了他的求援书信。朱温等不到援兵，走投无路，在权衡利弊之后，决定降唐。九月，他杀掉监军严实，向王重荣投降，并且认他为干舅舅。唐僖宗知道朱温降唐后，非常高兴，于是任命他为左金吾卫大将军，并赐名朱全忠。中和三年（公元 883 年），又改任朱温为宣武军节度使，坐镇大梁（今开封）。从此，他就充当起王朝的刽子手，血腥地镇压着黄巢起义军。

黄巢败走长安后，朱温便联合河东节度使李克用一路追杀黄巢。最后，黄巢退到泰山狼虎谷（在今山东莱芜县境），陷入绝境，死在这里。因朱温追剿黄巢有功，唐僖宗封他为沛郡侯，食邑千户。没过多久，又加封他为沛郡王，后改为吴兴郡王，食邑三千户。但朱温对此并不满足，在剿灭黄巢之后，他就以汴州为大本营，兼并周围郡县，着手扩张自己的势力。

中和四年（公元 884 年），黄巢死于狼虎谷，同年，他的部将秦宗权在蔡州（今河南汝南）称帝。蔡州地接汴州，对朱温威胁极大。朱温于是联合兖（今属山东）、郓（今山东东平北）等地的军马，讨伐秦宗权。秦宗权兵败被杀，朱温趁机兼并了蔡州，占据了河南大部分地区。他还先后打败了天平节度使朱瑄、泰宁节度使朱瑾、卢龙节度使刘仁恭等人，占据了山东、河北等地。随后，朱温又多次打败雄踞晋阳（今山西太原西南）的李克用，取得山西的部分地区。至此，朱温尽占河南、山东之地，又虎视晋阳，雄霸一方，成为唐末藩镇割据中最为强大的势力之一，连新上台的皇帝昭宗也对他敬畏几分。

朱温的篡唐与建国

文德元年（公元 888 年），唐僖宗病死，他的弟弟李晔即了位，即为唐昭宗。唐昭宗上台后，为了摆脱宦官乱政的局面，决定依靠朝廷大臣的力量消弱宦官的权力。这引起了宦官的严重不满。光化三年（公元 900 年）十一月，宦官刘季述等人幽禁了唐昭宗，另立太子李裕为帝。次年元旦，宰相崔胤以朱温为外援，密令左神策军指挥使孙德昭等人率兵诛杀刘季述。昭宗复位，改年号为天复，进封朱温为东平王。六月，崔胤谋划杀尽宦官一事泄露。韩全诲等宦官见势不妙，暗中联络凤翔节度使李茂贞，同崔胤对抗。崔胤势单力薄，于是写信给朱温，佯称奉昭宗密诏，要他率兵赴京师迎驾。朱温早有挟天子以令诸侯之心，于是乘机率兵 7 万由河中攻取同州、华州（今陕西华县），兵临长安近郊。韩全诲闻知消息，劫持昭宗到凤翔投靠了李茂贞。朱全忠赶到长安，听说昭宗已经被劫走，于是挥军西上，包围凤翔城。年冬，凤翔大雪，冻饿死者不可胜计。次年正月，城中粮尽，李茂贞无奈只得杀韩全诲等 70 多名宦官，与朱全忠议和。朱温挟昭宗回长安，昭宗从此成了他的傀儡。昭宗也深知自己的境遇，他对朱温说："宗庙社稷是卿再造，朕与亲戚是卿再生。"因此他对朱温唯命是从。

回到长安之后，朱温接受崔胤的建议，尽杀宦官 700 多人，同时废除神策军，掌控了皇室。唐昭宗任命他为诸道兵马副元帅，进爵为梁王，并加赐"回天再造竭忠守正功臣"的称号。没过多久，朱温又找借口杀了宰相崔胤。从此朝中大权就落到了他一人手中。朱温又要求昭宗迁都于自己的领地洛阳，开始的时候，昭宗没有答应，当朱温再次上表请求昭宗迁都洛阳，昭宗不好再驳朱温的面子，只好答应迁都。途中，朱温把昭宗左右的 200 余人全部杀掉，换上了他选的形貌相似的亲信。昭宗起初还不能辨别，时间长了就觉察到了，却也不敢说些什么。

天祐元年（公元 904 年）八月，朱温密令朱友恭、氏叔琮等人弑杀昭宗，以绝后患。然后假借皇后之命废了年龄较大的太子李裕，立 13 岁的李柷为帝，是为唐哀宗。为了推卸罪责，他在事前带兵离开洛阳到河中前线去讨伐新附于李茂贞的杨崇本。在回师途中，他在得知唐昭宗被弑之后，假装震惊，痛哭流涕地说："奴才们辜负了我，让我背上了不忠不孝之名，遗臭万年啊！"回到洛阳之后，他伏在昭宗的灵柩上恸哭不止，反复向众人表白弑君这件事不是他的意思。随后，他杀了朱友恭、氏叔琮等人灭口。然而朝野上下，依旧对此事议论纷纷。朱温索性一不做二不休，杀了废太子李裕及昭宗其他诸子。后来又在亲信李振的鼓动下，杀害左仆射裴枢、右仆射崔远、工部尚书王溥、兵部侍郎王赞等朝臣30余人，弃尸于滑州白马驿附近的黄河，史称"白马之祸"。这件事后，大唐朝堂势力基本被清除一空。

天祐四年（公元907）二月，朱温逼迫哀宗李柷退位，自己称帝，更名为"晃"，建国号为大梁，改元开平，史称后梁。升汴州为开封府，为东都，同时废西京长安，以洛阳为西都。朱温称帝后，封唐哀帝李柷为济阴王，迁居曹州。次年，又派人鸩杀了年仅17岁的哀宗李柷。历史上盛极一时的大唐王朝至此灭亡。

荒淫误国　兽父逆子

朱温上台后，为巩固政权，采取了一些措施。他为藩镇节度使时，为保证军队的战斗力，用法严峻。每次作战时，如果将领战死疆场，所部士卒一律斩首。称为"跋队斩"。所以，将官一死，兵士也就纷纷逃亡，不敢归队。朱温又命人在士兵的脸上刺字。军士逃亡郡县，很容易辨识，所以也没有人敢收容他们，只得逃入山林为盗，祸害一方百姓。朱温称帝后，立即赦免了这些人的罪过，使各地的盗贼减少了十之七八。他还吸取唐末宦官乱政，难以制约的教训，废除枢密院，设立崇政院，只用文人为官，不用阉人。他对手下大将严加防范，约束他们的行为。一旦有骄横的人出现，要么杀掉，要么削减其兵权，以绝后患。

他还注意减轻农民赋税，奖励农耕，尽量与民休息，使中原的经济得到一定程度的恢复。然而，如此零星的政绩并不足以稳固他的政权，相反，他荒淫好色、嗜杀淫行的品性导致了后梁朝堂危机四伏，日趋走向了崩溃。朱温没有背叛黄巢时，曾娶妻张惠。张惠贤惠又有智谋，深得朱温的敬重。朱温每当遇到不能解决的军国大事时，都会征求张惠的意见。张惠和朱温共同生活了20余年，在朱温称帝前去世。临终前，她对朱温说道："夫君是人中英杰，妾身也没有什么好忧虑的。但有时冤杀部下、贪恋酒色让人时常担心。所以'戒杀远色'这四个字，夫君一定要留意。"张惠死后，朱温纵情声色，肆无忌惮，贤妻的临终遗言早被他抛之脑后了。

朱温的荒淫好色，近乎禽兽，即使在封建帝王中也很罕见。他即位后，就立即在全国范围内猎取女色，供他淫辱。有一年兵败，朱温回师洛阳，途中住在魏王张全义的家里。前后十几天的时间里，他把张家的妻妾、女儿一一奸淫。张全义诸子气愤难忍，打算杀死朱温，被张全义死死拉住。不光对臣下的妻子女儿肆意凌辱，就连自己的儿媳也不放过。他常常借照顾起居的名义，把儿媳们召到宫里侍寝。而他的那些儿子为了争宠，甘愿献出自己妻子，毫无羞耻之心。他们利用自己妻子入宫侍寝的机会，借机邀宠，探听消息，以争夺储君之位。二儿子朱友文是朱温的养子，他的妻子王氏，貌美灵巧，深得朱温宠爱，由于这个原因，朱温甚至有意立朱友文为太子，继承他的皇位。

乾化二年（公元912年）二月，朱温趁李存勖讨伐幽州之际，亲自率领50万大军进攻河东。他昼夜兼程赶到下博（今河北衡水县北），打算乘虚攻打成德镇。成德镇将领符习率领数百骑前来巡逻，恰巧遇上了朱温大军。朱温屡次为李存勖所败，听人说是李存勖率兵来到，不辨真假，慌忙引兵逃往枣强（河北枣强县），与攻城的梁将杨师厚合军。黄昏时，李存勖派兵数百冲进朱温军营中乱砍乱杀。朱温又以为李存勖大军杀到，连夜烧营狂逃，夜奔一百五十多里到达冀州，辎重、军械损失无数。事后知道只是李存勖的几百兵士冲营，朱温又羞又恼，郁气难舒，终致病倒。返回洛阳，就此卧床不起。

五月，朱温病重，自知命不久矣，打算召回朱友文托付身后之事。三子朱友珪的妻子张氏正在朱温身边陪侍，探知这个消息，马上密告给朱友珪。朱友珪野心勃勃，早就对朱温帝位垂涎三尺。得到这个消息后，朱友珪加紧谋划篡位。六月二日，朱友珪和家将冯廷锷带着五百亲兵，潜入皇城，等到夜深人静的时候，突然杀入朱温寝宫。冯廷锷挺剑抢上，刺进了朱温腹部。朱温挣扎了一会儿，就一命呜呼了。

末帝朱友瑱

后梁末帝档案：

生卒年：公元 888～923 年

父　　母：父，太祖朱全忠；母，张惠皇后

后　　妃：张德妃

年　　号：乾化，贞明，龙德

在位时间：公元 913～923 年

谥　　号：无

庙　　号：末帝

陵　　寝：河南宣陵附近

性　　格：宽厚温和，柔弱无能

点评：

末帝仁而无武，明不照奸，上无积德之基可乘，下有弄权之臣为辅，卒使劲敌奄至，大运俄终。

——北宋·薛居正《旧五代史》

后梁末帝朱友瑱，是朱温与张惠皇后的嫡子，排行老四，开平

元年（公元907年），被封为均王。乾化二年（公元912年）郢王朱友珪杀死其父朱温，即帝位，封朱友瑱为开封尹、东都留守。次年，朱友瑱与赵岩等人密谋推翻朱友珪，二月，打起了“除凶逆，复大仇”的旗号，联合魏博节度使杨师厚兴师问罪。在杨师厚的帮助下，朱友瑱得到宫中禁军的配合，最后杀死朱友珪，夺取了皇位。

朱友瑱即位后，大肆赏赐助他夺取皇位的禁军将校，花费了巨额钱财。加之连年征战，军费开支浩大，使后梁财政日趋紧张。为了满足需要，梁末帝任用贪吏，搜刮民财，致使社会矛盾骤然激化。他还重用赵岩等人。赵岩这个人没有什么大的才干，最擅长的就是玩弄权谋，排斥异己，致使后梁政事日益崩坏，战争也屡屡失败。这一期间，后梁所面临的最直接的威胁是北方宿敌李存勖。李存勖年少有为，看见后梁朝局混乱，乘机集中全力要攻灭后梁。

贞明元年（公元915年），镇守魏州的魏博节度使杨师厚去世。赵岩建议应乘机将魏博天雄军一分为二，另立昭德军，设置两位节度使，以削弱其势力。朱友瑱听从了他的建议。但天雄军父子相承，年代久远，多互为姻亲，不愿分徙两镇，于是发生兵变，他们向李存勖求救，李存勖乘势入据魏州。魏州一失，河南顿失屏障，朱友瑱焦急万分，急派大将刘鄩前去收复失地。刘鄩是后梁名将，深知魏州晋军防守严密，如果硬取，必定伤亡惨重。于是，他假意袭取太原，打算待晋军主力调出之时，然后趁虚攻取魏博。李存勖洞察了他的用心，派兵坚守不出。刘鄩计谋落空，只得退回莘州（今山东莘县），伺机歼敌。朱友瑱一再下诏督促刘鄩进军，并派人督战，刘鄩无奈只得率兵攻打魏州，结果大败，后梁军卒死亡七万多人。晋军乘胜进击，连下邢、洺等州，从而使河北之地尽数归晋，与后梁形成隔河（黄河）对峙的局面。朱友瑱此时悔之晚矣，只得收缩兵力巩固黄河防线。

之后，双方争战不断，互有胜负。这一时期，梁朝的内部矛盾却日趋激化。自康王朱友敬作乱后，朱友瑱疏远宗室兄弟，宠信赵岩及德妃兄弟张汉鼎、张汉杰等人。这些人依仗着朱友瑱信任，卖官鬻爵，玩弄权谋，搞得朝中乌烟瘴气，人心涣散。朝里如敬翔、李振等忠心耿耿的大臣虽然身居要位，但所提出的建议，朱友瑱多不采纳。朝政荒疏，将士离心，后梁江山摇摇欲坠。

龙德三年（公元923年），李存勖接受梁降将康延寿的建议，率轻骑直取大梁。十月七日，兵不血刃地占领曹州，随后领军直逼开封。朱友瑱得到曹州失陷的消息后，惊慌不已，急忙召集群臣商讨对策，众人无计可施。朱友瑱也不知如何是好，急得日夜哭泣。敌军日益迫近，大臣纷纷逃离，守兵不少人也趁乱叛逃。到后来，就连传国玉玺也被部下盗走，朱友瑱心灰意冷，打定主意自杀殉国。这月八日，他召来了都指挥使皇甫麟，对他说："姓李的是我们梁朝的世仇，我不能死于仇人之手，你先将我杀了。"皇甫麟忙说："微臣只能替皇上效命，怎么能动手杀陛下呢!"朱友瑱说："你不愿杀我，是不是想把我出卖给李氏?"皇甫麟拔出佩剑，想自杀以示没有异心。朱友瑱上前握住其佩剑，横剑往自己颈项一抹，顿时血流如注，倒地死去。皇甫麟也哭着自刎而死。

第二天，李存勖率兵进城，梁国文武百官投降。次日，梁统军大将段凝也率全军在开封城外投降。后梁至此灭亡。自朱温篡唐自立，到末帝朱友瑱自尽，前后只有短短的16年。

五代·后唐

庄宗李存勖

后唐庄宗档案：

生 卒 年：公元885～926年

父　　母：父，李克用；母，曹氏
后　　妃：刘皇后等
年　　号：同光
在位时间：公元 923～926 年
谥　　号：光圣神闵孝皇帝
庙　　号：庄宗
陵　　寝：河南雍陵
性　　格：英勇果敢，骄傲昏庸

庄宗李存勖像

点评：

李存勖虽然有一点音乐戏剧才能，毕竟是一介武夫，不会治理国家。

——樊树志《国史十六讲》

后唐庄宗李存勖，沙陀族人，是唐河东节度使李克用长子。他自幼随着李克用南征北讨，立下无数战功。李克用死后，他袭晋王位，后领兵统一河北，消灭梁朝，建立后唐，是为后唐庄宗。庄宗在位期间宠信伶人，排斥功臣宿将，引起众臣的不满。同光四年（公元 926 年），洛阳兵变，庄宗于乱军中被杀，终年 42 岁。

李存勖自幼喜欢骑马射箭，胆识过人，十来岁的时候就跟随父亲李克用南征北战，戎马疆场。11 岁的时候，李存勖与父亲到长安向唐廷报功。唐昭宗见到了英气勃勃的少年李存勖后，极为高兴，赏赐给他翡翠玉盘等珍宝，还抚摸着他的背说："这个孩子与众不同，将来定能成为国之栋梁"，并对众臣说："此子可亚其父。"因此，李存勖又有"李亚子"之称。

后梁开平二年（公元 908 年），李克用病亡。临终前，他嘱咐年仅 24 岁的儿子李存勖要完成三件大事：一是讨伐背叛盟约的刘仁恭，攻克幽州（今北京一带）；二是征讨契丹，解除北方边境的威胁；第三件大事就是要消灭世敌后梁朱温。李存勖将三支箭供奉在祠堂里。以后，每当临战征伐的时候，就派人取出，带着上阵，打了胜仗后，又送回祠堂，表示完成了任务。李克用死后，李存勖袭晋王位。当此之时，河东内忧外患，局势不稳。一方面，后梁大军频频发起攻势，河北诸镇多纷纷归附，河东重镇潞州（今山西长治）被梁军围攻了一年之久，岌岌可危。而另一方面，在晋内部，也是人心浮动，李存勖的叔父李克宁掌握兵马大权，密谋逼其让位。李存勖深知，攘外必先安内，于是在替父办完丧事后，就以迅雷不及掩耳之势，设计捕杀了李克宁，夺回了河东军马大权。

随后，他亲率大军，马不停蹄地赶赴潞州战场。乘大雾迷漫，李存勖以奇兵突袭，突入敌军营垒，斩其统帅符道昭，梁军死亡万余人，丢弃的粮草、器械堆积如山。潞州之战，不仅巩固了河东的边防，而且向南可以威胁后梁的统治中心河南地区。朱温听到潞州军败的消息后，大惊失色，感叹地说："生子当如李亚子，我那些儿子简直如同猪狗！"

李存勖消除了内忧外患，并没有因此而放松下来。他清楚地认识到，和南方强大的后梁相比，自己的势力还很弱小，若要完成父亲的遗命，消灭后梁，必须增强自己的实力，还应有一支战必胜、攻必克的虎狼之师。于是，在回到晋阳之后，他就开始整顿吏治，罢免了一大批贪官污吏，任用有识之士为官；减轻农民的赋税，鼓励生产，尽量地与民休养生息。继而整顿军纪，规定违反军令者一律斩首，又裁汰军中老弱，选其精锐，日夜操练，从而将散漫的沙陀兵训练成一支战无不胜的精锐之师。没过几年，晋地实力大增，这为他之后战争的胜利奠定了基础。

后梁乾化元年（公元 911 年），燕王刘仁恭之子刘守光称帝，国号大燕。李存勖示之以弱，遣使祝贺。刘守光志骄意满，以为李存勖惧燕，就派兵侵犯晋土。李存勖早有征伐燕国之心，只是没有借口，于是趁机派大将周德威讨伐燕国，连克燕地。次年三月，朱温趁晋攻燕之际，率领50万大军侵入河东。李存勖挥军迎击，大败梁军，斩杀敌人无数。自此一役后，战略主动权转移到晋军一方。后梁乾化三年（公元913年）十一月，李存勖率军攻破号称拥甲30万的幽州，擒获刘守光和已经被他囚禁快一年的父亲刘仁恭，后燕灭亡。李存勖斩刘仁恭，以他的首级祭父亲李克用。

后梁龙德元年（公元921年），李存勖率领十万晋军，在幽州大破号称三十万的契丹骑兵。次年，李存勖领军与契丹再次决战于望都（今河北望都县），李存勖以800骑突破契丹的重重包围。之后趁夜间大雪，奇袭契丹，大获全胜，将耶律阿保机赶回了北方。

经过十余年的征战，晋军地扩千里，兵增十万。后梁龙德三年（公元923年），晋王李存勖在魏州称帝，国号大唐，改元同光。同年，李存勖召见了归降不久的后梁将领康延寿，采纳了他的灭梁大计，以李嗣源为先锋，自己随后亲率大军渡过黄河，以摧枯拉朽之势，攻克后梁国都汴梁（今河南开封）。朱温早死，其子末帝朱友贞自尽。后梁遂亡。而后李存勖移师西进，定都于洛阳，建立起当时较为强大的唐帝国。

李存勖在战场上勇猛无敌，但是在治国上却显得昏暗愚昧。在他攻灭大梁之后，他骄傲自矜，闭口不谈将士功劳，而全部归之于己，他说天下是他用十指取得的，从而抹杀了众将的战功。他猜忌那些有功之臣，反而宠信、重用那些没有丝毫战功的宦官、伶人。

李存勖自幼喜欢听歌、唱戏、演戏，豢养了一批伶人。戎马倥偬的岁月里，他没有多少时间来进行娱乐。定都洛阳之后，这些伶人立即得到了他的重用。李存勖不光喜欢看伶人表演，自己也常常粉墨登场，上台表演，并给自己取了个艺名叫“李天下”。有一次，他上台演戏，也许是觉得好玩，就自己大叫了两声“李天下”，有个伶人上去打了他几下耳光，周围的人都吓出了一身冷汗，李存勖自己也被打得莫名其妙。那个打耳光的伶人却笑嘻嘻地说："理（理和李同音）天下只有皇帝一个人，你喊了两声，还有一个是谁呢，难道能有两个人来治理天下？"唐庄宗听他一说，才知道是跟他开玩笑，不但不生气，还给了他不少赏赐。伶人受到皇帝宠幸，越发变得飞扬跋扈，不光自由出入宫中和皇帝嬉闹在一起，还百般侮辱戏弄朝臣，群臣敢怒而不敢言。有的朝官和藩镇为了求他们在皇帝面前美言几句，还争着送礼巴结。李存勖还用伶人做耳目，去刺探群臣的言行，凡是有不满他的统治的，一律或贬或杀。在众伶人中，最得李存勖宠信的人是景进。李存勖想知道宫外之事就问景进。景进专门替庄宗刺探外面的情况，由此大进谗言，干预朝政。他说谁不好，谁就会倒霉。所以，官员们见了景进都格外害怕。

为了满足其荒淫的生活，李存勖还命令景进到民间选秀女，以充实后宫。景进到了那里，就在那里大肆搜刮，连当地军士的妻女都不放过，抢来的女子马车装不下了，就用牛车。后来，到了魏州（今河北大名一带），他们竟然抢走了驻防将士们的妻女1000多人。魏州将士降唐以来，屡立大功，在灭梁的战争中也出力很多。现在天子不思抚恤，反而夺人妻女，使得他们心理愤恨不平，大有了起兵反叛之意。

李存勖重用宦官伶人，奸佞当权，功臣宿将多遭猜忌，许多敢于诤谏的名臣良将先后被冤杀。枢密使郭崇韬原是灭梁的功臣，曾多次进谏，使得李存勖非常不快。后来，郭崇韬领军灭蜀建立大功，但伶人进谗言说，郭崇韬聚财谋反，李存勖便借机杀了他。不久，李存勖又听信伶人景进的谗言，冤杀了功臣朱友谦一家。这样，朝廷中的功臣们都颇感心寒，尤其是军中将士怨气更大。

同光四年（公元926）二月，魏州守军拥戴指挥使赵在礼发动兵变，李存勖忙派大将李嗣源率领大军前去镇压。到了魏州城下后，朝廷大军就发生兵乱，与魏州军兵合一处，共推李嗣源为主，拥兵造反。李存勖闻讯大惊，急召诸道军马入京勤王，同时自己亲率一军赶赴汴梁，企图在汴梁抵抗李嗣源大军．为了笼络军心，他还拿出府库的金帛赏赐给洛阳将士。将士们领了赏赐，还骂道：“我们的妻子儿女，都已经饿死了，还要这金帛何用?”行军到中牟县时，听说李嗣源已进入汴京，李存勖知道大势已去，急忙率军返回洛阳，路上兵士逃走大半。

四月，李存勖听闻李嗣源大军逼近汜水关（河南荥阳汜水镇），遂决定亲自率军去扼守。没想到，大军还没有出发，军中的指挥使郭从谦发动兵变。郭从谦本是个伶人，认大将郭崇韬为叔父。郭崇韬被李存勖冤杀后，郭从谦恨恨不平，一直伺机复仇。郭从谦率领着叛乱的士兵乱砍乱杀，火烧兴教门，趁火势杀入宫内，京城陷入混战。混乱中，李存勖为被流箭射中，不久便气绝身亡。左右纷纷逃散，一个叫做善友的伶人心肠不坏，怕李存勖的尸体会遭到叛兵的肢解、蹂躏，遂用许多乐器覆盖其身，点火将尸体焚毁。李嗣源攻入洛阳后，派人从灰烬中找到了李存勖的一些零星尸骨，葬于雍陵。

明宗李嗣源

后唐明宗档案：

生 卒 年：公元 866～933 年

父　　母：父，李霓；母，刘氏

后　　妃：曹皇后、王淑妃等

年　　号：天成，长兴

在位时间：公元 926～933 年

谥　　号：圣德和武钦孝皇帝

庙　　号：明宗

陵　　寝：河南徽陵

性　　格：执事恭谨，宽仁爱民

点评：

唐明宗有道有为，称得上是个明君，一个在乱世中难得的明君！

——赵剑敏

后唐明宗李嗣源，沙陀族人，小名邈佶烈，幼时被河东节度使李克用收为养子，赐名嗣源。李嗣源勇猛过人，跟随着李克用父子南征北伐，立下了无数的战功。同光四年（公元926年）四月，洛阳兵变，李存勖被杀，李嗣源即位为帝，改名为亶，改元天成，成为后唐的第二位皇帝。

军中良将　即位称帝

李嗣源的父亲名叫李霓，原是代北节度使李国昌（李克用之父）的部下，镇守雁门（今山西代县）。父亲死时，李嗣源才只有13岁。虽然还只是少年，但骑射娴熟，武艺十分出众。李克用爱其才华，遂将他收到帐下，认为养子。之后，他就追随着李克用征战沙场，屡次立下大功。

在他17岁那年，朱温在上源驿摆下鸿门宴，企图杀掉李克用。乱军重围，箭矢如雨，李嗣源拼死保护着李克用翻过城垣，逃出虎口。自此，李嗣源更受信任，被李克用任命为侍卫长，统帅其精锐骑兵。唐昭宗乾宁三年（公元896年）李嗣源随大将李存信前去援救朱瑾。李存信为梁军所败，独李嗣源率领着500精锐骑兵左右驰突，所向披靡。此役后，李克用把他所率500骑兵命名为“横冲都”，又命李嗣源为横冲都指挥使。两河间遂称李嗣源为李横冲。

从此，李嗣源和他的“横冲都”名扬天下，威震四海。光化三年（公元900年）李嗣源又在邢州青山（今河北邢台西北）大败后梁名将葛从周，战场上李嗣源身先士卒，冲锋陷阵，身中四箭，鲜血染红了征衣。

李克用死后，李存勖袭晋王位，与后梁大战于柏乡（今属河北）。面对气势强盛的梁军红、白两马队，许多将士心生怯意。李嗣源却笑道："他们这是虚有徒表。明天就会归我们所有了。"战斗中他横枪跃马，率领100名精锐骑兵像黑色的闪电冲入了梁军的白马阵中，生擒二骑校而回。于是，晋军士气大振，大败梁军，斩杀敌人无数。他因功而被任为代州（今山西代县）刺史。

在随后讨伐幽州刘仁恭、契丹、后梁的战中，李嗣源也是屡建奇功。几乎每次大的战役，都有李嗣源骁勇的身影。同光元年（公元923年），李嗣源欣然领命奇袭郓州（今山东东平西北），俘虏了梁将王彦章，接着，李嗣源亲率2000铁骑轻取梁都开封。梁末帝自杀，梁亡。李存勖进入开封后，喜不自禁，激动地说："朕有天下，全赖你们父子血战之功，以后朕与你共享天下。"遂拜李嗣源为中书令，次年六月，又加封他为蕃汉内外马步军总管，兼任汴州节度使。

李存勖当了皇帝不久，就变得昏庸起来，他宠信宦官、伶人，对昔日的功臣宿将们妄加猜疑。郭崇韬、朱友谦被冤杀后，李嗣源也被猜忌，好几次险些被杀。同光四年（公元926年），魏州发生兵变，在官军接连失败的情况下，李存勖无奈启用李嗣源，命他率兵征讨叛军。不料刚到魏州城下，所部也发生哗变，与魏州叛军会合，共同拥戴李嗣源为主。李嗣源原本并无反意，遂借口出城召集各路散兵，才得以脱身出城。出城后，他本想回洛阳向李存勖言明心迹，但安重诲、石敬瑭等人都劝他自立。李嗣源权衡再三，同意了他们的意见，遂命石敬瑭为先锋，向南进军，自己随后领军向洛阳进发。

四月，李存勖众叛亲离，被乱军所杀。消息传来，李嗣源放声恸哭，进入洛阳后，被群臣拥戴为监国。不久在庄宗灵柩前即皇帝位，改年号为天成，改名为亶，是为后唐明宗。

改革弊政　小有所成

李存勖统治期间，宦官专权，伶官乱政，忠臣见疏于内，贪官盘剥于外，导致后唐朝纲崩坏，民不聊生。李嗣源上台后，针对这一状况，采取了一系列的措施，力图革除庄宗李存勖时的弊政。

首先，整顿吏治，赏罚并行。李存勖在位期间，为了解决财政问题，任用孔谦为租庸使横征暴敛，残酷剥削百姓。李嗣源上台后，立即下令斩孔谦，以平民愤。同时，尽废孔谦所立苛法，以抚民心。他又下令诸镇诛杀监军使，有效地解决了庄宗时期宦官专权的情况。对于误国乱政的伶人，李嗣源也毫不留情，将之杀戮殆尽。李嗣源尤恨贪官，称之为“民蠹”，处罚起来毫不手软。一次，供奉官丁延徽监守自盗，犯下贪污罪。但由于他平时巴结权贵，所以犯法时侍卫使张从宾便向明宗李嗣源求情宽恕。李嗣源怒斥道：“食君之禄，就应该担君之忧，现在丁延徽知法犯法，论罪当死！现在就是苏秦再世，也说不动我杀他之心，你说也没有用！”随即命令处死，毫不姑息。对于清廉的官员，李嗣源则予以褒奖。宰相李愚得病时，李嗣源派近臣翟光邺前去探视问候，翟光邺去了之后，看见李愚家徒四壁，只有一条破毯子裹身。翟光邺回去后，如实禀报。李嗣源听后深受感动，下诏赐李愚绢 100 匹，钱 10 万，棉衣被褥共 13 件。

其次，以民为本，轻徭薄赋。李嗣源继位后就着手在各个方面消除李存勖时期的一些扰民做法，尽量减轻百姓的负担。他下诏废除了一些地方巧立名目加收的捐税，统一课税征收。为防止地方官吏从中牟利，李嗣源下由中央来征收赋税和徭役，地方只作为辅助。李嗣源常年征战在外，对民间疾苦深有感触。在上台后，他尽量与民休息，鼓励生产。针对一些农户缺少耕牛的情况，他下诏由官府拨给耕牛，以供他们耕种。他还允许民间自由使用铁器，铸造农具，并命人挑选官府上好的农具模式，让百姓们依着样子铸造，进一步为百姓谋福利。另外，他还下令严禁豪强官僚兼并土地，欺凌百姓，以保护农业生产。这些措施，对恢复经济、发展生产起到一定的作用。

另外，李嗣源还十分节俭。即帝位后，他下诏禁止进献鹰犬、珠宝珍玩等物。后宫也大量裁员，宫女只留 100 人，宦官只留 30 人，御厨房也只留下 50 人。广寿殿重修后，负责工程的官员请求用朱漆涂饰，再修得华丽一些。李嗣源却说："这个宫殿只因为被烧过，所以不得不修，只要宏伟壮观即可，还干嘛要弄得那么华丽呢。"还有一次，为节省国家开支，李嗣源下诏在边疆设置马匹买卖场所，不许少数民族再直接到宫殿前来献马。先前，党项族人和其他部落总是以献马为名来到京城吃喝玩乐。朝廷为了照顾他们的住宿、吃喝，每次都要花费不少钱物，给国家带来很大的经济负担。李嗣源了解情况后，当即下诏禁止他们再到京城来献马，只在边疆一带设马场交易，这样就大大节省了开支。

李嗣源在位的几年间，少有战事，屡有丰年，后唐的社会生产和国家财政状况也有了明显的好转。司马光在《资治通鉴》中评价说："在位年谷屡丰，兵革罕用，校于五代，粗为小康。"虽然只是"粗为小康"，但对于李嗣源这样一位目不识丁的沙场英雄来说，也是一件很了不得的事。

御人乏术　惊中病亡

李嗣源虽然是有为之君，但是御人乏术。在他统治期间，最为倚重的两位大臣分别是中书令安重诲和宰相任圜。这两位大臣一掌军政大权，一掌财政大权，权倾朝野，独断专行。安重诲恃宠骄横，任圜刚愎自用，二人往往因为政见不合，就在御前互相指责，大声谩骂，丝毫不顾及皇帝的感受。李嗣源见他们如此轻慢君臣之礼，心里逐渐感到不满。后来，安重诲为报私仇诬陷任圜，李嗣源借机杀掉任圜。任圜死后，安重诲更加目中无人，骄横跋扈，日甚一日。李嗣源心中更恨。长兴二年（公元 931 年），李嗣源借别人诬告安重诲的机会，派人将之诛杀。

两年后，年老的李嗣源突然中风，月余未见群臣。朝廷人心惶惶，都开始私下里讨论皇位继承一事。当时有实力争夺皇位的有次子李从荣、养子李从珂以及五子李从厚三人，其中李从荣的势力最大。但李从荣其人骄横跋扈，朝中众臣多有不满。所以每当有人提议立从荣为太子的时候，朝中一片的反对之声。李嗣源也深知原因，因此太子一位一直悬而未决。

同年十一月，李嗣源病情加剧。李从荣入宫探望，发现父亲已经是奄奄一息。在出门的时候，又听见背后哭声大作，以为父亲已病危。回府后，李从荣即与左右亲信策划，夺取皇位之事。次日凌晨，李从荣亲率千余名牙兵，列阵于天津桥前，胁迫群臣拥戴自己。此时苏醒的李嗣源十分冷静，立即命令将军孟汉琼率领禁军讨伐李从荣。孟汉琼军率军出击，很快就打败李从荣。李从荣慌忙逃回王府，后被擒杀。

李嗣源听到儿子被诛杀的消息后，悲痛欲绝，几次昏死了过去。至此，病情恶化，不久李嗣源即病死于雍和殿，终年 68 岁。

闵帝李从厚

后唐闵帝档案：

生卒年：公元 915～934 年

父　　母：父，明宗李嗣源；母，夏皇后

后　　妃：孔皇后等

年　　号：应顺

在位时间：公元 933～934 年

谥　　号：闵帝

庙　　号：无

陵　　寝：河南徽陵

性　　格：聪明进取，优柔寡断

点评：

盖辅臣无安国之谋，非少主有不君之咎。

——北宋·薛居正《旧五代史》

后唐闵帝李从厚，小名菩萨奴，是明宗李嗣源的第五个儿子。李嗣源称帝时，李从厚才12岁，被授以金紫光禄大夫，检校司徒。16岁时封宋王，受命镇守邺都（魏州）。后唐长兴四年（公元933年）十一月，明宗病重，召时任天雄节度使的李从厚入洛阳，但李从厚未到，明宗已经去世。临终前，命五子李从厚继承皇位。十二月，李从厚在洛阳即皇帝位，是为后唐闵帝。

李从厚即位时，才19岁，充满朝气，很想如历史上明君一样励精图治，做出一番事业。在登基的第五天，他就召学士给他读《贞观政要》与《唐太宗实录》。次年，他又下诏大赦天下，改年号为应顺，取应天顺人之意。然而，令人遗憾的是，李从厚虽有上进之心，但个人性格上却十分软弱，处理政务优柔寡断，结果朝政大权为朝臣朱弘昭和冯赟等人把持。朱弘昭和冯赟原只是无名之辈，没有丝毫战功，只因为拥立李从厚有功才得以重用。他们自知威望不够，因此对朝中与地方的名臣旧将十分顾忌。为消弱众将的势力，他们向李从厚提出了“换镇”的建议，要求各地节度使调换防区。李从厚也觉得地方权力过大，不利于统治，于是同意了他们的建议。

应顺元年（公元934）二月，李从厚下诏，令凤翔节度使李从珂出任河东节度使，河东节度使石敬瑭为成德节度使，成德节度使范延光为天雄节度使，天雄节度使孟汉琼还京，并派使臣监送各节度使赴任，这引起各节度使的极大不满。凤翔节度使李从珂怕离镇赴任，在路上被杀，遂以“清君侧”之名起兵反抗。李从厚得知李从珂在凤翔起兵后，马上要执掌禁军的康义诚率军征讨，但康义诚怕失去兵权，不肯外出，李从厚只得另委他人，派遣西京留守王思同率军前去讨伐凤翔，但很快就大败而归。消息传来，京师大震，李从厚在朝堂哭哭啼啼地说道："朕本来无心作天子，是被你们拥立的。朕年纪尚幼，国家大事都委托诸公办理，诸公决定的国家大计，朕没有不同意的，凤翔起兵之初，诸公都保证说，叛兵不足为患。现在事情发展到了这个地步，你们还有什么好办法可以转危为安？如果没有，朕要亲自去迎接从珂，把帝位让给他，如果他还要怪罪朕，朕也心甘情愿。"众臣惶恐不安，朱弘昭和冯赟心里害怕，也是无计可施。康义诚见京师朝不保夕，打算率领禁军投降李从珂，以求获得封赏，于是自告奋勇，请求李从厚派他率领禁军出城迎敌。禁军马军都指挥使朱洪实知道康义诚有反意，主张坚守洛阳，不能出征。康义诚怒道："洪实说这样的话，是想要造反吗？"朱洪实也针锋相对地道："公自己要反，还说别人要造反！"二人各执己见，争论不休。李从厚无法辨别，于是下令斩杀了朱洪实，以安重进顶替朱洪实出任马军都指挥使一职。

康义诚出了洛阳之后，果然投降了潞王李从珂。闵帝听到康义诚投降的消息后，忧急万分，忙派人召朱弘昭商议。朱弘昭对家人道："皇上急切召见我，是要加罪于我啊。"心里忧惧，遂投井而死。安重进闻知朱弘昭死讯后，便领兵冲进冯赟府中，杀了冯赟及其家人，还割下朱弘昭、冯赟的首级送给了李从珂。李从厚想逃奔魏州，召见孟汉琼，让他先到魏州去安排一切。孟汉琼一出城门，马上单骑奔往陕州，投降了李从珂。李从厚在邺都时十分宠信亲将慕容迁，即位后提拔他为控鹤指挥使。这次出奔魏州，李从厚要他率军护驾。他也表示誓死护君，然而李从厚刚出城，他就关闭城门，投降了李从珂。

李从厚只得领着贴身的侍卫50余人，出逃魏州，途经卫州（今河南汲县）的时候，恰遇到了拥军前来的石敬瑭。李从厚以为得救，十分高兴。但石敬瑭见皇帝势单力薄，不愿相救。李从厚侍从见状，大怒，拔剑欲杀了石敬瑭。这激怒了石敬瑭的部将刘知远。刘知远领兵将李从厚左右50余人杀的干干净净，这才罢手。李从厚成为孤家寡人，被软禁在卫州驿馆里。

几天后，李从珂在洛阳称帝，宣布废李从厚为鄂王，由卫州刺史王弘贽派人将他迎到府衙居住。李从珂对李从厚依然不放心，便派王弘贽之子王峦从洛阳赶到卫州，命令他与父亲一起设法除掉李从厚。王弘贽父子设下鸿门宴，向李从厚敬毒酒。李从厚生疑不肯端杯，王峦遂用帛带将李从厚勒死。

末帝李从珂

后唐废帝档案：

生 卒 年： 公元885～936年

父　　母： 父，明宗李嗣源；母，魏皇后

后　　妃： 刘皇后等

年　　号： 清泰

在位时间： 公元934～936年

谥　　号： 无

庙　　号： 无

陵　　寝： 河南徽陵

性　　格： 刚武，无能

点评：

末帝负神武之才，有人君之量。由寻戈而践阼，惭德应深；及当宁以居尊，政经末失。属天命不佑，人谋匪臧，坐俟焚如，良可悲矣！

——北宋·薛居正《旧五代史》

后唐末帝（废帝）李从珂，镇州（今河北正定）人，是后唐的最后一位皇帝。李从珂小名阿三，出身微贱，自幼父亲早死，跟着母亲魏氏相依为命。在他十岁那年，李嗣源率军经过平山时，遇到了他的母亲魏氏，见其貌美，就把她掠为妻子，李从珂从此也就成为李嗣源的养子。李从珂长大后身形雄伟健壮，又骁勇善战，常随李嗣源南征北讨，颇得其喜爱。后唐庄宗李存勖即位后，发动了灭梁战争。李从珂跟随着李嗣源冲锋陷阵，屡立战功。灭梁之后，他因功被庄宗封为卫州刺史突骑指挥使，驻守石门。

李嗣源即帝位后，任命李从珂为河中节度使，后来又任命他为左卫大将军、西京（长安）留守。长兴三年（公元 932 年），改命他为凤翔节度使。长兴四年（公元 933 年），又加封为潞王。

李从厚即位后，对他十分猜忌，先是解除他的儿子李重吉的禁军之权，改任亳州刺史，调出京师。继而又召他的女儿入宫，作为人质。后来，李从厚更听取朱弘昭、冯赟等人的建议，实行“换镇”政策，诏令李从珂离开凤翔，改任河东节度使。李从珂接到诏书后，颇感不满，想要抗命，又觉得自己兵弱粮少，于是和部下商议。众将领都说：“皇上年幼，朝政都把握在朱、冯两人手里，主上功高盖主，如果离开凤翔，一定凶多吉少。”李从珂于是下定决心，举兵反叛。李从厚得知凤翔反叛后，立即命大军讨伐。

这年三月，朝廷各路军马齐聚凤翔城下，大举攻城，很快攻下了东、西城关，城里死尸枕藉，眼见破城在即，李从珂登上城头，哭泣着说：“我自小就跟随着先帝出生入死，身经百战，满身创伤，才有了今天的江山社稷；你们大家跟着我，这些事都看在眼里。现在，朝廷宠信佞臣，猜忌自家骨肉，我究竟有什么罪要受此惩罚啊！”他放声痛哭，许多攻城的军士动了恻隐之心，转而支持他。朝廷军中羽林指挥使杨思权原本就是他的手下，此时趁机倒戈，率众投降潞王李从珂。李从珂反败为胜，随即拥兵东进，兵锋直指都城洛阳。

一路上，各郡县无不望风迎降，朝廷派来征讨的军马，也先后投到了李从珂麾下。旬月之间，兵至陕州，进逼洛阳。李从厚无兵无将，仓促出逃。四月三日，李从珂率军进入洛阳城。宰相冯道率领文武百官劝进，李从珂假意不从。第二天，太后下诏废李从厚为鄂王，命李从珂为监国。六日，又立李从珂为帝，他这才登基，做了皇帝。几天后，李从珂派人往卫州将闵帝李从厚杀害。

李从珂打仗勇猛，但是治国无能。他在起兵之时，曾经许诺将士，攻克洛阳之后，每人赏钱百缗。登基后，李从珂命人清点府库，只得金帛三四万，这距离需要赏赐的50万缗还有很大距离。李从珂于是督促官吏，百般搜括民财，致使京师的百姓怨声载道。即便如此，还是不够。李从珂无奈，只好减发赏钱，这又激起了军士们不满。军民离心，从来都是国君的大患，李从珂却没有意识到眼前的危机，反而任用卢文纪等庸才为相，致使国事日益败坏。

这一时期，李从珂与河东节度使石敬瑭的矛盾日益尖锐。李从珂与石敬瑭两人原本都是李嗣源手下骁将，皆以勇武著称，彼此存有竞争之心。李从珂即位后，对坐镇晋阳的石敬瑭愈发猜忌。清泰二年（公元935），李从珂派遣武宁节度使张敬达领兵驻屯在代州，牵制并监视石敬瑭。次年，他又调石敬瑭为天平节度使，企图以此消弱石敬瑭兵权。石敬瑭素有谋反之意，当然拒绝调任。他还上表指责李从珂即位非法，应立即将皇位让给许王（明宗第四子）。李从珂大怒，撕毁奏表，削其官爵，同时派遣张敬达率兵数万进攻晋阳。石敬瑭遣使向契丹求救，表示愿意割地称臣。九月，契丹主亲自率军五万增援石敬瑭。唐军大败，死伤万余人。随后，契丹与石敬瑭军合兵，自晋阳向洛阳进军。此时，后唐兵力还很强，但李从珂志气消沉，昼夜饮酒悲歌，不敢领兵出战，坐等灭亡。各镇将领见状，纷纷投降石敬瑭。

这年闰十一月，李从珂见大势已去，于是带着传国玉玺与曹太后、刘皇后以及儿子李重美等人登上玄武楼，自焚而死。后唐遂亡。次年二月，石敬瑭命人收敛其遗骨葬于徽陵以南。

五代·后晋

高祖石敬瑭

高祖石敬瑭像

后晋高祖档案：

生 卒 年：公元 892～942 年

父　　母：父，石绍雍；母，何氏

后　　妃：李皇后等

年　　号：天福

在位时间：公元 936～942 年

谥　　号：圣文章武明德孝皇帝

庙　　号：高祖

陵　　寝：河南显陵

性　　格：老谋深算，贪婪无耻

点评：

这种恬不知耻的举动，使他以“儿皇帝”的小丑形象，钉在了历史的耻辱柱上。

——樊树志《国史十六讲》

石敬瑭，沙陀族人，自幼随父征战沙场，屡立战功，后出任后唐河东节度使一职，成为当时势力较大的藩镇之一。清泰三年（公元 936 年），他勾结契丹起兵反唐，后攻克洛阳，建国称帝。他在位期间，卑躬屈膝地以父礼事契丹。而他割让燕云十六州给契丹，致使中原汉地北方屏障顿失，祸害后世近400余年。

骁勇善战的猛将军

石敬瑭出生在太原，他的父亲名叫做石绍雍，是李克用帐下的一名骁将，后官至洺州刺史。石敬瑭自小随父亲练得一身刀枪骑射的功夫。后来，父亲去世，石敬瑭就做了李存勖帐下的校尉，随着他南征北伐。石敬瑭性格沉默寡言，但心思机敏，尤爱读兵书，他很崇拜战国时的李牧和汉朝的周亚夫，常学着李、周用兵，出奇制胜，屡次建立战功。后梁贞明元年（公元915年），李存勖占据魏州，梁将刘鄩率军攻打清平（今山东清县）。李存勖率军来救，不料中计，身陷梁军重围。在此危急时刻，石敬瑭请战，率领10余精骑冲入敌阵从万军中把李存勖救了出来。事后，李存勖拍着他的背，赞叹道："将门虎子，果然名不虚传啊"，并把自己喝得酥油茶赐给他，石敬瑭由此声威大振，在军中名噪一时。

至此，李存勖日益器重石敬瑭，并将他委在义弟、爱将李嗣源帐下效命。李嗣源是能征善战的勇将，每逢临敌冲锋陷阵，从不顾个人安危，石敬瑭追随其后，多次从乱军中策应和救援李嗣源，日久天长，遂成了李嗣源的心腹。李嗣源为了笼络他，就把女儿下嫁给他，还让他统率精锐亲兵"左射军"。

后唐同光四年（公元926年），魏州发生兵变，李存勖命李嗣源率军平叛，石敬瑭也一同出征。在魏州城下，李嗣源的部队也发生兵变，与魏州的叛军合兵一处，拥立李嗣源为主。李嗣源不知所措，急忙询问石敬瑭如何定夺。石敬瑭此时野心膨胀，遂劝李嗣源说："岂有在外领兵，军队发生兵变后，而主将却没事的道理？况且犹豫不决是兵家大忌，不如趁势迅速南下。我愿率领300骑兵去取汴州（今开封），这是得天下的要害之处。得之则大事可成。"李嗣源也觉得时势有利，就接受了这个意见，派他亲率300精骑为前锋，直取开封。石敬瑭领兵急进，昼夜兼程攻占了汴州。李存勖率兵来拒，结果被乱兵所杀。李嗣源随后率军入洛阳。登临大宝，即位为帝，是为后唐明宗。石敬瑭因拥立有功，被任命为保义军节度使兼六军诸卫副使，并赐号“竭忠建策兴复功臣”。之后年年升迁，先后任侍卫亲军马步都指挥使，河东节度使，大同、彰国、振武等军藩汉马步军总管等职，后来还赐封他为“耀忠匡定保节功臣”。

晚唐以来，藩镇割据，悍将统兵于外，不受节制，谁掌握了兵权，谁就可问鼎天下。此时总揽河东军务的石敬瑭，羽翼已丰，只坐等时局变动，便好乘势而起，取后唐而代之。

卑躬屈膝的儿皇帝

长兴四年（公元 933 年），后唐明宗李嗣源驾崩，李从厚继位，是为闵帝。为了巩固政权，他实行“换镇”的策略，诏令手握雄兵的藩镇节度使调换防区，以此消弱各镇的势力。凤翔节度使李从珂拒不从命，起兵造反，并将李从厚的平叛大军打得落花流水。石敬瑭见有机可乘，于是拥兵南下，囚禁闵帝李从厚于卫州，欲挟天子而命诸侯。然而，李从珂兵多将广，很快便攻克洛阳，即位为帝。石敬瑭无奈，只得前来朝见新皇。李从珂对手握重兵的石敬瑭也不放心，本打算将他拘禁在洛阳，后来在李嗣源的发妻曹太后说情之下，才勉强同意石敬瑭回河东驻地。

石敬瑭回到晋阳后，表面上对朝廷忠心耿耿，暗中则加紧防备。后来，朝廷派使臣到河东犒赏将士，石敬瑭手下将士高呼万岁，想趁机拥立石敬瑭为帝。石敬瑭自知时机还不成熟，马上把为首高呼“万岁”的 36 人逮捕斩首，然后上奏李从珂以表“忠心”。李从珂听说这件事后，对石敬瑭的猜疑更重，于是以武宁节度使张敬达为北面行营副总管，命其领兵驻屯在代州，牵制并监视石敬瑭。石敬瑭心里更惧，加速准备。

清泰三年（公元 936 年），石敬瑭以身体羸弱为口实，乞求解去兵权，调往他镇。他这么做其实是想试探末帝李从珂。如果李从珂同意他解职，说明皇帝肯定怀疑他；如果不同意，就说明李从珂仍然信任他。李从珂认为石敬瑭不臣之心，已经昭然若揭，无论调与不调，他都会反，于是下诏调石敬瑭为天平节度使。诏令一下，军士哗然，石敬瑭趁机煽风点火，鼓动军心。部将刘知远，谋臣桑维翰等人力主石敬瑭起兵反抗。石敬瑭于是上表，说李从珂不是李嗣源亲生儿子，应让位于许王李从益。李从珂阅奏大怒，立即派军征讨石敬瑭。

石敬瑭此时兵力虽众，但也不见得能够打得过后唐大军，遂求援于契丹，上表称臣，以父礼事辽主耶律德光，并约事成之后，割燕云十六州给契丹。耶律德光闻讯大喜，立即亲率 5 万精锐骑兵南下，解除晋阳之围。石敬瑭亲自率众出城迎接耶律德光，百般奉承，奴颜婢膝地称比他小 11 岁的耶律德光为父亲。这年的十一月，石敬瑭在耶律德光的帮助下，攻克洛阳，灭掉后唐。灭掉后唐后，耶律德光册封石敬瑭为皇帝，建国号为晋，定都汴州，改元天福，史称后晋。

石敬瑭称帝后，即按照当初的约定，将燕云十六州割给契丹，承诺每年给契丹布帛 30 万匹。燕云十六州地接契丹，具有十分重要的军事地位，如今割让给契丹，就使中原王朝失去北部屏障，后患无穷。以后燕云十六州成为契丹、女真、蒙古等民族南下掠夺中原的基地，使北方社会经济遭到严重破坏，直到明太祖朱元璋时期，才重新将燕云十六州之地收归汉民族之治下。

石敬瑭对于契丹百依百顺，非常谨慎，每次书信皆用表，以此表示君臣有别。他称耶律德光为“父皇帝”，自称“臣儿皇帝”。每当契丹使臣至，石敬瑭都跪地接诏，十分恭敬。天福三年（公元 938 年）十月，契丹遣使册封他为“英武明义皇帝”，他高兴万分，像迎接天书一样把诏书迎进大殿，供奉起来。每年除了进贡 30 万匹帛给契丹外，石敬瑭逢年过节，还派使者向契丹国主、太后、贵族大臣送上大批礼物。那些人一不满意，就派人责备石敬瑭，石敬瑭总是毕恭毕敬地赔礼请罪。晋朝使者到了契丹，契丹官员傲气十足，说了许多侮辱性的话。使者回到汴京诉说受辱之事。朝廷上下都深以为耻，只有石敬瑭毫不在乎。

虽说，如此奴事契丹，可以结好强邻，但是国内将士离心，却也极大地动摇了后晋的统治。在他当政的几年里，不断有藩镇起兵反叛，而大多数人起兵的原因也无非是“耻于契丹”四字而已。

卑外惧内　一命归西

石敬瑭在任地方刺史、节度使时，尚能做到勤俭清廉，但是当做了皇帝之后，就开始奢侈起来，他的宫殿都用黄金、美玉、珠宝等物装饰得富丽堂皇，奢华程度远超后唐诸君的宫室。既要贪图自己的享受，又要贡献大批的帛金讨好契丹主子，府库日耗，庞大的财政负担最终都转嫁到了百姓的头上。在石敬瑭的残酷剥削下，后晋人民生活在水深火热之中，加上当时天灾频发，水旱、蝗灾接连不断，致使后晋饿殍盈野，流民遍地，饿死、冻死者更是难计其数。

为了镇压百姓的反抗，他又下令制定了许多残酷的法律，如凡偷盗一钱以上，一律处死；男女不论强奸通奸一概处死等等，他还发明了剖心、剥皮、油煎等酷刑，导致民怨更加沸腾。不光民心不稳，就是在后晋朝堂之内，也多有人不满石敬瑭的统治，尤耻于投降契丹。

后晋天福二年（公元 937 年），天雄节度使范廷光在魏州起兵，石敬瑭令东都巡检张从宾讨伐，但张从宾率军到了魏州后，与范廷光一道反了。不久，渭州也发生兵变。后晋天福六年（公元 942 年），成德节度使安重荣上表指责石敬瑭，奴事契丹，蹂躏中原，并表示与契丹决一死战。辽帝耶律德光派人责问，石敬瑭无奈，只得发兵斩了安重荣，并将他的头送与契丹。

石敬瑭晚年排斥士人，宠信宦官，致使吏治更加腐败，朝纲越发紊乱。许多曾经为之倚重的心腹重臣，阴对他失望，纷纷离心离德，各谋出路。河东节度使刘知远先是拥兵自重，霸踞晋阳，继而拒敌契丹，收纳不愿归附辽朝的吐谷浑白承福部。后晋天福七年（公元942年），耶律德光又派人来问罪。石敬瑭既不敢讨伐手握重兵的刘知远，更不敢得罪“父皇帝”，左右为难，彷徨无计，终致忧郁成疾，这年六月，石敬瑭病逝，时年51岁。

其人虽死，但千古骂名却一直延续至今，不亦悲乎！

出帝石重贵

后晋出帝档案：

生 卒 年：公元914～964年

父　　母：父，石敬儒；母，安氏

后　　妃：冯皇后等

年　　号：天福，开运

在位时间：公元942～947年

谥　　号：出帝

庙　　号：无

陵　　寝：不详

性　　格：荒淫放纵，耽于享乐

点评：

奢淫自纵，谓有泰山之安；委托非人，坐受平阳之辱。族行万里，身老穷荒，自古亡国之丑者，无如帝之甚也。

——北宋·薛居正《旧五代史》

后梁乾化四年（公元914年）六月，石重贵出生在太原，他的父亲叫做石敬儒，是后唐庄宗手下的一名骑兵将校。石敬儒死后，其弟石敬瑭遂把侄儿重贵收为养子，带在身边。石重贵自小喜好骑马射箭，讨厌读书写字。石敬瑭曾请当时的名儒王震为他讲授《礼记》，但讲授多天，石重贵仍然一窍不通。他有些厌烦地对王震说："这实在不是我愿做的事啊！"石敬瑭见他对读书实在没有什么兴趣，就把他留在身边，随自己四处征伐。后唐清泰三年（公元936年），石敬瑭在晋阳举兵叛唐，后唐大军围攻太原。石重贵身先士卒，冒着箭石冲锋杀敌，毫无惧色，受到石敬瑭赞赏。同年闰十一月，石敬瑭在契丹人的帮助下，击败后唐军队，并顺势进取洛阳，争夺帝位。临行前，留石重贵镇守太原，授以太原尹、河东节度使之职位，总领河东军务。石敬瑭称帝后，拜为左金吾卫上将军，后又晋封为郑王，后又改封齐王。

天福七年（公元942年）五月，石敬瑭病重，托孤于宰相冯道河天平节度使景延广两人，命他们辅立幼子重睿继位。石敬瑭病终后，冯、景两人却认为，国家正当多事之秋，应该让年长者继位。于是二人与群臣共同拥立齐王石重贵为帝。石重贵遂在石敬瑭的灵柩前即位，他就是后晋出帝。

石重贵即位后，任景延广为宰相，自己则逍遥自在，玩乐不已。在他当上皇帝后的第三天，他就派人将貌美的寡婶冯氏迎进宫里，纳其为妃。冯夫人得宠，她的嫡兄冯玉自然也鸡犬升天。冯玉原只是小吏，石重贵一下子将他擢升为端明殿学士、户部侍郎。冯氏兄妹仗着皇帝的宠信，频频干预朝政。这一时期，后晋与契丹的关系也发生了一些变化。后晋高祖时期，石敬瑭对契丹卑躬屈膝，朝野上下，深以为耻。因此在石重贵刚即位时，景延广等人主张向辽的告哀书应当只称孙，不称臣，只用家人的礼节而不用臣子的礼节。石重贵自矜国力雄厚，于是接纳了他的建议。辽主闻讯大怒，派兵南下征讨。在军民的支持下，石重贵领军先后两次击退了来犯的辽军。但辽兵退后，石重贵以为从此天下太平，开始耽于享乐，过起醉生梦死的生活。他大肆搜刮民财，又动用大批民力，修建宫殿楼阁，其豪华壮丽程度，远超于前代。他还常对优伶乐工们的赏赐，每每赏赐，多达万钱，毫无节制。中书令桑维翰劝谏道："陛下此前御驾亲征契丹，将士们有受重伤者，所得赏赐也不过就是几缗钱、数匹布。而今陛下赏赐伶人动辄过万，太让将士们寒心了。士卒们常说'我们为国家流血牺牲，还不如伶人一谈一笑的功劳大么！'如此，将士离心，最后又有谁会为陛下守卫社稷呢?"然而，这些话石重贵根本听不进去，桑维翰后来也就不说了。

两次对辽战争的胜利，使石重贵产生了轻视辽军的情绪，他渐渐有了北伐辽国，收复燕云等失地的想法。开运三年（公元 946 年）十月，石重贵不顾实际，派遣大将杜重威、李守贞统兵北伐。杜重威是个庸才，早就有投降契丹之意，只是因为是石重贵的至亲，才被委以重任。他领兵到了前线后，没想着出兵作战，反而不停地派遣使者向石重贵催派援军。石重贵对这次北伐寄予厚望，于是就把守卫宫门的禁军也派上了战场。杜重威见已经捞够了资本，于是派人秘密和辽联系。辽帝同意他投降，并诈许让他做皇帝。杜重威大喜，于是在帐中埋伏刀斧手，召集诸将，拿出降表让众将签名，不署名者立即斩首。众将惊骇，不敢反抗，只得一一在降表上署名。杜重威送降表给辽主，命令全军出营列阵。军士们以为将要出战，十分踊跃。杜重威下令军士们解除兵甲，说："现在粮尽援绝，我应该为你们另谋生路。"军士们得知降辽之后，都放声痛哭，声振林野。辽主随后引兵南下，收编杜重威降兵，又命张彦泽为先锋率领骑兵二千攻取开封。张彦泽领兵长驱直入，很快就攻占了滑州（今河南滑县东南），距离开封已经很近。石重贵急与冯玉和李崧等人商议，冯玉建议急召河东节度使刘知远进京勤王。但为时已晚，第二天清晨，张彦泽率军进入开封，包围了皇城。

石重贵见大势已去，急忙带领着后妃10余人准备自焚，被亲军将领薛超拦下。不久，张彦泽又派人送来辽帝书函，称只要石重贵投降，可免杀身之祸。石重贵于是令翰林学士范质起草降表，称臣投降。开运四年（公元947年）正月，辽帝进入开封，晋文武百官出迎郊外。后晋遂亡。

辽帝入开封后，废石重贵为负义侯，要其迁往辽境。离宫的时候，石重贵要求随身携带些金银珠宝、绫罗绸缎，皆不被允许。到辽境后，先被囚禁在黄龙府（今吉林农安），后又迁往辽阳。途中，供应不济，不得不采野果、野菜充饥，跟随他的妃子也先后被辽将强行索去，最后连石重贵年幼的女儿也被抢去，做了辽国国舅的妾室。

不久，石重贵又奉命迁居建州（今辽宁朝阳）。在城北数十里外划出五十余顷土地，石重贵及其随行人员就在这儿建造房舍，耕种土地，聊以度日。至北宋乾德二年（公元964年），石重贵病逝，终年51岁。

五代·后汉

高祖刘知远

后汉高祖档案：

生卒年：公元895～948年

父　母：父，刘王典；母，安氏

后　妃：李皇后等

年　号：天福，乾祐

在位时间：公元947～948年

谥　　号：睿文圣武昭肃孝皇帝

庙　　号：高祖

陵　　寝：河南睿陵

性　　格：沉默寡言，机敏权变

点评：

他以严刑治国，任用大批酷吏草菅人命，成为五代中最严酷的君主。

——赵剑敏

后汉高祖刘知远，沙陀人，幼年的时候，家境贫寒，以牧马为生。刘知远十几岁的时候，投到李嗣源的手下当了兵，由于作战勇敢，很快被升为偏将，和石敬瑭一起共事。李嗣源与后梁军作战时，大将石敬瑭受到梁军袭击，马鞍断裂，几乎被擒，危机时刻，刘知远果断与他换马，亲为他断后，石敬瑭深受感动，同时也对刘知远的勇武留下了深刻印象。多年以后，石敬瑭在出任北京留守时，奏请宗庄李嗣源，请求将器重已久的刘知远拨归麾下，从此引为亲信。

清泰三年（公元 936 年），石敬瑭与后唐决裂，刘知远力荐石敬瑭起兵，成霸业于晋阳（今太原）。石敬瑭担心自己不是后唐大军的对手，决定求援于契丹。刘知远全力支持他这个决定。但在许诺的条件上，他不同意石敬瑭既称臣又割地的做法。他对石敬瑭说："对契丹称臣就可以了，行以父亲之礼就太过了。只要用丰厚的财物去贿赂，就足以使契丹出兵，根本不必承诺向他们割让土地。割让土地，只怕日后会使契丹成为中原大患，到那时，就追悔莫及了。"但石敬瑭称帝心切，根本不听刘知远的建议，以至于酿成了日后辽兵南下灭晋之祸。

石敬瑭称帝后，论功行赏，先后加封刘知远为忠武军节度使、归德节度使。后晋天福六年（公元 941 年）七月，又任命他为北京

（太原）留守、河东节度使，总揽晋阳地区的军政大权。次年，石敬瑭病逝，遗诏刘知远辅政，由出帝石重贵即位。石重贵对日益坐大的刘知远深感不安，但因为对辽用兵，还需要借重刘知远镇守北方，便以怀柔手段拉拢刘知远，封其为太原王、拜中书令等职。刘知远权势更盛，遂立足晋阳，在河东招兵买马、扩充实力。这一时期，后晋与契丹关系破裂，两国战争时有发生，但驻守在河东的刘知远对契丹兵的屡屡侵扰不闻不问，石重贵几次让他发兵，他也置之不理，只是趁着乱世招降纳叛，数年间就在晋阳聚集了一支五万人的大军，河东的实力因此很快就超过其他的藩镇。

开运四年（公元947年），契丹攻灭大梁，后晋灭亡，整个中原处于一片混乱之中。当时，后晋诸藩镇被迫上表称臣，刘知远也派遣使者到开封，向契丹表示庆贺，却并不称臣。耶律德光心里不满，但忌惮于河东兵马强盛，也不好说些什么。使者回到晋阳后，向刘知远报告说，契丹兵蛮横残暴，在中原烧杀抢掠，很不得民心。许多地方的百姓自发组织反抗，各镇节度使也多是口服心不服。刘知远听了使者的报告后，认为有机可乘，决定兴兵自立。是年二月，刘知远在晋阳称帝，仍沿用后晋“天福”年号，以此笼络人心。

刘知远称帝后，各地的藩镇多不服其管辖，而河北、河南地区则完全被契丹占有，形势十分不利。针对这种局面，刘知远没有急着出兵，而是积极整军，修缮器械，等待着有利的时机。三月，耶律德光见中原人民反抗不断，引兵北回。四月，耶律德光病死，部下诸将忙于争夺皇位，无暇南顾。河南、河北的兵马也是人心惶惶，日夜难安。刘知远审时度势，采纳了手下大将郭威的建议，南下攻打契丹占据的河北、河南地区，很快就攻陷了洛阳、开封等地，契丹兵北遁，各地的后晋官员纷纷投降。六月，刘知远进入开封，改国号为汉，仍用天福年号，以开封为都城，史称后汉。他同时下令，凡契丹任命的节度使以及各级官吏均留任原职，不再变更。于是各地藩镇打消疑虑，陆续上表称臣。

七月，天雄节度使杜重威和天平节度使李守贞也相继表示臣服。但不久，杜重威就再度拥兵反叛。刘知远闻讯，下诏罢其官爵，并率军亲自攻打魏州。十一月，魏州粮尽，杜重威被迫出城投降。

这年十二月，刘知远因爱子病逝，悲伤过度，而致病倒在床，久久不见恢复。次年一月，刘知远在病床上宣布改元乾祐，并将自己的名字改为暠。十七日，刘知远病危，急召心腹重臣苏逢吉、史弘肇、郭威入宫，要他们辅立皇子李承祐。当天，刘知远驾崩于滋德殿（即万岁殿），终年54岁。死后葬于河南睿陵。

隐帝刘承祐

后汉隐帝档案：

生卒年：公元930～950年

父　　母：父，高祖刘知远；母，李皇后

后　　妃：不详

年　　号：乾祐

在位时间：公元948～950年

谥　　号：隐帝

庙　　号：无

陵　　寝：河南颍陵

性　　格：懦弱，温厚

点评：

隐帝以尚幼之年，嗣新造之业。受命之主，德非禹、汤；辅政之臣，复非伊、吕。将欲保延洪之运，守不拔之基，固不可得也。

——北宋·薛居正《旧五代史》

乾祐元年（公元 948 年），后汉高祖刘知远病死，次子刘承祐即位，是为后汉隐帝。隐帝即位后，朝政大权完全掌握在以杨邠、史弘肇、王章、郭威为首的武将和以苏逢吉为首的文人重臣手中。隐帝徒有皇帝之命，而无皇帝之实。而杨邠、史弘肇等顾命大臣虽然有辅政之才，但武人悍将，行事粗野，常不把隐帝放在眼里。隐帝有次赐给伶人锦袍、玉带，史弘肇大怒道："军士们驻守边疆，没给赏赐，这群巧言令色之徒给什么赏赐？"下令夺走皇帝所赐之物，还回宫中。还有一次，杨邠、史弘肇在朝堂上议事，刘承祐说："你们再仔细推敲推敲，别有谬误，让别人说闲话。"杨邠竟说："陛下不要插话，臣等自有道理。"隐帝心中忿恨，与权臣们的矛盾日益激化。

次年，辽世宗耶律阮得知刘知远去世，遂发兵南下，进攻后汉。隐帝忙派大将郭威去邺城做留守，防御辽兵。统领重兵的郭威离开后，隐帝打算封最宠爱的妃嫔耿氏当皇后，遭到杨邠、史弘肇反对，只好作罢。不久，耿氏抑郁而终。隐帝想以皇后之礼安葬，杨邠等人仍旧认为不可。隐帝大怒，在宠臣郭允明、李业的怂恿下，准备杀死杨邠和史弘肇等人。隐帝把这件事告诉太后。李太后听了，大吃一惊，说："这么大的事，不可以草率，要和宰相商量一下。"李业在一旁说："先帝说过，朝廷的大事，不必和那些书生们商量。"太后还想劝阻，隐帝不高兴地说："国家大事，闺门里的妇人知道什么！"说完，拂袖而去。

几天后，杨邠、史弘肇、王章三人早朝，刚走到广政殿前，就有几十名武士从殿中冲出，杀死三人。隐帝随后以"谋反罪"宣示朝野，下令尽杀其亲人与同党。郭威在邺城闻讯，给隐帝呈上奏章，替杨邠、史弘肇等人鸣冤叫屈。隐帝览表，杀心又起，太后劝阻，隐帝不听，命人前往邺城去杀郭威，同时命人杀尽郭威留在京城的宗室亲人。郭威得知后，立即以"清君侧"之名举兵南下，很快就到达汴京城下，隐帝慌了手脚，，要亲自出城迎战。李太后再次劝说道：“郭威乃先帝故旧，是自家人，何至于如此无情？只要紧守京城，再派人去安慰一番，误会定可消除！”隐帝不听，命慕容彦超率兵出城迎战。结果，慕容彦超全军覆灭，仅领着10余骑逃往泰宁（今山东兖州）。

隐帝本在慕容彦超军中劳军，此时军队大溃，只得率众返回京城。到玄化门，开封尹刘铢紧闭城门，不许他们入内，并命人放箭，杀隐帝手下数人。隐帝无奈，只得带了苏逢吉、聂文进和郭允明等人向西北奔逃，夜间宿于荒野，第二天正自仓皇逃命，忽见后面尘埃大起，众人以为是追兵，便慌忙下马，打算藏匿在村舍之中。郭允明贪生怕死，想以隐帝之首活命，于是快步抢上，狠命一刀刺死隐帝。兵马赶到，却非郭威追兵，而是隐帝的护卫亲兵。郭允明见见状，横刀自刎而死。苏逢吉也自刎而死，聂文进后也被追兵枭首。后汉至此而亡，传二世，国祚只有短短的5年。

五代·后周

太祖郭威

后周太祖档案：

生 卒 年：公元904～954年

父　　母：父，郭简；母，韩氏

后　　妃：柴皇后、张贵妃等

年　　号：广顺，显德

在位时间：公元951～954年

谥　　号：武孝皇帝

庙　　号：太祖

陵　　寝：河南嵩陵

性　　格：倔强，骁勇，英明

点评：

周太祖为扭转颓势，着手改革，局面为之一新。

——樊树志《国史十六讲》

太祖郭威像

后周太祖郭威，邢州尧山（今河北隆尧）人，幼年丧父，母亲改嫁后晋刺史郭简。不久，郭简被刘仁恭所杀。郭母于是带着年仅3岁的郭威迁到晋阳（今太原），后不久，郭母病逝。郭威小小年纪就成了孤儿，由姨母韩氏收养，姨母的家境也不宽裕，因此，郭威小的时候过着十分贫困艰苦的生活。长大以后，郭威生得身材魁梧，力大如牛，他勇武好斗，不爱种田。在他18岁那年，后梁潞州（今山西长治）节度使李继韬为了扩充势力，招兵买马，郭威于是和亲戚一起从了军。李继韬见郭威虎背熊腰，年轻气盛，十分喜欢，遂留他在帐下做了亲兵侍卫。

后来，李继韬为唐庄宗所杀，他的部众悉为收编。郭威因为略通文墨、兵法，虽被破格录用，任为军中校尉。后来，中原混战连连，这给郭威提供了一个施展抱负的平台，郭威也因功屡屡升迁。石敬瑭灭唐之后，郭威又在石敬瑭手下从军，之后成为刘知远部下。开运四年（公元947年），刘知远在太原称帝，任命郭威为枢密副使。刘知远在位一年便因病逝世。在临终前，他将太子刘承祐托孤于郭威和史弘肇等人。太子刘承祐即位，是为后汉隐帝，进封郭威为枢密使。当时河中节度使李守贞、永兴节度使赵思绾、凤翔节度使王景崇相继拥兵造反。朝廷屡次出兵讨伐，均无功而返。隐帝遂命郭威领军出征。郭威统兵有方，前后不到一年的时间就平定了三镇之乱。郭威因功被加封为检校太师兼侍中。同年十月，契丹入寇，北方诸州告急，隐帝认为只有郭威可以退敌，就以他为枢密使兼邺都留守、天雄节度使，统领河北诸军，抵御契丹。郭威大军到了邢州（今河北邢台）后，契丹知道他的勇猛，遂退兵北还。

乾祐三年（公元950年）十一月，隐帝听信谗言，杀害朝廷重臣杨邠、史弘肇、王章等人，并诛杀了郭威留在京城的妇孺宗亲满门，又派人带着密诏星夜赶到邺都，杀郭威以除后患。郭威闻讯后，咬牙切齿，于是起兵造反，旬月就杀到了京师。隐帝被部下所杀，朝廷无主，郭威于是总揽国事，请李太后临朝听政，还请求立刘氏后代为帝。李太后下诏立刘知远养子刘赟为帝，派宰相冯道前往徐州迎接刘赟。这时，契丹军乘机再次南侵，太后命郭威统军北征。但是大军刚到澶州（今河南濮阳县），将士们不肯走了，商议拥立郭威为帝。数千将士大声鼓噪说："我们拥戴郭公攻打京师，已经和刘氏结下深仇大恨，现在还要立刘氏为帝，替刘氏打仗，我们以后会有好下场么？"又有将士扯下黄旗，披在郭威身上，众军跪拜，齐呼万岁，响遏行云。事已至此，郭威只得率领大军回师开封。这时，刘赟已经到了宋州（今商丘县），郭威手下监军王峻派遣侍卫马军都指挥使郭崇威率领七百精骑昼夜兼程赶到宋州，拦阻刘赟。郭崇威到宋州后，杀掉刘赟心腹数人，招降其卫队，并把刘赟软禁在宋州。

李太后见状，被迫废刘赟为湘阴公，并于次年正月，宣示诰命，要郭威即位，并将后汉传国符宝授于郭威。郭威于是在崇元殿即位，改国号为周，年号广顺，史称后周。

郭威即位后，为了以绝后患，命人前往宋州杀掉刘赟。刘赟的父亲刘崇闻讯，大怒，自立为帝，是为北汉。刘崇占据着北方十二州之地，依附契丹，常年与后周作对。这年二月，刘崇就发兵五路攻打晋州（今山西临汾市），结果大败而回。十月，刘崇亲率精兵两万，联合契丹兵五万，再次入寇。郭威挥军反攻，十二月，天降大雪，刘崇和契丹军不敢久留，烧营夜遁。周军乘机追击，大获全胜。北汉兵跌入崖谷中死伤无数，契丹兵马亦损失很多。次年，郭威又率军平定兖州（今山东省兖州市）慕容彦超之乱，后周边境基本得到平定。

郭威不但在战场是员骁将，在治理国家上也有其过人之处。即位之后，郭威着手治理内政，革除积弊，使得初建的后周王朝，在黑暗的五代中，微露晨光。他从小经历了很多苦难，对民间疾苦也有亲身体会，所以上台后，首先废除前朝的一些苛捐杂税，同时均定田赋，安抚流民，鼓励百姓开垦荒地，进行农业生产。他又拨乱反正，选贤任能，治理各州、郡县，严禁各级官吏胡作非为，鱼肉百姓。对于前朝的严刑苛法，也予以废除，而实行了较为人道的处罚。比如，后汉规定，盗窃一文钱的就要处死，不是重罪的人又经常株连亲族，郭威上台后规定，不是反叛和杀害亲属之类的大逆不道的重罪，就不再株连亲族。

另外，郭威也非常注意节俭。他在即位伊始就对大臣说："朕出身微寒，尝尽人间苦楚，现在当了皇帝，怎么能养尊处优拖累天下百姓呢!"乃下诏禁止各地进奉美食及地方特产，还让人将宫中的玉器珍玩共几十件全部打碎在殿廷之上，以表示反对奢华之心。经过几年的治理，后周很快就出现了国富民强的迹象。不但国内社会安定，百姓安居乐业，在后周朝廷，更是文臣武将，济济一堂。

广顺三年（公元 953 年）十二月，才当了三年皇帝的郭威突然一病不起，他预感到自己大限将至，就把治国重担交给养子柴荣。因为他自己的亲生儿子早在邺城起兵时就被后汉隐帝刘承祐杀光了。次年元旦，郭威强忍病痛，临朝举行了朝庆大典，将这一年改为显德元年（954）并大赦天下。

郭威知道自己时日无多，就提前写好遗诏，将皇位传给晋王柴荣。他嘱咐柴荣说：“我死之后，陵墓务必从简，不要强征民工，也不要宫人为我长年守陵，更用不着在我的陵墓前立上石人石兽，用瓦棺纸衣下葬就可以了。安葬后，只需在墓前替我立一块石碑，上面刻几句话，就说我平生习惯节俭，遗诏命令用纸衣瓦棺下葬，嗣天子不敢有违，这样就可以了。”又告诫柴荣说：“我从前西征时，见到唐朝帝王的十八座陵寝统统被人发掘、盗窃，这都是由于陵墓里藏着许多金银财宝的缘故。汉文帝死后薄葬，所以他的陵墓至今完好无损。因此，你一定要按我的要求埋葬。到每年的寒食节，你可以派人来扫我的墓，如果不派人来，在京城里遥祭也可以。另外要把我心爱的盔甲、弓、剑分别葬于我作战过的战场，作为纪念。”

当晚，郭威死去，终年51岁，谥号“武孝皇帝”，死后葬于嵩陵。

世宗柴荣

后周世宗档案：

生 卒 年：公元921～959年

父　　母：父，柴守礼；母，不详

后　　妃：符皇后等

年　　号：显德

在位时间：公元954～959年

谥　　号：孝文皇帝

庙　　号：世宗

陵　　寝：河南庆陵

性　　格：刚毅沉稳，谨慎厚道，英武果断

世宗柴荣像

点评：

世宗区区五六年间，取秦陇、平淮右、复三关，威武之声震慑夷夏。而方内延儒学文章之士，考制度、修通礼、定正乐、议刑统，其制作之法皆可施于后世。其为人明达英果，论议伟然。

——北宋·欧阳修《新五代史》

后周世宗，名柴荣，是后周太祖圣穆皇后兄柴守礼之子。后被郭威收为养子，随着他南征北伐，立下无数的战功。郭威死后，因为嗣下无子，遂立养子柴荣为帝，是为后周世宗。世宗即位后，内修政事，外扩疆土，使后周的实力很快就超过了其他藩镇，这也为后来赵匡胤创立北宋一朝奠定了基础。

少年英雄　异姓继位

柴荣出生在邢州（今河北邢台）龙冈的一个富户家里。后来，家道中落，柴荣就投奔姑父郭威。郭威见他聪颖机灵，办事认真谨慎，加上自己嗣下无子，就收柴荣为养子，并改名郭荣。当时郭威家境也不富裕，柴荣就和其他的商人一起到南方去贩卖茶叶等物，以贴补家用。在这期间，他也不忘读书练武，逐渐成为一个文武全才的少年俊彦。后来，郭威成为军中大将，柴荣于是弃商从戎，跟随着郭威转战四方。开运四年（947 年）郭威辅助河东节度使刘知远建立了后汉政权，因功升任枢密副使，柴荣也因跟随养父立功获得了左监门卫将军的职位。

乾祐三年（公元 950 年），郭威被授为邺都（今河北大名县）留守、天雄军节度使，统领重兵坐镇河北。柴荣亦随之改任天雄军牙内都指挥使，兼领贵州（今广西郁林）刺史，协助养父掌军。不久，郭威领兵南下，进讨开封，柴荣便留守邺城，坐镇河北大本营。郭威建立后周后，任命柴荣为澶州（今河南濮阳）节度使，又封太原郡侯。柴荣在治理澶州时，就显示出杰出的政治才华。在他的治理下，澶州治内政治清明，百姓安居乐业。柴荣的治绩使他在地方上赢得了好名声，深为郭威赞赏。郭威屡次想升他官职，但为枢密使王峻阻挠，而未能实现。

广顺二年（公元 952 年）正月，慕容彦超在兖州（今属山东）起兵反周。郭威原打算亲自领兵出征，但遭到朝中大臣冯道等人的坚决反对，郭威就说："我若不亲征，只有澶州我儿子出征才行。"柴荣也几次上表请求征讨，但王峻怕兵权为柴荣所夺，便从中作梗，极力阻挠。最后，郭威只得亲自率军平定了慕容彦超之乱。

次年三月，王峻被郭威贬黜出京，柴荣才被任为开封尹，封晋王。十二月，后周太祖郭威病重，柴荣入主京师，代理朝政。显德元年（公元 954 年）正月，郭威病死，柴荣奉遗诏在郭威的灵柩前即帝位，是为周世宗。

高平之战　崭露锋芒

柴荣刚即位不到 10 天，北汉刘崇趁后周国丧，内部不稳，亲自率领精兵三万，会同辽国兵马五万余人，号称大军十万，杀气腾腾地向潞州（今山西长治）杀到。消息传来，后周朝臣一片慌乱。柴荣召集群臣商议对策，并提出要御驾亲征。宰相冯道等人坚决反对，认为刘崇自阳平之战后，胆气尽丧，必不敢再来，这一次肯定也是虚张声势而已。柴荣反对他的意见，说："刘崇趁我刚遭丧事，欺我年轻，想吞并中原，我必须亲自征讨他！"遂力排众议，亲自领军出征。

三月十九日，柴荣率领周军与北汉军队相遇于高平（今山西省高平市）之南，发起强攻，击溃了北汉大军。后来刘崇重整军马，迎战周军。北汉与契丹军兵马雄壮，气势很盛，周军将士显得有些惊慌。柴荣却斗志极其旺盛，亲自上阵督战。交战不久，后周右军将领樊爱能、何徽即领骑兵先逃，右军溃败，步兵千余人解甲投降北汉。柴荣见情势危急，亲自率领亲兵，冒着箭石督战。宿卫将军赵匡胤见状，厉声喝道："我主处境危急，我们怎么能不死战保护呢！"他又对殿前都指挥使张永德说："敌军虽盛，但力战可以破敌！请将军领军从左翼攻击，我率军从右翼进击，合力破敌。国家的安危成败就在此一举！"张永德听从了赵匡胤的计划，与赵匡胤各自率领两千精锐冲向汉军。柴荣此时也亲自上战场鏖战。周军士卒见皇帝与主将皆身先士卒，胆气倍增，无不以一当百，拼死与敌人决战。北汉大军无法抵挡后周军队将士如此猛烈的冲击，纷纷败退。刘崇见状，亲自举起红旗，企图稳住阵脚，然而兵败如山倒，败军如潮涌来，哪里遏制得住。刘崇无奈，只得领军奔逃。后周军乘胜狂追，连夜进击，穷追过高平城，汉军一败再败，尸体堆积的满山谷都是，丢弃的辎重、器械更是不计其数。刘崇仅率领着百余骑狼狈地逃回晋阳。

次日，柴荣进驻高平县城，开始对军队进行整顿。他在同张永德商量之后，把临阵逃跑的樊爱能、何徽以及裨将领70余人统统按照军法斩首示众，临阵投敌的士兵亦全部处斩，同时对作战有功的张永德、赵匡胤等将士给予重赏。经此一事后，周军风气大变，骄兵惰将无不知惧，军威由此大振，所向披靡。

五月，柴荣亲率大军围困晋阳。刘崇拼死抵抗，周军虽然军容强盛，但准备不足，晋阳久攻不下，不久粮饷又告急。五月末，连日降雨，三军将士疲惫不堪，许多将士先后染病。柴荣只得下令班师回朝，所获州县也全部放弃。这次战争后，北汉势力严重受损，虽然之后北汉也年年入寇，但已经不足为患了。天下再也没有人敢轻视郭威的这个异姓之子了。

回到汴京之后，柴荣立即着手整顿军队。他首先严明军纪，然后又对禁卫军进行了整顿，他将军中老弱者尽数裁汰，同时下令各地挑选精壮、勇猛的兵士输送进京，编为禁军。这样就建立起了一支攻必克、战必胜的威武之师，在以后的征战中，后周禁军往往起到决定战争胜负的关键作用。

励精图治　国富民强

柴荣自幼生活在社会底层，经历过人间的酸甜苦辣，懂得民间疾苦，深知当时社会的积弊。所以，在即位之后，他就力行改革，革除积弊，全面增强后周的国力。在击退北汉，回师汴京之后，他进一步地推广、深化了自己的改革措施。他的改革比郭威的改革更全面，也更加的彻底。

首先，整顿纲纪。五代政治极其黑暗，官吏贪污腐败，鱼肉百姓，民众苦不堪言。柴荣少时经商，走南闯北，深知其弊。因此，在他即位之后，就严明法纪，以峻法严刑打击贪赃枉法的官员。显德元年（公元954年），左羽林大将军孟汉卿额外多收税，柴荣发现之后，命他自杀谢罪。还有一次，他责令供奉官孙延希监督民工修建永福殿。孙延希利用职务之便，残酷压榨民工，弄得民工们以瓦盛饭，用树枝当筷子，柴荣得悉后大怒，立即下令斩孙延希示众。他还规定，凡是官员向他推荐之人，如果试用之后，发现是贪赃枉法之徒，那么，推荐者也要一并诛连处死。这些措施，极大地震慑了后周官员。后期，当官吏们比较奉公守法的时候，他用刑也就相对宽松了一些。五代以来，苛法严峻，法令繁杂，柴荣对之做了彻底修订，废除一些凌迟之类的酷刑，代之以较为人道的处罚方式，最终制定了较为完善的《大周刑统》，对北宋的《宋刑统》有着直接的影响。

柴荣用人，唯才是举，对于那些有真才实学的人，他不计较其名位资望的高低，往往破格予以录用。他即位后，下令各级官员，有什么政见或者看法，都可以写成奏章呈上，也可以当面和他商谈。在这个过程中，只要发现有杰出的人才，即予以录用。如魏仁浦本不是科举正途出身，柴荣不顾众人反对，破格任为宰相。

其次，发展农业，减轻赋税。柴荣在即位的当月就下诏：凡军中老弱，情愿回家种田者统统可退伍回家，不久又下令招抚各地流民，分给他们土地，鼓励他们垦荒耕田。柴荣还下诏清查户口，均定田租，规定所有人，无分贵贱，一律纳税，就连历代受优待免纳租税的孔子后裔，也被取消特权，照平民例缴纳租赋。这一措施打击了土豪劣绅，减轻了普通农民的租税负担，又增加了国家的赋税收入。为后周乃至北宋统一中国奠定了物质基础。

柴荣还命人兴修水利，扩建京城。显德二年（公元 955 年）四月，柴荣下令加宽汴京巷道，加筑外城，并对开封的内外皇城，以及民宅做了系统的规划。他发动 10 万民工，前后干了三年，终于使汴京的规模较之前拓展了一倍之多。汴京成为为当时全国规模最大、设施最完备、经济最繁荣的城市。后来，赵匡胤建立宋朝，定都于此，也是因为这个原因。

此外，柴荣在戎马倥偬的岁月里，还非常重视文化事业，他在整理历法、音乐、典籍等方面做出了突出的贡献。他曾请枢密使王朴，会同司天监，修订历法，制成《显德钦天历》，并颁布全国，加以使用。他又命王朴、窦俨等人考证雅乐，重定音律，使失传多年的唐代音乐得以恢复，并流传到宋代。柴荣还很注重史籍的保管。显德三年（公元 956 年），他命令史臣张昭等人修编太祖郭威、后梁末帝朱友贞，后唐闵帝李从厚、末帝李从珂等人的实录，填补五代书史上的空白。柴荣还下诏搜求遗书，使散落民间的典籍保存于国家史馆。

南征北伐　壮志未酬

柴荣久有统一中国之心。显德二年（公元 955 年）四月，他令近臣二十余人，各撰《为君难为臣不易论》《平边策》各一篇，探讨治国方略，统一中国之大计。在看完群臣献上的策论之后，他最终采纳比部郎中王朴的“攻取之道，从易者始”的建议，制定了“先南后北”的统一方略。

这年五月，柴荣派向训、王景率军西征后蜀，欲收复秦、风、成、阶四州（均在今甘肃省境内）。九月，大破西川军，秦、成、阶三州相继归附。十一月，周军最后攻克凤州，收复四州之地。之后柴荣审时度势，停止了对后蜀的攻击，将兵锋指向了南方较为强大的南唐。

南唐占据江淮地区，辖境 30 余州，广袤数千里，实力相当强大。柴荣在占领后蜀四州之后，命令大将李谷率军围攻南唐寿州（今安徽寿县）等地。李谷率兵攻寿州月余不克，探知刘彦贞援军将至，怕归路被断，退守正阳（今安徽正阳关）。次年初，柴荣率大军亲征，听闻李谷退兵，急派李重进领兵增援李谷。李重进率军渡过淮河，在正阳之东，斩杀刘彦贞及其部众万余人。二月，柴荣围攻寿州，久战不克，遂以重兵围困，另遣赵匡胤等大将攻取南唐其他诸州。后周军所向披靡，很快就攻占了南唐的滁（今滁县）、扬（今江苏扬州）、泰（今属江苏）等州。南唐皇帝李璟大为惊恐，遣使请和，表示愿意割地纳贡。柴荣打算尽占淮南，于是拒绝议和，继续派兵进击南唐。李璟求和遭拒，于是积极部署反攻。四月，天连降大雨，后周军缺乏水军战备，加上粮草不济，柴荣下令退兵，只留下一军继续围困寿州。到五月，柴荣返回汴京，下令建造舰船数百艘，连同所获的南唐军舟船，组建水军，同时命令南唐降兵教习水战。

显德四年（公元 957 年）二月，柴荣再次出征，率领着新造战船数百艘，水师数千人，沿颖水进入淮河。三月，柴荣披甲执锐，来到寿州前线，亲自指挥作战。他继续采取了“围城打援”的策略，命令水师和各路军马，痛击前来增援的唐军。在他的指挥下，周军全歼了寿州外围的南唐援军，缴获战舰粮船数百艘。寿州粮断援绝，守将开城投降。柴荣在占领这一战略重地后，领军返回汴京修整。

同年十月，柴荣第三次亲征南唐，目标是夺取全部的江淮之地。

十一月克濠州，继在洞口（今安徽五河东浮山下）破唐援军，乘胜东进，连破泗、海、楚（今江苏连云港西南）等州，军至高邮、扬州。次年正月，柴荣亲率战舰数百艘大败南唐水军，并趁势逼近金陵（今南京）。李璟害怕周军南渡，急忙遣使求和，献庐、舒（今安徽合肥、潜山）、蕲、黄（今湖北蕲春、黄州）四州，划江为界，纳贡称臣。柴荣怕再下江南，辽和北汉会在后方乘虚来攻，于是接受了南唐的投降，和南唐签订合约。至此，后周尽得淮南14州60县之地。后周国力骤然增强，也同时震慑了南方各割据势力，为北伐扫除了后顾之忧。

显德六年（公元959年）三月，柴荣亲自统军北伐。四月十七日，后周大军到达沧州，辽刺史王洪首先举城投降。不战而得城，周军士气大为振奋，随后加快了进军速度，二十六日抵达益津关（今河北霸县），契丹守将终延辉又开关投降。赵匡胤领军进至瓦桥关（今河北雄县西南），守将姚内斌献关投降。韩通领军进至淤口关（今河北霸县东信安镇），守将也献关归降。不久，契丹莫州刺史汉人刘楚信、瀛州刺史汉人高彦晖等又接连举城归降。柴荣出兵42天，兵不血刃，已收复了三关，共得3州17县之地，取得了五代以来对辽作战最大的胜利。柴荣调兵遣将，准备乘势直取幽州（今北京），但就在此时，柴荣突然身染重病，在众将的劝说下，才同意班师回朝。在撤军之前，柴荣将瓦桥关改名为雄州，将益津关改名为霸州，并留下韩令坤、陈思让两将率兵戍守，以待来年再次北伐。

五月末，柴荣车驾回到开封，病情略有好转，但为了以防万一，他册立已故的宣懿皇后之妹小符为皇后，封年幼的皇子柴宗训为梁王，一旦自己龙驭宾天，即由儿子柴宗训嗣承皇位。同时，任命范质、魏仁浦、王溥为相，总理朝政，又任命心腹大将赵匡胤为殿前都点检，统领禁军。

柴荣还想着出师北伐，希望病好后能再上征途，收复幽云十六州，统一天下，但他的病情却越来越重。六月十八日，一代圣主柴荣病逝于滋德殿，时年仅 39 岁，死后葬于庆陵。

恭帝柴宗训

后周恭帝档案：

生 卒 年：公元 953～973 年

父　　母：父，世宗柴荣；母，不详

后　　妃：无

年　　号：显德

在位时间：公元 959～960 年

谥　　号：恭皇帝

庙　　号：无

陵　　寝：河南顺陵

性　　格：软弱，无知

点评：

这是个仅七岁的黄口孺子，根本无力掌管天下。

——赵剑敏

显德六年（公元 959 年），后周世宗柴荣病逝，临死之前，将皇位传给自己年仅 7 岁的儿子柴宗训。柴荣死后，柴宗训即位，是为后周恭帝。因为皇帝年幼，由符太后垂帘听政，范质、王溥等主持军国大事。柴宗训即位后，给百官加官进爵，大军赵匡胤被任命为宋州节度使，封开国侯，掌握禁军大权。

次年正月初一，群臣正在向柴宗训做新年朝贺时，镇（今河北省正定县）、定（今河北省定县）两州忽然有人来报说，辽和北汉合兵南侵。大臣们慌作一团，小皇帝柴宗训征得宰相范质、王溥的同

意后，命令赵匡胤率领禁军前往迎敌。正月初三，禁军到达陈桥驿后，突然发动兵变，将黄袍加在赵匡胤的身上，拥赵匡胤为帝。赵匡胤随即率领禁军返回京师汴京。当时，京师守卫空虚，殿前都指挥使石守信、都虞侯王审琦都是赵匡胤的人，因此赵匡胤轻而易举地控制了京师。宰相范质、王溥利刃当前，也只得屈服，奉赵匡胤为新主。

五日，赵匡胤召集文武百官，翰林学士陶谷向众臣宣读柴宗训的禅位诏书，赵匡胤遂在崇元殿即位为帝。宋太祖称帝后，封 8 岁的柴宗训为郑王、太后符氏为周太后，居于西宫。

建隆三年（公元 962 年）柴宗训离开京师，到房州（今河北房县）定居。开宝六年（公元 973 年）柴宗训逝世，时年 21 岁。宋太祖将柴宗训葬于其父柴荣的庆陵之侧，谥曰"恭皇帝"，陵曰"顺陵"。

十国·吴

太祖杨行密

吴太祖档案：

生 卒 年：公元 852～905 年

父　　母：不详

后　　妃：李氏，史氏等

年　　号：天复，天祐

在位时间：公元 902～905 年

谥　　号：武皇帝

庙　　号：太祖

陵　　寝：兴陵

性　　格：宽厚仁信，果敢睿智

点评：

宽简有智略，善抚御将士，与同甘共苦。

——清·吴任臣

吴太祖杨行密，字化源，庐州（今安徽）合肥人，出生于一个普通的农民家庭。杨行密长大后，身材魁梧，力大如牛，据说可以轻而易举地举起一百斤重的东西，而且能日行三百里。在他20多岁的时候，黄巢农民起义军经过庐州，他应召入伍。后来被唐兵俘获，当时的庐州刺史郑綮见他相貌不凡，很有英雄气概就放了他。不久，杨行密在州里募兵的时候参加了本地的军队，由于他作战勇猛，经常立功，所以很快就升为队长，并奉命带领乡兵到朔方（今宁夏灵武西南）守边服役。一年后期满回来，因为得罪主管征调的军吏，杨行密再次被派到边疆戍守。临行的时候，军吏佯作好人，问他还需要什么，杨行密正值怒火中烧，厉喝道："还需要你这颗人头！"说时迟，那时快，手起刀落，寒光闪过，军吏已人头落地。杨行密于是号令诸营，自称为八营都知兵马使，率军占了庐州全境。不久，杨行密被唐朝廷招抚，淮南节度使高骈封他为庐州刺史。从此他以庐州为根据地，开始了拓土扩张，其势力逐渐向淮南等地拓展。

此时，淮南争夺激烈。坐镇扬州的淮南节度使高骈，老来昏庸，宠信方士，迫害功臣，致使上下离心。淮南将领毕师铎、宣州观察使秦彦起兵反叛，攻陷扬州，囚禁了高骈。高骈亲信吕用之带一部分兵马逃出扬州，假借高骈之名封杨行密为行军司马，命其速速率兵讨伐扬州叛将。杨行密认识到这是一个扩张自己实力的机会，于是率领全部人马火速赶往扬州。

五月，杨行密与吕用之合兵一处，驻扎于蜀冈。毕师铎率领精兵数万来攻。杨行密诈败，弃营而走。毕师铎的军队占领营寨后，就忙着争夺财物，乱作一团。杨行密乘机挥师反攻，毕师铎大败，兵马践踏，死伤不计其数。毕师铎一人回到了城中，恼羞成怒，就杀了高骈。杨行密得知后，哀声恸哭，命令三军缟素，随后以哀兵之势，攻下了扬州城。毕师铎夺路而逃。

杨行密进入扬州之后，才发现城中早已粮尽，居民大饥，甚至出现了吃人的情况。杨行密看到这般惨状，遂下令用军粮救济百姓，但仍旧无法满足百姓的需求。扬州城满目疮痍，不利于攻守，杨行密便率部回到大本营庐州休整。随后的几年里，杨行密又先后攻下了宣州（安徽宣城）、泗州（江苏）、濠州（安徽凤阳）、寿州（安徽寿春）等地，后又攻破孙儒的50万大军，重占扬州。杨行密为了扩充军事实力，还在孙儒的降卒中精选5000名强壮的士兵组成了自己的亲军。这支亲军待遇优厚，身披黑色重甲，所以又号称“黑云都”，后来成了杨行密作战时冲锋陷阵的主力。同在这一年，杨行密被唐朝廷任命为淮南节度使。几年后，又被唐昭宗封为弘农郡王。不久，朱瑾和李承嗣等著名战将相继来投，杨行密实力大增，自此以后，更是战无不胜，攻无不克。短短几年时间里，就占据了淮南、江东的大片地区。

杨行密势力不断膨胀，引起淮南周围的各个割据力量的不安。两浙钱缪、江西钟传、武昌杜洪纷纷遣使到长安，请昭宗派朱全忠出师讨伐淮南杨行密。这年九月，朱全忠军兵分三路，大举进攻淮南。面对敌众我寡的不利局面，杨行密采取了各个击破的策略，先后击败后梁军庞师古、葛从周等部，又决堤水淹后梁大军。后梁军死伤无数，庞师古阵亡，葛从周率领残部狼狈逃回汴京。朱全忠此后再也无力南下。杨行密也趁机休养生息，养精蓄锐，尽量避免与朱全忠直接对抗。

天复二年（公元902年），杨行密被唐昭宗正式封为吴王，成为唐朝的一个藩王。在政治上获得崇高的地位之后，杨行密就着手于内政的治理，增强吴地的实力。杨行密出身贫困，深知民间疾苦，所以在他上台后，就下令减轻农民的租赋，开仓赈济受灾的饥民。他注意招集流亡，奖励农桑，并严禁军吏有扰民、害民的行为。他深知自己的部下都是些勇猛暴戾之人，害怕他们为非作歹，鱼肉百姓，于是命人删定《格令》50卷，颁发给他们，以此规范他们的行为。在他的治理下，没过几年，千里江淮就又出现了歌舞升平的繁华景象。

对外，杨行密采取了较为灵活的外交策略。在淮南孙儒凶焰炽张的时候，他就联合朱全忠、钱镠对付孙儒。及至孙儒灭亡，朱全忠拥兵自重，他就联合李克用、李茂贞等人来对抗朱全忠，并打出拥唐讨逆的旗帜，以牵制敌人，保存自己。对那些弱小的割据势力，他则出兵攻伐，乘势吞并敌人，扩充自己势力。在钱镠势力较弱的时候，他主动出兵攻袭，夺取了苏南部分州县。等到钱镠实力壮大，他又主动讲和修好，并将女儿嫁给了钱镠的儿子，以此换取和吴越的和平共处。武昌杜洪实力较弱，他就把矛头对准了杜洪。经过几次的战争，杨行密最终取得胜利。杜洪被俘斩首，而其所占据的鄂州等地也全部收入杨行密囊中。

天祐二年（公元905年）十月，杨行密病重，召长子宣州观察使杨渥到扬州，任命他为淮南留后。十一月，杨行密病卒，享年54岁。其子杨渥承制继承了他的王位。乾贞元年（公元927年），杨行密被睿帝杨溥追谥为“武皇帝”。虽然杨行密在世的时候，没有建国称帝，但他以自己杰出的政治才华和毕生心血，奠定了吴国乃至于后来的南唐王朝几十年江南大国的基础。

烈祖杨渥

吴烈宗档案：

生 卒 年：公元 886～908 年

父　　母：父，太祖杨行密；母，李氏

后　　妃：不详

年　　号：天祐

在位时间：公元 905～908 年

谥　　号：景皇帝

庙　　号：烈祖

陵　　寝：绍陵

性　　格：懦弱猜忌，荒唐轻率

点评：

渥性猜忌，不能御下。

——北宋·薛居正《旧五代史》

吴景帝杨渥，字承天，是吴太祖杨行密的长子。他生性懦弱，喜欢玩球、饮酒，曾任宣州观察使。杨行密病重时，虽对这个儿子不满意，但因其他的儿子年幼，只得将他召回嘱咐后事，并指定由右牙指挥使徐温、左牙指挥使张颢辅佐他。天祐二年（公元 905 年），杨行密过世，杨渥继位为吴王。杨虽然是杨行密的长子，但毫无乃父之风，对战场之事更是不甚精通，也没有什么作战经验。因此在众臣根本

烈祖杨渥像

就瞧不起他这个吴王。再加上他耽于享乐，荒疏朝政，更让朝臣不能信服。杨渥的军权被几员大将瓜分到了各自的手里，他能直接指挥的只有守城的数千亲军。大权旁落，加上即位后进行的几场战争接连失利，使杨渥如坐针毡。但后来在一个偶然的机会下，杨渥灭掉了江西钟氏。从此以后，他自以为树立威信，变得狂妄自大，不把诸将放在眼里。徐温、张颢屡次劝谏他，都遭杨渥怒斥。杨渥担心他两人会起异心，就让心腹陈璠、范遇统帅东院马军作为护卫，监视徐温、张颢两人。徐温、张颢非常不满，于是密谋废掉杨渥，另立新主。

天祐四年（公元907年）正月，杨渥正在宫里处理事务，张颢、徐温率领200亲兵，手执刀剑直入庭中。杨渥十分惊恐，徐温、张颢表示只是要除掉陈璠、范遇等人。徐温历数陈璠等10余人的罪状，将他们棒杀。杨渥无可奈何，更不敢处罚他们。至此淮南的军政大权也就完全落入了张颢、徐温之手。

次年，张颢和徐温派亲信纪祥、陈辉等4人手持兵器闯入杨渥的王府，言明弑君。杨渥忙说："你们如果能反正，去杀掉徐温、张颢，我就封你们为刺史。"众人听了都心动，只有纪祥不答应，并且执刀将杨渥砍倒在地。见他还没有断气，纪祥就用绳索将他活活勒死，对外则宣称杨渥暴病而死。此时的杨渥才仅仅23岁，谥号"景皇帝"，庙号"烈祖"。

高祖杨渭

吴高祖档案：

生 卒 年：公元897～920年

父　　母：父，太祖杨行密；母，史氏

后　　妃：不详

年　　号：天祐，武义

在位时间：公元908～920年

谥　　号：宣皇帝

庙　　号：高祖

陵　　寝：肃陵

性　　格：懦弱无能，任人摆布

点评：

隆演少年嗣位，权在徐氏，及建国称制，非其意，常怏怏。

——北宋·欧阳修《新五代史》

吴高祖杨渭是杨行密的次子，初名瀛，又名隆演。天祐五年（公元908年），张颢、徐温合谋害死烈宗杨渥之后，两个人之间又产生了不可调和的矛盾。张颢积极活动，意图谋取淮南节度使之位。徐温当然不能同意，和谋士严可求等人策划着立杨渥之弟杨渭（杨隆演）为淮南之主。

杨渥死后第四天，张颢在王城密布士卒，召集诸将前来商议。他的士兵个个手握剑戟，分两列整齐站立，张颢披着甲胄坐在中间。诸将见此阵仗，都有些惶恐不安。等到众将到齐之后，张颢厉声问道："谁应该继承王位？"诸将心惊胆战，不敢作答。张颢接连喝问三次，都没有人敢回答。这时徐温的谋士严可求上前俯下身来，低声对张颢说："淮南军府这么大，自然要将军您来主持，不过其他人也是跟随先王出生入死的大将，如果您自立为淮南节度使，他们又怎会信服呢？不如拥立二王子杨隆演，您执掌大权更好。"一席话，说的张颢心神不宁，拿不定主意。严可求乘机从袖中拿出早已准备好的杨行密夫人史氏的一份教令，要求诸将拥立杨隆演为主，不要背负杨氏，行不义之事。诸将纷纷下跪表示遵命，张颢见事已至此，也只得垂手遵命。

事后，张颢请杨渥派徐温为浙西节度使，想让他离开扬州，途中借机加害。徐温知道张颢诡计，拒不赴任，并且秘密精选壮士三十人，歃血为盟，谋划杀掉张颢。他先杀掉弑君的纪祥等四人，再把杀害杨渥之罪全部推到了张颢头上，然后趁着诸将早朝之际，迅速捕杀张颢。张颢死后，徐温成了诸将中势力最强的人。杨渭任命他为左右牙都指挥使，掌握了淮南的实权。

天祐九年（公元912年），徐温与诸将拥立杨渭为吴王，自己为镇海节度使，同平章事。第二年，徐温迁往升州任刺史，在金陵（今南京）训练水军。他留下自己的长子徐知训在扬州执掌军国政事。

徐知训骄横残暴，目中无人，常常侮辱杨渭。有一次，徐知训在杨渭宴请他时喝醉了，竟逼杨渭和他一起演戏，他扮演参军，命杨渭扮演僮仆。杨渭不敢拒绝，只得照办。有时外出游乐，徐知训也要拉上杨渭作陪，并且动不动就要对其辱骂一番。杨渭生性懦弱，被骂了也不敢反抗，只是暗自唏嘘流泪。

天祐十五年（公元918年），吴将朱瑾痛恨徐知训无礼，便设计杀了徐知训，然后进王府报告杨渭说："臣下已经为大王除去此害。"并举起徐知训的头颅给他看，希望他能够振作起来，有所作为。不料杨渭却吓得魂不附体道："这件事我可不敢管。"边说边溜进了内室。朱瑾仰天长叹道："这小子实在没用，不足以成大事。"说着，便将徐知训的头颅狠狠地往柱子上扔去，大步走出王府。但此时，王府已经被徐知训的部下包围，朱瑾绝望自杀。

扬州事变之后，徐温急忙率兵赶回扬州，并命令养子徐知诰顶替徐知训，代理政事。徐知诰颇有政治才干，下敬群臣，上尊君主，对杨渭恭敬侍奉，从没有不敬之举，这令杨渭十分感动。

武义元年（公元919年），徐温等人拥立吴王杨渭为吴国王，改元武义，设置百官，宫庙、社稷、朝会、祭祀皆用天子礼仪。徐温升任大丞相、东海郡王等要职。其养子徐知诰任参知政事兼内外诸军事，大权完全掌握在他们父子手中。杨渭头顶着一个“吴国王”的空衔，没有任何实权。

武义二年（公元 920 年）五月，杨渭在郁闷中病卒，时年 24 岁，谥号“宣王”，葬肃陵。乾贞元年（公元 927 年），其弟杨溥称帝后，追尊他为“高祖宣皇帝”。

睿帝杨溥

吴睿帝档案：

生 卒 年：公元 900～938 年

父　　母：父，太祖杨行密；母，史氏

后　　妃：不详

年　　号：顺义，乾贞，大和，天祚

在位时间：公元 920～937 年

谥　　号：睿皇帝

庙　　号：无

陵　　寝：平陵

性　　格：仁慈稳重，懦弱寡言

点评：

杨溥兄弟，不过徐氏手上的傀儡而已。

——佚名

睿帝杨溥是太祖杨行密的四子，也是南吴政权的最后继承人。武义二年（公元 920 年），杨渭病逝，徐温等人拥立杨行密的第四个儿子杨溥继位。杨溥即位后，形同傀儡，南吴朝政大权早就牢牢地掌握在徐温父子手中。杨溥的主要活动主持一些重要的庆典和仪式。

有时候，他想出宫游玩，也必须经过徐温派来的亲信翟虔的许可。杨溥身为一国之君，却事事身不由己，心里的积怨越来越深。

顺义四年（公元924年），杨溥心血来潮，想去白沙观看楼船。在他再三的要求之下，翟虔才报请徐温，同意他前去。十一月，杨溥到白沙镇。徐温赶来朝见吴王。期间两人谈话的时候，杨溥故意把雨说成了水。徐温询问原因，杨溥答道："雨是翟虔父亲的名字，我避讳已经成习惯了。"堂堂的一国之君，还要避奴才的讳，这分明是杨溥在表达内心的不满。老奸巨猾的徐温听出了其中的弦外之音，不久，就把翟虔流放到了抚州。表面上，徐温放松了对杨溥的监管，但暗中对杨溥的监视更为严密了，并加紧了自己谋取帝位的行动。

徐温死后没几天，徐知诰就逼迫吴王杨溥称帝，并改年号为乾贞。

大和五年（公元933年），徐知诰效仿养父的做法，派儿子徐景通镇守扬州，执掌国政大权，自己则上疏告老返回金陵。他回到金陵之后，即着手建立大元帅府，制定了完备的臣僚制度，目的就在于为称帝做准备。次年，徐知诰又下令在金陵修建宫殿，准备让杨溥迁到金陵。杨溥识破了徐知诰的阴谋，知道自己到了金陵，无异于阶下囚，因此坚决反对迁都金陵。

徐知诰见此计不成，干脆直接让杨溥封自己为齐王，割升州等十州为齐国，以金陵为都，设置百官。随后，徐知诰亲自导演了一场劝进闹剧。让诸将到扬州为他宣扬功德，劝杨溥禅位于他。第二年八月，杨溥被迫下诏禅位给了齐王徐知诰。徐知诰乃在金陵称帝。

徐知诰称帝的第二年，迁杨溥到润州（江苏镇江）丹阳宫，并派重兵把守。同年十一月，杨溥被徐知诰派来的刺客杀死。享年39岁，葬于平陵。他的宗族被徐知诰迁到了泰州，后全部被杀。

十国·南唐

烈祖李昪

南唐烈祖档案：

生 卒 年：公元 888～943 年

父　　母：父，李荣；母，刘氏

后　　妃：宋皇后

年　　号：升元

在位时间：公元 937～943 年

谥　　号：光文肃武孝高帝

庙　　号：烈祖

陵　　寝：江苏钦陵

性　　格：仁孝厚道，有勇有谋

点评：

南唐政局稳定，社会清明，民勤本业，生产发展，物阜民丰，经济繁荣，成为诸国中社会最安定，经济最富庶，文化最昌盛的一片乐土，李昪于此功不可没。

——梁励

烈祖李昪，字正伦，徐州人，原名徐知诰，徐温的养子，是南唐政权的建立者。顺义七年（公元 927 年）徐温去世后，他废掉吴王杨溥，建立“大齐”，后改国号“南唐”，定都金陵，改元升元。他在位期间，勤政爱民，发展生产，使南唐国富民强。

李昪童年不幸，六岁那年父亲亡故，成了孤儿，因当地兵匪横行，伯父将他母子带往淮南一带。不久，母亲也不幸去世，伯父因无力抚养他，就把他送进了濠州（今安徽凤阳）的一所寺庙为僧。唐昭宗乾宁二年（公元 895 年），杨行密派兵支援山东的王师范，攻克濠州后得到了他，见其聪明机灵，长得也很招人喜爱，于是就想将他收为养子，但亲生儿子们极力反对，杨行密无奈只好把他送给部将徐温。李昪就做了徐温的养子，并改名为徐知诰。

徐知诰长大后，不但相貌出众，而且胆略过人，又仁厚孝顺，故深得徐温的喜爱。后来，徐温逐渐发迹，权力膨胀，徐知诰也跟着他平步青云。杨行密去世后，徐温辅立杨隆演，排除对手，逐渐掌握了军政大权，徐知诰也因此于天祐六年（公元 909 年）被授为升州（今江苏南京）防御使，兼楼船军使，让他在升州编练水军，不久之后又将其升为升州副使知州事。徐知诰在升州干得非常出色，安抚流民，发展农业生产，减轻农民赋税，又澄清吏治，罢免了一批贪官污吏，把升州治理得井井有条，政绩斐然。徐温看在眼里，喜在心头，对徐知诰更加器重。天祐十一年（公元 914 年），徐知诰加封为检校司徒，调往润州任刺史。

次年，徐温、徐知诰父子拥立吴王杨隆演为大吴国王，改元武义。杨隆演拜徐知诰为左仆射、参政知事，职位相当于宰相。顺义七年（公元 927 年），养父徐温去世，徐知诰击败徐温的嫡子徐知询，接掌金陵，独揽大权。同年，他逼迫吴王杨溥称帝，并改年号为乾贞。此后，徐知诰权倾朝野，便生出了取而代之的念头。

天祚元年（公元 935 年），徐知诰强迫杨溥迁都金陵，企图将之控制。杨溥识破了他的阴谋，拒绝前往，徐知诰便公开要求杨溥割升州等十州为齐国，自任齐王。天祚三年（公元 937 年），杨溥被迫禅位。徐知诰接过皇冠，建国号为齐，改元升元。有些大臣上奏请求他恢复李姓，立唐为宗庙。但为了稳定朝政，徐知诰没有答应。直到升元三年（公元 939 年）二月，徐知诰才在众臣的强烈要求下，改国号为大唐，史称南唐，并改名为李昪，是为南唐烈祖李昪。

李昪在位期间，长期奉行保境安民的基本国策。对内，他勤于政事，澄清吏治，减免百姓赋税，鼓励百姓进行农桑生产。他还提倡节俭，反对铺张浪费，且以身作则，身穿粗布旧衣，饭食也很简单，也没有扩建宫殿，宫中留用的宫女也不多，还一再裁减；对外，他尽量与各国通好，不到万不得已之时，不起刀兵。有一年，敌国吴越发生了特大火灾，宫室和府库都被烧得异常惨重，兵器铠甲几乎被烧尽了。这时，大臣们提出乘此千载难逢的良机，发兵灭掉吴越。徐知诰不但没有答应，反而派人到吴越去慰问，此后又送去大量物资救济，从此两国恩怨尽消，长期地友好相处起来。通过他的精心治理，南唐境内户口大增，国库充盈，百姓安居乐业，江淮呈现出一派繁荣景象，成为当时十国中经济和文化最先进的地区之一。

然而晚年的时候，李昪也和其他皇帝一样，梦想长生不老，竟然迷恋上服食丹药。升元七年（公元 943 年）的一天，李昪吞食丹药毒性发作，太医吴延绍急忙遣使召其长子李璟进宫服侍，当天夜里，李昪就在痛苦中死去，终年 56 岁。临终前，他幡然醒悟，嘱咐李璟不要学自己吞食丹药，也不要去学隋炀帝，自恃强大而擅动兵戈，要勤政爱民，做个明君。李昪死后，葬于钦陵。

元宗李璟

南唐元宗档案：

生 卒 年：公元 916～961 年

父　　母：父，烈宗李昪；母，宋氏

后　　妃：钟皇后

年　　号：保大，中兴，交泰，显德等

在位时间：公元 943～961 年

谥　　号：明道崇德文宣孝皇帝

庙　　号：元宗

陵　　寝：江苏顺陵

性　　格：昏暗懦弱，多才偏信

点评：

中主李璟政治上虽昏庸无能，却是著名词人。

——白寿彝《中国通史》

南唐元宗李璟，原名徐景通，是南唐烈祖徐知诰（李昪）的长子。徐景通自幼对文学特别感兴趣，举止优雅，文采斐然，10 多岁时，就被封为驾部郎中，后来又加诸卫将军。父亲执掌吴国大政之后，又拜司徒平章事、知中外诸军事等官职，并派他到扬州管理政务。

烈祖在位时，对于皇储的人选，一直犹豫不决。按照封建传统，当立嫡长子李璟为皇太子。但李璟写写辞章倒是一把能手，治理政事却是差强人意。于是，烈祖打算让政绩斐然的次子李景迁继承自己的基业，然而不幸的是，景迁在 19 岁那年，就因病去世了。烈祖十分悲痛，又想把皇位传给才华出众的四皇子景达，但景达毕竟年纪太小，而且如果废长立幼，免不了为以后的皇位之争留下祸根。烈祖考虑再三，还是决定让长子李璟当东宫太子，继承自己的皇位。升元七年（公元 943 年），烈祖李昪驾崩，李璟却没有马上即位，而是打算把皇位让给弟弟景遂。经过大臣的奋力劝解，他才即位，改元“保大”，并大赦天下。

李璟没有治世之才，却一心想着建功立业。他不守父皇遗命，罢黜了父亲时期的元老重臣，而启用了五个和自己兴趣相投、专事谄媚的佞臣冯延巳、冯延鲁、魏岑、陈觉、查文徽，史称“南唐五鬼”。这几个人以阿谀奉承为能事，追名逐利，结党营私，致使南唐政治陷入了一片黑暗。他们改变了烈祖保境安民的既定国策，不断地侵犯周边国家，攻灭闽、楚，虽然增加了七州的新增土地，但随之而来此起彼伏的反叛斗争，令南唐疲于应付。这两次战争，极大地消耗了南唐的库存军费，伤了南唐的元气，其国力也开始显露颓败之势。

保大十三年（公元955年），周世宗柴荣派兵攻打南唐，兵锋所指，势如破竹，先后攻陷南唐寿、泗、海、楚、扬州等地，并且陈兵江淮，进逼金陵。李璟在这种情况之下，只得割让江北淮南十四州给后周，以求苟安。后来，后周日益强大，李璟为求偏安，乃下令自废帝号，称国王，同时废除南唐年号，而改用后周年号，还为了避后周信祖（郭璟）之讳，把名字改为了李景。

南唐显德七年（公元960年），后周大将赵匡胤发动政变，建立北宋，南唐继续向北宋称臣。次年二月，李璟留下太子李从嘉在金陵监国，自己则带着嫔妃大臣迁往南都洪州（江西省南昌）。到达洪州后，群臣日夜思归，李璟也郁郁寡欢，六月病逝于长春殿，享年46岁。临终前遗嘱留葬在南昌西山，但后主李煜后来仍将他的梓宫迎回金陵，葬于顺陵。

值得一提的是，李璟虽然在政治上昏庸无能，但文学造诣极高。他擅长书法，更写的一手好词。他的词流传至今虽然不多，只有六首，但大都是名篇。如他的“细雨梦回鸡塞远，小楼吹彻玉笙寒”更是流芳千古的名句。后人将他与其子李煜的诗词整理为《南唐二主词》。

后主李煜

南唐后主档案：

生 卒 年：公元937～978年

父　　母：父，元宗李璟；母，钟皇后

后　　妃：皇后大周后、小周后等

年　　号：建隆，乾德，开宝

在位时间：公元 961～975 年

谥　　号：文宪昭怀孝懿皇帝

庙　　号：无

陵　　寝：河南金陵

性　　格：多愁善感，才艺超群

点评：

南唐李后主虽多才多艺，但不抓政治，终于亡国。

——毛泽东

后主李煜像

南唐后主李煜，字重光，原名李从嘉，南唐中宗李璟第六子，烈祖李昪之孙。李璟死后。李煜嗣位，此时南唐已不复昔日风光，在强大的北宋面前，只得称臣纳贡以求偏安江南。宋开宝八年（公元 975 年），北宋灭唐，李煜被俘往汴京。他在苦闷中度过几年后，被太宗赵光义毒杀。李煜虽然在政治上无所作为，但他却是一位词坛巨匠，给我们留下了许多优美动人的词章。

命运错位做君王

李煜自小就与众不同，尤其是他的长相，丰神俊朗，玉树临风，更有一目是重瞳，按照相面人的说法，这是帝王之相。李煜多才多艺，不仅文章出众，而且擅长书法和绘画，造诣也很深。加上他为人厚道，所以备受大家喜爱。李煜原本是中主李璟的第六个皇子，按传统的封建继承制度，皇位是轮不到他来坐的。但世事就是这么的奇妙。他前面的五个皇兄中，除了大哥李弘冀外，四个早年就死了。李弘冀是李璟长子，很有政治才能，但疑心也很重。为了保证自己能顺利继承皇位，李弘冀毒杀了自己的叔父景遂，对自己的弟弟李从嘉也放心不下。李从嘉知道哥哥心思，就敬而远之，把精力放在自己喜欢的诗词上，一方面这个真的是他喜欢的生活，另一方面也避免了卷入皇位争夺的漩涡之中。在他的心目中，诗词歌赋尤胜过皇位。然而天不遂人愿，哥哥李弘冀只活了 19 岁就离开了人世，南唐兴衰的大任最终还是落在李从嘉的头上。

南唐建隆二年（公元 961 年），李璟迁都洪州，封李从嘉为太子，总揽国事，镇守金陵。同年六月，李璟在洪州病逝，李从嘉继位，改名李煜，是为李后主，开始他的屈辱为帝之路。

李煜生性仁厚，即位后，他即下令减轻赋税，放宽对百姓的处罚，同时鼓励百姓进行农桑生产。但这些措施并不能改变南唐国势江河日下的态势，在强大的北宋面前，南唐仍显得那么弱小。李煜对此深有体会，因此继续采取了父亲李璟的策略，对北宋称臣纳贡，并沿用北宋年号。

李煜在尽力侍奉北宋的同时，也不忘享受。南唐烈祖李昪崇尚节俭，但其后世子孙却大都喜好奢华。李璟在位时，就大兴土木，建造精美的亭台楼阁，供他和南唐的文人雅士吟诗作赋。及至李煜，尤胜乃父。他崇尚佛事，就广建佛塔，他建造的摩天塔，高耸入云，巧夺天工。他爱美人，就建筑殿亭宫苑多处，日夜与美人在里面风花雪月。宫中有一嫔妃名窅娘，天生丽质，尤善于歌舞，倍受他的宠爱。李煜就诏令以黄金铸六尺莲台，饰以珍宝、璎珞等物，竭尽奢侈。当李煜还在纵情声色、纸醉金迷的时候，北宋赵匡胤已经磨刀霍霍，准备南下灭唐了。

国破为虏 物是人非

宋太祖赵匡胤按照“先南后北”的策略，经过十余年的战争，已经接连灭掉了南方的后蜀、南汉等割据政权，置南唐于三面夹击之中。开宝七年（公元 974 年），赵匡胤遣使要求李煜前往汴京觐见。李煜深知肯定是一去不返，便以疾为由，拒绝入朝。赵匡胤于是以此为借口，任命大将曹彬为统帅，率军 10 万进攻南唐。南唐国势垂危，可是幼稚的李煜还寄望于遣使求和，作最后的垂死挣扎。宋太祖面对南唐使臣，直截了当地道：“卧榻之侧，岂容他人鼾睡？”回绝了李煜请求。至此，李煜才知道求和已无可能，只好破釜沉舟，背水一战了。他下令全国戒严，抵抗宋军。在大臣的建议下，李煜还下令废除北宋年号，建年号为“甲戌岁”，以示抵抗到底之心。

当时，南唐作为南方的第一强国，拥兵数 10 万，本堪一战，但南唐多年来不修武备，加上李煜不通军事，不能识人，因此屡战屡败。他先是中了赵匡胤的反间计，错杀了南唐第一名将林仁肇，后又委兵权于都指挥使皇甫继勋。皇甫继勋根本是个庸才，与宋屡战屡败，还隐瞒军情。等到李煜察觉的时候，宋军已经兵临城下，李煜陷入了绝望。

十一月，北宋大军攻陷金陵，李煜率领南唐文武百官投降。曾辉煌一时的南唐政权，至此灭亡。

第二年春，李煜被押解到北宋首都汴梁，朝见赵匡胤。赵匡胤赦其死罪，封他为光禄大夫、检校太傅、右千牛卫上将军、违命侯，其妻小周后也被封为郑国夫人。同是这一年，赵匡胤在“烛影斧声”中不明不白地死去，他的弟弟赵光义即位，是为宋太宗。宋太宗对李煜更为猜忌。

太平兴国三年（公元 978 年）的一天，太宗派南唐旧臣徐铉去看李煜，两人见面后相拥的大哭起来，李煜叹息道：“当初错杀潘佑、李平，悔之不已！”太宗听说后，勃然大怒。对他的猜疑之心更重了。这年七夕，恰是李煜 42 岁的生日，李煜命府第中的伶人作乐庆贺，声闻于外。宋太宗十分震怒，又听说李煜填了新词，词中有“小楼昨夜又西风”“故国不堪回首月明中”等句，更加生气，认为李煜是贼心不死，贪恋皇位，眷念故国，于是命人赐牵机药毒杀了他。李煜死后，被葬在了洛阳邙山，不久之后，他的爱妻小周后忧郁成疾，也随他而去了。

绝代才人　千古词章

李煜虽然在政治上昏庸无能，但其艺术才华却非凡。他精通书法，善于绘画，通晓音律，在诗文方面均有一定造诣，尤以词的成就最高。他的词风格细腻婉约，千百年来一直传诵不衰。他被称为“千古词帝”。

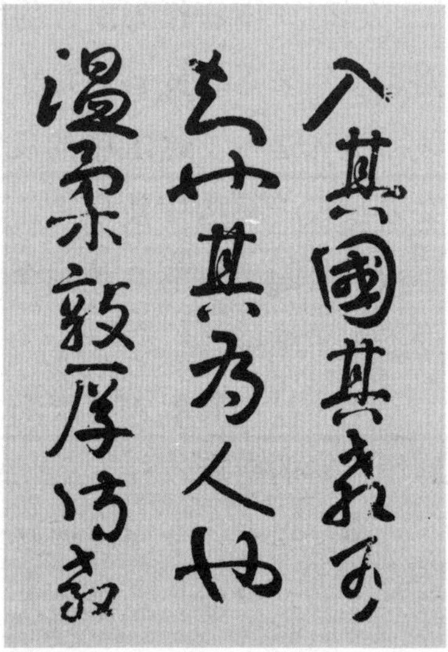

李煜书法

李煜自小受父亲李璟以及其身边的一些文人墨客的影响，在艺术方面颇有天分。他不仅能作诗词，而且善于书法绘画，他的书法很有特点，人谓之“金错刀”。他擅长绘画，他的画多以山水竹石为题材，刻画细腻，栩栩如生。宋代的《宣和画谱》曾收录了他多幅作品，只可惜已经失传。李煜还爱好音乐，擅长音律，他曾和宠妃大周后一起，根据所得的《霓裳羽衣曲》残谱，将之重新复原，使得失传了两百多年的《霓裳羽衣曲》能够再放光芒。李煜最引以为傲的还是他的词。他的词流传至今的有 30 多首。这些词随着他人生经历的变化，分为前后两期，其风格亦各有不同。在他为南唐之主时，其词主要为宫廷艳词，多以欢快的笔调描写宫廷生活的艳丽和淫靡。南唐亡国之后，他的词主要描写了自己心里的抑郁和苦闷。这时期的词凄凉哀怨、意境深远，其艺术成就亦远远超过了前期。

李煜早期的词多以歌咏爱情为主，这主要和他的两位宠妃大小周后有关。大周后，名娥皇，是一位姿容曼妙的才女，不但精通经史，擅长音律歌舞，还弹得一手的好琵琶。19 岁那年，周娥皇嫁给李煜为妻。婚后，夫妻两人鹣鲽情深，经常在宫苑之内一起吟诗作赋、编排歌舞，常常是由李煜作词，娥皇谱曲。可惜好景不长，北宋乾德二年（公元 964 年），周娥皇因病去世，李煜悲痛万分，亲笔撰写数千言的诔文，以示哀悼，其中有这样几句："双眸永隔，见镜无波。皇皇望绝，心知如何！暮树苍苍，哀摧无际。历历千欢，多多遗致。"真可说是一字一泪，感人肺腑。

娥皇死后，李煜的恋爱对象变为了她的小妹妹周嘉敏，史称小周后。小周后美貌绝伦，才艺也不输自己的姐姐，加之年纪尚小，正是天真浪漫之时，李煜对她更为宠爱。后来，小周后与他一起被掳往汴京。在汴京，夫妻二人寄人篱下，度过了一段屈辱的日子。小周后因其貌美，常被宋太宗赵光义召进宫里侍寝，李煜悲愤交加，日夕以泪洗面，此间更写了许多脍炙人口的词句。如他的《虞美人》《浪淘沙》《乌夜啼》《相见欢》等，至今还在被世人传诵至今。

十国·吴越

武肃王钱镠

吴越武肃王档案：

生 卒 年：公元 852～932 年

父　　母：父，钱宽；母，水丘氏

后　　妃：陈氏、许氏、吴氏等

年　　号：天宝，宝大，宝正等
在位时间：公元907～932年
谥　　号：武肃王
庙　　号：太祖
陵　　寝：杭州钱王陵
性　　格：机警，善谋，明智

点评：

他改进了讲求奢华的陋习，重视居安思危，不求表面华饰，筑城垣，修堑壕，使徐、许作乱时，无法入城，吴越国免遭覆亡的危险。他用良才，定良策等，使吴越真正成为当时全国的富庶之地。

——许继琮

武肃王钱镠像

吴越武肃王钱镠，杭州临安（今属浙江）人，是吴越国的创建者，字具美（一作巨美），又有一个奇特的小名“婆留”，或叫“婆留喜”。传说，他出生的时候，他的父亲钱宽见婴儿面相怪异，认为不祥，要把他扔进井中，后被祖母苦苦拦下，才得以保住一命。因此，就有了“婆留喜”的小名。

钱镠年轻时候，不爱耕田，喜欢舞枪弄棒，家乡的人视他为无赖。后来，因家境窘迫，钱镠又去贩卖私盐，还曾做过强盗。在他24岁那年，临安石镜镇守将董昌招兵买马，钱镠于是和几个伙伴投军，成了一名兵卒。钱镠武艺出众，作战勇敢，很快就成为董昌麾下的一员骁将。不久，黄巢军入浙，钱镠建议董昌说，敌众我寡，应该智取。他率领20名勇士在山谷中设伏，杀死黄巢先锋军数百人。然后他将部队布署在一个叫做“八百里”的地方，告诉路旁的一位老妇人，如果后边有人问路，就说临安兵驻守八百里。黄巢的部队到了后，不知道八百里是地名，以为是驻兵真的有八百里之远，遂撤兵退走了。

这件事后，朝廷论功行赏，董昌被封为杭州刺史，而钱镠也被擢升为杭州兵马都指挥使，初步掌握了杭州兵权。不久，董昌与越州（今浙江绍兴）的义胜军节度使刘汉宏发生了摩擦。钱镠奉命领兵渡江出击，攻占越州，擒杀刘汉宏。董昌入越州，代替刘汉宏的职位，而钱镏则做了杭州刺史。景福二年（公元893年）二月，董昌见唐朝廷已无力控制局势，各地藩镇公开割据，在左右的蛊惑下，自称皇帝，国号大越。钱镠见时机来临，便向唐朝廷举报了董昌的反叛之事，唐昭宗便下诏罢黜董昌的所有官爵，封钱镠为彭城郡王，命他出兵讨伐董昌。几年后，钱镠击败董昌，并杀之，兼并越州等地。朝廷以他平叛有功，让他兼领镇海、镇东两军节度使，并封他为越王，后又改封吴王，还赐他免死铁券。至此，钱镠不但在政治上获得较高的地位，而且尽占浙东、浙西十三州之地，基本奠定了吴越国的疆域范围。

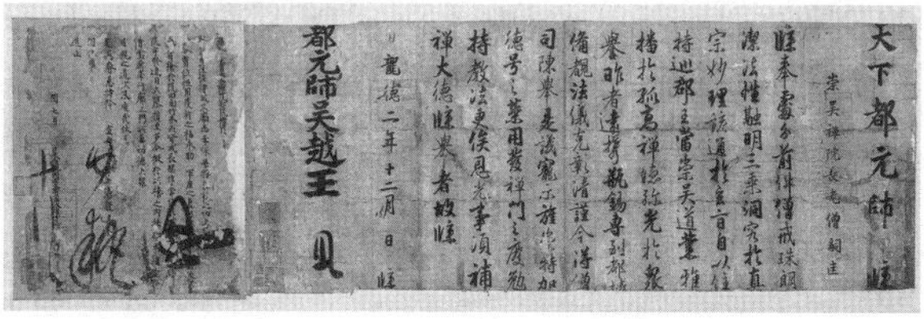

钱镠文状　五代

钱镠功成之后，衣锦还乡，回到了他曾经被视为无赖的地方。他大摆排场，把家里的房子修建得异常豪华精美。当众人围着他奉承的时候，他的父亲钱宽却躲了起来。钱镠忙去问其原因，钱宽说：“我们家世代以打鱼种田为生，从没有这么富贵。你现在发迹了，但周围都是敌对势力，我不愿见你，是怕将来你把灾祸带到家里来。”钱镠听了，深受震动，表示一定要记住父亲的嘱咐。自那以后，他不再讲究排场，而是致力于保境安民，为百姓谋福利。

钱出生在农民的家里，深知民间疾苦。他上台后，鼓励垦荒，劝课农桑，广泛兴修水利，发展经济。尤其是他修筑的捍海石塘，泽被后世，千百年来，一直为人所称道。相传，后梁开平四年（910年）八月，钱镠为了治理钱塘江潮患，组织了二十余万军民在侯潮门、通江门一带大规模修筑塘堤。开始的时候，因为海潮太大，河堤无法筑成。钱镠遂命五百名硬弩手在岸边站成几排，一齐向潮头射箭。箭如雨下，海潮终于退去。潮落之际，钱镠命人砍来山中的大树，打夯入水中，前后树立了九排，又命人劈开竹子，编成巨大的竹笼，里面装上巨石，填土，然后放进水中阻挡海潮。经过几个月的奋战，终于建成了这座举世闻名的捍海石塘。后人为了纪念他的功绩，称这条海塘为“钱氏捍海塘”，或“钱氏石塘”。

吴越地小国弱，又与吴、南唐等强国为邻，钱镠自知处境险恶，遂在政治上采取了主动向中原政权称臣的策略，以此作为和周围割据势力抗衡的资本。不管中原由谁主政，他都纳贡称臣，求得封号，从而保持本地的安定。在唐亡之前，他忠于唐朝；在朱温篡唐建梁以后，他又效忠于后梁，从后梁那里得到了吴越王，兼淮南节度使的头衔。后唐灭梁以后，钱镠又向后唐上表称臣，不仅得到了吴越国王、天下兵马都元帅的头衔，而且还得到了玉册金印，以示恩宠。钱镠于是就自称吴越国王，虽然没有称帝，但许多制度和皇帝基本相同。

后唐长兴三年（公元932年）三月，钱镠病逝于钱塘，终年81岁。他临终前嘱托子孙们要善事中原，不要因为中原王朝更迭，就改变和中原王朝的友好关系。这一遗训被其子孙恪守，使得钱氏吴越政权在五代十国中存在时间最为长久。钱镠死后葬于安国县（今浙江杭州一带）衣锦乡茅山，谥曰“武肃王”。

文穆王钱元瓘

吴越文穆王档案：

生 卒 年：公元 887～941 年

父　　母：父，武肃王钱镠；母，陈氏

后　　妃：马氏

年　　号：用中原王朝年号

在位时间：公元 932～941 年

谥　　号：文穆王

庙　　号：世宗

陵　　寝：杭州龙山南

性　　格：聪明果决，英勇奢侈

点评：

元瓘幼聪敏，长于抚驭，临戎十五年，决事神速，为军民所附，然奢僭营造，甚于其父，故有回禄之灾焉。

——北宋·薛居正《旧五代史》

吴越世宗钱元瓘，原名钱传瓘，是钱镠的第五个儿子。钱传瓘出生的那年，钱镠刚刚被僖宗任命为杭州刺史、领左卫大将军。唐昭宗天复元年（公元 901 年），钱传瓘承制被授礼部尚书。次年，钱镠部将徐绾、许再思谋反，与吴王杨行密麾下的宣州观察使田頵合兵围攻杭州。钱镠遣使求和，杨行密同意撤军，但需钱镠献子为质。钱镠问遍诸子，皆面有难色，时年十六岁的钱传瓘此刻挺身而出，自愿作人质。几年后，田頵兵败被杀，钱传瓘趁机逃回杭州。

成年后的钱传瓘智勇双全，跟随父亲，屡立战功。天祐二年（公元 905 年），处州刺史卢约之弟卢佶领兵侵犯永嘉，钱镠命钱传瓘率师讨伐，钱传瓘避敌精锐，以奇兵偷袭的方式大败敌军，斩杀卢佶。后梁乾化三年（公元 913 年），淮南行营招讨使李涛率兵两万进犯吴越，钱传瓘又受命率师迎战，他利用地形的优势，诱敌深入，最终于千秋岭生擒了李涛。

后梁贞明五年（公元 919 年）夏，钱镠大举伐吴。钱传瓘被任命为水战诸军都指挥使，率领 500 余艘战舰自水路进攻淮南。他事先命人在船上装上石灰、豆子、火油等物，旁人大惑不解，他却镇定自若，胸有成竹。交战时，吴国艨艟巨舰，向着吴越水军猛冲过来。钱传瓘见敌军势大，暂避锋芒，命令水师滑向一边，躲过敌军的第一波攻击。南吴水军见没能把吴越舰队冲散、急忙掉转船头再次组织进攻。无奈舰体高大沉重，又变成了逆风，停在江中，无法前进。钱传瓘见时机已到，命令吴越水军发动进攻。吴越舰船顺风直下，冲向南吴舰队。待两船相接时，钱传瓘又命吴越兵往空中抛洒石灰。石灰顺着风势，全都吹向南吴舰船，南吴水军被迷得睁不开眼睛。吴越兵又把豆子撒向对方舰船。豆子在船甲板上到处都是，南吴士兵站立不稳，踩到豆子上便被滑倒。南吴水军于是大乱，钱传瓘趁势纵火烧船，火借风势，烧得南吴舰队七零八落。这一役，吴越俘虏南吴裨将 70 多人，格杀士卒 1000 余人，焚毁战舰 400 艘，大获全胜。淮南因此向吴越求和。事后，钱传瓘以功被封为镇海军节度副使、检校司徒。后来，又加封为检校太师、中书令等职位。

后唐长兴三年（公元 932 年）三月，钱镠病卒，临终遗诏传位于五子钱传瓘。钱传瓘遂于父亲灵柩前继位，改名元瓘。钱元瓘继承王位之后，遵从先王钱镠遗命继续推行尊奉中原的政策，采用中原大国年号，先后臣服于后唐、后晋两朝。在位期间，他任命处州（今浙江省丽水市）刺史曹仲达为知政事，帮忙处理朝政；又设置择能院，选两浙文人名士为官。他还很注重农业生产，上台后即劝课农桑，鼓励百姓垦荒耕田，并积极发展与日本、朝鲜半岛古国的友好交流，使得吴越国继续保持安定繁华的局面。然而，同其父钱镠一样，钱元瓘重视经济发展的同时也贪图享受。他在位时期大兴土木，营建宫室，穷极奢侈，劳民伤财。

后晋天福六年（公元 941 年）六月，杭州城突然起了大火，先是民宅遭火，而后王宫也起火，火势汹涌蔓延，无数间富丽堂皇的宫室楼台灰飞烟灭。其间，钱元瓘躲避到何处，火势就向何处蔓延。钱元瓘由是受惊病倒，八月病卒，谥“文穆王”。

忠献王钱弘佐

吴越忠献王档案：

生卒年：公元 928～947 年

父　母：父，文穆王钱元瓘；母，许氏

后　妃：不详

年　号：用中原王朝年号

在位时间：公元 941～947 年

谥　号：忠献王

庙　号：成宗

陵　寝：杭州龙山西南

性　格：英明，温和，恭谦

点评：

恭勤庶务，绍开霸图，有果断之名，无酣嗜之累，以致兴复宫室，开拓土疆，光有大功，聿修厥德，而享祚非永，孰不哀哉！

——北宋·钱俨《吴越备史》

钱弘佐，字元祐，是钱元瓘的第六个儿子，母许氏。后晋天福六年（公元 941 年）八月，钱元瓘病危，打算传位于第六子钱弘佐。

但钱弘佐是时才只有 14 岁，还只是一个少年，钱元瓘犹豫不决，便对心腹章德安说道：“弘佐年纪太小了，难当大任，是否选择宗室中年纪长者继承王位?”章德安安慰说：“世子虽然年幼，但是聪慧英明，深为臣下所服，请大王不要为此忧虑。”钱元瓘这才放心，决定让钱弘佐做自己的继承人。几天之后，钱元瓘去世，钱弘佐继承王位，是为吴越国的忠献王。

钱弘佐即位后，不少大臣欺负他年幼，骄横跋扈，不服调度。钱弘佐却是少年有为，断然采取措施，撤大将李文庆、章德安，杀内都监杜昭达、统军使阚璠等人。朝臣众皆肃然，从此规行矩步，不敢逾越半分。其后，钱弘佐为了巩固自己的统治地位，继续推行祖父钱镠制定的“保境安民”之策。对外，他仍然遵从于祖父钱镠“善事中原”的遗命，无论是后晋，还是之后代晋的后汉，他都纳贡称臣。对内，他轻徭薄赋，休养生息。他对百姓很体恤，有一次，钱弘佐问司掌仓库的官吏：“现在粮食蓄积有多少?”官吏回答说：“能用十年。”钱弘佐说：“那么军粮是够了，可以对我的民众松宽一些。”当即决定在境内免征三年赋税。

后晋开运三年（公元 946 年），南唐进攻福州，屯驻福州的威武节度使李弘达向吴越求援。吴越众臣多认为福州路远，救之不及，而且一旦出兵就会得罪强邻，因此不如不救。钱弘佐却认为“唇亡齿寒，不可不救”，遂不顾臣下反对，下令发兵三万相救，最终取得胜利。事后，李弘达为报吴越出兵相救之恩，便将福州送给了吴越。吴越得到福州，几十年来一直被南唐（之前是吴）压制的劣势得到扭转，南唐经过福州大败，损失惨重，对吴越已经构不成重大战略威胁了。

或许是天妒英才，钱弘佐 20 岁的时候因病去世，在位仅 6 年。死后葬于杭州龙山西南。

忠懿王钱弘俶

吴越忠懿王档案：

生 卒 年：公元 929～988 年

父　　母：父，文穆王钱元瓘；母，吴氏

后　　妃：黄氏等

年　　号：用中原王朝年号

在位时间：公元 948～978 年

谥　　号：忠懿王

庙　　号：无

陵　　寝：洛阳北邙山

性　　格：诚信忠厚，小心谨慎

点评：

综观历史，为满足个人和小集团的野心，不顾百姓疾苦而抗拒统一的例子比比皆是。这与钱王以民意为归，以民利为先，以民族统一大业为重，主动“纳土归宋”，形成了鲜明的对比。

——钱云飞

钱弘俶，字文德，吴越王钱元瓘的第九子。后汉天福十二年（公元 947 年）三月，钱弘俶被六哥钱弘佐封为台州刺史。六月十三日，七兄钱弘倧即位后，令钱弘俶入京同参相府事。钱弘俶九月中旬从台州出发，十月到达杭州，十二月三十日，胡进思发动政变，软禁钱弘倧，迎钱弘俶于南邸，催他即位。钱俶谦让再三，说：“你们拥立我可以，但不得伤我哥哥性命，否则我宁死不从。”胡进思等人许诺之后，他才同意在元帅府代理政事。次年正月，继承吴越王之位。

钱弘俶即位后就下令百姓历年所欠赋税一律免除，又将境内荒废的土地免费分给农民耕种。他还命令数千兵卒解甲归田，垦荒耕种，没几年，吴越丰收，每斗米也不过十文钱左右。后周广顺三年（公元953年），境内大旱，百姓有人卖儿卖女，钱弘俶下令由官府出钱赎回，归还其父母，并开仓赈济，缓解灾情。钱弘俶体恤民生，有慈悲之心，这和他崇佛有着很大的关系。

钱弘俶自小受父祖的影响，心向佛法。在他任台州刺史时，他听闻天台山的主持德韶禅师是一位得道高僧，便请他来自己的治所说法，并执弟子之礼。即位之后，奉德韶禅师为国师，并跟随着永明寺道潜禅师受菩萨戒，号称慈化定慧禅师。后周显德二年（公元955年），钱弘俶效法阿育王建八万四千塔之事，铸八万四千小宝塔，在各地供奉。他还遣使赴海外，收集流散的佛教典籍。

北宋开宝七年（公元974年），宋太祖赵匡胤进兵江南，征讨南唐。南唐国主李煜写信给钱弘俶，陈述以唇亡齿寒之理，请求吴越出兵联唐抗宋。钱弘俶拒绝李煜的请求，并派兵攻下南唐常州，助宋灭唐。南唐亡国后，赵匡胤下旨令钱弘俶北上觐见。钱弘俶思绪万千，怀着忐忑不安的心情，带上自己的家人以及大批贡品于次年二月到达汴梁。赵匡胤对这次召见格外重视，不但派皇太子远道相迎，还在东京汴梁城里专门为钱弘俶新建了礼贤府，并在崇德殿接见，赏赐丰厚，破例封钱弘俶的妻子孙氏为吴越国的王妃。三个月后，钱弘俶南返回国。临行时，宋太祖交给他一个黄包袱，嘱咐他回去再看。回到杭州后，钱弘俶拆开一看，竟被吓出了一身冷汗，里面全是宋朝大臣们要将钱弘俶扣留下来的奏折。

宋太祖去世后，他的弟弟赵光义在东京汴梁继位做了皇帝，是为宋太宗，改年号为太平兴国。太平兴国三年（公元978年），钱弘俶奉宋太宗之命入朝，被扣留。他眼见大势已去，干脆顺天应人，上表乞降，将吴越所据的两浙13州之地献给太宗，吴越遂亡。历史上把这件事称之为“纳土归宋”。钱弘俶的这种做法使吴越国免遭了战火的破坏，是符合历史发展潮流的。

吴越灭亡后，宋太宗在扬州虚设一渤海国，封钱弘俶为渤海国王，实际上仍将他留在汴京。在之后的日子，钱弘俶谨慎行事，小心度日，生怕哪点做不到位，遭来杀身大祸。每天早朝他都提早赶到宫门等候，风雨无阻，连宋太宗赵光义都被他感动，让他不用太早上朝。

端拱元年（公元988年）八月二十四日，钱弘俶60大寿，宋太宗赵光义派使者送来礼物。钱弘俶兴致极高，大宴宾客，当晚暴病而亡，死因不明。死后被追封秦王，葬于洛阳北邙山。

十国·南汉

高祖刘岩

南汉高祖档案：

生 卒 年：公元889～942年

父　　母：父，刘谦；母，段氏

后　　妃：马皇后、赵昭仪等

年　　号：乾亨，白龙，大有

在位时间：公元917～942年

谥　　号：天皇大帝

庙　　号：高祖

陵　　寝：广州康陵

性　　格：聪明，残暴，奢侈

点评：

高祖后期穷奢极欲，宦官专政，昏乱残暴。

——白寿彝《中国通史》

南汉高祖名刘岩，他的父亲名叫刘谦，是唐昭宗时期的广州牙将，因征讨黄巢起义军有功，后任封州刺史，拥兵上万人，战船百余艘。刘谦有 3 个儿子：长子刘隐、次子刘台、三子刘岩。刘隐、刘台是正室韦氏的儿子，刘谦后娶了小妾段氏之后生下了刘岩，正妻韦氏大怒，杀死了段氏，但不忍心伤害还是婴儿的刘岩，遂抱回家中和两个儿子一起抚育。

刘谦死后，他的长子刘隐袭位，继任为封州刺史。天祐二年（公元 905 年），兄长刘隐被唐任命为清海军（岭南东道）节度副使，两年之后又被后梁封为大彭郡王，随着权力越来越大，刘隐也渐渐控制了整个岭南地区。刘隐死后，刘岩继承他的职位，出任岭南节度使。后梁贞明二年（公元 917 年），刘岩见中原局势混乱，就在番禺（广州）自行称帝，国号大越，年号乾亨。次年，改国号为大汉，历史上称为南汉。

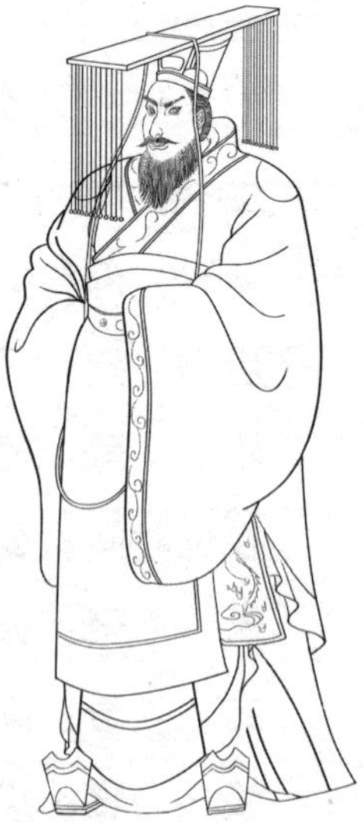
高祖刘岩像

刘岩继位之后，采取了一系列的措施巩固政权。他招贤纳士，优待士人。当时的岭南地区为蛮荒之地，许多唐朝名臣将士因为获罪朝廷，被流放到了这里。刘岩都这些人都予以重任。唐朝名门望族之后赵光胤就被他任命为宰相。然而，赵光胤认为自己是唐朝名门望族之后，如今却屈身在蛮夷之地为官，因此情绪一直十分低落，加上亲属在北方，所以言语之中总流露出对家乡的眷恋之情。刘岩了解情况之后，便让人模仿他的笔迹写了封信，然后派人到北方把他在洛阳的家属都接了过来。赵光胤在感动之余，自然是竭尽所能为刘岩效力。此外，刘岩能够容人，遇到意见和他不统一的大臣，他从不发怒，而是想其他办法来解决问题。在他要称帝时，王定保极力反对，刘岩便让他出使荆南，然后进行称帝，王定保回来后见生米做成了熟饭，懊恼之余，又是发牢骚，又是讥讽刘岩，但刘岩并不往心里去，只是一笑置之。

对外，刘岩保境安民，实行了和平共处的睦邻政策。为了稳固南汉的江山，刘岩还效法前朝，与周边各国实行联姻。他娶了楚王马殷之女做了自己的皇后，又把自己女儿嫁给南诏王为妻。通过这些措施，南汉获得了一个较为安定的外部环境，国力也日渐充实。

然而刘岩又是个荒淫、奢侈的君主。他在位期间，大兴土木，广建行宫，其宫殿以金银珠宝装饰，奢华至极。宫中更是广纳美人，供他享乐。他常常带着妃嫔宠臣四处游乐，每到一次，大臣必然相互攀比，大肆铺张，各掏空心思，极尽讨好皇上，花费往往数以亿计。

刘岩晚年非常迷信，他频频更换年号、改名，希望以此能给他带来好运。大有十四年（公元 941 年），他改名为龑，龙在上天在下，取《易经》中“飞龙在天”之意，希望以此保自己平安，遇难成祥。然而，次年，他就因病一命呜呼了，享年 54 岁，葬于康陵。

中宗刘晟

南汉中宗档案：

生 卒 年：公元 920～958 年

父　　母：父，高祖刘岩；母，不详

后　　妃：不详

年　　号：应乾，乾和

在位时间：公元 943～958 年

谥　　号：文武光圣明孝皇帝

庙　　号：中宗

陵　　寝：广州昭陵

性　　格：猜忌，暴虐，荒淫

点评：

税役繁重，宠信宦官宫女，荒淫无度，在割据诸国中最为腐败，由于地处南疆，远离中原，得以偏安于一隅。

——白寿彝《中国通史》

南汉中宗刘晟，原名刘洪熙，是高祖刘岩第四子，高祖死后，刘玢即位，但不久即被刘洪熙勒死。刘玢被杀后，刘洪熙在其弟越王刘弘昌等人的拥戴下，即位称帝，改名刘晟，改年号为应乾，第二年又改年号为乾和。

刘晟即位后，担心众人不服，遂以严刑峻法来威吓臣民，禁止他们议论自己弑兄夺位之事。他完全继承了父亲刘岩的残忍和嗜血，设置了汤镬、铁床、刳剔等刑，号称“生地狱”，专门用来杀戮自己的兄弟与忤逆自己的大臣。在他即位的第三个月，他先杀掉了握有重兵的循王刘洪杲。次年，他又派人杀死了越王刘弘昌、镇王刘弘泽、韶王刘弘雅。与此同时，许多朝中大臣也多遭刑戮，甚至连当年的有功之臣也未能幸免。

刘晟唯一的功绩就是在乾和五年（公元 947 年）的时候，乘着楚国内乱，派兵进攻楚国，夺得宜州、连州等十州，并大败南唐援军。刘晟自感功绩非凡，十分得意，自此以后，更是肆意妄为，纵情声色。后来，后周世宗柴荣夺下南唐的淮南十四州，国威日隆，南方诸国都感到了威胁，纷纷纳贡称臣。刘晟也想借道湖南，向后周称臣，可控有湖南的武平军节度使周行逢不许过境。刘晟叹息作罢，过不久，就将向后周称臣之事完全的抛诸脑后了。刘晟曾经恬不知耻地扬言：“只要我自己有生之年能够幸免于灭亡之祸就行了，还管什么后世子孙呢!”他也确实是这么做的，后周步步紧逼，他没有想着如何保境安民，而是忙着享乐。他酣饮狂欢，常常通宵达旦。有一次饮酒，他喝得酩酊大醉，把瓜放在了伶人尚玉楼的头上，说要试剑，结果一剑砍下了尚玉楼的头。第二天酒醒之后，又要召见尚玉楼。左右告诉他昨夜之事，他叹息不已，但也仅仅是叹息而已。

乾和十四年（公元956年），后周世宗柴荣派遣使者来到岭南。南汉地狭力贫，刘晟却不自量力，想要炫耀岭南的强盛，于是特意赠给使者以茉莉花，并美名其曰：“小南强”。使者回朝相告，柴荣一笑置之。两年后，刘晟病死，享年39岁。幸运的是，他没有看到南汉的覆亡。20年后，南汉被北宋灭亡，后主刘鋹被俘往汴京，见到牡丹时，不由得大为惊叹。当下有陪同的北宋官员告诉他那是“大北胜”，语意双关，真是对刘晟绝妙的讽刺和嘲笑。刘晟死后，葬于广州番禺城北的昭陵，谥号“文武光圣明孝皇帝”，庙号“中宗”。

后主刘鋹

南汉后主档案：

生 卒 年：公元942～980年

父　　母：父，中宗刘晟；母，不详

后　　妃：媚猪等

年　　号：大宝

在位时间：公元958～971年

谥　　号：南越王

庙　　号：无

陵　　寝：广东韶关

性　　格：愚蠢多疑，能言巧辩

点评：

鋹性庸懦，不能治其国，政事咸委于阉官，复有宫人具冠带、预职官、理外事者，由是纲纪大坏。

——北宋·薛居正《旧五代史》

南汉后主刘鋹原名刘继兴，是南汉中宗刘晟的长子，也是南汉的最后一位皇帝。乾和十六年（公元958年），刘晟病逝，刘继兴继承了皇位，改元大宝，改名刘鋹，是年十六岁。

刘鋹即位后，无心国事，宠信奸佞，将国家政事全部交给宦官龚澄枢及女侍中卢琼仙等人。他尤其信任宦官龚澄枢，国家大政皆由龚澄枢指示可否。龚澄枢常对刘鋹讲："朝中群臣都有家室，也就都有私心，不会尽忠报国，只有宦者、宫人无牵无挂，肯忠心为陛下效力。"听了他的话，刘鋹深以为然，遂诏令朝野，欲得重用者，必先阉割去势，然后才能够委以官职。在这项政策的推动下，南汉几乎成为阉人之国，南汉一个小小政权，宫门中竟然有太监高达2万人之多。时人称未受阉割之刑的人为门外人，而称已阉割者为门内人，足见其荒诞。

刘鋹疏于政事，却勤于房事。他宫里妃嫔数千，犹不知满足，还四处猎美色，充斥后宫。刘鋹当时十分宠爱一名波斯女子。此女擅长房中术，有不可言传的妙处。因其黑而肥，刘鋹便赐号为"媚猪"。媚猪又选择宫中体态丰腴的宫女九人，尽传她的房中术，随自己一同去服侍刘鋹。刘鋹更将九人各个赐号，以媚猪为首，总称为十媚女。刘鋹还爱看男女交欢，他选择许多无赖青年，以及宫内的幼年宫女，命男女都脱去衣服，聚在一起，互相交欢。刘鋹与媚猪往来巡行，记其胜败，若男胜女，更加以赏赐；若女胜男，便说那男子是个废物，轻则鞭笞，重则处以宫刑。

此时的北宋政权日益强大，统一天下的态势也日渐明显。南汉朝臣建议后主刘𬬮早作准备，但刘𬬮对此却不以为然。大宝十三年（公元970年）八月，南唐李煜奉宋帝赵匡胤旨意置书刘𬬮劝其投降。刘𬬮囚禁了使者，并回书大骂李煜。宋太祖赵匡胤得知后，大怒，命潘美率军10万大举进攻南汉。南汉旧将先前多因谗言而被杀，宗室亦遭翦除殆尽，掌兵权的只有宦官而已。这些宦官摆弄是非倒是能手，作战经验却是半点也无，军队战斗力极其微弱，根本无力抵抗宋军的进攻。九月，潘美顺江直下，攻克贺州（今广西贺县东南）。十月，又下昭、桂、连三州，西江诸州望风而降。没想到刘𬬮非但不紧张，还自认为很聪明地对大臣们说："昭、桂、连、贺本来就不是我们的领地，他们要取就取吧，我知道他们不会再南下了。"两个月后，潘美大军攻下了岭南门户韶州（广东韶关）。这时的后主刘𬬮才后知后觉地下令修筑城防工事，可惜为时已晚。刘𬬮想要遣将，却发现朝堂之上尽是阉人，连一个像样的将军都选不出来了。

次年二月，宋军逼近番禺，刘𬬮见势不妙，将金银珠宝装了满满十几只大船，打算逃到海外安享剩下的时光，没想到人还没走，船就被宦官们盗走，刘𬬮无奈之下，只好向宋朝投降。南汉遂亡。

刘𬬮投降后，赵匡胤责问其欺压百姓、横征暴敛之罪。刘𬬮不知悔改，而是将责任完全推给龚澄枢等人。宋太祖赵匡胤见他的样子又是好气又是好笑，就将龚澄枢斩首，而赦免刘𬬮的罪，并任命其为右千牛卫大将军，封恩赦侯。亡国后的刘𬬮并没有感到伤心悲愤，反倒过的逍遥自在，乐不思蜀。他虽然残暴，却有一双巧手，他曾用珠子把马鞍结成戏龙的样子送给太祖赵匡胤，太祖不禁感慨道："如果能将这番手艺用在治国上，又怎会亡国！"还有一次，太祖赐酒给他，他竟然嚎啕大哭起来，因为他做皇帝的时候，常常赐毒酒，鸩杀臣下。所以他就认为太祖也要毒死他，太祖哭笑不得，就笑着把酒拿过了亲自饮下。刘𬬮羞愧得无地自容。更荒唐的是，有一次，他在降王聚集的酒宴上，自告奋勇要求做各国降王的首领，惹来众人一阵哄堂大笑。宋太宗赵光义见他昏庸至此，也是大笑。

宋太平兴国五年（公元980年），后主刘𬬮去世，宋太宗追封其为南越王，史称南汉后主。

十国·北汉

世祖刘旻

北汉世祖档案：

生 卒 年：公元895～954年

父　　母：父，刘王典；母，安氏

后　　妃：不详

年　　号：乾祐

在位时间：公元951～954年

谥　　号：神武皇帝

庙　　号：世祖

陵　　寝：山西交城

性　　格：昏庸无能，刚愎自用

点评：

刘崇以亡国之余，窃伪王之号，多见其不知量也。

——北宋·薛居正《旧五代史》

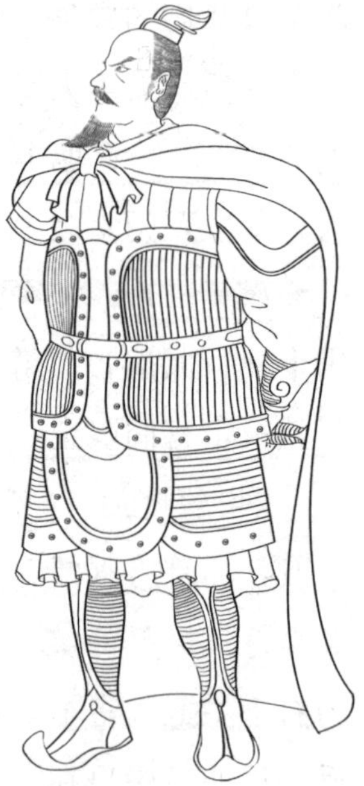

世祖刘旻像

北汉世祖刘旻，沙陀部人，原名刘崇，是后汉高祖刘知远的弟弟。刘崇家世贫寒，不学无术，是一个市井无赖。他嗜酒如命，又好赌博，因家境窘迫，遂投军为兵卒。天福六年（公元 941 年），其兄刘知远为北京（太原）留守、河东节度使时，推荐他做了河东步军都指挥。天福十二年（公元 947 年），刘知远在太原建立了自己的政权，国号后汉，后赴开封建都，以刘崇为北京（太原）留守，加同平章事。后汉高祖刘知远死后，隐帝即位，又将刘崇升为河东节度使兼中书令。

隐帝即位之后，后汉大权落入枢密使郭威之手。刘崇与郭威一向不和，便问判官郑珙怎么办？郑珙献计说："晋阳兵强马壮，地势险要，加上各地的租赋，足以自给自足。将军您是宗室，现在不作准备，将来一定会受制于郭威。"刘崇觉得他的话很有道理，于是下令停止上交赋税，搜罗人才，招兵买马，积蓄实力，为起兵谋反做准备。

乾祐三年（公元 950 年），隐帝杀戮忠臣，激起了郭威的不满。郭威率兵反叛，突袭后汉都城开封，城破之日，隐帝被弑。刘崇积极备战，准备讨伐郭威。然而，没过多久，开封传来消息，说郭威和众大臣秉承太后旨意，要立其长子刘赟为帝。刘崇闻讯，欢喜地对部下说："我的儿子做皇帝，我还有什么不满的呢。"随即罢兵，并派人去开封打探虚实。郭威见到刘崇的使者，便欺骗说："我出身低贱，脖子上还刺了飞雀，自古哪有刺青天子，请你家将军不要怀疑我。"使者将这些话回报刘崇，刘崇听后信以为真。太原少尹李骧劝谏说道："郭威出兵弑帝，决不会甘为人臣，更不会立别人为帝。我们现在应立即出兵，控制太行、孟律战略要冲，陈兵于开封城外，以观时局变化。这样或许公子尚能登上帝位，到那时再退兵也不为晚。"李骧之计，可谓万全之策。哪知糊涂的刘崇不但不听其计，还痛斥李骧，并将其推出门外斩首，李骧悲愤地叹道："我为愚蠢的人谋划大事，真是该死！"刘崇便将李骧杀死。刘崇随后派人把此事告诉郭威，以示坦诚。

岂知未过数月，郭威即杀掉刘崇的儿子，称帝开封，建立后周。刘崇闻讯，才大梦初醒，深悔没有听信李骧之言，恼羞成怒，便于次年在晋阳称帝建国，国号仍沿用汉，史称北汉。

北汉建立之后，刘崇也按照朝政的传统，设置了百官，分掌众职。然而河东地狭人少，刘崇虽是一国之君，所控的地区亦不过11州而已。财政收入很少，百官的俸禄也少得可怜，宰相每月只有100缗，节度使只有30缗，其余官员的俸禄更是微薄。为了改善这种积贫积弱的局面，刘崇决定仿效后晋皇帝石敬瑭的做法，同辽国结盟，借助契丹的力量对付后周。而契丹也想利用汉与周的矛盾，从中渔利。同年七月，刘崇被辽册封为“大汉神武皇帝”，并改名为旻。

刘崇依附辽朝之后，有了底气，便马上发兵向郭威问罪。在契丹精锐骑兵的帮助下，刘崇大举进攻后周边界两州，结果被后周大将王峻击溃，刘崇向太原败退途中，又遇上大雪，士卒缺衣少粮，死伤甚众。次年，刘崇又领兵出战，却又被后周打得大败。北汉领土狭小，国力也很弱，加上供奉契丹大批财物，赋税又重，使得民不聊生，纷纷逃亡到后周境内。乾祐七年（公元954年），恰逢后周太祖郭威病逝，由后周世宗柴荣继位。刘崇就想利用这个机会一举消灭后周，于是请求契丹发兵支援，一起攻打后周。辽帝派杨衮率领5万军队，来助刘崇。刘崇先派大将张元徽为先锋，自己率领大部队跟进，包围了潞州（今山西长治），张元徽初战告捷，随后刘崇领兵继续进攻。后周世宗柴荣也领兵亲征，在高平和刘崇展开了激战。刘崇见周军兵少，命令张元徽立即出击，大臣王得中劝他说：“现在南风很大，对我军不利，应暂缓出兵。”刘崇急功近利，怒斥他如果再敢阻拦，便要他的项上人头。张元徽率军攻击后周的右军，起先取得胜利，俘获后周几千降卒，但柴荣见状亲临战场冲杀，赵匡胤等将领也领兵拼死搏杀，结果刘崇的军队被打得大败，杨衮在一边见后周军队气盛，也不敢上来支援刘崇，后来见周军势盛，就领军回北方了。刘崇率领残部退守高平。柴荣继续追击，将汉军后路切断。混乱中，刘崇不得不戴着斗笠，化装逃回晋阳。

同年五月，后周大军包围了晋阳城。周军军容强盛，旌旗蔽日，刘崇困守孤城，忧心忡忡，寝食难安。一个月后，后周大军因粮草不济撤兵南返。刘崇才稍稍喘了口气，但是因为连日惊惧而一病不起。这年十一月，刘崇病逝，享年60岁，葬于山西交城。

睿宗刘钧

北汉睿宗档案：

生卒年：公元926～968年

父　母：父，世祖刘旻；母，不详

后　妃：郭皇后等

年　号：乾祐，天会

在位时间：公元954～968年

谥　号：孝和皇帝

庙　号：睿宗

陵　寝：不详

性　格：轻信懦弱，勤政爱民

点评：

北汉睿宗，对辽穆宗自称男，是又一个儿皇帝。

——白寿彝《中国通史》

北汉睿宗刘钧，原名刘承钧，是刘崇的次子，长子刘赟被郭威所杀，刘崇晚年，便将朝政之事交由他进行处理。乾祐七年（公元954年）十一月，世祖刘崇去世，皇子刘承钧向辽国告哀，并于同月被册封为帝。刘承钧即位后，改名为刘钧，继续采用世祖刘崇的年号乾祐。三年后，改年号为天会。

刘钧即位后，马上联合辽兵进攻后周，结果也像自己父亲一样大败而归。次年，世宗柴荣北伐契丹，攻克三关（益津关、瓦桥关、淤口关），辽国向北汉求救。刘钧刚打算发兵，世宗已经班师回朝。此后，刘钧自知即使依靠辽朝也难以取胜后周，于是转而罢战休兵，集中治理内部。他勤政爱民，礼敬士大夫，任用郭无为为相，澄清吏治，与民休养生息，因此境内还算安定。北宋代周后，国力日益强大，虽然赵匡胤采取了“先南后北”的军事策略，对北汉虽没有大的军事行动，但刘钧依旧感受到了中原王朝的咄咄逼人之势，于是他更加依赖辽朝，尊辽朝皇帝位父皇帝，自称儿皇帝。但这并不表明刘钧的日子就过得舒坦了。父亲刘崇在世时，每有大事皆报于契丹，但刘钧有事先自行决断，然后再报于契丹，这激起了辽帝耶律璟的不满。

北汉天会七年（公元 963 年），刘钧听信谗言处死枢密使段常（原名段恒，宋朝史家为避宋真宗赵恒名讳，改其名为常）。段常此人和契丹的关系不错，耶律璟听说段常无端被杀，大怒，派人责骂刘钧。刘钧慌忙派遣使者前往辽国告罪。但耶律璟根本瞧不起刘钧，冷言冷语地将使者打发回去。后来，又多次遣使者北上，结果都被耶律璟扣留了。刘钧自此忧愤成病。

天会十二年（公元 968 年）七月，刘钧重病不起，托孤于宰相郭无为。不久之后，刘钧病卒，享年 43 岁。谥号“孝和皇帝”，庙号“睿宗”。

英武皇帝刘继元

北汉英武皇帝档案：

生 卒 年：? ～991 年

父　　母：父，不详；母，刘氏

后　　妃：段皇后

年　　号：天会，广运

在位时间：公元968～979年

谥　　号：英武皇帝

庙　　号：无

陵　　寝：不详

性　　格：偏信残忍，缺乏主见

点评：

继元为人忍。

——北宋·欧阳修《新五代史》

北汉英武皇帝刘继元，本姓何。他的母亲是北汉的建立者刘崇之女，先嫁薛钊，生下了长子刘继恩，薛钊死后，又改嫁于何氏，生下了次子刘继元。他们两个人都做了睿宗皇帝刘承钧的养子。天会十二年（公元968年）七月，北汉睿宗刘钧病逝，养子刘继恩继位，在位仅仅60多天，就遇害身亡。同年，刘继元被拥立继位。

刘继元长相俊美，口才极好，还精通禅理，常和僧人在一起探讨佛学，一副儒雅君子形象。然而，当他坐上皇位之后，就一改过去温文尔雅的风度，变得暴戾无常，经常大开杀戒。在他即位的当月，他怀疑养母皇太后郭氏（睿宗刘钧之妻）毒害了皇后段氏，便命心腹范超在孝和皇帝刘钧灵前绞杀了郭氏。其后不久，他为了防止刘氏宗亲抢夺自己的皇位，把刘崇的十几个儿子以及近亲子孙几乎全部杀光，朝中大臣稍有冒犯，轻则充军下狱，重则杀头夷族。

北汉内部斗争不断，政局动荡不安，宋太祖赵匡胤以为有机可乘，遂于天会十三年（公元969年）春天，亲自率军攻取北汉。宋军久攻不下，乃引汾河水之水淹了晋阳。晋阳形势危急，宰相郭无为见状企图纳土降宋，被刘继元发觉，下令处死。没过多久，辽国援军赶到，而宋兵又因为水土不服，多染重病，在这种形势下，赵匡胤只得下令撤兵。因事出仓促，宋军沿途遗弃的辎重粮草和兵器，多不胜数。北汉连年用军，财政状况极其糟糕，在缴获了这些物资之后，才暂解燃眉之急。

宋军退兵以后，刘继元不顾满目的疮痍，只顾奢侈享乐，他喜爱女人，沉湎声色，致使朝政日益荒疏。为防止朝廷中再次出现类似于郭无为之人，刘继元严密监视众臣，但有不敬者，一律处死，甚至株连九族。有人进言说，大将张崇训、郑进、卫俦等人想谋反，他就将张崇训等人杀了。又有人说宰相张昭敏、枢密使高仲曦等人有通宋之嫌，他二话不说就把张昭敏等人处死，至于其他被杀的大臣更是不可胜数。在他的残暴统治下，北汉更加摇摇欲坠了。

广运三年（公元976年），宋太祖赵匡胤驾崩，其弟赵光义即位。3年后，在统一了南方之后，宋太宗赵光义御驾亲征北汉。他派潘美率军10万，分四路进攻北汉。刘继元再次向辽国求援。但不久，辽军就被宋将打败，又退回了辽国。刘继元困守孤城，形势十分严峻。四月，宋太宗亲自到太原城下督战。宋军士气大振，发起猛攻，晋阳岌岌可危。北汉朝臣范超、郭万超先后降宋，宋太宗见时机已经成熟，便亲自起草了招降书，劝谕刘继元投降，承诺永保其富贵荣华。北汉大臣也劝其投降。刘继元无奈，只得派人献上降表。几日后，宋太宗便率领诸将在太原城上举行了受降仪式，刘继元率百官身着缟素俯伏请罪。至此，存在28年的北汉政权宣告覆灭。

灭亡北汉后，宋太宗赵光义将刘继元及其家属全部迁往汴京，封其为特进、检校太师、右卫上将军、彭城郡公，赐给京师美宅一地，每年都优加赏赐。宋淳化二年（公元991年），刘继元病卒。

十国·南平

武信王高季兴

南平武信王档案：

生 卒 年：公元 858～928 年

父　　母：不详

后　　妃：不详

年　　号：无

在位时间：公元 924～928 年

谥　　号：武信王

庙　　号：无

陵　　寝：湖北江陵龙山

性　　格：勇猛，圆滑

武信王高季兴像

点评：

高季兴割据荆南，和有些割据者从下层打出来的不一样，而是作为梁朝的封疆大吏，逐渐脱离朝廷而独立。

——赵剑敏

高季兴，字贻孙，陕州硖石（今河南三门峡南）人。原名高季昌，后唐庄宗李存勖即位后，为了避讳庄宗祖父李国昌的名字，改名为季兴。高季兴出身贫苦人家，自小就离开了父母，漂泊江湖。后来流落到汴州，成为富商李让的家童。朱温据有汴州后，李让出于自保，主动投靠，进献了大批货财，被收为养子，改名朱友让。

高季兴作为朱友让的随从，也见到了朱温。朱温见他相貌出众，气度不凡，便要朱友让把高季兴当儿子养。高季兴因之改姓朱，且受军职，被任命为毅勇指挥使。于是，在中原纷乱、群雄逐鹿的年代里，高季兴开始了自己的军事、政治生涯，并逐步发达起来。

唐天复二年（公元 902 年），朱温率军进攻凤翔（今陕西宝鸡）李茂贞，久攻不克，朱温便想撤兵。众将攻城疲惫，纷纷表示赞同，唯独高季兴坚决反对。高季兴为朱温分析说："现在天下的豪杰都在关注着此事，所以进退关系重大。凤翔敌军现已疲惫至极，城池旦夕可破。大王您所担心的，是敌人坚守不出，以消耗我们的给养和士气。我军可以假装撤退，诱敌出战。"朱温听他说得有道理，便让他负责筹划。高季兴令手下大将马景诈称投降凤翔，进城后报说朱温东撤，前军已走出老远。李茂贞听说朱温大军撤退，便大开城门去追击。不料中了朱军埋伏，李茂贞大军惨遭痛击，死伤无数。高季兴因此而名声大振，被授予宋州（今河南商丘）刺史，后移职颍州防御使。到这时高季兴才恢复自己的本来姓名。唐天祐三年（公元 906 年）十月，朱温攻占襄州后，就把高季兴派往此地，任命其为荆南节度留后。

次年，朱温称帝，正式任命高季兴为荆南节度使。高季兴虽然名义上执掌荆南，却只占有江陵一座孤城。高季兴安定下来后，即采取系列安抚、招徕政策，吸引了一批老百姓归附，不少士人来投。不久，高季兴便有了一批得力将领与幕僚。在他们的辅佐下，高季兴派兵攻占周边的归、峡两州，势力有所发展。

后梁乾化二年（公元 912 年）梁帝朱温被害，中原王朝变乱不断，高季兴遂趁势拥兵自立，成为一方割据势力。但他所占地区很小，而且周边强敌环伺。西有蜀，东有吴（南唐），南有楚，北有中原王朝。高季兴有鉴于此，只得直面现实，向周边各国俯首称臣，以此求得苟安。对于北方的中原王朝，无论是谁登临大位，他都称臣纳贡，以求得到封赏。

荆南地当要冲，各方势力于此角力，谁都有能力消灭荆南，但谁也不敢出兵攻占荆南，荆南由是长期苟安于乱世之中，直到后来，北宋霸兵崛起，这才一举灭掉荆南。荆南地少民穷，高季兴和他的儿子没有去劝课农桑，发展经济，而是去抢，而且是明目张胆地抢。当时，吴与南唐相继建国于长江下游，控制了江淮之间的交通要道，南汉、闽、楚等国对中原政权的贸易与贡品，都必须假道荆南，北方商人往来，也需路过这里。荆南因而成为南北的交通枢纽。高季兴便对过往货物，不时地加以掠夺，若是对方不予理睬，就占为己有；若是对方兴师问罪，就毫不知耻地将财物退回。如此久而久之，高季兴便得到了一个恰如其分的外号："高赖子"。蜀地被郭崇韬平定后，魏王李继岌将四十万金帛用船送往洛阳，经过荆南时正好李存勖在兵变中被杀，高季兴听到李存勖被杀的消息，便落井下石，趁人之危，将财物全部抢了过去，还将十多个使者杀死。后唐天成二年（公元 927 年）五月，楚国使者史光宪自洛阳返回，路经江陵时，高季兴见对方财货丰厚，就纵兵抢夺，还扣留了史光宪。楚王马殷闻讯大怒，派军征讨。高季兴见状，连忙奉还使者、财物求和。

次年十二月，高季兴病卒，终年 71 岁。谥"武信王"，葬于江陵城西。

文献王高从诲

南平文献王档案：

生 卒 年：公元 891～948 年

父　　母：父，武信王高季兴；母，不详

后　　妃：不详

年　　号：无

在位时间：公元928～948年

谥　　号：文献王

庙　　号：无

陵　　寝：湖北江陵龙山

性　　格：明敏，狡诈，宽厚

点评：

高从诲闻善而能徙。

——北宋·司马光《资治通鉴》

高季兴死后，长子高从诲袭位。高从诲处世圆滑，善于协调各方的关系。高季兴在位时，因为劫掠后唐财货，与后唐关系闹得很僵。后唐天成四年（公元929年）五月，高从诲分别写信给楚王马殷和山南东道节度使安元信，请之代向李嗣源说情称臣。李嗣源见高季兴既已亡故，高从诲又明事理，便得饶人处且饶人，既往不咎。七月，封高从诲为荆南节度使，到了后唐长兴三年（公元932年）二月，再封高从诲为勃海王。两年后，又封他为南平王，所以荆南又称南平。通过这些努力，高从诲不但提高了自己在政治上的地位，也使得南平的外部环境得到了极大的改善。

高从诲对待臣下推心置腹，没有丝毫的猜忌。在上台之初，他重用大臣梁震，把梁震作为兄长看待，梁震常常称呼高从诲为郎君。后来，梁震辞官归隐，高从诲也没有忘记这位贤相，不但常给予赏赐，还常常到他家里去看他。梁震归隐后，高从诲委大政于孙光宪。他对待孙光宪也是如此。一次，高从诲羡慕楚王马希范之奢靡，对官员道："如果像马王（楚王马殷的之子马希范），可称大丈夫了！"孙光宪起身谏道："天子与诸侯，按礼制应有等级差别。他一个乳臭未干的小子，只知道贪图享乐，僭越礼制，倘若中原发兵，亡国在即，又哪里值得羡慕呢？"高从诲点头称是，遂在境内减免百姓赋税，与民休养生息，并放宽了对百姓的刑罚。

高从诲深知荆南地少国弱，因此主动向中原大国称臣纳贡，以求苟安。后唐清泰三年（公元 936 年）四月，高从诲向江东的徐知诰示好，劝其顺天应人，即皇帝位；十一月，石敬瑭夺位之后，立刻上表祝贺。契丹灭晋后，他一方面向契丹入贡称臣，另一方面又派使者到太原，劝河东节度使刘知远称帝，并请刘知远称帝后将郢州（今湖北钟祥）赐给南平。刘知远称帝后，高从诲遣使索要郢州。刘知远不许，高从诲便断绝与后汉往来，拒纳来使。但不久，就因断交之后北方商贾不至、境内贫乏，又遣使谢罪，请求和好。同父亲一样，他还经常劫掠路过各国使节财物，浑水摸鱼。各国君主都知道南平君主的这个毛病，也不和他十分计较。

后汉乾祐元年（公元 948 年）十月，高从诲病死于江陵，时年 58 岁，长子高保融袭位。

贞懿王高宝融

南平贞懿王档案：

生卒年：公元 920～960 年

父　母：父，文献王高从诲；母，不详

后　妃：不详

年　号：无

在位时间：公元 948～960 年

谥　号：贞懿王

庙　号：无

陵　寝：湖北江陵龙山

性　格：迟钝，无能

点评：

保融性迂缓，无材能，而事无大小，皆委其弟保勖。

——北宋·欧阳修《新五代史》

高宝融，字德长，是南平文献王高从诲第三个儿子。后梁贞明六年（公元920年）生。后唐长兴初年，被任命为太子舍人，后晋天福年间改任制授检校司空、判内外诸军，随后升为荆南节度副使。

高从诲死后，高宝融袭职，被后汉隐帝任命为荆南节度使、同平章事、兼侍中。没过几年，后周代汉，郭威称帝。高宝融遂遣使前往汴京，纳贡称臣。后周太祖郭威封他为渤海王、兼尚书令。

周世宗柴荣即位之后，又改封他为南平王。这一时间，后周日渐强盛，高保融放弃了父祖向各国称臣的作法，一心一意侍奉后周，年年上表纳贡。周军进攻后蜀、南唐时，他还主动出兵相助。

后周显德七年（公元960年），赵匡胤篡夺皇位，建立宋朝。高保融见中原变天，乃敬事宋朝，一年中3次入贡，讨好宋太祖赵匡胤。这年八月，高保融病逝，时年41岁。

贞安王高保勖

南平贞安王档案：

生卒年：公元924～962年

父　母：父，文献王高从诲；母，不详

后　妃：不详

年　号：无

在位时间：公元960～962年

谥　号：贞安王

庙　号：无

陵　　寝：不详

性　　格：干练果决，荒淫放纵

点评：

南平与各国基本上保持和平友好关系，因而成为交通贸易的枢纽，促使荆南地区的经济繁荣。

——白寿彝《中国通史》

宋建隆元年（公元 960 年）八月，高保融病死，因为自己长子高继冲年纪尚幼，怕他担不起重任，遂改由兄弟高保勖做荆南之主。高保勖是高从诲第十子，幼时深为高从诲所喜爱。高从诲每次生气的时候，见到高保勖必释然而笑，所以荆南百姓就给高保勖起了个外号："万事休"。

高保勖少时多病，体态瘦弱，但颇有治事之才。高保融在世时，但凡有不能决定之事，全都找高保勖来商议。高保勖也给出了许多不错的建议。然而高保勖继位之后，却贪图享乐，荒淫无度。他广选秀女，纳入宫室。又召江陵的娼妓至官府，挑选强壮的士兵，命其上前调戏。浪笑声四起，高保勖则搂着自己的妻妾，坐在帘后观赏。他还大兴土木，建造楼榭亭台，花费人力物力无数，弄得荆南百姓怨声载道。老臣孙光宪屡次进谏，劝其自重。高保勖不听，依旧纵情声色。

宋建隆三年（公元 962 年）十一月，高保勖因纵淫过度，一病不起。高保勖知道自己大限将至，便召衙内都指挥使梁延嗣询问何人可以托付身后之事。梁延嗣劝其立高保融之子高继冲，道："贞懿王（高保融）舍弃自己的儿子，改立了大王您，您应该感贞懿王的恩德，把位子传给继冲。"高保勖寻思片刻，认为梁延嗣所言有理，遂立高继冲为嗣。几天之后，高保勖病死，终年 39 岁。

德仁王高继冲

南平德仁王档案：

生 卒 年：公元 943～973 年

父　　母：父，贞懿王高保融；母，不详

后　　妃：不详

年　　号：无

在位时间：公元 962～963 年

谥　　号：德仁王

庙　　号：无

陵　　寝：不详

性　　格：软弱无能

点评：

（南平）为了得到赏赐，几乎向每一个邻邦称臣，各国都唤它的国王（节度使）为“高赖子”。

——柏杨

高继冲，字成和，是贞懿王高保融长子。高继冲即位的时候，正值北宋统一南北时期。宋乾德元年（公元 963 年）正月，北宋太祖赵匡胤借口讨伐湖南张文表，派遣大将慕容延钊、副将李处耘领精兵 3 万，假道荆南。高继冲与左右幕僚商议后决定假道。谁知宋军趁机占据了城中各处要冲，兵马布列街巷。高继冲惶恐万状，只得献地投降。至此，南平王国所辖的三州、十七县、十四万二千三百户，尽归于宋土，南平遂亡。

李处耘在入城之前，曾严令部下：扰民者斩。因此，江陵城在被宋军接管之后，仍是一派平和的景象。荆南的降表到汴京之后，

北宋太祖赵匡胤仍任命高继冲为荆南节度使，并派遣枢密承旨王仁赡赴荆南巡检。赵匡胤听说李景威之计后，赞其忠勇，命王仁赡对其家属厚加抚恤。

是年末，高继冲自请举族归朝，遂被北宋太祖赵匡胤改命为武宁节度使，镇守彭门（今江苏徐州），在武宁节度使任上，高继冲将政事委拖于诸臣僚，颇有德政。北宋开宝六年（公元 973 年年），高继冲病卒。时年 31 岁。

十国·前蜀

高祖王建

前蜀高祖档案：

生 卒 年：公元 847～918 年

父　　母：不详

后　　妃：周皇后等

年　　号：天复，武成，永平，通正，天汉，光天

在位时间：公元 907～918 年

谥　　号：神武圣孝明惠皇帝

庙　　号：高祖

陵　　寝：成都永陵

性　　格：英武神勇，好色误事

点评：

（王建）雄猜多机略、意常难测。

——北宋·薛居正《旧五代史》

高祖王建，许州（今河南舞阳）人，字光图，是前蜀国的开国皇帝。他在位期间劝课农桑，发展生产，更重用当时流落蜀地的文人墨客，使当时的蜀地经济、文化都有了长足的发展。

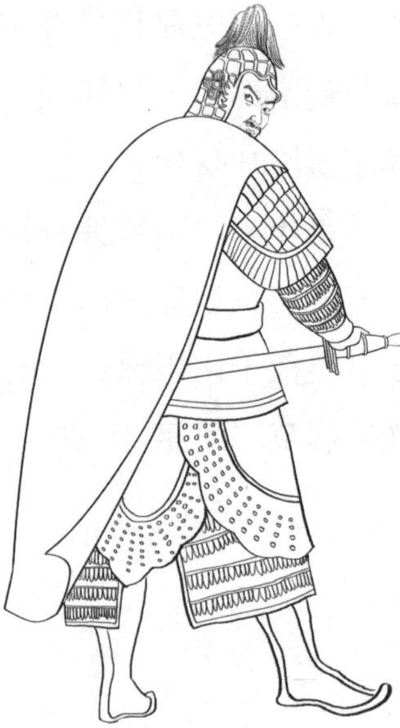

高祖王建像

王建出身贫寒，祖上以卖饼为生。黄巢起义，天下大乱。王建乘着乱世，去投奔了忠武节度使秦宗权，当了一名士卒，凭着自己的勇敢和机智，很快就被提拔为列校。

黄巢攻占长安后，唐僖宗仓皇逃到了蜀地。秦宗权让监军杨复光率领鹿晏弘、王建等将领一起镇压黄巢起义军，击溃黄巢后，杨复光将所率8000军队分成八都，每都1000人，王建和鹿晏弘都被任命为都将。

长安收复之后，王建等人也跟随僖宗回到了故都，因为护驾有功，被任命为禁军的将领，负责宫廷护卫。没过多久，权宦田令孜和河中节度使王重荣因为争夺盐利发生矛盾。王重荣便联合河东李克用进攻长安，唐僖宗只得再次出逃。王建则担负起了保护皇上和玉玺的重任。逃亡途中，山上的栈道几乎要被火烧断，浓烟中看不清路，王建就奋不顾身地冲在前面，为唐僖宗开路。休息的时候，唐僖宗累得枕着王建的腿就睡着了，醒来后，见王建为保护他自己也没有休息，唐僖宗感激涕零，解下御袍赐给了王建，以当纪念。到达兴元（今陕西汉中）之后，唐僖宗任王建为壁州（今四川通江）刺史。王建到了壁州后，即着手于扩充自己的实力。他招募勇士，认真操练，很快就训练出了8000的精兵。随后，他以此为资本，接连攻下了附近的两个州：利州（今四川广元）和阆州（今四川阆中）。攻占阆州后，王建自任防御使，继续招兵买马，扩充自己的势力，威胁着东、西两川。

西川节度使是田令孜的弟弟，见此形势，深以为患。时任西川监军的田令孜却不以为然地道："王八是我的义子，一向都听我的，我只要写封信给他，他就一定会前来投奔。"王建见信后，遂领精兵2000前赴西川。还没等他到成都，陈敬瑄已经后悔，下令边关将士阻挡王建，并让王建返回阆州。王建大怒，领军斩关而入，夺取汉州（今四川广汉），然后挥师直指成都。在包围成都三天之后，王建见成都城池高深，一时难以攻破，就领军退回了汉州。

王建自此以汉州为据点，向四处发展，但收效甚微。王建把目光重新放到了成都之上。他深知凭借一己之力，难以攻克成都，于是，他一面写信给东川节度使顾颜朗，请他出兵相助；另一方面，他命人起草奏章，罗列陈敬瑄八大罪状，要求朝廷出师讨伐西川陈敬瑄。新即位的唐昭宗也想控制西川，于是调军十万，以宰相韦昭度为招讨使，王建为行营诸军都指挥使兼永平郡节度使，讨伐西川。王建不愿意受韦昭度的节制，便劝他回去辅佐皇帝。韦昭度犹豫不决，王建就使出流氓式的手段，骗韦昭度说军中将士饥饿难忍，恐怕要以人为食。韦昭度非常害怕，就把印信交给王建，自己启程回去了。王建得到节度使印信之后，更是出师有名，他先挥军吞并了成都周边州县，最后攻打孤城成都。成都被长久围困，粮尽援绝，陈敬瑄见大势已去，只得听取田令孜的意见，开城投降。王建终于如愿以偿进入了成都，自称西川留后，其后不久，他便以"谋反"之罪名，处死了陈敬瑄和自己的义父田令孜。

同年，东川节度使顾颜朗病卒，唐昭宗任命其弟顾彦晖继承其位，担任东川节度使。顾彦晖此人昏庸无能，上台伊始，东川就遭到了山南西道节度使杨守亮的进攻。东川军屡战屡败，顾彦晖于是写信向西川王建求救。王建也有意于东川，遂在打败杨守亮之后，顺势包围东川的统治中心梓州（今四川三台），斩杀顾彦晖，占领了东川。至此，王建占领了东西两川，实现了其独霸蜀地的梦想。

这一时期，藩镇割据，唐王朝名存实亡，唐昭宗沦为各藩镇的掌上玩物。王建趁机休养生息，经营蜀地。他在蜀地务农训兵，发展经济，使得饱经战蜀地社会生产得到了一定程度的恢复，同时通过与割据凤翔的李茂贞联姻，保证了两川的安定局面。天复七年（公元 907 年），朱温篡唐自立，唐朝灭亡。王建见时机成熟，就在蜀地建立了自己的政权，国号大蜀，史称前蜀，年号则沿用了唐朝的天复。

王建称帝之后，在蜀地下诏劝课农桑，减轻赋税，鼓励农业生产，命令官吏不得侵扰百姓，以保证他们安居乐业。王建目不识丁，却重用文人，优待避难于川蜀的亡唐文人墨客。他任用唐末著名的文人如韦庄、贯休、毛文锡、牛峤等人为学士，使得前蜀成为当时中国少有的几个文化中心之一。

晚年，王建猜忌功臣宿将，在立太子之事上，更是酿成了一次又一次惊心动魄的内部纠纷。王建原本立子王宗懿（后改名王元膺）为太子。王宗懿为人骄纵，逞强斗胜，经常在大庭广众之下轻慢众臣。枢密使唐道袭是王建的宠臣，因遭太子羞辱，便在王建面前诬告太子企图谋反。王建半信半疑，但还是命唐道袭统领禁卫，内外戒严。太子王宗懿怕唐道袭下手杀掉自己，就先率兵突袭，诛杀了唐道袭。王建调兵遣将讨伐太子，翌日太子被杀。王建将他废为庶人。

王宗懿死后，王建打算在和自己相貌相似的王宗辂以及才敏机智的王宗杰中立一人为太子，但他最宠爱的徐妃却另有打算，她想立自己的儿子王宗衍为太子。徐妃积极活动，她以重金贿赂宰相张格，取得他的帮助。张格诈称受到皇上密旨，要立宗衍为太子。于是文武百官纷纷上表支持。王建蒙在鼓里，以为臣下都真心拥护王宗衍，遂立宗衍为太子。他却不知，册立宗衍为太子，是他这一生做得最错的一个决定。王宗衍懦弱无能，无才又无德，即位没几年，就葬送了王建辛苦打下的江山。

光天元年（公元918年）六月一日，王建病卒。享年72岁，谥号“神武圣孝明惠皇帝”。庙号“高祖”，葬于成都永陵。

后主王衍

前蜀后主档案：

生 卒 年：公元899～926年

父　　母：父，高祖王建；母，徐贤妃

后　　妃：高皇后、金皇后、卫妃等

年　　号：乾德，咸康

在位时间：公元918～925年

谥　　号：无

庙　　号：无

陵　　寝：长安县三赵村

性　　格：懦弱昏庸，荒淫好色

点评：

世所谓王者之嘉瑞，莫不毕出于其国，异哉！然考王氏之所以兴亡成败者，可以知之矣。

——北宋·欧阳修《新五代史》

前蜀后主王衍，字化源，原名王宗衍，为高祖王建的第十一子，母亲徐氏。初被封为郑王，后立为皇太子。高祖死后，王宗衍即帝位，更名为王衍，次年改年号为乾德。王衍即位后，耽于享乐，不理朝政，朝中的各派势力乘机擅权，一时间政出多门，朝政混乱不堪。但王衍对此根本不以为然。

在他即位的第二年春，他就带着太后、太妃四处游玩，走遍了附近的名山名水，奢侈无度。次年秋，王衍声称要亲征凤翔（今陕西凤翔），率领妃嫔随从自成都向汉州出发。一路上，旌旗戈甲连亘百余里。鼓乐喧天，声传数十里。到达汉州之后，王衍逗留此地，一连数日与宫人泛舟湖上，吟诗作对。至于征伐凤翔之事，只是派王宗俦等将领象征性地北进，不几日粮尽而退。十二月，王衍率众巡幸阆州。他亲自作了一首《水调银汉曲》，让乐工们弹奏，并命人沿途寻找美女。阆州村民何康的女儿，长得美丽动人，已经嫁为人妇，王衍命人强抢过来，将之霸占。结果，何氏的丈夫因此悲愤而死。几天之后，王衍返回成都，自阆州浮江而上，龙舟画舸，连绵数里，沿途州县供应花费巨亿，民间困苦不堪，怨声载道。直到次年，王衍才返回成都。

王蜀宫妓图　明　唐寅　绢本

此图取材于五代前蜀后主王衍的宫廷生活，描绘宫中四位宫妓的形象。图中人物均盛妆打扮，在设色上妍丽明洁，富于变幻和节奏感，线条如春蚕吐丝，精秀细劲，流转自然，是唐寅仕女画的代表作之一。

王衍回宫之后，终日与韩昭等狎客纵情于声色之中，放浪于形骸之外。蜀国屡有大臣劝谏，他都置若罔闻。蜀国内部隐患重重，外患亦随之而来。后唐李存勖见后蜀朝局混乱，便整军备战，筹划南下伐蜀之事。

咸康元年（公元925年），秦州节度使王承休称秦州多美女，请王衍巡幸。王衍不顾群臣的反对，领着韩昭等佞臣西来。刚到汉州，镇守边州（今陕西凤县）的武兴节度使王承捷派人送来快报，称后唐李存勖派遣李继岌、郭崇韬统军伐蜀，已经杀进关中。但王衍却以为这是大臣阻挠自己游玩，便不予理睬，继续游山玩水。结果行至利州（今四川广元），就碰到了溃不成军的前蜀将士。这时他才有所悟，可惜为时已晚，唐军此时已大举入境。王衍逃回成都后，召集群臣商量对策，却全无良策，君臣唯有相对而泣。不几日，驻守利州的王宗弼逃回成都，发兵幽禁了王衍和太后，抢走玉玺，并自称西川兵马留后。唐军攻入汉州，王宗弼命人酒肉前去慰劳，同时逼王衍起草降书。王衍无可奈何，只得听命行事。不久之后，唐军得到了降表，就在升仙桥边举行了受降仪式，前蜀就此灭亡。

后唐同光四年（公元926年）正月，王衍及其宗族百余人被押往洛阳。三月，行至长安的时候，后唐庄宗李存勖下令暂停行进。四月三日，李存勖派人至长安，杀害王衍一家。王衍时年28岁。后唐明宗李嗣源继位后，追封王衍为“顺正公”，葬在了长安城南的三赵村。

十国·后蜀

高祖孟知祥

后蜀高祖档案：

生 卒 年：公元874～934年

父　　母：父，孟道；母，李氏

后　　妃：李皇后等

年　　号：明德

在位时间：公元934年

谥　　号：文武圣德英烈明孝皇帝

庙　　号：高祖

陵　　寝：河南洛阳和陵

性　　格：英勇善战，稳重大成

点评：

孟知祥很懂得政治分寸，善于保存自己。

——赵剑敏

高祖孟知祥，字保胤，邢州龙冈（今河北邢台西南）人，后蜀的开国皇帝。孟知祥年轻的时候，随父亲孟道事晋，凭着优秀的表现，渐渐被晋王李克用赏识。李克用任命他为左教练使，还将自己的侄女嫁给他。李克用死后，李存勖袭晋王位，对孟知祥也很器重，非常欣赏他的才干，提拔他为中门使，典章枢密，但孟知详坚决推辞，并举荐了郭崇韬，孟知祥于是改任为马步军都虞侯。李存勖称帝之后，改太原府为北京，任孟知祥为太原尹、北京留守。

后唐同光三年（公元 925 年），后唐李存勖派郭崇韬领兵灭蜀，临行时郭崇韬为报当初孟知祥的举荐之恩，就向李存勖推举孟知祥为蜀地的军政长官。郭崇韬很快就平定了蜀地，李存勖按照郭崇韬的推荐，任命孟知祥为成都尹、剑南西川节度副使，让他到蜀地主持军政事务，还摆宴为他送行。但这时宦官们也正在诬陷郭崇韬，李存勖也犹豫着是否要杀郭崇韬，孟知祥劝道：“崇韬是国家的功臣，肯定没有二心，等臣到蜀地调查一下，如果没有事就让他回来。”孟知祥走到半路遇上拿着刘皇后教令前去杀郭崇韬的宦官，于是昼夜兼程赶赴成都，但到时郭崇韬已于 4 天前被杀。蜀中人心浮动，局势动荡。孟知详于是安定众将，又派兵到各地平定盗贼，稳定地方治安，又任用勤政廉洁的好官，减免苛捐杂税，安抚民心。不久，康延寿领兵反叛，占领并割据汉州（今四川广汉），孟知祥派兵击溃并俘获了康延寿，收降了他的几千士卒，扩充了自己的实力。

次年四月，后唐庄宗李存勖被杀，李嗣源继承了皇位，是为明宗。孟知祥见中原动荡，萌生了割据蜀地称帝的念头。表面上他对明宗仍十分恭敬，保持着君臣之礼，暗地里他却开始招兵买马，扩充军备，使蜀地的军力很快就增加到了 7 万人。明宗对此有所觉察，于是派遣前蜀将领李严为西川监军，监视孟知祥。孟知祥听闻朝廷派监军来，心知朝廷已经起了疑心，索性将心一横，派兵阻挡要赴任的李严，见李严不肯回去，就以李严假传诏书的罪名将其杀死。

明宗见孟知祥割据之势越发明显，便采纳权臣安重诲的建议，把心腹将领安插到蜀地做节度使，分化孟知祥的势力。新一轮的人员调动，引起了蜀地众臣的不满。东川董璋与孟知祥联姻，结成联盟，共同对付朝廷。董璋首先起兵反叛，攻占了朝廷控制的阆州（今四川阆中），孟知祥也跟着反叛。明宗派石敬瑭来平定叛乱，石敬瑭在剑门（今四川剑阁东北）之战中最终战败，只得撤兵，孟知祥于是占领了利州（今四川广元）和夔州，扩大了辖境。石敬瑭一撤，两川便被董璋和孟知祥全部占据。不久，董璋和孟知祥发生了矛盾。董璋派兵攻占了汉州，孟知祥领兵反击，把董璋杀得大败，董璋被属将杀死，孟知祥便将东川也收归自己所有。

孟知祥占据了东西两川，势力大增，明宗见其难以剿灭，就采取了安抚的措施。他先将权臣安重诲治罪，贬杀，随后将孟知祥留在京城的家人，送归蜀地。孟知祥也不愿和朝廷成为死敌，就上表朝廷，愿意继续称臣，贡献租赋。长兴四年（公元 933 年）二月，孟知祥被后唐明宗封为蜀王。同年，明宗去世，孟知祥开始筹划称帝事宜。次年闰一月，孟知祥称帝建国，国号蜀，改元明德，史称后蜀。同年秋天，孟知祥病逝于成都，终年 61 岁，葬于和陵。

后主孟昶

后蜀后主档案：

生 卒 年： 公元 919～965 年

父　　母：父，高祖孟知祥；母，李贵妃

后　　妃：花蕊夫人、刘慧妃等

年　　号：明德，广政

在位时间：公元934～965年

谥　　号：楚王

庙　　号：无

陵　　寝：洛阳

性　　格：聪敏懂礼，有才无志

点评：

君臣奢侈糜费，政平军弱。

——白寿彝《中国通史》

后蜀后主孟昶，初名孟仁赞，字保元，是高祖孟知祥的第三子。明德元年（公元934年）七月，高祖在临终前的几天，立其为皇太子。高祖死后，他继承了皇位。在统治前期，他改良政治，发展经济，使后蜀一度繁荣到了鼎盛。然而在统治的后期，他耽于享乐，荒疏朝政，最终导致了后蜀的灭亡。

后主孟昶像

孟昶即位的时候，才只有16岁，因为年少，国政大事多委于辅政大臣。

亲政之后，孟昶鉴于之前佞臣乱政，国事多有蔽塞，于是下令在朝堂之上设置匦函（后又改为"献纳函"），鼓励官民上书言事，议论朝政得失。他选拔廉吏，任用贤臣，对于那些贪官污吏则处以重刑。眉州（今四川眉山）刺史申贵，横征暴敛，鱼肉百姓，孟昶下诏将他赐死。他还亲自写下《官箴》，颁给各郡县，要求各级官吏清廉为官，不得做违法乱纪之事。

他还很注意生产。上台后，即颁布劝农桑诏，要求各地刺史、县令将劝课农桑作为主要政务。还罢免了武将兼领的节度使之职，改由知晓农时的文臣担任，着力于发展生产。在他统治期间，社会较为稳定，后蜀的社会和经济都得到了很大发展。蜀中繁华，斗米三千，富甲天下。

此外，后主孟昶还很注重文化的保存。他曾下诏将九经刻于石上，后来觉得石刻难以保存，又改为木本刻书。广政三年（公元940年），他命卫尉少卿赵崇祚搜录晚唐至五代18位词人的作品编成词集，名为《花间集》。翰林学士欧阳炯还为其作了序，对后世的影响极大。他还创办了中国历史上第一个画院——翰林画院，延请蜀中著名画师50多人住院作画。在音律方面，他也有一定的研究，现如今流行于台湾的“南管”音乐，据说就是他命人制作的。

几年之后，蜀中大治，孟昶意志松懈，开始沉湎于酒色，贪图享受。他一面大兴土木，建造精美的亭台楼阁，一面命人广征蜀地美女，纳入宫室，供他淫乐。

孟昶日夜与妃嫔酣饮、歌舞，每逢宴会结束，便将后宫佳丽召到御前，选那些身姿婀娜，容颜俊美之人加封位号，其品秩比于公卿士大夫，每月的胭脂粉钱，有内监专门掌管。每到领取俸金的时候，每个佳丽要从御床前走过，前后宫人总数竟然高达数千人。为此，花蕊夫人无奈地写诗咏道：“月头支给买花钱，满殿宫人近三千；遇着唱名多不语，含羞走过御床前。”

就在后主孟昶花天酒地、醉生梦死的时候，北方的赵宋王朝已经崛起。宋太祖赵匡胤制定了先南后北的统一策略。广政二十六年（公元963年）宋军平荆南之后，积极准备征伐后蜀。次年十二月，宋军攻入蜀境，接连破关夺城。广政二十八年（公元965年），宋军包围成都，后蜀大臣劝孟昶出城投降。孟昶无奈之下，接受了大臣的建议，命人起草降书，开城投降。后蜀灭亡。

蜀亡后，孟昶及其宗族被迁至汴京。赵匡胤赦免其罪，给他建造府第，并赐他冠带、袭衣，封为开府仪同三司、检校太师兼中书、秦国公，俸禄与大镇节度使相同。七天后，后主孟昶暴卒于府第，时年 47 岁，原因不明。死后，被追赠为尚书令，追封楚王，葬于洛阳。

十国·楚

武穆王马殷

楚武穆王档案：

生 卒 年：公元 852～930 年

父　　母：不详

后　　妃：德妃

年　　号：无

在位时间：公元 927～930 年

谥　　号：武穆王

庙　　号：无

陵　　寝：湖南衡阳

性　　格：宽厚，勇敢，精明

点评：

马殷统治时期，人民得到休养生息。

——白寿彝《中国通史》

楚武穆王马殷，字霸图，许州鄢陵（今河南鄢陵）人，是五代十国时期楚政权的建立者。他在位期间，采取保境安民的外交策略，努力发展楚国经济。在他的治理下，楚国盛极一时。

武穆王马殷像

马殷少年时以做木工为生，黄巢起义时应募从军，后在秦宗权军中当小将。唐僖宗光启三年（公元 887 年）十月，秦宗权派弟弟秦宗衡率领孙儒、刘建峰等将领渡过淮河，攻打广陵（今江苏扬州）。马殷作为刘建峰的部将，也随军南下。不久，孙儒由于不满秦宗衡的指挥，就将他杀死了，然后自己掌握了军队，继续和杨行密交战。马殷则跟随刘建峰奉命到其他地方征集粮草，供应大部队。后来，孙儒也阵亡，所部大部分被杨行密收编。马殷和其他将领便推举刘建峰为首领，马殷任先锋，一起转战到江西洪州（今江西南昌）等地。

马殷有勇有谋，善于带兵打仗。很快在江西聚集起 10 万余人，随后他们占领了鄂州（今湖北武昌）、潭州（今湖南长沙）等地，占领了湖南的中心地区。唐僖宗封刘建峰为湖南节度使，马殷为马步军都指挥使。不久，刘建峰因为和部下的妻子通奸，被杀。马殷以战功显赫，待人宽厚大度，深得将士拥护，被推举为节度使。马殷知人善任，重用能征善战的秦彦晖、李琼等将领继续征战，开拓疆土。之后，马殷采纳谋士高郁的建议，对外，善事中原，向梁进贡称臣；对内，安抚士民，训练士卒，不几年，势力大增。后梁开平元年（公元 907 年）三月，马殷被后梁太祖朱全忠封为楚王，坐镇潭州。

五月，刘存率 3 万水师攻打楚国。马殷命秦彦晖率水军 3 万浮江而下，水军副指挥使黄璠帅战舰三百艘屯于浏阳口。六月，刘存大军遇雨，引兵回到越堤北，秦彦晖追之。刘存数战不利，乃遗书马殷作降，不许。秦彦晖引军进击，黄璠也自浏阳引兵夹击刘军，活捉刘存及将领百余人，士卒亡者数万，获战舰800艘。开平二年（公元908年），马殷出兵攻岭南，击败岭南割据者刘隐，得六个州。至此，马殷势力大增，已有了抗衡其他诸侯的实力。

后唐明宗天成二年（公元927年），马殷受封为楚国王，随后广建宫殿，设置百官，仪制基本与天子相同，只是名称略有不同而已。自此，楚成为十国中的又一重要的割据力量。

马殷即位后，基本实行了保境安民的基本国策。对外，他礼尊中原，实行睦邻友好的外交政策。对内，他减免百姓赋税，同时下令可以用布帛代替钱来交纳赋税，这样就有利于百姓安心地从事生产，发展农业。当时，湖南是全国重要的产茶之地，马殷鼓励百姓种茶，并将茶叶销往其他诸国，获取帛绢、战马等物，每年收入都有数十万钱，如此，国库日渐充盈，更有利于其政权的巩固。此外，马殷采取了一些措施鼓励外商来到湖南贸易，大力发展湖南经济。经过几年的治理，楚国国富民强，社会经济有了长足的发展，百姓安居乐业。

晚年，马殷丧失了励精图治之心，开始纵情享乐，荒疏政事。长兴元年（公元930年），马殷病逝，遗诏让其次子马希声继位，并同时规定，等马希声死后，诸兄弟依次继位，有违命者斩。

衡阳王马希声

楚衡阳王档案：

生卒年：公元899～932年

父　　母：父，武穆王马殷；母，德妃

后　　妃：不详

年　　号：无

在位时间：公元 930～932 年

谥　　号：衡阳王

庙　　号：不详

陵　　寝：不详

性　　格：仁孝懦弱，愚蠢奢侈

点评：

嫡子希振长而贤，其次希声与希范同日生，而希声母袁夫人有美色，希声以母宠得立。

——北宋·欧阳修《新五代史》

马希声，是武穆王马殷的次子。马殷称楚国王后，任他为判内外军事，掌兵权。时楚国谋臣高郁对马殷忠心耿耿，却为南平国君季兴所恨，派人行反间计，离间他们君臣关系。马殷不信谣言，无动于衷，而马希声则轻信谣言，以为高郁今后会谋反，削夺了他的兵权。高郁愤懑，声言要隐居以避祸。马希声马上假借父皇之命杀死了高郁。马殷知道真相后，不禁伤心地哭道："我已经老了，政非己出，致使功臣惨遭横祸啊。"可见马希声这时已经掌握了朝政实权。

长兴元年（公元 930 年），马殷病逝，马希声即位。本来，按照封建继承制，应该由嫡长子马希振来继承王位。马希振在诸子中最为贤明，本也是最为恰当的人选。然而，马希声的生母德妃貌美出众，深为马殷所宠爱，加上马希声掌握着兵权，因此马殷死后，就把王位传给了次子马希声。

马希声继位后，慑于北方后唐的势力，不敢称王，自动废去王号，用后唐年号，并被后唐授为武安，静江军节度使。马希声耽于享乐，生活奢侈腐朽。他闻知后梁太祖喜欢吃鸡，就效仿人家，自己也每天命御厨烹制五十只鸡作膳。就连父皇马殷下葬的时候，他竟然先吃够了吃鸡肉才出席，脸上毫无悲伤的神情。长兴三年（公元 932 年），马希声病卒，被追封为衡阳王。

十国·闽

太祖王审知

闽太主祖档案：

生 卒 年：公元 862～925 年

父　　母：父，王凭；母，徐氏，

后　　妃：黄惠姑等

年　　号：开平，乾化，贞明，龙德，同光

在位时间：公元 909～925 年

谥　　号：忠懿王

庙　　号：太祖

陵　　寝：福建宣陵

性　　格：英勇坚韧，宽仁节俭

点评：

据有闽疆，宾贤礼士，衣冠怀之，抑亦开国之雄欤。乃卒之臣服中原，息兵养民，大指与吴越略同，岂非度量有过人者远哉！

——吴任臣

闽太祖王审知，字信通，光州固始（今属河南固始）人，祖上世代为农。黄巢起义之后，王审知弃农从军，和兄长王潮、王审邽一起追随唐僖宗手下将领王绪起兵。王氏兄弟身材魁梧，作战勇敢，

在军中拥有较高的声誉。尤其是王审知，有勇有谋，常骑一白马纵横于沙场，因此被军中的同伴们亲切地称为“白马三郎”。然而，这却引起了军中主将王绪的忌恨。

王绪心胸狭小，而且十分迷信，当时有个术士对他说，他的军中有王者之气。王绪便大为恐惧，把军中谋略出众者、身材魁梧者全都以各种借口杀害。他的妹夫刘行全即因此被杀。军中人人自危，王氏三兄弟更感到朝不保夕。唐光启元年（公元 885 年）秋，王绪率军到达漳州（今福建漳浦）时，借口路险粮少，命令军中不得携带老弱之人。当时只有王潮兄弟带着老母亲随军前行，王绪将他们叫去训斥，命他们抛弃老母。王潮兄弟坚决不干，王绪大怒，当即下令要处死王潮的母亲。王氏兄弟三人舍命请求，众将士也纷纷求情，王绪这才作罢。事后，王氏兄弟仍担心日后被王绪再找借口加害，于是决定先下手为强。他们鼓动了一批同样遭遇的将士，在行军途中设下埋伏，一举擒获了王绪。不久，王绪羞愧自杀。

王绪死后，众将一致推举王潮为军中主将，王审知为副将。王潮成为统军大将之后，严明军纪，凡军队所过之处，均秋毫无犯，因此颇受民众的欢迎。唐光启二年（公元 886 年）八月，王潮率军攻下泉州城，杀死横征暴敛的泉州刺史廖彦若。福建观察使陈岩顺应民意，上表举荐王潮为泉州刺史。王氏兄弟既得泉州，便以此为根据地，收编守军，减轻赋税，深得军民的拥戴。

唐大顺二年（公元 891 年），陈岩病逝。临死前，他知道自己的儿子才学平庸，不足以继承自己的大业，便派遣使者到泉州召比较能干的王潮来见，欲授予他福建的军政大权。但王潮还没到福州，陈岩已经逝世，他的妻弟范晖乘机夺取了政权。王潮不承认范晖主政，命王审知领兵攻打福州。福州城池高深，王审知久攻不克，伤亡惨重。此时吴越援军又要逼近，王审知便请求退兵，王潮不准。王审知又请求援兵，让王潮亲自督战。王潮回信严厉地说：“兵没有了，我给你增兵；将没有了，我给你添将；兵将都没有了，我就自己来援。”王审知见信，知道了大哥的决心，这也激发了他决一死战的勇气。他亲临前线，指挥将士猛烈攻城。唐景福二年（公元893年），福州城粮尽援绝，范晖为部下所杀，王审知率兵攻下福州，接着又取得建州（今福建建瓯）、汀州等地，占据了福建全境。唐昭宗任命王潮为福州节度使，王审知为节度副使。

唐乾宁四年（公元897年）冬，王潮一病不起，不久死去。王审知想让位给二哥王审邽，王审却认为自己没有王审知的功劳大，因此坚辞不受。王审知遂继承兄长之位。不久唐朝廷在福州建威武军，次年，任命王审知为福州威武军节度使。后梁开平三年（公元909年），王审知被梁太祖朱温封为闽王。王审知一直以保境安民为立国方针，对外罢战息兵，与邻国友好相处，对于称帝的中原后梁、后唐王朝，他一直纳贡称臣，风雨不改。他的部下屡次劝他称帝，都被他严词拒绝了。在内政的治理上，王审知注意改革唐末以来的苛政，要求官吏清廉奉公，不得做贪赃枉法之事。他还定期派遣官吏到各州县巡视监察，遇有违法乱纪之人，严惩不贷。在经济上，他实行了鼓励农桑，轻徭薄赋的政策，并亲自主持疏通浚河，兴修水利。同时又利用福建沿海地区优势，开辟海港招徕外国商贾，奖励通商。

另外，他还广泛收罗人才，在福州、泉州设立“招贤馆”，使许多唐末流亡士人及公卿子弟多聚集在身边，作为他的辅佐。唐朝宰相王溥之子王淡和杨涉之弟杨沂都被他招进幕府，参与军政事务。他也很注重教育，在各州县建立学校，教育本地的士人、秀才。在他统治期间，一向落后的福建地区的经济、文化都有了长足的发展。

王审知注意节俭，很讨厌奢侈浪费的行为。他虽然是闽地之主，但是和普通百姓一样吃粗茶淡饭，穿布衣麻鞋，住简屋陋舍。一次，他的衣服破了，他就拿酒库里的废袋子自行缝补，然后继续穿在身上。还有一次，有使者从南方回来，献给他一个玻璃瓶，王审知玩了一会，就把瓶子摔碎了，他说："喜欢奇异之物，这是奢侈之本，现在我摔了它，免得后代染上坏毛病！"

后唐同光三年（公元925年）十二月，王审知病故，时年64岁，谥"忠懿"。由于他在开发闽地作出了杰出的贡献，世人尊称他为"开闽王"。后来，宋太祖赵匡胤得天下，十分敬仰王审知的德政，遂于开宝七年（公元974年）下诏重修忠懿王祠，并御笔亲提"八闽人祖"四字庙额。

惠宗王延翰

闽惠宗档案：

生 卒 年：公元885～926年

父　　母：父，太祖王审知；母，不详

后　　妃：崔氏等

年　　号：天成

在位时间：公元925～926年

谥　　号：嗣主

庙　　号：惠宗

陵　　寝：不详

性　　格：荒淫好色，贪婪无能

点评：

与夫穴蜂井蛙，亦何相远哉！

——北宋·薛居正《旧五代史》

王延翰，字子逸，是王审知长子。王审知死后，王延翰顺理成章继承了父亲的地位。王延翰此人仪表堂堂，喜好读书，精通经史，

看似一个儒雅的君子，其实却是一个中看不中用的绣花枕头。他继位之后，没有想着如何巩固政权，保境安民，却一心想着做国王。一天，他拿着司马迁的《史记·闽越王无诸列传》给大臣们看，说：“自古以来，闽就是一独立王国，现在我不称王，更待何时？”大臣们明白他的意思，便纷纷上书劝他称帝。王延翰便自称大闽国王，建立宫殿，设置百官，仪仗威仪一如天子。自此以后，王延翰极尽奢侈，荒淫无度。他令人在西湖的四周，广筑宫室，修建精美绝伦的亭台楼榭，绵延10余里，号称“水晶宫”。他每天不理政事，却带着妃嫔宫女游宴其间，好不逍遥。后宫妃嫔如云，他仍嫌不足，命人在辖内各州大肆抢掠民女充作后宫，供他淫乐。他的原配崔氏相貌丑陋，而且非常凶狠泼辣，见到王延翰宠信宫人，妒意大生，但凡宫女中有长得貌美的，全部幽禁别室，以各种毒辣手段折磨、迫害。短短几月之间，被她害死的宫女妃嫔竟达84个。不久，崔氏死去，王延翰益发荒淫，肆无忌惮，朝政更加昏暗。

其弟王延钧多次上书劝谏，王延翰不但不听劝告，反而将他贬往泉州任刺史。另一位弟弟建州（今福建建瓯）刺史王延禀也写信劝他收敛一点，同样遭到他的痛斥。王延禀是耿直之人，脾气火爆，见状回信把王延翰骂了个狗血淋头。王延翰气得要死，复信回骂，出语更是不逊。

不久，王延禀派出使者到福州窥测王延翰的动静，王延翰认为这是个报复的好机会，遂派人毒杀了使者。这件事后，王延禀更加坚定了自己发动政变的决心，为了增加胜算，他还拉拢了泉州刺史王延钧。王延钧对王延翰早已经不满，遂与之密谋除去王延翰。两人相约共同出兵，诛除暴君。

天成元年（公元926年）二月，王延禀、王延钧合兵攻袭福州。王延禀军顺江而下，势如破竹，很快抵达福州。福州指挥使陈陶仓促领军应战，兵败，陈陶自杀。是夜，王延禀亲自率百余壮士直扑王延翰寝宫。王延翰惊慌失措，逃到别室，躲了起来。天亮以后，士兵搜出王延翰。王延禀历数他的罪恶，随后下令斩王延翰于紫宸门。

太宗王延钧

闽太宗档案：

生 卒 年：？～935年

父　　母：父，太祖王审知；母，不详

后　　妃：陈皇后等

年　　号：天成，长兴，龙启，永和

在位时间：公元926～935年

谥　　号：齐肃明孝皇帝

庙　　号：太宗

陵　　寝：福州莲花山

性　　格：昏庸猜忌，迷信荒淫

点评：

璘好鬼神、道家之说。

——北宋·薛居正《旧五代史》

闽太宗，名王延钧，是太祖王审知次子。王延禀杀死闽王王延瀚之后，考虑到自己是养子，不便即位，于是推举其弟王延钧为威武留后。天成二年（公元927年）正月，王延禀领军返回自己的驻地。王延钧亲自送他出城。临行话别之时，王延禀对王延钧说："用心坚守祖上传下来的基业，不要劳烦为兄再次东来！"王延钧闻言脸色大败，自此以后严加防范王延禀。是年五月，后唐明宗李嗣源任命王延钧为威武军节度使。次年七月，明宗封王延钧为闽王。

长兴二年（公元931年）四月，王延禀听闻闽王王延钧患病，便和儿子王继雄领水军自建州奔袭福州。王延禀攻福州西门，王继雄攻东门。王延钧命侄儿王仁达率军迎战。王仁达以诈降之计诱杀王继雄，并将他的头颅悬挂在西门之上。王延禀见之，悲痛欲绝，军心因此动摇。王仁达趁机猛攻，王延禀大败，后被生擒，献于王延钧面前。王延钧见到他，讽刺道："果然麻烦兄长再下福州了！"王延禀惭愧的低下头，默然不语。王延钧把他囚在别室，派使者到建州招抚其党羽。建州王延禀部下杀死使者，保护着王延禀的儿子王继升、王继伦兄弟投奔吴越。五月，王延钧斩王延禀于闹市之中，取消他的王氏宗籍，复名周彦琛，改由亲兄弟王延政主政建州。

次年，王延钧要求后唐封自己为吴越王、尚书令，后唐拒绝，遂断绝双方关系。长兴四年（公元933年），王延钧自行即皇帝位，国号大闽，建年号为"龙启"，自称"闽国皇"，并改名为王璘。

王延钧称帝后，生活荒淫无度，日夜沉溺于酒色。他听信道士陈守元的谗言，大兴土木，穷奢极侈。他大兴土木，修筑宫殿，每一座宫殿都雕梁画栋，穷工极丽，奢靡到了极致。每至夜间，王延钧命人在宫里燃起数百枝巨烛，使得宫中亮如白昼，寝宫中特地摆一张宽达数丈的龙床，床上铺着长枕大被，四周再围上水晶屏风。及至酒酣耳热之际，他便拥着皇后陈金凤裸卧其内，在诺大的床第之间翻来覆去，表演各种不堪入目的姿势。他还令新入宫的宫女隔着屏风观赏学习。一段时间之后，他就命令众宫女裸身侍寝，纵其淫欲。

王延钧晚年患病，陈金凤却与王延钧的部属归守明、李可殷私通，朝臣都很痛恨他们。永和元年（公元935年）十月，皇城使李仿在王延钧之子王继鹏的支持下，率众杀死了李可殷。陈金凤见姘夫死了，向王延钧哭诉。王延钧虽然重病在身，但还算清醒，召见群臣，诘问此事。退朝后，李仿惊惧不安，于是鼓动王继鹏，与他一道率皇城卫士鼓噪入宫。王延钧闻变，慌忙藏在龙帐中。乱兵在帐外用槊乱刺，鲜血飞溅，染红了帐幔，乱兵随后一哄而散。哪知道王延钧遭受数创，居然没死，躺在地上哀号。宫女见他可怜，就勒死了他。次子王继韬、陈金凤、归守明都死于乱兵刃下。

宋　辽　金　西夏

北 宋

太祖赵匡胤

宋太祖档案：

生 卒 年：公元 927～976 年

父　　母：父，赵弘殷；母，杜氏

后　　妃：贺皇后、王皇后、宋皇后等

年　　号：建隆，乾德，开宝

在位时间：公元 960～976 年

谥　　号：大孝皇帝

庙　　号：太祖

陵　　寝：河南永昌陵

性　　格：宽仁睿智，廉正果断

点评：

赵匡胤力所能及的地方，中央集权的措施执行得既轻快也彻底。新皇帝的机警，不走极端，对钱财上的大方，使他的筹谋容易兑现。

——黄仁宇

宋太祖名叫赵匡胤，是宋朝的开国皇帝。他于乱世中起家，发动陈桥兵变，黄袍加身，建立了北宋王朝，并由此结束了五代十国

的分裂局面；他以杯酒释兵权，削除藩镇，以文治国，加强了中央集权；他发展农业，健全科举，整顿吏治，为宋王朝的统治打下了坚实的基础。

乱世漂泊　黄袍加身

赵匡胤于后唐天成二年（公元 927 年）生于河南洛阳夹马营。他的父亲赵弘殷时任后唐禁军正捷指挥使，母亲为杜氏。传闻赵匡胤一生下来就体带异香，三日不散，所以他的乳名叫“香孩儿”。后来他到了读书的年纪，父亲赵弘殷才为其取名赵匡胤。匡者，匡扶、保佑；胤者，胤嗣、后代。“匡胤”就是匡救后世的意思，可见父亲对这个儿子的厚望。赵匡胤也的确没有辜负父亲的期望，他不但书读得不错，而且武艺骑射很出众，完全继承了父亲的武学天赋。等到成年，他就成了一个文武双全的青年俊杰。

在赵匡胤成长的十几年间，赵家很不景气。后唐庄宗李存勖时期，赵匡胤的父亲赵弘殷很受重用。后唐庄宗同光三年（公元 925 年），李存勖在兵变中被杀后，赵弘殷就开始受到冷落。此后十几年，朝代几度更迭，皇帝也换了五六个，而赵弘殷的官职却始终没动。这期间，赵匡胤又添了 2 个弟弟和 2 个妹妹，家大口多，赵家的境况就日益窘迫了。后晋开运二年（公元 945 年），19 岁的赵匡胤娶妻成家，开始承担养家的重任。可是赵家已经穷困潦倒了，赵匡胤只好在 21 岁这年离家出去闯荡，希望能在外面做出一番事业。

太祖赵匡胤像

赵匡胤满怀希望地开始浪迹天涯，不过残酷的现实却泼了他一头冷水。赵匡胤的父亲为官多年，也结交过一些有权有势的朋友。于是，赵匡胤就决定先去投奔他们，可惜世态炎凉，根本没有人愿意关照他这个落魄的晚辈。赵匡胤漂泊了两年，仍然一事无成。不过困境并没有击垮赵匡胤，反而将他的意志和性格磨练得更加坚强了。后汉乾祐三年（公元950年），赵匡胤来到河北邺都，在后汉枢密使郭威手下做了一个小兵，他的人生从这时就开始改变了。

后周广顺元年（公元951年），郭威发动兵变，灭了后汉，建立了后周政权。郭威称帝，即后周太祖。他提拔有功的赵匡胤为禁军东西班行首，负责宫廷禁卫。显德元年（公元954年），周太祖郭威病逝，他的养子柴荣继位，即周世宗。柴荣是个很有作为的皇帝，他很器重赵匡胤，将其调到中央禁军任职。这样，赵匡胤终于有了施展才华的机会。二月，北汉世祖刘崇就趁着后周国丧，领兵前来征讨。周世宗亲自率兵迎战，赵匡胤也随军出征。两方军马在高平（今山西晋城东北）展开激战，战斗初期北汉军就占了上风，后周大将樊爱能、何徽等临阵脱逃，以致后周军阵势大乱。还是赵匡胤比较冷静，在他的建议下，世宗将禁军分为二部，张永德指挥一部，负责抢占制高点，用箭矢压制敌人的进攻；赵匡胤率领一部，负责从左侧直扑敌军阵地。在密集如雨的箭矢中，赵匡胤带着2000多骑兵奋勇杀敌。北汉军抵挡不住，后周军转败为胜。

高平之战后，赵匡胤一举成名，被世宗提拔为殿前都虞侯，跻身入禁军的高级将领行列，从此深得世宗的信任。没过多久，他就受世宗委任，负责整顿禁军。经过一轮裁汰老弱、补足精干后，后周禁军的战斗力加强了，不过最重要的是赵匡胤在军中培植了自己的势力。他的心腹罗彦环、郭延斌等都进入基层，负责笼络普通将领。而赵匡胤自己则负责结交高层将领，他还与其中的石守信等人结拜为义社十兄弟。没过多久，后周军中从下到上，都有了赵匡胤的势力。

后来世宗又对南唐发动了几次进攻，将南唐在江北的15州收入囊中。赵匡胤也凭着在战役中的出色表现，晋升为忠武将军节度使兼殿前都指挥使。赵匡胤在军中的权势日益增大，同时他也开始重视与文人的交往。他将赵普、王仁瞻等文士都纳入麾下，为自己出谋划策。此时，他的弟弟赵匡义也来到军中，成为他的左膀右臂。随着权势的壮大，赵匡胤的野心也越来越大了。

“宋太祖黄袍加身处”碑，在今河南封丘陈桥镇。

后周显德六年（公元 959 年）六月，世宗柴荣病逝，他 7 岁的儿子柴宗训继位，符太后垂帘听政。后周面临“主少国疑”的局面，也就是皇帝年幼，人心疑惧不安。后周政权很不稳定，这就为赵匡胤篡位提供了良机。

后周显德七年（公元 960 年）正月，赵匡胤利用后周群臣朝贺新年的时机，谎报军情，说辽和北汉正联兵入侵。于是，小皇帝柴宗训就命他统帅禁军去迎战。当禁军到达距开封几十里的陈桥驿时，将领们就将一件象征天子身份的黄袍披在赵匡胤身上，并拥立他为帝。此事史称“陈桥兵变”。赵匡胤黄袍加身后，就立即掉头赶回开封，控制了京城的局势。柴宗训无奈，只好宣读了“禅位诏书”，将皇位“让”给他。就在公元 960 年正月，赵匡胤正式称帝，改国号为“宋”，改元建隆，定都汴京（今河南开封），他就是宋朝的开国皇帝宋太祖。

恩威并施　杯酒释兵权

赵匡胤称帝时才 33 岁，不过他从 21 岁离家，在外拼搏了十几年，早已磨练成一个成熟老练的政治家。他是凭着武力夺取后周政权的，这在五代十国的政权更迭中非常普遍。所以其他权臣同样有野心，他们时刻觊觎着赵匡胤的皇位。

为了稳定京城的局势，宋太祖对后周旧臣们以施恩安抚为主。他厚遇“禅位”的柴宗训和符太后，将后周旧臣原封照搬为宋朝开国大臣，连宰相王溥、范质和魏仁浦三人也原职留任。那些因拥立赵匡胤而崛起的新贵，则受到严格束缚，若是有人仗势欺凌旧臣，就会遭到宋太祖的严惩。通过这些措施，不少后周旧臣都安分下来，为新王朝效力。

不过也有不愿臣服，起兵作乱的。后周显德七年（公元 960 年）四月，昭义军节度使李筠就起兵叛乱，北汉也趁机侵扰，而后周太祖的外甥李重进也准备在扬州起兵响应。面对严峻的局势，宋太祖并没有慌乱。他首先用高官厚禄和寓意永保富贵的“丹书铁券”稳住李重进，接着就命皇弟赵匡义及大臣赵普等人留守京城，自己亲自领兵讨伐李筠。皇帝亲征，宋军士气高昂，很快就打败了李筠的叛军，又赶走了北汉的军队。李筠被逼得走投无路，最后自焚而死。太祖随后挥师南下，除掉了李重进。“二李”之乱平息后，后周旧臣也真正转变成了宋朝新臣，赵匡胤的政权终于稳定了下来。

解决了后周臣属的问题后，宋太祖稍微松了口气，不过他仍然不敢大意。他深知，五代时期的朝代更迭频繁，关键就在于臣属太强，尤其是统兵大将势力太大，他们要弑君篡位，实在太容易了。为了维护自己的统治，宋太祖决定收回禁军将帅的兵权。

建隆二年（公元 961）七月初九夜，宋太祖宴请禁军将领石守信等人。酒至半酣，他慨叹道：“要不是靠你们扶持，我也不会有今日。可当了皇帝后，我就没睡过一夜安稳觉，还不如做节度使逍遥自在啊！”石守信等人忙问其故。太祖郑重说道：“我这个位置，谁不想坐？”众人大惊，纷纷下跪叩拜表忠心，并请皇上指一条明路。太祖就顺水推舟，将早已做好的决定说出来。他说：“人生苦短，若不能及时行乐，实在可惜！你们何不交出兵权，多置些良田美宅，既能安享富贵，又能为子孙后代留下份产业。我再与你们联姻，这样君臣间没了猜疑，上下相安，你们也能日日美酒佳人，快活一辈子，岂不更好?”众将听了皇上的话，第二天就都识趣地交出兵权了。没过多久，太祖又用同样的手段削夺了王彦超等节度使的兵权。此事史称“杯酒释兵权”。

为了安抚这些交出大权的功臣，宋太祖不仅赐给厚赏，而且认真履行联姻承诺。太祖有一妹三女，其中三人都嫁入被释去兵权的将领家。功臣们失去了大权，却成了皇亲，心理上也平衡了，于是，君臣皆大欢喜。比起历史上许多开国皇帝大杀功臣的做法，这种方式无疑是以最小的代价来巩固君主集权。

先南后北　武力统一

从中唐后期的藩镇割据，到五代十国的政权林立，中国长期陷入分裂混战中，这不仅使社会经济和文化的发展受到严重阻碍，还给社会各阶层都带来了深重的灾难。于是，结束战乱，重新统一，就成了五代十国末期所有人的共同愿望。后周世宗柴荣，就曾为中原统一做了不少努力。赵匡胤建立宋朝后，也把统一大业提上了日程。

北宋建立时，周边还有许多割据政权。其中北方有契丹族建立的辽国，西北有势力强大的党项族，夹在二者之间的是割据山西一带的北汉。在农业发达、物产丰富的江淮以南，还有南唐、吴越、后蜀、南汉、南平、楚、闽等 7 个割据政权。宋太祖要想实现统一大业，就要制订好周密的策略。到底是先伐南还是先讨北呢？太祖就召集谋士赵普等人以及曾参加过北周北伐的大臣们，一起商讨对策。经过多方探讨，他终于在建隆三年（公元 962 年）确立了“先南后北”的统一方针，即先取巴蜀，次取广南、江南，待国家强大后，再讨伐北汉和强大的契丹等。

乾德元年（公元 963 年），慕容延钊、李处耘等受宋太祖之命，率10州兵马征讨荆湖。他们遵从太祖的指示，向割据江陵的南平政权借道，然而趁机灭掉它。二月，宋军攻破南平都城江陵，国主高继冲投降，南平灭亡。之后，宋军继续进发湖南。一个月后，割据于此的楚政权也被平定了。这样不仅荆州、湖南的大片土地尽归北宋，而且水陆都可进攻后蜀了。乾德二年（公元964年）十一月，大将王全斌、曹彬等领兵讨伐后蜀。66天后，后蜀灭亡，北宋的领地再次扩大。

《雪夜访赵普》 明 刘俊

此画描绘的是宋太祖雪夜私访宰相赵普，商议统一大计的故事。

后蜀覆灭后，宋太祖变得有些骄纵大意，他改变“先南后北”的方针，于开宝元年（公元968年）和开宝二年（公元969年）两次出兵北汉，结果都以失败告终。一再碰壁之后，宋太祖继续实施“先南后北”的策略。开宝三年（公元970年）九月，宋军出征南汉。次年二月，南汉灭亡。此时南方还剩下3个割据政权：南唐、吴越和闽政权。三个政权个个自危，其中实力最强的南唐主动取消国号，放弃皇帝的称号，改称“江南国主”。另外两个政权就直接上表称臣，接受宋朝的官职。

宋太祖本想和平统一南方。他以“南北一家，何分彼此”为由，几次召南唐国主李煜入朝，均被其拒绝。太祖非常恼怒，决定灭掉南唐。他扬言：“卧榻之侧，岂容他人酣睡乎！”意思就是南唐存在，就是侵占北宋的利益。不过南唐国力雄厚，又有长江天险作为屏障，有“江南第一大国”之称，实在不可小觑。为了讨伐南唐，宋太祖做了周密的计划。他用离间计除掉了智勇双全的南唐大将林仁肇，又利用南唐文人樊若冰获取了长江测绘图，并听从樊若冰的建议，在荆州建造了上千艘战舰及黑龙船，用以将来渡江时作为浮桥使用。

经过3年的精心准备，开宝七年（公元974）十月，宋太祖以曹彬为统帅，率水、陆、骑兵浮桥渡江，围攻金陵；同时又命吴越国主钱弘俶带领5万吴越军从东面进攻金陵；另命宋将王明进击武昌，从西面牵制屯驻江西的南唐军队，使其无法东下救援金陵。宋军从北、南、西三面进攻，金陵就成了一座孤城。李煜被困，仍不投降。十一月二十七日，金陵城破，李煜被俘，南唐灭亡。

灭南唐之战，是当时最大的一次江河作战，也是宋太祖一生最得意的战役。宋军在这次战争中运用的“浮桥渡江”、“围城打援”，成为中国古代战争史上的经典战术。此战之后，宋朝完成了南方的统一，当时已经臣服北宋的吴越和闽，最后灭亡在太祖的弟弟、太宗赵光义手里。

重文轻武　祖宗家法

宋太祖在南北用兵的同时，也注重整顿内政。为了巩固和加强了专制主义中央集权，他采取一系列措施，并创立了一整套延用整个宋朝的“祖宗家法”。

太祖首先削夺了地方藩镇的兵权。在平定荆湖后，他就废除了荆湖地区的“支郡”地位，“支郡”原为节度使管辖，现在直属京师，原来掌管州务的武将也被文臣取代。支郡被废除，文臣任知府，就使得地方节度使的权力大大削弱了。除了削弱武将的权力，宋太祖也很重视对文臣的控制。建隆四年（公元963年），他制定了两项措施来限制州郡长官权力过重：一是“三岁一易”，即知府、知县在一个地方任职不得超过三年；二是在州郡设置通判，通判职位略低于知州，与知州共同判理事务，不过通判有一项特权，就是监督州郡长官，所以知州实际上受通判限制，二者产生矛盾，就在所难免了，在整个宋朝都是这样。

其次，就是收夺地方上的财权，称“制其钱谷”。自唐朝以来，节度使都可以存积大量钱财，称之为税赋“留州”。到宋太祖时，这项制度就正式废止了。乾德二年（公元964年），太祖发布诏令，要求各州除了留出必要的经费外，其余财赋中属于货币的部分全部上缴中央政府，不得无故占留。乾德三年（公元965年）三月，他又重申了这条诏令。地方政府没有了财权，就再也不能“屯兵自重”，如此一来，就确立了“天下之权悉归朝廷”，“四方万里之遥，奉尊京师”的新型中央与地方的关系。

第三，就是调整君臣关系。宰相在封建社会里一直处于很高的地位，自两汉以来，宰相就同皇帝一样，可以坐着议事。到了宋太祖这里，他就撤了宰相王溥、范质等人的座位。此后宰相在皇帝面前只能站着奏事，由尊而卑，地位就大大下降了。宋太祖对普通官员则采用“官、职分离，互相牵制”的任官政策，使任何官员都不能集权力、荣誉和威望于一身，从而消除了他们对皇权的威胁。

宋太祖的所有措施，都是为了加强皇权，将所有的权力都牢牢抓在自己一人手里。他在集中权力的过程中，深切体会到文化统治的重要性。于是，他改革了隋唐以来的科举考试制度，放宽了科考范围，规定只要有一定文化的人，不论贫富贵贱，都可以应举；殿试也取消了淘汰制度，只要参加过殿试的人，就成了“天子门生”，人人都有官做。宋太祖靠武力开国，朝中重武轻文的风气自然浓厚。为了扭转这种风气，他下令修复孔庙，开辟儒馆，聘请博学多才的名儒来劝导教化。随着对文臣的重用，统治集团内部的重文风气也逐渐形成。太祖重文，但也不完全轻武，他对文臣武将，量才任用，这样北宋王朝的统治基础，不仅很稳固，而且非常广泛。

烛影斧声　身死成谜

太祖是个严谨勤奋的皇帝，随着北宋国力的强大，全国统一的大局已定，而他并没有志满意得，骄纵奢靡。他一生兢兢业业，严以律己，这在历代皇帝中都十分难得。可惜他正当盛年，身体也很健康，却突然去世了，死因至今仍是一个谜。不过众说纷纭中，都提到太祖之死与他的弟弟赵匡义有关。建隆二年（公元 961 年）六月，太祖的母亲皇太后杜氏因病去世。杜太后是个很有见识的女人，她见证了儿子夺位称帝的全过程，认为赵匡胤能顺利坐上皇位，是因为柴宗训年幼，若换成一个成年人在位，赵匡胤就根本没有这个机会了。于是，她认定立年长者为国君，才能稳定社稷。杜太后临终前，告诫太祖赵匡胤，希望他能传位给弟弟赵匡义，太祖含泪答应了母亲的遗命。这件事由大臣赵普当场记录，并藏于金匮之中。这就是历史上所说的“金匮之盟”。

然而随着宋朝局势的稳定和统一事业的逐渐完成，太祖与弟弟赵匡义间的矛盾就逐渐暴露出来了。当初兄弟二人为了家族和大业，同心协力共度难关，而今却为了争夺皇权，骨肉成仇。随着赵匡义对皇位的觊觎越来越明显，宋太祖就疏远了他，而与另一个弟弟赵光美关系亲密。

开宝九年（公元 976 年）十月，宋太祖病倒，一切军政事务就由最有威望的皇弟赵匡义代理。赵匡义白天处理政务，晚上就去万岁殿探望兄长。十月十九日晚，赵匡义再次探望兄长，他将侍奉的太监们都遣出殿外，然后与兄长谈话。至于说了些什么，早已无人知晓。站在外面的太监们看到殿内摇曳地烛光闪动了好几次，又听到有斧头落地的声音。没过多久，赵匡义就跑出来，大声呼叫太监立即去请皇后与皇子前来。当皇后等人赶到时，宋太祖已经死了。他到底是如何死的，最后也没有定论，至今这“烛影斧声”还是千年疑案。

宋太祖在位 16 年，终年 50 岁。他死后，葬于永昌陵，谥号“大孝皇帝”，庙号“太祖”。他的弟弟赵匡义继位，即宋太宗。太祖 21 岁离家闯荡江湖，从一个落魄的流浪汉到大宋王朝的开国皇帝，一生充满了传奇色彩。他结束分裂，建立北宋，开创了中国历史上一个繁荣的时代。他的功绩，彪炳千古。

太宗赵炅

宋太宗档案：

生 卒 年：公元 939～997 年

父　　母：父，赵弘殷；母，杜氏

后　　妃：尹皇后，符皇后等

年　　号：太平兴国，雍熙，端拱，淳化，至道

在位时间：公元 976～997 年

谥　　号：文武皇帝

庙　　号：太宗

陵　　寝：河南永熙陵

性　　格：沉谋英断，刚愎自用

点评：

此人不知兵，非契丹敌手，尔后屡败，契丹均以诱敌深入、聚而歼之的办法，宋人终不省。

——毛泽东

宋太宗名叫赵炅，是后唐战将赵弘殷之子，宋太祖赵匡胤的弟弟，北宋王朝的第二位皇帝。他继承兄志，完成了统一中原的大业；北伐契丹，阻挡了辽国入侵中原的步伐；修缮内政，为北宋王朝的稳定做出了重要贡献。

拥兄自立　代兄称帝

宋太宗生于后晋天福四年（公元 939 年），是宋太祖赵匡胤的同

胞弟弟。他原名赵匡义，兄长赵匡胤称帝后，为了避讳，他改名为赵光义，后来他自己称帝后，又改名为赵炅。赵家兄弟三人，赵匡义居中，他比兄长赵匡胤小 12 岁，比弟弟赵匡美大 8 岁。

太宗赵炅像

赵匡义出身武将世家，父亲和兄长都好武，所以他也娴于骑射，并参加过一些战事。当年 21 岁的赵匡胤外出闯荡时，赵匡义年纪还小，就留在家中。他 16 岁时曾随父亲赵弘殷南征，驻守扬州、泰州等地，并多次与敌将交锋，在战场上表现十分勇猛。此时兄长赵匡胤已经在后周建立了赫赫战功，地位日高，听说弟弟如此能干，也很为他高兴。公元 960 年，赵匡胤发动陈桥兵变，夺取后周政权，建立了宋王朝。其中 22 岁的赵匡义为兄长代周自立，立下了汗马功劳。他充当前台角色，奔走四方，联系军士，部署将领，为赵匡胤顺利称帝扫平了障碍。

赵匡义与兄长感情很好，又为兄长称帝出了大力，所以宋太祖一称帝，就立即任命这个弟弟为殿前都虞侯，领睦州防御使。北宋建立初期，政权极不稳定。建隆元年（公元 960 年）五月，宋太祖御驾亲征，征讨原后周旧臣李筠。赵匡义就临时担任大内都点检，留守汴京。十月，太祖再次亲征，征讨在扬州叛乱的李重进，赵匡义继续留守京都，稳定后方。建隆二年（公元 961 年）七月，赵匡义被任命为开封尹，同平章事。这时，为了避兄长宋太祖的名讳，赵匡义改名为赵光义，弟弟赵匡美也改名为赵光美。

开封尹是京都的最高行政长官，国家军政要务都要通过这里，再传达到中央朝廷，地位非常特殊。从建隆二年（公元 961 年）至开宝九年（公元976年），赵光义做了16年的开封府尹，处理政务的能力得到了很大的锻炼。这期间，他凭着开封尹之位，将一大批才识出众的人招致门下，同时，他又在朝中广交群臣，培植党羽。经过十几年的努力，他已经具备与兄长宋太祖抗衡的能力了。

赵光义是太祖之弟，按照封建王朝的嫡长子继承制度，皇位根本轮不到他。但是他的母亲杜太后临终前，曾留下遗命，让宋太祖赵匡胤传位给弟弟赵光义。此遗诏由大臣赵普记载，藏于金匮。此事史称“金匮之盟”。此事是真是假，后人根本不知，不过确实让赵光义继位变得名正言顺。

赵氏兄弟二人精诚合作十几年，对外扫平了南方的各个割据政权，基本统一了中原；对内进行了大刀阔斧地改革，加强了中央集权。可是宋太祖对防范外人篡位做了周密的部署，却没有警惕身边的自家兄弟。随着宋朝政权的逐渐稳定和强大，兄弟二人的矛盾也逐渐显露出来。他们虽为兄弟，但始终君臣有别，两人的分歧就越来越大了。开宝九年（公元976年）十月十九日夜，宋太祖赵匡胤突然驾崩，皇弟赵光义受遗诏于柩前继位称帝了，即宋太宗，改元太平兴国。

统一中原　伐辽无功

赵光义38岁称帝，他任开封尹十几年，早已积累了丰富的执政经验，所以他登基后很快就适应了皇帝的身份。为了巩固自己的帝位，他决定首先完成兄长未尽的统一大业。此时南方已经平定，但是吴越和闽两个割据政权虽然臣服宋朝，却仍然保留着国号。宋太宗就迫使两个国主上了降表，削去他们的国号，从而彻底统一了南方各地。接着，他就将主要兵力转向北方的北汉和辽朝。

太平兴国四年（公元979年）初，宋太宗亲率大军，兵分四路进攻北汉。他吸取后周世宗柴荣北伐失败的教训，先派出邢州判官郭进为太原、石岭关都部署，将辽朝援军拦截住，然而兵围北汉都城太原，断绝城中一切供应。结果北汉与宋军苦战至五月，苦等也无外援，北汉国主刘继元只好上表投降，北汉灭亡。这样，从 907 年朱温灭唐建立后梁，至公元 979 年宋灭北汉，持续了几十年的五代十国割据局面终于结束了。

宋太宗灭了北汉，信心倍增，就打算收复被后晋石敬瑭割让给契丹的燕云十六州。太平兴国四年（公元 979 年）六月，宋军灭掉北汉后，根本没有休整，就直接讨伐辽国。汉人把守的易州和涿州，很快就被攻破，宋太宗挥师直抵辽国南京（今北京）城南。宋军的进攻遭到了守城辽将耶律学古的顽强抵抗，双方相持不下。此时辽国名将耶律斜轸和耶律休哥率领的援军赶到。辽宋两军在高粱河展开大战，宋军被耶律斜轸和耶律休哥前后夹击，纷纷败退，宋太宗也险些被耶律休哥俘虏。后来宋太宗带着残兵败将，仓皇逃往涿州。

宋代武士复原图

太平兴国七年（公元 982 年），辽景宗耶律贤去世，他 12 岁的儿子耶律隆绪继位，即辽圣宗。皇帝年幼，就由 30 岁的皇太后萧绰摄政。宋太宗见辽国寡母幼子执政，就认为这是伐辽的大好机会。雍熙三年（公元 986）正月，宋太宗再次出兵伐辽。不过他上次亲征惨败，险些做了阶下囚，至今心有余悸，就决定坐镇京城，派曹彬、米信、田重进、潘美、杨业等率领 30 万宋军，兵分三路伐辽。宋军初期进展顺利，接连小胜。可是宋朝皇帝集大权于一身的弊端，在这时就充分暴露了。宋太宗为人刚愎自用，他身在汴京却遥控着前线，将指挥权牢牢抓在自己手里，这样就严重束缚了前方将领的手脚。很快宋军就出现了指挥不当，各路军缺少配合，军令不能及时传达等情况，战场形势自然也发生逆转，宋军被辽军杀得大败。杨业乃北汉名将刘继业，降宋后恢复本姓为杨。杨氏一门将才辈出，人人能征惯战，这就是后来历史上著名的杨家将。杨业父子率领残军在陈家谷浴血奋战，却久久不见援兵，最后杨业部下大部分战死，他本人也身负重伤，被辽军俘虏，他不惧辽人的威胁利诱，绝食三日而死。杨业之死，导致边境人心惶惶。云、应、朔诸州将领弃城逃走，三州重新被辽军占领。辽军又乘胜侵入宋境，在深（今河北深州）、德（今山东德州）、邢（今河北邢台）等州烧杀劫掠，宋朝边民蒙受了巨大的损失。

两次伐辽惨败后，宋军元气大伤，宋太宗也对辽人畏惧如虎。此后辽宋关系发生了根本性的转变，宋军由攻转守，而辽军由守转攻。辽国萧太后和辽圣宗耶律隆绪都很有才干，他们稳定内政后，就连年伐宋。而宋太祖则犹豫不决，不知该战还是该和。没有一个明确的指导思想，守边将领们也不知所措，只好得过且过。此后，宋军中就再也难有能与辽军抗衡的将领，宋朝军队的战斗力就越来越弱了。

以文治国　重文轻武

宋太宗即位之初，比较重武，他想凭借武功树立威望，进而完成统一大业。但是几次伐辽失败后，他就失了锐气，转而重文。宋太宗在用兵征伐上没有多少才能，在文治上却有过人之处。

太宗时期，宋朝的各项典章制度都得以完善，基本成为定制，为其他各方面制度奠定了良好的基础。两宋之人所言的“祖宗家法”是宋太祖创立的，但最后完善的却是宋太宗。

科举取士兴起于隋唐，到了北宋才真正完善。太祖放宽了科考范围，不再限制考生的家世、籍贯等，并将殿试作为定制。到了宋太宗时期，他扩大了取士规模，每次科考录取的进士数额远远超过前几朝及宋太祖时期。他还对殿试制度作出更详细的规定，殿试后在殿前“唱名”，由皇帝分别赐予“进士及第”“进士出身”“同进士出身”的功名，将录取的进士分类细化。他还严格考试制度，采用密封、誊录等措施，有效地防止了考官的作弊行为，不仅如此，他还亲自主持复试。

太宗对文化事业的重视超过了历代以来的许多帝王。五代以来，昭文馆、史馆和集贤院为三馆，既狭小又简陋。太宗继位第二年，就下令扩建三馆，并更名为崇文院。“崇文”二字正是他治国方针的体现。除了广泛搜集各类图书，太宗还先后组织文人编纂了几部大型类书，它们是《太平广记》《太平御览》和《文苑英华》等。这几部书流传至今，成为后人研究中国古代历史文化的宝贵资料。

太宗好读书，这一点与他的家庭有很大关系。他出身武将世家，父亲和兄长都是赳赳武夫，就希望家族中能出一个文才，家人的希望最终就落在了太宗身上。他早年随父出征，攻陷城池后，先不取财物，而是搜求古书带回去读。崇文院竣工后，他就经常去那里读书。后来南唐灭亡，后主李煜被俘至汴京，封为违命侯。李煜做皇帝不行，做学问却很出色。太宗有时也召他来崇文院，一起读书。从太宗开始，宋代的皇帝都很注意从历史上汲取统治的经验教训。他曾说：“朕历览前代书籍，发现君臣之际，大抵情通则道合，所以有事皆无隐匿，言论都可采用。”太宗读书，非常勤奋，他规定自己每日必须看完三卷《太平御览》，若因处理政事耽误了，他就抽空补读。为了勉力朝中大臣们读书，淳化三年（公元 992 年）九月，太宗还将武将马步军都虞侯傅潜、殿前都指挥使戴兴等人召来崇文院，一起博览群书。

太宗在读书之余，也很喜欢书法，他勤于练习，又经名家指点，所以书法造诣很深。他本人好道教，不过他对所有宗教都比较宽容。平定南方后，因为佛教在吴越、南唐等割据小国比较盛行，所以太宗就对佛教采取保护政策，以维护北宋对南方地区的统治。他执政时期，还雕版印行了我国第一部佛经总集，各地僧徒由北宋建国时的 6 万增加到 24 万多人。

太宗以文治国，所以他的执政方针也是宽松敦厚。他为人严谨，为了巩固统治，他亲自挑选人才，选贤任能，严防贪官污吏鱼肉百姓。他对刑狱方面也很关注，曾亲自处理了一些案件，还下令在禁中设立审刑院，直属于皇帝，各地案件先上交此处，再下发大理寺、刑部断复，最后又由审刑院裁决。他对宦官的束缚也十分严厉，不许他们干政。在太宗的治理下，北宋前期出现了繁荣昌盛的景象。

刻薄寡恩　储君难立

太祖和太宗执政，主要都是加强集权，对农业及土地问题都没有太重视，也没有采取有效地改革措施，所以北宋初期在表面的繁荣之下，贫富分化加剧，阶级矛盾加深。淳化四年（公元 993），四川爆发了王小波、李顺起义，他们提出“均贫富”的主张，不过最后被朝廷血腥镇压了。

太宗与太祖一样，十分重视变乱，对武将特别忌惮，连号称宋代第一良将的曹彬也被他罢免了。也许是鉴于自己称帝的经历，他对皇室之人的防范更重。宋太祖有两个儿子：德昭和德芳。太宗对这两个侄子一直都不放心。在辽宋高粱河之战中，太宗与宋军主力失散。将士们以为皇帝已经遇难了，觉得国不可一日无君，就商量着拥立太祖的儿子、武功郡王赵德昭为帝。后来太宗还活着，此事就作罢了。不料此事后来还是传到太宗这里，这就触犯了他的忌讳，最后迫得德昭自杀身亡了。两年后，德芳也莫名其妙地死了。太宗的弟弟赵光美，在太宗称帝后，为了避讳，改名为赵延美。延美同当年的太宗一样，任开封府尹。这样也遭到了太宗的猜忌，后来延美被逼忧郁而死。

太宗自己的长子赵元佐，聪慧有才，文武双全，很得太宗的喜爱，是太子的最佳人选。不料因为叔父赵延美被迫害之事，元佐受到刺激而产生了精神错乱，经常胡乱杀人。最后太宗只好废他为庶人，改立三子赵元侃为太子，这就是后来的宋真宗。

至道三年（公元997年）三月，宋太宗病逝，享年59岁。他死后葬于永熙陵，谥号“文武皇帝”，庙号“太宗”。他在位21年，完善了宋初的各项制度，奠定了宋朝以文治国的基础。不过伐辽失败后，宋太宗就转为守内虚外，使宋朝逐渐形成了“积贫积弱”的局面，给宋王朝的发展带来了很不利的影响。

真宗赵恒

宋真宗档案：

生 卒 年：公元968～1022年

父　　母：父，太宗赵炅；母，李氏

后　　妃：潘皇后，郭皇后，刘皇后等

年　　号：咸平，景德，大中祥符，天禧，乾兴

在位时间：公元997～1022年

谥　　号：元孝皇帝

庙　　号：真宗

陵　　寝：河南永定陵

性　　格：懦弱虚荣，优柔寡断

点评：

真宗一生行事颇有效法唐玄宗处。他只有在咸平初政时，还差强人意，似欲有为；大中祥符以后，所为昏悖，与唐玄宗先明后昏倒是相差不多的。

——虞云国

宋真宗名叫赵恒，是宋太宗的第三子，宋王朝的第三位皇帝。他继位守成，虽早年勤政，有一定的政绩，但晚年昏聩，政治日益腐败。而他性格懦弱，对辽屈膝求和，开了对辽国纳币输绢的头，此后宋人年年纳贡，百姓的负担日益沉重，宋朝的国力也日益衰弱了。

真宗赵恒像

宋真宗生于乾德六年（公元 968 年），他初名赵德昌，后又改名元休、元侃，被册立为皇太子后，又改名为赵恒。

赵恒是太宗的第三子，非嫡非长，然而最后坐上皇位的就是他。太宗是继承兄长之位称帝的，他做了皇帝后，就对自家人严加防范，生怕有人觊觎自己的位置。结果两个侄子德昭和德芳都英年早逝，弟弟延美抑郁而终，长子元佐被逼疯，次子元僖暴亡了。至道元年（公元 995 年），太宗册立 28 岁的三子元侃为太子，并改名为赵恒。至道三年（公元 997 年）三月，太宗病逝，太子赵恒继位，即宋真宗，次年改元咸平。

宋真宗即位后，很有奋发图强的雄心。他一上台，就对政权核心人员做了一次大的调整。提拔辅佐他即位的功臣吕端、老师李至等人，同时贬黜李昌龄等人。他还下诏广开言路，鼓励群臣直言进谏。咸平元年（公元 998 年）十月，真宗又罢免了宰相吕端和李至，另任张齐贤和李沆为相，对中央政权的其他人员也进行了调整。接着真宗就着手整顿吏治，解决机构臃肿、贪污腐败、官吏冗滥、选举作弊等突出问题。同时他还约束皇亲国戚和宦官的行为。

真宗在施行政治改革的同时，也十分重视发展农业。他曾言：

"国家大事，足食为先。"他劝农课桑，赈济灾民，减免赋役，广兴屯田，奖励垦荒。通过这些措施，真宗在位之初的几年，宋朝经济有了较大的发展，出现了小康局面，被后世称为"咸平之治"。

真宗在内政上颇有才干，在外交上却很无能。他在深宫长大，养成了懦弱优柔的性格。在对待与邻邦辽国的关系上，他缺乏太祖的雄心胆识，甚至还不如两次伐辽失败的太宗。他的软弱和消极，在对辽问题上彻底暴露出来了。

自太宗伐辽失败后，宋对辽就一直消极抵抗，而辽军则转守为攻，不断南下侵扰宋朝，咄咄逼人。此时奉守边境的杨延昭，乃名将杨业之子，人称杨六郎，他积极抵抗，多次打败辽军，令辽人闻风丧胆。可是宋朝皇帝懦弱，仅靠个别武将的孤军奋战，根本无法抵挡强悍的辽人。景德元年（1004 年），辽国文武双全的女强人萧太后又与儿子辽圣宗，率领 20 万契丹军侵宋。辽军来势凶猛，很快就攻下了宋朝的天雄、德清两大重镇，直抵澶州（今河南濮阳），严重威胁到宋都汴京（今河南开封）的安全。

宋朝举国皆惊，真宗与群臣商议对策，大臣们意见不一，争执不休。宰相寇准等人主战，并请皇上御驾亲征；大臣王若钦等建议真宗迁都金陵（今南京）避难。真宗虽然害怕打仗，但又觉得迁都不能解决问题，就硬着头皮亲征抗辽。这年十二月，真宗驾临澶州，接见了守城众将。皇帝亲征，极大地鼓舞了宋军的士气；而此时辽军孤军深入宋地，后援不足，粮草也接济不上，所以战争局势很快发生了转变。宋军不断取胜，辽军举步维艰，萧太后和辽圣宗就有了罢战议和之心。宋军此时正处优势，可是真宗很怕打仗，就凭着战略优势与辽人议和。最后宋辽两国达成协议：双方休战，结为兄弟之国，宋每年向辽"岁贡"银 10 万两，绢 20 万匹。因协议在澶洲（又叫澶渊）签订，所以史称"澶渊之盟"。

因为宋朝在自己占据优势的情况下，却向别人屈服，所以"澶渊之盟”对宋人来说是个极其屈辱的条约。宋朝不但没有收回燕云十六州，而且每年要送给辽人大量的财物，这也为后来宋朝每位皇帝都向辽纳贡开了头，从而给百姓增添了沉重的负担。不过“澶渊之盟”后，宋辽两国保持了长达百年的和平，也促进了两国的经济和文化交流。宋辽矛盾暂时解决后，西北的党项政权也主动遣使与宋言和。党项就是后来的西夏，党项首领李明德由此获得了真宗丰厚的赏赐。两国在保安军（今陕西志丹县）、延州（今陕西延安）等地设置榷场，开展贸易互市。这样，宋真宗以高昂的代价，换取了与契丹、党项的和好关系，暂时稳定了宋朝的西部和北部边境。

真宗花费了巨大的精力，才消除了外患。此时，北宋朝廷内部矛盾尖锐，几派人马争斗不休。宋真宗性格软弱，就不喜欢耿直的宰相寇准，他当时起用寇准，只是为了帮自己渡过难关。于是，宋辽之战后，主和派的王若钦、王旦等人就得到了真宗的重用。他们进谗言诬陷寇准，说当初寇准请皇上亲征，其实是拿皇上来“孤注一掷”，真宗就顺势罢免了寇准。从此朝廷就由王若钦等奸佞小人把持，这样朝政就日益腐败了。

真宗到了晚年就逐渐懈怠，再也没有斗志了。他热衷祥瑞，迷信封祀，天天求神拜佛，希望神仙保佑自己，不少小人就趁机钻营。天禧二年（1018 年）二月，永兴军巡检使朱能上奏称“天书”降临乾祐（今山西柞水）。真宗深信不疑，用隆重的仪仗奉接“天书”入宫，他还大赦天下，又召来 13000 多僧尼在天安殿为自己祈福延寿。

真宗无心政事，天天忙于求福，结果他的身体却越来越差了。乾兴元年（1022 年）二月，真宗就病逝了，终年 55 岁。太子赵祯继位，即宋仁宗。真宗死后，葬于永定陵，谥号“元孝皇帝”，庙号“真宗”。他在位 25 年，前期勤政，后期昏庸。他死后，宋王朝的社会危机就逐渐暴露出来了。

仁宗赵祯

宋仁宗档案：

生 卒 年：1010～1063 年

父　　母：父，真宗赵恒；母，李宸妃

后　　妃：郭皇后，曹皇后等

年　　号：天圣，明道，景祐，宝元，康定，庆历，皇祐，至和，嘉祐

在位时间：1022～1063 年

谥　　号：明孝皇帝

庙　　号：仁宗

陵　　寝：河南永昭陵

性　　格：宽厚仁慈，软弱温顺

点评：

君臣上下恻怛之心，忠厚之政，有以培壅宋三百余年之基。

——元·脱脱《宋史》

宋仁宗名叫赵祯，是真宗赵恒的第六子，宋王朝的第四位皇帝。他生性宽厚，以仁治国，在位 41 年，百姓不知兵革。仁宗一朝，是知识分子最活跃的时期之一，也是文学艺术的黄金时代。他有心改革弊政，却以失败告终。总体来说，仁宗还是一个勤政爱民的好皇帝。

狸猫换太子之谜

仁宗生于大中祥符三年（1010 年），初名赵受益，被册立为太子后，才改名为赵祯。他是真宗的第六个儿子，不过真宗的其他儿

子都夭折了，所以他就成了独子，也成了皇位的唯一继承人。赵祯出生时，真宗已经 40 多岁了。他老来得子，欣喜异常，将赵祯视为掌上明珠。天禧二年(1018 年）八月，真宗下诏立年仅 9 岁的赵祯为太子。九月，他又为赵祯举行了隆重的皇太子册封礼，可见他对儿子的宠爱。赵祯生性宽仁，为人深沉内敛，又天资聪颖，勤奋好学，的确没有辜负父亲的期望。

仁宗赵祯像

赵祯的生母李氏，乃是真宗的皇后刘氏宫中的侍女。她被真宗看中，后来生下了儿子赵祯。不料在真宗的默许下，刚刚出生的赵祯就被刘皇后据为己有。李氏眼睁睁得看着儿子被抢，却不敢流露任何不满，怕给自己和儿子带来灾难。所以赵祯就一直由刘皇后抚养长大，他根本不知道自己的生母是李氏。刘皇后对赵祯视若己出，对李氏也比较厚待。后来李氏被封为宸妃，但不久就病故了。直到刘皇后病故，赵祯的身世才被公开。

这件事在历代皇宫中并不算稀奇，不料它在民间流传一段时间后就变了样。清末小说《三侠五义》中描述道：宋真宗的两个妃子刘氏和李氏同时怀孕。刘氏为了争做正宫娘娘，勾结宦官郭槐，用一只剥皮的狸猫换走了李氏产下的婴儿，并污蔑李氏生下妖孽。真宗震怒，将李氏打入冷宫，并立刘氏为皇后。不料后来刘氏之子夭折，李氏之子几经波折最后做了皇帝，就是仁宗。此事在包拯的查探下，真相大白。刘氏畏罪自杀，仁宗与已经双目失明的生母李氏相认。这就是家喻户晓的“狸猫换太子”，不过它始终只是虚构的故事。

刘皇后虽不是小说中那个阴险狠毒的女人，但也确实很有心计。

真宗晚年，对朝政已经不太关心。太子册立后，他就干脆避居深宫，整日沉湎于丹鼎，对政事完全不管了，刘皇后就逐渐揽权干政。乾兴元年（1022 年）二月，真宗驾崩，13 岁的太子赵祯继位，即宋仁宗，次年改元天圣。

仁宗即位后，尊刘氏为皇太后，军国大事都与刘太后一起处理。皇帝年幼，所以真正掌权的就是刘太后，仁宗成了有名无实的傀儡。刘太后揽权 12 年，却没有做出任何政绩，她宠信的大臣丁谓、吕夷简、晏殊等人，都只会讨好太后，没有治国之才。太后不仅专政，还处处约束仁宗。仁宗 15 岁时，刘太后为他挑选了几个出身世家的女子为妃。仁宗喜欢其中的张氏女，可最后却只能册立太后中意的郭氏为皇后。仁宗虽然对太后日渐不满，却也没有办法，只好将精力放到读书练字上。仁宗喜欢练习飞白书，也就是草篆，这是汉代的大文豪蔡邕所创。文宗花费了不少精力练字，也很有成效，他的飞白书体势遒劲有力，在宋朝皇帝中，堪称翘楚。

酒色之君　增贡求和

明道二年（1033 年）三月，刘太后病逝，24 岁的仁宗才开始亲政。不过他根本没有成熟的施政方针，只是随心所欲地做皇帝。他一上台，就立即罢免了刘太后的宠臣吕夷简、晏殊等人。这年 12 月，旱灾蝗灾频发，仁宗就派右司谏范仲淹前去赈灾。范仲淹是北宋的名臣，他因赈灾有功，很快就受到仁宗的器重。不过他回京不久，就遇上仁宗废后之事。郭皇后是当年刘太后做主册立的，仁宗一直不喜，就以郭氏无子为由，将她废黜。范仲淹因劝阻仁宗废后，被贬到外地为官，而擅长逢迎拍马的吕夷简等人又回到朝中。仁宗废了郭皇后，就专宠美人杨氏和尚氏等人。此后他日日笙歌，逐渐不理政事了。尚氏等人竟然在后宫以“教旨”发号施令，干涉朝政，而仁宗此时也因纵欲过度病倒了。群臣忧心如焚，纷纷上书请皇上整肃后宫，皇太妃杨氏也从旁劝说，仁宗这才逐渐醒悟。景祐元年

(1034年)九月，他册封前朝功臣、号称宋朝第一良将的曹彬的孙女曹氏为皇后，这才平息了后宫争乱。

仁宗荒唐了一段时间后，才真正有了点勤政的想法。不过他还没来得及做什么，边境就出了问题。宋朝西北的党项政权势力日益强大，天圣十年(1032年)，党项首领李德明去世，他的儿子李元昊继位，从此党项就进入了快速发展时期。景祐五年(1038年)十月，李元昊正式称帝，建国号为大夏，即西夏。次年正月，李元昊派人出使宋朝，要求宋朝承认西夏政权，却遭到了宋廷的拒绝。二月，元昊就带兵入侵保安军(今陕西志丹县)，宋与西夏的战事正式爆发。仁宗慌得六神无主，不过最后还是明智地任主战大臣韩琦为陕西方面的统帅，韩琦又举荐了范仲淹驻守宋朝西部重镇延州(今陕西延安)。在韩琦、范仲淹等人的努力下，终于打退了西夏军。

宋军刚刚小有战绩，仁宗却又自作聪明，他派人潜入西夏，挑起西夏内讧，想坐收渔人之利。此举惹怒了西夏皇帝李元昊，庆历二年(1042年)九月，西夏再次派出重兵侵宋，宋军在定川(今宁夏固原西北)惨败，西夏军直抵渭州(今甘肃平凉)，一路烧杀劫掠，百姓深受其害。仁宗只好求和，不料李元昊根本不答应。直到庆历四年(1044年)，辽国进攻西夏，元昊为了联宋抗辽，才答应了宋朝的求和，表示愿意继续称臣，不过同时也向宋索要巨额“岁赐”。这年十月，宋与西夏达成和约：夏对宋保持名义上称臣，宋册封元昊为夏国主，每年“赐”夏绢13万匹，银5万两，茶2万斤。宋夏议和后，辽国也趁火打劫，最后将原来的“岁贡”银绢各增加了10万才罢休。宋与夏、辽议和，又损失了巨额的财物，这些都转嫁成了百姓的沉重负担。

文人逢盛世　新政如昙花

仁宗执政没有什么大的政绩，不过他为政宽仁，知人善任，提拔了一大批贤士，这也是他能安安稳稳做40多年皇帝的重要原因。

北宋一朝的文人地位都很高，朝廷官员中文官也占据了很大的比重，文人的黄金时代就是在仁宗时期。著名的唐宋八大散文家中，“宋六家”为欧阳修、王安石、苏洵、苏轼、苏辙和曾巩，他们都生活在仁宗时期；宋代名臣范仲淹、文彦博、王安石、司马光、包拯、梅尧臣、李觏、狄青等都在仁宗时期留下了灿烂辉煌的印记。仁宗一朝，既有欧阳修倡导的轰轰烈烈的“北宋诗文革新运动”，也有范仲淹领导的大张旗鼓的政治改革“庆历新政”。

仁宗时期是宋朝文化科技的全盛期。宋词是中华文明的精华，它在仁宗时期大放异彩，既有苏轼等人的落拓不羁，也有欧阳修、柳永等人的浅酌低吟，豪放派与婉约派并展风采，这在历朝文坛都少有。仁宗时期的进士沈括是位博学多才的大科学家，他精通天文、历法、物理、数学、医学和音乐等，他最重要的发明就是用于航海的指南针。他的著作《梦溪笔谈》是一份宝贵的科学遗产，其中还记载了仁宗庆历年间平民毕昇发明活字印刷术的事。这一时期，曾公亮、丁度等人还编纂了《武经总要》一书，火药用为武器就是首先记载于此书，从此世界就由冷兵器时代进入了热兵器时代。中国古代的几大发明中，活字印刷术、火药和指南针都出现于仁宗时期，它们把真个世界推向了近代化。这时还出现了世界上最早的纸币“交子”，交子最初是商人们为了外出方便，将大量货币转为存款或取款凭据。天圣元年（1023 年），政府就设益州交子务，这就是“官交子”。纸币的产生，正是经济繁荣的体现，也是货币史的一大进步。历史上将仁宗时期称为“仁宗盛治”。

仁宗一生节俭，勤政爱民，他贤于纳谏，善于用人，所以他执政几十年政局都比较稳定。但是仁宗

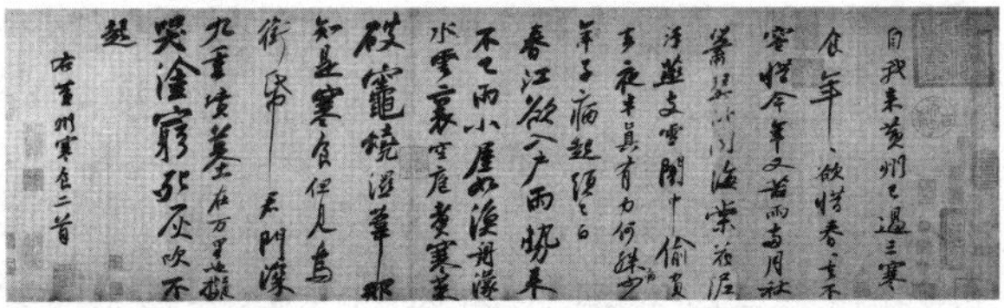

黄州寒食卷　北宋　元丰五年　苏轼　纸本墨书

的“仁”，如果宽仁过度就成了弊端。仁宗效仿唐太宗广开仕路，每届科举录取数千人，“殿试不黜落”也成了定例。这样，大批的士人进入了官僚队伍，而被罢黜或裁汰的官员又很少，官员只增不减，结果仁宗执政40多年，宋朝官员的数量增加了一倍以上。为了防御西夏，仁宗又不断扩充军队，结果军员从真宗时期的40万增加到80多万人。这么多的官员兵士都要花钱来养，就导致严重的财政危机。为了缓解财政紧张，仁宗又加重赋税，加上土地兼并日益严重，贫富分化加剧，社会矛盾就更加尖锐了。

范仲淹等有识之士就主张变法图强，他们请求仁宗裁汰冗员，厉行节俭。庆历三年（1043年）九月，范仲淹上书《答手诏条陈十事》，提出了10项以整顿吏治为中心的改革主张，即明黜陟、抑侥幸、精贡举、择官长、均公田、厚农桑、修武备、减徭役、覃恩信、重命令等。仁宗采纳了范仲淹等人的建议，然后以诏令的形式来推行这些主张，号称“新政”，史称“庆历新政”。

不过推行新政必然会损害豪强贵族们的利益，朝中的守旧派都强烈反对新政，他们污蔑范仲淹、富弼等改革派为“朋党”，并将朝政搅得混乱不堪。仁宗对新政的信心也逐渐动摇了，加上各地不时爆发农民起义，有些地方还发生了蝗灾，仁宗就认为这些都是推行新政所致。于是他就向反对派妥协，而将改革派领袖范仲淹、欧阳修等人都贬黜到外地。庆历五年（1045年）初，昙花一现的新政就结束了，此后宋朝积贫积弱的局面就完全形成了。

朝野惊变　无子而终

庆历新政失败后，宋朝爆发了一次大规模的起义。庆历七年（1047年）十一月，贝州（今河北清河）宣毅军在王则的领导下起义。王则自称东平郡王，建国号安阳，改元得圣，公开打出反宋的旗号。仁宗费了很大的精力才将起义镇压下去。庆历八年（1048年）闰正月，皇宫中又发生了宫廷卫士之乱。一日夜里，仁宗宿于曹皇后宫中。崇政侍卫官颜秀、郭逵等人，趁着夜色杀死守宫校卫，闯入了仁宗的寝宫。仁宗吓得披衣就逃，幸亏曹皇后比较镇静，拦住仁宗，并关紧门窗，然后急呼侍卫前来护驾。最后宫卫们都赶来了，才将颜秀等人杀死。事后，皇城司和内侍省的大部分官员都被革了职，许多涉嫌与颜秀等勾结的宫女和宦官也被处死了。仁宗还心有余悸，又命人砍掉宫中所有临近屋檐的大树，并重新修缮宫墙和殿门，还在前宫后殿都养了狗，才稍感安心。

除了这些事，还有一件大事一直困扰仁宗。仁宗 13 岁即位，15 岁就立了皇后，此后 40 来年，宫中美人无数，可惜后宫三千却无人为他留下子嗣，即使有出生的也都早早夭折了。仁宗一直为无后苦恼，直到嘉祐七年（1062 年），他才无奈地册立养子赵宗实为皇太子。赵宗实是宋太宗的曾孙，仁宗的堂侄，后改名为赵曙，也是后来的宋英宗。太子确立后，仁宗心里放下了一块大石头，也轻松了不少，他就过起了舞文弄墨的清闲日子。不料好景不长，嘉祐八年（1063 年）三月，仁宗就病逝了，终年 54 岁。他死后葬于河南永昭陵，谥号“明孝皇帝”，庙号“仁宗”。他在位 41 年，是两宋皇帝中享国最长的。他一生没有做过轰轰烈烈的大事，却为各种人才提供了展示的舞台；他没有改变宋朝衰弱的趋势，却以“仁”广得人心，流芳千载。

英宗赵曙

宋英宗档案：

生 卒 年：1032～1067 年

父　　母：父，赵允让；母，任氏

后　　妃：高皇后等

年　　号：治平

在位时间：1063～1067 年

谥　　号：宣孝皇帝

庙　　号：英宗

陵　　寝：河南永厚陵

性　　格：老成持重，恪守孝道

点评：

英宗以明哲之资，膺继统之命，执心回让，若将终身，而卒践帝位，岂非天命乎？

——元·脱脱《宋史》

宋英宗名叫赵曙，是宋太宗赵光义的曾孙，仁宗赵祯的堂侄，宋王朝的第五位皇帝。他以宗室子身份继承大统，不过在位仅几年就病逝了，没有做出什么政绩。

英宗赵曙像

英宗生于明道元年（1032 年），原名宗实，后改名为曙。他的祖父商王赵元份是宋太宗之子，宋真宗之弟。他的父亲为濮安懿王赵允让，母亲是仙游县君任氏。由于宋仁宗荒于酒色，身体虚弱，一直没有子嗣，担心绝嗣，就打算选宗室子养在宫中，有备无患。濮安懿王儿子很多，仁宗就挑选了他的第十三子赵曙接入宫中抚养。赵曙入宫时，年仅 4 岁，他活泼伶俐，很得仁宗喜爱，后宫的曹皇后和苗美人等也都尽心抚养他。不过皇宫生活虽然优裕，但年幼的赵曙还是想念自己的亲生父母，时常吵着要回家。后来仁宗有了儿子，就把 8 岁的赵曙送回。不料几个皇子都夭折了，赵曙就又得到仁宗宠爱，他不仅升官进爵，还经常得到各种赏赐。嘉祐四年（1059 年）11 月，赵曙的生父赵允让病逝，仁宗还亲临祭奠，并罢朝 5 日，以示恩宠。嘉祐七年（1062 年），在司马光等人的建议下，仁宗册立赵曙为太子。第二年三月，仁宗病逝，赵曙继位，即宋英宗，次年改元治平。

英宗是个孝子，他幼时入宫就不愿与亲生父母分离，后来重新与家人团聚，共享天伦，他很满足，就不愿做皇帝，不过最后他还是被仁宗推上了皇位。英宗自幼身体就差，他即位后，因为紧张忧郁过度，竟然病得昏迷不醒。仁宗的皇后曹氏已被尊为皇太后，她就垂帘听政，暂时管理国事。英宗患病后性情大变，喜怒无常，经常斥责侍奉的宫人。宦官任守忠等人心怀不满，就挑拨太后与英宗的关系，想趁机为自己谋利。这样曹太后与英宗的关系一度变得十分紧张，好在大臣司马光、韩琦等人从中调解，二人关系才有所好转。1064 年正月，曹太后还政于英宗，宦官任守忠被黜放蕲州（今湖北蕲春），皇帝和太后才真正冰释前嫌了。

英宗亲政后不久，朝廷又出现了礼仪之争，这主要是如何尊英宗的亲生父母。英宗以仁宗养子的身份继位，按制只能尊仁宗为皇考，称生父濮王为皇伯。不过大臣韩琦等人投合英宗的心意，几次提出尊礼英宗的亲生父母。英宗并没有同意，他只称濮王及其夫人为亲，以濮王与夫人的坟茔为园，即园立庙以祭祀。立庙祭祀，实际上就是尊崇濮王，可见英宗不受尊号只是表面上的谦让。这就遭到了曹太后及许多大臣的反对。而英宗在这件事上态度十分强硬，为了支持尊濮王的韩琦、欧阳修等人，他连台谏官都罢免了。韩、欧等人感恩图报，也尽职尽责地辅佐英宗。

礼仪之争结束后，英宗也病愈了，他就打算尽心执政，要做出一番政绩来。不料此时西夏却加紧了对宋朝的侵略，英宗不得不先攘外再治内。英宗起初想求和，他派遣使者诘问西夏，却没有丝毫作用，后来他就采纳韩琦的建议，招募义勇军 15 万戍边，并任欧阳修推荐的前环庆路将领高沔为河中府知府，负责防御西夏。之后，英宗就以为可以高枕无忧了。不料治平三年（1066 年）九月，夏毅宗李谅祚率军亲征，大规模入侵宋境。西夏军劫掠大顺城（今甘肃华池东北）、柔远寨（今甘肃华池）各地，给当地百姓带来巨大的灾难。

外患未除，内忧又起。仁宗时期冗官积弊已深，英宗想改变这种局面，却没有切实可行的措施。随着宋与西夏战事的发展，宋朝的冗官冗兵问题日益严重，各项费用激增，国家财政几近崩溃。英宗忧心如焚，又无力挽狂澜，他很快就再次病倒了，从此病势日渐沉重。治平四年（1067 年）年正月初八，英宗病逝，终年 36 岁。他临终前，仓促立下长子赵顼为皇太子，这就是后来的宋神宗。英宗死后，葬于河南永厚陵，谥号“宣孝皇帝”，庙号“英宗”。他在位仅 4 年就病逝了，他的一腔抱负，也只能由儿子去完成了。

神宗赵顼

宋神宗档案：

生 卒 年：1048～1085 年

父　　母：父，英宗赵曙；母，高氏

后　　妃：向皇后，朱皇后，陈皇后等

年　　号：熙宁，元丰

在位时间：1067～1085 年

谥　　号：圣孝皇帝

庙　　号：神宗

陵　　寝：河南永裕陵

性　　格：敢做敢为，宽厚谦逊

点评：

当时他（赵顼）年方十八，但已有了励精图治的声名。他一生的志愿乃是洗刷国耻，扫除北方边境的蛮夷之邦，光复中国的疆域。

——黄仁宇

宋神宗名叫赵顼，是英宗的长子，宋王朝的第六位皇帝。他执政之后，致力于革除弊政，以期富国强兵。不过他意志不坚，变法没有贯彻始终，最后也没有实现宋王朝的中兴。

神宗赵顼像

宋神宗，庆历八年（1048 年）四月生于濮王宫，初名赵仲，是英宗与高皇后之子。1066 年 12 月，缠绵病榻的英宗册立长子赵顼为皇太子。次年正月，英宗病逝，赵顼继位，即宋神宗，次年改元熙宁。

神宗即位时，年仅 20 岁，正血气方刚，很有锐意改革、兴利除弊的斗志。此时北宋王朝已经走过了百年历史，许多政策的弊病和社会问题都凸现出来。在国内，积贫积弱的局势日益严重，社会矛盾尖锐，各地起义不断；在边境，辽和西夏虎视眈眈，宋朝不仅边防疲弱，而且每年都要给辽、夏两国巨额的“岁贡”，国家早已不堪重负。神宗深知，必须用激烈的方式革除弊政，才能真正实现大宋王朝的中兴。他一上台，就下求言诏，广泛听取建议，并决心寻找一个有胆识有才干的人来协助自己完成改革。在众多大臣中，神宗看中了才识卓绝的王安石。

其实神宗在做皇子时，就很倾慕王安石，可惜无缘得见。他称帝之后，就立即下诏，任王安石为江宁知府；数月之后，又召他入京，命为翰林学士，兼侍讲，这样就为启用王安石变法铺平了道路。熙宁二年（1069 年）二月，神宗又任王安石为参知政事，即副宰相；第二年，任他为宰相，由此，神宗与王安石君臣主持的变法行动就正式开始了。这就是中国历史上著名的“王安石变法”，因为此事发生在熙宁年间，所以又称“熙宁变法”。

在神宗的支持下，王安石提出并推行了一整套新法，主要分为

“富国”“强兵”和改革科举制度三部分。富国部分包括均输法、青苗法、农田水利法、免役法、方田均税法和市易法等。强兵部分包括置将法、保甲法和保马法等。改革科举制度主要是以经义取士，应试者不再考诗赋、贴经、墨义之类，而以《诗》《书》《周礼》《周易》和《礼记》为本经，以《论语》《孟子》为兼经，以便消除那种“闭门学作诗赋，及其入官，世事皆所不习”的状况，同时也为施行新法培育人才。王安石还对太学进行了改革，实行“三舍法”，即初入学的为外舍生，不限名额；经过考试后升为内舍生，限额200人；再经考试后升为上舍生，限额100人。上舍生中品学兼优者可不经考试直接授予官职，这一措施也是旨在发掘各方面的人才。

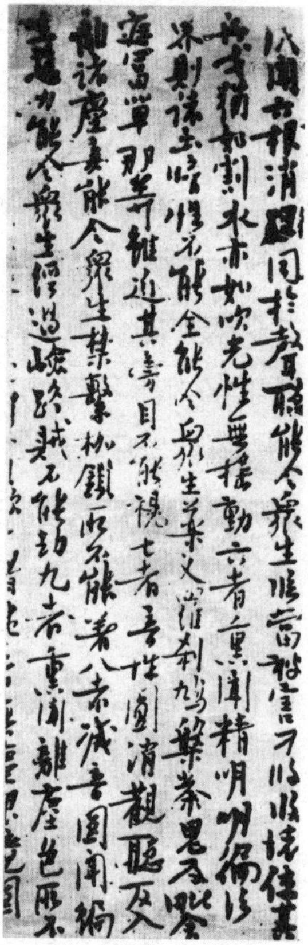
楞严经旨要卷　北宋　王安石

王安石的变法措施，在一定程度上限制了地主豪强对农民的剥削，促进了农田水利事业的发展，改善了国家的财政状况，也加强了宋朝的军事力量，具有十分积极的意义。改革家王安石，后来被列宁誉为“中国十一世纪伟大的改革家”。改革本来就是一件非常艰难的事，加上新法本身有许多不足之处，所以它遭受了空前激烈的发对。

改革派内部也出现了分裂，尤其是他的好友司马光和他引荐的新秀苏辙等人也站到了反对者阵营中，这些都让王安石承受了巨大的压力。在众人的反对声中，神宗皇帝也对变法产生了疑虑，以致他与王安石在政见上产生了分歧，这对王安石更是沉痛的打击。

神宗迫于两宫太后、皇亲国戚和众多大臣的压力，两度罢免了王安石，不过他并不想让新法像仁宗时期范仲淹的“庆历新政”那样半途而废。这样从王安石离任到神宗去世，10 年间神宗独自苦苦支撑着“新政”。为了避开众人的反对，他将部分新法改头换面后再推行下去，以改革官制与强化军兵保甲制度为改革重心。后人将此称为“神宗改制”。

神宗改制，与王安石变法的目的是一样的，都是要富国强兵。但是他在施行的过程中，不敢触犯上层集团的利益，这样的改革就没有王安石彻底。富国政策的结果，就是将财政负担都转嫁到下层百姓身上。这样一来，国库是充盈了，百姓却更加贫困了，社会矛盾也难以缓和。

神宗在治内的同时，也非常关注宋朝的边事。他一反宋朝自真宗以来对辽与西夏的妥协退让，以强硬的态度对付虎视眈眈的邻邦，并立志要统一中国。他在位期间，亲自主持了两次大的军事行动，一次是对交趾的反击战，一次是对西夏的讨伐。

交趾位于今越南北方地区，自仁宗末期以来，就时时侵扰宋朝边境。熙宁八年（1075 年）九月，交趾进攻广西路的古万寨（今广西扶绥）。十一月，交趾出动 6 万大军，分水陆两路大举进攻广西路（今广西）。熙宁九年（1076 年）二月，神宗派郭逵领兵抗击交趾军。宋军连连取胜，收复了不少失地，于十二月攻入了交趾国内，迫使交趾国王李乾德奉表投降。此后，交趾再也不敢侵扰宋境。

神宗对西夏用兵，却很不顺利。元丰五年（1082 年），神宗在银、夏交界修筑永乐城来屯军，想要困住兴州的西夏军。不料西夏出动了 30 多万大军围城，永乐城失陷，宋军将校伤亡 200 多人，损失民夫工匠 20 多万。战报传至汴京，神宗临朝恸哭。他从此也失去了斗志，继续维持着原来对西夏的纳贡和议。神宗对西夏用兵失败，精神上受到了沉重的打击，此后他的身体就越来越差了。元丰八年（1085 年）三月，38 岁的神宗就英年早逝了。他 10 岁的儿子赵煦继位，即宋哲宗。神宗死后，葬于河南永裕陵，谥号“圣孝皇帝”，庙号“神宗”。神宗在位 18 年，他有心改革，想把大宋变成盛世强国，却最终力不从心，带着遗憾离开了人世。他死后不久，母亲高太后就彻底废除了新法，毁掉了他倾注一生的心血。宋朝从此也日益衰落下去了。

哲宗赵煦

宋哲宗档案：

生 卒 年：1076～1100 年

父　　母：父，神宗赵顼；母，朱德妃

后　　妃：孟皇后、刘贤妃等

年　　号：元祐，绍圣，元符

在位时间：1085～1100 年

谥　　号：昭孝皇帝

庙　　号：哲宗

陵　　寝：河南永泰陵

性　　格：仁孝温和，机智冷静

点评：

两汉之盛，唐之初，无有不然者。夫谁如哲宗在御之世，贸贸终日，而不知将以何为也！

——明末清初·王夫之

宋哲宗名叫赵煦，是神宗的第六子，宋王朝的第七位皇帝。他幼年即位，祖母高太后秉政，将神宗推行十几年的新法全部废除了。哲宗亲政后，打出了继承神宗事业的旗号，但他的目的只是发泄对高太后专权多年的怨气，所以新法并没有真正恢复，宋朝的积弊也就越来越深了。

赵煦生于熙宁九年（1076 年），是神宗与朱德妃之子。元丰八年（1085 年）三月，神宗英年早逝，年仅 10 岁的赵煦，继位称帝了，即宋哲宗，次年改元元祐。

哲宗赵煦像

赵煦幼年即位，皇权就被祖母高太后独揽。高太后是个女强人，人称“女中尧舜”。她一掌权，就将自己深恶痛绝的新法全部废除了。她以恢复祖宗法度为先务，召回了反对变法最坚决的司马光、文彦博等人。随后，大批守旧派人物重新得势，而奉行新法的官员则遭到严厉打击，一时间，满朝都在清算新法。此事史称“元祐更化”。在高太后垂帘期间，她重用的旧党与支持新法的新党矛盾不断，由此产生了北宋开国以来朋党之争中最大的一起文字狱。

哲宗年纪虽小，其实已经很懂事。他即位不久，辽朝遣使来参加神宗的吊唁之礼。宰相蔡确担心两国服饰不同，年幼的哲宗会害怕，就反复给他讲契丹人的服饰礼仪。哲宗先是沉默不语，后来听得不耐烦了，就问：“辽朝使者是人吗？”蔡确一愣，答道：“当然是人，不过是夷狄。”哲宗就说：“既是人，怕他做甚？”蔡确赧然无语。不过哲宗虽然早慧，但年纪尚小，根本斗不过老练的祖母高太后。从他即位起，祖孙二人就矛盾不断。

高太后曾一再表示自己本性好静，垂帘听政是出于无奈，其实她的权力欲望非常强，一旦大权得握，她就再也不愿松手了。哲宗对父亲神宗很敬仰，可高太后却将神宗的新法彻底废除了。她根本不把年幼的哲宗放在眼里，军国大事都由她与几位大臣处理。朝中大臣们也很势利，他们对高太后毕恭毕敬，对哲宗却毫无君臣之仪。朝堂上，哲宗的龙椅与高太后的座位相对，大臣们都是面向太后奏事，背朝哲宗，奏完事后也不向哲宗禀报。这样哲宗天天看着朝臣们的臀部和背部，对太后和大臣们的怨恨也越来越深了。

哲宗的生母朱德妃，出身寒微，她恭敬侍奉高太后和神宗的皇后向氏，却始终不得高太后的认可。哲宗即位后，高氏被尊为太后，朱氏只被尊为太妃，也没有得到应有的待遇，这让哲宗实在难以接受。

哲宗只是一个10来岁的少年，很希望能有一些年轻女子陪伴自己，可高太后却认为他小小年纪就失德贪色，便专门安排了20多个四五十岁的老宫女服侍他。元祐七年（1092年）年，哲宗已经17岁了，高太后为他挑选了眉州防御使兼马军都虞侯孟元的孙女为后。不管哲宗愿不愿意，孟氏都成了他的皇后。在祖母的淫威之下，哲宗沉默无言，他将满腔怨气吞下，等待亲政的那一天。

元祐八年（1093年）九月，62岁的高太后撒手归天。十月，18岁的哲宗终于亲政了。他执政不久，就将元祐九年改为绍圣元年，正式打出了继承神宗事业的旗号，宋朝的国策重新改变。十几天后，被排挤贬黜的变法派就陆续回到朝廷，章惇被任命为宰相，《神宗实录》被重修并颁行，王安石等人被褒崇。而高太后曾重用的那些“元祐老臣”，无论活着的还是死去的，都被剥夺或追夺了官职。司马光在1086年就去世了，哲宗就将文彦博等30多人列为他的党羽全部罢免出朝，许多人都被贬到最偏僻荒远的地方，其中大文豪苏轼就被贬至惠州（今广东惠州），后又再贬至昌化军（今海南儋州）。

哲宗残酷打击旧党后，才感觉胸中积压了9年的怨气终于得以发泄。接着他又尊崇生母，诏令朱太妃的待遇与向太后相同。哲宗的皇后孟氏，端庄娴雅，不过她是高太后所立，所以哲宗从来就不喜欢她。后来哲宗另有新欢，就对孟皇后更冷落了。哲宗宠爱美貌多才的宫女刘氏，他不仅在后宫与刘氏如胶似漆，而且外出也带着刘氏。刘氏得宠后，变得十分骄横跋扈，连孟皇后也不放在眼里了。

皇后的女儿福庆公主病重，孟皇后的姐姐懂医术，就来为公主治病，她还拿来了道家用的治病符水，这在宫中是很忌讳的。虽然孟皇后向哲宗解释了这件事，但刘氏从旁挑拨，最后哲宗还是以“旁惑邪言，阴挟媚道”为由，将孟皇后废黜了。

刘氏扳倒了皇后，晋升为贤妃。元符二年（1099 年）八月，刘氏生下皇子赵茂，就母凭子贵，坐上了皇后之位。不料乐极生悲，皇子赵茂出生才两个月就夭折了。哲宗就这么一个儿子，他为此悲痛欲绝，一病不起。元符三年（1100 年）正月初八，年仅 25 岁的哲宗就病逝了。因为哲宗无子，所以皇位就由同父异母的弟弟赵佶继承，他就是宋徽宗。哲宗死后，葬于河南永泰陵，谥号“圣昭皇帝”，庙号“哲宗”。他在位 15 年，前期由顽固守旧的祖母揽权，将新法废除；后期亲政，虽恢复新法，却只是他个人意气用事，国家被治理得一团糟。北宋王朝从此迅速衰落下去，并最终走向了灭亡。

徽宗赵佶

宋徽宗档案：

生 卒 年：1082～1135 年

父　　母：父，神宗赵顼；母，陈美人

后　　妃：王皇后、郑皇后、乔贵妃、韦贵妃等

年　　号：建中靖国，崇宁，大观，政和，重和，宣和

在位时间：1100～1125 年

谥　　号：显孝皇帝

庙　　号：徽宗

陵　　寝：浙江永佑陵

性　　格：轻佻放浪，不务正业

点评：

他要是不被命运安排而有九五之尊的话，大可以在书上绘插图，或专心收藏艺术品而生活的比较曼妙，做皇帝实非所长。

——黄仁宇

徽宗赵佶像

宋徽宗名叫赵佶，是神宗的第十一子，哲宗之弟，宋王朝的第八位皇帝。他承兄继位，却放浪轻佻，重用奸佞；他雅好艺术，才学卓绝，可惜为政昏庸无能。最后徽宗成了宋朝历史上第一个死在异邦的皇帝，也是第一个没有葬入大宋皇陵的国君。

皇帝风流　佞臣乱政

赵佶，生于元丰五年（1082 年），是神宗与陈美人之子。因他生得健壮，所以神宗赐名为“佶”，意思是健壮的驷马，取自《诗经·小雅》中“四牡既佶，既佶且闲”句。赵佶的母亲陈美人，出身平民，为人端庄颖悟。她对神宗很有感情，神宗驾崩不久，她也忧郁而终，此时赵佶年仅 4 岁。赵佶虽然父母早亡，但身为皇室子弟，自幼还是受到了良好的教育。他生性聪慧，不喜欢学习正统的儒家经典，却对丹青、笔砚、骑射、蹴鞠，甚至豢养禽兽、莳弄花草等都很感兴趣，尤其在书画方面，他有着过人的天赋。他自创的“瘦金体”，运笔飘忽快捷，笔迹瘦劲而又不失其肉，锋芒毕露，是一种别有风韵的字体。

赵佶周岁就被封为宁国公，授为镇宁节度使。哲宗即位后，他又晋升为遂宁郡王。绍圣三年（1096 年），赵佶又晋封为端王。不过他可不是一个行为端正的人，相反，他轻佻放浪，并结识了一大群臭味相投的纨绔子弟。他的密友王诜，是英宗之女魏国大长公主的驸马，此人风流好色，家中姬妾成群，还经常出入青楼妓馆，公主根本管不住他。赵佶跟着王诜学到了不少恶习。他称帝后的大奸臣高俅，就是王诜引荐的，因为高俅蹴鞠踢得好，后来成了赵佶的宠臣。赵佶在外面风流快活，在宫中却很守规矩，他尤其对神宗的皇后、现在的向太后，非常恭敬，天天都去请安问候。这样向太后自然钟爱赵佶超过其他诸王。元符三年（1100 年）正月，哲宗病逝，无子继位，端王赵佶就在向太后的大力支持下登上了皇帝宝座，即宋徽宗，次年改元建中靖国。

徽宗称帝时已经 19 岁了。虽然向太后认为他聪明伶俐、孝顺有礼，但是大臣们对他的风流放浪都有所闻。为了稳固大宋的江山，宰相章惇等人就奏请太后摄政，不过向太后是个很安分的人，没有前朝高太后那样的野心，就说皇帝年纪不小了，不应再由母后干政。徽宗对向太后拥立自己本就十分感激，于是也恳请太后摄政，向太后只好答应下来。在太后的帮助下，徽宗即位初期朝政十分平稳，他逐渐赢得了朝中各派官员的广泛支持。向太后的确没有一点权力野心，她听政 6 个月后就还政退隐了。徽宗为了让大臣们对自己放心，就做出了许多浪子回头的举动。他退还了百姓王怀献上的玉器，又放走了豢养的珍禽异兽，在生活上戒奢尚俭；他下诏求直言，虚心纳谏，在政治上励精图治。不过徽宗只是装装样子，很快就露出了本性。

建中靖国元年（1101 年）正月，向太后病逝。没过多久，大奸佞蔡京就被徽宗召回京城，担任翰林学士承旨。蔡京，是徽宗时的几大奸贼之首。他是个才华横溢的饱学之士，对书画极其擅长，不过他更擅长的则是投机钻营、逢迎拍马。在哲宗前期，高太后炳权，重用保守派司马光等人废除新法，蔡京就靠支持司马光获得了重用；哲宗亲政后，蔡京又力挺变法派，并讨好哲宗的宠妃刘氏，即后来的刘皇后，继续获得重用。不过蔡京的名声实在不佳，徽宗即位后，蔡京就被众臣弹劾，罢了官职，闲居杭州。徽宗喜好书画，他即位后不久，就派宦官童贯下江南搜寻书画奇珍。童贯也是徽宗时期的一大奸佞，蔡京就是靠着笼络童贯，重新回到朝中。蔡京既有才学又会谄媚，很快就得到了徽宗的器重，于崇宁元年（1102 年）七月被任命为宰相。徽宗在位 25 年，蔡京就做了 24 年宰相，期间虽然三次遭罢免，但都是很快就官复原职，可见徽宗对这个马屁精的宠信。

除了蔡京、王诜、高俅、童贯外，徽宗宠信的还有王黼、朱勔、梁师成等，这些人无一不是善于谄媚的奸佞之徒。其中蔡京、蔡攸、高俅、杨戬、李邦彦和李邦昌六人，是徽宗一朝有名的"六贼"。这些人得势后，就结党营私，将那些正直的官员统统排挤迫害出朝廷，此后朝中小人横行，宋王朝就迅速腐败混乱下去了。

天子好奢　沉湎女色

俗话说，上有所好，下必甚焉。徽宗的爱好放在普通人身上，他只不过是一个富贵风流的才子闲人，可惜他偏偏是皇帝，这样就成了百姓的巨大灾难。

徽宗曾言："太平无事多欢乐。"他的帝王生涯也的确是在奢靡享受中度过的。蔡京和儿子蔡攸都是马屁精，父子二人也时常奉劝徽宗及时行乐。蔡京还为徽宗想出了一个口号，叫做"丰亨豫大"，意思是富足隆盛的太平安乐景象。徽宗为了丰亨豫大，就把朝廷、宫室以及各种场面都搞得富丽堂皇的。王朝的衰亡总是起于帝王的荒淫奢靡、大兴土木，宋朝到了徽宗时期就是这样。

为了粉饰太平，徽宗营建了新延福宫。这座华丽的宫殿由 5 个小区组成，称为"延福五位"，政和四年（1114 年）竣工。为了装点新宫，徽宗命人四处搜寻奇花异石，用船运至开封，称为"花石纲"。除此之外，宫殿中的象牙、犀角、金银、玉器、藤竹、织绣等物，无不精美绝伦。徽宗爱书画，所以他费尽苦心搜罗前代的书法、名画、彝器、砚墨等，为了得到一件珍品，他甚至不惜任何代价。徽宗的旨意自然由蔡京等人去执行，他们就乘机恃强凌弱，并大肆搜刮民脂民膏，搅得全国百姓都不得安宁。

徽宗对百姓的苦难根本不关心，他的心思都集中在自己的心爱之物上。凭着帝王的权威，他收集的奇珍异宝不计其数，尤其是书画，件件均为精品。书法中有晋二王的《破羌帖》、《洛神帖》，还有不少唐代颜、欧、虞、褚、薛、李白、白居易等的墨宝，仅颜真卿的真迹就有800多幅。丹青名画中还有三国时期曹不兴的《元女授黄帝兵府图》、曹髦的《卞庄子刺虎图》等。徽宗收藏甚丰，与那些附庸风雅的收藏家不同，他是真的懂收藏，也潜心研究如何收藏。他对当朝的书画名士都特别钟爱，对他们的文人习气也非常尊重。其中著名书法家米芾，好书画成痴，不理世俗礼法，人称“米颠”。徽宗对他特别欣赏，将宫中专门设立的御前书画所交由他掌管。张择端所绘的歌颂太平盛世的历史长卷《清明上河图》，就完成于徽宗时期，徽宗也是这幅传世名画的第一个收藏者。

徽宗除了大兴土木，迷恋收藏外，还十分信奉道教，迷恋成仙之术。他自称“教主道君皇帝”，在全国大建道观，还设道官26阶，给道士们发俸禄。北宋神宗驾崩时，宋朝的财富相当于当时世界的百分之七十。哲宗一朝，并没有做多少劳财伤民的事。可徽宗穷奢极欲，竟然将这些巨额的财富花个精光。徽宗时期，朝政混乱，贪

清明上河图（局部）　北宋　张择端　绢本　长528.7厘米　宽28.4厘米　故宫博物院藏

这是一幅巨幅风俗画，描绘的是北宋都城汴京（今河南开封）清明时节汴河及其两岸的风光。作品生动地记录了中国12世纪城市生活的面貌，这在我国乃至世界绘画史上都是独一无二的，堪称中国绘画史的骄傲。

官污吏横行，苦不堪言的百姓纷纷揭竿而起，其中就包括后来小说名著《水浒传》中提到的梁山好汉宋江、安徽方腊等人。

朝政不稳，社会动荡不安，徽宗还是不操心。他生性放浪，又正值盛年，对女色十分迷恋。他 17 岁大婚，娶了德州刺史王藻之女，后来顺理成章的册立王氏为皇后。王皇后恭俭端庄，不善狐媚争宠之术，根本不得徽宗的欢心。徽宗宠爱的郑氏，原是向太后宫中的侍女，既貌美聪慧又善解人意。徽宗与郑氏二人吟诗作对，很有才子佳人的浓情蜜意。徽宗写了不少情词艳曲赐给郑氏，这些作品都流传到了宫外。大观二年（1108 年），王皇后去世。政和元年（1111 年），郑氏就入主中宫了。除了郑皇后，徽宗还宠爱大小刘贵妃、乔贵妃、韦贵妃等人。大刘贵妃出身寒微，却生得貌美如花，迷得徽宗魂不守舍。不料大刘贵妃在大观三年（1109 年）秋就香消玉殒了，徽宗为此失落了很长时间。小刘贵妃也出身低微，父亲是个酒保。她不仅像大刘贵妃一样国色天香，而且擅长烹饪，又会妆扮，很能迎合徽宗，因此专宠一时。徽宗宠爱的各位美人都千娇百媚，不过美人总会迟暮，所以徽宗很快就寻找新欢了。他后来最宠爱的美人却不是宫中的妃嫔，而是京城名妓李师师。徽宗自从得知李师师的艳名后，就经常微服溜出皇宫，去妓馆寻欢。虽然他行踪隐秘，但天子浪迹青楼之事还是在大臣百姓中传开了。

靖康之耻　帝王成囚

徽宗花天酒地、胡作非为之时，奸臣们也趁势鱼肉百姓，卖官鬻爵。蔡京、童贯等人个个捞得钵满盆盈。他们的奢华放纵，丝毫不逊于徽宗。在宋人罗大经所著的《鹤林玉露》中载有这样一件事：有一士大夫买了一个小妾，小妾乃是太师蔡京府上包子厨中的厨娘。一日，士大夫让小妾做包子，小妾却说不会。士大夫怒道：“你既是包子厨中人，为何不能做包子？”小妾答道：“妾身只是包子厨中切葱丝的。”由此可见蔡京府上的奢华。据载，蔡京将贪污的财物藏在他位于杭州的豪华别墅里，不料财物太多，别墅装满后，还剩余了40多担金银宝货，就寄藏在浙江海盐的亲戚家，亲戚都沾光成了当地首富。

就在徽宗日日快活行乐时，宋王朝已经陷入了内忧外患之中。国内农民起义不断，徽宗屡屡派兵镇压，也不见成效。在对外关系上，自崇宁二年（1103 年）起，徽宗在蔡京的建议下，派童贯领兵对西夏发动了一连串的进攻。宋军多次取胜，攻占了许多地盘，西夏朝廷也低声下气地奉表谢罪。这是宋朝与西夏交战以来的第一次大胜利，徽宗为此很自得，同时他也被胜利冲昏了头脑，雄心勃勃地打算收回被辽人占据多年燕云十六州。

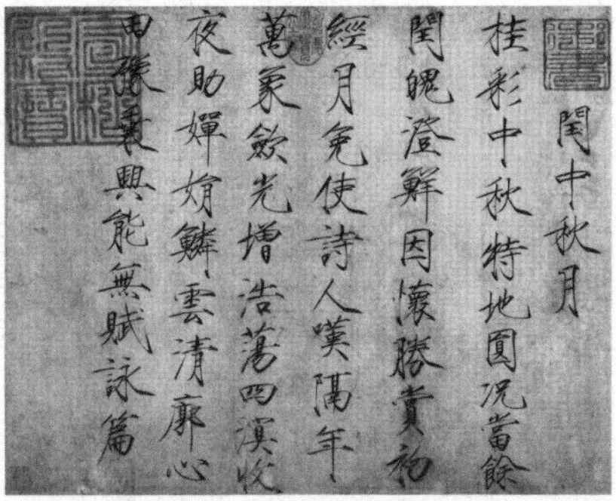

闰中秋月诗帖　北宋　赵佶

此帖乃宋徽宗独创的瘦金体的代表作，细劲有神，瘦挺险峭，融黄山谷、薛稷二家之长，变化以适己意。

宋夏战事停止后，徽宗就与女真建立的金朝联兵讨伐辽国。宋宣和四年（1122 年）十二月，金主完颜阿骨打领兵占领燕京，向宋朝索取了 100 万贯的“燕京代税钱”后，于次年才将已经劫掠一空的燕云诸州还给宋朝。宋朝为了几座空城，付出了惨重的代价。而辽国被灭后，金国又将矛头转向了宋朝。

宣和七年（1125 年）十月，羽翼已丰的金国正式大举入侵宋朝。金兵分东西两路，东路军由斡离不率领，从平州（今河北卢龙）攻打燕山；西路军由粘罕率领，从大同进攻太原，两军计划在汴京会师。金兵进军神速，东路军先后攻占了檀州（今北京密云）、蓟州（今天津蓟县），而北宋将领郭药师降敌，这样东路金兵不战而入燕山，继续南下。西路军于十二月初连克朔州（今山西朔县）、武州（今山西神池）、代州（今山西代县）等地，十二月十八日，开始围攻太原。

宋军失利的警报频频传入京城，徽宗吓得心惊肉跳，寝食难安。他再也无心享乐了，但他又不敢担起抗金的大任，就有了逃跑的打算。为了顺利逃跑，他于十二月二十三日将帝位禅让给儿子赵桓。第二天，赵桓即位，即宋钦宗。靖康元年（1126 年）正月，退居龙德宫的太上皇徽宗就扔下儿子，仓皇逃往镇江。二月，金兵缴获巨额财物后，从汴京退走，赵桓接连派人请徽宗回京。直到四月，徽宗才磨磨蹭蹭地回到汴京，仍居住在龙德宫。1126 年十一月，金兵卷土重来。闰十一月二十五日，汴京陷落。皇室宗亲都成了俘虏，徽宗倾尽大半生心血收藏的珍品也被劫掠毁坏一空了。靖康二年（1127 年）二月，金朝废掉了宋徽宗和宋钦宗两个皇帝，并将宋王朝的皇亲宗室、大臣和宫人等数千人押往金国。此事史称“靖康之耻”或“靖康之变”。

靖康之变后，徽宗的第九子赵构逃到南京（今河南商丘）称帝，即宋高宗，史称南宋。而被俘的徽宗等人，于同年十月，被押送到大定府（今辽宁宁城西）。第二年七月，又被押送到金国都城上京会宁府（今黑龙江阿城县南）。没过多久，徽宗与钦宗等宋朝君臣宗亲共计 900 多人又被押往韩州，金朝拨给他们十五顷土地，让他们自食其力。

徽宗在被俘之后就受尽了屈辱，金太宗还封他为“昏德公”加以羞辱。徽宗曾写过一首小诗表达自己凄凉的心境：

彻夜西风撼破扉，萧条孤馆一灯微。
家山回首三千里，目断山南无雁飞。

在金朝苟且偷生的几年里，每逢丧祭节令，徽宗都会得到金人赏赐的财物酒食，不过他每次都必须写一封谢表。这些谢表后来被金人集成一册，拿到边境与南宋贸易的榷场去卖，一直卖了四五十年。这样徽宗也被宋朝臣民痛骂了几十年。

南宋绍兴五年（1135 年）四月，受尽折磨的徽宗病死在金朝五国城（今黑龙江伊兰北），终年 54 岁。他去世的消息直到绍兴七年（1137 年）九月，才传到南宋。宋高宗赵构追谥他为“显孝皇帝”，庙号“徽宗”。绍兴十二年（1142 年）八月，徽宗的棺材才从金朝运到南宋京都临安（今杭州），随后葬于永佑陵（今浙江绍兴东南 35 里处）。宋徽宗在位 25 年，宠信奸佞，玩物丧志，最后落得国亡被俘，惨死于异乡。他的惊世才华令后人叹服，他的昏庸无能也令世人扼腕。曾经繁盛一时的北宋王朝到他这里就灭亡了，之后建立的南宋王朝苟且偷安于江南一隅，，堪称中国历史上最软弱的王朝。

钦宗赵桓

宋钦宗档案：

生 卒 年：1100～1161 年

父　　母：父，徽宗赵佶；母，王皇后

后　　妃：朱皇后

年　　号：靖康

在位时间：1125～1127 年

谥　　号：仁孝皇帝

庙　　号：钦宗

陵　　寝：河南永献陵

性　　格：节俭谦恭，优柔寡断

点评：

稍急则恐惧而无谋，稍缓则迟迟而又变其谋，靖康之祸，该坐此也。

——吕本中

宋钦宗名叫赵桓，是徽宗的长子，宋王朝的第九位皇帝，也是北宋王朝的末代皇帝。他在王朝统治摇摇欲坠之际上台，承担起抗击金兵的责任。但是他忠奸不分，软弱无能，对金只是一味求和，结果亡国成囚，最后死在金朝。

钦宗赵桓像

赵桓生于元符三年（1100 年），他出生时，父亲徽宗刚刚做了 4 个月的皇帝。赵桓的母亲是徽宗的第一位皇后王氏，她生性恬淡，端庄恭俭，而徽宗是个浪荡的花心皇帝，所以王皇后从来就不得徽宗的欢心。大观二年（1108 年）九月，年仅 25 岁的王皇后就郁郁而终了。此时赵桓才 9 岁，经历了丧母之痛后，他变得孤僻寡言，对皇权也从来没有热心过。

徽宗的儿子比较多，除了幼年夭折的外，活到成年的就有 25 个。

赵桓虽为长子，但从来没有得到过父亲的宠爱。他资质一般，一篇经文往往要多日才能成诵，不过他学习比较勤奋，接人待物也谦恭有礼，所以周边的人都认为他聪明仁孝，对他印象很好。徽宗虽然不喜欢这个长子，但也不算讨厌，加上他的心思都用在书画收藏和酒色享受上，对国事本就不热心，所以赵桓 16 岁时，徽宗就按照立嫡长子的传统册立赵桓为皇太子。

赵桓当了太子后，更加谨小慎微，行为不出丝毫差错，让他那 20 多个弟弟无机可乘，这样他的太子之位也坐得更稳了。

宣和七年（1125 年）冬，金兵灭辽后，对北宋发起了进攻。宋朝国难当头，皇帝徽宗却缩头保身，把皇位禅让给太子赵桓，让儿子去承担抗金救国的重担。

十二月二十四日，赵桓在御垂拱殿接受了百官朝贺，仓促登基，他就是宋钦宗。为了拯救国家危亡，赵桓取“日靖四方，永康兆民”之意，将次年改元为靖康。

26岁的赵桓登上皇位，实属无奈，面对父皇留下的烂摊子，他不知如何是好。钦宗生活俭朴，无不良嗜好，执政十分勤恳，可惜他才能平庸，优柔寡断，根本没有政治家的干练果断，所以他再怎么努力也无法挽回宋王朝的败势。

靖康元年（1126年）正月初二，钦宗下诏准备御驾亲征，抗击金兵。不料第二天，邕州（今河南滑县东北）失守，金兵渡过了黄河，汴京城内人心惶惶。当夜，退居龙德宫的太上皇徽宗就仓皇逃往镇江，一些王公大臣也纷纷随之出逃。钦宗没法逃跑，只好留下收拾乱局。

初四一大早，汴京戒严，钦宗召集群臣商议对策。朝中大臣分为两派，一派以宰相李邦彦为首主和，一派以兵部侍郎李纲为首主战。钦宗犹犹豫豫，摇摆不定，不过最后他还是决定留在汴京抗金。

初六这天，钦宗登上宣德门，号令六军坚守御敌，并任命李纲为亲征行营使，全面负责守城事宜。国破家亡之际，汴京军民团结一心，奋勇抗敌。

金兵虽来势汹汹，其实只有6万人，远远不及守城的宋军人多。在李纲的指挥下，宋军击退了金兵一次又一次的进攻。此时西北边防军和各地驻军也纷纷赶来援助，宋军占据了绝对优势，歼灭金兵指日可待。

不料钦宗胆小如鼠，自东京保卫战打响，他就时刻想着罢兵求和。抗敌期间，他两次派人带着国书和割地诏书去金营求和，还先后罢免了抗金的主要大臣李纲、种师道。此举激起了汴京百姓和太学生等的强烈义愤，钦宗迫于众人的压力，才恢复了李纲和种师道的职务，继续抗金。

在李、种二人的领导下，汴京军民同仇敌忾，英勇杀敌，勤王部队也日益增多。金兵见形势十分不利，就于二月初八退兵。历时一个月的东京保卫战以宋军的胜利而告终。金兵撤退时，李、种二人曾多次请求钦宗乘胜追击，不能放虎归山，不料钦宗实在懦弱，拒绝了他们的建议。不仅如此，他还派使者监视各军，禁止他们对敌作战，以致金兵带着劫掠的财物安然回国。

金兵撤军后，钦宗就认为可以高枕无忧了，他罢黜了朝中的主战派大臣，重用主和派，他还派人将出逃避难的太上皇徽宗也接回了京师。不料仅过了半年，金太宗就再度举兵，入侵宋朝。九月，金兵攻陷太原；十月，攻陷真定；十一月，再围汴京。此时宋廷当政者是宰相李邦彦为首的主和派，再也无人奋力御敌了。闰十一月二十五日，汴京陷落，被困在皇宫的钦宗只好亲自出城与金人议和。十一月三十日，钦宗带着几个大臣来到青城的金营，低声下气地向金人伏首称臣。金朝统帅粘罕和斡离不却以钦宗写的降表不合意为由，拒绝见他。钦宗只好改了再重新呈上，直到十二月二日，宋金双方才在改了 4 遍的降表上签字。接着钦宗又摆下香案，以臣子之礼对着金国的方向遥拜了几拜，金人才放他回京。

钦宗回京时，见到汴京百姓扶老携幼，都站在冰天雪地里翘首盼望着他归来。钦宗刚进南薰门，百姓们就在路旁叩拜，山呼万岁。钦宗见百姓如此忠诚，而自己却对金人屈膝称臣，不由得羞愧难当，掩面大哭，哽咽着道："宰相误我父子！"不过钦宗仍然没有改变懦弱的性子，他对金人的勒索有求必应。金人狮子大开口，索要每锭 50 两的金 1000 万锭，银 2000 万锭，帛 1000 万匹，钦宗就搜刮满朝文武、皇亲后妃和商人百姓的钱财来凑足；金人索要骡马，钦宗就赶紧凑了 7000 多匹马派人送去；金人索要 1500 名少女，钦宗也恭敬照办，为了凑足人数，连自己的妃嫔也送去了。

不过钦宗如此觍颜侍奉，也无法满足金人的贪欲。金人声称要入城洗劫，要求钦宗再去金营议事。靖康二年（1127 年）正月，软弱的钦宗带着何栗、李若水等几个大臣再赴位于青城的金营。不料这次金人将钦宗扣留为人质，然后出兵大肆劫掠汴京百姓，连妇女的钗钏之物都搜刮殆尽了。二月六日，金朝将钦宗废为庶人。不久，金人将他连同太上皇徽宗和郑太后、钦宗的皇后和太子，以及亲王、皇孙、公主、驸马、妃嫔、大臣等数百人一起，北上押往金朝。随同押运走的还有北宋王朝“二百年府库蓄积”，徽宗倾尽几十年心血搜罗的古董珍玩也在其中。此事史称“靖康之变”。至此，延续了 167 年的北宋王朝宣告灭亡。

钦宗的弟弟、徽宗的第九子康王赵构，在靖康之变中侥幸逃脱。他于靖康二年（1127 年）五月一日在南京（今河南商丘）称帝，即宋高宗。他遥尊钦宗为“孝慈渊圣皇帝”，不过却从来没有救回钦宗之意。

钦宗被俘后，被辗转押到燕京，这期间，他受尽了精神上和肉体上的双重折磨。金主封徽宗为“昏德公”，钦宗为“重昏侯”，意思是他们父子二人一昏再昏。南宋绍兴五年（1135 年）四月，不堪折辱的太上皇徽宗病逝于金国。绍兴二十六年（1156 年）六月，宋钦宗也被折磨致死，直到绍兴三十一年（1161 年）七月，钦宗的死讯传到南宋，宋高宗尊谥他为“仁孝皇帝”，庙号“钦宗”。

钦宗死后一年，金世宗将他葬于巩义、洛阳之间，后来才将他的坟墓迁到位于河南巩义的北宋帝陵区，其陵称为永献陵。钦宗在位仅 2 年，他的一生，几乎是历代皇帝中最悲惨的。他懦弱无能，却被迫支撑起摇摇欲坠的北宋王朝，最后王朝覆灭，帝王成囚，在异邦遭受了多年的凌辱，凄凉而终。他的命运，令后人扼腕叹息。

南　宋

高宗赵构

宋高宗档案：

生 卒 年：1107～1187 年

父　　母：父，徽宗赵佶；母，韦氏

后　　妃：邢皇后、刘贵妃等

年　　号：建炎，绍兴

在位时间：1127～1162 年

谥　　号：宪孝皇帝

庙　　号：高宗

陵　　寝：绍兴永思陵

性　　格：聪明软弱，苟安犹疑

点评：

高宗这个“中兴之主”实在是有名无实，父兄被掳的奇耻大辱都无法激起他对金人的仇恨，他的“恐金症”不可救药。

——游彪

宋高宗赵构，字德基，是钦宗之弟，徽宗第九子，母亲韦氏，也是南宋的开国皇帝。靖康之变后，赵构于南京即位，后迁都于临安，是为南宋。他即位之后，偏安江南，不思进取，一味地向金国妥协求和。他在政治上昏庸无能，宠信奸佞，迫害忠良，致使国势日衰。

宋高宗的不幸与幸运

高宗赵构像

赵构是徽宗第九子，帝王之后，命运本该一帆风顺。然而，赵构成长年代，正值南宋多事之秋。北方女真铁骑一路南下，蹂躏了大宋的万里锦绣河山。靖康元年(1126年)，金军大举南下，很快就渡过黄河，包围开封。开封军民奋力抵抗，先后多次打退金人的进攻。金将见一时难以攻克，就提出了宋割让太原、中山、河间三镇，并以亲王为质的退兵条件。宋钦宗就派九弟，时封康王的赵构前往金军大营谈判。但赵构去金营不久，金人便怀疑他并非亲王，将他遣回。虽然是无功而返，但钦宗觉得他没有功劳，也有苦劳，于是进封他为太傅。是年冬，金军再次南侵，钦宗无奈，只得再次命赵构出使金营议和。赵构行至磁州（今河北磁县）时，知州宗泽劝他不要前往，赵构犹豫不决。

不久，金军再次围攻开封，攻城甚急，钦宗诏命赵构为河北兵马大元帅，统帅各路军马，入京勤王。赵构乃在相州（今河南安阳）组建大元帅府，召集各路勤王之师。兵马渐集，士卒达万人之众。然而，还未等赵构出兵，金军已经攻克开封，俘虏了徽、钦二宗，北宋灭亡。

次年二月，金太宗下诏废掉徽、钦二宗，册立宋丞相张邦昌为帝，建国大楚，定都金陵（今江苏南京），企图以扶植傀儡政权的方式，统治中原。消息传来，群情汹涌，赵构更是放声恸哭，誓要光复祖宗江山社稷。这时候，赵构麾下已经有8万的军马，兵力已盛。众臣要求赵构称帝，重建宋朝，但赵构仍有顾虑，就没有答应。四月，金将完颜宗翰、完颜宗望，押解着徽、钦二宗，以及宗族、臣僚四百余人北还。伪楚皇帝张邦昌迫于众怒，只得遣使请赵构即位，同时去除帝号，迎元祐皇后（哲宗之后）垂帘听政。元祐皇后也遣使劝赵构继承大统，同定安危，重塑江山社稷。赵构见此，觉得时机已经成熟，遂于五月一日在南京应天府（今河南商丘）即位，改元建炎，史称南宋，赵构就是宋高宗。

高宗即位后，尊元祐皇后为元祐太后（后改隆佑太后，即孟太后），任命李纲为右相，赦原伪楚皇帝张邦昌之罪，封其为太保、太傅、郡王，并参决大事。但不久，李纲等大臣就上书弹劾张邦昌的所作所为，同时孟太后也深恨张邦昌，在这种情况下，高宗只得下令将其处斩，以安国民之心。

四处流亡的初生政权

南宋政权建立后，军民抗金热情高涨，主战派大臣李纲积极进行抗金部署，他举荐张俊为河北招抚使，招抚河北各路义军。又任命宗泽为东京留守，开封尹，整顿府衙，以备赵构回驾开封，收复失地。但是赵构只求偏安，无心收复失地，后来更采纳了主和派黄潜善、汪伯彦等人的意见，决定巡幸东南，以躲避金人。李纲对此非常痛心，多次上书劝谏，均不为赵构采纳。李纲见北伐无望，就提出辞职，赵构正有罢相之意，就免去了李纲之职。

李纲去职，天下为之震惊，士子们愤愤不平，太学生陈东、欧阳澈多次上书高宗，请求留任李纲，罢免黄、汪，同时北伐，迎还徽、钦二帝。赵构震怒，竟然下令斩两人于市。为了阻住众人悠悠之口，赵构又下令但有非议朝廷者，一律处斩，同时尽废李纲的北伐部署，一心谋划南迁。九月，金朝以赵构废伪楚、诛张邦昌为借口，出兵南

宗泽墓，位于今浙江义乌。

侵，尽占河北之地。

赵构闻讯，不顾朝中主战派大臣的反对，慌忙将朝廷迁往扬州。十二月，金兵分三路南下，开始的时候势如破竹，接连攻陷青、潍、华、岐、陇、秦等州，但因各地义军袭扰，被迫撤军北还。老臣宗泽趁机会集各路豪杰，调兵遣将，部署兵力，打算趁胜渡过黄河，收复河山。但赵构此时身边多是主战派的佞臣。黄潜善、汪伯彦等人庸碌畏葸，他们嫉妒宗泽之功，便在赵构面前大进谗言，说宗泽发了狂，言不足信。宗泽因此忧愤成疾，背生毒疽，于这年七月，与世长辞。可怜这位耿忠老将，临终之前，没有一字言及家事，念念不忘北伐中原，连呼三声“渡河”，含恨而终。

建炎三年（1129 年）正月，金军闻宗泽已死，再次南侵，目标直指扬州。金军兵锋甚锐，很快就攻下徐州、淮阳、泗州（今安徽泗县）等地，进一步逼近扬州。赵构仓皇出逃，先逃往镇江，后又逃奔杭州。金军攻入扬州后，因孤军深入，只得焚城北还。赵构逃往杭州后，朝野激愤，纷纷指责黄、汪误国行径。为了平息民怨，赵构被迫罢免黄、汪之职，改任朱胜非为相。

五月，赵构自杭州北上，进驻江宁（今江苏南京市），改为建康府，并遣使向金求和，表示愿意削去帝号，向金称臣纳贡。金人不许，扣押使者。九月，再次兴兵侵宋。赵构于是再度逃跑，先从建康逃往镇江、又从镇江逃往常州，接着从常州逃往杭州，同时升杭州为临安府。十一月，听闻完颜宗弼率领金兵渡过长江，攻入江西、湖南等地后，又仓皇从杭州逃到越州，再从越州逃到明州，最后从明州逃到定海（今浙江镇海县）。金兵逼近定海时，赵构又采纳宰相吕颐浩的建议，乘船逃往海上。金兵乘船入海，继续追击赵构，后由于遇到风雨，才撤军北还。在撤军北还之际，金朝还不忘扶植宋叛将刘豫建立另一个傀儡政权——伪齐。伪齐政权地占河南、陕西等地，成为了南宋与金之间的缓冲地区。

次年，赵构自海上回到越州，升越州为绍兴府，改年号为绍兴，取“绍祚中兴”之意。绍兴二年（1132 年），赵构回到了临安，后定都于此，设置百官，政权才开始逐渐稳定。

不辨忠奸　偏安江南

赵构建都临安之后，开始的时候，也还标榜“中兴”、光复中原，但不久就丧失进取之心，一心想着向金人妥协投降，偏安江南了。他启用投降派大臣秦桧为宰相，把持朝政，对于力主抗金的名臣大将们予以弹压，同时还下命令各地残酷镇压的各地的农民起义。

在金兵南下之初，各地的人民纷纷奋起反抗，或聚为寇患，或杀敌报国。如洞庭湖之钟相、杨么起义，拥水军 20 余万人，势力盛极一时。又如太行山王彦聚众十余万，与金大小百余战，沉重地打击了金国侵略者。但赵构没有利用眼前的大好形势，而是下令各地大力剿杀。绍兴五年（1135 年），赵构从前线调集正在抗金的将领张浚、岳飞等人进讨洞庭杨么水军，经过几场血战之后，终于在这年的六月了擒杀杨么，平定了洞庭之患。

杨么之患平定后，以张浚、岳飞等人为首的主战派大臣，开始积极筹划北伐大计。绍兴六年（1136 年），张浚统军兵分四路，图取中原。岳飞领兵收复商州、虢州等地。十月，伪齐刘豫之侄刘猊率军数万进犯建康。在藕塘（今定远县东南），被宋军杀得大败。齐军死伤数万，刘猊领着数骑逃遁。张浚打算乘胜进去河南，擒杀刘豫，但被赵构拒绝。

五次和议的岁币数量

和议名称	银(万两)	绢(万匹)	茶叶(万斤)
宋辽澶洲之盟(1004年)	10	20	0
宋夏庆历和议(1044年)	7.2	15.3	3
宋金绍兴和议(1041年)	25	25	0
宋金隆兴和议(1064年)	20	20	0
宋金嘉定和议(1208年)	30	30	0

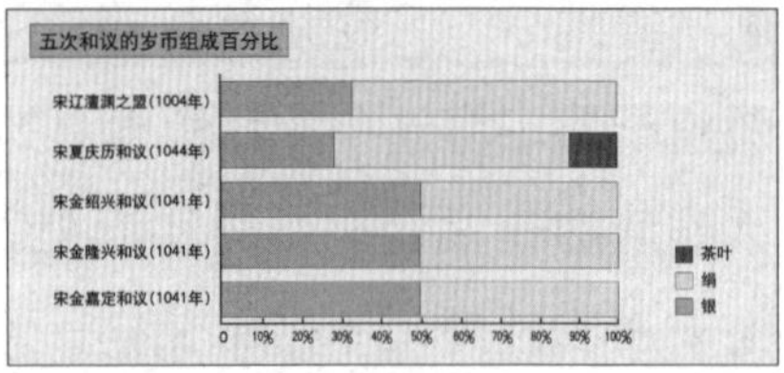

绍兴七年（1137 年），赵构派王伦为使北赴金国，奉迎徽宗梓宫，同时表达了代替刘豫成为金属国的求和愿望。金熙宗觉得伪齐兵弱，无法抗衡南宋，已无利用的

价值，于是在这年十一月，擒拿刘豫，降封蜀王，废掉伪齐。金熙宗还向王伦表示，愿意将刘豫统治的河南、陕西地区归还南宋。十二月，王伦回报临安，赵构闻讯大喜，不顾主战派大臣的反对，罢免反对议和的左相赵鼎，让秦桧独专相权，全权负责与金和议事宜。

次年十一月，双方达成和议：南宋则向金朝称臣，并每年向金朝贡银25万两、绢25万匹，金朝将原来伪齐刘豫统治的河南、陕西之地划给南宋，同时奉还徽宗梓宫及皇太后韦氏。

但没过多久，金国就撕毁和议，任命完颜宗弼为都元帅，执掌兵权，准备再次大举南侵。绍兴十年（1140年）五月，完颜宗弼统军十万南下，河南各地相继投降，进而围攻顺昌（今安徽阜阳县）。顺昌守将刘琦坚守城池，采取机动灵活的战术，大败敌军。与此同时，张浚、韩世忠、岳飞等南宋名将也先后指挥军队大败金军。尤其是岳飞，还一度乘胜攻占了颍昌（今许昌）、陈州、郑州、中牟等地，七月，又攻克了西京洛阳。金元帅完颜宗弼闻讯大惊，亲率精骑一万五千人，步军十万人，进攻岳飞所在之地郾城（今河南漯河）。岳飞沉着应战，率领岳家军以少胜多，大败金军。随后，乘胜进军，前锋直抵朱仙镇，距离金军统治的东京开封仅四十五里。一时间，天下震动，群雄纷纷响应，朱仙镇大军云集。岳飞见北伐有望，兴奋地对众将说："直捣黄龙府，当与诸君痛饮！"

然而，就在形势十分有利的情况下，赵构听信秦桧谗言，不许岳飞进军，后又在一天之内连发十二道金牌，召岳飞班师回朝。岳飞愤然道："十年之功，废于一旦！"不敢违背君令，只得奉诏退兵。岳飞退兵后，金军乘机又重新占领了河南之地。

绍兴十一年（1141年），金军意欲进占江淮，但在柘皋（今安徽巢湖西北）被宋军打败。赵构见金军屡败，元气大伤，灭亡南宋已无可能，又怕张浚、韩世忠、岳飞等统军大将御兵于外，难以控制，于是决定削诸将兵权，一门心思地和金国议和。

这年四月，赵构以“论功行赏”之名，将张浚、韩世忠、岳飞召回京城，明升暗贬，将三人的兵权全部解除，随后派遣秦桧和金人议和。七月，金都元帅完颜宗弼写信给秦桧，提出了想要议和，必杀岳飞的无理条件。赵构急于求和，于是命令秦桧构陷谋害岳飞之罪。秦桧捏造了岳飞“谋反”的罪名，并收买了岳飞的部下作证。十月，岳飞父子被羁押大理寺。在大理寺中，秦桧等人指使狱吏严刑拷打岳飞父子，逼他们招供。岳飞父子始终不屈。这年十一月，宋金签订和议：宋向金称臣，东以淮河中流为界，西以大散关为界，割让唐（今河南唐河）、邓（今河南邓州）二州及商（今陕西商县）、秦（今甘肃天水）二州的大半给金，每年向金纳贡银25万两、绢25万匹。史称“绍兴十一年和议”。在和议签订不久，赵构就按照和金的秘密约定，以“莫须有”的罪名赐死岳飞父子。

庸碌之君　无奈退位

宋金和议之后，双方二十年无大战。但赵构没有利用这一时机，休养生息，力图振作，而是贪恋临安繁华，醉生梦死，致使朝政日益荒疏。他为求苟安，侍奉金朝如臣事君，十分恭敬。每年，除了按照约定向金国朝贡绢、银之外，还要每逢佳节、庆典向金朝宗室贡献大量的金银珍玩。而这些财物自然是从百姓的头上一分一毫地搜刮来的，百姓生活困苦不堪。

赵构贪图享受，在位期间，大兴土木，建筑宫室殿宇。为了便于行乐，还将朝廷大政托于奸相秦桧。秦桧利用这一机会，结党弄权，诛除异己，致使南宋朝风日益腐败，政治更加黑暗。

秦桧是历史上有名的奸臣。在金兵初次南下时，他对金态度强硬，力主坚决抵抗金人。靖康之变后，他被掳往北方，自此以后，心性大变，开始见风使舵地讨好金人。后来，秦桧南归，因他力主与金媾和，遂成了赵构的心腹。赵构一度任命他为右相。秦桧任相后，向赵构献的第一策，就是“南人归南，北人归北”，言下之意，不但要将河北等地割让给金人，索性将人口、财货也全部送金。秦桧的这条“奇策”，可谓“名震天下”，朝野内外，群情汹涌。赵构在这种情况下，也只得反对秦桧的主张，说：“卿说‘南人归南，北人归北’，那朕是北人，要到哪里去呢?”随后，将秦桧罢相。

没过多久，金军南下，所向披靡，赵构于是又启用秦桧，任他为右相，负责与金议和之事。为了秦桧便于行事，还将左相赵鼎罢免，让秦桧独专相权。秦桧自此大权独揽，极力打击、迫害反对议和的人士。他还卖官鬻爵、收受贿赂，每年他过生日之时，各州县假以祝寿为名，向他进献的钱财高达数十万。他的家财富可敌国，真可谓是国之巨蠹。

绍兴二十五年（1155 年），秦桧病重，临死之前，他想让自己的儿子秦熺来继承相位。赵构此时对于秦桧欺下瞒上、独专横行已有所不满，于是拒绝了其要求，还将秦桧宗族一起免官。秦桧得知皇帝的旨意之后，于当天夜里一命呜呼。

秦桧死后，赵构继续推行妥协投降的对金政策。但这时，金国完颜亮即位，已逐渐的稳固内政，有意南侵，但赵构对此毫无觉察。绍兴二十六年（1156 年），东平进士梁勋上书，说金兵有南侵的迹象，要朝廷早作准备。赵构勃然大怒，下诏将梁勋贬为州军，流放到千里之外，同时诏令众臣，有敢妄议边事者，一律处以重刑。

绍兴三十一年（1161 年），金主完颜亮果然亲自率领 60 万大军，大举南下，相继攻占庐州（今安徽合肥）、和州（今安徽和县），且陈兵瓜州渡口，打算渡江灭宋。但不久，金国内乱，完颜亮于兵变中被杀，金军撤兵北还。南宋朝廷这才转危为安。

金人南侵失败后，各地军民抗金热情高涨，纷纷要求北伐收复失地。赵构在这种情况之下，十分尴尬，无法再坚持自己议和的主张，再加上他已垂垂老矣，希望能够安心地享几年清福，于是便于次年六月，下诏退位，传位于太子赵昚，自己做起了太上皇。

自此以后，赵构专心享受，每天宴饮歌咏，听曲看戏，有时候，还泛舟西湖，其乐融融。赵构政治无能，但在书法上造诣极高。他擅长行、草，笔法清丽洒脱，自然流畅，颇有晋朝名家的风范。退位后，赵构无所事事，就勤练书法，修心养性。他还经常派人到民间去搜寻名家墨宝，对之观赏临摹，自娱自乐。他著有《翰墨志》一卷，流传于世。

淳熙十四年（1187 年），赵构病逝于德寿殿，享年 81 岁。葬于会稽永思陵。谥“宪孝皇帝”，庙号“高宗”。

孝宗赵昚

宋孝宗档案：

生 卒 年：1127～1194 年

父　　母：父，赵子偁；母，张氏

后　　妃：郭皇后、夏皇后、蔡贵妃等

年　　号：隆兴，乾道，淳熙

在位时间：1162～1189 年

谥　　号：成孝皇帝

庙　　号：孝宗

陵　　寝：永阜陵

性　　格：坚毅果断，谨慎孝顺

点评：

宋孝宗在位期间，政治清明、社会稳定、经济繁荣、文化昌盛。宋孝宗是南宋名副其实的中兴之主。

——白寿彝《中国通史》

宋孝宗赵昚，原名伯琮，是太祖赵匡胤七世孙，父亲秀王赵子

俩，母亲张氏。绍兴三十二年（1162 年），宋高宗禅位于太子赵昚，是为宋孝宗。孝宗在位期间，政治清明、经济繁荣，为了改变对金屈辱的局面，他还多次对金出击，以图光复河山，但都没有取得预想的成绩。虽则如此，在南宋一朝上，他仍旧是一位相当杰出的君王。

建炎三年（1129 年），金军奔袭扬州，高宗赵构突受惊吓，从此丧失了生育能力。同年秋天，高宗膝下唯一的儿子也突然夭折，一时间，高宗嗣下无人，皇储空虚。朝中大臣劝高宗早日择立太子，以安时局，高宗于是命人在太祖后代的“伯”字辈中选择嗣子继承帝位。高宗经过一番选择，最后只留下了赵伯琮、赵伯浩二人。高宗原本看好比较健硕的赵伯浩，但还在斟酌之际，一只猫从两人身边经过，伯琮兀自不动，但伯浩却飞起一脚向猫踢去。高宗见此，认为伯浩轻狂难当社稷，于是决定留下伯琮，而遣回伯浩。

伯琮这年只有六岁，在宫中由张婕妤养育。次年二月，伯琮被授为和州防御使，赐名瑗。时高宗宠妃吴才人闷闷不乐，也想养育一子。高宗于是便在第二年的五月，又选了宗室的一个 5 岁幼童赵伯玖，赐名为璩，交由吴才人抚养。宫中一时有了两位储君，引起了朝中大臣的不安。绍兴五年（1135 年），高宗应大臣赵鼎之请，让赵瑗在资善堂读书，还请了学识渊博的老师教授他学习。赵瑗天资聪颖，博闻强记，深得高宗的喜爱。在他 15 岁那年，高宗封他为晋安郡王，让他开始接触政事。赵瑗对于秦桧妥协投降的主张十分不满，常出言顶撞秦桧。秦桧也忌惮于赵瑗很强的能力，经常教唆高宗免去赵瑗的皇储身份。好在高宗看出了秦桧的心思，他才没有得逞。绍兴二十四年（1154 年），衢州（在今浙江省）发生强盗抢劫的案件，秦桧没有上奏高宗，就私自调动军马进行拘捕。赵瑗将此事密告高宗，高宗得知后，非常震惊，心里对秦桧的擅权举动感到十分不满。

当时，高宗的另一养子赵璩也已成人，被封为恩平郡王。对于同为太祖之后的赵瑗、赵璩两人，究竟立何人为嗣，高宗犹豫不决。他最终想出了一招，打算以此来评定两人优劣。他赐给赵瑗、赵璩两人美女各10名，名为赏赐，其实另有打算。过了一段时间后，高宗将美女召回，经过检查，发现赐给赵璩的10名美女已非完璧之身，而赐给赵瑗的那十名美女仍是完璧。经此事，高宗心里已有了计较，确立赵瑗为皇子。

绍兴三十二年（1162年），金兵退兵不久，朝廷百废待举，朝中主战主和两派再起纷争，高宗心灰意冷，决心禅位，远离朝堂的是非。这年五月，正式下诏册立赵瑗为皇太子，并改名为。六月，高宗退位，移居德寿宫，赵昚继承皇帝位，这就是宋孝宗。

孝宗即位后，锐意恢复。在他即位的第二个月，他就启用抗金名将张浚为江淮宣抚使，同时还为岳飞父子平反昭雪，追复其官爵，厚葬，还录用了岳飞的子孙。孝宗这些举动顺乎民心，朝野上下为之一振。次年，孝宗改元隆兴，取建隆（太祖年号）、绍兴（高宗年号）各一字，意在振兴。这年的四月，孝宗授意张浚筹划北伐。五月，张浚派遣濠州（今安徽凤翔县）李显忠渡江出击。先后收复了灵璧、虹县等地，继而又攻陷了宿州（今安徽宿县）。宿州一役，宋军斩杀金兵数千，俘获近万人。捷报传来，举国欢腾，倍受鼓舞，孝宗任命李显忠为淮南京东河北招讨使，邵宏渊副之。金军左副元帅纥石烈志宁亲自率兵来攻，被李显忠击退，后又调集10万大军来攻。李显忠率部浴血奋战，要求邵宏渊发兵合力夹击金军。但邵宏渊按兵不动，还对部下说："现在正当盛暑，就算是摇着扇子也不凉快，何况是顶着炎炎烈日，披甲作战呢?"兵士们听了这话，军心动摇，有些参战的将领还带兵临阵脱逃。李显忠孤军奋战，终是难支，只好趁着夜色撤离宿州。金兵乘势掩杀，宋军大败，死伤不可计数，军资器械几乎丧失殆尽。孝宗的第一次北伐尝试就这样失败了。

北伐失败后，张浚上书请罪，朝中的妥协派官员趁机诋毁、攻击北伐的主张，提出求和的主张。孝宗信心动摇，启用汤思退为相，让他主持与金议和之事。汤思退是秦桧余党，力主求和，他极力排斥主战派将领，致使张浚被罢官，不久死于谪途。隆兴二年（1164年），金世宗为了达到“以战促和”的目的，发兵南下，先后攻占楚州、濠州、滁州等地，并准备渡江南下。在这种情况下，孝宗只得同意议和，这年十二月双方签订协议：南宋皇帝不再向金称臣，改称叔侄关系；南宋给金每年的“岁贡”改为“岁币”，并且减十万之数；南宋割商州（今陕西商县）、秦州（今甘肃天水）予金。这就是历史上的“隆兴和议”，虽然宋的地位自此有所改善，但这仍是一个屈辱的和约。

孝宗签订和约之后，仍然力图振作，希望能够再度北伐，改变对金的屈辱局面。他整顿士卒，勤练武艺，同时在朝中精选抗金良将，为日后北伐做准备。但这时候，君虽有光复之心，但却无可托之将。随着南宋一系列名将如岳飞、韩世忠、张浚、等人的先后离世，朝中可以托付军国大事的就只有四川宣抚使虞允文一人了。虞允文颇有军事才能，曾经在完颜亮南侵的时候，于采石矶一役大败金兵，从而名扬天下。孝宗对他非常赏识，先后提拔他为枢密使，后又将他任命为少保、武安军节度使、四川宣抚使，让他到四川整军备战。还和他相约，来日出兵，东西并举，共克金室。可惜的是，天不假年，淳熙元年（1174年）二月，虞允文因为劳累过度，带着一身遗憾与世长辞了。孝宗受此打击，再加上高宗掣肘，朝臣离心，心灰意冷之下，再也不提北伐了。

自此以后，孝宗安于外事，转而对内政进行治理。他多次下诏减免百姓赋税，对于以往提前征收赋税的做法加以制止，要求各地按照时间征收田赋，违者严惩，以此来保护生产，减轻农民负担。孝宗还要求各地劝课农桑、兴修水利，解决关乎民生、社稷的实际问题。在文化方面，孝宗倡导百家争鸣、百花齐放的学术环境。正是由于这种宽松的社会环境，在他统治的年代，涌现了一大批著名学者和文人，如思想家朱熹、陆九渊、陈亮、叶适等人，又如著名的文学家陆游、范成大、杨万里、辛弃疾等人。

孝宗还非常孝顺，他自幼被高宗抱养入宫，因此一直以来对高宗极为恭敬孝顺。高宗退位之后，仍然时常干预政事，在对金的问题上，和孝宗意见相左，常以太上皇的身份加以掣肘。但孝宗对此并不生气，为了避免父皇动怒，他有时候还尽量满足高宗的一些无理要求。

淳熙十四年（1187年）八月，时年81岁的高宗病重，孝宗非常担心，便常留德寿殿，昼夜侍奉高宗。九月，高宗病逝，孝宗十分伤心，下哀昭，表示要为高宗守孝三年。在服丧期间，他只吃少量素食，以至于日渐憔悴，面容枯槁。他的一位吴姓妃子见状非常担心，就暗中吩咐内侍在他的膳食里加一点鸡汁，孝宗发现后，十分恼火，当即将这位妃子驱逐出宫。

淳熙十六年（1189年）二月，金国世宗皇帝病死，他的孙子完颜璟继承了帝位，是为金章宗。按照隆兴协议，年过花甲的孝宗需要向年仅21岁的金章宗自称侄，孝宗不愿意见到这种尴尬局面，就把皇位禅让于太子赵惇，自己退居重华殿，做起了太上皇。

赵惇即位后，其妻李氏被封为皇后。李氏嫉妒、霸道，与孝宗关系不好，在当上皇后之后，常常在光宗赵惇面前离间他们父子，致使孝宗父子关系日渐疏远。孝宗独居于重华殿，有时候想见见自己的儿子，都因为李皇后的阻挠而无法实现。孝宗为此闷闷不乐，身体每况愈下。绍熙五年（1194年）六月，孝宗病逝于重华宫，享年68岁。直到他死，光宗赵惇也没有去看他。孝宗死后，葬于永阜陵。

光宗赵惇

宋光宗档案：

生 卒 年：1147～1200 年

父　　母：父，孝宗赵昚；母，郭皇后

后　　妃：李皇后、黄贵妃等

年　　号：绍熙

在位时间：1189～1194 年

谥　　号：慈孝皇帝

庙　　号：光宗

陵　　寝：绍兴崇陵

性　　格：懦弱，愚蠢，刻薄寡恩

点评：

光宗幼有令闻，向用儒雅。逮其即位，总权纲，屏嬖幸，薄赋缓刑，见于绍熙初政，宜若可取。

——元·脱脱《宋史》

宋光宗赵惇，孝宗第三子，母亲郭氏。淳熙十四年（1187 年）十月，高宗驾崩，孝宗十分伤痛，无心朝政，打算将皇位禅让给太子赵惇，但由于大臣的极力劝阻，这才作罢。两年后，金朝皇帝驾崩，新帝即位，年仅 21 岁，依照协议，孝宗需向比自己年轻许多的金帝称叔。孝宗不愿意见这种局面，于是以倦于政事为借口将皇位禅让给赵惇，是为宋光宗。

赵惇是孝宗第三子，按照封建的继承制度，本来轮不到他做皇帝。但是早在乾道三年（1167 年），皇长子就已经病势，而二子又生性懦弱，难以担当大任，于是孝宗就决心立英武过人，很像自己的三

子赵惇为太子，作为自己的皇位继承人。但逾次册立，孝宗不敢草率行事，就一直迟迟没有颁布诏书。如此过了三年，朝中大臣见到皇储之位空悬多年，不由得有心担心，便纷纷上书要求孝宗早日册立太子，以安天下。心腹重臣虞允文也乘机请求孝宗早立太子。孝宗对他道："太子人选，朕早已经确定。只是怕封了太子之后，会使皇儿滋生骄傲情绪，放纵自己，那样反而不利于江山社稷。朕之所以迟迟没有诏立太子，就是想让他进一步熟悉政务，而后立为太子，也不至于将来后悔！"次年正月，虞允文再次请立太子，孝宗见时机已经成熟，就册立赵惇为皇太子，同时将二子赵恺封为藩王，调往他镇。这年四月，孝宗任命赵惇为临安府尹，其实也是考校太子的治政之才。赵惇勤于政事，熟悉民情，言行举止都恪守礼法，这让孝宗非常高兴。

淳熙十四年（1187 年），高宗病重，孝宗为了方便照顾其起居，就搬进德寿殿与高宗同住。在这一时期，赵惇以太子的身份，参加政事，担起了镇国重担。两年后，孝宗诏谕禅位，太子赵惇即位皇帝。这就是南宋的第三位皇帝，宋光宗。

光宗即位之后，册立妻子李氏为皇后。李氏狠毒刻薄，心如蛇蝎，非但没有母仪天下的风范和气度，反而牝鸡司晨，屡屡干预政事，玩弄权谋，致使南宋朝堂日渐腐朽，越来越黑暗。

光宗即位之初，看见宦官干预政事，为非作歹，本想伺机将他们全部诛杀。但李后的屡屡干涉，使光宗的计划没有实现。光宗因此郁郁寡欢，落下心病。孝宗在重华宫听说儿子有病，心里十分着急，一面命御医精心调理，一面亲自翻阅医书，配制药丸，打算在儿子来问安的时候，亲自赠药给他。李氏闻知此事后，听信宦官的挑拨之言，竟然相信孝宗配的药丸是毒药，是要害死光宗。她极力阻止光宗前去重华殿向父亲孝宗问安，还一再地挑拨孝宗父子的关系。光宗听信妇人之言，不敢入重华宫见自己的父亲。

没过多久，光宗病好，李后特意在内宫设宴庆祝。酒过三巡，李后突然向光宗提出立自己的儿子嘉王赵扩为储君。光宗觉得自己体弱多病，也应该册立太子。但兹事体大，还是应该询问一下孝宗的意见，再作决定。隔日，孝宗听说光宗病好，非常高兴，就召光宗入重华宫赴宴，共叙父子之情。李后瞒着光宗偷偷来见孝宗，骗孝宗说光宗偶感风寒，不便来见驾，然后便跟孝宗谈起立赵扩为太子之事。孝宗认为，光宗正值壮年，如此仓促地立太子未免显得有些草率，而且觉得这是关乎社稷的大事，不应该由一个妇道人家来关心。李后遭到斥责，勃然变色，大怒道："臣妾是六礼所聘，扩儿是妾所生，册立太子，名正言顺，有何不可?"孝宗见她如此无礼，气得拂袖离席，李后也气鼓鼓地摔门而去了。

回宫后，李后便向光宗哭诉，添油加醋地说孝宗有废立之意，只怕以后夫妻再难相见云云。光宗对李后的鬼话信以为真，心里对父皇越发不满，从此再也没有踏进重华殿半步。

李后非但离间孝宗父子关系，而且独霸后宫，无恶不作。一次，光宗在洗手之时，看见端着水盆的宫女双手白皙，光洁如玉，不由得赞了一声"好!"，几日后，光宗正在批阅奏章，李后派人送来一个是食盒。光宗打开一看，竟然是一双血肉模糊的双手，吓得魂不附体，精神恍惚。李后容不下宫女，对于受宠的嫔妃自然更加不能相容。绍熙二年（1191 年）十一月，李后趁着光宗离宫祭祀之际，虐杀了光宗的宠妃黄氏，然后快马加鞭告知光宗，说黄氏"暴毙"而死。光宗闻讯，自然知道这是李后做的好事，无奈敢怒不敢言，只得将痛苦深埋心底。次日，光宗强打精神，主持祭祀。在进行仪式之中，忽然刮起大风，暴雨顷刻而下，中断了祭祀大典。光宗接连受到打击，旧疾复发，病情日渐沉重，连日调养也没有痊愈。李后趁机擅政弄权，她安插亲信，将李氏宗族甚至门人全部委以职位，前后委以职位的达百余人之多。

绍熙四年（1193 年），光宗病情好转，群臣因他长时间没有去重华宫问候孝宗，便纷纷进谏。但光宗在李后的干预下，托说久病初愈，不能前往。这年的重阳节，恰好是光宗的生日。群臣在祝寿完毕之后，便请光宗去重华宫朝见孝宗。群臣苦谏，光宗只得前往，可是还没有出发，李后从屏风后走了出来，拉住光宗衣襟，道："天气转冷，皇上大病初愈，还是回去饮酒御寒吧。"光宗转身便回，大臣十分气恼。中书舍人陈傅良赶紧抢上几步，拉住光宗衣襟，劝谏道："陛下的车马已经备好，百官已经齐聚。况且，现在不过是暮秋，天气并不冷，陛下还是不要辜负众臣之望吧。"李后见状，秀眉一蹙，厉声喝斥陈傅良，并且立马拽着光宗，拉到屏风后面去了。陈傅良无可奈何，只能大哭离去。

孝宗在重华宫里，久久不见光宗去问安，心里十分悲伤，从此寝食难安，渐渐抑郁成疾，身体越来越差。朝中大臣之后又多次恳求光宗去探视太上皇，但他对此都置若罔闻，只是每日陪着李后寻欢作乐。绍熙五年（1194年），孝宗在忧愤中病逝于重华殿。

孝宗死后，群臣向光宗报告了太上皇驾崩的消息，但光宗仍然不愿出宫，甚至连光宗的丧事也不肯主持。群臣无奈，只得请太皇太后吴氏代其为孝宗主持丧事。他与李后在宫里宴饮如常，丝毫没有觉得悲伤。群臣见此寒心，乃与太皇太后密议，准备逼光宗禅位给其子嘉王赵扩。

次日，百官齐集，嘉王赵扩一身缟素，前来拜祭孝宗。在太皇太后、朝中大臣赵汝愚、韩侂胄等人的拥戴下，赵扩即皇帝位，是为宋宁宗。而此时，光宗还蒙在鼓里，懵然不知。

直到第二天，新皇帝赵扩前来参拜，光宗这才知道皇位已非己有。心里虽然愤愤不平，奈何木已成舟，光宗只得退位，移居泰安宫（后更名为寿康宫），做起了太上皇。此后，光宗日夕借酒浇愁，以此来发泄心中苦闷。庆元六年（1200年）八月，光宗病逝于寿康宫，享年54岁，在位5年。死后，葬于崇陵。

宁宗赵扩

宋宁宗档案：

生 卒 年：1168～1224 年

父　　母：父，光宗赵惇，母，李皇后

后　　妃：韩皇后、杨皇后等

年　　号：庆元，嘉泰，开禧，嘉定

在位时间：1194～1224 年

谥　　号：仁文哲武恭孝皇帝

庙　　号：宁宗

陵　　寝：绍兴永茂陵

性　　格：昏暗，软弱

点评：

暗弱无能的宁宗听任韩侂胄肆无忌惮地排斥政敌，专断朝政，走上了权臣之路。而韩侂胄擅权不过是南宋后期接踵而至的权相专政的开端。

——虞云国

宋宁宗名赵扩，是光宗赵惇次子，母亲李氏。绍熙五年（1194 年），孝宗病卒，光宗不愿出面主持葬礼，引起众臣激愤。朝中大臣韩侂胄、赵汝愚等人商议，决定由太皇太后出面，逼光宗禅位给皇太子赵扩。这日，赵扩一身缟素来到重华宫拜祭孝宗，太皇太后吴氏趁机宣布由皇子嘉王赵扩即皇帝位。但赵扩还没有心理准备，连连推辞，太皇太后便命韩侂胄拿出龙袍，要亲自给赵扩穿上。赵扩急忙绕着大殿中的殿柱躲避。后经众人百般劝说，赵扩这才诚惶诚恐地穿上龙袍，后在韩侂胄的搀扶下，到朝堂接受百官朝贺，史

称宋宁宗。

宁宗即位后，倚重有辅立之功的大臣韩侂胄、赵汝愚两人。他任命赵汝愚为宰相，韩侂胄为枢密院都承旨。韩侂胄还是新皇后韩氏的叔父，有着外戚的身份，因此在朝中势力不断扩大。韩侂胄有着极强的权利欲，在宁宗即位后，他本想以辅立之功，乞获节度使的职位。但宰相赵汝愚却认为他是外戚，辅立太子是分内之事，不应该再奢求封赏。结果，韩侂胄的升迁愿望落空，只加迁一级，兼任汝州防御使之职。韩侂胄大为恼火，从此心怀不满，伺机报复赵汝愚。后来，韩侂胄接受知阁门事刘弼的建议，安排自己的亲信进入御史台、谏院，从而霸占了言路。他们在宁宗面前大进谗言、诋毁、诬陷赵汝愚。次年，赵汝愚被罢免相位，流放永州（今安徽省零陵），不久，暴死在贬谪途中。

赵汝愚死后，韩侂胄接替了他的相位，大权独揽，从此更加的肆无忌惮，专横跋扈。他将自己的党羽、爪牙全部安排入朝廷，担任重要的职位，还大力地排斥异己，迫害忠良之士，甚至发起党禁之祸，打击当朝名士。庆元四年（1198 年），韩侂胄唆使宁宗将理学定为伪学，继而污蔑其为逆党，罢斥、驱逐了朱熹、彭龟年等名士 59 人，史称“庆元党禁”。

韩侂胄志大才疏，在稳固了朝中的地位之后，还想立下盖世功名。他鼓动宁宗北伐金朝。宁宗在位几年，早就不满于对金的屈辱地位，听闻此言，自是一拍即合，将北伐之事全权委托于韩侂胄。韩侂胄首先在政治上崇岳贬秦，以此来来北伐的舆论准备。他建议宁宗追封岳飞为鄂王，后又削去秦桧的爵位，改其谥号为“缪丑”。开禧二年（1206 年）五月，宁宗下诏出师北伐金国。战争开始的时候，宋兵奋勇，相继收复了一些失地。然而不久，就因为准备不足，宋军先败于宿州（今安徽宿县），后败于唐州（今河南唐河县）。再加上当时四川宣抚副使吴曦勾结金人，割据四川叛乱，致使宋军大溃，北伐无功。这年十月，金兵大举反攻，分兵九路南下，接连攻陷城池。

宁宗无奈，只得遣使与金议和。金国提出了非常苛刻的条件，要求宋朝向金称臣、割地，并献上主谋头颅。韩侂胄大怒，打算再次北伐，并启用主张北伐的辛弃疾为枢密都承旨，指挥军事。遗憾的是，辛弃疾还没有动身，就已经病故身亡。而此时，朝中的主和派官员又趁机兴风作浪，他们与宁宗皇后杨氏密谋，企图除掉韩侂胄。他们先是通过太子向宁宗进言，被喝斥后，杨皇后也亲自劝说宁宗。宁宗犹豫不绝，仍不愿擅杀主政大臣。开禧三年（1207 年）十一月，礼部侍郎史弥远秘密派人杀掉韩侂胄，随后上报于宁宗。宁宗见他们先斩后奏，非常气愤，可是事已至此，也只得下诏历数韩侂胄之罪，昭示天下。

嘉定元年（1208 年），宋金达成和议：宋金约为伯侄之国；绢银增加为各 30 万，另予金犒师银 300 万两；金放弃新占的宋土，双方维持原来的疆界。史称“嘉定和议”。最令人不齿的是，宁宗竟然真的按照金朝的要求，令人劈开韩侂胄的棺木，枭其首级，送往金国。

韩侂胄集团被粉碎之后，史弥远因功一跃而为右丞相兼枢密使，执掌要职。史弥远在杨皇后的支持之下，在朝中大力扶植同党，排除异己，逐渐控制了朝廷大权。他担任相职的 10 余年里，南宋的朝政之混乱、黑暗较之于韩侂胄专权时代，有过之而无不及。

嘉定十年（1217 年），金章宗为了缓解蒙古步步紧逼的局面，决定大举南侵，以此扩大版图。四月，金兵分道伐宋，遭到了宋将赵方、孟珙等人的痛击。宁宗本来畏金如虎，见到宋军屡屡获胜，便再次下诏伐金。双方的战争持续了 6 年之久，互有胜负，但终是宋朝胜多败少。后来，金朝因陷于两面作战，难以支撑，只得派人与宋通好，宋金双方进入休战局面。这一时期，蒙古国崛起，引起了宁宗的注意，他曾经遣使入蒙，与蒙古商议联合灭金之事，但后来宋军对金作战失利，宁宗只得叹息作罢。

嘉定十七年（1224 年）八月，宁宗病逝于福宁殿，终年 57 岁，死后葬于永茂陵。宁宗死后，史弥远矫诏传位于宁宗养子赵昀，这就是宋理宗。

理宗赵昀

宋理宗档案：

生 卒 年：1205～1264 年

父　　母：父，赵希瓐；母，全氏

后　　妃：谢皇后、贾贵妃等

年　　号：宝庆，绍定，端平，嘉熙，淳祐，宝祐，开庆，景定

在位时间：1224～1264 年

谥　　号：安孝皇帝

庙　　号：理宗

陵　　寝：绍兴永穆陵

性　　格：荒淫，昏庸

点评：

在其统治前期因其出身宗室远族的特殊身份，造成了史弥远专政；亲政以后，虽欲更化而效果不大；其后因嗜欲既多，荒怠政事相继出现了丁大全、董宋臣的乱政和贾似道的擅权。

——虞云国

宋理宗名赵昀，原名与莒，是宁宗赵扩养子，宋太宗赵匡胤的十世孙。宁宗原有四子，皆早夭，而后宫妃嫔一无所出，因此立储

之事一拖再拖。后来，宁宗决定效法高宗，在皇族宗室里选择子嗣，养于宫中。当时，沂王赵柄的养子贵和年少聪敏，英气逼人。度宗便将他接到宫中，立为皇子，并赐名竑。因为沂王膝下只有一子，如今入宫之后，就无人继承沂王爵位。宁宗于是又把荣王赵希瓐之子赵与莒接进宫中，赐名贵诚，封为秉义郎，打算以后由他继承沂王之位。

理宗赵昀像

当时，丞相史弥远结党营私，擅权误国，储君赵竑对他十分不满，发誓在即位之后，一定要把史弥远发配八千里。史弥远闻讯，非常恐惧，便一再地在宁宗面前大进谗言，诽谤赵竑，希望宁宗能够废去赵竑，改立比较老实的贵诚为储君，但始终没有得逞。嘉定十七年（1224 年）八月，宁宗病重，史弥远假传诏命，将贵诚立为皇子，赐名为昀，为废立之举，铺平了道路。闰八月，宁宗病死，史弥远勾结杨皇后立赵昀为帝，同时把皇子赵竑贬往湖州。

赵昀即位后，史弥远自恃拥立有功，在朝里更加的飞扬跋扈。他擅权用事，逼死了谪居湖州的赵竑，还劝理宗削其爵位，罢其官职。朝野不满，纷纷上书为赵竑鸣冤。史弥远便指使自己的党羽三凶（李知孝、梁成大、莫泽）、四木（薛极、胡榘、聂子述、赵汝述）陷害忠良，诛除异己。理学名士真德秀、魏了翁便因此事被弹劾陷害，差点性命不保。理宗也逐渐看不惯史弥远所作所为，只是无力纠正而已。

绍定六年（1233 年），史弥远病死，理宗开始亲政。亲政之初，理宗矢志中兴，他首先改元“端平”，以示革新之心，随后贬黜史弥远余党三凶、四木，又把史弥远时期被贬的真德秀、魏了翁等人招至京师，官复原职。他还尊理学为国学，任命了大量理学名士为官。

但他的这些改革，流于表面，未能解决关系民生的根本问题，因此最终归于失败。

这一时期，蒙古已经灭掉了西夏，又占领了金国的大部分地区。为能一举灭金，蒙古遣使者入宋，商议联合灭金之事，并许诺灭金之后，将河南之地归还宋朝。金、宋百年大仇，理宗见有机会报仇雪恨，又能重新占领河南这一要冲之地，大喜应允。

绍定六年（1233 年）十月，理宗命令大将孟珙、江海率精兵 2 万，运粮 30 万石，支援蒙古。次年正月，蒙宋联军攻破蔡州，金哀宗自杀，金国灭亡。金亡后，蒙古并没有兑现见河南之地归还宋朝的诺言，仅归还了蔡州、陈州的少量地区。理宗此时沉湎于灭金这一“盖世功业”之中，遂不顾实际，命令宋军趁虚北上，收复三京，克复中原。但由于准备不足，宋军惨败而回。十二月，蒙古大汗窝阔台遣使指责理宗背弃盟约。理宗开始后悔轻启刀兵之举，可惜为时已晚。

端平二年（1235 年）六月，蒙古大军分三路南下，先后攻占了两淮的大部分地区。但由于这一时期，蒙古兵力分散，并无亡宋的打算，加上宋将孟珙、余玠等人的英勇抵抗，南宋才得以偏安一隅。但理宗没有认识到蒙古的威胁，在宋蒙战事缓和之后，他没有励精图治，反而怠于政事，贪图享受，一些巧言令色之徒，趁机窃取权力。内侍董宋臣不过是一阉人，因为善于逢迎，揣摩圣意，竟成理宗心腹。而镇江人丁大全因为勾结董宋臣，贿赂阎贵妃，竟然一路青云直上，官至丞相。丁大全掌权后，安插亲信党羽，极力排斥异己，又勾结阎、董等人把持朝政，专恣用事，致使朝风日益腐败，国力衰退。

宝祐五年（1257 年），蒙古新汗蒙哥再次发动对宋的大规模战争。蒙哥定下灭宋之计，他亲率大军自西面进攻四川，派其弟忽必烈自东进攻鄂州（今湖北武昌），又派大将兀良合台从云南北上，攻打潭州（今湖南长沙市），三路大军会师鄂州，然后东下攻临安，一举灭宋。蒙军步步推进，很快占领了四川的大部分地区。但就在这样危急关头，理宗听信权臣丁大全的谎言，认为宋军有备。天下平安无事，于是继续沉湎酒色，风花雪月。

开庆元年（1259年）二月，蒙军抵达四川合州，在这里遭到了守将王坚的痛击。战事持续了半年多，蒙军始终未能攻占合州。七月，蒙哥在钓鱼城之役中，被宋军炮石击中，不日伤重而死，蒙军乃退。但西路军忽必烈却不愿撤军，继续攻宋，并把鄂州包围。

这时，丁大全已经无法隐瞒战事，怕理宗降罪，便乞求解职归田。群臣不满，纷纷上书弹劾，要求将其治罪。理宗无法袒护，就把丁大全流放新州。新上任的宰相贾似道为了笼络人心，派人将他杀死于贬途中。忽必烈围攻鄂州甚急。理宗非常害怕，命令贾似道率军增援鄂州。贾似道却屯兵汉阳（今湖北省汉阳），秘密遣使向忽必烈求和，并开出了称臣、纳贡、割地等屈辱条件。而忽必烈此时为了争夺皇位，于是答应议和，引兵北去。

蒙古退兵后，贾似道非但隐瞒了自己暗中求和之事，反而谎报军功，以此邀功于朝廷。理宗不辨是非，认为贾似道“功”在社稷，对他大加赏赐，还升其为少师，封为卫国公。次年，忽必烈取得皇位，遣使来问鄂州和议之事，贾似道怕真相泄露，竟然拘禁使者，并杀尽知情人灭口。几年之后，忽必烈便以此为借口，展开了灭宋战争。

理宗晚年，尤喜女色。后宫虽有上千的佳丽，但他犹不满足，命人在各地广泛搜寻美色，送入宫廷，甚至还经常召一些歌妓舞女之流入宫陪侍。朝廷大臣屡屡劝谏，但他始终不听。理宗贪图享受，朝政大权就落入被他视为“肱骨之臣”的贾似道之手。贾似道秉持国政，羽翼渐丰，遂开始培养自己的党羽亲信，并极力排斥异己。景定年间，贾似道借核算军需为名，残酷迫害、打击抗蒙将领。如坚守钓鱼城的将领王建便被他解除兵权，以至于抑郁而死。泸州守将刘整因遭陷害，索性率领30万军民投靠蒙古。

景定五年（1264年）十月，理宗因为纵欲过度，身患重病。太医们束手无策，只好悬赏重金征求天下名医为他治病，但过了数天，仍旧没有人前来应征。几天后，理宗病卒，时年60岁，在位41年。死后，葬于永穆陵。

度宗赵禥

宋度宗档案：

生 卒 年：1240～1274年

父　　母：父，荣王赵与芮；母，黄氏

后　　妃：全皇后、杨淑妃等

年　　号：咸淳

在位时间：1264～1274年

谥　　号：景孝皇帝

庙　　号：度宗

陵　　寝：绍兴永绍陵

性　　格：荒淫好色，懦弱无能

点评：

一个荒淫无度的败国之君，竟然被美谥以"度"，这不能不说是后人对他的有意嘲讽。

——刘继兴

宋度宗名赵禥，初名孟启，太祖的十一世孙，是宋理宗赵昀的侄子。赵禥的父亲赵与芮是理宗的弟弟，曾被封为荣王，荣耀一时。赵禥的母亲黄氏出身微贱，本是陪嫁过来的侍女，后被赵与芮看中，

收为妾室。黄氏怀孕的时候，担心自己地位低下，会影响孩子将来的前途，于是就偷服了堕胎药。没想到，堕胎没有成功，反而因为堕胎药之故，造成孩子先天性缺憾。孩子出生后手脚无力，呆头呆脑，口齿迟钝，直到七岁才会说话，智力也亚于一般孩子。

理宗在位时，妃嫔如云，然而只有两子，却又不幸夭折了。理宗无奈，只得仿照前代皇帝，从宗族近亲里选子，作为皇位的继承人。理宗看中了荣王赵与芮之子，就把他接到宫里教育，并赐名为孟启。宝佑元年（1253年）正月，又立其为皇子，改名禥，授崇庆军节度使，进封永嘉郡王。朝中大臣对此反对，纷纷上书劝谏理宗。宰相吴潜对此也不赞同，一再表示反对，引起了理宗的反感。右丞相贾似道为讨理宗欢心，就极力赞同立赵禥为太子，并进谗言陷害吴潜。理宗趁机罢免了吴潜相位，扫清了立储问题上的一大障碍。景定元年（1260年）六月，正式册立赵禥为皇太子，确立了其储君之位。

赵禥天生缺陷，资质很差，理宗对此自然是心知肚明，因此对于他的教育就非常严格。每天，赵禥需要在鸡鸣之前起床，去理宗宫里问安，然后去会议所和众臣一起处理朝政。忙完政事之后，赵禥需去资善堂听众老师讲说经史，傍晚的时候，还得再去理宗宫里问安，理宗藉此机会，考察他白天所学，答得对了，赐茶；答不对，严责。理宗还给他挑选了一个贤惠的妻子全玖作为其内助，希望能够在将来辅佐赵禥成就一番事业。

景定五年（1264），理宗病逝，赵禥继承皇位。开始的时候，还力图振作，但不久就原形毕露，沉湎于酒色之中。据传，赵禥荒淫无度，丝毫不知节制，有时候一夜竟然连续临幸妃子30余人。大臣们屡屡向他进谏，赵禥却是表面采纳，坚决不改，依旧我行我素。

后来，赵禥干脆不再临朝，将朝政大权全部委于权相贾似道之手。贾似道因为拥立有功，被赵禥倚为重臣。赵禥每次视朝时都要答谢贾似道，称其为“师臣”而不名之。后来，贾似道更被封为太师，平章军国事，独揽了南宋朝政大权。贾似道掌权后，便在朝中大力扶植党羽，安排自己亲信执掌要枢，而对于那些反对自己的朝臣，一律极力打击、迫害。赵禥虽然是名义上的皇帝，但其实形同傀儡，南宋朝政大事皆决于贾似道之口了。贾似道还经常以患病、告老还乡为名来试探赵禥的反应。每次，都把赵禥吓得提心吊胆，自此以后，自然是更加离不开这位“劳苦功高”的“师臣”了，对他亦更加的言听计从了。

咸淳八年（1272 年），赵禥离宫祭祀，恰巧天降暴雨，便耽于途中。胡贵妃的父亲胡显祖刚好随驾在旁，担心皇帝身体不好，就请赵禥起驾回宫。赵禥却唯唯诺诺，问这件事有没有征得平章（贾似道时任平章军国事，故称平章）允许。胡显祖便欺骗他说：“平章已经允许。”赵禥这才同意摆驾回宫。贾似道得知这件事后，勃然大怒，便又使出了老一套，道：“臣执掌中枢，现在连陛下做了些什么都不知道，还是请陛下罢免臣职吧！”赵禥迫不得已，只得将胡显祖免职，并将胡贵妃赶出宫做了尼姑，这才平息了贾似道的愤怒。

这一时期，蒙古对于南宋的攻势日趋激烈。忽必烈即位后，大举南侵，并再次围困襄阳。贾似道隐瞒战事失利的消息，日日报捷，让赵禥以为天下太平。后来，他又玩起了手段，一面自告奋勇地要求亲自领兵御敌，另一方面则指挥党羽上书，让他留在京师。赵禥事事依靠贾似道，怎敢让他离开，于是另遣将领统军增援襄阳。但贾似道害怕其他将领立功，会威胁到自己的地位，就百般阻挠，一再延宕战机。咸淳九年（1273 年），襄阳守将吕文焕在孤立无援的情况下，开城投降。蒙古大军随后兵锋直指临安，南宋灭亡已是指日可待了。

咸淳十年（1274 年）七月，赵禥病逝于福宁殿，终年 35 岁。死后葬于永绍陵，谥曰“景孝皇帝”，庙号“度宗”。

恭帝赵㬎

宋恭帝档案：

生 卒 年：1271～1323 年

父　　母：父，度宗赵禥；母，全皇后

后　　妃：无

年　　号：德祐

在位时间：1274～1276 年

谥　　号：恭皇帝

庙　　号：无

陵　　寝：不详

性　　格：仁慈，幼弱

点评：

瀛国公四岁即位，而天兵渡江，六岁而群臣奉之入朝。

——元·脱脱《宋史》

宋恭帝赵㬎，是度宗赵禥次子，母亲皇后全氏。咸淳十年（1274年），度宗病逝，因为生前没有确定皇储，而致使皇位一度空悬。谢太后召集众臣商议皇位的继承人。度宗时有三子，长子赵昰 7 岁，次子赵㬎 4 岁，三子赵昺 3 岁。众臣皆认为应该由年长的庶子赵昰即位，但权臣贾似道为能控制朝政，力主立嫡子赵显继位。谢太后也有意立赵㬎为皇帝。最终，赵㬎被拥立为帝，是为宋恭帝。恭帝即位后，因为年龄太小，由谢太后临朝听政。但南宋的军国大权仍然牢牢地掌握在贾似道手中。

恭帝继位之时，南宋王朝在蒙古铁骑的步步紧逼之下，已经是

山河破碎，风雨飘零了。蒙古大军在占领襄阳之后，忽必烈乃调兵遣将，任命伯颜为统帅，率领20万大军，水陆并进，准备一举灭宋。宋军积弱，已非一日，蒙军所到之处，各州郡县无不望风投降。十二月，蒙古攻下鄂州，京师大震，群臣纷纷上书要求“师臣”贾似道亲自统兵御敌。贾似道迫不得已，只得从各地抽调兵马13万，抵达前线。次年二月，贾似道驻军芜湖。这个时候，他还幻想能和以前一样向蒙古乞和，但被伯颜严辞拒绝。蒙军勇猛出击，宋军大溃，兵败于芜湖西南的鲁港，死伤无数，宋军精锐损失殆尽。贾似道仓皇逃往扬州，上书请求迁都。谢太后不许，朝中大臣也激烈反对，并要求处死贾似道，治其败军误国之罪。谢太后不愿意处死贾似道，但迫于朝臣的汹汹之势，还是将他革职抄家。不久，贾似道在贬往岭南途中被押解官郑虎臣杀死，一代巨奸至此命终！

贾似道死后，谢太后任命陈宜中为相。但此人无才无德，根本就是一个欺世盗名的两面派。在贾似道风光之时，他主动投靠，以此来升官进爵；贾似道潦倒之后，他又第一个上书请求诛杀贾似道，以安国人。他满口的豪言壮志，却不见他有什么治国的良策，反而一再蒙蔽太后、皇上，谎报军功，搞得将士离心，国将不国。随着蒙古铁骑的日益逼近，临安城里一片混乱，许多朝臣和百姓先后逃离京师。在这种情况下，谢太后只得遣使向伯颜求和。伯颜不准，要求南宋派宰相前来商议。但陈宜中贪生怕死，竟然连夜逃离了临安。谢太后所托非人，只得启用文天祥为相，让他出使元营，商议议和之事。文天祥到元营后，威武不屈，被伯颜趁机扣押。德祐二年（1276年）正月，谢太后山穷水尽，只得向伯颜献上降表、玉玺投降。二月，伯颜在临安城里举行了受降仪式。随后，小皇帝赵显、其母全太后以及皇族宗室、文武百官全部被元军押往大都。

五月，一行人到达大都。忽必烈召见了赵㬎，宣布废其帝号，封为瀛国公。忽必烈为了笼络人心，妥善安置了南宋皇室成员，并且赐予了丰厚的赏赐，但限制众人的自由。至元十九年（1282 年）冬，忽必烈又下诏，将赵㬎等人迁往上都（今内蒙古多伦县北）。

在上都的几年里，宋朝皇室的精神上受到了极大的折磨，高墙深苑隔断了一切，却终究无法隔断国破家亡之恨。没过几年，谢太后就病死了。赵㬎的母亲全太后奉命削发为尼，在寺庙中度日，几年后也悄然逝去。至于其他的皇室妃嫔，命运更加悲惨，许多人先后上吊自杀了。

至元二十五年（1288 年），赵㬎年满 19 岁，已经是个俊朗少年。忽必烈为了以绝后患，诏令他出家，并将他送往远离中土千里之外的吐蕃学习佛法。赵㬎到达吐蕃后，终日与青灯黄卷为伴，精研佛法，后来终于成为一代高僧。至治三年（1323 年），赵㬎已经年过半百，元朝英宗仍觉得他是个隐患，遂下诏将他赐死于河西，终年 53 岁。

端宗赵昰

宋端宗档案：

生 卒 年：1268～1278 年

父　　母：父，度宗赵禥；母，杨氏

后　　妃：无

年　　号：景炎

在位时间：1276～1278 年

谥　　号：愍孝皇帝

庙　　号：端宗

性　　格：怯弱，无知

点评：

流亡小朝廷建立的消息，给正在艰苦抗元爱国将士以极大的鼓舞。

——虞云国

宋端宗赵昰，是宋度宗赵禥长子，母亲杨氏。度宗死后，大臣们认为时逢乱世，应该打破常规，立年长者为帝，但把持朝政的贾似道却以赵昰并非嫡出为由，执意立度宗次子赵㬎为帝。赵㬎即位后，封其兄赵昰为益王，出判福州；封其弟赵昺为广王，调往泉州。也正是因为赵昰身在异地，才没有沦为蒙军的俘虏，这是其幸运。然而，赵昰的不幸在于，在他还只是一个幼童的时候，就得肩负起光复江山社稷的重任，四处逃亡，颠沛流离。

端宗赵像

德祐二年（1276年）正月，蒙军逼近临安。谢太后为了给宋皇室留下一点血脉，于是命人护卫着赵昰、赵昺两位皇子，逃离临安，前往福州。二月，蒙军进占临安。统帅伯颜闻知仍有两位皇子在外，遂遣部将范文虎领兵追击。形势一度非常危急，侍卫们背负着赵昰、赵昺两位皇子在深山里躲了七天，这才脱离危险，后来几经碾转，逃到了温州。在这个时候，南宋朝廷一些不甘作亡国奴的文武大臣，闻知益王、广王到了温州，纷纷赶来投奔。陆秀夫、张世杰、以及陈宜中等大臣就是在这个时候聚集于二王麾下的。这年闰三月，众人拥立赵昰为天下兵马都元帅，建都元帅府，同时发布檄文，号召天下忠勇之士前来勤王，光复宋朝。随后，为了远离元军的威胁，众人又迁往福州。

五月，众人得知南宋皇室被掳北上，乃在福州拥立年仅 8 岁的益王赵昰为帝，改元景炎，册封其生母杨淑妃为杨太妃，与赵昰一起听政，同时进封赵昺为卫王。陆秀夫、张世杰、陈宜中三人各被委以重职，组成流亡小朝廷的权力中枢。不久之后，被元兵俘虏的文天祥也逃了出来，投奔福州，被任命为任枢密使兼都督诸路军马，在南剑州（今福建南平）开府，以作福州北部屏障。

流亡政权建立后，南宋的抗元形势一度好转，然而朝廷大臣于此时却不能同心同德。时任左丞相的陈宜中为争权夺利，极力排斥异己，既弹劾陆秀夫等文官，又掣肘张世杰等武将，致使流亡小朝廷非但不能御敌于外，反而祸起萧墙，终归于覆亡的命运。

景炎元年（1276 年）十月，元军攻占汀州（今福建长汀），随后乘胜攻下南剑州，使得行都福州屏障顿失。陈宜中、张世杰等人惊惶失措，急忙护送小皇帝赵昰、卫王赵昺以及杨太妃登舟入海，躲避元军，从此成为了海上的流亡政权。

次年初，元朝内乱，元世祖放缓了对南方用兵的步伐。宋朝乘机收复了一些失地。文天祥更挥师赣南，收复了大片土地。然而，时过不久，忽必烈平定内乱，随即命令大军南下，水路并进，攻灭流亡政府。在蒙古大军的勇猛攻击之下，文天祥大军失利，文臣武将或牺牲，或被捕，其妻子幕僚也落到了元军手里。文天祥仍旧没有灰心，带着残部转战到潮州、惠州一带继续坚持抗元，后终被俘获，不屈而死。

元军步步紧逼，张世杰等人护卫着小皇帝东西躲避，不停地辗转于泉州、潮州、惠州等地。一些朝臣对时局失望，先后离开皇帝一行。左丞相陈宜中更是找了个借口，携带家眷逃到了占城（今越南境内）。后来，赵昰为躲避元将刘深的追击，逃到广州湾，结果遇到了飓风，掀翻了坐船。幸好众人抢救及时，才没有淹死，但却受到了惊吓，从此一病不起。景炎三年（1278年）四月，小皇帝赵昰病逝于冈州（广东新会县），年仅11岁，葬于永福陵。

末帝赵昺

宋末帝档案：

生 卒 年：1271～1279年

父　　母：父，度宗赵禥；母，俞氏

后　　妃：无

年　　号：祥兴

在位时间：1278～1279年

谥　　号：末帝

庙　　号：无

陵　　寝：宋少帝陵（今深圳赤湾）

性　　格：幼弱无知

点评：

宋之遗臣，区区奉二王为海上之谋，可谓不知天命也已。然人臣忠于所事而至于斯，其亦可悲也夫！

——元·脱脱《宋史》

宋末帝赵昺是宋度宗赵禥三子，母亲俞氏，也是南宋最后一个皇帝。景炎三年（1278年）四月，端宗病逝。群臣大都心灰意冷，打算一走了之。面对朝廷即将分崩离析的局面，签枢密院事陆秀夫振臂高挥："古人有靠一旅一城而中兴天下的，如今我们百官皆备，又有精兵数万，况且皇子还在，为什么我们不能拥立卫王恢复大宋

的万里江山呢?”大臣们听了他的话，倍感振奋，于是共同拥立年仅8岁的卫王赵昺为帝，改元祥兴，是为宋末帝。

同年六月，迁到崖山（今广东省新会县南）。到达崖山之后，张世杰命人修建行宫、军营，并整修器械，建造舟楫，企图以此为据点抵抗元军的进攻。次年正月，忽必烈命令元将张弘范率领水陆精兵两万进攻崖山。此时，流亡朝廷尚有士卒20余万人，占据着绝对的优势。然而，作为三军统帅的张世杰却在这时犯了一个致命的错误。他觉得士卒连年征战海上，早已疲乏，莫如孤注一掷，与元军一决雌雄。于是，他下令焚尽岛上行宫草屋，全部人马弃岸登舟，并用铁索将几千艘的战船连接起来，一字排开，皇帝的坐船居于中间，文武大臣各在两侧，以此谕示上下一心，与舰船共存亡。张弘范连攻数日，始终无法取胜，无奈只得增派战船围困崖山。宋军渐渐补给不足，连续十余天都以干粮为食，以海水为饮，导致很多军士因此病倒，战斗力大为减弱。张弘范还对宋军展开了心理攻势。他让张世杰的外甥给其写信，晓以利害，劝其投降。张世杰不从，回信以历朝的忠臣名士作为答复。张弘范又让已经被俘的文天祥写信招降张世杰。文天祥厉声道：“我不能保护自己的父母，却教人背叛自己的父母，这样可以吗?”张弘范以武力威胁，文天祥便写了一首诗，作为答复。这就是著名的《过零丁洋》，诗云：“辛苦遭逢起一经，干戈寥落四周星。山河破碎风飘絮，身世浮沉雨打萍。惶恐滩头说惶恐，零丁洋里叹零丁。人

文天祥《沁园春》诗意图

“人生翕忽云亡，好轰轰烈烈做一场。”有人评价此首作品：此等作品，不可以寻常词观之也！

生自古谁无死，留取丹心照汗青！”张弘范看了击节叹好，只得作罢。

二月六日，海风呼啸，张弘范趁着潮涨之时，趁机对宋军发起了总攻。双方奋勇厮杀，伤亡惨重。及至中午，张弘范的指挥舰上忽然奏起鼓乐，宋军以为这是元军在举行宴会，便趁机进行休整。不料，这正是张弘范之计，鼓乐起时，全军便要奋勇冲杀，一举克敌。只见，元军战舰从南北两面冲出，箭如雨下，射杀宋军无数。宋军猝然受到攻击，防线大溃，元军趁势杀入宋军船上。元军本来不善水战，但由于宋军将所有战舰都串连在一起，因此登船如履平地，很快就将疲惫不堪的宋军击溃。

张世杰见大势已去，连忙砍断船缆，派遣轻舟前往中军接应赵昺，但局势混乱，始终未能如愿。陆秀夫守护在幼帝身旁，久久等不到援军，毅然决定与皇帝一起殉国。他先仗剑逼迫自己的妻子儿女投海自尽，随后将传国玉玺缚在腰间，背负着幼帝赵昺纵身入海，自杀殉国。其他船舰上的大臣、宫眷、将士闻此噩耗，哭声震天，数万人纷纷投海殉国。张世杰久候不见迎接幼帝的轻舟归来，便知凶多吉少，于是果断地带着杨太妃突出重围。

几天之后，张弘范命人打捞陆秀夫和小皇帝的尸体。元军发现了一具幼童尸体，身穿黄衣，怀揣着诏书之宝，只是面目腐烂，已经无法辨识。张弘范只好以宋广王（赵昺以前的封号）溺毙上报元廷。杨太妃在得知幼帝身亡之后，凄然泪下，自觉对不起先王，于是投海而死。不久之后，张世杰心灰意冷之下，也投海自尽。南宋遂亡。

辽

太祖耶律阿保机

辽太祖档案：

生 卒 年：公元 872～926 年

父　　母：父，耶律撒剌；母，萧氏

后　　妃：述律平

年　　号：神册，天赞，天显

在位时间：公元 907～926 年

谥　　号：升天皇帝

庙　　号：太祖

陵　　寝：内蒙古祖陵

性　　格：仁孝英明，刚毅果断

太祖耶律阿保机像

点评：

他在政治、法律、经济等制度上采用蕃汉分治的做法，给辽朝国内的契丹和汉族人民的生存、发展和融合，提供了一种能够共同接受的统治形式，体现出足够的政治头脑。

——虞云国

辽太祖名叫耶律阿保机，是大辽王朝的缔造者。他足智多谋，统一了契丹各部；雄图伟略，创建了大辽王朝。他使契丹从一个落后的部落联盟变成了一个强大的契丹王国。他文武兼备，一生征战，

为辽王朝的统治奠定了坚实的基础。

少年英雄

契丹族是我国北方一个古老的少数民族，原属东胡族系的鲜卑支系。唐太宗时期，契丹首领率部归入唐王朝。太宗就在契丹族聚居的地区设置了松漠都督府，任契丹首领为都督。后来大贺氏部落联盟瓦解，重建了遥辇氏部落联盟，曾被回纥统治了一段时间，不过后来又归附了唐朝。唐朝末年，中原战乱不断，北方的许多汉族人都逃到契丹避乱，他们将先进的生产技术和中原文化带到了这里，从而促进了契丹经济的发展。契丹八部中的迭剌部离中原最近，发展也最快，逐渐成了八部中实力最强的部落。契丹的部落首领都称为夷离堇，迭剌部的夷离堇一直都由耶律家族世袭担任。耶律家族的八世祖耶律雅里曾重新整顿契丹部落联盟，并由此进入了契丹社会的上层。从七世祖开始，耶律家就掌握了联盟的军权，地位仅次于联盟首领。耶律阿保机就是这个契丹贵族世家的出色人物。

耶律阿保机生于唐咸通十三年（公元872），他复姓耶律，名亿，字阿保机，小名啜里只，父亲叫耶律撒剌，母亲姓萧。耶律阿保机出生时，他的祖父匀德实是迭剌部的夷离堇。匀德实是个很有才干的人，他掌握着联盟的军权，在对外扩张中多次获胜，同时他又很重视发展农牧业，劝民稼穑，倡导蓄养。在他的经营领导下，契丹族的实力逐渐壮大，匀德实也赢得了很高的声望，不过也因此遭到了其他契丹贵族的嫉恨。耶律阿保机出生没多久，贵族耶律狠德就害死匀德实，夺走了夷离堇之位。狠德得势后，还想继续迫害匀德实的家人。匀德实的妻子萧月里失朵，只好带着4个儿子和几个孙子，逃到突吕不部的贵族塔雅克家中藏起来。小小年纪的阿保机，长得虎头虎脑，十分机灵可爱，祖母为了保护他，就隐瞒了他的身份，将他藏到一个僻静的小帐篷里抚养。

就在阿保机一家东躲西藏的时候，迭剌部起了内讧。新任夷离堇耶律狼德，为人奸恶，在联盟中暴虐横行，很快就引起了各部贵族的强烈不满。匀德实的前任夷离堇叫蒲古只，他虽然离任很久了，却仍然在部落中享有崇高的威望。蒲古只联络其他贵族，用计诱杀了耶律狼德及其同伙，将军权夺回来，然后就把夷离堇之位给了匀德实的次子岩木。后来岩木又将首领之位传给了自己的同胞兄弟撒剌，撒剌就是阿保机的父亲。撒剌之后，他的从兄偶思继任，再之后就是撒剌的三哥释鲁。随着夷离堇人选的更替，阿保机也逐渐长大成人了。他身长九尺，相貌英俊，器宇不凡，在家族长辈们的熏陶下，阿保机几乎有着天生的领袖风采。他很早就参加了攻打邻近部族的战斗，并在战场上锻炼出超人的胆识和谋略。

出行图　契丹

图中人物为典型契丹男子形象，留髡发，带耳环，身着各色长袍，腰系革带，有拿笔砚的，有握短刀的，也有双手捧黑色皮帽的，表现等待出发的情形。

随着阿保机的征战扩张，释鲁的势力越来越大，这就引起了契丹部分贵族的不满和忌惮，他们联合起来，打算除掉释鲁。蒲古只曾为匀德实复仇，在联盟中声望很高，他的三族子孙就成了这些人中的首领。他们勾结与释鲁争权的耶律辖底、贵族萧台哂，甚至还有释鲁的儿子滑哥，发动了叛乱，将释鲁杀死。这次暴乱令其他贵族非常不安，契丹可汗痕德堇就授命阿保机去平叛。阿保机带着身经百战的挞马军，很快就击溃了蒲古只三族。叛乱平定后，贵族赫底里做了于越，阿保机被推举为迭剌部的夷离堇。一年后，阿保机就晋升为于越兼夷离堇，总揽契丹联盟的军政大权。此时他才31岁。

建国之路

阿保机从当上夷离堇开始，就“受命专事征讨”。从唐光化四年（公元901年）到唐天复四年（公元904年），阿保机率领契丹军先后攻打了室韦、于厥、女真等部落，次次都取胜，还夺得了许多财富，耶律阿保机的大名也由此威震中原。

此时唐朝境内，藩镇割据，哪里都是混战，不少节度使如李克用、朱温等，都主动与阿保机结盟。阿保机正想寻求族外的支持来扩大势力，就与李克用等人都结成了友好关系。公元905年，阿保机还配合李克用，出兵会合晋军，攻陷了幽州，然后凯旋而归。契丹军的强悍和阿保机的崛起引起了中原各地藩镇势力的高度重视，这样他不仅与更多的藩镇结交，而且还借机大力发展了契丹的农业、畜牧业以及冶铁、纺织、制盐等手工业，使契丹的社会经济得到了巨大的发展。随着契丹实力的增强，阿保机又继续出兵攻打周边部族，凭着卓越的军事才华，他每次都大获全胜，为耶律家族夺得了大量的战俘和牲畜。阿保机也成为众人心中的英雄，地位越来越稳固了。唐天祐三年（公元906）十二月，契丹可汗痕德堇去世，他留下遗命推选阿保机为汗。第二年正月，阿保机就即可汗位，成为契丹族的新首领。

阿保机36岁为可汗，他集军、政、财、法大权于一身，是名副其实的契丹首领。为了巩固自己的地位，他首先调整契丹各部贵族的势力，以保持各部力量均衡。阿保机一即位就宣布原可汗遥辇氏家族不再享有特权，地位与耶律氏同等。不过为了消除他们的怨忿，阿保机还是给了遥辇氏不少好处。接着阿保机又任自己的从弟迭栗底为夷离堇，耶律辖底为于越。第二年，阿保机设了一个新官职

“惕隐”，让族弟撒剌充任，专门管理迭剌部的贵族事务，以确保他们臣服自己。阿保机也建立了自己的侍卫亲军，叫“腹心部”，也叫宿卫军，由他亲自掌管。阿保机通过这些手段，将契丹的大权牢牢抓在自己手中。

在对外关系上，阿保机采用远交近攻的政策，积极向外扩张。在后梁开平元年（公元 907 年）和后梁开平二年（公元 908 年），阿保机分别与梁、晋交好。不过对毗邻契丹的幽州藩镇节度使刘仁恭，阿保机就不客气了。刘仁恭从 895 年割据幽州后，就多次北上侵扰契丹各部，契丹人对他非常痛恨。后梁开平元年（公元 907 年），阿保机刚刚即汗位，刘仁恭就被自己的儿子刘守光囚禁了。接着刘守光称帝，建国号为大燕。刘仁恭的次子刘守文，时任沧州节度使，他闻讯后就带着沧州和德州的兵马前来为父报仇，不料却被刘守光打败了。刘守文就向阿保机求援，阿保机就借机联合刘守文的队伍，打败了刘守光，占领了营州（今河北昌黎西南）。没过多久，后晋李存勖就攻破幽州，灭了大燕国，为契丹除掉了这个劲敌。

大燕被灭后，契丹前方没了威胁，阿保机就集中精力征服“后方”各部族。早在后梁开平元年（公元 907 年）二月，他就率兵攻打黑车子室韦，迫其八部归附。第二年，他又先后征服了乌丸和东西部各族，将东际海（渤海）、南暨白檀（今北京密云东北）、西逾松漠（今内蒙古锡林郭勒盟东南部）、北达潢水（今内蒙古西拉木伦河）的广大地区，都纳入契丹的统治之下。

就在阿保机不断扩大契丹势力之际，契丹内部又发生了权力之争，这场争斗主要是针对阿保机的。按祖制，可汗之位是任期 3 年后就要重新推选。阿保机不愿让位，他听从身边汉人谋士的建议，打算像中原皇帝那样，实行可汗世袭制。这个想法自然遭到了许多守旧贵族的反对。而阿保机的兄弟们，这些原本有机会被推选为可汗的人，自然也对他不让位非常不满。于是，从阿保机即汗位的第五年（公元 911 年）到公元 913 年三月，几年之中，契丹贵族们就为可汗之位发动了 3 次叛乱。由于叛乱的主谋是阿保机的诸位兄弟，如迭剌、安端、寅底石等，所以史称“诸弟之乱”。

阿保机花费了巨大的精力才彻底平息了叛乱，也进一步巩固了自己的地位。后梁贞明二年（公元 916 年）初，当了 10 年可汗的耶律阿保机，接受耶律曷鲁等人所上的尊号，称“大圣大明皇帝”，妻子述律平称“应天大明地皇后”，建年号“神册”，国号“契丹”，立长子耶律倍为皇太子，皇权世袭的契丹国家就正式建立了。他的次子耶律德光继位后，将契丹改为大辽，所以契丹王朝又称为辽王朝，耶律阿保机就是辽太祖。

文治武功

太祖称帝时已经 45 岁了，他在多年的戎马生涯中，与中原接触较多，他的手下也有不少汉人谋士，所以他深受汉文化的影响。太祖建国后，借鉴汉制，亲自制定了很多新的制度，为奴隶制的契丹政权注入了生机和活力，这就促使契丹向封建王朝转化。

神册三年（公元 918 年），辽太祖采纳汉人臣子韩延徽的建议，仿汉制修建了皇都。都城设在潢河（今内蒙古西拉木伦河）沿岸的契丹故地（今内蒙古巴林左旗林东镇南）。第二年八月，为了表示对儒学的重视，太祖还带着皇后和太子，拜谒了孔庙。

契丹原来没有文字，一直采用刻木契记事。太祖的三弟耶律迭刺，很善于学习其他民族的语言，他借鉴回鹘文字，制成了契丹字，称契丹小字，不过数量不多。神册五年（公元 920），太祖又命耶律突吕不、耶律鲁不古等仿照汉字偏旁，创造了几千个契丹新字，称契丹大字。契丹文字的创制，是契丹政权发展过程中的一件大事，它标志着契丹进入到有官方文字记载的新时期。

有了文字之后，立法工作也提上了日程。神册六年（公元 921），契丹最早的一部法律——《决狱法》诞生了。太祖还下令制定了各部族法，汉人则依唐律。随着法律的出现，行政机构的完善，契丹国家政权也逐步走向成熟，政治、经济和文化都有了很大的发展。

辽太祖的政权逐渐稳固后，他就又开始大规模的对外扩张和武力征服。太祖一生的功业，几乎都是在战场上建立的，他称帝后也以“上承天命，下统群生”为己任。从神册元年（公元 916 年八月）开始，太祖就起兵 30 万，号称百万，开始大规模南侵。他先后攻占了朔州（今山西朔县）、武州（今河北宣化）、蔚州（今河北蔚县）等地，这样从代北到河曲（今山西西北部、黄河东岸，邻内蒙古），越阴山（今内蒙古中部），都成了契丹的领地。

天赞元年（公元 922 年），李存勖在魏州（今河北大名）称帝，建立了后唐。同年十月，李存勖就灭掉了后梁。辽太祖见李存勖实力强大，就将夺取河北的计划暂时搁置，转而去征服契丹西部、北部的党项、吐谷浑、阻卜等部。天赞五年（公元 926 年），辽太祖还灭掉了东边的渤海国，将渤海改为东丹国，也就是东契丹的意思。皇太子耶律倍被册封为东丹王，管理东丹国事务。没过多久，高丽、靺鞨、铁骊等族也相继归附，契丹的国力更盛。

东征西讨之后，辽太祖的野心也更大了。他打算夺取河北，接着就挺进中原，不过他的愿望没机会实现了。天赞五年（公元 926）三月，征服渤海国后，太祖就率军返回皇都。七月，大军行至扶余城（今吉林西平西）时，他就病倒了。7 天后，辽太祖就在扶余病逝，享年 55 岁。第二年九月，太祖被葬于祖陵，谥号“升天皇帝”，庙号“太祖”，他的次子耶律德光继位，即辽太宗。辽太祖在位 19 年，靠着赫赫军功创建了契丹政权，同时他又重视农业发展和文化建设，为辽王朝统治积累了雄厚的政治、经济和文化基础，他是当之无愧的大辽开国之祖。

太宗耶律德光

辽太宗档案：

生卒年：公元902～947年

父　　母：父，太祖耶律阿保机；母，述律平

后　　妃：皇后萧氏等

年　　号：天显，会同，大同

在位时间：公元927～947年

谥　　号：孝武皇帝

庙　　号：太宗

陵　　寝：内蒙古怀陵

性　　格：睿智勇猛，仁孝圣明

点评：

耶律德光在开封举行即位仪式，此举已经流露出一个骑马民族对中原的勃勃野心。

——樊树志《国史十六讲》

辽太宗名叫耶律德光，是太祖耶律阿保机的次子，契丹的第二位皇帝。他在母亲的帮助下，代兄承嗣。他称帝后带领契丹军继续征战南北，扩展疆土，使契丹成为中国北方最强大的国家；他励精图治，推行了一系列定国安邦的良策，完善了大辽的政权体系。

断腕皇后　废长立次

耶律德光生于唐天复二年（公元902年），生母是太祖的皇后述律平。太祖有4个儿子，其中长子、次子和三子都是皇后所生。

耶律德光作为次子，按理已经与皇位无缘了，可最后继承帝位的就是他。他能当上皇帝，与母亲述律平的大力支持分不开。述律平出身于契丹贵族萧氏，这是仅次于耶律氏的名门大族，契丹所有的皇后都姓萧。述律平的契丹族传统思想比较浓厚，所以在确立皇位继承人时，她就不喜欢文人气息太重的长子，而钟爱勇武善战的次子。述律平是个非常聪明能干的女人，以“简重果断，有雄略”著称。天赞五年（公元 926 年）七月，阿保机从渤海班师回国，病死在途中。一时间，契丹朝野动荡，许多觊觎权力的部落集团都蠢蠢欲动。在这样的时刻，述律平挺身而出，撑起了混乱的政局。她将各部首领和重臣都请来议事，将其中心怀不轨的近百人都杀掉去给先帝阿保机殉葬。这一做法使很多人心生恐惧，不敢再生事，也令许多人更加不满。有人就质问她：“你是先帝最亲近的人，你为何不去侍奉先帝?”在众目睽睽之下，述律平理直气壮地说：“诸子幼弱，国家无主，无法前往!”其实此时皇太子耶律倍已经 28 岁了，次子耶律德光也 25 岁了。述律平说完这句话，就猛然拔出金刀，将自己的右手齐腕砍断，还面不改色地命人把这只手送去皇陵，代替自己为先帝殉葬。述律平此举令在场的所有人目瞪口呆，再也没有谁敢有异心了，她也由此被人称为“断腕皇后”。述律平的强势，不仅令契丹群臣敬畏，而且也迫使太子耶律倍主动提出让位给弟弟耶律德光。

太宗耶律德光像

天显二年（公元 927 年）十一月，耶律德光通过了契丹传统的新君即位仪式——柴册仪，顺利继位称帝，他就是辽太宗。不过耶律德光并没有改元，而是继续使用父亲的“天显”年号。他尊母亲为应天皇太后，封妻子萧温为皇后。为了答谢母亲的举立之恩，耶律德光还专门建了“断腕楼”，为母树碑，又将母亲的生日定为永宁节。兄长耶律倍让位后，一直受耶律德光冷落。他不免心中愤恨，就带着 40 多个随从去投奔了中原的后唐政权，并改名为东丹慕华，后又改为李赞华，最后死在异乡。兄弟俩的皇位之争也就此落下了帷幕。

韬光养晦　图谋霸业

耶律德光称帝后，就秉承父亲的遗志，继续对外扩张。契丹政权从太祖时就想夺取黄河以北的大片领土，不过汉族势力抵制契丹的入侵，所以辽太祖和辽太宗用兵大都是趁中原几派争斗时，打着支援一方的旗号进攻，从中渔利。此时契丹以西、以东和以北的各少数民族都已臣服，契丹最强的对手是中原地区的后唐政权。后唐的军队都穿黑衣，号称“鸦军”，战斗力很强。而契丹一向是以民为兵，没有专门的野战军，所以耶律德光一时间也对后唐无可奈何。不过他很有耐心，从即位起就不断骚扰后唐，并等待时机。

从天显八年（公元 933 年）起，后唐就内讧不断，后唐节度使石敬瑭拥兵自重，想取代后唐末帝李从珂。天显十一年（公元 936 年）五月，石敬瑭起兵谋反，后唐派出重兵征讨，将他围困在太原。石敬瑭只好向契丹求援，并以向契丹称臣称子、割让卢龙一道和雁门关以北的诸州土地为条件。契丹皇帝耶律德光大喜，他等了近 10 年，要的就是这个机会。耶律德光立即派兵解了太原之围，接着又亲领大军帮助石敬瑭灭了后唐。随后他改“后唐”为“后晋”，并立石敬瑭为“大晋皇帝”。石敬瑭荣登帝位，就奴颜婢膝地自称“儿皇帝”，称比自己小 11 岁的耶律德光为“父皇帝”，并每年向契丹献帛 30 万匹，还把燕云十六州割让给契丹。耶律德光通过这一战，不仅除掉了后唐，收获了大批财物，而且通过夺取燕云十六州，打破了进攻中原的最后屏障。他的野心也更大了，他想夺取整个天下。此后耶律德光改元两次，公元 938 年改元会同，公元 947 年改元大同，从这两个年号也能看出他想做天下霸主的雄心。

耶律德光灭唐立晋后，就回到契丹皇都，打算集中精力整治内政，厉兵秣马，为更大规模的南侵做准备。他在对外征战上非常野蛮，在执政治国上却是一位明君。会同元年（公元 938 年）十一月，耶律德光将皇都改名为上京，称临潢府；将原南京辽阳改为"东京"，称辽阳府；升幽州为南京，称幽州府。他建立了十分完善的"以国制治契丹，以汉制待汉人"制度。他还设立了两套统治机构，分"南面官"和"北面官"两个系统。"北面官"系统管理契丹和其他游牧民族，"南面官"系统管理燕云十六州等地区的汉族百姓。耶律德光十分重用汉族士人，在这些人的帮助下，他将一些贵族的私城改为朝廷的属州，并派遣官吏治理，还改善了奴隶们的待遇。他还将于谐里河、胪朐河一带的土地都改成农田，劝导百姓耕种。在耶律德光的统治下，政治、经济和文化都有了很大的发展，契丹国势蒸蒸日上，逐渐从奴隶国向封建国家转化。

入主中原　千载帝羓

后晋在石敬瑭称帝时期，对契丹十分臣服，石敬瑭对耶律德光毕恭毕敬，很满足于做个"儿皇帝"。会同五年（公元 942 年），石敬瑭病死，他的养子石重贵继位，后晋对契丹的态度就开始变化了。石重贵不愿向契丹称臣，只肯称孙。耶律德光大怒，立即出兵攻打后晋。会同十年（公元 947 年）正月，他亲自率兵攻陷了后晋都城汴京（今河南开封），灭掉了后晋政权。

这 947 年正月初一，耶律德光在仪仗队的护卫下进入开封。为了证明自己已经是全中国的皇帝，二月初一，他就在开封举行了隆重的典礼，完全以汉族皇帝的礼仪接受胡族贵族、汉族官僚的朝贺。

耶律德光同时还将“大契丹国”改为“大辽”，并将会同十年（公元947）改元为大同元年。

耶律德光改国号为辽后，契丹就进入了鼎盛时期。可惜辽太宗耶律德光不但没有抓住时机积极安抚民众，反而骄横跋扈，残酷压迫中原百姓。他命契丹兵以牧马为名，四处劫掠，称之为“打谷草”；他还以犒军为由，大肆搜刮财物；他也并不相信中原官僚，就将自己的亲信子弟都委以重任。耶律德光这样做的结果，就是激化了民族矛盾，激起了人民的反抗。许多饱受欺凌的百姓与残存的后晋义军一起，攻打州县，杀死辽朝官吏，坚决反抗辽朝的统治，耶律德光的政权很快就不稳定了。此时，晋河东节度使刘知远也趁机在晋阳称帝，建立了汉政权，史称后汉。耶律德光在中原实在难以立足，只好返回北方。

大同元年（公元947年）四月耶律德光率领辽军退出开封。离开开封时，他对自己的失败作了总结。他说：“我有三失，所以天下才这样反叛我！搜刮各地百姓钱财，是第一失；让契丹士兵打谷草扰民，是第二失；没有早点遣返节度使去治理各镇，是第三失。”作为一位帝王，能清醒地意识到自己的失误，实在难得，不过此时他悔之晚矣。四月十三日，耶律德光行军至临城（今河北临城）就突然染病。病情很快就恶化了，四月二十二日，辽军行至栾城（今河北栾城）的杀胡林，耶律德光就病逝了，终年46岁。

耶律德光病危时，远在上京的辽国太后述律平就传来懿旨：“生要见人，死要见尸。”耶律德光去世时，正值夏季，天气逐渐炎热，尸体难以保存。伴驾大臣们都很惧怕那位威名赫赫的“断腕太后”，所以很发愁。后来他们听从御厨的建议，将耶律德光的尸体做成了“帝羓”，也就是干尸。原来北方游牧民族多喜欢食牛羊肉，为了便于存放，他们就将牛羊的内脏掏空，用盐卤上，做成不会腐烂的

“羓”，相当于中原地区的“腊肉”。因为耶律德光是皇帝，所以他的干尸就称为“帝羓”，这样他就成了中国历史上唯一的一位木乃伊皇帝。

耶律德光死后，葬于风山怀陵（今内蒙古巴林左旗西北），谥号“孝武皇帝”，庙号“太宗”。他的侄子耶律阮继位。耶律德光在位 20 年，他为政勤勉，壮大了契丹的势力，推进了契丹的封建化进程，但他野蛮征战，残酷压迫各族人民，又激起了无数人的反抗，从而也阻碍了契丹的发展。

世宗耶律阮

辽世宗档案：

生 卒 年：公元 917～951 年

父　　母：父，东丹王耶律倍；母，萧氏

后　　妃：萧皇后等

年　　号：天禄

在位时间：公元 947～951 年

谥　　号：孝和皇帝

庙　　号：世宗

陵　　寝：内蒙古显陵

性　　格：孝友宽慈，稳重果断

点评：

世宗中才之王也，入继大统，曾未三年，纳唐九书，即议南伐，即发持重，宜乖周防，盖有致祸之道矣。

——元·脱脱《辽史》

辽世宗名叫耶律阮，是东丹王耶律倍的长子，辽王朝的第三位皇帝。他在位时日虽短，却做了许多事情。他为人沉稳，做事果断，大力推行中原汉制，同时又严厉打击契丹内部的守旧势力，为辽王朝的封建化进程作出了很大的贡献。

耶律阮，又名耶律兀欲，公元 917 年生于上京潢府。他的父亲耶律倍乃是辽太祖耶律阿保机的长子，曾被册立为皇太子。不过太祖的皇后述律平却不喜欢长子耶律倍，而偏爱次子耶律德光。926 年，辽太祖死后，述律平就帮助次子夺走了耶律倍的皇位继承权。耶律倍没当上皇帝，又被弟弟耶律德光不断排挤，就带着 40 多个随从逃亡到了后唐，后来就死在异乡了。他的长子耶律阮，却和母亲萧氏一起留在了契丹。耶律阮在契丹长大，他生性机敏，又娴于骑射，在契丹将士中有很高的威信。而他又继承了父亲耶律倍的文才，音乐、绘画都很出色，还以此结交了许多文士。这样耶律阮在文臣武将中的人气都很高。

大同元年（公元 947 年）四月，辽太宗在从开封回上京的途中暴病身亡了。他临终前也没有留下遗诏，就没有确立正式的皇位继承人，这样契丹内部各派势力就为了皇权争斗起来。此时争夺皇位的热门人物有三个：辽太宗耶律德光的嫡长子、寿安王耶律璟，辽太祖耶律阿保机的三子李胡，东丹王耶律倍的嫡长子、永康王耶律阮。按照中原立嫡长子的传统，皇位应由耶律璟继承。而威望颇高的“断腕太后”述律平却宠爱自己的小儿子李胡，想让他做皇帝。还有许多大臣和贵族却拥护耶律阮，认为本来当年耶律倍就应该做皇帝，后来却被耶律德光夺走了，现在理当归还给耶律倍的后代。

此时耶律阮跟随辽太宗出征，正在回师途中。掌握辽国兵权的南院大王耶律吼和北院大王耶律洼，担心皇权争斗太激烈，会导致辽王朝政权不稳，二人商议后就决定拥立正在军中的耶律阮为帝。大同元年（公元 947 年）四月，北还的辽军行至镇阳（河北滦县）时，耶律阮就在几位重臣的拥护下，匆忙称帝了，即辽世宗。

耶律阮称帝的消息传回上京，皇太后述律平大怒，就命自己的三子李胡与太宗耶律德光的次子耶律天德一起领兵南下，去夺皇位。然而契丹的许多将士及其亲属都分布在耶律阮和李胡的军中，如果打起来，就是父子兄弟相残，所以很多将士都不愿打这场仗。加上李胡为人阴险毒辣，平时根本不得人心，所以许多人都偏向耶律阮一边。耶律阮也顺应众人心意，派人向皇太后表示愿意和解。太后见孙子称帝已成事实，又想起当年对长子耶律倍的亏欠，只好承认了耶律阮的帝位。

公元 947 年七月，耶律阮才与辽军一起回到了上京。耶律李胡心有不甘，就仗着老母亲的宠爱，纠结同党，准备夺位。耶律阮果断出击，以“谋废立”之罪抓捕了李胡，随后就将李胡连同偏袒他的皇太后一起押送到祖州（今内蒙古巴林左旗石房子村西）囚禁起来，参与叛乱的契丹贵族也被全部处死了。接着耶律阮就尊自己的母亲萧氏为皇太后，追谥父亲耶律倍为“让国皇帝”。这年 9 月，耶律阮按契丹传统仪式即位，称天授皇帝，改元天禄，公元 947 年就是天禄元年。

耶律阮平叛之后，皇位还是没有坐稳。由于他倾慕中原文化，提拔了不少汉族士人，同时还重用投降的后晋将领。这就引起了辽国守旧贵族的强烈不满。天禄二年（公元 948 年）正月，述律太后的侄子萧翰和辽太宗的次子耶律天德，以及耶律刘哥和耶律盆都等人勾结起来，准备发动政变。耶律阮得知后，再次果断出击，杀了天德，将刘哥流放到边地，罚盆都出使辖戈斯（今贝加尔湖以西），最后将萧翰杖责后释放。不料萧翰受责最轻，却最不死心。天禄三年（公元 949 年），他与公主阿不里一起写信联络明王耶律安端，准备再次谋反。不料安端的儿子耶律察割向耶律阮告密，这样耶律阮就截获了书信。最后耶律阮诛杀了萧翰，将公主阿不里关进监狱，阿不里入狱不久就死了。由于察割揭发叛乱阴谋，立了大功，所以耶律阮就将他留在朝中，对他的父亲安端也从轻发落，只是把安端贬到外地去统领部族军队。

耶律阮连年镇压叛乱，终于稳固了自己的统治。接着他就把精力转向南边的中原地区。天禄三年（公元 949 年）十月，耶律阮就开始大规模出兵南征。他攻占了贝州高老镇（今河北清河县南），劫掠了邺都（今河北临漳西）、堂阳（今河北新河县西北）、深州（今河北深县）等地，俘获了许多人口和财物。天禄四年（公元 950 年）秋，耶律阮再次南侵，又劫掠了安平、内丘、束鹿等地，同样满载而归。天禄五年（公元 951 年）九月，耶律阮第三次南下。四日，契丹大军行至归化州（今河北宣化）。耶律阮与母亲萧太后一起在此祭奠了亡父耶律倍。是夜，耶律阮设宴与群臣聚饮，众人都喝得酩酊大醉。当年凭告密而得到耶律阮重用的耶律察割，其实并不臣服。他就趁着耶律阮醉酒，与当年因谋反被罚的耶律盆都等一起发动叛乱，将耶律阮杀死，然后耶律察割就自立为帝。不过他很快就被杀死，契丹将士们又拥立了辽太宗的长子耶律璟继位，即辽穆宗。

耶律阮死后，被葬于显陵（今辽宁北镇医巫闾山），谥号“孝和皇帝”，庙号“世宗”。他在位仅 4 年，就死于非命。他因皇位之争而立，也因皇位之争而亡。他虽有才华，却还没有完全施展就殒命了，实在是辽王朝历史上的一大损失。

中国皇帝全传

丰富、系统、全方位的再现历代皇帝的人生历程

于立文／主编

辽海出版社

贰

十六国·冉魏

武悼天王冉闵

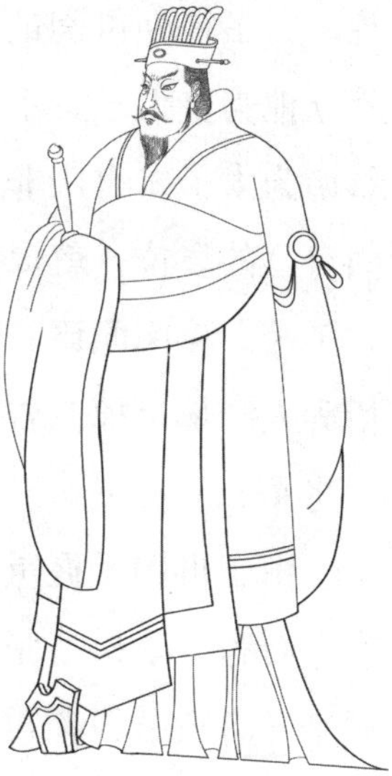
武悼天王冉闵像

冉魏武悼天王档案：

生卒年：公元322～352年

父　母：父，冉瞻；母，王氏

后　妃：董皇后等

年　号：永兴

在位时间：公元350～352年

谥　号：武悼天王

庙　号：无

陵　寝：无

性　格：勇猛善战，凶狠残暴

点评：

冉闵杀死了石虎的所有子孙，并利用汉族人对石虎残暴统治的仇恨心理大肆诛杀羯胡，不分贵贱、男女，少长，进一步加深了民族矛盾。

——詹子庆《中国古代史》

冉魏武悼天王名叫冉闵，是冉瞻之子，冉魏王朝的第一位皇帝。冉闵趁着后赵石氏内讧，夺取了政权，建立了这个短命的小朝代，史称冉魏。

冉闵，字永曾，小字棘奴，魏郡内黄（今属河南）人。他的父亲冉瞻是后赵太祖石虎的养子，他就成了石虎的养孙，所以又叫石闵。冉闵的父亲曾任左积射将军，并因战功而被封为西华侯，所以冉闵从小就生活在军中。他跟随石虎驰骋沙场多年，冲锋陷阵，勇猛过人，功勋卓著，在军中很有威望，深得石虎的赏识。

公元 349 年四月，石虎病死，小皇帝石世年幼，朝政大权由刘太后和权臣张豺把持。冉闵对现在的朝政很不满，就与姚弋仲、蒲洪、刘宁等人怂恿彭城王石遵起兵造反。石遵也很有野心，自然乐意。为了得到冉闵的全力支持，石遵还向他许诺，如果自己称帝，就立他为皇太子。不料石遵称帝后却食言了，册立了燕王石斌之子石衍为太子。冉闵非常气愤，就经常对石遵出言不逊。石遵为了巩固自己的皇位，就谋划要除掉冉闵，不过参与谋议的石鉴却向冉闵告了密。冉闵闻讯，又惊又怒，立即派兵将石遵和郑太后、太子石衍等人全部杀掉。告密的义阳王石鉴趁机做了皇帝，冉闵则当上了大将军。

由于冉闵手握重兵，威望很高，新皇帝石鉴对他也很忌惮，就密令石苞、李松、张才等人夜袭冉闵。不料冉闵打败了石苞等人，后来又打败了石鉴再次派来的龙骧将军孙伏都等人，然后直接带兵闯入了皇宫，抓了石鉴，将他软禁在御龙观。公元 350 年正月，冉闵将石鉴以及石虎的 28 个孙子全部杀死，然后自立为帝，国号“大魏”，定都邺城（今河北临漳），史称冉魏。

冉闵登上帝位才 2 个月，石虎的儿子之一、新兴王石祗，也在襄国（今河北邢台）称帝，对冉闵政权对峙，他号召蛮夷各族联合起来反抗冉闵。双方征战了 1 年多，最终在公元 351 年三月，冉闵杀了石祗，灭了后赵政权。冉闵是汉人，他对反对自己的胡人特别痛恨，他曾言：“内外六夷，敢称兵杖者斩之!”这实际上就是屠杀胡人的命令。他利用胡汉矛盾，煽动民族复仇情绪，杀了 20 多万胡、羯等族百姓。他还与东晋联合出兵，共同镇压胡人，结果北方的混战就更激烈了。

冉闵虽然灭掉了后赵，但自己的实力也大大削弱了。公元 352 年四月，前燕王、鲜卑人慕容儁，派大将军慕容恪领兵 10 万讨伐冉闵。冉闵带兵迎战，他手下士兵不足 1 万。不过冉闵的确是个军事天才，他带领手下十战连胜。然而鲜卑的慕容恪也很会打仗，他见无法取胜，就改变战术。于是，战争形势马上转变，冉闵很快就陷入了鲜卑军的重重包围中。后来冉闵寡不敌众，兵败被俘。

冉闵被俘后，被押送到蓟城。前燕王慕容儁站在他面前，得意洋洋地训斥道："就你这副奴仆样还想称帝？"冉闵竟然理直气壮地仰头答道："天下大乱，你们这些野蛮夷狄都想称帝，何况我这中原的英雄，为何不能称帝！"慕容儁听了这话气得要死，拿起鞭子狠狠地抽了他 300 鞭，然后派人将他押送到龙城（今辽宁朝阳）。这年五月，冉闵在龙城被杀。

冉闵死后，前燕军队乘胜进攻邺城，八月城破，冉魏灭亡。冉闵在位不到 3 年，他死后被追封为武悼天王。他起于乱世，又终于乱世。他对少数民族人民的血腥屠杀，造成羯族与匈奴几乎灭绝，是历史的罪人。

十六国·前燕

文明皇帝慕容皝

前燕文明皇帝档案：

生 卒 年：公元 297～348 年

父　　母：父，慕容廆；母，段氏

后　　妃：段皇后、兰贵妃等

年　　号：燕元

在位时间： 公元 337～348 年

谥　　号： 文明皇帝

庙　　号： 太祖

陵　　寝： 龙平陵

性　　格： 聪慧刚毅，暴虐多疑

点评：

慕容氏在这一时期（慕容皝统治时期）较多地接受了汉族文化，得到了较大发展。

——詹子庆《中国古代史》

文明皇帝名叫慕容皝是慕容廆的第三子，前燕王朝的第一位皇帝。他在乱世中承袭父业，开创了鲜卑族的政权。

慕容皝生于公元 297 年，鲜卑族。他的父亲慕容廆曾被晋朝封为平州牧、辽东郡公，但实际上已经割据辽东。慕容皝幼聪慧，受过良好的教育，对天文历法和权谋之术都很精通。他生得高大魁梧，性格刚毅果敢，很得父亲的喜爱。东晋大兴四年（公元 321 年）十二月，慕容皝被父亲立为世子。晋咸和八年（公元 333 年五月），慕容廆病逝，37 岁的慕容皝继承父位，统帅辽东。不久又被东晋拜为镇军大将军、平州刺史、大单于，袭辽东郡公。

慕容皝刚即位，就因猜忌功臣，而导致了前燕政权内部的一场混战。慕容皝弟众多，他是第三子，因为母亲段氏是正室才得以继位。他的兄长慕容翰，弟弟慕容仁、慕容昭，都是智勇双全的名将。慕容皝对兄弟们十分猜忌，就残酷地打压他们。结果慕容翰被他赶走，去投奔了段辽统领的鲜卑部族，慕容昭被杀，驻守平郭的慕容仁也被他监视起来。不过慕容皝还是不放心，又命另外的两个弟弟慕容幼和慕容稚与司马佟寿一起领兵讨伐慕容仁。不料这些人都不是慕容仁的对手，结果慕容幼和慕容稚被俘，司马佟寿投降，辽东之地尽属慕容仁。慕容皝还打算除掉慕容仁，没想到却树立了一个劲敌。于是，在公元336年正月，慕容皝亲自领兵从海路直抵平郭，慕容仁不敌，最后被迫自杀。慕容皝平息了叛乱，凯旋而归。

公元337年十月，慕容皝自称燕王，立妻子段氏为王后，儿子慕容儁为太子，任封奕为相国。为了除掉段辽及慕容翰，慕容皝派人出使后赵，向后赵太祖石虎称臣，以便求得援助，石虎同意了。公元338年三月，石虎领兵将段辽赶到了密云山。按照约定，慕容皝应该来与石虎会师。可他不仅没来，还趁机将段辽部的大批财物和百姓都劫回了自己的属地棘城。石虎对此非常生气，就率兵攻打棘城，后赵军声势很大，以致邻近棘城的36城官员纷纷投降。慕容皝的臣子们也劝他向石虎投降，他却不愿意，派儿子慕容恪去夜袭石虎。慕容恪是个智勇双全的常胜将军，他偷袭成功，大败石虎军，杀了后赵3万多人，石虎被迫退走。

慕容皝大败后赵军后，军事上一直都很顺利。公元340年，慕容皝又亲自领兵袭击后赵，一路长驱直入，杀到高阳，最后劫掠了后赵的3万户百姓回到棘城。公元342年，他迁都龙城（今辽宁朝阳）后，他又率4万大军亲征高句丽，攻陷了其都城丸都（今吉林集安）。高句丽王钊逃走，不过他的母亲和妻子却被慕容皝俘虏了，甚至他死去的父亲利的尸体也被挖了出来带走了，随同被押往龙城的还有5万多高句丽臣民。第二年，高句丽就向燕称臣。公元343年二月，慕容皝又出兵攻打鲜卑族宇文归统治的扶余国（今吉林中西部松花江流域），最终灭了宇文归，将其财物和5000多户居民全部掠为己有。而慕容皝的兄长慕容翰先后投奔了段辽、宇文归，最后又回到慕容皝的麾下。慕容皝利用他灭了段辽和宇文归后，就杀了他。慕容皝打了几次大胜仗，疆域拓展了，人口增多了，国势就逐渐强大起来。

慕容皝通过几次战役扬了国威，也大大消耗了国力，从而导致国家财政十分困难。公元 345 年，为了缓解财政压力，慕容皝打算以二八分成收租，把苑囿租给贫民百姓，国家得八，百姓得二。这样的分配很不公平，记室参军封裕就上书劝谏慕容皝，希望他能改变主意。他还真的虚心采纳了封裕的谏议，将苑囿无偿分配给无地或少地的农民。他同时还规定，如果农民一无所有，国家发给一头耕牛；如果农民劳力多愿意多垦田，可以使用国家的牛耕种，按四六比例分配，国家得六，农民得四。此举大大激发了农民生产的积极性，农业就迅速发展起来了。

慕容皝接受过良好的汉学教育，对儒学非常崇尚。为了培养人才，他设立东庠（学校），将大臣子弟 1000 多人招为官学生，名为高门生。他还经常亲自到学校授课，每月都对学生们进行考核，实行优胜劣汰。而他自己文章也写得很好，曾著有《太上章》，还著有《典诫》15 篇用以教子弟。慕容皝的这些做法实施了几年，前燕的国力就大大增强了。

晋永和四年（公元 348 年）八月，慕容皝病重。临终前，他将皇位传给太子慕容儁，嘱咐儿子要选贤任能，还推荐了两位股肱之臣：慕容恪和阳鹜。九月，慕容皝去世，时年 52 岁。他死后葬于龙平陵，谥号“文明皇帝”，庙号“太祖”。他在位 11 年，虽暴虐多疑，却也有治国之才，使刚刚开创的前燕政权逐渐强大。

景昭帝慕容儁

前燕景昭帝档案：

生 卒 年：公元 319～360 年

父　　母：父，文明皇帝慕容皝；母，段氏

后　　妃：可足浑皇后等

年　　号：元玺，光寿

在位时间：公元 348～360 年

谥　　号：景昭帝

庙　　号：烈祖

陵　　寝：龙陵

性　　格：庄重威严，勇武残暴

点评：

儁雅好文籍，性严重，未曾以慢临朝。虽闲居宴处，亦无懈怠之色。

——北魏·崔鸿《十六国春秋》

前燕景昭帝名叫慕容儁，是文明皇帝慕容皝的第二子，前燕王朝的第二位皇帝。他在位期间，前燕政权进入了鼎盛时期。

慕容儁，生于公元 319 年，因为兄长早夭，所以他就成了慕容皝的长子。长大后的慕容儁器宇轩昂，不仅武艺娴熟，而且博览群书，是个文武双全的少年英才，父亲慕容皝对这个儿子非常欣赏。公元 335 年七月，慕容儁被立为鲜卑世子。公元 337 年，慕容皝称燕王，又立他为燕王太子。公元 348 年，慕容皝病逝，太子慕容儁继承王位。同年，东晋使者陈沈代表穆帝司马聃，拜慕容儁为幽冀并平四州牧、大将军、大单于。

慕容儁即燕王位时正好 30 岁，他踌躇满志，很想做出一番大事。他见后赵朝野混乱，内部争权激烈，就决定灭掉后赵。公元 350 年二月，慕容儁与慕容霸、慕容于兵分三路进攻后赵。后赵征东将军邓恒焚烧仓库后，就弃蓟城（今北京西南）逃跑了。三月，前燕大军顺利进驻了蓟城，不久之后，慕容儁就将国都迁来此地。

这时后赵的日子已经越来越艰难了。自公元 349 年石虎死后，他的儿子们为了争夺帝位就厮杀不休，1 年之间，皇帝换了好几人。公元 350 年，石虎的儿子、新兴王石祗与石虎的养孙、冉魏冉闵分别称帝，两个政权势不两立。二人鹬蚌相争1年多，最后冉闵获胜，不过他的实力大损。而前燕慕容儁自然不会放过这样的好机会。公元352年，冉魏国被慕容儁一举攻灭，冉闵被杀，河北广大地区都成了前燕的地盘。灭了后赵和冉魏，前燕的实力大大增强了，慕容儁就在这年十一月自立为帝，建元元玺，立可足浑氏为皇后，慕容暐为太子。公元357年，慕容儁又迁都邺城（今河北临漳），前燕进入了最强盛的时期。这时，东晋的使者再次出使前燕，慕容儁就豪气十足地对他们说："回去告诉你们的天子，我也是皇帝了！"

慕容儁34岁称帝后，野心又进一步膨胀了。为了壮大势力，他四处征战，不仅清剿了各地的割据势力，降服了塞外的少数民族部落，还野蛮镇压了中原人民的反抗斗争。随着前燕的崛起，东晋的不少郡守都先后投降了慕容儁，高句丽王钊也派使者访问前燕，这些都使得慕容儁更加意气风发。公元358年，慕容儁又打算在全国征兵150万，想灭掉前秦和东晋。一时间，天下人为之震惊。为了避其锋芒，前秦和东晋纷纷去了帝号，改称王。东晋穆帝司马聃称东晋为"大岛夷国"，前秦苻坚称自己为"大秦天王"。这样慕容儁在名义上就成了唯一的皇帝，前燕完成了中国形式上的统一。

不过慕容儁想要一统天下的野心实在难以实现。他大规模征集军队，打算南下进攻东晋。可前燕人口并不多，为了凑够150万大军，他规定每户只准留一名男丁，如此穷兵黩武的政策，很快就激起了全国人民的反抗，他只好被迫停止出兵。

公元360年正月，慕容儁在邺城阅兵后，就突染重病，不久病逝，时年42岁。他死后葬于龙陵（今辽宁朝阳），谥号"景昭皇帝"，庙号"烈祖"。他在位12年，统治期间，前燕国力达到了顶峰。不过他过于好武，也使得国力很快损耗，前燕政权又迅速地衰落下去了。

幽皇帝慕容暐

前燕幽皇帝档案：

生 卒 年：公元 350～384 年

父　　母：父，慕容儁；母，可足浑皇后

后　　妃：可足浑皇后等

年　　号：建熙

在位时间：公元 360～370 年

谥　　号：幽皇帝

庙　　号：无

陵　　寝：无

性　　格：懦弱无能，贪酒好色

点评：

前燕的统治者进入中原之后，逐渐失去了昔日的积极进取精神，日益趋向腐朽。

——詹子庆《中国古代史》

幽皇帝名叫慕容暐，是景昭帝慕容儁的第三子，前燕王朝的第三位皇帝。他幼年即位，懦弱无能，最后成了亡国之君。

慕容暐生于公元 350 年，他出生时，父亲慕容儁为燕王，正在与后赵争战。慕容暐起初被封为中山王，慕容儁称帝后，又被立为太子。公元 360 年正月，慕容儁病逝，11 岁的太子慕容暐继位，改元建熙。

慕容暐即位后，因为年纪小，根本无法理政，就由母亲可足浑太后临朝称制，慕容恪为太宰，慕容评为太傅，慕容根为太师。慕容恪是前燕文明皇帝慕容皝的第四子，是著名的常胜将军。慕容暐临终前，就嘱托他辅政。慕容恪独掌了军政大权，不过他对慕容暐忠心耿耿，兢兢业业地辅佐这个小皇帝。太师慕容根认为自己也为前燕立下了汗马功劳，就对慕容恪揽权很不满，打算伺机叛乱。慕容根为人阴险狡诈，他怂恿慕容恪除掉皇太后，废黜小皇帝，不过遭到了慕容恪的拒绝。慕容根一计不成，又转到太后面前，诬陷慕容恪和慕容评谋反，太后还真的相信了，打算铲除这二人。不过慕容暐年纪虽小，却很明事理，他告诉母亲："二公深得先帝信任，又是皇亲，绝不会叛乱，太师慕容根才想叛乱。"太后听了这话，也觉得有道理，就没有听慕容根的挑唆。慕容根还不死心，又鼓动慕容暐迁都，建议把国都从邺城（今河北临漳）迁回龙城（今辽宁朝阳）。慕容恪听说后，马上意识到他是个心头大患，就立即派人将慕容根满门抄斩了。慕容暐就这样在叔父慕容恪的荫蔽下做了 6 年安稳皇帝。而慕容恪是个天才的将军，在他的努力下，东晋的河南和淮北也成了前燕的地盘。

公元 366 年，慕容恪病死，前燕王朝的好日子也过到头了。此时慕容暐已经 17 岁了，不过长年的养尊处优生活，让他变得昏聩无能。前燕朝政逐渐衰败，辅政大臣慕容评与慕容垂为了权势，争斗激烈，而慕容暐的生活也日趋腐化了。建熙十一年（公元 370 年）七月，前秦王苻坚派王猛统帅大军攻打前燕，大军一路打到壶关、晋阳，慕容暐才慌忙派慕容评领兵 40 万抵抗前秦军。不过前燕军人数虽众，却不堪一击，15 万主力全军覆没，剩下的 25 万也或逃或降。没过多久，王猛的前秦大军就包围了前燕国都邺城。前燕散骑常侍余蔚叛变，他组织了 500 多扶余、高句丽和上党等地的人质，趁夜打开邺城北门，引前秦军入城。慕容暐与慕容评等人带着 1000 多骑兵仓皇逃奔龙城，不料途中遇上苻坚的大将巨武，就成了俘虏。巨武拿出绳子要绑慕容暐，慕容暐强作镇定地喝道："你是什么东西，敢绑天子!"巨武大怒，喝道："我受命绑贼，哪有什么天子!"

慕容暐被俘后，他连同王公大臣及4万多户鲜卑百姓都被押送到了长安，前燕灭亡。

慕容暐到了长安后，并没有受到刁难，他被封为尚书、新兴侯，留在前秦王苻坚身边，公元383年，苻坚大举南下进攻东晋，任慕容暐为平南将军，随军出征。后来前秦军在淝水之战被东晋打败，慕容暐又跟随苻坚逃回长安。前秦经此一役，实力大减，原先臣服的各少数民族就趁机独立，重新建立了割据争权。公元384年，慕容暐次子结婚，邀请苻坚参加婚礼。他暗中联合了长安城内的1000多鲜卑人准备在婚礼上刺杀苻坚，然后就与正在围攻邺城的慕容垂等人里应外合，灭掉前秦。不料天降大雨，苻坚未能赴宴，他的计划落空了。没过多久，慕容暐的谋反计划传到了苻坚耳中。苻坚自然再容不下他了，就于这年11月将慕容暐和前燕宗室慕容肃等人处死，那些参与此事的鲜卑人也被杀死。

慕容暐在位10年，前燕政权从他手上灭亡，他死时年仅35岁。后来他的叔父慕容德建立南燕，追谥他为“幽皇帝”。

十六国·前秦

惠武皇帝苻洪

前秦惠武皇帝档案：

生 卒 年：公元285～350年

父　　母：父，蒲怀归；母，不详

后　　妃：姜氏

年　　号：无

在位时间：公元350年

谥　　号：惠武皇帝

庙　　号：太祖

陵　　寝：不详

性　　格：足智多谋，雄图大略

点评：

好施，多权略，骁武善骑射。

——唐·房玄龄《晋书》

前秦惠武皇帝名叫苻洪，是氐族酋长蒲怀归之子，前秦王朝的奠基者。他趁着西晋八王之乱后，天下混乱，自立为王，开创了前秦政权的基业。

惠武皇帝苻洪像

苻洪，生于公元 285 年，字广世，原本姓蒲，略阳临渭（今秦安县陇城镇）氐族人。苻洪出生时，陇右正连日下大雨，百姓苦不堪言，就有人作歌谣："雨若不止，洪水必起。"所以家人为他起名为"洪"。苻家世代都是西戎的酋长，所以苻洪也深受家庭环境的影响。他成年后，不仅骑射功夫高超，而且性情豪爽，仗义疏财，族人对他既尊敬又爱戴。晋怀帝司马炽在位期间（公元 306～312 年），西晋刚刚经历了八王之乱，全国上下乱成一片。苻洪认为这是个做大事的机会，就用重金招徕了一批英雄豪杰，并招兵买马，他很快就成了割据一方的军阀。

苻洪被众人拥戴为盟主，不过却是个有名无实的盟主，掌握最高权力的是他的同族蒲光、蒲突等人。后来匈奴汉国的大将军刘曜，迁都长安，建立了前赵政权，苻洪不堪蒲光、蒲突等人排挤，就去投奔了刘曜，被刘曜封为率义侯。公元 329 年，刘曜为后赵石虎所杀，苻洪没了靠山，只好又带着自己的一部分人马跑到了陇山。陇山地形险要，却并不安全。公元 333 年，石虎准备攻打苻洪。苻洪势单力孤，自知不是石虎的对手，就主动带着 2 万户居民向石虎投降。石虎还没出手就成了赢家，自然非常高兴，就封他为冠军将军，对他很器重。苻洪跟随石虎到了长安后，就向他建议，将秦、雍及氐、羌等族 10 万户迁到关东，以充实东部。石虎同意了，还任苻洪任命为流民都督，专门管理这些新迁来的居民。

苻洪很有才干，他屡建战功，被石虎封为西平郡公。他的部下也有 2000 多人被赐封为关内侯，苻洪就是他们的领侯将，他的势力就逐渐扩大了。石虎的养孙冉闵，是个战功赫赫的野心家，他见苻洪势力很大，就劝石虎除掉苻洪。不过石虎很信任苻洪，就没有同意。石虎死后，儿子石遵为帝，苻洪继续居于高位。不料没过多久，石遵就在冉闵的煽动下，罢免了他的流民都督一职。苻洪是个聪明人，见职务被免，就知道后赵已经容不下自己了。于是，他迅速地脱离了石遵，去投奔东晋穆帝司马聃。东晋偏安江南，北方都是胡人的地盘，苻洪的投诚自然令司马聃喜出望外。永和六年（公元 350 年），司马聃封苻洪为征北大将军、冀州刺史、广川郡公。

苻洪经过这几次投奔，手下已经有了 10 万人马。他的实力越来越强，官位越来越高，野心自然也更大了。他对司马聃给的封爵很快就不满足了，正好手下有人劝他称王，苻洪就顺势于公元 350 年二月，自称大将军、大单于、三秦王。

苻洪称王后，心就更高了，他雄心勃勃地筹划着要干出一番大事业。不料，石虎的旧部、苻洪的军师麻秋也很有野心，他为了夺权，就用毒酒害死了苻洪。苻洪享年 66 岁，他死前，将王位传给儿子苻健，希望他能完成自己夺取关中的心愿。苻健称帝后，追谥苻洪为“惠武皇帝”。苻洪虽在位不到 1 年，但他奋斗多年，为前秦奠定了良好的基础。

明帝苻健

前秦明帝档案：

生 卒 年：公元317～355年

父　　母：父，惠武皇帝苻洪；母，姜氏

后　　妃：强皇后、韩昭仪

年　　号：皇始

在位时间：公元351～355年

谥　　号：明帝

庙　　号：世宗（后改为高祖）

陵　　寝：原陵

性　　格：果敢，慷慨，明智

点评：

苻健废除后赵后期的苛政，实行了一些积极措施，大力发展生产，安定民生，使前秦国势生机勃勃，日趋上升。

——詹子庆《中国古代史》

前秦明帝名叫苻健，是前秦惠武皇帝苻洪第三子，前秦王朝的第一位皇帝。他子承父业，建立了前秦政权；又为政清明，增加了国力。

苻健，字建业，生于公元317年，是苻洪与妻子姜氏之子。苻健少年时期，父亲苻洪是个氐族的部落首领，为了干出一番事业，苻洪先后投奔了前赵刘曜、后赵石虎。苻健跟随父亲东奔西走，过着仰人鼻息的生活。所以他从小就很机灵，很会看人说话。这样，不仅苻洪夫妇对这个儿子百般宠爱，而且石勒与石虎叔侄也很赏识他。苻健自幼好武，长大后成了一名骑射高手，加之他性情爽朗，喜好结交朋友，在军中很快有了一定威望，成为父亲苻洪的得力帮手。后来苻洪投奔东晋，不久后又于公元350年自立为秦王。可惜这年还没过完，苻洪就被军师麻秋毒死了。苻洪临终前，嘱咐苻健要夺取关中。

苻健承袭父职后，立即杀了麻秋，报了父仇，然后决定完成父亲的遗愿。为了避开周边其他割据势力的威胁，苻健慎重考虑后，就去掉秦王的头衔，改向东晋称臣，接受晋朝的官衔。接着苻健就大修宫室，努力发展农业生产。占据长安的后赵杜洪以为他不会向西发展，就对他放松了警惕。哪知苻健等的就是这个时机，他立即亲率全部军马西进，打得杜洪措手不及，结果杜洪逃奔到司州，苻健就顺利占领了长安。

苻健有了长安这块根据地，自然不愿臣服于东晋了。他的军师将军贾玄硕等人心知其意，就联名上了一份奏折，请求苻健称大单于、秦王。苻健故作矜持地推辞一番后，就应允了。公元351年，苻健在众将的拥护下，自称天王、大单于，国号秦，史称前秦，定都长安，建年号为皇始，封妻子强氏为天王后。公元352年，苻健嫌天王级别太低，就在太极殿举行了隆重的典礼，登基为帝，即前秦明帝。

苻健称帝后，在内政外交上都比较有作为。他崇尚儒学，以仁治国，勤政爱民，省刑薄赋，极大地缓和了关中胡汉之间的尖锐民族矛盾，前秦政权也逐渐稳固。对外，苻健全力拓展疆土，他东征关东，西讨西凉，由此前秦名气大盛。没过多久，东晋名将桓温率兵北伐，一路势如破竹。而苻健采用坚壁清野的措施，即令晋军既攻不下据点，又抢不到物资，最终桓温粮草耗尽，只好退军。前秦打败晋军后，国势也逐渐强大起来。

苻健是个明君，将国家治理得井井有条，然后却没有处理好自己的内宅。他称帝后，册立妻子强氏为皇后。强皇后为他生了3个儿子：苻苌、苻柳和苻生。长子苻苌于公元351年被立为太子，不料在公元354年与东晋桓温的北伐军作战时中箭身亡了。太子之位悬空，三子苻生天生一只独眼，并且性情暴虐，强皇后就想立晋王苻柳为太子。此时秦地流传出一句“三羊五眼”的话，苻健是个很相信谶言的人，他心想：三羊五眼，除去后边两羊四眼，领头羊不就是独眼吗？他坚信这是预示着独眼儿子苻生要出头的谶语，最终立了昏庸残暴的淮南王苻生为太子，这就给新生的前秦政权带来了巨大的灾难。

公元355年六月，苻健病重不起，他的侄子苻箐企图夺位。苻箐带兵闯入东宫，打算杀了太子苻生。不料苻生一直在苻健身边陪侍，已经好多天没有回东宫了。苻箐于是带着人马去杀苻健，并在宫中扬言，说皇帝已经驾崩，太子残暴不仁，不宜继位，应该除去。重病卧床的苻健闻讯后，拼着最后一丝力气，乘坐辇车赶到端门，指挥禁军在门前列队。苻箐的手下冲进来，见皇帝好好地坐在眼前，就纷纷丢下武器逃散了，苻箐被擒获处死。苻健为太子苻生继位扫除了障碍，又宣召王公大臣，任自己的叔父、武安王王苻安为大将军，掌管兵权，丞相雷弱儿、太傅毛贵、太尉鱼遵等辅佐太子。安排完这一切，苻健的生命也耗尽了。

苻健在位4年，终年39岁，死后葬于原陵，谥号“明皇帝”，庙号“世宗”，后改为“高祖”。他雄心勃勃奋斗一生，创立了前秦政权，却又糊涂一世，将大好的江山交到了一个败家子手里。

厉王苻生

前秦厉王档案：

生 卒 年：公元335～357年

父　　母：父，明帝苻健；母，强皇后

后　　妃：梁皇后

年　　号：寿光

在位时间：公元 355～357 年

谥　　号：厉王

庙　　号：无

陵　　寝：无

性　　格：残忍暴虐，勇悍变态

点评：

苻生是个有名的暴君，性残忍，峻刑极罚，恣意屠戮大臣，上台不足二年，已经把前秦拖到崩溃的边缘。

——白寿彝《中国通史》

前秦厉王名叫苻生，是前秦明帝苻健第三子，前秦王朝的第二位皇帝。他是历史上少见的变态暴君，前秦政权到了他手上，真是所有前秦人的灾难。

苻生，字长生，生于公元 335 年，是苻健与皇后强氏所生的第三子。苻氏一族几代人都长得高大魁伟，俊朗不凡，而苻生是个例外，他天生一只独眼。父亲苻健对这个独眼龙儿子，虽然感到有些遗憾，却也照样疼爱。不过苻生也许正因为这天生的缺陷，就养成了敏感而又暴虐的性格。他的这种性情，在小时候就显露出来了。一次，爷爷苻洪和他开玩笑说："我听说独眼孩子哭的时候只有一只眼睛流泪，是真的吗？"旁边的侍者也点头附和。而苻生勃然大怒，立即拔出佩刀刺向自己的那只瞎眼，顿时血流如注，然后他咬牙切齿地回答："这只眼也流泪！"苻洪见此又惊又怒，拿起鞭子就抽打他。不料苻生根本不惧，还说："我最耐得住刀砍剑刺，别用鞭打来羞辱我！"苻洪深感这个孙子暴戾变态，就劝苻健趁早杀了他，以免留下祸患。苻健也对这个儿子的性格很了解，就同意了父亲的话。

不过苻健的弟弟苻雄却劝阻了他，说孩子长大了总会改好的，不用太担心。于是苻生就逃过了一劫。

苻生长大后，被封为淮南王。他身体特别强壮，力大无穷，能赤手空拳与野兽搏击，又凶悍嗜杀，骑射刀枪都非常出众，还跑得特别快，竟然能追上狂奔的烈马。公元 354 年，东晋的桓温北伐时，苻健的长子、太子苻苌，在战场上中流矢而死。而苻生则神勇冠三军，他高举着战旗，单人独骑在晋军中横冲直撞，如入无人之境，十几个晋军将领都命丧他手。战役结束后，苻健要重立太子，他以谶言“三羊五眼”应符，认为独眼儿子苻生就是“三羊”中的独眼领头羊，于是就立这个暴虐的儿子为太子。公元 355 年六月，苻健染病身亡，临终前将皇位传给了苻生。苻健也知这个儿子性情粗暴，临终前留下遗命，为他安排了鱼遵、雷弱儿等八位辅政大臣。苻健做好了这些事还不放心，又交代苻生：“六夷酋帅及大臣执权者，若不从汝命，宜渐除之。”苻健死后，苻生继位，改元寿光。

苻生称帝时才 21 岁，这正是风华正茂的黄金年龄，不过他却把旺盛的精力用在变态的暴虐上。他天性凶残，加上独眼的缺陷，对人对事就特别敏感，他忘了父亲让他勤勉治国的嘱托，却牢记着铲除异己的叮咛，竟成了一个凶残嗜杀的极品暴君。他每次上朝，都在堂上摆放锤子、钳子、锯条等各种刑具，自己也佩剑带弓，全副武装，看哪位大臣不顺眼，就马上杀死。如果有大臣劝谏他几句，他就说这是诽谤，立刻杀掉。如果有大臣拍马屁，奉承他几句，他就说这是谄媚，照样要杀。于是，许多大臣都无辜枉死。

苻生喜怒无常，对后宫的妻妾也同样残酷，稍不顺意，就要杀掉，连尸体也要扔到渭水中去。他即位后不久，中书监胡文、中书令王鱼等向他禀报，说最近天象异常，要他修德消灾。胡文等人本意是希望苻生能改邪归正，不料苻生却认为，自己与皇后是天下最尊贵的人，只要用皇后去挡灾，自己就会安然无恙。于是，他立刻挥刀闯入后宫，将皇后梁氏砍死。苻生对别人的命视如草芥，对自己的命却看得很重。为了保住自己的位子，他杀了皇后还觉得不能消灾，又连杀了后妃、大臣、近侍等500多人。父亲苻健留给他的八位辅政大臣也无一幸免，其中丞相雷弱儿的9个儿子和27个孙子都被杀光了。

苻生不仅嗜杀，而且手段残忍，他的喜好也极其变态。他喜欢看剥去脸皮的囚犯唱歌跳舞，喜欢看剥去皮的牛、马、驴等动物痛苦地乱跳着死去，还喜欢看拔光毛的鸡鸭鹅等在挣扎中死亡。他杀戮的那些王公大臣、后宫妃嫔，也是被砍断手脚，剔除肋骨或剖腹掏出胎儿，个个死得惨到极点。他自己是独眼，就对一切不足、残、缺，或双、对等字眼都忌讳，于是，又有许多人因此而惨死。

他的荒淫无耻更是世间少有。为了寻求刺激，他命宫女们与男子在大殿之上当着他的面交欢。一次，苻生外出巡游，遇到兄妹二人，就一时兴起，抓了二人，威逼他们当众性交。兄妹二人被他怎么威逼也不做这乱伦的事，苻生就将他们残忍虐杀了。

苻生的恶行，引起了所有人的反抗，对此他一律都用杀戮来解决。苻生对自己的堂兄弟、苻雄之子苻坚与苻法二人心存怀疑，打算杀了他们。苻生身边的人早就不满他的残暴，就将此事告诉了苻坚兄弟。公元357年六月的一天深夜，苻坚二人趁着苻生醉酒，带兵冲入宫中将他捉拿下狱，苻生身边的侍从无一人站出阻止。苻生被擒后，被废为越王，随后就被苻坚处死了，时年23岁，谥号“厉王”。苻生在位2年，他狂虐变态，将前秦政权毁得不成样子，他的恶行，实在是世间少见。

宣昭皇帝苻坚

前秦宣昭皇帝档案：

生卒年：公元338～385年

父　　母：父，东海王苻雄；母，苟氏

后　　妃：苟皇后、张夫人、李夫人等

年　　号：永兴，甘露，建元

在位时间：公元357～385年

谥　　号：宣昭皇帝

庙　　号：世祖

陵　　寝：无

性　　格：雄图大略，果断勇敢，刚愎自用

点评：

苻坚是五胡十九国最英明的君主之一，前秦帝国在他治理下，走上轨道。他任用汉族一位平民出身的王猛当宰相，是他最大的成功。

——柏杨

前秦宣昭皇帝名叫苻坚，是东海王苻雄之子，前秦王朝的第三位皇帝。他雄图伟略，统一北方，却又急功近利，结果淝水惨败，前秦政权也由盛转衰。

出生不凡　除害称帝

苻坚，字永固，生于公元338年，是氐族人苻雄与苟氏之子，秦惠武帝苻洪的孙子，秦明帝苻健的侄子。苻坚有这样一个显赫的家族，可以说是含着金钥匙出生的。不过他本人更不寻常，相传苻坚生下来背后就有谶文，上面写着："草付臣又土王咸阳。""草付"是"苻"，"臣又土"是繁体的"坚"，也就是说，这个孩子将来会在咸阳称王立国。在当时，人们都对谶语很迷信，认为这句话很吉利，于是家人就给他取名"苻坚"。苻坚出生时，爷爷苻洪时任后赵的流民都督，他非常喜欢这个孙子，认为这个孩子有贵相，以后一定会大有作为。而苻坚的堂兄、苻健的独眼儿子苻生暴虐任性，苻洪很讨厌他。所以，苻坚就成了苻洪最宠爱的孙子。

苻坚聪慧早熟，的确没有辜负家人的期望，他很早就显示出了天生的领袖风范。他刚学会说话时，见人张口就叫，很招人喜欢。而他长到7岁，就知道给周围的玩伴一点好处来收买人心了。他的记忆力也好得惊人，8岁左右就将爷爷苻洪接人待物、处理政事的言行举止学得惟妙惟肖。当时有个相面的人见了苻坚的举动，大为惊奇，对旁人说道："这个孩子有霸王之相。"苻坚不但天赋秉异，还非常好学。他在8岁那年，就主动向爷爷苻洪提出想请一个家庭教师来教导自己。苻洪既惊又喜地望着这个小孙子，说："我们氐族人从来只知道喝酒吃肉，如今你想求学，实在是太好了!"第二天，苻洪就为他请来了教师。苻坚学习十分刻苦，学业进步很快。到了成年时，他就成了闻名朝野的青年才俊。

苻坚的父亲、东海王苻雄是苻洪的小儿子，苻健的弟弟。苻洪死后，苻健继位。苻雄就辅佐兄长，因屡建战功，受封为龙骧将军。苻雄死后，苻坚就承袭父职做了龙骧将军。公元355年，苻健病逝，他的独眼儿子苻生继位。苻生是个天下少有的暴君，他凶残暴虐，杀人如麻，上至王公大臣，下至黎民百姓，包括后宫妃嫔，看谁不顺眼，都一律杀掉。他非常变态，杀人手段残忍到极点。由此导致满朝文武人人自危。前秦百姓，个个都对苻生恨之入骨。苻坚是朝中有名的青年俊杰，又是皇室子弟，大臣们都希望他能取代那个暴君。苻坚一向很有大志，当然也想除掉暴虐的苻生。不过苻生力大无比，武艺高强，少有敌手，所以苻坚也不敢轻易动手，只在暗中筹划。

苻生生性敏感多疑，对苻坚的举动也有所察觉，就打算杀了他。公元357年六月的一个晚上，苻生喝得醉醺醺的，对着身边的侍从脱口说道："阿法（苻坚的哥哥苻法）兄弟不可靠，我明天就砍死他们!"侍从们也非常痛恨苻生的残暴，等他睡着后，就跑去向苻坚告密。苻坚与兄长苻法一听，就决定马上动手。于是二人召集亲兵，分两路冲进苻生的寝宫。由于苻生实在不得人心，宫中的侍卫们竟然无一人出来阻止。苻坚等人就顺利闯进宫去，将醉眼迷蒙的苻生杀掉。

暴君苻生死后，谁来继任皇帝的问题，很快就解决了。本来苻法与苻坚都立了大功，而且苻法还是兄长，自然占优势。不过苻法不是嫡子，又比不上苻坚的才干，也没有苻坚得人心，所以他很有自知之明，主动退出，让位给苻坚。经过一番推让，苻坚最终在朝臣的一致拥戴下，登上了皇位，号称"大秦天王"，改元永兴。苻坚称帝，时年20岁。

选贤任能　统一北方

苻坚虽然顺利地当上了皇帝，却要面对被暴君苻生毁得一塌糊涂的乱摊子。前秦所处的关中，本来就是各民族杂居的地方，民族矛盾十分尖锐。前秦从苻洪建国到苻坚称帝，仅仅8年时间，根基非常脆弱，也没有健全的法律制度。而昏君苻生的残暴统治，几乎摧毁了两代君王辛苦建立的基业。苻坚现在面对的就是一个水旱灾害不断，豪强恶霸横行，百姓苦不堪言的局面。

苻坚深知，要想将这样一个乱摊子治理好，个人能力再强也无用，必须选拔贤士才行。于是，苻坚先铲除了董荣、赵韶等20多个助苻生为虐的佞臣，接着就用一大批精明强干的汉族士人取代他们的职位，这样，前秦的中央政权队伍就肃清了。苻健提拔的士人中，最有名的就是寒门出身的谋士王猛。

王猛，字景略，北海（今山东寿光）人。他自幼家境贫寒，靠贩卖畚箕糊口，但他很有志气，一直坚持自学。王猛长大后博学多才，很想干一番大事，但是寒门身份使他根本得不到机会，反而经常受人嘲笑。不过王猛性情洒脱，也不在意。东晋大将桓温入关时，王猛曾去拜见。桓温见他穿得太寒酸，就有些看不起他，后来听了他对时局的精辟见解，就对他刮目相看了，并许以高官厚禄，希望他能去东晋一展才华。不过王猛认为东晋已经腐朽得不可救药，就断然拒绝了。后来前秦的吕婆楼将王猛推荐给了苻坚，苻坚与王猛一见如故，非常赏识他的才华，就将他留在自己身边。王猛也感到自己总算遇上了伯乐，就尽心辅佐苻坚。

苻坚有了王猛等人后，就决定开始整治内政。当年秦明帝苻健入关时，曾有许多氐族宗亲旧臣跟随，这些人后来大多定居于京都的西北门户始平县，成了当地的豪强。他们为非作歹，横行霸道，百姓深受其害。苻坚就决定从这里开始治理。他任王猛为始平县令，对其寄予厚望。王猛的确很有才干，他刚刚到任就抓了一个作恶多端的官吏，并将其当众处死。他严明执法，本想杀一儆百，不料却激怒了那些豪强。豪强们根本不把王猛放在眼里，他们联名上告，并与执法官勾结，将王猛押送进了长安监狱。苻坚闻讯，大为震惊，亲自赶到狱中，见到王猛后就责问他："做官应以仁义道德为先，你怎能一上任就杀人呢?"王猛从容答道："用礼仪道德只能治理安定的国家，用法律才能治理混乱的国家。如今我才杀一个恶人，陛下就认为太过残酷，若是纵容成千上万的贪官污吏祸国殃民，那国家会变成什么样子呢?"苻坚听了王猛的话，非常高兴，认为自己终于找到了治理乱世的人才。苻坚对在场的大臣们说："王猛之才，堪比管仲、子产啊!"苻坚当即就赦免了王猛，从此还对他更加信任。

后来苻坚任命王猛为中书令兼京兆尹，专门整治京城贵族豪强的不法行为。王猛秉公执法，对作恶的氐族贵族都严惩不贷，这样就得罪了不少权贵。其中姑臧侯樊世，是跟随苻健入关的功勋老将，对王猛得到重用非常不服，就经常在大殿之上反对他。苻坚选择了支持王猛，他杀了狂妄的樊世。王猛十分感激，更加兢兢业业地执法。后来，王猛又严惩了太后的弟弟强德等20多个贵族恶霸。于是，京城内外百官震惊，豪强贵戚们再也不敢胡作非为了，百姓们额手称庆，社会风气大为好转。苻坚非常欣喜，他感慨道："我现在才知道天下有法制的好处啊!"

苻坚任用王猛等人，自上而下地整顿吏治之后，贪污受贿等腐败现象日趋消除，政治变得清明，百姓终于过上了安定的日子。苻坚就开始以礼治国了。他自幼好学，深受汉文化的影响，对教育十分重视。为了培养人才，提高民众的文化素质，苻坚大力兴办学校，并恢复了太学，命大臣贵族家的子弟都入学读书。他甚至每月亲临太学，考查众生，并从中选拔优秀学生到各级政府机构任职。由于苻坚的大力提倡，前秦社会学习风气日益浓厚，氐族人重武轻文的传统观念也逐渐改变，官员们的素质有了很大提高，民间的学习风气也很兴盛。

除了吏治和文化，苻坚最重视的还是经济。他即位时，前秦的国库空虚，民生凋敝，形势非常严峻。为了发展经济，苻坚偃甲息兵，大力发展农业生产。他一面轻徭薄赋，与民休息，一面节俭用度，减轻人民负担。公元358年，前秦发生严重的旱灾。为了渡过这个难关，苻坚下令减少所有官员的俸禄，取消一切娱乐活动，并规定后宫皇妃以下的所有宫人改穿布衣，而他自己的膳食也减少了。在君臣百姓的共同努力下，前秦在大灾之年也没有引起大的饥荒。苻坚为了鼓励生产，还积极地兴修水利，以解决关中少雨易旱的问题。为了劝农课桑，苻坚还亲自耕种，他的皇后也亲自养蚕织布。经过苻坚的努力，前秦的经济恢复得很快，逐渐出现了繁荣的景象。

随着经济文化的复苏，内政的稳固，前秦国力不断增强了，苻坚就开始征讨四方，以实现统一天下的霸业。从公元 370 年起，前燕、前凉和代国，先后为前秦所灭；东晋的梁、益二州，也成了前秦领土；周边的各个少数民族，也纷纷向苻坚称臣。除此之外，前秦大将吕光率兵征讨西域，统一了黄河流域。这样，到了公元 376 年底，除了南方的东晋之外，整个北方都为苻坚所有，前秦政权到了最强盛的时期。

讨伐东晋　淝水惨败

苻坚勤于政事，提倡节俭，严格自律，执政多年也保持本色，这正是前秦政权日趋强大的根本所在。不过他为了自己完成统一天下的雄心壮志，却一意孤行，刚愎自用，最终毁了自己辛苦多年积累的基业。

苻坚用了 20 多年的时间，将前秦治理得经济繁荣，兵强马壮。他统一北方后，就想进一步统一天下，征服偏安江南的东晋就成了他的目标。公元 375 年，他的得力助手王猛病逝。王猛临终前，告诫苻坚，一定要专心治内，应先除掉鲜卑和羌族，他们才是前秦的心腹大患，而东晋是正统王朝，民心所向，决不能轻易讨伐。苻坚起初还听从王猛的遗言，可时间长了之后，他想要灭掉东晋统一天下的欲望就越来越强了。

公元 383 年七月，苻坚决定出兵 90 万，讨伐东晋。他的宠妃张夫人、太子苻宏、弟弟苻融以及王公大臣们都极力反对，不过苻坚态度非常坚决，谁的话也不听。为了凑够这近百万的人马，苻坚倾尽了全国的人力。他命百姓每十人出一人入伍，还将 20 岁以下的孔武有力、胆识过人的良家子弟全部封为羽林郎。苻坚自恃百万雄师，这是一场必胜之战，他连敌情都不查实，就性急地亲自领兵出征。

其实苻坚倾尽国力，已经导致民怨沸腾。前秦军士虽众，却人心不齐，其中氐族、羌族等各族士兵杂居，矛盾重重。前秦兵力庞大，却将战线拉得很长，前军已经与东晋对峙，而后方还在关中。而东晋方面，孝武帝虽然昏庸无能，却有一个能干的宰相谢安佐；东晋人民不甘亡国，也放下内部矛盾，同仇敌忾。晋军趁着前秦军还未集结，主动在淝水决战。而苻坚急于求胜，麻痹轻敌。结果导致了淝水惨败，前锋统帅、苻坚的弟弟苻融被杀，前方撤退，后方士兵以为己方兵败，慌忙退走，越退越慌乱，结果风声鹤唳，草木皆兵，前秦军自相践踏而死者不计其数。近 100 万的前秦军被不到 10 万的东晋军杀得全军覆没。苻坚也中了流矢，带着不到 10 万的残兵逃回了关中。

淝水之战后，前秦元气大伤，先前臣服的鲜卑、羌等少数民族纷纷反叛复国，割据一方，北方又陷入了一片混战中。东晋经此一战，则士气大盛，乘机北伐，收复了黄河以南的许多领土，南北对峙局面继续保持。

公元 385 年，已经复国的前燕慕容冲围攻前秦京师长安。苻坚无力抵挡，就命太子苻宏断后，自己带着几百骑兵逃出长安。不料他逃到马将山（又作五将山，今陕西岐山县东北）时，就被后秦昭帝、羌族人姚苌带兵包围了。苻坚寡不敌众，做了俘虏，被关押到新平（今陕西彬县）的佛寺里。姚苌要他交出传国玉玺，并威胁他禅位。苻坚一口拒绝，并大骂姚苌，结果被姚苌杀了。

苻坚 48 岁而终，被追谥为“秦昭宣帝”。他在位 28 年，励精图治，将前秦发展到最鼎盛的时期，却因急功近利，淝水惨败，使得国家从此衰弱下去，自己也因此而死，令人惋惜。

哀平皇帝苻丕

前秦哀平皇帝档案：

生 卒 年：公元354～386年

父　　母：父，宣昭皇帝苻坚；母，不详

后　　妃：杨皇后

年　　号：太安

在位时间：公元385～386年

谥　　号：哀平皇帝

庙　　号：无

陵　　寝：无

性　　格：英勇有谋，无远见

点评：

少而聪慧好学，坚与之言将略，嘉之。才干亚于苻融，为将善收士卒。

——北魏·崔鸿《十六国春秋》

前秦哀平皇帝名叫苻丕，是前秦宣昭皇帝苻坚的庶长子，前秦王朝的第四位皇帝。他在前秦政权的动荡中偶然继位，又很快死于动乱。

苻丕，是苻坚庶出的长子，曾被封为长乐公。按说他的身份是无缘皇位了，不料世事无常。公元385年，前燕慕容冲带着鲜卑军围攻长安，苻丕带着3万人逃到了邺城，没过多久，他又带着6万户居民逃往潞州避难。半路上，骠骑将军张蚝和并州刺史王腾拦住他，将他迎入晋阳。没过多久，秦宣昭帝苻坚被羌族的姚苌杀害了。前秦的幽州刺史王永闻讯后，就带兵赶到晋阳，于八月拥立苻丕为

帝，改元太安。苻丕称帝，使得前秦人重新看到了希望。原先在混战中投降前燕慕容垂的苻定、苻绍、苻谟、苻亮等宗室子弟也跑回来了。苻丕没有责怪他们，而是用好言抚慰，并重新封官赐爵，与他们一起商讨如何对付姚苌和慕容垂。苻丕决心消灭姚苌和慕容垂，也得到了许多地方势力的响应，天水姜延、冯翊寇明、河东王昭、新平张晏、京兆杜敏、扶风马郎、王敏等纷纷与他取得联系，并表示愿意效力。苻丕非常高兴，将他们都封为将军、郡守和列侯。苻丕收纳了苻定等宗室和姜延等地方势力后，实力大大增强了。不过他没有明确的作战计划，就迟迟没有行动，这令手下的将士们都很失望，认为他是在敷衍大家。于是，刚刚聚拢的人心很快就开始分散了。

公元 386 年十月，苻丕率军与西燕慕容永在襄陵交战，前秦军惨败，苻丕就带着几千骑兵逃往东垣。他逃到陕城时，被埋伏在此东晋扬威将军冯该袭击，结果苻丕马失前蹄，摔到地上，被冯该砍死了，终年 33 岁。苻丕死后，晋军割下他的首级，传送至东晋都城建康。苻丕的堂侄苻登继位，追谥他为“哀平皇帝”。苻丕在位仅 1 年多，就死于战乱，前秦政权在他之后就更加摇摇欲坠了。

高帝苻登

前秦高帝档案：

生 卒 年：公元 343～394 年

父　　母：父，建节将军苻敞；母，不详

后　　妃：毛皇后、李皇后等

年　　号：太初

在位时间：公元 386～394 年

谥　　号：高帝

庙　　号：太宗

陵　　寝：无

性　　格：雄勇，谨慎

点评：

苻登便在十一月中即位为帝，因此前秦还在挣扎，而且挣扎的力量还相当强劲。

——沈起炜

前秦高帝名叫苻登，是建节将军苻敞之子，前秦王朝的第五位皇帝。他在乱世中想靠武力来挽救岌岌可危的前秦政权，最后却以失败告终。

苻登，字文高，是前秦宣昭帝苻坚的族孙。苻登的父亲苻敞，在前秦明帝苻健时，曾任陇东太守，建节将军，后来被苻健的独眼儿子、暴君苻生杀害了。苻登出身于武将世家，曾被封为南安王。他很会打仗，曾凭着军功历任殿上将军、羽林监、扬武将军、太安令等职，后来犯了法，就被贬为狄道长。淝水之战后，因前秦惨败，关中大乱，苻登就去投奔了河州刺史毛兴。苻登为毛兴出谋划策，深得毛兴的赏识。

公元384年，毛兴死后，苻登被推举为帅。此时羌族的姚苌背叛苻坚自立，公开反对前秦，他令弟弟姚硕德全力进攻苻登所在的上邦（今甘肃天水）。苻登作为首领，他组织了一支英勇善战的队伍，因为粮草缺乏，苻登就纵容勇士们歼敌后以人肉为食。这种残酷的手段令姚苌心惊胆战，赶紧召回了弟弟，说："你再不回来，就要被苻登吃了！"

公元386年，苻登被氐族豪帅啖青等推举为抚军大将军，都督陇右诸军事，领雍、河二州牧，称略阳公。不久苻登就在秦州大败姚苌，接着又攻占了南安等地，被哀帝苻丕复封为南安王。同年十一月，前秦哀帝苻丕被东晋的扬威将军冯该杀死。同月，苻登就在部下的拥戴下，在陇东称帝，即前秦高帝。

苻登从小就崇拜昭宣帝苻坚，将他奉若神明。他即位之后，就一心要为苻坚报仇。苻登曾专门塑了一尊苻坚像，就放在战车里。他每次作战前，都要向塑像祈祷，希望得到苻坚在天之灵的保佑。他的这种虔诚，令士兵们也很受鼓舞。苻登与后秦姚苌交战，也多次取胜，这就令苻登对苻坚更加迷信了。公元 391 年，苻登与姚苌多次作战，双方军士都很疲惫，却难分胜负，苻登都有些灰心了。不料第二年初，姚苌突然染病不起。苻登就厉兵秣马，等待时机。公元 393 年，姚苌病亡，其子姚兴即位。苻登觉得机会来了，就于第二年四月，率兵进攻姚兴屯兵的废桥，准备夺回长安。不料废桥被姚兴抢先占领了，水源也被他控制了，结果苻登的士兵竟因缺水而渴死了十之二三。姚兴抓住战机，将前秦军打得落花流水，并将苻登围困在平凉马毛山。

公元 394 年七月，苻登命太子苻崇突出重围，去向西秦求救。苻登带兵出山接应，不想没见到援军，却遇上了姚兴率领的后秦军。苻登寡不敌众，部下被姚兴的人杀尽了，最后他自己也被姚兴的后秦军乱刀砍死，终年 52 岁。

苻登在位 8 年，他努力维持着前秦政权延口残喘，不过最终还是失败了。苻登死后，太子苻崇即位，追谥他为“高皇帝”，庙号“太宗”。

后主苻崇

前秦后主档案：

生 卒 年:? ～394 年

父　　母：父，高帝苻登；母，佚名

后　　妃：不详

年　　号：延初

在位时间：公元 394 年

谥　　号：无

庙　　号：无

陵　　寝：无

性　　格：懦弱，任性

点评：

前秦帝国挣扎到最后一任皇帝苻崇，被西秦王国所灭，建国四十四年。

——柏杨

前秦后主名叫苻崇，是前秦高帝苻登长子，前秦王朝的第六位皇帝。他刚登上皇位，就死于战乱，前秦政权也就此灭亡。

苻崇，是苻登的长子。公元 386 年苻登称帝后，他被封为尚书左仆射、东平王。公元 388 年八月，苻崇被封为皇太子。公元 394 年四月，苻登率领前秦军进攻姚兴的后秦军，双方在废桥激战。前秦军惨败，被围困在平凉马毛山。七月，苻崇受命冲出重围去向西秦求助。苻崇刚跑到湟中（今青海湟中），就闻悉了父亲苻登的死讯。于是，苻崇自行即位，改元延初。

苻崇称帝后，立即向西秦武元王乞伏乾归求援。乞伏乾归曾派出援军，但得知苻登已死，就立即变脸，拒绝增援，还将苻崇赶出湟中。苻崇只好去投奔陇西王杨定。杨定亲率 2 万人马，与苻崇一起攻打乞伏乾归。乞伏乾归派出 3 万大军迎战。在激战中，苻崇和杨定都被乱兵杀死，前秦灭亡。

十六国·后秦

武昭皇帝姚苌

后秦武昭皇帝档案：

生 卒 年：公元 330～393 年

父　　母：父，姚弋仲；母，不详

后　　妃：蚍皇后、孙妃等

年　　号：白雀，建初

在位时间：公元 384～393 年

谥　　号：武昭皇帝

庙　　号：太祖

陵　　寝：原陵

性　　格：智谋权变，忘恩负义

点评：

弋仲诚直，有古人之风，兴能守文，又有器略，苌则狙诈之雄也，基浅本拨，何以亢宗。

——明·张大龄

姚苌，字景茂，十六国时期后秦的建立者。姚苌生于一个羌族贵族世家，长年跟随他的兄长姚襄征战南北。公元 357 年，姚襄在三原战争中战败，被前秦苻坚所杀，姚苌无奈之下率众投降了前秦。公元 383 年，姚苌趁前秦淝水之战大败拥兵自立。次年，姚苌率羌人独立，自称大单于、万年秦王，年号白雀。公元 385 年，姚苌杀死前秦皇帝苻坚。次年，在长安称帝，国号大秦，改年号为建初。

姚苌在位10年，一直与前秦苻登在关陇地区相持。公元393年，姚苌病死，时年64岁。

投降前秦　南征北战

武昭皇帝姚苌像

姚苌是羌族首领姚弋仲的儿子，长年跟随他的兄长姚襄征战南北。公元357年，被东晋大将军击败的姚襄屯驻杏城，招兵买马聚焦了2.7万军队，图谋关中。四月，他亲率部队攻取黄落（今甘肃庆阳西南），又派辅国将军姚兰进攻敷城（今陕西洛川西南），直接与前秦发生了冲突。前秦皇帝苻生闻讯，急忙派卫大将军苻黄眉、平北将军苻道，龙骧将军苻坚、建节将军邓羌率步骑兵1.5万抵御。姚襄见敌军势大，坚守黄落，不出兵迎战。五月，邓羌只率5000骑兵，直压姚襄大营，引诱姚襄出战。姚襄见只有区区5000敌军，于是率大军出城攻杀，邓羌假装败退，把姚襄的大军引到三原，然后突然回军迎击，而埋伏在这里的苻黄眉等也率大军引出，姚襄兵败身亡。

姚襄死后，姚苌被推为首领，当时姚苌面对的局面是前有前秦，后有东晋，处境十分困难。而前秦苻坚又夺取了他父亲姚弋仲的灵柩，声称要鞭尸。无奈之下，姚苌只得决定率诸弟及部众投降前秦。

苻坚继位后，姚苌跟随他进行统一北方的战争。由于他多谋善断，长于用兵，在帮助苻坚平定关东、统一黄河流域的过程中立下赫赫战功。

公元366年七月，姚苌与辅国将军王猛率军进攻东晋荆州南乡郡，大胜，掳掠东晋汉水以北万余户民众。公元367年二月，姚苌与王猛、陇西太守姜衡、南安太守邵羌等率兵1.7万讨伐反叛前秦投向李俨的羌人敛岐。由于敛岐的部落以前都属于姚苌父亲姚弋仲，所以当听说是姚苌前来讨伐时，纷纷投降，姚苌被苻坚任命为陇东太守。公元371年三月，姚苌与苻雅、杨安、王统、徐成及羽林左监朱肜等率领步骑7万人讨伐氐王杨纂。杨率兵5万抵御，又得到东晋梁州刺史杨亮的援助。双方在仇池北面的鹫峡大战，杨纂兵败，后来迫于秦军的继续追击投降。公元373年十一月，姚苌被任命为宁州刺史。

苻坚在东灭前燕、西并仇池、南取梁益后，又决定攻打前凉和代，以解决进攻东晋的后顾之忧。公元376年五月，苻坚派姚苌与武卫将军苟苌、左将军毛盛、中书令梁照等率军13万大举攻前凉。前凉皇帝张天锡拒绝投降，并派其龙骧将军马建率军两万至杨非（今甘肃永登西北）抗击前秦大军。八月，前秦军开始进攻。苟苌先派出8000人，西出恩宿（今甘肃永昌南），截住张天锡的退路。接着，姚苌及梁照、王统率军从清石津渡黄河，进攻河会城（黄河与湟水会合处），打败前凉骁烈将军梁济。

见前秦攻势甚猛，马建自杨非退守清塞（今甘肃石浪境）。张天锡又派征东将军常据率军3万进驻洪池岭（今甘肃武威南），并亲自率军5万屯金昌（今甘肃永昌北）。但最终，姚苌攻破清塞，马建率万余人投降；苟苌攻破洪池，常据兵败自杀；张天锡司兵赵充哲的军队也被前秦军在赤岸（今甘肃武威东南）所败，被歼3.8万。之后，张天锡决定与前秦决一死战。不料刚率军队出金昌城，城内就发生叛乱，无奈之下率数千骑兵逃往姑臧。秦军追至姑臧，张天锡出降，前凉灭亡。

在这一系列征战中，姚苌战功卓著，因此他先后当上杨武将军、左卫将军以及陇东、汲郡等地太守和宁、幽、兖三州刺史。

率众自立　勒杀苻坚

前秦灭掉前凉后，休整了一年，于公元378年开始进攻东晋，取得一些战果。公元 383 年，东晋派出车骑将军桓冲等人率大军反击前秦。得知东晋大军来攻，苻坚于七月调动全国兵力向东晋发起进攻，以图消灭东晋，统一南北。大军出发之前，苻坚以姚苌为龙骧将军，督益、梁州诸军事，并对他说："我以前就是以龙骧将军建功立业的，所以从来不轻易把这一名称授予他人，今天封你为龙骧将军，你应该以此时刻勉励你自己。"不料，前秦出师不利，淝水之战大败于东晋。当苻坚逃回长安时，各族首领乘机反秦自立。慕容垂重新树起燕国的旗帜，史称后燕；鲜卑慕容泓也起兵叛秦，自称济北王；原平原太守慕容冲也起兵两万反叛前秦。在这样的情况下，苻坚派遣儿子苻叡率军 5 万征讨，任命姚苌为行军司马协助苻叡。苻叡好大喜功，有勇无谋，最终战败被慕容泓所杀。

对于苻叡的死，作为司马的姚苌认为自己也有责任，于是派龙骧长史赵都去向苻坚请罪。苻坚因为自己儿子被杀，情绪十分不好。听到赵都是来为他儿子的死请罪的，愤怒之中便把赵都杀了。

姚苌听到赵都被杀的消息后，十分震惊，马上意识到自己如果回去的话也难免一死。为了避免杀身之祸，于是逃到渭北。由于姚苌自身的影响力，西州豪族尹详、赵曜、狄广、张乾等从自身利益出发，率领 5 万多户羌族民众归附了姚苌，并推他为盟主。姚苌本想推迟，但是在尹月等人的劝说下，于公元 384 年，自称大将军、大单于、万年秦王，改元白雀。

姚苌自立后不久，就率军往北地进发，北地、新平、安定的 10 多万羌人都纷纷投奔姚苌。在这里，姚苌积极招募士兵，训练军队，积聚粮食，以观时变。十月，西燕慕容冲围攻长安，姚苌判定西燕不会在关中久留，于是决定待西燕灭了前秦撤兵之后再行占领长安。他让儿子姚兴留守北地，自己亲率大军攻克新平，夺取岭北等地的城池。次年五月，苻坚无法抵挡西燕慕容冲的进攻，放弃长安逃进了五将山。姚苌趁此良机派骁骑将军吴忠于包围五将山，生擒苻坚。

姚苌向苻坚索要玉玺，苻坚拒绝；他又要求苻坚禅位，苻坚大骂不已。最终，愤怒的姚苌派人把苻坚勒死在新平寺内。

苻坚死后，姚苌趁西燕撤离长安东下之机，进入长安。公元386年姚苌在长安自称皇帝，国号大秦，改年号为建初，史称后秦。

对峙苻登　迷信身亡

姚苌称帝后，与前秦高帝苻登在关陇地区相持数年。苻登性格粗犷，他当皇帝以后立下一个坚定的目标就是杀掉害死苻坚的姚苌。苻登对苻坚很是崇拜，他在行军时，会用军车载着苻坚的灵位及塑像，并派三百个卫士专门护送。每次作战之前，都会先祈告苻坚的灵位，然后再出兵。

苻登训练了一支极善战的军队，所以在与姚苌对峙的过程中，屡屡取得胜利。姚苌也知道苻登的军队十分利害，就采取能躲即躲，能避则避的策略，把自己的主力保留起来，不与苻登的军队进行正面交锋。姚苌总是吃败仗，看到苻登每战必在军中摆放苻坚的灵位，便以为是苻坚的鬼魂在作祟。于是他在自己的军中也为苻坚立了一个神像，摆上苻坚的灵位，并学苻登写了一篇祷词，对着苻坚的神像说当年杀死他不是他自己的意思，而是奉了他兄长的敕令。现在为他立神像，希望他在天之灵不要再计较。但是，这样做了之后，后秦的军队还是打不了胜仗，反弄得士兵在深夜里无故受惊。姚苌就认为是苻坚的亡灵不肯原谅他，气得他把苻坚神像的头砍下送给苻登。之后，还是觉得不解气，又把苻坚的尸体从坟墓中挖出来，鞭尸之后再剥光衣服，埋进土坑中。

苻登虽然常打胜仗却也捞不着太多的便宜。公元389年，苻登又攻克后秦的平凉，向姚苌大军所在的安定逼近。姚苌身边的大将都劝皇帝与前秦决战，姚苌却不以为然，他认为苻登的这支军队已经远征多时，正求奋力杀敌以早日回家，因此不宜决斗，应该用妙计取胜。于是，他令尚书令姚旻留守，自己则亲率三万大军偷袭秦军的辎车行李，大获胜利，并俘虏了苻登的皇后毛氏和两个王子以及数十名战将。对此失败，苻登大为恼火，却又无可奈何。

公元392年，姚苌再次领兵前去迎战苻登，行到新支堡却病倒了，并梦见苻坚带领天官使者和几百鬼卒冲入营栅，宫人出于迷信抛出长矛为他驱除所谓鬼卒，却误中他的阴部，病势由此转重。姚苌急忙召太尉姚旻，尚书左仆射尹纬、右仆射姚晃等接受顾命，又叮嘱姚兴说："这几位大臣都是我的患难之交，你切不可轻信别人对他们的诬陷。对骨肉要亲爱，对大臣要礼待，凡事要讲信用，对百姓要施恩，做到这四样，国家就能长治久安，我死也瞑目了。"几天后，姚苌病逝，时年64岁，葬于原陵，谥"武昭皇帝"，庙号"太祖"。

文桓皇帝姚兴

后秦文桓皇帝档案：

生 卒 年：公元366～416年

父　　母：父，武昭皇帝姚苌；母，虵氏

后　　妃：张皇后、齐皇后等

年　　号：皇初，弘始

在位时间：公元393～416年

谥　　号：文桓皇帝

庙　　号：高祖

陵　　寝：偶陵

性　　格：谦虚明达，勤奋有恒

点评：

姚兴堪称姚氏一族中出类拔萃的人物，他也是后秦仅有的三任

帝王中，在位时间最长、成效最卓著的一位。

——路卫兵

姚兴是后秦武昭皇帝姚苌的长子，曾在苻坚那里任太子舍人。公元384年，当他得知父亲已经自立为王、改元白雀的时候，他感觉到危险来临了，于是赶忙收拾行装，逃出长安城。

公元386年姚苌在长安自称皇帝，国号大秦，改年号为建初，史称后秦。姚苌当了皇帝后，立长子姚兴为太子。公元392年，姚苌病重，次年十二月去世。姚兴考虑到当时时局不稳，所以迟迟没有发布父亲姚苌已经去世的消息。不过，公元394年四月，苻登还是得到了姚苌已经死了的消息，他欣喜若狂，以为一举消灭后秦的机会到了。于是让弟弟苻广留守雍城，太子苻崇留守胡空堡，他自己率军向姚兴军队屯集地废桥出发。苻登驻军废桥附近之后，水源却被早已占据废桥的姚兴所断，缺水直接导致苻登的军队活活渴死了十分之二三，士气也十分低落。不久，姚兴就下令士兵大举进攻，很快就把苻登打得一败涂地。苻登独自逃回雍城，不想苻广和苻崇因听说前线失利早已弃城而走，害得狼狈的苻登无立身之处，只好跑到平凉，在那里收集了一部分残兵然后进入马毛山（今宁夏固原）。

姚兴经此一胜，才在五月为父亲姚苌发丧，并于父亲的陵前即皇帝位，改元皇初。不久，姚兴就率军围攻马毛山，而此时的苻登正准备下山迎接西秦乞伏乾归的援军，两军在马毛山南坡展开对决，最终姚兴大胜并生擒苻登，不久，把苻登杀死。

随后，姚兴又发动了一系列平定叛乱与扩张的战争以维护和巩固统治。他先是平定了安南将军强熙、镇远将军杨多和上邽姜乳的叛乱。然后在公元397年五月，又攻占了东晋弘农太守陶促、华山太守董迈的领地。取得这些地区后，姚兴乘胜进军，攻陷上洛（今陕西商州）。姚兴以此为根据地，命令他的弟弟姚崇以及镇东将军杨佛嵩攻取中原古都洛阳，经过艰苦的战斗，终于攻下洛阳。这些战争的胜利，使后秦的疆土面积得到极大的扩张，周边邻邦及豪族首领，也都先后率部归附姚兴。后秦疆土的范围“南至汉川，东逾汝颖，西控河西，北守上郡”，成为十六国时期仅次于前秦的第二大国。

在动荡的十六国时期，相对于其他的君主，姚兴可谓是一位很有作为的君主。他在位期间，留心政事，依靠足智多谋的尹纬，提拔有才能的人担任重要官职，京光的杜瑾、冯翊的吉默、始平的周平都是因有才能而被姚兴提拔成高官的。军事上，姚兴任用两位能征善战的叔叔姚绪与姚硕德。

为了促使政治清明，姚兴采取了严厉的措施打击贪污官吏。对于清廉的官员，除了物质上的奖励，他还会下书表彰，甚至越级提拔他们的职务。同时，姚兴也非常注意法制的建设，他下令在长安创建法律学校，让地方郡县的官员到这里来学习，完成学业后才能再回到郡县处理司法案件。

姚兴大力提倡儒学，并提倡兴办学校。对于一些满腹经纶的大学者，姚兴十分尊重，在处理完政事后，他经常会抽出时间把这些大学者请到东堂一起讨论学问。有的学者还会被姚兴安排在身边，参管机密，起草诏书。对于一些想求学的外地青年，姚兴特意命令守关将士一律放行，不许刁难。

此外，姚兴极力提倡节俭。他下令禁止百姓制造锦绣和过多地进行宗教祭祀，他本人也以身作则，厉行节俭，从不用金银装饰的车马器物。为了发民农业生产，他还下令释放因灾荒贫困而自卖为奴的百姓，让他们返乡务农。

这些措施的施行，有效地缓解了阶级矛盾，促进了社会经济的恢复与发展，使后秦国力日益强盛。这也是后秦在军事上取得辉煌战果的有力保证。

国家平定，姚兴谨记着父亲临终前对他说的话，他不像其他一些皇帝为了权力而对自己的兄弟同族大肆残杀，姚兴对他们很讲情义。如对他的两位叔叔姚绪、姚硕德，姚兴从不以皇帝身份自居，凡国家大事，他都会与两位叔叔商量。不过，姚兴过分注重仁义、孝悌，屡次容忍放纵兄弟、子侄的叛逆行为，这也导致了他统治后期的混乱。

在他的诸儿子中，姚兴并不喜欢才能平庸的太子姚泓，他最喜欢的是镇守长安的三儿子姚弼，认为姚弼是比较理想的继承人。所以他十分器重姚弼，对姚弼的所求，无所不应。野心很大的姚弼由此就产生了夺嫡的欲望，他买通姚兴左右于公元 411 年调入中央，任尚书令、侍中等职。之后，他又结纳党羽，制造舆论，企图击败皇太子姚泓。而姚兴对于这种行为采取了纵容的态度，即使有人提醒，他也不予理睬。

公元 414 年，姚兴患病。姚弼见状，召集了几千人，全副武装埋伏在家中。姚兴的其他几个儿子十分反感姚弼，也准备起兵消灭回长安的姚弼。不过，恰巧姚兴病情好转，才没酿成几个儿子兵戎相见。姚兴并没吸取教训，对姚弼还是放纵自由。次年，姚兴病情加重，姚弼又把军队集中到家中，并以身体不佳为名不到长安朝拜姚兴，以见机行事。姚兴勃然大怒，囚禁了姚弼，不过最终又在仁慈软弱的姚泓的劝说下赦免了他。公元 416 年二月，姚兴领兵南下，途中得病，只得折回长安。之后，病情加重，姚兴自知不久于人世，遂下令太子监国。姚弼的党羽姚愔误信姚兴已经去世，率兵攻打端门。姚兴此时虽已奄奄一息，但他使出全身的力量走到前殿，宣布赐死姚弼，诛杀乱党。禁卫军士气大震，击退姚愔的进攻。姚愔兵败逃往郦山。宫廷政变平息之后，姚兴因又气又惊，没过几天就真的与世长辞了，终年 51 岁。

后主姚泓

后秦后主档案：

生 卒 年：公元 388～417 年

父　　母：父，文桓皇帝姚兴；母，刘氏

后　　妃：不详

年　　号：永和

在位时间：公元 416～417 年

谥　　号：无

庙　　号：无

陵　　寝：不详

性　　格：宽仁，懦弱

点评：

姚泓继位，皇室内部骨肉相残，严重地削弱了统治力量。

——詹子庆《中国古代史》

对于后秦末代皇帝姚泓，我们可以用一首打油诗来描述其一生："仁义柔弱做皇帝，兄弟纷争各自立；晋军压境无力抵，被斩时年方三十。"姚泓是文桓帝姚兴的长子，他性格宽和，才能平庸，且又体弱多病，因此并不受姚兴的喜爱。姚兴所宠爱的儿子是姚弼。在立太子这件事上，姚兴一直很犹豫，一直到公元 402 年，才立姚泓为太子。

姚泓自幼喜爱谈论学术，尤其喜爱咏诗，常常会召集一些满腹经纶的大学士进行讨论。姚泓心地十分善良，主张用刑要轻，法律要宽。当年他在平凉时，冯翊人刘厥聚集了几千人叛乱，他派镇军将军彭白狼杀掉刘厥后，把参加叛乱的人全部赦免了。当部将问他

为什么这样做时，他把发生叛乱归结为自己管理无方，因此不能加罪叛兵。当太子的时候，他的兄弟姚弼企图取得太子之位，好几次都想杀掉他。不过他都不以为意，当他的父亲把想叛乱的姚弼抓起来时，他居然还劝谏父亲放了姚弼。要不是最后姚兴赐死姚弼，可能坐在皇帝宝座上的就不是姚泓了。

公元416年二月，姚兴病死，姚泓于同月继承父位，改年号为永和。姚泓是一个典型的仁君，但是过分的宽仁给他带来了无法挽回的后果，后秦最终在他的手上亡国。

即位之后，姚泓的日子十分不好过。先是羌酋党容起后向他示威，接着氐王杨盛也起兵攻取祈山，挑战后秦政权。正当他派兵去讨伐杨盛时，赫连勃勃又派兵攻秦，很快就攻取了上邽、阴密、安定、雍城等地。姚泓好不容易把赫连勃勃打退，不想又杀出一强敌。东晋的刘裕又率兵攻伐后秦，把漆丘、项城、仓垣、颍口等地占领。镇守洛阳的姚洸见刘裕来势汹汹，自己是无法抵抗的，马上派人向长安求救。姚泓派出越骑校尉阎生带领3000骑兵先行支援，接着又派出1万骑兵由姚益男火速率领增援洛阳，再派征东将军姚懿驻军陕津，以声援姚洸。但是，由于姚洸部下暗通敌军，刘裕率兵长驱直入，很快就攻陷洛阳。

而此时，镇守蒲阪的姚懿突然举兵称帝，反叛姚泓。姚泓调集重兵将其平定。公元417年正月，齐王姚恢又自称大都督，率安定的3.8万户从北雍向长安进发，反对姚泓。姚泓没有办法，只得率军前去讨伐，最终斩杀姚恢。而此时，刘裕已经派王镇恶、檀道济攻取潼关，直入关中。七月，沈田子、傅弘之攻破武关，进驻青泥，姚泓亲自率领几万大军迎敌。沈田子军队其实只有一千余人，但是他先发制敌，乘后秦营阵未立，首先出击。姚泓从未经历过大规模的战斗，一下子就慌了，吓得拨马就逃。沈田子趁机激励战士奋战，大败后秦兵，斩万余人。姚泓逃回灞上。随后，晋军乘胜一路攻破长安，姚泓势单力薄，只好准备投降。姚泓年仅11岁的儿子姚念佛十分清楚刘裕是不会放过他们的，于是哭着劝父亲不要投降，姚泓沉默没有回答。姚念佛就独自登上宫墙，跳下去自杀身亡。之后，姚泓率妻数人至王镇恶大营投降，他的堂弟姚赞也率领一百余人投降。后来，正如姚念佛所预测，刘裕将后秦王室全部处决，仅留姚泓押送往建康，最后也斩杀于闹市。自此，后秦灭亡。

十六国·后燕

成武皇帝慕容垂

后燕成武皇帝档案：

生卒年：公元326～396年

父　　母：父，前燕文明帝慕容皝；母，兰氏

后　　妃：段皇后等

年　　号：燕元，建兴

在位时间：公元384～396年

谥　　号：成武皇帝

庙　　号：世祖

陵　　寝：宣平陵

性　　格：英明神武，能屈能伸

点评：

燕国（前燕）后期，有两个人是有才能的，一是慕容恪，一是慕容垂。

——白寿彝《中国通史》

慕容垂，初名慕容霸，前燕文明帝慕容皝五个儿子。前燕被前秦攻灭后，慕容垂不断发展自己势力，于公元384年重建燕国，史称后燕。称帝后，慕容垂出兵消灭西燕。之后，他又出兵进攻北魏，接连失败，使国力大损。公元396年，在亲征北魏过程中，慕容垂病重，在退兵的途中病逝，终年71岁。

成武皇帝慕容垂像

前燕功臣　被排降秦

慕容垂自小就聪慧、气度不凡，深受前燕文明帝慕容皝喜爱。公元339年，14岁的慕容垂被慕容皝封为骑都尉，并跟随史长慕容恪攻击宇文别部，表现十分英勇。公元342年，慕容皝分兵两路攻击高句丽，慕容垂是南路军前锋将军。慕容开率兵攻入高句丽都城丸都，迫使高句丽王高钊只身逃走。公元344年，慕容皝亲自带兵攻击宇文部落宇文逸豆归，兵分几路进发，慕容垂率军从侧翼出击，杀宇文部落大将涉夜干，致使宇文军队溃散。燕军乘胜追击，攻克宇文氏都城紫蒙川（今辽宁朝阳西北），宇文逸豆归败逃，死于漠北，慕容垂因功受封为都乡侯。

公元348年，慕容皝病逝，慕容儁继位。次年，后赵石虎病死，慕容垂上书慕容儁讨伐后赵，慕容儁考虑到自己才登基不久，开始不同意。后来，在慕容根的劝说下才决定让慕容垂担任前锋都督。不久，慕容垂就攻破幽州，慕容儁准备把俘虏全部杀掉，慕容垂觉得有些过分，于是进谏说："现在我们刚平定中原，应当以安抚为重，不应该滥杀。"慕容儁觉得有道理，便把全部俘虏放走。

公元352年，慕容儁称帝，建号元玺；慕容垂被封为吴王，迁镇信都，以侍中、右禁将军录留台事，大收东北之利；但不久慕容儁因为猜忌慕容垂，下诏将其召还京都。公元 357 年，抚军将军慕容垂奉命与中军将军慕容虔、护军将军平熙率步骑八万进军塞北，大败敕勒，俘获 10 余万人、马 13 万匹、牛羊无数。

慕容垂妻子段氏才高性烈，与皇后足可浑氏合不来，皇后引以为恨。慕容儁因对慕容垂不满，于是借皇后可足浑氏告段氏巫蛊之事，想把慕容垂牵连进来。慕容儁把段氏等抓起来关过大牢，严刑进行拷问。但段氏毫不屈服，最终被杀。慕容垂又娶了段氏的妹妹，不想又被皇后可足浑氏废黜。

公元 360 年正月，慕容儁病逝，太子慕容暐即位。慕容暐以太原王慕容恪为太宰，上庸王慕容评为太傅，阳骛为太保，慕舆根为太师，参辅朝政。不过，太后可足浑氏常常干预朝政。慕舆根便劝慕容恪一起谋反，慕容恪拒绝。后慕容恪将此事告之于慕容垂，慕容垂便劝其诛杀慕舆根，但慕容恪以大局为重，没有同意。后来，慕舆根又密谋诛杀太宰慕容恪与太傅慕容评，慕容恪听到风声后，派慕容垂将慕舆根诛杀。三月，在慕容恪的推荐下，慕容暐封慕容垂为使持节、征南将军、都督河南诸军事、兖州牧、荆州刺史。

慕容恪病死后，东晋乘机发兵。公元 369 年，东晋大将桓温亲率 5 万军队北伐前燕。东晋大军一路势如破竹，七月已经进驻武阳（今山东莘县东南）。不久，桓温又到达枋头（今山东浚县西南）。

来势汹汹的东晋大军，使慕容暐和太傅慕容评十分恐慌，他们准备放弃抵抗，逃往和龙以避祸。但慕容垂主张抗击，于是慕容暐以慕容垂为南讨大都督，让他率兵 5 万抵御桓温。与此同时，慕容暐派散骑侍郎乐嵩往前秦求救。最终，在慕容垂与前秦苻坚的联合抗击下，桓温灰溜溜地撤军回国。

打退了桓温之后，慕容垂威名大振，引起了慕容评的忌恨。慕容评与太后可足浑氏联合起来密谋杀掉慕容垂。慕容恪之子慕容楷及慕容垂的舅父兰建知道后劝慕容垂先下手为强。但慕容垂不忍骨肉相残，于是率兵投奔前秦苻坚。

脱离前秦　重建燕国

前秦苻坚听说慕容垂前来，亲自到城外迎接。苻坚的谋士王猛就劝苻坚杀掉慕容垂，以免养虎为患，但苻坚不听，还封慕容垂为冠军将军。公元 370 年，前燕被苻坚所灭。当慕容垂看到被俘虏的慕容暐和其他文武大臣时，想起自己曾经被排挤的情景，伤感之中不免认为这些人活该被俘。前郎中令高弼见状，走到慕容垂面前，悄声地对他讲："现在国家虽然被灭，但是如果以后复兴燕国，这些人都可以派上用场。你不要老是想着他们从前的过失，而是要想着利用他们来干一番事业。"慕容垂听后十分佩服他的远见，立即改变了对前燕遗臣的态度。

公元 373 年，天空出现彗星，太史令张孟劝说苻坚诛杀慕容氏，苻坚不听，以慕容暐为尚书，慕容垂为京兆尹，慕容冲为平阳太守。公元 374 年，王猛借助童谣命人告发慕容氏将复国，劝说苻坚诛灭慕容氏，前秦宣昭帝苻坚仍旧不予理睬，慕容氏又得以躲过一劫。在如履薄冰般的生活中，随着时间的推移，慕容垂伺机恢复燕国的思想也就越来越强烈。

公元 382 年，苻坚为了统一天下，准备出兵东晋，但是遭到前秦王公大臣们的一致反对。慕容垂见状，便主张苻坚伐晋。因为在慕容垂看来，此次前秦伐晋必败无疑，如果前秦败退，实力必然大损，那么他恢复燕国就更加容易。

慕容垂的意见坚定了苻坚南伐的决心，苻坚还高兴地对慕容垂说："能和我共同平定天下的只有你一人。"公元 383 年八月，苻坚下令慕容垂和张蚝率领 25 万人打先锋，正式出征东晋。不料在淝水一战，前秦各路大军被打得一败涂地，苻坚只带回一千多残兵败将。

而此时慕容垂所统帅的3万多人没受到任何损失，苻坚便带着一千多人投奔慕容垂。慕容垂的儿子慕容宝等都劝慕容垂杀掉苻坚，但慕容垂为了报答苻坚当年的收留之情没有动手，仍然把自己统帅的军队交给苻坚。在跟着苻坚返回长安的路上，慕容垂终于决定脱离苻坚，自立门户。

到了渑池，慕容垂就对苻坚说："北部有一些人听说我们打了败仗，都有些蠢蠢欲动，请你让我去安抚他们，我也顺便瞻仰一下我祖父的陵庙。"苻坚被淝水之战搞得心烦意乱，也没有多想就答应了慕容垂的要求。慕容垂由此脱离队伍东行，与前秦分道扬镳。经过一个多月的准备，慕容垂于公元384年正月在荥阳称燕王。此后，又经过两年多的不断征战，慕容垂终于站稳了脚跟，于公元386年正月正式即皇帝位，建立后燕，定都中山。

南征北战　身死征途

称帝之后，慕容垂展现了他过人的军事能力，不断率兵东征西讨，扩大后燕版图。公元386年，慕容垂亲自率军南下，攻取了青、兖、徐等在淝水之战后刚刚被东晋"光复"的大片前秦的土地。接着，他又出兵剿杀吴深叛乱。公元387年，慕容垂命镇北将军兰汗和护军将军平幼率军进攻温详。温详原为前燕大臣，后降于东晋，任为济北太守。后燕军太败温详，温详带着家人连夜逃往彭城（今江苏徐州），其部众3万余户向后燕军投降。

公元391年，鲜卑贺兰部贺讷、贺染干兄弟为争夺本部统治权而发生内乱。慕容垂乘机派赵王慕容麟率军击贺讷，在赤城（今内蒙古托克托县东南黄河西岸）生擒贺讷，贺讷的部众数万人也投降于后燕。慕容垂为稳固其统治，又先后派兵击败高句丽；消灭河北一带的叛军，收复清河、渤海等地；联合北魏消灭刘显，占据辽东，从而使后燕成为北方第一大国。

此时的慕容垂眼里只有一个对手——同族仇敌西燕。他认为天上不能同时有两个太阳，燕国也不能同时有两个政权，西燕必须灭掉。在此之前，他先解决了一个小政权。河南一带的丁零翟氏一会儿归附他，一会儿又归附东晋和西燕，很让他讨厌。于是在公元392年，67岁的慕容垂亲自率兵消灭丁零翟氏政权。

公元394年，慕容垂准备举兵攻伐西燕。由于此前后燕连年用兵，官兵已经疲惫不堪，许多将领显得顾虑重重，认为不宜再举兵，但范阳王慕容德却极力支持消灭西燕。慕容垂先在邺城西南逗留了一个多月，制造从太行大道向长子（今山西长治南）进军的假象，西燕慕容永信以为真，于是把台壁的军队调到轵关防守，堵住太行山口。慕容垂见慕容永上当，迅速把大军调到台壁南部。慕容永只得急忙调兵反击，但被慕容垂引入埋伏圈内，损失惨重，慕容永仓皇逃回长子。慕容垂乘胜进军，不久就攻下长子，把慕容永及西燕的30多名大臣全部杀掉，西燕就此灭亡。后燕此时的版图已经基本上恢复到前燕时期的范围。

俗话说，人心不足蛇吞象。慕容垂消灭西燕后开始忘乎所以，他把目光又对准强大的北魏，慕容垂认为可以像消灭西燕那样一举消灭北魏。于是，公元395年七月，他派太子慕容宝统帅精骑8万进攻北魏。两方在黄河两岸相持10多天，但由于后燕后方传来叛乱的消息，慕容宝只得退兵回国。北魏拓跋珪趁此机会率精骑渡黄河到达参合陂，连夜包围了燕军的营寨。在北魏精骑的突然袭击下，燕军几乎全军覆灭。这场战争的失利，使得北魏和后燕的军事力量发生了变化，后燕国力受到很大的损耗。

公元396年，71岁的慕容垂亲领大军又一次攻伐北魏，虽然取得阶段性的胜利，但当他来到昔日战场参合陂的时候，部下痛哭流涕，慕容垂也不由悲愤交加，病情加重，不得不引兵回国。走到上谷的时候，慕容垂已经奄奄一息，对慕容宝交待完后事后随即病逝。

惠愍皇帝慕容宝

后燕惠愍皇帝档案：

生 卒 年：公元 355～398 年

父　　母：父，成武皇帝慕容垂；母，段氏

后　　妃：段皇后、丁皇后等

年　　号：永康

在位时间：公元 396～398 年

谥　　号：惠愍皇帝

庙　　号：烈宗

陵　　寝：不祥

性　　格：勤学好文，刻薄寡恩

点评：

由于施政暴虐，造成上下离德，百姓思乱者十室而九，统治极不稳定。

——詹子庆《中国古代史》

慕容宝，生于公元 355 年，是成武皇帝慕容垂的第四个儿子。由于从小就生活在富裕优越的家庭环境中，慕容宝胸无大志，整天只喜欢听奉承话，最喜欢被别人拍马屁。16 岁的时候，慕容宝跟随父亲慕容垂投奔前秦，宣昭帝苻坚封他为太子洗马、万年令。不久，前燕被前秦所灭，看到被俘的前燕国君慕容暐以及文武大臣，慕容宝顿时产生了国破家亡的伤感，开始懂事起来，他发誓要恢复燕国。

淝水之战前夕，慕容宝被苻坚任命为陵江将军。淝水之战，苻坚大败，只带着一千多骑兵投奔没有受到任何损失的慕容垂部。慕容宝见状，觉得是灭秦复国的最好的时机，于是他就力劝父亲慕容垂杀掉苻坚，恢复燕国。不过当时慕容垂没有同意，到了渑池之后才与苻坚分道扬镳。慕容垂于公元384年自称燕王，两年后，正式称帝，并立慕容宝为太子。

此时的慕容宝已经30岁，经历过这么多年的磨砺，他已经有了很大改变。当太子后，慕容宝更是痛改前非，砥砺自修，并对朝廷大臣礼待有加，对慕容垂身边的侍从进行收买。就这样，慕容宝很快就获得了慕容垂身边的大臣与侍从的一致认可，慕容垂也就放心由他来继承皇位了。

公元395年，慕容垂命太子慕容宝率军八万进攻北魏，两军在黄河两岸对峙10多天。后来，由于后燕国内传来叛乱的消息，慕容宝只得撤离。后燕军奋起直追，在参合陂（在今山西阳高境）大败慕容宝。次年，慕容垂亲自率兵再次进攻北魏，虽取得胜利，但在参合陂见到后燕官兵尸骨累累，不禁悲愤交加，一病不起，最终在上谷病逝。慕容宝在父亲死后继承帝位，是为后燕惠愍帝。

即位不久，慕容宝就面临一次大的考验。公元397年八月，北魏拓跋珪亲率四十万大军进攻后燕。九月，魏军攻下后燕并州（今山西太原西南）。十月，北魏军队到达井陉关（今河北井陉县附近）。见北魏军队来势汹汹，后燕守宰或弃城逃跑，或望风而降，只有邺城与信都及中山三城闭城固守。拓跋珪亲自率兵围攻中山，慕容宝率兵凭城顽拒。双方在中山城僵持了近一年。在此期间，后燕内部也出现了问题，中山王慕容麟几次阴谋篡位。公元397年九月，中山城粮草耗尽，慕容宝只得乘夜率一万骑兵逃往龙城。

在蓟地与他的儿子慕容会会合的时候，慕容宝将慕容会的军队分给了慕容农与慕容隆。在此之前，慕容会就因没有得到太子之位心生不满，这次分兵权更是触动了他的反叛之心，他的军队也表明了追随他的决心。慕容宝身边的大臣见慕容会如此深得人心，十分嫉妒，就劝慕容宝趁早杀掉慕容会。慕容会得知消息后随即举兵谋反，但不久就被慕容宝部将高云剿灭。

击败慕容会叛乱后，慕容宝率兵到达龙城。在龙城休整一段时间后，慕容宝出兵南下讨伐北魏，企图会合南燕慕容德。不料又遇兵变，龙城被段速骨攻破，慕容宝只好带着少数人马逃往石城。

公元 398 年二月，镇守龙城的兰汗率兵到石城迎接慕容宝回龙城，当时慕容宝不知道兰汗是什么意思，不敢盲目进城。不久，兰汗又派左将军苏超来迎接慕容宝回城。部下担心兰汗此举心怀不轨，极力劝阻。但是慕容宝认为兰汗不仅是自己的舅父，同时也是自己儿子慕容盛的岳父，不会出什么问题，就跟着苏超回城。半路上，兰汗又派他的弟弟加难带了 500 兵士前来迎接。临近龙城进，与慕容宝同行的颍阴公余崇感觉气氛不对，便劝慕容宝速回石城，以防不测，但慕容宝不听，执意要回到龙城。

临近龙城时，加难突然捕杀余崇，并把慕容宝拥入龙城，派兵监视起来。当天晚上，兰汗便派人将慕容宝杀死，同时遇害的还有太子慕容策等一百多人。

慕容宝死时年 44 岁，谥号“惠愍皇帝”，庙号“烈宗”。

昭武皇帝慕容盛

后燕昭武皇帝档案：

生 卒 年：公元 373～401 年

父　　母：父，惠愍皇帝慕容宝；母，丁氏

后　　妃：兰皇后等

年　　号：建平，长乐

在位时间：公元 398～401 年

谥　　号：昭武皇帝

庙　　号：中宗

陵　　寝：兴平陵

性　　格：深沉谋略，骁勇刚毅，多疑滥杀

点评：

他（慕容盛）认为父亲太懦弱，因而失败，就反其道而行之，一切从严，结果他的左右人人自危。

——沈起炜

慕容盛，字道元，公元373年生，是惠愍皇帝慕容宝的长子。慕容宝被兰汗杀死后，慕容盛先是归附兰汗，后用离间计杀了兰汗即位称帝。

公元384年，前燕幽帝慕容暐准备联合长安城内的一千多鲜卑人起事杀死苻坚，不料走露了风声，苻坚无论男女老少，把这一千余人都全部屠杀。但其中的慕容盛因为头脑灵活与其叔父慕容柔巧妙地逃出了长安，投奔当时起兵反秦的慕容冲。后来，慕容盛又投奔慕容垂，作西边地图献给慕容垂，被封为长乐公。

公元398年，后燕惠愍帝慕容宝举兵南伐北魏，慕容盛留守龙城，后燕大将段速骨作乱，慕容盛急驰出龙城前往保卫后燕惠愍帝慕容宝，慕容宝几次险些被段速骨抓获，全赖慕容盛救回；但是慕容盛多次向慕容宝提出奇谋，慕容宝都没有听从，所以后燕军屡败。后来，慕容宝不听劝谏，在穷途末路时未作任何防备就进入龙城，被后燕龙城守将兰汗谋杀。慕容盛听到父亲已死的噩耗，当即跨上马就要去奔丧。将军张真抓他的马缰劝阻他，但慕容盛却说："我现在过去只是奔丧，没有其他目的。兰汗比较愚蠢，他肯定会顾忌到我是他的女婿而不会杀我的。"果真，在慕容盛妻子及岳母的求情下，兰汗没有杀慕容盛，还让他到宫中来住。

在归附兰汗期间，慕容盛一面挑拨兰汗兄弟之间的关系，一面

派心腹慕容奇在暗中招募兵士准备起兵讨伐兰汗。这一年六月，慕容奇聚集了几千人在建安起兵反对兰汗。兰汗想派他的哥哥兰堤去镇压，慕容盛乘机就向兰汗实施离间计，说他的哥哥兰堤可能就是慕容奇的幕后操纵者。兰汗此前就对兰堤的蛮横无礼恨之入骨，也就相信了慕容盛的话，就另外派仇尼慕讨伐慕容奇。后来，兰汗在儿子兰穆的提醒下有所醒悟，知道慕容盛在离间他们兄弟，于是立马召见慕容盛，想乘机杀了他。慕容盛事先从岳母和夫人处得到消息，就假装生病，闭门不出，同时又派他的妻子去求情，兰汗也就放弃了杀他的念头，命令兰穆先杀了加难弟兄。

不久，兰穆打败了加难等人，兰汗十分高兴，为此举行了庆功大会，兰汗和部将们喝得酩酊大醉。慕容盛乘机纠集心腹，于夜间杀入宫中，捕杀了兰汗父子。随后，慕容盛派人通知慕容奇立即撤军，但是慕容奇不愿再受慕容盛的摆布，与丁零严生、乌丸王龙联兵背叛慕容盛，引军至横沟，直逼龙城。慕容盛只得率兵迎战，很快就打败联军，捉拿慕容奇返回龙城，并斩杀王龙、严生等百余人。不久，慕容盛登上皇帝宝座，改年号为建平。

称帝后，慕容盛十分害怕别人对他来之不易的皇帝宝座有什么非分之想，所以几乎不相信任何人。公元 398 年，幽州刺史慕容豪、尚书左仆射张通、昌黎尹张顺谋反，慕容盛出兵把他们全部诛杀。

公元 399 年，慕容盛又怀疑辽西太守李朗暗自勾结北魏军，于是多次召李朗入朝，但李朗怕惹来杀身之祸，没有回来。李朗的母亲在龙城，不敢公开背叛，于是暗中勾结北魏。慕容盛识破了李朗的诡计，当即把李朗的族人全部杀掉，并派遣辅国将军李旱出兵讨伐李朗。

慕容盛并没有强行征伐，而是采取智斗的方式。当李旱领兵到达辽西的时候，他就下令立即撤兵。这样一来，李朗就以为后燕发生了内乱，便松懈下来。随后，李朗便亲自率军到北平去迎接北魏的军队，这也使得其后方兵力空虚。慕容盛乘此机会，立即命令李旱再次进军，轻而易举就攻克了令支，最终杀死李朗。

公元400年，慕容盛去帝号，自称庶人大王。由于慕容盛治下太严，刑罚残忍，导致朝廷人心涣散，个个思叛。公元401年，左将军慕容国与殿中将军秦舆、段赞等人密谋暗杀慕容盛，却东窗事发，众人都被慕容盛杀掉，同时被杀的还有五百多人。几天后，秦舆的儿子秦兴和段赞的儿子段泰带领一些人夜间潜入皇宫，呼喊着杀向内廷。慕容盛被惊醒，率领左右卫兵出殿迎战，击退叛众。正当慕容盛要回宫的时候，突然从暗处跳出一个叛乱者，一刀刺向了他。慕容盛勉强回到前殿，自感伤势严重，可能活不长了，就急忙召叔父河间公慕容熙交待后事，但在慕容熙赶到之前就已经昏倒，不久就死去，时年29岁。

慕容盛死后庙号“中宗”，谥号为“昭武皇帝”。

昭文皇帝慕容熙

后燕昭文皇帝档案：

生卒年：公元385～407年

父　　母：父，成武皇帝慕容垂；母，不详

后　　妃：苻训英等

年　　号：光始，建始

在位时间：公元401～407年

谥　　号：昭文皇帝

庙　　号：无

陵　　寝：微平陵

性　　格：勇武善战，奢侈荒唐

点评：

慕容熙是花花大少慕容宝的弟弟，比慕容宝更不成材料。

——柏杨

慕容熙，字道文，生于公元385年，是后燕成武皇帝慕容垂的小儿子。慕容垂在位期间，慕容熙被封为河间王。公元398年，兰汗杀后燕惠愍帝慕容宝自立，14岁的慕容熙被封为辽东公。同年，慕容盛杀掉兰汗继承帝位，改封慕容熙为河间公，不久又拜慕容熙为都督中外诸军事、骠骑大将军、尚书左仆射，领中领军。由此，慕容熙开始跟随侄子出征高句丽、契丹等地。他在战场上表现得十分英勇，所向无敌，慕容盛时常会夸他的英雄可以与当年的世祖慕容垂相比。

公元401年，慕容盛被刺杀，太子慕容定本来应该继承帝位，但由于慕容定还是个小孩，不足以执掌朝廷，所以必须考虑其他。如果按声誉大小和大臣们的愿望，慕容宝的第四个儿子慕容元是最好的人选，但由于太后丁氏与慕容熙相好，想立慕容熙为皇帝，因此不同意慕容元当皇帝。当天夜里，丁太后就下令废掉慕容定，把慕容熙秘密迎进宫中即位，就这样，慕容熙登上皇帝宝座，是为后燕昭文帝。

慕容熙即位后，对丁太后自然是感激不尽，经常与她同床共欢。但是仅过一年时间，慕容熙就有了新欢，他看上了中山尹苻谟的两个女儿。大的叫娀娥，小的叫训英，都是绝世美人。慕容熙马上立娀娥为贵人，立训英为贵嫔，天天与这俩姐妹在一起。这样一来，太后丁氏就被冷落了，丁太后十分不满，于是和侄儿丁信商量废掉慕容熙，再立慕容渊为皇帝。慕容熙听到风声后，丝毫不顾及当年丁氏的功劳，毫不留情地将他们全部杀掉。

慕容熙非常宠爱苻氏姐妹，想方设法讨她们欢心。公元403年，慕容熙派人特意在龙腾苑建造了逍遥宫、甘露殿，开凿了曲光海、清凉池，并开挖了天河渠，把水引入宫中。这些工程是盛夏时建造的，为了赶工期，民工们在高温下也不许休息，许多人因此活活热死。

苻氏姐妹喜欢游玩，慕容熙就把政事放在一边，专门陪她们到处浏览与打猎。对于两姐妹的要求，无不听从。即使她们在冬天想吃只有在二月、八月才能采摘的地黄，慕容熙都会派人去找，如果找不到，就把差人统统杀掉。

苻氏姐妹可谓享受着独一无二的荣华富贵，但是很可惜的是，她们的命都不长。公元404年，娀娥患病医治无效去世。慕容熙悲痛欲绝，把为她治病的医生肢解后又点火焚尸以泄愤。公元407年，训英也跟着姐姐去了。慕容熙再一次哭得死去活来，他不愿离开他的皇后，竟然把训英的尸体剥光了进行奸淫。

随后，慕容熙命令公卿与平民全体出工为皇后训英修建陵墓。耗费金钱无数，修建成的微平陵周长达几里，墓内还绘有朝官的画像。出殡那天，慕容熙亲自披发赤脚跟在灵柩后面。同时，他还命令百官必须哭泣，如果未哭将给予处罚，群臣只好口含辣物以刺激流泪。慕容熙又赐死高阳王慕容隆的王妃殉葬，以致有大臣唯恐突然受命殉葬，每天都洗好澡来等待命令。

正当慕容熙出城为皇后训英送葬之时，原后燕中卫将军冯跋等人发动政变，乘机拥立慕容宝的养子高云为帝，关闭了龙城的所有城门，拒绝慕容熙进城。送葬完后，慕容熙率兵攻城，结果怎么也攻不下来，只好退入龙城北郊的龙腾苑中躲起来。不久，慕容熙就被人抓获，押送到高云面前。高云在列数他的罪状后，将他杀死。慕容熙死时年仅23岁，谥号“昭文皇帝”。

惠懿皇帝高云

后燕惠懿皇帝档案：

生 卒 年：? ～409 年

父　　母：父，高拔；母，不详

后　　妃：李皇后等

年　　号：正始

在位时间：公元 407～409 年

谥　　号：惠懿皇帝

庙　　号：无

陵　　寝：不详

性　　格：厚重寡言，谨慎无能

点评：

云沈深有局量，厚重希言，时人咸以为愚。

——*唐・房玄龄《晋书》*

高云，字子雨，原是高句丽的支系子孙。高云青年时代，在后燕沉默寡言，没有什么名气，被周围的人当成蠢货。只有中卫将军冯跋看出他的气度，与他结交。慕容宝当太子的时候，高云因为武功高强当上了侍御郎，在东宫侍候太子。公元 397 年，慕容宝的儿子慕容会因不满父亲剥他太子位、削他兵权而发动了叛乱，高云受命在深夜带领一百多人的敢死队平定了慕容会的叛乱，因功被慕容宝收为养子。慕容宝赐姓高云为慕容云，封其为夕阳公。

公元 407 年，后燕昭文帝慕容熙的皇后训英去世。慕容熙对皇后有着深厚的感情，于是亲自出城为训英送葬。此时，逃避在外的原后燕中卫将军冯跋潜回龙城，关闭城门发动政变。冯跋强迫慕容云即天王位，恢复高姓，大赫罪犯，改年号为正始。不久，冯跋便把慕容熙及其几个儿子全部杀死。

高云当了天王，并没有掌握大权，权力实际掌握在冯跋兄弟手中。高云登位后以冯跋为侍中、都督中外诸军事、征北大将军、开府仪同三司、录尚书事、武邑公，掌握北燕军政大权。为了防止冯氏兄弟对自己不利，高云花重金雇佣了了一批大力士作为自己的心腹来保护自己。这些人的头目为离班、桃仁，高云对这两人礼遇有加，成千上万地给予赏赐，让他们吃穿与自己相同。但是，离班与桃仁贪得无厌，对高云的赏赐十分挑剔，稍有不满意就对高云怨言不断。

公元409年十一月的一天，离班、桃仁两人身藏利剑，假称有事要奏报。高云也就毫无防备，当他接过递上来的纸卷看时，离班向高云发动突袭，被高云用案几挡开。高云转身想逃，桃仁一剑把他砍翻在地，当场死去，后燕也就由此灭亡。

十六国·北燕

文成皇帝冯跋

北燕文成皇帝档案：

生 卒 年：? ～430年

父　　母：父，冯安；母，张氏

后　　妃：孙皇后、宋皇后等

年　　号：太平

在位时间：公元409～430年

谥　　号：文成帝

庙　　号：太祖

陵　　寝：长谷陵

性　　格：恭慎宽厚，明达狭隘

点评：

冯跋废除后燕一些苛政，注意奖励农桑，省徭薄赋，整顿吏治，惩治贪官，营建太学，发展教育，使辽西地区的社会经济很快得到恢复和发展。

——詹子庆《中国古代史》

冯跋，字文起，在后燕愍帝慕容宝时期任中卫将军。公元401年，慕容熙当上后燕皇帝后，冯跋还被提升为卫中郎将。但由于之前冯跋得罪过慕容熙，所以他十分害怕慕容熙杀了他，于是他就带着子弟躲进深山老林中避祸。

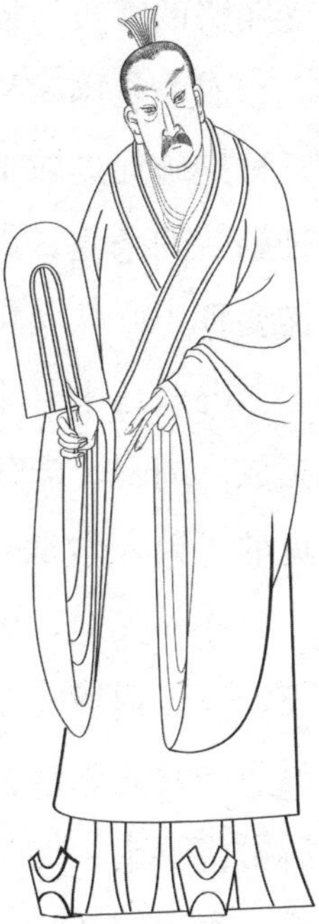

文成皇帝冯跋像

虽然逃亡在野，但冯跋并没有与外界中断联系，他常常派人下山打听后燕的消息。当冯跋得知后燕在慕容熙的暴虐统治下徭役繁重，民不聊生，于是决定不再坐以待毙，与他弟弟冯弗素下山潜回龙城，以期相机行事消灭慕容熙。公元407年七月，慕容熙为死去的皇后大办丧事，并亲自出城为皇后送葬。慕容熙一出城，冯跋就带着一伙人潜入高云家中，拥立高云即天王位，改元正始，并下令并闭所有城门，拒绝慕容熙入城。不久，冯跋便把慕容熙及其几个儿子全部杀死。

高云虽然当上了天王，但大权却掌握在冯跋弟兄手中。高云十分不满，于是就招募了一批大力士作为自己的心腹，准备对付冯跋兄弟。在这些大力士中，高云最信任离班、桃仁，就让他们俩负责禁卫军，给他们成千上万的赏赐。但是，这依然没有办法满足这两人永无止境的贪欲，离班、桃仁两人对高云仍有怨言。公元409年十月，离班、桃仁两人把高云杀死。冯跋得知消息后，迅速派人把离班、桃仁杀掉，然后在昌黎（今辽宁义县）即天王位，改元太平，国号燕，史称北燕。

冯跋即位后，特别注重政治的清廉。他下令废除后燕的全部苛政，实行轻徭薄赋。明确规定各级官吏不得侵害百姓，并让司法部门随时检查。官吏李训是后燕旧臣，他在慕容熙败亡时从国库偷了数以万计的财宝，然后他又拿这些财宝去行贿以求谋得更高的官职。冯跋知道此事后，不仅把李训处死，没收其财产，还严厉处罚了收受贿赂的官员，同时下令严禁行贿受贿。

农业是国家根本，冯跋深知这一道理，因此在任期间，他推行各种措施促进农业发展。即位后不久，冯跋就颁布了惩罚懒惰、奖励勤劳的条例，鼓励农民生产。此外，他还下令规定广大农民每人需要种100棵桑树、20棵柘树。

冯跋还十分重视人才，即位之初就提拔了德才兼备的郝越、张买成、周刁、温建德、何纂等人。又设立太学，选拔二千石以下官吏的子弟入学学习。

在外交上，由于当时北方的柔然迅速崛起，北燕就采取和亲政策，以保边境安宁。在公元411年七月，柔然可汗派人求亲，想娶冯跋的女儿乐浪公主为妻子。冯跋抛弃了以往狭隘的民族偏见，派游击将军率领二千能骑把乐浪公主送到柔然。由此，柔然与北燕关系一直比较和睦。

公元429年，冯跋病重期间，因立继承人问题，皇后宋氏和族人意见不一。冯跋立次子冯翼为太子，而宋氏想把自己的儿子受居立为太子。结果祸起萧墙，他的小弟冯弘借机发动政变，带兵闯入冯跋病室，冯跋受惊而死。冯跋的三个儿子冯朗、冯崇和冯邈看不惯同室操戈，率部投奔了北魏。之后，冯弘自立为帝。冯跋死后谥“文成皇帝”，庙号“太祖”。

昭成皇帝冯弘

北燕昭成皇帝档案：

生卒年：? ～437 年

父　　母：父，冯安；母，王氏

后　　妃：慕容皇后、王氏等

年　　号：太兴

在位时间：公元 430～436 年

谥　　号：昭成帝

庙　　号：无

陵　　寝：不详

性　　格：凶残狠毒，虚荣专横

点评：

北燕主冯跋死，其弟冯弘，尽杀跋诸子，自立为燕天王，国内动乱。

——白寿彝《中国通史》

冯弘是北燕文成皇帝冯跋的弟弟，因其父亲冯安是西燕将军，从小就和哥哥冯跋一起练习武艺，勇猛无敌。冯跋称天王时，冯弘被封为待中、征东大将军、尚书右仆射，中央禁卫军也由冯弘掌管。公元 429 年十一月，冯跋身患重病，将第二个儿子冯翼立为太子，代管国事。但是皇后宋氏却想立自己的亲生儿子受居为太子，便不许冯翼和冯跋的其他儿子看望冯跋，只让他的心腹中给事胡福一个人出入冯跋病室。次年九月，冯跋病危，胡福把宋氏的阴谋告诉了冯弘，冯弘当即率领几十名士兵直闯冯跋病室，不料冯跋惊吓而死。于是，冯弘匆匆即天王位，把太子冯翼等杀掉。次年正月，冯弘改年号为太兴。

北燕国小民弱，屡受到强大的北魏攻伐。公元432年，北魏拓跋焘亲自率军征伐北燕，一路攻克北燕数个州郡，并俘获了3万多户。在拓跋焘撤走后，尚书郭渊曾劝冯弘向北魏进贡，以求做个附庸，但冯弘不肯归降，誓与北魏斗争到底。

公元435年，鉴于北燕皇帝冯弘不肯屈服，拓跋焘再次出兵北燕。冯弘虽然请来高句丽数万援兵，但仍旧遭遇失败。最终，冯弘只能焚毁宫城，逼迫百姓东迁高句丽，难民队伍一度长达八十多里。

到达高句丽后，冯弘还摆出皇帝的架子，命人捧着诏书到高句丽王高琏处宣读。高琏大怒，不准他们进城，只让冯弘居住在平郭（今辽宁盖县南）。不久，又让冯弘他们迁居北丰（今辽宁沈阳西北）。已经寄人篱下了，但冯弘还是独断专行，发号施令，一点也不尊重高琏，对高句丽人如同对自己的臣民一样随意处罚。高琏一气之下，就派兵夺走了冯弘的太子作人质，并驱赶他的侍臣。

冯弘觉得十分屈辱，于是派人秘密求助于南朝刘宋，准备投奔宋文帝。宋文帝派王白驹等人来到高句丽要求迎回冯弘，并要求高琏负担路费。高琏大怒，不但没有接受刘宋的要求，反而派孙漱、高仇两员大将率几百士兵赶到北丰，把冯弘及其子孙十几人全部杀掉，北燕至此灭亡。

十六国·南燕

献武皇帝慕容德

北燕献武皇帝档案：

生 卒 年： 公元336～405年

父　　母：父，前燕景帝慕容皝，母，公孙氏

后　　妃：段皇后等

年　　号：建平

在位时间：公元 398～405 年

谥　　号：献武皇帝

庙　　号：世宗

陵　　寝：不详

性　　格：冷血狡诈，敏锐务实

点评：

在境内大力革除积弊，又劝课农桑，发展经济，使南燕强盛于一时。

——詹子庆《中国古代史》

慕容德，字玄明，生于公元 336 年，是前燕皇帝慕容皝的小儿子。前燕灭亡后，他跟随慕容垂建立后燕，并在后燕担任重要职务。后来，北魏攻燕，后燕惠愍帝慕容宝逃往龙城，慕容德率众迁到滑台（今河南滑县东），自称燕王，史称南燕。

年轻有为　复燕功臣

青年时期的慕容德身姿魁伟，相貌英俊，博览群书，多才多艺，且有勇有谋，十分招人喜欢。前燕文明帝慕容皝时，慕容德被封为范阳王，任征南将军。到了前燕景昭帝慕容儁，慕容德被封为梁公，历任幽州刺史、左卫将军。前燕幽帝慕容暐在位时，慕容德改封为范阳王，不久又迁任魏尹、加散骑常侍。

公元 369 年，东晋桓温率军伐前燕。很快，桓温的军队在黄墟大败燕军，直逼枋头。前燕的君臣都十分恐慌，有的还主张迁都和龙以避桓温大军。但是慕容德与兄长慕容垂力主抵抗，率兵接连打

败桓温的进攻，桓温由于远行出征，粮草不足，只得退往襄邑（今河南睢县）。慕容德与慕容垂在此又前后夹击，杀桓温军队 3 万余人，击退东晋的侵略。

此战过后，功勋卓著的慕容垂引起了太傅慕容评与太后可足浑氏的嫉妒，在他们的排挤下，慕容垂为保全性命，无奈率军投降了前秦苻坚。慕容德因此受到牵连，被免去官职。此后，前燕在慕容评与可足浑氏的操纵下日益衰落，于公元 370 年被前秦所灭。前秦皇帝苻坚主张各族和睦相处，因此，对于前燕的旧臣们都委以官职，慕容德被委任为张掖太守。公元 383 年，苻坚大举率兵南下征伐东晋，慕容德被封为奋威将军。不料在淝水之战中，苻坚大败，只带回一千多残兵败将。而此时慕容垂所统帅的 3 万多人没受到任何的损失，苻坚便带着一千多人投奔慕容垂。慕容德与慕容垂的儿子慕容宝等都劝慕容垂杀掉苻坚，但慕容垂认为这并非上策，仍然把自己统帅的军队交给苻坚。在跟着苻坚返回长安的路上，慕容垂终于决定脱离苻坚，自立门户。

到了渑池，慕容垂就对苻坚说："北部有一些人听说我们打了败仗，都有些蠢蠢欲动，请你让我去安抚他们，我也顺便瞻仰一下我祖父的陵庙。"苻坚被淝水之战搞得心烦意乱，也没有多想就答应了慕容垂的要求。慕容垂由此脱离队伍东行，与前秦分道扬镳。经过一个多月的准备，慕容垂于公元 384 年正月在荥阳称燕王，慕容德被封为车骑大将军、范阳王。经过两年多的不断征战，慕容垂终于站稳了脚跟，于公元 386 年正月正式即皇帝位，建立后燕，慕容德任尚书令，参断政事。

之后，慕容垂派兵迅速消灭了前秦在关东的势力，又平定了割据河南的丁零翟魏政权，稳定了北燕的政权。公元 392 年，在慕容德的建议下，慕容垂派兵攻伐西燕，次年八月便攻下西燕都城长子，西燕灭亡，后燕的势力由此达到鼎盛。

临危受命　建立南燕

消灭西燕后，慕容垂忘乎所以，不顾慕容德等人劝谏，于公元395年五月派太子慕容宝和慕容农、慕容麟带兵出征北魏。他们与北魏军队在黄河两岸相持十多天，但后来由于后燕内部出现叛乱，慕容宝慌忙退兵，结果在参合陂被北魏杀得几乎全军覆没。

第二年，慕容宝觉得输得太窝囊了，于是向慕容垂请求再次出征北魏。慕容垂对参合陂之败也感到十分丧气，于是在公元396年亲自率领大军攻伐北魏。他们出其不意地穿过云中，攻陷了北魏的平城，俘虏北魏三万多人。此时的慕容垂身体不适，于是马上带着战利口撤退，路过参合陂时，见到去年被北魏杀害的几万后燕官兵尸骨堆积如山，伤感之情油然而生。士兵们见到尸骨，也想起了自己死去的父兄、亲戚和战友，放声痛哭，顿时哭声震天动地。慕容垂听到哭声，悲伤、气恼、懊丧等一起涌了上来，连吐了几口鲜血，病情因此加重，走到上谷时，已经奄奄一息了。临终之时他挣扎着对儿子慕容宝交待后事，说国家多难，丧礼应从简，并要范阳王慕容德镇守燕国的故都重地邺城。

慕容宝继位后，遵照父亲的遗命，以慕容德为使持节、都督冀、兖、青、徐、荆、豫六州诸军事、车骑大将军、冀州牧，领南蛮校尉，镇邺。慕容德出镇邺城，实际担负起了保卫后燕南部领土的重担。

公元396年，拓跋珪正式称帝，他乘慕容垂新死、后燕内部混乱之机，亲率大军四十余万进攻后燕。北魏军队一路势如破竹，两个多月时间，就已经占领山西、河北大部分地区。后燕守将或弃城逃跑，或望风投降，只有邺城与信都及中山三个战略要镇闭城坚守。于是，拓跋珪兵分三路，他自己亲自督兵围攻中山，魏东平公拓跋仪领兵进攻慕容德镇守的邺城。在拓跋仪司马丁建内应下，慕容德大破魏军，取得邺城保卫战的胜利。但不久，信都、中山都都被攻陷，慕容宝逃往龙城，下落不明。慕容德手下的人见状，纷纷劝他自立为帝。但慕容德认为时机并不成熟，于是没有答应。

不久，慕容宝委任慕容德为丞相、领冀州牧。由此，慕容德有了自行封官赐爵的大权。慕容德分析当前形势，认为邺城已经是孤立无援，无法抵挡北魏下一次的攻伐。于是，慕容德带领民众乘北魏尚未进攻之时，南渡黄河，迁到滑台（今河南滑县）。抵达滑台后，慕容德在众人的拥戴下称帝，建国南燕。

南燕建立不久，前秦降将苻广就在乞活堡自称秦王，起兵叛燕。为了稳定局面，慕容德不得不亲自率军讨伐苻广，让大将慕容和留守滑台。不料出兵不久，谋士李辩杀死大将慕容和，将滑台献给了北魏。没有了立身之地，慕容德只得率众向东，攻取青、兖二州。最终，慕容德将广固作为南燕国都，并在南郊举行了正式的登基大典，改年号为建平。

雄踞齐鲁　壮志未酬

南燕建立后，慕容德明白要想立足于世，必须要有强大的国力，因此，他开始施行相关措施发展经济，扩充军队。他采取“务在遵养”的政策，对跟随大军南迁的河北豪强和他们的依附人口给予长期免赋税免徭役的特权，让他们在新的土地落地生根、发展壮大。慕容德又专派掌管财政的尚书封恺和掌管机要的中书侍郎封逞到各地视察，慰问将士。同时，慕容德虚心纳谏，也十分注意官僚的后续性，他设立主管教育的学官，选拔公卿以下官僚子弟和二品以下士族子弟二百人为太学生进行培养。此外，慕容德在商山（今山东淄博）设立采铜官，下令立冶采铜；又在乌常泽（今山东寿光）设立盐官，管理盐业生产。

不久，慕容德接受尚书韩谇的建议，整顿户籍，清查户口。他派出车骑将军慕容镇率骑兵3000，沿边巡察，严防一些隐户逃走。经此一番清查，取得显著的成绩，当时齐鲁一带登记的户籍人口才10万，这次就查出隐漏户58000户，使得南燕政府控制的人口大大增加，税收增加，国力也就大大增强。慕容德也不断扩充军队，一度拥步兵37万，铁骑5.3万。

当然，南燕的发展与当时的环境是有着莫大关联的。当时南边的东晋内有荆、扬两派互相争权，外有孙恩、卢循等起兵造反，因此根本没有精力出兵北伐。而北边的北魏在拓跋焘带领下迁都洛阳，整顿巩固内部，进行西、北二线的战争，同样也没有余力东侵齐鲁。因此，南燕才得以在慕容德的统治下雄踞齐鲁。

随着东晋的日益衰落，慕容德想乘机攻伐东晋。他就下令慕容镇为前锋，慕容钟为大都督，让他们领步兵两万、骑兵五千出发。但就在此时，慕容德一病不起，只能罢兵。

说起慕容德的病因，就得说起他的母亲与兄弟慕容纳。慕容德称帝后，就想把他的母亲与兄长慕容纳找来，让他们享享福。他派出杜弘等人不断打听母兄妻儿的消息，直到他出兵东晋不久，他的一个老部下才赵融带来消息称他的母兄均已经亡故，只剩下一个侄子慕容超。听到这个噩耗，慕容德十分悲痛，引发了多年的疾病。

慕容德病倒后，伐晋之事就此作罢，也引发了朝廷的权力争权。由于他没有儿子，就急忙派人到长安把侄子慕容超接回。公元405年四月，慕容德封慕容超为北海王、骠骑大将军，司隶校尉。不久，在他病危之际，又下诏立慕容超为皇太子。立完遗诏的当天晚上，慕容德就去世了。为了防止被人盗墓，安葬慕容德时，特别用了10多口一模一样的棺材，在夜里分四个城门抬出，这也导致后人竟不知道这位皇帝的尸骨埋在何处。慕容德死后谥为“献武皇帝”。

末主慕容超

南燕末主档案：

生 卒 年：公元 384～410 年

父　　母：父，慕容纳；母，段氏

后　　妃：皇后呼延氏等

年　　号：太上

在位时间：公元 405～410 年

谥　　号：文帝

庙　　号：无

陵　　寝：不详

性　　格：昏庸贪婪，刚愎自用

点评：

继位后，不恤政事，游猎是务，政治腐败，国势衰微。

——詹子庆《中国古代史》

慕容超，是南燕献武皇帝慕容德的侄子，公元 405 年，被慕容德立为皇太子。在慕容德病逝之后，慕容超继位。慕容超在位期间，亲信小人，不理政事，喜好游玩，致使朝野一片混乱。最终，慕容超仅在位 4 年 7 个月，南燕便被刘裕所灭。

颠簸人生　继承叔位

慕容超的父亲是慕容纳，慕容纳在前燕时期被封为北海王。后来，前秦灭燕，苻坚坚持民族和睦政策，继续起用前燕旧臣，慕容纳被任命为广武太守。几年后，慕容纳被免职，于是他就带着妻子搬到张掖，与当时任张掖太守的慕容德及母亲公孙氏住在一起。

公元 383 年，慕容德被封为奋威将军，跟随苻坚南下伐晋。慕容德早就有复燕的志向，这次出征之前，他就想如果苻坚败了，那么他就和兄长慕容垂起兵复燕。但一想到前途艰险，和家人一别就不知何年何月才能再相见，不禁依依难舍。最终，他给母亲留了一把金刀，作为日后相认的凭证。

淝水之战后，慕容垂与慕容德便脱离前秦，图谋复国。到达荥阳后，慕容垂终于自称燕王，任慕容德为车骑大将军，范阳王。消息传到张掖，张掖太守立即把留在这里的慕容纳和慕容德的几个儿子全部诛杀。慕容德的母亲因为年纪太大侥幸获免，而慕容纳的妻子段氏因为有孕在身，也暂时得以保全，按规矩待生下孩子后再处决。关押公孙氏、段氏的监狱有一个小头目叫呼延平，曾受过慕容德的恩，此时见慕容德的家中遭难，于是偷偷将公孙氏与段氏救出，并带着她们逃往羌人地区。不久，段氏就生下慕容超。

慕容超 10 岁那年，公孙氏不行了，临终之前，他把慕容德曾给她的金刀交给了慕容超，让他等天下太平的时候去找他的叔父。公孙氏去世后不久，呼延平带着慕容超和他的母亲去了凉州。公元 403 年，后凉被后秦攻灭，慕容超等只得跟随凉州移民迁往长安。在去长安的路上，呼延平不幸去世，只留下一个女儿。在母亲段氏的建议下，慕容超娶了呼延平的女儿为妻。

因其身份是秦国叛将的后代，慕容超一直是秦的通缉对象。他又怕后秦姚兴录用他，将来对抗燕国。为了躲避灾祸，慕容超便假装疯癫，扮成一个乞丐的样子。姚兴见状觉得有些蹊跷，便召他来进行试探。慕容超仍旧故意装傻，对姚兴的问题胡乱对答，姚兴真的相信慕容超已经疯了，不再把他瞧在眼里。

慕容德称帝建立南燕后，不断打听母兄妻儿的消息，后来得知他们都亡故了，只有一个侄子慕容超还在长安，就派吴辩去接他到燕国。吴辩隐姓埋名来到长安，找到了他的一个老乡宗正谦，让他扮作一个算命先生走街串巷寻找慕容超。不多久，宗正谦就找到了慕容超。慕容超和宗正谦接上头后，一下子就恢复了正常，当即化装并改了姓名，怕走露风声，慕容超连他的母亲与妻子都没有告诉，就跟着吴辩与宗正谦逃往南燕。

公元405年四月，慕容超到达南燕都城广固。一见到叔父慕容德，慕容超便将当年祖母公孙氏给他的金刀献上，并把祖母当年的临终遗言对慕容德详细叙述了一遍。慕容德抚摸着金刀，想起当年的事情，不禁大哭一场。此时的慕容德已经病重，因没有子嗣，朝廷内部已经有人虎视眈眈他的帝位。他见侄子慕容超膀宽腰圆，魁伟不凡，十分高兴，当即就封他为北海王，拜侍中、骠骑大将军、司隶校尉，并精心挑选了一些有名的贤人当他的僚佐。

慕容超明白叔父的用意，于是表现得非常优秀，“入则侍奉尽欢，出则倾身下士”，不久，上下内外对他一片赞誉，都觉得他就是南燕下一代最理想的接班人。此时慕容德的病情不断加重，不久连张口说话都不行了，段太后十分着急，就对着慕容德说：“现在就让中书侍郎来写诏书立慕容超为太子，可以吗?”慕容德微微点了点头，表示同意。就这样慕容超匆匆成为太子，在慕容德死后，慕容超立马登上皇位，成为南燕的第二位君主。

奸佞当道　宗室叛反

慕容超继位后，想依靠宗室元老加强统治，于是任慕容钟为都督中外诸军事、录尚书事，任慕容法为征南将军、都督徐、兖、扬、南四州诸军事，封慕容镇为尚书令。但是过了不久，他便以公孙五楼作为自己的亲信，把这些宗室元老打发到外地，慕容钟当青州牧，外戚段宏出任徐州刺史。公孙五楼被封为武卫将军、领屯骑校尉。当时的朝廷元老封孚就进言说：“慕容钟是宗室重臣，段宏是皇亲外戚，如果让他们出镇在外，而让公孙五楼这种奸佞小人执掌内廷，朝廷早晚会不安的。”慕容超就去找公孙五楼商议，公孙五楼早就想把这些人赶出去，见此机会，当然向慕容超进谗言。慕容钟、段宏等人受到排挤，心中忿忿不平，私下就讽刺公孙五楼：“看来黄皮狗的皮真的要补到狐皮大衣上去了。”公孙五楼听后，恨得咬牙切齿，双方之间的嫌隙不断加深。

当初慕容超逃往南燕行至梁父境内时，前往投奔兖州刺史慕容法，本是想求得心灵慰藉，不想慕容法却说：“汉代时曾发生卜者冒充卫国太子的事，谁知道他们是不是这样的人?”于是便把慕容超拒之门外，两人由此结下怨恨。慕容德死的时候，慕容法又不来奔丧，慕容超只得派人前去请过来。及至慕容超即皇帝位，慕容法常常担心慕容超会报复他，于是与被排挤的慕容钟、段宏密谋反叛，夺取大权。

慕容超得到消息后，立即召慕容钟进京，但慕容钟害怕被杀，称病不去。慕容超大怒，派人把他的党羽慕容统、慕容根、段封等人全都捕杀。又将与他联络的封嵩处以酷刑，车裂于东门之外。

不久，慕容超又派出三路大军分别进攻青州慕容钟、徐州段宏、兖州慕容法。最终，徐州刺史段宏弃城投奔北魏，慕容法兵败之后也投奔北魏，青州被攻克后慕容钟逃往后秦。虽然，这次大动乱以慕容超的全胜而告终，但也使南燕的统治力量大大削弱。

平定宗室叛乱后，慕容超以为大权已经牢牢地掌握在自己的手中，开始不理朝政，沉溺于游猎，大臣屡谏不听。他又不断增加赋税徭役，加上天灾不断，百姓苦不堪言。一次慕容超在朝庭问大臣：“朕好比前朝哪位皇帝?”大臣们不知所答，一个叫封孚的大臣毫不留情地说：“桀、纣。”慕容超暴跳如雷，吓得大臣们面无血色，而封孚却徐步而出，面不改色。

此时的公孙五楼已经当上了侍中、尚书，领右卫将军，专断朝政。公孙五楼把他的宗族亲戚全部安排要职，排除异已，弄得百官恐惧。一些小人也乘机阿谀奉承，致使朝野人心离散。

有一次，慕容超在南郊祭祀，忽然见到样子像鼠、赤色、大如马的野兽来到祭坛，不久，狂风大作，天地间刹时昏暗如傍晚，羽仪帷幕全部毁裂。慕容超十分害怕，忙问太史令怎么回事。太史令就说是他信用奸佞、诛戮贤良、赋敛繁多、事役繁重引起的。于是，慕容超回去之后实行大赦，免了公孙五楼等人的官。可是，没几天他又起用公孙五楼，任他为非作歹。

刘裕进军　南燕国灭

与南燕混乱不堪相比，东晋内部出现了新的变化。刘裕消灭了桓玄，逐渐掌握了实权。他为了提高威信与声望，于是下令北伐南燕。公元 409 年四月，刘裕率水军从建康出发，沿淮河、泗水到达下邳（今江苏睢宁县西北），又沿陆路进发，直逼南燕都城广固。

慕容超听说刘裕来攻，急与大臣商讨对敌策略。公孙五楼提出了上中下三策：上策是守住大岘，拖住晋军，然后派精骑断绝晋军粮道，再派兖州出兵，夹击晋军；中策是让各地据险自守，并加固城墙和堡垒以及将野外的粮食、财物收藏起来，迫使晋军无粮自行退兵；下策是放敌人过来，出城与之决战。慕容超刚愎自用，选择下策，太尉慕容镇再三劝谏他都不听，还将慕容镇抓起来关进监狱。

之后，慕容超将莒、梁两地的守兵全部撤回，放敌人进入腹地。又征民众修缮广固城墙，等待着晋军的到来。后来，慕容超又以临朐城南有一片开阔的平原，便于骑兵驰骋，他就想以鲜卑的优势骑兵在此将晋军消灭，于是率 4 万骑兵到临朐驻扎。两军在空旷的平原上展开了决战，刘裕采用了多兵种混合作战的战术，以步兵居中，左右两以 4000 辆战车护翼。这场大战从早晨一直战到下午，依然难解难分。刘裕在参军胡藩的建议下派出奇兵偷袭了燕军后方，攻克临朐，燕主慕容超弃城逃往正在城南作战的段晖部。东晋两面夹击，最终大败燕军，斩杀燕军 10 多名大将，慕容超连御玺、乘辇也顾不上了，慌忙逃往广固。

晋军乘胜直追，很快就攻破广固外城，慕容超将外城百姓全部迁入内城坚守。刘裕见内城十分坚固，于是大力安抚当地百姓，取得充足的粮食和兵力之后，便开始与慕容超打持久战。慕容超在内城不断给部下打气，希望他们继续坚守城池。但是，随着时间的推移，燕军人心开始涣散。到了第二年，很多军卒百姓都纷纷偷偷出城投降刘裕。二月初，刘裕下令四面齐上，全力攻城。守将悦寿知道再也无力抵抗晋军的进攻，于是打开城门放晋军入城。慕容超带着数十士兵突围出逃，但最终又被追回。

不久，慕容超被刘裕送往建康斩首，终年 27 岁。曾经叱咤风云的南燕就此灰飞烟灭。

十六国·后凉

懿武皇帝吕光

后凉懿武皇帝档案：

生 卒 年：公元 337～399 年

父　　母：父，吕婆楼；母，不详

后　　妃：石皇后等

年　　号：太安，麟嘉，龙飞

在位时间：公元 386～399 年

谥　　号：懿武皇帝

庙　　号：太祖

陵　　寝：高陵

性　　格：深沉稳重，宽宏大度

点评：

毅凝沈重，宽简有大量。

——北魏·崔鸿《十六国春秋》

吕光，字世明，生于公元337年。他出身于略阳（今甘肃庄浪县西南）的名门望族，自小不喜欢读书，但头脑十分机灵，与小伙伴玩耍的时候，常把战阵兵法运用进去，因此被众人推为首领。到了青年时期，吕光已经变得非常深沉、稳重，喜怒哀乐不形于色。苻坚的谋士王猛觉得他是个人才，便将他推荐给苻坚。苻坚封他为美阳县令，后来又提升他为鹰扬将军。

公元357年六月，苻坚杀兄继位，大将军张平乘乱反判，投降了东晋。十月，张平率兵侵袭前秦，苻坚先派苻柳驻守蒲阪（今山西永济西南）抵御。次年二月，苻坚率兵亲征张平。他派建节将军邓羌为前锋督护，领兵5000先在汾水沿岸设防，张平派他的养子张蚝迎战，双方对阵十多天，不分胜负。于是苻坚悬赏招募勇士平叛，吕光应征率先出战，打败了张蚝，张平军也随之溃败。这一战使吕光威名大振，赢得了前秦大臣们称赞。公元370年，吕光跟随王猛攻灭前燕，因功被封为都亭侯。公元380年，吕光参与平定苻洛叛乱有功，被升为骁骑将军。

苻坚后来又通过一系列的征战，基本统一的北方。这时，他想进一步扩大疆土面积，于是，他又将目光投向西域和南面的东晋。公元382年，苻坚派吕光等率军征讨西域；公元383年，苻坚又大举进兵攻伐东晋。

吕光率军到达西域时，焉耆王泥流见吕光军队十分强大，就主要联络了一些国王向吕光投降。但是龟兹国王帛纯十分顽固，派出重兵坚守城池，拒不投降。吕光便在龟兹城南安营扎寨，准备打长久战。半年之后，帛纯熬不住了，便向龟兹西部的狯胡求救。狯胡深知唇亡齿寒，便联合了温宿、尉头等国的70多万人马来救龟兹。

这70多万军队乃强兵锐卒，个个精于骑马射箭，他们用套索套人几乎百发百中，穿的战甲也非常坚硬，弓箭很难射进去。吕光部下见此十分惊恐，不敢出战。吕光仔细研究敌人特点之后，命令各个军营集合在一起，对敌时用骑兵掩护，然后再用长钩钩取敌军的套索，就这样，经过几次对战，轻而易举就将龟兹打败。此战过后，吕光威震西域，30多个小国都归附于他。

苻坚在淝水之战中大败，前秦境内的各族纷纷人分叛，吕光本来想回关中，但是当他领兵到达宜禾时，高昌太守杨翰怕他会乘机夺取凉州，便劝凉州刺史梁熙堵住高桐、允吾两个关口，阻止其前进，不过凉州刺史梁熙不以为意。吕光率兵长驱直入，跨过玉门关，直逼凉州。此时梁熙才如梦初醒，匆忙派他的儿子梁胤与振威将军姚皓等率兵5万抗击吕光。吕光派彭晃、杜进等出兵，在安弥大败梁引胤，又擒获梁熙。不久，吕光又诛灭了凉州高昌郡太守杨翰，从此割据凉州，建立了自己的根据地。

由于凉州地处边陲，消息十分闭塞，直到公元386年，前秦宣昭帝苻坚的死讯才传到这里。吕光听到噩耗后悲痛欲绝，命令所有的凉州人为苻坚披麻戴孝。一个月后，吕光宣布改元太安，并自称使持节、侍中、中外大都督、督陇右、河西诸军事、大将军、凉州牧、酒泉公。

与此同时，前秦的长水校尉王穆也自称凉州牧，想与吕光分庭抗礼。吕光的西平太守康宁和彭晃想造反独立。对于这种情况，吕光毫不犹豫率兵进行征伐。公元387年，吕光杀掉彭晃、王穆，由此统一凉州。次年二月，吕光称凉王，改元麟嘉，设置百官，并立他的妻子石氏为王妃，儿子吕绍为太子。公元395年七月，吕光大举进攻西秦，西秦国主乞伏乾投降，并把儿子作为人质送到西平。

随着地位的不断巩固，吕光不再满足于王的称号。公元 396 年，吕光改称天王，国号大凉，改元龙飞，正式建立后凉。

公元 397 年正月，乞伏乾归叛变。吕光为了教训出尔反尔的乞伏乾归，派吕纂与吕延出兵西秦，很快就攻取了西秦的金城、临洮、武始、河关等地。势如破竹的后凉军队吓坏了西秦的大臣们，他们都认为不可能战胜来势汹汹的吕光，都劝乞伏乾归往东逃往成纪。但乞伏乾归决心不再当孬种，他精心分析了北凉军队的优劣，制订了周详的作战计划。之后，他利用反间计，向外散布消息说西秦皇帝乞伏乾归害怕了，已经往东逃往成纪去了。吕延信以为真，带着精兵强将一直往东追击。就这样，吕延被诱入乞伏乾归早已设好的埋伏圈，最终后凉军大败，吕延在战斗中阵亡。吕光听此消息，大为震惊，但是精兵已经被灭，无力再战，只好退兵固守。

公元 399 年，吕光病重，传位于太子吕绍，自号太上皇帝，并任庶长子吕纂为太尉，二子吕弘为司徒。他叮嘱吕绍说："现在南凉、北凉、西秦三方都在寻找机会攻灭我们。我死之后，你让吕纂统帅军队，吕弘管理朝政，这样才能保住国家。如果相互猜忌，国家就会很快分裂走向灭亡。"同时，他又对吕纂、吕弘说："吕绍不是拨乱反正的人才，但他是正宫嫡子，所以才让他当天王。眼前内外交困，你们兄弟要和睦相处，同心治国。"当天，吕光就病死，时年 63 岁。吕光死后葬于高陵，谥号"懿武皇帝"，庙号"太祖"。

灵帝吕纂

后凉灵帝档案：

生 卒 年：? ～401 年

父　　母：父，吕光；母，赵涉媛

后　　妃：杨皇后等

年　　号：咸宁

在位时间：公元 399～401 年

谥　　号：灵帝

庙　　号：无

陵　　寝：白石陵

性　　格：穷兵黩武，荒淫无度

点评：

吕纂是个好将军、好战将，但绝不是一个好的政治家。

——路卫兵

吕纂，字永绪，后凉懿武帝吕光的庶长子。他自小就不喜欢读书，喜欢骑马射箭、玩弄鹰和猎犬，是一个纨绔子弟。公元 383 年，苻坚在淝水太败于东晋，后秦陷入一片混乱当中。吕纂就逃出长安，向西一直到上邽再到姑臧，投奔其父亲吕光。吕光封吕纂为武贲中郎将、太原公。因为勇猛善战，吕纂常年被吕光派往各地征讨叛乱，因而威名远扬。

公元 399 年，吕光病重。由于吕纂是庶长子，因此无法继承皇位，皇位由吕绍所继承。吕光害怕他这几个儿子相互猜忌残杀，临死时再三叮嘱，曾拉着吕纂的手对他说："你性格粗暴，最让我担心了。在我死后，你一定要好好辅佐吕绍，不要听信任何谗言。"吕纂当时满口应承。

吕绍继承天王位后，害怕被手握重兵的吕纂杀害，于是就想让位于吕纂，吕纂不同意。此时吕超又劝吕绍解除吕纂的兵权，吕绍也没有采纳。在吕光逝世的当天晚上，吕弘撺掇吕纂兵变，吕纂也就不再顾忌，纠集了几百亡命之徒攻打广夏门，逼迫吕绍自杀身亡。

吕绍死后，吕纂顾忌吕弘兵马强盛，于是劝说吕弘即天王位，但吕弘推辞。于是在公元 399 年十二月，吕纂登上谦光殿，即天王位，改元咸宁，封吕弘为使持节、侍中、大都督、都督中外诸军事、大司马、车骑大将军、司隶校尉、录尚书事。

但过了不久，吕纂就对功高名重的吕弘起了猜忌之心，吕弘被迫起兵反叛。吕纂下诏命焦辨出兵攻伐吕弘，吕弘兵败逃往广固。公元400年三月，吕弘被抓回姑臧，吕纂派出大力士将其杀害。

杀了吕弘之后，吕纂认为朝廷已经太平，应该向外出兵，扩大国家疆土，于是便准备出兵南凉。中书令杨颖就劝他说："现在国家刚刚稳定，不是对外讨伐的好时机，应该鼓励农桑耕种，修缮兵器培养军队，等待可利用的时机才出兵征伐。"吕纂不听，执意出兵南凉。但是在出师不利，后凉军队在三堆被秃发傉檀打败。吕纂不服气，又派兵袭击北凉的张掖、建康，他出兵不久，秃发傉檀又来袭击后凉的都城，无奈之下吕纂只得撤兵回救。

回到姑臧之后，吕纂变成了另一个人。不理朝政，天天喝酒作乐，没事就出去打猎游玩。大臣们坐不住了，杨颖等就常常劝谏他不要沉迷于酒色与玩乐，应该励精图治，治理四方。吕纂也时常答应改正，但事后依然我行我素。

公元401年二月，吕超擅自出兵攻击鲜卑思盘，思盘派弟弟乞珍向纂超投诉吕超。于是，吕纂召吕超进京问个明白。一见到吕超，吕纂就骂他："你居然不听我命令，擅自用兵，那么我也只有斩了你，才能使天下太平。"当时吕纂并不是真的要杀吕超，只不过想吓唬一下他而已。但是吕超信以为真，非常害怕，便趁着吕纂酒醉乘车游玩之际，将吕纂刺死。

后主吕隆

后凉后主档案：

生 卒 年：? ～403年

父　　母：父，吕宝；母，卫氏

后　　妃：杨皇后等

年　　号：神鼎

在位时间：公元 401～403 年

谥　　号：无

庙　　号：无

陵　　寝：不详

性　　格：英勇，残暴

点评：

吕隆的残暴，无疑加速了后凉灭亡的进程。

——路卫兵

吕隆，字永基，是后凉懿武皇帝吕光的侄子，吕超的哥哥。吕隆自小就长得很英俊，善于骑射。公元 399 年，他被懿武帝吕光封为北部护军。公元 401 年二月，吕隆在宴会上将灵帝吕纂灌醉，他的弟弟吕超趁机拔剑刺死吕纂。之后，吕隆在吕超的拥立下即天王位，改元神鼎，封吕超为使持节、侍中、都督中外诸军事、辅国大将军、司隶校尉、录尚书事，安定公。

吕隆即位之后，为了树立自己的权威，诛杀了许多豪门望族。这也导致后凉人人自危，社会生产遭到严重破坏。秦将领姚硕德趁机举兵讨伐后凉，吕隆派吕超出战，结果大败，无奈只得向后秦称臣。

随后，北凉沮渠蒙逊也趁着这个机会征伐吕隆。但这次吕隆取得了胜利，沮渠蒙逊只得向吕隆请和，并留下一万余斛粮食赈济灾民。也因此，姑臧城内的粮价陡然间飙升，一斗竟然要五千文钱。很多贫民买不起粮食，活活被饿死，城内还出现了人吃人的悲惨场面。有一些人为了生存下去，想逃出城去，吕隆怕引起连锁反应，就派人将他们全部坑杀。

此后，南凉、北凉又经常出兵侵袭，吕隆抵挡不住，只好派吕超向后秦姚兴请降。姚兴立刻派将军齐难带领 4 万大军开入后凉，接受吕隆投降。齐难到达姑臧时，吕隆身穿白色衣服到路旁迎接。在迁往长安之时，他派人代他告别祖庙说："我没有遵从太祖的遗训，接二连三地残害骨肉，终于导致北凉和南凉进犯，没在没有办法了，我只能投降于后秦，在此与太祖在天之灵告别了!"吕隆失声痛哭，后秦的将士见了都感到难过。

吕隆到了长安后，被姚兴降封为散骑常侍。后来，姚兴的儿子、广平公姚弼图谋反叛，姚兴借此牵连吕隆，以谋反之名将他杀死。

十六国·南凉

武王秃发乌孤

南凉武王档案：

生 卒 年：? ～399 年

父　　母：父，秃发思复鞬，母，不详

后　　妃：不详

年　　号：太初

在位时间：公元 397～399 年

谥　　号：武王

庙　　号：烈祖

陵　　寝：不祥

性　　格：深沉坚毅，雄心勃勃

点评：

秃发罴叶酋豪，擅强边服，控弦玉塞，跃马金山，候满月而窥兵，乘折胶而纵镝，礼容弗被，声教斯阻。

——唐·房玄龄《晋书》

秃发乌孤，是河西（今甘肃西部一带）鲜卑族人。他的父亲秃发思复鞬死后，他续任为鲜卑酋长。之后，在秃发乌孤的领导下，河西鲜卑族大力发展畜牧业和农业，并且和邻近部落、邦国和平相处，势力逐渐壮大起来。

当时，正是前秦苻坚淝水大败后，各地纷纷反叛使中原重新陷入分裂的局面，吕光乘机占据姑臧，建立后凉。秃发乌孤也想争夺凉州，他曾对他身边的将领说："我的八世祖匹孤从塞北迁到河西，占有了东到麦田、牵屯，西到湿罗，南到浇河，北到大漠的广阔地带。我的六世祖树机能曾在万斛堆杀掉西晋秦州刺史胡烈，在金山打败凉州刺史史苏愉，占领了整修凉州。现在应该由我来统治凉州，恢复祖先的大业了。"

不过，由于当时他的势力不够强大，他决定暂不出兵，还假意接受了吕光封他为冠军大将军、河西鲜卑大都统的官职，称臣于后凉。为了积蓄军费、扩充地盘，秃发乌孤先后率军攻破吐谷浑乙弗、折掘两个部落。他又派部将石亦干修筑了廉川堡，作为根据地。与此同时，秃发乌孤积极发展经济，扩充实力，他重用汉族士人，并收编了金城以南的"河南鲜卑"吐秣等12个部落。

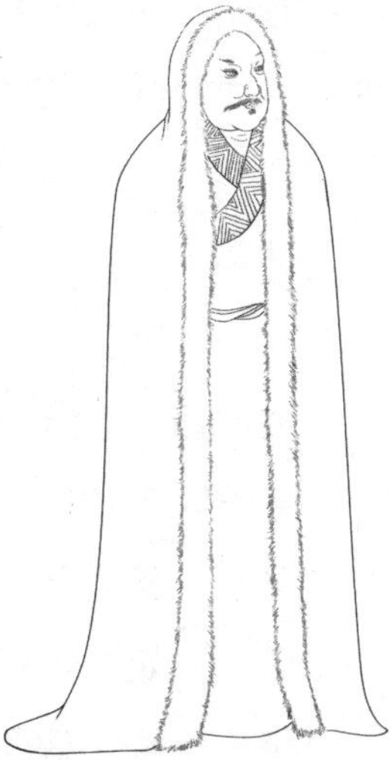

武王秃发乌孤像

公元395年六月，后凉吕光再次派人到廉川堡，封秃发乌孤为征南大将军、益州牧、左贤王，企图拉拢秃发乌孤。此时的秃发乌孤实力已经比较强大，对这些官职已经丝毫不感兴趣了，于是对吕光的使者说："凉州本来就是我的地盘，我为什么要接受你吕光封的官职。皇帝不是经常不变的，有德者昌，无德者亡，我现在不再听吕光的了，我要自立为帝了。"

公元397年正月，秃发乌孤自称大都督、大将军、大单于、西平王，改年号太初，建立南凉。称王后，秃发乌孤立即派兵向后凉发动了攻击，攻克后凉的金城郡（今甘肃兰州），又在街亭打败后凉将军窦苟。第一次对后凉用兵就取得胜利，大大提升了秃发乌孤的信心。

公元398年，秃发乌孤又攻取乐都、湟河、浇河三郡，大大扩充了自己的地盘。同年，秃发乌孤改称武威王。公元399年，秃发乌孤迁都于乐都，正式建立南凉政权。此时的他雄心勃勃，决心在一两年之内攻占姑臧，灭掉后凉。

但是，天有不测风云。这一年八月的一天，秃发乌孤喝醉了酒，从马背上摔了下来，伤了两肋。被人扶起后，他还幽默地说："差点给吕光父子送去笑料了。"回宫之后，秃发乌孤的伤情恶化，不久，他就一命呜呼。秃发乌孤死后谥为"武王"，庙号"烈祖"。

康王秃发利鹿孤

南凉康王档案：

生 卒 年：? ～402年

父　　母：父，秃发思复鞬；母，不详

后　　妃：不详

年　　号：建和

在位时间：公元399～402年

谥　　号：康王

庙　　号：无

陵　　寝：西平陵

性　　格：明智谦虚，富有野心

点评：

鹿孤从史暠之言，建学而延胄子。遂能开疆河右，抗衡强国。道由人弘，抑此之谓。

——唐·房玄龄《晋书》

秃发利鹿孤，是南凉开创者秃发乌孤的弟弟。秃发乌孤建立南凉时，秃发利鹿孤被封为骠骑大将军、西平公。公元 399 年，武王秃发乌孤从马上摔下来，不久伤重，临终之前遗言说应该立年长的为君王。因此，在秃发乌孤去世之后，群臣遵照其遗言拥立他的弟弟秃发傉利鹿孤为王，改年号为建和，并迁都西平（今青海西宁）。

秃发利鹿孤继位后，继承兄长的遗志，决心灭掉后凉，攻占姑臧。因此，他不断延揽人才，招募兵勇，整修军器，等待有利时机的到来。公元 399 年十二月，秃发利鹿孤得到后凉懿武帝吕光病逝的消息，立即派金树、苏翘率骑兵 5000 屯驻松漠口（今甘肃古浪县附近），准备大举进攻后凉。

当时，后凉吕光的几位儿子正为争夺皇位而自相残杀，最终吕纂夺得帝位。不久，吕纂杀了吕弘，他认为朝廷已经太平，应该向外出兵，扩大国家疆土，于是便准备出兵南凉。中书令杨颖就劝他说："现在国家刚刚稳定，不是对外讨伐的好时机，应该鼓励农桑耕种，修缮兵器培养军队，等待可利用的时机才出兵征伐。"吕纂不听，执意出兵南凉，军队很快就到达三堆，秃发利鹿孤派他的弟弟秃发檀带兵抗击。

一开始，面对来势汹汹的北凉军队，南凉的士兵十分紧张。秃发傉檀就来到前线，与士兵们一起坐在胡床上谈天论地，逐渐稳定了军心。不久，南凉两次击破后凉军的进攻，吕纂兵败仓皇逃回后凉。秃发傉檀乘胜一直追击，打到姑臧城下，俘虏了8000多户居民后班师回朝。此后，秃发利鹿孤不断发兵攻打后凉，不断俘获后凉居民，使南凉的人口大增，增加了国家税收。

随着国家实力不断增强，秃发利鹿孤野心越来越大，他认为自己王的称号等级太低，便想建都称帝。401年正月，大臣们迎合他的心意，纷纷劝他称帝。但在一片附和声中，安国将军提出了反对意见，他对秃发利鹿孤说："我国是靠不断迁徙，不建城郭才称霸沙漠、与中原相抗衡的。如果建筑都城、积蓄粮食就会引起敌人的贪心，到时就难摆脱灾难。"秃发利鹿孤听后，觉得有道理，便只好笑说："你讲得很好，那么称帝的事情以后再说吧，现在还是暂时称河西王吧!"

后凉末主吕隆即位后，秃发利鹿孤又派兵征伐后凉，活捉了后凉右仆射杨桓。不久，秃发利鹿孤又派秃发傉檀攻克后凉昌松，活捉昌松太守孟祎。公元402年三月，秃发利鹿孤就病逝，秃发利鹿孤死后被谥为"康王"。

景王秃发傉檀

南凉景王档案：

生 卒 年：公元365～415年

父　　母：父，秃发思复鞬；母，不详

后　　妃：皇后折掘氏等

年　　号：弘昌，嘉平

在位时间：公元402～414年

谥　　号：景王

庙　　号：无

陵　　寝：不详

性　　格：自大好战，缺少远见

点评：

小聪明太多，大智慧太少，小国寡民而穷兵黩武，等于埋葬自己。

——柏杨

秃发傉檀，是南凉武王秃发乌孤、康王秃发利鹿孤的弟弟。秃发傉檀自小就受到父亲秃发思复鞬的喜爱，秃发思复鞬曾对着他们三兄弟说道："你们中间最能干的就是秃发傉檀。"武王秃发乌孤在位时，秃发傉檀被封为车骑大将军、广武公。到了康王秃发利鹿孤即位后，秃发傉檀又被封为都督中外诸军事、凉州牧、录尚书事。因为秃发利鹿孤几乎不管政事，秃发傉檀由此掌管了南凉的全部军国大事。公元 402 年，康王秃发利鹿孤病死，秃发傉檀继立，自称凉王，改元弘昌，迁都乐都。

秃发傉檀继位时，正是后秦比较强大的时期。他继位第二年，后秦姚兴就派兵攻灭了后凉。秃发傉檀见状害怕后秦出兵攻打自己，就取消了年号，向姚兴称臣。姚兴封他为车骑将军、广武公。公元 406 年六月，秃发傉檀为了讨好姚兴，派人给他送去了 3000 匹马，3 万只羊。姚兴见到膘肥体壮的马、羊后，十分高兴，当即封秃发傉檀为凉州刺史，让他镇守姑臧。由此，秃发乌孤终于实现了他们父子兄弟多看来"坐定凉州"的心愿。为了庆祝这一喜事，秃发傉檀大宴群臣，还在城南方亭举行了大阅兵。

年底，秃发傉檀把国都从乐都迁往姑臧，并迁 3 万多户羌人到姑臧外围三郡，以屏蔽都城，防备北凉和西秦的袭击。至此，南凉的国势达到鼎盛。秃发傉檀也感觉自己的羽毛比较丰满了，就再也不听后秦姚兴的号令。

姚兴对于秃发傉檀这种行为十分愤怒，于公元 407 年派大将姚弼、敛成、乞伏乾归率骑兵 3 万征伐。后秦大军先是攻陷了昌松，不久就到达姑臧城下。后秦大驻扎姑臧城外，使得城内人心惶惶。其中就有人准备投降后秦当内应，秃发傉檀发现把他们全部杀死，前后共杀了 5000 多人。解决内部问题后，秃发傉檀开始思谋怎么样打退后秦军队。他命令各郡县把圈在栏里的牛羊全部放到野地里以诱后秦士兵，结果，后秦士兵果真上钩，见这么多牛羊，争先恐后地跑过来抢掠。这时，秃发傉檀抓机会，下令军队火速出击，大败秦军，杀死秦兵 7000 多人。

对后秦这一战的胜利，使秃发傉檀兴奋异常，他决定彻底脱离姚兴。公元 408 年十一月，秃发傉檀把姚兴发给他的委任状全都撕毁烧掉，重新称凉王，改年号为嘉平，设置文武百官。称王后不久，秃发傉檀不顾大臣们的劝阻，率精骑 5 万攻打北凉。他本来以为胜券在握，不料在穷泉战役中被沮渠蒙逊打得一败涂地。沮渠蒙逊乘胜又包围了姑臧，姑臧城内的百姓见北凉来势凶猛纷纷向北凉投降。秃发傉檀连忙以儿子秃发佗和司隶校尉秃发敬归当人质与沮渠蒙逊讲和，北凉这才撤兵。秃发傉檀害怕沮渠蒙逊反悔再度围城，率领着文武百官迁到乐都。

公元 411 年二月，沮渠蒙逊攻占姑臧，并率兵继续南下，包围了秃发傉檀所在的乐都。秃发傉檀只得又把儿子秃发安周送往北凉军当人质，才解被困之围。北凉撤兵后，秃发傉檀感到十分窝囊，决定出兵进攻沮渠蒙逊，他命令部队分五路前进，在番禾掠夺了 5000 多户百姓之后，耀武扬威地撤军。不料，刚到半路，就遇到了一场狂风暴雨，南凉士兵全都被浇成落汤鸡。而就在此时，沮渠蒙逊突然带着军队杀了过来，秃发傉檀十分狼狈地逃回乐都。但北凉军队紧追不舍，再一次包围了乐都城。无奈之下，秃发傉檀只好再让儿子染干去当人质，北凉才再次撤兵。

沮渠蒙逊退兵后，南凉的兄弟唾契汗、乙弗等部落看到南凉势力衰落，就纷纷脱离南凉，宣布独立。秃发傉檀大怒，立即率兵7000去攻打乙弗，夺得了40多万头牲畜。正当他带兵凯旋时，被人告知乐都已经被西秦乞伏炽磐攻陷，留守乐都的太子虎台、王后和文武百官都成了俘虏。秃发傉檀见回去也没有栖身之处了，决定率兵再攻打乙弗，打算俘获乙弗部的首领和西秦交换他的妻儿。但是，随行的将士得知乐都失陷，都没有了斗志，纷纷逃散，到最后竟然只有纥勃、洛肱、樊尼和阴利鹿四个人跟着他了。

秃发傉檀百感交集，他不想让这四个人再跟着他受苦，于是打发他们投奔北凉，以求生路。他自己则奔赴西秦求降。西秦乞伏炽磐派使者到郊外来迎接秃发傉檀，隆重接待了他，封他为骠骑大将军、左南公，并放了他的妻子和他重逢。

公元415年七月，乞伏炽磐担心秃发傉檀还有复国之心，便用毒酒毒死了他，以绝后患。至此，南凉灭亡。秃发傉檀死后被谥为“景王”。

十六国·北凉

建康公段业

北凉建康公档案：

生 卒 年：? ～401年

父　　母：不详

后　　妃：不详

年　　号：神玺、天玺

在位时间：公元 397～401 年

谥　　号：文王

庙　　号：无

陵　　寝：不详

性　　格：迂腐轻信，优柔寡断

点评：

段业文懦无断，及身幸矣，奚后之垂。

——明·张大龄

段业原是后凉国君吕光部将杜进手下的一个僚属，因跟随吕光征讨西域取得战功而被封为建康太守。公元 397 年五月，卢水胡人沮渠蒙逊和其堂兄沮渠男成为了给伯父报仇，起兵反叛吕光，占据凉州。蒙孙与男成两兄弟觉得当时时机尚不成熟，自己不便于称王称帝，于是就拥立建康太守段业大都督、龙骧大将军、凉州牧、建康公，脱离后凉建立政权，定都张掖，建年号神玺，史称为北凉。段业以沮渠男成为辅国将军、沮渠蒙逊为张掖太守。两年之后，段业改称凉王，改年号为天玺。

建康公段业像

段业称王不久，后凉吕光就派遣他的儿子吕绍、吕纂举兵讨伐北凉。段业求救于南凉武王秃发乌孤，秃发乌孤派遣其弟秃发利鹿孤前往救援，后凉退兵。段业虽然身为北凉的君主，便他并没有任何权谋，是个腐儒，无法约束下属，只信任卜卦、巫术，北凉的军政大权全都掌握在沮渠蒙逊的手中。

公元 401 年，沮渠蒙逊诬告沮渠男成谋反，段业没有做任何调查，就立即把沮渠男成斩杀。事后才知道，他中了沮渠蒙逊的奸计。沮渠蒙逊以滥杀无辜为借口起兵讨伐段业。段业身边的大将不战投降，打开城门把沮渠蒙逊迎入城中。段业见状，就哀求沮渠蒙逊说：“我孤单一人飘零到这里，被你们推立为王，本来就是暂时应付，现在我愿让位给你，只求饶我性命，让我回故乡和妻儿团聚，我这就感激不尽了。”沮渠蒙逊回头鼓动士兵说：“他往日杀人的时候，并没有怜悯别人，如今死在眼前，倒要别人怜悯他，你们看可以饶他吗?”士兵们喧哗着要杀掉他，并一齐上前去砍他，段业就这样被士兵们乱刀砍死。段业死后不久，沮渠蒙逊继立为北凉君主。

武宣王沮渠蒙逊

北凉武宣王档案：

生卒年：公元368～433年

父　母：不详

后　妃：孟皇后等

年　号：永安、玄始、承玄、义和

在位时间：公元401～433年

谥　号：武宣王

庙　号：太祖

陵　寝：元陵

性　格：隐忍狡诈、雄才大略

点评：

沮渠蒙逊在凉州群雄中是首屈一指的人物，他智勇兼备，博涉群史，是个文武全才的领袖。

——沈起炜

沮渠蒙逊少年时博览史书，通晓天文，有雄才大略，附近的胡人都臣服于他，因而前秦凉州刺史梁熙、后凉懿武帝吕光都比较忌惮他。沮渠蒙逊为了避免引来灾祸，就整日游玩饮酒，以此韬光养晦。

公元 397 年，沮渠蒙逊的伯父沮渠罗仇和沮渠麹粥随从后凉懿武帝吕光进攻西秦。吕光弟吕延因为贸然追击被乞伏乾归所杀，吕光听信谗言，就把失败的归罪于沮渠罗仇和沮渠麹粥，诛杀了这两人。沮渠蒙逊听到叔父的死讯后，立即号召部众结盟起兵反叛后凉。不过，沮渠蒙逊随后被后凉吕纂率军击败，于是他就投靠了兄长沮渠男成及其主段业。随后，他们拥立段业为凉州牧，建立北凉与后凉对抗。段业任沮渠蒙逊为张掖太守、临池公、尚书左丞；任沮渠男成为辅国将军，负责军国大事。公元 399 年二月，段业改称凉王，改元天玺，沮渠蒙逊被封为尚书左丞。

公元 399 年，后凉懿武帝吕光派他的两个儿子吕绍、吕纂率兵进攻北凉，段业向南凉武王秃发乌孤求援，秃发乌孤派他的弟弟秃发鹿孤及杨轨率兵增援，沮渠蒙逊以守代攻，迫使后凉军队撤离。

公元 401 年，由于受北凉文王段业猜忌，沮渠蒙逊劝说沮渠男成一同叛变，但沮渠男成不同意。沮渠蒙逊怕被段业谋害，于是主动要求去安西当（今甘肃敦煌东北）太守，以等待时机。随后，沮渠蒙逊想出一个极其阴险的夺权方案。

到达安西后，沮渠蒙逊写信给沮渠男成，约好时间一同去兰门山祭祖。然后，他立即派自己的亲信许咸密报段业，诬告沮渠男成准备借祭山之机发动叛乱。过了几天，沮渠男成果然向段业禀报说，要与兄弟到兰门山祭祖，段业就立即派兵将男成捕杀。沮渠男成死后，沮渠蒙逊假装很悲伤地对部下说：“男成对在北凉建立过程中立下卓越的功勋，且十分忠于段业，可是现在段业却无辜把他杀害，难道诸位就不能为他报仇吗？况且凉州现在兵荒马乱，段业能收拾这个烂摊子吗?”部将们听完，都愿意为沮渠男成报仇。所以，沮渠蒙逊便起兵攻打段业。很快，沮渠蒙逊击败敌军抓住了段业。段业向沮渠蒙逊求饶，但他丝毫不予理会，马上命令士兵把段业斩杀。

随后，沮渠蒙逊自称大都督、大将军、凉州牧，改年号为永安，定都姑臧。即位之初，沮渠蒙逊感到国力不够强大，为了避免战端，他十分注意同周围邻国建立和睦关系。即位当年，因后秦十分强大，沮渠蒙逊就称臣于后秦，被姚兴封为河州刺史。之后，他又把儿子沮渠奚念送到南凉作人质，以求和平。但南凉国主秃发利鹿孤为了显示一下威风，就故意说沮渠奚念年龄太小不适宜做人质，要求沮渠蒙逊把他的弟弟送来当人质，沮渠蒙逊被迫答应，但对南凉一直耿耿于怀。

公元410年，实力大增的沮渠蒙逊亲率3万大军征伐南凉。最终南凉国主秃发傉檀被迫迁都乐都，沮渠蒙逊顺势夺取了南凉国都姑臧。公元412年十一月，沮渠蒙逊由张掖迁都至姑臧，改称河西王，改元玄始。逃到乐都的秃发傉檀随后又被沮渠蒙逊围困几次，勉强招架。公元413年，秃发傉檀再次进攻北凉，结果先后在若厚坞、若凉被沮渠蒙逊打败，乐都也再次被围，被迫以太尉俱延为人质求和。与此同时，沮渠蒙逊有出兵西凉，并接连获胜。公元420年，沮渠蒙逊声东击西，佯装要攻打西秦，大军到浩台后又偷偷返回川岩。西凉国主李歆中计，亲率大军袭击北凉的国都张掖，刚到杜渎涧就中了沮渠蒙逊的埋伏，西凉全军覆没。公元421年3月，沮渠蒙逊灭掉了西凉，占领了整个凉州地区。

公元421年七月，沮渠蒙逊出兵进攻西秦，被乞伏炽磐击败。公元426年八月，乞伏炽磐领兵进攻北凉，沮渠蒙逊发兵抵抗，同时派人劝说夏主赫连昌发兵乘虚击西秦都城枹罕（今甘肃临夏西南），乞伏炽磐只得收兵还师。不久，沮渠蒙逊率兵返攻西秦，掠夺了西秦大片土地。公元428年五月，乞伏炽磐卒，太子乞伏暮末继位，沮渠蒙逊趁机攻击西秦，但无功而返。

公元433年四月，正当沮渠蒙逊想进一步征讨时，他却突然得了重病，奄奄一息，不久去世。沮渠蒙逊死后谥为“武宣王”，庙号“太祖”。

哀王沮渠牧犍

北凉哀王档案：

生 卒 年：？～477年

父　　母：父，武宣王沮渠蒙逊；母，孟皇后

后　　妃：李皇后、拓跋皇后等

年　　号：永和

在位时间：公元433～439年

谥　　号：哀王

庙　　号：无

陵　　寝：平城郊外

性　　格：聪明好学，文雅荒淫

点评：

聪颖好学，和雅有度。

——北魏·崔鸿《十六国春秋》

沮渠牧犍，又叫沮渠茂虔，幼年时期酷爱读书，敬重文人学者。即位后，他把当地的文化名人统统请到国都，不但给予高官厚禄，而且让辅导太子。

沮渠牧犍即位时，北方大部分地区已经在北魏的统治之下，而南方基本也掌握在南朝宋的手中，南北朝对峙的局面已经形成。北凉是十六国中最后存在的国家之一，因为处于丝绸之路通道，地理

位置十分重要，因此受到南北政权的重视。因沮渠牧犍的妹妹兴平公主是北魏拓跋焘右昭仪，所以拓跋焘对沮渠牧犍十分看重。

公元437年春，拓跋焘与大臣们商量说："这些年我们同西域的很多国家建立了联系，他们经常要向我们进贡。由此，这些国家必须经由北凉才能到达我们这里。所以，为了保证我们之间的道路畅通无阻，有必要把北凉牢牢地掌握在我们手中。前几年，我娶了他们北凉的兴平公主，密切了我们与北凉的关系。那么现在，我再把武威公主嫁给沮渠牧犍，两国亲上加亲，关系将更加密切。"大臣们听后，都十分赞同这一廉洁。于是在这年秋天，武威公主嫁到了北凉。沮渠牧犍受宠若惊，立马封武威公主为皇后，并派丞相宋繇给北魏送去500匹马、500斤黄金。

在表面上看来，沮渠牧犍对北魏很谦恭，但是在他心里，却十分讨厌北魏。因为北魏有着强大的国力，沮渠牧犍经常受到他们的摆布。作为一个国君，他不想受北魏的摆布，于是他派人出使建康，与实力跟北魏不相上下的刘宋建立了外交关系，宋文帝刘义隆封沮渠牧犍为都督凉秦等四州诸军事、征西大将军、凉州刺史、河西王。这样，沮渠牧犍成了南北两朝天子同时承认的藩王。此外，沮渠牧犍还在柔然和西域的一些部落中造谣，对他们说："北魏现在已经衰落了，以后如果有北魏使者再到你们国家去，不用理会他们，你给他们朝贡，这不浪费金钱吗?"西域的一些国家不明真相，信以为真，开始疏离北魏。

武威公主刚到北凉时，一开始还受到沮渠牧犍厚待。当时出于对北魏的敬畏，沮渠牧犍对公主比较敬重和体贴。但是，由于他们之间没有任何感情，完全是一桩政治婚姻，所以时隔不久，沮渠牧犍就与嫂子李氏勾搭成奸，对武威公主不理不睬。武威公主发现这一情况后，就大骂沮渠牧犍。结果沮渠牧犍听了武威公主的辱骂之后产生了逆反心理，把她完全晾到一边，与李氏打得更加火热。李氏怕武威公主报复，就先下手为强，将毒药放入武威公主的饭中。

武威公主中毒不深，没有生命危险。但这个消息很快就传到平城（今山西大同），拓跋焘立即人派送来解药，并让御医为公主精心治疗，同时命令沮渠牧犍立即交出李氏并送到平城。但沮渠牧犍这时已与李氏达到了如胶似漆的地步，怎么也舍不得将她送到平城，于是便把李氏送到酒泉居住。

拓跋焘得知沮渠牧犍不打算把李氏这个“祸害”交出来后，暴怒异常，很快就罗列了沮渠牧犍的12条罪状，于公元439年八月率兵大举进攻北凉。拓跋焘到达姑臧城下，喝令沮渠牧犍投降。此时，沮渠牧犍已经向柔然求救，他认为援兵很快就到，所以根本不去理会拓跋焘。但是，沮渠牧犍的侄子沮渠周通过分析，认为北凉不可能战胜强大的北魏，与其到时被杀，不如现在就出城投降。不久，姑臧被攻破，沮渠牧犍只好率着文武百官5000多人投降，北凉就此灭亡。

沮渠牧犍被送到平城后，因为他是武威公主的丈夫，所以暂时没有受到伤害，平稳地度过了8年的软禁生涯。直到公元447年1月，沮渠牧犍被告发与北凉的一些遗臣遗民图谋不轨，拓跋焘知道后立即将沮渠牧犍赐死。沮渠牧犍自杀后，拓跋焘以王礼将沮渠牧犍葬于平城郊外，谥为“哀王”。

十六国·西凉

武昭王李暠

西凉武昭王档案：

生 卒 年：公元351～417年

父　　母：父，李昶；母，不详

后　　妃：尹皇后等

年　　号：庚子，建初

在位时间：公元 400～417 年

谥　　号：武昭王

庙　　号：太祖

陵　　寝：不详

性　　格：机敏沉着，宽厚仁爱

点评：

少而好学，性沈敏宽和。通涉经史，尤善文义。颇习武艺，诵孙吴兵法

——唐·房玄龄《晋书》

李暠，字玄盛，生于公元 351 年。他是李广的后代，世代为西州大姓。李暠自幼好学，通经博古，在诗赋方面很有天赋。长大后，他又练就一身高超的武艺，同时精通孙武兵法，真是一个文武全才。

公元 397 年，后凉建康太守段业在沮渠蒙逊的拥立下自称凉州牧，建立北凉政权。李暠被段业封为效谷县令，在任期间，他勤政爱民，深受远近百姓爱戴。

公元 400 年，北凉敦煌太守孟敏因病去世，敦煌护军郭谦、沙州治中索仙推举当时名气很大的李暠当敦煌太守。一开始，李暠不想当，但是后来在中散常侍的宋繇的劝说下，就自称敦煌太守。过了几天，他觉得不妥，于是派人向段业请求正式任命。段业毫无权谋，想都没想就答应了李暠的请求，任命他为安西将军、敦煌太守。

对于李暠的任命，右卫将军索嗣不像段业那样没有远见，他认为李暠已经在敦煌培植了势力，如果再让他担任敦煌太守，将来可能导致地方割据势力的形成。当他把这层考虑告诉段业时，段业也

觉得十分有道理，于是改派索嗣去当敦煌太守。

索嗣率领500多名骑兵赶去上任，当他到达距敦煌二十里的地方时，就摆起了架子，派人通知李暠前来迎接他入城。李暠犹豫不决，宋繇与效谷令张邈就劝他说："敦煌本来已经是你的地盘了，如今正是大展身手的时候，怎么能轻易地就让给他人呢。你应该向索嗣挑战，把他打败。"李暠也不想放弃敦煌，听了这一番话之后，他就决定把索嗣赶跑，于是先派宋繇去探查索嗣的情况。在得知索嗣骄横、士兵也十分松散的报告后，李暠十分振奋，当即派出宋繇、张邈、李暠、李让率兵向索嗣发起猛烈的进攻，索嗣很快就被打败，狼狈地逃回张掖。李暠随即又上表段业，要求段业把索嗣杀掉。段业没有主意，只得照办，然后又派人给李暠送去委任状，封他为都督凉兴以西诸军事、镇西将军。

十一月，北凉的晋昌太守唐瑶起兵反叛，他拥立李暠为冠军大将军，沙州刺史、凉公，改元庚子，以敦煌为都城，建立西凉政权。李暠称王后，派宋瑶攻取了凉兴及玉门以西的一些小城，扩大地盘。之后，他大力召集外逃的百姓，在玉门关、阳关等地屯田，发展农业生产。

与此同时，李暠重用文人，广开言路，好多文人名流，都投靠于他。一时间群英齐集敦煌，形成了以敦煌为中心的"五凉文化"的兴盛时期。李暠本人也是一位文学家，曾著有《述志赋》《槐树赋》《大酒容赋》等赋体文章。

公元402年，北凉的西郡太守梁中庸发动叛乱后前来投奔李暠。梁中庸曾与索嗣比较熟，李暠就问梁中庸："你说实话，我和索嗣谁的本事大?"本以为梁中庸会恭维他，但是梁中庸没有，而是说了一些模棱两可的话，这让李暠心里很不爽，他决定消灭北凉，以此来展示自己的才能。

当时西凉的都城敦煌离北凉的都城张掖比较远，为了方便向北凉步步逼近，李暠决定把国都迁到酒泉。公元405年，李暠让宋繇和他的儿子李让留守敦煌，自己带着文武百官迁往酒泉。到达酒泉之后，李暠并不急于进攻北凉，而是积极发产生产，整修军事，励精图治。如此过了5年，他还是没有向北凉出兵。

不过，也不需要他自己来了，公元410年，北凉武宣王沮渠蒙逊先向西凉发起了进攻，在马庙打败了太子李暠，并活捉了西凉将军朱元虎。李暠得到消息后，大为震惊，急忙派人带着2000斤银子、2000两黄金向北凉请和，这才平息战争，并把朱元虎赎了回来。

沮渠蒙逊得到金银后，认为李暠软弱可欺，次年八月又率军袭击西凉。这一次，李暠决定给沮渠蒙逊点颜色看看。他先是命人紧闭城门，与沮渠蒙逊耗，这样过了几天，北凉军粮吃完，士气也十分疲软，沮渠蒙逊只得撤兵回师。这时，李暠命李歆带兵迅速出击，大败北凉军队。自此，双方订立盟约宣布罢兵，西凉也得以短暂的安宁。

公元417年，李暠病逝，终年67岁。谥号“武昭王”，庙号“太祖”。

后主李歆

西凉后主档案：

生 卒 年：？～420年

父　　母：父，武昭王李暠；母，尹氏

后　　妃：不详

年　　号：嘉兴

在位时间：公元417～420年

谥　　号：宣公

庙　　号：无

陵　　寝：不详

性　　格：严苛奢靡，好大喜功

点评：

刑政混乱，有大兴土木，广建宫室，经济残破，国势益衰。

——詹子庆《中国古代史》

李歆，字士业，是西凉武昭王李暠的儿子。公元404年，李暠在建立西凉后的第四年，立李歆为太子。公元417年，西凉武昭王李暠病逝，李歆继位，称大都督、大将军、凉公、凉州牧，改元嘉兴。

李歆继位后，遣使称臣于东晋，被东晋封为酒泉公。与他父亲李暠重视生产、勤政爱民不同，李歆喜欢用刑，又喜欢建筑宫殿，生活十分奢侈腐化，没事就寻欢作乐。有的大臣看不惯，便向他上书进谏，但李歆不听，还对大臣们说："我是一国之君，自有主张，用不着你们来管。"

李歆统治期间，北凉武宣王沮渠蒙逊曾令部下张掖太守沮渠广宗诈降。李歆派温宜等人前往接应，不久，他自己又亲率领大军跟在跟来，在途中李歆得到北凉武宣王沮渠蒙逊已经设好埋伏在等待西凉军的消息，急忙引军后退。北凉军于是改伏击战为攻击战，但被李歆所败。

公元420年，沮渠蒙逊又准备出兵西凉。为了迷惑李歆，沮渠蒙逊先带兵佯攻西秦，之后便秘密把军队拉到川岩。李歆不识真相，见北凉出兵攻西秦，其都城张掖空虚，就想乘机率兵攻袭。大臣宋繇、张体顺等反复劝阻，李歆一句都听不进去，执意要出兵，宋繇只好请李歆的母亲尹太后出面劝阻。尹太后就把李歆叫到面前，对他说："你即位仅仅三年，连自己的国土都难以保住，你还想去征服北凉？你现在应该做的就是像你父亲一样安抚百姓，不要轻易用兵。如果现在出兵，很有可能会导致国破家亡呀！”面对声泪俱下的母亲，李歆同样没有改变计划。

带着 3 万士兵，李歆斗志昂扬地向北凉都城张掖进发。不想就这样走进了沮渠蒙逊早已设好的埋伏圈，沮渠蒙逊突然发动攻击，一举大败李歆。兵败后，有人劝李歆回防酒泉，但李歆好面子，认为不杀沮渠蒙逊就没脸回去见他的母亲与臣子们，于是举兵再战，结果在蓼泉被沮渠蒙逊杀掉。

冠军侯李恂

西凉冠军侯档案：

生 卒 年：？～421 年

父　　母：父，武昭王李暠；母，尹氏

后　　妃：不详

年　　号：永建

在位时间：公元 420～421 年

谥　　号：无

庙　　号：无

陵　　寝：不详

性　　格：宽仁，达变

点评：

（西凉）地狭民少，为河西最小的政权。

——詹子庆《中国古代史》

李恂，是西凉建立者李暠的儿子，酒泉公李歆的弟弟。李歆在位时，李恂被任命为敦煌太守，在任内深得民心。

公元 420 年，北凉沮渠蒙逊在怀城大败西凉，杀死李歆，不久又攻占西凉都城酒泉。敦煌太守李恂和他的哥哥李翻怕被沮渠蒙逊攻杀，放弃敦煌，逃往北山。

李恂逃走后，沮渠蒙逊任命勃嗣的儿子索元绪为敦煌太守。索元绪十分残暴，臣下百姓稍有过错就会被他杀掉，因此敦煌人非常痛恨他，对曾经的敦煌太守李恂十分怀念。于是敦煌人民秘密商议迎回李恂，他们派宋承、张弘两人为代表前往北山请李恂。

十月，李恂带着几十名骑兵回到敦煌，受到人民的热烈欢迎。索元绪得到消息，急忙逃往凉兴。李恂被人们推为冠军将军、凉州刺史，改元永建。

不久，沮渠蒙逊得知李恂回敦煌的消息，急忙派他的儿子沮渠政德带兵进攻敦煌。李恂自知不是沮渠政德的对手，于是叫士兵坚闭城门坚守，任凭北凉军在外面如果骂阵，也不出城。公元 421 年三月，沮渠蒙逊又亲自带两万士兵围攻敦煌。沮渠蒙逊派人在城外筑堤，引水灌城，李恂走投无路，就准备向沮渠蒙逊投降。但是沮渠蒙逊不接受投降，继续命士兵围攻。不久，李恂部下宋承等人出城投降，李恂自杀，西凉就此灭亡。

十六国·西秦

宣烈王乞伏国仁

西秦宣烈王档案：

生 卒 年：? ～388 年

父　　母：父，乞伏司繁；母，不详

后　　妃：不详

年　　号：建义

在位时间：公元 385～388 年

谥　　号：宣烈王

庙　　号：烈祖

陵　　寝：葬于夏官营附近

性　　格：机智勇敢，隐忍果断

点评：

淝水战后，其部落酋长乞伏国仁招集诸部，拥兵自立，有众十余万人，逐渐割据陇西。

——白寿彝《中国通史》

虽说西秦是乞伏国仁所开创的，但在此之前，乞伏族的兴盛与强大为西秦的建立奠定的坚实基础是不可忽略的。在第二代可汗乞伏佑邻（乞伏国仁的五世祖）继位时，乞伏部还只有 5000 户，兵力也不足 1 万。后来乞伏佑邻率乞伏部从北方迁到宁夏，并吞并了鹿结部，势力逐渐强大起来。乞伏佑邻之后相继袭位者为乞伏结权——乞伏利那——乞伏祁埿——乞伏述延——乞伏傉大寒——乞伏司繁。

乞伏司繁是乞伏国仁的父亲，司繁继位后不久就被前秦所败，无奈之下投降前秦苻坚。后来，乞伏司繁屡建战功，授使持节、都督讨西胡诸军事、镇西将军。乞伏司繁死后，乞伏国仁袭父亲的职位。公元 383 年。前秦苻坚大举进军东晋。在大军开拔之前，陇西传来乞伏国仁的叔父步穨叛变的消息，苻坚于是命令乞伏国仁带兵去平定叛乱。

乞伏国仁接到命令后，迅速拔营起寨。而那边步穨听到是他的侄子来“讨伐”自己，早已心花怒放，摆好酒宴准备迎接国仁的到来。之后，乞伏国仁和其叔父步穨率部占据陇西，并召集鲜卑各部，招兵买马，聚众十余万，背叛前秦，图谋独立。淝水之战后，苻坚被后秦姚苌所杀。消息传来，乞伏国仁便对部下说：“我虽然德薄，但是凭借乞伏部几代的根基也能干一番轰轰烈烈的事来。”于是在公元385年，他自称大都督、大将军、大单于，领秦、河二州牧，改前秦年号建元为建义，封乙旃为左相，屋引出支为右相，独孤匹蹄为左辅，武群勇士为右辅，封其弟乞伏乾归为上将军。又设置武威、武阳、安固、武始、汉阳、天水、略阳、苑川、甘松、匡朋、白马、苑川十二郡，并建设勇士城作为都城。历史上把乞伏国仁所建立的政权称之为西秦。

西秦建立后的第二年，南安豪强秘宜率领羌、胡总计五万多人攻打西秦，这些人从四面八方包围了西秦都城勇士城。乞伏国仁不慌不忙，他对部下说：“既然他们已经来了，我们不能坐以待毙，应当杀一杀他们的威风。”于是，乞伏国仁率领5000精兵，出其不意对秘宜部众发起攻击，最终大败秘宜。秘宜输得心服口服，马上返回南安，找到他的弟弟莫候悌，带着3万多户人口投降乞伏国仁。乞伏国仁收留了他们，并分别拜秘宜、莫候悌为将军、刺史。

前秦高帝苻登为了安抚势力强大的乞伏国仁，拜他为使持节、大都督、都督杂夷诸军事、大将军、大单于、苑川王。同年，乞伏国仁又在六泉袭击鲜卑大人密贵、裕苟和提伦三个部落。高平没奕于、东胡金熙联合起来想阻挡乞伏国仁。在渴浑川，乞伏国仁率兵迎战，大败没奕于与金熙的联军，斩首3000，缴获战马5000。没奕于败回，三个部落大惊，迫于乞伏国仁的强大势力，三部首领率众投降。这些部落的相继归附，使西秦的统治更加巩固。

公元388年六月，乞伏国仁病死，其弟乞伏乾归即位。乞伏国仁谥号“宣烈王”，庙号“烈祖”。

武元王乞伏乾归

西秦武元王档案：

生卒年：？～412年

父　　母：父，乞伏司繁；母，不详

后　　妃：苻皇后、边皇后等

年　　号：太初，更始

在位时间：公元388～400年、公元409～412年

谥　　号：武元王

庙　　号：高祖

陵　　寝：抱罕陵（今甘肃临夏县内）

性　　格：英武深沉，能屈能伸

点评：

雄武英杰，沉雅有度量。

——*唐·房玄龄《晋书》*

乞伏乾归是宣烈王乞伏国仁的弟弟。公元388年，乞伏国仁去世，他的儿子乞伏公府才8岁，因此，群臣认为小儿年幼不足以执掌国家，于是推举了乞伏国仁的弟弟乞伏乾归为大都督、大将军、大单于、河南王。乞伏乾归由此成为西秦的第二位国君，继位后他改元太初，将都城从勇士城迁往金城。

公元389年，前秦高帝苻登派遣使者封乞伏乾归为大将军、大单于、金城王。不久，乞伏乾归亲自率兵大破休官阿敦、侯年两个部落，声震边陲。随后，吐谷浑大人视连、鲜卑豆留奇、叱豆浑及南丘鹿结、休官曷呼奴、卢水尉地跋等纷纷归降于乾归。公元394年，前秦高帝苻登为请西秦乞伏乾归出兵攻击后秦，再度进封乞伏

乾归为梁王，乞伏乾归名义上受封于前秦，实际割据一方。在这场战争中，高帝苻登战败被后秦姚兴所杀，他的儿子苻崇继立，乞伏乾归驱逐了无可立足的苻崇，苻崇只好投奔氐族仇池部陇西王杨定。杨定集合四万军队进攻西秦。在乞伏乾归的亲自指挥下，西秦军大败杨定部，最终杀死杨定及苻崇，前秦灭亡，西秦自此尽有陇西、巴西，成为西北又一个强大的政权。

公元 395 年七月，后凉吕光率领 10 万大军讨伐西秦，乞伏乾归有些害怕，在一些臣子的劝说下，最终没做任何抗争，就向吕光称臣，并把自己的儿子敕勃当作人质交给吕光。吕光见乞伏乾归这么快就屈服，也就没再继续进军，而是撤出西秦。吕光撤离后，乞伏乾归又后悔自己的行为，就把劝说他归降的臣子斩首，并大骂吕光。

吕光被这种出尔反而的行为激怒了，又于公元 397 年正月出兵讨伐西秦，一路上攻取了西秦的金城、临洮、武始、河关等地。势如破竹的后凉军队再一次吓破了西秦百官们，大臣们都认为不可能战胜吕光，都劝乞伏乾归往东逃往成纪。但是，这一次乞伏乾归决心迎战，他分析了北凉军队的优劣，精心制订了周详的作战计划。之后，他向外散布假消息，说西秦皇帝乞伏乾归害怕了，已经往东逃往成纪去了。吕光的弟弟吕延信以为真，带着精兵往东追击。就这样，吕延被诱入乞伏乾归早已设好的埋伏圈。最终后凉军大败，吕延在战斗中阵亡。吕光听此消息，大为震惊，但是精兵已经被灭，无力再战，只好退兵固守。

打败后凉后，乞伏乾归气势大增，南凉武王秃发乌孤还派遣使者来与结亲。乞伏乾归此时雄心勃勃，不断发兵周边国家，想通过东征西讨来扩大版图。公元 389 年，他派他的儿子乞伏益州攻伐支阳、鹯武、允吾三城，大胜而归，俘获万余人。不久又派儿子益州与武卫慕容允、冠军翟瑥率骑兵两万征伐吐谷浑视罴，并在度周川打败吐谷浑。这一些征伐虽然取得胜利，也使周边一些部落纷纷归附，但是也严重消耗了西秦的国力，使西秦处在危险的境地。

公元400年，后秦姚兴先派大将姚硕德率兵5万自南安峡攻打乞伏乾归，然后又秘密率军跟随其后。乞伏乾归前两年东征西讨取得不断胜利，因此对此战抱有十足的信心。乞伏乾归计划把后秦军引到平原开阔的地方以骑兵攻袭，于是派慕容允率领2万中军移到柏阳，罗敦率领4万外军移到侯辰谷，他自己率领数千名轻骑兵等待姚兴的部队。不料刚布置好，突然狂风大作，天昏地暗，他与中军失去联系。天亮后交战，乞伏乾归被姚兴打败，只得逃回苑川，接着又退到金城。在姚兴的紧逼之下，无奈投奔南凉的秃发利鹿孤。后来，因密谋叛乱被秃发利鹿孤发现，乞伏乾归害怕被杀，于是转投势力强大的姚兴。

姚兴看到乞伏乾归，非常高兴，任命伏乾归为持节、都督河南诸军事、镇远将军、河州刺史、归义侯，并让他返回苑川镇守，继续管理原来的军队。公元402年，乞伏乾归的儿子乞伏炽磐也从南凉逃到后秦，姚兴又封炽磐为振忠将军、兴晋太守。此后，乞伏乾归成为后秦的得力战将，为姚兴征伐立下了汗马功劳。随着乞伏乾归势力的不断增强，姚兴开始有些担心，怕他进一步强大之后不好控制，于是在公元406年的十二月乘乞伏乾归到长安朝拜的时候把他留下来，封他为尚书。这尚书一职只是一个虚名，姚兴通过此举解除了乞伏乾归的兵权。

听到父亲被扣留在长安，乞伏炽磐便纠集了27000多人占嵻良山为王，意图谋反。被困在长安的乞伏乾归听闻这一消息后，偷偷地从长安逃跑，来到苑川后也搜罗了3万多人。随后，乞伏乾归带着这3万多人到度坚山，在这里，他重新称帝，改元更始，将边氏立为皇后，儿子炽磐立为太子，原来的大臣们也全部恢复职务。

再次称帝后，为了巩固政权，乞伏乾归又派兵四处征讨。先后攻克后秦的金城、南安、陇西等郡，并且把25000户分别迁到苑川等地，这一系列措施有效地稳固了乞伏乾归的统治。不过，公元412年，乞伏乾归被他的侄子乞伏公府刺杀，随后其子炽磐杀公府，继位改元。乞伏乾归葬于枹罕，谥号“武元王”。

文昭王乞伏炽磐

西秦文昭王档案：

生卒年：？～428年

父　母：父，武元王乞伏乾归；母，不详

后　妃：秃发皇后等

年　号：永康，建弘

在位时间：公元412～428年

谥　号：文昭王

庙　号：太祖

陵　寝：武平陵

性　格：英勇刚毅，机智果断

文昭王乞伏炽磐像

点评：

炽磐叱咤风云，见机而动，牢笼俊杰，决胜多奇，故能命将掩浇河之酋，临戎袭乐都之地，不盈数载，遂隆伪业。

——唐·房玄龄《晋书》

乞伏炽磐是乞伏乾归的长子。公元412年六月的一天，乞伏乾归外出游猎，却不想他的生命在这一天走到了尽头。杀死乞伏乾归不是他人，正是他的侄子乞伏公府。当年，乞伏国仁病死，乞伏公府因为年幼不足以执掌国事，未能得到群臣的支持。他的叔叔乞伏乾归毫不犹豫地就坐了皇帝的宝座，抢夺了不属于他的帝位。随着乞伏公府逐渐长大，他对叔叔乞伏乾归深为怨恨，于是趁乞伏乾归

外出游猎，召集了一批党徒行刺。杀死乞伏乾归后，乞伏公府便逃往夏国。后来，乞伏乾归的长子乞伏炽磐又派兵把乞伏公府擒杀。之后，乞伏炽磐继位称帝，改元永康，是为西秦文昭王。

史书记载乞伏炽磐少时勇果英毅，临机能断，权略过人。公元400年，乞伏乾归被姚兴打败，西秦第一次灭国。乞伏乾归降于秃发利鹿孤后，由于思谋叛乱被发现，乞伏乾归为了能逃出秃发利鹿孤的控制，就把自己的儿子乞伏炽磐留下当作人质，他自己则转投降于姚兴。后来，乞伏炽磐也从南凉跑到长安，姚兴封他为振忠将军、兴晋太守，带兵驻守苑川。

乞伏乾归被姚兴留在长安后，乞伏炽磐纠集了27000多人占山为王。公元409年，乞伏乾归从长安逃回苑川重新称帝，西秦复国，乞伏炽磐被立为太子。西秦复立后，乞伏乾归多次派遣乞伏炽磐外出征战，攻略南凉、后秦、吐谷浑之地，扩大了国家的版图，巩固了西秦的统治。

乞伏炽磐继位后，一心想在父亲的基础上扩大势力范围。于是他派遣乞伏智达、平东王松寿讨代吐谷浑树洛干，在浇河大获全胜，俘虏3000余户；之后又派遣昙达与松寿率领10000骑兵，往东征讨休官权小郎、吕破胡，在白石川大败敌军，俘虏10000多人口；又派遣安北乌地延、冠军翟绍讨伐吐谷浑别统句旁，大泣勤川又取得胜利，俘虏无数；此外，乞伏炽磐还亲自率领诸将讨伐吐谷浑别统支旁、掘达，最终都取得了胜利，前后俘获男女28000人。

公元414年，乞伏炽磐看见南面的山上起了一朵五色的云彩，认为这是祥瑞，非常高兴地对他的臣下说："今年应该有什么地方要我去平定，由此我的帝王大业就会取得成功。"于是他下令士兵经常操练，修缮建造更多的武器，随时准备出征。当他探得南凉秃发傉檀西征乙弗时，认为时机已到，于是亲率两万人马袭取南凉都城乐都。经过十天的征战，他们攻克乐都，秃发傉檀投降，南凉由此灭亡。

公元 419 年，乞伏炽磐立他的第二个儿子暮末为太子，领抚军大将军、都督中外诸军事，并改元建弘，封授群臣，大赫天下。乞伏炽磐统治的后期，主要与北凉争战，双方互有胜负。由于连年征战，乞伏炽磐积劳成疾。公元 428 年五月，乞伏炽磐病死，葬于武平陵，谥号“文昭王”，庙号“太祖”。

后主乞伏暮末

西秦后主档案：

生 卒 年：？～431 年

父　　母：父，文昭王乞伏炽磐；母，秃发皇后

后　　妃：不详

年　　号：永弘

在位时间：公元 428～431 年

谥　　号：厉武王

庙　　号：无

陵　　寝：不详

性　　格：怯懦软弱，滥刑好杀

点评：

暮末政刑酷滥，内外崩离。

——张岂之《中国历史》

公元 428 年，西秦文昭王乞伏炽磐在病床已经下不来地了，他知道自己日子不长了，回想自己统治的 16 年，年年征战，国家版图不断扩大。现在他面临的最大的问题就是如何守好这一方土地，于是他召来了次子暮末，他深知儿子的性格，让他再去开拓疆土那是

不可能了，就对暮末说：“你当太子已经八年了，也不容易。我死之后，你能保住我秦国现有的版图就相当不错了。”不久，乞伏炽磐就病死，乞伏暮末继位，改元永弘。

不过，乞伏暮末并没有实现父亲对他期望。他胆小软弱，但却滥刑好杀。公元 429 年，他发现他的弟弟殊罗与父亲炽磐的左夫人秃发氏通奸，于是劝他们注意形象，检点自己的行为。但是殊罗不但不听，还与叔父什夤密谋杀掉暮末，然后再一起投奔北凉。于是殊罗就让秃发氏偷出宫门的钥匙，但是由于紧张，秃发氏拿错了钥匙，殊罗怎么也打不开宫门，刺杀行动暴露。乞伏暮末勃然大怒，下令将殊罗及同党什夤等全部抓起来，严刑烤打之后又全部杀掉。后来，什夤的弟弟白养、去列对此表示了不满，暮末又把他们两人抓起来杀掉。此外，暮末放弃了他父亲征用汉臣的优良传统，他借故杀掉了父亲极为器重汉族的陇西豪族辛进，把国家权力全部集中到乞伏家族子弟的手中。

暮末的滥杀行为不仅引起部众的反感，也致使其他的诸豪族跟乞伏王族反目成仇。这也就彻底动摇了西秦的国家根基，现在只需要最后一根稻草，西秦王朝在等待着他灭亡时刻的到来。

公元 430 年，西秦因受北凉沮渠蒙逊的攻打，软弱的乞伏暮末不思抵抗，反而跑去北魏求降，希冀依靠北魏这棵大树好乘凉。北魏拓跋焘同意了西秦的归降，并派兵来迎接乞伏暮末去北魏。于是，乞伏暮末把城郭焚毁，把代表皇权的国玺也毁掉，然后带着 15000 户东行去北魏。不料走到上邽，就遭到夏国赫连定的截击，暮末只好退往南安。

此时的赫连定其实也在逃命，他被北魏逼得一直西退。由于夏军正缺粮，赫连定以为南安城内的乞伏暮末部还有大量的粮食。于是在第二年的正月，夏主赫连定命其叔父赫连韦伐带兵进围南安。不过，赫连定失算了，城内的粮食早已经吃光了，还出现了人吃人的悲惨状况。软弱的乞伏暮末在看到南安城被困得人吃人的局面，看着手下不断投降于胡夏，万般无奈之下，他只好耻辱性的口含玉璧，袒露肩背，绑上双手，出城投降。不久，暮末就被押到上邽，和500多宗室一起被赫连定斩杀，西秦自此灭亡。

十六国·夏

武烈帝赫连勃勃

武烈帝赫连勃勃像

夏武烈皇帝档案：

生卒年：公元381～425年

父　母：父，刘卫辰；母，苻氏

后　妃：梁皇后等

年　号：龙升，凤翔，昌武，真兴

在位时间：公元407～425年

谥　号：武烈帝

庙　号：世祖

陵　寝：嘉平陵

性　格：忘恩负义，嚣张残忍

点评：

赫连勃勃跟石虎是同一型的人物，忘恩负义，凶恶残暴。

——柏杨

赫连勃勃的父亲叫刘卫辰，或许你的第一反应是这父子俩的姓氏怎么不相同呢？其实，勃勃是匈奴的后裔，匈奴本姓并不是刘，是因为后来汉高祖把宗室女儿嫁给了冒顿单于，匈奴人才跟着姓刘的。勃勃在此之前也跟随父亲姓刘，叫刘勃勃。在称帝后不久，勃勃感觉姓刘是一种奇耻大辱，于是就把刘姓改为赫连，意为天子的显赫地位与天紧密相连。

出身军阀　逃亡后秦

赫连勃勃的父亲刘卫辰，是十六国时期匈奴支系铁弗部首领刘务桓的儿子，前任首领刘悉勿祈的弟弟。公元359年，刘悉勿祈去世，刘卫辰杀死了刘悉勿祈的儿子，自己继位，成为铁弗部首领。在他33年的任期内，刘卫辰反复无常。先是在前秦与代国之间周旋，前秦天王苻坚封他为左贤王，代王拓跋什翼犍则将女儿嫁给他，虽说两国对他都不薄，但他时常叛乱。公元365年，刘卫辰反叛前秦，但很快就被打败且他也被前秦生擒，不过苻坚并没有杀死他，反而封其为夏阳公，并把他原部落的力量让他统率。后来，刘卫辰又不断攻击代国，但屡屡失败。

公元376年，前秦灭掉代国，并把代国一分为二，黄河以西部分由刘卫辰管辖。过了不久，卫辰又反叛前秦，最终还是以失败告终。不过，前秦皇帝苻坚依仍不计前嫌，封刘卫辰为西单于，让他管辖河西诸部落。公元391年，卫辰派兵攻打北魏，非但没有取得胜利，反而他的都城代来城被北魏攻破，卫辰在逃亡过程中被杀。他的宗族除幼子勃勃逃到薛干部外，全部都被魏军杀害。

此时的勃勃还是刘勃勃，正值青壮，胸有大志，谋略过人。但是，天不怜人，他还没来得及继承父亲的家业，就已经国破家亡了。机智的刘勃勃躲过了北魏军队的剿杀，逃到薛干部。薛干部首领太悉伏收留了勃勃，不过后来迫于北魏的压力，他也不敢继续收留勃勃，于是就把他送到了后秦高平公没奕于处。

勃勃身高八尺五寸，肩宽体壮，仪表堂堂。没奕于对他的印象很好，再加上勃勃反应能力极强，问话对答如流，因此，没奕于十分欣赏勃勃，认为他一定能干出一番大事业来。于是，没奕于把他最心爱的女儿许配了勃勃，并让勃勃执掌兵权。

后秦的皇帝姚兴对勃勃也十分器重。他任用勃勃为当时权位极重的骠骑将军，并经常让他参与朝廷军国大事的商议。这引起了一些皇族贵戚的不满，姚兴的弟弟姚邕就对姚兴说："勃勃这个人野心很大，现在是还依附着我们，但是如果以后他势力强大之后，我们就很难控制了。"姚邕强烈建议姚兴现在杀了勃勃以绝后患，姚兴没有杀勃勃，但是暂停了对勃勃的重用。

袭杀岳父　建立大夏

后来，由于后秦北方混乱，乱世得用严苛之人，姚兴就想到勃勃，他封勃勃为安远将军，让他带领三城、朔方以及卫辰原来的部众到高平协助没奕于。不久，姚兴又派勃勃出任安北将军，封他为五原公，给他配备了两万多户鲜卑人及其他少数民族人驻守朔方。

远离了皇帝姚兴，勃勃开始显露出他野心。他刚到朔方不久，就有河西鲜卑族向姚兴进贡战马 8000 匹，当马队路过勃勃的辖区时，勃勃扣留了这批本要献给皇帝的战马，留给自己用作军备。干完这件事后，他想皇帝姚兴肯定不会放过他，于是他就思谋先下手为强。他集合了自己 3 万余部众，然后假装到高平打猎，来见自己的岳父没奕于。没奕于很高兴，没有作丝毫准备，勃勃就趁机杀害了自己的岳父，并吞并了没奕于的五万多精锐部队。此时的勃勃势力大增，已经强大到可以与后秦分庭抗礼了。

公元 407 年六月，勃勃以夏后氏自居，拥众自立，称大夏天王，国号大夏，建元龙升。称王不久，勃勃就开始四处用兵，扩张地盘。他先是出兵夺取后秦在三城以北设立的军事据点，然后又出兵吞并河西大片土地。面对连连胜利，他手下的将领纷纷劝勃勃定都高平，但勃勃却不以为然。他说，此时并不宜建都，因为固守一个城的话，姚兴使会集中力量来攻打，这会使大夏很被动。勃勃算准了姚兴活不了多长时间，所以他主张打游击战，慢慢消耗后秦，到时候，再攻取长安，就会容易得多。这种战略思想可谓是中国游击战的源始，勃勃可称之为游击战的鼻祖。勃勃采取步步为营的策略，先攻打后秦统治最为薄弱的岭北地区，几年之间，便把整个岭北地区变成自己的势力范围。

接着，他以南凉王秃发傉檀拒婚为由，亲率大军攻打南凉。由于治军甚严，他的军队有着非常强大的战斗力。这一战，他率军杀伤南凉 1 万多人，抢走 27000 多人，掠夺了几十万头马牛羊，大获全胜。后来，秃发傉檀派兵追击，又被勃勃消灭了 1 万多人。

接下来的岁月，勃勃经常侵扰后秦，大肆扩张自己的地盘。公元 408 年，姚兴派大将张佛生讨伐勃勃，又派出大将齐难援助佛生。勃勃先避其锋芒，然后趁他们撤离时急起直追，大败后秦，活捉齐难。公元 409 年，姚兴又亲自率兵讨伐勃勃，勃勃趁姚兴的各路大军还没有会师，就率奇兵突袭姚兴，并俘虏了姚兴大将姚榆生。这两次战争的胜利，巩固了大夏的统治。

定都称帝　残暴统治

公元 413 年，勃勃改元凤翔，并在朔方水北、黑水之南营建都城，取名统万城。由于他此时的势力已经比较强大，不再需要靠游击战去瓦解后秦势力，因此，他定都统万城，同时重用后秦降将王买德为谋士，设置百官、衙署，建立健全国家制度。之后，他改姓为赫连，并赐姓“铁伐”给他的支庶子弟，希望他的宗族子孙个个都像铁一样坚硬，所向披靡。

次年，赫连勃勃决定攻伐已经江河日下的后秦。行军快到长安的时候，勃勃就得到消息说东晋大将刘裕已经率师北伐后秦了。他决定不与刘裕发生正面冲突，就把军队撤回来休整。他的部下十分不理解，于是他就解释说："东晋国内内乱不断，刘裕的政敌不少，他不可能置自己的势力根基于不顾。因此，刘裕灭秦之后必不能久留，等他走了之后，我再取就更加容易了。"

果不其然，刘裕攻下长安后不久便返回江南，留下年仅12岁的儿子刘义真镇守。赫连勃勃马上命令他的儿子赫连璝带着2万骑兵南下攻取长安。此战十分顺利，不仅长安，整个秦川都被勃勃所攻取。公元418年十一月，赫连勃勃在长安设宴庆贺。不久，他在霸上筑坛即皇帝位，改元昌武。

称帝后，赫连勃勃变得更加残暴嚣张，《晋书》中记载赫连勃勃"常居城上，置弓剑于侧，有所嫌忿，便手自杀之，群臣忤视者毁其目，笑者决其唇，谏者谓之诽谤，先截其舌而后斩之"。由此开始，大夏国开始走下坡路，国势一天天减弱，而北魏则越来越强大。

公元425年，赫连勃勃病死，葬于嘉平陵，其子赫连昌继位。谥"武烈帝"，庙号"世祖"。

废主赫连昌

夏昌秦王档案：

生 卒 年：？～434年

父　　母：父，武烈帝赫连勃勃；母，不详

后　　妃：拓跋氏等

年　　号：承光

在位时间：公元425～428年

谥　　号：昌秦王

庙　　号：无

陵　　寝：不详

性　　格：急躁无谋，好勇轻敌

点评：

赫连昌之为魏所制，虽曰不乃父若，要亦勃勃之贻祸难逃耳。故保身在义，保国在仁，仁义两失，未有不身死国亡者也。

——蔡东藩

赫连昌是大夏皇帝赫连勃勃的第三个儿子，本来是没有机会继承皇位的，但是后来一系列的变故，最终促使他成为大夏王朝的第二个皇帝。

赫连勃勃称王后，把儿子赫连璝立为太子。公元417年，赫连勃勃攻取长安城。次年，他即皇帝位，并把长安设为南都，命太子赫连璝镇守，“领大将军，雍州牧、录南台尚书”。不过后来，赫连勃勃逐渐厌恶了赫连璝，想废掉他另立酒泉公赫连伦为太子。赫连璝听闻消息后，决定先除掉威胁他太子之位的人，于是率兵把赫连伦杀了。太原公赫连昌听到太子叛乱的消息后，出兵袭杀了赫连璝。如此一来，赫连勃勃只有立赫连昌为太子。

公元425年八月，赫连勃勃病死，赫连昌继位，改元承光。由于他们兄弟之间为皇位继承所引起的内讧大大消耗了大夏的实力，再加上之前他的父亲赫连勃勃的残暴统治没有为大夏奠定坚实的基础，此时的大夏开始一步一步走向衰落。与此同时，北魏在拓跋焘的领导下越来越强大。

北魏皇帝拓跋焘认为灭掉夏的时机已经成熟，便于公元426年十月发兵袭击赫连昌。而此时赫连昌却毫无察觉，北魏大军到达都城统万城时，他还在和他的臣子们大吃大喝。不过，面对大兵压城的态势，赫连昌并没有惊慌，他英勇地披上铠甲，亲率士兵积极应战。最终在他的亲自指挥下，大夏都城统万城没有被攻破，拓跋焘只能悻悻地带着 1 万多夏民回到平城。拓跋焘撤回的时候对他的大将们说："这次就先饶了赫连昌这小子，明年再好好收拾他。"

公元 427 年六月，拓跋焘践行了自己的诺言，再一次出兵征伐赫连昌。这一次，拓跋焘不再死攻统万城，而是采用了智取的计谋。本来他带来的兵有 9 万多，但快到统万城时，他就把大军埋伏在山谷之中，只派了少量的士兵到城下挑战。有勇无谋的赫连昌不辨真假，以为拓跋焘只带了少量的军队，好胜之心驱使他率 3 万多士兵出城，想一举把拓跋焘斩杀于城下。拓跋焘看着赫连昌领兵出城，心中十分欢喜，指挥军队把赫连昌引到他大军的埋伏处。北魏军杀声四起，而此时正好又狂风骤起，飞沙走石，赫连昌的军队惊恐万分，顷刻间溃败，赫连昌本人也仓皇逃往上邽（今甘肃天水）。就这样，拓跋焘轻而易举地攻下大夏都城统万城，夏的王公百官，后宫佳丽总共 1 万多人全都被北魏俘虏。

公元 428 年一月，赫连昌攻北魏于安定，兵败被擒。

拓跋焘见到赫连昌仪容魁伟，精于骑射，于是就收降了他。在后来的岁月中，拓跋焘对赫连昌十分礼遇，不仅让其住在西宫，还把皇妹始平公主嫁给他，并封其为会稽公。拓跋寿对赫连昌也十分信任，平时他常常会叫赫连昌陪伴在他身旁，打猎的时候两个人甚至还会同骑一匹马。公元 430 年，赫连昌又被封为秦王。

日子虽然过得比较舒适，但是赫连昌不甘就这样永远成为拓跋焘的"笼中鸟"。他时刻惦记着他那已经灭亡的国家，时刻也没忘记拓跋焘对他的灭国之恨。公元 434 年三月，借着一个机会，赫连昌逃出了平城，往西奔往故土，但是可怜的是，在逃亡过程中被拓跋焘部将所杀，葬处不明。

后主赫连定

夏后主档案:

生 卒 年:? ～434 年

父　　母:父，武烈帝赫连勃勃；母，不详

后　　妃:不详

年　　号:胜光

在位时间:公元 428～431 年

谥　　号:无

庙　　号:后主

陵　　寝:不详

性　　格:凶狠残暴

点评:

赫连定的凶暴拯救不了自己，数月后，赫连定被吐谷浑生擒，献给北魏，在首都平城砍头。胡夏这个与天神相连的帝国，只维持二十五年。

——柏杨

赫连定是大夏国皇帝赫连勃勃的第五个儿子，赫连昌的弟弟。赫连勃勃在位的时候，赫连定被封为平原公。公元 424 年，长安太子赫连璝叛乱被赫连昌平定后，赫连定即被派往南都长安镇守。

公元 426 年，北魏拓跋焘大举进兵大夏，赫连定曾在长安一带率兵抗击，不过最终因实力不济被破城。长安城被破后，赫连定出逃，于公元 427 年在上邽与赫连昌会合。在这里，赫连定晋封为平原王。

公元 428 年，赫连昌被擒，赫连定则成功逃奔到平凉（今甘肃

平凉）。在平凉，赫连定自立为帝，改年号为胜光。

赫连定即帝位后，北魏军元帅奚斤与副将娥青因求功心切，舍弃了辎重，只先轻骑精兵，带只够三日的粮食，就直向平凉扑来，想一举生擒赫连定。赫连定探得北魏军缺粮少水，便以逸待劳，把一部分军队埋伏于马毛山，等北魏军一到，前后夹击，轻而易举就打败北魏军，杀死北魏兵六、七千人，并生擒奚斤与娥青。在安定留守的大将丘堆听到奚斤战败被擒的消息后，立刻放弃辎重逃往长安，又与高凉王拓跋礼一道放弃长安逃奔蒲阪。就这样，夏国的军队又重新占领了长安城。

公元 430 年九月，赫连定趁北魏与刘宋争夺河南开战之机，派其弟谓以代进攻北魏鄜城（今陕西洛川东南），结果辎重与军粮被鄜城守将拓跋隗归派出的 300 精兵烧掉，粮草没了，夏军军心不稳，接连被敌军打败。赫连定得知战报后，心急如火，留上孤公社干、广阳公度洛孤留守平凉，亲自率精骑数万支援渭以代。同时，赫连定知道自己的实力是不可能与强大的北魏相抗衡的。于是，他就派人与刘宋结盟，约定双方把军队联合起来一起消灭北魏，将来胜利的果实双方共享，恒山以东归宋，恒山以西归大夏。北魏拓跋焘听到这一消息后，大为震怒，立即亲率大军袭击赫连定的栖身之地平凉。赫连定得知拓跋焘出兵，急忙从鄜城回兵救平凉，但是在途中遭遇北魏军队的围攻，突围时 1 万多夏兵被北魏所杀，赫连定受伤，最终他还是冲出重围，逃往上邽。

虽说平凉丢了，但是很快赫连定又重整旗鼓，做出了一件任内算是有作为的事情。公元 431 年正月，赫连定举兵向西，攻灭为北凉所逼情势更加窘迫的西秦。灭西秦后，赫连定怕北魏会追击，于同年六月带着俘虏的 10 多万西秦百姓从治城渡黄河，打算袭取北凉作为栖身之地。

可是，赫连定的人马刚好到黄河中间的时候，就遭到了吐谷浑首领慕容慕璝所派的3万骑兵的袭击，大半夏兵被溺身亡，赫连定从河中挣扎上岸后被吐谷浑士兵俘虏，之后被送到北魏国都平城。

公元434年，赫连定想与他的哥哥赫连昌一起逃出平城，拓跋焘发觉后将其处死，大夏国就此灭亡。

南朝·宋

武帝刘裕

宋武帝档案：

生 卒 年：公元363～422年

父　　母：父，刘翘；母，赵安宗

后　　妃：皇后臧爱亲、张夫人等

年　　号：永初

在位时间：公元420～422年

谥　　号：武帝

庙　　号：高祖

陵　　寝：江苏初宁陵

性　　格：果断勇猛，谋事沉稳

点评：

可惜，刘裕只是半截英雄。他的目标不是统一中国，而是皇帝宝座。

——柏杨

公元420年，东晋大将刘裕废掉东晋皇帝，自己称帝，建立刘宋政权。由此，在中国历史上存在170多年的南朝拉开了序幕。南朝依次经历了宋、齐、梁、陈 4 个王朝，其结束的标志为公元 589 年陈朝被隋文帝所灭。刘裕是刘宋的开国皇帝，在位期间，他整顿朝纲，抑制豪强兼并，关心百姓生活，减轻农民负担，重视教育，减轻刑罚，有效地巩固了政权，也为后来的“元嘉之治”奠定了基础。

武帝刘裕像

出身贫寒　名起京口

刘裕，字德舆，小名寄奴。祖籍彭城（今江苏徐州），据史书记载，他是汉高祖的弟弟楚元王刘交的后代，曾祖刘混随着晋室南迁到京口（今江苏镇江），到了他的父亲刘翘这一代，家道中落。因刘翘早逝，刘裕自小尝尽生活的艰辛，曾以卖草鞋为生。

刘裕虽然出身贫寒，但从小就有大志向，一心想做一番惊天动地的大业。带着雄心壮志，刘裕走进军营，成为东晋北府军冠军将军孙无终的司马，由此开始了他一生的戎马生涯。不久，他又成为了北府军名将刘牢之的参军。

淝水之战后，东晋外部威胁解除，孝武帝不思进取，满足偏安局面。而摄政的会稽王司马道子专权，致使朝政腐败不堪。浙江新安太守孙泰是五斗米道的教主，利用传道聚众企图反抗东晋朝廷，结果被司马道子诱杀，他的侄子孙恩逃入海岛翁州，聚众伺机报仇。公元 399 年，孙恩、卢循等人在会稽起兵反抗晋朝，东晋朝廷派前将军刘牢之去镇压。身为参军的刘裕机智有谋，勇敢善战，多次克敌致胜，战功卓越。刘裕从起起家，升任为建武将军、下邳太守、彭城内史，成为东晋的一员虎将。

好运要来，挡也挡不住。平定孙恩叛乱不久，刘裕又迎来一次飞黄腾达的机会。他牢牢地抓住了这次机遇，从此彻底改变了他自己的命运。公元402年，荆州都督桓玄发动叛乱，东晋朝廷以尚书令司马元显为骠骑大将军、征讨大都督，以刘牢之为前锋都督，发兵讨伐桓玄。不料，司马元显是个贪生怕死之辈，不敢出战，而刘牢之又被收买，率北府军投降了桓玄。因此，桓玄未费一枪一卒就进入东晋都城建康，夺取了朝廷大权。

桓玄掌政后，对北府军存在着极大的戒备之心。为了瓦解北府军势力，尽快实现自己代晋称帝的目的，他对北府军将领进行了清洗。桓玄先后杀害了吴兴太守高素、辅国将军竺谦之、高平相竺朗之、辅国将军刘袭、彭城内史刘秀武、冀州刺史孙无终等北府军将领，曾经为他夺取政权起了重要作用的刘牢之也被迫自杀身亡。一时间，北府军将领人人自危，但此时的刘裕却镇静自如，他深知桓玄要杀的是那些掌握了兵权的高级将领，杀完之些人之后，必然会起用像他一样有资历的军官。果不其然，不久刘裕便被任命为中军参军，成为桓玄控制北府军而倚赖的骨干。后来，又因为破卢循有功，刘裕加官彭城内史、深得桓玄的弟弟桓修的倚重。

刘裕虽然在表面上对桓氏忠心耿耿，但是他心中却另有谋算，暗地里加紧活动，团结了一大批北府军的中下级军官司，等待时机准备取代桓玄。刘裕的这些小动作也引起了桓玄妻子刘氏的注意，她就时刻提醒桓玄，说刘裕有龙势虎志，不可能久居人下，应该尽早除之，不然将来会成为大麻烦。不过桓玄因杀了许多北府将领，正在用人之际，所以对于妻子的劝言只能抛在一边，想着等关陇平定之后再来处理这一问题。

但是刘裕没有给他太多的时间。公元403年十二月，桓玄废掉晋安帝，自立为国君，国号楚。时隔两月，即公元404年的二月，刘裕与何无忌、魏咏之、檀凭之等人以匡复晋室为名，在京口起兵讨伐桓玄。同一天，刘毅也在广陵起兵响应。起义军共同推举了刘裕为统帅，主持讨伐大计。三月，刘裕率军与桓玄手下的猛将吴甫之在江乘交战，刘裕十分勇猛，他身先士卒，率先冲入战阵，士兵见状，深受鼓舞，个个奋勇直前，最终大胜吴甫之部，斩吴甫之于马下。随后，刘裕见士兵气势昂扬，于是率兵乘胜进攻，他与檀凭之各带一路人马与皇甫敷决战。不料，檀凭之战败身亡，刘裕成了孤军，最后被敌军层层包围，眼看就要丧命于此。但天不绝人，就在这危急时刻，刘裕的援军赶到，乱箭射死了皇甫敷，刘裕才死里逃生。

桓玄在刘裕的步步紧逼之下，一方面组织力量派扬州刺史桓谦出兵抵抗，另一方面则悄悄预备舟船，准备在失利后逃跑。桓谦所率大军大部分为北府人，这些士兵都畏服刘裕，毫无斗志。刘裕兵锋正盛，乘胜而来，很快就大败桓谦。桓玄见大势已去，慌忙坐船逃跑。刘裕率军直接进入建康，他派刘毅、何无忌追击桓玄，自己则坐镇京师。

面对被桓玄搞得乌烟瘴气的建康，刘裕显示他治理的能力。在十几天的时间内，刘裕抓住主要矛盾，拨乱反正，同时自己以身作则，严于律已，很快就恢复了建康的秩序。随后，刘裕又迎回了白痴皇帝司马德宗，让他重登帝位。刘裕自己则以南徐、南青两州刺史的身份率北府兵回镇京口，后来他又加领南兖州刺史，北府兵也就全部掌握到了刘裕手中。

入京辅政　功成自威

公元 408 年，刘裕在他的主薄刘穆之的建议下，入京议事。之后，朝廷任命他为扬州刺史、录尚书事。由此，刘裕集军政大权于一身，曾经取桓玄而代之的梦想终于实现了。

为了建立他的威望和巩固他的权力，刘裕随后进行了一系列重要的讨伐。公元 409 年二月，南燕慕容超派兵攻破了东晋的宿豫，不久，又侵扰济南。刘裕经过认真思考后决定征讨南燕，因为如果胜利，他不仅可以获得更多人的拥护，也可使自己的功名声望越来越大，盖过那些对自己有威胁的人。

也正如他刘裕估算，军队还未动，豫州刺史刘毅搬出“宰相远行，易倾动国家的根本”这样的理由来阻挠。但他丝毫不为所动，决意亲自出征。这年四月，刘裕率水军自建康出发，到达下邳后，改由陆路行军。六月，即到达广固。这时，南燕慕容超慌了，连忙向后秦求助，但是后秦姚兴迫于刘裕大军的实力，也不敢轻易出兵。最终，在刘裕的指挥下，北府军顺利攻下广固，生擒慕容超送到建康，后来慕被斩首，南燕灭亡。胜利的结果也如刘裕事先预测，他的声望得到很大的提高，超过了祖逖、桓温等人，朝中没有其他人压过他。

消灭南燕后，刘裕又急忙回师迎战卢循起义军。在他到达建康之前，刘毅已经率军两万阻击卢循、徐道覆。但是，由于刘毅过于自大，指挥无方，导致大军在桑落州大败于卢军，刘毅只带了几百人狼狈地逃了回来。而此时回到建康的刘裕军也由于此前不断征战，很多人受伤了，真正有战斗力了也只有几千人而已。因此，在朝廷中许多人都认定刘裕不可能取得胜利，纷纷劝说刘裕迁都。

不过，此时的卢循并不知道东晋的实况，他从被俘士兵口中得知刘裕回来的消息，心里就害怕起来，一直在犹豫着要不要继续进攻，这也就为刘裕布防赢得了关键的时间。后来，在徐道覆的强烈建议下，卢循才勉强同意进攻建康。但此时的建康城已经在刘裕的带领下做好了防卫准备，卢循在城下进攻了无数次，都未能取得任何进展。两个月时间很快就过去，卢循还是一无所获，最终因兵疲粮缺，只好退兵浔阳。

因以逸待劳地防守，刘裕的军队得到很好的休整，卢循撤退后，刘裕就亲率大军追击，在破冢（今湖北江陵）、大雷（今安徽望县）

等地大败卢循军。取得几次胜利后，刘裕便返回建康，派遣其他将领继续追击，最终卢循、徐道覆一个兵败自杀、一人力战而死，起义被镇压。刘裕的威望也因此得到进一步的提升，官升至太尉。

翦除异已　扫清道路

在灭掉南燕、扫平卢循起义后，刘裕的威望达到了一个新的高点，但是此时的他如果称帝自立，还面临着一些阻挠，那是就反对他的势力。主要包括荆州刺史刘毅、豫州刺史计划长民、谯王司马休之父子等。

刘毅自桑落州遭遇惨败后，威信扫地，本想率兵追击卢循，挽回颜面，但是刘裕不许，不让他有立功机会。刘裕得胜回来时，下令迁刘毅为荆州刺史，刘毅对刘裕的怨恨之心更增一层。到了荆州之后，他就想利用荆州的军事力量，与刘裕争夺大权。

刘裕明知如此，但一开始他也不露出要对刘毅动武的意图，而是暂时的忍让，麻痹刘毅，在暗地里则加紧做好讨伐的准备。刘毅请求要兼督交、广二州，刘裕十分痛快地答应了。不久，刘毅又要求与他关系很好的丹阳郗僧施为南蛮校尉后军司马，毛修之为南郡太守，刘裕虽然心中很不乐意，但是还是答应了刘毅的要求，但他也不放心，安插了自己的亲信刘穆之任丹阳尹这一重要职务。刘毅到江陵赴任后，独断专行，安插亲信，又擅自分割豫州文武、江州兵力达万余人作为自己的贴身部队。刘裕见此，勃然大怒，刚好此时刘毅又上表请求让他的堂弟刘藩担任其副手，他觉得不能再忍下去了，是时候动手了。

于是，刘裕先捕杀刘藩、谢混等刘毅的同党，接着又亲率大军讨伐荆州刘毅，派手下两员得力战将王镇恶、蒯恩为前锋，火速前进。不到一个月时间，刘裕便拿下江陵城，刘毅兵败后逃亡，最终因走投无路自杀身亡。由此，刘裕除掉了一个大的障碍。班师回朝之后，刘裕又找一由头把反对他的诸葛长民杀掉。

刘毅身亡后，荆州刺史由司马休之继任，司马休之在治理荆州时颇得民心，形成了自己的势力。同时，他又不服刘裕，公元 415 年，司马休之及其儿子司马文思一起上书朝廷，指控刘裕罪状，动员军队，起兵讨伐刘裕。雍州刺史鲁宗之与其儿子竟陵太守鲁轨认为自己早晚也为刘裕所不容，因此，他们也起兵反对刘裕，响应荆州司马父子。

刘裕此前正因找不到好借口加罪司马氏，现在终于有了出兵的由头。于是，他派女婿徐逵之为前锋，心想让徐立头功，功成之后便让他任荆州刺史。谁知徐逵之出师不利，兵败身亡。刘裕急令大将胡藩渡江，士兵一拥而上，最终大破敌军，攻克江陵。司马休之、鲁宗之等北逃投奔后秦。

至此，东晋国内刘裕再也没有对手。不过，在江南，还有谯纵称成都王，常威胁到荆楚之地。北方亦有后秦，刘裕要想收复中原，必须解决这一大患。

平定江南　攻伐北地

刘裕在出兵征伐刘毅、攻克江陵后，乘胜进军益州。益州地区被大族谯纵占据，形成了一个独立的王国。谯纵自称成都王，称臣于后秦，常常派兵会侵袭东晋。因此，刘裕此举誓在收复益州，统一江南。

此战刘裕并没有让有着丰富经验的毛修之、臧熹担任统帅，而是力排众议，选用了年轻的朱龄石，他认定朱有武干，又练吏职，可以担此重任。然后他又将猛将蒯恩、刘钟等分派给朱龄石，并配给 2 万大军。朱龄石果不负重望，按照刘裕此前设计好的方案，顺利抵达巴蜀，经过一番激战，攻占成都，谯纵自杀身亡。益州被刘裕收复，江南一片平定。

收复益州，平定江南，刘裕的下一个目标便是北面的后秦。公元 416 年八月，刘裕的北伐大军从建康出发，一路北上西进。刘裕亲率水军自淮、泗入清河，逆黄河西上。此时的后秦，因饱受内忧外患，早已今非昔比，哪里是东晋精锐北府军的对手，东晋大将王镇恶、檀道济，一路斩将夺城，势如破竹，漆丘，项城，许昌，新蔡，仓垣相继收复，并一举拿下故都洛阳。后秦急忙向北魏求援，拓拔嗣派出 10 万精骑，但是并不真正进攻东晋军队，只在黄河边牵制晋军。

刘裕怒了，指挥诸士兵摆出“却月阵”，在战术上采用步、骑、车 3 个兵种协同作战。最终魏军抵挡不住，霎时间崩溃，“一时奔溃，死者相积”。此后，北魏再不敢小视刘裕，拓拔嗣吸取教训，听从谋臣崔浩的建议，不再与晋军为敌。消除了北魏的威胁，刘裕率主力抵潼关，直逼长安。

刘裕先派大将沈田子率 1000 多士兵当疑兵占领青泥。后秦后主姚泓看出了刘裕的疑兵之计，当即率领几万大军想先把沈田子 1000 多人全部消灭。不料，沈田子英勇无比，率领士兵以拼命的心态抗击后秦军队，1000 多人竟将几万人杀得大败，姚泓带头逃跑，后秦兵败如山倒。紧接着刘裕派大将王镇恶由水路进军，再次大败后秦守军，攻下长安，姚泓带着自己的皇后和文武官员，向东晋投降，后秦灭亡。

可惜的是，刘裕攻灭后秦不久，在建康坐镇的刘穆之病亡，他怕大权旁落，就匆匆率军南返。以至于未能在攻克长安后，积极巩固和扩大战果，很快长安就在夏主赫连勃勃的攻击下得而复失。

荣登帝位　建朝刘宋

公元 418 年六月，刘裕被封为相国、宋公，加九锡，但此时他并不急于代晋自立。当时社会上流传的谶语说“‘昌明’（晋孝武帝司马曜之）之后有二帝”，为了使谶语应验，刘裕就想在司马德宗之后再立一位皇帝。于是在当年十二月，刘裕指使中书侍郎害死害死白痴皇帝司马德宗，随后奉琅邪王司马德文为帝。通过这一系列安排之后，刘裕才觉得可以安心了当皇帝了。

公元 420 年六月，刘裕授意文武百官，要司马德文禅位。司马德文早就明白自己只不过是一个临时的皇帝，很快就宣布退位，刘裕终于登上了皇帝宝座，改元永初，史称刘宋。从此，中国历史进入南朝与北魏对峙的时期。

刘裕即位后，实行了一些安境保民的措施，受到人民的欢迎。如他下令赦免因逃避兵役、租税而流亡的流民，在限期内回家可以免租两年。实行“土断”制度，抑制豪强兼并，减轻赋税徭役等。

公元 422 年三月，刘裕病重，大臣们都请求为他祈祷神祇，但是他不相信鬼神，只命医官诊治，让侍中谢方明将他的病禀告宗庙而已。五月，刘裕自知活不长了，召太子刘义符交待后事，不久就病死。刘裕死后葬于建康蒋山初宁陵，谥“武帝”，庙号“高祖”。

少帝刘义符

宋少帝档案：

生 卒 年：公元 406～424 年

父　　母：父，武帝刘裕；母，张夫人

后　　妃：司马皇后等

年　　号：景平

在位时间：公元 422～424 年

谥　　号：营阳王

庙　　号：少帝

陵　　寝：不详

性　　格：顽劣放诞，昏庸荒唐

点评：

整日嬉戏游乐，不理政事，引起朝野不满。

——詹子庆《中国古代史》

公元422年五月，宋武帝刘裕病危，他召来太子刘义符，对其进行最后的交待："檀道济虽有谋略，但没有长远之志；徐羡之、傅亮跟随我多年，不会有异心；只是谢晦我不能放心，此人日后可能会产生异心，你要多加防备……"交待完后不久，刘裕便病逝。年仅17岁的刘义符成了宋的第二任皇帝，顾命大臣檀道济、徐羡之、傅亮、谢晦等人成为辅政大臣。

少帝刘义符像

刘义符即位后，对于父亲临终前的遗言丝毫都记不起来，也不理政事，整天只知道游乐嬉戏。最终，应验了他父亲的担忧，以谢晦为代表的一些大臣见刘义符无德无能，便密谋另立贤君。最终，刘义符被杀，他的弟弟刘义隆被立为新君。

刘义符出生于公元406年，那时刚好是刘裕讨伐桓玄取得胜利的时候，对刘裕来说，可谓是双喜临门，因此，他对这个儿子喜爱有加。刘义符10岁时，便被立为豫章公世子。12岁时，刘裕受封宋王，立刘义符为宋世子。公元420年，刘裕建立宋国，改立刘义符为宋国太子。

刘义符自小就不喜欢读书，而是喜欢骑马射箭、捣鼓音律等其他事情，这就导致在他周围的几乎全是一些游手好闲之人，他们天天骑马游乐，荒废无度。而对此，刘裕却不以为意，因为他本身就不爱读书，又由于军政大事繁忙，也没有时间对刘义符加强教育。

长期的无人管束和游乐使刘义符形成十分顽劣的性格，在他父亲刘裕生病期间，他依然经常坐龙舟去天渊池，在水上船上玩乐，笙歌妙舞，管弦悠扬，一直玩到晚上月亮出来，精疲力竭，然后又会在龙舟上歇息过夜。刘裕死后，刘义符即位，按理说，他应该为刚去世的父亲守灵尽哀，但他却和随从们在后园中练武习阵。之后更是整日与宫人游戏无度，沉溺于声色犬马，丝毫不将国家事务放在心上。

被高祖刘裕任命的几位辅政大臣对天天只知道游乐的刘义符越来越失望，特别是当年跟随刘裕北伐的谢晦。谢晦当年跟随刘裕东征西战，深知艰难创业不容易，而这两年来，宋的边境十分不稳。

公元 422 年十二月，北魏攻夺了宋朝滑台；公元 423 年正月，北魏将领达奚仰破金墉，进围虎牢，虽然后来被宋将毛德祖击退，但北魏皇帝拓跋嗣马上又派安平公涉归入寇青州，致使刘宋国河南郡失守。对于这些外患，谢晦等人心里十分惶恐，生怕辜负了先帝的托负之恩，于是他们密谋废帝另立。

公元 424 年四月，徐羡之、谢晦等人开始了废帝另立的行动。他借口自己的领军将军府比较破旧，让全家人都搬出去，然后在府内暗暗把一些将士聚集起来。之后，他又联系了中书舍人邢安泰和潘盛为内应，时刻准备动手。

五月的一天，刘义符又照例乘龙舟去天渊池玩乐，一直玩到晚上，然后又吃宵夜，喝了很多酒，最后实在撑不住了，就倒在龙舟上睡着了，他丝毫没有感觉到宫廷里已经暗流翻天了。

第二天凌晨，檀道济、谢晦就领兵从云龙门入宫，徐羡之、傅亮等人随后也杀入。由于内应邢泰安事先已经做好安排，一路上都没有卫士阻挡。他们冲到龙舟上，刘义符仍在酣睡，毫无知觉。直到士兵将旁边两个侍者杀死，刘义符才被惊醒，但没来得及反抗，他就被士兵所擒。刘义符被扶持出东阁，皇帝的玉玺和绶带也被收缴。

然后，徐羡之召集百官，宣称奉皇太后张氏之命，列举刘义符过失罪恶，废为营阳王，由宜都王刘义隆继承皇帝之位，并大赦天下。随后，他们将刘义符送到吴郡安置。刘义符被送往吴郡后，被幽禁在金昌亭。六月，徐羡之下密令杀死刘义符。邢安泰等人就指挥士兵将金昌亭团团围住。刘义符发现后，不甘束手就死，奋力反抗，居然逃出了重围。邢安泰用门闩把他击倒在地，将刘义符活活打死。

文帝刘义隆

宋文帝档案：

生 卒 年：公元407～453年

父　　母：父，武帝刘裕；母，胡道安

后　　妃：皇后袁齐妫，婕妃沈容姬、潘淑妃等

年　　号：元嘉

在位时间：公元424～453年

谥　　号：文帝

庙　　号：太祖

陵　　寝：江苏长宁陵

性　　格：明达深沉、仁厚犹疑

点评：

承大难之余，居大位，秉大权，欲抑大奸以靖大乱……不贪大位，不恤私恩，不惮凶威，以伸其哀愤，则一夫之雄入于九军！

——明末清初·王夫之《读通鉴论》

刘义隆是宋武帝刘裕的第三个儿子，本来是没有机会做皇帝的。

但是，由于他的兄长刘义符即位后只知道玩乐，不理国家政事，最终被几位辅政大臣所废。由此，他才做了皇帝。即位后，他便把扶他上位的这些权臣全都杀掉，亲理政事，开创了历史上称之为“元嘉之治”的富强时代。

弱冠登基　元嘉之治

公元424年，徐羡之、傅亮、谢晦等大臣罢黜刘义符后，他们为了把持朝政，就另立了年轻且羸弱多病的荆州刺史、宜都王刘义隆为帝。当傅亮率着百官备天子法驾来荆州迎刘义隆回京师登基时，刘义隆的府上一片惊慌，都劝他不要去当皇帝，以防又被大臣所杀。刘义隆自小就心机很重，好猜忌，但这一次他不动声色地分析了当前的形势，认为徐、傅等人现在并没有篡位之心，他去京师应该暂时不会有太大的危险，于是果断地决定入京师即皇帝位。

不过，刘义隆还是十分担心在路上的安全问题。于是，他做了精心的安排。他命令司马王华留守荆州，以确保没有后顾之忧；不允许朝廷所派的官员及士兵接近他的舟船，而是采用原有的荆州府的士兵进行保卫工作；让他的心腹中军参将日夜持刀守护在他的舟船舱门外，一直到建康。

就这样，到八月，刘义隆一路安全到达京师，百官们迎拜于新亭。他先在这里拜谒了父亲刘裕的陵墓，然后在秦淮以北作为太学的中堂中接受了百官的劝说，接玺绶，即皇帝位。随后，刘义隆入宫登太极殿，宣布大赦，改年号为元嘉，是为宋文帝。

在刘义隆即位之前，参与废立的几位大臣为了掌握朝政，驾空皇帝，早已做了相关安排。朝中有徐羡之和傅亮掌权，由谢晦担任刘义隆原来所居的荆州这一军事重地的刺史，檀道济则镇守广陵，由此，内外呼应，留给刘义隆的只是一个空头皇帝的名号而已。他们认为年幼且多病的刘义隆就此被他们玩于手掌之中。殊不知，他们太小看刘义隆了，自刘义隆登基起，一张无形的大网已经悄然向他们撒了过来。

刘义隆虽然是几位辅政大臣扶持起来的，但是他容忍不了这些大臣擅自废立的行为，他决定除掉这几位权臣。一开始，他没有什么实力，为了稳住阵脚，他先是用高官厚禄及放权的形式麻痹几位大臣。即位不久，他就任命徐羡之为司徒，王弘为司空，傅亮加开府仪同三司，谢晦加封卫将军，檀道济进号征北将军。有司奏请他亲临华林园听讼，处理刑事案件，他也推辞说他不太熟悉，叫徐羡之、王弘就行了。

元嘉二年（公元425年），刘义隆已经当了5个月皇帝了，徐羡之、傅亮上表归政，他心中暗暗高兴，但表面上却又表现出厌烦，假意不答应，只到徐、傅三次上表，他才表示勉强接受，开始亲自理政。在他自己处理政事的过程中，他暗中加紧准备。

第二年，他觉得时机已经成熟，于是下诏揭徐、傅、谢等人的罪恶，命令有关部门捉拿。当时谢晦的弟弟正在中书省值勤，得知信息后慌忙派人通告徐、傅二人。当时这两人正在上朝的路上，听闻消息后急忙往回逃路。徐羡之跑到城外烧陶的洞里自己上吊而死；傅亮在跑的路中被抓回，刘义隆念当年是他迎自己当皇帝的，于是只杀了他，放过了他的妻儿。

接着，刘义隆又下令戒严，派大将到彦之等讨伐谢晦，后来又派王弘、檀道济等人一齐攻打。有人认为任用曾参加废立的檀道济统军不合适，但文帝认为檀道济当时参与废立只是协从，认为经此安抚必然会效死力。谢晦开始没有把朝廷大军放在眼里，也取得小小的胜利。但后来，当他听说身经百战的将军檀道济率军一起来攻打他的时候，便慌了阵脚，一战就败，在逃亡中被抓，送往建康后被斩。

杀了这些权臣，文帝刘义隆夺回了权力。返回建康后，他任命谢灵运为秘书监，颜延之为中书侍郎。此后，他励精图治，躬勤政事，整顿吏治，提倡文化，清理户籍，重视农业生产，减免赋税，使广大百姓得以休养生息，社会经济得到极大的发展。在文帝刘义隆统治期间，出现了“役宽务简，氓庶繁息，至余粮栖亩，户不夜扃”的兴盛局面，被后人誉为“元嘉之治”。

争位夺权　兄弟相残

元嘉六年（公元429年），由于身体有病，为了加强皇室对中央政权的统治，文帝刘义隆召他的四弟彭城王刘义康回京辅政。本来，刘义康任司徒、录沿书事，是与宰相王弘共同辅政。但王弘深知官场艰险，再加上他的身体情况也不是很好，于是他就基本不管，事事都推让给刘义康。由此，朝廷内外事务都由刘义康决断。后来，刘义康后又加领扬州刺史，进位大将军，专总朝权，势倾天下。

当时，檀道济是北府军仅存的将军，身经百战，威名远扬。刘义康专总朝政后，发现这个人对自己构成了无形的威胁，将来肯定是个大患。于是，公元436年，刘义康矫诏把檀道济召回京师，以收买人心、图谋不轨之名逮捕檀道济，随即把他杀害。同时被杀害的还有檀道济的十一个儿子及薛彤、高进之等大将。

随着刘义康势力变得越来越大，文帝刘义隆也逐渐起了猜忌之心。刘义康周围的人，见皇帝刘义隆长期多病，就经常散谣言说如果皇帝死后，应该立年长的君主，而不宜立年幼的君主，意思就是文帝死后应该由刘义康继位。刘义隆事后又发现刘义康的一些亲信在为刘义康继承帝位做相关准备，不由怒从中来，他决定解决刘义康的问题。

公元440年，宋文帝刘义隆采取断然措施，让沈庆之捕杀拥戴刘义康的领军将军刘湛等人。随后又向刘义康降旨，改授其为江州刺史，出镇豫章（今江西南昌）。公元445年十二月，范晔、孔熙等阴谋拥立刘义康的事情败露，文帝刘义隆废刘义康为庶人，迁往安成郡，并派宁朔将军沈邵防守。公元451年，北魏大军南下，形势危急，文帝刘义隆害怕刘义康在后方趁机作乱，又加上太子刘劭等人屡次劝说他处死刘义康以绝后患，于是，他派中书舍人严龙带药赐死刘义康，刘义康拒服药，使者便用被子将他闷杀。

文帝刘义隆杀弟弟刘义康这一行动揭开了南朝王室自相残杀的序幕，在后来的岁月中，刘宋王朝父子兄弟之间的相互残杀连绵不断，刘义隆他自己就是被他的儿子刘劭所杀。

雄心北伐　仓惶北顾

文帝刘义隆统治期间，社会安定，人口增加，生产发展，兵精粮足，国力强盛。虽然他体弱多病，但雄心勃勃，一直以来都想继承父亲刘裕没有完成的功业，金戈铁马，统一全国。

他先后共发动了三次北伐，第一次在公元430年，第二次在公元450年，第三次是公元452年。不过可惜的是，这三次北伐都因准备不充分及用人不当以失败告终。

公元430年，文帝刘义隆趁北魏刚与北方柔然交战、黄河以南屯兵减少之机，发动了第一次北伐。有趣的是，在出征之前，刘义隆居然派使者出使北魏，告诉拓跋焘说这次北伐我们只是为了收复黄河以南的土地，不会进攻黄河以北地区。拓跋焘得此消息，考虑到他在河以南的兵力不足，于是主动撤离，北渡黄河，以诱敌深入。因此，刘宋军不费一兵一卒占领滑台、虎牢、洛阳、金墉等城。此时，西夏又趁刘宋北伐之机也来攻打北魏，刘宋也无形中增加了一个援手，胜利似乎就在眼前。不过，随后北魏采取各个击破的战略，先灭了夏国，再全力反攻刘义隆部。由于之前宋统帅到彦之到处留兵把守，兵力分散，因此对于北魏的强大攻势，纷纷败退，滑台、虎牢、洛阳等重镇也接连失守，刘义隆第一次北伐就此失败。

第二次北伐时间为公元450年七月，刘义隆任命宁朔将军王玄谟为统兵主帅。大军浩浩荡荡北上，先围攻滑台。由于王玄谟是个无能之辈，又刚愎自用，不用取其他将领的正确意见，多次错过了破敌良机，数月未能攻下。十月，北魏太武帝亲率大军救援滑台，王玄漠惊慌退兵，遭魏军追击，死万余人，部众溃散几尽，丢弃军资器械无数。王玄漠自己都差点送命，幸亏半路遇到前来接应的沈庆之，才保住性命。而北魏军队乘胜追击，攻下悬瓠、项城，越过彭城，渡过淮河直逼瓜步（江苏六合），太武帝还扬言要渡江夺取建康。在这种危急情况下，刘义隆迅速组织防御。北魏军队见江防严固，加上他们的所带粮食也不多，而且也担心萧斌抄其后路，最终被迫退军。

北魏退兵时，每过一地都会进行大肆屠杀，连婴儿都不放过，屠杀过后又放火焚烧，惨不忍睹。江南经过此劫，也就大大衰落，富强一时的"元嘉之治"就此结束，刘宋自此而衰。

公元452年二月，北魏太武帝拓跋焘被宦官所害，他12岁的孙子拓跋濬即位，是为文成帝。文帝刘义隆见有机可乘，不顾国家残破和大臣的反对，举兵开始第三次北伐。北魏朝廷虽然发生了动乱，但是军队并未受多大影响，他们轻而易举就击碎了刘义隆的北伐大军。第三次北伐也遭遇失败。

犹豫废立　被儿所杀

公元432年，刘义隆立长子刘劭为太子。一开始，他对这个儿子十分喜爱，为了保证他的安全，防止其他兄弟犯上作乱，给东宫配备了与御林军实力相当的兵力。不过后来，他们父子之间因为一些事情产生了矛盾，刘义隆越来越看不惯刘劭的刚愎独断的个性。

到了公元452年，刘劭在太子的位置上已经坐了20多年，或许是太久了，他就希望父亲早点死，让他继位。刘劭勾结他二弟刘浚，通过东阳公主的奴婢鹦鹉请了女巫严道育行巫蛊之术（巫蛊，就是用以加害仇敌的巫术），并用玉做了一个文帝的像，作法之后把他埋在含章殿前，以此诅咒文帝早点死。

事情败露后，刘义隆并没有处理这两人，只是让他们上书谢罪了事，另外则到处搜捕严道育。不过，文帝刘义隆在后来又发现刘劭还与巫婆严道育有来往，也就决定废了刘劭另立太子。不过，思来想去，又不能对新立太子的人选迅速作出决断。

刘劭闻知父亲要废了自己的时候，决定先下手为强。公元453年二月，刘劭带着张超之等几十人从云龙门跑进了斋阁，拔出佩刀直接来到合殿。那天夜里，刘义隆和徐湛之秘密商谈到第二天早上，尚未就寝。宫里值班的卫士还在睡觉，无人阻拦。文帝看见张超之持刀行凶，便举起身旁的案几抵挡，一下5个手指就全部被砍掉了。接着，张超之举刀猛刺，文帝刘义隆当即丧命，卒年47岁。

刘义隆死后，刘劭即皇帝位，加其父庙号为“中宗”，谥“景帝”。后来，武陵王刘骏兴兵讨伐刘劭，杀之，即皇帝位，为刘义隆重加尊号，谥“文帝”，庙号“太祖”。

孝武帝刘骏

宋孝武帝刘骏档案：

生卒年：公元430～464年

父　母：父，文帝刘义隆；母，路惠男

后　妃：王皇后、殷贵妃、陈淑媛等

年　号：孝建，大明

在位时间：公元453～464年

谥　号：孝武帝

庙　号：世祖

陵　　寝：江苏景宁陵

性　　格：荒淫无耻，残暴狠毒

点评：

刘骏的凶暴不亚于他的哥哥刘劭，而性情更为卑劣。

——柏杨

刘骏生于公元430年，自小就不得刘义隆的喜爱。公元453年，刘劭弑杀刘义隆，刘骏与荆州刺史刘义宣、雍州刺史臧质举兵进讨刘劭。四月，刘骏在新亭（今江苏南京南）自即帝位，年号孝建，是为宋孝武帝。五月，破建康，杀刘劭。取得帝位后，刘骏立即露出了残暴的本性，杀兄杀叔，他又把群臣当奴隶，作威作福。公元464年，病死于玉烛殿。

诛兄夺位

刘骏，字休龙，小字道民，是文帝刘义隆的第三个儿子。刘骏自小就不得刘义隆喜爱，所以一直没有任京官，而是被授以外职。他6岁时，就被封为武陵王。10岁时，被任为湘州刺史，后又改任为南豫州刺史、雍州刺史。刘骏19岁时，改授徐州刺史，后又任兖州刺史、江州刺史等。

公元453年，太子刘劭篡逆，弑父称帝。此时，刘骏正率领江、豫、荆、雍四州的军队讨伐大别山以南的少数民族地区。篡位成功的高劭也知道这位正远离京师的哥哥的影响力，因为刘骏不仅兄弟次序排在他前面，而且手握重兵。为了剪除这一心腹大患，刘劭密令当时正在刘骏处咨询军略的沈庆之把刘骏杀了。沈庆之接到密令后，就急忙赶到刘骏处，开始刘骏以为他是来杀自己的，闭门不敢见。不料，沈庆之因受文帝恩惠深重，常思报答，现在文帝被刘劭所杀，他决意扶助刘骏讨伐刘劭。当他把自己的意图告知刘骏时，刘由惊转喜，起身就拜，并说："家国安危，皆在将军。"之后，他们就开始一起着手安排讨伐之事。

沈庆之是著名的战将，在他的指挥之下，几天之内举兵讨伐的事宜就全部布置完毕。同时，刘骏也与四方藩镇取得联系，倡议共同举义。一切准备妥善后，刘骏于公元453年二月正式宣布起兵。

与此同时，荆州刺史南谯王刘义宣和雍州刺史臧质、司州刺史鲁爽也举兵响应。刘骏大军声势浩大，他手下有名将沈庆之、柳元景、朱修之等，他又令颜竣总录军府内外。到了浔阳后，刘骏令颜竣发布讨伐檄文，历数刘劭的罪行，号召四方举兵讨之。由于，一路上各地朝廷官员纷纷归降，在沈庆之、柳景元的正确指挥下，刘骏军队很快就杀到建康城外。

其实在讨伐过程中，刘骏一直重病在身，不能会见将佐，唯一可见的只有心腹颜竣。也多亏了颜竣忠心耿耿，悉心照料，同时帮着处理一些内外军政大事。有时，他还会扮成刘骏的样子去文帝灵前痛哭。所以刘骏病重的消息未曾泄露，军心十分稳定。

刘骏大军在建康城外的军事要冲新亭大败刘劭，随后他们后进驻新亭。在这里，刘骏正式即皇帝位，改元孝建。他任命刘义恭为太尉、录尚书六条事、南徐州刺史，南谯王刘义宣为中书监、丞相、录尚书六条事、扬州刺史，其他一切在讨伐过程中立功者，都得到加官封赏。

五月初，刘骏大军攻克建康，朝廷文武纷纷出城投降，刘劭的领军将军萧斌也命令他所统帅的所有士兵投降。刘劭被活捉，始兴王刘浚及其三个儿子南逃，被刘义恭所擒。后来他们都被刘骏杀死，暴尸于市。

集权制约皇亲

刘骏夺得皇位后，马上就露出了他凶残的本性。由于自小就不被父亲喜爱，当父亲欲废太子另立时，不曾考虑排第三的他，而是倾向于老四刘铄。为此，刘骏耿耿于怀，五月即位，十月便派人将他的四弟刘铄毒死。

公元 454 正月，孝武帝刘骏考虑到荆州是长江上游的重镇，不愿让他的叔父刘义宣久任荆州刺史，于是想内调其为丞相、扬州刺史，并立他的儿子刘恺为南谯王。但是刘义宣在荆州十年，已经财富兵强，不愿进京，于是上表辞去扬州刺史和刘恺的爵位。刘骏接到奏折也无可奈何，只好另任刘义宣为荆、湘二州刺史，立其子刘恺为宜阳县王。

江州刺史臧质是武敬皇臧皇后的侄子，以自己灭刘劭有功，也越发骄横起来。他与刘义宣对于朝廷所下的制度，凡是他们不同意的，全不遵承。他自以为年长，又是皇亲国戚，把刚即位的刘骏丝毫不放在眼里。对于这两人的行为，刘骏虽然非常不满，但迫于他的强大势力，也只能暂时忍耐。

刘义宣也感觉到孝武帝对自己的不信任，而此时刘骏又奸淫了他留在建康的几个女儿，他决定先下手为强。臧质也有谋反之心，两人在一些将佐的劝说下一拍即合。他们随即派人秘密前往寿阳告知南豫州刺史鲁爽，约定当年秋天共同举兵。不料，鲁爽醉酒，记错了日期，酒醒后于当日就稀里糊涂地举兵反叛。二月，刘义宣和臧质听说鲁爽已经举兵了，仓惶中举兵并上表称皇上听信小人谗言，现在的他们举兵是为了清除皇帝身边的小人。

孝武帝惊吓过后，马上派兵遣将，以大将柳元景为抚军将军，统率左卫将军、豫州刺史王玄谟等诸将迎击刘义宣，并派领军将军沈庆之渡江督战。不多久，柳元景、王玄谟就大败刘臧叛军。臧质被杀，刘义宣被活捉，之后被荆州刺史朱修之杀死，鲁爽则被沈庆之斩杀，叛乱即被平定。

平定叛乱之后，刘骏深感威胁他皇位的势力不是来自外人，而主要在于皇室成员。于是他就更加严密地监视他的叔父、弟弟等。

刘骏的十弟武昌王刘浑，在刘义宣死后迁往雍州当刺史。此时的刘浑才 17 岁，常会做出一些不同寻常的事情。他在雍州竟会与左右作檄文，然后号为“楚王”，改元永光，还设置百官。刘浑本是以此为乐，却不想给他带来了杀身之祸。刘骏知道此事后，马上下令把刘浑废为平民，并把他发配到安郡（今广西桂林），最后又派人逼其自杀。

为加强中央集权，孝武帝又将大州郡变成小州郡，缩短州郡官吏任期，派遣“台使”到地方监督收税，派遣“典签”主管地方军政机构文书档案，“典签”实际掌握州郡军政大权。这一切，还是消除不了他对一些势力比较大的王侯的猜忌。刘骏最不放心的便是他的六弟竟陵王刘诞，为了不让他在中央掌权，就派他出镇京口（今江苏镇江），之后又把刘涎派往远离建康的广陵（今江苏扬州）。

刘诞心里也知道迟早躲不过刘骏的毒手，于是在暗中做着自卫的准备。公元 459 年，刘骏听信谗言，派兵去捉拿刘诞。刘诞不愿束手就擒，于是举兵反叛。刘骏派遣沈庆之前往平定，七月，沈庆之攻破广陵，斩杀了刘诞，并在刘骏的命令下诛杀了广陵城内三千余人。

皇室内部、兄弟之间的杀伐不断，使得当时的百姓怵目惊心，当时的百姓中间还流传着这样一首歌谣：“遥望建康城，小江逆流萦。前见子杀父，后见北杀兄。”

荒淫无度 奴役群臣

刘骏生性残暴，做了皇帝之后，因执掌了生杀予夺大权，更是作威作福。生活中他荒淫无道，他看中了自己的堂妹，即刘义宣的女儿，便把她收为自己的嫔妃，为了不让别人知道，他还把他妹妹的姓改为殷。其他的女子只要是他喜欢的，他都会令人送往宫中供他淫乐。他把群臣当作是他的奴隶，稍不如意，就会大加责骂，甚至将其杀死。刘骏常给部下大臣取侮辱性名字，以此来戏谑耍笑大臣，如金紫光禄大夫王玄谟是先朝老臣，刘骏戏称为“老伧”（“伧”的意思是粗野、鄙贱、缺乏教养），尚书仆射刘秀则被称为“老悭”（“悭”的意思是贪婪而吝啬）。到了晚年，刘骏变得特别的贪财。他见一些地方长官卸任的时候都会带回一笔丰厚的还资，于是便下令凡卸任的地方官都要上交还资的一半或者更多。此外，每妆州郡官吏回京承事，刘骏就会聚集州郡官吏赌博饮酒，以此敛财。刘骏还特别酷爱喝酒，每日畅饮无度，常常喝得酩酊大醉。

公元 464 年四月，刘骏宠爱的殷贵妃病死，他十分悲伤，再加上长期的荒淫无度身体虚弱导致他也患上疾病。五月，病势加重，刘骏知道自己将不久于人世，但是他担心年仅 16 岁的太子刘子业将来即位无法驾驭群臣。他思谋良久，立下遗嘱：由太宰、江夏王刘义恭与尚书令柳元景辅佐朝政，军事上则委托沈庆之，尚书省委托仆仆射颜师伯，外监所统委托领军将军王玄谟。当月，刘骏便病死于建康宫中的玉烛殿，终年 35 岁。

前废帝刘子业

宋前废帝档案：

生 卒 年：公元 449～465 年

父　　母：父，武帝刘骏；母，王氏

后　　妃：皇后何令婉等

年　　号：永光，景和

在位时间：公元 464～465 年

谥　　号：无

庙　　号：无

陵　　寝：葬于秣陵县南

性　　格：昏庸荒淫，凶残变态

点评：

自古淫昏之主，莫如桀、纣；然未有若宋子业之即位逾年，而淫凶狂暴，若是其甚者也！

——蔡东藩

公元464年四月，刘子业在孝武帝刘骏病死后即位称帝，年仅16岁。在位仅1年零5个月，即被刘彧等刺杀。在位期间，嗜杀成性，荒淫无道，不得人心。以至于被刺身亡后第二天，尸体仍在太医阁口无人照管。后来刘彧听蔡兴宗的提醒，为不落下把柄，给他人以可乘之机，为刘子业举行了简单的葬礼，才将其葬于秣陵县南。刘子业没有庙号与谥号，史称“前废帝”。

失宠于父亲　报复心切

刘子业生于公元449年，小字法师，是宋孝武帝刘骏的长子。在他两岁的时候，父亲刘骏被任命为江州刺史，出镇浔阳，他的祖母路氏和母亲王氏都跟随父亲外迁，而年幼的他却被留在建康。也就在这一年，他的祖父刘义隆为争夺权力杀死弟弟彭城王刘义康。而不到两年，他的叔父刘劭又杀害文帝刘义隆自立。之后，他父亲刘骏起兵讨伐刘劭，刘劭将他囚禁在侍中下省，同时关在一起的还有江夏王刘义恭的12个儿子。在这里，他几次险些被杀，而刘义恭的12个儿子却因刘的叛逃全都被刘劭所杀。后来，他父亲攻克建康取得帝位后，又对刘氏宗亲进行了屠杀。在这十几年里，刘宋皇室骨肉相残的事情对他产生了深刻的影响。

刘子业在父亲刘骏即位称帝的同年，就被立为太子。他生性急躁，常常会惹刘骏不满，这也导致他的母亲王氏逐渐失宠。而殷淑妃因为年轻貌美而颇为受宠，特别是生下儿子刘子鸾后，刘骏对她们母子更加看重。刘骏因为喜欢刘子鸾，对刘子业也就越来越看不惯，就想着废掉刘子业，另立刘子鸾为皇太子。不过幸得群臣们劝阻，说废长立幼不利于国家社稷稳定，刘骏才打消了废立的念头。不过，这一事件对刘子业的心灵造成了很大的伤害，对此他一直耿耿于怀。

即位后不久，他便露出了残暴的一面，对父亲及其他一些人展开了疯狂的报复行动。他下令废除父亲统治时期所颁布的所有法令与制度，恢复文帝刘义隆元嘉时的制度。平日里，他总会借机会讽刺他的父亲。有一次，他请人在太庙里画祖宗的画像，随后他亲自去观看，对着武帝刘裕、文帝刘义隆的画像，他都会赞叹一番，而到了他父亲孝武帝画像前，就斥责画工说："这个人是个酒糟鼻，怎么不画上去?"当场就命令画工画上，他才满意。

之后，他又想到了曾经差点害他被废的同父异母的弟弟刘子鸾。此时的刘子鸾年仅 7 岁，但是刘子业不管这些，他派人赐刘子鸾死，同时也赐死了刘子鸾同母弟妹。他觉得还不解恨，又把当年父亲宠爱的殷贵妃从坟墓里挖出来，进行鞭尸，以解心头之恨。疯狂的刘子业还想把他父亲刘骏的景宁陵挖了，但最后在大臣的劝阻下才罢休。

对之前歌颂殷贵妃的谢庄等人，刘子业也想一概杀之。当年殷贵妃病死，谢庄作诔文，其中有"赞轨尧门"之句，他认为这是谢庄有意将殷贵妃比做汉朝的钩弋夫人，那么就有意把殷贵妃的儿子刘子鸾比做是后来的君主。谢庄由此被刘子业关在狱中，受尽了折磨。

嗜杀成性　侮辱宗亲

报复完父亲及刘子鸾，下一批遭罪的轮到了他父亲重用过的大臣。刘骏临终前，曾任命了太宰刘义恭、尚书令柳元景、领军将军沈庆之以及颜师伯、王玄谟等人为辅政大臣。其中颜师伯骄奢淫恣，目空一切，刘子业对其十分不满，于是首先拿他开刀。他下诏任颜师伯为尚书左仆射，免去他的卫尉卿、丹阳尹等职，使其有职无权，又任吏部尚书王或为尚书右仆射，分其权任。这几步下来，颜师伯才知道小皇帝不可小看，心中十分恐惧。后来，刘子业听信近侍太监的谣言，杀掉了朝廷重臣戴法兴，震惊朝野，大臣们人人自危。颜师伯于是就与柳景元密谋，废掉刘子业，另立刘义恭为皇帝。柳景元一时无法决断，他就找到沈庆之商讨。沈庆之与刘义恭关系不好，不愿立刘义恭为帝，又看不惯颜师伯专断，经过一番思考，就把此事告到皇帝刘子业处。刘子业马上就派人诛杀此意欲叛变的三人。刘义恭及他的 4 个儿子全都被杀，刘子业居然还把刘义恭的眼球取出来用蜜汁浸泡，称之为“鬼目粽”。柳元景及其 8 个儿子，6 个弟弟，还有诸多侄子都惨遭杀身之祸。颜师伯及他的 6 个儿子最终也全部被杀。

之后，刘子业又借故杀了著名将军沈庆之和三世老臣王玄谟。自此，他就更加肆无忌惮。当时，他的几个弟弟还算比较年幼，不会对他的皇位产生什么威胁。但是他还有几位年富力强的叔叔，这几个人对年仅 16 岁的刘子业来讲不能不说是一个巨大的威胁。其中又以湘东王刘彧建安王刘休仁、山阴王刘休祐威胁最大。为了防备这几位叔叔作乱，刘子业就把他们都调入京师软禁起来，并用各种方法进行侮辱与虐待。这三人都很胖，刘子业就把他们分别放入竹笼中过秤，其中因刘彧最肥，刘子业便称他为“猪王”，而刘休仁被称为“杀王”，刘休祐被称为“贼王”。有一次，刘子业突发奇想，叫人挖了一大坑，里面装满泥水，然后叫“猪王”刘彧脱光衣服，命令他在坑里像猪一样滚爬，还得像猪一样吃猪槽里的猪食。有一次，刘彧不慎得罪了刘子业，他马上就令人把“猪王”绑起来，准备宰猪。后来幸亏有心计的刘休仁劝阻，刘彧才得以幸免。

变态生活　被刺身亡

杀了这么多人，刘子业做什么事情都没有人敢管了，于是他就放心大胆、恣情享乐。他常常率领亲信们出宫游玩，他的姐姐山阴公主刘楚玉也常常同行。公主荒淫无度，刘子业也不顾伦理道德，与山阴公主同寝交欢。后来，公主还嫌不满足，就厚颜无耻地对刘子业讲："我们都是先帝所生，但为什么陛下可以有三宫六苑，而我却只有附马一人。"于是刘子业就给她送去 30 个貌美风流的男子，命他们陪在公主左右。对此，公主还是不满足，他见吏部郎褚渊长得俊美，就想把他也霸占到府上来，于是就央求刘子业允许让褚渊为她的侍从。不过，褚渊誓死不从，最终她没办法只能放他回去。

姐姐尚且如此，对于更加没有管束的刘子业来讲，他玩起来更加荒唐。刘子业在华林园的竹林堂，他叫宫里的宫女全部脱光衣服在湖光山色之间追逐打闹，自己在一旁观看。有一天，刘子业又把各王王妃、公主集中起来，强令左右侍从奸污她们。南平王刘铄的王妃江氏誓死不从，他就下令杀死她的三个儿子，又令人鞭打江氏。他还强令宫女与动物交欢，稍有不从，便将其处死。刘子业还强占了他的亲姑母宁朔将军何迈之妻新蔡公主刘英媚，封其为夫人，纳入后宫。为了独占新蔡公主，他后来又杀死了宁朔将军何迈。

这些荒淫无道、滥杀无辜的行为使得朝廷百官怨恨不已。刘彧在受尽折磨之后认识到尽早会被刘子业所杀，只有举旗反之，才能逃脱魔掌。于是，他决定不再坐以待毙，秘密联系亲信阮佃夫、李道儿，又主动联系到刘子业的近侍寿寂之、姜产之等 10 多人作为内应。

公元 465 年十一月的一天，刘子业听信了巫师话，认为竹林堂内有鬼，于是在这天夜里屏退士卫，带着巫师与数百名彩女到竹林堂射鬼。就在此时，阮佃夫、寿寂之等也秘密准备弑帝另立的工作。等刘子业射完鬼，刚要设宴庆贺时，寿寂之等人提刀冲了进来。刘子业见状料知发生叛变了，赶忙转身就跑，不过，被追赶上来的寿寂之刺死。

明帝刘彧

宋明帝档案：

生 卒 年：公元439～472年

父　　母：父，文帝刘义隆；母，沈容姬

后　　妃：皇后王贞凤、嫔妃陈妙登等

年　　号：泰始、泰豫

在位时间：公元465～472年

谥　　号：明帝

庙　　号：太宗

陵　　寝：江苏高宁陵

性　　格：嗜杀成性，残暴昏庸

点评：

刘彧本来性情很温和，也很敦厚。然而，权力变更人性，无限权力无限的变更人性。刘彧当了皇帝之后，不久就变成另外一种人。

——柏杨

刘彧，字休炳，小字荣期，他是宋文帝刘义隆的第十一个儿子。他的侄子刘子业继位后，对他及刘休仁、刘休祐三人进行百般凌辱，有几次差点杀了他。刘彧没有坐以待毙，他秘密联系亲信阮佃夫、李道儿及刘子业的近侍寿寂之，将刘子业杀死。随后，他即位称帝，是为宋明帝。

受尽凌辱　杀侄即位

刘彧是孝武帝刘骏的兄弟，当年刘骏虽残暴无道，杀害了很多兄弟，但对刘彧却很好，两个人关系十分融洽。随着刘骏病死，刘彧也就再也没那么幸运了。当刘骏的儿子刘子业继位称帝，刘彧的灾难生活便开始了。

明帝刘像

当时宋文帝刘义隆 19 个儿子，在南方还剩下 6 人，即刘祎、刘彧、刘休仁、刘休祐、刘休若、刘休范。这 6 人当中，刘祎年长但却无才无能，刘休范、刘休若两人年纪还比较小，这 3 个人对刘子业来说，威胁不大。但是另外 3 个，刘彧、刘休仁和刘休祐正值当年，而且历任一些重要州府的刺史，具有着丰富的政治、军事经验，最重要的是，他们还拥有着兵权，身边有一群文武将吏，这对于年仅 16 岁的刘子业来说，不能不说是一个很大的威胁。

刘子业深知“将在外，君命有所不受”的道理，于是把他这几个叔父都调回京师，留在身边，并且规定他们不得擅自离开宫室，也就相当于把他们软禁起来。三位皇叔由此失去了自由，不仅如此，他们时刻还受到刘子业的凌辱。刘彧被刘子业称为“猪王”，有一次还被刘子业放在一水坑里扮猪，吃猪食。看着刘子业狂笑不已的样子，刘彧虽然心里愤怒到了极点，但是为了活下来，只能表面上装出一副恭顺、服从的样子。有几次，刘彧差点就被喜怒无常的刘子业所杀，幸得刘休仁机灵地劝阻，才没被杀。刘彧等几兄弟在受尽凌辱、尝尽担惊受怕的日子后，认识到决不能坐以待毙。于是他们暗中密切注意刘子业的动向，刘彧派他的亲信阮佃夫、李道儿等积极活动，联络了刘子业的侍从寿寂之、姜产之等 10 多人作为内应，等待机会下手杀死刘子业。

就在此时，民间突然传出“湘中将出天子”的传闻，而刘彧正是湘东王。刘子业听到传闻后，十分不安，决定杀掉刘彧，然后再巡视湘州与荆州，以压制谣言，巩固皇位。就在准备杀刘彧的前一晚上，刘彧决定先下手为强。公元465年十一月的一天夜里，刘子业听信巫师的话，认为宫内华林堂有鬼，于是他决定亲自射鬼。他召了刘休仁、刘休祐及会稽公主等都随从前往，唯独没有召刘彧，这也是第二天准备拿刘彧开刀的信号。不过，这天晚上，刘彧也做好准备，他联络的寿寂之、姜产之等都已准备就绪。刘子业射鬼时为了表虔诚，把侍卫都撤了，所以华林堂几乎没有人保护皇帝刘子业的安全。等他射完鬼，正要摆宴席庆祝的时候，寿寂之、姜产之等人持刀闯入，把昏庸残暴的刘子业杀死。

随后，刘彧以路太皇太后名义发布诏书，历数刘子业的罪行，宣布由湘东王刘彧继承皇位。十二月，刘彧正式即皇帝位，改年号为泰始，追尊他已经去世的生母为“宣太后”，并立妃子王氏为皇后。

同族相残　巩固帝位

在正式称帝前，刘彧就以太皇太后名义下令，赐死了刘子业的同母弟豫章王刘子尚及刘子业的同母妹会稽公主。称帝后，刘彧面对着的是众多兄弟和侄儿觊觎皇位的复杂局面。当时，他处于比较孤立的地位，军事实力也相对较弱，为了巩固帝位，刘彧征召了一批足智多谋、英勇善战的良将，并不惜同族相残，最终把众多的兄弟与侄子一一扫平，稳稳地保住了他的皇帝位。

刘彧称帝后，很快下诏晋镇军将军、江州刺史晋安王刘子勋为车骑将军，开府仪同三司。但是刘子勋此时年仅10岁，完全被长史邓琬左右，邓琬拒绝了刘彧对刘子勋加官晋级的诏命，于浔阳起兵欲争夺帝位。之后，刘子勋的七弟荆州刺史临海王刘子顼和六北会稽太守寻阳王刘子房都在长史的主张下起兵响应。公元466年正月，刘子勋在寻阳即帝位，改元义嘉，正式与刘彧分庭抗礼，战争一触即发。不久，豫州刺史殷琰在右军参军杜叔宝的逼迫下也起兵响应刘子勋。

针对这些叛乱，刘彧采用了蔡兴宗的建议，对一些叛将的亲戚实行“罪不相及”的政策，还对一些叛将在建康的家族厚加抚慰，以此来瓦解敌军。这一切准备好了之后，刘彧亲自调兵遣将，开始讨伐叛军。他以山阴王刘休祐为为豫州刺史，督辅国将军刘彧、宁朔将军吕安国等诸军西攻拥戴刘子勋的豫州刺史殷琰。又派巴陵王刘休若督建威将军沈怀明、尚书张永、辅国将军萧道成等诸军东讨刘子房。在调派军队出兵讨伐的过程中，刘彧毒死了路太后。因为自刘子勋寻阳起兵称帝以来，路太后一直都在祈祷他的孙子取胜。一天，他请刘彧喝酒，在酒中放置了毒药，想把刘彧毒死。不料被刘彧察觉，刘彧就恭敬地举杯劝太后喝下，当日路太后就去世。

东讨大军进军不久，就大败寻阳孔觊，生擒寻阳王刘子房。刘彧知东边已经平定后，马上调集大军进入长江中游地区。经过激烈的战斗，刘彧大军攻入寻阳，将年仅11岁的刘子勋斩首。之后，刘彧又将刘子房等人全部杀掉。至此，孝武帝的28个儿子全都死光了。为了表达他的“博爱”之情，刘彧将自己刚出生的第九个儿子刘赞封为武陵王，出继给刘骏，以顶起这一支门户。通过这一系列的征战，刘彧最终稳稳当当地保住了皇帝的宝座。

图谋身后　猜忌滥杀

本来，历经磨难的刘彧可以成为一个仁慈好学的君主。因为他自幼爱好文辞、好读书，称帝后还引进了不少才学之士共同研习。不料，当他发现自己身体不能长寿之时，为了消除太子刘昱将来的潜在的政敌，他走向了一条残忍滥杀的道路。

刘彧执政后，发现自己的健康每况愈下，经常闹病。而此时的太子刘昱十分年幼，他担心自己死后，太子不足以镇摄群臣，会有人取而代之。因此，他的猜忌之心越来越重，对那些他认为会威胁到皇位的人和事采取了特别严厉的镇压措施。

刘袆是刘彧的哥哥，刘彧即位，任他为中书监、太尉，但是只是有名无实，对于国家大事刘彧一概不与他商量。为此，才能虽然庸劣的刘袆也开始不满，后来柳欣尉等谋反，想拥立他，他也就稀里糊涂地答应了。刘彧得知此事后，一开始并没有大开杀戒，他只是下诏降刘袆为车骑将军、南豫州刺史，并派心腹杨运长领兵对刘袆进行监视。后来，刘彧还是不放心，指示下属诬告刘袆对皇上不满，请求治刘袆罪。最终，刘彧派人逼刘祎自杀。

公元471年，刘彧病重，对他的弟弟们起来起不放心，开始筹划除掉他们。二月，他借外出打猎的机会，命令寿寂之在从林中杀死了晋平王刘休祐。之后，他又派人带毒药赐死了始安王刘休仁。马陵王刘休若在被刘彧骗回到京城后，马上也被赐死。至此，刘彧只剩下一个弟弟——桂阳王刘休范。因刘休范人才平平，确实威胁不到幼主，刘彧就放过了他。

刘彧执政后期，开始变得贪图享乐，猜忌无常。由于多年与北魏发生战争，宋朝国库空虚，刘彧却不顾百姓死活，大兴土木建造湘宫寺，满足其奢侈的生活。同时，他迷信鬼神，宫中忌讳多达数千种，如果有人稍不留神犯了禁忌，刘彧便会将其杀死。搞得整个朝廷人人担惊受怕，朝不保夕。

公元472年初，刘彧为了图吉利，宣布改年号为“泰豫”，但他的病并没有因此好起来，反而更加严重了。他感到自己不久于人世，于是对一些仍有可能威胁幼主的人，继续加以清除。寿寂之，曾经杀掉刘子业帮助刘彧称皇帝的人，刘彧认为他虽有功，但是不排除仍有谋反的可能，于是将他迁往越州，在途中又派人杀掉。吴喜将军战功赫赫，体恤民情，与朝廷大臣关系都很好，刘彧不管那么多，赐死吴喜。一天，他梦见有人告发豫章太守刘愔谋反，醒来后，不作任何调查，即派人前去豫章郡杀死太守。之后，刘彧又诛杀了皇后的兄弟王景文。

四月，刘彧病危。他下诏以他的弟弟刘休范为司空，尚书右仆射褚渊为护军将军，中将军刘缅加右仆射；同时又诏命褚渊、袁粲、蔡兴宗、沈攸之为顾命大臣，辅佐幼主。后又任萧道成为右卫将军，领卫尉，与袁粲等共掌机事。这一切安排好后不久，刘彧就病死了，终年 34 岁，葬于高宁陵，庙号“太宗”，谥曰“明帝”。

后废帝刘昱

宋后废帝档案：

生 卒 年：公元 463～477 年

父　　母：父，刘彧

后　　妃：皇后江简珪等

年　　号：元徽

在位时间：公元 472～477 年

谥　　号：无

庙　　号：无

陵　　寝：苍梧王墓

性　　格：聪明顽劣，变态残暴

点评：

废帝昱愚而且暴，与子业相似，其被弑也亦相同。

——蔡东藩

公元472年四月，宋明帝刘彧病死，他年仅10岁的长子刘昱即位，是南朝宋的第八个皇帝，史称“后废帝”。

在刘昱即位之前，他父亲已经为他作了精心安排，把对他有威胁的叔父全部杀掉，任命褚渊、袁粲等为辅政大臣。但是，在刘彧死后，事情并没有按照他设计的那样发展，朝政实权被阮佃夫、杨运长、王道隆等执掌，袁粲、褚渊只是名义上辅政大臣。

刘昱性情十分顽劣，即位之初，年仅10岁的他尚有太后及诸大臣的制约，没有大肆游玩。再加上各地反叛不断，他也忙着到处救火以巩固权力。在他即位后的第二年，他的叔叔刘休范就在江州起兵，叛变刘昱。当年刘彧把几个兄弟都杀掉，唯独没有杀刘休范，因为他认为刘休范没有什么才能，不会威胁幼主，后来托孤的时候他还任刘休范为司空。但当刘昱即位后，刘休范认为他是皇帝的叔叔，应该入朝为宰辅，最终却没有他的份，于是刘休范心生怨恨，决定起兵谋反。公元474年五月，刘休范大军从江州顺流而下，直指建康。听到这个消息，朝廷一片骇然。最终，在齐王萧道成英勇抗击下，刘休范反叛失败，刘休范及其党羽都被斩杀。

平定刘休范之后，刘昱认为天下太平了，于是便经常外出游玩。一开始，他的生母陈太妃还会乘车跟在后面监督，时间一长，太妃也没有办法约束他了。刘昱外出时常常只带几个心腹，把跟随的大队远远抛在后面。即位第四年，刘昱“无日不出”，不是早出晚归，就是夕出晨归。这时，又发生了南徐州刺史、建平王刘景素造反的事件。刘景素是宋文帝第七个儿子刘宏的长子，在文帝的诸多孙子中以好学、俭素、礼接士大夫而著称。当时他比刘昱年长，因刘昱好游玩，不理朝政，朝廷的一些大臣们都有意立刘景素为帝。不过，在朝廷，也有一股势力极力阻止这一事件的发生。刘昱的生母陈太妃就极力反对，因为如果刘景素一旦为帝，那么他们一家外戚的尊贵地位也就不复存在。内廷中阮佃夫、杨运长等人也挖空心思不让此事成真，因为在他们看来，年幼的刘昱在他们手中可以随意控制，这样可以专权朝政。面对这些阻挠，刘景素也在暗中作准备，他结交一大批有才能的人士，同时派人往建康打探消息。七月，刘景素在京口起兵，但是这次的京口起兵并不像多年前他的曾祖父刘裕那样以胜利而名扬天下，很快就被朝廷的大军所平定，他也兵败身亡。京口叛乱平定之后，刘昱以为帝位已经稳固，于是更加肆无忌惮地疯玩起来。他常常夜里从承明门出去，第二天早上才回来，或者早晨出去，一直玩到晚上才回来。他令他的随从执长矛大棒，见到行人或家畜，只要他心里不爽，都会叫随从们将其统统杀掉。如此一来，建康城里人人惊恐不安，商贩不敢经商，行人不敢出门。此外，他身边常常带着针、凿、锯等工具，经常用这些来杀人为乐。他的左右侍从做什么事情只要稍不如他意，他就会对其施行击脑、椎阴、剖心等刑罚加以残杀。刘昱喜欢杀人到了痴迷的程度，一天不杀人就会手心发痒。刘昱认为他是皇帝，他想杀谁就可以杀谁，谁也管不着。有一次，他闻到他的一个近侍口中的蒜味，为了证明这个人吃过蒜，他就让人把这个近侍绑起来，然后用刀剖开了近侍的腹部，看看他的肚子里有没有大蒜。刘昱的残暴引起了朝中大臣们的不满，其中阮佃夫等人就秘密谋划废掉刘昱。不料，事情败露，刘昱马上把阮佃夫等人全部抓起来，然后全部杀死。不久，有人告发杜幼文、沈勃、孙超之与阮佃夫是同谋，刘昱立即带上卫士把这三家不论大小老幼全部抓起来，然后再将每个人都大卸八块，惨不忍睹。

对于刘昱的暴行，太后王贞凤感到有悖于一个皇帝的作为，就经常以长辈的名义去训诫刘昱。刘昱很是反感，于是就找机会也想把王太后杀了。公元 477 年的端午节，王太后送了一把玉柄毛扇给刘昱，刘昱非但不感恩，还抱怨扇子不华丽，于是借此叫太医煮毒药准备鸩杀王太后。随从见此马上劝阻，最后以如果太后死了皇帝必须守孝不能到宫外玩的理由才使他作罢。

如果刘昱继续这样玩下去，不对一些权臣开刀的话，他可能还能在皇帝的座位上多待些时候。但是，他这一次玩的对象变成了将军萧道成，当萧察觉到危险的时候，他手中所握有的兵权是不会允许他坐以待毙的。最终，萧道成密谋杀了刘昱这个混世小魔王。

事后，萧道成以太后的名义下诏，历数刘昱罪行，废刘昱为苍梧王。

顺帝刘准

宋顺帝档案：

生卒年：公元469～481年

父　　母：父，明帝刘彧；母，陈法容

后　　妃：皇后谢梵境等

年　　号：升明

在位时间：公元477～479年

谥　　号：顺帝

庙　　号：无

陵　　寝：江苏遂宁陵

性　　格：软弱，无能

点评：

刘准就是刘宋的末代皇帝顺帝，是萧道成夺国的过渡人物。

——沈起炜

刘准，字仲谋，小字智观，是宋明帝刘彧的第三个儿子。但是后来都传说明帝由于身体原因不能生育，他通过移花接木的方法，让妃子与其他人发生关系怀上身孕，才得到儿子的。刘准就是刘彧让他的弟弟桂阳王刘休范与妃子陈法容发生关系，于公元469年而

生的儿子。所以刘准在称帝后，立陈氏为皇太妃。

刘准是在公元477年被萧道成扶上皇位的。这一年，萧道成见皇帝刘昱无道，担忧自己的存亡，于是与袁粲、褚渊等密谋废帝另立。越骑校尉王敬则也暗中投靠了萧道成，并联络了刘昱身边的侍从杨玉夫、杨万年等人，伺机行事。七夕节这一天，刘昱外出游玩大醉而归，并恐吓杨玉夫要叫他起来看织女渡河。杨玉夫趁刘昱熟睡之机，悄悄伙同杨万年抽出刘昱放在枕头边的防身发，砍下了他的头颅。事后，萧道成以太后的名义下诏，历数刘昱罪行，废其为苍梧王。萧道成也趁机掌握了朝政大权。后来，他又与太后商量，迎刘彧的第三子，年仅9岁的刘准入京。七月，刘准正式即皇帝位，改元升明，并大赦天下。此时的刘宋几乎已经名存实亡，在刘昱死后，萧道成逼迫袁粲等将立幼主之事交给他办理，将刘准扶上台后，朝中的大权也就基本全由萧道成独专，袁粲等只不过是徒有虚名的大臣。当然皇帝刘准也一样，非但没有掌握权力，处处还要受到制约，有时连自由玩乐的权利都会被剥夺。萧道成是个野心勃勃的人，他不断笼络朝廷中大批臣子，时刻准备着代宋自立。萧道成的不臣之心也招来了一些正直大臣的不满，大臣们纷纷起兵反对。首先是荆州刺史沈攸之起兵，随后袁粲在石头城起兵响应，尚书令刘秉、黄门侍郎刘述、冠军王蕴等也率众赶赴石头城，与袁粲联合行动。虽然说这些人捍卫宋室之心，但都没有统帅军队征伐贼逆的能力，根本上不是萧道成的对手，很快就被萧平定下来，袁粲、刘秉等人都惨遭杀害。而大将沈攸之虽身经百战，但是最终因孤军作战、实力不济也被萧道成所杀。由此，萧道成在朝中再无反对势力，几乎可以一手遮天了。公元478年九月，刘准下诏加萧道成为太傅，领扬州牧，并且准其可以佩剑上殿，拜帝王不用下跪，赞礼的人不直呼其姓名，只称官职。次年三月，刘准又封萧道成为齐公，位在诸王上。四月，又晋封萧道成为齐王，增封十郡。之后，刘准在萧道成的逼迫下下诏禅位，刘宋王朝至此灭亡。在举行禅位仪式的时候，性格软弱的皇帝刘准害怕被杀，居然钻到佛盖下面，不敢出来见百官。当萧道成的亲信王敬则找到他时，他居然大哭起来，并说："愿生生世世，再不生帝王家!"退位后，萧道成降封刘准为汝阴王，迁居丹阳宫，并派士兵监管。公元 481 年，即在刘准退位后的两年后的一天，有人在刘准的门前骑马而过，引起了室内看守士兵的惊慌，有人以为外面又发生了变乱，于是趁乱把刘准杀死，事后则谎称刘准是因病而死。萧道成听到刘准已死的报告后，正好除却了他的一块心病，不但没有加罪乱杀的士兵，反而给予了重重赏赐。

刘准死后，萧道成以他顺天命人心禅位，就特地为刘准加谥号"顺帝"。刘准死时年仅 13 岁，葬于遂宁陵。

南朝·齐

高帝萧道成

齐高帝档案：

生 卒 年：公元 427～482 年

父　　母：父，萧承之；母，陈道正

后　　妃：皇后刘智容等

年　　号：建元

在位时间：公元 479～482 年

谥　　号：高帝

庙　　号：世祖

陵　　寝：江苏泰安陵

性　　格：深沉谨慎，志向恢宏

高帝萧道成像

点评：

出身寒微，博学多才，并且胸怀革除时弊的远大志向。

——詹子庆《中国古代史》

萧道成，字韶伯，原籍东海兰陵（今山东枣庄），后迁居晋陵武进县（今江苏常州）。据记载，萧道成是西汉相国萧何的第24代孙。萧道成自小随父亲征战，屡立战功，并因此不断加官晋爵。刘宋后期，皇室之间相互倾轧残杀，手握重兵的萧道成由此走上通往帝位的坎坷之路。

建功立业　谨慎守成

公元440年，年仅14岁的萧道成就开始追随父亲萧承之南征北战，可谓是将门虎子。因屡立战功，他被封为左军中兵参军。宋明帝刘彧即位后，萧道成被封为右军将军，先后镇守会稽（今浙江绍兴）、淮阴（今江苏清江西）。公元466年，晋安王刘子勋在长史邓琬的指使下拒绝了刘彧加官晋爵的封赏，起兵讨伐刘彧，争夺帝位，由此爆发了一场以刘彧为首的文帝系和以刘子勋为首的孝武帝系诸王之间的大混战。

经过多年的征战，此时的萧道成已经具备了丰富的作战经验和指挥才能，并且深有谋略。当时全国州郡大多都拥护晋安王刘子勋，但萧道成审时度势，坚定地站到了明帝刘彧的一边，被任命为辅国将军。之后，刘彧亲自调兵遣将讨伐叛军。他以山阴王刘休祐为为豫州刺史，督辅国将军刘勔、宁朔将军吕安国等诸军西攻拥戴刘子勋的豫州刺史殷琰。又派巴陵王刘休若督建威将军沈怀明、尚书张永、辅国将军萧道成等诸军东讨刘子房。很快，叛乱就被平息。萧道成因功迅速崛起，升迁为南兖州刺史，成为国家的重要藩将。

刘彧统治末年，因害怕他死后权臣及其兄弟会威胁到幼主刘昱，于是展开了一场大屠杀。先后把他的兄弟刘祎、刘休祐、刘休仁、刘休若及权臣寿寂之等杀掉，南兖州刺史萧道成也成了刘彧要杀的目标之一。公元470年，萧道成接到了朝廷调令，要他回京任黄门侍郎、越骑校尉。萧道成知道此去一定是大祸临头，但是如果不去，明帝刘彧又会以谋反罪名对其讨伐。在冠军参军荀伯玉的建议下，萧道成派出手下到北魏边境进行挑衅，引得北魏派出士兵巡行。就这样，萧道成将他制造的“边境吃紧”的消息上报朝廷，明帝刘彧赶忙恢复萧道成本职，继续让其镇守南兖州，萧道成机智地躲过了杀身之祸。

不久，朝廷又召他回京。在不明福祸的情况下，萧道成不带一兵一卒，毅然只身返回京城。明帝刘彧见此，打消了对他的怀疑。一直到明帝去世，萧道成都平安无事，还被任命为辅佐幼主的大臣之一。

后废帝刘昱即位后，他的叔叔桂阳王刘休范本以为自己凭借宗亲关系能入朝为宰辅，但刘昱未能如其愿。刘休范遂起异心，在浔阳起兵谋反，率大军两万、轻骑五百自浔阳出发，昼夜兼程，向京师逼近。面对严峻的形势，朝廷大臣都十分紧张，拿不出退敌的好策略。只有萧道成成竹在胸，于是一马当先，请命出战。萧道成受领平南将军，率兵抵达亲亭驻防。经过精心组织，并亲自指挥，萧道成在新亭大破刘休范军，斩刘休范；之后又解台城之围，斩杜黑骡与丁文豪，动乱旋即平定。经此一战，功勋卓著的萧道成进爵为公，迁中领军将军，掌握了禁卫军，督五州军事，与袁粲、褚渊、刘秉号称四贵。

废除刘昱　总揽朝政

后废帝刘昱穷凶极恶，动不动就乱杀人。自萧道成平定刘休范之后，逐渐掌握朝政。刘昱十分忌恨萧道成的威名，想把他杀掉。一天，刘昱直接闯进萧道的领军府，萧道成正在午睡，袒胸露腹。刘昱见萧的肚皮很大，脐孔也很大，就像一张箭靶。于是他就拍醒萧道成，叫他站在墙边，然后用笔在萧道成的肚子上画出箭靶的样子，就拉上弓准备射箭。萧道成见大事不好，赶忙说："老臣无罪。"再加上刘昱的左右劝说道："萧将军的肚皮确实是一个好靶子，但是如果陛下今天就把他射死了，那么日后就没得玩了。就不如用假箭练习，不要损伤了靶子。"刘昱听此，也觉有道理，就用假箭，一射便中"靶心"脐孔。后来又有几次，萧道成险些成了刘昱的刀下之鬼。

感觉到危险后，萧道成不愿坐以待毙，便与袁粲、褚渊等人密谋废帝另立。越骑校尉王敬则也暗中投靠了萧道成，并联络了刘昱身边的侍从杨玉夫、杨万年等人，伺机行事。公元477年七夕之夜，趁刘昱酒醉昏睡之际，杨玉夫等人冲入皇帝寝宫，杀掉了还在睡梦中的刘昱。

天亮之后，萧道成以太后令召袁餐、褚渊、刘秉入宫商量大事，在王敬则的威逼下，褚渊亲手将事权授给萧道成，袁餐、刘秉两人权力亦被架空。由此，萧道成一人独断朝政。当天，萧道成以太后的名义下诏，历数刘昱罪行，废刘昱为苍梧王，并立安成王刘准为帝。萧道成则出任镇东府、任司空、录沿书事骠骑大将军，一手包揽朝廷军政大事。

萧道成总揽朝政后，荆州刺史沈攸之不服，他认为为自己当年的名望比萧道成高，理应由自己入朝掌权。为了争夺权力，沈攸之于公元477年十二月起兵东下讨伐萧道成。而此时，袁粲、刘秉联合领军将军刘韫与卜兴伯也在密谋除掉萧道成。萧道成得到消息后，临危不乱，先是秘密派出王敬则先发制人，杀死刘韫与卜兴伯。然后又派出军队在石头城与袁粲展开激战，最终斩刘秉、袁粲。接着，萧道成以黄回为平西将军，征调重兵对付沈攸之。经过一个多月的争夺战，萧道成终于打败沈攸之。沈走投无路，与他的儿子沈文在栎林中自缢身亡。

平定沈攸之后不久，萧道成又找了个借口杀了手握重兵的黄回。至此，萧道成清除了他代宋称帝道路上的全部障碍，只待最后一步的到来。

受禅即位　开明之治

公元479年，萧道成被封为相国、齐王。不久，刘准下诏禅位于萧道成。萧道成在南郊举行了即位大典，改国号为齐，年号建元。此举标志着历经60余年的刘宋政权灭亡，而一个新的朝代——齐朝正式建立。

即位之初，萧道成采纳了儒生刘瓛明的建议，改变刘宋时期一惯的暴政，宽厚待人、提倡节俭，不滥杀无辜，使得齐国初期朝局比较稳定。为了稳固基业，萧道成广开言路，要群臣议政；下令减免百姓租税和旧债；限制皇族营建私邸；下令扩大清理户籍，按照虞玩之的建议，设立校籍官，以宋元嘉二十七年版籍为准整理户籍；沿用宋时旧制，设立典签官，监督地方行政工作。对于这些改革措施，萧道成以身作则，特别是在节俭方面，他把皇帝身上佩带着的装饰品全部去掉，对于一些助长奢侈风气的东西也都全部销毁。

此外萧道成常常告诫儿子，要他们互亲互爱，同心同德，这样才不会像刘宋一些自取灭亡。公元482年，萧道成病重，他还不忘告诫太子萧赜说："宋朝如果不骨肉相残，我也得不到天下。所以你一定要牢记这个教训，不要兄弟相残。"三月，萧道成病死，终年56岁，谥号"高皇帝"，庙号"太祖"，葬于泰安陵。

武帝萧赜

齐武帝档案：

生 卒 年：公元 440～493 年

父　　母：父，高帝萧道成；母，刘智容

后　　妃：皇后裴惠昭、嫔妃霍碧玉等

年　　号：永明

在位时间：公元 482～493 年

谥　　号：武帝

庙　　号：世祖

陵　　寝：江苏景安陵

性　　格：刚毅简朴，深沉果敢

点评：

(在位期间)，江南的社会经济有所恢复发展，又呈现出升平景象。

——詹子庆《中国古代史》

萧赜，字宣远，齐高祖萧道成的长子。萧道成篡夺刘宋政权，建立齐国之后，萧赜被立为太子。公元 482 年三月，萧道成驾崩，萧赜正式即皇帝位，改元永明，是为南齐武帝。在位期间，萧赜继承父亲的治国之策，厉行节约，不杀兄弟，境内比较安定。公元 493 年七月，武帝萧赜病死，终年 54 岁。

随父征战　顺利继位

宋明帝刘彧即位后，江洲刺史、晋安王刘子勋在邓琬的主张下起兵造反。此时的萧赜正担任赣县县令，正处于动乱的中心（赣县

属南康郡管辖，而南康郡又属江州）。南康相沈肃之多次命令萧赜起兵响应刘子勋，但萧赜死不从命。沈肃之大为光发，直接就把萧赜关在牢房中。后来，幸得族人萧欣祖、门客桓康相救才得以逃出。沈肃之听到萧赜越狱后，立马率数百人前来追捕。萧赜沉着冷静，指挥众人打败追兵，生擒沈肃之。接着，萧赜率士兵百余人正式举兵响应朝廷之命，先后击败刘子勋将领程超、张宗之、戴凯之、谈秀之等将领，攻下南康郡。刘子勋之乱平定后，萧赜被为宁朔将军、广兴相。

后废帝刘昱即位后的第二年，他的叔叔刘休范就在江州起兵叛变。刘休范认为他是皇帝的叔叔，应该入朝为宰辅，最终却没有他的份，于是心生怨恨，起兵谋反。公元474年五月，刘休范大军从江州顺流而下，直指建康。但是，在萧道成及萧赜的英勇抗击下，刘休范反叛失败。这次动乱平定后，萧赜被封为司徒右长史、黄门郎。

随着父亲萧道成逐渐掌握朝政后，萧赜也被委以重任。公元476年，刘昱封萧赜为晋熙王镇西长史、江夏内史、行郢州事；公元477年，宋顺帝时，被封萧赜为晋熙王左卫将军；同年，沈攸之起兵讨伐萧道成，朝廷尚未作出决策，萧赜就率兵占了湓口城（今江西九江），有效地阻止叛军向下游进发。萧道成得知此事后，大喜道："萧赜真是我的好儿子呀！"叛乱平定后，萧赜受封为散骑常侍，都督江州、豫州之新蔡、晋熙二郡军事，征虏将军，江州刺史等职。

齐国建立时，萧赜为齐公世子，改加侍中、南豫州刺史，以石头为世子宫，官置二率以下，坊省服章，一如东宫。萧道成代宋称帝后，萧赜被立为太子，成为齐王朝当然的接班人。公元482年，齐高祖萧道成去世，萧赜继承皇帝位，年号永明，是为齐武帝。

处置父臣　亲信小人

继位后，萧赜牢记父亲临终的告诫，吸取宋亡的教训，与骨肉亲情保持了不错的关系，对其他萧氏宗室也充分信任。萧嶷，萧赜的二弟，两个自小就十分和睦，亲密无间。萧道成曾经打算另立萧嶷代替太子萧赜，但是，萧嶷毫无夺位之心，依然恭悌尽礼对待萧赜。所以，萧赜即位后，与萧嶷的关系更进一步。按照规定，萧嶷见皇上必须衣冠整齐，萧赜却特准萧嶷参加内宫曲宴时可穿白服裙帽。

在对待亲人方面，萧赜确实做得比较好，但他容人的肚量并不很大，他父亲时代的一些功臣忠臣都被他诛杀了。萧赜当皇帝时已经 40 多岁了，已经具备了丰富的政治、军事经验，再加上他性情刚毅，有主见，所以他不甘听命于他人，也不愿按照父亲生前的安排去执政。

在先朝旧臣中，萧赜最恨的是荀伯玉。萧道成在位时，荀伯玉曾向萧道成参过一本，揭发萧赜纵容亲信张景真为非作歹的事情。萧道成非常生气，于是在萧赜外出拜谒皇陵的时候，派人入东宫捕杀了张景真。萧道成还打算继续追究萧赜，后来多亏大臣们求情，萧赜才逃过一劫。事后萧赜听说整件事情是荀伯玉在背后作梗，自然与他结下了梁子。萧道成临终时，特意指着荀伯玉对萧赜说："此人对我忠心耿耿，我死后，必然有人出来说他坏话，你千万不要相信。"萧赜虽然口中答应，但是心中却难以释怀。

等父亲萧道成死后，萧赜就计划向荀伯玉开刀。但由于荀伯玉与大将垣崇祖关系密切，怕他们勾结作乱，一开始，萧赜在表面上给这两人不断加官司晋爵，麻痹两人。荀伯玉升到散骑常侍，垣崇祖升为五兵沿书。但是在公元 483 年四月，毫无征兆地，萧赜突然下诏，借口垣崇祖勾结江北荒人，准备与荀伯玉共同作乱，赐死了两人。

接着，就轮到了车骑将军张敬儿。张敬儿在帮助高帝萧道成平定刘休范的过程中立过大功，可谓功勋卓著。张敬儿信梦，他妻子有时会梦到全身发热，此后，张敬儿必会发达一把，不是升官就是得到封赏。他就到处对亲朋好友夸耀，并且还会讲一些其他的怪梦。有一次他就对人说他自己梦到家乡有树长到天顶了，结果被一位太监传到宫中，成了不臣犯上的罪证。后来，萧赜又听说张敬儿与蛮人做交易，怕他举兵为乱，就在一次斋会上将张敬儿逮捕。不久，萧赜下令将张敬儿和他的四个儿子杀掉。

当然，对于前朝旧臣，萧赜并不是予以全部杀掉，有的时候，他也会表现出开明、大度的一面。袁粲、沈攸之都被萧道成处以叛逆罪，但是由于这两人都是本着维护当朝统治而起事谋反的，所以世人对他们多有同情。萧赜为了让人们忠君，巩固自己的地位，就于公元483年四月下诏，为袁粲、沈攸之、刘秉等人平反，并全部对他们以礼厚葬。

虽然在为袁粲、沈攸之等人平反中显示出开明的一面，但萧赜在用人方面却常常不明不白，致使他周围宠信之人几乎全是些奸恶小人，如吏部尚书王晏，中书通事舍人茹法亮，吕文显，外监吕文度等。这些人仗着皇帝的宠信，无法无天，整天干些营私舞弊的勾当，引得一些朝廷大臣十分反感。但是碍于皇帝的纵容，也无能无力。

镇压起义　慎选传人

萧赜即位之初，继续推行高帝萧道成的治国之策，恢复禄田俸佚，劝课农商，减免赋役，遣返军中囚徒，赈济穷困，从宽执法。在外交方面，与北魏通好，边境比较安定。在个人生活方面，萧赜反对奢侈浪费，提倡节俭，曾下令举办婚礼时不得奢侈。在文教方面，注重学校教育，修建孔庙。这些政策的施行，使得南齐社会经济与文化得到恢复与发展，萧赜统治的“永明”时代也成为南北朝时期自“元嘉”以来第二个比较稳定的时期。

不过，在萧赜统治时期，也出现了一些比较严重的问题。前面所讲的重用小人就是其中之一，由于用人不明，导致贪官污吏横行，大大激化了社会矛盾。再加上清理户籍工作的继续进行，引得百姓怨声载道，终于爆发了一场大规模的农民暴动。

清理户籍工作开始于高帝萧道成。公元 480 年，为了增加直接控制的户口，提高赋税收入，齐高帝萧道成下令扩大清理户籍，设立校籍官，以宋元嘉二十七年版籍为准整理户籍。武帝高赜继续推行这一措施。但校籍工作弊端百出，由于校籍官收了贿赂，常把贫苦人民常诬为户籍诈伪而“却籍”（即从户籍中剔除出来），朝廷又规定把伪冒户籍的人都发配边境，导致了许多民众逃亡避罪。唐寓之乘机招揽逃民，发动暴动反对校籍工作。他很快就集结了 3 万多人，先后攻陷多座郡县。

萧赜急忙派出禁卫军镇压，虽然很快就把暴动镇压下去，唐寓之也被斩首，但是人民的反抗斗争却没有停止。为了缓和社会矛盾，萧赜于公元 490 年下诏宣布恢复宋末以前户籍所注的原状，至于那些伪冒户籍者也不再追究。由此，自高帝萧道成开始实行的“校籍工作”失败。

到了晚年，萧赜对于继承人的选择颇费了一番脑筋。在他即位之后，他曾立长子萧长懋为太子。为了培养萧长懋，萧赜曾让他去慰劳将帅，接触军旅。但是后来，萧赜发现萧长懋胆大妄为，其所住的东宫修建得比皇帝住的皇宫都宏伟，并且在东宫还制造了只有皇帝才能乘坐的车辇与乘舆。这种僭越之举让萧赜很恼火，狠狠责备了太子。太子经此惊吓，惶惶不安中病倒了，不久竟然去世。萧赜得知消息后，十分伤心，下诏让太子穿兖冕之服举行葬礼，并加谥“文惠”。

太子死后，绝太部分人认为帝位继承人当属竟陵王萧子良。萧子良是萧赜的次子，而且多年来担任宰相，一直是萧赜的得力助手。

但是，萧赜却不这样想。公元 493 年四月，经过慎重考虑，萧赜正式立萧昭业为皇太孙，并将原来东宫的文武官员全部改为太孙官属。七月，萧赜病重，诏命皇太孙萧昭业继位，要百官尽力辅佐。又命自己的葬礼一切从简，交待这一切后，随即平静地死去，终年 54 岁，谥号“武帝”，庙号“世祖”，葬于景安陵。

郁林王萧昭业

齐郁林王档案：

生卒年：公元 473～494 年

父　　母：父，文惠太子萧长懋；母，王宝明

后　　妃：皇后何婧英等

年　　号：隆昌

在位时间：公元 493～494 年

谥　　号：无

庙　　号：无

陵　　寝：不详

性　　格：聪明顽劣，虚伪做作

点评：

昭业人很聪明，可惜品质十分恶劣，又特别善于做作。

——沈起炜

萧昭业，是文惠太子萧长懋的长子，武帝萧赜的长孙。萧赜继位后，萧长懋被立为太子，萧昭业被封为南郡王，食邑二千户。公元 493 年，萧长懋去世，萧昭业被封为皇太孙。其实在他被立为皇太孙之前，在帝位的继承权上，萧昭业面临着一个强劲的对手——竟陵王萧子良。萧子良是萧赜的次子，与萧昭业的父亲萧长懋同为

皇后所生。自宋末开始，萧子良便跟随萧赜踏入官场，经受政治、军事的各种熏陶。萧赜当皇帝后，萧子良又多年任宰相，一直是父亲萧赜的得力助力，深爱宠爱。但是，就因为他没有把太子萧长懋奢侈僭越的事情报告给父亲，因此惹怒了萧赜。最终，经过反复考虑，萧赜决定立萧长懋的长子萧昭业为皇太孙，在他死后承继帝位。

郁林王萧昭业像

公元 493 年，萧赜病逝。中书郎王融等人还想立萧子良为皇帝，但是西昌侯萧鸾坚持拥立萧昭业为帝。萧昭业即位后，为了培养自己的势力，他下诏假称遗诏，封武陵王萧晔为卫将军，西昌侯萧鸾为尚书令，太孙詹事沈文季为护军。

但是，萧昭业性情顽劣，这一点在他爷爷萧赜葬礼上就显露无遗。在人前，他放声大哭，跪在地上久久不肯起来，让人以为他非常孝顺、懂事。但是，一回到往处，他就完全变成另一个人，不但有说有笑，还令乐队奏乐取乐。

这种顽劣的性情在他即位后表现得更加严重。他常常会带着皇后何氏和其他一些嫔妃到主衣库去，让她们拿着里面的珍宝相互投击取乐，致使这些宝器珍玩在他们的欢笑声中一一化为碎砾。武帝萧赜去世时，国库聚有钱财 8 亿万之多，另有金银布帛不可计数。萧昭业挥霍无度，为玩斗鸡，曾花数千元买一只好斗鸡；兴致高时便大出手赏赐臣下，每次都是十几万甚至几百万。因此，不到一年，8 亿万钱就几乎全都被他消耗完了。

萧昭业心胸比较狭窄，他即位之初，就下令逮捕曾想拥立竟陵王萧子良为帝的中书郎王融。然后他又命令中丞孔稚上折捏造王融许多罪行，最终将王融处死。这也让竟陵王萧子良整天惶恐不安。

本来，萧子良是与萧鸾一起被武帝萧赜遗命辅佐萧昭业的，但因受到萧昭业的怀疑，于是深出简出，不参预国事。萧鸾借此得以用尚书令的身份处理国家大事，逐渐独揽政权，培植了自己的势力。顽劣的萧昭业也感觉到了大权旁落，于是想联合其他有威望的人来帮他除掉萧鸾。他先是找到尚书右仆射、鄱阳王萧锵，但是萧锵认为不可行，萧昭业势单力薄，也只能暂时作罢。不久，萧昭业身边宠信的宦官徐龙驹由于专权干政，被萧鸾诛杀；随后，萧昭业宠信的直阁将军周奉叔也被萧鸾先斩后奏。这一来，萧昭业与萧鸾之间的矛盾也就越来越深。

公元494年，萧子良病死，萧昭业的心腹之患就只剩下萧鸾一人。他急忙找中书令何胤商讨诛杀萧鸾事宜，但是何胤惧怕不已，萧昭业只能打消念头。他又打算让萧鸾出镇西州，消弱萧鸾的权力。其实在萧昭业秘密谋划杀萧鸾的时候，萧鸾早已开始准备废掉他。萧鸾以谋反罪名把萧昭业宠信的綦母珍之、杜文谦等人全都杀掉，又安插了萧谌等人在萧昭业身边作耳目探听消息。

公元494年七月的一天，萧鸾发动政变，先派萧谌、萧坦之带兵冲入宫中，杀了萧昭业的亲信直阁将军曹道刚和朱隆之。接着，萧鸾亲自率兵入宫，直扑皇帝所在的寿昌殿。萧谌带兵攻入内宫，堵住寿昌殿的出口。萧昭业知道大势已去，仓皇逃到徐姬的房内想拔剑自杀，但被徐姬拉住，只刺伤了颈项。最终，萧昭业被萧谌杀死，时年22岁。

萧昭业死后，萧鸾以太后令废其为郁林王，废何皇后为王妃，把何姬等嫔妃全都杀死。

海陵王萧昭文

齐海陵王档案：

生 卒 年：公元 480～494 年

父　　母：父，文惠太子萧长懋；母，许氏

后　　妃：皇后王韶明等

年　　号：延兴

在位时间：公元 494 年七月～十月

谥　　号：恭王

庙　　号：无

陵　　寝：不详

性　　格：生性文弱

点评：

齐主昭文，本来是个殿中傀儡，一切政事，听命萧鸾。

——蔡东藩

萧昭文，生于公元 480 年，是文惠太子萧长懋的第二个儿子。公元 486 年，年仅 7 岁的萧昭文被刘武帝萧赜封为临汝公，不久又被任命为辅国将军、济阳太守。公元 492 年，齐武帝萧赜转封萧昭文为持节、督南豫州诸军事、南豫州刺史，仍然任辅国将军。公元 493 年，萧昭文又进封冠军将军。这一年，因父亲萧长懋病逝，萧昭文返回建康。郁林王萧昭业即位后，萧昭文被封为中军将军、新安王。

公元 494 年七月，郁林王萧昭业被萧鸾杀死，萧昭文被萧鸾拥立为帝，改年号为延兴。就这样，年仅 15 岁的萧昭文稀里糊涂地当上了皇帝。萧昭文即位后，朝政一直都掌握在萧鸾手中，任何事情

他都不能自己做主，成了一个彻底的傀儡皇帝。甚至萧昭文吃什么饭都必须经过萧鸾的同意，据说有一次，萧昭文想吃蒸鱼，但厨子告诉他，没有得到萧鸾的同意，他不敢做。

当年十月，萧鸾见时机成熟，强迫太后下诏，将萧昭文废为海陵王，并幽禁萧昭文。才当 4 个月皇帝的萧昭文被迫退位，萧鸾名正言顺地登上皇帝的宝座。十二月，萧鸾以萧昭文有病为借口，经常派御医去帮他看病，趁机密令御医对萧昭文下毒手，杀害了萧昭文。

萧昭文死后，萧鸾依照汉朝东海王刘彊的故事，以天子之礼为他举行了葬礼，谥“恭王”。

明帝萧鸾

齐明帝档案：

生 卒 年：公元 452～498 年

父　　母：父，萧道生；母，不详

后　　妃：刘惠瑞等

年　　号：建武，永泰

在位时间：公元 494～498 年

谥　　号：明帝

庙　　号：高宗

陵　　寝：江苏兴安陵

性　　格：猜忌多疑，虚伪凶暴

点评：

萧鸾是一个小动作特别多的邪恶人物。

——柏杨

萧鸾，字景栖，小名玄度，生于公元 452 年。他是齐高帝萧道成的侄子，齐武帝萧赜的堂兄。武帝萧赜临终前，遗诏萧鸾与竟陵王萧子良一起辅佐萧昭业，萧子良因被萧昭业怀疑，深居简出不参与国事，萧鸾因此独霸朝廷。公元 494 年，在先后弑杀萧昭业、萧昭文两王后，萧鸾自立为帝。在位 4 年，大行杀戮，致使南齐国衰。

萧鸾少年丧父，由其伯父萧道成抚养成人。公元 479 年，萧道成代宋建齐，萧鸾升为侍中，被封为西昌侯。次年，萧道成又封萧鸾为持节、督郢州司州之义阳诸军事、郢州刺史，进号征虏将军。萧鸾十分节俭，不喜欢张扬。当时的王公大臣们上朝或者出游时都喜欢乘坐豪华车辆。但萧鸾从不这样做，他所乘的是朴素的车子，路人都猜不出来他是西昌侯。他的这种作风给了萧赜很好的印象，频频给他升官。公元 483 年，萧赜迁萧鸾为侍中、骁骑将军，旋即转为散骑常侍、左卫将军；公元 484 年，萧赜派遣萧鸾出镇外藩，为征虏将军、吴兴太守；公元 486 年，萧鸾升迁为中领军。

武帝萧赜晚年大肆杀戮那些有可能威胁幼主统治的王公大臣，但唯独对萧鸾一点也没起疑心，临终的时候还遗诏要他与竟陵王萧子良一起辅佐幼主。在萧赜病逝之后，中书郎王融想强行拥立竟陵王萧子良为帝，萧昭业当时很着急。幸亏萧鸾硬闯入宫，坚持拥立萧昭业为帝。通过此事，萧鸾提高了在皇帝心目中的地位。小皇帝由于贪图玩乐，就把朝政不论大小都托付给他。而另一辅政大臣萧子良由于受到皇帝的猜忌，几乎不参与政事，由此，萧鸾把朝政大权完全掌握在自己手中。

小皇帝萧昭业虽然天天玩乐，不理政事，但是见到萧鸾威望已经超过他，也准备秘密除掉萧鸾。与此同时，萧鸾与在抓紧行动。他要么先斩后奏，要么以谋反定罪，把萧昭业的心腹杨珉、徐龙驹、周奉叔、杜文谦等一一杀掉。接着，萧鸾又迅速采取了一系列的行动，先是要卫尉萧谌密召诸王曲签，严密监视诸王行动，不许他们与外人交往，以免听到什么风声。接着，他又进一步争取先朝旧臣的支持。

公元494年七月的一天清晨，萧鸾先派萧谌领兵冲入宫中，杀死了萧昭业的亲信曹道刚和朱隆之等。接着，萧鸾自己率领大队士兵杀入云龙门，直到皇帝所在的寿昌殿。萧昭业被萧谌等引至延德殿西弄害死，时年22岁。第二天，萧鸾以太后令发布全国：追废萧昭业，迎立新安王萧昭文为帝。

萧昭文在实质上只是一个傀儡，就连吃什么东西都得经济萧鸾批准，萧鸾已经完全掌握朝政。为了巩固自己的势力，萧鸾又任命他的两个侄子萧遥光与萧遥欣为朝廷要员。但是，面对着高帝、武帝两位皇帝的子孙们，萧鸾还是感到了巨大的压力。

得知萧昭业被废、萧鸾另立萧昭文的消息后，鄱阳王萧锵十分担忧萧鸾会再次废帝，于是乘车造仿萧鸾府以探听消息。萧鸾每次都表现出十分恭敬的样子，来不及穿好鞋就跑去把萧锵迎进府。两人谈到家事、国事，萧鸾还声泪俱下。萧锵见萧鸾如此诚恳，也就打消了对他的怀疑。当时，朝廷很多人希望萧锵带兵入朝，取代萧鸾。萧锵就与随王萧子隆密谋，但是他们怕事情办不成，又犹豫不决。结果，萧鸾得到消息后，先发制人，于当夜就派两千士兵攻入萧锵府，把萧锵和萧子隆杀害，并查封两人的家产。

武帝萧赜的第七个儿子江州刺史、晋安王萧子懋得知萧锵与萧子隆被杀的消息后，决定起兵攻打京师，杀萧鸾。不料消息走露，萧鸾立即派中护军王玄邈领兵征讨萧子懋，又派军主裴叔业和于瑶之先行进袭浔阳，讨伐萧子懋。不久，裴叔业就攻破湓城。萧子懋只得领兵坚守浔阳。于瑶之的哥哥于琳之是萧子懋的中军参将，欺诈劝说萧子懋如果用金钱贿赂裴叔业，便可使其退兵。萧子懋信以为真，便派于琳之前往。于琳之乘机向裴叔业报告城中虚实，并献上谋杀萧子懋的密计。裴叔业遂派徐玄庆领兵400随于琳之进入州城。入城后，于琳之领 200 人，手持佩刀进入萧子懋府，将萧子懋杀死。

杀了萧子懋之后，萧鸾为了消除后患，开始对其他诸王大开杀戒。他先派平西将军王广之将萧赜第五个儿子萧子敬杀死；接着又派徐玄庆前往江陵，想把文惠太子第三个儿子萧昭秀杀掉，但由于受到西中郎长史何昌寓的保护而作罢；不久，萧鸾派裴叔业杀萧道成第十五个儿子萧锐。之后，裴叔业又前往郢州杀死了郢州刺史萧钰，南豫州刺史萧铿最终也被裴叔业所杀害。

在接下来的岁月，齐高帝萧道成的儿子萧铄、萧锋，齐武帝萧赜的儿子萧子真、萧子伦等全都被萧鸾派人杀死。把这一些阻碍他废帝自立的障碍全部清除之后，萧鸾于公元 494 年十月以太后名义下令废掉萧昭文，自己登上皇帝的宝座，改年号建武。为了使自己称帝更加名正言顺，萧鸾宣布自己是高帝萧道成的第三个儿子，又追尊去世的父亲萧道生为景皇帝，母亲为懿后。

萧鸾在年轻时以不慕奢华闻名，即位后，他就更加大张旗鼓地提倡节俭。他下诏把武帝萧赜所建的新林苑撤除，把所占土地归还给百姓；又把文惠太子萧长懋所圈的太子东田转卖给民间；对于皇帝车马舟船上的金银饰物，一律收起来放到库房。有一次，大臣们给他做寿，他看到席上有银酒杯，就很不高兴，叫人马上将其敲碎。不过，这只是他做个样子给大臣们看的，因为在他自己的宫中举行宴会时，常常支银器满桌，华丽无比。

萧鸾性格本来就多疑，篡位自立后，其猜忌心也就越来越严重。他常常深居简出，很少外出巡视，偶尔出去一回，也会故意隐瞒行踪，令人摸不清方向。他害怕其他人也像他一样篡他的帝位，因此，对于一些他认为可能篡位的人全部杀掉。公元 495 年，萧鸾赐死曾在帮助他篡位过程中立下大功的萧谌，并且把萧谌的兄弟萧诞、萧诔一同杀死。不久，他又赐死了高武帝的儿子萧子明、萧子罕、萧子贞等。公元497年，萧鸾诛杀了尚书令王宴及其弟王诩一家。

公元498年，萧鸾病重，为了讨个吉利，他于当年四月改年号为永泰。没想到改年号并没有给他带来好运，而是带来了一场叛乱。改元后不久，大司马、会稽太守王敬则举兵反叛。萧鸾得到消息后，立即下令将王敬则的几个儿子杀掉，然后又调兵遣将进行镇压。由于王敬则是打着拥立南康侯萧子恪的旗号，而萧子恪此时并不在京城，朝廷又不知其去向，所以萧鸾十分紧张。

萧遥光见此，就劝萧鸾斩草除根，把高帝、武帝的子孙全部杀死。于是，萧鸾下令将在京的王侯全部召入宫中，就连尚在襁褓中的婴儿也令乳母抱过来。然后，他下令让太医煮好两大锅毒汤，又让人准备了数十副棺木，只等三更一到，就将他们全部毒死。在这危急关头，萧子恪为了避嫌火速赶回了京城。得知萧子恪回来了，萧鸾悬着的心才慢慢放下来。第二天，在大臣们的劝谏下，各位王侯才被放回，侥幸逃过了一场大难。

因为王敬则是高帝、武帝时期的旧将，又有着很高的声望，起兵一路上，追随投靠的人不知其数，声势浩大。不过，由于其中很大一部分是农民，没有武器，在官兵的冲击之下，王敬则大败于曲阿长冈埭。不久，王敬则被杀身亡，起义失败。重病在身的萧鸾听到叛乱被平定的消息，十分高兴。他采纳了晋陵太守王瞻谏言，对于那些跟随王敬则造反的民众不予以追究，避免了一场血腥大屠杀。

此时的萧鸾已病入膏肓，他自知时日无多，于是召来太子萧宝卷，对其再三叮嘱说："凡做事不可在人之后。"当年七月，萧鸾病逝，终年47岁，谥"明帝"，庙号"高宗"，葬于兴安陵。

东昏侯萧宝卷

齐东昏侯档案：

生 卒 年：公元 483～501 年

父　　母：父，明帝萧鸾；母，刘惠端

后　　妃：褚皇后、潘贵妃等

年　　号：永元

在位时间：公元 498～501 年

谥　　号：无

庙　　号：无

陵　　寝：不详

性　　格：放纵荒淫，任性残忍

点评：

辅政大臣相继被诛，各种政治势力相互火并，萧齐皇朝面临着严重的统治危机。

——白寿彝《中国通史》

郁林王萧昭业像

公元 498 年，齐明帝萧鸾病逝，太子萧宝卷即位。萧宝卷在位期间，嬉戏无度，挥霍无度，不理政事，并且残忍好杀。最终，无道的萧宝卷被宦官黄泰平、张齐击杀。

萧宝卷自小就不喜欢读书，以捕老鼠为乐，是一个十足的顽童。他不懂礼仪，只知道嬉戏。他父皇萧鸾死了，他无动于衷。在萧鸾的葬礼上，大臣们劝他跪下哭灵，但他推说嗓子疼不能哭。当看见有的大臣哭得连帽子掉了露出秃头的时候，他居然狂笑不已，并大叫："秃鹫来哭丧了！"

萧宝卷酷爱杂技，即位之后，不理政事，把很多精力放在研究

杂技上。他对一些旧的杂技节目进行搜集、改进、总结，还创作出许多新的节目。有时，他还会亲自上阵，他力气很大，能把一个七丈五尺长的木制道具扛在肩上，任凭上面演员如何翻腾，他都能保证道具保持平衡不动。有时，他还会用牙齿去叼幢木，弄得满嘴的牙齿松动，满口是血。为了演杂技，他还亲自为自己设计戏服。这些服饰极尽花巧，花费甚巨。

因为玩乐，他厌烦朝政，有时一连几个月都不上朝批阅奏章，积压起来的奏章堆积如山。幸亏有萧鸾临终托孤的萧遥光、徐孝嗣、萧坦之、江祐、江祀、刘暄六人辅助，才勉强维持着朝局。这六个人被称为“六贵”，其中江祐、江祀兄弟因其姑姑是明帝萧鸾的母亲，所以萧鸾特别看重他们。这两人在小皇帝玩乐时常会进行制止，弄得萧宝卷浑身不自在。

但萧宝卷对这几位辅政大臣的劝阻丝毫不在意，越玩越不像样。兴致来时，他就会派人大修殿台楼阁，而贪官污吏也趁机敲诈，害得不少百姓妻离子散，家破人亡。面对如此胡闹的萧宝卷，屡次进谏都不见效后，江暄便决计废帝另立。江祐想另立萧鸾的第三子江夏王萧宝玄为帝，当他把这个想法告诉刘暄时，刘暄反对，刘想立建安王萧宝寅。江祐没有办法，于是又找萧遥光商量，结果萧遥光想立自己为帝。后来，江祐又找他的弟弟江祀商量，江祀分析说立少主难以保证日后不出什么乱子，就力劝他立萧遥光为帝。刘暄心想如果这样，他就会失去皇帝舅舅的尊位，所以坚决反对。萧遥光知道刘暄反对立他后，勃然大怒，派人刺杀刘暄，但因刘暄卫士随从众多，未能下手。

后来，刘暄发现萧遥光欲害他时，就马上向皇帝萧宝卷告发了江氏父子的阴谋。萧宝卷得到消息，当即下令捕杀江氏兄弟。不久，萧遥光起兵夺位，被萧坦之讨平。萧坦之因功长为尚书右仆射、丹阳尹。但由于他做事刚狠自专，其手下十分忌恨他，就在皇帝面前说萧坦之坏话。就这样，萧遥光死后才 20 多天，功臣萧坦之及其儿子就被听信谗言的萧宝卷诛杀。

随后，在亲信小人茹法珍、梅虫儿等的极力劝说下，萧宝卷又把“六贵”中剩下的刘暄、徐孝嗣杀掉。此后，萧宝卷杀性大开，几乎每月都要杀人，搞得齐朝人心离散、朝野怨愤。

萧宝先后杀害顾命大臣右仆射江佑、江祀兄弟、司空徐孝嗣、右将军萧坦之、领军将军刘喧等人，逼得整个朝廷文官告退，武将造反，京城几度岌岌可危，他也成了众矢之的。公元 499 年十一月，太尉陈显达在江州举反造反，陈显达致信朝中重臣，历数萧宝卷罪恶，声称要立建安王萧宝寅为帝。萧宝卷派出护国将军崔慧景为平南将军，率领台军抗击陈显达。经过激烈战斗，陈显达寡不敌众，兵败被杀。

平定陈显达后，萧宝卷认为从此以后再也没有人可以约束他了，也就越来越骄纵。他喜好出游，一个月要出游 20 多次。每次出游都会大兴排场，沿途所有人家都必须清除干净，只留下一座座空宅。所以，百姓一听到鼓乐大作，就必须赶快逃离住宅，如果行动稍慢被萧宝卷遇上，马上被处死。萧宝卷的这个爱好导致京师百姓苦不堪言，田地荒芜，甚至死了人都无法埋葬，只能弃尸路边。萧宝卷另一个爱好就是骑马，于是他就在郊处大兴建设，设置射雉场 296 处，经常骑着马奔走于各场。

除了大肆游玩，萧宝卷在朝政中亲小人，远贤臣。宦官王宝孙只有十三四岁，却最受萧宝卷宠信。因此，王宝孙随意干预朝政、控制大臣，无人能管，公卿大臣们见了他，都恭恭敬敬，屏息静气。

萧宝卷宠爱潘贵妃，于是对潘的要求是无不答应。他令人把金子做成莲花的样子放在地上，让潘妃在上面行走，然后美其名曰“步步生莲花”。爱乌及屋，潘贵妃的父亲潘宝庆因此得到萧宝卷的宠信，被称为“阿丈”。潘宝庆由此狗仗人势，到处诬陷商人，强抢他人田宅财产，为防后患，竟然将被抢人家杀光灭口，搞得民不聊生。

至此，整个朝廷在萧宝卷的胡作非为之下混乱不堪，大臣们朝不保夕，百姓苦不堪命，社会动荡不安。在这种背景下，一场大的危机也就即将来临。

公元500年，晋冀州刺史裴叔业为了避免被萧宝卷杀死，投降了北魏。萧宝卷派平西将军崔慧景率兵讨伐。当崔慧景率军到达广陵（今江苏扬州市）以外数十里的地方时，他突然召集下级将领，以当今皇帝昏庸残暴为由，举兵叛变萧宝卷。崔慧景随后迎江夏王萧宝玄为主，率兵顺利渡过长江，向建康进发。萧宝卷所派军队全都不是崔慧景的对手，被杀得溃不成军，只好紧闭城门，坚守不出。

见崔慧景包围台城，胜利在望。当年为避杀身之祸而藏匿于民间的马陵王萧昭胄和他的弟弟永新侯萧昭颖恢复了本来面目，前来投奔崔慧景。崔慧景本来是拥立萧宝玄为主的，见到萧昭胄之后，觉得他是武帝萧赜之孙的身份更加可以使他的举兵更加名正言顺，但一时也难以抉择。再加上此时的崔慧景因之前进军顺利，变得骄傲起来，他认为台城唾手可得，于是并不急于进攻，而整日与处士何点一谈论义理、佛教。

萧宝举抓住这一有利时机，急召豫州刺史萧懿率兵支援建康。当天晚上，萧懿就率领数千士兵到达台城外，与台城内的军队两面夹击，大败崔慧景。不久，逃亡的崔慧景及萧宝玄都被杀。叛乱平定后，萧懿因功升为尚书令。

如果此时的萧宝卷醒悟过来，不再滥杀无辜，好好治理国家，可能他还能多活几年。但是他那残忍好杀的坏毛病再一次发作，导致了叛乱再次兴起，也正是这次叛乱结束了他的皇帝生涯，也终结他的性命。公元500年十月，萧宝卷听信谗言，派人毒杀了平定崔慧景叛乱最得力的萧懿，结果导致萧懿的弟弟萧衍举兵进攻建康。

公元501年，萧衍在江陵拥立南康王萧宝融即皇帝位，改年号为中兴，并遥废萧宝卷为涪陵王。萧宝卷派征虏将军王珍国率10万余人抗击，但在兵力强大，士气旺盛的萧衍部的围攻下，王珍国军阵阵败退，最后一直退到宫城，关上大门坚守。

围城之后，城中人心涣散。萧宝卷的身边的茹法珍、梅虫儿就向皇帝建议把这些不负责的将士大臣全部杀掉。王珍国得知消息后，害怕被萧宝卷杀掉，于是与副将张稷两人领兵造反，攻入宫中。最终，宦官黄泰平、张齐杀死皇帝萧宝卷。萧宝卷死后，王珍国、张稷迎萧衍入城。萧衍率军入城不久，就以宣德太后的名义下诏，将萧宝卷降为东昏侯。

和帝萧宝融

齐和帝档案：

生 卒 年：公元488～502年

父　　母：父，明帝萧鸾；母，不详

后　　妃：王皇后等

年　　号：中兴

在位时间：公元501～502年

谥　　号：和帝

庙　　号：无

陵　　寝：江苏恭安陵

性　　格：懦弱无能

点评：

宝融年只十三，有何大略，凡事俱由他人主张，不过假他为名。

——蔡东藩

萧宝融是齐明帝萧鸾的第八个儿子。公元494年，萧鸾篡位称

帝后，年仅7岁的萧宝融被封为隋郡王。公元496年，齐明帝萧鸾任命萧宝融为冠军将军，领石头戍军事。公元499年，萧宝卷改封萧宝融为南康王，督荆、雍、益、宁、梁、南北秦七州军事，任西中郎将、荆州刺史，镇守江陵。

公元501年正月，萧宝融在萧衍的拥立下开始称相国。随后，萧衍率大军自襄阳出发向建康进发，讨伐东昏侯萧宝卷，萧宝融未随军同行，而是留守江陵。三月，14岁的萧宝融在江陵即皇帝位，改元中兴，并下诏废萧宝卷为涪陵王。

萧衍一路势如破竹，接连攻下郢州、江州。萧宝融诏令萧衍“若京师平定，可便宜行事”。这时，萧衍的弟弟萧澹率兵自襄阳赶到江陵，萧宝融封其为荆州刺史。十二月，萧衍在建康城守军倒戈的帮助下，顺利进入建康。萧衍在建康以大司马进相国，封梁公。不久，萧宝融封又晋封萧衍为梁王。萧衍以萧宝融的名义杀害湘东王萧宝晊兄弟，后来又杀掉齐明帝萧鸾其他的儿子，篡位之心昭然若揭，萧宝融成了一个傀儡皇帝。

公元502年三月，萧衍派人迎萧宝融东归。四月，到达姑孰，在萧衍的逼迫下，萧宝融下诏宣布禅位于梁。萧衍随即称帝，封萧宝融为巴陵王，南齐至此灭亡。仿照齐初萧道成称帝时封宋刘准为汝阴王的样式，萧衍在姑孰为萧宝融设立宫室让其居住，其他一切待遇从优。后来，萧衍又想把南海郡设为巴陵国，让萧宝融迁移过去居住。但是，经过谋臣沈约的劝谏，萧衍最终改变了主意，派亲信郑伯禽前去令萧宝融吞金自杀。

萧宝融见到萧衍派来的，一点也不惊慌，因为在他被逼禅位的那一天起就预料到了这个结果。他镇定地说：“我死不需要金子，只需要一壶酒就足够了。”然后，他就取出酒壶大喝。郑伯禽等萧宝融喝得大醉不省人事时，拔出剑将其杀死。萧宝融死时年仅15岁，死后葬于恭安陵，谥为“和帝”。

南朝·梁

武帝萧衍

梁武帝档案：

生 卒 年：公元464～549年

父　　母：父，萧顺之；母，张尚柔

后　　妃：郗皇后、丁贵妃等

年　　号：天监，普通，大通，中大通，大同，中大同，太清

在位时间：公元502～549年

谥　　号：武帝

庙　　号：高祖

陵　　寝：江苏修陵

性　　格：勤俭虚饰，深沉机略

点评：

独有一萧衍老翁，俭过汉文，勤如王莽，可谓南朝一令主。

——钱穆《国史大纲》

萧衍，字叔达，是齐高帝萧道成的族侄。他原来是南齐的官员，官至雍州刺史，后因齐皇帝萧宝卷残暴无道而起兵反叛，建立梁朝。即位后，他提倡节俭，勤于政务，取得了显著的政绩。但是到了晚年，因看破红尘，萧衍醉心于佛教，不理政事，最终导致侯景之乱，他也被饿死在净居殿。

谋略出众　屡立奇功

萧衍自小天资聪颖，十分喜欢读书，年纪轻轻就在文学方面展

露头角。当时他与沈约、谢朓、王融、范云等七人经常出入竟陵王萧子良的门下，被称为“竟陵八友”。

武帝萧衍像

萧衍因为出身于贵族家庭，所以刚做官时就当了卫将军王俭的手下，升官的机会也就比其他人要多。王俭见萧衍很有才华，谈吐不凡，对他十分器重，提拔他做了户曹属官。因为萧衍办事果断机敏，深得上司同僚敬重，不久又被提升为参军。

公元493年，齐武帝病重，当时的大臣王融想在武帝去世后立萧子良为皇帝，以便控制掌握政权。后来事情败露，王融被抓进监狱赐死。对于王融的如意算盘和悲惨结局，萧衍早有预言，因此，他的好友范云由此对此异常敬佩。

齐武帝萧赜去世后，继位的萧昭业只知道吃喝玩乐，根本不理政务，对大臣的劝谏也不接受。掌权的大臣萧鸾很生气，打算把他废掉，另立皇帝。萧鸾叫来大臣们商议此事，萧衍当即表示反对，认为废立皇帝是大事，不可轻率，不然会遭到诸位王爷的反对。萧鸾则不以为然，他认为诸位王爷没什么才能，基本上都是草包。他只对其中的随王萧子隆比较忌惮，因为萧子隆文武兼备，而且占据荆州。因此，只要把萧子隆召回京城看管起来，其他就万事大吉了。但是，他又不知道如何召回萧子隆。

萧衍听了以后就进行分析，认为随王也只不过徒有虚名，没有什么真才干。萧子隆没有什么谋士，所倚重的只有武陵太守卞白龙和司马垣历生，而这两个都是唯利是图的小人，因此，如果通过许诺高官厚禄，就可以把他们轻易地召回来。到时候，没有了左膀右臂，随王也就会跟着回来的。

萧鸾依计而行，召来萧子隆，解除诸王的威胁。不久，他就废了萧昭业，立新安王萧昭文为傀儡皇帝，自己掌握朝政大权。萧昭文在皇帝的位置仅仅坐了三个月，就又被萧鸾废掉。公元 494 年十月，萧鸾堂而皇之地登上皇帝宝座，改元建武，是为齐明帝。

萧鸾即位之后，把萧衍提拔为中书侍郎，后来又升为黄门侍郎、建阳县男，采邑三百户。由此，萧衍的军事、政治才干得到了充分发展，地位不断上升。

公元 495 年，北魏孝文帝元宏乘率 30 万大军大举南伐，沿淮河向东攻打钟离。又派大将刘昶、王肃领兵 20 万进攻司州，围攻义阳。萧鸾知悉军情后，先派左卫将军崔慧景、宁朔将军裴叔业率兵救钟离，又派遣萧衍和平北将军王广之领兵救援义阳。王广之贪生怕死，在部队行进到距义阳一百里的地方时，听说北魏军队人强马壮，再也不敢前进了。

这时，萧衍挺身而出，主动要求担任先锋向前进攻。王广之大喜，将手下精兵拨出一部分交给萧衍。萧衍率军连夜进发。萧衍带领军队避开大路，抄小路前进，很快抵达义阳城外的贤首山。贤首山跟义阳只有几里路远，萧衍真是胆识过人，立刻命令士兵将旗帜插满了山上山下。

第二天一早，义阳城中被困的齐军看到远处旗帜飘扬，以为大批援军已经到了，士气大增。司州刺史萧诞立即下令打开城门，亲率齐军扑向魏军大寨，同时顺风放火。萧衍见义阳城出兵，也率山上齐军冲下山来。魏军前后受敌，顿时大乱，自相践踏，死者不计其数。王肃、刘昶只得率领残兵撤退。萧衍在这次大胜仗后因功而升任太子中庶子。

公元 497 年十月，北魏孝文帝元宏率领大军再次攻齐，接连攻下了新野和南阳，直逼雍州（今湖北襄阳）。雍州是汉水上游的重镇，雍州刺史曹武为了保住这一战略要地，率众顽强抵抗，但因实力不济总是被打败，雍州危在旦夕。齐明帝萧鸾急忙命萧衍和右军司马张稷赴援以及度支尚书崔慧景等率兵救援。他们到达时，雍州的五个郡已被魏军攻陷。

次年三月，萧衍等率兵进驻邓城（今湖北襄阳市北），孝文帝率十余万魏军把邓城团团围住。萧衍知城中粮草和兵器缺乏，就与崔慧景商议："我们现在城中缺粮，如果让士兵们知道，肯定会发生兵变。我建议趁着敌人刚到，没有站稳脚跟，鼓舞士气率军冲杀，或许能够挽回局面。"

崔慧景心中害怕，萧衍说："北方军队都喜欢游动作战，他们不会夜里攻城的，不久自然回退兵的。"但是没有想到，魏军丝毫没有退却的迹象。不久，魏军集结完毕后，便向齐军展开攻击。崔慧景大惊，看着形势不妙，就打开城门逃跑。其他各部见统帅溜了，也纷纷逃散。在经过离邓城不远的闹沟时，逃兵们争先抢渡，被魏军追杀，死亡无数。萧衍的所带的部队由于平时训练有素，没有溃散，伤亡也不大，最终退到樊城，据城坚守。

这次战役后，齐明帝萧鸾为了加强雍州防务，特选萧衍为辅国将军兼领雍州刺史。萧衍到任后，延揽人才，积极经营，实力迅速膨胀。

起兵灭齐建梁

萧鸾病死后，他的儿子萧宝卷即位。萧宝卷即位后，不理朝政，残忍无道，先后杀掉了很多大臣，对于一些功臣也毫不留情。对于萧衍，萧宝卷也心存猜疑，认为萧衍有对朝廷图谋不轨的行为，于是派人前往行刺。但是，行刺者十分敬重萧衍，没有去杀萧衍，反而将此事告诉了萧衍。萧衍大惊，暗地里开始积攒力量，准备废掉萧宝卷。

公元500年十月，萧宝卷杀死了平叛功臣萧懿。听到哥哥的死讯，萧衍立即集结部众，发兵直指建康，准备推翻残暴的东昏侯萧宝卷。萧宝卷得知萧衍举兵起事的消息，当即下令辅国将军刘山阳率兵3000至荆州，与南康王萧宝融会师攻袭襄阳。当时萧宝融年仅13岁，大小事情其实是由长史萧颖胄掌控。

萧衍利用计谋分化了刘山阳与萧颖胄，萧颖胄在部将的劝说下决心跟随萧衍起事。不久，萧颖胄杀了刘山阳，领众与萧衍会合。为了增强号召力，萧衍又联合南康王萧宝融。十二月，萧颖胄等向建康文武百官发布文告，列数齐帝罪行，并派兵进攻湘州、夏口等地。至十二月底，上庸（今湖北竹山）太守韦叡，华山（今湖北宜城）太守康绚等亦率众响应萧衍。随后，上雍太守韦睿，沟口戍副冯道根，华山太守康绚，梁、南秦二州刺史柳倓也都率众响应萧衍，这些人后来也都成了萧衍得力的战将。

公元501年三月，萧衍拥立南康王萧宝融为帝，在江陵即位，改元中兴。十月，萧衍等率军向建康发动进攻，经过激烈战斗，终于打败齐军，占据石头城，把宫城团团围住。在国难之际，茹法珍等奸臣仍然还向萧宝卷进谗言，说宫城被围完全是文武大臣的过错，怂恿萧宝卷大开杀戒。这使征虏将军王珍国异常愤恨，暗中派心腹给萧衍送去一个明镜，表示心迹。然后王珍国联合兖州刺史张稷带兵夜入皇宫，杀死还在醉生梦死、歌舞不断的东昏侯萧宝卷，然后将他的头颅送出，献给萧衍。

萧衍在攻占首都建康后，立即派兵四处征讨，各地刺史、太守纷纷投降归顺。次年正月，萧衍因赫赫战功升任大司马，掌管中外军国大事，还享有带剑上殿的特权，也不用向皇帝行叩拜大礼。

到了这一步，登基称似乎已经不成问题，萧衍也想废了萧宝融自己做皇帝，但他也不敢贸然行事，而是静待时机。萧衍原来的好友沈约深知他的心事，于是有一次委婉地向他提起此事，萧衍装做不明其意，推辞过去了。当沈约再一次干脆明白地提出来的时候，萧衍犹豫片刻，说了句："让我想想再说吧。"过了一段时间，萧衍才答应了。

萧衍又召来范云，问他对称帝自立这件事的看法，范云的意思与沈约一样，同意拥立萧衍做皇帝。萧衍知道后，很高兴，于是开始与沈、范二人积极谋划登基事宜。可是此后一连过了十几天，萧衍都没有找沈、范二人商议。原来，此时的萧衍贪恋起原来宫中的两个后妃来，把所有政事都忘到了脑后。范云对此非常着急，找了领军王茂一起来见萧衍，陈述其中利害关系，萧衍这才下定决心灭齐自立，以免夜长梦多。

为了清除隐患，萧衍又以谋反罪名把邵陵王萧宝信、晋熙王萧宝嵩、桂阳王萧宝贞等人杀掉。之后，萧衍上表请萧宝融东归。在这过程中，萧衍又派人作“行中山、为天子”的谶语，让各地儿童传唱，大造舆论攻势。与此同时，范云和沈约写信给和帝萧宝融的中领军夏侯祥，要他逼迫和帝禅让帝位给萧衍。等和帝的禅让诏书送到建康后，萧衍假装谦让，如此反复几次。最终在豫章王元琳率齐官 819 人、范云带领众臣 117 人一并上书称臣请求他早日登极称帝，太史令也陈述天文符谶，证明他称帝合乎天意时，萧衍才装着勉强接受众人的请求。公元 502 年的农历四月，萧衍正式在都城的南郊祭告天地，登坛接受百官跪拜朝贺，改国号为梁，即梁武帝。

萧衍即位后次日，就下诏降封萧宝融为巴陵王。不久，他派人给萧宝融送去生金，逼其吞金自尽。萧宝融死后，萧衍说他暴病而死，追认为“和帝”。又按照皇帝的规格举行丧礼，将他葬在恭安陵。

溺佛与悲惨下场

执政之初，萧衍吸取了齐灭亡的教训，勤于政务，不分冬夏春秋，每天都在五更天就起床，批改公文奏章，在冬天手都冻裂了。萧衍十分注重纳谏，下令在东府门前设立设立两个盒子（当时叫函），一个是谤木函，一个是肺石函，寻常百姓有什么建议和批评就可以投到谤木函里，一些功臣如果没有没有得到赏赐和提拔，就可以往肺石函里投书。

在生活方面，萧衍提倡节俭。每日饮食多为粗茶淡饭，甚至吃粥充饥。衣用更是简朴，史载他“一冠三载，一被二年”，居室里除了一张床以外，别无摆设。不仅如此，萧衍还要求官吏也要清廉，经常亲自召见他们，给他们讲遵守为国为民的道理。他还分遣使者，巡视各郡，监视地方官吏，对于清廉的官员，予以提拔。

在农业方面，他曾下令“广辟良畴，公私畎亩，务尽地利，若欲附农而良种有乏，亦加贷恤”。对于流亡他乡的农民，允许他们回乡，恢复原有的田宅。在赋税方面，萧衍也多次减免租调或“三调”。

虽然取得了非凡的政绩，但萧衍与封建社会很多皇帝一样，猜疑心很重，害怕其他人夺他的皇位。因此，他将萧鸾诸子几乎全都杀掉。对一些功臣他也不加以重用，削减他们的权力。

萧衍对功臣吝啬，但是对于自己的皇室亲属却是恩礼有加，特别是对他的弟弟萧宏，很是纵容。萧宏是“奢僭无度”，聚敛财宝，甚至想谋杀萧衍。但萧衍不仅不加惩罚，反而加封官职。萧宏并不知恩，更加肆无忌惮。最后，竟和萧衍的大女儿永兴公主通奸，密谋篡夺皇位。结果派人刺杀萧衍时被发现，刺客被捕杀。永兴公主畏罪自杀，萧宏也忧惧而死。

萧综是萧衍的次子，他的母亲吴淑媛原来是东昏侯萧宝卷的妃子。萧衍当时入宫废掉萧宝卷时，见吴淑媛是个美人，就将其占为已有。吴氏跟了萧衍后，仅 7 个月就生下了萧综，生父可能是萧宝卷。但萧衍并没有歧视他，不仅封他为王，还让他做镇右将军。吴淑媛失宠之后，出于对萧衍的怨恨，就把其中原委告诉了萧综。从此，萧综便和萧衍疏远了。公元 525 年，梁魏交兵，萧衍派萧综统兵作战。北魏派援军前来，萧衍担心萧综有失，便召他回朝。但让他伤心的是，萧综却投奔了北魏。北魏很高兴，授萧综为高官，封丹阳王，萧综改名为萧缵。萧衍闻讯，一气之下撤消了萧综封号，并把他的母亲废为庶人。后来，他听说萧综想回来，就派吴淑媛去慰抚，但萧综却犹豫未归。吴淑媛病后，萧衍感念不已，下令恢复萧综爵位。

这两次打击对于萧衍来说是很大的，他逐渐看破了红尘，开始信奉起佛教来。公元 527 年，萧衍亲自到了同泰寺，做了三天的住持和尚，还下令改年号为大通。萧衍信佛十分虔诚，戒掉女色荤腥，并下令全国效仿。后来，他又多次舍身佛寺，经常与僧人们探讨佛理。萧衍和国内僧人的关系也很密切，宝亮、智藏、法云等人，都得到萧衍的器重。除此之外，他组织僧人编撰佛教著作，编成的作品至少有十二种。他还广造寺院，所建寺院，有大爱敬寺、智度寺、光宅寺、同泰寺等十一座，各寺铸有佛像。在萧衍的推崇下，梁代佛教达到了南朝佛教的最盛期。

公元 548 年八月，侯景举兵反梁，一路攻破谯州、历阳，不久就兵临长江。而梁武帝萧衍丝毫不知侯景与萧正德勾结的事情，仍任命萧正德为都督京师诸军事，负责保卫建康。萧正德乘机派了数十艘大船，把侯景从北岸的横江接运到南京的采石。侯景迅速包围台城，梁国各路援军虽然云集在建康周围，不下二三十万，大大超过侯景军队。但是，由于各军将帅号令不一，互相钩心斗角，大都观望不战，致使侯景终于攻破宫城，软禁梁武帝萧衍。结果萧衍很快病了，后来不能起床，最后连饿带病加生气，一命呜呼，终年 86 岁。萧衍死后谥为“武帝”，庙号“高祖”。

鸡鸣寺

鸡鸣寺位于今南京城。原为梁同泰寺址，梁武帝萧衍曾舍身于此。当年同泰寺比现鸡鸣寺约大一倍。

简文帝萧纲

梁简文帝档案：

生 卒 年：公元503～551年

父　　母：父，武帝萧衍；母，丁氏

后　　妃：王皇后、范淑妃等

年　　号：大宝

在位时间：公元549～551年

谥　　号：简文皇帝

庙　　号：太宗

陵　　寝：江苏庄陵

性　　格：勤学好文，明达宽仁

点评：

受制贼臣，弗展所蕴，终罹怀、愍之酷，哀哉！

——唐·姚思廉《梁书》

萧纲，字世缵，小字六通，生于公元503年。

武帝萧衍曾立长子萧统为太子，萧统聪颖好学，十几岁就能尽通经文并且善作诗文，是当时的一大才子，萧统所编辑的《文选》，一直影响至今。萧衍对萧统宠爱有加，在他成年后便让他料理朝政。萧统也丝毫不含糊，把国家治理得井井有条。

公元526年，萧统的生母丁贵妃病逝，萧统是个孝子，对于母亲的死，他哀痛万分，守在灵前一连几天都不吃不喝。后来又因与道士制作蜡鹅厌禳，被武帝斥责，终日忧愤，竟然得了一种绝症，不久就病逝，死时31岁。梁武帝萧衍悲痛不已，亲临哭哀，并赐萧统“昭明”。

昭明太子死后，萧衍曾想立他的儿子南徐州刺史华容公蕩妇欢为太孙以继承皇位，但最终还是没有这样做。当时，萧衍的第二个儿子萧综已经叛逃北魏，于是他就立第三个儿子萧纲为太子。

萧纲既不是嫡长子，也不是嫡长孙，因此在他被立为太子后，萧衍其他子孙纷纷表示不满，有的暗中积攒力量，时刻准备取而代之，这就造成了梁朝萧氏家庭的内乱。萧纲十分清楚自己的处境，于是，他常常挑选精兵强卒，加强训练，以备将来出现什么不测。

公元548年八月，侯景在寿阳举兵反梁。武帝萧衍得知侯景叛变之后，急命合州刺史鄱阳王萧范为南道都督、北徐州刺史封山侯萧正表为北道都督、司州刺史柳仲礼为西道都督、通直散骑常侍裴之高为东道都督，共同讨伐侯景。又命开府仪同三司、丹阳尹、邵陵王萧纶持节统率众军支援。侯景的谋士王伟向侯景献策说："如果我们等萧纶率军前来进攻，到时候势力悬殊，必会失败。而我们现在在建康城有萧正德为内应，不如抛弃淮南，轻兵直取建康。内外合击，必会攻克建康。"侯景连称妙计。

九月二十五日，侯景谎称游猎，离开寿阳。他扬言进攻合肥，却率军以最快的速度去攻打谯州（今安徽滁县）、历阳（今安徽和县），两城守将均不战而降。不久，侯景就攻到建康城下。这时候梁武帝已经六神无主，就把这一摊子烦人的事全部交给太子萧纲，自己拜佛念经去了。

萧纲不知道萧正德已经与侯景勾结，仍然命他率军守建康重要的门户朱雀门。萧正德趁机秘密与侯景取得联系，并派南塘游军沈子睦放下城门吊桥接侯景入城。由此，侯景轻而易举地攻入建康城，萧纲只得率众退守台城。侯景迅速在台城外设立长围，困位台城，断绝内外交通。

而此时，梁朝的各路援军已经到达建康城外的青溪，多达十二三万，远远超过了侯景的部队，但是由于援军各部不相统属，互相钩心斗角，大都观望不战。侯景抓住这个机会，命人决玄武湖水灌台城，并亲自督战，命军士日夜不停攻城，终于攻进台城。侯景一进城，就先将梁武帝萧衍软禁起来，不给他吃的。很快萧衍就生病了，后来不能起床，最后连饿带病加生气，闭眼西去。萧衍死后，侯景扶立萧纲即皇帝位。

萧纲虽然当上了皇帝，但没有任何实权，任何事情都得由侯景裁决，成为侯景的傀儡。侯景之后又派部将宋子仙与任约趁萧氏诸王内乱攻占许多州郡，势力不断增强，侯景慢慢也就有了篡位自立的想法。

公元551年八月，侯景派人带兵闯入宫中，杀了萧纲的太子萧大器等宗室王侯20多人。不久，侯景将萧纲软禁于永福省，废为晋安王，拥立更容易控制的豫章王萧栋为皇帝，改大宝二年为天正元年。

十月，侯景派王伟等来到永福省设宴向萧纲献酒。萧纲知道自己是活不过今天了，就捧杯痛饮，直喝得沉睡过去。王伟就命人把土装进布袋，然后用土袋压在萧纲脸上，将萧纲活活闷死。

作为一个皇帝，萧纲是失败的。作为一个文人，萧纲无疑是成功的。萧纲文学造诣颇深，在其镇守外蕃及做太子时期，写了大量宫体艳诗，后期，文风有所转变，形成了萧纲文学体裁——“宫体”。有文集100卷，其他著作600余卷，明朝人编有《梁简文帝集》。

侯景在萧纲死后，为了稳定人心，亲自为萧纲拟定谥号，称为“明皇帝”，庙号“高宗”。第二年，王僧辩等率军平定侯景之乱后，追谥萧纲为“简文皇帝”，庙号“太宗”。

元帝萧绎

梁元帝档案：

生 卒 年：公元 508～554 年

父　　母：父，武帝萧衍；母，阮令嬴

后　　妃：夏皇后、徐贵妃等

年　　号：承圣

在位时间：公元 552～554 年

谥　　号：孝元皇帝

庙　　号：世祖

陵　　寝：江苏江陵，后改葬于建康城郊外

性　　格：聪明虚伪，自私残忍

点评：

这样一个人实在没有当领袖的资格。他的灭亡完全是咎由自取。

——沈起炜

萧绎，字世诚，小字七符，是梁武帝萧衍的第七个儿子。萧绎生于公元 508 年，6 岁的时候就被萧衍封为湘东郡王，食邑二千户。后来又任荆州刺史、江州刺史、都督荆雍九州军事。随着权力的不断扩大，他逐渐有了篡位称帝的野心。他借西魏的兵力铲除异己，讨平侯景，于公元 552 年在江陵自立为帝。

元帝萧绎像

发兵勤王　宗室内讧

萧绎是个才子，自小就十分聪

明，5 岁的时候能背诵《曲礼》，6 岁就能做诗。据《梁书》记载，其“博总群书，下笔成章，出言为论，才辩敏速，冠绝一时”。在萧绎人生的前 40 年中，由于身处太平盛世，他十分勤奋辛苦地读书、著书，即便因一只眼瞎不能亲自捧书观阅也要令书僮读给他听，彻夜不停。从这看来，萧绎的才行品德都没得说，但是在晚年的时候，他却暴露出复杂的一面，为了争夺皇位，对亲兄弟子侄残忍加害，几乎六亲不认。

公元 547 年，萧绎的五兄庐陵王萧续在荆州任上病死。在此之前，萧续曾向梁武帝萧衍报告过萧绎的过失，致使萧绎当即就断绝了与萧续联系。不久，萧衍下诏命萧绎代萧续为荆州刺史，萧绎听到消息后，把以往一切的不愉快扔到脑后，竟高兴得又蹦又跳。

公元 549 年，侯景发动叛乱，围困台城。萧绎亲自率 3 万大军由江陵向东进发以救援建康，但是到了武城，他就命令军队停止前进，观望等待其他诸王的消息。直到年底，萧绎得到各路援军已经到达建康城外的消息后，才令世子萧方等与竟陵太守王僧辩率水陆大军兵分两路向建康进发。

信州刺史桂阳王萧慥率兵前往建康讨伐侯景，后因侯景与梁议和便率军撤到江陵，他想等萧绎回来之后商议，于是滞留在江陵。让萧慥万万没有想到是，这一滞留竟然引出来一场祸事。当时的湘州刺史张缵与湘州刺史萧誉、雍州刺史萧詧有矛盾，为了报复这两人，张缵就写了一封信给当时还没有回到江陵的萧绎，称萧誉、萧詧准备进攻江陵，萧慥留在这就是作为内应的。萧绎听后，不加考虑，立即把十几万石的粮食沉入江底，然后改走旱路，匆忙赶回江陵，把萧慥杀了，由此开启了梁朝内讧的序幕。

其实，这一点也不能全怪萧绎，萧绎听信谗言，也是事出有因。当时准备入援建康时，萧绎曾去湘州征求萧誉的意见，打算让萧誉为元帅带兵，但萧誉不愿带兵出征。萧绎又向雍州萧詧征粮征兵，萧誉认为各有各的军府，不肯服从萧绎。这就导致萧绎对两人不满乃至怀疑，在解决萧慥后，萧绎便决定先用武力解决湘、雍二州。

公元549年六月，萧绎令世子萧方等率精兵两万讨伐萧誉。萧方等在麻溪（今湖南临湘）与萧誉所率7000精兵交战，战败落水而死。萧绎又派竟陵太守王僧辩、新任信州刺史鲍泉继续率兵攻打湘州。王僧辩以部下尚为集结为由请求宽限几天，萧绎认为他心怀顾望，拔剑就砍，随后又将王僧辩收入监牢，鲍泉吓得赶忙率军进攻。

鲍泉一路接连取得胜利，很快就到达长沙城下。萧誉见情况紧急，连忙派人向萧詧求救。萧詧率两万多人马进攻江陵，想迫使鲍泉回军救援。身在江陵的萧绎得到萧詧来攻的消息，大为震惊，立即释放王僧辩让他调兵遣将，组织守城。而恰巧此时江陵下起了大雨，平地水深三四尺，使得围城的萧詧部队士气大减。萧绎又暗地里派人偷袭萧詧的根据地襄阳，萧詧只好退兵，不久后投降西魏。

萧詧退走后，萧绎又命王僧辩为都督，率兵加强对湘州的进攻。公元550年四月，在王僧辩的猛烈攻击下，长沙陷落，萧誉被乱军杀死。由此，萧绎又除去一个可能与他争夺皇位的隐患。

不久，萧绎又派王僧辩、鲍泉率水军一万东下，讨伐他的六兄萧纶。萧纶不想和萧绎军队交战，因此主动撤离郢州，退到汝南一带。次年二月，西魏大将杨忠攻破汝南城，杀死萧伦，间接帮助萧绎除掉一个竞争皇帝的对手。

讨伐侯景　自立为帝

萧绎在逼走萧伦、占据郢州之后，本想着继续率兵攻伐他的八弟益州刺史武陵王萧纪，但是此时侯景派出宋子仙、任约带兵远征江陵，侯景本人也带兵西上，“号二十万，联旗千里，江右以来，水军之盛未有也”，不久即攻克郢州。

萧绎以王僧辩为大都督，率马州刺史淳于星、定州刺史杜龛、宜州刺史王琳、彬州刺史裴之模等屯于巴陵（今湖南岳阳），共同抗击侯景。巴陵城虽然小，但是城防很坚固，王僧辩等人又以逸待劳，所以侯景数次进攻也没有攻下。不久，萧绎又派武将胡僧佑和信州刺史陆法和率兵支援王僧辩。侯景得到消息后，立即派任约率 5000 精兵对援军进行截击。

两军在赤亭（今湖南化容西南）相遇，任约自恃其勇，丝毫不把胡僧佑和陆法可放在眼里，最终闯入胡、陆的包围圈，兵败被俘。侯景由于久攻江陵没有取得成功，再加上军中粮食已经吃光、瘟疫横行，其部队士气大降。所以当听到任约兵败的消息后，侯景立即连夜烧掉营地逃回建康。临走的时候留宋子仙守郢城、别将支化仁守鲁山，以丁和为郢州刺史，协助防守事宜。赤亭一战成为侯景由盛转衰的转折点。

萧绎命王僧辩继续引军东下讨伐侯景。不久，王僧辩攻陷汉口，活捉侯景别将支化仁。接着，王僧辩率军一鼓作气，攻克郢州罗城，迫使宋子仙退守金城。最终在杜龛及周铁虎的截击下，王僧辩活捉宋子仙与丁和，郢州由此重新回到萧绎手中。

侯景自逃回建康后，感到大势已去，此时又得知宋子仙战死的消息，知道自己可能在建康呆不了多久了，就产生了行乐须及时的想法，决定过一过皇帝的瘾。公元 551 年八月，侯景废掉简文帝萧纲，立豫章王萧栋为帝，改元天正。不久，侯景又杀了萧纲和萧栋，自立为帝，改元太始，国号汉。

公元 552 年二月，陈霸先率 3000 士兵，战舰 2000 多艘，自南江进入长江与王僧辩在白茅湾会。三月，在姑熟的江中水战，王僧辩败侯景大将侯子鉴，侯军死伤者数千人，王僧辩乘胜攻入建康城。侯景组织了万余士兵拼死抵抗王僧辩，最终还是被打败。当天晚上，王僧辩命杜龛入据台城，不知是谁放了一把火，城中太极殿及诸多宝物全都被焚毁。

侯景带着两个儿子逃到晋陵收得部分残兵，前往吴郡，不想又在松江被梁将侯慎追上，所得残兵被杀得只剩下几十人。无奈之下，侯景只好把两个儿子推到江中淹死，带着心腹十人坐上一条船，打算沿江东下入海逃命。途中，羊侃的儿子羊鹍见侯景大势已去，便乘侯景睡觉的时候，命驾船的人开往京口。快到京口的时候，侯景醒来，在询问岸上人得知他的旧部郭元建还在广陵时，侯景便命船夫开往广陵，企图依靠郭元建东山再起。但就在此时，羊鹍已经拔出了剑对侯景说道："曾经，我为你效力不少，但到了现在这步田地，也没办法了，只能借你的人头去博取宝贵了。"说完，羊鹍一剑刺死了侯景，并把尸首送往建康。至此，历时三年多的侯景之乱终于平息。公元552年十一月，萧绎在江陵自立为帝，改年号为承圣。

内交外困　忧患而死

萧绎在江陵称帝之时，面临着一个十分复杂的局面。江陵背靠长江，长江以北是北齐，无险可守，江陵的西边四川是益州刺史武陵王萧纪据守，岭南则被萧勃控制。

在他称帝后不久，内乱外患再度兴起。在萧绎称帝之前，武陵王萧纪早已在成都自称皇帝。天下不可同时存有两位皇帝，为了争夺正统，萧绎又举起战旗，率兵与萧纪开战。最终，在西魏宇文泰出兵相助下，萧绎攻灭了武陵王萧纪，取得了梁朝正统地位，但是西魏也乘机占领了益州等地。

攻灭萧纪后，大臣们认为江陵远离南朝长期的政治、军事中心建康，而且又受到西魏的威胁，就建议萧绎将都城徙回故都建康，但萧绎并未同意。之后，他封王僧辩为太尉、车骑大将军，让其镇守建康；封陈霸先为司空，让其镇守京口。萧绎以为从此以后就可以太平无事了。但是，天总不遂人愿，次年，西魏的大军便又向江陵扑来。

公元554年十月，宇文泰出动5万大军人进攻江陵。此时，萧绎还浑然不觉。在接到西魏进攻的消息后，又听信胡僧祐、黄罗汉等人的话，对魏军不加戒备。不久，西魏大军进军樊城，久已觊觎皇位的梁雍州刺史萧詧与魏军勾结，合兵进犯江陵。萧绎这才着了急，匆忙派王僧辩率军御敌，但为时已晚。十一月，联军渡过汉水，连克武宁、黄华等，兵锋直指江陵城。魏军派精锐部队占据有利地形，阻击梁朝援军，其余部队奋力攻城。江陵梁军虽拼命抵抗，但无济于事，不久城破。

在魏军将要打破江陵之时，萧绎命人将江陵宫中收藏的14万卷图书付之一炬。大火燃起，萧绎拔剑击柱，愤愤地说："读万卷书，还落得这个下场，要它何用!"他不检讨自己的过失，把失败的原因归罪读书，真是可笑。但可悲的是，许多珍贵文献都被这个疯子烧毁，使中国古代文化蒙受巨大损失。

元帝被俘后，狼子野心的萧詧的极力鼓动魏军统帅处死他。这个自私虚伪，卖弄才华的家伙，临死时还向监刑官出示自己的诗作。监斩官心有不忍，命令士兵用土袋将他活活压死。次年四月，萧绎被追谥为"孝元皇帝"，庙号"世祖"。

敬帝萧方智

梁敬帝档案：

生 卒 年：公元543～558年

父　　母：父，元帝萧绎；母，夏氏

后　　妃：不详

年　　号：绍泰，太平

在位时间：公元555～557年

谥　　号：敬帝

庙　　号：无

陵　　寝：不详

性　　格：暗弱无能，任人摆布

点评：

一介幼主，摔而去之，易如反手，未几即为（陈霸先）厉害。

——蔡东藩

萧方智，字慧相，小字法真，是梁元帝萧绎的第九个儿子。萧方智生于公元543年，在他7岁的时候，就被封为兴梁侯。公元552年，年仅10岁的萧方智又被封为晋安王。第二年，萧方智开始做官，出任平南将军、江州刺史。

公元554年十一月，江陵被西魏攻陷，梁元帝萧绎及太子萧方诸遇害。陈霸先与王僧辩等商议，决定迎立晋安王萧方智为帝。公元555年二月，萧方智来到建康，在陈霸先、王僧辩两人的拥护下即位称王。萧方智虽然当上了皇帝，但是军国大权全部掌握在王僧辩的手中，他完全成了一个傀儡皇帝。

同年，北齐高洋为了使梁朝成为齐的附庸，就决定把先前俘获的贞阳侯萧渊明送回建康当皇帝。高洋先是写了一封信给王僧辩，叫王僧辩立萧渊明为皇帝，王僧辩不答应。高洋见行不通，于是决定以武力逼迫，他派陆法和为都督荆雍等十州诸军事、太尉、太都督、西南大行台，率兵南下攻打王僧辩。三月，北齐军队到达东关，杀死梁吴兴太守裴之横。王僧辩见齐军来势凶猛，就考虑接纳萧渊明。到了五月，王僧辩同意了齐的要求，把萧渊明接回建康当皇帝，废黜萧方智，立他为太子。

对于接纳萧渊明当皇帝这件事，陈霸先十分反对，曾多次派使者要求保留萧方智的帝位，但王僧辩不同意，陈霸先由此开始与王僧辩产生矛盾。在王僧辩立萧渊明为帝后不久，陈霸先就在京口起兵，反对立萧渊明为帝。不久，陈霸先与其部将侯安都就分别率军队攻入建康，杀死了王僧辩。在同月底，陈霸先重新拥立萧方智即皇帝位，改元绍泰。

萧方智复位后，以陈霸先为尚书令，都督中外诸军事，抗击北齐的南下。不久，萧方智又进陈霸先为丞相、录尚书事、镇卫大将军、扬州牧、义兴公。自此，陈霸先集军政大权于一身，皇帝萧方智基本成为一个傀儡。次年九月，陈霸先又进位相国，总百揆、封陈公，备九锡之礼。不久，陈霸先又进爵为王。十月，陈霸先逼迫萧方智禅位，自己代梁称帝。

陈霸先称帝后，贬萧方智为江阴王，迁居行宫。不久，萧方智被陈霸先派人暗杀身亡，年仅 16 岁。

南朝·陈

武帝陈霸先

陈武帝档案：

生 卒 年：公元 503～559 年

父　　母：父，陈文赞；母，董氏

后　　妃：钱皇后、章要儿等

年　　号：永定

在位时间：公元 557～559 年

谥　　号：武帝

庙　　号：高祖

陵　　寝：江苏万安陵

性　　格：明达果敢，恭俭勤劳。

点评：

上临戎制胜，英谋独运，而为政务崇宽简。

——北宋·司马光《资治通鉴》

陈霸先，字兴国，小字法生，出身寒微，后因镇压交州农民起义、征讨侯景的等功劳升官，成为梁朝大都督。迎立萧方智为帝后，陈霸先平定各地叛乱，又打退北齐两次大规模的进犯，把梁朝的军政大权集于一身。公元557年，陈霸先废掉敬帝萧方智，代梁自立，成为南陈的开国皇帝。

武帝陈霸先像

出身寒微　平乱起家

公元503年，陈霸先出生于吴兴下若里（今浙江湖州市长兴县）。虽然出身寒微，但他从小就胸怀大志。陈霸先不喜欢从事任何生产劳动，喜欢读史书与兵书，对一些纬侯、孤虚、遁甲之术十分感兴趣。他身体高大魁梧，练得一身好武艺，再加上他长于谋略，处事明达果断，可谓一个难得的少年英雄。

最初，陈霸先只是乡中里司小官，后来，怀着满腔报国之志的他，来到梁都建康做了一个看守油库的小吏。由于他能识文断字，陈霸先不久就担任了新喻侯萧映的传令官。陈霸先忠于职守，办事牢靠，受到了萧映的赏识。在大同年间，萧映被朝廷任命为吴兴太守，赴任时他指名带上陈霸先。后来，萧映转任广州刺史，推举陈霸先为中直兵参军，不久陈霸先又出任西江督护、高要太守。

公元544年，因交州刺史萧谘对百姓暴虐，导致民心丧失。当地豪族李贲趁机联合其他几州豪杰起兵造反，赶走交州刺史萧谘。梁武帝命新州（治在今广东新兴）刺史卢子雄、高州（治在今广东阳江旁）刺史孙冏火速出兵镇压。但后来朝廷怀疑卢、孙与李喷贲私通叛国，在广州将这两人赐死。这事激起了卢子雄部下将士的不满，周文育、杜僧明等聚众哗变，围攻广州。广州刺史萧映急忙召陈霸先平乱。陈霸先率3000精兵赶到广州，经过几次激战，大败叛军，迅速平定的叛乱。梁武帝萧衍听到叛乱已平的消息十分高兴，立即下诏封陈霸先为直阁将军，还派画师前往广州，画下陈霸先像，以示表彰。

公元545年，李贲仿梁朝制度，设置百官，自称越帝，反叛梁朝。朝廷封陈霸先为交州司马、领武平太守，命他与交州刺史杨日票共同征伐叛逆。陈霸先接到朝廷旨意立即招兵买马，整修兵器。次年六月，陈霸先率领讨伐大军到达交州，李贲率3万人马在苏历江口抗击。对阵李贲时，陈霸先身先士卒，率领大军冲锋陷阵，取得大胜。李贲兵败后逃到嘉宁县屈獠地区，屈獠到处都是崇山峻岭，环境恶劣，陈霸先只好驻守在周围。后来经过三年苦战，他终于除掉了以李贲为首的地方分裂势力，收复了交、爱、德、利、明等数州（约今北越全境）。这次平叛使陈霸先声名鹊起，但由于当时的社会极其讲究家世出身，功勋卓著的陈霸先仍被梁武帝任命为西江督护、高要太守，只加了一个督七郡诸军事的军职。

不过，机会总是有的。陈霸先率兵回到高要不久，梁朝就爆发了侯景之乱。侯景，原是东魏丞相高欢手下的一员大将，深得高欢器重，被封为河南道大行台、都督十三州诸军事。高欢死后，侯景不服高欢的儿子高澄的统治，举兵反叛，并于公元547年二月投靠梁朝，梁武帝派侄子萧渊明领兵5万北伐东魏，接应侯景。但是，萧渊明与侯景都被打败，渊明被俘，侯景逃到了寿阳（今安徽寿县）。不久，侯景又举兵反梁，包围台城。由于梁国各路援军互相钩心斗角，大都观望不战。致使侯景终于攻破宫城，软禁梁武帝，立太子萧纲为傀儡皇帝。

陈霸先率军到江陵，投到梁武帝第七子、湘东王萧绎门下，取得了北伐的合法权。在战胜各种地方割据势力后，陈霸先大军于公元551年六月发兵南康，沿赣江北下。公元552年，陈霸先南路征讨大军从豫章出发，与西路都督王僧辩会师。三月，在建康与侯景展开了大决战，终于彻底摧毁了侯景势力。不久，萧绎在各路将士的劝进下在江陵称帝，陈霸先因平乱有功进位司空，镇守京口。

功高震主　受禅建陈

公元554年九月，西魏发兵突袭江陵，王僧辩未及时救援，梁元帝萧绎被杀。陈霸先便与王僧辩商议，迎立梁元帝第九子萧方智为帝。但是，北齐高洋想趁梁国破败之时前来瓜分，于是又送萧渊明回建康当皇帝，想以此使梁朝成为齐的附庸。开始王僧辩不同意，不过后来迫于北齐出兵施压，他也就顾不上陈霸先的劝阻，于公元555年五月迎立萧渊明为帝，改立萧方智为皇太子。

陈霸先由此与王僧辩产生了矛盾。九月，陈霸先在京口起兵，突袭建康，杀死王僧辩。萧渊明见状，知道自己的皇帝位是保不住了，于是主动逊位。十月，陈霸先扶持萧方智复位，改元绍泰。萧方智复位后，任命陈霸先为大都督，总摄梁朝军国大事。

王僧辩死后，他的余部先后起兵反陈霸先。吴兴刺史杜龛与义兴太守韦载以及王僧辩的弟弟、吴郡太守王僧智等都据城抗击陈霸先。陈霸先派部将周文育进攻义兴，出师不利，吃了败仗。韦载乘胜在城外据水立栅，与周文育对峙。陈霸先于是亲自东征，两天之内就把韦载在城外设的水栅拔去。然后，陈霸先派韦载的族弟劝降了韦载。

就在陈霸先离开建康不久，谯、秦二州刺史徐嗣徽和南豫州刺史任约突然投降北齐。在北齐的支持下，徐嗣徽、任约就率5000兵偷袭建康，占据石头城，与留守台城的侯安都形成相持局面。十一月，北齐派5000兵渡江占据姑孰（今安徽当涂），支援徐嗣徽、任约。不久，北齐又派安州刺史翟子崇、楚州刺史刘士荣、淮州刺史柳达摩领兵万人从胡墅（今江苏南京长江北岸）渡江，向石头城送三万石米，千多匹马。

面对北齐咄咄逼人的气势，陈霸先采纳了韦载的建议，先派周铁虎夜袭胡墅，烧毁北齐船只千余艘，断绝敌人粮道；然后派人在大航（今南京镇淮桥东）修缮侯景故垒，派兵据守，保障与东部联系的运输线。齐军也在仓门、水南设栅栏据守。过了几天，陈霸先亲自率领精骑，大败徐嗣徽。徐留下柳达摩守石头城，与任约去采石迎接北齐援军。

十二月，侯安都率水军攻破徐嗣徽栅栏，俘获数百人。陈霸先又在治城架起浮桥，渡河攻北齐仓门、水南两栅，大败齐军。徐、任二人引北齐水陆兵马一万余人想进驻石头城，被陈霸先派兵所阻，只得驻于江宁浦口。不久，陈霸先派侯安都率水军对徐、任驻军进行了猛烈攻击，迫使徐、任败逃。这样，石头城只留柳达摩一人孤守。陈霸先召集水陆各军，四面围住石头城。最终因城内无水，柳达摩只得派人向陈霸先求和，但是要求陈霸先送其儿子作为人质。建康朝臣急欲讲和，陈霸先无奈只得同意。

打退北齐的大规模进犯之后，陈霸先相继讨灭了东扬州刺史张彪、江宁令陈忠嗣、黄门侍郎曹郎和岭南的萧勃等反叛势力。

公元556年三月，北齐不顾讲和之信，派大都督萧轨与徐、任合兵10万，进军梁山。陈霸先早有防备，侯安都、周铁虎都在此驻军，因此齐军遭到惨败，退往芜湖。陈霸先又调定州刺史沈泰前往梁山协助侯安都守御。不久，陈霸先亲自到梁山巡视。安都侯趁着北齐不敢进逼的机会，率精骑袭击了齐行台司司马恭，大获全胜，得数万俘虏。齐军心怯，于是就致书梁朝，称只要交还萧渊明就退兵。陈霸先答应了，但是没过几天，萧渊明就“疽发背”死了。得知这一消息后，萧轨感到被侮辱了，第二天就发兵走旱路，直逼建康。陈霸先立即召还梁山各军，在建康做好防御准备。由此，空前激烈的建康保卫战打响了。

一开始，陈霸先趁齐军主力未到，还没有立足脚跟，率兵给先到的齐兵沉重打击。但是随着齐军主力陆续到达，陈霸先在兵力上处于劣势。于是，他暂避齐军锋芒，且战且退，不断用游骑骚扰齐军的补给线。过了不久，陈霸先就发现自己到了退无可退的境地，南、北、东三面都出现了敌军，建康被包围了，形势十分危急。但天无绝人之路，此时江南的梅雨季节来临，连日大雨不断，城外的齐军一来没有熟的东西可吃，再者要时刻提防陈霸先偷袭，士兵得不到休息，整日站在水中，脚趾都泡烂了，精神上更是疲惫不堪。而城内陈霸先军队在高处，又经常调换，得到了很好的休整。

陈霸先抓住这个时机，亲自率军一鼓作气对齐军发动进攻，最终大败齐军，并俘获齐军主帅萧轨。建康保卫战的胜利使陈霸先威名远扬。敬帝萧方智封陈霸先为中书监、司徒、扬州刺史，晋爵为长城公。公元556年九月，萧方智又进陈霸先为丞相、录尚书事、镇卫大将军、扬州牧、义兴公。自此之后，陈霸先集朝廷军政大权于一身，萧方智完全成了傀儡皇帝。第二年九月，陈霸先又进位相国，总百揆、封陈公，备九锡之礼，陈国设置百官，俨然如皇帝一般。十月，陈霸先再进爵为王。在做好一切准备工作后，陈霸先废敬帝萧方智，代梁称帝，建立陈朝，定都建康，年号为永定。

征伐叛逆　力瘁身死

陈霸先篡位称帝，引起了南梁众多旧臣的不满，纷纷起兵反对他。因此，自称帝以来，他几乎没有过上一天舒心安稳的日子。早在他立萧方智为帝时，湘州王琳就不服管制，大造船舰，准备进攻陈霸先。公元557年六月，陈霸先派平西将军周文育、平南将军侯安都等领水军2万征讨王琳。十月，两军分进合击，会师于武昌。就在他们准备进兵之时，得到了陈霸先废梁自立的消息。对下一步的行动，侯安都和周文育产生严重分歧，以致于没能攻克郢州（今湖北武汉）。

不久，王琳率军进至弇口（今湖北武汉西南），侯安都把军队撤到沌口（今武昌），仅留沈泰守汉曲（今汉口）。在与王琳军对峙数日后，双方交战，结果侯安都军大败，周文育、侯安都等均被俘，仅沈泰突围成功。公元558年正月，王琳率兵10万进至湓城（治所江州，今江西九江），驻扎白水浦（九江西）。王琳想率军东下，但是被北江州刺史鲁悉达截住中流。于是，王琳向北齐求援，并请回了梁永嘉王萧庄。王琳即刻拥立萧庄即帝位，改元天启。萧庄以王琳为梁侍中丞相、录尚书事。六月，陈霸先派司空侯填、徐度率水军攻王琳。在取得一场大胜后，陈霸先又另派谢哲前往游说王琳投降。因战事不利，王琳同意退军湘州（今湖南长沙）。

陈霸先在征伐叛逆的同时，任贤使能，宽政廉平，也十分注意经济的发展。他把大量的广东兵民迁移到江南地区，补充人口，恢复生产。因此，陈霸先在位期间，江南局势渐趋稳定。就这样，他开创的陈朝在一个纷乱的时局中顽强地守住了中国经济最繁荣的地区，为隋唐大一统留下了丰厚的遗产。

公元559年六月，由于长期不断的征战，陈霸先精疲力尽患上重病，不到半月便去世，时年57岁。陈霸先死后葬于万安陵，谥号“武帝”，庙号“高祖”。

文帝陈蒨

陈文帝档案：

生 卒 年： 公元522～566年

父　　母： 父，陈道谭；母，不详

后　　妃： 皇后沈妙容等

年　　号： 天嘉，天康

在位时间： 公元559～566年

谥　　号： 文皇帝

庙　　号： 世祖

陵　　寝： 江苏永宁陵

性　　格： 果敢

点评：

文帝还是一个比较有作为的皇帝。

——白寿彝《中国通史》

陈蒨，字子华，是陈武帝陈霸先哥哥陈道谭的儿子。从小就长得一表人才，而且有胆有识，知书达理，因此深受陈霸先的喜爱。侯景之乱平定了，陈蒨被封为吴兴太守。当时，吴兴所辖宣城有强盗纪机、郝仲等聚众千余人，打家劫舍，骚扰百姓。陈蒨到任后即率兵征讨，一举平定，显示出非凡的军事才能，公元553年，陈蒨被梁元帝萧绎任命为信武将军，监南徐州。公元554年，陈霸先北征广陵，陈蒨作为前军先锋，作战英勇，每战必胜。

公元555年，陈蒨辅佐周文育平定杜龛、张彪，因功被授予持节、都督会稽等十郡诸军事、宣毅将军、会稽太守等职务。在任期间，陈蒨派兵平定了各地叛乱，威名大振。

陈霸先称帝建立陈朝后，陈蒨被封为临川王，拜侍中，安东将军。不久，他奉命率军驻南皖。公元559年六月，陈霸先病逝，陈蒨得知消息后急忙与侯安都赶到建康。因陈霸先的儿子陈昌被西魏俘虏，因此侯安都与群臣商议奉陈蒨为帝，陈蒨考虑到陈昌还活着，连忙推辞。侯安都就对他说："你应该考虑全局，不能因为拘守小节而误了国家大事。"陈蒨这才点头答应，即位称帝，次年改年号为天嘉。

这时盘踞长沙的王琳听到陈霸先病死陈蒨即位的消息，又开始蠢蠢欲动了。乘着朝局尚未稳定，王琳大举起兵反叛。北齐刘伯球、慕容子会分别率军前来助战。形势十分危急，但是陈蒨沉着应战，派出侯缜、侯安都等大将率领精兵前往镇压，经过几个回合的激烈战斗，王琳的部队几乎全都被杀光，刘伯球、慕容子会被俘，王琳乘乱突围投奔了北齐。由此，陈蒨收复了江州、郢州，使江南之地全部划归陈国。

本以为太平日子就要到来，但是不到半年，陈蒨又得开始面对挑战。这一次来的是北周，北周军司马贺若敦率军1万，攻袭了南陈武陵地区，之后又引军进驻湘州。陈蒨立即派兵前往抵御，经过4个多月的激战，彻底击败北周军队，先后平定了武陵、天门、南平、义阳、河东、宣都等郡。这也使马陵地区在被北周控制多年后重新归属南朝。

湘州战之后，北周见陈国势头正强，不敢再挑起事端。公元561，北周派殷不害出使建康，与陈议和，并答应送还安成王陈顼，陈国则将黔中及鲁山郡让给北周。两国暂时和平相处，之间的摩擦逐渐缓和。

陈蒨对外采取了"以和为贵"的政策，对内则实行"坚决打击"的方针。他先后平定了临川周迪、豫章熊昙朗、东阳留异、建安陈宝应等反叛势力，并臣服了广州刺史欧阳頠、桂州刺史淳于亮，逐渐铲除了国内各种不安定因素，稳定了陈朝初期动荡不堪的局势。

在他讨平各地反叛势力的时候，陈蒨与侯安都之间的矛盾也不断激化。侯安都在陈霸先时就已功勋卓著，尔后他又倚着拥立陈蒨的功劳，逐渐变得骄横起来，把谁都不放在眼里。侯安都常常召集宾客骑射赋诗，宾客多的时候竟会有一千多，这就引起了文帝陈蒨的不满。此外，侯安都部下仗势欺人，目无法纪，一旦惹了什么祸事，就会跑到侯安都家躲避。陈蒨本来要求就比较严格，听说侯安都庇护罪犯，心中对他就更加不满。后来，中书舍人蔡景历诬告侯安都想要谋反，陈蒨也不管是真是假，在一次宴会上下令禁军逮捕了侯安都，并收缴了他部下将帅的马匹武器。随后，陈蒨下诏赐死侯安都。

在政治方面，陈蒨上台后，励精图治，整顿吏治，注重农桑，兴修水利，使江南经济得到了一定的恢复。这时陈朝政治清明，百姓富裕，国势相对以前更加强盛，陈蒨尽可做一个太平天子了，好好享受一番了。可是天有不测风云，公元 566 年四月，陈蒨的旧病忽然复发，并且日益严重，用了好多药物医治都没有什么效果，就这样，没过几天，他便离开了人世，时年 45 岁。六月，陈蒨葬于永定陵，谥“文帝”，庙号“世祖”。

废帝陈伯宗

陈废帝档案：

生 卒 年：公元 554～570 年

父　　母：父，文帝陈蒨；母，皇后沈妙容

后　　妃：王皇后等

年　　号：光大

在位时间：公元 566～568 年

谥　　号：无

庙　　号：无

陵　　寝：不详

性　　格：仁厚，懦弱

点评：

临海虽继体之重，仁厚懦弱，混一是非，不惊得丧，盖帝挚、汉惠之流也。

——唐·姚思廉《陈书》

陈文帝陈蒨有胆有识，勤于政事，在位期间，江南平定，北方安宁，可以说是一个比较有作为的皇帝。但是到了他的儿子陈伯宗这里，就完全不同了。陈伯宗自小就不是很聪明，继承了皇位却守不住皇位，大权旁落逐渐成为傀儡，在位不到 3 年便被罢黜。

陈伯宗生于公元 554 年，是陈文帝陈蒨的长子。5 岁的时候，陈伯宗便被陈蒨立为临川王世子。陈蒨即位后，陈伯宗顺理成章成为皇太子。文帝陈蒨临终前，十分放心不下陈伯宗，担心柔弱的儿子坐不稳皇位。他就对自己的弟弟陈顼说："我儿子陈伯宗无才无德，我打算传位给你，你看怎么样？"以此试探陈顼的态度。陈顼明白兄长陈蒨的意思，连忙流着泪拜叩，坚持不接受。

陈蒨见此，便安排后事，他下诏以孙奂为太子詹事，以陈顼为司空、尚书令，让他们两人与中书舍人刘师知、尚书仆射到仲举共同辅佐陈伯宗。

公元 566 年四月，陈蒨病死，陈伯宗在大臣们的拥立下即皇帝位。即位后，陈伯宗封其叔父安成王陈顼为司徒、录尚书、都督中外诸军事。第二年正月，陈伯宗改元光大。此时，几个辅政大臣之间的权力之争迅速激化。刘师知、到仲举以辅政大臣的身份，经常住在宫中，参与朝廷一切事务的决策。安成王陈顼不甘示弱，直接带 300 多人进驻尚书省。

公元 568 年，陈顼又进封为太傅、领司徒，并享受特殊待遇，可佩剑上朝，入朝不拜，国家大事几乎都得由他来决定。刘师知见陈顼威望权势越来越大，心中十分忌恨，便与尚书仆射到仲举秘密谋划把陈顼赶出尚书省，夺取他的权力。不料，密谋被陈顼知道，陈顼当即派人把刘师知等押进大牢，当天晚上，刘师知就被赐死。荆州刺史华皎联合北周、后梁起兵勤王，却被陈将吴明彻击败。此时的陈伯宗已经变成了一个彻底的傀儡皇帝。

公元 568 年十一月，陈顼以太皇太后名义，诏集群众，发布诏令废黜陈伯宗为临海王，命他和他的部将全部搬出皇宫。公元 569 年正月，陈顼自立为帝，是为南朝陈宣帝。第二年，陈伯宗不明不白死去，年仅 17 岁，历史上称之为“废帝”。

宣帝陈顼

陈宣帝档案：

生 卒 年：公元 530～582 年

父　　母：父，陈道谭；母，不详

后　　妃：柳皇后、钱贵妃等

年　　号：太建

在位时间：公元 569～582 年

谥　　号：孝宣帝

庙　　号：高宗

陵　　寝：江苏显宁陵

性　　格：勇敢果断，隐忍宽容

点评：

德不逮文（文帝），智不及武（武帝）。

——唐·李延寿《南史》

陈顼，字绍世，小字师利，是文帝陈蒨的弟弟，废帝陈伯宗的叔父。他身材高大，足有两米多高，而且一身武艺，勇猛过人，因此很受陈霸先的器重。公元552年，陈霸先讨伐侯景的时候，陈顼奉命镇守京口。陈霸先平定侯景之乱后，梁元帝萧绎怕他势大难以控制，于是召他的儿子陈昌与弟弟陈顼到江陵。陈顼与陈昌在江陵名义上是侍奉皇帝，实际上已经成为用来牵制陈霸先人质。在江陵，陈顼被梁元帝萧绎封为进阁将军，中书侍郎。

公元554年，江陵被西魏攻破，梁元帝萧绎被杀，陈顼和陈昌二人被掳到长安。后来，西魏被北周所代替，陈顼与陈昌又成为北周的人质。公元557年，陈霸先称帝建立南陈，遥封陈顼为始兴王；公元559年，陈蒨继位后，改封陈顼为安成王。直到公元562年，北周见陈国势正强，不想再挑起事端，于是与陈议和。文帝陈蒨将黔中及鲁山郡让给北周，这才将安成王陈顼要回。

陈顼回到陈朝后，文帝陈蒨觉得他这么多年受了很多的磨难，于是对他特别关爱，并多次给他加官。陈顼刚回来时被封为侍中、中书监、中卫将军等职。不久，陈蒨又加封陈顼为使节、都督扬、南徐、东拨、南豫、北江五州诸军事、扬州刺史、进号骠骑将军。后来，陈顼官职又不断提升。公元563年，加官开府仪同三司；公元565年，迁任司空；公元566年，加领尚书令。

陈蒨十分信任陈顼，在其临死的时候还任命陈顼为托孤大臣，让他和中书舍人刘师知、尚书仆射到仲举共同辅佐陈伯宗。谁知在陈伯宗即位后不久，陈顼就把刘师知等人诛杀，又派兵平定华皎叛乱，独掌朝政。随后在公元568年十一月，陈顼干脆废掉陈伯宗，并于次年正月自立为帝，改元太建。

即位后不久，陈顼看到盘踞在广州的欧阳纥势力比较强大，怕以后难于控制，就召欧阳纥入朝为官，以此削弱其权力。欧阳纥不愿意，在部将的怂恿下举兵反叛。陈顼先是派中书侍郎持节去安抚，没有成功，于是派章昭率军讨伐。欧阳纥想联合阳春太守冯仆一起反叛朝廷，但冯仆的母亲冼夫人发兵拒绝叛军入境，并亲自率领各部落酋长迎接章昭达。由此，叛乱很被平定，欧阳纥在送往建康后被陈顼斩首。

平息叛乱后，陈顼把精力集中到内政上来。他大兴水利，开垦荒地，鼓励农民生产，减轻租赋，使南陈的社会经济得到了一定的恢复与发展。在南陈国力迅速增强的同时，北齐的国力却逐渐呈衰弱趋势，陈顼便想着以武力征服北齐。他召集群臣商议，大多数公卿大臣不赞成北伐，只有镇前将军吴明彻力排众议，坚决主张北伐。陈顼采纳了吴明彻的意见，于公元573年，命吴明彻率兵10万北伐北齐。

吴明彻一路势不可挡，先是收复合肥，接着又率大军攻克仁州、峡石，进攻寿阳。齐朝急忙调马陵王王琳与扬州刺史王贵显增援寿阳。吴明彻乘王琳等人刚到寿阳，军心未稳，率兵连夜攻城，半夜时分攻破寿阳外城，齐兵只得退守城内的相国城与金城。十月，吴明彻在肥水筑坝，引水灌城，使得北齐官兵大多生病腹泻，手足肿烂。就这样，在北齐援军来临之前，吴明彻再率军一鼓作气攻下寿阳，俘王琳、王贵显、扶风王可朱浑孝裕、尚书庐潜、左丞李騊駼等人。

寿阳平定之后，如果陈军乘胜进攻，很有可能灭掉已经衰败的北齐。但是，陈顼仅仅图谋划淮河自守，没能抓住战机，得胜后就撤兵回国，这也也导致他失去了一次可能统一中国的大好时机。最终北周宇文邕坐收渔翁之利，于公元577年攻灭北齐，统一了北方。

在北周灭掉北齐之后，陈顼才似乎醒悟过来，随即派遣吴明彻举兵北伐北周。吴明彻率军在北周吕梁（今江苏徐州东南）大败徐州总管梁士彦，继而围攻彭城，梁士彦退兵守城，吴明彻久攻不下。不久，北周大将王轨率兵用铁锁贯连车轮沉入清水，封锁航道，阻断陈军的退路。陈军将士十分惊恐，在北周的围攻下，纷纷败退，3万大军只有几千骑兵突围出来，吴明彻被俘送往长安。此次北伐不仅使陈朝丢失了淮南之地，也耗尽全部精锐部队，从此南陈走向衰退。

此后，陈顼虽励精图治，但终因陈朝元气已伤，不能再与北周相抗衡。后来由于北周武帝宇文邕病死，新皇帝宇文赟只顾玩乐，南陈才得以苟延残喘十余年。公元582年正月，陈顼突生重病，不久就死于宫中宜福殿，时年53岁，谥“孝宣帝”，庙号“高宗”。

后主陈叔宝

陈后主档案：

生 卒 年：公元553～604年

父　　母：父，宣帝陈顼；母，柳皇后

后　　妃：沈皇后、张贵妃、孔贵妃等

年　　号：至德，祯明

在位时间：公元582～589年

谥　　号：炀帝

庙　　号：无

陵　　寝：洛阳邙山

性　　格：骄横刁钻，荒唐奢侈

点评：

陈后主自幼长于深宫，称帝后只知享乐，荒于酒色，不恤政事。

百姓流亡，田园荒芜。统治集团内部矛盾激烈，内乱频发，众叛亲离。

——詹子庆《中国古代史》

陈叔宝，字元秀，小字黄奴，是宣帝陈顼的长子。在位期间，陈叔宝不理政事，大建宫室，生活奢侈，常与妃嫔、文臣游宴，制作艳词。隋兵南下时，他认为有长江天险，不以为意。结果公元589年，隋兵攻破建康，南陈灭亡，他也被俘送往洛阳。

后主陈叔宝像

兄弟相残　即位称帝

公元569年正月，安成王陈顼正式即位称帝，改元太建，立其长子陈叔宝为太子。公元582年，陈顼病死后，太子陈叔宝与他的弟弟陈叔陵之间展开了一场激烈的帝位争夺战。

陈叔陵是宣帝陈顼的第二个儿子。公元569年，陈叔陵受封为始兴王，授使持节，都督江、郢、晋三州诸军事。当时，他才16岁，但是已经“政由己出，僚佐莫预焉”。有这样的奇才，按理说应该成就一番事业的，但是陈叔陵却恃才傲物，最终走向歧途。

陈叔陵性情严苛，在地方任职的时候，常常奴役官员、滥用民力，以至于一些州镇的官员听说他要来视察时，都恐惧不已。陈叔陵实行严酷刑罚，一些被叛笞刑的人也会被关进监狱。但是他却不经常处理这些事情，在牢房的人有可能几年都不会加以审讯。他精力十分旺盛，常常会在夜里召来僚佐陪他谈论或是戏谑玩耍。因其十分残暴，没有人敢把陈叔陵胡作非为的事迹报告给皇帝，所以宣帝根本不知道，还在公元577年封陈叔陵为扬州刺史，都督扬、徐、东扬、南豫四州军事。陈叔陵也就更加为所欲为，做出一些让人瞠目结舌的事情来。如他喜欢盗墓，遇到著名人物的坟墓，就会令左右进行挖掘，盗取其中的尸骨与珍宝。

到了陈宣帝病重的时候，陈叔陵与太子陈叔宝、长沙王陈叔坚一起入内服侍。陈叔陵见父亲已经病入膏肓，于是就生出杀太子夺取皇位的念头。于是，他叫典药吏把切草药的刀子磨快备用。在宣帝病亡的那一天，他又命左右去宫外取剑，左右以为他要举行仪式为宣帝送终，就拿来了朝服与木剑，结果被陈叔陵怒骂。

第三天，宣帝遗体入殓的时候，太子陈叔宝在灵柩前痛哭，趁此机会，陈叔陵突然举起切药刀从陈叔宝的背后砍下去。陈叔宝被砍中脖颈，痛昏在地上。陈叔宝的生母柳皇后上前阻挡，也被陈叔陵连砍几刀。叔宝的乳母吴氏见状急忙绕到陈叔陵的后面，用劲抱住陈叔陵拿刀的手。陈叔宝苏醒过来，拼命跑出灵堂。长沙王陈叔坚闻讯赶来扼住陈叔陵的咽喉，夺下刀子，才避免了血案进一步扩大。

陈叔陵行刺不成，赶忙回到东府，赦免囚犯，用金钱利诱他们充当士卒抵御禁卫军。他又登上西门城楼召集诸王将帅，除了陈伯固，没有人响应他。

当进，陈朝的大将都不在皇宫，台城内军备十分空虚。陈叔宝急令右卫将军萧摩诃率步骑数百围攻东府，陈叔陵企图招降萧摩诃，被摩诃拒绝。陈叔陵经此一闹，他已经不能继续待在陈朝了。于是先将其妃张氏及宠妾七人沉于井，率步骑数百人连夜渡江，想去新林乘舟投奔隋朝。在路上即被萧摩诃军追杀，他的儿子和亲信也一并被诛杀，一场内乱于是被平定。

公元582年，陈叔宝即位，成为陈朝最后一任皇帝。即位后，陈叔宝对几个平叛有功的人进行了封赏，长沙王陈叔坚为骠骑将军，领扬州刺史；萧摩诃为散骑学侍，车骑大将军。

荒淫挥霍 词章出众

陈叔宝即位后，由于脖子上的剑伤未愈，很长一段时间内不能处理政事，他就把朝政交给柳太后和陈叔坚执掌，这也就为后来的宫廷斗争埋下了伏笔。

陈叔坚因当初护驾有功，又加上现在大权在握，逐渐也变得骄横起来。陈叔宝不时听到陈叔坚独断朝廷的事情，也就对他产生了猜忌，不过又想想他曾经救过自己的命，又是兄弟手足，也就决定忍一忍过去算了。但是，由于都官尚书孔范与中书舍人施文庆忌恨陈叔坚，天天在陈叔宝面前说陈叔坚的过失，使得陈叔宝又动摇了，最终免去了陈叔坚的官职。

陈叔坚被免后，祠部尚书江总转任吏部尚书，参与朝政。但江总喜欢饮酒赋诗，不怎么关心政事，所以朝廷大权落入了右卫将军兼中书通事舍人司马申的手中。朝中元老毛喜看不惯司马申作威作福，从来不奉承他。于是，司马申在陈叔宝面前说毛喜的坏话，不久毛喜就被陈叔宝贬为永嘉刺史。自此，陈朝再也没有人敢进谏，陈叔宝也得以恣意妄为，无所顾忌。陈朝自武帝建国已来，都十分注意节俭，宫城也就十分简陋。陈叔宝病愈之后，嫌皇宫不好，不能作为他藏娇的金屋，于是大兴土木，用香木建造起临春、结绮、望仙三座楼阁，每座都高达数十丈，里面装饰得非常奢华，“饰以金玉，间以珠翠，外施珠帘，内有宝床、宝帐”。之后，他没事就会聚集江总等一批文臣以及一大群后妃整天在这里花天酒地，赋诗高歌。

陈叔宝最宠爱的贵妃叫张丽华，她原是是龚贵嫔的侍女，生得“发长七尺，鬒黑如漆，其光可鉴，特聪慧，有神采，进止闲华，容色端丽……”。宦官蔡脱儿、李善度前来奏事时，陈叔宝都会将张丽华拢在怀中，还叫张丽华与他一起决议。由此张贵妃得以干预朝政，她援引宗戚，纵横不法，卖官鬻爵，贿赂公行，致使朝廷一片乌烟瘴气。

陈叔宝热衷于诗文，因此在他周围聚集了一批文人骚客。以尚书令江总为首的这些朝廷命官，不理朝政，天天与陈叔宝一起饮酒作诗听曲。陈叔宝还将十几个才色兼备、通翰墨会诗歌的宫女名为“女学士”。每次宴会，都是妃嫔群集，陈叔宝有时还命令一些称之为“狎客”的无赖小臣与诸妃嫔及女学士等夹坐左右，滥饮嬉戏，赋诗高歌。当然，在这些宴会中炮制出来的诗赋大多是一些格调低下、轻薄靡丽的劣作。陈后主曾作《玉树后庭花》：“丽宇芳林对高阁，新装艳质本倾城；映户凝娇乍不进，出帷含态笑相迎。妖姬脸似花含露，玉树流光照后庭；花开花落不长久，落红满地归寂中！”

正当陈叔宝醉生梦死、尽情行乐的时候，北方的周朝已经被隋朝所取代，隋在杨坚的统治下开始了统一天下的征伐，南朝亡国之祸开始悄悄来临。

此时，陈叔宝不是想着如何抵抗，而是忙于另一件“大事”。公元 588 年，陈叔宝在孔范等人的支持下，将太子陈胤废为吴兴王，另立陈深为太子。陈叔宝还想立张丽华为皇后，但是，还没有准备好，隋朝已经兵临城下。

亡国之君　诗酒残生

公元 581 年，杨坚废北周静帝宇文阐，自立为帝，建立隋朝。一开始，因政权未稳，他采取了与陈通好的政策。公元 587 年，隋文帝已经基本平定了突厥的入侵，他开始考虑南伐陈国的计划，并着手做好相关的准备。

公元 588 年春，骄横昏庸的陈叔宝一面派使者出使隋朝，一面出兵峡口，侵袭峡州。杨坚一听，勃然大怒，随即令杨广率兵 50 余万大举伐陈。这年十一月，陈朝沿江的守军战报频传，但这些告急信件，都被中书舍人施文庆扣下。此时，陈叔宝正要搞一个盛大的新年庆典，为了威风热闹，他沿江前线统帅陈嶷和陈彦率战舰入京。二人把长江里的舰队全部拉到建康，江防前线竟没有一只战船。

隋军长驱直入，仆射袁宪和萧摩诃等将领三番五次要求出兵，每次都被施文庆等人阻挠排斥。陈叔宝自认有长江天险，隋军是不可能取得成功的。他对近臣说："金陵王气在此，齐兵三度来，周师再度至，无不摧没。谅那隋军能有什么作为呢？来者必自败！"

公元589年正月，陈叔宝在朝中大会群臣，举行盛大新年庆典。与此同时，隋将韩擒虎渡过了采石，贺若统兵过江，直取建康。没过几天，隋军便打到钟山。此时，建康尚有十余万兵马，如果奋力一战，仍有可能打退隋军进攻。但此时的陈叔宝已经六神无主，日夜啼哭，把朝中大事都委托施文庆办理。在这国难当头之时，施文庆居然还嫉贤妒能，怕将领们取胜后功劳大过他，便向陈叔宝进谗言说："这些人平时就不听你的，当此危机之时，怎么可以相信呢！"于是，陈叔宝对于一些将领请战的要求，都搁置不理，致使战机一次次失去。

待隋军布置完毕，南陈战机已失。陈叔宝突然发了神经，命骠骑将军萧摩诃率军迎战。萧摩诃无奈，只得率兵出城，与隋军对峙。在这个时候，无耻的陈叔宝竟私通萧摩诃的妻子。萧摩诃闻听此事，万念俱灰，很快战败被俘。大将任忠返城，把前线情形奏报，并表示无力再战。陈叔宝不甘亡国，出金帛要任忠募集勇士再战。任忠见大势已去，决心降隋，便建议陈叔宝出建康，到上流去。陈叔宝不疑，命他准备随行船只兵马。任忠出城便向韩擒虎投降，随即引隋军奔袭朱雀门。韩擒虎兵不血刃，拿下了建康城。

陈叔宝带着心爱的张贵妃、孔贵妃，跑到景阳殿后的一口枯井旁，跳到井中藏了起来。后来被隋军找到，送往长安，南陈就此灭亡。隋文帝杨坚见陈叔宝昏庸无能，胸无大志，只图享乐，就没有杀他，赐给他住宅，叫他居住在长安。后来，又将他迁往洛阳。

陈叔宝整日喝酒作乐，还屡次要监守官给他求一官号，杨坚听了之后，脱口说了一句："叔宝全无心肝！"公元604，陈叔宝病死，时年52岁。

北朝·北魏

道武帝拓拔珪

北魏道武帝档案：

生 卒 年：公元371～409年

父　　母：父，拓拔寔；母，贺兰氏

后　　妃：慕容氏、刘氏等

年　　号：登国，皇始，天兴，天赐

在位时间：公元386～409年

谥　　号：道武帝

庙　　号：太祖

陵　　寝：山西金陵

性　　格：勇猛冷酷，宽厚大度

点评：

通过连年征战，拓跋珪降服了匈奴刘库仁和刘卫辰的部众，成为无敌于塞上的强盛大国。

——詹子庆《中国古代史》

拓跋珪，字涉圭，鲜卑族拓跋部人。淝水之战后前秦衰落，拓跋珪于公元386年正月召集旧部复兴代国。同年四月，改代为魏，史称北魏。拓跋珪在位期间，在政治、经济、军事方面取得比较大的功绩，是一个开明有作为的君主。但晚年的拓跋珪变得残暴、冷酷，最终被他的儿子拓跋绍所杀。

道武帝拓拔像

立志复国　成就帝业

拓跋珪是十六国时期代国国君拓跋什翼犍的孙子。公元376年，前秦苻坚命幽州刺史苻洛率领10万大军攻打代国，什翼犍因病无力亲征，代军一败涂地。不久，部落内乱，什翼犍被他儿子所杀，代国也分为两部，分别由刘库仁和刘卫辰统领。年轻的拓跋珪在大臣燕凤的保护下和他的母亲贺兰氏依附刘库仁部。几年之后，刘库仁的儿子刘显继位，密谋杀掉智识不凡的拓跋珪。拓跋珪得此消息，灌醉了刘显，然后与母亲一直逃到贺兰部，投靠他的舅舅贺讷。

由于他少年老成，见识不凡，在贺兰部时，拓跋珪深得众心。他励精图治，使得远近都争相趋附。公元386年正月，诸部大人共同向贺讷请求，愿意推举拓跋珪为主。他们在牛川召开部落大会，在这次大会上，拓跋珪即位为代王，年号登国。他命汉人张衮为左长史，许谦为右司马，长孙嵩的弟弟长孙道生等侍从左右，作为智囊参谋。至此，灭亡了十多年的代国在拓跋珪的领导下复国。

之后，拓跋珪以牛川地处偏远，迁都到盛乐（今内蒙古和林格尔县西北），由此占有了河套以东的广大草原地区。四月，拓跋珪又改代为魏，史称北魏。拓跋珪建魏后，四周都面临着强敌。北边有贺兰部，南边有独孤部，东边有库莫奚部，西边河套一带有铁弗部，阴山以北有柔然部和高车部，太行山以东和以西有后燕与西燕。为了稳定政权，拓跋珪先是利用后燕与西燕的矛盾，与后燕结好，以此来牵制西燕的侵犯；然后他又与西燕结盟，以此来遏制后燕的扩张。这种两边交好的方式起到了一定的效果，保持了南部的安全。当然，拓跋珪深知光靠外交手段来维持政权不是行的，必须增强自己的实力，才能遏制外敌的侵略。于是，在外交的同时，他也十分注意内政的经营。

就在拓跋珪小心翼翼稳固自己的地位时，他的叔父拓跋窟咄勾结刘显发动了叛乱，企图取拓跋珪而代之。拓跋珪被迫再度越过阴山，并派人向后燕求援，后燕国主慕容垂派兵救援。而此时，拓跋窟咄也联络了贺兰部的染干夹击拓跋珪。情况十分危急，但是少年老成的拓跋珪却不惊慌，他分析敌情后决定避开染干，急行军数百里，到达桑干河支流上游地区。之后又派人联系到慕容垂援军，两军在高柳（今山西阳高县西北）大败窟咄，由此顺利平息内乱。

高柳之战使拓跋珪的地位得到稳固。为了进一步扩展实力，公元 387 年，拓跋珪乘胜出击，打败了占据马邑的独孤部刘显和刘卫辰两个部落，占领了从五原到固阳塞一带的产粮地区。公元 390 年，拓跋珪出兵征服了占据阴山北麓的贺兰部。第二年，又征服了占据河套以西的匈奴铁弗部。就这样，5 年之间，拓跋珪就消灭了周边几个最强大的对手，势力越来越强大。随后，他又兼并了库莫奚、高车、纥突邻等小部落，获得大量的土地、人口与牲畜，大大充实了北魏的实力。

公元 394 年，后燕慕容垂出后灭了西燕。这样，在华北地区与后燕抗衡的只有北魏了。消灭西燕，让慕容垂忘乎所以，他以为灭北魏也会像这样轻而易举。公元 395 年五月，他派太子慕容宝等带上 8 万士兵向北魏国都平城挺进。两军在黄河两岸对峙 10 多天，由于后燕国内传来将军慕容嵩等人企图叛乱的消息，慕容宝只得下令撤兵。拓跋珪抓住这个机会，率精骑渡过黄河急进军追击，在参合陂大败慕容宝，斩杀燕军四五万，获取无数粮草器械。

公元 396 年十月，后燕慕容垂亲率大军前来报仇，虽然一度攻下平城，俘虏北魏 3 万多人，但是由于拓跋珪避其锋芒，把主力北退至阴山，所以两军一直没有进行大规模的决战。而此时，慕容垂身体患了重病，不得不引兵回国，在回去的路上就去世了。得知慕容垂死讯，拓跋珪率精锐骑兵，长驱直入杀进中原。拓跋珪亲率 40 万大军进攻后燕，一路势如破竹，吞并州，出井陉关。最终经过一年多的征战，拓跋珪攻破闭城坚守的信都、邺城、中山，占据黄河以北地区。这样，自公元 386 年到 379 年，在短短的 10 多年时间里，拓跋珪将北魏发展成北方最大的政权。

倾心汉化　致力封建

公元 398 年十二月，拓跋珪将北魏都城迁往平城，并改称皇帝。称帝后，拓跋珪开始效仿汉族政治体制，促使拓跋部的奴隶制向封建制过渡。为了说服部众，他接受汉族士人崔宏的建议，找出了一个冠冕堂皇的理由。他宣称黄帝最小的儿子昌意受封于北土，是拓跋部的祖先，因此拓跋部都是黄帝的后裔，必须追随中原各族封建化和汉化的道路，向汉族学习。

拓跋珪依照汉人之法设置官吏，大量使用汉族士人参政，将鲜卑部落之间酋长与部落联盟酋长之间的关系，改变为封建的君臣关系。

拓跋珪采取许多措施发展经济。他下令发展农业，重视屯田。先是在盛乐、河套以北地区屯田。后来，又命拓跋仪在五原到固阳一带的河套平原屯田。拓跋珪规定屯田的收益除一部分上交国家外，其余按一定比例分给农民，这就提起了大家的积极性，极大地促进了拓跋部由畜牧经济向农业经济转化。

之后，拓跋珪实行“离散诸部、分土定居”的措施。强制解散带有血缘关系的部落组织，按居住地重新编制各部牧民。这样，拓跋部的成员绝大部分成为负担赋税和兵役的农民，加快了拓跋部的封建化进程。

此外，拓跋珪把战争俘获的大量人口带到北魏，给这些“新民”发放耕牛和农具，按照人口授予他们田地，让他们在划定的范围内耕种田地，以此来增加国家税收。

在发展经济的同时，拓跋珪也注意健全军事制度，将原始的兵牧不分的军事制度，改为封建专业军制度，提倡并奖励军功。

通过这些措施，北魏的政治、经济、军事都得到了迅速发展，成为中国北方地区最强大的政权，也为后来北魏进一步的统一战争积蓄了雄厚的物质基础。

精神失常　被杀身亡

从军事、政治、经济等成就来看，不能不说拓跋珪是一位很有作为的开国之君。但是，到了晚年，拓跋珪性情大变。因为之前所施行的各项措施损害了鲜卑贵族的利益，君臣矛盾尖锐，拓跋珪深为困扰，在加上服用“寒食散”（当时流行于汉族士人中的药物，用朱砂、石英等矿物质制成，主要用于排解心理上的焦虑和不安，但它是一种有毒物质），他变得喜怒无常、狂躁冷酷。他总是担心别人要抢夺他的皇位，对于那些功高名重的大臣，他的疑心更重。长期的猜忌，使他精神有些失常，每日都活在害怕被人杀害的噩梦之中。往往因为一点小事，他就会以莫须有的罪名将大臣处死。他的堂兄著名将领拓跋仪因有着崇高的威望，被拓跋珪赐死。大臣司空庚被告发说穿着华丽的服饰，行为举止都学皇帝，拓跋珪听后立即下诏将他处死。拓跋珪的猜忌心越来越重，到后来只要见到谁脸色失常、气息不顺或是说话声音过高，他就认为这人心怀恶意，下令当场处死。

拓跋珪为了防止有人谋害他，经常变换寝室。他住在什么地方，从不告诉他的大臣亲信，只有她最宠的嫔妃万人知道。他以为这样能保证他的安全，殊不知道他的宠姬万人早就和他的二儿子拓跋绍私通。拓跋绍是贺太后妹妹贺夫人的儿子，是一个典型的游街串巷的无赖公子。公元 409 年十月，贺夫人因一点小事触怒了拓跋珪，被定为死罪囚禁起来。贺夫人不甘心坐以待毙，买通了左右捎密信给儿子拓跋绍，让他设法营救她。拓跋绍得到消息，通过万人找到拓跋珪的寝室，乱刀砍死了自己的父亲。

拓跋珪被杀时年仅 39 岁，死后，先被谥为“宣武帝”，葬于盛乐金陵，庙号“烈祖”。后改谥为“道武皇帝，改庙号为“太祖”。

明元帝拓跋嗣

北魏明元帝档案：

生 卒 年：公元 392～423 年

父　　母：父，道武帝拓跋珪；母，刘氏

后　　妃：姚氏、杜氏等

年　　号：永兴，神瑞，泰常

在位时间：公元 409～423 年

谥　　号：明元帝

庙　　号：太宗

陵　　寝：山西金陵

性　　格：明智宽厚，刚毅大度

点评：

从拓跋到拓跋焘，祖孙三代，是北魏国力发展最快的时期。

——白寿彝《中国通史》

拓跋嗣，北魏道武帝拓跋的长子。拓跋嗣年少时聪明大度，非常孝顺父母，深得拓跋的喜爱。公元403年，12岁的拓跋嗣被道武帝封为齐王，拜相国，加车骑大将军。

在当初立拓跋嗣为太子时，拓跋珪担心将来出现母后专权的现象，决定效仿汉武帝杀钩弋夫人的旧例，将拓跋嗣的亲生母亲刘氏杀死。这就是代、北魏后世一直承袭的"子贵母死"的制度，这种制度对政权的稳固是有一定作用的。但是，由于拓跋嗣是一个非常孝顺的孩子，得知母亲被杀后，他就整日地哭泣。而当时被"寒食散"折磨得本来就烦躁不安的拓跋珪知道后大怒，准备召见拓跋嗣进行训话。拓跋嗣的左右就劝他，说现在皇上正在气头上，你去了保不定会出什么意外，不如先外出躲避一阵子，等皇上气消了，再入宫不迟。拓跋嗣想想也对，于是带上两个随从出城躲匿起来。

公元409年，道武帝拓跋珪被二儿子拓跋绍杀害，京都一片混乱。在外的拓跋嗣听到消息后赶回都城。拓跋绍几次派人寻找拓跋嗣想杀掉他，但都没有成功。最终，拓跋嗣联络诸大臣杀死了拓跋绍及其母亲贺氏等十余人，平息了宫廷政变。随即，拓跋嗣即皇帝位，大赦天下，改元永兴，重整朝纲。

拓跋嗣即位时，北魏已经统一了北方大部分地区，但还有一些小的割据政权存在。他清楚地认识到，要想消灭这些政权，必须要有强大的国力作后盾。因此，拓跋嗣即位后，首先大力恢复和发展农业生产，与民休息。他将塞外鲜卑人及其他胡人内迁到关东地区，按人口分给他们住房、农田、农具，强迫他们进行农业生产。对于遇到自然灾害而没有粮食吃的百姓，他下令国库发放相应的布帛和粮食进行赈济。拓跋嗣常常外出巡视，亲自接见民间的长者，问民疾苦。此外，他还派中央官员巡视四方，防止地方官员贪污害民。对于一些没有完成政府赋税任务的刺史守宰严加惩处，并以其家中财产来抵押。同时，规定百姓如果发现刺史守宰不遵法令，可以直接进宫告发。这些措施的施行，在一定程度上减轻了农民的负担，缓和了阶级矛盾，也使北魏的国力得到增强。

在对外政策上，拓跋嗣采取了和他父亲不同的策略，他为了巩固统治，没有在一开始就东征西战，而是采取抚和的政策。公元 414 年，拓跋嗣遣使通后秦、柔然及北燕，又下诏令平南将军、相州刺史尉古真与刘裕相互交往联系。在采取抚和政策的同时，对于一些侵犯北魏的敌人，拓跋嗣也毫不犹豫的出兵征伐。公元 410 年，他就亲率大军击退柔然的侵掠。

此外，拓跋嗣也曾觊觎过南朝刘宋政权。公元 416 年八月，刘裕亲大军讨伐后秦。后秦因饱受内忧外患，早已今非昔比，于是急忙向北魏求援。拓拔嗣派出 10 万精骑，但并没有真正进攻东晋军队，只在黄河边牵制晋军，想从中拾取便宜。刘裕指挥诸士兵摆出“却月阵”，以 2700 士兵加上 100 张可发尖槊的大弩，大败魏军。由此，拓跋嗣再不敢小视刘裕，他听从谋臣崔浩的建议，不再与晋军为敌。直到刘裕去世，拓跋嗣才再次出兵刘宋，占领了司州、衮州及豫州的大部分土地，促成南北对峙的局面。

拓跋嗣为了长寿成仙，和他的父亲一样也常常服用“寒食散”，这就导致他的休内毒素渐渐增多，身体也就逐渐衰弱。为了防止出现不测，公元 422 年，拓跋嗣立 15 岁的拓跋焘为太子，让其临朝听政，并安排长孙嵩、山阳公奚斤、北新公安同、穆观、丘堆、崔浩等人辅佐太子。

公元 423 年十一月，拓跋嗣病死于平城西宫，终年 32 岁，葬于金陵，谥“明元帝”，庙号“太宗”。

太武帝拓跋焘

北魏太武帝档案：

生 卒 年：公元 408～452 年

父　　母：父，明元帝拓跋嗣；母，杜氏

后　　妃：赫连氏

年　　号：始光，神䴥，延和，太延，太平真君，正平

在位时间：公元 423～452 年

谥　　号：太武帝

庙　　号：世祖

陵　　寝：山西金陵

性　　格：勇武残酷，雄才大略

点评：

拓跋焘在位期间，戎车四出，扫统万，平秦陇，剪辽海，荡河源，廓定四表，统一北方，为北魏武功鼎盛时期。

——白寿彝《中国通史》

拓跋焘，字佛狸，北魏明元帝拓跋嗣的长子。公元 423 年，拓跋嗣病逝，拓跋焘即位。拓跋焘在位 29 年，雄才大略的他一统北方，成为中国历史上第一位饮马长江的少数民族帝王。

一统北国　饮马长江

拓跋焘即位不久，柔然首领大檀就亲率骑兵 6 万攻打北魏的边境云中（今内蒙古托克县）。柔然一直是北魏的北方大患，此刻听到柔然来犯，拓跋焘深感威胁。于是，他亲自带兵日夜兼城，只用三天两夜时间就赶到云中。但是，拓跋焘还未来得及休整，柔然的骑

兵就围了上来。年仅16岁的拓跋焘镇定自若指挥军队进行反击，击退了敌军。公元425年，拓跋焘率兵突袭，大破柔然军队主力。由此开始，在接下来的20多年间，拓跋焘多次御驾亲征，深入漠北，迫使柔然流窜北方，不敢再南来侵犯。其中规模最大的一次是在公元429年，拓跋焘兵分两路，取道黑山和大娥山，大举进攻柔然。因有备而来，士气高昂，行动迅速，打得柔然无力还击。通过这次战争，拓跋焘降服了30多万户，掳获的牲畜几百万头。之后，高车部也有几十万人投降北魏，拓跋焘就把这些人迁到漠南几千里的边境上，在北魏的军事监督下进行农耕和畜牧。他们每年都向北魏交纳大量贡税，增加了财政收入，增强了国家实力。

太武帝拓跋焘像

公元432年，拓跋焘又亲自率军征伐割据辽东、辽西的北燕，攻克了由北燕控制的大郡，并将那里3万余户迁往幽州。公元435年，由于北燕皇帝冯弘不肯屈服，拓跋焘再次出兵北燕，冯弘虽然请来高丽数万援兵，但仍旧遭遇失败。最终，冯弘只能焚毁宫城，逼迫百姓东迁高丽，旋即被杀，北燕灭亡，北魏取得了整个辽河流域。公元439年，拓跋焘又出兵征伐割据河西的北凉，沮渠牧犍昏庸无能，自知无法抵挡北魏大军的攻势，便带着大臣们自缚其手向拓跋焘投降，北凉由此灭亡。再加上此前灭掉的夏国，拓跋焘经过10多年的征战，终于统一了北方，结束了自西晋末年以来北方长达130多年的大分裂状态，为北方社会经济的恢复和发展创造了条件，也为北方民族大融合创造了有利条件。

拓跋焘在位期间，南方正值宋文帝刘义隆开创“元嘉之治”。雄心勃勃的刘义隆为统一中国，先后发动了三次北伐。不过可惜的是，这三次北伐都因准备不充分及用人不当，被拓跋焘所败。其中公元450年第二次北伐，由于统兵主帅王玄谟的无能，拓跋焘取胜后调动60万大军反攻刘宋，进军江南，亲率大军攻克宋国悬瓠（今河南汝南）、项城（今河南沈丘），渡过淮河直逼瓜步（今江苏六合东南），拓跋焘甚至还扬言要直取建康，后来在刘宋朝军民抵抗下撤退。撤退时，北魏军将江北一带杀掠殆尽，刘宋朝国力削弱。至此，拓跋焘实现了“饮马长江”的志愿，而刘义隆只落得“仓皇北顾”。

治国节俭　发展经济

在武力统一北方后，太武帝拓跋焘认识到人们在意识形态上并没真正理顺，不能算是真正的统一。必须消除差异，发展经济，建立一套健全有效的社会制度，才能达到真正意义上的统一。

于是，拓跋焘开始重用汉族士大夫，以此来帮助他提倡汉族先进文化，建立有效的政治制度，他多次下令要求各州郡官员延请汉族有识之士为北魏政权服务。在他的倡导与寻求下，一大批汉族的名儒学者，纷纷来到平城，可谓是人才济济。其中如崔浩、高允等汉人士大夫为北魏日益强大作出了重大贡献。

拓跋焘十分注意对鲜卑官员的汉化教育，在他继位不久就在京师城东办起了太学，并在学内祭祀儒学祖师孔子和他的弟子颜渊。公元444年，他又下诏规定王公大臣到卿大夫以及他们的子孙们都要进太学接受教育，学习经史。对于他自己的儿子，拓跋焘也选派了精通经史的儒学大师对其进行汉化教育。

对于一些拓跋贵族没有法观念，任意贪污勒索现象，拓跋焘进行了整顿。早在公元431年，他就让司徒崔浩改定律令，20年后又令人进行了修订，要求制订出一部刑罚适中、有利于百姓的律制。最终，修订了 391 条律令，并向全国范围内颁布施行。同时，针对官员中徇私枉法、官官相护的作风，拓跋焘于公元 437 年下诏宣布全国的吏民都可以检举、告发不依法办事的官吏。这些措施的施行，有力地促进了北魏政权的建设和社会的发展。

拓跋焘也开始注重发展经济。公元 439 年，他采纳了高允“广田积谷”的建议，下令“悉除田禁，以赋百姓”。公元 444 年，他又采纳古弼的建议，把上谷苑囿的一半改造为民田，分授给农民。此外，太武帝还曾多次下诏减轻农民赋税，与民休息。

拓跋焘为了减轻人民负担，自己带头节俭，平时的吃穿用度都不讲华丽排场，保证充足就行。曾经有大臣建议他加固京城和修缮皇宫，他以一句“只在恩德，不在险要”回绝了。对于亲戚宠臣，他也从不会赐给多余的物品。

诛杀大臣　错杀太子

太武帝晚年，因功高自大起来，认为自己就是无所不能的大帝。长期的军旅生活和残酷的政治斗争，养成了他残忍的性格。多年的酗酒成性再上喜怒无常的性情，他想杀谁就杀谁。于是，一批为北魏创立和发展立下汗马功劳的汉族大臣惨遭诛杀，其中最典型的代表就是司徒崔浩。对于他征服过的少数民族，太武帝也采取了高压和歧视的政策，强行把这些人迁徙到京师平城，这也就使得民族矛盾不断激化。公元 445 年九月，爆发了声势浩大的盖吴起义。与此同时，聚居于河、汾间的薛永宗也组织了一支 3000 余人的骑兵，在汾曲（今山西新绛附近）发动起义。关中各族人民都响应，起义军声势越来越大。

拓跋焘亲自率军征讨。他采取分兵牵制、各个击破的策略，很快就瓦解镇压了起义军。在镇压起义军的过程中，拓跋焘对沿途响应起义的各族人民进行了残酷杀戮，这也暴露了他作为统治者的本性。

太武帝在其晚年开始让太子拓跋晃总摄国政，拓跋晃也不负重托，将国家大事处理得井井有条。但是，危机也就此埋下。拓跋焘宠信的宦官宗爱与太子不和，他见太子日渐得到太武帝的信任，怕将来太子登基后对自己不利，于是就经常在太武帝面前诬告太子想谋反。拓跋焘开始还不在意，后来听得多了，就信以为真，一怒之下就把辅佐太子的几十位大臣全部杀掉，以此警告太子。不想拓跋晃经此一吓，整日处在惶恐不安，竟然卧床不起，不久就病死了。

事后，拓跋焘进行了清查，发现太子并没有谋反的行为，后悔不已。为了弥补过错，他追谥拓跋晃为景穆太子，又封他的儿子拓跋濬为高阳王。此时的宗爱坐不住了，心想太武帝处理完太子的事情必然会加罪于自己，于是他趁拓跋焘醉卧于永安宫时，将其勒杀。之后，扶立与他关系密切的安南王拓跋余为帝。

可怜一代英主拓跋焘，死于一个小太监之手，悲乎！拓跋焘享年 45 岁，死后葬于金陵，谥号“太武帝”，庙号“世祖”。

南安王拓跋余

北魏南安王档案：

生 卒 年：? ～452 年

父　　母：父，拓跋焘；母，不详

后　　妃：不详

年　　号：永平

在位时间：公元 452 年三月～十月

谥　　号：无

庙　　号：无

陵　　寝：不详

性　　格：昏庸奢靡，放纵荒唐

点评：

整日里沉湎酒色，间或出外畋游，不恤政事。

——蔡东藩

拓跋余，是北魏太武帝拓跋焘的第六个儿子。公元443年，拓跋余被太武帝拓跋焘封为吴王。公元451年，改封南安王。公元452年，北魏中常侍宗爱勒杀太武帝拓跋焘后，秘不发丧，然后率同党矫称赫连皇太后令，杀大臣兰延、和疋、薛提及东平王拓跋翰，迎立与他关系密切的拓跋余为帝，改元承平。

拓跋余即位后，自知自己不是按正常次序登上帝位的，肯定会有很多人不服。为了收拢人心，对于一些大臣，无论有功与否，他都大肆赏赐。日常生活中，拓跋余十分放纵，整天沉湎酒色，醉生梦死。以至于即位才几个月，以前国库的积蓄就被他花了个精光。拓跋余又多次出猎，遇到紧急大事如边境有敌来犯，都找不着他，即使找着了，他也不加理会。弄得大臣百姓都很失望，他照样我行我素，不思改变。

为了报答宗爱对他的拥立之功，拓跋余任命宗爱为大司马、大将军、太师、都督中外军事，领中秘书、封冯翊王。宗爱总揽朝政，根本不把拓跋余放在眼里，为所欲为，弄得拓跋余有时也觉得难以忍受。拓跋余担心这样下去宗爱可能又会搞政变，就决定先下手为强，削夺宗爱的权力。手握大权的宗爱得到皇帝要整他的消息后，火冒三丈，直骂拓跋余不识抬举，暗中策划谋杀拓跋余的行动。

这一年十月的一天，拓跋余到平城东的白登山祭祖庙，宗爱就指使他的一个心腹宦官小黄门贾周，在当天夜晚趁拓跋余毫无防备之时，用匕首刺死了他。

文成帝拓跋濬

北魏文成帝档案：

生 卒 年：公元 440～465 年

父　　母：父，拓跋晃；母，阎氏

后　　妃：冯皇后等

年　　号：兴安，兴光，太安，和平

在位时间：公元 452～465 年

谥　　号：文成帝

庙　　号：高宗

陵　　寝：山西金陵

性　　格：聪慧明达，性情宽仁

点评：

静以镇之，养威布德，怀缉中外。自非机悟深裕，矜济为心，亦何能若此！可谓有君人之度矣。

——北齐·魏收《魏书》

拓跋濬生于公元 440 年，是北魏太武帝拓跋焘的孙子，原太子拓跋晃的长子。由于当年听信宗爱的诬告，太武帝拓跋焘斩杀了十几个太子拓跋晃手下帮助处理政务的大臣，导致太子拓跋晃恐惧卧病而死。拓跋晃死后，太武帝查明他并没有谋反的行动，深感后悔。于是，太武帝封拓跋晃的儿子拓跋濬为高阳王，并对他更加宠爱。

其实，拓跋濬从小就很聪明，深受太武帝的喜爱。太武帝常把他带在身边，亲加教导。公元 444 年，年仅 5 岁的拓跋濬随祖父出巡，遇到有官吏处罚奴仆，当即就以王者口气命令官吏释放奴仆。

拓跋焘十分惊讶，对小小的拓跋濬大为赞赏。待拓跋濬年长之后，拓跋焘便叫他一起参与朝政决策。

公元452年，宗爱暗杀北魏太武帝拓跋焘，立南安王拓跋余为帝。后来又因拓跋余想削夺他的权力，宗爱再次杀拓跋余。十月，殿中尚书源贺等即拥立拓跋濬即位，杀宗爱，改元兴安，是为北魏文成帝。

拓跋濬称帝时，虽说北魏已经统一北方，疆土辽阔，但由于太武帝拓跋焘时东征西战，国力损耗巨大。再加上宗爱在几个月内连杀两帝，政权颇为不稳，谋权夺位的斗争接连不断。如公元452年十一月，陇西屠各王景文叛；公元453年二月，司空京兆王杜元宝谋反，建宁王拓跋崇与儿子济南王拓跋丽也参与进来；七月，濮阳王闾若文，征西大将军、永昌王拓跋仁谋反。其他的大小谋反事件数不胜数。

与内部斗争相应的，各地百姓反抗统治者的斗争也越演越烈。在拓跋濬称帝后，鲜卑贵族与汉族平民的矛盾逐渐突出，虽然他曾多次下诏制止鲜卑贵族的腐败行为，但是并没有达到有效的目的，致使起义不断。面对这种复杂的局面，拓跋濬采取了与民休养的政策，宽刑简政，稳定民心。

由于太武帝拓跋焘时期的大肆灭佛，导致佛门与政府间的对抗十分严重。为了消除这种不利影响，拓跋濬接受了群臣的进谏，开始改变朝廷对佛教的政策。当时的佛教虽然遭受了很大的打击，但是民间还是有很多人信佛，佛教已然成为一个时代思潮。对于佛教的流行，拓跋濬不再强力压制，而是基本采取听任自然的态度，略加规限。他下令各州郡可以建一处寺庙，百姓如果愿意出家不必横加阻拦。不过，对于出家人数，拓跋濬进行了严格控制，大州不能超过50人，小州不能超过40人。此外，他还亲自为师贤等5人剃度，并让他们担任僧人的总摄，管理僧人事务。这些措施的施行使佛教得以复兴，在无形中消除了佛门与政府的对抗情绪，同时也加强了对僧尼的管理，可谓一举两得。现在我国非常闻名的云冈石窟就是在此时建造起来的。

对于一些谗言，拓跋濬吸取了祖父拓跋焘的教训，他不会轻易相信而滥杀无辜，而是对其进行详加验证，秉公处理。如当时定州刺史许宗之贪污受贿，被一个叫马超的人指责。许宗之怒而派人将马超杀掉，他害怕马超的家人告他，于是就恶人先告状，诬陷马超诽谤朝廷，图谋不轨。文成帝拓跋濬得知此事后，没有急于下结论，而是派人到定州详细调查，查明之后依法将许宗之处斩。

对于官员贪污的问题，拓跋濬亲自巡行四方察视，亲眼见到许多官员串通富商乘老百姓交租之时进行放高利贷、买贱卖贵的不法行径。于是，在公元 461 年，他下令禁止贪污，规定贪赃绢十四以上的便处以死刑。

在对外关系上，文成帝拓跋濬推行和平外交政策，与南朝刘宋、北方各国都建立了和平的外交关系，互通商贾，息兵养民。

公元 465 年，拓跋濬病死于太华殿，年仅 26 岁。葬于金陵，谥“文成帝”，庙号“高宗”。

献文帝拓跋弘

北魏献文帝档案：

生 卒 年：公元 454～476 年

父　　母：父，拓跋濬；母，李氏

后　　妃：李氏

年　　号：天安，皇兴

在位时间：公元 465～471 年

谥　　号：献文帝

庙　　号：显祖

陵　　寝：山西金陵

性　　格：机智古怪，刚毅果断

点评：

聪睿夙成，兼资能断，其显祖之谓乎？

——北齐·魏收《魏书》

拓跋弘，生于公元454年，是拓跋濬的长子。三岁时，拓跋弘就被文成帝拓跋濬立为太子。少年时期，拓跋弘表现得十分聪睿机智，且举止合礼，仁孝纯至，礼敬师友，因此深得拓跋濬喜爱。公元465年，拓跋濬病死于太华殿，好不容易平安了一段时间的北魏政局又陷入了危机之中。

拓跋弘在车骑大将军乙浑的扶持下即皇帝位，改元天安。此时的拓跋弘年仅12岁，没有什么治国的经验，因此，政权全都控制在乙浑的手中。乙浑假传圣旨，把尚书杨保年、平阳公贾爱仁、南阳公张天度、平原王陆丽等几个实权派人物召到宫中，然后将他们全部杀害。之后，乙浑自任太尉、丞相，位居诸王之上，一手遮天，朝廷事无巨细，全都由他裁决。

乙浑独揽大权，引起了冯太后的极度不满。冯太后深知她一个人实力不够，如果操之过急，就有可能造成比当年宗爱杀皇帝还要混乱的局面。于是，她联系了安远将军贾秀、侍中拓跋丕。公元466年，经过周密安排，在没有任何先兆的情况下，冯太后派拓跋丕率领兵士冲入乙浑的府中，将乙浑处死。之后，冯太后宣布临朝称制，并由前朝旧臣高允、高闾、贾秀共同参政。公元467年，拓跋弘的儿子元宏出生，冯太后与拓跋弘十分高兴，于是大赦天下。元宏不久就被立为太子，冯太后对这个孩子十分喜爱，就宣布归政于拓跋弘，将精力全部投入到抚育皇太子的工作中去。

拓跋弘亲政后，继承了父辈推崇汉文化的传统，采纳中书令高允等人的建议，议定郡县学制，明确大郡、次郡、中郡学制的具体要求，还对老师和名额配置、师资条件、师生资格提出了具体的要求。如规定博士、助教要选博通经典、忠正清廉的，学生要取为人修谨，能循名教的。这样，建立了一大套比较完善的地方官学体制，把自汉代就已经开始的地方官学真正系统化。

在推崇汉文化的同时，北魏献文帝拓跋弘大力推动经济改革。加快封建化进程，把原来的游牧生活变为先进的农业耕作。关心农民，减免租赋，按照十分之一的比例收取赋税，免除其他一切杂调。同时整肃纲纪，限制贪污、贿赂等行为。这些宽简政策的施行，促进了北魏经济的发展，使北魏在皇兴年间出现了一个比较兴旺的局面。

在军事方面，北魏献文帝拓跋弘也取得巨大成就。公元 466 年，北魏占领刘宋彭城；公元 467 年，北魏征服刘宋淮河流域；公元 469 年，北魏又占领刘宋山东地区；公元 470 年，北魏出击青海湖地区的蒙古种吐谷浑部落。公元 472 年二月，已经禅位的拓跋弘率兵在北郊击退柔然的进攻，十一月，他又亲自征讨柔然，一直杀到漠南，逼柔然后撤几千里；不久拓跋弘又领兵征讨投降北魏后又叛乱的河西吐谷浑；公元 473 年，拓跋弘还虚张声势，领兵威慑南朝，致使其南边疆界得以安稳。

表面上，一切都运行良好。但是，暗地里，潜流已经翻涌。其实当年冯太后归政之后并没有放弃对于权力的控制，她提拔自己的亲哥哥冯熙为太傅，时刻监督献文帝的言行。拓跋弘当时让冯太后很满意，因为拓跋弘只要遇到拿不定主意的事情，都会跑去与冯太后商量。后来，由于年龄的增长，拓跋弘逐渐感觉到不爽，就想找机会打压一下冯太后的气势。

冯太后 27 岁时就寡居深宫，自是寂寞难耐，就与当时在宫中充宿卫的李奕私通。李奕不知收敛，仗着他的哥哥是南部尚书李敷，再加上冯太后的宠爱，在宫中出入无忌，不把皇帝放在眼里。拓跋弘决定以此为突破口，恰巧此时李敷曾经帮助仪曹尚书李䜣遮掩贪污之事被告发，他就下令把李䜣押回平城审讯拟斩。拓跋弘并没有急于结案，而是派执法人员向李䜣暗示，只要他揭发李敷、李奕兄弟的罪状，就可以免除死刑。李䜣犹豫不决，最后没有办法听从了女婿裴攸的劝告，罗列的李敷、李奕两兄弟罪状 30 多条，报与皇帝。

拓跋闻奏，当即下令诛杀李敷、李奕兄弟。冯太后听说李奕被杀后，不由悲恨交加，在后来的日子里，母子之间的矛盾也就愈演愈烈。拓跋弘本来性格就属于那种刚毅果断类型，现在处处受制，逐渐产生了厌烦之意。加之北魏境内灾荒不断，反叛也不时发生，年纪轻轻的他心灰意冷。又由于他自小受贵族风气的影响，喜好佛、道两教的学说，希望能摆脱俗务，出世修行。于是在公元 471 年，拓跋弘召集大臣，商量禅位之事，由于太子年幼，他就想把皇位传给他的叔父拓跋子推。

大臣们一听，不由反对。他们认为北魏开国以来就是父子相承，如果转授帝支，恐怕引起祸乱，并劝皇帝为百姓着想，暂不要退位。但拓跋弘意已决，于是退而禅位于年仅 5 岁的皇太子元宏。退位之后的太上皇帝，移居到别宫，一切简朴自然。拓跋弘于是找一些和尚谈经论道，一派怡然自得。而升任太皇太后的冯氏对他的嫉恨不但没有减少，反而愈发强烈了。公元 476 年的一天，冯太后暗令左右在拓跋弘的食物中下了毒，拓跋弘毫不知情，吃下后不久就毒发身亡，年仅 23 岁。

孝文帝元宏

北魏孝文帝档案：

生 卒 年：公元 467～499 年

父　　母：父，献文帝拓跋弘；母，李氏

后　　妃：冯皇后、高贵妃等

年　　号：延兴，承明，太和

在位时间：公元 471～499 年

谥　　号：孝文帝

庙　　号：高祖

陵　　寝：河南长陵

性　　格：聪慧勤学，宽仁俭朴

点评：

孝文帝的全面汉化政策，使胡族政权不但在政治上而且在文化上被中原文明所同化。

——樊树志《国史十六讲》

元宏，原名拓跋宏，北魏献文帝拓跋弘的长子，后因倾慕汉族文化，把拓跋姓改为汉姓元。刚一出生，元宏就被献文帝立为太子。及至 5 岁，献文帝拓跋弘便将皇位让给了他。在此后的 20 年间，朝政一直由冯太后把持。公元 490 年，24 岁的元宏开始亲政，开始了大刀阔斧地进行汉化改革。公元 499 年，元宏在南征南齐的征途中病死，年仅 33 岁。

少小即位　太后临政

公元 471 年，献文帝拓跋弘对当皇帝失去了兴趣，开始他就想把皇位传给他的叔父拓跋子推，不过由于众大臣反对，于是就传位给年仅5岁皇太子元宏。元宏自小聪明大度，机灵早熟，听到父亲要禅位于他，于是进宫向父亲推辞。献文帝问他为什么要推辞，小小的元宏回答道："我现在还很小，怎么能够替代父皇担当如此大任呢?"献文帝感叹地说："你既然现在就如此懂事，那么将来一定能够治理好天下!"遂于当年八月，正式下诏传位于元宏，改元延兴，自称太上皇帝。

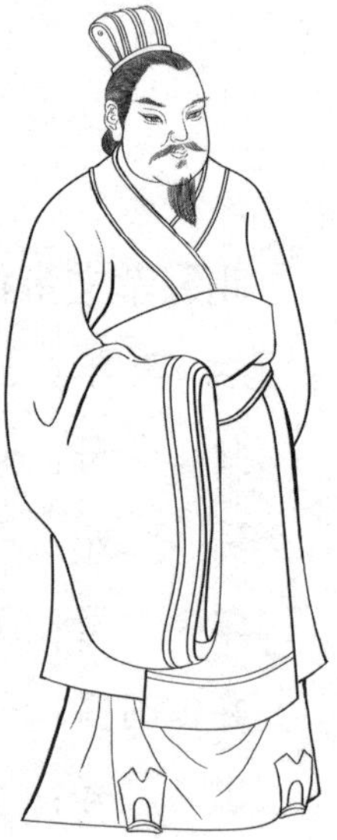

孝文帝元宏像

拓跋弘当上太上皇帝后，其实并没有远离朝政，一些军国大事还需要他来定夺。公元472年二月，拓跋弘率兵击退柔然的进攻，十一月，他又亲自征讨柔然，一直杀到漠南，逼柔然后撤几千里。公元476年，冯太后派人毒死了拓跋弘，由于元宏年纪尚小，冯太后再次临朝主政。

冯太后祖父是北燕的国君冯弘，他的父亲冯朗投降了北魏，做了秦、雍二州的刺史，后来被杀。幸好冯朗的妹妹是太武帝拓跋焘的左昭仪，冯太后才没有被杀。自此，冯太后跟着她的姑母进了皇宫接受教育。直到她14岁那年，文成帝即位，冯太后被选为妃子，后来成为皇后。文成帝死后，冯大后果断联合其他大臣杀死专权的乙浑，临朝称制。

临政后，冯太后十分注意对元宏的培养教育。元宏也十分勤奋努力，逐渐有了较高的汉文化修养，这为他后来进行大改革打下了基础。这一时期，冯太后也开始指导年少的元宏处理国家大事。

改革官制　实行均田

公元484年，18岁的元宏在太皇太后的协助下，实行了第一项改革——下令实施“俸禄制”，对北魏官制进行改革。北魏自建国以来就对官吏不设俸禄，官吏的收入在战时就靠抢掠，战争结束后便靠贪污。北魏统治者对这些官吏采取的态度就是听之任之，这就造成了北魏统治者与人民之间的尖锐矛盾。后来的北魏帝王也察觉了这个问题，也对贪污现象进行了一定的整治，但是始终没有解决官吏的俸禄问题。元宏实行俸禄制，发给官吏固定的俸禄，同时加强对贪污行为的惩罚，规定官吏如果在俸禄之外贪污绢一匹以上就予以处死。为了表达他治贪的决心，元宏先后处死了 40 多人。一时间，北魏的吏治出现比较清明的气象，贪污之风大为减少。

公元 485 年，孝武帝元宏采纳大臣李安世的建议，颁布“均田令”，承认私人占有土地。规定凡 15 岁以上的男子和妇女都可以得到下令授予的土地，男子可获得露田 40 亩，桑田 20 亩，妇女可得到露田 20 亩，奴婢和一般百姓也可以同样受田。同时限制豪强大族兼并土地，接着又调整租调制度，鼓励生产。规定一夫一妇每年只需上缴国家帛一匹、粟二石，大大减轻了农民的负担，吸引了众多的流浪者重新成为国家的编户。由于耕者有其田，农业生产迅速发展起来，从而促进北魏的经济发展。

公元 486 年，元宏采纳给事中李冲建议，下令实施“三长制”。三长制规定：五家为邻，设一邻长；五邻为里，设一里长；五里为党，设一党长。三长制与均田制相辅而行，均田制使耕者有其田，三长制则是检查户口、征收租调、征发兵役与徭役，有效地加强了中央政府对人民的实际控制。

迁都洛阳　易服改制

公元 490 年，太皇太后冯氏病逝，孝文帝元宏开始亲政，崇尚汉文化的他开始了更进一步的改革，首先进行的便是迁都洛阳。

当时北魏的都城在平城（含今山西大同），平城属于战略重镇，而与之相对的，中原地区的洛阳不仅富庶，而且位置居中，十分适宜作为新的国都。孝文帝深知，要想富强起来，必须将鲜卑民族融入到汉民族中去。为了便于学习汉族先进文化，同时加强对黄河流域的统治，孝文帝决定迁都洛阳。

作出这个决定后，孝文帝知道必然会遭到贵族、大臣们的强烈反对。因此，他灵机一动，不直接提迁都，而是先提出大规模进攻南齐，对于这个提议大臣们依然纷纷反对，认为现在不是攻齐的最佳时间。但是孝文帝不管这些，于公元 493 年，帝亲自率领步兵骑兵 30 多万南下，从平城出发，9 日便到了洛阳。在洛阳停留之时，正好遇上秋雨连绵，足足下了一个月，到处泥泞一片，行军困难。反对的大臣们趁机又站出来挑肥阻拦，孝文帝将计就计，就对他们说："南征无功而止，岂不让人笑话，既然你们不愿意再南下，那么我们就暂停进军，先就把都城迁到这里，等待时机再一举攻灭南齐。"许多文武官员虽然不赞成迁都，但是听说可以停止南伐，也都只好表示拥护迁都了。

随即，元宏令大臣李冲、穆亮等人开始筹划营建洛阳，又派任城王拓跋澄回平城说服留在那里的贵族。就这样，公元 494 年，北魏正式迁都洛阳，掀开了新的一页。

孝文帝迁都洛阳以后，决心进一步改革旧的风俗习惯。首先，他重用一大批主持改革、提倡汉化的鲜卑贵族，还重用了许多有才干的汉族人。在这些人的支持下，孝文帝开始了更深一步的改革。

第一，禁止鲜卑贵族穿着胡服，一律改穿汉族衣服。

第二，禁止鲜卑贵族讲鲜卑语，一律改说汉语。

第三，官员及家属必须穿戴汉服。

第四，将鲜卑族姓氏改为汉族姓氏，把皇族由姓拓跋改为姓元。

第五，鼓励鲜卑贵族与汉族贵族通婚。

第六，采用汉族的官制、律令。

第七，学习汉族的礼法，尊崇孔子，以孝治国，提倡尊老、养老的风气。

第八，孝文帝规定，凡已迁到洛阳的鲜卑人，一律以洛阳为原籍；死于洛阳的鲜卑人，必须葬于洛阳附近的邙山，不准运回平城安葬。

这些措施以及前面“均田制”“俸禄制”“三长制”等的施行，将鲜卑族从旧的奴隶社会带入了一个崭新的封建社会，加速了当时北方各少数民族封建化的过程，使北魏政治、经济有了较大的发展，并且进一步促进了鲜卑族和汉族的融合，使鲜卑族成为当时最先与汉族融合的少数民族。

镇压叛乱　发展文化

随着改革的深入，一些抵制改革的鲜卑贵族与朝廷的对立情绪越来越高涨，其中太子元恂就是典型的一个。元恂不愿说汉语、穿汉服，把孝文帝所赐给他的汉族衣冠全部撕碎，仍旧结发为编发左衽。趁孝文帝出巡的机会，太子元恂秘密选取宫中御马 3000 匹，图谋从洛阳逃回平城。孝文帝抓住元恂后，亲加杖责，并废其太子位，囚禁于河阳。次年四月，他得知元恂又密谋谋反，便派人逼令元恂自尽。

不久，恒州刺史穆泰、定州刺史陆睿相互合谋，暗中勾结镇北大将军元思誉、安乐侯元隆、抚冥镇将鲁郡侯元业、骁骑将军元超及阳平侯贺头、射声校尉元乐平、前彭城镇将元拔、代郡太守元珍等鲜卑贵族，起兵叛乱。孝文帝派任城王元澄出兵平叛，很快就平息下来。

此时，孝文帝元宏的改革已经深入人心。孝文帝对自己民族的落后有清醒的认识，于是他经常教育鲜卑贵族学习汉族文化，从更深的文化层次对他们进行改造。此外，他还创办学校，命人整理典籍，聚众研讨学问，对北方文化的复兴贡献颇多。

孝文帝对北魏艺术的发展也有很大贡献。由于他的提倡，孝文帝统治时期，佛教有很大的发展。仅洛阳就有100多所寺院，和尚尼姑2000多人。佛教的兴盛促进了佛教艺术的发展，驰名中外的洛阳龙门石窟，就是在孝文帝时期开始开凿的。

此外，在文化方面，北魏的书法也取得了很大成就。这一时期刻在墓碑上的字体，刚劲有力，气势雄厚，后人称之为“魏碑体”，直到现在还深受书法爱好者的重视与喜爱。

御驾南征　英年早逝

自亲政后，孝文帝元宏为了实现统一天下，几乎每一年都要举兵伐齐。公元497年，南齐内乱，元宏趁机召集冀、定、瀛、相、济五州丁壮20万人，御驾亲征，一路接连攻克新野、南阳、彭城。齐主萧鸾面对内忧外中患，忧虑再加上恐惧，竟然一病不起，于公元498年七月病逝。如果北魏军队此时一鼓作气，那么很有可能就统一中国了。但是，北魏自家也出现了叛乱，高车族因不愿配合北魏远征南方，举兵反叛。孝文帝几次派兵镇压，都未能平定。九月，急于回去平叛的孝文帝以“礼不伐丧”为由下令撤兵回国。在撤军途中，孝文由于劳顿过度病倒了，得知江阳王已经平定高车叛乱后，孝文帝便在邺城休整，直到第二年正月才回到洛阳。

公元499年三月，孝文帝再次率兵南征，大败南齐太尉陈显达、平北将军崔慧景。但是由于操劳过度，再加上长途跋涉，孝文帝元宏再一次病倒，而且迅速加重。元宏自知这一次将是他生命的终点了，于是赶忙召来鼓城王元勰交待后事，任命相关人等辅佐太子元恪。不久，孝文帝便病死于谷塘原，年仅33岁。

宣武帝元恪

北魏宣武帝档案：

生 卒 年：公元 483～515 年

父　　母：父，孝文帝元宏；母，高氏

后　　妃：于皇后、高皇后等

年　　号：景明，正始，永平，延昌

在位时间：公元 499～515 年

谥　　号：宣武帝

庙　　号：世宗

陵　　寝：河南景陵

性　　格：英明果断，宽大温和

点评：

元恪继位后，尚能继承孝文帝改革的成果，但统治集团已开始走向腐朽。

——詹子庆《中国古代史》

元恪，北魏孝文帝元宏的第二个儿子，生于公元 483 年。在公元 495 年，太子元恂被孝文帝赐死之后，温和柔顺的元恪被孝文帝选定为皇位的继承人。公元 499 年，孝文帝病死在南征的路上。年仅 17 岁的元恪在大臣们的拥护下即皇帝位，是为北魏宣武帝。

元恪即位做的第一件事就是扩建新都洛阳，巩固其父亲孝文帝的改革成果。当时，北魏迁都到洛阳已经五六年了，洛阳已经成为北方最繁华的城市，但是一些不忘故土的鲜卑贵族在孝文帝死后老是想着能重返塞北。于是他们就对新皇帝说孝文帝曾经许诺他们冬天住在新都洛阳，一到夏天就可以回到塞北故乡。在一开始，元恪还有些犹豫。后来，在元晖的建议下，他果断拒绝这些贵族遗老的要求，并大肆扩建洛阳。他于公元 501 年，征调了 5 万民夫，扩建洛阳旧城，并在洛阳城外四面增建 320 个新坊。

在扩建洛阳的同时，元恪趁南齐朝政混乱之机，派出军队对南齐进行了一系列的战争。先后占领南齐的扬州、荆州、益州等地。由此，北魏的疆土向南得到很大的扩展，东西数千里，盛极一时。

踌躇满志的元恪转而治理国家内政，但此时的北魏已经出现了大量贪官污吏，北魏朝政开始被这些蛀虫所蛀蚀。对于这些贪官污吏，元恪没有采取严厉的惩罚措施，而是姑息纵容。贵族元丽曾奉元恪诏令镇压秦州、泾州农民起义，非法掠夺了 700 多名百姓为奴仆，元恪知道此事后，为了嘉奖他“平叛”有功，特别吩咐监察机构不许追究元丽枉法的恶行。咸阳王元禧，是受孝文帝遗命的辅政大臣，位居宰辅之首，但是他却贪财好色，贪赃枉法。家中有娇姬美妾数十人，元禧还不满足，差人到处搜求美女，又借经营之名侵吞了大量的土地和盐铁产业。另一辅政大臣元详，凭借着皇族的身份倒买倒卖。此外，他还强占民宅，致使百姓怨愤不已。由于没有严厉的惩罚措施，上行下效，北魏朝廷贪污腐败的现象越来越严重。这时贪官污吏们有的时候还会欺骗皇帝元恪。将军邢峦在南征汉中时掠夺良民美女为奴婢，元恪的宠臣元晖就此事联合其他人一起纠劾邢峦。邢峦听到消息后，马上挑选了 30 多个绝色美女献给元晖，元晖得此好处，就改口在皇帝面前说邢峦好话，元恪也只有听之任之。

在元恪统治的后半期，朝政掌握在外戚高肇等人手中，也就变得更加腐败不堪。高肇是元恪的舅舅，心胸狭窄。出身卑微的高肇对皇族亲王们尊贵的地位充满嫉妒，于是他就利用元恪对他的宠爱，进谗言逼杀了位居其上的北海王元详，又将其余诸亲王置于他的控制之下。京兆王元愉对高肇的专权十分不满，遂起兵反叛，失败后被元恪赐死。在元恪出兵镇压元愉期间，飞扬跋扈的高肇又收买小人诬告彭城王元勰暗通元愉，元勰也被元恪赐死。

官吏的贪暴，外戚的专横，使得北魏的政治十分黑暗，再加上自然灾害不断，各地农民起义此起彼伏。元恪在位 16 年的时间里，曾有 10 次以上反抗暴政的起义。元恪花了大量精力才将这些起义镇压下去。

公元 515 年，元恪病死于皇宫式乾殿，谥号为“宣武帝”，庙号“世宗”。

孝明帝元诩

北魏孝明帝档案：

生 卒 年：公元 510～528 年

父　　母：父，宣武帝元恪；母，胡氏

后　　妃：胡皇后等

年　　号：熙平，神龟，正光，孝昌，武泰

在位时间：公元 515～528 年

谥　　号：孝明帝

庙　　号：肃宗

陵　　寝：河南定陵

性　　格：粗疏，软弱

点评：

肃宗冲龄统业，灵后妇人专制，委用非人，赏罚乖舛。于是衅起四方，祸延畿甸。

——北齐·魏收《魏书》

元诩，生于公元 510 年，其母胡氏。因在此之前，宣武帝元恪

的几个儿子都夭折，据说是被皇后高氏所害。所以，元诩出生后，受到了严格的保护。宣武帝元恪规定必须挑选可靠的乳母来抚养元翊，禁止皇后高氏以及元翊的生母胡氏接近皇子。在这样的保护之下，元翊成为宣武帝元恪唯一没有夭亡的儿子。元诩3岁的时候，被立为皇太子。

公元515年初，宣武帝病死，年仅6岁的元翊在崔光、于忠的辅助下即皇帝位，是为北魏孝明帝。随即，元诩诏令高阳王元雍、任城王元澄入朝辅政，并赐死了专横跋扈的外戚高肇、高显兄弟。但由于元诩年幼，无法主持朝政，他的生母胡氏便以皇太后的身份总揽政务。由此开始，孝明帝元诩成了一个傀儡皇帝，在位13年时间，朝政几乎都掌握在胡太后的手里。

胡太后临朝听政后，不理政事，其最大的爱好就是到处修建佛寺。公元516年，胡太后下令造永宁寺，接着，又下令增筑伊阙石窟。在胡太后的推崇下，孝明帝年间的佛教十分兴盛，全国佛寺达3万所，仅在洛阳就有佛寺1300多所。胡太后又喜挥霍，常常滥作施赏。她的这些行为爱好，使得北魏朝廷库藏锐减，市面物价飞涨。而对于生活困苦的平民百姓，胡太后却不管不顾，漠然无比。

对于胡太后大兴佛寺、滥作施赏的劳命伤财行为，朝中辅政的老臣任城王元澄以及清河王元怿等人上书进谏，希望改善政治、加强军备，以继承孝文、宣武两位皇帝的遗愿，统一中国。胡太后对其中的老亲王元澄十分礼遇，朝廷中无论大小政事都会叫元澄参与商议，但是这都是表面的，实际上她对元澄的忧国之言全当耳边风。具有讽刺意味的是，反对挥霍浪费的元澄死后，胡太后却为他举行了一场极其奢费的葬礼，她率领1000多官员，不仅亲自为元澄送葬，还号啕大哭，让其他送葬者不由为之感动一齐落泪，无不羡慕元澄“哀荣之极”。

元澄死后，胡太后开始宠信一些奸诈小人。元叉，才疏学浅，因为是胡太后的妹夫而得到宠信。刘腾，目不识丁，因主持修建了太上公寺、太上君寺为胡太后死去的父母祈福也到胡太后的宠爱。不过这两个奸诈小人屡屡遭到正直的清河王元怿的阻抑。为了消除障碍，元叉与刘腾就秘密向元诩诬陷元怿意欲毒杀皇帝自立为帝。元诩信以为真，便诏令元怿入朝，并最终将其杀害。

元叉、刘腾一不做二不休，又对外宣称胡太后与清河王元怿淫乱，发动政变，囚禁了胡太后。之后，这两个小人矫太后诏，称还政于孝明帝，改年号为正光，北魏朝廷由此陷入了元叉、刘腾的控制之中。这两人比胡太后更甚，贪污暴掠无度。刘腾抢夺邻居的房屋纳为已有，每年收贿巨万；元叉居然在宫中开辟了一个库房，专门用来放置他搜刮来的珍宝财物。他们又荒淫不堪，常常派人将美艳女子送入宫中供他们玩乐。在这两人的折腾下，北魏政事荒废，纲纪不举，天下一片混乱，百姓生活在水深火热之中。

公元 523 年，刘腾病死。囚禁起来的胡太后抓住这个机会，与丞相元雍合谋，最终解除了元叉的军政大权。公元 525 年，胡太后重新摄政。她继续奢侈无度，全力搜刮民脂民膏，各级官员更是争相效仿，整个北魏国都陷入了追逐享乐，腐败至极的状况。

政治的黑暗、官吏的贪暴，使百姓不堪困苦，终于站起来反抗。公元 523 年，北魏爆发六镇起义；公元 525 年，山东农民起义；公元 526 年，朔州民鲜于阿胡起义，还攻破了平城。虽然最终各路起义被北魏军队镇压下去，但是这些起义沉重地打击动摇了北魏的统治根基。由于当时的北魏财政困难，为了镇压起义，预征了六年租调税用来充作军资，使得天下百姓穷困不堪。这一次次的农民起义与镇压消耗了北魏的国力，为北魏后来分裂灭亡作好了铺垫。

公元 528 年，孝明帝已经 19 岁，开始对胡太后的专权产生了严重不满，于是密令驻扎在晋阳的尔朱荣率兵来洛阳帮忙铲锄胡太后。不料消息走露，胡太后先下手为强，联合她的情夫郑俨、徐纥，用毒酒杀死了自己唯一的儿子。元诩死后葬于定陵，谥称“孝明帝”，庙号“肃宗”。

孝庄帝元子攸

北魏孝庄帝档案：

生 卒 年：公元 506～530 年

父　　母：父，元勰；母，李氏

后　　妃：尔朱皇后等

年　　号：建义，永安

在位时间：公元 528～530 年

谥　　号：孝庄帝

庙　　号：敬宗

陵　　寝：靖陵

性　　格：急躁无谋，刚烈果敢

点评：

未闻长辔之策，遽深负刺之恐，谋谟罕术，授任乖方，猜嫌行戮，祸不旋踵。

——北齐·魏收《魏书》

元子攸，是彭城王元勰的儿子，孝明帝元元诩的族叔。在孝明帝元翊即位之初，元子攸曾进入禁宫中陪伴元诩读书。公元 526 年八月，元子攸被封为长乐王。公元 527 年十月，元子攸转为卫将军、左光禄大夫、中书监，出镇地方。

公元 528 年，胡太后毒杀了孝明帝元诩，尔后连立两帝，引起北魏各级官员不满。四月，拥有重兵、驻扎在晋阳的大将军尔朱荣乘机发难，率兵进攻洛阳。为了笼络人心，操纵朝廷，尔朱荣决定在元氏宗室中另立一位新君。但面对众多的皇室宗亲，尔朱荣拿不定主意，他迷信铸像占卜，于是以铸像的成否来决定谁做皇帝。结果诸多铜像中，只有长乐王元子攸的铜像铸造成功。

元子攸得知消息后，带着他的兄弟潜出洛阳，投奔到已经抵达河内（今河南沁阳）的尔朱荣军营。尔朱荣当即立元子攸为皇帝，元子攸也很愿意接受皇帝这一尊位。

由于元子攸在北魏具有着很高的声誉，所以被胡太后派来守卫洛阳的将领们都倾向于他，对于尔朱荣的大军不作丝毫的抵抗。尔朱荣率军十分顺利地渡过黄河，直逼洛阳城外的芒山之北、河阴之野。不久，大军就攻破洛阳。

尔朱荣攻破洛阳后，想乘势灭魏称帝。于是，他把胡太后和北魏幼主元钊带到河阴（今河南孟津东），投入黄河淹死。然后又以新主引见百官、祭天为借口，诱使2000多名大臣齐集淘渚（孟津西北），然后下令骑兵包围，并历数百官罪状，最终将他们全部杀死，史称“河阴之变”。元子攸被软禁起来，在这种情况下，元子攸只能表示愿意让位给尔朱荣。然后，尔朱荣不想接受“禅让”，他希望自己是应天命而登基的人君，坚持要铸像占卜。结果他的铜像总是铸不成，迷信的尔朱荣对皇位的觊觎一下子就失去了信心，不再搞篡位自立，依然拥元子攸为皇帝。

元子攸是幸运的，通过占卜当上皇帝，又通过占卜保住皇位；元子攸又是悲哀的，皇位废立之权居然不在皇家，而是被掌握在一人外姓的将军手中。在这样一个风雨飘摇的环境中，元子攸没有选择的权力，他只能依赖尔朱荣的势力，支撑着北魏这棵已经摇摇欲坠的大树。

元子攸即位不久，农民起义军头领葛荣领兵进攻洛阳，元子攸当即派遣尔朱荣和侯景领兵前往平叛，葛荣以为兵多将广，麻痹轻敌，被尔朱荣一举击败，被俘身亡。此后，尔朱荣升为大丞相，势力进一步膨胀。不久，尔朱荣出镇河北，遥控朝局。

公元529年，投奔南梁的魏室宗亲北海王元颢借助梁兵北上。元子攸听到消息，害怕京城被攻破，于是逃往河北。五月，梁兵攻入洛阳，元颢称帝，改年号为建武。不久，尔朱荣闻讯，即刻联合元天穆起兵回攻洛阳。元颢急忙派兵抵御，两军相持了3个多月，最终，元颢被尔朱荣击败。

公元530年，元子攸已经25岁了，他不再甘心当一个傀儡皇帝。生性果敢的他决定杀了尔朱荣，把权力夺回来。于是，他秘密联系了城阳王元徽等人，并计划好杀死尔朱荣的方案。这一年九月，元子攸在宫中设下伏兵，然后诈称皇子出生，召尔朱荣、元天穆等人进宫朝觐。待这几人坐定，伏兵现身抽刀而起，尔朱荣慌忙之中直奔元子攸御座。但元子攸早已藏了一把刀在膝下，拔刀亲手将尔朱荣刺杀。

不过，由于尔朱氏势力庞大，光除去尔朱荣一人，并不代表尔朱氏势力已经消灭。尔朱世隆和尔朱荣的妻子得知消息后，立刻逃出洛阳，在洛阳城外纠集了一股武装力量回攻元子攸。这次仓促的攻战没能取得成功，尔朱世隆等只好退兵北上太行。不久，尔朱荣的侄子尔朱兆举兵南下，再攻洛阳。这一次，洛阳被攻破，皇帝元子攸被掳往晋阳，半个月后，被缢死在晋阳三级寺。元子攸死后的两年，孝武帝元脩追谥他为“孝庄帝”，庙号“敬宗”。

长广王元晔

北魏长广王档案：

生 卒 年：公元508～532年

父　　母：父，扶风王元怡；母，卫氏

后　　妃：尔朱皇后等

年　　号：建明

在位时间：公元 530～531 年

谥　　号：长广敬王

庙　　号：无

陵　　寝：不详

性　　格：轻浮急躁，贪婪无能

点评：

元晔，元恭，元朗这三个人都不及格，他们是同样的登基方式，同样的下场。

——佚名

元晔，字华兴，小名盆子。他是景穆太子拓跋晃的曾孙，扶风王元怡的儿子。孝庄帝元子攸在位时，他被封为长广王，后被任命为太原太守兼并州事。

公元 530 年九月，孝庄帝元子攸杀死权臣尔朱荣，尔朱荣的族弟尔朱世隆、侄儿尔朱兆等在晋阳纠集军队准备复仇。为了使起兵名正言顺，他们就拥立元晔，以他来与洛阳的元子攸相对抗。十月，尔朱兆和尔朱世隆攻破洛阳，幽禁北魏孝庄帝元子攸，同时拥立长广王元晔为帝，改元建明，建都晋阳。

元晔即位后，朝政被尔朱氏把握，他沦为尔朱氏集团手中的傀儡皇帝。尔朱兆在晋阳遥领朝政，尔朱世隆和尔朱度留镇洛阳，监控皇帝。

公元 531 年二月，尔朱世隆认为元晔在魏宗室血统中本枝疏远，又不与他有姻亲关系，因而废元晔，降其为东海王，改立与尔朱氏有姻亲关系的广陵王元恭为帝。次年十一月，元晔被尔朱世隆赐死。

节闵帝元恭

北魏节闵帝档案：

生 卒 年：公元 498～532 年

父　　母：父，元羽；母，王氏

后　　妃：尔朱皇后等

年　　号：普泰

在位时间：公元 531 年二月～十月

谥　　号：无

庙　　号：无

陵　　寝：不详

性　　格：谨慎好学，怯懦隐忍

点评：

八年不开口，安然无事，这次一受拥戴，就没有多少日子好活了，真是何苦！

——沈起炜

元恭，字修业，孝文帝北广陵王元羽的儿子。元恭年少时以孝闻名，非常孝顺祖母、嫡母。北魏宣武帝元恪正始年间，元恭继承父亲爵位，被封为广陵王，并被任命为给事黄门侍郎。

元恭在受拥为帝以前，因为对孝明帝元诩时元叉擅权十分不满，就装哑托病，住在洛阳城外的龙华佛寺，不参与政事，以此躲避迫害。到了孝庄帝元子攸在位时，有人向皇帝说元恭装哑是假，另有图谋是真。元恭得知消息后十分害怕，于是逃到洛山中，但不久还是被抓回洛阳，关押起来。孝庄帝元子攸为了试探他是不是真哑，于是派人深夜盗抢元恭的东西，又拔刀假装要杀他，元恭仍然不出一声。元子攸得知元恭在性命攸关的时刻仍不出声求救，也就相信他是真哑，释放了他。

公元 530 年，尔朱氏攻陷洛阳，废除北魏孝庄帝元子攸，改立长广王元晔为帝。仅过 4 个月，尔朱世隆就以北魏长广王元晔不是姻亲而将其废黜，为了虚应人望，改立与尔朱氏有姻亲关系的广陵王元恭为帝。

在此之前，尔朱世隆又怕元恭真的哑了，于是派人向他转述要奉他为皇帝的意图，并胁迫他开口表态。装哑多年的元恭其实很想当皇帝，就借用了孔子的一句“天何言哉”来表达自己的意思，同时也表明自己并没有真哑。公元 531 年二月，元恭在尔朱世隆的拥立下即皇帝位，改年号为普泰。

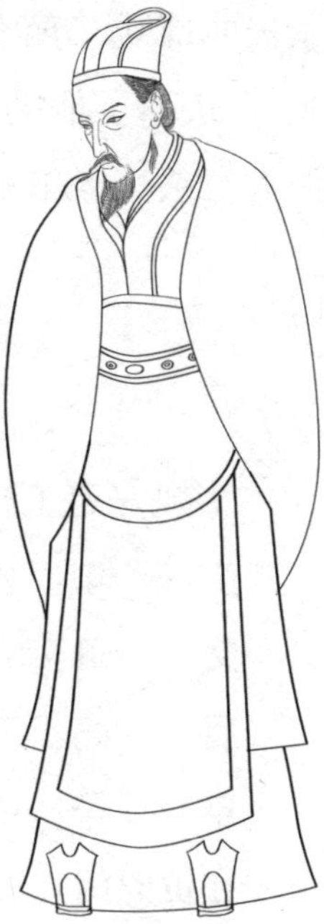
节闵帝元恭像

北魏节闵帝元恭续位后，朝政大权仍然掌握在尔朱世隆手中，元恭和元晔的命运一样，成为了一个政治傀儡。尔朱氏的暴虐统治激起了天下百姓的愤怒，曾经举行过六镇起义、河北起义的三州六镇流民聚集在山西一带又扛起起义大旗，反对尔朱氏的暴行。

尔朱兆想不出什么好的办法去解决流民起义的问题，于是派晋州刺史高欢去统领他们，以避免事态扩大。高欢将流民编成军事组织，取得了流民的信任。之后，高欢又得到当地豪门大族的支持。于是他掌握这支流民队伍，与尔朱氏决裂。

公元 531 年十月，高欢拥立元朗为皇帝，年号为中兴，他自任丞相、大将军等职。公元 532 年四月，高欢领兵攻克洛阳，杀尔朱世隆，废节闵帝元恭，并将他囚禁在崇训寺中。

在崇训寺中，元恭面对青灯古佛，不胜感叹道：“朱门久可患，紫极非情玩。颠覆立可待，一年三易换。时运正如此，唯有修真观。”表达了他厌恶、想要远离纷争的心情。一个月后，元恭被高欢派人毒杀，终年35岁。

安定王元朗

北魏安定王档案：

生 卒 年：公元513～532年

父　　母：父，章武王元融；母，程氏

后　　妃：不详

年　　号：中兴

在位时间：公元531～532年

谥　　号：无

庙　　号：无

陵　　寝：邺城西南野马冈

性　　格：聪明，懦弱

点评：

尔朱立晔而复废晔，欢亦立朗而复废朗，晔朗俱无过可指，忽立忽废，其道何在？

——蔡东藩

元朗，生于公元513年，是章武王元融的儿子，在北魏皇室宗亲中算是比较疏远的一枝。少年时期的元朗十分聪明，悟性高，学东西非常快。长广王元晔在位时，于公元531年任命元朗为勃海太守。同年十月，高欢为了师出有名，拥立19岁的元朗为皇帝，改年号为中兴。

元朗称帝后，高欢自任丞相、大将军等职，把实权牢牢掌握在

自已手中，元朗只不过是高欢的一个政治傀儡。高欢起兵后，不断取得胜利。公元532年闰三月，高欢在韩陵（今河南安阳境内）大破尔朱氏联军。四月，高欢攻破洛阳。

待高欢控制整个局势之后，他开始觉得元朗是皇族宗室的远亲，不适合于当皇帝，于是打算另立元恭。他派仆射魏兰根去观察元恭的为人，魏兰根是个小人，他一看元恭高贵明朗，不同于凡人，害怕日后难以控制，便与高乾兄弟及黄门侍郎崔㥄等联合起来劝高欢废掉元恭，不要立他为帝。后来高欢又打算立汝南王元悦，但是又听说元悦狂暴无常，只能作罢。

最终，高欢找到藏匿于农家田舍的平阳王元脩，逼迫元朗禅让给元脩。五月，元朗被封为安定郡王。不久，他就被高欢所杀，年仅20岁。

孝武帝元脩

北魏孝武帝档案：

生 卒 年：公元510～534年

父　　母：父，元怀；母，李氏

后　　妃：高皇后等

年　　号：太昌，永兴，永熙

在位时间：公元532～534年

谥　　号：孝武帝

庙　　号：显宗

陵　　寝：陕西云陵

性　　格：荒淫无耻，轻狂浮躁

点评：

元脩性格轻狂浮躁，没有弄清楚自己的处境，极端不满意自己的权力受到限制，想恢复皇帝应有的无限权力。

——柏杨

元脩，生于公元510年，是北魏孝文帝元宏的孙子。公元527年，18岁的元脩被孝明帝元诩封为汝阳县开国公、通直散骑侍郎、中书侍郎；公元528年，元脩辞被孝庄帝元子攸改封为平东将军、太常卿，后来又为镇东将军、宗正卿。公元530年，元脩被封为平阳王。公元531年，元脩被节闵帝元恭任命为侍中、尚书左仆射，成为朝中重臣。公元532年四月，高欢击败尔朱氏，进入洛阳，废除元恭和元朗两位傀儡，拥立元脩为帝。这一年先后用了三个年号，开始改为太昌元年，到了年底改称永兴元年，没过几天，又改年号为永熙元年。

北魏孝武帝元脩即位后，封高欢为大丞相、天柱大将军、太师，世袭定州刺史，食邑15万户。北魏朝廷大权仍掌握在高欢手中，他在晋阳遥控朝局，北魏孝武帝元脩只是充当一个傀儡皇帝的角色。

元脩自小就喜欢武艺，看着高欢权势倾天，血气方刚的他不甘心被人操纵，因此他与高欢矛盾日益突出。于是，元脩找了个机会把高欢在洛阳的亲信高乾杀掉，高乾的弟弟高昂和高慎都投奔到高欢那里，洛阳与晋阳之间的关系就此变得更加紧张。公元533年八月，24岁的元脩以高官厚禄拉拢尔朱氏旧将贺拔岳共同对付高欢，不料高欢行反间计令贺拔岳部将侯莫陈悦火并贺拔岳，最后贺拔岳部将宇文泰攻灭侯莫陈悦。公元534年，元脩与高欢决裂，高欢带兵从晋阳南下，元脩不敌，被迫率众入关中投奔宇文泰。

北魏孝武帝元脩投奔宇文泰后，仍然被以傀儡皇帝对待，只得耽于淫乐，与自己的叔伯妹明月日夜贪欢。宇文泰以伦理不符合道德为由，诛杀明月，从此两人矛盾激增，公元534年闰十二月，宇文泰毒杀北魏孝武帝元脩，另立元宝炬为皇帝，建立西魏。元脩成为北魏的最后一个皇帝。

北朝·东魏

孝静帝元善见

东魏孝静帝档案：

生 卒 年：公元 524～551 年

父　　母：父，元亶；母，胡妃

后　　妃：高皇后等

年　　号：天平，元象，兴和，武定

在位时间：公元 534～550 年

谥　　号：孝静帝

庙　　号：无

陵　　寝：天子冢

性　　格：从容沉雅，委屈隐忍

点评：

中国历史上最屈辱的傀儡皇帝。

——刘继兴

元善见是北魏孝文帝的曾孙。公元 534 年，孝武帝元脩逃奔长安后，高欢立年仅 11 岁的北魏宗室元善见为帝，并迁都邺城，改元天平，史称为东魏。元善见是东魏的开国皇帝，也是唯一的皇帝。元善见虽然是个文武双全的君主，但实际上他一直是傀儡，未能亲政。一开始，高欢把持朝政，高欢死后朝政又被高欢的长子高澄胁持。高澄被杀后，他的弟弟高洋废掉元善见自立，是为北齐。公元 551 年被毒死，死时年仅 28 岁。

孝静帝元善见自幼就很聪明，“好文学，美容仪，力能挟石狮子以逾墙，射无不中”，可谓是文武双全。但是由于高欢势力熏天，他也曾见父亲元亶逃跑的狼狈样，因此，即使他有勇有谋，也不得不把自己的本性给藏起来，苦中作乐，表面上一切都听从高欢的。

高欢当年是因击溃专擅国权的尔朱氏集团、复辟君位而起家的，所以他虽已经把整个东魏掌握在手中，但是一直以来也不敢轻易篡位称帝，以免背上骂名。对皇帝元善见，高欢也是以礼相待，朝廷事不无大小，他都会上奏孝静帝，得到元善见的许可后才敢施行。皇帝每次设宴招待大臣们时，高欢总是带头下跪向皇帝敬酒。孝静帝每次去寺院朝拜时，他都会捧着香炉，跟在皇帝的车辇后面。表面上看来，皇帝还是保持着皇帝的尊严。实际上呢，孝静帝只是一个傀儡。朝廷大权都是由高欢及其亲信把持，高欢委政于太保孙腾、尚书令司马子如、侍中高岳、司徒高隆之等人。后来，他又任他的儿子高澄为大将军，领中书监。

高欢在时，北魏已经分裂为以元善见为帝的东魏和以元宝炬为帝的西魏。西魏皇帝元宝炬也几乎是一个傀儡，朝政为宇文泰所执掌。东魏与西魏形成对峙状态，两国之间连年战争不断。西魏在宇文泰的领导下经济军事实力得到大大的增强，因此在与东魏的战争过程中不断取得胜利。公元546年，高欢又率领东魏军队进攻西魏，围攻玉壁50多天。最终，士兵战死7万多，还是未能攻破玉壁，以失败而告终。此战过后，高欢就得病，第二年就死了。

高欢死后，他的儿子高澄继承了他的所有职位，继续统摄朝政。高澄不再像他父亲一样对孝静帝以礼相待，他对文武双全的皇帝十分忌惮，暗中派崔季舒时刻监察皇宫及元善见的一举一动，对皇帝也经常出言不逊，甚至出手殴打。一次，高澄与皇帝一起喝酒。高澄故意用大碗强迫孝静帝喝酒，并说：“高澄祝皇帝长命百岁。”孝静帝见状，拒绝喝，并说：“自古没有不亡的国家，朕宁愿亡国也不愿受你这种小人的摆布!”高澄当即发怒了，破口大骂：“朕、朕、你个狗屁朕!”又命令手下当众打了元善见三拳。

孝静帝不堪侮辱，却又无可奈何，于是常常在宫在吟咏谢灵运的一首诗：“韩亡子房奋，秦帝鲁连耻。本自江海人，志义动君子。”侍讲大臣荀济明听此明白了皇帝不甘苟安的心思，于是偷偷地与祠部郎中元瑾、长秋卿刘思逸等人密谋救皇帝。他们伪装在宫中造假山，实质上挖地道出宫，计划救皇帝出去后组织兵马讨伐高澄。不料，地道挖到城门外时，被守卫发现。高澄听到消息后，大吃一惊，赶忙调集兵马直奔皇宫。高澄直斥皇帝谋反，并下令士兵捕杀元善见的嫔妃。孝静帝十分愤怒，厉声反问高澄：“自古以来只听说臣子谋反，还没有听说过皇帝谋反。你要谋反就直接来杀我，我已不惜生命，哪还顾得上嫔妃的性命。”高澄被皇帝的驳得哑口无言，只好嗑头谢罪，悻悻而回。第二天，高澄也不管那么多了，就直接把孝静帝软禁在含章堂，把挖地道的一干人全都处死。

公元549年八月，正当高澄伙同崔季舒等人密谋篡位自立的时候，却被一个往日与他有私仇的厨子利用进献饭菜的机会刺杀了。听到高澄的死迅，孝静帝十分振奋，心想朝廷大权终于可以回归到自己手中了。可是，事情的发展却不如元善见所想，高澄的弟弟高洋很快平息了事态，继承了父兄的权位，并把高澄的旧部召集到了自己的麾下，朝政大权复归高氏。孝静帝元善见只能望洋兴叹，为了委曲求全，元善见晋升高洋为丞相，都督中外各军事。不几天又封为齐郡王，后又进爵为齐王。

之后，高洋回晋阳，纠合魏收、张这等人筹办禅代事宜。公元550年五月初八，张高、赵彦深等人闯入皇宫，逼迫孝静帝禅位，并将早已拟好的禅代制书让元善见抄写一份后签名。元善见随后被安排到城北的别馆居住。在接受玺绶之后，高洋随即行禅代礼，登基为帝，建立新朝，国号为齐，东魏就此灭亡。

高洋即位之初，对元善见还是十分客气。他封元善见为中山王，食邑一万户；上书不称臣，答不称诏；出行可以使用天子旌旗；奉绢三万匹，钱一千万，粟二万石，奴婢三百人；元善见的三个儿子也都职官食邑。公元551年，高洋的帝位已经稳固，元善见没有什么利用价值了，高洋就下毒杀死了元善见，并且把他三个儿子也全部杀害。公元552年二月，元善见被追谥为“孝静帝”，葬在邺西漳北。

北朝·西魏

文帝元宝炬

西魏文帝档案：

生 卒 年：公元507～551年

父　　母：父，元愉；母，杨氏

后　　妃：乙弗皇后、郁久皇后等

年　　号：大统

在位时间：公元535～551年

谥　　号：文帝

庙　　号：德宗

陵　　寝：陕西永陵

性　　格：隐忍，倔硬

点评：

宇文泰居相位，军国大事总属相府，成为实际的统治者，元氏皇帝不过是傀儡而已。

——白寿彝《中国通史》

元宝炬，西魏的开国皇帝，他的祖父是北魏孝文帝。公元535年，孝武帝元脩在长安被毒死，宇文泰立元宝炬为帝，改元大统，史称西魏。

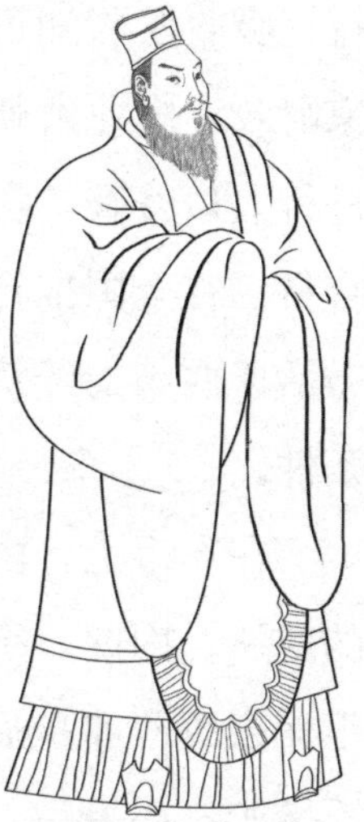
文帝元宝炬像

元宝炬生于公元507年。在元宝炬出生的第二年，元愉宣称得到密报说高肇谋杀了皇帝，于是在冀州举行祭天大礼，宣布自己即皇帝位。不久，即被宣武帝元恪击败杀死。元宝炬及他的兄妹都被抓起来幽禁于宗正寺，直到宣武帝去世，他们一家才得以重获自由。

从此，元宝炬发奋读书，学得一肚子知识，再加上他长得一表人才，深受当时孝明帝的喜爱。正光年间，孝明帝拜他为直阁将军。但当时，朝廷大权都掌握在胡太后手里，胡太后宠信奸佞，秽乱宫禁，引起了皇族宗室普遍不满。孝明帝也不甘受胡太后摆布，于是同元宝炬密谋杀掉胡太后，不料事情败露，被革去官职。但不久之后，他又被封为南阳王。孝武帝继位后，又拜他太尉、太保、尚书令等。

公元534年，孝武帝与丞相高欢决裂。高欢举兵反叛，孝武帝以元宝炬为中军四面大都督，领兵在黄河与高欢对峙。后来高欢攻下洛阳，元宝炬入关中投靠宇文泰。十月，高欢立元善见为帝，建立了东魏政权。次年正月，宇文泰毒死了孝武帝，拥立元宝炬为帝，建立西魏政权。元宝炬称帝后，立乙弗氏为皇后，长子元钦为太子，又封宇文泰为丞相、安定公。

西魏建立初期，危机重重，不光国土狭小、经济脆弱，而且北有柔然，南有梁朝，东有东魏，处于四面包围之中。元宝炬和宇文泰面对这样的形势，决心实行改革以富国强兵，振兴关中。在丞相宇文泰的主持下，西魏朝廷制订了24条新制，在全国范围内分布执行；吸收汉族知识分子从政，破格提拔苏绰为大行台右丞，总管国家财政、农业及朝廷枢密事务。苏绰锐意推行新政，在全国范围内进行人口普查，实行租赋预算的方法平均赋役；大量裁减不称职的官员；在全国推行均田制，集中力量发展农业生产。新政的施行，激活了西魏的经济，增强了国力，使西魏初步具备了与东魏抗衡的条件。

在军事上，由于当时北方柔然势力比较强大，对西魏构成极大的威胁。因此，宇文泰劝元宝炬结好柔然。公元 538 年二月，元宝炬无奈废乙弗皇后，立柔然公主郁久闾氏为皇后。不久，因郁久闾氏嫉妒乙弗皇后，乙弗氏被迫出宫迁往秦州。即使如此，柔然仍不罢休，于公元 540 年大举进军西魏。元宝炬愤然大骂："岂有百万之众为一女子举也？"但最终也只能下令乙弗皇后自缢，柔然才退兵北回。

在与东魏的对峙中，由于宇文泰足智多谋、指挥有方，西魏多次以少胜多，转败为胜。公元 537 年十月，东魏高欢亲率 20 万大军分三路攻打西魏，宇文泰以 1 万精兵迎战。两军在沙苑（今大荔县南）展开激烈争夺，最终宇文泰一举打败高欢，东魏经此一战后元气大伤。宇文泰乘胜东进，占领了山西、河南等地大片土地。之后，宇文泰在军事上推行了府兵制，在全国设立 8 个柱国大将军，自任最高统帅，每个大将军又领 2 个开府，每个开府共 24 军。这一制度的实行使西魏的战斗力越来越强。

公元 550 年，东魏高洋废掉孝静帝元善见自立为帝，建立北齐。宇文泰得到此消息后，便亲率大军讨伐。高洋为了显示自己的实力与才能，纠合了六州鲜卑，举行了一次大规模的军事演习。宇文泰见北齐军容严盛，也就不敢轻举妄动，又恰逢雨雪连绵，瘟疫流行，被迫无功而返。

公元 551 年三月，元宝炬病死，终年 45 岁，谥"文帝"。文帝元宝炬在位16年，虽然只是一个名义上的皇帝，但是他与宇文泰默契配合，使西魏很快就强盛起来，也算是有一些功绩的。

废帝元钦

西魏废帝档案：

生 卒 年：公元525～554年

父　　母：父，文帝元宝炬；母，乙弗氏

后　　妃：宇文云英

年　　号：无

在位时间：公元551～554年

谥　　号：废帝

庙　　号：闵宗

陵　　寝：陕西永陵

性　　格：勇猛果敢，轻信急躁

点评：

钦有所谋，无非与二三幸臣，日夕私议，怎得中用。

——蔡东藩

元钦，是西魏元宝炬的长子。公元535年，宇文泰立元宝炬为帝建立西魏后不久，元钦即被元宝炬立为太子。在此之前，元钦因聪明可爱从小就深得北魏大将宇文泰的欣赏。7岁开始，元钦就一直跟随着宇文泰行军打仗，这段经历也塑造了他勇猛果敢的性格。在他成为皇太子之后不久，丞相宇文泰又主动把女儿宇文云英许配给他。宇文云英志操明秀，品德端淑，深受元钦喜爱，两人情趣相投，十分恩爱。因此，即使后来当上皇帝，元钦也没有另外纳置嫔妃，这也使他成为中国历史上真正实行一夫一妻制的

皇帝。

公元551年，元宝炬病逝，太子元钦继承皇位。在元钦当皇太子期间，就看不起甘当傀儡皇帝的父亲，当了皇帝后更是不甘受他人摆布。而此时，朝廷大权仍然掌握在他的岳父宇文泰的手中，他只是一个挂名的皇帝。无奈之下，他只能一切遵循旧序。

宇文泰是一位足智多谋的政治与军事家，元钦当皇帝后，宇文泰正专心于军事，趁梁朝内乱，率兵攻伐梁朝，积极扩展疆土。公元552年，宇文泰又先后攻下上津、魏兴西地，又招降了剑阁以北地区，随后又攻下成都。这样一来，西魏疆土不断扩大，实力也不断增强。

公元553年，宇文泰见西魏逐渐兴盛，就假意还政。二月，宇文泰辞去了丞相、大行台等职务，只担任都督中外诸军事。对此，皇帝元钦并不满意。而就在此时，尚书元烈计划谋杀宇文泰的阴谋却被发觉了，宇文泰残酷地处死了元烈。元钦在元烈死后，也加紧密谋，打算诛杀宇文泰。

公元554年，元钦因实力不够，于是就把他的计划告诉临淮王元育、广平王元赞两位皇亲。但是这两位王爷惧怕宇文泰，就劝谏皇帝不要做傻事。皇帝急于除掉宇文泰，非但没听两位王爷的话，反而去找宇文泰的另外三个女婿李基、李晖、于翼商量。这三人都掌管禁军，元钦企图联合他们发动政变。三人听后，就迅速向宇文泰告密。宇文泰见此，便于当年二月把他废掉，发落到雍州。两个月后，宇文泰不放心，就派人用毒酒害死元钦。

元钦死后，宇文云英痛不欲生，自杀"亦以忠于魏室罹难"，这也使她成为中国历史上第一位为丈夫殉情的皇后。元钦死时年仅30岁，谥号"废帝"。

恭帝拓跋廓

西魏恭帝档案：

生 卒 年：公元537～557年

父　　母：父，文帝元宝炬；母，不详

后　　妃：若干皇后等

年　　号：无

在位时间：公元554～556年

谥　　号：恭帝

庙　　号：无

陵　　寝：不详

性　　格：懦弱无能

点评：

魏主廓本无权力，好似傀儡一般。

——蔡东藩

拓跋廓是西魏文帝元宝炬的第四个儿子，自孝文帝元宏改为汉姓元以来，皇族都姓元，拓跋廓本来也是姓元的，后来却被宇文泰所逼，改回了鲜卑姓拓跋氏，故称拓跋廓。文帝死后，长子元钦继承了皇位。元钦不甘于当一个傀儡皇帝，最终被宇文泰所杀。生性懦弱的元廓正好被宇文泰扶上皇位。元廓即位后，整天沉湎于酒色，朝廷大事全然不管，当然也无权干预，因此，相比于他的父亲与长兄，他成了一个名副其实的傀儡皇帝。

宇文泰不仅把皇族姓氏改回拓跋氏，同时也规定以前所有改为汉姓的鲜卑族一律恢复旧姓，并且他还给一部分汉族文武官吏改易鲜卑姓。之所以这样做，他并不是针对傀儡皇帝元廓的，而是出于借用氏族部落的血缘纽带来组织府兵的目的。

公元550年，宇文泰在军事上实行府兵制度。府兵前身是由贺拔岳的武川军团、侯莫陈悦军团中的李弼军团以及随孝武帝入关的北魏宿卫禁旅这三部分组成，这些军队都是鲜卑化的军队。随着拓跋族的汉化，他们的地位逐渐下降。由于不满待遇骤降，这些士兵聚集起来发动了六镇起义，直接导致北魏分裂。这些官兵们没有认识到汉化的进步意义，竭力想恢复原来的部落关系。因此，宇文泰顺着他们的意思，采用了鲜卑族原有的部落组织作为编制新军的蓝本，以此来搞好将领和士兵间的结合，提高府兵的战斗力。

建立府兵制后，公元556年，宇文泰又推出一套新的官制。这套新的官制抛弃了魏晋以来的官职名号，而是根据《周礼》中所记载的设立六官：宇文泰为太师、大冢宰，李弼为太傅、大司徒，赵贵为太保、大宗伯，独孤信为大司马，于谨为大司寇，侯莫陈崇为大司空，其他的官职名号也都仿《周礼》。与此同时，他将地方官吏的任免权收归中央，加强中央集权。

此时宇文泰已不再满足于做一个权臣，实施了一系列的措施来为他登基夺位做准备。他把宗室诸王都降爵为公。然后又召集群臣开会讨论立谁为自己的世子，最后他采纳了尚书左仆射李远的建议立宇文觉为世子。九月，他又到北方视察。不料，在回来的路上得了重病，他自知自己不久于人世，于是把侄子宇文护叫到身边，嘱咐宇文护一定要扶持他的儿子当上皇帝。十月，宇文泰死，年仅15岁的宇文觉承袭父位，继任太师、柱国等职。

这一年底，宇文护逼迫拓跋廓让位给了宇文觉。公元557年正月，宇文觉正式即位称帝，建立北周。拓跋廓被让位后被封为宋公，寄居在长安大司马宇文护的府中。一个月后，宇文护便用毒酒将其毒杀。拓跋廓谥号为“恭帝”。

北朝·北齐

文宣帝高洋

北齐文宣帝档案：

生 卒 年：公元 529～559 年

父　　母：父，高欢；母，娄昭君

后　　妃：皇后李祖娥、嫔妃段昭仪等

年　　号：天保

在位时间：公元 550～559 年

谥　　号：文宣帝

庙　　号：显祖

陵　　寝：武宁陵

性　　格：荒淫暴虐，智勇深沉

点评：

（高洋）沉湎酒色，兴役土木，任意淫烝，逞情杀戮，儗以桀、纣，诚有过之无不及者。

——蔡东藩

高洋是高欢的次子，高澄的兄弟。公元 550 年，高洋废黜东魏孝静帝元善见后自立为帝，定国号齐，定都邺城，年号天保，历史上称之为北齐。高洋是北齐的第一位皇帝。

公元 549 年，高洋的哥哥高澄正密谋篡位，却被一个曾经与他有私仇的厨子刺死，朝廷一片大乱。当时的皇帝元善见听闻高澄被刺的消息后，直呼天意，认为他亲政的机会来了。可是，没等皇帝

元善见来得及高兴，年仅 21 岁的高洋已经挺身而出，他一方面亲自指挥卫队捉拿刺客，一方面亲理朝政，很快就平息了混乱，控制住东魏。皇帝元善见见此，胆战心惊地说：“我必死无疑了!”

文宣帝高洋像

之后，高洋回到晋阳处理家事。当时他的心腹高德政、徐之才、宋景业等人都督促他废魏自立，于是他立即纠合魏收、张亮等人筹办禅代事宜。不过反对他的人也有很多，他的母亲娄氏也认为高洋这样做不能取得成功。但是高洋决心已定，要终结东魏，取而代之。

公元 550 年，做好一切准备后，高洋率领10万大军杀向邺城。之前，他曾派高德政去都城探探大臣们的口风，结果大臣们都“顾左右而言他”。高洋大怒，决定以武力相逼。

五月，高洋大军到达邺城。他立即派司空潘乐、侍中张亮、黄门侍郎赵彦深等人去见孝静帝，劝说皇帝元善见仿效尧舜、禅位给丞相高洋。元善见知道大势已去，只得含泪在他们早已拟好的禅位制书上签了名，随即被赶出皇宫，东魏就此消亡。高洋随后即皇帝位，定都邺城，年号天保，史称北齐。

高洋执政前期，修政为民，整顿吏治，加强兵防，使北齐在很短的时间内就强盛起来，可谓是年轻有为。他任用汉人杨愔等改定律令，使魏晋以来的刑律由繁化简，便于执行。高洋执法非常严格，而且公平，有一次邺城大旱，许多百姓无粮可吃。高洋知道后，命皇后的弟弟李长林开国库赈济灾民。即便如此，还是有很多百姓饿死。后来，他得知李长林克扣赈灾粮食，立即下令将他斩首示众。虽然最终因许多大臣求情才免李长林一死，但仍将他削职为民。高洋还改革了官制，他采纳一些大臣的建议，消去州、郡建制。这样下来，全国的官吏减少了几万人，贪污腐化现象大大减少，农民们的负担有所减轻。高洋还施行各种措施大力发展经济，使得北齐的农业、盐铁业、瓷器制造业都相当发达。与此同时，高洋也不忘加强军队与防务的建设，每当农闲季节，他就会派出数万民工修筑与加固长城，稳固边疆。

在他即位的当年，高洋就对外展示了他骁勇善战的一面。他即位的消息传到西魏宇文泰那里时，宇文泰认为高洋年少，是进攻北齐的最好时机。于是亲自率军伐齐。高洋处乱不惊，他联合六州鲜卑，举行了一声大规模的军事演习。宇文泰见齐军军容严整，不敢再轻易向东，便班师回朝。高洋后来又出兵进攻柔然、契丹、高丽等国，都大获全胜。高洋安内攘外的政策起到了良好的效果，北齐强盛富庶起来。

高洋执政六七年后，随着国家逐渐安定强盛，开始由勤勉走向了荒淫、暴虐。他整日不理朝政，沉湎酒色，有时还会做出非常怪异惊人的举措。他有时会涂脂抹粉，穿着妇人的衣服在大街上招摇过市；有时又会披头散发，赤身裸体，像个疯子一样；有时会随意闯进民宅，侮辱妇女。

高洋有一个嫔妃薛氏，容貌倾城，他经常与她厮守在一起。可是有一天，高洋在薛氏的房间里喝醉了，迷糊中他想起薛氏曾经与昭武王高岳有过暧昧关系，一时妒忌心大发，怒火中烧的他拨起匕首就把薛氏杀了。之后，他居然将薛氏的尸体肢解，用其中的一些骨头做成了一个乐器，边弹边唱。

公元559年，高洋又想起他是代魏自立的，北魏的皇族元氏现在还大量存在，这对他来说不能不说是一个大的隐患。为了斩草除根，他下令将姓元的全部杀死，连婴儿也不放过，然后又把尸体抛进漳河，弄得沿河渔民几个月不敢打鱼。

这一年十月，由于长期酗酒、荒淫不堪，高洋患了重病。他自知不久于人世，于是召来李皇后和他的六弟常山王高演进行最后的交待。高洋对皇后表达了太子年幼，恐被人夺位的担心，然后又求掌有重权的高演日后如果夺权，请别杀他的儿子。为了防止篡位之事发生，他还诏令尚书令、尚书左仆射等人辅佐幼主高殷。安排好这一切后不久，高洋病死，终年 31 年，葬于武宁陵，谥号“文宣帝”，庙号“显祖”。

废帝高殷

北齐废帝档案：

生卒年：公元 545～561 年

父　　母：父，文宣帝高洋；母，李祖娥

后　　妃：皇后李难胜等

年　　号：乾明

在位时间：公元 559～560 年

谥　　号：废帝

庙　　号：无

陵　　寝：葬于武宁陵西北

性　　格：聪明好学，宽厚仁慈

点评：

帝聪慧夙成，宽厚仁智。

——唐·李延寿《北史》

高殷，字子道，文宣帝高洋的长子。公元 550 年，6 岁的高殷被立为皇太子。但是，由于高殷从小遵从儒学，不尚霸道，让他的父亲高洋十分生气。高洋多次想要把高殷废掉，但最终由于各种原因未能将其付诸行动。公元 559 年，北齐文宣帝高洋病逝，高殷续位，

是为北齐废帝。

高殷喜欢儒学，这与他轻视汉人、敌视儒经的父亲高洋不同。他是一个儒化很深的少年皇帝，自幼便跟着国子博士李宝鼎和邢峙演习儒经，由于他天资聪颖，不几年便掌握了各种儒家经义。公元556年，高洋在宫廷举行了一次儒经辩论会。高殷在这次大会上表现十分出色，展现了很深的儒学功底。公元558年，高洋外出晋阳巡视，高殷监国，他又召集了诸多儒生举行了一次《孝经》讨论会。

由于受儒家思想的深刻影响，高殷自幼就十分敦厚、善良。有一次，高洋命令他用剑去砍下一个囚犯脑袋来作乐，高殷怎么也不忍心下手。气得高洋扬起马鞭，就狠狠抽打他，直打得遍体鳞伤。高殷也因此受到惊吓，很长一段时间内都担惊受怕，精神紊乱。

高殷即位后，励精图治，在杨愔等人的辅佐下进行改革。关心民生，派出使都巡查四方，问百姓疾苦，减轻徭役。整顿吏治，将那些无才无德、靠贿赂、奉承谋取官爵的人全部罢免。同时，对军队也进行改革。他下诏给全国70岁以上的军人授与名誉职位，60岁以上的军官以及重病不能胜其职的则一律清退。这些改革促使北齐政治走向清明，经济迅速发展，军事实力也不断增强。不过，改革也触犯了一些人的利益，很多被黜免的佞幸之徒都投靠到常山王高演、长广王高湛手下，当时北齐的军政大权实际也掌握在二王及太皇太后手中。杨愔的改革，促使主张改革的皇帝与主张保守的二王及太皇太后的关系日益紧张。

高演早就有谋反篡位之心，当年高洋死时就求他说如果他要篡位，请不要杀他的儿子，高演听后大惊失色。现在，他一直忙于培植自己的势力，等待时机成熟，就夺取皇位。对于高演的不臣之心，杨愔等人十分清楚，于是建议皇帝委任高演、高湛为刺史，架空两位亲王，加强皇权。不料高归彦背叛了高殷，把皇帝密谋的消息泄漏出去。高演、高湛知道后大怒，随即利用去尚书省“拜职”赴任的机会，率兵在宴席上将杨愔等人捕杀。高殷措不及防，在二王兵临城下的态势下，只能下诏封高演为大丞相，都督中外诸军、录尚书事。自此，一切军政大事都被大丞相高演所掌握，皇帝高殷已成摆设。

公元560年八月，高演在太皇太后的支持下，废黜高殷，自立为帝。太皇太后将高殷贬为济南王，移居别宫。次年，高演担心留下后患，派高归彦将高殷扼死，应验了当年高洋的担心。

孝昭帝高演

北齐孝昭帝档案：

生 卒 年：公元535～561年

父　　母：父，高欢；母，娄昭君

后　　妃：元皇后等

年　　号：皇建

在位时间：公元560～561年

谥　　号：孝昭帝

庙　　号：肃宗

陵　　寝：文靖陵

性　　格：敏锐深沉，励精图治

点评：

帝聪敏有识度，深沉能断，不可窥测。

——唐·李百药《北齐书》

公元560年，高演联合母亲娄太后、弟弟长广王高湛等发动政变，捕杀了反对他篡位的杨愔等大臣，然后废黜高殷，自立为帝，改年号为皇建，是为北齐孝昭帝。

即位后，高演立即对北齐内政外交大刀阔斧地进行了一系列的改革。他下诏分遣大使巡省四方，观察风俗，问人疾苦，考求得失；规定廷尉、中丞等执法官必须尽管法量刑，徇私舞弊者将处以死刑；下令将60岁以上的官奴婢都释放，恢复其自由身份；下诏国子寺可以广招学子，讲习经典，并设置相关官员，进行督课；军事上，他亲征北讨库莫奚，出兵长城，攻取了大批牛马。

此外，高演十分注意民生问题。为了解决河北等地的粮荒问题，他在黄河南北进行了大面积屯田。这样每年从这些屯田中就可以获得10多万石粮食，有效地解决粮食缺少的问题。之后，为了缓解贡粮运输困难这一问题，高演又在河北等地设立粮仓，就地存储粮食。这些措施的施行，解决了北齐自高欢以来的粮食危机问题。

为了使政治清明，高演礼贤下士，从谏如流，并且积极寻求及任用贤能。有一次，高演在朝会上把一个犯人杀了，血溅当场。当时就有臣子向他进谏说朝廷是议政的地方，杀人应该在刑场，不能在神圣的朝廷中进行。高演听后马上表态说以后再也不会发生这样的事情了。高演即帝位后常常反省，并要求臣子们指出他不对的地方。有一次，他就问大臣库狄显安："今天咱们就不讲什么君臣之别，你就大胆地讲我有哪些事情做错了。"库狄显安就说："皇上有时候言行不一致。"高演一听，吃了一惊，心想自己有什么言行不一的地方，实在想不出来就叫库狄显安继续讲下去。库狄显安接着讲道："皇上曾经见文宣皇帝殴打臣子，总是苦苦劝谏，认为当皇帝的不能这样做。但是，现在皇上也常常殴打臣子，这不就是言行不一致的地方吗?"高演一听，的确如此，他就上前握着库狄显安的手，感谢他提醒了自己。

高演还是一个非常孝顺的皇帝。他的母亲身体不舒服，为了养病就搬到南宫居住。高演听到这个消息后，连鞋子都没穿好就跑出去了看望他的母亲去了。每天鸡刚叫他就会去服侍母亲，直到夜晚才回来。太后要吃饭和药物时，他都不要奴婢侍奉，而是亲自去服侍。对他的兄弟，高演也从不摆皇帝的架子，相亲相爱。

本来，他曾经与太后约好了不杀废帝高殷的。但在公元561年，出于政治利害关系他还是把高殷杀死。后来，想起此事，他就颇感后悔，觉得对不起高洋。这种情绪一直缠绕着高演，最终弄得他精神有些错乱，常常会看到高洋及杨愔等人持剑替高殷报仇的幻像。后来经过一番“驱鬼”的法事，才逐渐好了点。不料，在一次出城游猎的过程中又出现意外了。当时，一只狡兔从树丛中冲出，惊吓了高演所坐的马匹，马受惊把高演从马背上摔下，折断了肋骨。受伤之后，以前的幻像又出现了，高演惊吓之中不吃不睡，只是跪在地上叩头求饶，病情也就越来越重。十一月，他自知将不久于人世，就想起自己死后应该由谁来当皇帝的大事。开始他想立自己的儿子高百年为帝，但是他怕高湛到时候像自己一样谋害高百年，于是权衡利弊，立遗诏把皇帝位传给了弟弟高湛，并且哀求高湛以后千万别学他，要好好对待他的妻子与儿女。

安排完后事不久，高演就病死了，终年27岁，葬于文靖陵。

武成帝高湛

北齐武成帝档案：

生 卒 年： 公元537～568年

父　　母： 父，高欢；母，娄昭君

后　　妃： 胡皇后等

年　　号： 太宁，河清

在位时间： 公元561～565年

谥　　号： 武成帝

庙　　号： 世祖

陵　　寝：永平陵

性　　格：荒淫残暴，怯懦迷信

点评：

高湛的狂暴荒淫，不亚高洋。

——柏杨

高湛是高欢的第九个儿子，北齐第一个皇帝高洋及第三个皇帝高演的兄弟。公元560年，他伙同高演发动政变，罢黜高殷。高演即位后，封他为右丞相、大都督。公元561年十一月，高演为了防止高湛篡位谋害自己的儿子，就直接立下遗诏，把帝位传给高湛。高演死后，群臣迎高湛为皇帝，改年号为太宁。

武成帝高湛像

高湛即位之初，就面临着很大的危机，许多亲王贵族对他即位都心怀不满，有的还准备伺机叛乱，其中的代表为高演的儿子高百年和平秦王高归彦。高百年认为高湛抢了本应该属于他的皇位，但因为没有实力，无可奈何。他整天足不出户，独自一个人在纸上胡乱写着那个只有皇帝才能用的“敕”字。高百年的老师贾德胄偶然间发现这个情况，大吃一惊，随后偷偷向皇帝高湛报告了这个情况。而恰巧这一天天空出现异象，空中现两条长虹。高湛看到这样的天象以为是兆告人间有二主，不由担忧起来，听到贾德胄的报告后，就直接派人将高百年抓来，命人乱棍打死高百年，把尸体扔进了水池。当天晚上，大雨滂沱，电闪雷鸣，高湛因杀了高百年心虚不已，吓得跪在雨中，叩头不已。

平秦王高归彦，因善于见风使舵，历经五朝不倒。因迎立高湛立下大功，被封为太傅兼司徒。自认为自己功劳很大的高归彦也就愈发放肆，根本不把高湛放在眼中，平时上朝总是带着三名全副武装的卫士，大臣们都竞相巴结讨好。高湛见此，和朝臣密议免去高归彦的中央官职，派他去冀州当刺史，想把他架空。高归彦接到诏令后，知道大事不好，到了冀州之后就决定起兵造反。在一天深夜，高归彦率领一队精锐的骑兵偷偷杀回邺城。高湛闻讯，派大军拦截，围住高归彦。高归彦见此，知道反叛是不可能取得成功了，于是大呼自己是来清君侧，并没有反叛的意思。高湛不予理会，下令大军进攻，将高归彦活捉押送刑场，并将其子孙 15 人一同斩杀。

除了高百年与高归彦，高湛在当皇帝后杀掉的亲王贵族还有文宣帝的儿子高绍德，文襄帝高澄的儿子高孝瑜和高孝琬，高湛他四兄高淹传说也是被他毒死的。

按理说，高湛清理这些威胁之后，加强了皇位，他可以放手来治理国家。可是，他承继了他兄弟高洋荒淫、暴虐的本性，整日只沉湎于美色之中。他威逼高洋的妻子李氏与自己私通，李氏不从，他以杀掉李氏的儿子威胁，李氏没有办法只能答应。不久，李氏怀孕生下了一个女儿，李氏羞愧难当，就偷偷把婴儿扼死。高湛知道此事后，勃然大怒，就把李氏了儿子高绍德抓来，先用刀环狠狠地击打，然后当着李氏的面把高绍德杀害。之后，高湛又把李氏装在布袋里扔进水池。

残暴荒淫之外，高湛又重用小人，造成北齐朝纲紊乱，怨声载道。虽然在任期间，他曾经进行过改制，但是由于北齐政府腐败，土地兼并严重，改制收效不大。

公元 564 年四月，北齐天空出现彗星，太史奏称是“除旧布新之象，当有易主”。高湛为避祸害，于是就将帝位传给太子高纬，自称太上皇，依旧过着腐化不堪的日子。公元 568 年十二月，高湛病死，终年 32 岁，葬于永平陵，谥“武成帝”，庙号“世祖”。

后主高纬

北齐后主档案：

生卒年：公元556～578年

父　　母：父，武成帝高湛；母，胡氏

后　　妃：斛律皇后、胡皇后、冯淑妃等

年　　号：天统，武平，隆化

在位时间：公元565～577年

谥　　号：无

庙　　号：无

陵　　寝：不详

性　　格：荒淫残暴，昏暴糜烂

点评：

后主比起高欢、高澄这些前辈来说，无论智力、才能和个人品质都差多了。

——白寿彝《中国通史》

高纬，高湛的长子。公元565年四月，高湛以彗星出现不得国家为由“禅位”给了年仅10岁高纬，高纬即位，改元天统，是为北齐后主。因从小就在奸臣弄权、荒淫残暴的环境中长大，高纬不学无术，昏暴奢靡，即位后把他祖上的荒淫传统“发扬光大”，干尽荒唐事，成为后世恶君昏帝中的一员。

高纬即位时，北齐已经在他父亲的折腾下乌烟瘴气，朝纲紊乱，上下怨声载道。但是，高纬根本不管这一切，他认为当皇帝就是像他父亲一样。于是，他自称“无愁天子”，常常会抱着琵琶，自弹自唱。兴致高的时候，他还会命令上千名太监、宫女一齐给他伴唱，

整个皇宫成了一座大剧场。

高纬在位期间，只顾吃喝玩乐，十天半月不上一次朝。朝政因此都被一些佞幸小人所把持，一些敢于劝谏的大臣不是被罢官就是被诛杀，这使得整个北齐的朝局腐败不堪。高纬小时候有一个奶妈陆令萱，因善于献媚，得到胡太后的宠爱，高纬即位后就封她为女侍中，一时间，奴婢、太监、倡优等人都被封官晋爵。官员冗杂也导致职权不明，政令不通。如天下开府一职的官员竟有 1000 多人，另外仪同官职更是难以计数。高纬还对他和贵族王公养家禽宠物封官拜爵，如他的马被封为赤彪仪同、逍遥郡君、凌霄郡君，斗鸡所封的爵号有开府斗鸡、郡君斗鸡等。

高纬整天与后妃、宫女厮混在一起，他把皇宫中 500 多名宫女个个都封为郡官，并每人赏赐一条价值不菲的裙子。同时，高纬不管百姓死活，大修宫殿庙宇，他曾在晋阳的两座山上凿两座大佛，叫工匠们日夜劳作，晚上用燃油照明，十几里地都光照如昼。他又在晋阳建 12 座宫殿，美轮美奂，比都城邺城的宫廷都要华丽。

高纬有一个同父异母的兄弟叫高绰，封为南阳王。此人比高纬更加残暴狠毒。有一次，高绰看见一个妇女抱着一小孩在街上行走，一时兽性大发，把小孩从妇女手中夺了过来扔给了他所带的狼狗吞吃。妇女吓得大哭，高绰不悦，又把妇女抓来喂狗。狼狗刚吃完小孩，不去咬妇女。高绰就将小孩的血涂在妇女的身上，引得狼狗上前生生把妇女撕碎。高纬听说后，下令将高绰带到京师。当地官员还以为皇帝要处治高绰，便把高绰抓起来用囚车押到京师。没想到一到邺城，高纬就下令放开高绰，并热情宴请他。

席间，高纬就向高绰打听什么最好玩。高绰明白皇帝的意思，就说把人抓起来，看蝎子去撕咬他最好玩。于是，高纬就令人连夜搜寻蝎子，第二天早晨就把让一个奴婢脱光衣服走进盛着蝎子的大盆里。看着这个奴婢被蜂拥而上的蝎子蜇得鬼哭狼嚎的样子，高纬大喜，还一边责怪高绰说这么好玩的事情怎么不早点告诉他。由于高绰推荐玩乐方法有功，高纬就拜高绰为大将军，让他日夜陪着在宫中寻欢作乐。

高纬一共有三位皇后，斛律氏、胡氏以及穆氏。前两位先后被废，穆后原是斛律氏的侍婢，被后主高纬宠幸后立为皇后。为了与父亲曾为胡后制真珠裙一比高下，高纬为穆后造七宝车。因珍珠不够，于是派人载着金银到周国买珍珠，但周国恰值周太后丧礼不卖珍珠。高纬只得花费巨亿从别的地方购买珍珠。后来，高纬又宠幸了穆后的侍婢冯小怜，从此一发不可收拾，整日与冯小怜厮守在一起，就连上朝与大臣们议事都会把冯小怜抱在膝上。后来，北周攻打北齐时，他还居然这样说道："只要冯小怜不出什么意外，即使战败也没什么了不起的。"真是连亡国灭家了也全然不顾了。

由于高纬长年只顾玩乐，不理朝政，北齐对北周在经济与政治上优势已经全然消失。北周此时正是由雄心勃勃的武帝宇文邕执政，他认为是时候灭北齐了。公元 576 年十月，北周武帝宇文邕亲率三路大军，对北齐发动了第三次征伐。

北周军队分三路，宇文盛、宇文亮、杨坚为右三军，宇文俭、窦恭、丘崇为左三军，宇文宪、宇文纯为前军。这三路大军由周武帝率领，到达晋州，驻扎在汾曲。不久，齐后主高纬从晋阳率军奔救晋州，但还未到达，周武帝先从汾曲赶到晋州城下督战，晋州守将侯子钦、崔京嵩等连忙向北周投降，北周军队在降将的接应下一举攻下了晋州城，俘虏齐军 8000 人。北齐兵溃散，北周军接着又占领平阳城。

要说高纬成亡国之君，不能不说他的宠妃冯小怜。冯小怜认为战争和狩猎一样好玩，看打猎还不如看打仗，在北周攻占平阳后，她就怂恿高纬亲自带兵反攻平阳。冯淑妃之言，高纬自然无不所遵。十一月，高纬率军到达平阳。北周武帝见齐军兵盛，就将主力撤出平阳，只留下一万士兵，命大将梁士彦留守。在北周主力撤退后，高纬率军围攻平阳，在连连冲锋之下，眼看就要攻下平阳时，冯小怜却对高纬说天色将晚，她将无法看到攻城的盛大场面了，于是要求高纬第二天再攻城，昏庸的高纬竟然答应了她的要求。第二天又因天昏地暗，冯小怜又以看不清楚要求高纬再把攻城的时间延后。就这样，等到天气晴好，北周武帝的 8 万援兵也到了。高纬大败，退入晋阳。

北周武帝乘胜继续追击，直到晋阳。晋阳城城高壕深，非常牢固，高纬如果坚守，城中粮草、兵器充足，支持一年半载了绝无问题。当时已经是严冬，天寒地冻，高纬知道北周军队受不了这严寒之苦，必将退军。为了观光消遣，他令人在城中建筑了一座非常高的天桥，经常与冯小怜在天桥上遥望城外敌军的情况。不想有一天，这座天桥居然垮了，冯小怜就认为是不祥之兆，极力劝说高纬放弃晋阳返回邺城。高纬听后居然深以为意，率军撤回邺城。北周军队就此轻而易举夺得北齐重镇晋阳。

公元 577 年正月，北周武帝率军围邺城。本来，此时的高纬还有抵抗以及胜利的可能，因为在邺城他还有 10 万精兵。但是面对越战越勇的北周大军，他害怕了。为了逃避责任，他学他父亲高湛的样，匆匆禅位给他年仅 8 岁的长子高恒。没过几天，北周大军攻破邺城，高纬父子吓得屁滚尿流，赶忙离开邺城逃往青州。途中，幼主高恒也不也当皇帝了，宣布禅位给远在瀛洲的大丞相高谐，并派侍中斛律孝把禅文与玺绂送过去。斛律孝看透了高氏政权的昏聩，直接就把这两样东西作为见面礼送给周武帝。

北周武帝在攻下邺城后立即派人向东追捕高纬父子，不久，北周前锋尉迟勤就在青州将高纬父子等 10 多人抓俘，送往长安，北齐就此灭亡，黄河流域再度统一。公元 578 年十月，高纬父子被北周武帝所杀，高氏其余亲属都被流放到西部沙漠，无一人生还。

幼主高恒

齐幼主档案：

生 卒 年：公元 570～578 年

父　　母：父，后主高纬；母，穆黄花

后　　妃：无

年　　号：承光

在位时间：公元 577 年正月

谥　　号：无

庙　　号：无

陵　　寝：葬于长安北原洪渎川

性　　格：懦弱无能

点评：

齐氏之败亡，盖亦由人，匪惟天道也。

——唐·李延寿《北史》

高恒是后主高纬的长子，生于公元 570 年。高恒出生不满 100 天，就被高纬立为皇太子。此时的北齐已经是朝纲紊乱、国力空殚。公元 576 年十月，北周武帝对北齐发动第三次攻伐。武帝宇文邕亲率 10 万大军，兵分三路，先是攻克晋州、平阳，接在又在北齐后主高纬撤退之下轻而易举攻下晋阳，直逼邺城。公元 577 年正月，北周围邺城，高纬为推卸亡国的责任，将帝位禅让给高恒。就这样，年仅 8 岁的高恒成为皇帝，改元承光，是为北齐幼主。

北齐幼主高恒即位后没过几天，北周便攻破邺城，高恒便跟随太上皇高纬往东逃到济州。幼主高恒见北周大军仍然紧追不舍，也不敢再当皇帝了，便发布诏书，将皇位禅让给驻守在瀛州（今河北

省河间）的大丞相、任城王高谐，自称守国天王。

高恒退位后不久，与高纬一行数十人又逃到青州（今山东青州）。他们准备南下投奔陈朝，但是却被跟随高纬多年的心腹大臣高阿那肱出卖，高阿那肱与北周里应外合，使北齐幼主高恒、后主高纬一行数十人全被北周尉迟勤俘虏，押送长安囚禁起来，北齐灭亡。

公元578年十月，北周武帝宇文邕以高纬、高恒等人企图谋反为名，将他们父子及其他数十人全部用辣椒塞口，活活将他们辣死。

北朝·北周

孝闵帝宇文觉

北周孝闵帝档案：

生卒年：公元542～557年

父　母：父，宇文泰；母，元氏

后　妃：元皇后、陆夫人等

年　号：无

在位时间：公元557年正月～八月

谥　号：孝闵帝

庙　号：无

陵　寝：静陵

性　格：刚毅，果决，坚韧

点评：

始则权臣专命，终乃政出私门；俱怀芒刺之疑，用致幽弑之祸，惜哉。

——唐·李延寿《北史》

宇文觉，字陀罗尼，宇文泰的第三个儿子，生于公元542年。公元550年，年仅9岁的宇文觉被西魏文帝元宝炬封为略阳郡公。公元556年三月，15岁的宇文觉被宇文泰立为安定公世子。四月，宇文觉又被西魏恭帝拓跋廓封为大将军。这一年的十月，宇文泰去世，宇文觉在宇文护的扶持下承袭太师、大冢宰等职。十二月，西魏恭帝拓跋郭在宇文护的逼迫下“禅位”给宇文觉。第二年正月，宇文觉在长安正式即位称天王，国号周，史称北周。

宇文觉称帝时才16岁，军政大权实际上都掌握在大司马宇文护手中。宇文泰临死之前遗命宇文护掌管国家大权，让宇文护的野心一下膨胀到极点。扶宇文觉上台后，他更加专横跋扈，这就引起了曾经与宇文泰同朝的元老大臣赵贵、孤独信等的不满。赵贵密谋刺杀宇文护，找孤独信商议，但孤独信阻止了。后来此事被人告发，宇文护大怒，立即杀了赵贵，免了孤独信的官职，不久又赐死孤独信。

宇文觉对宇文护的专权也十分不满，他想自己亲自执政。在他身边的一些臣子如司会李植、军司马孙恒和宫伯乙弗凤、贺提拔等人，也对宇文护十分不满，他们看出了皇帝的心思，于是密谋策划，召集了一批武士在皇家花园练习，准备除掉宇文护。宇文觉虽然心中十分赞成，但是不敢贸然行动。这些人想联络宫伯张光洛入伙，增强实力，不成想张光洛却偷偷地向宇文护告了密。宇文护知道此事后，并没有大开杀戒，只把为首的李植、马孙恒贬到地方去做官。

乙弗凤没有被贬到外地，仍然留下皇帝身边。他不甘心失败，于是又进行谋划，准备在宇文觉设御宴招待群臣时谋杀宇文护。不料，这次行动又被张光洛告发。这次，宇文护下了狠手，立即召集心腹柱国贺兰祥、领军尉迟纲商讨对策。他让尉迟纲通知乙弗凤进宫商议国事，等他们一到，便全部抓捕，之后将他们全部杀死。接着，宇文护又下令撤销宫宿卫。宇文觉见形势危急，命宫女太监们拿起武器自卫。宇文护派加兰祥逼宇文觉退位，封他为略阳公，改立宇文泰庶长宇文毓为帝。一个月后，宇文觉被宇文护派人暗杀，年仅 16 岁。

公元 572 年，北周武帝宇文邕诛杀宇文护，下令为宇文觉上谥号。于是派遣蜀国公尉迟迥在南郊上谥其为“孝闵帝”，称其陵墓为静陵。

明帝宇文毓

北周明帝档案：

生 卒 年：公元 534～560 年

父　　母：父，宇文泰；母，姚氏

后　　妃：孤独皇后

年　　号：武成

在位时间：公元 557～560 年

谥　　号：明帝

庙　　号：世宗

陵　　寝：昭陵

性　　格：聪敏善断，宽厚仁爱

点评：

帝宽明仁厚，敦睦九族，有君人之量。

——唐·令狐德《周书》

宇文毓，小名统万突，是宇文泰的长子，生于公元 534 年。宇文毓自幼就勤奋好学，聪明过人。15 岁时，他被西魏文帝元宝炬封为宁都郡公，开始处理政事。17 岁时，宇文毓又被西魏文帝元宝炬任命为行华州事，不久拜为开府仪同三司、宜州诸军事、宜州刺史。公元 556 年，24 岁的宇文毓被西魏恭帝拓跋廓授予大将军职，镇守陇右。宇文觉称帝建北周后，宇文毓进位柱国，转任岐州诸军事、岐州刺史。

公元 557 年，宇文觉被宇文护所杀。此时的宇文护虽然掌握朝政大权，但羽翼并没有丰满，他只好按老规矩，扶立宇文泰的长子宇文毓为天王。

明帝宇文毓聪敏善断，不甘心当傀儡的皇帝。在处理事务中逐渐显露出自己的聪明才智和才干，周围也开始聚集了一批老臣元勋。宇文护有所畏惧，为了试探，他于公元 559 年假意请求归政于宇文毓。不想弄巧成拙，宇文毓趁势将其权力收回，实现自主专权，封宇文护为雍州牧、太师。后来，宇文毓正式称皇帝，建年号武成。对此，宇文护十分怨恨，但木已成舟，他只能作罢。

宇文毓亲政后，严禁贪污、提倡节俭，并对官吏们进行整治。他为人宽明仁厚，与诸臣相处十分融洽，很快使北周形成政治清明，经济发展的良好局面。宇文毓在任期间，十分重视发展文化。他曾专门召集了 80 余位名人校刊经史，又百采众书，编成《成谱》500 卷，对当时的学术文化发展作出了重要贡献。宇文毓对文化的重视使得北周的文化事业在他任期内达到了一个前所未有的顶峰，这对加快了中华文化的大融合，为后来北周武帝灭佛教、学习汉文化做了很好的铺垫。

宇文毓在勤修内政的同时，对外也取得不错的战果。他曾率兵打退了吐谷浑的进犯，威望不断增加。面对不断成长的皇帝，宇文护坐不住了。他决定采取措施，谋害皇帝。公元 560 年四月，宇文护指使他的亲信、主管御膳的膳部中大夫李安，在皇帝的食物中下了毒药。

宇文毓吃了之后，上吐下泻，鼻口流血，经御医百般治疗，仍不见好转。他知道自己被人下毒了，日子不长了，于是他就口授了一篇遗诏，传位于他的弟弟宇文邕。宇文毓死时年仅 27 岁，死后葬于昭陵，庙号“世宗”，谥号“明帝”。

武帝宇文邕

北周武帝档案：

生 卒 年：公元 543～578 年

父　　母：父，宇文泰；母，叱奴氏，

后　　妃：阿史那氏、李娥姿等

年　　号：保定，天和，建德，宣政

在位时间：公元 560～578 年

谥　　号：武帝

庙　　号：高祖

陵　　寝：孝陵

性　　格：深沉大度

点评：

周武帝不愧为南北朝时期的一代英主，可惜正当他打算“平突厥，定江南”，实现统一全国理想的时候，不幸于出征前夕病逝。

——白寿彝《中国通史》

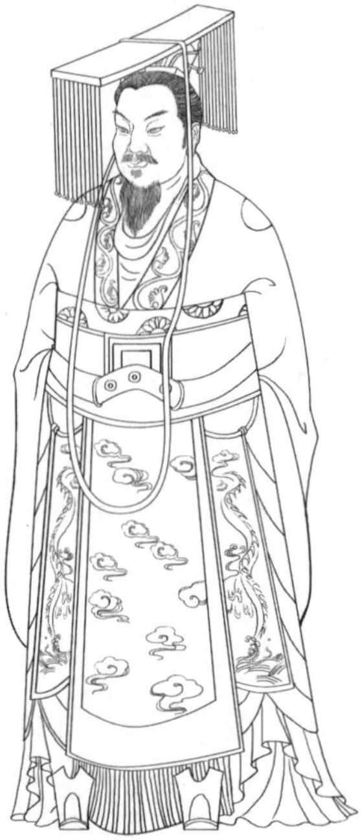

武帝宇文邕像

关于北周武帝宇文邕，大家熟知的是他率兵灭了北齐，统一了北方。公元 578 年，年仅 36 岁的宇文邕死在征伐突厥的车马上，留给后世一个未能统一全国的大遗憾。

傀儡十三年

宇文邕是宇文泰的第四个儿子，生于公元 543 年。他的哥哥宇文毓亲政后被宇文护下毒，临死之前，口授了一篇遗诏让鲁公宇文邕继位，因为他相信宽仁大度的宇文邕能够使周朝发展强大。

北周武帝宇文邕续位后，朝政大权仍然掌握在权臣宇文护手中，他其实只是一个傀儡皇帝。宇文邕有能力、有抱负，即位后决定搞好内政、增强国力，消灭北齐，统一北方。当时的北齐处于高纬统治时期，皇帝与大臣皆不理朝政，只顾玩乐，这也就导致北齐朝纲紊乱，民力凋尽，相对于北周，已经没有了经济与军事上的优势。宇文邕觉得灭北齐的机会到了，就开始做各项准备工作。他派人买通北齐一些官民，刺探北齐军事情报；又与突厥首领木杆可汗俟斤结成亲戚，联合突厥一起攻打北齐。公元 563 年，武帝宇文邕派北周柱国杨国忠率领一骑兵 1 万与突厥联军从北路伐齐，又派大将奚武率 3 万步骑从南路包抄。一路皆奏凯歌，可惜在最后攻打晋阳的时候，因突厥先行撤兵，北周军队遭遇失败。最终，南路也只好退兵。

第一次攻伐北齐战争的失败让宇文邕感到很遗憾，他就想着组织兵力再次讨伐。不过，由于国家实权掌握在宇文护手里，宇文护不同意，他也就没有任何办法。宇文邕只有忍耐，处处按照宇文护的意思去做，在等待中寻找机会。

公元 572 年，在宇文护的亲弟弟宇文直的策动下，宇文邕开始秘密做杀宇文护的准备工作。宇文直其实一向与宇文护关系都很好，只因他在沌口之役中打了败仗被宇文护削了职，所以怀恨在心，极力劝说皇帝除掉他一手遮天的兄弟宇文护。宇文邕便与宇文直联络了右宫伯大夫宇文神举、内史下大夫王轨、右侍上士宇文孝伯等人，做好一切准备，设计在大后宫杀宇文护。三月，宇文护刚从同州回到长安，武帝就接见于他。随后便带他一起去见太后，请他劝太后戒酒。宇文护中计，随武帝来到后宫。当宇文护为太后读《酒诰》的时候，武帝猛击他的头部，把他打倒在地，然后又在宦官何泉和宇文直的帮助下杀死了宇文护。当了13年傀儡的宇文邕，终于掌握了朝政。

修政为民　增强实力

亲政之后，宇文邕勤修政事，积极发展生产。他下令释放在战争中沦为奴隶的人民，恢复他们的平民身份，继续推行均田制，减免租赋，兴修水利。武帝不好奢侈，下令焚毁一些过于华丽的宫殿，修政为民，与民休息。这些措施的施行，增加了劳动人口，也提高了人民的生产积极性，促进了北周经济的发展。

与此同时，武帝也注意军队的建设，他吸收均田农民充当府兵，扩充军备，增强国家实力。为了增加收入扩充军队，武帝宇文邕下令大举灭佛。当时的佛教，已经成为北周社会一大沉重负担。佛寺里的和尚、僧侣，不但不用当兵，而且不纳税。面对自然灾害时，他们也不赈济灾民，反而趁机吞并农民土地。这就使得农民的生活更加困苦，严重威胁到北周政权。

公元574年，北周武帝正式下令灭佛："断佛、道二教，经像悉毁，罢沙门、道士，并令还民。并禁诸淫祀，礼典所不载者，尽除之。"灭佛这一政策在公元577年灭掉北齐推广到北齐境内。在北齐全境内扫尽一切寺塔，焚毁经籍佛像，勒令僧尼还俗为民。整个中原地区4万余所寺庙全部成为王公宅第，300多万余僧尼成为政府编户百姓。

灭佛行动显示了北周武帝宇文邕大无畏精神。当时灭佛运动进行时，曾有僧人问武帝："佛是救世主，施恩布道，陛下取消佛教，不怕受罚吗?"周武帝说："只要百姓幸福，国家兴亡，我宁可受尽苦难。”其为国为民的胸怀可见一斑。

灭佛政策的施行，对于急需兵源和财力的北周朝廷来讲，具有十分重要的意义。它不仅增加了朝廷的财政收入，更扩充了军队，使北周的国力得到大大的增强，为北周灭齐、统一北方奠定了坚实的基础。

统一北方　身死征途

北周武帝宇文邕是一位有着雄才大略的皇帝，他看着自己国家经济不断发展，军队不断扩充，国力得到大大增强，就开始筹划着消灭北齐，统一北方。

公元575年，他与齐王宇文宪等人策划，力排众议举兵伐齐。他一共调用了18万大军，分为三路开赴齐境。他自己亲率6万大军，直指河阴（今河南洛阳东北），其余各路进展也很顺利。一路下来，接连攻克北齐30多座城池。不过，后来围攻中潬城（河南孟津东）时，由于城防严密，20多天都无法攻下。接着又转攻金墉，也没有攻下。到了九月，北齐援军赶到，恰巧周武帝患了重病，只好全军撤回。第二次伐齐以失败告终，虽然没有攻灭北齐，但是给北齐以沉重打击，北齐元气大伤，这也为后来的第三次伐北齐取得胜利打下了基础。

公元576年，经过休整，宇文邕再次准备伐齐。当然，朝中一些大臣依然十分反对。周武帝于是对他们讲：“我去年伐齐，因病不得克敌，但却看到了齐军的无能。况且，齐朝廷昏乱，老百姓朝不保夕，生活很苦，这是天给我灭齐的机会。要犹豫不决，就后悔莫及了。”十月，他又一次亲率大军出发，分兵三路，直取北齐晋州，齐后主高纬的援兵尚未到达，北齐晋州守将侯子钦、崔京嵩便献城投降，北周军队在降将的接应下攻下了晋州城，俘虏齐军八千人。

十一月，齐后主率援军到达平阳（今山西临汾），将平阳紧紧包围，昼夜攻打。十二月，周武帝率8万人支援平阳，通过激烈战斗，周军大败北齐援军，斩杀万余人，齐后主败逃往邺。公元477年正月，周武帝率军继续追击，攻下邺城，最后又将齐后主高纬及幼主高恒俘获，北齐灭亡。周武帝灭齐，结束了北方自晋朝末年以来近半个世纪的分裂局面，北方又开始走向统一。北周武帝统一北方，也为以后隋统一全国奠定了基础。

灭齐后，北周国力达到了立国以来的鼎盛时期。不过，周武帝并没有沾沾自喜，而是继续推行各种有利于经济和军事发展的措施，致力于发展北周国力。接着又攻取了江北、淮南等地，使北周的疆土扩展到长江北岸。

公元578年，突厥骚扰北周边境，宇文邕率五路大军讨伐。多年的征战使他积劳成疾，出兵不久，武帝就得了重病，多日不见好转。他自知时日无多了，于是下令停止进军，并召来宇文孝伯，叮嘱后事。当即任宇文孝伯为司卫上大夫，统帅宿卫兵，又命他快马赶回京城长安镇守，以备不测。六月，武帝病情加重，在返回长安的当晚就去世，年仅36岁。宇文邕死后葬于孝陵，庙号“高祖”，谥号“武帝”。

宣帝宇文赟

北周宣帝档案：

生 卒 年：公元559～579年

父　　母：父，宇文邕；母，李娥姿

后　　妃：杨丽华、朱满月、陈月仪等

年　　号：大成

在位时间：公元578～579年

谥　　号：宣帝

庙　　号：无

陵　　寝：定陵

性　　格：荒淫昏庸，残酷无情

点评：

宣帝不是一个能够发展这趋势的领袖人物，他连做一个平庸的君主也不合格。

——沈起炜

宇文赟是北周武帝宇文邕的长子，3 岁时候即被封为鲁国公。公元 572 年，宇文邕杀宇文护亲政后，14 岁的宇文赟被立为太子。公元 578 年，武帝因长年征战，积劳成疾病逝。太子宇文赟即位皇帝，改元大成，是为北周宣帝。

在《周书》中，宣帝在史官眼中的形象是“昏虐君”，即一位典型的暴虐荒淫的皇帝。他在位期间，宠信小人，残害忠良，经常滥施刑罚；又十分奢侈浪费，荒淫不堪，立有五位皇后。他的这些行为致使北周国势日渐衰落，最终为杨坚所篡。宇文赟成为一个荒淫的暴君，其实与其年轻的浪荡不无关系。

宇文赟在年少时整天与一帮小人混在一起，还喜欢别人对他奉承。周武帝对他的教管十分严格，只要犯错，武帝都会严厉的训斥，有时还会使用棍子，但他依然不长进。公元 576 年，武帝为了让太子树立威望，命他巡抚西部边境，讨伐吐谷浑。不料，宇文赟一路上尽与郑译、王端等人狎玩，弄得声名很坏。大军返回后，武帝听了部下报告，大为光火，下令痛打太子，并将郑译等人开除。可惜宇文赟却无丝毫悔改，又把郑译等人召回东宫鬼混。

武帝见此，就动了废立之心。他对宇文赟严厉地说：“自古被废的太子有许多，我也可以废了你，立其他的儿子。”并且下令东宫官吏记录太子言行，每月都向他汇报。宇文赟有些害怕了，于是，他就竭力压抑自己好酒好色的癖好，和众多臣下一样五、六点钟即冒严寒伫立于殿门外等待早朝。这样一来，也就骗过了东宫的官吏，武帝也被他蒙蔽了。

公元578年五月，武帝在征伐突厥的进军途中，突然得病，多日不见好转。他自知时日无多了，于是下令停止进军，并召来宇文孝伯，叮嘱后事。当即任宇文孝伯为司卫上大夫，统帅宿卫兵，又命他快马赶回京城长安镇守，以备不测。六月，武帝病情加重，在返回长安的当晚就去世。太子宇文赟奉遗诏继位，成为北周的第四任皇帝。

当盼望已久的皇位终于轮到自己坐的时候，宇文赟马上就现出了原形。史称“宣帝初立，即逞奢欲”。当时，他的父亲还摆在棺材中，未及入敛。他站在武帝的尸身前，摸着自己曾经被武帝所打过的伤痕，对着棺材大骂：“死得太晚了!”然后就不管尸骨未寒的父亲，把武帝的嫔妃宫女全都叫到面前，全然不顾帝王礼仪把其中一些长得俊俏的全都接收，纳为自己的后宫，以供自己发泄兽欲。与此同时，下令破格提升他当太子时一直为他出谋划策的郑译为开府仪同大将军、内史中大夫，委以朝政。

宇文赟在皇帝的宝座上只坐了一年，由于他贪恋酒色，不愿上朝，于是在公元579年二月，宣布传位给太子宇文阐，自己则称天元皇帝。在他当皇帝的一年里，把整个国家弄得鸡飞狗跳，混乱不堪。即位之初，便诛杀了他的叔父宇文宪，并把宇文宪的儿子也全部杀掉。之后，他认为周武帝所制订的《刑书要制》里的刑罚过于严酷，下令废除。为了收买人心，又大赦天下，将囚犯全部释放。结果，导致犯罪分子十分猖獗，社会一片混乱。这下他坐不住了，为了慑服天下，他又颁布新法《刑经圣制》，其中的刑罚比周武帝时更重，民众稍有过失，马上就会被砍头灭家。另外，他经常会秘密派一些人监视大臣，只要发现有一点点过失，他就会滥施刑罚。按理说，当时他的父亲武帝才去世不久，宇文赟应该居丧才对。可是，他全然不顾这些丧仪，天天在殿前观看歌舞表演，又在后宫聚集无数美女，肆意嬉戏。他还大肆装饰宫殿，浪费国财。这些行为促使北周国事日渐衰落。

当了太上皇后，宇文赟更加为所欲为。他自比上帝，所居住的宫殿称“天台”，对臣下讲话的自称改“朕”为“天”，吃饭时用樽、彝、瓒等古怪的食具。他隐居深宫，纵情淫乐，杨丽华、朱满月、陈月仪、元乐尚、尉迟繁炽等五人并立为皇后。由于长期淫乱，导致他精神紊乱，情绪暴动，常常会因小事鞭挞旁人，连皇后也不放过。每次打人，都要打120棍，还美其名曰“天杖”。

宇文赟就这样折腾着，对不顺眼的人不是打就杀。有一天，皇后杨丽华惹怒了他，他便逼着杨皇后自杀。后来，直到杨的母亲独孤氏进宫苦苦哀求他才免杨丽华一死。后来有一次见到杨丽华，他就恶恨恨地对她说：“我一定要灭了你全家!”随即召杨坚上朝，吩咐左右如果杨坚神色慌张，就立即杀掉他。结果杨坚忍辱负重，不管宇文赟如何激他，都不动声色，神态自若，才没被杀。

由于长期纵情声色，宇文赟的身体十分虚弱。在一次出游中，他略感风寒，第二天就生起病来，而且十分严重，来不及交待后事，当天晚上便一命呜呼。

静帝宇文阐

北周静帝档案：

生 卒 年：公元572～581年

父　　母：父，宣帝宇文赟；母，朱满月

后　　妃：司马皇后

年　　号：大象，大定

在位时间：公元579～581年

谥　　号：静帝

庙　　号：无

陵　　寝：恭陵

性　　格：幼弱无知

点评：

以太祖之经启鸿基，高祖之克隆景业，未逾二纪，不祀忽诸。斯盖宣帝之余殃，非孺子之罪戾也。

——唐·令狐德《周书》

宇文阐，原名宇文衍，他是北周宣帝宇文赟的长子，大成元年（公元579年正月）被立为皇太子。宇文赟当皇帝后，倒行逆施，荒唐透顶，为所欲为。二月，才当了几个月皇帝的宇文赟忽然心血来潮，想尝尝当太上皇的感觉，于是宣布传位于太子宇文阐，改元大象，他自己则称天元皇帝。

宇文阐虽然在名义上当上了皇帝，但是朝廷大权仍由他的父亲宇文赟掌握。七月，宇文阐在父亲的安排下娶了大后承司马消难的女儿司马令姬做皇后。他之所以这样做，是想通过此举提升司马消难的地位，用以削弱威望隆重杨坚的实力。不过，由于荒淫无度，宇文赟于大象二年（公元580年五月）就一命呜呼了，年仅9岁的宇文阐也就没有任何能力来制约杨坚。宇文赟死后，杨坚通过假诏得以大丞相、都督中外军事的身份辅政，不久又以诏书的名义控制了京卫戍部队。由此，杨坚掌握到朝廷的一切军政大权，任何国务都由他做主，静帝宇文阐成了一个摆设，一个傀儡。

杨坚掌政后，为了巩固自己掌控的军政大权，杨坚采取了一系列的措施。他拉拢了一帮真正具有政治才能的人作为亲信，建立了自己的统治核心；清除宗室宇文氏的势力，对宇文氏弟子，杨坚强硬地大开杀戒，毫不手软。与此同时，杨坚又宣布废除周宣帝时期的严刑峻法，停止营建的洛阳宫，减轻农民的徭赋，以此来收买人心。对于一些地方反叛势力，杨坚或强力征伐或分化瓦解，经过半年时间，地方反叛势力全部被平，杨坚基本控制了整个北周。

之后，杨坚改隋国公为隋王，封独孤氏为王后，杨勇为世子，然后设二十州为隋国。同时，他还废除宇文氏对汉人的所有赐姓，恢复原来的姓，进一步削弱宇文氏的影响，做好代周自立的最后工作。

大象三年（公元 581 年）二月，北周静帝宇文阐被迫让位于杨坚，北周灭亡，隋朝建立。宇文阐在禅位后被杨坚封为介国公，食邑万户。不过，只过了 3 个月，杨坚就派人前往杀死宇文阐。宇文阐死时年仅 10 岁，死后葬于恭陵，谥号“静帝”。

隋　唐　五代十国

隋朝

文帝杨坚

隋文帝档案：

生 卒 年：公元 541～604 年

父　　母：父，杨忠；母，吕后

后　　妃：独孤皇后、蔡妃等

年　　号：开皇，仁寿

在位时间：公元 581～604 年

谥　　号：文皇帝

庙　　号：高祖

陵　　寝：陕西泰陵

性　　格：深沉稳重、狠辣多疑

点评：

杨坚道地十足的有马基雅弗利的作风。过去的历史家曾对此隋朝创业之主既褒且贬。他的残酷而兼带着道德的名分，在我们看来已不足为奇。

——黄仁宇

隋文帝杨坚，是隋朝的开国皇帝。他出身于北周时期的一个贵族家族，后来承袭了隋国公的爵号。大成元年（公元 579 年），周宣帝传位于年仅 8 岁的宇文阐，是为周静帝。杨坚以“皇太后父亲”的身份辅政，由此，他把北周军政大权完全掌握在手中。在巩固自己的势力与地位后的第二年，杨坚代周自立，建立隋朝。之后他发兵灭了后梁与南陈，统一了全国。在位期间，他励精图治，推行了一系列的政策措施，其中诸如三省六部制、科举制度等措施对后世产生了深远的影响。

文帝杨坚像

韬光养晦　代周自立

杨坚出生于西魏大统七年（公元 541 年），虽然后来他贵为天子，但在其青少年时期，并没有表现出什么过人的聪明之处。在校读书时，学习不用功，成绩也不好。但是，由于他的父亲官至极品，依靠父亲的功勋，从 14 岁起杨坚便开始做官，15 岁被授官散骑常侍、车骑大将军、大兴郡公，之后官职更是一步一步得到提升。北周武成二年（公元 560 年），周武帝即位，此时的杨坚才 20 岁，但已经被任命为随州刺史。北周天和元年（公元 566 年），杨坚又娶了柱国大将军孤独信的七女儿，地位得到进一步提高。北周天和三年（公元 568 年），父亲杨忠去世，杨坚继承了其父隋国公的爵号。

北周建德四年（公元 575 年），北周武帝亲率大军征伐北齐，杨坚奉命与广宁候薛回率领水师从渭水进入黄河，西击齐兵。由于杨坚指挥有方，北周军队大获全胜。次年，周武帝再次出兵北齐，杨坚被任命为左三军总管。北周建德六年（公元 577 年），北周大败北齐，俘获了北齐因后主逃亡而即位仅 2 天的皇帝高延宗及太子高恒，北齐就此灭亡。杨坚则继续挥师北上，攻破冀州，平定北齐宗室任城王高湝。因为在北周重新统一北方的征伐中立下了大功，杨坚晋封柱国，并被封为定州总管。

杨坚地位的不断上升招来了一些大臣与贵族的妒恨，这些人想方设法想除掉杨坚。北周武帝可能听信了一些谣言，对杨坚也产生了怀疑。杨坚察觉了他的危险处境，于是便韬光养晦。为了打消皇帝的猜疑，杨坚把自己的长女杨丽华嫁给了皇太子宇文赟，此举暂时稳住了他的地位。

北周建德七年（公元 578 年），周武帝死，周宣帝宇文赟即位。周宣帝宇文赟昏庸荒淫，且滥施刑罚，致使上下怨愤。杨坚预感北周的统治不久将结束，便开始做代周自立的工作。他秘密拉拢一些大臣，扩大自己的势力。不过，这也引起了周宣帝的警觉，在一些人的挑唆下，他多次试探杨坚。一次，周宣帝在皇宫埋伏杀手，然后无故召杨坚进宫议论政事。他对杀手说，只要发现杨坚有一点无礼的举动，就将他杀掉。但是，杨坚心中早有准备，不管宇文赟如何激他，他都神态自若。宇文赟也无计可施，但是他又找不到借口，无法下手。他曾对皇后杨丽华大发脾气，直言不讳地说要消灭杨氏一家。

杨坚几经危险，心中不安。为了逃避周宣帝对自己的猜疑，他就想出了一个两全之策。他通过老同学、内史上大夫郑译透露自己想到地方上任职的想法。北周大象二年（公元 580 年），宣帝决定南伐，郑译就推荐了杨坚，宣帝随即同意，任命杨坚为扬州总管。这样，不仅宇文赟放心，杨坚自己也安定了。

不过，南伐大军还没有出动，荒淫的宣帝就病死了。而宣帝的长子宇文阐才 8 岁，根本没有能力统治朝廷。杨坚在侍臣刘昉、内史上大夫郑译的帮助下，伪造了周宣帝的遗诏，以皇太后父亲的身份辅政。之后，杨坚又以诏书的名义控制了京师卫戍部队，由此，北周朝廷的军政大权基本由杨坚控制。

为了巩固自己掌控的军政大权，杨坚采取了一系列的措施。首先，他拉拢了一帮真正具有政治才能的人作为亲信，拒绝了扶持他上位的刘昉、郑译等人共掌朝政的要求，设立丞相府，自任丞相，把这些人置于自己的控制之下。这些亲信们为日后杨坚夺取北周政权奠定了重要基础。

建立了自己的统治核心后，杨坚开始清除宗室宇文氏的势力。对危及自己权力的宇文氏弟子，杨坚毫不手软，宇文泰的五个有实力的儿子被杀掉。对于没有直接威胁的宇文氏势力，杨坚采取安抚与欺骗的手段使其屈服。如位居上柱国、右大丞相的宇文赞被杨坚劝回家。

与此同时，杨坚又宣布废除周宣帝时期的严刑峻法，停止营建的洛阳宫，减轻农民的徭赋，以此来收买人心。通过这些措施，杨坚在京师的统治得到巩固。对于一些地方反叛势力，杨坚则一方面派出军队进行强力征伐，一方面又利用权力进行拉拢。经过半年时间，地方反叛势力被悉数弥平。

此时，杨坚离称帝自立只差最后一步，他也开始了代周自立最后的准备工作。一切都准备就绪后，周大象三年（公元581年正月），杨坚逼周静帝宇文阐退位，代周自立。他在百官的拥戴下，穿上早已准备好的黄袍，登上帝王宝座。杨坚定国号为隋，改元开皇，以长安为首都。

知人善任　统一全国

在隋朝建立之前，杨坚就通过各种方法拉拢各方人才。由于他知人善任，用人不疑，很多人都甘心为他效力。杨坚麾下最杰出的人是高颎，他有着优秀的军事和组织才能。在平定尉迟迥反叛的过程中，高颎担任杨坚的监军。他在前线安抚诸将，鼓舞士气，最终取得了平叛的胜利。隋朝建立后，高颎被文帝任命为尚书左仆射，执掌朝政。开皇九年（公元589年），文帝又任命高颎为大元帅，领兵50万伐陈。朝廷中有大臣嫉妒高颎，于是就诬告高颎手握重兵，有谋反的企图。隋文帝听后，什么也不说，直接把这个大臣拉出去斩了。从这件事可以看出文帝知人善任，用人不疑的气度。

在很长的一段时间里，隋文帝杨坚对高颎“言听计从”，并且把大权交给高颎让他放手去干。高颎也不负文帝的信任，尽心尽力地辅佐，同时也积极地举荐人才，为隋文帝进行的政治、经济改革献计献策。

除了文臣，隋文帝也特别重视对武将的选用。对于那些能征善战的军事人才，他不断进行提拔。这一时期得到重的名将有长孙晟、韩擒虎，贺若弼、史万岁、刘方、崔彭等人。也正是依靠这些人才，隋文帝才能最终完成平叛、卫国、统一的大业，这也为他改革政治、繁荣经济，创造了安定的环境，为后来开创的“开皇盛世”奠定了坚实的基础。

开皇七年（公元587年）四月，为了扫灭南陈，统一全国，隋文帝修复了山阳（今江苏淮安）、江都（今江苏扬州）之间从淮河入长江的水道。之后出兵进攻江陵，灭掉后梁，为荡平南陈扫平了道路。开皇八年（公元588年），隋文帝以次子杨广为统帅，发兵50万大举进攻南陈政权。在这次战争中，武将们个个都取得了卓越的功勋。如贺若弼率先渡过天险长江，韩擒虎则活捉陈后主，杨素沿江东下扫除了残余势力。到开皇九年（公元589年正月），陈朝各地纷纷归降于隋。隋文帝统一全国，结束了自西晋末年以来中国270多年来的分裂局面。之后，隋文帝还平定了地方豪强的叛乱。由此，一个统一的多民族封建中央集权国家又重新建立起来。

励精图治　开皇盛世

杨坚建立隋朝后，为了巩固政权，他采取了一系列有利于社会经济发展的政策措施，这些改革几乎涉及封建社会的各个方面，包括中央和地方的政治体制、赋税、土地制度、法律、钱币、对外关系等。

在政治体制方面，隋文帝废除北周六官制，恢复汉、魏旧制，基本确立了三省六部制度。在中央设三师、三公及五省。三师只是一种给予德高望重者的荣誉职衔，三公则相当于国家机关的顾问，没有实权，也不常设。真正掌握政权的是五省，五省包括尚书省、门下省、内史省、秘书省和内侍省，其中秘书省和内侍省不起重要

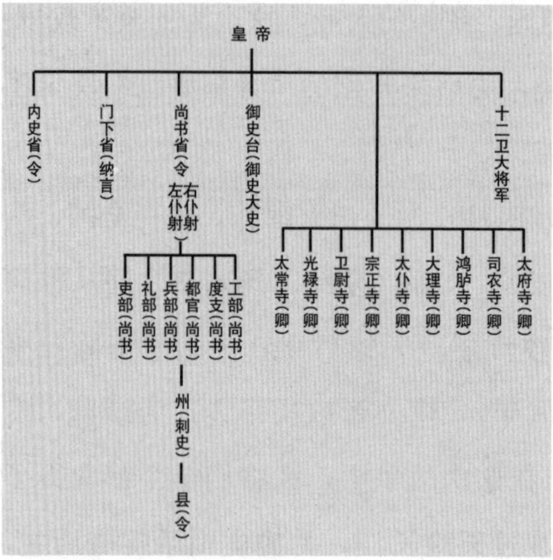

隋三省六部制简表

作用，其他三省才是真正的政权机关。内史省负责决策，门下省负责审议，尚书省负责执行。尚书省是主持日常政务的机构，设有尚书令和左、右仆射各一人，下设有六部。六部包括吏部、礼部、兵部、刑部、户部、工部，吏部负责全国官吏的任免、考查、升降等；礼部掌管祭祀、礼仪及接待；兵部负责全国武官选用和管理兵器、军令等；户部掌管全国土地、户籍、赋税和财政收支等；刑部则掌管法律、刑狱等；工部负责的是各项工程、水利、交通等。三省六部制的确立，使得分工更加明确，组织更加严密，加强了中央集权。这套制度对唐朝及以后历代王朝影响都十分巨大，它的建立也表明了我国封建制度已经发展到成熟的阶段。

在地方，隋文帝下令废除郡，实行州、县两级制。在此之前，北周实行的是州、郡、县三级制，出现了“民少官多、十羊九牧”的情况，造成了极大的财政浪费。隋文帝实行两级制度，并且合并了一些州县，淘汰了大批冗官，这样就节省了国家财政开支，又有利于政令的推行。

为了更加有力的控制地方，杨坚规定九品以上的官员全部由吏部任免，禁止地方官员就地录用僚佐。这些由吏部任免的官员每年都要接受考核。后来，又实行三年任期制，刺史、县令三年就得换一地方，避免出现地方割据势力。同时，隋文帝还改革官员选拔制度，开启科举选拔官员的制度，使各个阶层有才华的人都有机会为政府效力。科举制度对后世的影响巨大，在中国存在的时间持续了将近1300多年，直到清末才被废除，当时的英美等国都借鉴了科举制度作为政府文员的聘用制度。

隋文帝在政治方面的还有一项重要改革——制订与修改《开皇律》。早在执掌北周时代，因不满北周法律的残酷与混乱，杨坚就对当时一些法律进行了修改，但并不彻底。隋朝开皇元年，隋文帝命高颎等人参考魏晋旧律，制订了《开皇律》。开皇三年（公元583年），隋文帝又命苏威、牛弘修改新律。把北周时期的一些残酷刑伐（如宫刑、车裂等）删除，保留500条律令，并对刑罚分类，建立以死、流、徒、杖、笞为主的封建五刑制。隋文帝对法律的改革，减轻了它的残酷和野蛮性，在中国法制史上具有划时代的意义。

在政治改革的同时，隋文帝杨坚也着手于解决土地分配和劳动力的问题。他在北齐、北周的基础上，继续实行均田制。规定每个男子可以分配露田（种五谷）八十亩，永业田（种桑麻）二十亩，妇女可心分配露田四十亩。永业田不归还，露田在受田者死后归还。杨坚还多次下诏减免农民徭役和租赋，与民休养生息。同时，采取“大索貌阅”和“输籍定样”的方法查实应纳赋税和负担徭役的人口。为了加快发展水上运输和农业生产，隋文帝又开凿了许多大型水利工程。此外，隋文帝在乡间设置义仓，其中的储粮由百姓捐纳，以备饥荒时赈济灾民。

上述措施的实行，提高了农民劳动生产的积极性，国家增加了许多劳动力，财政收入也就不断增加，社会呈现一片繁荣景象。由此，隋文帝也开启了一段在历史上被称为“开皇之治”的盛世局面。

猜疑迷信　危机潜伏

隋文帝有着统一南北的伟大功绩，有着建立封建制度的卓越功勋，有着开创开皇之治的历史作为，可谓一个优秀的皇帝。但是，在这些辉煌功绩的背后，他也有着平庸鄙陋的一面——猜忌、喜怒无常、迷信佛教等。

虽然在统治的初期，为了巩固自己的势力，隋文帝知人善任，让其手下的大臣们放手去做。但由于他自己是代周篡位的，因此他十分注意加强专制统治，对于一些功勋卓著的文官武将又保持警惕，密切注意他们的言行，唯恐这些人走自己的道路，颠覆杨家天下。杨坚经常派人四处查访，一旦发现犯错者，都会对其进行严厉处罚。如有一次，刑部侍郎穿了一条红裤子上朝，说这样可以官运亨通。但是文帝看到之后，把穿红理解成辟邪，上朝穿辟邪的衣服也就是说把皇帝看成了邪，于是马上下令推出去斩首。到了他的晚年，曾经帮助他建立统治的一些功臣或遭杀戮，或被废弃，其实这些功臣们并没有什么过错，只不过成了杨坚猜疑的牺牲品罢了。

杨坚除了猜疑心很重，也非常迷信。对于佛道、符瑞、阴阳五行及各种鬼怪，杨坚都十分崇信。他让原来的和尚、道士重操旧业，并在各地营建佛寺，修塑佛像。在他的影响下，佛教在北周武帝之后再一次兴盛起来。此外，杨坚喜欢大兴土木。即位的第二年，他就下令在旧城西北新都城，命名大兴宫。开皇十三年

（公元593年），杨坚又命杨素在岐州营造仁寿宫，为赶工期，数万民工累死。

杨坚的行为，使他失去了大批可利用的朝臣，同时也招来了许多小人。虽然在他的晚年，隋朝还处于繁盛的时期，但潜在的危险已经露出端倪。后来，又由于选错了继承人，他开创的大好江山也被葬送。

炀帝杨广

隋炀帝档案：

生卒年：公元569～618年

父　　母：父，文帝杨坚；母，独孤皇后

后　　妃：萧皇后、萧嫔妃、陈贵人等

年　　号：大业

在位时间：公元604～618年

谥　　号：炀帝

庙　　号：世祖

陵　　寝：葬于今扬州市西北的雷塘南平冈

性　　格：荒淫昏暴，好大喜功

点评：

隋朝第二个皇帝杨广才能盖世，做事却不加思索。

——黄仁宇

杨广是隋文帝杨坚的第二个儿子，在登基称帝之前，他抑制他

荒淫奢侈的本性，通过阴谋争宠，最终成功谋得太子地位。杀害父亲杨坚自已称帝后，杨广性格中专擅福威、纵情声色的一面马上就显现出来，他虽然也作出过伟大的功绩，但是更多的时候是荒淫残暴、穷奢极欲。杨广的这些行为使得众叛亲离，百姓穷困，最终官逼反民，把一个大好江山给葬送。

炀帝杨广像

少年英才　谋储逼宫

杨广自小就聪明伶俐，诗词文章样样都行。当杨坚还是北周大臣的时候，杨广就已经被封为雁门郡公，当然这得益他父亲的功勋。杨坚即位称帝后，封杨广为晋王，并让他担任并州总管，此时杨广年仅 13 岁。第二年，隋在并州设置河北道行台尚书省，杨广又任武卫大将军上柱国河北道行台尚书令。

年仅十几岁便担此大任，除了杨广聪明，更多则是隋文帝杨坚为了巩固其统治而为之。文帝吸取了北周孤弱而亡的教训，因此他把他的儿子派到地方，各掌一方，以此来稳固杨家统治。为了使这些皇子们能够堪此大任，文帝从朝中精选了一些正直且有才望的人来辅佐他们，杨广周边的辅佐大臣是王韶等人。王韶等人不负文帝所托，尽心尽力辅佐杨广，使杨文在文才武略方面得到很大进步。

开皇八年（公元 588 年），隋文帝以次子杨广为统帅，发兵 50 万大举进攻南陈政权，第二年春，就把陈朝灭掉。虽然此时的杨广是最高统帅，但基本上是坐享其成，因为实际指挥部署作战的是元帅长史高颎，攻城略池的则是武将贺若弼、韩擒虎、杨素等。杨广攻下建康后，把陈后主身边的有害于人民的邪佞之臣都杀掉。同时他又让高颎和元帅府记室参军裴矩一起收缴南陈地图和户籍，封存国家府库，金银财物不取分文，这样的风度使杨广获得了天下人民的称赞。之后，他晋封太尉，再任并州总管。

后来，在平定江南士族高智慧叛乱、反击突厥等战争中，杨广作为统帅皆立下大功。在文帝的五位皇子中，杨广的战功是其他几位皇子所不及的。由于官职、地位的不断提升，杨广开始觊觎皇位。不过，实现这个愿望有点难，因为文帝在即位后不久就已经立长子杨勇为皇太子，杨勇是法定的皇位继承人，如果杨勇没有死亡或被废掉，杨广是没有机会当皇帝的。

杨广十分清楚，只有皇帝废掉杨勇，他才能夺得太子之位。于是，在后来的岁月中，他做了两件事情，这两件事情就是讨父亲的欢心和秘密培植自己的亲信党羽。

首先，杨广通过阴谋权术不断迎合文帝与独孤皇后。文帝本人十分节俭，孤独皇后痛恨男子宠爱姬妾，太子杨勇没有心机，无视文帝及皇后的性格，偏偏喜欢奢侈与女色，久而久之，文帝与皇后都对他产生了厌恶之感。而杨广呢，虽然也喜奢侈与女色，但是他为了得到太子之位，先把这些都暂时的隐藏起来。他只和王妃萧氏住在一起，不宠爱其他姬妾。每当文帝和孤独皇后到杨广住的地方的时候，他都会事先进行布置，把一些年轻美貌的姬妾藏起来，让一些年老丑陋的人穿上粗布衣服。文帝与独孤后见此，就逐渐地开始宠爱他了。而对于文帝和独孤后派来的人，他都会以礼待之，临走时还会送上礼物。这些人因为得了好处，在文帝和皇后面前都是好话连连，由此，杨广在文帝心和独孤后心目中的地位不断攀升。

当然这些还不够，改立太子之事必须还要得到朝中大臣的支持。杨广勾结了不少在朝中与太子杨勇不和的大臣，其中就有著名的大将杨素，这些大臣们平日里在文帝和皇后面前不断中伤杨勇，文帝遂起了罢黜之意。开皇二十年（公元 600 年），杨勇被废为平民，太子党被消灭，杨广如愿以偿。

仁寿四年（公元 604 年），文帝病重卧床不起，杨广认为他登上皇位的时机到了，于是写信给杨素请教如何处理后事。不料送信人把杨素的回信错送给了文帝，文帝看后大骂不已。这时，又有文帝宠妃陈氏告状说杨广在夜里调戏她。文帝这才看清杨广的本性，便命令身旁大臣拟诏书重立杨勇为太子。杨广得知消息后，立即与杨素密谋，带兵包围了皇宫，谋杀了文帝，之后，又杀掉杨勇及其他兄弟。就这样，杨广以弑父杀兄的手段登上了皇帝的宝座。

改新律制　大兴工程

登上皇位后，炀帝杨广还是做过一些事情的。即位之初，他下诏免除妇人与奴婢、部曲的课役，男子成丁的时间由 21 岁改把 22 岁，以缩短服役的时间。之后，他又并省州县，改州县为郡，改部分台、省、府、寺官名。制定新的法律《大业律》，除去《开皇律》中的十恶条款，并把其中一些重刑改为轻刑。正式设立进士科，确立了在我国延续了一千多年的科举制度，对中国封建社会产生了极大的影响。此外，杨广还恢复了文帝时期取消的国子监、太学等，兴建学校，整理典籍。

为了消除自西晋末年以来的分裂割据的遗迹，巩固隋王朝的统治，杨广开始建造一系列浩大宏伟的工程。即位后的第一年，他就决定营建东都洛阳。他任命杨素领营东都太监，每月役使200万人，整个工程仅历时一年就全部完工。在营造东都洛阳的同时，杨文又下令在洛阳西郊建造“西苑”，整个西苑周围两百多里，苑内有海，海中有岛，苑内建筑极其华丽，共有16个院落，每个院落由一个妃子主管。

在杨广修建的所有的大型工程中，最著名的当属大运河。公元605年，为了加强对南方的统治及方便游玩，杨广征调了大量民工，历时6年，开凿出一条北起涿郡，南到余杭，全长达五千多里的大运河。整个工程共运用约1.5亿人工，分摊到当时隋朝百姓的头上，相当于每户就要出近20个人工。这也就导致了无数民工累死，饿死，有的民工还被杨广杀死，据说当时有一段河道没有挖到规定的深度，杨广勃然大怒，下令将施工的所有人都活埋。大运河的修成可谓是由累累白骨堆砌而成的。

杨广在位期间这一系列的浩大工程，一方面显示了杨广滥用民力，穷奢极欲的本性，导致国家大量金钱被消耗，但话又说回来，这些工程又的确加强了隋朝对全国范围内的统治，维护了国家的统一。如东都洛阳的建设和大运河的修建，为中国经济重心转移到南方后，整个国家的政治、经济布局提供了有效的方案，为中国后世的繁荣富强打下了牢固坚实的基础，影响了中国以后1000多年的政治、经济规模与格局。

荒淫无道　奢侈巡游

杨广曾经为了得到太子之位，把自己荒淫奢侈的一面隐藏起来，在文帝和皇后面前装出一副仁孝恭俭的样子。当他得到帝位之后，这忍隐许久的一面马上就暴露无遗，奢侈的千里巡游，数以千计的后宫佳丽，这些作为也使得他成为中国历史上妇孺皆知的荒淫残暴的君王。

杨广是一个好色之徒，在父亲临死的时候，他就调戏过父亲的宣华夫人陈氏，杀死父亲夺得帝位后没过几天，他就把宣华夫人叫来与他同床共寝。他的后宫除了萧皇后和众多的贵人、美人，还有在西苑的16院夫人及宫女数千人。但杨广还是嫌不足，又下令江淮诸郡每年都要挑选资质端丽的童女送入宫中。

杨广除了好色，还生性好动。从大业元年（公元605年）起，他先后三次通过大运河到江都巡游。每一次游玩，气派都大得惊人。如第一次巡游江都，大小船只数千艘，他坐的船叫龙舟，高四十五尺，宽五十尺，长两百尺，有四层，上层为正殿和东西朝堂，中间二层有120间房子，装饰极为华丽，最下层为内侍宦官住所。随行的嫔妃、王公大臣船只数千艘首尾绵延长达二百余里，光是拉船的纤夫就有8万多人。船队所过的州县，五百里内都要贡献食物，都是水陆珍奇，佳肴美味，吃不掉就倒掉。这些食物所花金钱都是沿途官员盘剥百姓而来，这也就导致沿途许多百姓倾家荡产，民不聊生。

不仅如此，他还不惜民力，追求新奇，游玩的花样层出不穷。有一年，杨广不走水路，而走陆路去巡游。依旧气派非凡，带兵50万，旌旗辎重绵延千里。征调了10多个郡的民工，在太行山上为他开凿了一条通往并州的大道。又令民工在榆林至涿郡修建了一条长三千多里，宽百步的御道。同时，又征调100万人，限期20天，修筑长城，以保护他的安全。

经营西域　东征高句丽

杨广荒淫无道的生活给人民带了无尽的痛苦，但是，面对饥寒交迫的人民，杨广没有采取有力的措施来改善民生缓解矛盾，而是通过四处征战的方式来转移人民视线。他动员了全国大量的人力、物力和财力，从而在更大程度上加剧了国内的阶级矛盾。

杨广四处扩张巩固边防，为了开展对外贸易，决定开发经营西域。在此之前，他先是派兵打败了西突厥的处罗可汗，扫清一大障碍；然后又出兵击败吐谷浑，将其领地建成四郡，派遣官员治理，保证和西域的畅通。

按理来说，经营西域的话，可以有效地促进贸易，发展经济。但是，炀帝杨广却是一个好大喜功、贪慕虚荣的人，他经营西域并不是为了发展经济，而是为了炫耀隋朝有富有。他用金钱来引诱西域的商人来朝贸易，还命令西域商人所经过的地方郡县要殷勤招待。大业六年（公元 610 年），杨广还在洛阳大演百戏来招待西域商人，前后达一个月之久。为了炫富，他命令洛阳所

隋炀帝龙舟出行图　清　佚名

有的店铺都要用华丽的帷帐装饰，西域的商人们在洛阳可以随便吃、随便住，而且不花一分钱。杨广这些劳民伤财的的措施造成了很多人贫困破产，国家为经营西域所耗费的资财每年多达亿万钱。由于他的贪慕虚荣，白白地浪费了国家巨大的财富。

但是，杨广向外经营扩张规模最大，时间最长的并不是经营西域，而是发动的对高句丽的三次侵略战争，这三次战争耗尽了隋文帝励精图治20年所积累的丰厚遗产，给人民造成了深重的灾难，弄得天下百姓怨声载道，隋朝也由此走向衰竭、灭亡。

大业三年（公元607年），杨广巡游到东突厥，在启民可汗的大帐碰巧遇上高句丽使者。炀帝想让高句丽王高元到隋朝，结果高句丽王拒绝。隋炀帝便以此为借口，准备出兵征伐高句丽。

在出征前，他做了充分准备。征调大批工匠在东莱大规模造船，为了赶工期，很多工匠被迫在水中昼夜工作，长期的浸泡使许多人腰以下都生蛆了，死者无数。他还征江淮的大量民工与船只从洛阳往涿郡运粮。大业八年（公元612年），杨广下诏大举进军。隋军130万人，号称200万，分水、陆两路进军。结果水陆军队都失败，这次征伐给人民带来了无穷的灾难，和地的农民起义不断，给隋朝的统治造成了严重威胁。

而对风起云涌的农民起义，隋炀帝不思悔改，于次年又发动了第二次对高丽的战争。这一次作战布置和第一次基本相同，可是当陆军到达前线的时候，黎阳杨素的儿子杨玄感发动了叛乱，无奈之下，杨广只能撤军回救洛阳，第二次东征又告失败。

此时隋朝的元气已经大伤，隋炀帝丝毫不管即将到来的灭顶之灾，于大业十年（公元614年）又发动了第三次对高句丽的战争。

虽然最终取得军事上胜利，但这已经阻挡不了隋朝即将走向灭亡的颓势。

官逼民反　身死兵变

隋炀帝统治以来数次巡游以及穷奢极欲的挥霍消耗了巨大的财富，使得隋朝的经济走向崩溃。而无止境的徭役和兵役，使得千千万万的农民无法生活。农民无法生存，只有铤而走险，举义反抗暴政了。隋末第一支农民起义军是由山东长白山的王薄号召起来的，他的口号是反对远征高丽，无数逃避兵役徭役的农民参加进来。之后，各地备受兵役徭役之苦的人民纷纷响应。

杨广仍不知收敛，依旧我行我素，奢侈残暴，而且拒不纳谏。三征高句丽后，杨广又要去东都游玩，当时的太史令就进谏，要炀帝不要只顾玩乐，应关注民生。结果炀帝很生气，把太史令杀掉，其他一些劝谏的也都被杀或者被贬。

在内外叛离的情况下，杨广就准备南游江都，避开农民起义的锋芒。他继续征调大量民工，命他们在江都重造龙舟送来东都。大业十二年（公元 616 年），龙舟造好送来洛阳，杨广不顾朝廷的安危，杀了一些劝谏的大臣后，便去江都巡游去了。在江都的一年多时间里，各地起义不断击败隋朝军队，许多地方的武装势力见隋朝即将灭亡，也纷纷起兵自立。其中太原留守李渊起兵直接攻下隋朝都城长安，并立杨广的孙子杨侑为傀儡皇帝，遥尊炀帝为太上皇。

终于，暴君杨广的末日来临。义宁二年（公元 618 年）三月，杨广准备从江都迁往长江以南的丹阳城，但是随驾的卫士多为关中人，早已怨恨久居江都不还，见杨广还要南迁，纷纷谋划逃回故里。

这时，虎贲郎将司马德戡、元礼等利用卫士们思乡的情绪，共同推举宇文述的儿子宇文化及为首领，发动兵变，将杨广用由带勒死，立杨浩为帝，率领众卫士返回关中。

同年五月，李渊废隋恭帝杨侑，称帝，国号唐，隋朝从此灭亡。

恭帝杨侑

隋恭帝档案

生 卒 年：公元605～619年

父　　母：父，杨昭；母，韦氏

后　　妃：不详

年　　号：义宁

在位时间：公元617年十一月～618年五月

谥　　号：恭皇帝

庙　　号：无

陵　　寝：不详

性　　格：聪明，大度

点评：

尤可怪的是东死一侗，西死一侑，两兄弟不约而同，好似冥冥中注有定数。

——蔡东藩

杨侑是隋炀帝杨广的孙子，他的父亲杨昭是杨广的长子。隋炀帝即位后，即立其长子杨昭为太子。大业二年（公元606年），身为皇太子的杨昭暴病身亡，当时他的儿子杨侑才两岁。但是，作为隋炀帝的孙子，杨侑必须面对他祖父暴政统治所带来的后果。

相对于后来所受的苦难，在杨侑小时候，他的日子还是过得挺滋润的。杨侑自幼就比较聪明，有着过人的才气，所以颇受隋炀帝的喜爱。加上他的父亲早亡，或许是为了补偿他，炀帝封给了他许多爵位。杨侑 3 岁时就被立为陈王，后来又被封为代王，因此他能够享受一万户的食邑。

大业九年（公元 613 年），隋炀帝率兵亲征辽东，杨侑被任命为京师总留守，镇守西京长安。六月，杨素的儿子杨玄感在黎阳起兵反隋，围攻东都洛阳，杨侑调派 4 万精兵东击叛军，成功解除洛阳之围。大业十一年（公元 615 年），杨侑 11 岁，他随着炀帝到山西晋阳（今山西太原）巡视，随后又被任命为太原太守。第二年的二月，隋炀帝在农民起义不断的逼迫下，南下江都（今江苏扬州），并下令修建丹阳宫，企图固守江南，维持半壁江山。杨侑并没有跟随，而是被诏令据守长安。

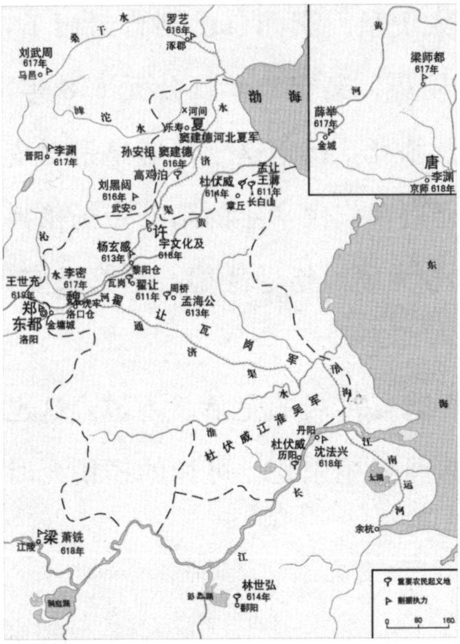

隋末农民起义晚期势力分布图

隋朝末年的叛乱起于大业七年（公元 611 年），当时山东的邹平、王薄在长白山起义。此后，各地的农民和统治阶级内部纷纷起兵反对隋炀帝的统治，李渊、李世民父子也乘势起兵。

李渊，字叔德，祖父李虎在西魏时官至太尉，其父李昞，也是北周的高官，他的母亲则是隋文帝独孤皇后的姐姐，这些关系为李渊后来的崛起起了重要的作用。隋炀帝即位后，李渊即被任命为荥阳（今河南郑州）、楼烦（今山西静乐）二郡太守。大业九年（公元613年），杨玄感公开起兵反隋，但此时的李渊没有贸然行动，他还把一些秘密情报上奏朝廷，因此，隋炀帝任命他为弘化郡留守。大业十一年（公元615年），李渊拜山西河东慰抚大使。大业十三年（公元617年），又拜太原留守。

当时，农民起义已经遍布全国，政局十分动乱。李渊召集了一支部队，起兵反隋。李渊的目标很明确，直取长安，以便号令天下，建立新的王朝。大业十三年（公元617年）十月，李渊赶到灞上。经过一个多月的激战，终于攻陷了故都长安，俘获了留守在这里的杨侑。

李渊入长安后，觉得称帝的时机还不成熟，于是就立杨侑为皇帝，改年号为义宁，遥尊隋炀帝为太上皇。李渊自己则晋封唐王，总揽军国大权，牢牢控制了长安的局势。义宁二年（公元618年）五月，隋炀帝在江都被部将宇文化及杀死，杨侑这个傀儡皇帝对李渊也就没有任何用处。于是，李渊逼迫在位仅半年的隋恭帝杨侑禅让，自己在太极殿即位称帝，立国号为唐，年号武德，定都长安，隋朝由此灭亡。

杨侑禅位后，被降为国公，过着隐秘寓居的生活。不过，这也只是暂时的，次年五月，李渊便派人将杨侑杀死。可怜的杨侑死时才15岁，被谥为“恭皇帝”。

中国皇帝全传

丰富、系统、全方位的再现历代皇帝的人生历程

于立文／主编

辽海出版社

壹

图书在版编目（CIP）数据

中国皇帝全传 / 于立文主编．—沈阳：辽海出版社，2015. 7

ISBN 978-7-5451-3517-6

Ⅰ．①中… Ⅱ．①于… Ⅲ．①皇帝—列传—中国 Ⅳ．① K827=2

中国版本图书馆 CIP 数据核字（2015）第 171933 号

中国皇帝全传

责任编辑：段扬华　柳海松　冷厚诚
责任校对：顾　季
装帧设计：马寄萍
出 版 者：辽海出版社
地　　址：沈阳市和平区十一纬路 29 号
邮政编码：116003
电　　话：024-23284473
E - mail：dyh550912@163. com
印 刷 者：北京一鑫印务有限责任公司
发 行 者：辽海出版社
幅面尺寸：787mm × 1092mm　1/16
印　　张：80
字　　数：1280 千字
出版时间：2015 年 8 月第 1 版
印刷时间：2015 年 8 月第 1 次印刷
定　　价：498. 00 元

前　言

在中国两千多年漫长的封建社会里，皇帝是国家的最高统治者，是封建专制统治的象征与代表。而最初，皇帝只是皇、帝的合称。“皇者，大也，言其煌煌盛美。帝者，德象天地，言其能行天道，举措审谛。”《春秋繁露》中又说：“德侔天地者，称皇帝。”所以人们在考量上古的贤君时，根据他们各自的功绩，将能够配得上皇、帝之称的八人合称为“三皇五帝”。可见，此时的“皇”和“帝”还分别为两个称号，不同时用于一人身上。秦始皇统一全国后，自认为是“德兼三皇，功高五帝”，遂将“皇”“帝”两个人间最高的称呼结合起来，作为自己的帝号，自此以后，皇帝一词便正式成为中国古代王朝最高统治者的专称。

从秦始皇到溥仪的两千多年间，中国大地上共出现了四百多位皇帝，他们或经历中华民族大发展的高峰，或崛起于民族危亡的低谷，或消沉在陌路悲歌里，或堕落在盛世赞歌中。但无论是流芳千古的“圣主”，还是遗臭万年的“暴君”，只要他们一坐上“龙椅”，便拥有了至高无上的权力。“普天之下，莫非王土；率土之滨，莫非王臣”，皇帝这一中国历史上最重要的人物，掌握着国家的全部大权，独断专行，决定着国家的命运与臣民的生死荣辱。他们的功过是非，关系到了封建国家的盛衰、民族的兴亡和个人的成败。从某种角度上说，中国的封建历史就是皇帝的历史，因此了解皇帝们的活动，对了解中国封建历史具有相当重要的意义。

历史是一面镜子，“以史为鉴，可以知兴替”。为了便于读者了解史实，理清历朝历代的脉络，并对其有一个较为清晰准确的认识和把握，我们编写了这部《中国皇帝全传》。

本书汇集了历朝历代四百多位皇帝的传记，上起始创“皇帝”名号的秦始皇，下迄清朝末代皇帝溥仪，正史所承认且建元的皇帝大多囊括其中，有些伪帝、隐帝或正史中无传的则舍弃不录，大体反映了历代皇帝的全貌。全书按朝代先后顺序编排，对于其中一些著名的、在历史上有重大影响的皇帝，如秦始皇、汉武帝、唐太宗等，记述较为详尽，对于那些昏庸荒淫但史事颇多、恶迹昭彰的亡国之君如隋炀帝、陈后主等也叙述较详，而一些如同傀儡的皇帝则以简笔勾勒。既重点突出，又全面兼顾。本书的编写，以史实为主，其材料基本来自正史，也兼采别史、稗史的记载；以政事为主，兼涉轶闻、生活，具有史料性、知识性、可读性。从中可见历代皇帝们的朝廷政务、后宫生活；得位根由、身死原因；音容笑貌、脾性嗜好等。每位皇帝独立成传，既带有浓厚的传记色彩，也不乏鲜为人知的趣闻、生动的细节。

为方便读者查阅相关历史知识，本书为每个皇帝都建了一个档案。档案采用事类表的形式，介绍了每个皇帝的生卒年、父母、后妃、年号、在位时间、庙号、谥号、所葬皇陵以及性格，全面而详细，可谓一部实用的中国历史工具书。另外，本书还设有点评一栏，汇集了古今中外众多史学家和历史研究者的评述，使读者对每个皇帝有立体而全面的认识。此外，我们尽可能地为历代皇帝插配了肖像图，图文并茂，力求将每个皇帝真实地呈现在读者的面前。

本书力图通过创新的体例、丰富的内容、精美的图片等多种要素的有机结合，立体、真实地再现历代皇帝的人生历程，深刻揭示中国古代社会由乱到治、由治到乱以及繁荣衰败的内在规律，诠释中华民族嬗变兴替的艰辛过程，使历史研究更好地服务于当代。

目　录

秦　汉　三国

两晋　十六国　南北朝

隋　唐　五代十国

宋 辽 金 西夏

元 明 清

秦　汉　三国

秦朝

始皇帝嬴政

秦始皇档案：

生 卒 年：公元前259～前210年

父　　母：父，秦庄襄王子楚；母，赵太后

后　　妃：不详

年　　号：无

在位时间：公元前246～前210年

谥　　号：无

庙　　号：无

陵　　寝：秦陵

性　　格：智略果毅，暴戾贪婪

点评：

他的残酷无道达到离奇之境界，如何可以不受谴责？可是他统一中国的工作，用这样长远的眼光设计，又用这样精到的手腕完成，又何能不加仰慕？

——黄仁宇

秦始皇名叫嬴政，是秦庄襄王嬴子楚的儿子，秦王朝的开国皇帝。他结束了多年的战国混战，开创了中国的统一时代。他以锐意进取的精神、统一天下的气魄、改革创新的胆识，创建了中国历史上的第一个封建王朝，这对中国乃至世界历史都产生了深远而厚重的影响，他被明代思想家李贽誉为“千古一帝”。然而，他的骄奢淫逸、贪婪残暴又为世人所痛恨。自古以来，嬴政一直是一个备受争议的皇帝。

秦始皇像

传奇人生的开始

作为一位开创历史的伟大君王，嬴政的童年也引起了无数人的好奇。很多人都想知道，什么样的环境造就了他的传奇。

嬴政的父亲名叫子楚，又名异人，是秦昭王的孙子、秦太子安国君的儿子。不过这个尊贵的身份并没有给他带来什么好处，因为安国君妻妾众多，生下的儿子共有20多个，子楚排行居中，根本不受宠。战国七雄争霸，七国为了各自的利益，时而结盟，时而攻占，瞬息即变。就在短暂的结盟时期，子楚被送到赵国邯郸作质子。即使当时秦国在七雄中实力最强，可是作为人质的子楚生活得很窘迫，衣食都难以维持。他身边只有一个叫赵升的仆人，这就是后来那个“指鹿为马”的赵高的父亲。

任何时代都有投机者，动乱的战国时期自然也少不了。其中有一个卫国人叫吕不韦，他是个既有头脑又有野心的人。他做投机生意发了财，就想怎么样在政治上捞一笔。他常年往来各国都市，熟悉各国形势，即使宫闱秘闻也了如指掌。他认真研究了天下形势，认为统一是大势所趋。而最有能力统一天下的，就是最强大的秦国。秦昭王这时已疾病缠身、日薄西山了，太子安国君很快就会继位。安国君虽儿子不少，他的正妻华阳夫人却无子。经过一番筹划，吕不韦把眼光投向了此时穷困潦倒的质子子楚，认为奇货可居。他想在子楚身上实现自己成为“定国立君”大功臣的政治梦想。

吕不韦先前往赵国结交了子楚，并送给他大量金钱珠宝。在他的资助下，子楚不仅锦衣玉食，而且很快就与各国公子结交，成为邯郸有影响的人物。接着，吕不韦就来到秦国，拜访了华阳夫人。因为无子，华阳夫人时刻都在担心着自己的地位不保。吕不韦就在这一点上做文章，劝说华阳夫人在安国君的儿子中选一位孝顺的，过继到自己名下，并正式立其为继承人，这样她的地位就有保证了。这番话说到了华阳夫人的心坎上。见她心动，吕不韦又谈到子楚在赵国的作为，说他是个有能力的人，而且子楚时时感念着华阳夫人以前对他的照顾。华阳夫人听得心花怒放，当即就下决心要立子楚为嗣。华阳夫人先与安国君商量此事，但安国君不为所动。于是，她就联合秦昭王的王后一起给秦昭王吹耳边风，从而顺利获得了昭王的首肯。这样，立子楚为嗣的大事最终确定了下来。

吕不韦为子楚争取到王位继承权后，就返回邯郸，终日与他为伴，并支持他广交天下英豪，为继位做好准备。嬴政的母亲赵姬就是这个时候吕不韦送给子楚的。

赵姬本是街头卖唱女，后来做了吕不韦的小妾。吕不韦认为君王身边要有一个自己掌控的人，以后自己的从政大计才好实施，就决定把自己宠爱的赵姬送过去。赵姬本不情愿，但吕不韦巧言劝导，说她嫁给了子楚，以后就是王后，天下最有权势的女人就是她了。赵姬这才勉强同意了。而子楚当了多年的落魄质子，如今 20 多岁了，还没婚配。此时吕不韦送来年轻貌美的赵姬，他自然如获珍宝，对赵姬十分宠爱，对吕不韦则更是感恩戴德，言听计从了。

赵姬不久生下了一个儿子，就是嬴政。按当时的习俗，孩子在哪里出生，就采用当地的姓氏。嬴政生于赵国，又是正月出生，所以子楚为他起名赵政，谐音为正。后来秦灭了赵国，他才从秦姓，改名为嬴政。就这样，千古一帝秦始皇，在一位投机商人的策划中来到了人间。

此时秦赵两国失和，又打起来了。在嬴政 9 个月大和 1 岁多时，秦军两次进攻邯郸。在他 3 岁时，秦将王龁又指挥重兵进攻邯郸，破城只在旦夕间。已经穷途末路的赵国，就打算杀了子楚来泄愤。子楚得到消息，就和吕不韦商议对策，后来他向守城官吏重金行贿，才逃出邯郸，去投奔围城的秦军，接着就顺利返回了秦国。子楚逃走后，嬴政母子就成了赵国杀戮的对象。他们在吕不韦的帮助下，四处躲藏，最终幸运地逃过劫难，但是也开始了多年的流浪生活。

嬴政 8 岁时，秦国的政局发生了变化。秦昭王去世，太子安国君即位，称秦孝文王。华阳夫人为王后，子楚为太子。这时秦赵两国在赵国割地求和后，也息兵休战。两国关系缓和了，赵国就把嬴政母子送回了秦国。

安国君做了几十年太子，终于等到继位，可他做王的时间太短了。为秦昭王服丧一年后，他正式称王，仅过 3 天就死了。接着子楚继位，称为秦庄襄王。不过他也只坐了 3 年的王位，就归天了。这样，年仅 13 岁的嬴政就登上王位，开始了他的称霸之路。

清君侧　灭六国

嬴政即位后，并未掌握实权。王政由母亲赵太后和相国吕不韦把持。子楚为王时，吕不韦就做了相国，并被封为文信侯。到了嬴政做秦王，他的势力也进一步扩大了。赵太后诏令吕不韦做嬴政的“仲父”，并代嬴政执政。

赵太后就是赵姬，还不到30岁就成了太后。她原本就与吕不韦关系匪浅，现在年轻守寡，很快就与他旧情复炽。虽然两人极力隐瞒奸情，但宫闱丑闻总有传出去的一天，何况嬴政已经逐渐长大，对母亲的私情也有所察觉。精明的吕不韦为了避免大祸临头，就找了个替身嫪毐冒充宦官，送进王宫，侍奉赵太后。嫪毐深得太后的宠爱，很快就身居要职了，也成了朝中官员争相结交的对象。这样，吕不韦和嫪毐两大政治集团，就成了嬴政亲政的主要障碍。

嬴政从小就被人嘲笑为“私生子”，他个性倔强，不甘受气，经常与人打架，带着一身伤痕回家。因此，他一直对送母亲赵姬给父亲子楚的人——吕不韦，特别痛恨。嬴政做了秦王却没有实权，权力都被吕不韦掌控不说，还要称他“仲父”，自己的母亲还与他关系暧昧。嬴政更觉得这是奇耻大辱，对吕不韦恨到骨子里。现在又多了一个太后的情夫嫪毐，他自然也容不下。

此时的吕不韦权势滔天，野心自然也越来越大。他召集三千门客，让这些人著录见闻，然后以自己的名义集结成书，命名为《吕氏春秋》。这样，秦国吕氏之书就可以包罗万象，压倒诸子百家了，其狂妄可见一斑。而嫪毐自做了太后的情夫，就列土封侯，气焰更是嚣张，他以为可以掌控天下了。此时的嫪毐已不满足于高官厚禄，竟然企图谋害嬴政，好让太后与自己的私生子做秦王。

秦王八年（公元前239年），此时嬴政已经21岁了，按祖制他再等一年就可以亲政。但是多年的磨砺养成了他坚韧好强的性格，他君王的尊严不容亵渎，加上严峻的政治形势，他再也没有耐心等待下去了。

秦王九年（公元前238年），嬴政前往雍州举行加冠仪式，嫪毐趁机盗用了秦王玺和太后玺，妄图杀王夺政。早就等待多时的嬴政果断反击，成功镇压了暴乱，活捉了嫪毐。最后他车裂了嫪毐，诛其三族，并处决了乱党。嬴政还杀死了太后与嫪毐的两个私生子，同时把太后幽禁于雍城宫。后经群臣多次劝谏，他才把母亲迎回咸阳。

铁血夺权走出了成功的第一步后，年轻气盛的嬴政并没有被这小小的胜利冲昏头脑。对为相多年、势力盘根错节的吕不韦，他并没有贸然清除。直到秦王十年（公元前 237 年），嬴政已经牢掌大权，才开始行动。他先免去吕不韦相国的职务，命其迁居封邑洛阳，然后以其勾结山东六国叛乱为名，派人给吕不韦送去一封质问书。信中强烈谴责吕不韦于秦无功却封土洛阳，食邑十万，与秦无亲却妄尊仲父，最后表示要吕不韦迁居西蜀。吕不韦是个聪明人，知道嬴政对自己已经动了杀机，就干脆服毒自杀了。吕不韦一死，嬴政很轻松地彻底摧毁了他经营多年的政治集团。

这样，年仅 24 岁的嬴政运用他睿智的头脑和冷酷的手腕，终于肃清了政治上的全部障碍，开始了统一天下的宏图伟略。

嬴政的大半生几乎都是在战争中度过。他是天生的将才，天才的领袖。为了早日一统天下，他一边铁血清君侧，一边时刻关注山东六国的局势。他慧眼识才，提拔了一大批文武名臣，其中包括一代名将王翦、蒙恬，社交家顿弱、姚贾和谋士尉缭与李斯等人。在众人的辅佐下，嬴政的灭六国之战进展十分顺利。他先与实力强大的楚国和齐国交好，然后就讨伐国力较弱的韩国、赵国、燕国和魏国。这样楚国和齐国坐看几个小国灭亡，不仅不相助，还趁火打劫，分一杯羹。不过秦军的矛头很快就指向了他们。这样楚、齐两国也孤立无援，很快就被灭掉了。从秦王十七年（公元前 230 年）灭韩开始，到始皇二十六年（公元前 221 年），嬴政用 10 年的时间，终于完成了统一中国的大业。

全面革新　创立帝国

俗话说，创业难守业更难。嬴政征战多年才实现了中国的大一统。不过他武力统一的只是政权，现在他要面对的是多年战乱后满目沧痍的土地，流离失所的百姓；还有长期割据所形成的地域差异。于是，嬴政以秦国制度为基础，对秦王朝的所有方面都做了改革。中国历史上第一个庞大而统一的封建王朝，就从这里开始起步。

秦统一文字表

为了确立秦作为王朝的至高无上地位，嬴政先到泰山封禅，祭告天地，宣布秦为秦王朝，定咸阳（今陕西咸阳市秦都区）为首都。接着嬴政又把“王”的称号改了，他认为自己功业空前，远超五帝，“王”根本无法彰显自己的功德和权威，就取了“三皇”与“五帝”中的“皇”和“帝”，国君就称为“皇帝”。他又自称“朕”，并把“朕”“制”“诏”作为皇帝的专用语，其他人不得使用。嬴政自称秦始皇，他说：“朕为始皇帝。后世以计数，二世三世至于万世，传之无穷。”

为了处理好中央与地方的关系，掌控所有权力，秦始皇采用李斯的建议，废除分封制，采用郡县制，把天下分为36郡，并建立了一套有利于中央集权和皇帝专权的行政机构。朝中以皇帝为首，下设三公九卿。三公协助皇帝处理军政大事，九卿则处理各方面的具体事务。地方上设有从郡县到乡里的各级官员。这套行政制度，层层控制，有利于权力的向上集中，形成了一张庞大的统治网，这样，秦始皇就把军政大权都牢牢握在自己手中。

为了维护王朝统治，秦始皇统一了全国的法律，从而结束了战国时代各国法律条文不一致的混乱状况。接着他又统一了货币、度量衡，简化和统一了汉字，这些在历史上被称为“车同轨，书同文”。这些措施都对秦王朝的巩固和发展起到了巨大作用。

七国一统后，秦始皇又派大将蒙恬北伐匈奴，并在那里设置 34 个县，移民垦荒，还征发几十万人大规模修筑长城作为秦王朝的北疆防御。秦长城绵延万里，堪称世界的奇迹。除此之外，他还南戍五岭，征服了“南越”居住的岭南广大地区。这样，秦王朝的疆域在中国的历史上空前辽阔。

荒淫暴君　焚书坑儒

秦始皇在政治上的励精图治，确实使中国大地发生了巨大的变化。他的很多革新创举都对后来的王朝产生了深远的影响。然而，戎马半生的始皇并不是一个贤明的帝王，在宫闱的波诡云谲中长大的他也根本没有仁爱之心。

秦始皇性格残暴，以严刑峻法治国，他对百姓或朝臣，动则杀戮，以致杀人如麻。同时他又贪婪奢侈，认为自己是无上的帝王，就该享受天下所有最好的东西。为此，他广修宫室别馆，搜罗奇珍美人。他营建的阿房宫中就有房屋万千，美人无数，珍宝如瓦砾般堆积如山。他还在骊山为自己修建了巨大的陵墓，规模庞大，堪称天下第一陵。

皇帝的荒淫带给百姓的就是巨大的灾难。秦始皇统一天下时，中国的人口有 3000 多万。仅修阿房宫和骊山墓，就征用精壮劳力 140 多万人。再加上修长城、造官道、建离宫等，秦王朝长年动用民力在 300 万人以上。如此沉重的兵役徭役，压得人民无法喘息。

秦始皇的荒淫残暴，很快就激起了所有人的反抗。那些幸存的六国贵族，一直对他恨之入骨，就多次派人行刺；而广大百姓刚脱离了割据的战乱，又陷入了暴政的深渊，他们苦不堪言，都诅咒秦始皇早点死，秦王朝快点亡。秦始皇生性多疑，总害怕有人图谋他的性命和江山，所以不愿相信任何人，还时常捕风捉影，滥杀无辜。在他的朝堂上，任何人都不能靠近他，连带刀的护卫都离他远远的。

始皇专制，那些士人无法施展抱负，也对秦王朝的统治政策强烈不满。面对士人的指责，秦始皇采用了丞相李斯的建议，在全国开展了一场大规模的“焚书”活动。他下令将《秦记》以外的史书统统烧毁，把除博士官掌管收藏外的天下所有《诗》《书》和诸子百家书籍全部烧毁，只准保留医药、卜筮和农书。

不过焚书也没堵住士人的嘴，他的残暴专制反而激起了更大的民愤，士人的议论也有增无减。秦始皇怒不可遏，派出御史去调查，结果查出“犯禁者”460多人。这些人全被拖到骊山深谷中活埋了，因为其中儒生很多，所以此事史称“坑儒”。

焚书坑儒，用残暴手段镇压百姓，这样就引起了百姓更大的怨恨。当时楚地流传着“楚虽三户，亡秦必楚”的歌谣。还有人在一块陨石上刻写“始皇死而地分”的字样。这些事又引来秦始皇更凶残的杀戮。在他的暴政下，百姓的反抗也更强烈了，秦王朝的覆灭之路就这样开始了。

妄求长生　身死异乡

秦始皇享受了人间所有的奢侈生活后，现在最怕的就是死。如果死了，所有的一切就没有了。所以虽然他一直在修骊山墓，营建死后的极乐世界，但他更现实的做法则是寻访仙山，希求长生。为此，他四次大规模的巡游，足迹几乎遍及全国各地。他在考察民情，巡视边防的同时，也到过很多传说中的仙山。他总认为神仙在东海，因而每次出游都到沿海地区。他还派出大量的方士去寻找神仙，求取长生的仙药。为此，他多次被骗子捉弄，成为千古笑柄。其中一个叫徐福的方士，骗过秦始皇一次后，又来行骗。徐福说：“上次没有为皇上求得仙药，是因为海上有大蛟龙阻挠。”秦始皇信以为真，又给他准备了很多大船和财物、随从，命他继续出海找神仙，徐福自然又带着财物跑得远远的。

天尽头

在山东省最东端的荣成县成山头。据传秦始皇巡游至此，见海中巨石凸立，令修桥至东海仙岛，求长生不老药，故又有“秦桥遗址”之称。

始皇三十七年（公元前210年）七月，秦始皇第五次出游。他从咸阳出发，先后到达云梦、钱塘，到会稽山祭过大禹后，就北上琅琊，寻访仙踪。这次自然又无功而返，在回来的路上，秦始皇就病倒了，当巡游队伍走到沙丘（今河北广宗西北）时，秦始皇已经生命垂危了。这时他才明白长生不可得，只好开始考虑身后事，确定皇位继承人。他的随同人员有李斯和赵高，还有他的小儿子胡亥。秦始皇留下玺书，诏令在北边监军的长子扶苏急回咸阳主持丧事，并明确传位给扶苏。他让赵高去办这件事，可还没等到回音，秦始皇就死了。而赵高早有不轨之心，他不但不把遗诏公布发出，还秘不发丧，把始皇的遗体依旧放在豪华的巡游车里，按原路回咸阳。因为当时天气炎热，回京途中尸体就已经发臭。为了掩盖臭味，赵高命人在车上装了大量的鲍鱼。就这样，秦始皇与鲍鱼一起臭气熏天地回到咸阳，完成了他人生中的最后一次巡游。秦始皇在位36年，其中称王25年，称帝11年，终年50岁。

回到咸阳后，赵高勾结李斯篡改了秦始皇的遗诏，扶持胡亥称帝，又逼死扶苏。胡亥就是秦二世，当年九月，他为秦始皇举行了隆重的葬礼，安葬于骊山。这座耗费无数人力物力财力的帝陵，奢华庞大得让人无法想象。司马迁在《史记》中对它有过生动的描述：“始皇初即位，穿治郦山，及并天下，天下徒送诣七十馀万人，穿三泉，下铜而致椁，宫观百官奇器珍怪徙臧满之。令匠作机弩矢，有所穿近者辄射之。以水银为百川江河大海，机相灌输，上具天文，下具地理。以人鱼膏为烛，度不灭者久之。”从这精密奢华庞大的布局中，可见死后的始皇仍然希望掌控天下。地宫到底是什么样子，已经成为埋藏在地下千年的秘密。而如今发掘出的兵马俑、车马坑，再现了秦始皇庞大的地下军团，令世人震惊。秦始皇陵是世界上最大的地下皇陵。

秦始皇是中国的第一位皇帝，也是皇帝尊号的创立者，还是中国皇帝制度的开创者。他使中国第一次实现了政治上的统一，为之后的各朝谋求统一奠定了基础。秦始皇开启了一个时代，从他开始，中国进入了长达几千年的封建社会。在他的统治下创立的一套政治体制，延用了几千年，这对整个中国历史都产生了深远的影响。而他的残暴贪婪，又给人民带来了深重的灾难，也最终导致了秦王朝的灭亡。他的功过是非，只能由历史来评说。

二世嬴胡亥

秦二世档案：

生 卒 年：公元前230～前207年
父　　母：父，秦始皇嬴政；母，不详
后　　妃：不详
年　　号：无
在位时间：公元前210～前207年
谥　　号：无
庙　　号：无
陵　　寝：杜南宜春苑
性　　格：愚蠢顽劣，任性贪婪

点评：

胡亥具有花花公子所具有的一切毛病，而尤其自私任性。

——柏杨

二世嬴胡亥像

嬴胡亥，秦朝的第二代皇帝，秦始皇的第十八个儿子。他一生毫无建树，是个典型的纨绔子弟，既愚蠢又荒淫。他是秦二世，也是秦朝的最后一代帝王。他能成为皇帝，全靠赵高；而最终被逼自尽身亡，也因赵高。可以说，他的一生，成也赵高，败也赵高。

胡亥是秦始皇的小儿子，虽然作为皇子也接受了良好的宫廷教育，但这些对他好像没有起任何作用。他生性就是一个公子哥的脾气，没有任何帝王家应有的风范。有一次，秦始皇大宴群臣，把儿子们也都召来就餐。秦制规定，臣子朝见皇帝，入殿前都必须脱鞋，而鞋子都要有序地放在殿外台阶上。胡亥一向娇惯，根本不讲礼仪，又喜欢胡闹。他吃饱喝足后，不想待在大殿里听群臣谈论政事，就跑出去四处闲逛。在大殿外看到整齐排列的鞋子，他一时兴起，就顺着鞋子行列，边走边踢，把所有的鞋子踢得乱七八糟的，才满意离开。后来他做了皇帝，也是一样胡闹，秦王朝就是在他嬉闹之中灭亡的。

始皇儿子众多，长子扶苏他并不喜欢。不过作为一代帝王，为了秦家"传之万世"，他还是很理智地选择了众位儿子中最有才能的长子作为继承人来培养。而胡亥作为小儿子，荒淫玩乐上却与他最像，因而很得宠爱。

秦始皇最后一次巡游天下时，胡亥已经21岁了。可他依然好玩，很想跟着父皇去游乐，始皇就答应了。这时的公子扶苏被始皇派到北部边郡监军去了。谁也没有想到始皇会死在这次巡游归途中。丞相李斯见始皇死在途中，恐怕咸阳的诸位公子争夺继承权和天下叛乱，就决定秘不发丧，继续赶回咸阳。胡亥的命运从这一刻开始改写了，不过却是因为一个叫赵高的人。

赵高本是个宦官，他的父亲赵升乃是当年陪伴秦始皇的父亲子楚到赵国为质的仆人。赵高与秦始皇同年出生，自幼相随，而且他精通狱法，身高体壮，又能写一手好字，被秦始皇提拔为中车府令，掌管皇帝的车马仪仗队，是为数不多的几个深得始皇信任的人。其实他为人阴险狡诈，野心勃勃。始皇死时，传位给扶苏的遗诏握在赵高的手中，他却密不发送。赵高想篡改遗诏，借机掌控政权，就需要一位无能的皇子做傀儡，而胡亥，就是最好的人选。

胡亥胸无大志，根本没想过做皇帝。赵高就巧言唆使。胡亥虽没想过做皇帝，但想到做了皇帝就可以随心所欲地享乐，也就动了夺权之心。还有李斯也是见过遗诏的。李斯为秦朝的丞相，他给秦始皇提过很多改革措施和建议，包括秦始皇焚书坑儒也是他的建议导致的，这样因他而死的人就多不胜数。扶苏对这些措施一直都不满。赵高威胁李斯，如果扶苏当了皇帝，第一个要杀的就是他。李斯害怕了，为了保命，只好答应支持胡亥继承皇位。于是，在赵高、李斯等人地操纵下，伪造诏书逼死了长公子扶苏，然后胡亥登基称帝，成了秦二世。

胡亥的皇位来得不正当，他自己也心虚，因而想到首先要翦除异己，才可以真正坐稳皇位。已经成为宠臣的赵高就唆使胡亥采用铁血政策。胡亥的统治比秦始皇更加残暴，一场血腥的屠杀很快展开。

胡亥首先杀害了蒙恬、蒙毅兄弟。蒙家世代将才辈出，为秦王朝的统一立下了汗马功劳。胡亥决定拿他们开刀。然后又以此为由头，让赵高承办此案，以致株连无数。赵高也趁机安插亲信，开始培植自己的势力。而胡亥愚蠢的以为赵高的亲信就是自己的亲信。最惨的是胡亥的兄弟姐妹。其中 12 个兄弟被砍头，6 个兄弟和 10 个姐妹被碾死，剩下的也被逼自尽。其中公子高眼见躲不过，自己提出为父皇殉葬骊山脚下，胡亥答应了，于是他算是死的体面点。

朝中大臣、皇室子女杀得差不多了，胡亥在赵高的唆使下，又杀了大批的地方官吏。最后，连扶持他上位的李斯也未幸免。李斯揭发赵高有野心，却被赵高反咬一口。胡亥昏聩无能，只听赵高的。最终赵高罗织了李斯的罪名，并屈打成招。胡亥登基的第二年，李斯被处以腰斩之刑，最后竟被剁成肉酱，并满门抄斩。

用极端的严刑峻法杀光了碍眼的人后，胡亥彻底高枕无忧了。他本就喜欢玩乐，现在他也像父亲一样，横征暴敛，征发民夫，广修宫室。很快就民力枯竭，曾经强盛的秦王朝竟到了无人可征的地步。

于是民怨渐盛，最终爆发了武装斗争。在秦二世元年（公元前 209 年）七月，征发到北边渔阳的戍卒，因为大雨而耽误了行期。按二世修改后的法律，误了日期是死罪。走投无路之下，以陈胜、吴广为首戍卒，毅然树起了反秦的大旗。不长时间，各地都爆发了起义。六国旧诸侯们也恢复国号，各自称王，纷纷反秦。而秦二世此时仍只知享乐，以为是几个盗贼而已，根本不放在心上。下面的官员怕丢了脑袋，也没人敢说真话。

野心家赵高扶胡亥上位，自然要控制胡亥，好自己掌权。胡亥做了那么多坏事，都与赵高的挑唆有关。他还哄骗胡亥，说皇帝就该享受，操心的事都让他人去做。胡亥也真信他，竟然把国事都交给他代劳，自己就呆在深宫中享乐。这样赵高就成了实际上的独裁者。

胡亥做皇帝的第三年，赵高就不满足于做幕后皇帝了，他想踢开胡亥，自己做皇帝。为了了解大臣们对自己的态度，他导演了一场指鹿为马的闹剧。他把一头鹿送给胡亥，却说这是马。胡亥反驳，而很多大臣畏惧赵高，都说是马。事后赵高就把少数说是鹿的大臣都杀了，朝中再无人敢反对他。可笑的是，胡亥以为自己得了迷惑病，找太卜掐算。太卜瞎说是因为他祭祀时斋戒不好引起的，赵高也骗他去躲灾，他就躲到行宫去了。

就在胡亥稀里糊涂度日时，秦王朝的形势越来越严峻了。各地反秦的大军节节胜利。陈胜大军逼近咸阳，项羽楚军破釜沉舟，前来决战。秦军无力抵抗，有些将士甚至投降敌军。胡亥这时才慌了，开始责怪赵高，而赵高就干脆趁机篡位。赵高的女婿阎乐带人直闯胡亥行宫，逼得胡亥抽剑自刎。胡亥最终死在了最宠信的奸臣赵高之手。

胡亥死时只有 24 岁，皇帝也仅仅当了 3 年，死后按黔首（即百姓，因为秦朝崇尚穿黑衣）的身份埋葬在杜南（现在西安西南）的宜春苑中。没有庙号和谥号。他一生中几乎没做好一件像样的事，秦王朝也最终亡在他的手上。

西汉

高帝刘邦

汉高帝档案：

生 卒 年：公元前 256～前 195 年

父　　母：父，刘太公；母，刘媪

后　　妃：吕皇后、戚夫人、薄姬、管夫人、赵子儿等

年　　号：无

在位时间：公元前206～前195年

谥　　号：高皇帝

庙　　号：高祖

陵　　寝：长安长陵

性　　格：放荡不羁，慷慨豁达，从谏如流

点评：

汉高帝刘邦比西楚霸王项羽强，他得天下一因决策对头，二因用人得当。

——毛泽东

汉高帝名叫刘邦，是中国历史上第一个由农民起义领袖登上皇位的平民皇帝。他既狡诈又仗义，起兵以后很善于用人，懂得抓住有利时机，最终在秦末的军阀混战中脱颖而出，建立了伟大的西汉王朝，这对中国历史文化的发展，产生了最深远的影响。

高帝刘邦像

审时度势“无赖”成英雄

周赧王五十九年（公元前256年），家住沛郡丰邑（今江苏丰县）中阳里的乡野草民刘太公，迎来了他的第三个儿子，取名刘季，这就是后来的刘邦。不过刘邦的出生并没有引起刘家多大的重视。后来刘太公又有了第四个儿子，排在中间的老三刘邦就更没人注意了。刘邦生得聪明伶俐，刘太公也

曾让他去念书，可他根本不感兴趣，读了几天就不想去了。刘家只是一个普通的殷实农家，又不指望刘邦读书做官，见他不想读书，也不勉强，就让他在家种地。可刘邦却又不愿意种地，父亲多次责骂，也无济于事。刘太公对这个不争气的儿子无可奈何，只好由着他。刘邦什么事也不做，就天天在村镇上四处晃荡，成了一个典型的混混。不过他性格豪爽豁达，为人大度，很快就结交了一大批朋友。这群人成天东游西荡，恶名远扬。老父亲刘太公气得捶胸顿足，骂刘邦是个“无赖”。

刘邦就这样混混沌沌地长大了，他感觉日子过得有些无聊，就想找点事情做。此时，秦始皇已经统一了全国，正在大刀阔斧地进行全面改革。刘邦当上了泗水亭长。亭长的职能就是辅助衙门维护治安、缉拿盗贼，刘邦就这样从打架斗殴的“不法分子”，摇身变成了“正气凛然”的执法者。刘邦在这里混得如鱼得水，他出色的交际能力也施展出来了。他与郡县的大小官吏都有很好的交情，而以前的无赖朋友们也很拥护他。这样刘邦在黑道白道都有了一定的名气。他结识的萧何、樊哙、周勃、夏侯婴等人后来都成了他的得力助手。不过刘邦又贪杯好色，到处与女人勾搭，行为不端，甚至与一个姓曹的女子私通，还生下了儿子，这就是刘邦的长子，后来被他封为齐王的刘肥。

刘邦志向还是很远大的。一次，他负责押送服役的民夫去咸阳，途中正好遇上秦始皇出巡的大队人马。刘邦远远看到秦始皇坐在华丽的车中，周围是威风凛凛的仪仗护卫，他不禁赞叹说：“嗟乎，大丈夫当如此也！”

刘邦从咸阳回来后不久就结婚了。他娶了单父（今山东单县南）人吕公的女儿为妻。吕公因为要躲避仇家，才搬来沛县居住，他与沛县的县令很有交情。听说吕公是县老爷的贵客，地方上的乡绅们纷纷送礼拜见。当时负责安排宴席的是沛县的主吏萧何，他向来客宣布："凡贺礼不满一千钱的，都坐到堂下去。"刘邦也是来客，不过他连钱都没带，却又很要面子，就对接待的管事说："我贺钱一万!"管事的把话传进去，吕公听说有人送这么重的礼，赶紧亲自出来迎接。吕公很善于看相，他见刘邦生得高鼻龙颜，器宇不凡，认为这是富贵之相，就对刘邦另眼相看。虽然旁边有人提醒说，刘邦是个有名的无赖。吕公还是相信自己的眼光，并主动提出把自己的大女儿吕雉嫁给他。刘邦虽然还没有结婚，其实儿子都有了，不过他一向好色，见吕雉长得漂亮，吕公又富有，就高兴地答应了。这个吕雉就是后来历史上有名的吕太后。

刘邦结婚后，还继续做亭长。此时秦始皇正在广修宫室，大建陵墓。刘邦每年都要押送几次囚徒民夫去骊山修皇陵。而在秦始皇的暴政下，百姓根本没有活路，去修陵的人几乎都是有去无回，所以，很多人在路上就逃跑了。

秦始皇三十七年（公元前210年），刘邦又一次奉命押送刑夫去骊山服役。走到丰邑县的大泽乡时，就有很多人逃跑了。刘邦也很无奈，因为秦朝法律严酷，囚徒逃跑或延误日期，押送的人也要被杀头。他心情郁闷，又喝了些酒，就干脆把捆绑囚徒的绳子都解开了，放他们逃跑。有十几个人见他如此义气，就不愿丢下他，愿意留下来跟着刘邦走。于是，刘邦带着差役樊哙、周勃等和他们一起逃跑。为了安全起见，他派人去前面探路。探路的人回来告诉他，说前面有条大蛇横在路上，无法通行。刘邦向来胆大，又喝了酒，就拔出剑跑到前面把蛇杀了。这件事最多也就能证明刘邦有胆量，可是后来跟随刘邦逃奔的人越来越多了。为了树立刘邦的威信，机灵的樊哙就把他杀蛇的事编造成一个离奇的故事。据说刘邦杀蛇后，有一个老太婆坐在路边哭，说有人把她的儿子杀了，她的儿子是白帝的儿子，刚才变成蛇被杀了，而杀他的人是赤帝，说完老太婆就不见了。于是，刘邦的身上就笼罩了一层神秘的光环，使人畏服，也有更多的人跟随他。刘邦就带着好几百人跑到了芒荡山区安顿下来。这地方很隐秘，也没有当权者愿意管。可夫人吕氏却带着孩子跑来看望他，刘邦很奇怪，就问吕氏是如何找来的，吕氏很有心计，故意当着众人说："你在哪里，天空就会出现五彩祥云，所以我很容易就找到了。"周围人听了，更加相信刘邦不是凡人。于是，刘邦后来"顺从"民意，自称是赤帝的儿子，逐渐网罗了一批人，他就成为了当时人们公认的沛县豪杰。

秦二世元年（公元前 209 年）七月，为秦始皇的暴政所迫，陈胜、吴广在大泽乡（今安徽宿县西南）发动起义，他们很快就攻下了陈（今河南淮阳），陈胜称王，建立了张楚政权。各地豪杰纷纷起兵，打着反秦的旗号，趁机壮大自己的势力。刘邦也在众人的支持下，在沛县主吏萧何、曹参的配合下，率兵攻下了沛县，杀了鱼肉百姓的县令，刘邦被人们拥立为"沛公"。

抢占先机 入主关中

刘邦能从一个平头百姓一跃成为英雄"沛公"，已经足以光宗耀祖了。不过他并不就此满足，宣布起义反秦后，萧何、樊哙等都成为他的心腹，这几个人都是既有谋略又有胆识的人，他们分头去招兵买马，沛郡子弟踊跃参加，很快就召集到了 3000 多人。刘邦也就成了一个小有实力的军阀。

在刘邦起义的同时，还有不少豪杰陆续起兵，包括不少六国贵族。项羽就是其中最有实力的一个，他原本是楚国名将项燕的儿子。他与叔叔项梁一起，率领 8000 多江东子弟兵，杀了会稽太守，从吴中（今江苏吴县）起兵，很快就成为众多起义军的首领。到了秦二世二年（公元前 208 年），竖起起义大旗的吴广、陈胜先后遇害。项羽就以起义盟主的身份召集各部将领到薛县集会，刘邦也被他召来了。他们拥立老楚怀王的孙子熊心为楚怀王，定都盱眙（今江苏盱眙），项羽的叔父项梁为大将军。几天后，项梁率领的楚军与章邯率领的秦军展开了激烈的战斗。项梁连连得胜，就变得骄傲大意起来，结果楚军在定陶被章邯打败，项梁也战死了。章邯打败楚军后，觉得楚国已经不会再成气候，就将主力转去攻打赵国。赵国势力弱小，赶紧向楚国求援。楚怀王熊心与众将士商量后决定分兵两路去援助赵国。一路由项羽和宋义统领，直接北上求援；一路由刘邦率领西进关中，从后方牵制秦军。楚怀王与诸将约定："先入定关中者，王之！"也就是说，谁先破了秦军，攻入咸阳的，就是秦王。

项羽很有野心，原本是打算自己借此机会名正言顺称王的。他直接去救赵，一路地势平坦，沿途又有六国的补给，还带了十几路诸侯的人马，可以说是稳操胜券。而刘邦，仅有自己手下的几千人，孤军深入，加上入关中的沿途全是易守难攻的重重关隘，实在是用鸡蛋碰石头。万万没想到刘邦会有这么好的运气，居然顺利地先进了关中！

由于秦军的主力都在章邯那里，正攻打赵国，所以刘邦一路上也没打多少硬仗。到了汉王元年（公元前 206 年）八月，刘邦顺利攻入武关，来到咸阳城下。这时秦朝廷却是一团糟，丞相赵高杀了秦二世胡亥，然后派人向刘邦求和，却遭到拒绝。赵高本想趁机称王的，见找不出合理的借口，就又扶了一个傀儡皇帝——秦始皇的子孙子婴。没想到子婴找机会把赵高给杀了，夺回了大权，不过秦王朝已经处在风雨飘摇之中，根本维持不下去了。此时刘邦率兵绕过峣关，已经打到咸阳东郊的灞上（今陕西西安东）。到了十月，秦王子婴见走投无路，只好捧着玉玺出城向刘邦投降，秦王朝就这样被刘邦灭了。

刘邦刚进咸阳时，真的把自己当成“关中王”了。秦始皇和秦二世都很荒淫奢侈，修建的宫殿富丽堂皇，宫中美人珍宝无数。刘邦出身平民，哪里见过这些？他很快就沉溺于富贵享乐之中。幸好刘邦身边有几位得力的干将，樊哙、张良等人都劝他要吸取秦亡的教训，还有现在天下的局势也不容乐观。刘邦这才逐渐清醒，不敢留在秦宫，就把军队又驻守到灞上。刘邦又把精力集中在维持治安，安抚百姓上。他废除了秦朝的许多残酷法律，整顿吏治，安置流民，恢复生产，这使他得到了老百姓的大力拥护，军力也得到了发展。

杀机四伏的鸿门宴

项羽虽有重兵，却处处不顺。一是他率领的十几路诸侯人心不齐，都打着自己的小算盘；二是他们遇到的是秦军的主力。项羽杀了统领之一的宋义，自己独掌大权，经过破釜沉舟、巨鹿之战等艰苦卓绝的战斗，他终于消灭了秦军主力，也降服了各路有异心的诸侯。而他在战场上所向无敌的勇猛，对 20 万投降秦兵的无情坑杀，对攻陷城池的凶残屠城，都令所有人对他又恨又怕。项羽打到函谷关时，才知道刘邦早就入了咸阳。他非常恼怒，命军队驻扎在鸿门，这里离刘邦驻军的灞上仅 40 里。在谋士范增的建议下，他决定领军去攻打刘邦。

刘邦听说项羽率重兵前来，要与他争夺做“关中王”，顿时慌了手脚。因为他只有 10 万的军队，而项羽有 40 万身经百战的精兵，且项羽本人在战场上也是威名赫赫。不过刘邦很善于用人，他一向待人仁义，很得人心，

鸿门宴遗址

位于今陕西临潼东。鸿门宴上，项羽的妇人之仁，放掉了刘邦这个夺取天下最大的竞争对手，最后自己吞下了失败的苦果。

正好与项羽的残暴嗜杀相反。正是这个优点，救了刘邦。

在项羽下决心攻打刘邦的这天晚上，项羽的叔叔项伯就悄悄来到刘邦军中，向曾经救过自己性命的张良报信。项伯本意是希望张良赶紧逃命的，可张良却不愿离开刘邦，就把这个消息告诉了刘邦。刘邦听了十分惊慌，不过张良已经帮他想好了对策。刘邦马上隆重地接待了项伯，还与项伯结成儿女亲家。把项伯捧得飘飘然之后，刘邦很恭敬地请他向项羽转达自己不敢与之争王的诚意，项伯满口答应，还提醒刘邦说："你明日一定要早点来军营，亲自向我们大王赔礼！"刘邦也满口答应了。

第二天一大早，刘邦就带着张良、樊哙和100多名亲兵来到鸿门见项羽。宴席之上，刘邦低声下气，言语谦卑，极力表白自己绝无做关中王之意。项羽一向骄傲自大，见刘邦如此伏低做小，也就消了火气，他甚至还告诉刘邦："我们兄弟兵分二路，同心反秦。是你的手下曹无伤向我告密，说你有称王的野心，不然我怎么会到这里呢？"刘邦又连连重申自己绝无此心，项羽终于打消了疑虑。筵席之上，范增多次示意项羽杀了刘邦，他也当做没看见。范增只好跑出去找来项庄，让他在席间舞剑，趁机杀了刘邦。项伯这时已经完全站在了刘邦这边，他也起身舞剑，阻止项庄。张良见情况不妙，也赶紧跑出去把樊哙叫进来。樊哙有勇有谋，他在项羽面前义正言辞地指责其违背盟约，不顾恩义。听得项羽就更不想杀刘邦了。刘邦趁机以上厕所为借口离席，然后在亲兵的护卫下抄小路回到灞上。一回到军营，他就诛杀了奸细曹无伤。这就是历史上著名的"鸿门宴"。

暗度陈仓　楚汉相争

鸿门宴后，项羽就以反秦盟主的身份，自封为西楚霸王，然后又在戏亭分封天下诸侯。为了防备刘邦，项羽还是听从了范增的建议，封刘邦为汉王，把他打发到偏远的巴蜀南郑。刘邦深知自己的实力根本无法与项羽抗衡，就顺从地去南郑。他听从张良的建议，一入蜀地，就把栈道烧毁了，表示自己再也无意出兵，以此来消除项羽的猜疑。

刘邦来到巴蜀后，任用萧何为相国，曹参为大将，其他有能力的人也都得到重用，汉王朝廷很快就有了一定的规模。经过汉王朝廷的辛勤经营，巴蜀很快就兵精粮足了。刘邦觉得万事俱备了，就与萧何等人谋划出巴蜀与项羽争天下的大事。萧何作为丞相留守后方，他向刘邦推荐了将才韩信。刘邦就以韩信为大将军，全面部署军事。汉王元年（公元前 206 年）五月，刘邦与韩信率领大军，明修栈道，暗度陈仓（今陕西宝鸡东），迅速占领整个关中，正式拉开了楚汉相争的大幕。

此时的项羽，正忙得不可开交。由于戏亭分封不公，诸侯们都不服，天下很快就又乱了起来。刘邦厉兵秣马的这段时间里，项羽一直忙着出兵征讨各地造反的诸侯。刘邦的汉军一路顺风顺水，各路诸侯纷纷归附，在他攻下项羽的老巢彭城时，手下已经有了五六十万人马。项羽原本打算铲除了齐国诸侯田荣的叛乱，再来全力对付刘邦。可如今彭城被抢，他实在咽不下这口气，就急忙赶赴彭城。趁着刘邦与诸侯将士在彭城庆功，项羽带领 3 万精兵突然袭击汉军，杀得汉军措手不及，四处溃散，死伤竟达十几万。刘邦带着残军一路逃奔，途中又被杀了十几万人，最后他只在数十亲卫的保护下逃得性命。刘邦惨败，连父亲和妻子也被楚军俘虏了，原来依附他的各诸侯也如鸟兽散。

为了重整旗鼓，萧何几乎征集了关中所有的成年男丁入伍，前来援助刘邦。刘邦总算在荥阳（今河南郑州西部）落下了脚。萧何与韩信兵合一处，汉军开始重拾军心。刘邦还派人说服了项羽手下的得力干将英布叛楚。这样项羽不仅损失一员大将，还得花极大的精力对付英布的叛军，从而减轻了汉军的压力。不过，虽然刘邦等人想尽办法，还是无法阻止战场形势的恶化。在项羽包围荥阳时，刘邦只好无奈地请和，愿意以荥阳西为汉。项羽本想答应，不过范增却提醒他应该趁机灭汉，决不能放虎归山。刘邦听从手下陈平的建议，使用离间计让项羽赶走了范增。范增眼看项羽铸成大错，却无法阻止，只好挟怨离去。结果，他还没回到老家彭城，就气得背上生疮，毒发身亡了。

项羽的凶残暴虐使得人心尽失，他的刚愎自用又导致手下猛将谋士越来越少，形势渐渐转为对楚军不利。楚汉两军在荥阳对峙了10个月，项羽眼看粮草已经不足，就想用损招来逼迫刘邦投降。项羽把刘邦的父亲刘太公拉到阵前，当着两方将士扬言，如果刘邦不投降，就把他的老父亲杀了炖汤。没想到刘邦比他更无赖，竟然说："我与你一同受命怀王，结为兄弟。我的父亲就是你的父亲，如果你一定要杀了你的父亲，别忘了分碗汤给我！"项羽最好面子，当即气得要死，要与刘邦决斗。谁知刘邦根本不应战，还揭项羽的老底，公布他所谓的"十大罪状"。项羽快气疯了，张弓搭箭射伤了刘邦，不过他还是拿刘邦没办法。项伯就趁机做和事老，项羽不想被天下人说成不义，就把刘邦的父亲和妻子都送还给了刘邦。楚汉最终讲和，双方约定，"中分天下"，东归楚，西归汉，这就是历史上著名的"楚河汉界"。

霸王别姬　年画

这是杨柳青年画中表现项羽兵败、痛别虞姬的场面，可见"霸王别姬"的故事在民间流传之广。

不过刘邦手下谋士众多，他们的意见刘邦一向都很重视。订好合约后，项羽东去，刘邦也准备西还。张良和陈平提醒刘邦，楚军现在兵士疲惫，粮草已绝，正是天要亡楚的大好时机，决不能纵虎归山。刘邦幡然醒悟，立即率兵追击楚军。汉王五年（公元前202年）十月，刘邦追上项羽，不过又被楚军打败了。而刘邦部下的韩信、彭越等手握重兵的大将，都不是很愿意出兵援助他。为了得到韩信、彭越的支持，刘邦采用张良的计策，派人通知二人，说只要他们合力击楚，打败项羽后，就封他们为齐王和梁王。韩信、彭越二人听了，马上积极配合出兵。原来叛离的一些诸侯也纷纷前来助战。到了十二月，汉军30万在垓下将楚军团团包围。四面楚歌响起，楚军心乱，逃离了不少。项羽兵尽粮绝，他见败局已定，就打算第二天与刘邦拼死一战。当晚，他在大帐中与爱妾虞姬饮酒作别，连心爱的坐骑乌骓马也牵到身边。项羽心中悲痛，慷慨放歌："力拔山兮气盖世。时不利兮骓不逝。骓不逝兮可奈何！虞兮虞兮奈若何！"虞姬悲不自胜，拔剑自刎。项羽率领800余部浴血奋战，最终被迫在乌江边自刎身亡。楚汉相争，终于以刘邦的胜利而告终。

威加海内　创立汉室

汉王五年（公元前202年）正月，刘邦兑现先前的承诺，封韩信为楚王，彭越为梁王。二王联合原来的燕王、赵王等共七个诸侯王一同上书，共尊刘邦为帝。刘邦假意推辞一番就应了下来。这年二月，55岁的刘邦在山东定陶正式称帝，定国号为汉，他就是汉高帝。接着，他下诏册封吕雉为皇后，吕雉之子刘盈为皇太子，并定都长安（今陕西西安），史称"西汉"。

刘邦确实是个很能干的人，他不仅能在马上得天下，也能在马下治天下。经过几十年秦朝的苛政，又经过了十来年的战乱，刘邦得到的天下其实是一个千疮百孔的乱摊子。人口锐减，经济凋敝，连年饥荒，流民、乞丐多不胜数。刘邦做了皇帝，首先要做的就是发展生产。他采取了休养生息的政策，减轻徭役和赋税，释放刑徒，裁减军队，鼓励生育，劝农重桑，对私人工商业也予以鼓励。这样一来，不仅农业恢复了生机，工商业也逐渐兴盛。

为了给老百姓创造一个安定的生产和生活环境，刘邦还特别注重同周边少数民族的关系。他采用“和亲”的政策，让宗室女子以公主身份嫁给匈奴的莫顿单于，并送给匈奴大批财物，使得大汉与匈奴关系缓和。

民生的问题得以解决，刘邦就注重在政治上巩固皇权。汉朝的政治制度基本延续秦朝，他只做了稍微变动，就这样，一个统一的中央集权的封建王朝就重新建立起来了。为了维护统治，刘邦还特别注重从礼仪制度和道德观念上教化臣民。刘邦本是小农户出身，文化也不高，但他却是个天才的政治家。为了维护皇权的威严，他制定了专门维护等级尊卑的律法——《九章律》。他尊父亲刘太公为太上皇，但刘太公必须以臣下之礼拜见他，这样刘邦就成了最威严的帝王。

争功图　汉

此图描绘汉初天下始定，各位将领争功的场面，最后叔孙通奏议立礼仪规范，使高祖体会到做皇帝的高贵。

刘邦巩固皇权的过程中，遇到的最大障碍就是那些位高权重的诸侯王。这些人都是跟随刘邦打天下，凭军功受封的。他们都是很有才干的猛将，在军中很有威望，一旦有异心，就是刘邦的大患。刘邦花了巨大的精力来铲除这些“功高震主”的王侯。

刘邦首先以谋反之罪剥夺了威望最高的韩信的兵权，并将之软禁在京城，不过到汉高帝十一年（公元前 196 年），吕后还是令萧何设计杀了韩信。其他诸侯王也被刘邦逐一铲除，接着，他又把原先六国的贵族及其亲属全部迁徙到关中，加强监视，以防止有人叛乱。最后，跟随刘邦起事的萧何也被投入监狱，连刘邦的妹夫樊哙也差点被治罪。

只有谋士张良是个聪明人，他曾劝告韩信："狡兔死，走狗烹；高鸟尽，良弓藏；敌国破，谋臣亡。"不过韩信不听，后来丢了性命。张良在刘邦称帝后，就迅速地把一切职权都交出去，躲在家里装病，总算保住了性命。

刘邦经过几年的努力，皇权不断巩固，老百姓也过上了好日子，西汉开始出现勃勃生机。而他却没有福气享受太平盛世，汉高帝十一年（公元前 196 年），刘邦率兵征讨英布，结果中了流矢，伤重难愈。第二年，刘邦就病死在长乐宫中。

刘邦称王 4 年，称帝 8 年，终年 62 岁。他死后，葬于长陵（今陕西咸阳附近），谥号"高皇帝"，庙号"高祖"。刘邦从乡野平民起家，凭借知人善用的才干和审时度势的政治魄力，终于在历尽坎坷之后，建立了强大的西汉王朝。他采取的宽松无为、休养生息政策，安抚了饱经战乱的百姓，也为汉朝后来的繁盛奠定了基础。他是一位杰出的政治家，他开创的大汉王朝延续四百多年，汉文化对中国历史，乃至世界历史，都产生了深远的影响。

惠帝刘盈

汉惠帝档案：

生 卒 年：公元前 211～前 188 年

父　　母：父，高帝刘邦；母，吕雉

后　　妃：张皇后

年　　号：无

在位时间：公元前195～前188年

谥　　号：孝惠皇帝

庙　　号：无

陵　　寝：长安安陵

性　　格：优柔寡断，软弱仁孝

点评：

孝惠内修亲亲，外礼宰相，优宠齐悼、赵隐，恩敬笃矣。闻叔孙通之谏则惧然，纳曹相国之对而心说，可谓宽仁之主。

——东汉·班固《汉书》

汉惠帝名叫刘盈，是汉朝开国皇帝刘邦与吕后之子，西汉王朝的第二位皇帝。他继续推行了汉高帝刘邦颁布的休养生息政策，促进了汉朝经济的繁荣；他又解除了秦朝延续下来的思想禁锢，提倡黄老哲学，促进了汉代思想文化的发展。不过他生性善良却又懦弱，一生都活在母亲吕太后的淫威之下，没有做出太大的成绩。

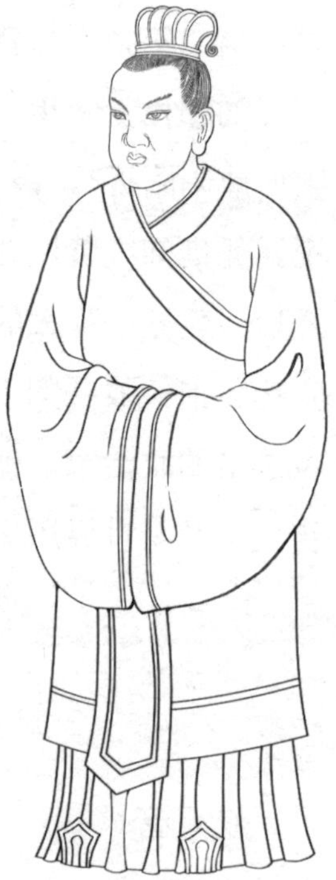

惠帝刘盈像

刘盈是刘邦的次子，是刘邦与吕雉所生。刘邦年轻时很风流，在与吕雉结婚前就与曹氏私通，生下了长子刘肥。不过吕氏乃是他明媒正娶的妻子，所以他称王称帝后都封嫡子刘盈为太子。刘盈生于秦始皇三十六年（公元前211年），那时刘邦只是一个沛县的小小亭长。

由于家境并不富裕，所以刘盈经常跟随母亲和姐姐一起下地劳动。后来刘邦起兵反秦，成了秦朝缉拿的要犯，刘盈就与家人过起了四处漂泊的日子。楚汉相争时，刘邦战败逃跑，连老父妻儿也不顾。结果刘太公与吕雉被楚军俘虏，刘盈和姐姐幸亏有滕公夏侯婴冒死相救，才逃得性命。后来刘邦得了帝位，9 岁的刘盈才过上了安定的日子。

刘盈虽然顺利做了皇太子，但他的帝王之路也走得十分不易，幸亏有他的母亲吕雉支持。刘邦一直在外面“创事业”，根本没有对妻子和儿女尽过心，反而害得他们吃了很多苦头。现在刘邦做了皇帝，对刘盈母子的补偿也不过是皇后和太子的身份。吕雉艰辛奔波多年，已经年长色衰，而刘邦现在贵为天子，想要什么样的美人都有，自然看不上结发老妻了。刘邦也不喜欢刘盈，认为他性格柔弱，不像自己。刘邦最宠爱的是年轻美貌、能跳“翘袖折腰”之舞的戚夫人和她生的儿子赵王刘如意。戚夫人有些心计，她见刘邦不喜欢皇后和太子，就趁机为自己的儿子做打算。她在刘邦身边“日夜涕泣”，请立如意为太子，刘邦真的被她的“枕头风”吹动心了。不过戚夫人的这点小聪明根本比不上皇后吕雉。吕后已经感觉到刘邦想对他们母子动手，就赶紧想对策。她向足智多谋的张良请教。张良建议她去请刘邦很尊重的“四皓”（四位德高望重的老者）来辅佐太子。吕后依计行事，“四皓”果然起了很大的作用。刘邦见太子有这样的人才辅佐，觉得太子已经有了声望，不能改立了。汉高帝十二年（公元前 195 年），汉高帝刘邦病逝，年仅 17 岁的刘盈就顺利地登上了帝位，即汉惠帝。

刘盈当了皇帝，他接手的是一个正在蓬勃发展的大汉王朝。作为守成之君，他只需延续高祖的各项政策就可以了。于是，他继续推行休养生息政策，进一步降低赋税，并鼓励生产，奖励生育，放宽对商业的限制。为了创造安定的国内环境，刘盈也用和亲政策来稳定与周边匈奴等少数民族的关系。在刘盈的治理下，西汉王朝人口繁盛，经济繁荣，国力逐渐增强。

刘盈还做了一件大事，就是修建长安城。刘邦定都长安时，长安城很简陋，后来刘邦也只修建了几座宫殿，连城墙都没有。刘盈对长安城做出了整体规划，按照一个京都的最高标准去修建。前后用了 5 年时间，征发几十万人，汉长安城的规模才基本完成了。长安城建成后，城墙周围有六十五里，是当时世界上规模最大的都城，在那时的欧洲，也只有罗马城能与之齐名。都城布局严整，分类明确，作为政治、经济的中心，很快就繁荣兴盛起来。

刘盈在思想文化上也作出了很大的贡献。从秦朝焚书坑儒以来，一直是主张严刑酷法的法家学说占主导地位。刘盈解除了这种禁锢，用黄老思想代替法家学说。他废除了秦时压制思想的“挟书律”，各种思想文化纷纷活跃起来，尤其是儒家学说，这就为后来汉武帝“独尊儒术”奠定了基础。

皇后之玺 西汉

玺面阴刻篆文“皇后之玺”四字，四侧阴刻云纹，顶雕螭虎为钮，在汉高帝长陵附近发现，应是吕后生前的御用之宝。

刘盈虽然想做一个有为的好皇帝，但是母亲吕太后专权，他处处受制，精神上很抑郁，这也是导致他英年早逝的一大因素。刘盈是个仁者，心地善良，对母亲很孝顺。汉朝推崇孝道，皇帝的谥号后都加一个“孝”字，就是从他开始的。

吕后是中国历史上第一个以专权闻名的太后。她既有心计又有野心，更兼阴险狠毒。她是刘邦的结发妻子，从其做亭长到当皇帝，她都是一路跟随，是真正的患难夫妻。可是刘邦做了皇帝后，就另寻新欢，彻底地冷落了她。吕雉不仅恨刘邦薄情，更恨那些得到刘邦欢心的姬妾。刘邦最宠爱的戚夫人和赵王如意就是吕后最痛恨的人。

刘邦死后，吕后就马上报仇泄愤。她残酷迫害以前刘邦宠幸过的所有姬妾，手段残忍得令人难以置信，尤其是对戚夫人母子。吕后把戚夫人囚禁在永巷，命人拔掉她的头发，让她戴着刑具，穿着囚服，天天做苦工。戚夫人悲痛欲绝，她常常唱着凄凉的歌："子为王，母为虏，终日舂薄暮，常与死为伍！相去三千里，当谁使告汝?"吕后得知戚夫人还指望儿子来救她，就打算把如意召回长安，准备将他们母子一起处死。刘盈心善，得知母后的阴谋后，就抢先接如意到自己宫中保护起来。不过吕后还是找到机会毒死了刘如意。接着吕后对戚夫人的折磨更是变态至极。她命人将戚夫人砍断手脚，挖掉眼珠，熏聋耳朵，还灌药毒哑，然后扔在厕所里，称为"人彘"。吕后还叫来儿子观赏，刘盈见了吓得魂不附体。吕后得意地告诉他这就是戚夫人。刘盈惊得痛哭失声，痛苦地说道："这不是人干的事情！我作为你的儿子，也无颜再做皇帝了！"刘盈回去后大病了一场，从此就每日饮酒淫乐，再也无心朝政了。

吕后见儿子不理政事，就趁机包揽所有的大权。她铲除了许多有威望的老臣，在朝中四处安插吕氏一族的人。为了保证自己的权力不被新的外戚分享，她还做了一件更荒唐的事。惠帝四年（公元前 191 年），她让刘盈亲姐姐鲁元公主的女儿张嫣嫁给刘盈为皇后。刘盈对这种舅舅娶亲外甥女的荒唐婚姻极力反对，但最后还是被迫接受了。不过刘盈实在不愿接受，就只与张皇后做挂名夫妻。而吕太后却想张皇后生子，好确保吕氏的地位。吕后见张皇后始终没有怀孕，就让她假装怀孕，然后夺了后宫美人生的儿子，又杀其生母，立为太子。母亲的残忍狠毒，让刘盈再次遭受沉重的精神打击，进而疾病不断。

汉惠帝七年（公元前188年），在位不到7年的刘盈就病逝了，终年24岁。他死后葬于安陵，谥号“孝惠”皇帝。刘盈治下，西汉经济得到了继续发展，国力不断增强，为后来的“文景之治”奠定了坚实的基础。不过他性格懦弱，不敢冲破母后的专权，结果盛年即殁，没有作出太大的成就，实在令人惋惜！

文帝刘恒

汉文帝档案：

生 卒 年：公元前202～前157年

父　　母：父，高帝刘邦；母，薄太后

后　　妃：窦皇后、慎夫人、尹姬等

年　　号：无

在位时间：公元前180～前157年

谥　　号：孝文皇帝

庙　　号：太宗

陵　　寝：长安霸陵

性　　格：仁孝宽厚，谦逊克己

点评：

汉兴，至孝文四十有余载，德至盛也。廪廪乡改正服封禅矣，谦让未成于今。呜呼，岂不仁哉！

——西汉·司马迁《史记》

汉文帝名叫刘恒，是汉高帝刘邦的第四子，西汉王朝的第三位皇帝。他开创了我国封建王朝的第一个太平盛世——“文景之治”，并以此彪炳史册。同时，他也是一位备受史家赞誉的皇帝，他励精图治的行为，宽仁节俭的美德，爱民重农的思想，无不对后世产生深远的影响。

文帝刘恒像

文帝的意外与幸运

说起这位赫赫有名的皇帝，最让人感叹的不是他的骄人政绩，而是他离奇的命运。从他的出生到继位，可以说是一连串的偶然和意外，充满了传奇色彩。

文帝的母亲是薄太后，年轻时被称为薄姬，具体名字已经无从知晓。薄姬父亲是苏州人士，年轻时浪迹到地处山西的魏地，与原魏国宗室之女魏媪相好，未婚而生下了她。也就是说，薄姬乃是一个私生子，地位卑贱。更可悲的是，在她一个弟弟出生后不久，父亲便死在了魏国山阴。苦命的魏媪独自拉扯着一双儿女，苦熬岁月。

当时，陈胜吴广起兵反抗暴秦，天下分崩离析。在这乱世之中，战国诸侯遗族和四方英雄豪杰，纷纷聚兵自立，图谋割据称雄，乃至取代秦朝而王天下。魏国宗室魏豹就在其中的一员，他占据魏国故地，自立为王。这时，薄姬已经出落成美丽的少女，魏媪心怀故国，便将自己的女儿送进了魏豹王宫，薄姬成了魏豹的妃子。

这个时候，楚汉战争正酣，项羽和刘邦正倾尽全力争夺天下。魏豹本已归附刘邦，却突然叛汉。刘邦勃然大怒，发兵灭掉魏豹。薄姬连同魏豹的其他嫔妃，都被送到刘邦的汉王宫中，做下贱的织布宫女。刘邦天性好色，有一天忽然想起从魏豹那里俘获的宫人，便来到织室，挑选几个美貌女子，纳入自己的后宫，这里面便有薄姬。这薄姬本以为时来运转，可是没想到再陷深渊。进宫一年多，刘邦都没有召幸过她。

奇迹总是不可思议地发生。原先在魏豹宫中，薄姬和管夫人、赵子儿关系非常亲密，她们三人相约："谁先得了富贵，就不要忘记其他二人。"后来，管夫人和赵子儿得到了刘邦的宠幸，颇为得意。有一次，她们无意间谈起了以前与薄姬的誓言，取笑薄姬命薄，没想到被刘邦听到了。刘邦心中鄙视二人，对薄姬动了恻隐之心，当天晚上就召幸了她。

在见到刘邦后，薄姬告诉他："昨晚做了个怪梦，梦见有一条苍龙盘踞在我的肚子上。"刘邦听了很高兴，对薄姬说："这是你将要富贵的征兆，让我来成全你。"说来奇怪，仅仅一次同宿，薄姬就怀了身孕。就这样，伟大的汉文帝刘恒意外地来到了人间。

但是，刘邦并没有因此而喜欢薄姬。此后，他几乎再没有召见薄姬，连儿子也很少看一眼。就这样，在幽幽的深宫里，薄姬母子二人，过着孤寂暗淡的生活。因为极其不受刘邦宠爱，再加上为刘邦生子被宫中受宠的嫔妃嫉妒，刘恒和母亲都养成了谨小慎微、忍让低调的性格。也许正是因为这种低调，博得朝廷大臣的同情。刘恒七岁那年，在众臣劝说下，刘邦封他为代王。可是，母子的处境并未发生什么大的变化。

世事的发展总是出人意料。在刘恒 8 岁那年，高祖刘邦驾崩，汉宫风云突变，太后吕雉掌握了大权。这位备受刘邦冷落的狠毒女人，对刘邦生前宠爱的嫔妃进行了残忍的报复和无情的打击。最受刘邦宠爱的戚夫人被吕后砍掉四肢，投进猪圈折磨而死，她的儿子赵王如意也被吕后毒杀。但是，吕后独独对薄姬青睐有加，也许是因为薄姬为人小心谨慎，也许是因为薄姬和她一样，曾备受刘邦冷落，二人同病相怜。不管怎样，吕后没有难为薄姬母子，并特别恩准，允许薄姬到儿子的封地母子团圆，并给予她“代王太后”的称号。母子二人得以离开波谲云诡的政治中心长安城，过上了平安富贵日子。

公元前 180 年，雄霸狠辣的吕后病死，她的娘家人吕氏一族图谋发动政变取代刘氏。而刘姓宗室和以周勃、陈平为首的功臣集团结成联盟，杀尽吕氏一族。诛灭诸吕以后，宗室大臣商议由谁来继承皇位。当时，刘邦的儿子已经被吕后害死了四个，只剩下了刘恒和刘长。出于对外戚势力的恐惧和自身利益的考量，刘姓宗亲和功臣们在反复掂量之后，决定拥立谨慎谦和、母家没有势力的代王刘恒为皇帝。就这样，皇冠落在了幸运的刘恒头上。

身在偏远苦寒之地的刘恒，做梦也没有想到自己的运气竟然这么好。当他见到迎驾使者后，第一反应是不相信，第二反应是怀疑有人想害他。也难怪，母子二人一直被人忽视，何曾有好事找过他们。他把所有的属臣召来，反复商议，都没有形成统一意见。于是，便决定用占卜来决定凶吉。卜得“大横”之兆，预示“代王不久就将即位天王”。

虽然如此，一贯谨慎的刘恒还是不放心，先派舅舅薄昭去长安见太尉周勃。薄昭了解到朝中实情，以及宗亲大臣拥立代王的缘由，回报代王，刘恒这才决定赴长安即位。临到长安城，刘恒又派宋昌先进城了解情况。宋昌回来禀报，丞相以下的大臣们都站在渭桥迎驾。刘恒这才确信，驱车来到渭桥接见众臣，并下车答礼。从城外到城里，代王刘恒对众大臣反复试探，最终在陈平、周勃等人的拥戴下登上了帝位。

无为而治开盛世

文帝从偏远之地来到京师，又无雄厚的政治基础，所以，他即位后首先要做的就是巩固政权。虽然文帝没有受过太好的教育，但并不缺少政治智慧。他深知军权对政权的意义，在他进入未央宫的当天，就命令宋昌为卫将军，统领南北两军；命张武为郎中令，负责宫中保卫工作。随后，他连夜派灌婴与东牟侯刘兴居清除宫殿，分别诛杀少帝刘弘以及吕氏所封的梁王、淮阳王与常山王，清除诸吕残余势力。紧接着，他连夜颁布诏令，宣布大赦天下。

在当时的政治形势下，文帝深知，要巩固政权必须倚重勋臣宿将，优宠刘氏宗亲。为此，他在参拜了高祖帝庙后，任命周勃为右丞相，陈平为左丞相，升灌婴为太尉，并对铲除诸吕，拥戴有功的其他将军和大臣们加官晋爵，赏赐黄金。为安抚宗室，他为被吕后贬斥的刘姓诸王恢复封号，将他们原先的封地重新赏还。

就这样，通过清除吕氏势力，重用功臣，封立宗室，汉文帝刘恒成功搭建起自己的领导团队，开始执政治国。当然，他的执政之路并不是一帆风顺的。因为重用功臣必然会有功臣欺主，优待宗亲必然会有诸王骄横。在功臣之中，绛侯周勃因为拥戴有功，每次上朝总是显出很傲慢的样子，不把文帝放在眼里。于是，文帝便以严肃的神色对待他，迫使他敬畏。后来，借故免除了他的相职。几番折腾，最终降服了周勃。在诸侯王中，济北王刘兴居和淮南王刘长举兵叛乱。文帝果断派兵镇压，刘兴居和刘长先后自杀。通过诸多努力，文帝最终巩固了自己的势力，彻底控制了朝政。

西汉王朝建立后，一直推行休养生息政策，着力发展农业生产，收到了显著的成效。汉文帝信奉“黄老之学”，主张无为而治。他重视农业，接受贾谊、晁错等人的建议，实施一系列安民务本、轻徭薄赋的政策，谋求经济的发展。

为了激发农民的生产积极性，吸引农民努力耕作，文帝减轻田租税率，将田租由 1/15 减为 1/30，还有 13 年还全部免收。此外，还把每人每年120钱的算赋降为每年40钱。汉文帝尽可能地取消国家的兴作活动，轻易不征发民众，使成年男子每三年只为国家服役一次。文帝即位之初，列侯大多不在封地而居于长安，以致长安粮食和商品的转输负担十分沉重。为了改变这种状况，他下令列侯回到自己的封地，以减轻人民的负担。文帝十二年（公元前168年），刘恒采纳晁错的建议，采取公开标价的方式，出卖国家爵位，筹措边防军粮。所得粮食，足够边军5年之需。边境和郡县的粮仓得到充实，农民的负担便因此减轻。

为了发展生产，文帝下令，开放原来归属国家的所有山林川泽，准许私人开采矿产，利用和开发渔盐资源，从而促进了盐铁生产的发展。结果"富商大贾周流天下，交易之物莫不通"。汉代设关卡以控制人口流动，行旅往来出入关隘时，要持有通关凭证方可放行。文帝取消这种制度，方便商旅出入关口，也方便了商品流通，促进了经济的发展。

无为而治的要义是减少皇宫和政府活动和开支，尽量不扰民。为此，文帝大力提倡并躬行节俭。他在位23年，宫室、园林、服饰、车驾等都没有增添。有一次，他打算建造一座露台，召来工匠一算，造价要上百斤黄金，相当于十家中等平民的家产，便放弃了。他还屡次下诏，禁止郡国向皇宫进献奇珍异宝。他本人平时穿戴的都是用粗糙的黑丝绸做的衣服，就连他宠爱的慎夫人，也不准穿拖地长裙，不准使用绣彩色花纹帏帐。文帝为自己预修的陵墓，不准用金银铜锡等金属做装饰，只使用瓦器，也不修高大的坟堆。在中国历代帝王中，文帝是一生都注重简朴，为世人称道的皇帝。

汉文帝对周边少数民族不轻易用兵，尽力维持相安友好关系，即便是对待汉王朝的死敌匈奴也是如此。他对匈奴一直采取克制忍让的态度，执行和亲政策。虽然匈奴人多次背约入侵劫掠，而文帝也只命令边塞戒备防守，不开战端。对与汉王朝分庭抗礼南越王国，文帝即位后，立即采取安抚政策，感化赵佗，最终赵佗取消帝号，汉越修好。这些措施的主要目的，就是避免给百姓带来烦扰和劳苦。

上述方针和措施的实行，使流民归田，粮食丰收，户口繁息，百业兴旺，商旅往来不绝，社会经济繁荣发展。

为政宽仁　废除苛法

“无为而治”另一个要义是做事“循守成法”。也就是说，它既不是毫无作为，也不是随意放任，而是行政做事都不超越既定的法律规定。而我们知道，汉承秦制，法度森严，虽然高祖吕后有所更张，但到文帝时依然是法严刑峻。比如，当时还保留着有很多的肉刑，如用刀划面额然后涂墨的黥刑、割鼻子的劓刑、砍脚的刖刑、破坏生殖器的宫刑等残忍刑罚。此外，还保留着“一人犯罪，连累全家族受罚”的连坐法。

文帝性情宽厚，认为这些刑罚太残忍，应该废除。即位不久，文帝就提出废除连坐法，大臣陈平和周勃开始不同意。但文帝一再坚持下，最后他们才妥协，起草了相关诏书，将连坐法废除。

文帝十三年（公元前 167 年），齐太仓令淳于公犯罪，依法应当受刑，而且是肉刑。淳于公幼女缇萦非常悲痛，随父赶到长安，向文帝上书说：“臣妾愿意入官府为奴婢，来抵赎父罪。”文帝深受感动，下令赦免了淳于公的肉刑。随后，他又下诏废除肉刑，改为处以笞刑和杖刑，后来又下令减少施刑次数，最终减轻了刑罚。

秦汉时期，皇帝不能随便议论，更不能有所怨恨，否则就是犯了“诽谤妖言罪”。当时的老百姓，不高兴时常诅咒天帝，这就间接触犯了“天子”，犯了需要严惩的“民诅上罪”。文帝认为，这些罪名不仅惩罚面太宽，而且使大臣们不敢说真话，对国家政事很不利，就下令废除了。

文帝一方面废除苛法，另一方面也要求严守法度，并在守法方面以身作则。一次，文帝出行路过渭桥，有人从桥下走出惊了皇帝车驾。廷尉张释之判罚那人四两金。文帝很生气，要求处死。张释之力争说：“法律是天子和天下人共同制定的，如果我们轻易地改变法律，就会使人们对法律失去信任，不知怎样做才对。”文帝最终同意了他的判罚。还有一次，文帝让张释之重重处罚偷窃高祖庙玉环的人。张释之按照法律规定判处砍头，并陈尸示众。文帝想让他处以诛杀全族之刑。张释之抗辩说：“国法没有规定盗哪个庙的东西重处，盗哪个庙的东西轻处。如果现在判此人族刑，那将来万一有小民盗挖高祖的陵墓上的坟土，陛下又要用什么国法来治罪呢?”文帝觉得张释之说的有理，认可了他的判罚。

文帝仁德，施政常常惠及臣下与百姓，与民同乐。在册立皇后的时候，他下令赐给天下无妻、无夫、无父、无子的穷困人以及年过八十的老人，不满九岁的孤儿每人若干布、帛、米、肉，让天下这些贫苦之人可以享有一些快乐。在对待臣子上，文帝也十分宽容。大臣张武等人接受别人的贿赂，事情被发觉。文帝没有把他们交给执法官吏处理，而是从皇宫仓库中取出金钱赐给他们，采用这种办法使他们羞愧、悔悟。

文帝是古代“以德治国”的典范，他一心致力于用仁德感化臣民，因此天下富足，礼义兴盛。公元前 157 年夏，文帝去世，终年 46 岁，死后安葬在霸陵。其人虽逝，但他开创的社会安定、经济繁荣的政治局面，却永载史册。

景帝刘启

汉景帝档案：

生 卒 年：公元前 188～前 141 年

父　　母：父，文帝刘恒；母，窦姬

后　　妃：薄皇后、王皇后、栗姬等

年　　号：无

在位时间：公元前157～前141年

谥　　号：孝景皇帝

庙　　号：无

陵　　寝：长安阳陵

性　　格：仁慈，刚毅

点评：

文帝和景帝在位共四十一年，继续执行轻徭薄赋、奖励生产、与民休息的政策，是西汉社会经济上升的时期。

——白寿彝《中国通史》

汉景帝名叫刘启，文帝刘恒之子，是西汉王朝的第四位皇帝。他宽和仁慈，促进了西汉经济的继续繁荣发展；同时他又刚毅勇敢，坚决平定内乱，维护了天下统一，他是西汉历史上一位伟大的皇帝。

刘启生于惠帝七年（公元前188年），母亲是窦姬，此时他的父亲刘恒还在做代王。刘启本不是长子，但是刘恒的4个儿子先后病死，他就成了长子，刘恒称帝后就封他为太子。刘启9岁当上太子，并没有什么值得称道的地方。他在整个青年时期，都是一个典型的纨绔子弟。他的性格很冲动，一次，他在皇宫中与吴王刘濞的儿子下棋，结果二人发生争执，刘启就操起棋盘砸过去，竟然把对方砸死了。刘濞乃是高祖刘邦的侄子，他的父亲刘仲是刘邦的二哥。文帝刘恒

景帝刘启像

见出了这样大的事，赶紧向刘濞赔礼道歉。刘濞不敢向文帝追究责任，只好作罢，但对刘启从此就恨在心上了。文帝见太子不成器，也经常训斥，却并不见效，对他很失望。没想到刘启后来还真的浪子回头了，变得端正稳重，这也为他称帝作出许多政绩打下了基础。文帝后元七年（公元前157年），文帝病逝，32岁的刘启即位，就是汉景帝。

刘启坐上皇位后，虽然西汉从整体上来看经济繁荣兴盛，百姓安乐，但王朝内部潜伏着很多危机，其中最大的问题就是藩国的势力太大，已经威胁到中央皇权的稳固。高祖刘邦立国后，为了“屏藩汉室”，他铲除异性诸侯，大封同姓诸侯王。宗室子弟不仅拥有封地、人口和军队，还有权在封地设立官署，是名副其实的独立“小朝廷”。经过几代人的发展，这些王侯实力越来越大，野心也与日俱增，已经成了威胁皇权的毒瘤。

刘启一上台，就认识到这个问题的严重性。为了消除祸患，他采纳了晁错削藩的建议。晁错博学多才，是个很有见识的人。刘启提拔他为御史大夫，位列三公，重点负责此事。在各位手握重兵的诸侯王中，吴王刘濞势力最大。他原本就有野心，一直在积蓄力量，到现在已经准备了近40年。加上刘启曾杀了他的儿子，所以刘濞造反是早晚的事。晁错就主张拿最具威胁的吴王开刀，不过却遭到外戚窦婴的反对，加上吴王树大根深，难以撼动，就暂时搁置了。刘启先从楚王、赵王和胶西王开始削减封地。虽然反对削藩的声浪一直很大，但刘启还是听从晁错的建议，接着在吴王刘濞这只老虎头上拔毛，削夺了他的会稽、豫章两郡。刘濞本来就在寻机会起事，这下正好有了借口。他征兵20多万，联合楚王刘戊、赵王刘遂等共7个诸侯王，打着“诛晁错，清君侧”的旗号起兵造反。历史上把这次叛乱称为“七国之乱”。

七国来势汹汹，刘启慌了手脚，这时与晁错有过节的大臣袁盎趁机进言，建议杀了晁错，以平息叛乱。刘启只好忍痛杀了晁错，然后派人招降吴王等人。谁知诸侯王们根本不买帐，刘濞甚至放出狂言：“你这乳臭未干的小儿，有何资格向我下诏？”刘启对杀了晁错后悔不已，决定再也不妥协，要亲自指挥用武力来平叛。他派出智勇过人的周亚夫，令其率领36位将军，讨伐吴楚等七国叛军。周亚夫等人先断了叛军的粮道，然后就坚守不出，结果仅用3个月，就彻底击溃了叛军。“七国之乱”平定后，景帝将王国的权力收归中央，诸侯王成了只能享受当地租税的贵族阶层，这样藩王割据的问题就基本解决了。

刘启稳定了政权之后，就开始集中精力治国。他继续奉行文帝休养生息、发展生产的方针，并采取了一些很有效的改良措施。他将赋税从“十五税一”进一步减为“三十税一”；他还取消了禁迁令，鼓励百姓迁徙到土地肥沃、人烟稀少的地方拓荒。这样汉朝的农业又一次飞速发展。刘启对百姓的体恤还体现在法律上，他不仅进一步减轻刑罚，还强调司法公正平等，这在森严的封建社会是很难得的。他还多次大赦天下，百姓都称颂他是个仁君。在外交上，景帝也继续采用前几代皇帝的和亲政策，虽然匈奴还是时有掠夺，但总体上还是维持了几十年的和平安定。

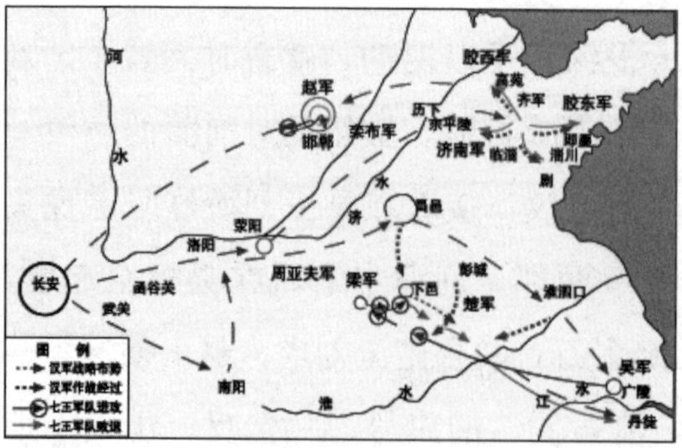

平定七国之乱示意图

刘启的宽仁还体现在思想文化上，他采取兼容并蓄的方针，放宽对所有学说的限制，这样各家争鸣的局面重新出现，学术气氛空前浓厚，儒家学说也得到了长足的发展，为后来汉武帝“独尊儒术”进一步奠定了基础。

刘启的仁慈还体现在对待同胞手足和后宫妃嫔上。他与同母弟弟梁王刘武感情亲密，一次刘启酒醉，戏言会将皇位传为弟弟，刘武就当了真。刘武后来想争位，可惜大臣们都劝刘启应将帝位传给儿子。刘武失望而归，不久病死，景帝感到很惭愧，他将刘武的5个儿子都封王以此补偿。刘启对宫中妃嫔也尽量体谅，只要不违背原则，他都尽量庇护。

景帝后元三年（公元前141年），刘启病重，不久就在未央宫去世。他在位16年，终年48岁。他死后葬于阳陵（今陕西高陵西南），太子刘彻继位，即汉武帝。他一生宽仁，就在临终前，还做了两件好事：一是散尽私财，除了后妃、贵戚和大臣，平头百姓都得到了他的赏赐；二是遣散宫女，服侍他的所有宫女都带着充足的安家费回了乡。景帝的仁德确实细致入微，他也由此赢得了天下百姓的敬仰。他与父亲文帝一起开创的“文景之治”也永载史册。

武帝刘彻

汉武帝档案：

生 卒 年：公元前156～前87年

父　　母：父，景帝刘启；母，王娡

后　　妃：陈皇后、卫皇后、李夫人、钩弋夫人等

年　　号：建元，元光，元朔，元狩，元鼎，元封，太初，天汉，太始，征和，后元

在位时间：公元前141～前87年

谥　　号：孝武皇帝

庙　　号：世宗

陵　　寝：长安茂陵

性　　格：冷酷多情，雄才大略，好大喜功

点评：

高祖之后，史家誉为文景之治，其实，文、景二帝乃守旧之君、无能之辈。倒是汉武帝雄才大略，开拓刘邦的业绩，晚年自知奢侈、黩武、方士之弊，下了罪己诏，不失为鼎盛之世。

——毛泽东

汉武帝名叫刘彻，是汉景帝的第十子，西汉王朝的第五位皇帝。他雄才大略，革故鼎新，开疆拓土，使西汉王朝发展到最繁盛的顶峰时代。他在位 54 年，是我国古代最杰出的帝王之一，在国际上也享有盛誉。

武帝刘彻像

金屋藏娇　贵人相助

刘彻生于景帝元年（公元前 156 年），这时他的父亲刘启已经做了皇帝，所以他一出生就是皇子。刘彻的母亲叫王娡，据说怀孕时曾梦见太阳入怀，景帝得知后很高兴，认为这是吉兆，说明这个孩子以后一定不凡。后来王娡生下一个儿子，起名刘彘，后来改名刘彻。这个小家伙确实聪慧过人，景帝非常喜欢。

不过刘彻离皇位还是很遥远的。他是景帝的第 10 个儿子，而且母亲王氏只是一个美人，身份低微。按照立嫡长子的封建传统，刘彻的大哥、栗姬之子刘荣被立为太子。而刘彻在 4 岁时被封为胶东王，这样他长大后也就是一个小诸侯王。没想到刘彻一个小孩子的

诺言，竟然意外得到贵人相助，将太子之位送到了他的面前。

这个贵人就是景帝的亲姐姐、长公主刘嫖。景帝待人宽仁，与姐姐刘嫖的关系很好。刘嫖有一个女儿叫陈阿娇，长得很漂亮，刘嫖对她非常宠爱，一心想让她当皇后。于是，刘嫖就把主意打到太子刘荣身上。谁知刘荣的生母栗姬却不喜欢长公主，因为景帝的很多美人都是她引进来得宠的，栗姬心中怨恨，就一口拒绝联姻之事。长公主碰壁之后很生气，就另想他法。刘彻自小聪明伶俐，长公主也很喜欢。她就当着景帝的面，问刘彻，想不想娶阿娇做媳妇。这时阿娇 10 岁，而刘彻才 6 岁。可是小刘彻很认真地回答，若娶了阿娇，一定要造个金屋子给她住。长公主听了非常高兴，就极力怂恿景帝答应刘彻与阿娇的亲事。景帝对刘彻的回答也很惊奇，就同意了。后来刘彻当了皇帝，还真的造了一座金屋让皇后阿娇居住，这就是成语“金屋藏娇”的由来。

因为刘彻的一句童言承诺，长公主下决心为他争得太子之位，好让自己的女儿以后能当皇后。刘嫖与景帝都是窦太后所生，所以她不仅地位尊贵，对景帝也有很大影响，她在朝中是个举足轻重的人物。经过她一番精心谋划，加上刘彻确实出色，王美人终于被景帝立为皇后，刘彻也取代刘荣，被立为太子，时年 7 岁。“刘彻”这个名字，就是景帝此时为他特意改的。

刘彻当了太子后，就开始接受正统教育，并学习帝王之术，名士卫绾也成了他的老师。卫绾学识渊博，他教导了刘彻六七年，对刘彻后来的治国政策影响很大。刘彻的学习范围很广，不仅包括经史文学，还涉猎骑马射箭，这些为他以后的文治武功都打下了坚实的基础。景帝后元三年（公元前 141 年），景帝驾崩，16 岁的刘彻即位，即汉武帝。

革除弊政　独尊儒术

刘彻登上皇位时，西汉王朝经过四代帝王，尤其是“文景之治”

的休养生息，经济已经非常繁荣，国库充足，百姓康乐，吏治清明。不过这种繁荣的背后，长期潜伏的各种矛盾也逐渐激化了。在国内，许多农民为逃税而脱了户籍，政府就无法有效地管理；地方豪强巨贾的势力恶性膨胀，严重影响到国计民生；曾被打压的诸侯王又开始蠢蠢欲动。在边疆，匈奴的实力也增强了，对边境的侵略越来越频繁。所有这些，都对刘彻的统治构成了严重威胁。

刘彻很有革除弊政的魄力，他任用了一大批儒生，一起推行政治改革。他通过考试，选拔出大儒董仲舒，听取其很多有见地的治国安邦良策，历史上称之为"贤良对策"。为了提倡儒术，刘彻在朝臣任免上做出了重大调整。他任命窦婴为丞相，田蚡为太尉。这二人都喜欢儒学，他们又推荐了儒生赵绾为御史大夫，王臧为郎中令。赵、王二人又推荐了自己的老师、《诗经》博士申培任太中大夫。这样，武帝的朝堂成了儒家的天下。

刘彻与这些儒臣一起对大汉朝政进行了全面的兴利除弊。除了用休养生息来稳定经济发展外，武帝还鼓励大臣检举皇亲国戚的不法行为，以倡导法制；命滞留京城的王侯都回封地居住，以消除对皇权的威胁；将皇家苑地关闭，并分给贫苦百姓耕种，以此来减轻百姓的负担。除此之外，刘彻还设立"明堂"，重新规范礼乐制度。

臣子拜见皇帝图

西汉大儒董仲舒于传统儒家"君君、臣臣、父父、子子"思想之基础上，提出"君为臣纲、父为子纲、夫为妻纲"及"五常"说。此图反映了封建社会国家政治机器运转的支柱之一"君为臣纲"对人民思想的控制，它要求臣民绝对服从帝王。

刘彻的这些措施都产生了很好的效果。可是儒学的盛行却遭到了窦太后的强烈反对。窦太后是景帝的母亲，是身历四朝的老太后，她稳居后宫 40 多年，威望自然非同一般。刘彻年少称帝，朝政大权还是由她把持。窦氏一族的势力盘根错节，更是不容小觑。他们之中有很多人仗势作恶，遭到大臣的弹劾。这些人都跑去向老太后告状，并借机诽谤新政。窦太后深受前几任皇帝的影响，喜好黄老之言。她本就不喜欢儒家，现在又听了这么多人的一面之词，就怒斥孙子，逼迫他废除新政。刘彻上台不久，人又年轻，没有多大势力，只好屈从老祖母。他不仅放弃修建明堂，还罢免了窦婴和田蚡，又把赵绾和王臧也下狱治罪，这才平息了老太后的怒气。

不过刘彻年轻也是优势，他避过了窦太后的风头，就韬光养晦，等待时机。建元六年（公元前 135 年）窦太后寿终正寝。而刘彻的母亲王太后很疼儿子，不干涉政事。这样 22 岁的刘彻终于可以放开手脚大干一场了。

刘彻翦除了窦太后在朝中的所有亲信党羽，重新启用田蚡为相，任韩安国为御史大夫。“清静无为”的黄老之学，在定国安邦、休养生息的时代确实发挥过巨大作用，但它早已不适应一个庞大、进取的强盛时代。而儒学博大精深，包括了政治、经济、文化、教育、伦理等各个方面，它提倡“仁政”，是统治阶级在强盛时代统治百姓的最好武器。所以，大儒董仲舒提出的“罢黜百家，独尊儒术”的主张，正好顺应了时代发展趋势，也切合了刘彻的心意。

刘彻初登帝位就开始向这个方面努力，虽然遇到挫折，但也有很大的收获，现在他的思想也更加成熟了。刘彻就全面推广董仲舒的主张。他将儒学确立为正统思想，强调大一统，弘扬仁义，树立君臣伦理观念。为了普及儒学，实现思想上的真正统一，刘彻从教育入手，用儒家思想来培养人才。在董仲舒的建议下，他兴办了太学，聘请儒学博士授课，教学内容就是儒家五经。太学的规模也逐年扩大，到西汉末年太学生已达万人。同时，地方郡国也兴办学校，内容也以儒学为主。官吏选拔考试也以儒学为主。这样用不了多少年，从中央到地方的官僚都换成了儒士，他们成为封建专制主义中央集权的坚决维护者。这样从教育到用人到思想的大一统，为刘彻后面的改革奠定了良好的基础。

大刀阔斧　推行新政

刘彻的独尊儒术、统一思想，顺利推广开后，他就开始大刀阔斧地进行彻底改革。

刘彻首先是大力加强中央集权。这些措施中，最主要的是削弱丞相的权力。汉代的几朝丞相都是开国功臣，如大名鼎鼎的萧何，这些人权势很大，有时甚至凌驾于皇权之上。刘彻就借着许多功臣元老年迈亡故的时机，对朝中官员来一次大换血。先前颁布的教育改革措施起到了很好的效果，已经形成了人才培养的良性循环。刘彻打破传统的出身等级等限制，任人为贤，重新建构了属于皇帝个人的权力机构。而丞相则只被允许处理外廷，内廷的事都由刘彻亲自掌握。这样，丞相的权力就大大缩水了。

刘彻把大权都抓到手中，政令就能畅通实施了。他马上又开始解决长期以来困扰汉朝几代皇帝的诸侯王问题。他做了一件惠及后来所有封建王朝的大变动。公元前 127 年，他采用主父偃提出的“推恩令”。就是以律法的形式诏令所有诸侯王，让他们把土地分封给所有的子弟，恩泽所有后代。这样诸侯国就越分越小，几代之后，就都成了平头百姓。这个方法彻底解决了长期以来诸侯王威胁中央朝廷的问题，实在是封建社会历史上的一个伟大创举，影响深远。

刘彻削藩成功后，又开始整治地方官员。这些人权力虽然不大，但直接与老百姓接触，一旦有人营私舞弊、贪污受贿，就会引起百姓不满，造成社会不安定，同样会影响皇权的稳固。元封五年（公元前 106 年），刘彻对汉初以来的监察制度实行改革。他把全国分成

13个监察区，每区派一个刺史，刺史由皇帝的内廷直接管理。他们不处理地方上的一般事务，而是每年秋天巡游郡国，专门检查各地豪强和官吏等有无恃强凌弱、营私舞弊等行为，同时也推荐优秀的地方官直接到中央任职，他们其实就是皇帝的钦差大臣。这一措施限制了地方豪强的势力，得到了普通官员和百姓的拥护。

刘彻在政治改革的同时，还推出了许多新的经济措施，加强经济管理，打击商人的不法行为，实行重农抑商政策。首先，他改革货币制度，把铸币权收回中央专有。其次，他采纳了经济学家桑弘羊的建议，把影响国计民生的盐、铁、酒等商品都收归国家专营，严禁商人参与。再次，他推行“平准”和“均输”法。“平准令”就是随时平抑物价；而“均输令”则是针对农产品旺季和淡季价格不一的情况，为打击商贾旺季囤积，淡季高价出售而设，从而保护了农民的利益。刘彻的经济新政，在一定程度上限制了豪强富商的经济扩张，保护了普通百姓的利益，增加了西汉政府的财政收入，从经济上加强了中央集权。不过民间工商业受制，商品经济停滞不发展，也是重农抑商政策的弊端。

讨伐匈奴　威名远播

年轻有为的皇帝带领一班才干非凡的文臣，在巩固政权、繁荣经济上作出了巨大成就。不过刘彻并未就此停步，他还要率领手下猛将去开疆拓土，扬名四海。刘彻是个文武双全的皇帝，他在位54年，其中有44年是在打匈奴和扩张疆土，还取得了巨大的功绩。

刘彻之前的四代皇帝，对匈奴都实行和亲政策，暂时稳定了边境局势，为国内的休养生息创造了安定的环境。但匈奴贵族贪得无厌，得到大汉公主和财物后，还是照样杀戮劫掠。在文帝、景帝时，他们就越过了边境，侵略范围扩大到辽西、河北、山西和陕西等地，令京都长安都不得安宁。他们甚至想把华北平原变成大草原，奴役汉人来为自己放牧。刘彻从小就讨厌匈奴，他不愿像祖辈父辈一样忍辱求安，而是用武力来征讨，彻底除掉这个边疆大患。

武帝决定攻打匈奴，不仅出于他个人的雄心壮志，而且有国内雄厚的经济实力为后盾。他手下也有一批能征惯战的武将，如卫青、李广、霍去病、韩安国等。他与匈奴的战役持续了43年，其中关键性的大战役有3次。

元朔二年（公元前127年），匈奴入侵上谷、渔阳两地，卫青、李息领兵迎战，汉军大获全胜，还夺回了河南地方（今河套地区），这场大捷极大地鼓舞了全国军民。刘彻趁着匈奴兵败，两军势均力敌的时机，于公元前121年，派霍去病远征陇西。匈奴节节败退，汉军乘胜追击到皋兰山（今兰州附近），成功捣毁了匈奴的老巢，最后浑邪王率4万余部投降。刘彻立即在那里设郡，甘肃从此正式归入中国的版图。这次战役后，形势转变为敌弱我强。公元前119年，刘彻再次派出卫青、霍去病等，分兵出定襄、代郡，彻底把匈奴摧毁，逼使其远徙中亚。这场持久的战役，终于以大汉的胜利告终，这是历史上从未有过的大事。

武帝赶走匈奴后，就开始向更远的地方开拓疆土。他派张骞出使西域，沟通了与新疆及更远地方少数民族的关系，确立了西汉对西域的宗主地位。西域畅通，也形成了沟通古代欧亚的“丝绸之路”。随后，武帝又平息了闽越和南越的叛乱。经过刘彻40多年的努力，西汉的领土达到了空前的辽阔。北方匈奴被赶走，新疆、甘肃西部都划入中国版图，东北的疆域也延伸到浑江、鸭绿江流域。一个最强盛的伟大帝国屹立在世界的东方，汉武帝的威名震慑四方。

漠北之战　绘画

春秋千古　晚年悔过

刘彻一生，励精图治，开拓疆土，他开创了中国历史上一个辉煌的时代。不过荣耀的背后，许多弊端也显露出来了。武帝好大喜功，对外征战40多年，穷兵黩武的政策也使原本殷实的国库变得空虚。

刘彻在追求享乐上也走向了极端，与秦始皇很相似。他的宫殿、苑囿都布置得极尽奢华，宫中美人无数，武帝的好色是出了名的。他幼年承诺建金屋让阿娇来住，称帝后封陈阿娇为皇后，真的让其住入了金屋。但是随着阿娇年长色衰，生性又善妒，刘彻也对她彻底冷落了。后来阿娇幽居长门，重金请司马相如做《长门赋》，试图挽回刘彻的心，也没有成功。后宫之中李夫人、卫子夫等美人都先后得宠，但没有谁能真正留住这位皇帝的花心。刘彻有了后宫美人数千并不满足，他喜欢像秦始皇一样外出巡游，遇上美丽的女子，就带回宫中。后来的汉昭帝刘弗陵之母赵婕妤，也是他从外带回的。

刘彻在享尽荣华美色后，到了晚年，他对自己的日渐衰老感到恐慌。他比秦始皇更相信术士，迷信仙方，追求长生。他多次出游，也是为了寻访仙踪，求得仙药。他也同样被方士所骗，甚至把自己的大女儿卫长公主嫁给方士栾大，并赐给高官厚禄，命其专门为自己寻药。直到公元前110年，栾大的谎言被揭穿，武帝怒而腰斩了栾大。但他求长生之心仍不死，又继续不断派人出海求仙。

刘彻晚年多病，他的疑心病也变重了，因此造成了很多惨祸。一次，他梦见许多木头人围攻他，醒来后就病倒了。他怀疑是有臣子在诅咒自己，就派江充去调查。谁知江充是个心地险恶的小人，他与皇后卫子夫所生的太子刘据不合，就趁机诬陷太子用巫蛊诅咒皇上。太子为了保命，就杀了江充，然后又去皇后宫中调来士卒保护自己，于是有人诬告太子谋反。刘彻震怒，马上派丞相去平叛。

双方在京城大战数日，最终太子兵败自杀，卫皇后也自尽身亡。这场因刘彻一个梦而引起的“巫蛊之祸”，并未就此结束，反而愈演愈烈，从皇宫牵连到朝堂丞相等人，又延伸到边关的将军等人，先后有数万人因此而死。

等到刘彻头脑清醒过来，查明真相后，他深受打击，后悔不已，开始检讨自己的过失。征和四年（公元前89年），武帝召集群臣，坦言：“朕即位以来，所为狂悖，使天下愁苦，不可追悔。自今事有伤百姓，靡费天下者，悉罢之。”武帝一生雄心勃勃，自信无比，能坦诚过错，在历代帝王中都是少有的。他也采取了一些弥补措施，比如废止方士的迷信活动，不再穷兵黩武，把治国的重心转移到发展生产、关注民生上来。

武帝垂暮之年，对皇位继承人也做了慎重考虑。后元元年（公元前88年），69岁的刘彻决定立7岁的少子刘弗陵为太子。但太子年幼，其母赵婕妤正当盛年，为了不让吕后专权的历史重演，刘彻赐死了赵婕妤。他还将一张周公背成王朝见大臣的图，赐给奉车都尉霍光，命其辅佐太子。武帝用自己卓绝的帝王之术，为儿子刘弗陵称帝铺平了道路。

后元二年（公元前87年），武帝在五柞宫病逝，享年70岁。他死后葬于茂陵（今陕西兴平东北），谥号“孝武”，庙号“世宗”。汉武帝在位54年，一生成就辉煌，他使汉朝成为当时世界上最强大的国家，是中国历史上最有作为的君王，他的威名流传万世。

昭帝刘弗陵

汉昭帝档案：

生 卒 年：公元前94～前74年

父　　母：父，武帝刘彻；母，钩弋夫人

后　　妃：上官皇后

年　　号：始元，元凤，元平

在位时间：公元前87～前74年

谥　　号：孝昭皇帝

庙　　号：无

陵　　寝：长安平陵

性　　格：儒雅聪慧

点评：

至始元、元凤之间，匈奴和亲，百姓充实。举贤良、文学，问民所疾苦，议盐、铁而罢榷酤，尊号曰“昭”，不亦宜乎！

——东汉·班固《汉书》

汉昭帝名叫刘弗陵，是汉武帝最小的儿子，西汉王朝的第六位皇帝。他幼年即位，亲政时间不长，没有作出太大的成绩，但他把汉武帝晚年留下的烂摊子治理好，使汉政权又向着良性方向发展，也是十分可喜的。

刘弗陵，字不，是汉武帝刘彻的幼子。他出生时，武帝已经62岁了。刘弗陵的母亲姓赵，是个传奇人物。据说她从出生就双拳紧握，无法松开，十几岁了，还是这样。汉武帝巡游河间国（今河北献县东南），听说此事，有些好奇，就让随侍的地方官把她带到跟前。武帝拉住她的手轻轻一掰，她的两只手竟然就伸开了。武帝十分高兴，认为她与自己有缘，又见她年轻貌美，就带回宫中，称为“拳夫人”。

武帝对这位“拳夫人”十分宠爱，封她为婕好，这个妃嫔名号是武帝自创的，地位仅次于皇后。不久，武帝又让她入住钩弋宫，

从此称其为“钩弋夫人”。钩弋夫人实在是与众不同，别人怀胎10月生子，可她怀孕14个月才生下了一个儿子。这件奇事引得宫中流言漫天飞，可武帝很高兴，他说：“昔日上古贤君尧帝也是怀胎14月生下的，想不到我的儿子也是如此。”他甚至还将钩弋夫人产子的那扇宫门命名为“尧母门”。武帝为这个孩子起名弗陵，对他十分疼爱。

武帝一生女人多，子女也多，不过他最喜欢的还是小儿子弗陵，常常带在身边。弗陵自幼聪明伶俐，健康活泼，给晚年的武帝带来了很多天伦之乐。他经常对身边的大臣说：“这个儿子最像朕。”

武帝晚年，经历了巫蛊之祸后，皇后卫子夫所生的太子刘据惨死。立继承人的问题重新摆在了他的面前。武帝儿子虽然不少，但他看上眼的不多，经过慎重考虑，他决定立弗陵为太子，他相信这个像尧帝一样孕育14个月才出世的小家伙，一定会做出一番大业。武帝在考虑皇权问题时是睿智而冷血的，为了防止“子幼母壮”、外戚专权的吕后事件发生，他无情地赐死了自己十分宠爱的钩弋夫人。后元二年（公元前87年），武帝病逝，8岁的刘弗陵即位，即汉昭帝。

刘弗陵幼年即位，自然无法亲政。不过他实在是幸运，有一个伟大的父亲为他铺好了所有的路。武帝对这个幼子的确费尽了心思，他不仅为刘弗陵消除了太后专权的隐患，还选好了几位股肱之臣辅政。大司马霍光、车骑将军金日磾、御史大夫桑弘羊等共同辅政，其中霍光总领朝政大权。

刘弗陵从父亲手中接手的大汉政权其实是个烂摊子。武帝虽然英雄一生，但晚年犯下不少错误，穷兵黩武，大兴土木，巫蛊之祸，都给社会带来了严重的危害。虽然他后来下“罪己诏”坦诚失误，并尽力弥补，可他一年后就死了，很多事情还根本没来得及做。刘弗陵当上皇帝，首先要做的就是补救时弊，重整大汉江山。这些事情都是由霍光等人完成的。霍光继续汉朝前四代皇帝的休养生息政策，重视农业生产，进一步轻徭薄赋，这些措施很有效地缓和了尖锐的社会矛盾，促进了经济的发展。

刘弗陵虽然年幼，却很有才干，他在治国上很有见识的。霍光施政并不顺利，与他一同为辅政大臣的御史大夫桑弘羊，是个著名的经济学家，他在武帝时策划了盐、铁、酒等收归国营的大事，也习惯于武帝那种好大喜功的做法，所以就强烈反对霍光改变治国政策。于是，在始元六年（公元前 81 年），朝廷召开了著名的“盐铁会议”，讨论如何治国。此时，14 岁的刘弗陵刚刚亲政，他明确支持霍光的政策，“与民休息”的方针得以继续实施，西汉经济又逐渐恢复了生机。

昭帝的皇位能坐稳，也得感谢老父亲武帝为他留下的辅政大臣霍光。武帝去世前，曾派人送了一副“周公相成王”的画给霍光，郑重托付之意已经蕴含其间。霍光对昭帝忠心耿耿，他位高权重，却从不专权跋扈。刘弗陵一成年，他就像周公一样，还政给皇帝。刘弗陵也很睿智，将与霍光的君臣关系处理得很好，成为历代君臣合作的典范。

早在刘弗陵即位时，他的兄长燕王刘旦就心有不甘，一直想夺位。为了除掉辅政大臣霍光，燕王与霍光的政治死敌上官桀勾结，密谋造反。在盐铁会议上落败的御史大夫桑弘羊，对霍光心怀怨恨，后来也投入了燕王等人的阵营。他们商议先除掉霍光，再废了昭帝，拥立燕王。元凤元年（公元前 80 年），霍光出京检阅御林军，把一个校尉调到自己府上做事。上官桀等人就以此为借口，趁着霍光“沐休日”（轮休的一天），以燕王的名义上书昭帝，诬陷霍光出京阅军违制使用天子仪仗，还勾结将士，试图谋反。霍光得知被人弹劾，不敢上朝。昭帝却把他召来，不等他下跪请罪，就赶紧说："大将军快快请起，朕知道上书是假的！"霍光又惊又喜，赶紧问他是如何知道的。小皇帝很自信地说："你出京阅兵，调动校尉，都是最近几天的事情。而燕王远居北方，哪能这么快就得到消息？再则将军你手握重兵，若要谋反，何须区区一校尉呢？"霍光对此感激涕零。而刘弗陵15岁就能如此识人，可见他确实非常人能比。

上官桀等人见此计不成，就干脆密谋刺杀霍光。他们把地点选在刘弗陵的姐姐鄂邑公主府上。鄂邑公主在弗陵丧母即位后，就入宫抚养弗陵，姐弟关系亲密。可她后来向皇帝给自己的情夫求官被拒，就怀恨在心了，正好被上官桀等人利用上。不过他们的阴谋泄露，昭帝与霍光相互信任，他们共同平定了政变阴谋，处死了上官桀等人，燕王和鄂邑公主也畏罪自杀。西汉王朝再次稳定下来。

昭帝在霍光的辅佐下，将国家治理得平稳安定，经济有了很大的发展，为后来的"中兴"打下了很好的基础。可惜刘弗陵天生命薄，元平元年（公元前74年）四月，就暴病身亡了，年仅21岁，没有留下子嗣。他在位13年，死后葬于平陵（今陕西咸阳西北），谥号"孝昭皇帝"。"昭"乃"政治清明，政绩显著"之意，这也是他短暂一生的最好写照。

宣帝刘询

汉宣帝档案：

生 卒 年：公元前91～前49年

父　　母：父，刘进；母，王翁须

后　　妃：许皇后、霍皇后、王皇后等

年　　号：本始，地节，元康，神爵，五凤，甘露，黄龙

在位时间：公元前 74～前 49 年

谥　　号：孝宣皇帝

庙　　号：中宗

陵　　寝：长安杜陵

性　　格：聪明刚毅，机敏多谋，刻薄寡恩

点评：

盖宣帝之为君也，恃才而喜自用，乐闻人过以示察也，故于望之有臭味之合焉。

——明末清初·王夫之《读通鉴论》

汉宣帝名叫刘询，是汉武帝刘彻的嫡曾孙、卫太子刘据的孙子，西汉王朝的第七位皇帝。他统治期间，夺回了被霍氏霸占的皇权，大力整顿吏治，勤于发展生产，使西汉历史上出现了著名的“昭宣中兴”的良好局面。他的一生，既坎坷又传奇，他是西汉中期著名的“中兴”之君。

从牢房中走出的皇帝

刘询，本名病已，生于汉武帝征和二年（公元前 91 年）。他的祖父就是当时大名鼎鼎的卫太子刘据，祖母乃是刘据的姬妾史良娣。史良娣生下了刘询的父亲史皇孙刘进，这样刘询的出生也算十分显贵。可是刘询才当了 5 个月的贵族，就沦为了阶下囚。这年七月，西汉朝廷发生了著名的“巫蛊之祸”。汉武帝的皇后卫子夫、太子刘据等都死在这场惨祸中。作为刘据子孙的刘询一家，也成了这次祸乱的直接受害者。刘询的父亲、母亲都被杀了，祖母史良娣抱着尚在襁褓中的刘询进了监狱，这一进就是 5 年。

刘询的童年就从囚犯开始了。监狱的生活自然是艰辛到令人无法想象的，刘询这么一个嗷嗷待哺的婴儿能在这样的环境中侥幸活

下来，实在是要感谢狱吏邴吉。邴吉正直善良，他知道“巫蛊之祸”是个冤案，对刘询一家的遭遇十分同情，就尽自己最大的能力帮助小小的婴儿刘询。他从狱中找来两个女犯作为刘询的乳母，又拿出自己的俸禄为他添置衣食，这样总算保住了小刘询的命。不过刘询的囚徒生活也差点不能过了。公元前 87 年，汉武帝得了重病，一些方士就对武帝进言，说陛下身体欠安，是因为长安监狱有“天子气”，只有将长安监狱里的所有犯人都杀掉，陛下的病才能痊愈。武帝晚年迷信方术又怕死，就马上下令杀了长安监狱里所有的囚犯。幸亏邴吉再次挺身相护，4 岁的小刘询才又一次死里逃生。

刘询在监狱里待到 5 岁，命运终于出现了转机。新帝刘弗陵登基，天下大赦，刘询终于走出了牢狱。此时他的祖母史良娣已经亡故，刘询就由好心的邴吉送到祖母家抚养。史良娣年迈的老母亲对这个可怜的孩子十分疼爱，对他的饮食起居照顾得十分精心。邴吉回去后还将刘询的身份报上掖庭宫廷官署，这样，刘询终于恢复了皇族的身份，从此生活费由宫廷发放。按照制度，未成年的皇室子弟要由掖庭令看管抚养。刘询虽然是宗室子弟，但是他无依无靠，生活过得并不宽裕，好在掖庭令张贺对他十分照顾。张贺曾是卫太子刘据的旧属，他顾念旧恩，对刘询十分关心，还自己出钱为刘询请最好的老师来教授学业。

刘询就这样长到 17 岁，已经到了娶妻的年龄，但他只是一个落魄皇孙，孤弱无依，根本无人愿意把女儿嫁给他。还是张贺相助，给他聘下了掖庭监狱的典狱长许广汉之女许平君为妻。刘询成婚后，夫妻和睦，不久就有了儿子刘奭。这样，刘询就过上了妻儿相伴，共享天伦的幸福生活。至于当皇帝，离他太遥远，刘询是想都不敢想的。

刘询登基，实在是有些侥幸。元平元年（公元前 74 年）四月，汉昭帝刘弗陵暴病身亡，年仅 21 岁，昭帝连子嗣也没有留下，这样就只有从刘氏宗室子弟中选择继承人了。负责此事的正是权臣霍光。霍光是武帝临终前留给昭帝的辅政大臣，他兢兢业业辅佐 8 岁的昭帝多年，君臣二人和睦互信的佳话在历史上都是有名的。可霍光掌权久了，人也逐渐变得骄横，对权力的欲望也越来越大，他不想放权，就要物色一个言听计从、易于操纵的傀儡皇帝。大臣们提议立汉武帝的儿子广陵王刘胥，霍光认为这不是他想要的合适人选，就否决了。霍光经过反复挑选，决定迎立昌邑王刘贺。可刘贺急着当皇帝，就带着一班人马来到长安，准备用自己的班底来掌权，这自然犯了霍光的大忌。霍光等人联名上书皇太后要求废帝，结果刘贺只做了 27 天皇帝，就被赶下台了。霍光再次挑选继承人时，邴吉向他推荐了刘询。邴吉是刘询的救命恩人，此时他已经升为光禄大夫、给事中，这次他又帮了刘询。霍光经过慎重考虑，也选中刘询了。刘询是卫太子刘据的孙子，人们都对刘据惨死很同情，所以拥立刘询容易得人心。而最关键的一点是，刘询来自民间，毫无背景，且年纪不大，没有从政的经验，平时也是个安分守己的人，这正是霍光最容易控制的人选。于是，18 岁的刘询就这样幸运地坐上了皇帝宝座，即汉宣帝。

韬光养晦　翦除霍氏

刘询侥幸当上了皇帝，不过他并没有实权，朝政全被霍光把持。刘询还在民间时就听说过霍光专权之事，而刘询自己从小就受到皇权斗争的牵连，历尽磨难，所以刘询登基后一直小心谨慎，从来不敢忤逆霍光。刘询从小在那样的环境中长大，他养成的隐忍功夫不是一般人能想象到的。本始元年（公元前 73 年），霍光以还政给皇上来试探刘询。刘询心里清楚这只是一个形式，自己势单力薄，根本无法与霍光斗，就极力谦让，让霍光继续任原职处理国事。为了表示自己对霍光的信任，刘询还宣布大小事都要先报知霍光，再奏知自己。刘询还对霍光大力褒奖，对霍氏一族封邑封侯。这样刘询总算稳定了朝堂，初步巩固了自己的皇位。

不过刘询的隐忍退让，让霍光以为他胆小懦弱，就不把他放在眼里，更加肆无忌惮起来，成了西汉王朝实际上的最高统治者，霍氏一党遍布朝野。霍光的手还伸向了刘询的后宫。刘询当上皇帝后，封自己的结发妻子许平君为皇后，这一点当时就遭到了霍光的反对。霍光想把自己的小女儿霍成君嫁给刘询，好得到皇后之位。但是大臣们还是支持刘询立许皇后，所以霍光只好暂时作罢。按照惯例，皇后的父亲应该封为列侯，可霍光坚决反对，说皇后之父、典狱长许广汉只是一个“刑余之人”，不许封侯，最后刘询只好封自己的岳父为“昌成君”。

霍光对皇后之位还是没有罢手。许皇后原本为刘询生有一子，入宫 2 年后又有了身孕。在许皇后临产前，感到身体不适，就召女医淳于衍入宫问诊。霍光的夫人就趁机买通了淳于衍，让她在皇后的汤药中掺入孕产妇禁用的附子。结果，可怜的许皇后生下一女后不久，就病重身亡了。刘询与皇后的感情很好，他对皇后之死非常伤心，就用心追查死因，结果很快就查出了端倪。刘询心里明白是霍氏下的毒手，却只在心中忌恨，而不在脸上露出一丝不满。没过多久，霍光的女儿霍成君就进了宫，继任皇后之位。刘询依然不动声色，他的隐忍功夫实在是一流。

刘询在霍光的淫威下做了 6 年有名无实的傀儡皇帝，他一直在暗中积蓄力量，准备伺机扳倒霍氏集团，夺回政权。地节二年（公元前 68 年），揽政 20 多年的霍光去世。不过客观来说，霍光执政还是有一定成效的，他按照武帝临终前的遗诏，收拾好了武帝留下的烂摊子，保证了西汉王朝的和平稳定，为刘询后来的治国理政打下了很好的基础。现在霍光一死，刘询感到自己亲政的时机到了。

刘询亲政并不急迫，他制定了周密的计划，一步一步地向着自己的目标靠近。首先，他以帝王的规格厚葬了霍光，并加封霍光的侄孙霍山为乐平侯，并授予重权，让霍氏以为自己仍然可以像以前一样跋扈横行。等到霍氏完全放松了戒备之后，刘询才悄悄开始行动。他先解除了霍光的两个女婿的东、西宫卫尉的职务，接着又免掉了其两个侄女婿中郎将和骑都尉的重要军职。等到霍氏集团发现情况不妙，刘询又立刻免掉了霍光儿子霍禹的右将军一职。霍光的夫人还以为自己高高在上，她指使自己的女儿霍皇后对太子刘奭下毒，刘询早就对此严加防范，结果霍皇后没有得手。刘询继续不动声色地将朝中的霍氏余党逐一铲除，将兵权也慢慢收回了。地节四年（公元前66年），失去权势的霍氏余党决定孤注一掷地发动政变，阴谋废了宣帝，立霍禹为帝。刘询早就做好了准备，将他们一网打尽，霍禹被腰斩于市，霍皇后被废，并打入了昭台冷宫。刘询用了8年时间，终于铲除了霍氏集团，夺回了大汉皇权。不过刘询是非分明，他并没有抹杀霍光的功绩，他晚年曾在麒麟阁设置功勋画像，而霍光仍然位列第一。

励精图治　中兴盛世

刘询把政权夺回手中后，就开始集中精力治理国政。他幼年所受到的良好教育和从小在民间对百姓疾苦的了解，都成为他施政的基础。刘询对从中央到地方的政策都进行了系统的调整，这些措施后来都起到了很好的效果。

刘询亲政后首先就是加强君权。鉴于霍光专政的教训，刘询实行中书制，即扩大了由宦官控制的中书的权限，所有上书下达，都经由中书，直接传递到皇帝手中，尚书省的权力就大大削弱了，这样从制度上强化了君权。

刘询做的第二件事就是整顿吏治。他在民间生活十几年，深切地体会到要想使普通百姓过上安稳日子，吏治是关键。而地方官大多贪污受贿，营私舞弊，甚至草菅人命，这就是百姓受苦的根源。于是刘询将昭帝时废止的刺史制重新启用，恢复了刺史监督郡县官员的制度。不仅如此，刘询还事必躬亲，每个地方官和刺史去任职前，刘询都亲自接见，勉力他们造福百姓，并且要他们写下保证书，然后依此对他们进行考核。这就是历史上所说的“循名责实”。这些做法使得宣帝时期的吏治十分清明，平民百姓受益匪浅，从而缓和了社会矛盾，维护了安定局势。

刘询做的第三件事情就是肃清司法，平反冤狱。这也是从他自己的切身体会得来的，他还没懂事就进了监狱，并在牢中生活了5年。刘询在这个问题上表现出了自己的政治特点，他说：“霸、王道杂之。”“霸”就是要讲法制，“王”就是要体恤民众，要行仁政，刘询的政策就是让这两者结合。他一面强调执法严明，严厉惩治不法官吏和豪强恶霸，一面废除酷法，主张宽刑，为百姓平反冤狱，缓和社会矛盾。他在位期间，还曾十次大赦天下。

刘询在经济上，也继续实行文帝、景帝和昭帝时期的轻徭薄赋方针，对百姓十分怜悯体恤。他不仅平抑物价，打击奸商，还多次下诏鼓励发展生产。在宣帝的带动下，地方官员也都把劝农科桑、发展生产当成最重要的政事来抓。宣帝还派出农学专家蔡葵巡视全国，对农业生产进行科学指导。经过一系列的改革，农民的生产积极性调动起来了，社会经济有了很大的发展，出现了西汉历史上著名的“中兴盛世”。在宣帝后期，经济繁荣，农业连年丰收，为了防止“谷贱伤农”，刘询还设立“常平仓”，用国家力量来干预粮食价格，从而保护农民的生产积极性。

西汉的经济发展了，思想文化也很快活跃起来。除了儒家，其他学说发展也很快。刘询主张各种文化兼收并蓄，还曾亲自主持召开经学大会。这段时间有许多学术创作流传后世。

刘询在外交上的作为，也是很让后人称道的。汉武帝曾经穷兵黩武地扩大领土，赶走匈奴，不过武帝这种做法不仅极大地损耗了国力，而且也没有彻底地收服周边各少数民族，武帝死后，匈奴人就又来了。宣帝刘询在对待周边少数民族的问题上，采取了软硬兼施的方针。第一，他在边境屯驻重兵，使得匈奴不敢轻易侵犯。第二，他联合西北的少数民族多次夹击匈奴，把匈奴赶得逃都没有地方去。第三，他步步为营，把匈奴赶出西域后，就立即建立都护府，使之成为大汉的领土。第四，他还继续坚持汉代以来的和亲政策，对各少数民族进行怀柔安抚。甘露三年（公元前 51 年），匈奴呼韩邪单于亲自来到长安朝见汉宣帝，这标志着匈奴已经成为大汉的属国。这件事是大汉 150 多年历史上从未有过的，也是汉武帝倾全国之兵也没有完成的功业。从此，汉匈之间近 200 年的战争结束了，北方的边境居民过上了安居乐业的生活。大汉与各民族的友好交往也进一步发展，各民族加快了融合的步伐。

黄龙元年（公元前 49 年）十二月，宣帝病逝，终年 43 岁。他死后葬于杜陵（今陕西西安东），谥号“孝宣皇帝”，太子刘奭继位，即汉元帝。宣帝在位 25 年，他是中国历史上唯一一个从长安牢狱中走出的皇帝，他粉碎了权臣专政，平服了匈奴，发展了生产，繁荣了经济，成就了历史上著名的“昭宣中兴”。

元帝刘奭

汉元帝档案：

生 卒 年：公元前 75～前 33 年

父　　母：父，宣帝刘询；母，许平君

后　　妃：皇后王政君，傅昭仪，冯昭仪，卫婕妤

年　　号：初元，永光，建昭，竟宁

在位时间：公元前49～前33年

谥　　号：孝元皇帝

庙　　号：高宗

陵　　寝：长安渭陵

性　　格：优柔寡断，好色昏庸

点评：

甚矣，孝元之为君，易欺而难悟也。

——北宋·司马光《资治通鉴》

元帝刘奭像

汉元帝名叫刘奭，是宣帝刘询的长子，西汉王朝的第八位皇帝。他崇尚儒道，性情优柔，处事寡断，奸贤不分，政绩平平，最后还差点将父亲留下的大好江山葬送了。

刘奭是宣帝刘询在民间时所生的长子。宣帝前半生经历十分坎坷，幼年受到“巫蛊之祸”的牵连，不仅家破人亡，而且还在监狱中长到5岁才获自由。宣帝成年后也只是一个落魄的皇室子弟，无人愿意把女儿嫁给他。在掖庭令张贺的帮助下，才娶到了掖庭监狱的典狱长许广汉之女许平君。许广汉曾是汉武帝身边的侍卫，一次拿错了马鞍，犯了“从驾而盗罪”，被处了腐刑。许广汉受刑后觉得自己也是个很没身份的人，才把女儿嫁给宣帝的。宣帝娶了许氏后，夫妻

恩爱，不久就生下了一个儿子，就是刘奭。

刘奭才几个月大，刘询就时来运转做了皇帝。刘奭的母亲许氏也被册封为皇后，刘奭就是皇后的长子，如果不出意外，未来的太子之位就是他的。可是朝廷之中，霍光专权，宣帝只好暂时隐忍。而霍光为了让自己的女儿做皇后，就趁许皇后再孕产女之机，毒死了许氏，这时刘奭才 3 岁。不久霍氏女就进宫做了皇后，刘奭幸亏有父亲精心保护，才没有遭到毒手。地节三年（公元前 67 年），8 岁的刘奭被册立为太子。这时霍皇后再次对他下毒手，不过刘奭在父亲的保护下又躲过了一劫。而宣帝在隐忍了 8 年之后，终于一举铲除了专权的霍氏集团，夺回了政权。宣帝对许皇后很情深，对刘奭这个儿子也很疼爱。刘奭就一直生活在父亲的羽翼之下。

刘奭虽然幼年丧母，但有父亲的保护，并没有受过多大的风浪。他接受过良好的教育，多才多艺，善史书，对音乐也有很深的见地，不过这些都无法用来治国。刘奭喜欢儒学，以前见父亲加强法制，觉得太残酷，还劝道："陛下持刑太深，宜用儒生。"宣帝见他这样，认为他不适合做皇帝，可想到惨死的许皇后，又不忍心废了太子，最终还是把帝位传给了他。公元前 49 年，宣帝病逝，26 岁的太子刘奭继位，即汉元帝。

刘奭当上了皇帝，果然大用儒生。他性格宽柔，对宣帝选定的三位辅政大臣也很尊重。这三个人是外戚史高，刘奭的师傅萧望之和周堪，刘奭很听他们的话。不过哪里有名儒，刘奭都会亲自召来，并委以重任，他天真地以为这样就是选贤任能。在刘奭的治下，"纯任德教"，其实就是以柔治国，强调教化，而轻视法制的作用。刘奭选官用人也完全用儒家的标准，他起用的儒生中，有不少耿直的诤臣，他们敢于进谏，且言辞激烈。不过刘奭从谏如流，对这些人并不怪罪。儒臣们要皇上节俭用度，刘奭虽然喜欢吃喝玩乐，却也听言照办。公元前 43 年，全国发生大面积灾荒，刘奭还照样外出玩乐。御史大夫上书指责刘奭不顾百姓死活，只管自己享乐，并请皇上赶紧回宫，措辞十分激烈。刘奭竟然没有生气，乖乖地回宫了。刘奭任用儒臣，在抚恤百姓，缓和社会矛盾上确实起到了很好的作用。不过，他完全照章取士，也把许多书呆子选进了官员队伍，这样就使各级政府的办事能力大大降低了，对治国施政很不利。

刘奭虽然很虚心听取臣下的意见，但他不是从善如流，而是什么人的话都听。俗话说忠言逆耳，刘奭虽然听取忠臣们的谏言，但心里还是不太舒服。而奸邪小人最会巧言奉承，刘奭自然很快就向他们靠拢了。奸臣之中最有名的就是石显。在汉宣帝时，为了防止权臣专政，把大小事务叫由中书内廷处理，中书省的人都是皇帝身边的宦官，宣帝以为这样就可以维护皇权，可不想却埋下了宦官专权的隐患。宦官石显就是凭中书令一职在元帝一朝专权十几年，他与外戚勾结，党羽遍及朝野。石显一党很快就与正直的辅政大臣萧望之和周堪等产生冲突。萧、周二人提出废除中书机构。可元帝处在中间，他一向优柔寡断，就采取折中的办法，对废止之事搁置不议。结果石显等就设计陷害，迫使萧望之自杀，又气死了周堪。正直派就这样在交锋中惨败。后来还有一位正直的郎官叫京房，他研究出了一套清明吏治的奖惩方案，叫做“考功课吏法”，把它上给刘奭。刘奭虽然也很欣赏，但推行此法，就要先收回中书的权力，除掉石显，刘奭始终犹豫不决，最后也没有实行。刘奭对石显等人还是继续重用，几年之后，不少奸臣爬上了高位，而忠臣则有很多都被排挤出了朝廷。这样，整个国家就逐渐腐败下来。

刘奭的好色在西汉历史上也是出名的。刘奭原本是个像他父亲一样重情的人，他做太子时，曾真心喜爱一个姓司马的良娣。可惜皇家姬妾都不少，司马良娣因为受宠而遭到其他妻妾的嫉妒，不久就被害死了。她死后，刘奭非常伤心，从此将所有姬妾拒之门外。宣帝见儿子如此，为皇家子嗣考虑，就选了不少美女送给他。刘奭就随意挑选了一个叫王政君的美人宠幸一晚，不想王氏一次得幸就有了身孕，后来生下了刘奭的长子刘骜。宣帝见有了皇孙，也就不再管刘奭近不近女色了，不想刘奭从此就变得好色无度了。尤其是到了他执政后期，身边都是小人，他荒淫好色就更无忌惮了。

元帝的后宫，美人数千，厩马过万，这些都需要大量的金钱来养着。元帝享受到了舒适生活的好处，自然越来越奢靡。而美人太多了，元帝根本看不过来，即干脆让画师为所有美人画像，然后按照画像来挑选宠幸。这样，美人们为了得到君王的垂青，争相贿赂画师，好让其把自己画得更美一些。在元帝的后宫美人中，也并非人人争宠，总有一两个特例，其中就有一个历史上的著名人物——王昭君。

昭君名叫王嫱，字昭君。她长得天姿国色，却性情耿直，不愿意贿赂画师。结果画师毛延寿故意将她画得很丑，导致昭君入宫多年，连君王的面都没有见过。竟宁元年（公元前 33 年），匈奴的呼韩邪单于又来到长安，请求和亲。刘奭就像自己的父亲一样，从后宫挑选一个宫女封为公主嫁过去。匈奴毕竟在蛮荒之地，宫女们都不愿意嫁，所以这个和亲公主很难册立。只有昭君不想老死宫中，就主动提出愿意嫁去匈奴，元帝就准了她。临行前，昭君盛装来向元帝辞行，她的风姿令元帝震惊，心中后悔不已，却又不好失信于匈

王昭君像

昭君怀抱琵琶，戎装乘马出塞，离开长安时，文武百官一直送到十里长亭。

奴，只好眼睁睁地看着美人远去。昭君出塞后，发挥了很大的作用，她向单于传播中原文化，劝说匈奴与汉和好，使得边境保持了半个世纪的和平，她是大汉的功臣。而元帝在昭君走后，心中更是念念不忘，只好杀了丑化她的画师毛延寿泄恨，不过只能如此而已。

昭君出塞后不久，元帝就病倒了。竟宁元年（公元前 33 年）五月，元帝病逝，终年 43 岁。他死后葬于渭陵，谥号“孝元皇帝”，庙号“高宗”。太子刘骜继位，即汉成帝。元帝在位 16 年，政绩平平，西汉从他开始就逐渐衰落下去了。

成帝刘骜

汉成帝档案：

生 卒 年：公元前 52～前 7 年

父　　母：父，元帝刘奭；母，王政君

后　　妃：许皇后，班婕妤，赵飞燕，赵合德等

年　　号：建始，河平，阳朔，鸿嘉，永始，元延，绥和

在位时间：公元前 33～前 7 年

谥　　号：孝成皇帝

庙　　号：统宗

陵　　寝：长安延陵

性　　格：谨小慎微，贪婪荒淫

点评：

成帝之无道也，足以亡国。

——明末清初·王夫之《读通鉴论》

汉成帝名叫刘骜，字太孙，是汉元帝刘奭的长子，西汉王朝的

第九位皇帝。他是历史上著名的酒色皇帝，荒淫无道，不理朝政，最终死在“温柔乡”中。

刘骜的母亲叫王政君，本是一个普通的小官吏之女，因为貌美被选入宫中。她入宫后正巧赶上太子刘奭心爱的女子司马良娣病亡，刘奭伤心之余，竟然不再近女色。宣帝为了子嗣，十分着急，就将几个美人送到刘奭跟前，命他挑选一个。刘奭不敢忤逆父亲，就随手指了一个，这个幸运的女子就是王政君。不过尽管王政君美貌动人，刘奭也没有动心，只宠幸了她一次，就再不理会。没想到就是这一夜情，王政君就有了身孕。宣帝甘露二年（公元前 52 年），王政君生下了大汉王朝的嫡皇孙。宣帝见王朝后继有人，十分高兴，亲自给这个孙子起名为“骜”，意思是希望他能做西汉王朝的千里马，可惜后来刘骜辜负了老祖父的厚望。

刘骜从小也很聪明伶俐，宣帝十分喜爱，经常把这个孙子带在身边。而王政君母凭子贵，也坐上了太子妃之位。后来宣帝去世，刘奭继位，即汉元帝，王政君就做了皇后，3 岁的刘骜被封为太子。元帝为人优柔寡断，没有什么治国之才，到了后期又沉溺于酒色，对太子刘骜的教育也做的不好。元帝本来还是很喜欢这个长子的，他还特命驸马都尉、侍中史丹专门照顾太子。刘骜本来就很聪慧，为人也很谨慎，他接受了良好的教育，可惜没人把他的品行教好。刘骜长大后生活安逸，喜好酒色，比父亲元帝更甚。元帝虽然自己享乐，但也认为皇储不该如此，于是就逐渐不喜欢他了。而刘骜的异母兄弟，傅昭仪所生的定陶王刘康，则人品端正，并且多才多艺，元帝很欣赏。加上元帝本就不喜王皇后，对傅昭仪却比较宠爱，所以就有了废太子另立的想法。而专门照顾太子的驸马都尉、侍中史丹是个很有谋略的人，他就积极地帮刘骜想办法来保住岌岌可危的太子之位。史丹借着贴身内宠的身份，经常在元帝身边打转，为刘骜说尽了好话。元帝本就是个优柔寡断的人，听了这些话就一直没下决定。到了竟宁元年（公元前 33 年），元帝病重，史丹又借着自己内宠的身份入寝殿探病，他再次为太子求情，说得请辞恳切，声泪俱下，听得病榻上的元帝都感动了，终于表示不会再废太子。不久，元帝病逝，刘骜就继位称帝了，即汉成帝。

刘骜 20 岁当上皇帝，母亲王政君被尊为皇太后。刘骜借鉴前几代皇帝在位时权臣霍光和宦官石显专权的教训，认为还是自己母党亲舅家的人最放心，于是王太后一家就鸡犬升天了。刘骜任命王太后的同母弟弟王凤做了大司马大将军领尚书事，总领朝政大权。而王太后的 5 个异母兄弟王潭、王商、王立、王根、王逢时都封了侯，世人称之为"五侯"。从此，王氏一族权倾朝野，成帝一朝就陷入了外戚专权的深渊。

刘骜其实还是有一点作为的，他在位期间曾下诏减轻赋钱，禁止奢侈和强化皇权。他将原本人算 120 的赋钱，减为人算 40。永始四年（公元前 13 年），统治集团内部日益腐朽，以王家五侯等为首，骄奢淫逸，竞相攀比，西汉王朝日渐衰落。为了挽救王朝危机，刘骜下诏禁止奢侈，虽然当时没起什么作用，但也很有积极意义。刘骜为了把权力抓在自己手中，阻止外戚专权，他创立了"三公制度"。朝堂上设立了三个品级相同的职位，即丞相、大司马和大司空，合称"三公"。这样做实际上是分散丞相的权力，三人互相牵制，从而达到加强皇权的作用。这一制度一直被

漆盒石砚　汉

中国文化从西汉时开始进入繁荣期，文房四宝在此时已定型为笔、墨、纸、砚，并且出现了各种精美的样式。此为西汉的文房用具，出土于山东省临沂市金雀山汉墓，砚为沉积岩类变质的板岩，有一方形研墨石，盒外表漆，有古朴端庄的图案。

后世王朝延用了下来。

刘骜在文化上作出了很大的成绩，这主要体现在几部重要著作的编订上。著名农书《氾胜之书》就出现在这个时期，这本书总结了北方农业生产技术，体现了我国古代农业的发展进步。刘骜还亲自倡导，并由大学者刘向主持编纂了一本规模宏大的书——《七略》。这是我国第一部综合类图书分类目录，它收录图书 13269 卷，分为 7 类，所以叫“七略”。刘向还没有完成就去世了，他的儿子刘歆继续编辑完成。这部书在中国历史上具有划时代的意义。

不过刘骜能让后人称道的也仅此而已。他能让后人记住的还是酒色皇帝的大名。刘骜虽然曾下诏禁止奢侈，其实他自己纵情声色，奢靡无度。刘骜的后宫，出了三个名留历史的女子：班婕妤、赵飞燕和赵合德。

刘骜最早的皇后是许皇后，她是汉宣帝的皇后许平君的娘家人。许皇后既美丽又聪慧，很有才气，她曾为刘骜生下一子一女，不过都夭折了。刘骜曾经很宠爱许皇后，不过皇后无子，加上王太后不喜欢她，刘骜也就渐渐冷落了她，把眼光转移到班婕妤身上。班婕妤是《汉书》的作者班固的祖姑，她是我国文学史上都有名的才女。她文学造诣极高，又熟悉史事，对音律也十分精通，加上品行贤德，实在是刘骜的知音。可惜刘骜并没有在她的影响下成为明君，刘骜宠爱了班婕妤一阵子，就又开始物色新欢了。这一次，他遇上了绝代美人赵飞燕。她本是阳阿公主家的舞女，因身轻善舞，号称“飞燕”。刘骜微服出游时，来到阳阿公主府，被飞燕的舞姿吸引，就将她讨来带回宫，赐住昭阳殿。赵飞燕很会讨刘骜的欢心，刘骜对她宠爱非常，一刻也离不得。后来听说飞燕的妹妹赵合德性情温柔，国色天香，是个天生的尤物，就立刻接进宫来。从此赵氏姐妹将刘骜迷得神魂颠倒，忘乎所以。刘骜还称合德的怀抱是“温柔乡”，并感叹说："吾老是乡，不能效武帝求白云乡也（喻指武帝好神仙）。"

赵飞燕二人得宠后，就开始不折手段地打压其他妃嫔。首先，失宠的许皇后因为家人诅咒后宫怀孕妃子而受牵连被废，赵飞燕当上了皇后。接着，班婕妤又在赵氏姐妹的排挤下，自请前往长信宫侍奉王太后。飞燕姐妹扳倒了最有力的两个对手，从此在后宫横行霸道，专宠10多年。不想姐妹二人都没有子嗣，而自古后宫之中"母以子贵"，为了保住自己的帝位，两人对后宫怀孕生子的妃嫔残酷摧残，以致后宫"生子者死，堕胎者无数"。成帝很花心，赵飞燕虽然受宠，也难忍深宫的寂寞，于是，她就趁成帝宠幸妹妹赵合德时，与其他男子私通，想借此怀孕，可惜这个愿望始终没有实现。

可叹刘骜一生好色，阅女无数，却无一子。由于常年纵欲，他自己也渐渐感到体力不支，子嗣无望。绥和元年（公元前8年），刘骜立侄子定陶王刘欣为太子。第二年三月，酒色过度的成帝刘骜就死在赵合德的床上，实现了他死在"温柔乡"的梦想。他在位26年，终年46岁，谥号"孝成皇帝"，葬于延陵。他一生平庸，留下了"赵氏乱内，外家擅朝"的烂摊子，为王莽篡汉埋下了祸根。

哀帝刘欣

汉哀帝档案：

生 卒 年：公元前27～前1年

父　　母：父，定陶王刘康；母，丁氏

后　　妃：傅皇后、董昭仪

年　　号：建平，元寿

在位时间：公元前7～前1年

谥　　号：孝哀皇帝

庙　　号：无

陵　　寝：长安义陵

性　　格：谦恭，荒淫

点评：

汉成帝是有名的游乐皇帝，汉哀帝比成帝更加荒淫昏庸。在哀帝统治时期，统治阶级的权力之争更加尖锐，汉朝政权摇摇欲坠，统治危机日益加深。

——张庆利

汉哀帝名叫刘欣，是定陶王刘康之子，是西汉王朝的第十位皇帝。他为人谦恭，聪慧明理，但治国无能，政绩平平，还因“断袖之癖”贻笑后世。

哀帝刘欣像

刘欣生于公元前 27 年，此时做皇帝的是他的大伯刘骜。刘欣的父亲定陶王刘康才华出众，人品端正，很得元帝的喜爱，本来元帝想废了刘骜，改立他为太子，可元帝性情优柔，最终还是将皇位传给了刘骜，这样刘康就与皇位无缘了。刘欣 3 岁时，父亲去世，这样小刘欣承袭父位做了定陶王。刘欣是由祖母定陶傅太后（元帝的宠妃傅昭仪）抚养长大的，他从小接受了良好的儒学教育，喜好诗书，知识渊博。

本来刘欣只是个藩王，根本没有资格奢望皇位。可偏偏成帝刘骜无子，只好从宗室中挑选太子，刘欣的机会就来了。经过挑选，定陶王刘欣和中山王刘兴成为最后的人选。刘兴乃是元帝刘奭的儿子，是刘欣的叔叔。在成帝考查两人的人品和学识上，刘欣从小接受的教育起到了很大的作用。成帝问他礼法，让他背《诗》，他都应对如流，而刘兴却答不上来。在个人修养上，刘欣也远远胜过刘兴，他进退有礼，谦恭适度，而刘兴，竟然在饭桌上因为吃得太饱，而连裤带都不得不松开。这样一对比，成帝自然喜欢刘欣了。而刘欣的祖母傅太后曾是汉元帝的宠妃傅昭仪，精通权谋之道，她悄悄给皇后赵飞燕和骠骑将军王根送去大批财物。这样，刘欣的个人表现，加上他人从旁协助，争储之路就很顺利了。绥和元年（公元前8年），刘欣被册立为皇太子。刘欣深受儒家思想的熏陶，为人谦恭，当了太子后也还是一样。他不仅事事谨慎，而且对成帝也格外尊敬。他对成帝说："我才识浅薄，不足以胜任太子，陛下您圣德宽仁，肯定还会有儿子。我现在很愿意侍奉在您身边，一旦您有了圣嗣，我就归国守藩。"成帝听了这话更加喜欢刘欣，他的太子位也更加稳固了。绥和二年（公元前7年）三月，成帝暴病身亡，21岁的刘欣顺利登上了皇位，即汉哀帝。

刘欣原来是藩王，从下往上看皇权，就很能发现王朝的许多弊病。一边是外戚王氏专权，不断地扩大势力，觊觎着汉室的江山；一边是高官贵戚不关心国事，贪图享乐，生活腐化，由此造成了人民怨声载道，社会矛盾越来越尖锐。

刘欣在位6年，在国政上主要就是削夺外戚王氏的权力。他针对王氏集团，采用软硬兼施的策略。他一边削弱王氏集团的权力，又一面提高他们的物质待遇。这样，王氏虽然不满，但也无法强烈反对。最后，尽管王氏还有不少党羽在朝中，但刘欣已经夺回了朝政大权。这是他在打击外戚专权上取得的重大胜利，可惜，他为了打击王氏，又把自己的祖母傅家和母亲丁家的外戚引入了朝堂。虽然没有赐给他们太大的实权，但这也说明刘欣铲除外戚并不彻底。

刘欣手握大权后，还是想好好治理国家的。可是西汉已经千疮百孔，而刘欣自身能力也有限，他曾下令要求百姓节俭，也限制贵族豪门的田宅和奴婢数量，但这些措施都遭到大官僚、大地主的反对，无法实施下去。刘欣见改革行不通，就想从思想上麻痹人民，用“君权神授”来强化皇权的威严。他搞了一个“再受命”的仪式，说高祖刘邦称帝，是上天授命，现在上天再授命给刘欣一次，好让人们拥护他继续统治。可惜这种把戏无法糊弄百姓，反而让人觉得汉朝气数已尽，刘欣自己都感到荒谬，所以两个月后，“再受命”就废除了。他见无力挽狂澜，就干脆放任不管了。于是，朝廷风气日益腐败，奸佞小人逐渐上位，西汉王朝摇摇欲坠了。

刘欣在国事上没什么作为，却因好男宠而名留历史。他与前几位皇帝不同，后宫只有一个皇后和一个昭仪。皇后是傅太后娘家人，昭仪姓董。两人都长得很美，可惜刘欣对她们没兴趣，竟然喜欢上了董昭仪的哥哥董贤。董贤原是刘欣做太子时的太子舍人，后来一直在宫中做刘欣的侍从。董贤长得比妹妹董昭仪还美丽娇媚，刘欣有了他之后，眼里就再无美人了。二人每日出则同车，入则同卧，好得如胶似漆。一日午休，刘欣先睡醒，想翻身起床，发现自己的衣袖被董贤压住。为了不惊醒董贤，刘欣命侍从拿来剪刀将衣袖剪断了。这就是“断袖之癖”的由来。皇帝好男色的事情传到了大臣们的耳中，有不少人上本劝阻，可刘欣根本不理睬。而他对董贤的恩宠也到了惊世骇俗的地步。不仅董贤的妻子能自由出入宫廷，父亲封侯，其他亲属也纷纷封官，甚至家仆都得到了皇上的赏赐。而董贤本人，被他封为卫将军，权力仅在皇帝之下。董贤不仅在皇宫附近拥有一座豪华的府邸，甚至在刘欣的皇陵旁也有一座冢冢，他死后都能陪着皇帝。这些荒谬的事情遭到了朝臣激烈地反对，可是哀帝根本听不进去，还严惩反对者，迫得丞相王嘉自杀，大司马丁明被免，而董贤做了大司马。

元寿二年（公元前1年）六月，这位断袖的皇帝刘欣病死在未央宫中。临终前，他还办了一件事，就是正式确立三公的官名和职责：卫将军董贤为大司马，丞相孔光为大司徒，御史大夫彭宣为大司空。刘欣临死还对董贤念念不忘，他连玺绶都给了董贤，并嘱咐其“无妄以予人”，事实上就将大汉的皇权交到了董贤手中。哀帝在位6年，终年27岁，死后葬于义陵。他短暂一生，曾有雄心，却无斗志，心灰意冷后又好男宠成癖，最终连子嗣也没有，他的一生，正如他的谥号“孝哀皇帝”。

平帝刘衎

汉平帝档案：

生卒年：公元前9～5年

父　　母：父，中山孝王刘兴；母，卫姬

后　　妃：王皇后等

年　　号：元始

在位时间：公元前1～5年

谥　　号：孝平皇帝

庙　　号：元宗

陵　　寝：长安康陵

性　　格：平庸，懦弱

点评：

成、哀、平三朝的政治舞台上演的，正是皇家与外戚、外戚与外戚你争我夺的历史闹剧。

——白寿彝《中国通史》

汉平帝名叫刘衎，是中山孝王刘兴之子，西汉王朝的第十一位皇帝。他体弱多病，性格也懦弱，幼年即位，还什么都没来得及做，就被王莽害死了，是西汉王朝风雨飘摇中的一位短命皇帝。

刘衎是中山王刘兴的儿子，汉元帝刘奭的孙子。元帝有三个儿子，刘骜、刘康和刘兴。刘骜是皇后王政君所生，继位为汉成帝；刘康是傅昭仪所生，他的儿子刘欣继汉成帝之位为汉哀帝；而刘兴是冯昭仪所生，他曾与侄子刘欣争夺储位失败，就继续做中山王。刘兴多年无子，直到他33岁，妾室卫姬才给他生下一个儿子，取名箕子。第二年，刘兴就去世了，不到1岁的刘箕子继位为中山王。箕子自幼体弱，还患有严重的肝病。

箕子只是一个藩王，而且看起来也不会长命，没想到皇权会意外地落到他手上。只能说西汉王朝从元帝开始衰落，连子嗣也衰落了，连着几任皇帝都没有子嗣。元寿二年（公元前1年），哀帝刘欣去世，因无子嗣，就由与他血缘最亲的箕子继位。箕子8岁称帝，即汉平帝，因“箕子”之意是粗陋的器物，当初取这个名是希望这个孩子好养活，虽然殷商末年也出过一个叫箕子的大贤，但这个名字确实不适合帝王用，所以箕子改名为“衎”，就是“和乐”的意思。

刘衎称帝虽然顺利，其实也经过了一番波折。哀帝宠爱男宠至极，他死时，并未立太子，而是将玺绶都交给了自己的男宠董贤，颇有让董贤继位的意思。不过汉元帝的皇后王政君乃是两朝老太后，她绝不允许大权旁落，就将玺绶从董贤手中收回。而董贤虽然得哀帝宠爱，其实什么也不会，只能任由王太后摆布。王太后把自己的侄子王莽召入宫，命他主持哀帝的丧事。然后又逼迫董贤自杀，将大司马的职位也给了王莽。刘衎就是由王莽迎立的。

刘衎当了皇帝，其实是个傀儡，大权都被王莽掌控着。王莽为了能长期专政，就不准刘衎的外戚入朝，怕他们会分去自己的权力。他迎了刘衎入京，却另立刘成都为中山王，拜刘衎的母亲卫姬为中山王后，又封刘衎的几个妹妹为“君”。他用这些封号将刘衎的家人全留在了中山国，与刘衎隔绝。这样王莽就更容易操纵刘衎了。为了能让自己的地位更加稳固，王莽还精心策划了平帝娶妻的事。元始三年（公元3年），12岁的刘衎娶了王莽15岁的女儿为妻，不久就封其为皇后。

随着刘衎渐渐长大，他对王莽专权也越来越不满，对王莽将自己的母亲留在中山国一事也十分愤恨。王莽害怕刘衎会对自己不利，就决定先下手，除掉刘衎。元始五年（公元5年）冬，刘衎的肝病复发了，王莽在他床前殷勤照料，使刘衎放松了警惕。然而就在腊月初八这天，王莽在献给刘衎的贡酒中下毒，刘衎喝了毒酒后，很快就毒发身亡了。刘衎在位5年，14岁就死于非命。他死后葬于康陵，谥号“孝平皇帝”。他短短一生，始终生活在王莽的权势之下，最后还被其害死。他的惨死，也代表着西汉王朝走向坠亡。

孺子刘婴

孺子婴档案：

生 卒 年：公元3～23年

父　　母：父，刘显；母，不详

后　　妃：未婚

年　　号：居摄，初始

在位时间：公元6～8年

谥　　号：无

庙　　号：无

陵　　寝：不详

性　　格：懦弱

点评：

历次改朝换代，最可悲的是末代皇帝，孺子婴连个皇帝的名号也没混上，两岁时就被立为皇太子，饱受假皇帝王莽的摆布戏弄，五岁时就成了亡国之君。

——张庆利

刘婴，是汉宣帝的玄孙，广戚侯刘显之子，是西汉王朝的第十二位皇帝。他在王莽的统治之下过着连傀儡都不如的生活，最后也惨死收场。西汉王朝就是从他的手中灭亡的。

刘婴生于元始三年（公元 3 年），是汉宣帝的玄孙，他的曾祖刘嚣是汉宣帝的卫婕妤所生。元始五年（公元 5 年），汉平帝刘衎被王莽毒死后，汉元帝的子孙一脉就绝了。王莽虽然想篡汉自立，但感到时机还不成熟，就决定再立一个傀儡皇帝。元帝的子孙是没有了，但汉宣帝的曾孙还有不少，这其中有 5 个诸侯王，48 个列侯。这些人年纪都不小，也都是汉平帝的兄弟辈，按照“兄终弟及”的古例，他们都有做皇帝的资格。不过王莽可不愿意拥立一个成年人做皇帝，因为不好控制。于是，他就以“兄弟不得相为后”为借口，将他们全部排除，然后定了汉宣帝的玄孙，年纪最小的刘婴为继承人。刘婴继位时才 2 岁，年纪太小，没有正式称帝，仅当一个“皇太子”，所以后人称他为“孺子婴”。

刘婴从一个还未省事的孩童继承皇位，就开始了他悲剧的一生。他的日子，过得比傀儡都不如。刘婴当了皇太子，王莽就自称“摄皇帝”，独揽大权，排场与皇帝无异，他只在见到孺子婴和王太皇太后时才自称臣。王莽居摄三年（公元 8 年），王莽觉得篡汉自立的时机已经成熟，就强迫刘婴禅位给他，改国号为“新”，尊王太皇太后为皇太后。刘婴被他废黜为安定公。至此，建国 215 年的西汉王朝正式灭亡了。

刘婴被王莽赶下台时才 5 岁，什么也不懂。王莽虽然不敢轻易杀了他，却也不放他去封国，就将大鸿胪府改为定安公府，将他软禁在里面。为了防止有人利用刘婴做旗号，来与自己争夺天下，王莽不准安定公府的任何人与刘婴说话，也不允许任何人接近刘婴。刘婴就这样被关了 15 年，15 年与世隔绝的生活使他变成了一个呆头呆脑的白痴。

到了王莽地皇四年（公元 23 年），号称“更始皇帝”的汉室子弟刘玄带军攻入长安，杀了王莽，才把刘婴放出来。虽然刘婴已经是个白痴，但仍然有人以他为幌子，平陵人方望就是一个。他将刘婴劫到临泾，拥立为皇帝。刘婴就傻乎乎地当了几天皇帝，任人摆布。更始皇帝得知此事，后悔当初没有杀了这个白痴，让他成了自己称帝的障碍。刘玄就派丞相李松带兵击败方望，杀了刘婴。刘婴死时，年仅 20 岁。他幼年即位，糊里糊涂地成了西汉王朝的末代皇帝，又硬生生地被人害成白痴。他的人生悲剧，也是西汉王朝陨落的缩影。

新帝王莽

新帝王莽档案：

生 卒 年：公元前 45～23 年

父　　母：父，王曼；母，不详

后　　妃：王皇后、杜皇后等

年　　号：始建国，天凤，地皇

在位时间：公元 9～23 年

谥　　号：无

庙　　号：无

陵　　寝：无

性　　格：谦恭偏执，富有心机

点评：

王莽是中国历史中最离奇的角色之一。他一方面被指斥为篡位者、伪君子和操纵言论的好手，可是另一方面也被恭维为理想主义者，甚至是一个带革命性的人物。

——黄仁宇

新帝名叫王莽，是王曼之子，是汉元帝皇后王政君之侄，新朝的唯一皇帝。他为人虚伪狡诈，阴险毒辣，但又很有谋略，他篡汉自立，建立新朝，托古改制，却倒行逆施，祸国殃民，最后天下大乱，他也被起义军杀死，连尸骨都不得存留。短命的新朝也只有他这一位皇帝，就灭亡了。

外戚入宫　谦恭得权

王莽，字巨君，魏郡元城人（河北大名县东），生于汉元帝初元四年（公元前 45 年）。王莽的先人，乃是战国时期齐国的贵族田氏，后来秦始皇灭六国，统一天下，田氏就衰落了。秦朝灭亡时，他的先祖田安被项羽封为济北王，由于齐国已经灭亡，田安就将田氏改为王氏。到了汉朝，王氏日益衰落，仅有一个叫王贺的做过几

王莽像

天绣衣御史。王贺的儿子王禁，妻妾众多，生有 8 子 4 女。其中嫡女王政君因貌美被送进宫，后来为汉元帝刘奭生下长子刘骜，而被封为皇后。王家成了皇亲国戚，从此就发迹了。王家 8 子中，长子王凤官至大司马，次子王曼早亡未得封赏，其他兄弟都官至高位。而王莽，正是早亡的王曼的次子。

王莽，生得很丑，班固的《汉书》记载：他“侈口蹷颐，露眼赤精，大声而嘶，才七尺五寸”。也就是说王莽身高 1 米 73，长着大嘴短下巴，两眼突出似金鱼眼，嗓门也大，声音嘶哑。虽然有些夸张，不过也可见他的长相实在难看。王莽能从王家脱颖而出，靠的是他的行动。

竟宁元年（公元前 33 年），元帝病逝，刘骜继位为汉成帝，王政君被封为皇太后，王家的显赫达到了顶峰。虽然王家因王政君而发迹，可是王莽一家却因为父亲与哥哥都早死，备受家族的冷落。此时，年仅 13 岁的王莽与寡母相依为命，生活清贫，根本无法与那些飞黄腾达的堂兄弟们相比。不过他并不沮丧，而是精心照顾寡居的母亲和兄长的遗孀，细心教导年幼的侄子。他自己也努力结交贤士，拜当时著名的学者陈参为师，勤奋学习。当他的那些堂兄弟、表兄弟们声色犬马度日时，王莽已经成为一个洁身自好、待人谦恭的文雅儒士。他对家族中那些掌权的伯父、叔父们也十分恭敬孝顺。王莽的这些行动，赢得了人们的广泛赞誉，这些都为他日后的政治生涯打下了良好的基础。

汉成帝阳朔三年（公元前 22 年），王莽的大伯父、独掌朝政大权的王凤一病不起。王莽这个侄子在王凤的床前侍奉，端汤递药，殷勤照顾。王凤病了好几个月，王莽就没有离开过，日日衣不解带地照料他，比他的儿子们还要孝顺。王凤对此十分感动，他临终前，嘱托王太后和外甥汉成帝关照王莽，二人都答应了。这样 24 岁的王莽才走上了仕途。

王莽的第一个职务是黄门郎，虽然官位比较低，但能跟在皇帝身边，升迁的机会自然比较多。王莽做官后一如既往地谦虚谨慎，清廉俭朴，他很快就站稳了脚跟。王家 8 子中的第 5 子王商，此时官至大司马，他也很欣赏王莽，认为这是一个可造之才，就向汉成帝上书，表示愿意将自己的封地分一部分给王莽，实际上就是想皇帝给王莽封侯。而王莽平日的表现也得到了朝中不少名臣的赞誉，他们也纷纷向皇上进言赞扬王莽。于是，在永始元年（公元前 16 年）五月，王莽被封为新都侯，封地为南阳郡新野的都乡，食邑有 1500 户，同时他还被提拔为骑都尉、光禄大夫、侍中。这样，30 岁的王莽就位极人臣，进入了朝廷的权力中心，他的政治生涯向前跨出了一大步。

王莽成为朝中重臣之后，并没有得意忘形，他仍然礼贤下士，谦恭自律，这样王莽的人气更旺了，他也赢得了更多的机会。公元前 8 年，王家 8 子中的第 7 子，大司马大将军王根病重请辞，正在物色新的接班人。而王莽，就从终日声色犬马的王家子弟中脱颖而出，进入了王根的视野。不过这次王莽有一个强有力的竞争对手，叫淳于长。淳于长是王太后的姐姐王君侠之子，是王莽的亲表兄弟。成帝的宠妃赵飞燕能当上皇后，淳于长出了不少力。是他向王太后进言册立赵氏为后，说这样不会威胁到王家的专政。赵飞燕当上皇后，为了感谢他，就怂恿成帝赐他关内侯，后又封为定陵侯，这样淳于长的官位和权势比王莽还大。不过王莽是个很有心计的人，他一面在叔父王根床前殷勤照顾，赢得了王根的好感，一面派人收集淳于长为恶的证据。淳于长也确实劣迹斑斑，他不仅做了高官后就骄横跋扈，而且与汉成帝废后许氏的姐姐许嬷私通，还娶其为妾。许皇后通过贿赂他，求得成帝恢复她婕好的身份。淳于长帮许后达成了此事后，居功自傲，竟然觊觎许后的美貌，经常调戏她。王莽将淳于长的这些丑事都上奏给成帝，结果成帝震怒，以大逆之罪处死了淳于长。这样，王莽就顺利得到了大司马的位置，这一年，他38岁。

党同伐异 篡汉立新

王莽能有今天，全是他克己修德，用行动赢来的。所以，他当上了一人之下，万人之上的大司马，不仅没有飞扬跋扈，甚至还比以前更严格要求自己。他得到的赏赐和俸禄都用来礼遇贤良，而自己却更加节俭。王莽的夫人接待公卿贵族的眷属时，竟然穿着普通的布衣，被人误认为奴婢。不过这次王莽的苦心还没见成效，就被赶下了台。

绥和二年（公元前7年），纵欲过度的汉成帝暴毙，因无子，就由定陶王刘欣继位，即汉哀帝。哀帝乃是汉元帝的孙子，元帝的宠妃傅昭仪是他的祖母，他的皇后是傅昭仪的从弟之女。哀帝上台后，他的外戚祖母傅家和母亲丁家就与王氏争权。哀帝也痛恨王氏专权，就对他们进行打压。这样王莽不得不辞职隐退，回到封地新野。不过王氏专权近30年，势力极大，哀帝也无法彻底翦除，太皇太后王政君也只是退隐后宫，暂不理事。也正是因为她的地位稳固，才给了王莽重回朝廷的机会。

王莽回到新野后，并没有灰心，继续结交贤士，勤俭自律，以便博取声望，伺机再起。在这期间，王莽一直关注朝廷动向，寻找回京的机会。他的次子王获误杀了一个家奴，这居然让王莽看到了机会。他狠心地逼儿子自杀为奴婢偿命，以此来博取民心。果然，此事经过王莽党羽的宣传，震惊朝野。许多大臣有感于王莽的正义无私，上书哀帝，为他请命。元寿元年（公元前2年），在众臣的呼吁下，王莽以给太皇太后侍疾之名，重回了长安。一年后，哀帝病逝，无子。临终前，他将大权及玺绶都交给自己的男宠，大司马董贤。可董贤无能，哀帝一死他什么也不会做。结果71岁的老太皇太后王政君再次扬威，她从董贤手中夺到传国玉玺，又逼得董贤自杀，然后将汉王朝的军政大权都交给了王莽，自己退居幕后摄政。这样，45岁的王莽走上了专政之路。

王莽在董贤死后就重新当了大司马，由于长期以来积累的声望，他得到了许多朝中大臣的支持，这样，王莽很快就牢牢掌握了朝政大权。因为哀帝无子嗣，汉元帝的孙子、中山王刘兴的儿子刘箕子与他血缘最近，就继承了皇位。刘箕子继位时，改名刘衎，即汉平帝。刘衎8岁称帝，年幼体弱，自然是王莽专权最理想的傀儡皇帝。王莽为了达到长期专权的目的，他不准平帝的母亲卫氏等人入京，从而彻底孤立了小皇帝。他对其他的外戚也不放过。汉成帝的皇后赵飞燕曾残酷杀害皇子，以致成帝无嗣；而哀帝的皇后傅氏骄奢跋扈，行径恶劣。王莽以此为由，逼得她们自杀，然后又将丁氏、傅氏两家外戚赶出了京城。这样，王莽彻底掌控了大权，朝中都是他的党羽，他从此再无敌手。

王莽的野心也不再掩饰，他开始不断地要求太皇太后赐给自己尊贵的封号。元始元年（公元1年），王莽被封为“安汉公”，食邑有2万多人。为了使自己的地位更稳固，元始三年（公元3年），王莽逼使12岁的平帝刘衎娶了自己15岁的女儿为皇后。王莽有了国丈的身份，自然更加尊贵，他又想要更高的尊号，为自己篡权奠定基础。公元4年，王莽获得了“宰衡”的封号，位居所有诸侯王公之上，他还命御史为自己刻了一枚“宰衡太傅大司马”的印章以显示尊荣。

王莽的野心越来越大，篡位的企图也更加明显，这些都引起了逐渐长大的傀儡皇帝刘衎的不满。王莽察觉了平帝的不满，就对他动了杀心。公元5年腊月，王莽毒死了年仅14岁的小皇帝刘衎。王莽本打算篡汉自立，但感觉时机还不成熟，就决定再立一个傀儡皇帝。于是，他拥立了2岁的孺子婴为太子，自称“摄皇帝”，代太子处理朝政，他的排场仪仗与皇帝无异。此时，王莽的野心已经路人皆知。不过他羽翼已丰，年迈的太皇太后王政君也拿他没办法了。从居摄元年（公元6年）起，东郡太守翟义、长安人赵明等先后起兵反莽，但都被王莽镇压下去了。到了居摄三年（公元8年），王莽觉得改朝换代的时机已经成熟，就决定代汉自立。

王莽为了让自己称帝名正言顺，费尽了心思。他先将居摄三年（公元8年）改为初始元年，以便去掉“摄皇帝”的“摄”字。接着他又认为，要想让天下人认同自己称帝是天命所归，就需要有符命。所谓“符命”，就是编造的“天符之命”，或者“圣王受命之符”。于是，各地的政治投机分子纷纷制造符瑞来讨好王莽。其中梓潼县有一个无赖叫哀章，他伪造了两个铜匮，一个刻上“天帝行玺金匮图”，一个刻上“赤帝行玺某传予黄帝金策书”。这个“赤帝某”就是指斩蛇起义的汉高帝刘邦，而“黄帝”就是指王莽，意思就是天帝和汉高帝刘邦传位给王莽。哀章将这两个铜匮献给王莽，王莽如获至宝，于是光明正大地逼5岁的孺子婴禅位给自己，宣布代汉自立。由此，54岁的王莽终于登上了皇帝的宝座，他改国号为“新”，尊年迈的汉室太皇太后王政君为“新室文母太皇太后”，还改长安为常安。

托古改制　新政迭出

王莽于始建国元年（公元9年）元旦正式称帝，他封妻子王氏为皇后。王莽本有4个儿子，长子王宇因反对他篡汉被他逼死，次子王获因误杀奴婢也被他逼死，三子王安受了刺激，神志不清，他只好立四子王临为太子。对孺子婴，王莽既不敢杀又不敢放，怕他被有心人利用来推翻自己的政权。于是王莽就封孺子婴为安定公，将大鸿胪府改为定安公府，把这个5岁的小孩子囚禁在里面，不准任何人与他说话或接触，这样囚禁了15年，将他活生生地摧残成一个白痴。

王莽称帝时，自西汉中期就积聚起来的社会危机已经非常严重了。为了缓和社会矛盾，巩固新朝统治，他依托《周礼》来进行"复古"改制，称之为"新政"。新政的内容有很多，包括了政体的各个方面。其中最重要的就是"王田令"和"私属令"。

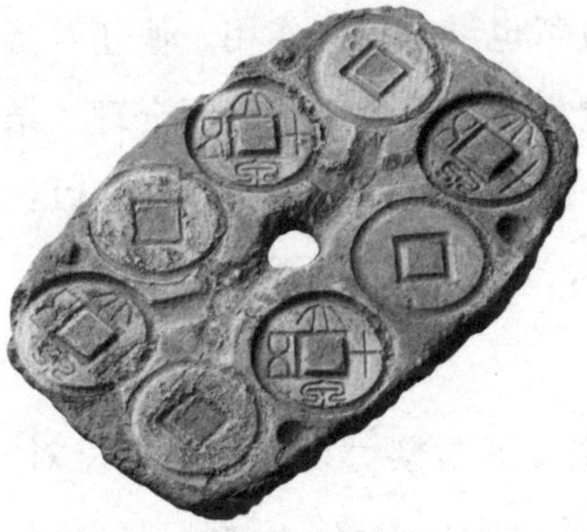

新莽"大泉五十"陶范

"大泉五十"是王莽第一次货币改革的新铸币之一，是王莽统治时期流行时间较长的一种币型。

"王田令"参考了夏商周三代的井田制模式，称天下的土地都是王田，不准自由买卖，朝廷按人口来分配土地，其标准是"一夫一妇田百亩，什一而税"，任何人都不得多占。这个王田制，其实就是均田制，王莽想以此来解决土地兼并和贫富分化问题，从而缓和阶级矛盾。不过这个改革必然会损害豪强贵族们的利益，激起他们的强烈反对。同时，农民们被束缚在"王田"里，生产积极性也没有了。在举国上下的一片反对声浪中，王莽不得不下诏废除了"王田令"。

"私属令"是把所有的奴婢都更名为"私属"，严谨买卖，违者严惩。这个政令的目的是为了抑制奴婢增多，但同样也损害了贵族官僚地主们的利益，遭到了他们的激烈反对。而各级官员们打着"新政"的旗号，搜刮民脂民膏，百姓的日子就更加困苦，社会矛盾更加激化。

除了这两项新政，王莽又仿照《周礼》颁布了"五均""赊贷"

和“六管”。所谓“五均”，就是工商业经营和物价都归政府统管。所谓“赊贷”就是发放贷款，百姓遇到丧葬、祭祀或经营方面的困难，都可以得到政府的低息或无息贷款。所谓“六管”，就是国家专管六项经济事务，“五均赊贷”为一项，它与国家专营盐、铁、酒，铸钱，征收山泽生产税等，并称为六项。这几项改革表面上看都是造福百姓，其实不过是换个敛财方式而已。负责执行这些政策的都是豪强巨贾，他们互相勾结，鱼肉百姓，引得民怨沸腾。

王莽还对官僚制度进行了改革，他中和了上古官制和汉代官制，制成了新朝的官僚制度，不过这一改革也没有什么作用。他还对货币进行了4次改革。货币品种多，重量与与币值关系又不合理，结果越改越乱，造成严重的经济混乱。地主官僚利用币制敛财，以致“民涕泣于市道”，“愁苦死者什六七”，人民生活更加困苦。

危机四伏 黔驴技穷

王莽的新政遭到了上至贵族地主，下至黎民百姓的强烈反对。这样，王莽的新朝危机四伏，贫苦的百姓走投无路，只好起义造反。而王莽还没顾得上平息国内的叛乱，又与边境的匈奴发生激战。匈奴单于不满新朝统治，大举入侵，其他各少数民族也纷纷举兵反对王莽。这样国内、边境乱成一团。

就在王莽的政权摇摇欲坠之时，统治集团内部也乱了起来。他手下的权臣王舜、甑丰和刘歆等人都想趁机夺位。结果让王莽察觉，他大怒之下，将这些人全部杀死，连子孙都屠戮干净。经过此事，王莽再也不相信自己的手下，整天疑神疑鬼，看谁都不顺眼。没想到王莽正防备朝臣，自己的后院也起火了。王莽的孙子王宗企图取代爷爷，自己做皇帝，他正在与舅舅吕宽等人密谋此事，不想事情泄露，王宗畏罪自杀。王莽气得快死，将儿孙们都赶走，亲人也不敢相信了。地皇三年（公元22年），王莽的皇后病危，将皇太子王临召回京城。结果王莽疑心太子不轨，将太子也赐死了。王莽就这样逐渐成了孤家寡人，他众叛亲离，新朝也四面楚歌了。

王莽面对内忧外患，实在不知如何才能拯救自己，他已经黔驴技穷了，所做的救亡措施都成了后人的笑柄。一次，有个郎官上疏，说要天下太平，必须立“民母”，还说黄帝就是娶了120个民女成仙的。王莽似乎抓住了救命稻草，马上派人四处采选淑女。又有一个手下见他如此害怕，就献计说：“当年黄帝曾建华盖而成仙。”王莽于是命人建起九重的巨大华盖，将这作为自己成仙的车。每次外出，他都让这辆仙车在前面开路，还让拉车的300壮士齐声高呼：“登仙！登仙!”还有人向他进言，说依古制，国家有难时，要用哭来向上天求救。王莽就真的带着文武百官到长安郊外哭天。也许是王莽心情太压抑，总算找到了宣泄口，他痛哭不止，竟然哭晕过去了。为了壮大哭天的声势，王莽还号召百姓和太学生们都去哭，并免费提供饭食。哭得伤悲的，就授予郎官一职。结果，短短几天，就有5000多人当上了郎官。

地皇四年（公元23年），绿林起义军拥立汉室子弟刘玄称帝，年号定为“更始年”，刘玄就是更始帝。王莽就更加惶惶不安了，为了掩饰自己的惊慌，王莽娶杜陵史家女为皇后，并举行了盛大的婚礼。为了显示自己春秋鼎盛，69岁的王莽还染黑了胡须做新郎。不过这些都丝毫不能挽救他败亡的命运。这年六月，王莽军与绿林军在昆阳（今河南叶县）交战，莽军全军覆没。十月，绿林军攻入长安，火烧未央宫。王莽被响应起义的商人杜吴杀死，又被起义军乱刃分尸，尸骨无存。

王莽54岁称帝，建立新朝，在位14年，终年68岁。他死后，新朝也就此结束。王莽篡汉自立，他托古改制，不但没有缓解西汉末年的社会危机，反而激化了社会矛盾，义军四起。而他自己也落得粉身碎骨，还成了后人的笑柄。

东 汉

光武帝刘秀

汉光武帝档案：

生 卒 年：公元前 6～57 年

父　　母：父，南顿县令刘钦；母，樊娴都

后　　妃：郭皇后、阴皇后、许美人等

年　　号：建武，建武中元

在位时间：公元 25～57 年

谥　　号：光武皇帝

庙　　号：世祖

陵　　寝：河南原陵

性　　格：谦和谨慎、开明厚道

点评：

刘秀是历史上最有学问，最会用人，最会打仗的皇帝。

——毛泽东

汉光武帝名叫刘秀，是南顿令刘钦的第三子，东汉王朝的开国皇帝。他恢复了大汉王朝，巩固了统一政权，结束了多年战乱。称帝后以柔治国，勤政爱民，减赋轻刑，崇尚节俭，使得国力重新强盛起来。他是中国封建社会历史上很有影响的一位皇帝。

帝王气象　平常志向

刘秀是汉高帝刘邦的第九代孙。虽是汉室正统，但到了他父亲

这一代，早已没落。他的父亲刘钦只当西南）的县令，并且在刘秀9岁时，就着三儿三女艰难度日。好在刘钦的弟弟刘良自己也是个小官，做了个萧县令。

光武帝刘秀像

刘秀这个名字，来源于他出生时的异象。公元前6年，刘秀生于济阳（今河南兰考东北）。据说他出生时，有红光照堂中，亮如白昼。刘钦很惊异，就找了当地颇有名气的占卜先生王长。王长算了一卦，避开众人，才对他说："此兆吉不可言！"异象还不止这一件。当年济阳县有个地方的稻谷一根茎居然生了九个穗。按字义，谷类抽穗开花叫秀。因而家人为他起名刘秀。相传当时有个叫苏伯阿的"望气者"到了此地，惊叹此地："气佳哉！郁郁葱葱然。"甚至到后来刘秀起兵时，也有人说他家后宅南边有火光直冲天空，很快就不见了。

虽然出生如此不凡，但是刘秀并没有多大的志向。刘秀长得一表人才，性格温和，处事谨慎，很有儒士风范。他喜欢务农，生活简单。年轻的刘秀一次在新野见到了阴氏有名的美女阴丽华，便为其倾倒。后来他为了进太学读书，来到长安，见到执金吾（负责监督、检查京都及附近地区治安的长官）出行，仪仗浩大，便感慨说："仕宦当作执金吾，娶妻当得阴丽华。"可见，刘秀立业与成家的理想也不过如此而已。

相比之下，他大哥就比较有大志了。刘秀在三兄弟中年纪最小，在他之上是大哥刘縯和二哥刘仲。刘縯对自己的皇族身份很看重，对王莽新政十分不满。他不事家业，一心结交豪杰人物，很有夺天下的雄心。对弟弟刘秀的"鼠目寸光"，他很是不屑。可世事弄人，后来做皇帝的就是刘秀。

大乱之中图霸业

王莽新政末年，连年灾荒，民不聊生，各地纷纷起义，天下已经大乱。新地皇三年（公元 22 年），素有雄心壮志的刘縯，为了恢复刘姓统治，在春陵（今湖北枣阳南）起义，组成“春陵军”。本想做良民的刘秀为了帮大哥，也参加了进来。这年十月，刘縯、刘秀与李通、李秩等带着起义军加入了当时最大的起义军——绿林军。

绿林军的队伍迅速壮大，很快发展到 10 万多人。军队人多，却没有统一的领导人，将领们就主张拥立一个刘姓的皇帝，以此来统一号令，同时也顺应民心。刘縯在军中素有威望，南阳一带的豪杰都拥立他。而新市、平林军的将领们却怕威望大的人当了皇帝，他们就权力受损，因而拥立懦弱无能的刘玄。两方互不相让，最终还是刘玄当了皇帝。刘玄是春陵侯刘仁的曾孙，在军中号称更始将军，因而改元更始年。刘玄称帝后，绿林军将领们都有了官衔。刘縯被封为大司徒，刘秀则受封为太常偏将军。

刘秀从前并不为人重视，他的才能在这段混战中逐渐展现了出来。刘玄称帝使得王莽震惊，他迅速调集了 43 万人，命司空王邑和司徒王浔率领，前往镇压。莽军首先与刘秀带领的起义军相遇。刘军本身粮草不多，又见敌人多自己几倍，将领们便生胆怯，不敢打，都跑回了昆阳城。刘秀向将领们冷静地分析了目前的形势和前景，说如果打还有胜的希望，如果逃，则只会被分散各个击破，死路一条。他的话使得动摇的军心很快稳定了下来，然后刘秀又提出了自己的作战措施，得到了大家的一致认同。

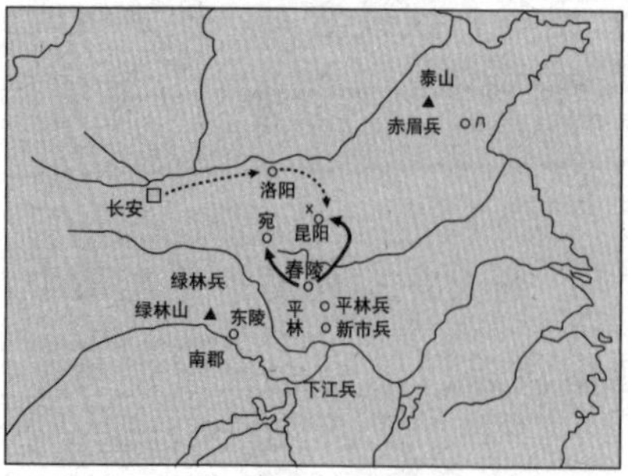

昆阳之战形势图

当时昆阳城中只有八九千人，刘秀让将领们把城外的军队都带入城中，统一调度。刘秀亲自率领一千多人当前锋，奋勇杀敌。由此士气大振，人人争着杀敌。而莽军仗着人多，十分轻敌。最终莽军大败，王邑被杀，王浔仅带着几千人逃回洛阳。

昆阳一战，刘秀展露锋芒，王莽政权也由此彻底走向覆灭。海内豪杰并起，起义如火如荼，他们纷纷接受更始皇帝的年号。然而拥立刘玄的将领们，看到刘縯、刘秀兄弟威名渐起，深感不安，就劝刘玄早除刘秀兄弟。就连与刘秀兄弟一同起事的李秩，也转投新贵。刘玄就借机杀了刘縯等人，而刘秀见情况不妙，赶紧跑去请罪，并且不为哥哥举丧，对更始皇帝也毫无怨怼之言。这使得刘玄不好找借口杀他，反而有些惭愧，便拜他为破虏大将军，封武信侯。其实刘秀每至夜深人静时就为兄长之死默默伤怀。刘秀回到宛城并受封武信侯后不久，就迎娶了他心怡多年的新野美女阴丽华。这一年，他 29 岁。

刘秀暂时保住了自己的性命，不敢真正放下心来，从此，他一直小心谨慎，做事不让人找到任何把柄。刘玄到洛阳后，派刘秀去河北一代宣示朝廷旨意，要那里的郡国尊奉更始政权的诏令。刘秀感到这是个避开灾祸的好机会，就欣然前往。他在河北选贤任能，考查民情，平反冤狱，废除王莽时期的苛政，政绩十分突出，充分显示了他的政治才华。甚至他还粉碎了一起假冒汉成帝之子另立王朝的反叛事件。当假冒刘子舆的王郎兵败后，刘秀在清理缴获的文书档案，发现了几千份河北官员勾结王郎污蔑自己的材料。这若是追查下去，牵连甚广，人心不安，后果严重。于是，他当着众官员的面，一把火烧掉了所有的文书。他说这样做，是让心怀不安的人安心。这一举动为他赢得了更多的人心。

刘秀治理好河北，有了根据地后，就“招揽英雄，务悦民心，以立高祖之业”。这个时候，他是真的想做皇帝了。更始帝始终对刘秀不放心，他派使节到河北，封刘秀为萧王，并命令刘秀立即回京城。刘秀心中警钟大鸣，以“河北未平”为理由，拒绝回长安。刘秀翅膀硬了，刘玄也无可奈何。这样，刘秀与刘玄在明面上决裂了。

更始二年（公元 24 年）秋天，刘秀召集河北各郡兵马，先后击破并收编了占据河北州郡的铜马、高潮、重连等农民起义军。这些义军将领并不愿意臣服，刘秀就下令他们各自回应统领自己的队伍，然后刘秀单人独骑去各营巡视，这份胆识和气度终于赢得了将士们的真心归属。他的军事实力也大大加强了，当时关中的人都称河北刘秀为“铜马帝”。

此时天下形势已经又发生了变化。活动在河南东部的赤眉军正在猛攻长安。刘秀感到自己争夺天下的时机已经成熟。他一边派将军邓禹率精兵夺取关中，一边把地势险要，财物富足的河内（今河南武陟县）作为进取中原的据点。然后自己带一支军队回冀中、冀北一带。

刘秀为人谨慎，虽然他早就称帝打算，但从不表露。在回河北的路上，将士们就提议尊他为帝，不过都被拒绝了，刘秀还故作惶恐地说：“这种杀头的话也敢讲?”后来将领们一再苦劝，他才相信大家是真心拥立他的，就勉强答应下来。于是刘秀在河北鄗城的千秋亭即皇帝位。为表兴复汉室之意，刘秀建国仍然使用“汉”的国号，史称东汉（唐末五代之后也根据都城洛阳位于东方而称刘秀所建之汉朝为东汉），刘秀就是东汉世祖光武皇帝。

平定四方　以柔治国

刘秀虽然称了帝，但整个国家还是一团乱。定都哪里也是个问题。长安是所有人心中真正的京都，但此时那里正被赤眉军围困，也不是短期内能拿到的。经过一番思虑，最终定都洛阳。不过洛阳此时都不在他手里，还要想办法去夺。守洛阳的李轶、朱鲔都曾劝刘玄杀刘縯，是刘秀的杀兄仇人。李轶见刘秀大军袭来，就写信给他，表示愿意归降。刘秀把李轶的投降信给官员们传阅，说这种反复无常的小人，大家要警惕。这件事很快被朱鲔知道了，他认为李轶会出卖自己，就派人刺杀了李轶，此事引得洛阳军中大乱。刘秀借刀杀人，又动摇了敌方的军心，接着就兵围洛阳城。刘秀劝朱鲔投降，朱鲔却不敢。刘秀向他保证既往不咎，朱鲔才带领洛阳守军归降了刘秀。刘秀也不食言，任命朱鲔为平狄将军，并封他为扶沟侯。

光武帝涉水图　明　仇英

定都洛阳后，刘秀就向长安进发了。更始政权是赤眉军打垮的，刘秀与赤眉军立场一致，也算盟友。不过刘秀称帝后，两方就反目成仇了。赤眉军没有战略眼光，他们在长安烧杀掳掠一通后，就没有斗志了，最终处处受到追击阻截。他们走投无路时，只好投降了刘秀，把在长安抢的传国玉玺也交给了他，刘秀自然趁机收纳。赤眉军拥立的小皇帝刘盆子，刘秀也善待，让他在自己叔叔刘良手下当了个小官。由此，天下逐渐平定，刘秀终于统一了纷乱的割据政权。

刘秀的江山都是自己一步一步打下来的，他深感得之不易，在治国上就更加谨慎。他吸取了西汉灭亡的教训，创立了一套好儒任文、以柔治国的新方略。

为了适应由打天下向治天下转变，刘秀筹划着改造他的官员队伍。其中最重要的就是重用文人儒士。刘秀很喜欢儒学，早在征战时他就认识到儒学的重要性。他一直坚持“未及下车，先访儒雅”。这样，他的身边就汇集了很多著名的儒学人士。刘秀对他们以礼相待，虚心向他们学习。现在四方平定下来，还用武力治国根本行不通。而他手下的很多官员都是跟随他打仗建功提拔的，这些人能征惯战，却不会治理百姓。所以现在的刘秀根本不需要他们了，不过刘秀对功臣的处理堪称历代皇帝的典范。他极力劝服众人交出大权，回家享福去，没有杀戮一人。然后他就用文臣代替武将，逐步改变了官员队伍的素质和结构。

刘秀性格温和，待人平易，当了皇帝后也没变。一次，刘秀回乡，赏赐给族人们一些酒食和财物。众人见他谦和如前，就放开胆子说话，说他小时候就很有度量，与人为善，就是性子太温柔了。刘秀听了大笑，说：“我治天下也要以柔道行之。”

刘秀的柔道，首先表现在对割据地方的安抚上。刘秀并不好打仗，他认为征战不是为了攻城略地，而是要稳定秩序，安抚百姓，发展经济。所以各方割据势力，只要愿意投降的，都能得到刘秀的善待。刘秀的第二项抚民政策是善待奴婢。他颁布了很多保护奴婢的政令，对虐待残害奴婢的人依法论罪。柔道的第三个内容是省刑轻赋、裁汰冗员，这不仅大大减轻了百姓负担，缓和了社会矛盾，东汉初年的经济逐步恢复发展起来。

除了这些利国利民的政策外，颁行图谶、神化皇权也是刘秀柔道治国的内容。这些东西，其实他自己都不信，不过它们确实有利于维护皇权，于是刘秀就大力提倡。在其统治末年，刘秀还“宣布图谶于天下”，将儒家学说与谶纬神学混合起来，用于加强对百姓的思想统治。

效法明君　丽华封后

刘秀是个明君，他一生节俭，从不恣意放纵，这一点在历代皇帝中都是少有的。酒色歌舞，金银珠玉，刘秀都不好。他的后宫没有多少嫔妃，并且只有皇后、贵人有爵秩，而贵人每月几升谷子的待遇，也着实令后人惊讶。刘秀在世时要建陵墓，命名为寿陵。他特地吩咐地面不要太大，坟不要起太高，并且说将来也不要随葬金玉珠宝。

刘秀待人，总是谦和有礼，很多人为此折服。建武四年时，割据陇右的隗嚣，对是投降刘秀还是投降公孙述拿不定主意，就派将军马援先去成都和洛阳探探风。马援自幼聪慧，是有名的神童，在西州名气很大，很受隗嚣器重。刘秀对马援的到访非常重视，他既不穿华冠重服，也不升堂坐殿，只是穿着简单的便服，连帽子也没戴，就独自坐在洛阳宫宣德殿的廊下，只派了一个宦官去引马援来见。见到马援后，刘秀微笑着说："贵客遨游在两个皇帝之间，见多识广。今天有幸见到贵客，深感惭愧。"他这种气度深深地折服了马援。马援认为刘秀有明君的风范，就叩首行礼说："当今局势，不仅君主择臣子，臣子也选君王。"马援还对刘秀坦言公孙述接见自己时戒备森严的情况，感慨刘秀才有真正的帝王之才。马援回去后就劝隗嚣投降刘秀，可隗嚣不听，他就自己归顺了刘秀。

对待那些不愿受世俗拘束的隐者逸士，刘秀也同样大度。当时有一些名士对新政很排斥，不肯称臣，就隐逸起来。太原有个叫周党的人，颇有名望，朝廷几次征召他去做官，他都不去。征得次数多了，他就一身短衣、树皮裹头入朝，刘秀亲自接见了他。周党很是无礼，见到刘秀，既不通报姓名，也不行礼，只说自己的志向就是不做官。刘秀允了他。官员们劝谏刘秀治他大不敬之罪，刘秀却说："自古贤主都有不愿为他做官的人，伯夷、叔齐就不食周粟。周党不愿做官，也是他的志向。就赐给他 40 匹绸子吧。"

历史上的大部分皇帝都喜欢听小人的谗言，昏聩误国也是从亲小人远贤臣开始的。而刘秀却是少数亲贤远佞的皇帝之一。他很讨厌逢迎谄媚的臣子，也很注重褒奖正直的官吏。有一次，刘秀出城游猎，深夜方回。他想从东北门入洛阳城，可守门官郅恽拒不开门。刘秀的随从点起火把，高呼是皇上回城了。郅恽却说火光太远，看不清楚，还是不开门。刘秀无法，只好转到东城门进。第二天，郅恽不仅没请罪，反而上书指责刘秀沉于游猎，败坏风气，危害社稷。刘秀也不生气，反而赐给他百匹布以示奖励，而放刘秀进城的东门守城官却被贬为登封县尉了。

不过刘秀也不是完人，他毕竟是皇帝，帝王威仪还是很看重的。隗嚣、公孙述被打垮后，刘秀找出他们之间的书信往来，在朝会时读给大臣听。大司徒韩歆曾是追随刘秀征战的人，颇有军功。他是个直性子，觉得这些书信的文采不错，就说："亡国之君皆有才，桀、纣亦有才。"刘秀听了很不高兴，认为这是在嘲笑自己还不如隗嚣和公孙述。他还没有发作，韩歆又上奏了一些政事，说最近会发生饥荒和暴乱。刘秀认为他在指责自己治国无方，当场就拉下脸来，罢免了韩歆。韩歆被黜，刘秀还不解气，又下了诏书派人上韩家去谴责他。大司徒乃三公之一，相当于宰相，韩歆被免了职还受到皇帝的特诏谴责，这可是逼他去死。司吏校尉鲍永，为他鸣不平，结果被刘秀贬为东海国相。最后韩歆和儿子韩婴都被逼自杀了。这事使得朝臣们都很有怨言，刘秀为了挽回人心，就以大司徒之礼安葬了韩歆。

刘秀为政勤勉，对官吏们也要求很严，不过有时严得过头，对犯错的大臣处罚很重，甚至对尚书一类的近臣都不留情面，还当众鞭笞，使得"群臣莫敢正言"，不少人因为害怕而弄虚作假，谎报政绩。这种情况到后来才有所改善。

娶妻当得阴丽华，是刘秀年轻时就有的志向。在他 29 岁时，终于如愿以偿。后来在征战中，为了得到权贵的支持，他又娶了富豪之女郭圣通。刘秀刚当了皇帝，急需权贵协助，只好立郭氏为后，郭氏之子刘疆为太子，阴氏为贵人。不过他最宠爱的还是阴丽华，最喜欢的儿子刘庄也是阴氏所生。郭氏不得宠，自然心怀嫉妒，这样又引来刘秀更加厌恶。建武十七年（公元41年），刘秀的统治已经完全巩固了，他终于废了郭氏，立阴丽华为后。太子刘彊看形势不好，主动请废，最终刘庄做了太子，刘彊成了东海王。刘秀对刘彊还是有些歉意的，他加大了刘彊的封土，给了他较好的待遇。

建武中元二年（公元57年），刘秀在洛阳病逝，终年63岁。他在位32年，他开启了东汉历史，他统治的时期，史称“光武中兴”。他自称无益于百姓，诏令薄葬，葬于原陵。

明帝刘庄

汉明帝档案：

生卒年：公元28～75年

父　　母：父，光武帝刘秀；母，阴丽华

后　　妃：马皇后、贾贵人

年　　号：永平

在位时间：公元57～75年

谥　　号：孝明皇帝

庙　　号：显宗

陵　　寝：河南显节陵

性　　格：精明干练，刚毅勤俭

点评：

显宗丕承，业业兢兢。危心恭德，政察奸胜。备章朝物，省薄

坟陵。

——南朝宋·范晔《后汉书》

汉明帝名叫刘庄，是东汉光武帝刘秀的第四子，东汉王朝的第二位皇帝。他继续了光武帝的中兴之治，不仅使得国力更为强盛，还遣使西域，恢复了中原和边疆少数民族的交往；引入佛教，促进了中西文化的交流。在他的统治下，东汉王朝各方面都有很大的发展。

子凭母贵　荣登帝位

刘庄能当上皇帝，他的母亲起到了很大的作用。刘庄的母亲叫阴丽华，是新野的豪门千金，生得美丽，艳名远播。刘秀对她一见钟情，曾感言“娶妻当得阴丽华”。后来刘秀在 29 岁时，娶了 19 岁的阴丽华为妻。得偿所愿的刘秀对她很是喜爱，即使后来做了皇帝也未改变。

刘秀 30 岁时，正在河北征战，为了得到权贵的支持，他又在真定娶了定恭王的外孙女郭圣通。对这个政治联姻的妻子，刘秀自然不喜欢。后来刘秀做了皇帝，要立皇后了，他想立阴丽华为后，而这时政局动荡，他的地位还不稳，仍然需要实力强大的贵族支持。虽阴丽华也出生豪门，但郭圣通家族势力更显赫，而且郭圣通此时已经生有一子，而阴丽华还未生育。多方思虑后，刘秀立郭圣通为后，阴丽华为贵人，郭氏生的儿子立为太子。尽管阴丽华只是个贵人，但刘秀与她在一起的时候还是最多，有时出征也带着她。刘庄就是建武四年（公元 28 年），阴丽华随刘秀出

明帝刘庄像

征彭宠，到达元氏时生下的。

刘庄生就一副帝王相，他方脸宽额，气色红润，很像传说中的上古贤君唐尧。而他又是刘秀最喜欢的阴氏所生，所以很得父亲的欢心。刘秀根据刘庄出生时的“赤色”面容，给其起名为“阳”。他当了太子后才改名为刘庄。

刘庄虽因为母亲而得父皇的宠爱，但能被立为太子，也有很大部分是凭借他自己的聪明才智。刘庄很小就显示了过人的智慧。他从小师从经学大师桓荣，10 岁就能读懂《春秋》，不仅熟悉其中的攻战之术，还能领会其精妙之处。刘秀有这么个神童儿子，也感到很自豪，就经常带着小刘庄上朝，让他增长见识。

刘庄 12 岁时，光武帝颁布“度田令”，下令核查全国的土地和人口，并亲自听取各地官员的汇报，刘庄就站在朝堂上旁听。刘秀发现陈留县报上来的文书里有这么一句话：“颍川、弘农可问，河南、南阳不可问。”一时不解，就问身边的大臣，却无人能答。这时小刘庄说他可以试一试。刘庄说：“河南是京都所在地，许多大臣都在这里有田庄、封地，而南阳是父皇的故乡，许多皇亲都在那里，地方官怎敢去查问呢？所以，这两句话是他们用以互相提醒的。”经小小孩童的一席话，皇帝和众臣才恍然大悟。后来光武帝派人诘问陈留吏，情况果然如此。于是皇帝派出专人去检查两地，才把“度田令”顺利推行了。经过此事，刘秀也更看重这个爱子，改立他为太子的计划也开始酝酿了。

建武十七年（公元 41 年），刘庄 14 岁，进爵为东海王。这一年，宫廷之中发生了巨大的变动。长年失宠的郭皇后，对刘秀和阴丽华都满怀怨恨。刘秀就以“怀势怨怼，数违教令”为由，废黜了郭皇后，改立阴氏为后。皇太子刘彊见母亲被废，自己地位肯定不保，就主动请求让位。不过刘彊一向行为规矩，刘秀也不好马上废掉他，就将此事拖了下来。后来刘彊又多次恳求，刘秀也觉得时机成熟了。于是，在建武十九年（公元 43 年），他下诏封刘彊为东海王，15 岁的原东海王刘阳为太子，并改名刘庄。建武中元二年（公元 57 年），刘秀去世，刘庄即位，为明帝。

铁腕治国　遣使通边

刘庄 30 岁即位，第二年改元，年号永平。在东汉的十几位皇帝中，除了刘秀，就属刘庄是大龄继位了。不过他锻炼了多年，已经积累了丰富的治国经验，完全有能力将光武帝的中兴事业代入一个更强盛的时期。

刘庄当上皇帝比较顺利，但治理国家却面临很多难题。首先就是他的众多兄弟对他不服。东汉推崇儒学，刘庄是以第四子的身份继承大统的，兄弟们都认为于礼不合，就毫不把他这个皇帝放在眼里。甚至他的同母弟弟山阳王刘荆，还伪造了废后郭氏弟弟的手笔，写信给东海王刘疆，劝刘疆造反。不过刘疆胆小懦弱，将送信的使节和信件原本都送到洛阳交给刘庄。刘庄虽然震怒，但感到自己势力太小，就把此事隐瞒下来，决定先韬光养晦。

刘庄采用三条策略，一是把忠于自己的老臣如邓禹、刘苍等团结在周围，组成政权核心；二是对阴皇后和被废的郭皇后同样看待，善待太子，拉拢那些拥护自己的兄弟；三是大赦天下，在更广泛的层面上赢得百姓的拥护。这样，仅用几个月的时间，他把京城的军权握在了手中，朝中官员也换上了自己的心腹。刘庄同时发出诏令，抚恤百姓，赈济贫民，以便缓和社会矛盾，巩固皇权。

经过这样一番整治，刘庄皇位坐稳了，威信也树立起来了，就开始全心全意地治理国家。光武帝已经打好了东汉王朝的基础，刘庄要做的就是建设好它。刘庄刚即位时就颁布了一份诏书，强调要“继体守文”，即继承先统，恪守规矩，这也是他的执政方针。他吸收了光武帝的治国经验，又做了一些改进。他继续限制“三公”的权力，防范外戚干政，并与各诸侯王交好，以此来加强皇权。他还整顿吏治，选拔贤才充任各级官吏，又进一步轻徭薄赋，与民休息，以此来维护稳定，发展经济。刘庄还倡导儒学，重视礼仪，积极兴办各类学校，以此来储备人才，教化民众。在刘庄的努力下，东汉王朝很快就出现了欣欣向荣的景象。

刘庄在稳定东汉中央政权的同时，也不忘关注边防的问题。早在刘秀统治时期，北方匈奴、西北诸羌及西域各族、东北乌桓与鲜卑，还有南蛮、西南夷等少数民族，势力都有所发展，他们不时骚扰东汉边境。

建武中元二年（公元 57 年），刘庄刚即位，陇西的羌族就发生了叛乱，他决定出兵镇压。这年九月，郡太守刘盱的守兵和张鸿带的援军都被叛军打败了。刘庄又增兵 4 万，由马武统领，前去平叛。直到第二年七月叛乱才平息。而这一年，乌桓又爆发叛乱，辽东太守祭彤领兵镇压。而北匈奴的滋扰从公元 65 年至公元 72 年间，也从未间断过。明帝派使节出使匈奴，想平息战乱，也都不成功。

永平十六年（公元 73 年），东汉国库充足，刘庄就决定正面出击匈奴。不过他并不打算硬碰硬，而是先派将军窦固和耿秉屯兵凉州（今甘肃武威），然后联合南匈奴、乌桓与鲜卑等族夹击匈奴，获得全胜。同时，大将窦固派班超出使西域，宣讲大汉对西域的政策，赢得了西域各国的臣服。其中也遇到了一些波折。正当班超在鄯善时，匈奴也派使者来到这里。班超果断出击，一个晚上就把匈奴使团的 100 多人都杀了。西域各国惊恐不安，纷纷向大汉表示臣服，鄯善王还把自己的儿子送到洛阳为质，其他小国也纷纷效仿。永平十六年（公元 73 年），大汉与西域的交往在中断 65 年后又恢复了正常。第二年，刘庄重置西域都护，由班超担任。

重儒引佛　交融中西

明帝与他父亲光武帝一样，崇尚儒学。明帝一朝，皇亲贵族、诸侯大臣的子弟们都要熟习经史，尤其是郭氏、阴氏、马氏等外戚的子弟还要进入皇帝专设的南宫学校，接受名儒耆老们的教导。明帝倡导“以孝治天下”，这种风气在全国都盛行，连守城的卫兵都能背诵孝经。明帝很重礼仪，当时有一套从天子到百官的车服等级制度，就是他亲自与东平王刘苍一起制定的。明帝还重师道，他对曾教导过自己的博士桓荣一直尊以师礼，即使他后来做了皇帝，还经常去听桓荣的课。桓荣老年多病，明帝就经常派太医去诊治；桓荣病逝，明帝以弟子之身为其举哀。上行下效，整个社会都很快形成了尊师重道的良好风气。

白马寺山门

白马寺有中国佛寺“祖庭”之称，始建于东汉永平十一年，因汉明帝“感梦求法”，遣使迎天竺沙门摄摩腾与竺法兰回洛阳后，按天竺式样为两位沙门所建的精舍。“白马”之名则取自“白马驮经”的典故。

刘庄不仅用德行来教化世人，连册立皇后也以德为标准。刘庄的皇后是伏波将军马援的小女儿。马援，是光武帝时期就有名的传奇人物。他不仅是一代名将，也是一位智者。刘庄 24 岁时，13 岁的马家三小姐入选太子宫中。她德、才、貌俱全，入宫后不仅赢得了太子的欢心，而且得到了皇后阴丽华的赞誉。刘庄即位后，她被封为贵人。三年后，大臣联名请求册封皇后，21 岁的马氏就凭着“德冠后宫”毫无争议地成了最佳人选。马氏深谙处世之道，她做了皇后还是谦恭勤俭如前。她从不为亲族谋求私利，也从不干涉朝政，只做好自己的本分。皇太子刘炟非她所生，她也尽心抚养栽培，母子之间感情甚笃。马皇后在处理国家政务上也很有见识，刘庄对此很是赏识，经常征求她的意见。刘庄册立马皇后，得到了一位德才兼备的贤内助，是他这一生最得意的事情。

刘庄虽然重视传统道德，但对外来文化却也不排斥。佛教是在西汉末年传入中国的，到明帝时期，其传播速度就加快了。刘庄虽然以佞佛为借口，镇压了刘英等人，其实他自己并不反对佛教，而是采取了兼收并蓄的方针。

据记载，永平七年（公元 64 年）的一天晚上，留宿南宫的刘庄做了一个奇怪的梦。在梦中他见到一个身高丈六，头顶放光的金人从西方飞入皇宫，盘旋几圈后，金人又向西飞走了。刘庄梦醒后，感到很迷惑。第二天一早，他就召集群臣，讨论这个奇梦。博士傅毅说："臣听闻西方有神，人称为佛，正如皇上所梦。"刘庄深信不疑，还真的就派了蔡愔、秦景等十多人出使西域拜求佛经、佛法。

永平七年（公元 64 年），蔡愔等人踏上了"西天取经"之路。在大月氏国（今阿富汗至中亚一带），他们遇到了印度高僧摄摩腾、竺法兰，还见到了佛经和佛祖释迦牟尼像，就恳请两位高僧赴大汉弘扬佛法。永平十年（公元 67 年）在东汉使者的引领下，二位高僧用白马驮着佛经、佛像来到了京都洛阳。汉明帝以隆重的礼节迎佛经、佛像和高僧。并安排二僧暂住负责外交事务的官署鸿胪寺。第二年，刘庄下诏在洛阳西雍门外修建僧院，为铭记白马驮经之功，取名为"白马寺"。白马寺是中国第一座佛教寺院，被称为祖庭。"寺"是取高僧所住的鸿胪寺之"寺"，后来就成为了中国寺院的一种泛称。佛教由此在中国传播开来。

永平十八年（公元 75 年）八月，明帝刘庄病逝于洛阳东宫。他在位 18 年，终年 48 岁，葬于显节陵（今河南洛阳市东南），庙号"显宗"，谥号"孝明皇帝"。汉明帝英年早逝，令人惋惜，但他与民休息的政策，连通中原边疆的举措，促进文化繁荣的行为，都给后世带来了深远的影响。

章帝刘炟

汉章帝档案：

生 卒 年：公元57～88年

父　　母：父，明帝刘庄；母，贾贵人

后　　妃：窦皇后、梁贵人、宋贵人等

年　　号：建初，元和，章和

在位时间：公元75～88年

谥　　号：孝章皇帝

庙　　号：肃宗

陵　　寝：河南敬陵

性　　格：宽厚仁慈，明辨是非

点评：

一个宽厚的长者，一个亲善的明君，一个纵恶的祸首。

——杜尚侠

汉章帝名叫刘炟，是汉明帝刘庄的第五子，东汉王朝的第三位皇帝。他继续推行了光武帝和明帝的休养生息政策，加强了与西域各族的交流，在文化学术上了做出了一定的贡献。他与明帝一起，共同创造了一个“明章盛世”。不过，他纵容外戚弄权，刑罚宽得无度，也使东汉统治开始走向衰弱。

贤后养子　幸运承嗣

自古以来，能当上太子的，很多都是因为有个好母亲。而刘炟，

则有个好养母——马皇后。马皇后是一代名将马援的小女儿。在刘秀时期，马援曾是割据陇右的隗嚣的得力助手。后来马援为刘秀的宏阔气度所折服，就归顺了刘秀。马援驰骋疆场多年，为大汉立过许多功劳，还留下了一句流传后世的豪言壮语："男儿当立功异域，以马革裹尸还耳!"不过他晚年曾得罪刘秀的女婿梁松，遭其诬陷而死。马援有三个女儿，小女儿因为"德冠后宫"而被封为后。刘炟的母亲贾氏，本人并不出色，她是马皇后的一个同父异母的姐姐的女儿。贾氏入宫被封为贵人，于建武中元二年（公元57年）生下了刘炟。

马皇后才貌双全，德行又好，刘庄对她很宠爱。但是马皇后无子，就想要过继一个儿子立为太子。明帝儿子不少，刘炟并不是长子，也并不是最出色的。但因为母亲贾氏与马皇后的关系，刘炟就被过继给了马皇后。明帝永平三年（公元60年），4岁的刘炟被立为皇太子。马皇后对他视若亲生，细心栽培，母子二人关系也一直很好。因为马皇后的地位稳固，所以刘炟也就稳稳当当地在皇宫中成长。永平十八年（公元75年），明帝病逝，19岁的刘炟即位，是为汉章帝。

体察民情　宽厚治国

刘炟在贤德的马皇后身边长大，耳濡目染，也养成了宽厚亲善的性格。

由于明帝为政过于"严切"，杀了不少人，牵连甚广，许多官员都战战兢兢，如履薄冰。因而刘炟刚当上皇帝，就有许多心怀愤懑的王公大臣纷纷上书，指责前朝过失，要求"变政"。他们还提出苛法过多，征战过繁，百姓疲敝等等。刘炟一一采纳了他们的谏言，"每事务于宽厚"。

刘炟的宽厚在政事上起到了较好的作用。他在明帝的基础上，继续推行轻徭薄赋政策，尽最大可能减轻百姓负担。在他即位后的几年里，牛疫、地震和干旱等灾害频发。他即位当年就两次下诏免收牲畜饲料，还赐给生活困难的人粮食。刘炟在位十几年，曾 20 多次下诏减免赋税，改善民生。章帝为政期间，人民的生活水平得到了很大的提高。

刘炟十分重视以德化民，他多次下诏省刑慎罚，要求各级官员重视教化，放宽刑罚，不要造成冤狱。在官员的任用上，刘炟尽量任体察民情、体恤百姓的人做地方官。成都人口繁盛，房屋密集，很容易造成大面积火灾。以前为了防火，老百姓晚上都不能用火，可这根本不符合生活需要，于是他们就偷偷地用，结果火灾频频发生。刘炟任用廉范担任蜀郡太守，他一到任就废除了禁火令，不过同时也严格规定各家各户都要储备充足的水，以备随时灭火。这样老百姓生活方便了，火灾也少了。于是百姓编了民谣称赞廉范："廉叔度，来何暮！不禁火，民安作。"可见刘炟任用的官员在百姓中确实起到了很好的作用。

刘炟为政宽仁，从谏如流，朝廷大臣们也放开胆子直言进谏。有一个叫孔僖的大臣，竟然与崔骃一起在太学里品评汉朝历代皇帝，他们说光武帝尚儒，治国比文、景更有成效，可后来的几位皇帝却恣意放纵，背离了光武帝的善政。太学生梁郁听了此话，就去告发他们"诽谤先帝，刺讥当世"。二人被审问时，孔僖自陈道："若讥刺得当，自应思虑改政；若不当，也应宽容为怀，何必治罪？我等受责，死则死矣，而此后天下人见到不应该之事，何人敢再提出！"刘炟得知此事后，专门下诏命各级官员不得再追究，同时还任孔僖为兰台令吏。正是因为章帝度量宽宏，善于识人，才能得到一大批忠诚正直大臣的拥护。

在边疆问题上，刘炟任用经验丰富、胆识超群的班超，也起到了很好的效果。早在明帝时期，班超奉命出使西域，使西域的各国归服，朝廷在西域建立了都护府。不过，这里仍然战乱不断，局势不稳。刘炟刚即位时，焉耆、龟兹、车师等就联合北匈奴，攻打汉廷的军政驻地，边境形势一度紧张。班超一面在西域团结各族人民，除龟兹外，西域各国都臣服于汉；一面上书刘炟，请求派兵支援，降服龟兹，提出"断匈奴右臂"的战略方案。刘炟很支持班超的计划，派兵西进，解救了边疆的危机。这也为和帝时期再通西域奠定了良好的基础。

刘炟在内政外交上都很有成就，不过他最喜欢的还是研究儒学。等国家安定后，他就把主要精力放在这上面了。建初八年（公元83年），他下令各级政府官员向中央推荐学识渊博的人，让这些人在太学里研究《春秋》《梁传》《尚书》《诗经》等古籍。才子们为了解释儒家经义，分歧很多，争论不休。刘炟就将所有学者召到白虎观，命大家各抒己见，把分歧都说出来，然后再集中各家精要，甄别各派异同，最后编成了一部大书《白虎通义》（又名《白虎通德论》）。《白虎通义》是为汉礼甄别义理、确定框架而撰写的一部具有指导意义的"礼典"。这部书除了是古籍的研究成果外，还是一部将阴阳五行和谶纬之学合法化的儒学法典化巨著。

刘炟不仅为政仁德，而且对亲情也很注重，因而史书上评价他"上性宽仁，笃于亲亲"。他不仅对抚养自己的马皇后十分孝顺，视若亲母，而且对宗室王侯也十分宽厚。在过去建武、永平五十多年中，光武帝和明帝都对诸侯王采取了抑制措施。诸王不许滞留京都，不得交结宾客，更不能结党营私。明帝更是对自己的兄弟们残酷打压，被当时的大臣钟离指责为"骨肉相残，毒害弥深"，甚至说他"感逆和气，以致天灾"。为了弥补前两位帝王的过失，章帝尽量维护皇室宗亲的利益。为此，刘炟大大提高了诸王的待遇，不仅每年食俸提高了四倍，而且更是容许诸王受封后留在京城。这些做法缓和了王室矛盾，但却为东汉王朝的统治埋下了隐患。

外戚之祸　祸患无穷

章帝为人宽厚仁善，待人以诚，但他万万没想到这种性格会给王朝带来灾难。俗话说，祸患常积于忽微。东汉王朝的外戚之祸也是点滴积累起来的。

章帝对宗室诸王的宽仁，并没有使王室宗族感恩戴德。他们得到优待后，并未因此而满足，反而更加贪婪放纵。如乐成王刘党、济南王刘康、琅玡王刘京等都比以前更有恃无恐，奢侈腐化。

刘炟最大的错误还不是放纵诸王，而是纵容外戚，这就导致外戚侵入了国家政权，为国家带来巨大灾祸。鉴于王莽篡权的深刻教训，光武帝和明帝都对外戚严加防范。刘秀甚至立下规矩："外戚不得封侯当政。"而刘炟却未把这放在心上。

刘炟对养母马太后十分尊重。他一即位，就开始在朝中重用马太后的家人。他册封马太后的三个兄弟马廖、马防和马光为侯。幸亏马太后一贯贤德，知此举危害颇深，坚决反对，马氏兄弟才没有得势。4 年后，马太后去世，旁人的话刘炟根本听不进去，于是，窦皇后一家就侵入了朝堂。

马太后去世的第二年，刘炟册封了已故大司马窦融的曾孙女为皇后，外戚窦家的势力很快就发展起来了。窦皇后十分貌美，刘炟对她很是宠爱，甚至到了言听计从的地步。而刘炟后宫妃嫔不少，妃子们为了争宠也暗暗争斗。窦皇后虽然得到了皇上的宠爱，却没有生下儿子；而后宫宋贵人却生有一子叫刘庆，被册立为皇太子；而另有梁贵人也生下一子叫刘肇。窦皇后为了巩固自己的地位，就耍起了后宫最常用的手段。她买通宫女，诬告宋贵人用蛊毒诅咒皇上；她又将年幼的刘肇据为己有。刘炟对窦皇后的话深信不疑，很

约束外家

此图描绘的是东汉明德马太后训诫宗族亲戚不要骄横越礼的故事。马太后是东汉名将马援小女，明帝皇后。她曾以西京败亡之祸为戒劝阻章帝封爵诸舅，以防止外戚专权。

快就下诏废黜了宋贵人和太子刘庆，册立刘肇为太子。

窦皇后的势力越来越大，不到几年，朝中权贵都出于窦氏。窦皇后的哥哥窦宪，担任大司马、大将军，权倾朝野，骄横跋扈，连皇族也不放在眼里。刘炟也知道窦宪的恶行，可他性格宽和，优柔寡断，就是不愿用铁腕整治。窦宪曾用低价强买沁水公主的田地。一次，刘炟带着窦宪出游，故意来到沁水公主的封地，并问窦宪这里的土地现在归谁所有。窦宪见罪行败露，以为大祸临头，吓得叩投请罪。没想到刘炟只是狠狠地训斥了他一顿，并未降罪于他。所以，后来窦氏一族虽有所收敛，却仍然狂妄。刘炟对外戚的过度纵容，以致养痈遗患，最后到了不可收拾的地步，为后来外戚专权，威胁东汉王朝的统治埋下了祸根。

章和二年（公元 88 年）正月，章帝去世，在位 13 年，终年 32 岁，葬于敬陵，谥号为“孝章皇帝”，庙号为“肃宗”。他的贤德为后世敬仰，而他毫无原则纵容权贵的行为，又让后人为之诟病。功大？过大？值得后人深思。

和帝刘肇

汉和帝档案：

生 卒 年：公元 79～105 年

父　　母： 父，章帝刘炟；母、梁贵人

后　　妃： 阴皇后、邓皇后、冯贵人

年　　号： 永元，元兴

在位时间： 公元 88～105 年

谥　　号： 孝和皇帝

庙　　号： 穆宗

陵　　寝： 河南慎陵

性　　格： 宽仁平和，谨慎明辨

点评：

帝由是贤之（郑众），常与之议论政事，宦官用权自此始矣。

——北宋·司马光《资治通鉴》

汉和帝名叫刘肇，是汉章帝刘炟的第四子，东汉王朝的第四位皇帝。和帝少年称帝，虽没有作出太大的政绩，但他性格坚毅，翦除外戚势力；选贤任能，宽和为政，是位年少有为的明君。不过刘肇在外戚问题上矫枉过正，重用宦官，又把东汉王朝带入了宦官专权的危机之中。

和帝刘肇像

和帝的傀儡生涯

刘肇的母亲梁氏，是前太仆梁松的侄女，生下刘肇后被章帝刘炟封为贵人。此时宋贵人的儿子刘庆（章帝第三子）已经被立为太子。皇后窦氏无子，怕宋贵人和皇太子威胁到自己的地位，就诬陷宋贵人设蛊诅咒皇帝。章帝刘炟一向宠爱皇后，对此深信不疑，就废了宋贵人和皇太子。太子之位空虚，窦皇后又趁机诬陷梁贵人。梁氏

获罪后忧愤而死，窦皇后就把年幼的刘肇收养到自己的名下。公元82年，年仅4岁的刘肇被立为皇太子。章和二年（公元88年），章帝刘炟病逝，刘肇即位。

刘肇即位后，尊窦皇后为皇太后，第二年改元为“永元”。刘肇即位时还不到10岁，就由窦太后临朝听政。窦太后是个聪明睿智的女人，在后宫争斗中始终独占鳌头。现在处理政务，她独断专行，与窦氏兄弟一起把持了朝政大权。刘肇只是一个小傀儡皇帝。窦太后亲政，其兄窦宪以侍中身份主管皇室机密，宣读诏令。太皇弟窦笃为虎贲中郎将，窦景、窦环为中常侍，控制了皇宫警卫。这样，整个东汉朝政都在窦家掌控之下，由此开始了东汉历史上外戚当政最黑暗的时期。

窦太后当权时期，她不仅加强了封官集权，由家族亲信占据要职，朝中百官形同摆设，同时还宣布解除对郡国盐铁的禁令，这样做只能使部分豪强地主受益，他们敛财无数，而国家的税收就大大减少了。永元元年（公元89年），窦太后不顾百官反对，派窦宪为东骑将军，联合南匈奴，讨伐北匈奴。匈奴被打败了，讨伐有功的窦宪得胜回朝，更加嚣张跋扈。窦太后还把大批的窦氏子弟和亲族任为朝臣和地方官。这些人胡作非为，整个朝政混乱不堪。为了防备有宿怨的人报复，窦宪还养了许多刺客，专门暗杀政敌。官员们也都敢怒不敢言。这样，窦太后依靠至高无上的权力，满足了自己的私欲。窦氏显贵，豪华府邸相连，奴仆成群，奢侈浪费，加上窦宪伐匈奴对百姓的征敛，整个国家的国力都衰弱了下去。

借助宦官　夺权亲政

刘肇年纪幼小，沦为傀儡。可随着他渐渐长大，也越来越懂事，日益膨胀的窦家势力感到了威胁。而许多正直大臣都不满窦太后的独断专行，他们纷纷上书，希望铲除窦氏一党，还东汉政治清明。

窦家对此感到了恐慌，而早已被权欲熏晕头脑的窦氏根本不可能放权，他们干脆策划篡权夺位。

永元四年（公元 92 年），刘肇 14 岁。大将军窦宪召集女婿郭举及其父郭璜，和自己的下属邓叠、邓磊兄弟，准备刺杀皇帝，篡夺汉室江山。刘肇听到风声，就立即采取行动。因为窦氏一党把持朝政，仅有的几位正直忠臣也被窦氏限制，刘肇根本无法与他们单独接触。他的身边，只有几个宦官还能随意走动传递消息。其中中常侍钩盾令（负责皇宫河池苑囿的宦官）郑众为人机警，颇有心计，他服侍刘肇多年，对汉室比较忠心。刘肇很信任他，就把自己的打算和盘托出，郑众十分支持，并且劝刘肇抢先下手。

此时窦宪镇守西凉，重兵在握，不好对付。于是刘肇先下诏书把窦宪召回京城，然后他亲临北宫，命令执金吾、五校尉带兵把守南、北宫，关闭城门，瓮中捉鳖，抓了郭璜父子和邓叠兄弟。然后刘肇迅速派人包围窦宪府邸，收回了窦宪的大将军印。考虑到窦太后的颜面，刘肇没有公开处死窦宪兄弟，而是责令他们回到自己的封地，然后又迫使他们自杀。树倒猢狲散，窦氏的党羽也很快被翦除了。一场轰轰烈烈的夺权斗争就这样以小皇帝刘肇的胜利而告终。整个过程干净利落，处理分寸也掌握得很好，并没有引起朝野的极大恐慌和混乱，而这一切，都是由一个 14 岁的少年策划的，这不得不让人佩服刘肇的聪明睿智和干练稳重！

刘肇做了 4 年皇帝，因为窦氏专权，他根本没有皇帝的威仪。在朝堂之上，刘肇也感到很窝囊，因为权臣窦宪被大臣们暗尊为“万岁”。尚书韩棱看不下去，怒责说，自古礼仪中就没有臣子可以称为“万岁”的制度，“万岁”之称才算消除了。这也可见朝堂上大多数人都攀附窦氏。刘肇亲政后，就将这些窦氏党徒全部清理出去。至于其他人，凡是依附窦家关系而做官的人，统统免官回家了。

刘肇在夺权过程中，大大地借用了宦官的力量。他亲政以后，立了大功的郑众就晋升为大长秋。汉代皇后的宫名叫“长秋”，大长秋就是皇后的近侍官首领，一般由皇帝亲信担任，可见刘肇对郑众的信任。郑众很会做人，得封后并不恃宠生骄，反而一直谨慎低调，更让刘肇欣赏。于是，刘肇连政事也同他商讨，郑众的许多见解都被采纳，并融入到各项政策中实施下去了。史书曾载，“宦官用权自此始矣!”刘肇开了宦官干政的先河，给后来的政权带来了很坏的影响。

宽和爱民的花心皇帝

刘肇掌管朝政后，延续了前几代君王的政绩，不失为一个英明的君主。在他统治时期，多次平定少数民族的叛乱，稳定了边疆局势。他多次下诏减免赋税，安顿流民，并且选拔宽厚之人担任地方官。刘肇主张宽刑，他任用的刑狱官员也大多“宽恕”断案。

刘肇为政，始终以爱民为本，体恤百姓疾苦，多次下诏审理冤狱，抚慰孤弱，减轻赋税，对下级官员也时时告诫不可苛待百姓。刘肇时期，天灾人祸较多，他就常常自责，认为是自己德行不够所致。永元八年（公元 96 年），京城洛阳发生蝗灾，刘肇下诏说：“蝗虫之异，殆不虚生，万方有罪，在予一人。”对朝廷劳财伤民的事，他也坚决制止。岭南（今广东地区）出产龙眼、荔枝，为了满足朝廷供奉，往往动用大批人力，昼夜传送。唐羌上书请求停止，刘肇很快就批复了。刘肇爱民之心，的确至真至诚，细致入微。

刘肇处理后宫，却没有他在前廷这么清明。刘肇先后封了两位皇后。第一位是和他一起长大的阴氏。阴家是个大族，从光武帝刘秀时开始荣耀。阴氏出了两位皇后，一位是刘秀最宠爱的皇后阴丽华，另一位就是刘肇的阴皇后。阴氏出生贵戚，又年少聪慧，容貌秀美，刘肇对她十分倾心，在永元八年（公元 96 年），册立阴氏为皇后。

刘秀一生宠爱阴丽华，传为佳话，而刘肇对他的阴皇后的宠爱却没有持续多久。自古帝王薄情的多，刘肇也是如此。阴氏封后不久，前护羌校尉邓训的女儿也被选入了后宫。邓氏也出自世代功勋大族，并且比阴氏更年轻貌美，兼之性情温柔，很快就得到了刘肇的宠爱，被册立为贵人。而阴皇后则逐渐被他冷落，心生怨恨，尤其是对邓贵人，更是嫉妒，发狠说："他日我若得志，必使邓氏再无遗类！"邓贵人很有心计，平常对宫中侍女多施以恩惠，很得人心。这话很快传到了邓贵人的耳中，她见自己不容于皇后，就设计巧言离间刘肇与阴皇后。一次，邓贵人偶感风寒，卧床不起，刘肇赶紧命其家人入宫探视，邓氏就连忙阻止，说："宫闱重地，外家出入，于礼不合"。刘肇很赞赏她的识礼知进退。后来她又设法让阴皇后的话传到刘肇耳中，然后说："我素来敬重皇后，不料皇后不容，这日后可如何相处啊？与其将来遭祸，不如今日一死来报圣恩，只求家族不受株连，我就死而无憾了！"说完，就要自杀，最后被宫女阻拦，禀告了刘肇。刘肇于是不只疏远阴皇后，更是有了废后的打算。

永元十四年，有人告发阴皇后在宫中用巫蛊诅咒皇上，刘肇派中常侍张慎查办此案。张慎草草审理，就定了阴皇后的罪。结果阴后被废，在宫中忧愤而死。刘肇很快就想册立邓贵人为皇后，邓氏推让了几次，这更让刘肇觉得她贤德，皇后之位非她不可，并最终册立邓氏为皇后。

刘肇一直体弱多病，他还没有父亲章帝活得长。公元 105 年，和帝刘肇改元元兴，但这一年的冬天，他就病逝于洛阳宫中，享年 27 岁，在位 17 年。次年，葬于慎陵，谥号为"孝和皇帝"，庙号为"穆宗"。和帝少年才俊，敢于冲破樊篱，清除外戚，夺回政权，让人惊叹。而他重用宦官，埋下隐患，又让人惋惜。

殇帝刘隆

汉殇帝档案：

生 卒 年：公元105～106年

父　　母：父，和帝刘肇；母，无名宫女

后　　妃：无

年　　号：延平

在位时间：公元105～106年

谥　　号：孝殇皇帝

庙　　号：穆宗

陵　　寝：河南康陵

性　　格：懵懂无知

点评：

殇世何早，平原弗克。

——南朝·范晔《后汉书》

汉殇帝名叫刘隆，是汉和帝刘肇的第二子，东汉王朝的第五位皇帝。汉殇帝是中国帝王中即位年龄最小、寿命最短的皇帝。刘隆能当上皇帝，只能说他投胎到了帝王家。皇位是什么样子，他还没有意识到就早早夭折了。

刘隆的帝位，得的有些偶然。以前是许多皇子争抢皇位，而到了刘隆这里，却是没有皇子可立。和帝刘肇从小体弱，27岁就死了。他的儿子虽不少，却很少有存活的。他的后宫先后为他生下了十几个皇子，都夭折了。人们都视后宫为凶地，与皇子相克。刘肇也认为是宦官与外戚在谋害他的儿子，因此，就把后来再生的皇子

都送到宫外抚养。刘肇生前没有册立太子，他病逝时，身边一个儿子都没有。大臣们都不知上哪里去迎回皇子，最后还是邓皇后出面，接回了两个宫女生的皇子。大皇子刘胜，时年 8 岁，但身有顽疾，不是长命之人。而少子刘隆，这时才满百日。为了稳定局势，群臣当即就立才满百天的刘隆为太子，当夜就即位，尊邓后为皇太后，刘隆就是汉殇帝。刘肇是腊月去世，没过多久就到了年后，于是改元延平。因为刘隆才几个月大，所以只能由邓太后临朝听政。小小的刘隆，只是个吃奶的娃娃，就由人抱着坐上皇位。他只是个摆设，朝政之事与他不可能有任何关系。

邓太后就是以前的邓贵人，为人有心计，也确实有些才华。她做皇后时，就谦恭勤俭，在后宫倡导了良好的风气。现在成了太后，就在政治上展现了她的才干。东汉王朝发展到现在，许多弊端都暴露无疑，为此邓太后采取了一些有效的改革措施。她反对淫祀，倡导治国以教化为主，刑罚为辅。在延平元年（公元 106 年）五月，她下诏大赦天下，并继承光武帝时的传统，以“柔道”治国。作为女人，她对宫女的遭遇颇为了解，也非常同情。从东汉开国至刘隆时期，八十多年间，有无数女子先后入宫，她们的一生都虚度在深深宫苑内，而民间却有许多人娶不到妻子，造成了“内有怨女，外有旷夫”的局面，还加重了朝廷的财政负担。在延平元年六月，她下诏一次免除后庭宫人等五六百人。这确实做了一件惠及普通民众的好事。

邓太后毕竟是外戚的代表，她在努力治理国家的同时，也不忘巩固自己的统治。她执政的同时，大力提拔亲属，东汉又走向了外戚专权的漩涡。

同年八月，就在邓太后忙于发号施令之际，年仅 1 岁的小皇帝刘隆就夭折在襁褓中了。因夭折而亡，所以谥号为孝殇皇帝，葬于康陵。

安帝刘祜

汉安帝档案：

生 卒 年：公元 94～125 年

父　　母：父，清和孝王刘庆；母，左姬

后　　妃：阎皇后、李氏

年　　号：永初，元初，永宁，建光，延光

在位时间：公元 106～125 年

谥　　号：孝安皇帝

庙　　号：穆宗

陵　　寝：河南恭陵

性　　格：平庸昏聩

点评：

汉安帝刘祜没有继承先辈们卓有成效的治政经验。没有发扬东汉百年的辉煌事业，只用了近五年时间，就权倾政丧。

——杜尚侠

汉安帝名叫刘祜，是清河孝王刘庆之子，东汉王朝的第六位皇帝。在他统治的时期，内忧外患，太后专权，而他自己执政后，又昏庸无能，朝中宫苑一片混乱。东汉政权从他开始彻底衰败下去。

刘祜的皇位得来比较突然。刘祜的父亲刘庆是汉章帝刘炟与宋贵人之子，曾被封为皇太子，后来刘炟的皇后窦氏弄权，陷害宋贵人，结果宋贵人被废黜，刘庆也被废为清河王。后来刘庆的弟弟刘肇登基，是为汉和帝。可惜和帝子嗣太少，后来小皇帝刘隆夭折，邓太后慌了手脚。刘肇剩下的皇子只剩下 9 岁的刘胜，而刘胜天生

愚钝，无法继位。邓太后与她的哥哥车骑将军邓骘密商，决定迎立清河王刘庆的儿子刘祜。邓骘又与太傅、司徒等朝中大臣商议，征得他们的同意后，当夜就持太后手谕诏刘祜入宫。先拜刘祜为长安侯，既而立为皇帝，即汉安帝。

刘祜当上皇帝时才 13 岁，他本就是普通皇室子弟，没有受过执政方面的培养，而且突然即位，一时之间也没有思想准备，于是邓太后仍然临朝理政。刘祜当了 19 年皇帝，有 14 年的时间都是在邓太后的执政下度过的，他也只当个傀儡皇帝。

刘祜从小聪明伶俐，懂礼节，是刘氏子弟中最优秀的，这也是太后选中他的原因。可惜，虽然邓太后重视皇室子弟的培养，但是后来她忙于执政，事实上却是忽略了对刘祜的教导。并且邓太后过于看重权力，即使刘祜已经成年，她也不肯归政。甚至凡有规劝她归政的，都被严惩。刘祜事实上就是在既无权又被放任的环境里成长起来的。

成年后的刘祜，虽然十分恭顺，但他才能平庸，亲近宦官，还有很多失德的行为。邓太后对他越来越不满意，但是又不敢提出废立皇帝的事，再加上这样更有利于她自己掌权，于是对刘祜就更加放任了，根本没有对他进行执政的教导。

建光元年（公元 121 年），41 岁的邓太后去世，刘祜终于有了亲政的机会，这时他已经 28 岁了。多年的傀儡生涯，并没有把他养成卧薪隐忍，一鸣可以惊人的明君。他的先辈们都有卓有成效的施政经验，他的叔父汉和帝刘肇在 13 岁时就发动政变亲政，并且励精图治。而 28 岁的刘祜除了平平庸庸，就是对邓氏的满腹仇恨。东汉百年的辉煌基业，刘祜仅用了短短 5 年时间，就毁得一干二净了。

刘祜亲政时，在他身边最亲近的是乳母王圣、中黄门李闰、江京等宦官团体。刘祜早就对太后不归政深怀怨愤，太后一死，他就急着整治邓氏一党。邓太后曾对河间王刘开的儿子刘翼十分喜爱，视同己出，并封为平原王，使得刘祜很担心邓太后会废了他另立国君。现在他有了权，可以随心所欲了。他身边的宦官很明白皇帝的心思，很快就诬告太后兄弟邓悝、邓弘等伙同尚书图谋造反，要废掉汉安帝，拥立平原王刘翼为帝。刘祜趁机大肆追查此案，邓悝等人都被判了死罪，大将军邓骘也被免官归郡，后被县吏逼迫致死。邓氏一族都被罢了官，抄了家产。在这一次斗争中，外戚被打压了，而宦官却进一步得势。

刘祜的父亲刘庆曾被立为太子，后来与皇位失之交臂。现在刘祜就追封父亲为孝德皇，母亲为孝德后，曾经含冤而死的奶奶宋贵人为敬隐后。他对当年曾经帮助窦皇后诬陷过宋贵人的人也不放过。宦官蔡伦改进了造纸术，此功对后世影响深远，但他曾参与过诬陷之事，刘祜也没放过他。最终蔡伦服毒自杀。

刘祜为人懦弱，对旁人过分依赖，他执政期间，不辨贤愚，对身边宦官宠臣过于信任，也听不进忠言，导致整个朝政腐败不堪。

刘祜也放纵外戚。他父亲刘庆的几个舅舅宋衍、宋俊、宋盖、宋暹都封为侯，宋氏一族开始显赫。刘祜的皇后叫阎姬，她祖父阎章的两个妹妹都是汉明帝刘庄的贵人，现在阎氏一族都是皇亲国戚。阎皇后的四个兄弟官居要职，掌管京城禁军。甚至她七八岁的侄子都被任命为黄门侍郎。阎皇后也很有野心，她千方百计参政，她想拥有邓太后一样的权势。阎氏权势滔天，刘祜对此也是听之任之。阎皇后无子，而宫中只有李贵人生下了儿子叫刘保。阎皇后担心自己的地位受到威胁，竟然毒死了李贵人。后来刘祜没有其他儿子，刘保在 6 岁时被立为太子。阎皇后仍然不放过他，刘保年仅 10 岁，阎氏就诬陷他谋反，逼迫刘祜废了太子。

刘祜时期，宦官的权势已经张狂到不可收拾的地步了。宫中宦官，纷纷封侯。其中中常侍江京因迎帝而立首功，封都乡侯；还有李闰封雍乡侯；其他人等也均有封赏。刘祜的乳母王圣也被封为野王君，她的女儿伯荣被封为中使。这些人狼狈为奸，煽动宫中风气日渐奢靡，又出入宫廷，到处敛财，恶行累累。有个正直的大臣杨震，上疏指责此事。安帝刘祜看了之后，不但不悔悟，竟把奏折拿给王圣等人看，引得他们对杨震忌恨不已。延光三年（公元124年），刘祜东巡，王圣、樊丰等人趁机大造府邸，杨震负责考查其事，结果竟查出樊丰等人伪作的诏书。樊丰等人惊惶不安，就抢先下手，到安帝面前诬陷杨震。刘祜听信谗言，贬谪杨震，最后迫得杨震在洛阳城西几阳亭饮鸩自杀。刘祜当政，正直大臣遭受迫害，奸佞小人得志张狂，整个朝政极度腐败，东汉彻底衰败了。

延光四年（公元125年），一直吃喝玩乐的安帝刘祜带着皇后阎氏和众多贵戚南下游玩。巡游途中，刘祜突然生病，很快就病势沉重。临死前，他想交待遗嘱，但是已经说不出话来了，最后眼睛盯着阎皇后，慢慢地死在车中。安帝在位19年，终年32岁。当年，葬于恭陵，谥号“孝安皇帝”，庙号“恭宗”。他给东汉留下了一个混乱的政局。

顺帝刘保

汉顺帝档案：

生 卒 年：公元115～144年

父　　母：父，安帝刘祜；母，李氏

后　　妃：梁皇后、虞贵人等

年　　号：永建，阳嘉，永和，汉安，建康

在位时间：公元125～144年

谥　　号：孝顺皇帝

庙　　号：敬宗

陵　　寝：河南宪陵

性　　格：温和软弱

点评：

刘保在位20年，无所作为，唯任宦官专权，致政治极为腐败。

——邹元初

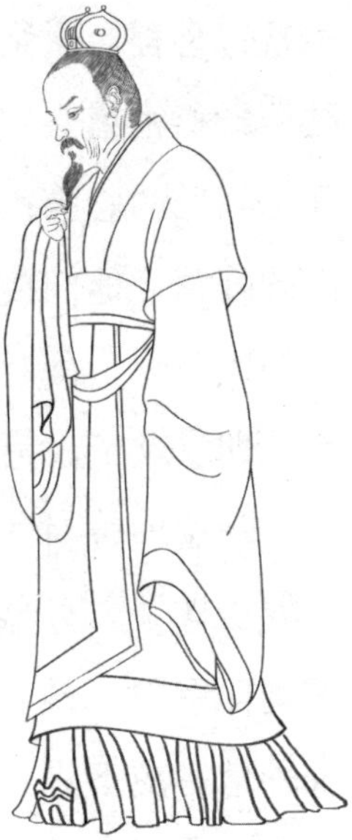

顺帝刘保像

汉顺帝名叫刘保，是汉安帝刘祜长子，东汉王朝的第七位皇帝。他的一生都被外戚宦官左右，在东汉王朝的没落衰亡中左右摇晃。他性情柔顺，又不思进取，最终碌碌无为，没有作出什么政绩。

东汉的后几代皇帝继位都有些偶然，刘保也是。刘保生于元初二年（公元115年），刘保的母亲李氏是安帝刘祜的贵人。刘祜的子孙福太薄，仅有这一个儿子。皇后阎姬怕自己地位不稳，在李贵人刚生下刘保不久，就用鸩酒毒杀了她。但是后来刘祜再也生不出儿子了，只好立唯一的刘保为太子。刘保立为太子时才6岁，懵懵懂懂，宫中都由阎皇后把持，也使他养成了温和懦弱的性格。延光三年（公元124年），刘保10岁时，阎皇后看他逐渐长大，怕他以后会为自己的生母报仇，就诬陷他谋反。刘祜昏庸无能，也不辨真假，听信了皇后的话。十月，废了太子刘保，贬为济阴王。

延光四年（公元125年）三月，安帝在南巡途中死了。随同的阎皇后等人，害怕回京后朝中大臣会拥立刘保称帝，便秘不发丧，只说皇帝在病中。等回到京城，才宣布消息。这段时间，阎皇后等人已经谋议好了，派人去迎立济北王刘寿的儿子北乡侯刘懿为帝。刘懿年纪幼小，根本不可能理政，阎皇后立他就是想像邓太后一样，自己掌权。可惜刘懿实在是命短，只在位 7 个月，还没来得及改元，就于十月底病死了。阎皇后又用同样的方法，秘不发丧，继续物色合适的皇帝人选。

不过这次阎皇后就没有这么顺利了。小皇帝死了，别人不知道，但宫中的太监不会不知道。宦官们早就对阎皇后专权不满。十一月，中常侍孙程，联络众太监在宫中发动政变。孙程等十几个人在宫中德阳殿秘密集会宣誓。几天后，孙程等人举刀杀向章台门。他们杀死了阎氏的心腹宦官，其中老资格的宦官李闰见机也投入了孙程等人的阵营。他们接着又杀了阎皇后的兄弟阎显和阎景，然后一举消灭阎氏势力，最后又逼迫阎皇后交出传国玉玺，迎立济阴王刘保为帝，即汉顺帝。第二年，改元永健。

刘保即位时才 11 岁。皇位是他的，但皇权却不是他的。阎氏一族被诛杀，外戚的势力小了，而宦官的势力又大起来。宦官们帮刘保取得了政权，就开始邀功要权。刘保宝座都没坐稳，自然乖乖地答应下来。他给了孙程等各种名目的官衔。孙程等 19 人都封侯，孙程的食邑甚至超过万户。刘保的统治，从一开始，就向宦官倾斜了。

刘保也不想受制于宦官，在封了孙程等人后，就渐渐疏远了他们。而他却又宠信另一个宦官张防，有事都与张防商量。张防很快得势，他的本性也露出来了。他倚仗权势，胡作非为。有个正直的大臣，司隶校尉虞诩，收集张防的罪状，上书弹劾，可刘保根本不管。被冷落的孙程等人趁机对刘保说：“皇上和我们起事时，认为奸贼是祸害。现在即位了，怎么能重蹈先帝的覆辙呢？虞诩尽忠反被拘，张防做恶却成了忠臣。”接着，孙程请求抓张防治罪。刘保不敢得罪孙程，只好把张防远远地发配到边地去了。不过，刘保也趁机以宦官“争功”为借口，把拥立他称帝的 19 个太监都赶出了洛阳城。直到几年后，刘保感念他们当初的功劳，才把他们又召回来。

刘保性格软弱，优柔寡断，又是非不分，做事不深入考虑。他挑选的皇后，又为他带来了外戚之祸。永建六年（公元 131 年），大臣们奏议该立皇后了。这时刘保宫中，他很宠爱的贵人就有四个。他一时拿不定主意，竟然提出要抓阄来决定！一些大臣都觉得荒唐可笑，便进谏说：“立后是朝廷大事，要抓阄让神灵决定，自古从未有过。应把德行放在第一位，以经典所论为依据，以圣上思想为裁断。”刘保这才没有坚持。而四个贵人中，梁贵人最有心计。梁贵人名叫梁妠，父亲是屯骑校尉梁商，平时顺帝经常招梁妠侍寝。后宫妃嫔自古以来，都以得到皇帝的宠爱为荣。但刘保招梁贵人的次数多了后，梁氏却推辞婉拒，说希望皇上能让后宫妃嫔雨露均沾。这让刘保认为她很有德行，更加宠爱。第二年，就册立梁氏为皇后。梁家也跟着飞黄腾达了。其父梁商从校尉特进为执金吾，很快又晋升为大将军。梁氏一族从此权势显赫。外戚的势力也逐渐超过了宦官，二者的较量逐渐展开。

刘保在政事上很无能。从他亲政以来，内忧外患不断。永建三年（公元 128 年），洛阳地震，汉阳地裂。永建五年（公元 130 年），洛阳又发生蝗灾和旱灾，其他郡国也相继发生了蝗灾。几年间，风涝水旱，各种灾难不断。国家的经济形势不好，刘保却没有想什么好办法。他把朝臣召集起来商讨，大臣们提到灾害已经造成饥民千万，赤地千里。刘保吓坏了，不知如何是好。而此时的边疆，西北羌族又爆发了起义。刘保派了 10 多万大军前去平乱。因为官吏腐败，结果战争打了 15 年，朝廷饷银耗费了数十亿，各级官员都中饱私囊，普通士兵苦不堪言，纷纷逃跑。百姓负担沉重，又饱受战乱，各地的反抗情绪日益增长。

面对一大堆问题，刘保没有一点皇帝的气魄，他干脆什么也不管，整日沉溺于酒色，做起了混日子的皇帝。皇后梁氏颇有野心，趁机培植自己的心腹。梁皇后的兄弟梁翼不学无术，在父亲死后，也被任命为大将军。很快，梁氏一党又权倾朝野，形成了一个庞大的政治集团。外戚的势力逐渐取代了宦官，成为顺帝时期的绝对统治力量。

从宦官到外戚，东汉的统治一片黑暗，普通士人根本没有晋升机会。健康元年（公元 144 年），就在这混乱动荡中，顺帝刘保去世。他在位 19 年，终年 30 岁。汉顺帝葬于宪陵，谥号为“孝顺皇帝”，庙号为“敬宗”。他使东汉王朝这条已经衰朽的大船沉没得更快了。

冲帝刘炳

汉冲帝档案：

生 卒 年： 公元 143～145 年

父　　母： 父，顺帝刘保；母，虞贵人

后　　妃： 无

年　　号： 永嘉

在位时间： 公元 144～145 年

谥　　号： 孝冲皇帝

庙　　号： 无

陵　　寝： 河南怀陵

性　　格： 无

点评：

冲夭未识，质弑以聪。陵折在运，天绪三终。

——南朝·范晔《后汉书》

汉冲帝名叫刘炳，是汉顺帝刘保之子，东汉王朝的第八位皇帝。刘炳也是一位婴儿皇帝。东汉后期，皇室衰微，好几位皇帝都昏庸无能，连子嗣也单薄起来。安帝刘祜只有一个儿子刘保，而顺帝刘保也只有一个儿子，就是刘炳。刘炳生于汉安二年（公元 143 年），他的母亲是虞贵人，她是与皇后梁氏同年入宫的。也许是刘保长年花天酒地，身体不好。梁皇后侍奉刘保 16 年，也没有生下儿子。刘炳也是虞贵人入宫 14 年多才生下的。汉安四年（公元 144 年）四月，作为顺帝唯一的儿子，才 1 岁多的刘炳就被立为太子。而 4 个月后，顺帝就病死了，不到 2 岁的刘炳即位，是为汉冲帝，尊梁皇后为皇太后。因冲帝年幼，所以由梁太后临朝听政。

刘保给小皇帝刘炳留下的是一个外有战乱，内有饥荒，到处动荡，饿殍遍地的乱摊子。不过 2 岁的刘炳是不会明白这些东西的。而梁太后也和前几位太后窦太后、邓太后和阎太后一样，热衷权势，努力发展自己的势力，梁太后任命自己不学无术的哥哥梁冀，以大将军之职独揽朝纲。她的统治把东汉带入了更黑暗的深渊。

永嘉元年（公元 145 年）正月，只做了 5 个多月挂名皇帝的刘炳就病重夭折了。终年 3 岁。他死后葬于怀陵，谥号“孝冲皇帝”。

质帝刘缵

汉质帝档案：

生 卒 年：公元 138～146 年

父　　母：父，勃海王刘鸿；母，陈夫人

后　　妃：无

年　　号：本初

在位时间：公元145～146年

谥　　号：孝质皇帝

庙　　号：无

陵　　寝：河南敬陵

性　　格：聪明伶俐

点评：

汉质帝初立，不满梁冀骄横，称之为“此跋扈将军也”，竟然被梁冀派人毒杀。

——张岂之《中国历史》

汉质帝名叫刘缵，是勃海王刘鸿之子，东汉王朝的第九位皇帝。质帝8岁即位，在位仅1年6个月，就死于非命。他的死也是外戚专权导致的。

3岁小儿汉冲帝刘炳夭折后，皇宫再也没有子嗣可以立为储君。梁太后慌了，梁氏一族开始四处物色可以立国君的人选。这时汉朝皇室之中，不仅皇帝子嗣稀少，其他刘氏子弟的子嗣也很少。汉皇室从子孙繁衍上都开始彻底衰败了。

刘缵乃是汉章帝刘炟玄孙，他的曾祖刘伉是章帝的长子。当时章帝的皇后窦氏弄权，而刘伉的生母出身卑微，因而刘伉就与皇位无缘了，只做了个千乘王（封地在今山东高青县附近）。刘伉一支传下来，个个都是小小的诸侯王，刘缵的父亲刘鸿就是渤海王。而皇冠这个时候却意外地落到了刘缵的头上。这时汉宗室从血统上有资格继承皇位的有两个人，一个是17岁的清河王刘蒜，另一个就是8

岁的刘缵。朝中太尉李固等人认为，清河王年长，也很有德行，可以亲政，他是最合适的人选。但是梁太后一党为了达到长期专权独揽朝政的目的，就决定立年幼的刘缵为帝。永嘉元年（公元 145 年）正月二十四，梁太后的哥哥、大将军梁翼亲自持节将刘缵接到洛阳皇宫。第二天就封刘缵为建平侯。当日就即位，便是汉质帝。

刘缵当了皇帝，也是个傀儡摆设。梁太后依旧以太后身份临朝听政，朝政大权基本上有其兄梁翼把持。梁翼本就是个混混子弟，他把持朝政期间，嚣张跋扈，胡作非为。梁翼的恶行引起了一些正直朝臣的不满，以太尉李固为首，他们纷纷上书弹劾梁翼，希望矫正时弊，但最终都没有结果。李固等人反而遭到了梁翼的残酷打击和压制。

刘缵虽然年纪小，却很聪明懂事。他也看到了梁翼的嚣张气焰，对他很不满。在一次朝会上，他就当面称呼梁翼为“跋扈将军”。不过小孩子毕竟心计不深，话语一出，引来梁翼对他的嫉恨。梁翼见刘缵聪慧早熟，又是名正言顺的皇帝，很怕他一朝成人，会威胁到梁氏一党的专权，就对他起了杀心。公元 146 年六月，梁翼指使自己安排在刘缵身边的亲信在他的食物中下毒，刘缵吃了有毒的汤饼，很快就腹痛毒发而死。

可怜的小刘缵才 9 岁多，就这样幼年早夭。如果他不做皇帝，也许还不会有这样的悲剧。但这个悲剧又会发生在谁的身上呢？刘缵死后，被安葬于敬陵，谥号“孝质皇帝”。

桓帝刘志

汉桓帝档案：

生 卒 年：公元 132～167 年

父　　母：父，蠡吾侯刘翼；母，匽明

后　　妃：梁皇后、邓皇后、窦皇后等

年　　号：建和，和平，元嘉，永兴，永寿，延熹，永康

在位时间：公元 146～167 年

谥　　号：孝桓皇帝

庙　　号：威宗

陵　　寝：河南宣陵

性　　格：勇毅少谋、冷酷薄情

点评：

从此，宦官以正式政府官员身份出现，他们的家族和亲友，也纷纷出任地方政府首长，中国遂开始了第一次宦官时代。

——柏杨

汉桓帝名叫刘志，是蠡吾侯刘翼之子，东汉王朝的第十位皇帝。刘志性情勇敢，却缺少谋略。他的一生都在外戚宦官交替称雄中度过。刘志想有作为，却没有能力，卖官鬻爵，导致朝中无人能用，最终也无法挽救岌岌可危的东汉王朝。

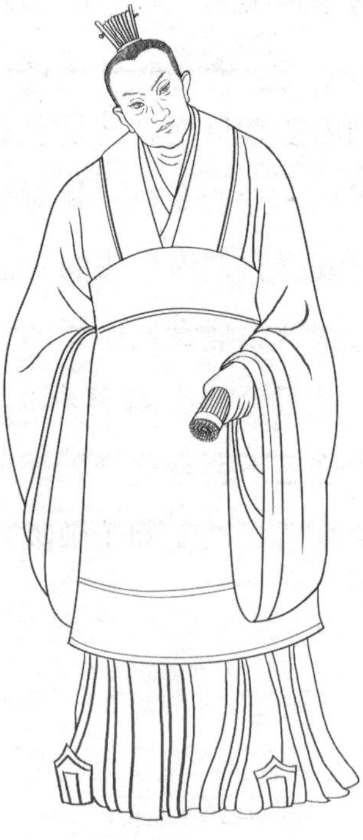

桓帝刘志像

外戚相助　新郎成新帝

刘志是汉章帝刘炟的曾孙，公元 132 年生于蠡吾。他的祖父是河间孝王刘开，父亲是蠡吾侯刘翼，母亲是刘翼的妾室匽明。刘翼在汉安帝刘保时期，曾因涉嫌图谋帝位被贬。刘翼死的很早，所以刘志小小年纪就袭父爵为蠡吾侯。

刘志的皇位也得的有些偶然。公元 146 年六月，汉质帝刘缵被梁翼害死后，汉廷又成了无立储之人的局面。本来按照制度，在外为王侯的都不能继承大统。但皇室儿子少到几乎没有，加上外戚或宦官也希望找个小皇帝做傀儡，好自己控制大权。所以，东汉后期，就多次破了规矩，以王侯立储。

刘缵还没被毒死时，刘志正好在京都。他还不到 15 岁，是被梁太后召来的，梁太后打算把自己的妹妹嫁给他。婚礼还没举行，刘缵就死了。朝中再次商议立新帝的事。在朝会上，以太尉李固、司徒胡广、司空赵戒、大鸿胪杜乔等为首的大臣，再次提议立清河王刘蒜。而梁太后等外戚一党不愿放权，是不希望立刘蒜的。还有宫中的宦官们也不愿意。宦官的势力也很大，其中中常侍曹腾曾拜谒过刘蒜，但刘蒜并不把他放在眼里，对他很冷落，因而曹腾等宦官也担心刘蒜即位会对自己不利，就坚决反对。三方人马中有两方不愿意刘蒜即位，刘蒜的皇位是不可能有了。

曹腾等想到正好在洛阳的刘志，觉得他年纪小，又没有势力，好掌控，就劝说梁太后等人立刘志。梁翼本就想亲上加亲，顺势拥立刘志为帝，好把朝政大权牢握在自己手中，就很爽快地同意了。这一决定遭到了朝臣的反对，他们的理由是刘蒜“明德著称”，且与质帝刘缵血缘最近，是最合适的人选。但在梁翼的淫威之下，最终很多大臣都屈服了。只有太尉李固始终坚持，梁太后就罢免了李固。这样，再无人阻拦。曾经迎立过质帝刘缵的大将军梁翼再次持节，迎立刘志为帝。就这样，公元 146 年六月，原本只打算做新郎的刘志，在外戚梁氏的一手操纵下，在宦官的协助下，意外成了新帝，就是汉桓帝。他的新婚妻子梁莹，就成了皇后。

傀儡皇帝　梁氏弄权

刘志 15 岁当了皇帝，不过也是个傀儡。他是在外戚的支持下当的皇帝，有了刘缵被毒死的前车之鉴，他也只能顺从保身。在他被选定为太子时，他的母亲匽明就流着泪告诫他："到了洛阳一定要万事都听太后和大将军的，否则小命就没了!"可见外戚势力有多嚣张，刘志只有小心谨慎，才能保命。

刘志当了 21 年皇帝，前 13 年都是做傀儡。刘志的谥号是"桓"，意思是"克敌服远"，就是战胜敌人，使远方的人归顺。不过这个"桓"字形容春秋五霸之一的齐桓公还可以，对刘志就不合适了。刘志不仅无法对外服远，连内政也无法把握。他的一生，都在内乱中度过。

皇帝无权，朝廷上下乌烟瘴气，外戚、宦官、奸臣当道，国家乱作一团。刘志刚即位，他对梁氏一党既感激又忌惮。因拥立皇帝有功，论功行赏，梁翼又增食邑一万三千户，他的弟弟梁不疑也被封为颍阳侯，梁蒙被封为西平侯，他的儿子梁胤被封为襄邑侯。司徒胡广、司空赵戒等见风使舵的大臣以及宦官中常侍刘广等人，也都被封侯。尽管大鸿胪杜乔对刘志"不急忠贤之礼而先左右之封"的做法极力反对，但孤掌难鸣，并不见效。

梁氏一族在拥立刘志后，权力上达到了顶峰，而刘志几乎什么事都插不上手，只能仰人鼻息过日子。梁翼先以"灾异"为借口，让梁太后罢免了杜乔，然后诬陷并杀害了杜乔和李固。除掉了早就看不顺眼的两个眼中钉后，他接着又进一步向桓帝索要权势和财物。梁翼的地位已经很高了，但他仍不满足，刘志无法，只好规定他"可入朝不必趋行，允许带剑穿鞋上朝，拜见皇帝也不必自称姓名，一切礼仪比同汉高帝时的萧何"。接着梁翼又求得钱财奴仆无数，增加了定陶、阳成两县为封地。如此一来，就相当于把汉朝开国以来所有大臣最荣耀的封赏全部加到他一人身上。梁翼从此更加专横，朝中政事无论大小，都要由他决定；文武百官升迁任免，都要到他府上谢恩；地方进献给皇室的贡品，也要先把最好的送给他。梁翼的妻子孙寿，也被封为襄城君，地位堪比长公主。皇帝的威仪全无，而梁氏一族以梁翼为首，贪赃枉法，残害忠良，排除异己，骄奢淫逸，放纵无度。梁氏一族在桓帝时期，显赫到了极点，皇后、贵人、大将军、王侯等大多出自梁家，还有 3 位公主嫁入了梁家。梁氏富可敌国，到后来梁氏被灭，抄出的家产竟有 30 多亿，实在令人震惊。

铲除外戚　禁锢党人

刘志当了十几年的傀儡皇帝，终于勇敢了一次，夺回了政权，不过他又陷入了宦官专权的祸患之中。

刘志对专权的梁太后和梁翼一党恨之入骨，却又无可奈何。和平元年（公元 150 年），弄权一生的梁太后临死前曾下诏归政，不过朝政大权都在梁翼把持中，归政根本实现不了。太后一死，她的妹妹，现在刘志的皇后梁莹也就失宠了，最后梁莹在延熹二年（公元 159 年）郁郁而终。梁太后和梁皇后都死了，刘志就开始策划翦除梁氏的事。他身边的宦官早就不满梁氏的统治，纷纷表示愿意效力。

剿灭梁氏集团的计划是在刘志上厕所的时候制定的。由于身边梁氏党羽众多，刘志就在如厕的时候叫宦官唐衡进来。二人商议后选定了与梁翼不合的几个宦官：单超、左、徐磺和具瑗。刘志与这五人在内室密谋其事，他们咬破手指，歃血盟誓。他们联合京城戍卒共一千多人包围了梁翼的府邸，收回了梁翼的大将军绶印，逼使梁翼、孙寿夫妇自杀。接着又把梁家和孙家的所有人都下狱，无论老少全部处死。在“除梁”行动中，公卿大臣也有数十人受牵连而死，还有 300 多人被免职，以致朝廷官职出现了空位无人的情况。把持朝廷 20 多年的梁氏集团就这样瓦解了。

刘志是利用太监夺取政权的，亲政以后，他就依靠太监，新的宦官专权的局面就这样出现了。唐衡等五人立了头功，都得到重赏封侯。单超功劳最大，食邑 2 万户，其余四人各 1 万户，被人们称为“五侯”。后来陆续又有不少太监被封赏。这些宦官比梁氏还要横行贪婪放纵，他们竞相攀比奢华，兴建宅邸，其亲族兄弟，也鸡犬升天，四处做恶，暴虐天下。

五侯等人的恶行令朝野震惊。朝臣和贵族们都无法忍受了，就联合了几百名太学生，一起到大殿上去请求皇上铲除宦党。不料刘志全力庇护宦官，反而将请愿的李膺等 200 多人一起下狱，后来又改为遣送原籍，永远禁锢，不得做官。这就是历史上有名的“党锢之祸”。“党人”一词在屈原的《离骚》中就出现过，“惟夫党人之偷乐兮，路幽昧以险隘。”它的本义是结党营私的小人，而这次事件中的正直官员和太学生，竟被宦官污蔑为“党人”。刘志的做法大大打击了士人的心，他们中虽也有积极抗争的，但更多的人选择了消极避世。

上层贵族官僚荒淫腐朽，将国家的财力都耗尽了。刘志一方面通过增加赋税来解决财政困难，这样使得老百姓的负担更为沉重。另一方面，为了减轻财政负担，刘志下诏减发官员的俸禄，并向诸侯王借贷，同时他还卖官鬻爵，将关内侯、虎贲郎、羽林郎、缇骑营士和五大夫等官爵都标明价码，公开出售。这就将贪污变成合法，官员们花钱买了官位，就从老百姓那里去搜刮回来，结果百姓负担更重，东汉的吏治也直接破坏了，还为灵帝时更大规模地卖官开了头。东汉的吏治从桓帝起，腐败到了骨子里。

荒淫无度　七改元三立后

刘志亲政，把国家整得一团糟，他还有两件做得最多的事，就是改元和换皇后。

刘志可能是中国历史上改元次数最多的皇帝。他即位第二年改元建和，第三年改元和平，后来又陆续改元元嘉、永兴、永寿、延熹、永康，一共改了7次。他在这种事情上费心思，在国事上却不上心。

刘志不仅改元多，他的皇后也换了好几次。刘志的第一位皇后梁莹，是梁太后的妹妹。刘志就是娶了她才得到梁氏的扶持当皇帝的，自然不敢得罪梁莹。梁莹嫁给刘志才两个月就被册封为皇后。梁皇后有当太后的姐姐和当大将军的哥哥梁翼做后台，在后宫很嚣张。她极尽奢侈之能事，服饰仪仗宫殿都超过前世任何一位皇后。而且她的嫉妒心很强，她不许刘志宠幸其他的嫔妃。刘志很讨厌她，但表面上却还得对她百般宠爱。不过梁皇后侍奉刘志多年，却没有儿子，于是她对刘志的其他妃嫔都心怀怨恨，凡有怀孕的，都要被处死，刘志对她的恶行也无可奈何。后来梁太后一死，梁皇后也就失宠了。于延熹二年（公元159年），在后宫忧愤而死。她死时梁翼还有势力，她就被葬在懿陵，谥号"懿德皇后"。不过刘志在同年剿灭梁氏后，就下诏废懿陵为贵人冢，可见刘志对她的厌恶之深。

梁皇后在世时十分专横，又有两个强硬的后台，刘志在后宫连妃嫔都不敢过多接触。梁氏一死，刘志又夺得政权，就开始随心所欲的享乐。他的后宫宫女也日渐增多，历史记载，竟达五六千人。

刘志立的第二位皇后邓氏，名猛女，是刘肇皇后邓绥的从侄邓香之女。邓皇后的母亲先是嫁给了邓香，生下了她。后来邓香早死，邓氏没落，她就改嫁给梁翼之妻孙寿的舅舅梁纪。邓猛女长大后，孙寿见她貌美，就把她送入宫中。刘志虽然讨厌梁氏，但对邓氏很宠爱，就立她为皇后。诛灭梁氏后，刘志又为邓氏宗族多人封官进爵。邓氏一族又重新显赫起来。然而邓皇后却没有儿子，花心的皇帝对她的宠爱也没有持续多久，就转而宠幸郭贵人。而邓皇后已经位高权重，十分骄横，与郭贵人争风吃醋。刘志对她日益不满，最终下诏废黜，她忧愤而死。

刘志又要考虑册立皇后之事了。这时，窦氏之女窦妙入宫，窦妙乃是汉章帝刘炟的皇后窦氏从祖的孙女，窦妙的父亲窦武为郎中。窦氏家世显赫，入宫就被封为贵人。不过刘志并不喜欢她，此时他最宠爱的是采女田圣，他想立田圣为皇后，但田圣出生低微，遭到了大臣的反对。刘志无法，只好立窦妙为皇后，封其父亲窦武为槐里侯。不过刘志始终不喜欢窦皇后，时常宠幸田圣等人。后宫妃嫔之间争风吃醋，钩心斗角，刘志也只当做看不见，只管自己玩乐。窦皇后心中的嫉恨越来越深，后来刘志一死，棺材还摆在大殿上，窦皇后就立即发难，杀了田圣，她甚至想要把刘志的妃子都杀光，因牵连太大才做罢。

公元167年，桓帝的身体因常年腐朽的生活早已虚弱不堪，这一年他改元永康，希望自己身体健康，也希望东汉王朝永远稳固。不过事与愿违，孱弱的刘志没有熬过这年冬天，他病死在洛阳宫中。刘志荒淫了一生，却没有一个儿子。他在位21年，终年36岁。死后葬于宣陵，谥号为“孝桓皇帝”，庙号为“威宗”。东汉王朝从刘志这里日益没落了。

灵帝刘宏

汉灵帝档案：

生 卒 年：公元156～189年

父　　母：父，解渎亭侯刘苌；母，董氏

后　　妃：宋皇后、何皇后等

年　　号：建宁，熹平，光和，中平

在位时间：公元167～189年

谥　　号：孝灵皇帝

庙　　号：无

陵　　寝：河南文陵

性　　格：荒唐无能，贪婪无耻

点评：

灵帝时，又有宦官侯览、曹节、张让、赵忠之属暴虐天下，东汉统治腐败到极点。

——詹子庆《中国古代史》

汉灵帝名叫刘宏，是解渎亭侯刘苌之子，东汉王朝的第十一位皇帝。他把桓帝的荒淫无耻发挥到了极致，罪行累累，罄竹难书。他的即位是东汉彻底灭亡的直接原因。

几代皇帝都无子嗣继位，这也是东汉后期的一大怪现象。公元167年，桓帝病逝，没有子嗣。窦皇后此时已成了窦太后，就与父亲窦武商量继承人的事。他们与前几位太后一样，都想选年纪小的皇室子弟继位，这样好自己掌控大权。刘宏的曾祖父也是河间王刘开，父亲解渎亭侯刘苌就是桓帝刘志的堂兄弟。刘苌一支这时已经没落，只封了个亭侯，没想到时来运转，12岁的儿子刘宏让窦太后选中了。公元167年，窦武迎刘宏到洛阳即位，改元为建宁，即为汉灵帝。

刘宏糊里糊涂地就成了皇帝，他即位后，自然又没有皇权。窦太后临朝听政，窦武升为大将军辅政，同时还有陈蕃为太傅，胡广为司徒，这样一群人撑起了东汉的政权。窦氏一门封官拜爵，权倾朝野。在外戚控制朝政的同时，宦官的势力经过多年的发展，也很有根基。这样就形成了以窦太后、窦武为首的外戚与以曹节、王甫为首的宦官的争斗。

刘宏既无能又无知，就成了两方势力的棋子，被拨过来又划过去。

刘宏12岁当皇帝，知道自己无权，他又见多了外戚与宦官的争斗杀戮，所以谁掌权他就为谁说话。

刘宏不学无术，完全不是当皇帝的料。而外戚和宦官们为了自己更好的掌权，也更纵容他向为恶的方向发展。结果，刘宏就成了中国历史上最荒淫、最无耻的皇帝之一。

刘宏无知到了极点。外戚与宦官的争斗，让刘宏感到茫然，他都不明白为什么争斗。刘宏对自己的傀儡身份也很满足，他最大的兴趣就是想方设法地玩乐。宦官们也正希望刘宏这样荒淫无度，对他的恶行更是百般唆使、鼓动。

刘宏从来没有做皇帝的大气，他做的许多事都是既荒唐又幼稚可笑的。他出生于亭侯之家，家境不丰，当了皇帝后，天下都是他的，可他最喜欢做的却还是亭侯的爱好——买田买宅，他觉得有点田宅才能安心。于是，他把搜刮的钱财送回河间老家买田地，建府邸。剩下不少钱，就一家几千万的寄存在几个太监家里。朝臣们见皇帝的行为太不堪，就屡次劝谏，而刘宏根本听不进去。

除了买田宅，刘宏玩乐的法子也是千奇百怪，荒诞绝伦。他见到拉车的白马，突发奇想，用四头白驴驾车，亲自驾着在宫苑中游玩。这件事传了出去，竟然引得达官贵人纷纷效仿，一时间，本来低廉的驴子价格暴涨，甚至超过了马的价格。他让狗穿戴上大臣的冠带，组成一个“狗朝廷”来取乐。他穷极无聊，竟异想天开，在后宫中设立了一个集市，让宫女、妃嫔们扮成各种身份，有买卖商品的，卖唱的、耍猴的、甚至吵架的、偷窃的、厮打的。他自己也装成商人卖货物，与她们玩得不亦乐乎。

刘宏在女色上也是纵欲无度。他甚至想出各种法子淫乐，比商纣王不遑多让。

刘宏的挥霍无度，加上宦官的贪婪，使得原本就空虚的国库成了空。从老百姓那里搜刮太慢，刘宏就干脆在西园开了个卖官交易所，明码标价，公开卖官。卖官鬻爵从桓帝开始，还只是偶尔为之，所得钱款主要是为了解决国家燃眉之急。而灵帝时期，卖官在全国成风，都形成了制度。除了皇帝的宝座，几乎所有的官位都可以用钱来买。两千万就可以买个两千石的官，四百万就能买个四百石的官。那些县官的价钱是以管辖地方的贫富来定价的，富裕地方自然要价高，还要交现款，而穷地方的则可以到任后再交钱，不过价钱要加倍。这些钱，自然都要从老百姓身上刮回来。于是，以皇帝为首，全国上下贪污成风。百姓的生活更加困苦，民怨越来越大，社会矛盾极端尖锐，最终爆发了十几起农民起义。东汉王朝已经走到了毁灭的边缘。

中平六年（公元189年）四月，汉灵帝病逝，在位22年，终年34岁，葬于文陵，谥号为“孝灵皇帝”。灵帝可谓东汉最荒淫无能的皇帝。

少帝刘辩

汉少帝档案：

生 卒 年：公元176～190年

父　　母：父，灵帝刘宏；母，何太后

后　　妃：唐姬

年　　号：光熹，昭宁

在位时间：公元189年四月～九月

谥　　号：弘农怀王

庙　　号：无

陵　　寝：无

性　　格：昏庸无能，轻佻放浪

点评：

然刘辩在位时间很短，且实权在他人手中，自己很难有所作为，但作为曾经名义上的帝国最高首脑，与他相关的事情，尤其是被废和被害两件事对历史的进程仍有一定的影响。

——佚名

汉少帝名叫刘辩，是汉灵帝刘宏长子。他在位时间很短，只是东汉皇权的一个小小过渡，没有什么作为。

刘辩是刘宏与他的第二任皇后何氏之子。俗话说，上梁不正下梁歪。灵帝是个荒淫无度的人，整个皇宫乃至整个国家都被他搞得乌烟瘴气。而何皇后乃是屠户之女，靠贿赂采选的太监才被选入宫，除了美貌，无德无才。她被封为皇后之后更是骄横跋扈，除了攀比奢华，就是在后宫争风吃醋。在这样一对极品父母的熏陶之下，刘辩也确实没有什么优点。

灵帝刘宏一生声色犬马，妃嫔队伍庞大，虽然也生过十几个皇子，但存活下来的却只有刘辩和刘协。为了避免皇子再夭折，刘辩生下后不久，就被寄养到一个姓史的道士家里。刘协是王美人之子，何皇后怕刘协母子威胁到自己的地位，就毒杀了王美人。灵帝大怒，虽最终在宦官的说情下没有废后，但再也不喜欢何皇后了。而幼年丧母的刘协，则交由灵帝的母亲董太后抚养。

刘辩从小就没什么才华，长大以后举止轻浮，灵帝很不喜欢他。后来群臣请立太子，灵帝想立刘协。但刘协自幼丧母，娘家也没有多大势力，而刘辩，既是皇后所出的长子，又有当大将军的舅舅何进手握重兵。灵帝不愿立刘辩，又不敢废了他，立太子之事就一直耽搁了下来。

公元189年，灵帝病逝。临终前，灵帝嘱托身边的上军校尉蹇硕，要让刘协即位。蹇硕是个宦官，他是灵帝的心腹，与何皇后为首的外戚势力矛盾很深。蹇硕心里明白废了嫡长子，而立庶出的次子为帝，有违常理，何况何进还统领重兵。要想拥立刘协，就要先杀何进。借着汉灵帝的棺椁还停放在大殿里，蹇硕埋伏下人马，打算等何进来拜祭时杀了他，可惜计划失败了。何进提前得到风声，做好了准备，又通知了何皇后，即刻就在大批人马的护卫下，召集百官，上朝议政。依惯例，14岁的刘辩毫无争议地即位，就是汉少帝。刘辩称帝，母亲何氏尊为皇太后，封刘协为渤海王，后来又改封为陈留王。

刘辩少年继位，东汉又出现了太后执政，外戚专权的局面。刘辩是个浪荡子，除了在后宫鬼混，对什么事也不操心。何太后临朝听政，何进掌控了大权，第一步就是铲除异己。何进首先要杀的就是与之争权的宦官。宦官专权多年，天下人都对他们嫉恨厌恶。况且何进也痛恨算计他的蹇硕，更要除之而后快。于是就拉拢新贵袁绍，一起行动。袁绍当时是全国的军队副统帅。而灵帝的母亲——原董太后，一直抚养刘协，对何氏的横行十分不满。何氏兄妹就干脆设计杀了董氏，然后又杀了蹇硕。

不过，何进要进一步诛杀其他宦官，宦官们也不想坐以待毙，就要设法反抗。何进被大太监张让骗进尚书省杀了，何进的部下就带兵入宫为他报仇。袁绍的异母弟弟袁术也带兵攻打皇宫，逼迫交出凶手。张让等宦官见抵挡不住，就带着刘辩和刘协逃出了皇宫。他们逃到黄河岸边，却遇上了董卓。董卓时任并州牧，是何进召他率兵入京的，正巧在这与他们相遇。刘辩实在是胆小如鼠，虽然贵为天子，但一路逃过来，已经吓得话都说不出来了。才 9 岁的刘协把事情经过告诉了董卓。董卓见刘辩实在没有个皇帝的样子，而刘协却比他强不少。而董卓一向以老太后（汉灵帝的母亲）董氏族人自居，刘协又是老太后抚养的。董卓就有了废刘辩立刘协的想法。

有了皇帝和唯一的皇子在手，又顺势收编了何进的余部，董卓的底气也足了。公元 189 年九月，董卓就率领大臣在大殿之上，强迫何太后下诏废了少帝刘辩，贬为弘农王，改立陈留王刘协为帝，即汉献帝。

初平元年（公元 190 年），在刘辩被贬为弘农王后的第二年，袁绍等人起兵讨伐董卓。董卓怕刘辩会被再次拥立为帝，觉得他是个祸根，就派郎中令李儒酖用鸩酒毒死了他。刘辩 14 岁称帝，年仅 15 就死了。刘辩在位不到一年，东汉政权在他的手中已经名存实亡了。

献帝刘协

汉献帝档案：

生卒年：公元 181～234 年

父　　母：父，灵帝刘宏；母，王美人

后　　妃：伏皇后、曹皇后

年　　号：初平，兴平，建安，延康

在位时间：公元 189～220 年

谥　　号：孝献皇帝

庙　　号：无

陵　　寝：河南禅陵

性　　格：聪明，软弱

点评：

献生不辰，身播国屯。终我四百，永作虞宾。

——南朝·范晔《后汉书》

汉献帝名叫刘协，是汉灵帝刘宏的小儿子，东汉王朝的第十二位皇帝。他聪明睿智，可惜生不逢时，在乱世中无能为力。他做过几家枭雄的傀儡，在寥落中隐忍偷生，最后为两汉王朝送终。

艰难出世的少年天子

刘协能来到世间，实在是不太容易。他的母亲王美人，出身名门，容貌艳美，性情贤淑，琴棋书画样样精通，是位典型的才女，深得灵帝宠爱。

此时，屠户出生的何氏，因生下刘宏的长子而被册封为皇后。何皇后专横善妒，对后宫嫔妃经常打压。对圣宠正浓的王美人，自然视为眼中钉，肉中刺。王美人很快有了身孕，因为怕何皇后的迫害，她不敢告诉灵帝，而是自己偷偷地吃药堕胎。但最终打胎没有成功，刘协就这样艰难地来到了人世。

刘协的出生，对何皇后来说，是个巨大的威胁。她杀机顿起，指使心腹在王美人的汤药中下毒。可怜王美人就这样死于非命，而刘协小小年纪就没了母亲。虽然后来灵帝查出是何皇后指使下毒，但顾虑何皇后的哥哥何进手握重兵，最终也没有追究。不过灵帝痛失王美人，担心还未满月的刘协再遭毒害，就将他抱到母亲董太后的宫中。从此，刘协就由董太后抚养长大。

献帝刘协像

公元 189 年，汉灵帝病逝，刘辩称

帝。9 岁的刘协被封为渤海王，后来又改封为陈留王。

不过刘协与皇位失之交臂只是短暂的，不到一年，皇帝宝座就又摆在了他的面前。刘辩称帝后，朝中大权由舅舅何进把持，内廷宦官与朝中大臣展开了争权夺利的斗争。先是何进杀了宦官蹇硕，刘辩之母何太后杀了灵帝的母亲老太皇太后董氏，然后何进又被宦官张让等人诛杀，接着何进的部下又与司隶校尉袁绍等人一起诛杀宦官。最后，无力抗击的宦官又挟持着少帝刘辩和陈留王刘协逃出了皇宫。

刘协等人在皇宫外遇上了董卓。董卓时任并州牧，本是奉何进之命带兵入京来诛杀宦官的，在黄河边意外地截获了他们。挟持刘协等人的宦官被杀，不过刘辩与刘协并不好过，他们刚出狼窝，又入了虎穴。董卓挟持少帝刘辩和陈留王刘协在手，号令群臣。因为刘辩懦弱，在被董卓找到时吓得话都说不出来，而刘协却能有条不紊地说清楚事情经过，所以董卓认为刘协更有才识胆量。又因为董卓与被何太后杀死的老太后董氏同族，刘协又是董氏抚养，于是萌生了废少帝，立刘协的想法。董卓的军队进入京城后，就收编了何进的余部。局势一控制下来，董卓就以司空的身份召集百官，威逼何太后废了少帝刘辩，改立刘协。刘协于公元 189 年称帝，时年 9 岁，即汉献帝，他也是东汉的最后一位皇帝。

生不逢时的傀儡皇帝

此时，天下已经大乱，各地豪杰并起，互相攻伐，都打着为皇上讨贼的旗号，其实是为自己谋利益。汉末的军阀混战就这样拉开了帷幕。刘协作为汉室唯一的皇帝，被各派军阀争抢，在乱世中艰难求生。

董卓把刘协拥上皇位后，就独揽朝政。他自封为相国，后又加封为太师，位在诸侯王之上。他上朝不参拜，佩剑着履，对皇帝毫无敬意，中央政权完全在他的掌控下。董卓又十分贪婪好色，他纵容手下在洛阳城里烧杀劫掠，无恶不作。公元 190 年春，各地州郡牧守打着讨伐董卓的旗号，从关东（潼关以东）起兵，历史上称他们为“关东军”。关东军由渤海太守袁绍率领，从东、西、北三面包围洛阳。董卓不敌大军，就挟持献帝刘协跑到长安。

董卓在长安大肆杀戮掠夺，他的倒行逆施引起了全天下人的愤怒。公元 192 年，心怀汉室的司徒王允，借吕布之手铲除了董卓。

董卓死了，王允以功臣自居，他与吕布二人把持朝政。吕布有勇无谋，王允骄傲自满，根本无法维持关中的局势。很快王允就被人杀了。乱世之中，小皇帝刘协根本无法掌握自己的命运，他又被董卓的手下李傕、郭汜抢到手中控制。

献帝在位期间，虽也想做出点政绩，但始终有心无力。兴平元年（公元 194 年），天下大旱，谷价暴涨，长安城中到了人吃人的地步。刘协命侍御史侯汶开仓赈灾，可惜侯汶克扣赈灾粮，中饱私囊，以致城中仍然有人饿死。刘协派人查实后，打了侯汶 50 棍，长安的灾民才得以活命。

公元 195 年，把持朝政的李傕、郭汜发生内讧，各自拥兵为政。刘协在李傕的部下杨奉、杨定、董承等人的协助下，脱离了李傕和郭汜的控制，历尽坎坷，用了半年才回到了洛阳。此时的洛阳已是一片凄凉。刘协还没来得及喘息，就又落入了曹操的手中。

这时中原已经是军阀割据，到处都是厮杀。其中实力最强的是袁绍和曹操。献帝回到洛阳，就成了军阀们眼中的肥肉，谁都想抢。曹操动作最快，他率军进驻洛阳，有了“挟天子以令诸侯”的优势。后来，又把刘协挟持到自己的根据地许昌。

曹操挟持了献帝，自然又是独揽大权。在颠沛流离中成长的刘协已经 18 岁了，他一直都以傀儡身份为耻辱，就决定反抗。他用鲜血写成一封诏书，秘密地藏在衣带中，赐给董承，让他与刘备、王服等人谋划诛杀曹操之事。可惜曹操是个精明的人，生性多疑，对小皇帝一直都防备着。“衣带诏”事件败露后，除了刘备提前借故出走外，其余几位主谋都被处死，甚至诛三族。董承的女儿是刘协的贵人，已经怀孕在身，也被曹操杀了。曹操还借机杀了一大批忠于汉室的大臣。

刘协为了改变自己的命运，多次抗争，但都以失败告终。刘协的皇后伏氏，为了帮助他，传信给自己的哥哥伏完，让伏完伺机除掉曹操。结果事情败露，刘协不得不在曹操的威胁下废了皇后，不久伏皇后就被曹操杀死了，连她生的两个儿子也未能幸免，伏氏家族也受株连处死了 100 多人。接着曹操又逼迫献帝立自己的女儿曹节为皇后，封自己为魏王。刘协也彻底心灰意冷，再也没有夺回皇权的希望了。

为汉送终的禅位君王

建安二十五年（公元 220 年），曹操病死，长子曹丕承袭爵位为魏王。曹丕和曹操一样，也很有野心，于是就决定自己称帝。他先是指使手下捏造谣言，说汉室气数已尽，将由魏来代替。又写好退位诏书，逼迫献帝颁布诏书，交出玉玺。孤立无援的献帝根本无力反对。

公元 220 年十月，献帝最后一次祭告祖庙，派张音拿着玉玺诏书，禅位给曹丕。曹丕当上皇帝，定都洛阳，改元黄初，国号为魏。废汉献帝为山阳公，并令其搬出皇宫。历时 195 年的东汉政权正式灭亡。

献帝被废为山阳公，食邑 1 万户。14 年之后，即曹魏青龙二年（公元 234 年），献帝去世，终年 54 岁。以天子礼仪葬于禅陵，谥号“孝献皇帝”。献帝幼年称帝，在位 31 年，始终都是傀儡，虽有聪明才智，却无处施展，最后眼睁睁看着大汉王朝在自己手中灭亡。他的一生，是悲剧的一生。

三国·魏

文帝曹丕

魏文帝档案：

生 卒 年：公元 187～226 年

父　　母：父，武帝曹操；母，卞氏

后　　妃：甄皇后、郭皇后、李贵人等

年　　号：黄初

在位时间：公元 220～226 年

谥　　号：文帝

庙　　号：高祖

陵　　寝：河南首阳陵

性　　格：风雅狭隘，刻薄寡恩

点评：

曹魏帝国开国皇帝曹丕跟他的父亲曹操一样，是一个杰出的文学家，但他缺少他父亲的政治军事才能，只能维持父亲遗留下来的局面，不能再开创新局。

——柏杨

魏文帝名叫曹丕，是魏武帝曹操的第二子，曹魏王朝的开国皇帝。他结束了汉朝四百多年的统治，是三国时代的第一位皇帝。他

在位期间采取宽仁政策，减轻徭役和兵役，使得饱受战乱的北方地区逐渐安定下来，为以后北方的繁荣富强做出了巨大的贡献。但是他心胸狭隘，对诸兄弟刻薄寡恩，残酷压制，在中国历史上也是备受谴责的皇帝。

满门英豪　诸子争嗣

曹丕，字子恒，中平四年（公元 187 年）生于沛国谯县（今安徽亳州谯城）。他 5 岁就开始学习骑马射箭，跟随父亲曹操南征北战，在马背上长大。他后来的卓越学识许多都来自于这一段马背生活。他后来的卓越学识许多都来自于这一段马背生活。不仅如此，戎马生涯更是磨练得他胆识超人。建安二年（公元 197 年），曹操与张秀作战，曹军被围，曹操的长子曹昂和侄子曹安民，以及他手下猛将典韦都战死了，可随军出征的曹丕却骑马突围脱身，这时他才 11 岁，实在令人称奇。

曹丕十几岁时就开始领兵打仗，并且屡建奇功。像他这样文武双全的少年英雄，在历史上也并不多见。此时曹操正“挟天子以令诸侯”，他以汉丞相的名义征讨四方。在翦除异己的过程中，曹操的实力迅速壮大，成了实际上的中原霸主。曹丕的其他兄弟也是在征战中成长的。他们与曹丕一样，都文武双全，且很有政治野心。

曹操在战场上杀伐一生，他虽有称帝的野心，但考虑到时机还不成熟，没有这样做，篡汉立魏的大业就只能由儿子们来完成了。这样，立嗣就成了一个十分重要的问题。

曹操儿子可不少，有 25 个。曹操不仅是个枭雄，也确实是个伟大的父亲，他培养出了好几个优秀的儿子。其中最出名的有 3 个，曹丕、曹植和曹冲。在长子曹昂在被张绣围攻时战死后，次子曹丕就成了长子。25 个儿子中，只有曹丕、曹彰、曹植和曹熊是正室夫人卞氏所生，其他都是庶出，没有资格成为继承人。按照嫡长子继位的传统，曹丕是最有优势的。何况他能文能武，24 岁已经是五官中郎将和副丞相。不过，曹操不是普通的父亲，他雄才伟略，有敢于灭汉自立的魄力，就不会拘泥于嫡庶之别。况且曹丕还有几位同样文韬武略、雄心勃勃的兄弟。他的太子之路注定不会平坦。

能者居上　曹丕得立

曹丕要做太子，就要打败那一大群兄弟。令人惊讶的是，他的头号政敌居然是小小年纪的曹冲。曹冲是曹丕的同父异母弟弟，容貌俊美，仪表不凡。他聪敏早熟，五六岁时就展现出成年人的才识和智慧，因而最得曹操欢心，经常在朝臣面前夸赞他，说他既有才识，又有仁心，言辞中很有立曹冲为嗣的意思，可惜曹冲 13 岁就病死了。曹操对曹冲的死十分悲痛，曹丕曾劝慰他节哀，曹操说：“这是我的不幸，却是你们兄弟的大幸。”可见曹冲不死，曹丕的帝位不一定能坐上。曹丕后来自己也承认这一点，他说：“若是仓舒（曹冲的字）在世，我也不会有天下。”

曹丕的另一个劲敌是他的二弟曹植。曹植生于公元 192 年，只比曹丕小 5 岁，他也是跟随父亲四处征战中成长起来的。曹植同样文武双全，胸怀大志，并且才思敏捷，比曹丕还要有才华，在历史上曹植的文才也是很有名气的。公元 210 年，曹操在邺城（河北临漳县）筑铜雀台，这就是后来唐代大诗人杜牧在《赤壁怀古》中写“铜雀春深锁二乔”的铜雀台。曹操带着儿子们登台做赋，其中曹植一挥而就，文辞通达优美，令曹操惊叹。曹植也意在太子之位，心思都放在政事上。所以曹操每次问他国事，他都应答如流。曹操因而对曹植很满意，许多大臣也劝曹操立曹植为太子。

曹丕眼看曹植风头正盛，不敢掉以轻心，就与亲信精心谋划。其实曹植只是文采胜过曹丕，在政治谋略上却不如他。曹丕听从谋士贾诩建议，厉行节俭，待人宽厚，做事兢兢业业，这就逐渐引得了曹操对他的关注。而曹植文人习气较重，经常一时兴起，饮酒放纵，他不拘小节，也不懂得掩饰自己的缺点，曹操见了就对他越来越不满。加上曹植之妻喜好奢华，经常衣着华丽，曹操好俭朴，很不喜欢她，后来还以其违反服饰制度为由赐死了她。如此一来，曹操在立太子的问题上，重心也不再偏向曹植。曹操就曾立嗣之事私下询问过贾诩。贾诩笑而不答，曹操追问，他就说："我正在思考袁本初、刘景升父子之事。"袁本初（袁绍）和刘景升（刘表）都因为废长立幼而导致灭亡的，曹操因为这句话正式确定了立嗣人选。

东汉建安二十二年（公元217年），31岁的曹丕终于被曹操立为魏王太子。三年后（公元220年），曹操头疼病发作，不久病逝于洛阳。曹丕一边与文武百官一起办理曹操的丧事，一面派御史大夫华歆进皇宫，逼迫汉献帝下诏退位，交出玉玺，让位给曹丕。一天之内，曹丕继位称帝的仪式全部筹备好了。十月二十八日这天，曹丕受禅称帝，他就是曹魏帝国的第一位皇帝魏文帝。曹丕废汉献帝自立，国号魏，史称曹魏，定都洛阳，建年号为黄初，终结了汉朝400多年的统治。

勤勉治国　贬抑诸弟

曹丕文韬武略，在治国上很有才华。他一直都很重视对人才的培养和选拔。早在他任五官中郎将时，就开始培植自己的势力，府中宾客如云。后来他又听从吏部尚书陈群的建议，创立九品中正制。就是通过品评，将人分为上上、上中、上下、中上、中中、中下、下上、下中、下下九等，朝廷任命中正官到各地主持品评，被评为上等的人士将被推荐到各级政府中去做官。这是对汉代实行的州郡察举选官制度的改革。察举制是指，凡要进入官场，必须经过大臣的举荐。九品中正制赋予了中正官考察各地士人的权力，后来就变成了人才的高下都由中正来判定。而担任中正的都是豪族显贵，所以他们判定为上品的人才，自然出自名门大族。这种制度对后来门阀政治的形成起了重要作用。

曹丕成为魏王太子的当年六月，就领军南征，以便向臣民展示自己治国将兵的能力。曹丕大军于八月浩浩荡荡地来到安徽亳县，使得孙权震惊，遣使送来珍宝向他示好求和。其实孙权实力也相当雄厚，当初曹操都拿他无可奈何，曹丕与他真枪实战，也不一定能打成平手。于是曹丕顺水推舟，接受孙权的求和。这样既不用交战，又树立了自己的威信。在不到半年的时间里，曹丕与孙、刘对抗，都占了上风。于是，曹丕的威望大增。

曹丕称帝之后，主要精力放在内政上。为了广征贤才，他规定凡人口达到万户的郡国都要推举孝廉一人。为了弘扬儒学，他恢复了因汉末战乱而关闭的太学，并专设“春秋谷梁”博士，又在全国大修孔庙。他还设立中书省，总理全国事务。他吸取东汉后期后妃及外戚专权的教训，下诏明文规定妇人不得干政，太后不得临朝，外戚不得担任辅政大臣。在曹丕的治理下，魏国政治清明，百姓也逐渐安定，北方很快就兴盛繁荣起来。

曹丕的帝位几经争斗，来之不易。那些曾经与之争储的兄弟，自然都是曹丕的心腹大患。于是他对这20多人都进行了残酷的打击和压制。

曹植像

曹丕打击的第一个就是曹植。曹植才华出众，身边又有一大群文人协助，实力不容小觑，曹丕就先铲除他的谋士。名士丁仪很有才干，曾协助曹植争夺太子之位。后来曹植争储失败，丁仪仍然与他把酒赋诗，关系甚密。曹丕一当上太子，就找了个借口将丁仪兄弟逮捕入狱。曹植托与曹丕关系密切的夏侯尚去说情，但曹丕还是杀了丁氏兄弟，甚至把丁氏所有男丁都诛杀了。

接着，文帝曹丕又分遣诸兄弟回各自的封地。其中曹彰自认为曾追随先父曹操征战有功，很有将才，希望能得到皇帝的重用。但曹丕认为他手握重兵，对自己是个巨大的威胁，就坚决地收回他的兵权，遣回封地中牟县，后来又封曹彰为任城王（今山东济宁），把他遣得远远地。曹植更是惶惶不安，生怕引起曹丕的嫉恨，就胆战心惊地回自己的封地临淄了。

公元221年，曹丕称帝已经一年了。为了彰显曹魏王朝的福祉，他为功臣们加官进爵。为了掩饰自己的薄情，他也将各位兄弟们晋爵为公，不过却没有晋封二弟曹植。原来曹植当了临淄侯，离开了原来的那群文人朋友，心中郁闷，终日饮酒，醉后胡言乱语。监督他的监国官灌均就上奏文帝，说曹植“醉酒悖慢，劫胁使者”。曹丕大怒，立即派人把曹植抓到京城来治罪。他们的母亲卞太后连忙求情，说曹植只是文人习气，恃才放旷，念在是同胞兄弟，希望能饶他一命。曹丕虽然想杀曹植，但也不好拒绝母亲的请求。他就说：“子建（曹植的字）是我兄弟，我也爱惜他的才华，我只是想治一治他的疏狂脾气，不会真的杀他。”曹丕的心腹华歆劝曹丕除去曹植这个心腹大患。因为有了太后求情，曹丕不好答应。华歆就帮他出主意，说：“人人都说子建才高，能出口成章，我看是吹牛，皇上可以试试他的才华，如果传言是假，正好杀了他；如果他真有才，就贬他。”曹丕也觉得这是个好办法。曹植被抓到京城，自知情况不妙，就赶紧向曹丕请罪。曹丕说：“你我虽为兄弟，朝堂上却是君臣。你竟敢恃才无视礼仪，实在罪不可恕。先王在时，你就自诩文章第一，我怀疑那些都是旁人代笔。现在你若七步之内能赋诗一首，我就相信你有真才，免你死罪。如若不能，就从重处罚！”曹植请他出题，曹丕说："你就以'兄弟'为题吧，但不许涉及'兄弟'二字。"曹植脱口而出："煮豆燃豆萁，漉豉以为汁，萁在釜下燃，豆在釜中泣。本是同根生，相煎何太急！"曹丕听了，想到两人毕竟是一母同胞的兄弟，也不禁心软下来。于是贬曹植为安乡侯，并未杀他。后来虽然曹植郁郁而终，但曹丕始终没有杀他，除了因为他文人习气，对自己威胁不大外，这首七步诗或多或少也有一定的影响。

相比曹植，曹彰的命运就更惨。曹彰长得虎背熊腰，在众兄弟中，他的武艺最好，加上他精通用兵之道，实在是一个不可多得的将才。不过他越优秀，曹丕就对他越忌惮，时刻担心他会起兵造反，威胁到自己的统治。于是，曹丕就一直想除去这个隐患。公元223年，曹彰进京朝见，曹丕就指使人在食物中下毒，毒死了曹彰。

曹丕对诸位兄弟的严厉打压，虽然稳定了自己的统治，却也使得皇室孤立无援，这样也导致了后来司马懿父子能轻松篡夺曹魏的政权。

争雄三国　文领风骚

曹丕在国内励精图治，兴复了北方经济。同时，他任用原辽东郡守公孙恭为车骑将军，稳定了辽东地区；任命张既为凉州刺史，平息了胡人的叛乱。又重新与西域建立联系，密切了与边疆少数民族的关系。这些措施，都巩固了曹魏政权的统治。

曹丕称帝前，天下已是三足鼎立的局面。到了公元221年，刘备在成都称帝，起兵几十万攻打东吴孙权，要为自己死去的结拜兄弟关羽报仇。孙权见形势严峻，就派人拜见曹丕，愿意臣服。曹丕欣然接受了孙权的降表，封孙权为吴王。此时蜀吴之战还在继续。蜀军用树木做栅栏，连营七百多里，这一点犯了兵家的大忌。结果孙权任命的大都督陆逊，在彝陵用火攻大破刘备军。为了控制孙权，曹丕提出让他把儿子送到洛阳做人质，以便双方能放心合作。不料孙权百般托词，就是不答应。曹丕见孙权没有诚意，勃然大怒。他想着蜀吴战事刚刚结束，吴军疲敝，就决定出兵伐吴。属下刘晔等认为时机不合适，且吴地水泽众多，对魏军也不利，但曹丕不听。曹军10万伐吴，却因东吴戒备森严，无功而返。回来路上，东吴部将高寿率500勇士在途中突袭曹丕军营。结果高寿抢了曹丕的御车“羽盖”扬长而去。曹丕征战一生，立过无数功勋，但他一生的最后一次战役就这样结束了。

曹丕的文才虽不及曹植，却有他的独到之处，在文学上同样取得了辉煌的成就。曹丕的诗歌多描写男女爱情和游子思妇题材，细腻婉转，非常优美，而且形式多样，四言、五言、六言、七言、杂言无所不有，其中五言诗和七言诗成就较高。他写的《燕歌行》，语言浅显清丽，可能是中国现存最早最完整的七言诗。曹丕也比较擅长散文，他著有《典论》一书，虽然大部分已经散佚或残缺不全，但其中保存下来的《论文》篇，可以说是中国现存最早的文学理论批评专著。此外，他的《与吴质书》、《又与吴质书》悼念亡友，凄楚感人，对后来短篇抒情散文的发展是有影响的。曹丕曾下令，命王象等儒学者们撰集经传名曰《皇览》，《皇览》是中国最早的一部类书。曹丕还是当时文坛领袖，邺下（今河南安阳）文人集团的实际领导人。他收集整理编纂了许多文人的作品。“建安七子”的称谓也是最早出现在他的《典论·论文》中。

黄初七年（公元227年），南征归来的魏文帝曹丕，率疲敝之卒回到了许昌。10万大军出征，却隔着浩荡的长江对吴束手无策，归途中还被500人弄得惊慌失措，实在让他感到耻辱。在即将进城前，许昌的南城门突然倒塌。曹丕认为此乃不祥之兆，就决定不进城，转头去了洛阳。不想他刚到洛阳就一病不起了，弥留之际，他下令立曹叡为太子，司马懿为辅政大臣。这年五月，文帝曹丕在洛阳病逝，终年40岁，葬于首阳陵（今河南渑池首阳山南）。曹丕在位7年，他雄图伟略，文采风流，对中国历史影响深远。

明帝曹叡

魏明帝档案：

生卒年：公元205～239年

父　　母：父，文帝曹丕；母，甄皇后

后　　妃：毛皇后、郭皇后、虞妃

年　　号：太和，青龙，景初

在位时间：公元226～239年

谥　　号：明帝

庙　　号：烈宗

陵　　寝：河南高平陵

性　　格：聪敏，果断

点评：

明帝沉毅断识，任心而行，盖有君人之至概焉。于时百姓雕弊，四海分崩，不先聿修显祖，阐拓洪基，而遽追秦皇、汉武，宫馆是营，格之远猷，其殆疾乎！

——晋·陈寿《三国志》

魏明帝名叫曹叡，是魏文帝曹丕的长子，曹魏王朝的第二位皇帝。他机智有谋，任人唯贤，在治国上有一定的才华。但他同时又追逐享乐，荒淫无度，最终又导致了曹魏政权的败落。

曹叡的母亲是甄皇后。甄氏本是袁绍次子袁熙之妻。曹丕随曹操攻破邺城（今河南安阳）时，见到甄氏貌美，就娶她为妻。不久甄氏就为曹丕生下一子，取名曹叡。曹叡从小就聪明伶俐，很得曹丕的喜爱。不过曹丕对甄氏的宠爱并没有持续太久，就又纳了安平人郭永之女为贵妃。郭贵妃为人聪明，善解人意，很快得宠。郭贵妃为了当上后宫之主，就经常排挤已经失宠的甄氏，甚至说曹叡是袁熙之子。曹丕信以为真，竟处死了甄氏。随后，郭氏被立为皇后。幸亏郭皇后一直没有儿子，才没有对曹叡动杀机。曹叡小小年纪就已经洞察后宫险恶，为了避免招来祸患，他一直认真读书，做出不关心身边事的样子，这样才保全了自己。

曹叡能当上皇帝，与他幼年仁爱之心分不开。曹叡15岁时，曹操病死，曹丕继位为魏王。一次，曹丕带他出去打猎，山林中发现了一大一小两只鹿。曹丕射死了母鹿，小鹿躲到曹叡旁边瑟瑟发抖。曹丕命令他射鹿，他却把小鹿放走了。面对曹丕的责备，曹叡说："父亲，您已经杀了它的母亲，我怎么忍心再杀它呢？"曹丕想到自己杀死甄氏之事，很愧疚，对曹叡说："你的仁慈之心，我比不上啊！"曹丕有9个儿子，最终却把帝位传给了他，与他的仁爱确实分不开。公元226年，曹丕病死，22岁的曹叡即位，是为魏明帝。

曹叡初即位，为政勤勉，还是有一番作为的。他以前行事低调，不参与朝政，对朝中官员的情况都不清楚，身边也没有能够信任的人，所以想要巩固皇位很不容易。他称帝时，中军大将军曹真、镇军大将军陈群、抚军大将军司马懿辅政，他对这些人并不信任。为了加强君权，曹叡采取了分而治之的办法。他先把将手握重兵的大将分配到各地，让曹休镇守淮南，曹真镇守关中，司马懿镇守南阳。这样，他们既能独当一面，又不能互相联合。大将军都走了，曹叡就开始整顿朝廷官员。他首先优待前朝老臣，赢得他们的支持。在掌握政权之后，就考查官吏，选拔有才之人充任，罢免虚华无用的官员。皇权稳固后，他又回过头来削弱几个大将军的军权，这样中央大权就牢牢掌握在曹叡手中。在曹叡的统治下，各级官吏各司其职，各项政策都得以有效施行，魏朝的经济有了很大的发展，国家实力大大增强。

在对外政策上，曹叡也采取了很有效地措施。此时三国鼎立之势早已形成，刘备死后，蜀汉丞相诸葛亮一直主张联合东吴，抗击曹魏。但东吴却游走在曹魏和蜀汉之间，徘徊不定，有时向曹魏靠拢，逼迫蜀汉让步。而曹魏也常常联合诸葛亮，对付东吴。三国关系复杂多变。但曹叡当政后，就决定拖垮蜀汉政权。诸葛亮 6 次北伐，曹叡都避其锋芒，并抓住机会派出司马懿围追堵截蜀军，导致诸葛亮北伐屡屡失败，最终还病死在五丈原。诸葛亮一死，蜀汉再也没有实力与曹魏抗衡，最后被魏所灭。

可惜曹叡的励精图治并没有坚持下去，国家一稳定强盛下来，他的缺点就出来了。曹叡喜欢建宫殿，如果他是普通人，也许会成为一个出色的建筑师，可作为皇帝，他的爱好就会影响整个国家。曹叡对建筑有着狂热的兴趣，在东汉末年的动荡之后，民房宫宇都残破不堪，这给了曹叡发挥建筑才华的舞台。他刚即位就为死去的母亲甄氏修建陵园。接着他又先后修建了洛阳宫、昭阳殿、太极殿等十几处。这些宫殿规模宏大，耗费了大量的人力物力，使得刚刚恢复的经济很快就凋敝下去。有忠直的大臣进谏劝阻，他根本不听。

曹叡的另一大爱好就是美色。宫殿修起来了，曹叡就在宫中广置美人。他乘车出游，见到中意的女子，都要带回宫中，结果宫中就有了数千美人。后宫庞大，花钱也多，费用竟然与军费持平，实在令人惊叹。曹叡也由此被百姓称为“流氓皇帝”。他还从美人中选出识文断字的 6 人担任女尚书，让她们代自己处理奏折，自己就在宫中淫乐。皇后毛氏曾经规劝他，结果却被他赐死。由于魏明帝曹叡荒淫无度，才 30 多岁就掏空了身子，疾病缠身。他后宫美人众多，也没有生下儿子，后来从宗室中领养了两个儿子，曹芳和曹询。

景初二年（公元238年），纵欲过度的明帝终于油灯枯尽，死在洛阳宫中。临终前，他把年幼的曹芳和曹询托付给曹爽和司马懿，并立曹芳为太子，由曹爽和司马懿共同辅政。明帝在位13年，终年35岁。他死后被追谥为明皇帝，葬于高平陵。曹叡一生，既兴旺了曹魏王朝，又亲手摧垮了自己辛苦建立的基业，令人惋惜。

齐王曹芳

魏齐王档案：

生 卒 年：公元232～274年

父　　母：父，任城王曹楷；母，不详

后　　妃：甄皇后、张皇后等

年　　号：正始，嘉平

在位时间：公元239～254年

谥　　号：厉公

庙　　号：无

陵　　寝：无

性　　格：软弱寡断，荒淫无度

点评：

（曹）芳春秋已长，不亲万机，耽淫内宠……不可……奉宗庙。

——晋·陈寿《三国志》

齐王名叫曹芳，是任城王曹楷之子，曹魏王朝的第三位皇帝。曹芳做了十几年的傀儡皇帝后被废，虽然他也曾想夺回政权，但最终失败，一生终究一事无成。

曹芳是魏明帝曹叡的养子。曹叡荒淫无道，整日沉迷女色，结果一个儿子也没有，只好从宗室中抱养了两个儿子，其中一个就是曹芳。公元 239 年，明帝曹叡病危，临终前立 8 岁的曹芳为太子，并嘱托曹爽与司马懿共同辅政。在魏文帝曹丕时，为了不让兄弟夺权，就把自己的几十个亲兄弟都赶得远远的，并严厉压制。到了曹叡想找人辅政，皇室子弟并不多。曹爽是皇室子弟，才能平平，虽然没有立过大功，但对曹叡很忠心。而司马懿精明能干，曾有效抗击过诸葛亮的北伐，为曹叡立下了汗马功劳。曹叡认为有了忠臣和能将辅政，自己就可以放心了。可惜，他看走了眼。

齐王曹芳像

曹芳继位，宫中太后是曹叡的皇后郭氏，是毛皇后死后所立。由于皇帝年纪太小，就由两位辅政大臣轮流执政。曹爽和司马懿很快就起了内讧。曹爽想把司马懿赶出去，自己独揽大权。他就通过郭太后下诏，晋升司马懿为太傅，实际上是夺了司马懿的兵权。接着曹爽让自己的弟弟曹羲为中领军，曹训为武卫将军，曹彦为散骑常侍。曹爽把持朝政，三个弟弟又掌管了皇廷御林军，他就觉得整个王朝都是自己的，精神上也彻底松懈下来，就开始过起了声色犬马的日子。曹爽不仅生活奢侈，还暗中把原来明帝曹叡的美女也据为己有，日子过得像皇帝一样。他的弟弟曹羲劝他节制，他也根本不听。而司马懿老奸巨猾，也不是好对付的。对曹爽夺权，他十分不满，不过现在实力不够，就暂时隐忍，他采用了以退为进的策略。他上书给小皇帝曹芳，说自己年老有病，要求退居闲职休养。曹爽很高兴，就授意小皇帝批准了他的请求。司马懿名义上是回乡养病，实际上是暗中积聚力量。而他突然告病，曹爽还是有些怀疑的，就派人去探病。司马懿何等精明，自然明白曹爽的用意。于是他装作重病缠身，神智糊涂，说话也口齿不清。侍女端来汤药，也让他打翻，洒得全身都是。来人回去之后就对曹爽说："司马懿已经病入膏肓，没几天活了。"曹爽就彻底地放心了。而司马懿的儿子司马师担任中护军，手里还有些军权，他又暗中蓄养了3000死士，同时还联络好了朝中元老太尉将济等人，就等机会发动政变。

嘉平元年（公元249年），曹爽兄弟打着祭祖的旗号，离开洛阳去打猎，洛阳城中空虚。司马懿趁机领兵占领洛阳，他逼使郭太后下诏解除了曹爽的兵权。不过司马懿又派人告诉曹爽，允许他回京居住，条件就是尊奉圣旨。曹爽有些心动，他以为司马懿只要兵权，自己回去还可以继续享富贵。他的亲信们都主张回许昌整顿军马讨伐司马懿，可曹爽实在不是个干大事的人。他不听众人的劝告，顺从地交出兵权，回到了洛阳。不久，司马懿就罗织了一大堆罪状，把曹爽兄弟及其亲信全部处死，并诛灭三族。曹魏的大权从此就被司马懿控制了。

司马懿执政，也遭到了一部分亲曹势力的反对。公元251年，太尉王凌在扬州起兵，要推翻司马政权，废了傀儡皇帝曹芳，立楚王曹彪为帝。不久兵败被迫自杀。剿灭王凌后不久，司马懿就病死了，他的儿子司马师接替了他的位置，继续专权。

曹芳8岁上台，20多岁了，还是个傀儡。他也不甘心做个摆设，就经常向中书令李丰、太常夏侯玄、光禄大夫张缉等哭诉司马师的专制。张缉的女儿是曹芳的皇后，夏侯玄是曹爽的姑表兄弟，李丰与夏侯玄关系密切。三人都对司马师不满，同情皇帝，就一起密谋要杀了司马师，为曹爽报仇，帮曹芳夺回大权。可惜事情泄露，司马师把他们都杀了，并诛灭三族。连张皇后也没有放过，司马师逼迫曹芳废了她，不久又把她害死。

有了这次事件，司马师连曹芳做傀儡也容不下了。嘉平六年（公元254年）九月，司马师矫郭太后诏，以曹芳荒淫无德为由，宣布废帝，并责令他立即返回原封地齐国。曹芳就这样下台，被押送出了皇宫，回齐国居住。后来西晋建立，封他为邵陵县公。公元274年，曹芳去世，终年43岁，谥号为厉公。他在位16年，一生在他人的压制下生活，没有什么作为。

高贵乡公曹髦

魏高贵乡公档案：

生卒年：公元241～260年

父　母：父，东海定王曹霖；母，不详

后　妃：卞皇后

年　号：正元，甘露

在位时间：公元254～260年

谥　号：高贵乡公

庙　号：无

陵　寝：无

性　格：刚毅，鲁莽

点评：

高贵公才慧夙成，好问尚辞，盖亦文帝之风流也；然轻躁忿肆，自蹈大祸。

——晋·陈寿《三国志》

高贵乡公名叫曹髦，是东海定王曹霖之子，曹魏王朝的第四位皇帝。他为人刚毅，不甘做傀儡，但性格冲动，终究不是司马氏的对手，最后死于非命，令人惋惜。

公元254年，司马师废了曹芳后，就与郭太后商议立谁为帝，郭太后推荐了他。这时曹髦14岁，年纪不大，却对曹氏与司马氏之间的争权十分了解。做这个皇帝根本无权，甚至随时还会被废或被杀，这些曹髦都明白，不过他还是坐上了皇位，可见他很有勇气。

曹髦即位后，他很想做出点成绩来。他崇尚节俭，减少后宫用度，派人到各地考查民情，平反冤案，考核地方官的政绩。就在这时，一场讨伐司马氏的战争爆发了。

正元二年（公元255年），扬州都督毌丘俭、扬州刺史文钦起兵讨伐司马师。司马师从小就跟随父亲司马懿到处征战，很有将兵之才。这时他的眼睛上长了个毒瘤，刚刚割掉，伤口还没好，一听说有人“谋反”，司马师马上率兵亲征。毌丘俭等人哪里是他的对手，很快就全军覆没了。毌丘俭被杀，文钦败逃。司马师得胜回到许昌，他的眼睛创口恶化，结果很快就眼睛流血而死。他死前，把大权交给了弟弟司马昭。

司马昭比他的父亲和哥哥的野心还要大，他不满足于掌权，而要取代曹魏。曹髦在他的淫威之下度日，连傀儡也不如。连洛阳城里的老百姓都知道司马昭要篡权。曹髦对司马昭的专横既愤恨又无奈，公元260年四月，他自作了一首《潜龙诗》来发泄心中的不满：

伤哉龙受困，不能跃深渊。上不飞天汉，下不见于田。

蟠踞于井底，鳅鳝舞其前。藏牙伏爪甲，嗟我亦同然。

曹髦在诗中把自己比作受困的龙，把弄权的司马昭比作张牙舞爪的鳅鳝。司马昭得知后恨恨地说：“他要效仿曹芳啊!”接着就吩咐心腹贾充加紧筹备，打算废帝。

第二天，司马昭就佩剑上朝，群臣大呼："大将军劳苦功高，该封晋公！"曹髦不答。司马昭就厉声呵斥："我司马家几代人为你曹氏效力，连个晋公也不许封？"曹髦吓得发抖，嘴里说道："谁敢说不许？"司马昭又冷笑道："你的《潜龙诗》里，'鳅鳝'指谁呀？"曹髦吓得冷汗直流，说不出话来。

曹髦回宫后，想到自己受到的种种屈辱，决定不再忍耐。他召集侍中王沈、尚书王经与散骑常侍王业等三人，愤慨地说："司马昭之心，路人皆知也！吾不能坐受废辱，今日当与卿等自出讨之。"说完就要出宫讨伐司马昭。王经等人极力劝阻，可曹髦实在咽不下这口气，竟带了300多人就去讨伐司马昭。王沈和王经怕祸及自己，就跑去给司马昭报信。司马昭立即派贾充和成济带了3000甲兵，奔皇宫而来。两边队伍在宫门口相遇。曹髦的人少，根本不堪一击。最后曹髦也被成济杀了。

皇帝被杀，导致朝政不稳，司马昭为了安抚人心，就杀了成济，并诛灭三族。接着司马昭又逼郭太后下诏，宣读曹髦的种种"恶行"，并追贬其为庶人。可怜曹髦试图挽救曹魏政权，却势单力孤，年仅20岁就被杀了。曹髦在位6年，他死后追谥为高贵乡公。

元帝曹奂

魏元帝档案：

生卒年：公元246～302年

父　　母：父，燕王曹宇；母，不详

后　　妃：卞皇后

年　　号：景元，咸熙

在位时间：公元260～265年

谥　　号：元帝

庙　　号：无

陵　　寝：无

性　　格：温和，软弱

点评：

陈留王恭己南面，宰辅统政，仰遵前式，揖让而禅，遂飨封大国，作宾于晋，比之山阳，班宠有加焉。

——晋·陈寿《三国志》

魏元帝名叫曹奂，是燕王曹宇之子，曹魏王朝的末代皇帝。曹魏政权从他的手中正式转到了晋司马氏的手中。

曹奂是曹操的孙子，燕王曹宇的儿子。公元 260 年，司马昭杀了曹髦，就立 14 岁的曹奂为帝。曹奂和曹芳、曹髦一样，也是个傀儡皇帝，司马昭仍然独揽大权。司马昭早就想篡位自立，只是觉得时机还未成熟。

公元 263 年，为了壮大自己的声势，司马昭决定出兵进攻蜀汉。诸葛亮早在公元 234 年，就病死在五丈原了，此时蜀汉只有姜维还在勉力维持局面。姜维率领蜀军据守剑阁，此地易守难攻，素有“一夫当关，万夫莫开”之称。魏将邓艾避开剑阁，率兵从阴平潜入，直接攻打成都，后主刘禅懦弱无能，开城投降，蜀汉灭亡。司马昭实力和声望都有了，就打算改朝换代。景元五年（公元 264 年），司马昭以皇帝的名义晋升自己为晋王，离皇帝之位就差一步了。谁知他没有当皇帝的命，公元 265 年八月，司马昭突然中风，病情迅速恶化，很快就死了。

司马昭死后，他的长子司马炎继承了父亲的职位。经过几个月的精心筹备，于公元 265 年十二月，司马炎效仿曹丕取代汉室的旧例，逼使曹奂禅位，改国号为晋，魏国正式灭亡。

曹奂当了5年皇帝，20岁退位，被封为陈留王。司马炎对他还算宽厚，不再与他为难。曹奂57岁去世，追谥为“元皇帝”。

三国·蜀

昭烈帝刘备

蜀汉昭烈帝档案：

生卒年：公元161～223年

父　　母：父，刘弘；母，王元姬

后　　妃：吴皇后、甘夫人、糜夫人、孙夫人

年　　号：章武

在位时间：公元221～223年

谥　　号：昭烈帝

庙　　号：烈祖

陵　　寝：四川惠陵（武侯祠正殿西侧）

性　　格：深沉宽厚，大仁大义

点评：

刘备这个人，有英雄志，有英雄气，有英雄魂，有英雄义。

——易中天

汉昭烈帝名叫刘备，是蜀汉王朝的开国皇帝。刘备是西汉中山靖王刘胜之后，刘弘之子。他以仁厚著称，善于用人，皇族意识很强，以光复汉室为己任，在乱世之中开创了蜀汉基业。

桃园结义　乱世起兵

昭烈帝刘备像

刘备，字玄德，东汉延熹四年（公元161年）生于涿县（今属河北）。从血统上说，刘备确实是“帝室之胄”，他的先祖刘胜，是西汉景帝刘启的儿子、汉武帝刘彻的兄弟，曾受封为中山靖王。刘胜一生享尽荣华，死了都是金装玉裹。今人在河北满城出土的金缕玉衣就是他的，可见其荣耀。不过，由于汉武帝实行“推恩令”，把诸侯王的属地一代代分割给子孙，到了刘备的父亲刘弘这一代，就剩下一个汉室皇孙的名义了。刘备的父亲刘弘曾做过州郡一级的小官，不过他死得很早，留下刘备与母亲相依为命。刘备从小家境贫寒，只好自己编织一些草鞋、凉席拿到街上去卖，以此来维持生计。

刘备从小就不喜欢读书，他喜欢结交豪杰，想做大人物。渐渐地，刘备在涿县一带认识了不少朋友，有了一点名气。

刘备一直都想做大事，在他24岁时，机会终于来了。东汉灵帝光和七年（公元184年），爆发了黄巾大起义。东汉朝廷派兵镇压起义军时，各地的军阀豪强也纷纷打着讨贼的旗号起兵，占地为王，扩充自己的实力。刘备也在地主乡绅的资助下，趁机招兵买马，拉起了一支队伍，参与镇压起义军。这期间，他结识了一生中最重要的两个人物：张飞和关羽。关张二人是应招而来的，他们与刘备意气相投，于是就在桃园结拜为兄弟。后来这二人为刘备的江山大业立下汗马功劳，桃园三结义成为了历史上的一段佳话。

凭着镇压黄巾军的功劳，刘备被封为安喜（今河北定县东）县尉。胸怀大志的刘备对小小的县尉一职并不满足，正好这时郡太守派下来巡查的督邮到处敲诈勒索。督邮见刘备没有给他送礼，就要撤他的职。刘备一气之下，带人冲到督邮的住处，把他绑到树上，用马鞭狠狠地抽了100多鞭，还不解气，要杀了督邮，吓得他连连求饶。刘备就把自己的官印挂在他的脖子上，然后扬长而去。当时东汉朝廷忙着剿灭黄巾军，也没人来问刘备的罪。

刘备弃官后，就带着自己的一帮人马去投奔早年结交的好友，幽州军阀公孙瓒。公孙瓒任他为平原县令，后来又做了平原国相。此时天下大乱，军阀混战，百姓流离失所，许多有才之士也颠沛流离。刘备虽然官位不大，但他为人正直，遇人宽厚，且他在平原既能抵御外敌，又能积聚粮草，于是许多人都来投奔他。刘备对投奔而来的人非常照顾，与他们同桌而食，同席而卧，很得人心。刘备的好名声就渐渐传开了。

此时军阀混战更加激烈，袁绍率兵攻打公孙瓒时，曹操也带兵讨伐徐州牧陶谦。陶谦派人向公孙瓒求救，公孙瓒自顾不暇，就派了刘备去援助陶谦。这时刘备的实力很弱，他手下除了一千多士兵，就是几千归附的饥民。他带着这样一群人来到徐州，陶谦只好又给了他四千兵士，任他为豫州刺史，让他据守小沛（今江苏沛县）。不久，陶谦病重，临死前，他嘱咐部下麋竺，说："只有刘备才能安定徐州。"就这样，刘备接管了徐州，一跃而跻身到大军阀的行列。

四处流浪　寄人篱下

刘备成为徐州牧后，还没来得及大发展，就惹上了麻烦。临近徐州的淮南大军阀袁术，本想趁着陶谦新死，自己占据徐州，没想到让刘备抢了先，于是袁术就率兵攻打刘备。刘备手下兵力不足，勉强迎战，没想到袁术又勾结了吕布来围攻他。刘备抵挡不住，只好去投靠曹操。吕布趁机自封为徐州刺史。

刘备为人仁义，又很会笼络人心，名气已经传遍了天下。曹操见他来投奔，十分高兴，就举荐他为豫州牧。豫州牧只是一个虚衔，不过也给刘备带来了更高的声望。曹操又分了一些兵力给刘备，让他回小沛收集余部，攻打吕布。曹操又亲自率军夹击吕布，将吕布活捉了。吕布向曹操求饶，表示愿意归顺。曹操爱惜吕布勇猛，有些心动。刘备在旁边，就以吕布侍奉丁原与董卓之事来提醒他。曹操想想，也觉得这样出尔反尔的人的确不能用，就杀了吕布。曹操带着刘备回到许昌，又上表推荐他做了左将军。

刘备来到许昌后，见到了被曹操挟持的汉献帝刘协。刘协一直不满做傀儡皇帝，正与董承、王服等人密谋诛杀曹操。因为刘备是汉室后裔，他们见到刘备十分高兴，刘协还称刘备为“刘皇叔”。从此刘备的皇叔之名天下皆知，成为他以后最大的政治资本。刘备一直想兴复汉室，自然答应与他们合作起事，并从董承手中接过了汉献帝血书的“衣带诏”。

刘备虽答应参与诛曹，但他为人十分谨慎。曹操是个多疑的人，表面上厚待刘备，实际上对他戒心很重。刘备也怕遭曹操猜忌，就深居简出，对外事一律不关心，他甚至在自己住的院子里锄地种菜。一日，刘备正在浇菜，曹操派人请他，刘备只得胆战心惊地去见曹操。拜见后，曹操不动声色对刘备说：“在家做得大好事！”说者有意，听者更有心，这句话吓得刘备面如土色。曹操又转口说：“你学种菜，不容易。”这才使刘备稍稍放心下来。二人在小亭中坐下，煮上一壶青梅酒开怀畅饮。曹操兴起，谈论天下英雄。他让刘备说说当世谁是英雄。刘备随口说是袁绍，让曹操否定了。此时天空阴云密布，大雨将至。刘备问曹操谁能当英雄，曹操单刀直入说：“当今天下英雄，只有你和我两个！”刘备以为自己的野心暴露，吓得筷子都掉了。正巧此时雷声大作，大雨倾盆。刘备灵机一动，从容地低下身拾起筷子，说是因为害怕打雷，才掉了筷子。曹操见刘备如此懦弱，也就放松了对他的戒备。青梅煮酒论英雄也由此得来。刘备怕曹操再猜忌自己，就暗中备好了退路。等到曹操再次想到刘备时，他早已跑得没了踪影。

刘备离开曹操后跑到徐州，立即杀了徐州刺史车胄，然后将汉献帝血书诛曹的诏书公告天下，公开打起了反曹的旗帜。很快就有郡县响应，归附了刘备。曹操追悔莫及，马上出兵攻打刘备，但未能取胜。

建安五年（公元 200 年），董承等人还没行刺曹操，就被曹操发觉了。曹操处死他们后，得知刘备也参与了密谋，他盛怒之下，就亲自领兵去讨伐刘备。刘备寡不敌众，只好去投奔袁绍。而刘备的妻子和大将关羽都被曹操擒获。曹操爱惜关羽的才华，就厚待关羽。关羽见此时形势不利，又为了保全刘备的家眷，就投降了曹操。但是关羽很重义气，他向曹操提了三个条件：一是只降汉室不降曹操，二是要求曹操礼待刘备的妻儿，三是一旦得知刘备的消息，他立刻去追随。关羽对刘备的这番情意，连曹操也很感动，加上他实在是喜欢关羽，就答应了关羽的请求。

刘备去投奔袁绍，这时袁绍与曹操的争战已经持续了很久。袁绍以为自己多了一分抗曹的力量，十分高兴，就以隆重的礼节接待他。不久，那些溃散的兵士又跑回来追随刘备，刘备的元气就逐渐恢复了。袁军与曹军相持在官渡（今河南中牟附近），袁绍让刘备带兵袭击曹军的后方。这时，得知刘备消息的关羽，带着刘备的妻儿逃了过来，张飞也回来了。刘备见兵力完全恢复，就改为率军攻打曹操的根据地许昌。不久，袁绍在官渡之战中全军覆没，刘备没了依靠，就南下投奔荆州太守刘表。

刘表与刘备同为汉室宗亲，他才能平庸，虽拥兵十万，但没有太大的作为。他客客气气地接待了刘备，不过心里却对这位同宗很猜忌。他就让刘备驻扎在荆州北部的偏远小城新野（今河南新野），防备曹军南下。

三顾求贤　功成三分国

刘备一向很有雄心大志，但是起事以来一直不顺，没有自己的根据地，四处寄人篱下，十分狼狈。好在他并不灰心，始终积极努力。刘备在刘表麾下暂时安定下来后，就仔细分析自己失利的原因，他得出结论：自己实力不足，虽有关羽和张飞这样的猛将，但缺乏出众的谋士。于是，他决定寻访贤才。

刘备求贤的路并不顺利。襄阳谋士徐庶前来投奔，他很有才干，一到刘备军中就指挥军队打了好几场胜战，夺下了樊城。结果曹操知道了这事，就派人把徐庶的母亲捉去，又伪造徐母的家书，把徐庶骗到了曹操这边。不过徐庶感激刘备的知遇之恩，发誓不会为曹操出谋献策。这也就留下了“身在曹营心在汉”的佳话。徐庶走前，向刘备推荐了更有才华的诸葛亮。正是有了这个神机妙算的南阳卧龙，刘备才成就了一番事业。

三顾茅庐图　明　佚名

为了显示自己的诚意，刘备带着关羽和张飞亲自到诸葛亮隐居的隆中去拜访。恰巧诸葛亮外出未归，刘备只好失望而归。不久，刘备又带着关张二人，冒着风雪二次拜访，不料诸葛亮又外出闲游了。刘备不死心，又要带着关张第三次拜访。关张二人吃两次闭门羹，心中有气，就说诸葛亮也许徒有虚名，未必有真才实学，不愿意再去。张飞性格鲁莽，更是要用绳子把诸葛亮捆来。刘备责备了二人，坚持再请诸葛亮。三人来到诸葛亮家，诸葛亮正在睡觉，刘备不敢惊动，耐心等候，直到诸葛亮醒来，才彼此坐下谈话。诸葛亮才华出众，并不甘心隐居度过一生。他也想以自己的学识，做出一番事业，只是还没有遇到伯乐。诸葛亮见刘备实在是很有诚意，就答应出来全力帮助他。这也为后人留下了“三顾茅庐”的典故，他们的谈话被称为“隆中对”，也流传千载。

有了诸葛亮的相助，刘备的政治生涯开始发生转折。在“隆中对”中，诸葛亮为刘备制定了夺取荆州、益州，三分天下，兴复汉室，成就帝业的计划。

曹操在官渡之战后，统一北方，实力大增，就率兵南下，直取荆州。曹军还没到，刘表就病死了，次子刘琮继位。刘琮软弱无能，听说曹军30万将至，吓得赶紧投降。刘备势单力薄，只好率领部下突围退走。逃走途中，刘备夫人甘氏与幼子阿斗，被曹军重重包围，幸亏猛将赵云死命相护，才得以脱险。曹操占了荆州后，又占领江陵，声势更大，就沿江东下，准备消灭刘备，然后吞并东吴。

刘备势力单薄，为了保全自己，在诸葛亮的建议下，他决定联合东吴一起抗击曹军。东吴孙权也考虑到唇亡齿寒，只有与刘备联合才能保全。于是，孙刘联军，在周瑜和诸葛亮的指挥下，在赤壁火烧曹军船只，然后趁势追击，曹军溃败。曹操带着残兵败将逃回了北方，再也没有实现一统天下的梦想。这就是历史上赫赫有名的赤壁之战。

赤壁之战后，刘备趁机占领了荆州。接着，就向益州进发。益州主要包括四川一带，不仅地势险要，而且物产丰富。益州牧刘璋也是汉室宗亲，软弱无能，他畏惧曹操，就派手下张松去拜见曹操，可是曹操对张松很冷淡。张松又顺便去拜访了刘备，刘备对他十分热情。于是，张松回去后就在刘璋面前说曹操的坏话，又极力称赞刘备。刘璋降曹的事就没有成功。而刘备站稳荆州后，就带兵攻打益州。由于地势险要，刘备用了三年多的时间，终于逼得刘璋向他投降。

诸葛亮在“隆中对”里为刘备规划的宏伟蓝图，至此就真正实现了。荆州和益州两州之地被刘备纳入囊中后，他就有实力去与曹操、孙权分庭抗礼。自公元 184 年涿县起兵，到现在整整 30 年，54 岁的刘备终于完成了三分天下的大业。

成都称帝　白帝托孤

刘备艰难地夺取了益州，不过接下来他打了一场胜战。由于汉中地势险要，是巴蜀的咽喉要道。刘备占领了益州，就想进一步夺取汉中。不想曹操动作快，派夏侯渊、张郃、徐晃等人镇守汉中。公元 219 年，蜀魏为争夺汉中，在这里发生了起决定性作用的著名战役——定军山之战，蜀汉老将黄忠刀劈夏侯渊于定军山下，挫败了曹魏之锐气，使蜀汉夺取了汉中。刘备乘胜把附近的几个郡也拿到手。公元 219 年秋天，凭借雄厚的基础，59 岁的刘备在手下的拥戴下，做了汉中王。

刘备当了汉中王，他的事业达到了顶峰。不过，他的势力日益强大，引起孙权的不满，双方关系开始恶化，争夺的焦点集中在荆州。荆州本是赤壁之战后，孙权借给刘备牵制曹操的。在刘备占领益州后的第二年，孙权就要讨回荆州。刘备自然不肯，就找借口拖延。这就是后人常言“刘备借荆州，一借永不还”的典故。孙权要不回荆州，恼怒之下，就伺机要对刘备开战。公元 219 年，刘备与曹操在汉

关羽擒将图　明　商喜

中交战时，关羽以荆州为基地，也出兵进攻曹军镇守的襄阳和樊城。关羽“水淹七军”，擒于禁，斩庞德，败曹仁，令曹军闻风丧胆。曹操派人联合孙权，孙权觉得夺回荆州的机会来了，就与曹操共击关羽。关羽因为屡屡得胜，有些骄傲，战略不当，结果被魏吴两军击败杀死。关羽一向骁勇，威名赫赫，他兵败被杀的消息传到蜀汉，全国震惊。刘备万分悲痛，愤而决定攻打东吴，夺回荆州，为关羽报仇。

这时，曹操突然病死，他的儿子曹丕继位为魏王。没过多久，曹丕就篡汉称帝了。接着又有谣传，说汉献帝已经被害死。刘备是汉室子孙，一向以兴复汉室为己任。于是，蜀汉章武元年（公元221年），在诸葛亮等人的拥护下，61岁的刘备在成都称帝，国号为汉，即后人所称的蜀汉。刘备就是蜀汉昭烈帝，他封诸葛亮为丞相。

因为荆州失守，刘备以后想进中原就只有汉中一条路，十分被动，所以他一称帝，就立刻起兵伐吴，其实此时刘备的实力根本不足以与魏、吴抗衡。大将赵云等人纷纷劝阻，可刘备一意孤行。刘备让诸葛亮留在成都辅佐儿子刘禅处理朝政，然后下令调集全国的人马准备出兵。他派人通知了车骑将军张飞率兵到江州与他会师。可因为张飞性格粗暴，经常打骂部下，将士都对他十分不满，结果他刚到江州就被手下张达、范疆暗杀了。这样，刘备还没出兵，就损失了一员大将。

刘备举全国之力讨伐东吴，来势汹汹，很快就兵临秭归。蜀军击败吴军，拿下秭归，打开了通向东吴的门户。公元222年，刘备率蜀军沿江而下，继续攻吴。孙权见刘备声势浩大，就派人求和，却遭到了刘备的拒绝。这年六月，两军相持在猇亭（今湖北宜昌）。因为天气炎热，刘备就下令蜀军在山林茂盛处安营，又下令各营结成连营，以防吴军各个击破。其实刘备对军事并不太懂，身边也缺少将才，他犯了兵家的大忌。各营在山林中相连，天气又热，若用火攻，将无处可逃。吴将陆逊很有眼光，早就看准了这一点。两军相持已久，趁着蜀军懈怠，陆逊指挥吴军火烧连营。蜀军惨败，刘备带着残兵逃到白帝城。

猇亭惨败使得蜀军元气大伤，刘备难以承受这个沉重的打击，在白帝城一病不起。章武三年（公元223年）四月，刘备病情严重，他急召太子刘禅与丞相诸葛亮到白帝城。太子无能，刘备担心他无法继承大业；丞相诸葛亮才华盖世，刘备也担心他忠诚不够。于是，刘备嘱托诸葛亮："你才华盖世，胜过曹丕十倍，必能定国安邦，成就大业。若太子可以辅佐，你就辅佐他；若他无能，你就代他自立吧！"诸葛亮听了这话，立即拜倒在地，哭着说："臣一定辅佐太子，鞠躬尽瘁，死而后已。"刘备安排好了身后事，大限已至。

刘备称帝2年，享年63岁。他在乱世中创立了蜀汉基业，他的宏图伟志为人敬仰，他善于用人也为后人所称道。

后主刘禅

蜀汉后主档案：

生 卒 年：公元207～271年

父　　母：父，昭烈帝刘备；母，甘夫人

后　　妃：两位张皇后、王贵人等

年　　号：建兴，延熙，景耀，炎兴

在位时间：公元223～263年

谥　　号：怀帝

庙　　号：后主

陵　　寝：无

性　　格：没心没肺，昏庸无能

点评：

作为亡国之君，刘禅被抨击、被嘲笑是应该的；但他还不同于汉桓帝、汉灵帝之类的昏君，更不是隋炀帝、梁太祖（朱温）之类的暴君，而是一个既无雄心又无能力，无法承担守成重任的庸主。

——沈伯俊

蜀汉后主名叫刘禅，是汉昭烈帝刘备的长子，蜀汉王朝的第二位皇帝。公元 223 年，刘备在白帝城病死，17 岁的刘禅继位为帝，改元建兴。

后主刘禅像

刘禅，小名阿斗，是刘备的夫人甘氏之子。当年刘备依附刘表，后来曹军来犯，刘备败走。甘夫人和阿斗被大军包围，幸亏有猛将赵云相护，才逃得性命。当赵云抱着襁褓中的阿斗递给刘备时，刘备把他摔在地上说：“为了你这孺子，差点损我一员大将！”一句话让赵云感动得肝脑涂地，更是一生对刘备忠心耿耿。刘备虽然会用人，但却没有培养出一个出色的儿子。刘禅才能平庸，实在不是做大事的料。不过刘备临终前还是把帝位传给了他，并任诸葛亮为丞相，辅佐刘禅。

刘禅继位后，也很有自知之明，知道自己没什么大才，就只管些礼仪之类的小事，军国大事都由诸葛亮决定。他曾说：“政由葛氏，祭则寡人。”诸葛亮对刘备的知遇之恩十分感激，加上刘备临终托孤的一番话，他对蜀汉更是忠贞。鞠躬尽瘁，死而后已的精神，让他发挥得淋漓尽致。

诸葛亮对刘禅很尊重，但是对他的保护却实在是过度，这也导致了刘禅缺少锻炼，根本没有执政能力。诸葛亮天赋过人，才华盖世，作为丞相，对朝中政事处理得游刃有余。同时，他又以长者的身份教导刘禅，让刘禅读书习武，掌握治国本领。刘禅其实并不愚钝，但诸葛亮自己才高，眼光也高，苛求完美，所以对刘禅的能力总是不放心。于是诸葛亮把持朝政，虽然他的确没有篡位的野心，但朝中事，无论大小，他都亲力亲为，没给刘禅一点亲政的机会。诸葛亮确实很有能力，他勤于内政，发展生产，经济很快就兴盛起来，从而赢得了蜀地人民对蜀汉政权的拥护。在对外上，他仍然坚持联吴抗曹，他派邓芝出使东吴，说服孙权与曹魏断交，蜀吴重新修好。蜀国内外安定，经济很快恢复了。

建兴三年（公元225年），诸葛亮见蜀汉经济好转，就开始率军亲征，去平定南中的叛乱。南中少数民族首领孟获，勇猛过人，在当地很有威信。诸葛亮觉得武力征服不是长久之计，要使他们内心臣服才是根本。于是，诸葛亮七次擒获孟获，又七次放了他，终于降服了他。从此，南中政治稳定，经济也快速发展起来。诸葛亮还从少数民族中选拔勇士，组成了一支精锐部队，号称“飞军”。

公元227年，刘禅已经21岁了，依然没有掌权。而丞相诸葛亮在修缮内政，治理周边之后，就准备北伐曹魏，进军中原。临行前，他还是对刘禅亲政不放心，他把朝中各级官员都安排妥当后，还向刘禅进了一道奏章，劝诫刘禅要亲贤臣，远小人，励精图治。这封奏章就是流传千古的《出师表》。用心虽好，但也可以看出诸葛亮对刘禅根本不放权。

诸葛亮凡事亲力亲为的做法，导致内政上刘禅无能，也导致军中没有将才。关羽、张飞死后，蜀军中就再也没有成长起来一位能

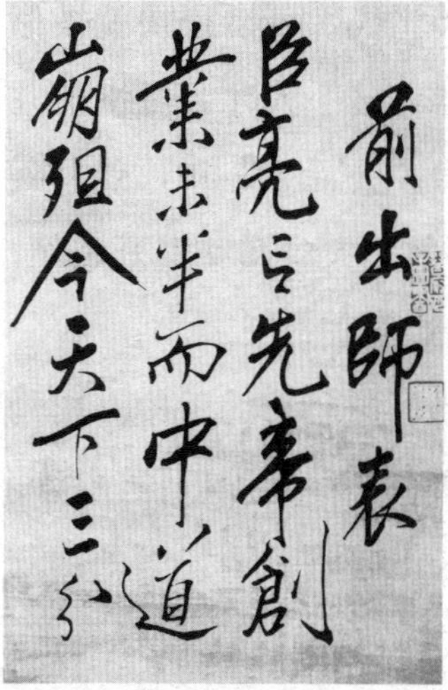

行书前《出师表》帖　南宋　岳飞

征惯战的大将。蜀军北伐时，魏国皇帝是曹丕的儿子曹叡，他派遣大将军司马懿和张郃西上拦截蜀军。司马懿和张郃都是智勇双全的名将，蜀军遇上了这样的劲敌，诸葛亮自然不敢掉以轻心，可惜他偏偏用人失误，将军事重地街亭交给徒有虚名的马谡把守。结果街亭失守，蜀军北伐被阻，被迫退回汉中。诸葛亮非常自责，上书刘禅请求处分。刘禅安慰他“胜败乃兵家常事”，最终诸葛亮自贬三级，代理丞相。不久后，刘禅又恢复了他的丞相一职。

公元 234 年，诸葛亮联合东吴，再次北伐。这年四月，诸葛亮兵出斜谷，到了渭水南岸的五丈原（今陕西岐山县境内），与司马懿大军对峙。诸葛亮设计火烧魏军，可惜竟然天降大雨，计划最终失败。诸葛亮摇头叹息：“天不佑汉！”东吴军队出师也不利，损兵折将后，吴军撤退回国。诸葛亮再次攻魏，可司马懿据险不出，诸葛亮无计可施。由于常年劳累，思虑过度，诸葛亮最终病死在五丈原。临终前，他安排蒋琬接替丞相之位，并把退兵的事情也安排妥当。最终蜀军得以全军顺利退回成都。为了表彰诸葛亮的功绩，刘禅敕封他为忠武侯，葬在定军山。

诸葛亮死了，刘禅还是没有亲政。接替丞相之职的蒋琬也很能干，把国事处理得井井有条，但他管不了刘禅。没有人再约束自己，刘禅很快就过起了歌舞享乐的日子。蜀汉延熙九年（公元 246 年）冬，蒋琬也因积劳成疾病终。40 岁的刘禅终于亲政，不过多年的养尊处优生活，使得他把兴趣放在享乐上，对国事并不上心。辅佐他的大将军费祎也很能干，想积蓄力量，再次北伐，可惜很快就被假投降的魏将刺杀了。费祎死了，继任的姜维也是个人才。可惜他几次北伐，都没有成功，反而白白损耗了国力。公元 263 年，魏军兵分三路伐蜀，蜀将姜维镇守天险剑阁，不料魏国大将邓艾避开剑阁，绕道直取成都。后主刘禅不战而降，蜀汉正式灭亡。

刘禅投降时，魏国政权实际上已经转到了司马昭的手中。司马昭封刘禅为安乐公。一次，他设宴招待刘禅和一些蜀国旧臣。席间司马昭故意安排了蜀地的歌舞，看得许多老臣暗暗垂泪，而刘禅却看得津津有味。司马昭就问他："你想不想念蜀地家乡？"刘禅答道："在这里过得很快乐，不想蜀地。"这就是成语"乐不思蜀"的由来。司马昭见他成不了气候，也就容留他活了下来。

公元 271 年，刘禅病终，享年 65 岁。他在位 40 年，没有什么作为，他把蜀汉送上了亡国之路。投降后又过了近十年形似囚徒的生活，也许正是他"乐不思蜀"，才得以苟活性命。

三国·吴

大帝孙权

吴大帝档案：

生 卒 年：公元 182～252 年

父　　母：父，孙坚；母，吴氏

后　　妃：谢夫人等

年　　号：黄龙，嘉禾，赤乌，太元，神凤

在位时间：公元 222～252 年

谥　　号：大皇帝

庙　　号：太祖

陵　　寝：江苏蒋陵

性　　格：礼贤下士，多谋善断

点评：

孙权在当政的前期，在许多事情上能明断是非，处置得宜；可是孙权愈到晚年，消极面愈大。

——白寿彝《中国通史》

孙权，三国时吴国的开国皇帝。他承袭兄长之职上位，礼贤下士，从谏如流，处事果断，精明能干，最终开创了吴国的霸业，成为三国时期与曹操、刘备抗衡的枭雄，促使三国鼎立的局面最终形成。

少年英年　秉承兄志

孙权，字仲谋，吴郡富春（今浙江富阳）人，是长沙太守孙坚的次子。孙权 10 岁时，父亲孙坚为帮袁术抢夺荆州战死。孙权就随兄长孙策去投奔袁术，从此，正式开始了军营生活。孙氏兄弟带着人马征战南北，很快成为江南最大的豪强。

大帝孙权像

孙权虽然年幼从军，但他聪慧有谋，而且性情豪爽，襟怀坦荡，好养侠士，很快就有了一定的声望，甚至赶上了他的父兄。孙策出兵江东时，年仅 14 岁的孙权为他出谋划策，立下卓绝的战功。孙策很赏识弟弟的才干，就委任他为阳羡（今江苏宜兴一带）县长。

这一年，孙权才15岁。

公元200年，曹操与袁绍打仗，孙策想出兵偷袭许昌，结果还未出兵，就被吴郡太守许贡手下的门人刺伤而死，年仅26岁。临终前，孙策把官印授予孙权，希望他带领江东将士，与天下英雄一争高下，并嘱咐部下支持孙权。这样，年仅19岁的孙权就挑起了统辖江东的重任。

孙策新丧，江东形势不稳。孙权年少，势力孤单，内忧外患，困难重重。幸亏孙策为他留下了两个得力助手：张昭和周瑜。当时许多江东豪杰见没了孙策，对年轻的孙权并不放在眼里了，他们有的徘徊观望，有的想另投新主。关键时刻，周瑜从巴丘率兵前来，稳住了军心。接着周瑜又和张昭一起，说服群臣团结起来，共同拥护孙权。江东的人心这才逐渐安定下来。孙权在二人的帮助下，终于度过了最艰难的时期。

形势一稳定，孙权就开始集中精力发展江东。他以师傅之礼待功勋老臣张昭，并把内政交给张昭打理。张昭注重对百姓施行仁政，他减轻赋税、徭役，鼓励发展生产，促进贸易往来，在他的治理下，江东经济很快就繁荣起来。孙权又把军事交给周瑜全权负责。周瑜招募兵士，扩大队伍，更新武器装备，又重点训练水军，使孙权的军事力量也很快增强了。孙权对两位大员委以重任，他自己也没闲着，就专门抓招揽人才之事。他招纳名流，礼贤下士，许多文武人才都投奔江东。三国名士鲁肃，诸葛亮之兄诸葛瑾等投身到孙权的麾下。

孙权有了这些人力物力储备，就开始征伐不服自己统治的人。庐江太守李术不愿听从他的统领，于是孙权带兵讨伐李术，最后李术兵败被杀。在孙氏家族内部，孙权的叔伯哥哥孙辅想夺权，就写信给曹操，邀他一起对付孙权，不料送信的人把信给了孙权。孙权不动声色，把孙辅的心腹杀个干净，又把他赶到东部监管起来。经过这样一番努力，孙权的统治终于稳固了。

孙权站稳了脚，就开始考虑图谋霸业的事。谋士鲁肃为他规划了兴国的步骤：第一步是稳定后方，第二步是剿灭盘踞江东的军阀黄祖，第三步是讨伐驻守荆州的刘表，将长江流域全部占领，这样，就可以称帝以图天下了。孙权很认同鲁肃的建议，就决定照此行事。孙权还任命鲁肃与周瑜一起统帅军队，鲁肃就成了他的第三大得力助手。

孙权治理江东几年，辖内已经比较稳定，建安十三年（公元208年），26岁的孙权开始进行他宏伟蓝图的第二步：讨伐黄祖。黄祖时任江夏太守，占据长江上游。孙权以大将吕蒙为先锋，杀了黄祖部下都督陈就，最终黄祖兵败溃逃，吴军占领夏口（今武汉市）。从此江东浑然一体，都成了孙权的领域。

火烧赤壁　三国鼎立

孙权两步都走得很顺利，就想进一步夺取荆州，谁知被曹操抢先了一步。曹操不愿看着孙权坐大，成为自己的劲敌，就趁着他攻打黄祖时，进兵荆州。此时刘表刚病死，其子刘琮继位，懦弱无能，一听曹军兵临城下，就吓得赶紧投降。曹操很轻松地拿下了荆州，继续进军，攻打刘备和孙权。

此时刘备势力弱小，根本不堪一击，孙权的实力同样也无法与曹操抗衡。刘备听从诸葛亮联吴抗曹的建议，派他出使东吴商谈联合之事。曹操老奸巨猾，派人给孙权送来书信，威胁说自己80万大军即刻就要讨伐吴军，吓得东吴群臣失色。朝堂之上，主张联刘抗曹的和投降曹操的两派各持己见，争论激烈。最后，孙权还是听从鲁肃的建议，决定与刘备联合，抗击曹操。

蜀军有神机妙算的诸葛亮统筹，吴军有智谋过人的周瑜统帅，双方的合作很顺利。他们冷静分析：第一，曹军号称 80 万，其实是夸大其词，至多也就十五六万；第二，曹军远来，肯定疲惫不堪，士气不高；第三，曹操降服了刘表手下人马，但这些人心中并不臣服，曹军人心不齐；第四曹军大多是北方人，不习水战，而江东乃水泽之地，地理上也处于劣势。而己方兵虽少，但兵精心齐，又占有地理上的优势，可以一战。

建安十三年（公元 208 年），曹军与孙刘联军在赤壁对峙。由于曹军不习水战，所以曹操命部下用铁链将战船相连，战船排排成组，气势恢弘。这样也正好给了孙刘联军一个用火攻的大好机会。十二月，孙刘联军在赤壁火烧曹军，曹军船只相连，无法调度，烧死淹死不计其数，曹军惨败溃逃。这就是历史上以少胜多的著名战役——赤壁之战。

赤壁之战后，曹军元气大伤，孙权和刘备的实力都大大增强了。荆州被刘备趁机占有，不过刘备实力不如孙权，就谎称暂借，以后归还。孙权想夺取荆州，但刚经过大战，实在不宜再起干戈，并且孙权也想利用刘备来牵制曹操。荆州之事就这样耽搁了下来。战后曹军实力削弱，不敢轻易来犯。孙权于是乘胜扩展地盘，用一年多的时间把势力拓展到交州（今广州）一带。孙权把都城从柴桑（今江苏九江）迁到秣陵（今南京），用石头建城，并改名为建业。刘备也趁机攻取了荆州附近大部分地区，并把治所迁移到江陵。孙、刘、曹，三分天下开始形成，三国逐鹿中原的大幕也渐渐拉开了。

如愿称帝　昏聩误国

魏、蜀、吴三足鼎立，为了各自的利益，他们相互间既联合又征战。孙权实力不断增强，他夺回荆州的计划也从没放弃。他多次催促刘备归还荆州，可刘备百般托辞，就是不还。孙、刘于是反目。公元 219 年，恢复元气的曹操又与刘备在汉中打起来。驻守荆州的关羽出兵袭击襄阳和樊城，他水淹七军，大获全胜。曹操于是又与东吴联合，抗击蜀军。孙权早想夺回荆州，就与曹操夹击蜀军。他派大将吕蒙统兵攻打荆州，驻守荆州的关羽孤立无援，又十分轻敌，结果兵败被杀。于是孙权顺利地夺回了荆州。孙权夺荆州，杀关羽，使得蜀汉震惊。刘备更是决定举全国之力，要夺回荆州，为关羽报仇。此时曹操已经病死，其子曹丕继位，并篡汉自立称帝。孙权就向曹丕称臣，与曹魏进一步拉好关系，好全力对付刘备。刘备在成都称帝后，于公元 222 年，率军亲征，讨伐东吴。孙权派陆逊为将，率兵迎战。两军在猇亭（今湖北宜昌）相持。刘备不懂军事，在六月酷暑时节，命令蜀军在山地丛林中安营，并连成一片。陆逊乘机火烧蜀军，刘备败逃到白帝城，并且病死在那里。

解决了刘备这个威胁，孙权并不敢掉以轻心。猇亭之战后，孙、刘实力都削弱了，孙权最担心的还是北方的曹魏。于是，他仍然低调行事，一面对曹魏俯首称臣，一面与蜀汉积极搞好关系。不过，他对曹魏低头只是暂时的，曹丕让他把儿子送到魏国为质，他就没答应，可见他雄心未泯，只是暗中积聚力量而已。等到局势稳定下来，孙权就正式与曹魏反目了。公元 229 年，孙权正式称帝，国号为吴，改元黄龙，历史上称他为吴大帝。

孙权少年得志，一生兢兢业业，英明果断，可当了皇帝，就开始昏庸起来了。孙权称帝时 47 岁，人都暮年，脾气大变。他变得好大喜功，宠信小人，猜忌忠臣，做事情也独断专行，与以前的雄姿英发相比，简直判若两人。

为了监视朝廷官员，孙权还在东吴嘉禾三年（公元 234 年）专设了校事、察战两职。这样一来，贤臣们更加与皇帝疏远了。很快，孙权的身边就剩下一群谄媚逢迎的小人，朝政也日益腐败。孙权对自己的儿子也不放心，在太子孙登病逝后的 9 年时间里，第二任太子孙和被废黜，他的四子孙霸被处死，最后幼子孙亮被立为太子。孙权几废太子，对吴国的政权产生了很大的影响，也为后来吴国灭亡埋下了祸根。

东吴太元元年（公元 251 年）冬，孙权到南郊祭天地后就中风了，从此病势日渐沉重。第二年四月，孙权病终，时年 71 岁，谥号“大皇帝”，庙号“太祖”。他称帝后在位 23 年，开创了吴国大业，一生既为枭雄，又为昏君，不过后人对他褒扬的还是占多数。

会稽王孙亮

吴会稽王档案：

生 卒 年：公元 243～260 年

父　　母：父，大帝孙权；母，潘氏

后　　妃：全皇后

年　　号：建兴，五凤，太平

在位时间：公元 252～258 年

谥　　号：无

庙　　号：无

陵　　寝：无

性　　格：聪明能干，英察冲动

点评：

孙亮童孺而无贤辅，其替位不终，必然之势也。

——晋·陈寿《三国志》

孙亮，字子明，是东吴大帝孙权的第七子，东吴第二位皇帝。他幼年即位，聪明伶俐，然而朝政由权臣把持，他有心除奸，却因

盲目冲动，反被奸臣所害，英年早逝，令人惋惜。

孙亮生于公元 243 年，是孙权最小的儿子。孙权有 7 子 3 女，孙亮是他 62 岁时所生，老来得子，加上孙亮从小就聪明，所以孙权对他特别宠爱。东吴赤乌十三年（公元 250 年），孙权正式立 8 岁的孙亮为太子，全氏女为太子妃。两年后，孙权病死，孙亮就即位称帝了。

孙亮 10 岁就当了皇帝，自然不能亲政，由中书令孙弘和诸葛恪共同辅佐。孙弘与诸葛恪素来不合，孙弘就想趁孙权刚驾崩的机会除掉诸葛恪。侍中孙峻发现了他的计谋，就偷偷告诉诸葛恪。结果诸葛恪先下手为强，杀了他。诸葛恪乃是当年与鲁肃一起投奔孙权的诸葛瑾之子，是蜀汉名相诸葛亮的侄子，不过他可不像自己的父亲和叔叔，而是一个奸诈的政客。他杀了孙弘后，就以大将军兼太师太傅的身份，总领吴国的军政大权。诸葛恪是名门之后，还是很有才干的。孙权曾设校事、察战两职来监察百官，这项措施很失人心。诸葛恪上任初始，就将此废除了，由此赢得了众多大臣的拥戴。他宽仁治国，赦免逃犯，免除关税，事事关注民众，很快就赢得了人心，有了声望。诸葛恪把国内的事情理顺了，就想在军中树威。东吴新帝登基，朝政不稳，加上国力有限，朝中大臣都反对用兵，可诸葛恪一意孤行，发兵 20 万讨伐魏国。劳师动众，自然失了民心。结果出师不利，被魏国打败后灰溜溜地回来了。他回国后不仅不反省自身，还埋怨朝廷不支持自己。由此诸葛恪引起了朝臣的普遍不满。

皇帝孙亮虽然年幼，却很懂事，他不甘心做傀儡皇帝，就想除掉诸葛恪。武卫将军孙峻曾在孙弘要杀诸葛恪时，为之通风报信，可是后来诸葛恪并没有感激，反而轻视侮辱。孙峻一直怀恨在心，见小皇帝想除掉诸葛恪，就主动与他合谋。公元 253 年十月的一天，孙亮与孙峻筹备好一切，就请诸葛恪赴宴。宴席之上，孙峻早已埋伏好的军士趁机杀了诸葛恪。后来孙峻还诛灭了诸葛恪的三族。

诸葛恪死了，孙峻做了太尉，朝政大权也转到了他手中。小皇帝孙亮还是无权。孙峻品行低劣，还比不上诸葛恪。他生活淫乱，不仅奸污宫女，还与全公主私通，名声极坏。他还滥用刑罚，杀害忠良，引得朝中群臣激愤。不过还没等到众人讨伐，孙峻就病死了，他的堂弟孙綝承袭职位，继续专权。

孙亮除掉了诸葛恪，又来了孙峻；孙峻死了，又有孙綝他见依靠外力根本不行，就只好靠自己。他从官家子弟中挑选了 3000 人作为自己的亲卫军，并选拔出才能出众的作为统帅，日日加紧训练。

孙亮不仅有胆识，而且很有判断力。有一天，他走出西苑，正吃着生梅，就派宦官去宫中的仓库取蜂蜜来浸渍梅子，可取来的蜂蜜中竟然发现有老鼠屎。孙亮没有发怒，而是把管仓库的官吏与取蜂蜜的宦官叫到一起询问。他先问管仓库的："宦官有没有从你这要过蜂蜜?"官吏回答说："他曾经要过，但宫中的东西，我实在不敢给他。"宦官大呼冤枉，左右的人也请求交给监狱官来查此事。孙亮说："这个很容易弄清楚。"他命人剖开老鼠屎，发现里面是干燥的。孙亮说："老鼠屎如果在蜜中很久了，里面一定湿透；现在里面还是干的，一定是宦官后来加入的。"宦官只好认罪。

皇帝聪慧过人，让大臣们很高兴，不过孙綝可就不放心了。他眼见孙亮小小年纪就开始自己训练军队，这样下去一定会威胁自己的地位。于是，就决定除掉这个聪明早熟的小皇帝。其时，孙亮也在谋划铲除孙綝之事。东吴太平三年（公元 258 年）九月，孙亮召集了岳父全尚、姐姐全公主和将军刘丞等进宫商议除孙綝之事。可惜这些人都懦弱无能，根本不敢行事。孙亮既恼怒又无奈，只好自己想办法。可是全尚之妻孙氏乃是孙綝的堂姐，她偷偷向孙綝告密。

孙綝突然出击，孙亮措手不及，加上人少力单，最终失败收场。

孙亮事败，被废了帝号，贬为会稽王。孙亮的六哥孙休做了皇帝，孙亮被押赴封地会稽（今浙江绍兴）。东吴永安三年（公元260年）秋，受尽屈辱的孙亮自杀而死，死时年仅18岁。孙亮10岁为帝，在位6年，短短一生，始终在与权臣斗争，实在可怜可敬。

景帝孙休

吴景帝档案：

生卒年：公元235～264年

父　　母：父，大帝孙权；母，王氏

后　　妃：朱皇后等

年　　号：永安

在位时间：公元258～264年

谥　　号：景皇帝

庙　　号：无

陵　　寝：无

性　　格：聪明勤学，奸诈薄情

点评：

休以旧爱宿恩，任用兴、布，不能拔进良才，改弦易张，虽志善好学，何益救乱乎？

——晋·陈寿《三国志》

景帝孙休，字子烈，是孙权的第六个儿子，孙亮的哥哥。孙亮被废，孙綝迎立孙休即位。孙休在位期间，几乎没有做过什么与国计民生相干的事情，他的主要精力都放在权臣斗争上。

孙休从小聪明机智，喜欢读书，中书郎射慈、郎中盛冲都曾教导他多年，所以孙休的学识很不错。东吴太元二年（公元 252 年），17 岁的孙休受封为琅邪王，封地在虎林（今安徽马鞍山一带）。孙休即位十分偶然。孙权有 7 个儿子，孙休是第 6 子，在他前面有 5 个哥哥争夺太子之位，哪里轮得到他。但是大哥太子孙登早死，后来又有几个兄弟在争夺诸君之位中败落，皇位居然落到最小的弟弟孙亮手里。孙亮 9 岁称帝，朝政被诸葛恪把持。诸葛恪为了专权，担心孙氏诸王占据长江沿岸各军事重地会给自己带来威胁，就把他们都遣到外地。孙休从原封地虎林迁到丹阳郡（今安徽宣城一带）。看到孙休势弱，丹阳郡的太守李衡也欺负他，找他的麻烦。孙休在丹阳郡待不下去了，朝中又没有人会为自己说话，只好上书请求迁到别处。于是孙亮就下诏让他迁到会稽郡。

孙休本以为自己就这样了此余生，没想到时来运转。公元 258 年九月，孙綝发动政变，废黜了皇帝孙亮，将之贬为会稽王，然后迎立孙休为帝。孙休被迎为皇帝时已经 24 岁，他为人精明，自然不会一时冲动，被皇冠砸昏了头。孙休做事很谨慎，孙綝派宗室子弟孙楷和中书郎董朝去会稽迎接他。孙休推辞再三，就是不肯痛快答应。后来勉强答应了，启程入京，一路上又走走停停，暗中派人前去打探消息。直到打听清楚了，才到建业即位。孙綝立他为帝的本意就是想自己专权，孙休做傀儡皇帝。于是，为了酬谢孙綝等人的拥立之功，孙休下诏大将军孙綝领丞相之职，兼任荆州牧，孙氏子弟孙恩、孙据等也都官居要职。这样，孙綝一家 5 人封侯，军国大事都由孙綝等人处理。

孙休心里很清楚自己的处境，他也不甘心做个摆设，就谋划要除掉孙綝。一次，孙綝向孙休献上美酒，可孙休怕他暗中使坏，竟然拒绝接受，这让孙綝很失颜面。孙綝气恼地带着酒，到左将军张布家大发牢骚，说自己费尽苦心把孙休拥上皇位，现在这小子却忘恩负义，还看不起自己，最后他还扬言要废了孙休。孙綝醉酒回家后，张布就火速入宫，把孙綝的话告诉了孙休。孙休吓得要死，不过他还是先感恩戴德，稳住张布。然后，孙休就加紧筹备杀孙綝之事。

孙休在表面上对孙綝一如既往的厚待，经常对他表彰和赏赐。有人检举孙綝谋反，孙休为了进一步麻痹他，把检举之人交给他处理。孙綝担心有人对自己不利，心中不安，就请求外调到武昌驻守。孙休不想打草惊蛇，就痛快地答应了，还允许孙綝带走大批军用物资和一万多精兵。孙綝以为孙休仍然相信自己，也就放松了警惕。到了武昌，孙綝先全力整治军备，精兵粮草都准备好，就等找机会谋反。孙綝自认为筹备充分，就放心开始花天酒地地享受起来。

孙休一直密切注视着孙綝的动向，见他放松戒备，觉得自己铲除他的机会来了。公元258年腊月，孙綝回到京城，准备在家过年，突然皇上派人请他赴宴。孙綝虽然对孙休警惕不高，但也不大放心，就称病不去。可宫使请了好几次，孙綝无法，只好答应。不过临去前还嘱咐府吏过一个时辰就在花园纵火，这样自己好借故早早回来。孙綝进宫赴宴，与孙休闲话一会，见没有什么异样，就放心了一点。正好此时侍卫来报府中起火。孙綝立刻起身告辞。埋伏在周围的张布、丁奉等人立刻率兵闯入，诛杀孙綝。孙休接着又杀了孙綝的众多心腹，并诛灭了孙綝三族。孙休觉得还不解恨，又把孙綝已死堂兄孙峻的棺材挖出来打开，把以前封授的官印取出，又砍碎棺材才罢休。

孙休收回大权后，就厚赏了功臣张布、丁奉等人，张丁二人权势一涨，很快就飞扬跋扈，做了不少为非作歹的事。孙休虽然重用佞臣，但他也颁布了一些缓和社会矛盾的措施。他鼓励发展农业生产，减轻赋税徭役，整顿吏治。同时，孙休本是勤奋好学之人，他十分重视教育，推广教化。在对外策略上，孙休也曾试图先统一南方再北伐，他趁着蜀中无主，出兵巴蜀，结果屡战屡败，白白损耗了国力。不过虽然孙休有心治国，也采取了一些措施，但东吴国力此时已经衰退，社会矛盾尖锐，而他自己也不愿尽心劳力，见难有成效，就灰心丧气，什么也不做了，所以最终并没有取得什么成绩。

东吴永安七年（公元 264 年），孙休突发疾病，很快就不治身亡。临终前，他命丞相濮阳兴辅佐年幼的太子。孙休在位 6 年，终年 30 岁。短短帝王生涯，他把聪明才智都放到与权臣相争上，而国事内政却毫无建树，令人惋惜。

乌程侯孙皓

吴乌程侯档案：

生 卒 年：公元 242～284 年

父　　母：父，孙和；母，不详

后　　妃：滕皇后等

年　　号：元兴，甘露，宝鼎，建衡，凤凰，天册，天玺，天纪

在位时间：公元 264～280 年

谥　　号：末皇帝

庙　　号：无

陵　　寝：无

性　　格：凶狠残暴，荒淫昏庸

点评：

（吴国）最后一任皇帝孙皓，又是一位标准型的亡国之君。

——柏杨

孙皓字元宗，是废太子孙和的儿子，东吴大帝孙权的孙子，是东吴的第四位皇帝。孙皓在位期间，凶残荒淫，无恶不作，结果众叛亲离，东吴也在他手中灭亡。

东吴在孙权开国以后的三位皇帝，都是偶然继位的，孙皓也是。孙皓的父亲孙和是孙权的第三子，曾被立为太子，后来被废。到了东吴景帝孙休即位，封孙皓为乌程侯，并遣往封地乌程居住。公元264年，孙休病终，让丞相濮阳兴辅佐太子。孙休30岁就死了，他的儿子年纪都太小，年幼的太子登基根本不能执政。此时西晋已经灭掉了蜀汉政权，正对东吴虎视眈眈，而南部的交趾郡又叛离了东吴，在这样的形势下，东吴政权很不稳定。东吴上至朝中大臣下至普通黎民，都希望立个年长有为的皇帝。丞相濮阳兴与左将军张布等人只好顺从人心，决定迎立长君。他们正忙于在孙氏子弟中挑选时，左典军万彧推荐了孙皓。他是孙皓的旧识，曾做过乌程令。他在濮阳兴和张布等人面前夸赞孙皓年轻有为，聪慧好学，英明果断，是最好的明君之选。他说服濮、张二人后，三人就一起进宫与孙休的皇后，现在的朱太后商议。朱太后是个久居深宫的妇人，也没有多大见识，就同意了此事。于是23岁的孙皓被迎立为东吴新帝。

孙皓初登帝位，还是很有作为的。他做乌程侯在外生活多年，对百姓疾苦还是比较了解的。他一即位就下诏开仓赈粮，安抚百姓，还把皇宫中多余的宫女放出去嫁人，连皇家禁苑的野兽也放归山林了。孙皓的这些举措赢得了民心，一时之间，朝野上下都为选了一位明君而庆幸。

可惜孙皓是匹伪装的恶狼，他的帝位一稳定，本性就暴露出来了。他性情骄横残暴，又贪图酒色。孙皓做皇帝没几天就整日饮酒作乐，不问政事。当初迎立他的濮阳兴和张布也十分后悔自己看走了眼，对孙皓非常不满。而孙皓沉溺于酒色，身边很快就聚集了一群阿谀逢迎的小人。有人在他面前诋毁濮阳兴和张布，孙皓竟然凶残地杀了二人，并诛其三族。孙皓的凶狠面目暴露后，就肆无忌惮地大开杀戒。公元265年，孙皓派人杀了朱太后，甚至连其灵柩都不让停放在正殿。接着，他又将先帝孙休的4个幼子遣送到偏远小城，还杀害了其中2个年龄稍大的。

皇室眷属和朝中重臣杀了不少后，孙皓就开始广修宫室。为了修建昭明宫，他不仅征发大批民夫伐木，而且连朝中级别稍低的官吏也被派到山里督促伐木工程。一时间，百姓负担沉重，苦不堪言，死伤无数，如此代价换来的是昭明宫的巍峨宏伟，富丽堂皇。整个工程花费数以万亿计，使得东吴本就衰落的经济更加衰竭。

孙皓的荒唐并不止于此，他宠信佞臣宠妾，容许他们作威作福。大臣何定原本臭名远扬，可他善于谄媚，花言巧语哄得了孙皓的信任后，就开始四处做恶。他曾求取少府李勖之女为儿媳，遭到拒绝后就怀恨在心。他在孙皓面前诋毁李勖，孙皓问都不问就将李勖全家诛杀，还焚烧了李勖的尸体。孙皓的宠妾竟然派人在集市明目张胆地抢劫百姓财物。司事中郎将陈声抓了抢劫的人，宠妾就到孙皓面前哭诉。孙皓竟然立刻抓来陈声，残忍地锯下他的头，还把他的身体扔到别处，让小妾解恨。朝中大臣们的日子也很不好过，他们经常被皇帝召入宫赴宴，不过可没有享受美酒佳肴，而是遭受宫女太监们的嘲笑辱骂，若是有人提出抗议，就要被拉出去杀掉，所以大臣们对孙皓是又恨又怕。

孙皓对美色的贪婪更是疯狂。他称帝时曾放出宫中多余的宫女，可现在却恨不得全国的女子都归自己所有。他的后宫有美人数千，还不满足。竟然下诏皇亲国戚和朝中大臣生的女儿，每年都要上报，年满 15 岁的都要让他先挑选，他看不上的才可以嫁人，否则就罪犯欺君。他淫乐的法子也是稀奇古怪，他往往找各种借口，索要国库中的金银，然后将其全部打造成金银首饰，让美人们佩戴后，互相追逐取闹。最后国库都让他掏空了。他对美人也十分残暴。后宫姬妾稍不合意，就被残酷虐杀。张布之女十分貌美，孙皓很宠爱。他杀了张布后，故意问张美人："知道你爹去哪里了吗?"张美人悲愤地说："我爹被奸贼杀了。"孙皓大怒，命人用木棒将她打死。张美人死后，孙皓又有些想念，就命人雕刻她的木像，放在身边。孙皓觉得还不满足，听闻张美人有一个出嫁的妹妹，就派人抢来，纳入自己的后宫。孙皓还命人开凿人工河，引流水入昭明宫。妃嫔们一不如他心意，就立即杀死，扔到河里冲走。他杀性一起，挖眼、割鼻、断肢、剥皮，什么手段都用，残酷至极。

孙皓的恶行亘古少有，激起了举国上下的愤怒。他也成了众叛亲离的孤家寡人。东吴天纪三年（公元 279 年）冬，西晋大军分六路征讨东吴。孙皓不得人心，手下兵士也没有士气，西晋军如入无人之境。公元 280 年，西晋军打到了吴都建业，孙皓投降，东吴正式灭亡。

孙皓投降后，被封为归命侯，在洛阳过了 4 年苟且偷生的日子，于公元 284 年因病去世。孙皓在位 16 年，终年 43 岁。他的一生，罪行累累，凶残至极，历史上少有。

两晋　十六国　南北朝

西晋

武帝司马炎

晋武帝档案：

生 卒 年：公元 236～290 年

父　　母：父，司马昭；母，王元姬

后　　妃：杨皇后、赵夫人等

年　　号：泰始，咸宁，太康，太熙

在位时间：公元 265～290 年

谥　　号：武皇帝

庙　　号：世祖

陵　　寝：河南峻阳陵

性　　格：荒淫奢靡，深沉宽仁

点评：

他在表面上虽然是开国皇帝，却只是坐享其成的花花公子，对醇酒和美女，要比对国家社会更有兴趣和更有心得。

武帝司马炎像

——柏杨

晋武帝名叫司马炎，是司马昭长子，西晋王朝的第一位皇帝。他结束了动乱的三国争雄时代，使中国再次统一。他在位前期励精图治，与民休息，繁荣了西晋经济；但到了后期就耽于淫乐，纵欲无度，在他的影响下，西晋淫靡之风盛行。

长子得立　以柔治国

司马氏篡夺曹魏政权是经过几代人努力的。司马懿曾是曹操手下名将，后来又为曹丕征战多年。他足智多谋，多次打败蜀汉丞相诸葛亮的北伐，在曹魏政权中占有举足轻重的地位。曹芳称帝时，司马懿已经独揽大权。后来司马懿病死，长子司马师继续专政。到了曹髦即位，司马师病死，弟弟司马昭承袭兄长的职位，继续专权。有了父兄多年积累的基业，司马昭就等着时机成熟，篡位自立了。

司马炎是司马昭的长子，他雄才大略，又跟随在祖父、伯父和父亲身边多年，积累了不少征战和从政的经验，是个很能干的人。按照封建时代以嫡长子为嗣的规矩，他本应是毫无疑问的继承人。可父亲司马昭却更喜欢另外一个儿子司马攸。司马攸为人亲和平易，重贤好儒，是位很有才华的儒雅之士。司马昭把他过继给自己的哥哥司马师为子，打算立为世子。后来司马师死了，司马昭仍然想将司马攸立为世子。但是许多朝臣都反对这种做法，他们的理由是历史上废长立幼引起的祸端实在太多。司马昭最终同意了群臣的意见，司马炎这才有惊无险地坐上太子之位。公元 265 年八月，司马昭中风不治病逝，司马炎继位。十二月，司马炎取代曹魏，自立为帝，国号为晋，定都洛阳。他就是晋朝的开国皇帝晋武帝。

司马炎当上皇帝后，并没有放松，因为朝中的局势他心里十分清楚。司马家两代三人的努力换来天的大业，不过都是建立在对曹魏皇室及附属势力的残酷杀戮之上的，所以司马政权并不得人心。另外，蜀汉虽然灭亡了，但东吴还存在，虽然实力不比西晋，但经过三代帝王的积淀，根基还是很雄厚的。

内忧外患并存，司马炎决定先治理好内政。首先，他善待魏蜀亡国之君。他封魏元帝曹奂为陈留王，并允许他保留天子仪仗，上书不用称臣；他又封蜀后主刘禅为安乐公，并加封为驸马都尉，还解除了对汉室的禁锢。这一举措缓和了内部矛盾，也稳定了原曹魏和蜀汉的人心。而此时东吴的皇帝孙皓贪婪残暴，倒行逆施，司马炎的措施也赢得了东吴的人心，为日后灭吴打下了基础。第二，司马炎对百姓实行怀柔政策。经过多年战乱，社会动荡，民生凋敝。晋朝政权要想稳固，就必须宽仁行政，而皇帝司马炎也的确是以无为与宽松政策作为立国精神。公元268年，司马炎在诏书中明确指出，要用无为之法统领全国，以保大晋江山。他要求群臣考证法典，减轻刑罚。又给郡国下了五道诏书，要求他们端正自身，勤于民事，抚恤孤寡，发展农业，并削减官吏，减轻百姓负担。司马炎的举措很得人心，西晋的经济也开始迅速复苏。

司马炎不仅优抚百姓，而且提倡节俭，并以身作则。司马昭病逝，在后事安排上，司马炎要求不扰民，俭葬，并且陵墓十里之内让百姓居住。一次，司马炎生病，朝中官员纷纷携礼探望，他一律拒收。在众多礼物中，有一件名贵的雉头裘，是太医司马程据所送。司马炎将之拿到朝堂之上，当着群臣的面烧毁，并下令以后一律不得献奢侈品。司马炎在政事上也很清明，他对臣下十分公正。太常丞许奇之父因犯法被司马昭杀了，司马炎却仍然任用许奇，并毫不吝惜地称赞其才华。司马炎曾与右将军皇甫陶因政事而争执，散骑常侍郑徽为讨好皇帝，就上表请求治皇甫陶犯上之罪。结果，皇甫陶没事，郑徽却被罢免了。

慧眼识才　内外一统

司马炎把国内治理得井井有条后，他就想完成一统天下的雄心。

他前面的障碍就是东吴。不过形势对他十分有利，西晋的国势蒸蒸日上，而东吴在暴君孙皓治下，民不聊生。不过司马炎并没有贪快急进，而是慎重筹划，他先屯兵东吴边境，然后再伺机灭吴。

司马炎慧眼独具，挑选了一个很有才干的将军统兵，这个人就是羊祜。羊祜学识渊博，清廉正直。泰始五年（公元269年），司马炎命羊祜坐镇襄阳，都督荆州诸军事，与东吴南北对峙。羊祜到任后，发现荆州的形势并不稳固，百姓生活不够安定，士兵的军粮也不足。于是羊祜首先把精力放在发展荆州方面。他用了将近10年的时间，做好了灭吴的军事和物质准备。他屯田练兵，兴办教育，安抚百姓，并与吴国人坦诚相待，凡投降之人，去留可以自己决定，还禁止拆毁旧官署。羊祜的攻心战术十分有效，他也深得吴人的信任，吴人对西晋的敌对态度也逐渐转变，甚至有人称他为羊公。不过东吴驻守在此地的名将陆抗也很有才，他采取了与羊祜一样的怀柔攻心战术，这样西晋也不敢轻易发动灭吴的战争。羊祜、陆抗两军相对，边境地区十分安定。可惜吴主孙皓暴虐至极，激起了全东吴人的反对，他们对西晋社会安定，经济繁荣的景象非常向往。这些都是陆抗个人努力达不到的。后来陆抗去世，羊祜立即上表请求伐吴，不过晋朝国内群臣认为时机未到，表示反对。公元278年，羊祜抱病回到洛阳，不久病故。临终前，他举荐了大将杜预。这样，司马炎伐吴的计划，就由杜预来完成了。

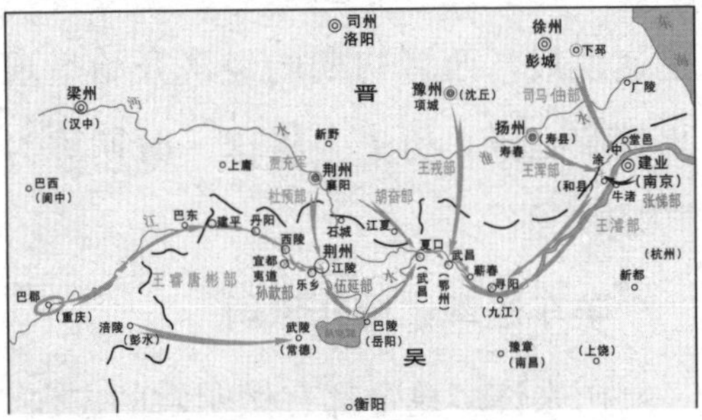

晋灭吴之战示意图

杜预是一员儒将，运筹帷幄，才干不在羊祜之下。杜预首先袭击了东吴守将张政，并大败张政军。东吴皇帝孙皓生性多疑，对臣子又十分残暴，张政根本不敢禀报战败之事。杜预就大张旗鼓地将一部分东吴俘虏送至吴都，结果孙皓大怒，立刻把张政调离军中。杜预略施小计，就赶走了劲敌。他的才干，也得到了司马炎的赏识。趁着司马炎高兴，杜预就联合了许多大臣，一起上书，请求出兵伐吴。公元 279 年，司马炎终于下达灭吴的命令。20 多万晋军分 6 路深入吴境。有了前面羊祜 10 来年的筹备，加上西晋实力雄厚，而东吴国力衰竭，灭吴之战进行得很顺利。公元 280 年初，晋军攻到吴都建业，吴主孙皓投降，东吴灭亡。西晋的统一大业终于完成。

国家统一，外患消除后，司马炎就把主要精力放在恢复经济、发展生产上。他出台了许多英明的措施。首先，他继续优待魏蜀吴三国皇室的遗属。东吴旧主孙皓也封为归命侯，继续享受安定舒适的生活。其次，司马炎对广大农民实行“占田制”，用以取代原来的“屯田制”。“占田制”规定男子可占田 70 亩，女子占田 30 亩，这样就大大提高了农民的生产积极性。农村安定下来，生产迅速恢复。农业发展了，人口增加了，国库自然也充足了。司马炎灭吴后才三年，西晋人口就增加了 130 多万户，农业和手工业、商业等得以迅速发展，西晋初期的经济开始呈现出繁荣之景，历史上将这一时期称为“太康之治”。

金谷园图

此图描绘的是西晋富豪石崇与小妾绿珠在金谷园中的宴乐情景。

羊车巡幸　痴儿承嗣

历来许多皇帝都有做明君的志向，可大多数都善始不能善终，司马炎也一样。天下一统，国家安定了，他就开始荒淫享受起来。为了表达孝心，同时也彰显自己的功绩，他大修祖庙，装饰得富丽堂皇，耗费人力物力无数。

接着，美色自然不会少了。他下了一道令人瞠目结舌的诏书："禁天下嫁娶。"历史上再荒淫的皇帝，也没有为了自己选美，不准天下所有老百姓先结婚的，这实在是历史上的创举。这一荒诞的旨意竟然还付诸行动了。泰始九年（公元 273 年），全国一切嫁娶全部停止，举国上下所有女子，包括订婚待嫁的，都必须参加选美。结果司马炎的后宫一下就有了美女 5000 多人。他还觉得不满足，又把东吴昏君孙皓后宫的几千美人都接受了，结果后宫美人过万，实在惊人。美女太多，司马炎挑不过来，干脆每天坐着羊拉的车，在宫中四处游荡，羊车停在哪里，就拉上几个美人宠幸。后宫美人众多，为了争得皇帝的宠幸，纷纷在门口插上竹枝，洒上盐巴，吸引拉车的羊能停在自己门前。

司马炎在衣食住行上也苛求奢华，甚至超过了有史以来的所有皇帝。上有所好，下必盛焉。有了司马炎带头，朝中权臣、皇亲贵戚竞相攀比。太尉何曾、尚书任恺等就以奢侈闻名，他们锦衣华服，堪比王侯，饮食日费万钱，还嫌不够精致。驸马王济府上，侍宴的婢女都锦衣绸裙，烹制的乳猪，竟然是用人乳喂养，又用人乳烹制而成。而另一个驸马王敦，在公主的住处如厕，发现旁边放有一盆香枣，就吃了几颗，后来才知道是用来除臭塞鼻用的，王敦因而受到宫女的耻笑。除了朝臣皇室竞比奢华，整个洛阳城都是以夸富为荣。当时京都有两大富豪：一个是晋武帝的舅父、后将军王恺，还有一个是散骑常侍石崇。二人为了斗富，做了许多令世人瞠目的事。石崇听说王恺家里洗锅用饴糖水，就命令自家厨房用蜡烛当柴火烧。王恺为了挣回脸面，又在自家门前大路两边，夹道四十里，用紫丝编成屏障。石崇又用比紫丝更名贵的彩缎，铺设了五十里屏障。如此种种，西晋整个社会都风气败坏。

皇帝荒淫无道，引得不少正直大臣都有怨言。一次，他率群臣到京城南郊祭祀。礼毕，他问身边大臣刘毅说："朕能和汉代哪位皇帝相比?"他以为刘毅会说出汉高帝、文帝、景帝一类。谁知刘毅答："可比桓、灵。"这二人都是汉代荒淫无道的国君。司马炎听了很生气。为了找回颜面，他说："桓、灵二帝怎能与朕相比，朕面前至少有你这样敢说实话的诤臣。"

司马炎由于纵欲过度，身体很快就亏损下去。他自己感觉时日不多，就考虑到继承人的问题。按嫡长子继位的规矩，他的长子司马衷9岁就被立为太子了。不过司马衷是个白痴，根本当不了皇帝。朝中很多大臣纷纷提议立齐王司马攸。司马攸是司马炎的弟弟，才华出众，原本就是与司马炎竞争太子之位的人，司马炎当然不愿意。司马衷虽然痴傻，但他有个聪明伶俐的儿子。一次，宫中失火，司马炎想到火场去看看，5岁的小孙子拉住他说："爷爷，您贵为天子，怎么能去那些危险的地方呢?"司马炎感到很惊奇，他从小孙子身上看到了希望，最终决定把皇位传给司马衷，好将来把江山传给聪明的孙子。

太熙元年（公元290年），司马炎因病逝世。他在位25年，终年55岁，葬于峻阳陵，谥号"武皇帝"，庙号"世祖"。他曾雄姿英发，统一全国，把西晋带入了强盛的时代；他又荒诞淫靡，损毁了来之不易的基业，留下一个乱摊子，为西晋后来灭亡埋下隐患。

惠帝司马衷

晋惠帝档案：

生 卒 年：公元259～306年

父　　母：父，武帝司马炎；母，皇后杨艳

后　　妃：贾皇后、羊皇后

年　　号：永熙，永平，元康，永康，永宁，太安，永安，建武，永安，永兴，光熙

在位时间：公元290～306年

谥　　号：惠帝

庙　　号：无

陵　　寝：河南太阳陵

性　　格：鲁愚迟钝，昏庸无能

点评：

司马炎的嫡子，合法皇位继承人司马衷，是一个白痴。庞大的帝国巨轮，由白痴皇帝掌舵，这个帝国的前途，用不着跟谁打赌，就可确定它的结局了。

——柏杨

惠帝司马衷像

晋惠帝名叫司马衷，是晋武帝司马炎的次子，是西晋王朝的第二位皇帝。在中国历史上，昏庸皇帝、傀儡皇帝都不少，而司马衷却是个白痴皇帝。他愚蠢迟钝，只会玩乐，西晋政权从他手上开始衰落。

司马衷天生愚钝，是个白痴。按照自古皇位的继承制度，要立嫡长子为太子。可是司马炎的大儿子司马轨2岁就夭折了，所以傻子司马衷就成了长子。其实司马炎有25个儿子，可他对立嫡的制度特别看重，因为他自己是凭嫡长子的身份继位的。这样，司马衷即

使痴傻，也在9岁就被立为太子。

司马炎还真想让傻儿子以后做皇帝，为他请了颇有名望的李熹为太傅，希望严师出高徒。可老师再有才，也无法把一块朽木教成才。况且司马衷不爱读书，也学不会，吃喝玩乐的事却无师自通。后来司马炎自己花天酒地，也管不上傻儿子了。司马衷整日混混沌沌，经常问一些可笑的问题。平日里，他听大臣们争论“为公”“为私”，他也不懂。一次，他在御花园里玩耍，见池塘里的青蛙呱呱叫，就问身边侍从：“青蛙是在为官家叫，还是为私家叫？”侍从们早就熟悉如何哄骗这位傻太子了，就答：“青蛙在官家地里时便为官家叫，在百姓的自家地里时，便是为私家叫。”司马衷听了也觉得很有道理，认为侍从答得好，还给了赏银。另有一次，司马炎在朝堂上与群臣商议如何赈灾的事。司马衷在旁边听了不解，就问：“怎么会有人饿死呢？百姓没有馒头吃，为何不吃肉粥呢？”司马炎见他蠢得不可救药，只好让人把他带出朝堂。

太子如此愚钝，朝臣也不放心，纷纷请求皇帝改立太子。司马炎自己也发愁傻儿子会丢了祖宗开创的基业。不过司马衷是皇后杨氏所出，杨家势力庞大，司马炎也不敢轻易废了太子。正在踌躇之际，他却从孙子司马遹身上看到了希望。司马衷长到20多岁，连男女之事都不懂。司马炎担心子嗣问题，有些着急了，就把自己宠幸过的一个才人谢玖送给了傻儿子。没想到谢玖很快有了身孕，使得太子妃贾南风对她非常嫉恨。于是，谢玖就回到西宫，后来生下了一个儿子，就是傻太子的长子司马遹。司马衷糊里糊涂地，直到司马遹三四岁了，他才知道这是自己的儿子。司马遹从小就聪明伶俐，很得司马炎的欢心。一次，宫中失火，司马炎想去看看，司马遹却拉住他，说贵为天子，不要到那么危险的地方。见小孙子有如此见识，司马炎非常惊奇，就经常带在身边。一次，司马遹跟着他参观了猪圈，就对他说：“猪已经养肥了，为何不杀了犒赏将士，还留着浪费粮食呢？”司马炎见他才几岁就如此聪慧，认为他将来一定可以振兴祖业。司马炎对他的教育非常重视，精心挑选了刘寔等人教授学问。听说广陵（今江苏扬州）有天子气，又封他为广陵王，食邑5万多户。

至于傻太子司马衷，能生下如此聪明的儿子，司马炎也认定他只是智商不高，并不是白痴。司马炎还对太子做了一次测试，将尚书省的一些疑难政事写下来，命人送给太子作答。送题的人先去了太子妃贾氏处，贾氏是个聪明人，就找人代答，然后让司马衷抄写一份呈上。司马炎见答得有条有理，更加肯定了自己的看法。于是，司马炎不顾群臣的反对，最终传位给傻儿子司马衷，就是为了把皇位传到聪明孙子司马遹手中。太熙元年（公元290年）四月，司马炎病死，32岁的司马衷即位称帝，称为晋惠帝，改元永熙。

司马衷称帝，妻子贾氏为皇后，长子司马遹为太子。司马衷的生母杨艳是司马炎的皇后，她死后，妹妹杨芷又做了皇后，现在就成了太后。司马衷依旧吃喝玩乐，糊里糊涂地，国家大事都由他人代理。很快，杨太后一族就得势了。杨太后的父亲杨骏野心勃勃，从武帝司马炎时就加爵封侯，在朝中地位扶摇直上。他与两个弟弟杨珧和杨济一起，在朝中结党营私，势力不断壮大。司马炎当时只沉迷酒色，根本没放在心上。司马炎一死，杨骏就成了唯一的顾命大臣。司马衷愚钝，杨骏就明目张胆地把持朝政。他耀武扬威地住进太极殿，在原来武帝上朝的地方办公，还配备了上百名虎贲军做保镖。他经常借傻皇帝的名义发布诏书，为自己加官进爵。杨骏如此行径，很快就引来了群臣的不满。

皇帝傻，可皇后却不是好对付的。贾皇后是前朝权臣贾充的女儿，不但长得奇丑无比，还心地阴险恶毒。贾充善于阿谀奉承，很得武帝司马炎的欢心。他买通杨皇后和几个权臣，这些人在武帝面前极力夸赞贾充的女儿如何才貌双全，结果武帝就同意纳贾氏为太子妃。贾氏对自己嫁的傻子丈夫十分厌恶，但她很有手段，把司马衷治得服服帖帖的。她不满足于久居深宫，就想要权力。公元 291 年，贾皇后联合楚王司马玮和淮南王司马允设计杀了杨骏，又下令将杨氏的同党和亲族全部杀了，一共杀了几千人。连杨太后也未能幸免，被贾皇后活活饿死。除掉了外戚杨氏，贾皇后又开始算计自己的同党。在她的挑唆下，先是楚王司马玮除掉了汝南王司马亮和卫瓘，接着贾皇后又借皇帝的名义下诏杀了他。这样，朝中大权就落到了贾皇后一族手中。

贾皇后大权在握，就开始肆意放纵。她长得丑陋，却特别淫荡。朝中只要她看上的男人，都要拉上床。她还经常派人在洛阳城内物色美貌少年，将其抓进宫与她淫乱。贾皇后与许多男人鬼混，却没有生下儿子。她的父亲贾充就劝她善待太子，还想把自己的小女儿贾午之女嫁给太子为妃。可贾皇后知道自己专横淫乱，树敌不少，太子肯定不会成为自己的依靠，就不同意结亲。为了免除后患，她派人杀了太子司马遹。贾氏的暴行激起了司马宗室的义愤。许多司马氏诸侯王起兵讨伐。赵王司马伦率先攻入洛阳，杀了贾皇后，废了惠帝司马衷，自立为帝。

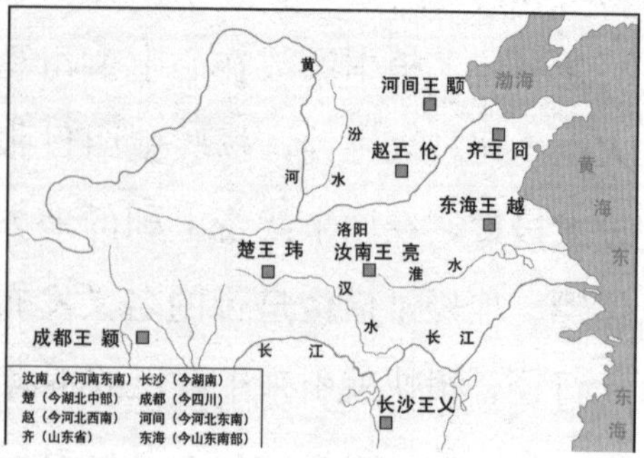

西晋时期八王封国略图

司马衷为帝，旁人除了看笑话，就是想着如何专权，倒没有谁想去夺他的这个傀儡皇位。可司马伦篡位，就有许多人站出来讨伐。原来武帝司马炎曾认为曹魏灭亡，很大一个原因就是宗室力量太弱，所以他当了皇帝后，就给司马氏子弟都分封了很大的权力，这也使得他们现在有实力夺权。齐王司马冏、成都王司马颖、河间王司马颙、东海王司马越等7位王爷起兵讨贼。他们打着为惠帝平乱诛贼的旗号起兵，实际上是为了自己争夺权力，这就是历史上的“八王之乱”。“八王之乱”乱了16年，可怜的惠帝司马衷被他们争来抢去，受尽了苦楚，就差没丢掉性命了。这场持久的战乱也造成了几十万人死亡，上百万人流离失所。最后，东海王司马越胜出，他杀死其他诸侯王，掌控了大权。

司马越掌权后，傻皇帝司马衷也失去了价值。公元306年，司马衷吃面饼时突然中毒身亡，终年47岁，他死后葬于太阳陵。有人怀疑下毒的是司马越，不过查无实据，就成了一个悬案。司马衷在位16年，混混沌沌，成为他人争权夺利的棋子，实在悲哀！

怀帝司马炽

晋怀帝档案：

生卒年：公元284～313年

父　　母：父，武帝司马炎；母，中才人王媛姬

后　　妃：梁皇后

年　　号：永嘉

在位时间：公元306～312年

谥　　号：怀帝

庙　　号：无

陵　　寝：无

性　　格：端正谨慎，平和温顺

点评：

怀帝天姿清劭，少著英猷，若遭承平，足为守文佳主。而继惠

帝扰乱之后，东海专政，无幽厉之衅，而有流亡之祸。

——唐·房玄龄《晋书》

晋怀帝名叫司马炽，是晋武帝司马炎的小儿子，西晋王朝的第三代皇帝。他人品端正，学识渊博，可身处动乱之中，最终无所作为。

司马炎儿子多，有 25 个，司马炽是最小的。公元 289 年，司马炎封年仅 5 岁的司马炽为豫章王。后来傻子司马衷做了皇帝，外戚、诸王纷纷政权。司马炽年纪小，他洁身自好，只闭门读书，钻研史籍，根本不参与乱事，这样不仅保全了性命，还有了一定的声望。到了公元 304 年，司马炎的 25 个儿子在自相残杀中只剩下了 4 个。河间王司马颙掌权，他废了皇太弟成都王司马颖，就只能从吴王司马晏和豫章王司马炽中挑选一个。司马晏既无能又无声望，于是就立司马炽为皇太弟，作为法定接班人。公元 306 年，东海王司马越揽权，他毒死惠帝司马衷，就由司马炽接替皇位，即晋怀帝。第二年改元永嘉，以司马越为太傅辅政，政局全由司马越把持。

司马炽 23 岁做皇帝，他为人正直，谦恭谨慎，加上学识渊博，还是一个很有才华的皇帝，朝臣民众都对他充满希望。不过他的学识兴趣集中在考究经史典籍上，加上长年钻研书本，也缺乏实际的统治经验和魄力。在西晋已经动乱的末世，他根本无法力挽狂澜。

在八王之乱的十几年间，不仅晋朝国力大大损耗，而且许多内迁的少数民族，如匈奴、鲜卑、羯、羌等，他们不甘臣服，也纷纷趁机反抗。到了公元 308 年，匈奴贵族刘渊在平阳（今山西临汾）称帝，并纠集各方势力，公开与晋为敌。曾被晋军打败的羌族石勒和王弥也投奔了刘渊。公元 309 年，石勒率兵 10 多万人几次攻打洛阳，几乎破城。公元 310 年十月，石勒与王弥、刘曜等又率兵攻打洛阳。洛阳城内兵尽粮绝，怀帝司马炽只得下诏号召各地发兵勤王。可是由于司马越专权，不得人心，加上各地也有暴乱，王侯将领们自顾不暇，最后竟然没有一支队伍来救援。

公元311年二月，怀帝司马炽为了挽回人心，保住洛阳，就与大臣荀晞密谋诛杀司马越，并且发出诏书讨伐。结果司马越得到消息，命人缴获了诏书，于是双方公开宣战。不过司马越在3月就病死了，他的部下王衍带着他的灵柩回东海郡国安葬，结果在路上被石勒堵住。石勒杀了王衍带的10多万人，还将司马越剖棺焚尸。驻守洛阳的何伦是司马越的部下，听说司马越死了，就带着司马宗室和余部向东海封国撤退，结果碰上石勒，也全被杀了。此时洛阳城中粮草用尽，四处都有匪兵劫掠，已经到了人吃人的地步，文武百官都逃走了十之八九。司马炽也想趁乱逃走，可他身边连侍卫都没有了。他带着几个随侍宦官跑出西掖门，就遇到盗贼抢劫，只好又返回宫中。六月，洛阳城被石勒等人攻破，怀帝司马炽被俘。匈奴人四处杀人抢劫，宫中财物也被抢空。他们还把晋朝几个皇帝的陵墓也盗掘了，又放火烧毁了整个洛阳城。魏晋以来，耗费无数人力物力，历时百年才建成了一代名城，被他们完全焚毁了。

司马炽被俘后，被送往平阳（今山西临汾）。匈奴汉主刘聪封他为特进、左光禄大夫、平阿公。公元312年二月，又封司马炽为会稽郡公，加仪同三司。虽然封了爵位，不过司马炽并没有得到善待。刘聪对他百般凌辱，甚至把他当仆人使唤，每逢宴饮，都让他穿着侍从服饰为宾客布菜斟酒。

公元313年正月初一，刘聪大宴群臣，又让司马炽出来倒酒，晋老臣庾珉等见昔日国君受到如此侮辱，不禁失声痛哭。刘聪大怒，就将晋老臣十多人全部杀死，怀帝司马炽也被毒死。司马炽在位6年，死时年仅30岁，葬地不详。他在位期间，内忧外患，大动乱的时代已经到来，他只能做个悲剧角色。

愍帝司马邺

晋愍帝档案：

生 卒 年：公元300～317年

父　　母：父，吴孝王司马晏；母，不详

后　　妃：皇后

年　　号：建兴

在位时间：公元313～316年

谥　　号：愍帝

庙　　号：无

陵　　寝：无

性　　格：软弱平庸

点评：

愍帝奔播之后，徒厕其虚名，天下之政既去，非命世之雄才，不能取之矣！

——东晋·干宝《晋怀纪》

晋愍帝名叫司马邺，是吴孝王司马晏之子，西晋王朝的末代皇帝。司马邺在乱世中当了短短几年皇帝后，被刘汉政权的刘曜军队俘虏，西晋王朝从他手上终结。

司马邺，字彦旗，生于永康元年（公元300年），他是晋武帝司马炎的孙子，吴王司马晏的儿子。他出生之后正值八王之乱，整个西晋王朝动乱不堪。后来又经历了怀帝司马炽时期的匈奴入侵，四处都是战乱。司马邺虽是皇室子孙，却没有享受过一天平静的日子。

永嘉五年（公元 311 年）六月，京都洛阳城被匈奴建立的汉国皇帝刘聪派兵攻破，怀帝司马炽被俘往平阳。皇帝没了，大臣们可就慌了，不管他们对晋室忠不忠心，都需要一个皇帝做招牌来发号施令。他们四处物色人选，而司马邺正巧被他们看中，就偶然登上了帝位。

在洛阳城破时，司马邺才 13 岁，是抚军将军秦王。他从洛阳逃出后到了密县（今河南省密县）。当时司空荀藩屯驻在阳城（今河南省登封县东南），听说司马邺在密县，喜出望外，立刻派人去将他接来供奉着，随后又一起转移到许昌，后来又去投奔前任豫州刺史天水（今甘肃天水市）人阎鼎。此时中原大地已经被少数民族的军队分割得七零八落。匈奴破了洛阳后并未罢手，这年九月大将刘曜领兵攻入长安，杀了镇守长安的南阳王司马模等人。匈奴兵进入长安后烧杀劫掠，将长安城也毁成断壁残垣。战争加上天灾，百姓饿死、被杀死者十之八九。不过西晋臣民也不甘坐以待毙，他们团结起来，与匈奴人浴血奋战，最后终于把刘曜赶出了长安。大将阎鼎听说关中形势大好，就带着司马邺、荀藩等进驻长安。不过荀藩是山东人，不愿西去，就在路上溜走了。永嘉七年（公元 313 年）四月，晋怀帝司马炽被毒死的消息传出，众臣就拥立司马邺在长安为帝，即晋愍帝，改元建兴。

司马邺当皇帝时才 14 岁，根本不管事，军政大权全由卫将军、领太尉索琳负责。此时的长安在历经浩劫后已是满目疮痍，到处都是荒草。朝廷的装备更是窘迫，官员们连官印、官服都没有，上朝的笏板也是用临时锯的桑木板代替。朝臣们如此狼狈，皇帝的日子也好不到哪里去。面对周边各少数民族的威胁，司马邺曾下诏让在江南避乱的琅玡王司马睿带兵来长安救援，还命幽、并两州的地方官与左右丞相率领精锐部队，兵分两路，一路进攻平阳、洛阳，一路来长安勤王。可他下的诏书根本无人理睬，没有人把他这个皇帝当回事。

建兴四年（公元316年）八月，刘曜再次围攻长安。各地勤王的兵马才几千人，根本不敢靠近长安，眼睁睁地看着匈奴人攻城。城内的将士虽然也有不少奋勇抵抗，但毕竟粮草耗尽，又无救援。城中百姓饿得站都站不起来，根本无力抵抗，皇帝司马邺也断了粮。十一月十一日，走投无路的司马邺在群臣百姓的哭泣声中，开城门投降，西晋就此灭亡。

司马邺投降后被押到平阳，封为光禄大夫。他的命运比前任皇帝司马炽还要凄惨。汉主刘聪对他的羞辱更甚。刘聪去打猎，司马邺得全身披挂，为他开路，沿途百姓都对他指指点点："这就是从前在长安的天子!"司马邺回到匈奴皇宫，不仅要在宴席上斟酒、洗酒具，甚至刘聪上厕所，他还得在旁边拿着马桶盖。被俘来的晋朝老臣见到这种情景，悲愤得抱住司马邺痛哭失声。刘聪就把他们全杀了。刘聪又担心留着司马邺，晋人复国之心不灭，就把他也毒死了。

司马邺死于公元317年十二月，他在位3年，死时年仅18岁，葬址不明。他被拥上皇帝的宝座，也被推向了动乱时代的风尖浪头，最后悲惨收场。

东晋

元帝司马睿

晋元帝档案：

生卒年：公元276～322年

父　　母：父，琅琊王司马觐；母，琅琊王妃夏侯光姬

后　　妃：虞皇后、郑贵妃等

年　　号：建武，大兴，永昌

在位时间：公元 317～322 年

谥　　号：元皇帝

庙　　号：中宗

陵　　寝：江苏建平陵

性　　格：恭俭大度，胸无大志

点评：

司马睿是中国封建皇朝中最少权威的一位开国之君。他之所以能够称帝于江南一隅，不是凭借他本人的权威或者实力，而是因为他出身的西晋皇室在当时已成为汉族政权的象征。

——白寿彝《中国通史》

晋元帝名叫司马睿，是琅玡王司马觐之子，东晋王朝的开国皇帝。他建立东晋，偏安东南一隅，使晋朝又延续了 100 多年。不过东晋一开始就国势衰微，只是勉力支撑半壁江山。司马睿在位期间，权臣干政，他无力揽权，最终无功可言。

司马睿，字景文，是司马懿的曾孙，祖父司马颙为司马懿的庶出之子。他的父亲是琅玡王司马觐。太熙元年（公元 290 年）司马觐死了，15 岁的司马睿就承爵为琅玡王。这时正是惠帝司马衷当皇帝，外戚、皇室争权斗争激烈，到处都是动乱。在庞大的司马氏家族中，司马睿只是一个无兵无权，地位很低的皇室子弟。在这样的乱世中，他只能低调做人，隐匿锋芒，以此来明哲保身。八王之乱后期，司马邺依附于与琅邪

元帝司马睿像

国相邻的东海王司马越，与司马越手下参军、世家子弟王导结交。后来八王之乱结束，司马越杀了其他诸王，一支独大，司马睿也跟着保全了自己。而他结交的王导，后来成为他帝王大业的得力助手。

王导出身于琅玡郡的世家大族，是个很有远见的人。他看到西晋诸王自相残杀，人民起义不断，朝廷摇摇欲坠，又见司马睿为人平易谦恭，是个有才干的人，就多次劝司马睿早日回自己的封国琅邪，观天下局势，以谋划大业。公元 307 年，趁着匈奴汉主刘渊起兵进攻中原，形势恶化，司马睿就采用王导的计谋，请求司马越让他镇守建康（司马邺称帝后，为了避他的讳，改建业为建康）。司马越此时独揽朝政大权，四处都是战乱，朝中反对之声不绝，他忙得团团转，正打算在江南培植自己的势力，作为以后自己的后方根据地。听闻司马睿的请求，就欣然同意了。于是任命司马睿为安东将军、都督扬州江南诸军事，镇守建康。司马睿去镇守江东时，正赶上北方战乱不停，大批百姓纷纷向南迁徙。这些流民就随着司马睿一起来到了江南。司马睿还带来了不少支持自己的北方贵族。而密友王导，也作为安东司马，随他一起来此共同谋事。司马睿的大业从这才开始打基础。

司马睿到了建康后，行事并不顺利。由于他平时为人低调，并没有什么威望，所以他来到扬州很长时间了，连个来拜见的人都没有，吴人根本就瞧不起他。魏晋以来，朝廷都是靠世家维持的，如果没有江南士族的支持，司马睿很难在江南立足。为了打破这个尴尬的局面，他就与王导商议怎么做才能扬名立威，取得地方大家世族的拥护。正巧王导有个堂兄叫王敦，是扬州刺史，也很有谋略。王导就把他找来一同商议此事，最后商定借用王敦的军队为仪仗，来彰显大将军的军威。

三月三日上巳节，是江南人的的重要节日，上至达官贵人，下至平头百姓，都要到江边祈福消灾。这一天，大批人马鸣锣开道，在王导、王敦及许多名流绅士恭敬地簇拥下，在侍从骑着高头大马地护卫下，司马睿乘坐豪华的肩舆从人群中招摇而过。见到这个这阵仗，当地大族豪绅很吃惊，纷纷跪在地上迎接。随后，王导就把他们召集一起，隆重介绍了大将军司马睿。建康的豪族听后，都表示愿意支持司马睿。

在王导的建议下，司马睿又挑选当地世家大族的头面人物顾荣、贺循等到军中和官府任职，于是就有更多江南世族拥护司马睿。而那些跟随司马睿从北方迁来的世家贵族及其宗族、部属、佃农等，也享有特殊优待。他们利益有了保证，自然也支持司马睿。这样，司马睿就得到了南北世家大族的共同拥护，终于在南方站稳了脚跟。南方物产富饶，经济繁荣，又有天堑长江作为军事防卫，在这样优越的条件下，司马睿稍微一治理，就很见成效。随着附近几个郡的人才都来投奔，司马睿的名声就渐渐传开。地方官僚的大力拥护，也为东晋政权奠定了稳固的基础。

公元 316 年十一月，晋愍帝司马邺在长安向匈奴军投降，随后司马邺被押往平阳，西晋灭亡。公元 317 年三月，司马睿即晋王位。一年后，晋愍帝司马邺被害的消息传到建康。司马睿在百官簇拥下，正式登上帝位，国号仍然为“晋”，史称“东晋”，定都健康，改元太兴。司马睿就是晋元帝，是东晋的开国皇帝。

司马睿当上皇帝后，首先感谢的就是王导兄弟。他深知没有王导等人的支持，根本不可能有今天的大业。所以，司马睿对王导是真心感激的，他甚至还在登基大典当天，将龙椅让出一半，命王导与自己共坐，这就表示他要与王导共享皇权了。不过王导功劳再高，也不敢受这样的大礼，他诚惶诚恐地跪倒在地上，对司马睿连连叩首说：“皇上，您是太阳，普照万民；而我只是太阳下面的草虫。如果草虫与太阳在一起，万物如何享受阳光的照耀呢？”虽然司马睿给了王导如此殊荣，但有哪个皇帝会真舍得让出自己的宝座呢？所以王导的一番话，将司马睿捧得十分受用，共坐龙椅一事也就此揭过不提了。不过，司马睿可没有亏待王导兄弟。他封王导为尚书，专管机要大政；王敦为将军，总管江、扬、荆、湘、交、广六周军事。其他人等也纷纷封赏进爵。不到一年，王家兄弟就占据了朝廷所有要职，当时有人称：“王与马，共天下。”司马睿的朝政离不开王家，这也导致了后来王氏的专权。

东晋只是偏安江南一隅的政权，只有半壁江山。司马睿的朝政稳定后，发展生产，恢复经济是首要的事情，而第二件大事就是出师北伐，把匈奴夺去的土地再夺回来。当时黄河流域仍然是各个少数民族割据和统治，连年战乱，政权也换得特别快。生活在水深火热之中的百姓，都盼着东晋北伐，重新统一。虽然民心所向，但是司马睿的政权对北伐并不积极。经过了几十年的战乱后，好不容易有了一个安稳的环境，他们满足于偏安江南的安逸和享乐，并不想再去打仗。北伐只是士大夫们清谈闲聊的话题，并不想付诸行动。司马睿虽然有过北伐之心，却并不坚决。整个东晋王朝都呈现出一股奢靡颓废的气息。

彩绘闻鸡起舞图　民国　魏墉生瓷板画

本画源自《晋书·祖逖传》：“祖逖与司空刘琨俱为司州主簿，情好绸缪，共被同寝。中夜鸡鸣，蹴琨觉曰：‘此非恶声也’。因起舞。”祖逖立志为国效力，与刘琨互相勉励，半夜鸡啼起床舞剑。后成为有志者及时奋发的典故。

不过，还是有少数爱国志士不甘心忍受国家残破的局面，挺身而出，立志要驱走敌人，收复失地，祖逖就是其中的一个。祖逖年轻时就有雄心壮志，他与好友刘琨一起任职司州主簿。两人友谊深厚，晚上同寝，到了凌晨听到鸡鸣，祖逖就叫醒刘琨，说：“你听，这鸡叫的声音多么激昂，它是在督促人们奋发图强啊！”两人再也睡不着了，就披衣起床，拔剑起舞，准备练好本领，将来好为国家出力。这就是成语“闻鸡起舞”的由来。祖逖素有光复中原的志向，公元313年，他就上书请求北伐，不过却没有得到批准。司马睿做了皇帝后，祖逖又多次上书，请求北伐，加上如今北方百姓都热切期盼着晋室北伐，司马睿不好再驳斥，就给了祖逖一个豫州刺史的头衔，1000人的口粮，3000匹布，什么武器装备都没有，让祖逖自己招募人马北伐。祖逖并不气馁，他毅然带着同僚、家丁等几百人过江北上，后来才招募到几千人。北伐顺应民心，祖逖进军也十分顺利，他多次打败匈奴石勒的部队，将黄河以南的大片土地都收复了。

祖逖的胜利并没有让司马睿欣喜，反而让他担心祖逖会功高震主，威胁到自己的皇位。所以，司马睿任自己的亲信戴渊为征西将军，名义上是协助祖逖讨伐胡虏，实际上就是专门牵制祖逖的。此时祖逖正要渡过黄河，继续收复冀州和朔州，不料军中却多了这样一个皇帝的眼线。戴渊既无能又自大，他也知道司马睿派自己来的用意，就处处与祖逖作对，最终导致了北伐失败。祖逖忧愤成疾，病死军中。

司马睿这个皇帝也没有实权，政治上有王导，军事上有王敦。王导虽然专权，但对他还比较忠心，而王敦却野心勃勃，逐渐威胁到他的地位。王敦本来就是皇亲国戚，西晋武帝司马炎的女儿襄城公主是他的妻子。他如今又帮助司马睿称帝，成了东晋的开国功臣，并由此身居要职，手握重兵。他独揽大权后，野心就越来越大。司马睿对此感到恐慌，就与刘隗、刁协、戴渊等人商量要除掉王敦。王敦得到消息，立刻起兵进驻建康，打败刘隗，又杀了刁协、戴渊。

吓得司马睿赶紧去向王导求情。后经王导从中斡旋，王敦才耀武扬威地退回驻地武昌。

王敦篡位的野心越来越大了，他攻入建康时，智勇双全的太子司马绍率军奋勇抵抗。王敦担心太子会成为自己以后称帝的障碍，就诬陷太子不孝，想废了太子。幸亏司马绍很得人心，有群臣拥护，王敦才罢手。回到武昌后，王敦又继续遥控朝政，王氏子弟及其亲信占据了朝中所有重要职位。全国的兵权也由他把持，他亲自统领宁州和益州，而兄弟王邃则掌管青州、徐州、幽州和平州军事，王含总领荆州地区军事。

司马睿眼看着王敦骄横专权，却无可奈何。永昌元年（公元322年）闰十一月，司马睿忧愤成疾病，不久亡故，终年47岁。葬于建平陵，谥号“元皇帝”庙号“中宗”。他在位5年，软弱无能，没有什么政绩。

明帝司马绍

晋明帝档案：

生卒年：公元299～325年

父　　母：父，元帝司马睿；母，荀氏

后　　妃：庾皇后、宋妃等

年　　号：太宁

在位时间：公元322～325年

谥　　号：明帝

庙　　号：肃宗

陵　　寝：江苏武平陵

明帝司马绍像

性　　格：聪明果断，仁孝恭谨

点评：

东晋诸帝中，唯明帝能有所作为。

——白寿彝《中国通史》

晋明帝名叫司马绍，是晋元帝司马睿的儿子，东晋的第二代皇帝。他聪明勇敢，平定叛乱，使国家得到了延续。

司马绍，字道畿，是元帝司马睿的长子，他自幼聪慧早熟，很得元帝喜爱，10 岁就被立为皇太子。他文武双全，礼贤下士，与当时名臣王导、庾亮、温峤、桓彝等交好。司马睿在位时，将军王敦专权。司马睿想除掉他，不想王敦先下手。公元 322 年，王敦在武昌起兵叛乱，不久，叛军就攻入了京都建康。太子司马绍亲自披挂上阵，打算与王敦决战，后来温峤极力劝阻才作罢。而王敦见太子有勇有谋，在朝中很有声望，就想诬蔑他不孝来废了太子，后因满朝文武都反对才作罢。与司马绍交好的王导是王敦的堂弟，经他从中斡旋，王敦才趾高气昂地撤兵回武昌。这年闰十一月，皇帝司马睿因王敦的嚣张跋扈忧愤病死。当月，太子司马绍即位，就是晋明帝。

司马绍 24 岁当皇帝，他很有才华，又正值血气方刚的年纪，很想有一番作为。而元帝司马睿留给他的是一个危机四伏、风雨飘摇的烂摊子。司马绍要做的第一件事就是铲除手握重兵的王敦。而王敦听说元帝死了，新帝即位，就想回到朝中好趁机篡位。于是，他逼迫朝廷征他回去。他本以为司马绍不敢让他回去，这样他就有借口起兵叛乱夺位了。不料司马绍亲手写下诏书，将王敦从武昌征回到朝中，不仅并没有追究他的叛乱之罪，还赐予他种种特权以示优待。不久，王敦就镇守姑孰，领扬州牧。姑孰是京都建康的西南门户，位于长江重要渡口上，又紧靠京师，是军事重地。

公元323年六月，司马绍册封名臣庾亮的妹妹为皇后，庾亮为中书监，王导为尚书令。王导虽然有个谋反的堂兄王敦，但他对司马政权一直都忠心耿耿。而王敦见王导仍然辅政，以为有机可乘，就加紧筹备篡位之事。王敦有个侄子王允之，是廷尉王舒之子，聪明伶俐，很得王敦的欢心，经常跟随在他身边。一日，王敦、王允之叔侄饮酒后，王允之不胜酒力，先行睡下。而王敦的心腹钱凤正好来与他密商谋反之事。王允之听得清楚，担心会被发现灭口，就吐着满地都是，装醉瞒过了王敦等人。然后找了个机会跑去父亲那里，把王敦的谋划告知王舒和王导。二人马上报告给司马绍。

司马绍得知了王敦谋反的计划，立即行动起来，他绝不允许自己像父亲司马睿一样坐以待毙。司马绍很有胆识，他乔装改扮，单身独骑潜入王敦的军中察看兵力部署情况。有军士发现他形迹可疑，就报告给王敦。王敦一听，感觉属下说的这人就是明帝司马绍，顿时又惊又喜。不过他也不敢明目张胆地抓皇帝，就派了5个骑将去捉拿。此时司马绍见行踪败露，也赶紧逃跑。逃跑途中，司马绍十分细心，马刚排泄的粪便，他就立即洒上冷水使其冷却。见到路边有个卖吃食的老妪，就把自己华丽的马鞭交给她，说等会有骑兵追来，就可以把马鞭给他们看。不一会，军士追来，向老妪询问。老妪就说早走远了，并把马鞭拿给他们看。军士们见到镶着宝石珠玉的马鞭，纷纷传着观赏。又见到已经冷却的马粪，以为明帝真的跑远了，就不再追赶。司马绍这才得以脱险。

司马绍掌握了王敦的情况后，就准备起兵讨伐。正巧王敦这时病了，王导就站出来宣布王敦已死，以此来鼓舞己方士气，瓦解敌人军心。司马绍下诏讨伐叛贼钱凤。王敦气得火冒三丈，病情也加重了，不能亲自带兵，就派元帅王含与钱凤等一起发兵进攻建康。皇帝司马绍亲自上阵杀敌，并组织了敢死队深夜渡江偷袭敌营，杀得王含军四处逃散。王敦听说兵败，气得病情又加重，竟然病死了。王敦死后，叛军无首，内部争斗不休，被司马绍打得七零八落。司马绍平息叛乱后，只杀了王含、钱凤等首犯，普通将领和士兵都获得了赦免。不过王敦虽然死了，尸体也被司马绍从棺木中挖出来斩首示众。

经过这样一番艰苦努力，司马绍终于平定了内乱，巩固了东晋政权。就在他踌躇满志，想有一番作为时，却不幸病逝。明帝在位 3 年，死于公元 325 年，终年 27 岁，葬于武平陵，谥号“明帝”，庙号“肃宗”。他在短短的帝王生涯中，敢战敢胜，可以称得上是中国历史上一位雄才大略的青年皇帝，可惜英年早逝，实在是一大损失。

成帝司马衍

晋成帝档案：

生 卒 年：公元 321～342 年

父　　母：父，明帝司马绍；母，庾太后

后　　妃：杜皇后

年　　号：咸和，咸康

在位时间：公元 325～342 年

谥　　号：成帝

庙　　号：显宗

陵　　寝：江苏兴平陵

性　　格：聪明，软弱

点评：

雄武之度，虽有愧于前王；恭俭之德，足追踪于往烈矣。

——唐·房玄龄《晋书》

晋成帝名叫司马衍，是晋明帝司马绍的长子，是东晋的第三代皇帝。他幼年称帝，在权臣纷争中度过了短暂的一生。

司马衍是司马绍的皇后庾氏所生。公元325年三月，司马衍被立为皇太子。闰七月，明帝司马绍就病死了。刚刚5岁的司马衍就坐上了皇位，即晋成帝，第二年改元咸和。因为皇帝年幼，就由太后庾氏临朝听政，老臣王导为大司徒，庾亮为中书令，卞壶为尚书令，三人共同辅政。

小皇帝只是个摆设，庾太后是中书令庾亮的妹妹，所以大权就落到了庾亮的手中。庾亮有了权力，就开始铲除自己看不顺眼的人。左卫将军、南顿王司马宗和右卫将军虞胤，是晋元帝司马睿时的宠臣，他们掌管宫禁守卫。在明帝司马绍病重时，一次庾亮夜里入宫奏事，司马宗不但不许，还呵斥他："这里是皇宫，可不是你自家的门户！"庾亮对此一直心怀怨恨，现在有了机会，就报复司马宗。结果，司马宗被杀，三个儿子都被废为庶人赶出了京城，他的亲信虞胤也被撵到桂阳当太守。司马宗是汝南王司马亮的儿子，他身为皇室宗亲，却遭如此惨祸，就使得朝臣们都惶恐不安，纷纷对庾亮表示不满，庾亮也由此大失人心。而小皇帝司马衍根本不知道这件事，他平时与掌管宫禁的司马宗见面较多，现在突然不见了，就问庾亮："那位白头发老爷爷怎么不见了？"庾亮就答："他要谋反，被我杀了。"小皇帝哭着质问道："舅舅，如果有人告发你是贼，那又该怎么办呢？"庾亮理亏心虚，吓得无话可说。

司马衍对庾亮专权很不满，他虽然无权，但也时常谴责庾亮。

东晋政权能够维持，离不开琅玡郡大族王家的支持。若是没有王导，当年的司马睿就不可能称帝。所以明帝司马绍也不敢得罪他们，即使王敦谋反，仍然重用王导，因而王家在朝中的势力还是很大的。为了排挤王家，庾亮的几个弟弟庾怿、庾冰、庾条、庾翼等，都身居要职，庾氏一党非常嚣张。江州刺史王允之还曾收到庾怿送去的毒酒，他怀疑其居心不良，就把酒喂了狗，结果狗当场就被毒死了。王允之又怒又怕，就悄悄把这件事告诉皇帝，小皇帝气得大发雷霆："大舅舅已经成了天下的大害，难道小舅舅也要做恶人吗?"王家势力很大，庾怿也得罪不起，如今他的阴谋败露，就只好服毒自杀了。不过司马衍对庾氏的不满也只能嘴上说说，拿他们毫无办法。庾亮的胆子也越来越大，经常借着皇帝的名号发布诏令，还对司马衍呼来喝去的，根本不把他放在眼里。

咸和三年（公元 328 年）正月，临淮太守苏峻造反。苏峻是司马宗的密友，司马宗被杀，激起了他的满腔怒火，于是他进军建康，讨伐奸臣庾亮。庾亮其实没什么能耐，加上他专权作恶不得人心，所以苏峻的人马很快就攻占了建康。庾亮几兄弟都仓皇出逃了，根本无人理会小皇帝，司马衍就落到了苏峻手里。苏峻不仅打着皇帝的名号滥发诏令，还大肆挥霍宫中的财物，甚至虐待司马衍。司马衍靠着仓库中的几石米勉强度日，才没被饿死。而他胆小懦弱，吓得只会哭，根本没有父亲司马绍的勇敢。后来太后下诏，命老臣王导号令吴郡、吴兴和会稽三地起兵勤王。各地纷纷响应，逃出去的庾亮等人也在浔阳集合人马返回建康。数月之后，终于打败叛军，并杀死了苏峻。司马衍又回到了庾亮的手中，继续做傀儡。

咸康八年（公元 342 年）正月，成帝司马衍病重，六月病终。临终前，他立琅邪王司马岳为太子。成帝 5 岁即位，在位 17 年，死时年仅 22 岁。他既无从政经验，又无英雄气概，软弱无能，当了一辈子傀儡皇帝。他死后葬于兴平陵，谥号“成帝”，庙号“显宗”。

康帝司马岳

晋康帝档案：

生 卒 年：公元 322～344 年

父　　母：父，明帝司马绍；母，庾皇后

后　　妃：褚皇后

年　　号：建元

在位时间：公元 342～344 年

谥　　号：康帝

庙　　号：无

陵　　寝：江苏崇平陵

性　　格：平庸，软弱

点评：

帝亦克俭于躬，庶能激扬流弊者也。

——*唐·房玄龄《晋书》*

晋康帝名叫司马岳，是晋明帝司马绍的次子，东晋王朝的第四代皇帝。他像成帝一样，是个软弱的傀儡。在位时间极短，也没有什么作为。

司马岳是成帝司马衍的同母弟弟，他比司马衍小 1 岁。司马衍 5 岁当了皇帝，而司马岳则 5 岁被封为吴王，6 岁改封琅玡王。公元 342 年，22 岁的司马衍病逝，他的儿子都太小，而这时北方已经崛起了几个国家，其中后赵的石虎，早就对富饶的江南虎视眈眈。在这样的环境下，成帝的舅舅中书令庾冰以国危子弱的名义，力劝立

长君。老臣何充表示反对，说："自古帝位父子相传，一旦改变，将酿成大祸！"可庾冰掌权，根本不听他的，于是群臣就拥立了年长的司马岳为帝，即晋康帝。司马岳当皇帝根本无权。庾冰是司马岳的三舅舅，从成帝司马衍起，庾家就掌控朝政。庾冰也是担心成帝的儿子继位，他的亲属关系就疏远了一层，权力会削弱，所以拥立同为外甥的司马岳，这样好利用皇帝舅舅的身份继续专权。

司马岳21岁上台后，朝政由庾氏把持，他什么事也做不了。为了显示对大哥司马衍传位的感激，他封司马衍的儿子司马丕为琅玡王，司马弈为东海王。在东晋一朝，琅玡王一直被认为是将来的储君，因为当年元帝司马睿就是从这个位置继承大统的。所以，司马岳这样做，就是公开表示会传位给司马衍的后代。除此以外，司马岳对国事根本不关心，只整天想着怎么享乐。不过他并不喜欢自己的舅舅，而是信任当初反对他上台的何充。为了防止何充被庾冰除掉，司马岳特意让何充镇守京口避开庾冰。

司马岳当政期间，发生了一件很重要的事，就是他的小舅舅庾翼出兵北伐。庾翼是庾氏五兄弟中最小的，掌管东晋的军事，是个很有野心的人，希望立功扬名。而东晋北边最凶悍的就是后赵的石虎，他为了掠夺江南的财富，广征兵士，准备亲自率军讨伐东晋。庾翼征得庾冰的同意，就决定率兵讨伐石虎。他征发自己管辖内的六州所有奴仆和车马，引起极大民怨。皇帝司马岳命他停止，他根本不听。公元343年，庾翼没有经过皇上的同意就发兵4万北伐，石虎听闻也赶紧征兵。到了公元344年正月，石虎已有百万人马，庾翼根本不是对手。不过幸亏石虎很相信巫术，太史令占卜得出不宜南行的结论，他就真的停止南侵，不然东晋可能这时候就灭亡了。

公元344年九月，短命的司马岳就病死了，他在位2年，终年

23 岁。临终前，他没有遵守承诺传位给大哥司马衍的儿子，而是立自己 2 岁的儿子司马聃为太子。此时庾冰、庾翼兄弟在外统兵，鞭长莫及，无法干涉。司马岳死后葬于钟山崇平陵，谥号“康帝”。他无才无能，只是东晋王权的一个过渡。

穆帝司马聃

晋穆帝档案：

生 卒 年：公元 343～361 年

父　　母：父，康帝司马岳；母，褚皇后

后　　妃：何皇后

年　　号：永和，升平

在位时间：公元 344～361 年

谥　　号：穆帝

庙　　号：孝宗

陵　　寝：江苏永平陵

性　　格：荒诞，昏聩

点评：

聃即位之初，年幼无知。及长，也无所作为。

——邹元初

晋穆帝名叫司马聃，是晋康帝司马岳的长子，东晋的第五代皇帝。司马聃幼年即位，太后听政。他顽劣荒淫，比父亲更无能。

司马聃能当上皇帝，得益于他父亲的背信弃义。晋康帝司马岳本来就是接替兄长司马衍的皇位，当时曾有一些大臣以“自古皇位

父子相传”为由，表示反对。司马岳上台后，为了表示对大哥的感激，封司马衍的长子司马丕为琅琊王，表示以后会把皇位归还给大哥一脉。公元 344 年，司马岳病重，专权的庾冰是司马岳的三舅舅，他又一次要求立长君，即司马岳的弟弟会稽王司马昱，以确保自己凭新帝舅舅的身份继续掌权。不过庾冰这次没有如意，司马岳在临终前三天下诏，立自己的长子司马聃为嗣。此时庾氏兄弟正在外面率兵讨伐后赵石虎，无暇顾及。九月，司马岳病死，不到 2 岁的司马聃就坐上了皇位，即晋穆帝。

司马聃能坐稳这个皇位，则得益于他的母亲——皇太后褚蒜子。褚蒜子，出自东晋以来的名门望族。褚家世代高官，她的父亲褚裒也是一代名人。司马岳任琅邪王时，就娶了门第高贵的褚蒜子为琅邪王妃。后来司马岳称帝，褚蒜子就成了皇后。司马岳死了，褚蒜子就以皇太后的身份，抱着 2 岁的儿子临朝听政。为了让儿子坐稳皇位，褚太后第一件要做的就是对付专权的庾氏。她让司马岳生前十分信任的老臣何充辅政，任会稽王司马昱为抚军大将军，也参与大政。何充向褚太后建议，请她的父亲褚裒入京总揽朝政。不过褚裒行事低调，明哲保身，坚持不入朝。褚太后等人只好再次筹划，不过还没等到她采取行动，庾冰就病死了，不久带兵北伐的庾翼也病死了，庾氏集团就这样解体了。按照庾翼的心愿，想让儿子庾爰接手军权，褚太后肯定不希望庾氏又发展起来，何充向她推荐了徐州刺史桓温。于是，朝廷以桓温为安西将军，总领荆司雍益梁宁六州军事，任荆州刺史，镇守东晋的长江上游军事重地。褚太后彻底铲除了庾氏，不想却树立了桓温一个大敌，为东晋政权埋下了隐患。

桓温，是东晋的名将。他娶了晋明帝司马绍的女儿南康公主为妻，也算皇亲国戚，不过他的野心也不小。桓温手握重权后，他就想率兵北伐建立军功，以此提高自己的威望，好篡夺帝位自立。桓温很有军事才能，他打过不少胜仗。公元346年，桓温起兵讨伐西蜀的成汉政权，成汉国主李势战败投降。蜀国灭亡，桓温威名远播，令朝廷十分忌惮。会稽王司马昱也在发展自己的势力，为了与桓温争权，他任用扬州刺史殷浩参与朝政，对抗桓温。不久，北方的后汉政权发生内乱。国主石鉴被杀，汉人将军冉闵自立为帝，国号为“魏”。鲜卑慕容氏从辽西起兵，讨伐魏帝冉闵。魏帝派使与东晋结交，希望两军联合共驱胡虏。桓温正想率军北伐，可朝中怕他功劳太大后会威胁到东晋统治，就没有批准，却派殷浩北伐。殷浩是个文人，根本不懂军事，他领兵刚到洛阳就吃了败仗，在与羌族的战斗中，1万多晋军将士战死，粮草和武器也丢光了。朝廷只好又派桓温北伐，却不给他准备充足的粮草。桓温一出兵就扭转了战局，晋军连连获胜，前秦不敌，桓温挥师直抵长安，却因粮草断绝无奈回师。公元356年，桓温再次北伐，洛阳都被他收复了。不过东晋朝廷偏安江南已久，根本不愿回到不安定的北方，就驳回了桓温请朝廷还都洛阳的建议。

公元357年，司马聃已经15岁了，冠礼之后，他就正式亲政了，而褚太后则退居后宫。不过司马聃已经习惯了安逸奢靡的宫廷生活，根本不愿意操劳国事，朝政大权就一直在桓温手中把持。

东晋升平五年（公元361年）五月，长年沉溺于荒淫享乐的晋穆帝终于搞垮了身体，病死在健康皇宫的显阳殿，终年19岁。死后葬于永平陵，谥号“穆帝”，庙号“孝宗”。司马聃在位17年，除了在后宫淫乐，没有任何作为。

哀帝司马丕

哀帝司马丕像

晋哀帝档案：

生 卒 年：公元 341～365 年

父　　母：父，成帝司马衍；母，周妃

后　　妃：王皇后

年　　号：隆和，兴宁

在位时间：公元 361～365 年

谥　　号：哀帝

庙　　号：无

陵　　寝：江苏安平陵

性　　格：懦弱无能

点评：

好黄老之言，信方士之言，在位期间无所作为。

——邹元初

晋哀帝名叫司马丕，是晋成帝司马衍的长子，东晋王朝的第六代皇帝。他性情慵懒懦弱，在位日短，权臣揽政，也没有什么作为。

司马丕是成帝司马衍的大儿子，按照封建时代父子相传的规矩，皇位应该传给他。可他等了 20 年才登上帝位。公元 342 年，司马衍病死，长子司马丕还不到 2 岁。司马衍的舅舅庾冰专权，为了以皇帝舅舅的身份继续专政，就以国势危急，应立长君为由，主张立成帝的同母弟弟司马岳。最后司马岳上台，即晋康帝。司马岳为了赢得人心，就封司马衍的长子司马丕为琅玡王，次子司马奕为东海王，表示自己以后要把帝位传给司马丕。司马岳当了两年皇帝就病死了，临终前，他违背诺言把帝位传给了自己2岁的儿子司马聃，即晋穆帝。这样，司马丕又错失帝位。直到公元361年，19岁的晋穆帝司马聃病死，他没有子嗣，褚太后和会稽王司马昱便迎立司马丕。这样，已经21岁的司马丕才继承了堂弟的帝位。

司马丕坐上了皇位，也没有权力，朝政被桓温把持。桓温野心勃勃，他不满足于征西大将军的头衔，又索要了侍中、大司马等显赫职务，这样他的地位仅在皇帝之下，可谓尊荣至极。桓温掌权，也做了一件好事。就是从北方迁来的百姓，与南方本土居民一样编户入册，一样缴税纳赋。这一做法不仅增加了朝廷的税收，而且缓和了社会矛盾。因为在过去，北方侨民是一直受到优待的。这一政策得到了南方广大民众的拥护，效果显著。因为是在东晋兴宁二年（公元364年）庚戌日颁布的，所以历史上称为"庚戌土断"。

皇帝司马丕明白自己无权，他对政事也没有兴趣。他迷信方士之术，整日与道士们在后宫炼丹，幻想长生不老，侍中高崧苦苦劝谏，他也听不进去。结果因服食丹药中毒，于兴宁二年三月就一病不起。到了第二年（公元365年）二月，就病死在太极殿，终年25岁，死后葬于安平陵（今南京鸡笼山）。哀帝司马丕在位4年，不理国事，虚度时日，因为服食丹药，连儿子也没生下，最终也因服丹中毒而死。

海西公司马奕

晋废帝档案：

生 卒 年：公元342～386年

父　　母：父，成帝司马衍；母，周氏

后　　妃：庚皇后

年　　号：太和

在位时间：公元 365～371 年

谥　　号：无

庙　　号：无

陵　　寝：江苏吴陵

性　　格：胆怯软弱，贪生无能

点评：

帝知天命不可再，深虑横祸，乃杜塞聪明，无思无虑，终日酣畅，耽于内宠，有子不育，庶保天年。

——唐·房玄龄《晋书》

晋废帝名叫司马奕，是晋成帝司马衍次子，东晋王朝的第七代皇帝。他像父亲司马衍和兄长司马丕一样，软弱无能，只是一个傀儡皇帝，最后还以被废黜收场。

司马奕比司马丕小一岁，是司马丕一母同胞的弟弟。他 2 岁被封为东海王，12 岁任散骑常侍、镇军将军。后来又改封为琅玡王，并且官位显赫，不过都是没有实权的虚衔。公元 365 年，晋哀帝司马丕由于常年服食丹药，中毒身亡，没有留下子嗣。褚太后和司马昱就迎立司马奕为帝，即后来的晋废帝。

司马奕当了皇帝，其实也不过是个摆设，政权仍然在桓温的手中。桓温从晋穆帝司马聃时开始得势，又经过晋哀帝司马丕时的发展，到了司马奕为帝时，朝中的要职几乎都到了他的手中。随着权力增大，他篡位称帝的野心也越来越大。他在军事上很有才华，就想继续北伐，用军功来提高自己的威望，实现称帝的梦想。公元 369 年四月，桓温率兵 5 万，进行第三次北伐，目标是前燕政权。不过这次桓温却不顺利，由于统筹不周密，孤军深入，结果粮草不足，加上前秦援助前燕，结果桓温兵败撤军。这次北伐，桓温不仅没有提高声望，还把以前的声望也毁了，遭到了很多人的嘲笑。桓温见捞战功的路走不通了，就干脆决定废黜皇帝，再立新君，然后找机会自己夺位。

司马奕 24 岁坐上皇位，其实他一点胆量都没有。他知道自己是桓温的傀儡，为了保住性命，他循规蹈矩，忍气吞声，从不敢自作主张，生怕招来祸患。这使得桓温想废了他也找不到借口。不过皇宫事多，桓温找不到借口，却可以诬陷。他派人四处造谣，说皇帝司马奕有阳痿，根本就不能行男女之事，后宫 2 个妃子生下的 3 个儿子都是与外人私通来的，根本不是皇室血脉。这些谣言使得司马奕颜面扫地。桓温见效果达到，就上表褚太后，说司马奕昏聩无德，违背礼法，三子都是孽种，人伦丧尽，丑名远播，皇室蒙羞，实在无资格为帝，请求废黜皇帝。褚太后是个明白人，知道这肯定是桓温的诡计，可她也无可奈何，只能含泪批准了。褚太后是晋明帝司马绍的皇后，她见证了成帝司马衍、康帝司马岳、穆帝司马聃、哀帝司马丕等 4 代君王的更替，如今对此情景，心中实在悲痛难忍，她命人在废帝诏书后添加了几句话："我身为未亡人，不幸罹此忧患，感念存没，心痛如割。"

公元 371 年十一月，在桓温的淫威下，褚太后下诏废黜司马奕为东海王。桓温的心腹，散骑侍郎刘亨强行收缴了皇帝的玺印，威逼司马奕立即离宫。可怜的司马奕在经过极度的惊恐和羞辱后，仅穿着白布单衣，乘着简陋的牛车，在兵士的押送下离开了皇宫。群臣都含泪来拜别废帝，却无人敢上前说一句安慰的话。当天，桓温就拥立会稽王司马昱为新帝。

司马奕回到原东海王府后，桓温还是没有放过他，将他再次贬谪，封为海西公，并派心腹监视。司马奕的3个儿子及他们的2位生母也被桓温杀了。司马奕为了保命，表现得更加安分守己，愚蠢昏庸。为了表示自己真的“阳痿”，不能人道，他还蓄养内宠，假装断袖。而妻妾们如有生下孩子的，他也派人将孩子淹死，生怕让人找到任何把柄。桓温见他如此窝囊，也就放过了他。

司马奕总算躲过了杀身之祸，又苟且偷生了15年，于公元386年病终，终年45岁，死后葬于吴陵。他在位6年，软弱无能之极，还是被废，苟活一生，真是悲哀！

简文帝司马昱

简文帝档案：

生卒年：公元320～372年

父　　母：父，元帝司马睿；母，郑贵妃

后　　妃：王皇后、李贵妃等

年　　号：咸安

在位时间：公元371～372年

谥　　号：简文帝

庙　　号：太宗

陵　　寝：江苏高平陵

性　　格：清雅寡欲，软弱畏怯

点评：

简文帝风姿优美，喜儒学、玄学，颇勤于政务。但无济世大略。

——白寿彝《中国通史》

简文帝名叫司马昱，是晋元帝司马睿少子，东晋王朝的第八代

皇帝。他在位时间极短，仍然是权臣当政，没有什么作为。

司马昱是东晋开国皇帝司马睿的小儿子，生得聪明伶俐，很得司马睿的喜爱。公元322年，3岁的司马昱被封为琅琊王。同年，晋元帝司马睿病逝。4年后，司马昱的母亲郑贵妃病逝，他受封为会稽王。司马昱从小就爱好读书，举止文雅，品行端正，生活俭朴，同晋时一般名士一样，喜欢清谈。他本以为自己会轻松过一生，不想权臣争斗，把他卷了进去。

公元344年九月，晋康帝司马岳病逝，掌权的是司马岳的舅舅庾冰，为了能以皇帝舅舅的身份继续专权，他提议由司马岳最小的弟弟司马昱继承帝位。虽然最终司马岳传位给自己2岁的儿子司马聃，不过司马昱还是任抚军大将军，参与政事。司马聃年幼，太后褚氏为了铲除专权的庾氏，就把军功赫赫的桓温引入朝中。结果庾氏除掉了，桓温又独揽大权。桓温很有野心，他掌控了晋穆帝司马聃、晋哀帝司马丕和晋废帝司马奕三代朝政。公元371年十一月，桓温为了自己能更顺利地篡夺帝位，他废了司马奕，拥立司马昱为帝，即东晋简文帝。

司马昱51岁称帝，身历几朝的褚太后都没他年纪大。桓温也正是看中他年过半百，又没有什么能力才让他做傀儡，好方便自己以后篡位。桓温扶持了司马昱后，就集中精力铲除对自己有威胁的皇室成员。司马昱同父异母的哥哥，武陵王司马晞时任太宰，喜好军事，桓温对他很忌惮，就诬陷司马晞和儿子司马综谋反，请旨治罪诛杀。司马昱实在不想宗室再有杀戮，就不肯下诏。桓温再次上书威逼，司马昱忍无可忍，就对桓温说："如果晋朝还能延续，就请大司马（桓温）不再提及此事。如果晋朝命数该绝，就让我退位让贤吧！"桓温见把他逼急了不是好事，就不再坚持杀司马晞，不过还是将其贬为庶人，全家流放到新安郡。

司马昱做个无权的皇帝，也深知自己的处境，他日夜提心吊胆，生怕被废，难保性命。因为心病太重，入宫没有几个月，他就憔悴衰老了很多。而此时东晋政权还是处于动荡之中，四处战乱未平。司马昱在国事上不得志，家事上也不如意。他本有 5 个儿子，可 3 个都夭折了，就剩下长子和次子。长子无才无能，司马昱最终废了他，立聪明伶俐的次子为世子。可惜次子才 17 岁就死了。而被废的长子也没多久就死了。后来很多年司马昱都为没有子嗣苦恼，直到他快 50 岁，家中一个丑陋的粗使婢女才给他生下了两个儿子。司马昱有了儿子，总算了却心头大事，不过对儿子是出身低贱的丑女所生，他又难以释怀。

司马昱整日郁闷，身体也很快就垮了。公元 372 年七月，司马昱已经病入膏肓，于是，他立 11 岁的大儿子司马曜为太子。慑于桓温的淫威，他请桓温辅政。可是司马昱一连发了 4 道诏书给桓温，桓温都不理睬，司马昱只好写下遗诏。抱着最后一丝打动桓温的希望，司马昱效仿蜀汉刘备在白帝城托孤的做法，他在遗诏中写下："我的儿子如果成器，请你辅佐；如果不才，请你自行取代。"身边的大臣听了立即反对，郎中王坦之更是把诏书撕成碎片，说道："天下是司马氏的天下，陛下怎能私授于他人呢?"司马昱见身边还有这些忠心的大臣，感到很欣慰，于是就命王坦之重新起草遗诏，改成："家国大事都要请大司马（桓温）协助处理，太子要以刘禅敬诸葛亮为榜样，敬重大司马，"将桓温比作辅佐大臣诸葛亮，就意味着桓温称帝就是大逆不道。立完遗诏当天，司马昱就死了。终年 53 岁，死后葬于高平陵，庙号"太宗"，谥号"简文帝"。他称帝 9 个月就死了，始终生活在桓温的淫威之下。

孝武帝司马曜

晋孝武帝档案：

生 卒 年：公元361～396年

父　　母：父，简文帝司马昱；母，李贵妃

后　　妃：王皇后、张贵人、陈淑媛等

年　　号：宁康，太元

在位时间：公元372～396年

谥　　号：孝武帝

庙　　号：烈宗

陵　　寝：江苏隆平陵

性　　格：聪明，荒淫、奢靡

点评：

孝武帝软弱无能，政不己出，全赖谢安、王坦之等大臣尽忠臣辅，维持政局平衡，使桓温始终不能取司马氏而代之。

——白寿彝《中国通史》

晋孝武帝名叫司马曜，是简文帝司马昱的第三子，东晋王朝的第九代皇帝。他在位时间很长，喜好“黄老”，以无为治国，其实什么也不做，荒淫享乐，最后因为一句酒后醉言，死在后宫嫔妃手中，成为天下人的笑柄。

孝武帝司马曜像

司马曜，字昌明，据说他是在天刚亮时出生的，取名为曜。他

是简文帝司马昱的第三个儿子，他能继承皇位，只能说司马昱子嗣福太薄。司马昱先前有5个儿子，3个夭折。剩下的两个成年后，也死得很早。后来很多年司马昱都没有儿子，非常苦恼。他请来相士，把府中所有的姬妾和婢女都叫上前来，让相面的人物色可以生儿子的人。结果相士为他挑选了一位叫李陵容的织纺婢女。李陵容长得粗壮丑陋，可司马昱为了生儿子，还是与她同居。后来李氏还真为他生了两个儿子，大儿子就是司马曜。李氏也母凭子贵，被封为贵妃。公元372年七月，仅做了9个月皇帝的司马昱病死，就由司马曜继位，即孝武帝。

司马曜当上皇帝时，政权还是由权臣桓温把持。桓温本来以为司马昱死了会把皇位禅让给自己，可没想到司马昱把皇位传给了自己的儿子，并在遗诏中命他像诸葛亮辅佐刘禅那样辅佐司马曜。桓温自然十分气恼，他对支持司马曜的大臣王坦之等人也恨之入骨。公元373年二月，桓温率领大队兵马，气冲冲地直奔京城建康，准备灭了东晋，夺位称帝。满朝文武听闻此事都胆战心惊，不知如何是好。这时，大臣谢安挺身而出，建议朝廷不要与桓温硬碰，他带领群臣前去迎接桓温。谁知桓温刚到建康就病了，就没有武力夺位，他暗示朝廷给自己加“九锡”，这是给大臣的最高礼遇。谢安负责起草诏书，就尽量拖延，改了多次也没有定稿。拖到七月，桓温就病死了。司马曜总算没有被赶下台。

司马曜当皇帝才12岁，就由几朝的老太后褚太后摄政。而谢安由于在与桓温的较量中表现出超人的胆识，也被朝廷重用，几年后就掌握了朝廷的军政大权。司马曜从太元元年（公元376年）开始亲政。有了谢氏的辅佐，他的位置一直坐得很稳。谢安和他的弟弟谢石、侄子谢玄都是很有才干的军事家。他们掌管军队后，对司马曜很忠心，力保皇帝的政权稳固。此时，东晋的北方边境地区很不安宁，经常遭到前秦的骚扰。前秦是氐族建立的，如今已十分强大，成了东晋的心头大患。谢玄带领手下猛将刘牢之等驻守在京口（也称北府，今江苏镇江），“北府军”多次打败前秦的入侵。公元383年八月，前秦王苻坚对东晋发动了大规模的入侵，志在灭掉东晋，统一天下。苻坚任自己的弟弟苻融为前锋，他亲自统帅27万骑兵、60万步兵，举全国之力讨伐东晋。谢安兄弟叔侄三人不畏强敌，统兵8万，打了一场历史上著名的以少胜多战役——淝水之战。前秦溃败，东晋朝野振奋，司马曜不仅逃过了亡国的危机，而且被举国上下寄予了中兴东晋的希望。

不过司马曜注定要让所有人失望了，他对国事根本不关心，从来没想过自己做皇帝有什么责任，他崇尚黄老哲学，什么也不愿意做，就想着天天舒坦过日子就行了。谢安等人取得巨大成就后，名气大振，司马曜却对他们开始猜忌，担心谢氏功劳太大，会像桓温一样专权。司马曜自己也不愿意操心这些事，就让弟弟司马道子去做。于是，司马道子任录尚书事，在朝中处处与谢安等人作对。司马道子也是李贵妃所生，比司马曜小2岁。司马道子为人贪婪阴险，他串通一些投机钻营的小人，处处与谢安做对。公元385年，谢安被他们排挤出建康，不久病逝。朝中能干的文臣武将也逐渐被踢走，东晋朝廷又变得腐败不堪。司马道子掌握了军政大权后，嚣张专横的本性就暴露出来了，他连司马曜也不放在眼里。司马曜也看他不顺眼，二人的矛盾就越来越大，朝廷中也以他们为中心形成了两派势力的争斗。

司马曜兄弟二人的斗争还没有完全激化，司马曜却突然死了。公元396年九月的一天，司马曜在寝宫与宠妃张贵人饮酒作乐。司马曜喝得醉醺醺的，嘴里胡乱对张贵人开玩笑说：“爱妃，你已经老了，朕要把你赶到冷宫去，再物色年轻貌美的佳人。”因为司马曜以前最宠爱的两位美人，就是失宠后被打入冷宫的，加上张贵人已经年近30岁，最担心的就是自己色衰失宠，所以张贵人听了这话特别恼怒，竟然对司马曜起了杀心。她与心腹侍女遣走服侍的宦官宫女后，就用被子捂住司马曜的头，以致司马曜窒息而亡。然后张贵人又买通左右，说司马曜是“因梦魇暴崩”。当时太子年幼无知，司马道子巴不得司马曜早死，这件弑君的大罪，竟然无人过问。

司马曜在位24年，终年36岁，死后葬于隆平陵，庙号“烈宗”。司马曜碌碌无为，最后酒后胡言被妃子杀死，在历史上也是少有的。

安帝司马德宗

晋安帝档案：

生 卒 年：公元382～418年

父　　母：父，孝武帝司马曜；母，陈淑媛

后　　妃：王皇后

年　　号：隆安，元兴，义熙

在位时间：公元396～418年

谥　　号：安帝

庙　　号：无

陵　　寝：江苏休平陵

性　　格：昏庸懦弱

点评：

安帝从小到大，口不能言，寒暑不辨，是个白痴，他的一举一动都由别人摆布。

——詹子庆《中国古代史》

晋安帝名叫司马德宗，是晋孝武帝司马曜的长子，东晋王朝的第十代皇帝。他是晋朝历史上的第二个傻皇帝，居然在位二十多年，实在让人疑惑不已。

司马德宗是个真正的傻子。西晋惠帝司马衷虽然傻，但只是智商不高，头脑简单，他还知道吃喝玩乐，听青蛙叫，向身边人问自己弄不明白的事。而司马德宗则傻得连话也不会说，路也不会走，寒暑冷热都不知道。想当年老祖宗司马懿是何等的奸猾狡诈，连神机妙算的诸葛亮也屡屡败在他的手上。没想到后代却出了两个白痴，更让人无法置信的是，这两个白痴都当了皇帝，而且时间还都不短。其实考虑到野心家对权力的争夺，这种荒谬的事情也就不奇怪了。一个傻子皇帝做傀儡，这是最让人放心不过的事情。

公元 396 年九月，昏庸的晋孝武帝司马曜因为酒后的一句玩笑话，被宠妃用被子给闷死了。年仅 15 岁的长子司马德宗就按照嫡长子继承的老规矩当上了皇帝，即晋安帝。

司马曜的弟弟司马道子，就以皇帝年幼为由，独揽朝政大权。其实像司马德宗这样，无论年纪多大都是一个最让人放心的傀儡。不过司马道子的专权并不稳固，他最大的敌人就是桓玄。桓玄是先前专权几朝的桓温之子，后来桓温病死了，桓玄就接收了父亲的势力。桓玄也是一个很有野心的人，他趁着新帝即位，朝政不稳的时机，领兵攻入建康。结果司马道子一党被杀，司马德宗这个傀儡傻皇帝，就转到了桓玄的手中。

司马德宗即位后，三吴一带发生了大规模的饥荒，加上连年战乱，百姓伤亡过半。而专权的桓玄根本不管百姓的死活，不仅豪奢荒淫，骄横跋扈，而且他还要继续父亲没有做完的事，就是篡晋自立。可怜的司马德宗不仅饱受桓玄的虐待，经常挨饿受冻，还被桓玄逼着下诏禅位。不过他是不明白这些事的，所有的一切都由桓玄操办。公元 403 年十一月，桓玄备好禅位诏书后，就拉着司马德宗到大殿，又命人捧出玉玺，完成了禅位仪式。十二月，桓温称帝，国号为楚，而司马德宗被封为平固王，安置到浔阳（今江西九江）。

桓玄的篡位引来了各地豪强起兵讨伐，他们打着恢复东晋的旗号，攻打桓玄，实际上是为自己捞取政治资本，壮大势力。刘裕就是其中的一个，他是西汉楚王刘交的子孙，到了他父亲刘翘时家道已经败落，他自己则在“北府军”中做了一名低级军官，不过他既有军事才能又有野心。公元 404 年四月，刘裕纠集一帮人马进攻建康，其他地方也有不少人起兵附和。桓玄抵挡不住，就带着司马德宗和东晋皇室眷属，沿长江向江陵方向逃跑。不过被刘裕追上了，刘裕杀了桓玄，把司马德宗夺到自己手里。不久，桓玄建立的楚政权就灭亡了。

被废黜 16 个月的司马德宗在刘裕的拥护下，于公元 405 年三月重新坐上了皇位，朝政大权由刘裕掌控。刘裕统领了东晋的军政大权后，他也想篡位自立，不过他决定先打好根基，等时机成熟了再起事。于是，司马德宗总算暂时躲过再次被废的命运。刘裕很有才干，他为夺权做了长远的规划。朝廷中的刘毅和诸葛长民等人不服刘裕，就首先成了他的刀下亡魂。接着各地的农民起义也被他出兵镇压了。等到国内局势平定了，他又率兵北上，消灭了少数民族建立的南燕和后秦政权，把东晋的领土再次扩展到黄河岸边。经过 10 多年的苦心经营，东晋呈现出复苏的征兆，而刘裕也觉得自己篡位的时机成熟了。

这时，东晋民间流传着一句谶语：“昌明之后有二帝。”昌明是司马曜的字，也就是说在司马曜之后，还要经历两代皇帝，东晋才会灭亡。为了让皇帝换得快一点，刘裕打算杀了司马德宗。义熙十四年（公元 418 年）十二月，刘裕命亲信中书侍郎王韶之买通晋安帝身边的侍从，准备伺机弑君。司马德文是傻皇帝的同胞兄弟，他日夜陪侍着司马德宗，就是担心刘裕会杀了哥哥，篡夺东晋政权。在司马德文的严密保护下，刘裕只好等待时机再弑君。一日，司马德文病了，只好出宫养病。王韶之等人就潜入后宫东堂，用衣带勒死了晋安帝。司马德宗死后，刘裕谎称皇帝暴病而亡，接着就马上筹备拥立司马德文称帝之事。

晋安帝司马德宗在位 22 年，终年 37 岁，死后葬于休平陵。他痴傻无知，成为他人争权的棋子，一旦沦为弃子，只有命丧黄泉，真是悲哀。

恭帝司马德文

晋恭帝档案：

生 卒 年：公元 386～421 年

父　　母：父，孝武帝司马曜；母，陈淑媛

后　　妃：褚皇后

年　　号：元熙

在位时间：公元 418～420 年

谥　　号：恭帝

庙　　号：无

陵　　寝：江苏冲平陵

性　　格：谨慎，厚道，虔敬

点评：

恭乃寓命，他人是纲。

——唐·房玄龄《晋书》

晋恭帝名叫司马德文，是晋孝武帝司马曜之子，东晋王朝的末代皇帝。他聪明有谋，贤良有德，如果放在盛世，一定是一个明君，可惜生不逢时，他称帝只是刘裕为了篡位的一个过渡。

司马德文是晋安帝司马德宗的同母弟弟。他性情温厚，对傻哥哥司马德宗也很照顾，是朝廷上下人人称颂的贤王。他初为琅玡王，后晋封为中军将军、散骑常侍、卫将军、开府仪同三司，加侍中，领司徒、录尚书六条事等职。他身居要职，并没有想到取代傻皇帝，而是竭尽全力地维护司马德宗的帝位。司马德宗若是没有这个弟弟，恐怕即使是傀儡皇帝，也不可能做22年之久。

司马德文还是一个很有雄心，想有一番作为的人。他见东晋国事日渐衰微，十分担忧，为了挽救国家，他想尽了各种办法，主要就是保护兄长——傻皇帝司马德宗。

司马德宗既不会说话，又不能行动，却偏偏是个皇帝，倘若他被杀，东晋王朝就不保了。所以，司马德文就细心照顾这个傻哥哥，昼夜陪护以保证他的安全。桓玄篡位后，晋安帝被废黜为平固王，司马德文也被贬为石阳县公，他陪伴安帝一起迁居浔阳。后来刘裕讨伐桓玄，桓玄挟持安帝逃亡，司马德文也是一路照顾安帝。最终桓玄兵败被杀，桓氏一族几乎被杀光了。漏网的桓振手持长枪，骑马闯入安帝的住处，对安帝瞠目厉声呵斥道："我桓氏一族有什么对不起国家的，要遭到灭族的惨祸？"说着就要杀了皇帝为桓氏一族报仇。幸亏司马德文随侍在旁，他努力劝服桓振，说："杀掉你们桓氏一族，并不是我们兄弟二人的主意。"听得桓振心服，遂打消了杀他们报仇的念头。后来刘裕专权，为了防止刘裕对司马德宗不利，司马德文也是尽量寸步不离地陪在兄长身边，使刘裕难以找到下手的机会。

此时东晋王庭已经临近灭亡的边缘，司马德文虽然有心，却无力挽回倾颓衰败的局势。他只能尽自己最大的努力，去做一点能让自己内心稍感安慰的事。他曾跟随刘裕的北伐大军前往洛阳，将西晋几位皇帝的陵墓都修复了。为了填补精神上的失落，他散财千万，布施贫民。当时宫中有一尊高达一丈六的金身佛像，就是他主持建造的。为了显示虔诚，他竟然步行了几十里，将其迎入，并作为圣物来供奉，以便在佛教中寻到一点安慰。

司马德文的这些努力对于岌岌可危的东晋王朝根本没有什么作用。刘裕野心勃勃，为了顺利篡夺帝位，他苦心经营了十几年。眼看时机成熟，他再也容不下做傀儡的傻皇帝。此时民间流传着“昌明（孝武帝司马曜的字）之后有二帝”的谶语，也就是说司马德宗之后东晋还会有一位皇帝。借着民间的流言，刘裕决定杀了安帝，再立新君，为自己篡晋自立铺平道路。司马德文也知道刘裕会对傻兄长动手，就日日陪护在其身边。不过刘裕杀机已动，司马德文也无法保护安帝周全。最终在公元418年十二月，趁着司马德文生病出宫修养之时，刘裕派心腹缢死了安帝。

安帝死了，刘裕就把司马德文推上了皇位。司马德文33岁做了皇帝，他很清楚自己的处境。刘裕立自己为帝，就是为篡位铺路。于是，司马德文事事小心，不给刘裕废黜自己的借口，以便保住这个名存实亡的东晋王朝。到了公元420年六月，司马德文已经做了一年半的傀儡皇帝。刘裕觉得是时候赶他下台了，就命傅亮去见司马德文，拿出早已备好的禅位诏书草稿，暗示他禅位。司马德文见东晋灭亡终究是无法避免了，就爽快地答应禅位。他提笔将禅位诏书誊写好，交给傅亮。东晋就这样在他的手中灭亡了。

刘裕称帝后，把司马德文废黜为零陵王，安置在秣陵（今江苏南京报恩寺附近）。司马德文从此更是小心翼翼，低调非常，生怕遭来杀身之祸。他与同被废黜的皇后褚氏一起生活，整日闭门不出，不问世事。而褚皇后的哥哥褚秀之与褚淡之，却趋炎附势，投奔到刘裕麾下，还帮刘裕监视废帝和废后。司马德文日夜惊惧，惶惶不可终日。可就是这样，刘裕还是没有放过他。公元421年九月，刘裕派人去秣陵毒杀司马德文，不料奉命行事的琅琊侍中张伟不愿谋害旧主，竟然自己饮毒酒自杀了。接着褚淡之又尊刘裕之命，去探望妹妹褚皇后，刘裕布置好的亲兵就暗中跟随他来到秣陵。趁着褚氏兄妹相见，全副武装的兵士们翻墙入府，潜入卧室刺杀了司马德文。

司马德文在位2年，终年36岁，死后葬于冲平陵，谥号“恭帝”。他一生为人温厚，有心报国，却无力挽救东晋衰亡之势，最后眼睁睁地看着东晋从自己手中灭亡，实在令人同情。

十六国·成汉

武帝李雄

成汉武帝档案：

生 卒 年：公元274～334年

父　　母：父，始祖李特；母，罗氏

后　　妃：任皇后

年　　号：建兴，晏平，玉衡

在位时间：公元304～334年

谥　　号：武帝

庙　　号：太宗

陵　　寝：安都陵

性　　格：英勇果敢，有魄力，谦虚

点评：

李雄确实具有卓越的领袖气魄。

——沈起炜

成汉太宗名叫李雄，是成汉始祖李特的第三子，成汉王朝的第一位皇帝。他继承父亲的事业，创立了一个王朝。他在位时较长，将成国发展到了最强盛的时期。

李雄生于公元 274 年，是氐族首领李特的儿子，母亲姓罗。他身材高大，相貌堂堂，很有英雄气魄。父亲李特在四川起兵时，就封李雄为前将军。公元 303 年，李特被益州刺史罗尚杀害后，他的弟弟李流继续领导起义军。其时义军被罗尚围困在成都，朝廷的援军也正在赶来。胆小的李流见孤立无援，粮草也尽，就准备投降。前将军李雄对叔叔的做法很反对，就与表兄李离一起，率领义军，与晋军决战。在他的指挥下，不仅晋朝援军被打败，连郫城（今四川郫县）也被义军占领了。李雄的卓越战功赢得了李流的赏识，他认为这个侄子很有才能，就把军权完全交给了李雄。此时，李雄 30 岁。

李雄率领义军突出重围后，得到青城山天师道领袖范长生的资助，解决了粮草短缺的问题。就在义军重振旗鼓时，许多蜀地百姓也加入了进来，李雄的实力就迅速壮大了。这年九月，李流病逝，李雄就自称大将军、益州牧，不久后就占领了成都。公元 304 年十月，李雄称成都王，建元建兴，定国成都。公元 306 年，李雄称帝，国号大成，取成就大业之意，建元晏平。因后期李寿杀李期篡位，改国号为汉，所以历史上将李雄建立的大成国称为“成汉”，这是两晋五胡十六国时期所建立的第一国，李雄就是成汉武帝。

李雄刚刚建立成汉王朝时，根本没有章程，朝廷乱成一锅粥，许多大臣为官位高低而争斗。为了平息争官闹剧，李雄采纳了尚书令阎彧的建议，建立了百官制度。现在官位没有人争了，但刚刚建立了大成国却陷入了财政危机。为了缓解财政紧张，李雄默许部下卖官。不过卖官虽能暂时增加财力，却也有无穷的后患，所以很快就被李雄禁止了。

为了真正解决财政危机，李雄从发展农业生产入手，他减轻了徭役赋税，规定一个成年男子每年交谷子 3 斛，女子减半交纳，有病者仅交四分之一；每户交绢不过数丈，交绵不过数两。这种轻徭薄赋的政策取得了很好的效果，经济有了一定的发展，百姓也逐渐殷实。李雄为政比较清明，他不仅发展生产，还选贤任能，兴办学校，放宽刑罚。在他的治下，西蜀地区社会秩序安定，百姓安居乐业，国力也迅速提升。此时的中原正处在烽烟战火之中，许多中原百姓都入蜀中避难，他们也带动了西蜀地区的经济发展。到了公元 314 年，汉中的扬虎和梁州的张成陆续归附了成汉，于是，汉中郡、涪陵郡和汉嘉郡都划入了大成国的版图。成汉的疆域空前辽阔，东起建平（今湖北境），北到汉中、仇池（陕、甘南部），西到汉嘉（今天全）、沈黎（今汉源），南到宁州（今云南省境），成汉政权也进入了最强盛的时期。

李雄统治时期，成汉战事很少，国泰民安。不过李雄早年征战沙场多年，伤痕累累，到了晚年身体就很差了。在立太子的问题上，李雄表现得很有魄力。虽然他的皇后任氏无子，但庶子却有 10 个，不过李雄对这些儿子都不满意。于是他就决定立哥哥李荡的儿子李班为太子。虽然大臣们极力反对，但李雄最终还是说服大臣，立了李班。

成汉玉衡二十四年（公元 334 年）六月，李雄早年的战伤又复发了，他头顶生疮，脓水流得到处都是。亲生儿子们见了都觉得恶心，个个都躲得远远地。只有侄子李班日夜侍奉在旁，甚至用嘴为他吸脓水。由此也可见李雄很会识人。李雄病了六天就死了，时年61岁，葬在安都陵，谥号“武帝”，庙号“太宗”。他在位30年，将一个流民政权发展成一个强盛的成汉王朝，实在是功德无量。

哀帝李班

成汉哀帝档案：

生卒年：公元288～334年

父　母：父，李荡；母，不详

后　妃：不详

年　号：玉衡

在位时间：公元334年

谥　号：哀帝

庙　号：无

陵　寝：不祥

性　格：忠厚孝顺，谦逊节俭

点评：

李班为人谦逊，尊贤尚儒，十分节俭。

——佚名

成汉哀帝名叫李班，是李荡之子，成汉王朝的第二位皇帝。他在位仅有4个月，就被堂兄李越杀死，成为成汉王权的一个过渡。

李班是成汉太宗李雄的侄子，他的父亲李荡是李雄的哥哥。李雄的皇后任氏无子，他虽然还有10个庶子，却都不喜欢，就决定从侄子中选一个立嗣，他看中了李班。李班不仅谦逊节俭，还特别孝顺，平日经常侍奉在太宗李雄身侧。李雄执政期间，豪强兼并土地的现象非常普遍，许多贫民都无地耕种。李班曾为此多次向李雄上书，请求平分土地，他的才能很得李雄的赏识。李雄决定立李班为太子之事，遭到了朝臣的集体反对。李雄费了不少口舌去说服群臣，加上李班人品端正，也比较得人心，终于确立了李班的太子之位。

成汉玉衡二十四年（公元 334 年）六月，成汉太宗李雄早年的战伤复发，头顶长疮，脓水四溢，他的儿子们都纷纷嫌弃躲避，而李班却在床前侍奉汤药，衣不解带，甚至用嘴吸出脓水。这些事让李雄更加相信自己的眼光，临终前，他传位给太子李班。李班即位，就是成汉哀帝。

李班凭自己的美德和才干登上了皇位，还没来得及施展才能，却因太过孝顺、心慈手软，给了他人可乘之机。公元 334 年六月，李雄去世，李班继位，不过他一心扑在李雄的丧事上，将朝中政事都交给了建宁王李寿处理。李寿是武帝李雄的堂弟，哀帝李班的叔父。此时李雄的儿子、车骑将军李越也回成都奔丧。他对堂兄称帝非常不满，就与弟弟、安东将军李期谋议，准备伺机除掉李班。李班的弟弟李玝看出了他们的野心，就提醒兄长要小心提防李越等人。不过李班为人孝义，觉得先帝李雄的丧礼还没办，不宜赶走他的那些亲生儿子，就没把弟弟的话放在心上。不仅如此，他还对李越兄弟坦诚相待，以示自己的信任，却把自己的弟弟李玝打发去镇守涪城。

这年十月的一天晚上，李班正在灵堂哭灵，李越潜进来，刺死了他。李班在位仅 4 个月，终年 47 岁。他死后，李期当了皇帝，即成汉幽公。直到成汉昭文帝李寿即位，才追谥李班为哀帝。李班德行出众，因德而立，又因德而亡，成为成汉王权的牺牲品，令人惋惜。

幽公李期

成汉幽公档案：

生 卒 年：公元313～338年

父　　母：父，武帝李雄；母，冉氏

后　　妃：不详

年　　号：玉恒

在位时间：公元334～338年

谥　　号：幽公

庙　　号：无

陵　　寝：不祥

性　　格：心胸狭隘，多疑狠毒

点评：

（李氏自相残杀）从此成国纪纲卫紊乱，雄业始衰。

——唐·房玄龄《晋书》

成汉幽公名叫李期，是成汉武帝李雄的第四子，成汉王朝的第三位皇帝。他心胸狭隘，多疑狠毒，最后落得自缢身亡，成汉政权从他就开始衰落下去了。

李期是成汉武帝李雄与宫人冉氏所生，因为皇后任氏没有儿子，就认他为养子。这样李期也算有了嫡子的身份，他长得俊美，又多才多艺，很得李雄喜欢。不过李雄虽然喜欢李期，却并不认为他适合做太子，同时李雄觉得自己另外的9个儿子也不适合。公元334年六月，李雄病死，临终前传位给自己的侄子李班。

李班是个忠厚孝顺的人，他对叔父李雄比李期十兄弟都要孝顺。

李班即位后，只顾着守孝，将朝中政事全部交给叔父建宁王李寿处理。李期和哥哥李越等人回成都奔丧，李越一直对李班不是亲生子却继承皇位很忌恨，他就与李期密谋除掉李班。十月的一个晚上，李越潜入成汉太宗的灵堂，将守灵的李班杀死。李班死后，李越就想做皇帝，也得到了不少大臣的拥护。但是他考虑到李期多才多艺，又是皇后抚养的“嫡子”，就把帝位让给了李期。

李期就这样登上了帝位，他改元玉恒。为了感谢让位的李越，同时也打压成汉哀帝李班的亲属，他就封李越为建宁王，改封李寿为汉王，还疏远了以前拥护李班的大臣。一切处理好后，李期以为自己的皇帝位可以坐稳了，就放松下来开始享乐。他只重用尚书令景骞、尚书姚华与田褒等人，这些人都是不学无术的小人，尤其是田褒，只是曾劝李雄立李期为太子而已，根本就是草包一个。田褒等人掌控了朝政大权后，就大肆培植自己的势力，将那些宗室老臣都排挤出去，看不顺眼的就直接杀戮，这样成汉政权自然就迅速地衰落下去。而李期，除了享乐，就是疑心病越来越重，对朝臣都很猜忌，动则诛灭其全族，整得满朝文武都惊惶不安。

汉王李寿本是武帝李雄的堂弟，他战功赫赫，是成汉的开国功臣，受封建宁王，李雄临终前下诏让他辅佐李班。李期对他很猜忌，将他贬为汉王，赶去驻守涪城，还不放心，又经常派人监视他的行踪。李寿为了自保，就暗中与长吏罗恒、解思明等图谋造反。

公元338年四月，汉王李寿发动政变，率兵1万多人进攻成都。李寿的儿子李势在成都任翊军校尉，他配合父亲，打开城门，李寿就顺利占领了成都。叛军包围了皇宫，并在城中大肆劫掠。李期这时才慌了手脚，急忙派人安抚李寿，还按李寿的吩咐杀了建宁王李越和景骞、姚华与田褒等人。不过李寿并没有放过李期，几天之后就废黜他为邛都县公，软禁在别宫。李期见自己落到如此下场，长叹一声："天下主乃当为小县公，不如死也！"说完就自缢而死，时年26岁，谥号"幽公"。李期在位4年，碌碌无为，他死后，李寿夺取了政权，继续统治大成国。

昭文帝李寿

成汉昭文帝档案：

生 卒 年：公元300～343年

父　　母：父，李骧；母，不详

后　　妃：阎皇后、李氏等

年　　号：汉兴

在位时间：公元338～343年

谥　　号：昭文帝

庙　　号：中宗

陵　　寝：安昌陵

性　　格：聪明大度，贪婪奢侈

点评：

崇尚奢侈，重赋敛，多劳役。不受劝谏，以血立威，致使朝廷日衰，民心思乱，才至亡国。

——唐·房玄龄《晋书》

成汉昭文帝名叫李寿，是成汉始祖李特从弟李骧的少子，成汉王朝的第四位皇帝。他在位期间，前期俭朴宽厚，后期骄奢嗜杀，成汉王朝已经走向了末路。

李寿是成汉开国皇帝李雄的堂弟，他自幼聪明好学，性情豪爽，一直跟随李雄驰骋疆场，很受李雄的器重。李雄称帝后，就封他为前将军，征东将军，总领军事。父亲李骧死后，李寿又被封为大将军，大都督，扶风公，建宁王。李寿为成汉王朝立下了汗马功劳，博得了“贤相”之名。公元 334 年，武帝李雄病逝，临终前将皇位传给侄子李班，并诏命建宁王李寿为辅政大臣。不想李班仅坐了 4 个月的皇位，就被李雄的亲生儿子李越杀了，皇位被李越的弟弟李期夺得。李期上台后，就封李越为建宁王，将李寿贬为汉王，赶出成都去驻守涪城。

因为李寿立过大功，又是曾经的辅政大臣，所以，即使驻守涪城，皇帝李期对他也不放心，经常派人监视他。李期的堂兄李始为人心狠手辣，他觊觎李期的皇位，就想与李寿联合起兵攻打李期，李寿没有答应。李始就恼羞成怒，跑到李期面前诋毁李寿，想置他于死地。李期虽然想杀了李寿，不过却不是现在。因为李期的皇位是杀了李班夺来的，李班死后，他的弟弟李玝就投降了东晋，与成汉为敌。李期正要借李寿的兵力对抗李玝，自然就暂时不理会李始的诬陷。

而李寿，却十分清楚自己的处境，知道皇帝早晚也不会容得了他。为了自保，他一面借口边境形势紧张，不去成都朝见李期；一面与长吏罗恒、解思明等准备谋反。公元 338 年四月，李寿率兵 1 万多人，以儿子李势为内应，攻陷了成都，废了成汉幽公李期，又将李雄的其他儿子杀个干净。李寿夺得大权后，在称王还是称帝的问题上，曾经有些犹豫。最后让巫师卜卦，卜得“可当几年帝”。于是就自立为帝，改元汉兴，改国号为“汉”，史称“成汉”。

李寿即位初期，还有点武帝李雄的作风，勤于政事，崇尚简朴，不过没多久，就变得奢侈腐化了。他大兴土木修造宫殿，劳财伤民无数；他还采用铸造小型钱的办法来加重对百姓的剥削，他铸造的汉兴钱又薄又小，与通行的钱币重量不符，以此来搜刮民脂民膏。

李寿的贪婪很快就激起了老百姓的反抗。而李寿享受久了，性情也变得暴戾，对看不顺眼的人就直接杀戮，弄得朝野怨声载道。不过还没等到民众朝臣起来讨伐，李寿就病死了。

李寿死于汉兴六年（公元 343 年）八月，他在位 5 年，终年 44 岁，葬于安昌陵，谥号“昭文帝”，庙号“中宗”。成汉国势从他这里日趋衰微了。

归义侯李势

成汉归义侯档案：

生 卒 年：？～361 年

父　　母：父，昭文帝李寿；母，李氏

后　　妃：李皇后

年　　号：太和，嘉宁

在位时间：公元 343～347 年

谥　　号：无

庙　　号：无

陵　　寝：无

性　　格：心胸狭隘，冷酷残暴

点评：

李寿和其子李势统治期间，由于荒淫奢侈，政治日坏，国势衰败。

——詹子庆《中国古代史》

成汉归义侯名叫李势，是成汉昭文帝李寿的长子，成汉王朝的第五位皇帝。他贪婪残暴，荒淫好色，成汉政权也从他手上灭亡了。

李势是昭文帝李寿的长子，母亲李氏是李寿的侧室。由于李寿的皇后阎氏无子，就将李势养在自己身边。公元338年四月，李寿起兵造反，讨伐成汉幽公李期。李势时任成都的翊军校尉，他打开城门，放父亲的军队进来。李寿造反成功后，称帝为成汉昭文帝，即封李势为太子。成汉汉兴六年（公元343年）八月，李寿病亡，李势即位，就是成汉归义侯。

李势称帝后，改元太和，尊阎氏为皇太后，妻子李氏为皇后。李势为人心胸狭隘，冷酷残暴。他没有儿子，弟弟李广请求当皇太弟，他却怎么也不答应。大臣马当和解思明出来为李广求情，说："陛下的兄弟本来就不多，如果与李广反目，您的处境就变得很危险了！"不料这话就引起了李势的疑心。他不仅将马当和解思明杀掉，还夷灭其三族。他对兄弟李广也不放过，命太保李奕去攻打李广，逼得李广自杀身亡。李势残杀兄弟，屠戮重臣的行为引起了朝臣的极大不满，李势又趁机将看不顺眼的大臣全部翦除，弄得朝中人人自危。

李势不仅心眼小，心地毒，而且贪财好色。只要是他看中了谁的财物或妻妾，就直接杀人夺财劫色，许多大臣都被他害得家破人亡。而他又经常居于宫闱享乐，不理国事，一些奸佞小人就趁机操纵朝政，为非作歹。李势的这些行为弄得成汉上下离心，无人再支持他，最后连太保李奕也因他滥杀宗室大臣而起兵造反了，李势就彻底成了孤家寡人。等到李势血腥镇压了叛乱，国内已是民怨沸腾，加上南方少数民族进入蜀地，滋扰成汉，成汉政权就摇摇欲坠了。

成汉内乱，东晋大将桓温就看到了机会，他决定出兵灭掉成汉。成汉嘉宁二年（公元347年），桓温率领水军讨伐成汉。晋军一路势如破竹，所向披靡，很快就打到了成都，李势吓得赶紧出城逃跑。他带着少数亲信逃到葭萌城，可桓温攻占成都后很快就追来了。李势见走投无路，只好裸着背，让士兵将自己绑起来，去向桓温投降。李势后来被送到建康（今江苏南京），封为归义侯，成汉自此灭亡。

李势在位4年，他的残暴加速了成汉的灭亡。成汉从公元304年武帝李雄建国至公元347年李势降晋而亡，经5帝，共44年。李势投降后，过了14年亡国之君的安稳日子，于公元361年死于建康，葬处不明，历史上称他为后主。

十六国·汉（前赵）

光文帝刘渊

汉光文帝档案：

生卒年：？～310年

父　　母：父，匈奴左贤王刘豹；母，呼延氏

后　　妃：单皇后，呼延皇后，张氏

年　　号：元熙，永凤，河瑞

在位时间：公元304～310年

谥　　号：汉光文帝

庙　　号：高祖

陵　　寝：永光陵

性　　格：自负，果敢，坚韧

点评：

刘渊是一个极有政治头脑的高明人物。

——沈起炜

汉光文帝名叫刘渊，是匈奴左部帅刘豹之子，汉赵王朝的第一位皇帝。他打着“兴汉”的旗号，建立了汉赵王朝，这是在中原建立的第一个少数民族政权。他运用卓越的政治头脑和政治手段治国，从而加速和深化了乱世中中华民族的大融合。

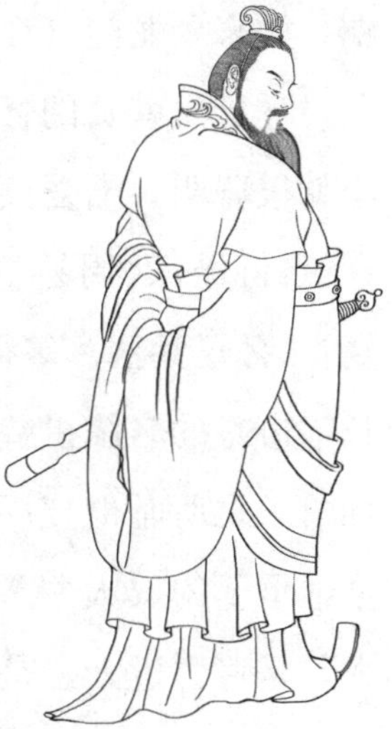
光文帝刘渊像

匈奴繁衍的历史非常悠久，秦汉时期他们一直是中国边疆最强大的少数民族。汉高帝刘邦建立大汉王朝后，曾以宗室女为公主嫁给匈奴单于莫顿，用和亲来维系边境和平。此后匈奴人自认是汉朝皇室的亲戚，就改为姓刘。东汉光武帝刘秀时期，在建武二十二年（公元46年），一场前所未有的大旱灾降临到匈奴人生活的蒙古大草原上，这对以游牧为生的匈奴人来说，是致命的打击。于是，为了生存，强大的匈奴分裂成了南、北匈奴。向西迁徙的北匈奴，不断与其他民族融合，流浪了200多年，才在现在的匈牙利平原重新建立政权。不过到了公元453年，随着北匈奴王阿提拉的暴毙，北匈奴政权彻底瓦解，族人们各奔东西，与欧洲各族融合，北匈奴就真正从历史上消失了。而留下来的南匈奴，迁居到山西一带的偏远地区，成了当时东汉王朝的子民。到东汉献帝时期，南匈奴就已经发展得人丁兴旺了。此时曹操挟天子以令诸侯，独揽汉室大权。公元216年，这个繁盛的民族被曹操偶然发现了。出于削弱匈奴势力的考虑，曹操将其划分为左右南北中五个部落，每部有一名匈奴人担任部帅，管理族人，并配有一名汉人担任司马，进行监督。其中匈奴左部帅刘豹，就是汉光文帝刘渊的父亲。

刘渊是刘豹与妻子呼延氏所生。呼延氏多年未孕，为了求得子嗣，她来到龙门（今河南洛阳），跪在地上虔诚地祷告。回去后不久，呼延氏就真的怀孕了，后来生下一个儿子，就是刘渊。刘渊自小就很聪明，酷爱读书，他从小就生活在汉地，受汉文化的影响很深。《诗经》《周易》《尚书》《史记》《汉书》和诸子学说等传统典籍，《孙子兵法》等征伐权谋类的兵书，他都曾涉猎。上党（今山西长治市）的名儒崔游，还是他的老师。刘渊曾说："一物之不知者，周君子之所耻也。"可见他是一个高度汉化的匈奴人。不过刘渊也完全继承了匈奴人彪悍的血统，他身材伟岸，体魄强健，武艺高强，尤其是臂力过人，是闻名一时的射箭高手。刘渊文武双全，颇受太原名流王昶与王浑等人器重，成了当地的青年俊杰。

曹魏咸熙年间（公元 264～265 年），刘渊来到洛阳做侍子（即人质）。这段时期，他与汉族官僚广泛结交，他的政治才能逐渐展现出来，连把持国政的司马昭都很器重他。西晋建立后，刘渊仍然留在洛阳。不过没多久，左部帅刘豹病逝，刘渊就依照晋朝律例返回本部，续任为匈奴左部帅。刘渊就职后，明令法度，惩恶扬善，很快就赢得了族人的拥戴。加上他性格豪爽，待人以诚，又轻财好施，就引得一大批有识之士都来归附。随着刘渊的势力不断壮大，晋朝封给他的官衔也越来越高了。西晋太康十年（公元 289 年），晋武帝司马炎又封刘渊为匈奴北部都尉。晋惠帝司马衷继位后，辅政的外戚杨峻又任命刘渊为建威将军、五部大都督、封汉光乡侯。

到了"八王之乱"期间，成都王司马颖将刘渊调到邺城，任命他为宁朔将军，监督匈奴五部的军事。刘渊位高权重，此时的他已经不满足于依附晋朝。趁着西晋宗室互相残杀的机会，公元 304 年八月，刘渊的堂祖父、匈奴左贤王刘宣等人就商议反晋自立。匈奴五部都一致同意刘宣的做法，他们秘密推举才能最出色的刘渊为大单于，并派人通知刘渊，请他回去领导大家起事。刘渊自然是迫切希望离开邺城，不过他心里清楚晋朝不会轻易放自己离开。不久，王浚、司马腾起兵反晋，于是刘渊就劝说成都王司马颖准许自己返回并州（今山西），调发匈奴五部兵马来协助司马颖平乱。司马颖正急需援助，就准了刘渊的请求。公元 304 年十月，刘渊终于摆脱西晋王朝的控制，开始谋划自己的大业。

刘渊离开邺城后，就立刻赶往左国城（今山西离石），他以大单于的身份，召集了 5 万多人，起兵反击司马腾。而刘渊刚离开，邺城就被王浚带领的鲜卑兵围攻，司马颖遭受重创，他见邺城守不住了，就挟持着傻皇帝司马衷逃往洛阳。刘渊想着自己承诺过援助司马颖，就召集了 2 万人马，准备出兵邺城，攻打鲜卑和乌桓。刘宣等人见状都表示反对，他们说："西晋无道，一直把我们匈奴人当奴隶一样使唤。现在他们互相残杀，正是灭晋的大好时机。况且鲜卑和乌桓与我们处境相同，何不结为同盟，共同反晋呢？"刘渊对此也很赞同，就决定消灭晋朝。不过要想成就霸业，夺取天下，就一定要赢得人心，刘渊也很明白这一点。他考虑到先祖莫顿单于曾娶汉室公主为阏氏（相当于中原王朝的皇后），这样匈奴人就算是汉朝的外甥，就决定定国号为"汉"，以汉朝的旗号起事。于是，西晋永兴元年（公元 304 年），刘渊自称为汉王，改年号为元熙，追尊蜀汉后主刘禅为孝怀皇帝。他还依照汉制设立百官，以堂祖父刘宣为丞相，名儒崔游为御史大夫，宗室刘宏为太尉。汉国由此建立，这是中原建立的第一个少数民族政权。

刘渊建国后，将国都从离石迁到了左国城。公元 304 年底，刘渊派建武将军刘曜攻陷了山西太原，汉国由此声威大振。在赵魏起兵的汲桑，在山东起兵的王弥，在河北起兵的羯族人石勒，以及鲜卑人陆逐延等，纷纷归降刘渊。由此，刘渊的势力就更加强大了，他领导各族人民在并州掀起了反晋的巨大浪潮。公元 308 年，刘渊迁都蒲子（今山西永济县），自称皇帝。不久又迁都平阳（今山西临汾市），以图进攻洛阳。

刘渊做了皇帝后，就大封宗室，并立妻子单氏为皇后，儿子刘和为皇太子。这期间，大将王弥、刘曜曾奉刘渊之命，两次攻打洛阳，不过都无功而返。河瑞二年（公元 310 年）七月，刘渊病重，他传位给太子刘和，以陈王刘欢乐为太宰，长乐王刘详为太傅，楚王刘聪为大司马、大单于，共同辅政。同月，刘渊病逝于平阳宫光极殿，死后葬于永光陵，谥号“光文皇帝”，庙号“高祖”。他在位 6 年，创立了中原的第一个少数民族政权——匈奴汉国政权，进一步将烽烟四起的中原推向了战乱的深渊。不过，少数民族对汉人的长期统治过程，也为各民族的大融合，准备了条件。

昭武帝刘聪

汉昭武帝档案：

生 卒 年：？～318 年

父　　母：父，光文帝刘渊；母，张氏

后　　妃：呼延皇后、刘皇后、靳皇后、樊皇后、宣皇后、王皇后、刘贵人等

年　　号：光兴，嘉平，建元，麟嘉

在位时间：公元 310～318 年

谥　　号：汉昭武帝

庙　　号：烈宗

陵　　寝：宣光陵

性　　格：聪明勇武，凶残荒淫

点评：

刘聪为人暴虐，嗜杀成性，在他的统治下，汉国政权所奉行的

民族仇杀、民族歧视政策，从根本上改变了刘渊举兵反晋的正义性，从而揭开了中国民族关系史上黑暗的一页。

——白寿彝《中国通史》

汉昭武帝名叫刘聪，是汉光文帝刘渊第四子，汉赵王朝的第三位皇帝。他夺兄长刘和之位称帝，他在位期间是汉国最强盛的时期，不过他生性残暴，又好色无度，最终使汉国政权迅速走向衰败。

昭武帝刘聪像

刘聪是刘渊的第四子。刘渊虽然儿子不少，但最像他的就是刘聪。刘聪自幼聪慧好学，接受了良好的中原汉学教育，他 14 岁时已经通习经史、百家之学，书法也很有成就，诗文也写得很不错，还创作了 100 多首感怀诗和 50 多篇赋颂。刘聪不仅文有所成，武功也不差。他精熟《孙子兵法》，15 岁开始练习击剑、骑射，臂力过人，武艺高超。他像昔日的刘渊一样，是个文武双全的少年英雄。

刘聪的政治生涯也与父亲一样，是由洛阳开始的。他年轻时曾到那里游历，与众多名士豪杰交好，还曾被新兴太守郭颐任为主簿，后来又从一个小小的主簿逐渐晋升为骁骑别部司马、匈奴右部都尉。“八王之乱”期间，刘聪先在河涧王司马颙帐下做中郎将，后又转投成都王司马颖，被其任命为右积弩将军。刘渊起事后，刘聪就一直追随父亲左右，在征讨西晋中立下了汗马功劳。公元 304 年，刘渊做了匈奴大单于，就封刘聪为鹿蠡王，领匈奴右部。刘渊还两次以刘聪为主将，领兵攻打洛阳，洛阳西明门都一度被他攻破。

刘聪虽然如此优秀，也很受刘渊器重，但由于他是偏房所生，最终还是没有被刘渊立为太子，而他的哥哥、正房之子梁王刘和，做了皇太子。公元 310 年七月，刘渊病逝，太子刘和继位，刘聪为楚王，任大司马、大单于，是辅政大臣之一。由于刘聪素来有威望，新帝刘和对他很猜忌，又听信了谗言，就发兵攻打刘聪，结果反被刘聪所杀。刘聪杀了刘和后，本想将帝位让给弟弟刘义，因为刘义之母单氏是光文帝的皇后，刘义乃是嫡子。不过刘义不愿无功受禄，况且大臣们也很拥护刘聪，于是刘聪就自立为帝，即汉昭武帝，改元光兴，并将刘义封为皇太弟，任大单于、大司马。

刘聪称帝不久，就再次发兵攻打洛阳。光兴二年（公元 311 年）五月，前军大将军呼延晏受命带领 27000 名士兵，攻打洛阳。双方激战了 12 次，最后晋军大败，有 3 万多人战死。六月，刘曜、王弥与石勒等合兵攻陷洛阳城，俘虏了西晋怀帝司马炽。匈奴兵在洛阳城里为所欲为，屠杀西晋臣民共计 3 万多人，其中还包括西晋太子司马诠。他们还将皇宫中的财物哄抢一空，连晋朝几个皇帝的陵寝也盗掘了，最后又放火烧毁了整座洛阳城。西晋怀帝司马炽被押送到汉国都城平阳（今山西临汾市），刘聪封他为会稽郡公，对他百般羞辱，最后又将他杀死。

司马炽死后，西晋又拥立了一个皇帝——晋愍帝司马邺，定都长安。麟嘉元年（公元 316 年）八月，继公元 311 年攻占洛阳，俘虏晋怀帝之后，刘聪又派刘曜领兵攻打长安。晋军不敌，晋愍帝司马邺只好裸着半身，口衔玉璧，牵着白羊，向匈奴人投降，西晋自此灭亡。司马邺同样被押到平阳，被封为光禄大夫。刘聪对他羞辱更甚，最后也杀了他。

刘聪灭了西晋，军威大盛，汉国也进入了最强盛的时期。在内政上，刘渊建国时的中央机构旧制得以沿用，刘聪以匈奴为主宰，让皇储担任大单于，并实行胡汉分治的地方行政体制。羯族石勒占据河北，鲜卑拓跋部占据代北，曹嶷占据有青、齐两州，他们名为汉国的臣子，实际上并不受刘聪管制。

刘聪在位期间，匈奴政权令汉人畏服。不过刘聪并不是什么枭雄，除了攻克早已摇摇欲坠的晋朝外，并没有什么功绩。他留给后人最多的却是荒淫好色之名。刘聪称帝后，就封自己的妻子呼延氏为皇后，不过他并不喜欢皇后，竟然钟情于父亲刘渊的皇后单氏。他曾想将皇位让给弟弟刘义，部分原因也是刘义乃单皇后之子。刘聪做了皇帝后，就与现在的单太后乱伦私通。丑闻都传到了皇太弟刘义耳中，刘义感觉颜面无存，就多次训斥母亲自重。单太后自觉羞愧，就于公元 310 年年底自杀了。刘聪得知单氏之死，悲痛欲绝，对刘义也很不满。备受冷落的呼延皇后趁机在刘聪面前诋毁刘义，他对刘义就更加痛恨了。

嘉平二年（公元 312 年）一月，呼延皇后病死了，刘聪的后宫就立刻开始爆满起来。他先是将司空王育之女、尚书令任顗之女纳入后宫，封为左、右昭仪。从此就一发不可收拾，大臣们谁家有女长得貌美的，都被刘聪收入后宫。连同宗的太保刘殷家的 2 个女儿和 4 个孙女也没有放过。皇太弟刘义以同姓同宗不通婚为由，坚决反对刘聪纳刘氏女。不过刘聪根本不听，将这 6 位美人都收入囊中。一时之间，“六刘之宠倾于后宫”。刘聪有了这些美人后，就终日在后宫淫乐，连大臣也不见，政事都由黄门通报给刘殷之女——贵嫔刘英，由她去处理。

刘聪的做法，引起了很多大臣的不满。公元 313 年三月，刘聪册立刘英为皇后，并准备为她建一座豪华的昭仪殿。廷尉陈元达闻讯后跑进逍遥园，义正词严地指责刘聪荒淫误国。刘聪异常恼怒，命左右的人将陈元达拖出去砍了，并诛杀全家。由于陈元达劝谏前就做好了掉脑袋的准备，他用铁链一头捆在腰上，另一头捆在大树上，这样士兵拖也拖不动。旁边的任颛等大臣纷纷跪下叩头，为陈元达求情。刘皇后听闻此事，连忙写了一张字条，命人呈给刘聪。上面写道："宫室已备，无需新建，天下尚未统一，陛下应爱惜民力。廷尉之言，乃为社稷着想，理应重奖。若杀忠臣，将有损陛下声誉。而陛下为臣妾建宫室而杀谏臣，将招来天下百姓对妾身的痛恨。自古丧国败家都始于女子，臣妾向来痛恨如此之人。不料如今自身也成此人，妾身无颜再为皇后。请陛下赐臣妾死罪，以谢天下人！"刘聪见了此言，心中惭愧，就饶恕了陈元达，并坦言己罪，还将逍遥园改为纳贤园，以示对直臣陈元达的褒奖。

不过刘聪的愧疚没有持续多久，皇后的昭仪殿不建了，选美女的工作却没有停止。公元 315 年，他又将中护军靳准的两个女儿月光和月华纳为左、右贵嫔。几个月后，月光就被封为汉国的第一夫人——上皇后，刘皇后和月华成了左、右皇后。刘聪有了这三个美人相伴，更加不理国事，朝政都由宦官中常侍王沈把持。从此，小人当权，忠臣被排挤出去，朝政十分混乱，百姓不堪沉重的压迫，也纷纷起来造反。

刘聪对廷尉陈元达也看不顺眼，鉴于他声望很高，一时不敢动他。而陈元达对皇帝更加失望，正巧他无意中发现皇后月光与人私通，就告知了刘聪。刘聪大怒，废了月光。月光见丑事败露，就上吊自杀了。不过刘聪还是不喜欢陈元达，对他很疏远。

刘聪对皇太弟刘义也很不满意，自从单太后自杀后，刘聪就不想将皇位传给刘义了，而打算传给自己的儿子刘粲。为了削夺刘义的权力，公元 315 年，他封刘粲为相国，总领军政大权。公元 317 年，刘粲伙同靳准、王沈诬告皇太弟刘义谋反，刘义就被废黜为北部王。没过多久，刘义一家及其属下 15000 名官兵就全被处死了。刘聪的所为，引起了以陈元达为首的许多正直大臣的不满，不过刘聪既不信任朝臣，又沉迷于酒色，将国事都交给了宦官王沈等人，自己整天与美人相伴，他甚至封王沈 14 岁的养女为左皇后。王沈等人大肆铲除异己，将汉国弄得乌烟瘴气，迅速地衰落下去。

公元 318 年七月，纵欲过度的汉昭武帝刘聪染病身亡。他死后葬于宣光陵，谥号“昭武皇帝”，庙号“烈宗”。他在位 8 年，既见证了汉国的强盛，又促成了汉国的加速灭亡。

灵帝刘粲

汉灵帝档案：

生 卒 年：？～318 年

父　　母：父，昭武帝刘聪；母，张氏

后　　妃：靳皇后、靳贵妃等

年　　号：汉昌

在位时间：公元 318 年七月～九月

谥　　号：汉灵帝

庙　　号：无

陵　　寝：不祥

性　　格：荒淫无能，残暴凶狠

点评：

刘聪逝世，儿子刘粲比他父亲更荒唐更凶暴。

——柏杨

灵帝名叫刘粲，是汉昭武帝刘聪长子，汉赵王朝的第四位皇帝。他虽有野心，却又无能，最终只做了 3 个月的皇帝，就丢了性命。

刘粲是刘聪的长子，按理应该子承父位。不过刘聪即位之时，就封自己的弟弟刘乂为皇太弟，作为接班人。刘聪称帝后，与单太

后私通。单太后是刘义之母，刘义得知此事后就训斥母亲。单太后羞愧无颜，就自杀了。刘聪对单氏之死很伤心，对刘义也恨上了，就不想传位给他了，想传给自己的儿子。刘聪的长子刘粲，公元 310 年被封为河内王；公元 314 年又晋升为晋王、丞相，主持国政。公元 315 年，刘聪为了将皇位传给刘粲，又封他为相国，总揽军政大权，彻底架空了刘义。

刘粲掌控大权后，离太子之位已经很近了。他野心勃勃，时刻想着如何取代皇太弟刘义之位。麟嘉二年（公元 317 年）三月，刘粲派人去东宫假传圣旨，说皇上命刘义率卫兵立即武装待命。刘义不知有诈，就听言行事。刘粲见此，立刻派中护军靳准和宦官王沈去密告刘聪，说刘义谋反。刘聪大怒，马上派人包围了东宫，将刘义禁锢起来。而刘义属下的十几位氐羌酋长，禁不住刘粲的严刑拷打，也"指证"皇太弟谋反。刘粲以此为据，杀了刘义及其属下的 1 万多名官兵，顺利地坐上了太子之位。公元 318 年七月，汉昭武帝刘聪病逝，刘粲继位，即汉灵帝，改元汉昌。

刘粲像他父亲一样，也是一个酒色皇帝。中护军靳准的女儿多，且都貌美。其中月光和月华是汉昭武帝刘聪的皇后，刘粲继位后，尊不满二十岁的月华为皇太后。刘粲也娶了靳准的两个女儿，一个封为皇后，一个封为贵妃。他整日与美人相伴，对年轻貌美的皇太后也经常调戏。而皇亲靳准自然位高权重了，他为了独揽大权，就劝刘粲杀了王公贵族。不过刘粲刚刚即位，不敢大动干戈，就没有答应。靳准又怂恿自己的两个女儿去游说刘粲。刘粲架不住靳皇后和靳贵妃两位美人的枕头风，很快就杀掉了上洛王刘景等 5 人。这些人一死，靳准就独掌大权了。不过靳准的野心不限于此，他还想做皇帝。同年九月，靳准就带兵闯入后宫，将正在与美人饮酒作乐的刘粲杀死，然后自立为大将军，称汉天王。

短命的刘粲只做了3个月皇帝就死于非命。大将军靳准杀了他之后，又将居住在平阳的刘氏一族男女老少全部屠杀，连刘渊、刘聪的陵墓也发掘了，还将刘室宗庙都烧毁了。刘粲不仅丢了皇位，还毁掉了祖宗的几代基业，他死后谥号为“汉灵帝”。

汉（前赵）秦王刘曜

汉前赵秦王档案：

生 卒 年： ？～329年

父　　母： 不详

后　　妃： 羊皇后

年　　号： 光初

在位时间： 公元318～329年

谥　　号： 汉前赵秦王

庙　　号： 无

陵　　寝： 不明

性　　格： 骁勇凶残，倜傥不群

秦王刘曜像

点评：

聪以荒淫，承之一传，而归于曜。曜以沉湎，继之数岁，而歼于勒。彼二子少固雄毅，乃晚节如是，岂真胡虏之运乎！

——明·张大龄

汉（前赵）秦王名叫刘曜，是汉光文帝刘渊的侄子，汉赵王朝的第五位皇帝。他在战场上是一个出色的将军，在治国上却没有什么才能，汉国最终从他的手上终结。

刘曜也是匈奴人，自幼父母双亡，由堂伯父刘渊收养。刘曜从小就很有胆识，他 8 岁那年，跟随刘渊去西山打猎。不料遇上大雨，刘渊一行人只好躲到大树下避雨。此时天空中电闪雷鸣，很多人都吓得心惊肉跳。突然一个巨大的闪电扑面而来，轰鸣的雷声震得不少人腿脚发软，跌坐在地上，而小刘曜却神色自若。刘渊见状，对周围人自豪的说："这是我们家的千里驹啊!"此后，刘渊一直都很器重这个侄子。

刘曜很聪明，从小就喜欢读书，不过他对经史类只是泛泛一阅，而对兵书军事类书籍却精熟。他喜欢射箭，凭借着身高力壮的优势，竟能将一寸厚的铁皮穿透，被人称为"神射手"。在刘渊创立汉国的历程中，刘曜始终随侍在旁，他军事上的才华也逐渐显露出来。刘渊建国后，刘曜一直身居要职，后来被封为相国、都督中外诸军事，镇守长安，成为汉国的股肱之臣。在刘聪继位后，刘曜被封为车骑大将军，中山王，后又被封为秦王。他为刘聪南征北战，立下了汗马功劳。公元 318 年七月，刘聪病逝，传位给长子刘粲，又嘱托刘曜和石勒共同辅政。刘粲继位后，刘曜作为三朝重臣，仍然镇守长安。不想才过了 3 个月，外戚靳准就杀了汉灵帝刘粲，篡夺了政权。这年十月，刘曜从长安发兵平阳，讨伐大将军靳准。出征途中，刘曜在太保呼延晏和太傅朱纪的拥护下称帝，改年号为光初。十二月，刘曜杀了靳准，将靳氏一族屠戮干净。次年四月，刘曜迁都长安，同年六月，改国号为赵，史称"前赵"。

刘曜称帝后，日子过得并不顺心，他的精力几乎都用在武力讨伐反对者上了。与他一同被刘聪封为辅政大臣的石勒，对他称帝非常不满，根本不愿臣服。公元 319 年，石勒的左长史被刘曜杀了，他气得暴跳如雷，就正式与刘曜决裂。接着石勒在襄国建立政权，自称赵王，国号为赵，史称"后赵"。除了石勒，还有晋南阳王司马保自立为晋王，起兵讨伐刘曜。刘曜派人去平乱，结果打了 20 多天也没有取胜。刘曜只好亲自上阵，才平了司马保之乱。

公元320年六月，刘曜的部下将领解虎和长水校尉尹车，准备联合巴酋句徐、库彭，起兵叛乱。刘曜得知后大怒，再次起兵镇压。解虎和尹车被处死，句徐、库彭等5000多人被俘。刘曜打算把他们都杀了，光禄大夫游子远苦劝他不可滥杀，说杀一儆百即可。刘曜不仅不听，反而更怒，以包庇罪将游子远关进大牢，然后将那5000多人全部杀死。刘曜的残暴激起了巴人的强烈反抗，他们推举句渠知为大秦王，竖起了“平赵”大旗。氐、羌、羯族百姓有30多万人响应起义，关中大乱。刘曜也慌了，只好赦免了游子远。然后他采纳了游子远的建议，用安抚政策宣布大赦，叛乱者纷纷投降，才基本平定了这起叛乱。

刘曜在位期间，继续实行胡汉分治，他将氐、羌等族几十万人迁徙到京都长安，保持其部落编制，使长安成为胡人的统治区。他又在汉人统治区恢复儒学，采用封建的租调赋税制度。不过刘曜本来就尚武而不擅治国，加上他性格暴烈，不仅对反对他的人残忍杀戮，对臣民也很残暴，动不动就大发淫威，所以朝政上并没有什么成就。可他偏偏对皇后百依百顺，言听计从。

两赵作战图

两赵大战，前赵溃败。

刘曜的皇后姓羊，本是西晋惠帝司马衷的妃子，是个千娇百媚的大美人。公元311年，刘曜与王弥、石勒等人攻陷洛阳时，俘虏了羊皇后，就将她带回去做了自己的妃子。公元319年，刘曜称帝，迁都长安后，就封羊氏为皇后。羊皇后为刘曜生下了刘熙、刘袭、刘阐三个儿子，其中刘熙被刘曜立为皇太子。刘曜曾问羊皇后："我与晋惠帝司马衷相比，谁更优秀？"羊皇后是个聪明人，她说："你是开国之君，他是亡国之君，怎能相提并论！司马衷虽是一个皇帝，但他连自己的皇后和儿子都保不住，这样的皇帝有什么能耐？我以前做他的皇后，以为皇帝都是这样无能，感觉活着都没有意义。后来跟了你，才明白什么样的人才是真正的男子汉，才知道生活的滋味。"这番话听得刘曜心花怒放，从此对她更加宠爱，连朝政之事也与她商议。后来羊皇后去世，刘曜悲痛欲绝，追谥她为"献文皇后"。

刘曜的武力统治只能短时间起作用，时间长了自然维持不下去。他曾任用一些有才识的汉人来治理关、陇地区，并在长安开办学校。不过这些都收效甚微，因为他始终没有明确的治国方针，加上他又刚愎自用，根本不听臣下的意见，所以刘曜的麻烦很快就又来了。

从公元 319 年，刘曜称帝，与石勒决裂后，双方就经常发生战争。两人互有胜负，不过总体上刘曜还是略胜一筹，于是刘曜就很得意，自认为谋略过人。他一放松了警惕，就经常喝得烂醉如泥，而他脾气又大，经常打骂士兵，又不重视军务，所以军心也逐渐涣散了。公元 329 年，后赵国主石勒率领大军渡过黄河，讨伐刘曜。刘曜得知后，慌得不知所措，待头脑冷静后，才急令增兵洛西，拦截石勒大军。刘曜由于经常酗酒，已经染上了严重的酒瘾，连上阵杀敌前也要喝酒，军士都对他很不满，战斗力自然也下降了很多。石勒的大军还没到，刘曜的部下就有不少人逃跑了。而刘曜喝得醉醺醺的，骑在马上，见士兵后退，也稀里糊涂地跟着退，不料他的坐骑陷入石渠，将他摔了下来。刘曜只好换了匹小马，继续撤走，不过还没跑出多远，就又摔下马来，最终成了石勒的俘虏。

公元 329 年八月，石勒命刘曜写信给太子刘熙，劝他投降。刘曜却很有骨气，他在信中命太子刘熙与众大臣尽力维持社稷，不要为他的生死而受要挟。石勒看了信后大怒，就找个借口杀了刘曜。不久，石勒又灭了前赵，控制了中原大部分地区。刘曜在位 11 年，汉国政权过渡到前赵，接着又灭亡了。刘曜死后，葬处不明，谥号为“汉前赵秦王”。匈奴汉国政权由他而终结。

十六国·前凉

昭公张寔

前凉昭公档案：

生 卒 年： 公元 271～320 年

父　　母： 父，武穆王张轨；母，不详

后　　妃： 贾皇后

年　　号： 建兴

在位时间： 公元 317～320 年

谥　　号： 昭公

庙　　号： 高祖

陵　　寝： 宁陵

性　　格： 精明坦率，独断专行

点评：

学尚明察，敬贤爱士。

——北魏·崔鸿《十六国春秋》

前凉昭公名叫张寔，是前凉武穆王张轨的长子，前凉王朝的第一位皇帝。他创立了前凉政权，并为之打下了良好的基础。

昭公张像

张寔，字安逊，生于公元 271 年，父亲张轨是凉州刺史。西晋惠帝司马衷在位期间，八王争权，天下大乱，张轨乘机割据河西，并封长子张寔为元公。公元 314 年五月，张轨病死，43 岁的张寔就继任为凉州刺史。

张寔任职时，凉州在名义上还隶属于西晋朝廷，他的凉州刺史一职也是由西晋愍帝司马邺任命的。然而西晋王室衰微，根本无力顾及远离中原的凉州。所以张寔实际上已经成了一地之主。公元 316 年十一月，晋愍帝司马邺被匈奴成汉王朝俘虏，西晋灭亡。张寔就于公元 317 年正式建立了前凉政权，即前凉昭公，不过他仍然使用西晋愍帝司马邺的“建兴”年号，表示对晋室的忠心。

张寔和大多数君王一样，自恃尊贵，喜欢独断专行。不过难得的是，他为人坦率，很乐意别人指出自己的过失，并能努力改正，还对批评他的人予以奖励。张寔曾仿效邹忌讽齐王纳谏的典故，颁布了一条法令：“自今有面刺孤罪者，酬以束帛；翰墨陈孤过者，答以筐篚；谤言于市者，报以羊米。”张寔在位期间，前凉政治比较清明，百姓们远离了晋朝战乱，生活也比较安定，加上许多从战乱地区逃来的人口，前凉也逐渐兴盛起来。

公元 320 年，京兆（今陕西西安）人刘弘跟随避难的民众来到凉州。刘弘是个野心家，他在天梯第五山布道，用妖术迷惑百姓，入道的有 1000 多人，连张寔的近侍也有不少。其中张寔的部将阎沙和赵仰，是刘弘的同乡，与他关系密切。刘弘哄骗他们说：“上天命我来做凉州王。”阎、赵二人竟然相信了他的谎言，真打算拥立他做凉王。这年六月，阎、赵二人秘密联络了十几个近侍，准备刺杀张寔。不料消息泄露，刘弘被张寔派人捕杀了。阎沙和赵仰闻讯后，惊惶不安，就决定铤而走险。一天夜里，这二人就潜入宫中，刺杀了张寔。

张寔在位3年，终年50岁。他死后，葬于宁陵。威公张祚即位后，追谥张寔为“昭公”，庙号“高祖”。

成公张茂

前凉成公档案：

生卒年：公元277～324年

父　　母：父，武穆王张轨；母，不详

后　　妃：贾皇后

年　　号：无

在位时间：公元320～324年

谥　　号：成公

庙　　号：太宗

陵　　寝：不明

性　　格：谦虚，精明，果断

点评：

茂雅有志节，能断大事。

——唐·房玄龄《晋书》

前凉成公名叫张茂，是前凉武穆王张轨之子，前凉王朝的第二位皇帝。他继兄长遗志，保住了前凉政权，并将其发展壮大，实在是功不可没。

张茂，字成逊，生于公元277年，是前凉昭公张寔的同母弟弟。

西晋末年，张茂曾任平西将军、秦州刺史。公元 320 年，昭公张寔被部将阎沙、赵仰刺死，他的儿子张骏年幼，于是大臣们就按照兄终弟及的传统，拥立了张茂为凉州牧，即前凉成公。建元永元，不过对外仍然采用晋室年号，以示忠于晋朝。

张茂即位后，先杀了阎、赵二人为兄报仇，然后就兢兢业业的打理国事。他本就虚心好学，所以很善于纳谏，加上为人精明果断，前凉在他的治理下国势越来越好。不过张茂是个淡泊名利的人，他对权势并不热衷，就一直想将政权传给侄子张骏，然后归隐。不过大臣们都很拥戴张茂，一再以太子年幼为由来劝阻，张茂只好暂时作罢。

张茂为人谦虚，却又很讲排场。他在位仅 4 年，就营建了两项大工程：修建灵钧台和修筑国都姑臧城（今甘肃武威）。国都的规模自然不小，而灵钧台的规模也相当大，仅台基就高达九仞，有许多民工都累倒在工地上。前凉只是一个小政权，做如此劳财伤民的事根本就是自毁根基，于是很多大臣都出来劝阻，不过张茂根本不听。武陵人阎曾见直言进谏没有用，就于夜间装成张茂死去的父亲张轨，在府外大喊大叫，告诫张茂千万不能做劳民伤财的事。张茂虽然受到惊吓，但也认识到阎曾的确是好意，当天就下令停工了。

公元 322 年，张茂派大将军韩璞夺取了陇西、南安地区，并在那里设置了秦州。前凉的疆域扩大了，张茂又把心思转到两大工程上来。虽然担心大臣百姓反对，但他还是下定决心完成心愿。公元 323 年，灵钧台和姑臧城的工地又热闹起来。很多人都站出来反对，但张茂根本不听。这年年底，两大工程终于在一片怨声中竣工了，不过前凉的国力也削弱了不少。公元 324 年，前赵皇帝刘曜趁机率兵进攻前凉，张茂根本无力招架，只好向前赵投降。刘曜封他为太师、凉王。

公元 324 年五月，张茂就病重不治身亡了，时年 48 岁。临终前，他传位给侄子张骏，并嘱咐张骏要善理国政，切记以晋朝为正统，要效忠晋室。张茂在位 4 年，经历的前凉政权的兴衰更替。他死后，前赵的刘曜赠他“太宰”之名，并谥为“成烈王”。后来威公张祚即位，才追谥他为“成公”。

文公张骏

前凉文公档案：

生 卒 年：公元 307～346 年

父　　母：父，昭公张寔；母，不详

后　　妃：严皇后，王氏

年　　号：无

在位时间：公元 324～346 年

谥　　号：前凉文王

庙　　号：世祖

陵　　寝：大陵

性　　格：智略勤勉，老成持重

点评：

骏勤修庶政，总御文武，咸得其用，民富兵强，远近称为贤君。

——明・张大龄

前凉文公名叫张骏，是前凉昭公张寔之子，前凉王朝的第三位皇帝。他也是前凉在位时间最长的皇帝。

张骏，字公庭，生于公元 307 年，是张寔的长子。张骏自幼聪慧，文才出众，年仅 10 岁就被封为霸城侯。公元 320 年，昭公张寔遇刺身亡，张骏年纪还小，于是大臣们拥立了张骏的叔叔张茂。张

茂不是个贪图权势的人，就封张骏为抚军将军、武威太守、西平公，打算以后传位给他。公元 324 年五月，成公张茂病故，张骏继位，即前凉文公。

张骏虽然是一方之主，却始终对晋朝很忠心。前凉政权从昭公张寔起，始终采用晋朝年号，仍然效忠晋室。成公张茂曾投降前赵刘曜，不过他临终前仍交代侄子张骏，要“谨守人臣之节，无或失坠”。张骏继位后，就承袭父辈，继续效忠晋室。不过凉州远离中土，而东晋王朝又偏安江南，相隔千山万水，一时也联系不上。此时，西晋愍帝时的特派大使史淑，代表晋朝廷封张骏为凉州牧、西平公。而前赵皇帝刘曜，也派人到姑臧城，封张骏为凉王。张骏就对两方的封爵都接受，然后又派人与东晋王朝联系。此时中原战火纷飞，政权林立，东晋都城在建康，想要联系上十分困难，而张骏始终不懈地想尽各种办法。他考虑到从四川与东晋联系比较便利，就主动讨好蜀中的成汉国主李雄，希望能借道成汉，到达东晋。不料李雄根本不买账，一口回绝了他的请求。公元 333 年底，张骏实在是等不下去了，只好屈尊向李雄称臣，才得以借道前往东晋建康。经过近 10 年的努力，张骏终于和东晋正式取得联系。

张骏是个明君，他执政勤勉，选贤任能。在他的努力下，河西百姓安居乐业，兵强马壮，在战乱频仍的北方地区，前凉成了难得的乐土。于是，张骏得到了前凉上下的一致拥戴。张骏在政权稳固之后，就打算向外扩张，以宣扬自己的威望。为此，张骏先后攻占了河南（甘肃地区黄河以南）地区，独霸陇西，在西界三郡设置沙州，东界六郡设置河州。接着，张骏又想夺取前赵的秦州诸郡。武威太守窦涛、金城太守张阆、武兴太守辛岩、扬烈将军宋辑等奉命东会韩璞，兵合一处，共讨前赵，结果却吃了个大败仗。于是，张骏将目标转向西域各国。公元 335 年，张骏先后击败龟兹、鄯善等国，两国臣服，其他西域小国也纷纷望风而降。由此，前凉称雄西域，从陇西到西域的广大地区都划归张骏治下，他将前凉全境分为23郡，其中包括在今吐鲁番设置的高昌郡。这样，前凉政权就步入了最鼎盛的时期。

公元345年，张骏自称大都督、大将军、假凉王，并效仿东晋朝廷，设置了祭酒、郎中、大夫、舍人等官职。公元346年五月，张骏病逝于姑臧城正德前殿，时年40岁。他死后，葬于大陵（今地址不详）。后来其子威公张祚即位后，追谥他为“文公”。张骏在位22年，将前凉发展到最强盛的时期。

桓公张重华

前凉桓公档案：

生 卒 年：公元327～353年

父　　母：父，文公张骏；母，马氏

后　　妃：裴王后，郭夫人

年　　号：建兴

在位时间：公元346～353年

谥　　号：桓公

庙　　号：世宗

陵　　寝：显陵

性　　格：宽仁，谨慎，放纵

点评：

张重华在位时，能够体恤民情，减轻赋役，境内也比较安定。

——詹子庆《中国古代史》

前凉桓公名叫张重华，是前凉文公张骏的次子，前凉王朝的第四位皇帝。他为人宽仁持重，不过成就不是很高。

张重华，字太林，生于公元327年，是文公张骏的儿子。公元346年五月，张骏病逝，张重华继位，即前凉桓公。张重华即位后，仍然尊晋室为正统，被东晋封为凉州牧，封西平公。不久，他又自称持节大都督、太尉、护羌校尉、凉州牧、西平公、假凉王，不过仍奉晋室年号。他尊文公张骏的正室夫人严氏为太王太后，生母马氏为王太后。

张重华为人宽和持重，不善言辞，却很会办实事。他对百姓非常体恤，即位之后不仅减少御用园林等用度，还实行轻徭薄赋的政策，这对发展经济、缓和社会矛盾都起到了很好的效果。除此之外，为了稳定周边局势，他重新与后赵建立了友好关系。在他的努力下，前凉比文公时更加强盛。除了吐鲁番地区的高昌郡继续沿用外，张重华还置凉、沙、河三州，又设西域长史。前赵刘曜、后赵石虎曾多次入侵凉州，也被他击退了。

张重华在军事上取得了较大的胜利后，就开始骄纵了，他不再甘心臣服于晋朝。公元349年，他自称凉王、丞相，领雍、秦、凉三州牧，正式与晋室脱离臣属关系。张重华称王后，就逐渐变得懈怠懒惰，不思进取了。他不再勤于国事，而是整日与宠臣们下棋为乐，玩得高兴了，就随意赏赐钱帛。大臣索振曾多次劝谏，好在张重华还算明智，听了索振的话后，就改掉陋习，重新专注于政事，国家实力也因此逐渐增强了。

不过国力稍有提高，张重华的心就沉不住了。公元353年二月，他出兵讨伐前秦。不想，这次出征，竟以惨败告终。他的三位大将中，张弘、宋修被俘，王擢侥幸逃回了姑臧城（今甘肃武威），而12000名官兵，无一生还，上邽（今甘肃天水）也被前秦占领。这场战争，给了张重华沉重的打击，他决心要好好报复前秦。这年五月，前凉大将王擢领兵 2 万，袭击上邽的前秦军。在秦州一些郡县的支持下，上邽终于被夺回了。

张重华报了仇，却又被胜利冲昏了头，认为前秦不堪一击。于是，他向晋穆帝司马聃上书，希望联合出兵灭掉前秦。不过司马聃还没答复，张重华就突然病倒了。他卧病期间，宫中发生了一件丑事，他的庶兄张祚与他的生母马氏私通。张重华得知后，非常恼怒，就打算杀了张祚，不过又担心万一事情不成会生祸端。几经犹豫，他的病情也加重了。这年十一月，张重华就病死了，时年 27 岁。临终前，他立自己 10 岁的儿子张曜灵为世子。他死后，葬于显陵，谥号“桓公”。张重华在位 7 年，本来也有一定的作为，但由于他反复无常，国力最终还是逐渐削弱了。

哀公张曜灵

前凉哀公档案：

生卒年：公元 344～355 年

父母：父，桓公张重华；母，郭夫人

后妃：无

年号：建兴

在位时间：公元 353 年

谥号：哀公

庙号：无

陵寝：无

性格：懦弱无能

点评：

这一时期（从曜灵被废起）的前凉，政局极混乱，但都是宫廷

政变，所以对社会的危害不是很大。

——沈起炜

前凉哀公名叫张曜灵，是前凉桓公张重华之子，前凉王朝的第五位皇帝。他上台没几天，就被伯父张祚赶下来了。

张曜灵，字元舒，生于公元 344 年。公元 353 年十一月，桓公张重华病死，就由 10 岁的张曜灵继位，即前凉哀公。张曜灵幼年即位，根本无法理政。他的伯父、张重华的庶兄张祚，就趁机夺取了大权。张祚一边与张重华时期的宠臣赵长、尉缉等等人勾结，密谋篡位；一边与张重华的生母、张曜灵的祖母马氏通奸，哄骗马氏废黜了张曜灵。

张曜灵在位仅 1 个月，就被废为凉宁侯。第二年，张祚篡位成功，就将张曜灵幽禁起来。公元 355 年 8 月，张曜灵又被卷入了复辟政变，被张祚的部下杨秋胡杀害，并胡乱埋到一个沙坑里，他死时，年仅 12 岁，谥号“哀公”。

威公张祚

前凉威公档案：

生 卒 年：? ～355 年

父　　母：父，文公张骏；母，不详

后　　妃：辛皇后

年　　号：和平

在位时间：公元 354～355 年

谥　　号：威公

庙　　号：无

陵　　寝：愍陵

性　　格：有城府，阴险狠毒

点评：

（张祚）博学雄武，有政事之才。

——北魏·崔鸿《十六国春秋》

前凉威公名叫张祚，是前凉文公张骏的庶长子，前凉王朝的第六位皇帝。他篡夺侄子之位自立，为人残忍狠毒，很快就死于政变之乱。

张祚是文公张骏的长子，因是庶出，所以张骏死时，传位给次子张重华，即前凉桓公，张祚对此一直心怀不满。张重华为政期间，张祚一直与他的生母马氏私通。公元353年十一月，张重华卧病在床时，得知了生母与庶兄的奸情，他又惊又怒，想除掉张祚，又怕不成事反而激起祸端。他犹豫不决，以致病情加重，不治身亡。临终前，他传位给自己10岁的儿子张曜灵。张祚得知王位又没有自己的份，心里更加不满，就有了篡位的野心。张祚是个很有城府的人，他对小侄子继位表面上并不反对，暗中却勾结张重华的几个心腹大臣赵长、尉缉等，密谋夺权之事。通过伪造张重华的遗诏，张祚当上了抚军大将军，都督中外诸军事。接着，赵长等人又向马氏建议，说："如今时局不稳，曜灵年幼，无力担当大任，应立张祚为凉王。"马氏偏向自己的奸夫张祚，也有些心动。而张祚又适时地与她温存一番，花言巧语地哄骗她。马氏竟然当天就废掉了自己的孙子张曜灵，立张祚为凉州牧。公元354年正月，张祚自称凉王，改元和平，采用皇帝礼乐。

张祚的王位，来得很不光彩，所以他非常心虚，既怕群臣不服，又担心有人觊觎自己的位置。因此，他执政的第一步，就是铲除异己。驻守酒泉的谢艾，是张重华时期的重臣，张祚自然容不下他。谢艾死后，张祚又派兵袭击河州刺史张瓘。张掖人王鸾得知此事后，就找到张祚进行劝阻，并指责他不仅私通张重华之母，还奸淫张重华之女，实在是淫虐无道。张祚见丑事被揭，恼羞成怒，就立即处死了王鸾。不过王鸾虽死，但张祚的淫棍之名却传得路人皆知。

张瓘得知张祚要来讨伐自己，就抢先起兵对抗张祚。张瓘的弟弟张琚和儿子张嵩，就住在姑臧。他们就为张瓘做内应，发动了几百名党徒，在姑臧城内大肆宣扬张祚的乱伦丑事，同时还告诫众人，说张瓘的义军已经抵达城东，将拥立张曜灵为凉王，若有人还帮着张祚为恶，就会被诛灭三族。姑臧军民听了，大多保持中立，两不相帮。而骁骑将军宋混与弟宋澄，因大哥宋修与张祚有隙，就积极响应张瓘。他们带领一万多人，与张瓘大军一起攻打姑臧城。

张祚众叛亲离，就杀了张曜灵泄愤。这样宋混等人的理由就更充分了，公元355年闰九月，他令全军缟素，为张曜灵举哀，浩浩荡荡地逼近都城。张琚叔侄带领几百人打开西城门，迎宋混大军入城。张祚本想拼死抵抗，可左右竟无一人应答。曾助他得位的赵长，甚至举起长槊向他杀来，刺中了他的脸部。张祚忍痛逃到万秋阁，却被厨子徐黑当头一刀砍死了。

张祚在位1年，他篡位自立，后称帝，前凉政权从他开始迅速衰落下去了。他死后，葬于愍陵，谥号“威公”。

冲公张玄靓

前凉冲公档案：

生 卒 年：公元350～363年

父　　母：父，桓公张重华；母，郭夫人

后　　妃：无

年　　号：建兴，开平

在位时间：公元 355～363 年

谥　　号：前凉冲公

庙　　号：无

陵　　寝：平陵

性　　格：善良懦弱

点评：

玄靓年既幼冲，性又仁弱。

——唐·房玄龄《晋书》

前凉冲公名叫张玄靓，是前凉桓公张重华的少子，前凉王朝的第七位皇帝。他在复辟政变后，被乱军拥立为王，做了几年的傀儡皇帝，最后也被杀了。

张玄靓是桓公张重华的小儿子，哀公张曜灵的弟弟。从张重华病亡传位给张曜灵，到张祚篡位后又被杀，短短两三年，皇帝换了好几个。公元 355 年底，张祚被河州刺史张瓘等人杀死，年仅 6 岁的张玄靓就被张瓘、宋混等人拥立为凉王。

张玄靓即位时，只是一个孩童，什么也不懂，大权自然就落到了诛杀张祚的大功臣张瓘手里。张瓘独揽军政大权后，野心也迅速膨胀，就对其他功臣宋混等人十分猜忌。公元 359 年九月，张瓘决定取代张玄靓，自己做凉王，就对宋混兄弟动手了。不料宋混比他动作更快，结果张瓘兵败自杀。他的弟弟张琚、儿子张嵩闻讯也畏罪自杀了，后来宋混又灭了张瓘全族。

经过这场激烈的内廷争斗，已经 10 岁的张玄靓也成熟了不少。他深知自己的处境，就主动命宋混执掌朝政大权，还听从宋混的吩咐，去掉凉王封号，自称凉州牧。公元361年四月，宋混病死，他的弟弟宋澄继续掌权。不过宋澄的好日子不长，这年九月，右司马张邕起兵杀掉宋澄，灭了宋氏全族，张玄靓就落到了他手中。张邕任中护军，与张玄靓的叔叔张天锡共掌大权。

张邕得势后，就大肆杀戮异己，结党营私，引起了朝野上下一片怨声。张天锡见状，就趁机起兵杀掉张邕，独揽了大权，张玄靓又成了他的傀儡。张玄靓被几个权臣争来抢去，深感权力斗争太过残酷。为了保住性命，他主动提出让位给张天锡，不料却被拒绝了。张天锡是个阴险狠毒的小人，他不愿接受禅位，是想武力夺位。公元363年八月，张天锡指使右将军刘肃深夜带兵入宫，将张玄靓杀死，然后对外假称张玄靓暴病亡故，自己顺利即位。张玄靓在位8年，一直没有摆脱傀儡的命运，最后成了政权斗争的牺牲品，死时年仅14岁。他死后，葬于平陵，谥号“冲公”。

悼公张天锡

前凉悼公档案：

生卒年：公元345～406年

父　母：父，文公张骏；母，刘夫人

后　妃：阎皇后、薛宫人等

年　号：升平

在位时间：公元363～376年

谥　号：悼公

庙　号：无

陵　寝：不详

性　格：昏庸无能

点评：

既骤得大位，遂荒於酒色，不亲政事

——明·张大龄

前凉悼公名叫张天锡，是前凉文公张骏之子，前凉王朝的第八位皇帝。他篡位自立，是个昏庸无能的酒色皇帝。

张天锡，是文公张骏最小的儿子，冲公张玄靓的叔父。公元 361 年九月，右司马张邕起兵杀掉了独揽大权的宋澄后，17 岁的张天锡就当上了中领军，与张邕共同辅政 12 岁的小皇帝张玄靓。张玄靓只是一个傀儡皇帝，实际上由张邕独揽大权。张天锡很有野心，又年轻气盛，自然对张邕非常不满，就与手下密谋诛杀张邕夺权。公元 361 年十一月，张天锡就起兵成功诛杀了张邕，然后独揽了大权。公元 363 年八月，张天锡又派右将军刘肃杀掉侄子张玄靓，篡夺了前凉政权。

张天锡 19 岁即位，志满意得。他命心腹将军刘肃、梁景等人打理朝政，自己就专心享受酒色了。刘肃等人将前凉朝政搞得乱七八糟，国势也更加衰落了。不过在这样的环境中，张天锡还是做了 13 年的安乐皇帝。公元 376 年七月，前秦苻坚率领 13 万步骑兵讨伐前凉。张天锡的逍遥日子也就过到头了，他惊慌失措，朝廷上下也乱成一团。后来在多数大臣的支持下，张天锡决定全力抗击前秦军。不过前凉军队不堪一击，八月，前秦大军攻陷了姑臧，张天锡只好投降，前凉灭亡。

张天锡投降后，被押送到前秦都城长安，苻坚对他还算宽厚，封他为北部尚书、归义侯。公元 383 年，前秦苻坚起兵 97 万讨伐东晋，张天锡以征南司马的身份随军出征。不料前秦在淝水之战中惨败，张天锡就跑到建康投奔了东晋，被晋朝封为金紫光禄大夫。不过他在东晋的日子也不好过，不仅经济上捉襟见肘，而且还时时被人嘲笑为亡国之君。后来桓玄篡夺东晋大权，任张天锡为护羌校尉，凉州刺史，他的生活才稍有好转。公元406年，张天锡病逝于健康，时年62岁，谥号“悼公”。他在位13年，是前凉的末代皇帝。

十六国·后赵

高祖石勒

后赵高祖档案：

生 卒 年：公元274～333年

父　　母：父，周曷朱；母，王氏

后　　妃：刘皇后、程氏

年　　号：太和，建平

在位时间：公元319～333年

谥　　号：明帝

庙　　号：高祖

陵　　寝：高平陵

性　　格：英明大度，雄武智略

点评：

石勒崛起于穷困的少数民族之中，能够统一中国北方的大部，在文治上也有若干建树，并且有统一中国之志，这在当时十六国中确是个杰出的帝王。

——白寿彝《中国通史》

后赵高祖名叫石勒，是周曷朱之子，后赵王朝的第一位皇帝。他在乱世中靠武力起家，他英勇善战却又十分残暴，胸无斗墨却能选贤任能，这样一个人，使后赵初期出现了兴盛的气象。

从奴隶到帝王的传奇人生

石勒，字世龙，生于公元274年，羯族，上党武乡（山西榆社北）人。石勒的先祖是匈奴别部羌渠的后裔，他的祖父耶弈于，父亲周曷朱（又名乞翼加），都做过部落的将领，因而石勒从小家境还不错。不料他仅过了一个衣食无忧的童年，家道就衰败了。为了维持生计，14岁的石勒就与同乡一起去洛阳做小买卖。长年在外走南闯北的经历，加上部落小帅的家世，成年后的石勒胆识过人，并且骑马射箭都娴熟。他的父亲周曷朱脾气暴躁，经常打骂部下，引得许多怨言。为了缓和与部属的关系，周曷朱就让儿子石勒代管这个部落。石勒虽然没有读过什么书，却很聪明，他将部落管理得很好，很快就赢得了部下的信任和尊敬。

西晋惠帝太安年间，石勒部落生活的地区发生了大面积饥荒，不少人活活饿死。为了活命，许多人都离乡背井，四处流浪，石勒也在其中。此时西晋政权已经比较混乱了，诸侯王们都在扩大势力。其中东嬴公司马腾正为兵员短缺而发愁，建威将军阎悴就建议他抓胡人来补足。司马腾采纳了这个建议，就派属下郭阳和张隆来做此事。于是，石勒等人刚从雁门逃到阳曲，就被张隆抓了，并押送到了冀州。张隆很贪财，他想从这些胡人身上搜刮一些财物，可是逃难出来的石勒等人穷得叮当响。张隆什么也没搜到，就虐待他们来出气。这样石勒不

高祖石勒像

仅经常饿肚子，还饱受拳脚之苦。与石勒一起的朋友郭敬是押送胡人的另一名将领郭阳的族弟，他见石勒实在可怜，就向族兄郭阳说情。这样石勒总算能吃饱肚子，没有饿死在前往冀州的途中。

石勒到了冀州后，并没有入伍。他疲惫至极，倒头睡了一觉，醒来时才知道自己已经被卖给了山东茌平（今山东茌平县）的地主师欢为奴。石勒到了师欢家后，就开始了起早贪黑的耕作生活。石勒曾告诉一起劳作的同伴，说自己干活的时候经常听到鼓角之声，同伴觉得很不可思议，就把这件事告诉了地主师欢。师欢也感到很惊奇，就开始关注石勒这个人，当得知石勒曾是部落首领之后，开明的师欢就解除了石勒的奴隶身份。从此，石勒就成了一名普通的佃户。

石勒是个很有志向的人，他从奴隶变成了平民，心中感慨万千。他想到自己出身名门，又曾做过部落首领，怎么能甘心任人摆布呢？为了重振声威，向这个不公平的世道抗争，他决定招兵买马，做出一番事业。此时，晋朝八王之乱已经开始了，整个中原一片混战。石勒就趁机招集了 18 人起事，号称“十八骑”。

永兴二年（公元 305 年），山东河北一带的割据军阀公师藩起兵反晋，石勒就带着自己的“十八骑”去投奔。不久，公师藩被濮阳太守苟晞杀死，他的残部就归属到石勒手下。没过多久，一些犯人和流民也加入了进来，这样石勒就组建了自己的武装力量。公元 307 年，石勒率领部下投奔了匈奴汉国国主刘渊。刘渊封他为辅汉将军、平晋王，后来又晋升为安东大将军，累封赵公。刘渊死后，继任的刘聪对石勒也很器重。石

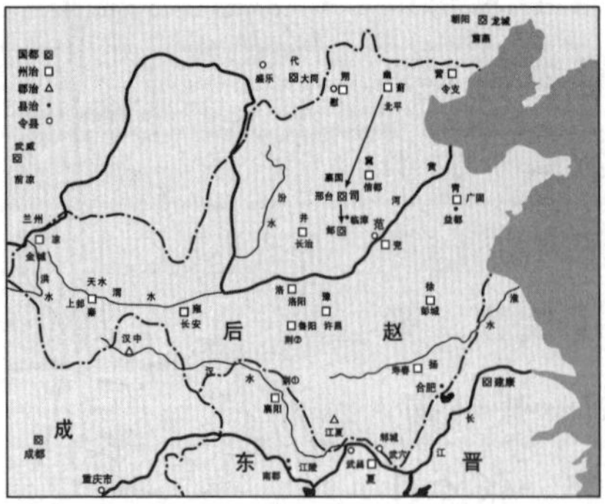

后赵疆域图

勒在行军打仗上很有天分，汉国几次攻陷晋朝都城洛阳、长安，俘虏了晋朝怀帝司马炽、愍帝司马邺，都少不了他的功劳。

公元318年七月，汉主刘聪病亡，传位给儿子刘粲，并嘱托刘曜和石勒共同辅政。不想才过了2个多月，外戚靳准就杀死刘粲，篡夺了政权。同年十月，刘曜从长安起兵讨伐靳准。行军途中，刘曜就在部下的拥戴下称帝。十二月，刘曜杀了靳准，平息了叛乱后，就迁都长安，改国号为赵。刘曜称帝后封石勒为大司空、大将军。

不过石勒并不接受，他认为自己与刘曜一同被刘聪封为辅政大臣，同样军功赫赫，实力相当，就对刘曜很不服。刘曜其实对石勒也不怎么信任，公元319年二月，石勒的左长史王修被刘曜杀了。石勒得知后非常愤怒，就宣布公开与刘曜决裂。同年十一月，46岁的石勒在襄国（河北邢台一带）建立政权，自称赵王，他也将国号定为“赵”，以示与刘曜对立。为了区分他们，历史上将刘曜的政权称为“前赵”，石勒的政权称为“后赵”。

治国有方　居功不傲

石勒称帝后，为政勤勉，他虽然没有念过什么书，却治国有方。他是凭武力得位的莽汉，却也很清楚发展生产才是增强国力的第一要务。为了更好地统治后赵人民，他采取了很多安抚措施。他为普通百姓减租，又分给每位孤寡老人三石谷子，并奖励那些出名的孝子和努力耕作的农民。这样，他不仅调动了农民的生产积极性，也赢得了百姓的拥戴。

为了巩固后赵的政权，石勒还对有功的大臣进行封赏，这样他得到了更多的拥护。石勒是羯族人，自然会努力提高族人的地位，不过他对汉族名士也同样重用。石勒是个文盲，却也是十六国统治者中最尊重知识，尊重士人的君主。石勒喜欢读书，经常向士人们请教，同时他又勤于思考，能提出许多好的见解。石勒很赏识汉族文人，对他们都委以重任，谋士张宾就是其中一个。在张宾的辅佐下，他恢复了租庸剥削，制定了门阀士族的九品等级，又崇尚儒学，倡导佛教。于是，石勒的势力很快就发展起来。北方的许多寒门士人也投身到石勒的军中效力，石勒将他们组编成了君子营。他称帝后，还曾专门下令保护士人，凡是部下抓获的士人，他都要亲自处理。此外，石勒还创办学校，鼓励将领们的子弟去学习。为了选拔人才，他还建立了举荐和考试制度。这样，石勒的政治就比较开明，社会逐渐变得安定繁荣起来。后赵前期出现了兴盛的景象，疆土范围扩展到西起今陕西，甘肃，东至河北东北部，南至湖北与安徽，包括了整个中原地带，这样它就成了十六国中最强大的政权。

石勒在内政上处理得非常出色，在外交上也很有手段。他称王时，东晋名将、闻鸡起舞的征北将军祖逖，准备北伐。石勒得知后，就马上派人去河北修复祖逖老家的祖坟，以博得祖逖的好感。这个方法很有效，祖逖知道后，也以参军王愉为使，与后赵商议停战事宜，并向石勒表示感谢。于是，兖州、豫州两地百姓也免去了一场战乱之苦。

石勒从公元 319 年就与前赵国主刘曜决裂，此后双方一直有征战。公元 325 年，石勒之侄石虎领军征讨前赵，不仅占领了石梁、并州两地，还坑杀了 1 万多名前赵士兵，将刘曜气得大病了一场。公元 328 年八月，趁着东晋发生王敦、苏峻叛乱，无力北伐，而前赵又在平定关陇地区之乱，无暇东顾的大好机会，石勒又派侄子石虎领兵 4 万突袭前赵国的河东郡（今山西夏县一带），黄河沿岸的 50 多个县纷纷归降后赵政权。石虎一直打到了黄河东岸的蒲阪城（今山西永济县），直接威胁到前赵的都城长安。这次出兵给了刘曜沉重的一击，也直接导致了前赵的灭亡。公元 329 年，石勒亲自率领大军渡过黄河，俘虏并杀了刘曜，随后前赵正式灭亡。石勒灭了前赵后，夺取了关陇地区。至此，北方除了辽东的慕容氏与河西的张氏外，都成了石勒的天下，南面以淮水与东晋为界，初步形成了南北对峙的局面。

后赵太和三年（公元 330 年）二月，石勒被大臣拥立为大赵天王，他将儿子们全部封王，又给大臣们加官进爵。九月，石勒正式称帝，改元建平，立妻子刘氏为皇后，并确定了昭仪、夫人、贵嫔、贵人、三英、九华、淑媛、淑仪、容华和美人等后宫等级和数额。第二年年夏，石勒将国都从襄国迁到了邺城（河北临漳一带）。

石勒称帝后，并不恃尊而骄，他仍然善于采纳文臣武将的意见，集思广益，这也使得后赵国势蒸蒸日上。公元 331 年，就在他打算迁都邺城时，有廷尉续咸上书劝谏，说劳财伤民，反对迁都。石勒大怒，说："不杀这老东西，我的宫殿就很难建成！"他下令将续咸关进了监狱。中书令徐光对石勒说："是否采用他的建议，全由您自己决定，何必要杀掉他呢？"石勒听了也消了气，自嘲地说："做皇帝这样不自由！普通百姓家有点资产了，还想盖所新居，何况我这一国之君！为了成全直臣的好意，这宫殿还是以后再建吧。"于是，石勒将续咸放了出来，并赐给他绢百尺，稻百斛，以示嘉奖。不久，中山西北暴雨成灾，洪水冲来了许多木料。石勒就对大臣们说："这是苍天让我营建邺都，给我送来了这么多木料！这还有什么可说的呢？"于是，石勒的宫殿终于破土动工了，不过石勒也尽量爱惜民力，以俭朴为标准。

石勒到了晚年，也像许多政治家一样，喜欢对自己的功过做一番评估。后赵建平三年（公元 332 年）春节后，石勒设宴招待高句丽使者。酒兴正酣，石勒问中书令徐光："我可以与前代的哪位皇帝相比？"徐光答："陛下的功绩胜过汉高帝刘邦。"石勒听了十分高兴，不过他却说："人贵有自知之明，你也太夸大了。倘若我遇到汉高帝，一定向他称臣。大丈夫行事应光明磊落，不能像曹操、司马炎那样，靠欺辱孤儿寡母来夺取天下。”大臣们听了此言，都高呼“陛下万岁”。

公元 333 年六月，石勒西巡沣水宫，途中感染风寒，随后病势逐渐加重，生命垂危。他的侄子石虎是军功赫赫的重臣，受封为中山王，早有夺位的野心。石勒一直都很信任石虎，到了这时，才有所觉察，他对子弱侄强的现实忧心忡忡，不过此时他也无能为力了。他对太子石弘和石斌兄弟说：“你们兄弟务必要互相扶持，绝不能自相残杀。”他又抱着最后一丝希望，嘱咐石虎：“中山王要尽力辅佐新君，这样我死也瞑目了。”不过石勒的希望终究落了空。七月，他病情加重，石虎就假传诏令，阻止太子和大臣来看望他。石勒临终前，口授了一份遗嘱，命石虎主持丧礼，要求自己死后三天即葬，这期间不得禁止民间婚娶、祭祀等，镇守在外的将领牧守也不得前来奔丧，送丧只用普通车辆，不用金银珠宝等随葬。这些要求从一个皇帝的口中说出，实在难能可贵。就在石勒死去的当夜，石虎就偷偷将他装殓入棺，运出城葬于山谷之中，具体葬地不详，所以石勒的陵墓有好几种说法，至今也没有定论。过了 12 天，石虎才为石勒发丧，称其墓为高平陵，谥号“明帝”，庙号“高祖”。

石勒在位 14 年，终年 60 岁。他励精图治，选贤任能，创建了十六国中最强大的后赵政权，占据了中国半壁疆土。他善于识人的眼光，贤于纳谏的胸襟，节俭为民的美德，都令后人景仰。

海阳王石弘

后赵海阳王档案：

生 卒 年：公元 313～334 年

父　　母：父，高祖石勒；母，程氏

后　　妃：贾皇后

年　　号：延熙

在位时间：公元333～334年

谥　　号：海阳王

庙　　号：无

陵　　寝：不详

性　　格：仁孝，谨慎，懦弱

点评：

虚衿爱士，好为文咏，其所亲昵，莫非儒素。

——北魏·崔鸿《十六国春秋》

海阳王名叫石弘，是后赵高祖石勒次子，后赵王朝的第二位皇帝。他性格柔弱，称帝不久就被石虎废杀了。

石弘是石勒的次子，石勒称汉王时，因为长子石兴早死，就立次子石弘为世子。石弘是个孝子，为人又很谦恭，很得石勒的喜爱。石勒半生历尽磨难，也没读过什么书，就在儿子石弘身上倾注了很大的希望。为了全面培养石弘，石勒专门为他请来当时最有名的老师。其中杜嘏教授他经书，续咸教授他律法，刘征、任播教授他兵书，王阳教授他击剑，这样，石弘就成长为一位品学兼优、文武双全的好少年。

公元319年，石勒称赵王，就立石弘为赵王世子。公元330年，石勒称帝后，石弘又顺利成为皇太子。石勒对儿子寄予厚望，但是石弘并不热衷政治。他博学多才，更喜欢读书作文，与儒生们谈论诗书，对太子之位并不看重。而石勒的侄子石虎，却是一个很有野心的人，他跟随石勒征战多年，立下汗马功劳，深得石勒的信任，在朝中很有威望，他对皇位一直虎视眈眈。公元333年七月，石勒病逝，石虎掌握了军政大权，他虽然想称帝，但是感觉时机还不成熟，就让皇太子石弘继位。石弘本就不愿做皇帝，又惧于石虎的权势，就诚心诚意地让位给他，却遭到了石虎的拒绝。于是，石弘被迫登上了皇位，改元延熙，尊石勒的皇后刘氏为皇太后。

石弘做了皇帝，实际上是一个傀儡，石虎把持朝政。石虎为了给自己篡位创造条件，就一面威逼石弘拜自己为丞相、魏王、大单于，加九锡，以魏郡等十三郡为邑，将地位晋升到最高；一面大肆铲除异己，诛杀了右光禄大夫程遐、中书令徐光等老臣。而石弘生性懦弱，见此情景也无能为力，只好回到后宫向刘太后哭诉。刘太后忍不下这口气，就与亲生儿子彭城王石堪密谋除掉石虎，打算拥立南阳王石恢为盟主。不料事情败露，石堪被逮，并被活活烤死，刘太后也被杀了。另有河东王石生从关中起兵，石朗从洛阳起兵，共同讨伐石虎，结果都兵败被杀了。

石虎将宗室子弟都杀得差不多了，觉得称帝的时机也成熟了。公元334年十月，石弘再次主动禅位。不料石虎并不接受，而是直接废黜了石弘为海阳王，将他囚禁在太子宫，然后自称居摄天王。石虎称王后，也没有容下石弘，这年十一月，就杀了他。可怜石弘在位仅1年多，就成为皇权的牺牲品，死时年仅22岁。

太祖石虎

后赵太祖档案：

生 卒 年：公元295～349年

父　　母：父，寇觅；母，不详

后　　妃：郑皇后、杜皇后等

年　　号：建武，太宁

在位时间：公元334～349年

谥　　号：武帝

庙　　号：太祖

陵　　寝：显原陵

性　　格：勇猛残暴，喜怒无常，心胸狭窄

点评：

他对伦理的践踏，对人性的摧毁，对亲情的冷酷，才是真正让人感到震颤，而永远不能忘却的。

——路卫兵

后赵太祖名叫石虎，是寇觅之子，后赵王朝的第三位皇帝。他生性残暴，篡位自立，是个典型的昏君。石虎生于公元295年，是后赵高祖石勒的侄子。他的父亲在大饥荒时饿死了，所以石虎从小就跟随叔父石勒生活。石虎11岁那年突然莫名失踪了，石勒想尽了办法也没有找到他。直到公元311年，石勒已经做了匈奴汉国刘聪手下的大将，在西晋并州刺史刘琨的帮助下，他才找回了已经17岁的石虎。石勒找到了侄子自然很高兴，对他很亲热。可不久就发现如今的石虎性格残暴，品行恶劣，就对他很失望。

石虎整日游手好闲，尤其喜欢用弹弓打人来取乐，石勒部下官兵都很讨厌他。石勒也讨厌他，就对自己的母亲王氏说："这个孩子太残暴了，干脆杀了吧！"王氏劝道："一头好牛在幼时也会经常把车撞破，石虎正是一头好牛，你还是忍耐一下吧！"石勒这才打消了杀心。不过幸亏石勒没有杀掉石虎，不然他就少了一员猛将。但是他不杀石虎，又为自己的子孙埋下了隐患。

石虎身强体壮，是个骑马射箭的好手。他长到18岁，就因武艺高强，勇猛过人，得到了石勒的重用，被封为征虏将军。此后石虎一直跟随石勒打仗，立下了赫赫军功。不过他凶残的性格也更加彰显了。在军中，石虎武艺好，就特别好勇斗狠，可他气量很小，有许多人只因为功夫比他好，就被他设法害死了。在战场上，石虎也特别嗜杀，

太祖石虎像

每攻下一座城池，他都要屠城。他攻占青州，在血腥屠城之后，只有 700 来人侥幸活命。即使在家里，石虎也同样残暴。石勒曾为他聘娶了将军郭荣的妹妹为妻，不料石虎喜欢的却是当时的杂技名角郑樱桃，于是他就杀了郭氏，续娶了郑氏，后来又娶了崔氏。妻妾争风吃醋，石虎又在郑氏的挑拨下杀了崔氏。

公元 330 年，石勒称帝后，就封石虎为中山王、尚书令。石虎本以为自己劳苦功高，会得到大单于之位，不想石勒给了自己的儿子石弘。于是，石虎就起了叛逆之心。公元 333 年七月，石勒病死，石虎掌握了朝政大权，就开始为自己篡位铺路了。石勒的儿子、太子石弘，并不想做皇帝，主动提出禅位给石虎。可石虎明白石勒刚死，自己称帝肯定会遭到群臣的反对，就没有答应。于是，他先逼迫太子石弘继位，拜自己为丞相、魏王、大单于，加九锡，以魏郡等十三郡为邑，地位显贵到堪比皇帝；然后又威胁石弘杀了曾反对自己的朝中重臣程遐和徐光等，将朝中要职都换上了自己的人；最后，又将皇太后刘氏、石弘的母亲程氏，以及秦王石宏、南阳王石恢等皇室宗亲全部杀了。这样，石虎就完成了篡位的全部准备。公元 334 年十月，石虎再次拒绝了石弘禅位的请求，直接废黜他为海阳王，自立为赵天王，改元建武，立儿子石邃为太子。十一月，石虎就杀了废帝海阳王石弘，并迁都邺城。

石虎夺位之后，暴虐荒淫的本性就完全暴露了。他加重刑罚，横征暴敛，又多次大兴土木，广造宫室，遍选美女，还穷兵黩武，给百姓带来的深重的苦难。

后赵只是一个小政权，而石虎却比许多强盛王朝的昏君还要贪婪好色。建武二年（公元 336 年），石虎下令在襄阳建太武殿，在邺城建东、西两宫。不久又在显阳殿后面修建了灵风台九殿。这些宫殿都规模宏大，装饰奢华。为了供自己享乐，石虎还从民间挑选了 1 万多名女子，分配到各殿。不过他并不满足，后来又从民间搜罗了从 13 岁至 20 岁的女子无数，以致后宫达到 3 万多人。石虎还嫌美人太少，公元 345 年，他专门增设女官，为自己物色美女。各地官员们也争着献上美女来讨好他，结果民间女子几乎被抢光，连已婚的也抢来了 9000 多人。这些官员也趁火打劫，抢夺美女，以致民间家破人亡者无数。石虎只顾满足自己的淫欲，对百姓的苦难视而不见，他甚至还杀了上疏劝谏自己的金紫光禄大夫逯明。

俗话说，上梁不正下梁歪，说的就是石虎父子这样的人。石虎有了庞大的后宫，就无心国事了，将朝政都交给太子石邃打理，自己只专心玩乐。而太子石邃也是个酒色之徒，比石虎不遑多让。他经常夜闯大臣内宅，奸淫他们的妻女。甚至还杀掉自己的美妾，将头颅洗净放在盘子里，让大臣们传看。他如此荒淫残暴，却对父亲石虎的专断十分不满，经常忤逆石虎，气得石虎用鞭子抽了他好几次。后来石邃竟然带着 500 骑兵出走，打算去冀州杀掉自己的弟弟河间公石宣，然后发动叛乱。由于兵士不愿跟他去送死，纷纷逃跑，石邃只好又跑回宫中。石虎得知后，气得又抽了他一顿鞭子，然后将他软禁在东宫。过了一段时间，石虎气消了，就将儿子放出来。不料石邃根本不感激父亲，见了石虎招呼都不打，就扬长而去。石虎气得发狂，当即就废他为庶人，当夜就将石邃及其妃子、儿女共 26 人全部杀掉。从此石虎对子孙的杀戮，就一发不可收拾了。后来石虎立石宣为太子，不料石宣与弟弟石韬争权，还杀了他。石虎得知后大怒，又将石宣及其妻儿共 9 人全部杀死，连石宣几岁的小儿子也没有饶过。

石虎大半生都用在战场上，所以他特别喜欢打仗。他即位之后不顾民力，四处征战。他首先出兵 3 万，进攻辽西鲜卑段辽，不久又出兵攻打前燕。为了筹集兵力，他将司、冀、青、徐、幽、并、雍七州的男丁几乎征尽。石虎的残暴很不得人心，所以几次征战都以失败告终。他见立战功无望，就又把精力放到了享乐上。他除了喜欢美人，还喜欢打猎。到了晚年，因身体太胖无法骑马，便制作了 1000 辆巨大的猎车供自己使用。他的猎场也很大，西起灵昌，东到阳都。石虎出去打猎也要搜罗美女，于是猎场周边百姓深受其害。

石虎对百姓的性命视如草芥，而自己的命却看得很珍贵。公元347年八月，一个叫吴进的和尚对石虎说，胡人要走衰运了，晋人将会复兴，要想改变这种国运，就要驱使晋人去做苦力。石虎信以为真，就又一次大兴土木，在邺城北边修建华林苑和几十里长的苑墙，这样就奴役了16万多人去做苦工，大车也征集了10多万辆。在修建过程中，遇上大风暴雨，好几万人丢了性命。

公元349年，长期纵欲的石虎，淘空了身体，染上了重病。他想通过称帝改元，来消灾冲喜。于是这年正月，54岁的石虎正式称帝，改元太宁，并立10岁的儿子齐王石世为太子。石虎称帝不久，饱受压迫的百姓纷纷起义，连戍边的梁犊也起兵造反了，后来石虎调集了全国的军队才平息了各地叛乱。平叛后，石虎的精力也耗尽了。

公元349年四月，石虎病逝于邺城金华殿，终年55岁。他死后葬于显原陵，谥号“武帝”，庙号“太祖”。石虎在位15年，他的荒淫残暴导致十六国中最强大的后赵政权很快就垮掉了。

彭城王石遵

后赵彭城王档案：

生卒年：?～349年

父　　母：父，太祖石虎；母，郑皇后

后　　妃：张皇后

年　　号：青龙

在位时间：公元349年五月～十一月

谥　　号：无

庙　　号：无

陵　　寝：无

性　　格：有勇无谋，贪婪无信

点评：

石虎死，诸子为争夺皇位而骨肉相残。

——詹子庆《中国古代史》

彭城王名叫石遵，是后赵太祖石虎的第九子，后赵王朝的第四位皇帝。他废黜弟弟石世自立，没过多久，就被部下砍死了。

石遵是石虎与杂技名角郑樱桃之子。公元 333 年，后赵高祖石勒死后，石虎独揽大权，就封石遵为齐王。公元 348 年底，石虎称帝后，就封石遵为彭城王。第二年四月，石虎病死，传位给 10 来岁的小儿子齐王石世。石世年纪太小，就由母亲刘太后临朝听制，大臣张豺辅政。

石世称帝后，石遵被任为左丞相，他对年幼的弟弟得到皇位很不满。石世当皇帝没几天，冉闵就唆使石遵从河内发兵，攻打邺城。结果，权臣张豺被诛杀，刘太后和小皇帝石世都被毒死，石遵就顺利坐上了皇位。

石遵起兵前，曾对冉闵承诺，事成后立他为皇太子。冉闵的父亲冉瞻是后赵太祖石虎的养子，冉闵就是石虎的养孙，又名石闵。可石遵称帝后，尊母亲郑氏为太后，立燕王石斌之子石衍为皇太子。冉闵见石遵不守信用，非常恼火，就骂他忘恩负义。大臣们为了石遵的皇位稳固，就劝他杀了冉闵。于是石遵就召来兄长石鉴和弟弟石苞，去见母亲郑太后，共同商议诛杀冉闵之事。由于郑太后认为冉闵是功臣，反对杀他，所以商谈无果，石遵等人就从太后宫出来了。

不料石鉴竟然出卖了石遵，他将此事告知冉闵。冉闵闻讯，立即派周成等人率兵包围了石遵居住的南台。石遵正在与妃子下棋，还没反应过来，就被周成的兵士乱刀砍死。石遵在位仅 183 天。

义阳王石鉴

后赵义阳王档案：

生 卒 年：? ～350 年

父　　母：父，太祖石虎；母，不详

后　　妃：不详

年　　号：无

在位时间：公元 349 年～350 年

谥　　号：无

庙　　号：无

陵　　寝：无

性　　格：阴险狡诈，反复无常

点评：

石鉴的两面派作风，其中虽有自己想当皇帝的一己私念，但客观上还是帮助了冉闵。

——路卫兵

义阳王名叫石鉴，是后赵太祖石虎第三子，后赵王朝的第五位皇帝。他既懦弱又狡诈，害死了弟弟石遵夺得皇位，不过还没坐稳，就送了性命。

石鉴，字大朗。公元 337 年，石虎改称天王后，他被封为义阳公。公元 349 年，石虎称帝后，又被晋封为义阳王。公元 349 年四月，石虎病死，太子石世即位，封石鉴为丞相。不到一个月，彭城王石遵就带兵杀了小皇帝石世，自立为帝，封石鉴为侍中。

石遵称帝前，曾许诺立石虎的养孙石闵（又名冉闵）为太子。不料他称帝后却违背了诺言，这就引来了石闵的极大不满，他到处

骂石遵不守信义。石遵为了保住自己的皇位，就召集兄弟几人一起拜见母亲郑太后，商议除掉石闵。因为郑太后反对动手，所以事情就搁置了。石鉴也参加了这次会议，他离开太后宫，就急忙派人去向石闵告密。石闵闻讯大怒，就立即动手杀了石遵。石鉴就乘机占据了皇位，他封石闵为大将军。

石鉴称帝后，石闵的势力很大，这让他感到很不安，就也想除掉石闵。他命乐平王石苞、中书令李松、殿中将军张才等夜袭石闵，不料石闵早有防备，将石苞等人杀退。石鉴见事情败露，怕石闵会以此为由发动政变，就杀了石苞等人灭口。不料他刚做完此事，龙骧将军孙伏都却带着3000羯族士兵跑来，向他请示，要出兵讨伐石闵。石鉴一听，又壮起胆来，他对孙伏都说："你是功臣，好好为我效力。我在台上看着你们，如果杀了石闵，我一定不会亏待你们!"孙伏都听了此话，就带着手下去攻打石闵，不料却被石闵杀得四处逃窜。石闵得胜后，带着几千人马趾高气昂地闯进了宫殿。石鉴看到这种阵势，立刻就胆怯了。为了保住性命，他下令打开所有宫门，迎接石闵入宫，尽量讨好石闵。他还在石闵面前诋毁孙伏都，极力撇清自己的嫌疑。

不过石鉴的讨好，石闵并不领情。他将石鉴关起来，然后就开始了血腥屠杀，称："六夷之内，凡敢拿起兵器者，一律处斩!"由此，好几万人无辜丧命。公元350年正月，石鉴被石闵杀死了。

新兴王石祗

后赵新兴王档案:

生 卒 年:? ～351年

父　　母：父，太祖石虎；母，不详

后　　妃：不详

年　　号：永宁

在位时间：公元 350～351 年

谥　　号：无

庙　　号：无

陵　　寝：无

性　　格：怯懦，贪婪

点评：

天假手于冉氏子，至使羯种二十万人，同饱乌鸢。呜呼！惨矣。

——明·张大龄

新兴王名叫石祗，是后赵太祖石虎之子，后赵王朝的第六位皇帝。他在义阳王石鉴死后，自立为帝，不过皇位也没坐多久，就被杀死了。

石祗，是石虎的众多儿子之一，他受封新兴王，镇守襄国（今河北邢台）。石虎死后，几个儿子为了夺位互相残杀，朝政非常混乱。公元 350 年正月，石虎的养孙石闵杀了义阳王石鉴，自立为大魏皇帝。石祗闻讯后，也于这年三月在襄国称帝，与石闵政权对峙。

石祗称帝后，改元永宁，任汝阴王石琨为相国，号召胡、羯、氐、羌等少数民族共同对抗石闵。公元 350 年四月，石祗便派石琨带兵 10 万讨伐石闵，不想石琨根本不会打仗，竟然全军覆没了。十一月，石闵亲自领兵出击襄国，吓得石祗胆战心惊，连忙去掉自己的皇帝封号，改称赵王，然后联合鲜卑慕容儁（前燕）和羌族姚弋仲（后秦），共同对抗石闵。石闵大败，领着残兵逃回了邺城。公元 351 年三月，石祗又派大将军刘显领兵 7 万攻打邺城，不料却被石闵打败，刘显也投降了。刘显为了向石闵表示诚意，立功赎罪，就于四月回到襄国，伺机杀了石祗，然后将首级献给石闵。石祗只当了 1 年多皇帝就死了，他死后石闵又对石氏宗亲大肆杀戮，后赵自此灭亡。